Verfahrensbeistandschaft

Verfahrensbeistandschaft

Ein Handbuch für die Praxis

Herausgegeben und bearbeitet von

Prof. Dr. Ludwig Salgo, Apl. Professor an der Goethe-Universität Frankfurt a. M.

und

Dr. Katrin Lack, Richterin am Amtsgericht Frankfurt a. M.

Weitere Bearbeiter:

Axel Bauer, Dr. Carola Berneiser, Dr. Mériem Diouani-Streek, Dr. Werner Dürbeck, Sabine Ehrtmann, Prof. Dr. Jörg M. Fegert, Prof. Dr. Gerhard Fieseler, Prof. Dr. Stefan Heilmann, Dr. Natalie Ivanits, Franziska Köhler-Dauner, Prof. Dr. Kerima Kostka, Prof. Dr. Jörg Maywald, Hildegard Niestroj, Catharina A. Rogalla, Anja S. Schön, Dr. Katja Schweppe, Dr. Manuela Stötzel, Sandra Tiemann, Corina Weber, Prof. Dr. Dr. h.c. Gisela Zenz, Prof. Dr. Ute Ziegenhain, Prof. Dr. Maud Zitelmann, Annabel Zwönitzer

4. überarbeitete und erweiterte Auflage

Bibliografische Information der Deutschen Nationalbibliothek
Die Deutsche Nationalbibliothek verzeichnet diese Publikation in der Deutschen Nationalbibliografie; detaillierte bibliografische Daten sind im Internet über http://dnb.d-nb.de abrufbar.

Reguvis Fachmedien GmbH
Amsterdamer Str. 192
50735 Köln
www.reguvis.de
Reguvis ist Kooperationspartner der Bundesanzeiger Verlag GmbH · Amsterdamer Straße 192 · 50735 Köln

Beratung und Bestellung:
Tel.: +49 (0) 221 97668-229
Fax: +49 (0) 221 97668-263
E-Mail: familie-betreuung@reguvis.de

Zitiervorschlag:
HB-VB/Bearbeiter, Rn.

ISBN (Print): 978-3-8462-0925-7
ISBN (E-Book): 978-3-8462-0926-4

© 2020 Reguvis Fachmedien GmbH, Amsterdamer Str. 192, 50735 Köln

Alle Rechte vorbehalten. Das Werk einschließlich seiner Teile ist urheberrechtlich geschützt. Jede Verwertung außerhalb der Grenzen des Urheberrechtsgesetzes bedarf der vorherigen Zustimmung des Verlags. Dies gilt auch für die fotomechanische Vervielfältigung (Fotokopie/Mikrokopie) und die Einspeicherung und Verarbeitung in elektronischen Systemen. Hinsichtlich der in diesem Werk ggf. enthaltenen Texte von Normen weisen wir darauf hin, dass rechtsverbindlich allein die amtlich verkündeten Texte sind.

Herstellung: Günter Fabritius
Lektorat: Uschi Schmitz-Justen/Dorothea Venator
Satz: Cicero Computer GmbH, Bonn
Druck und buchbinderische Verarbeitung: Appel & Klinger, Druck und Medien, Schneckenlohe

Printed in Germany

Übersicht

	Seite
Vorwort der Herausgeber	VII
Inhalt	XI
Autorinnen und Autoren	XXXIII
Abkürzungen	XXXIX

Teil 1 Zur Entstehung und Entwicklung der Verfahrensbeistandschaft ... 1
  A Zur Entstehung und Entwicklung eigenständiger Interessenvertretung Minderjähriger ... 3
  B Empirisches Wissen zur Verfahrenspflegschaft/Verfahrensbeistandschaft ... 51
  C Fallkonstellationen und Vorgehensweisen ... 81

Teil 2 Gesetzliche Grundlagen ... 109
  A Die Verfahrensbeistandschaft gemäß § 158 FamFG ... 111
  B Die Verfahrensbeistandschaft gem. § 167 Absatz 1 Satz 2 FamFG ... 179
  C Rechte und Pflichten ... 231
  D Materielles Kindschaftsrecht ... 237

Teil 3 Beiträge aus Pädagogik, Psychologie, Kinder- und Jugendpsychiatrie und -psychotherapie ... 317
  A Kindeswille und Kindeswohl ... 319
  B Der „Wille des Kindes" ... 349
  C Das Wohl der Kinder und Jugendlichen ... 377
  D Spezifische Bedürfnisse, Belastungs- und Risikofaktoren ... 433

Teil 4 Die Rechtsstellung des Kindes im gerichtlichen und jugendhilferechtlichen Verfahren ... 537
  A Das Verfahren der Familiengerichte in Kindschaftssachen ... 539
  B Kinder in Gerichtsverfahren ... 597
  C Die Erörterung der Kindeswohlgefährdung nach § 157 FamFG und die Herausforderungen für den Verfahrensbeistand ... 607
  D Gerichtliche Verfahren mit Auslandsbezug ... 637
  E Jugendhilfeverfahren und Interessenvertretung ... 671

Teil 5 Das Verhältnis des Verfahrensbeistands zu beteiligten Personen und Organisationen ... 707
  A Das Verhältnis des Verfahrensbeistands zum Jugendamt ... 709
  B Das Verhältnis des Verfahrensbeistands zu Eltern und anderen Bezugspersonen des Kindes/Jugendlichen ... 717
  C Das Verhältnis des Verfahrensbeistands zu anderen mit dem Kind oder Jugendlichen befassten Fachkräften und Institutionen ... 747
  D Das Verhältnis des Verfahrensbeistands zu Gutachtern ... 755

Teil 6 Organisation und Vergütung ... 763
  A Standards für die Interessenvertretung von Kindern und Jugendlichen vor dem Familiengericht ... 765
  B Organisation ... 795
  C Entschädigung ... 803

Anhang **Muster**	833
Literatur	843
Stichwortverzeichnis	893

Vorwort der Herausgeber

Die Einführung der Kindesanhörung und die Installierung einer eigenständigen Interessenvertretung Minderjähriger in gerichtlichen – wie zunehmend gefordert in behördlichen Verfahren – sind Bestandteile einer im letzten Drittel des vergangenen Jahrhunderts in Gang gesetzten weltweiten Entwicklung: Kinder und Jugendliche sollen in alle sie berührenden Gerichts- und Verwaltungsverfahren einbezogen werden (Art. 12 UN-Konvention über die Rechte des Kindes). Während mit der Einführung der obligatorischen Kindesanhörung (1979) die alte Bundesrepublik im weltweiten Maßstab eine Vorreiterrolle einnahm – ob und wie die Kindesanhörung in der Praxis umgesetzt wird, ist eine andere Frage –, ließ sich die erweiterte Bundesrepublik im internationalen Vergleich viel Zeit mit der Einführung einer eigenständigen und unabhängigen Interessenvertretung. Die Verfahrenspflegschaft für Kinder und Jugendliche wurde erstmals im Rahmen der Kindschaftsrechtsreform 1998 gesetzlich festgeschrieben – gegen manche Widerstände, die große Kosten und geringen Nutzen prophezeiten. Geregelt wurden seinerzeit lediglich die Voraussetzungen der Bestellung, während Aufgaben, Rechte und Pflichten nicht präzisiert waren. So blieben viele Fragen offen, die die Verfahrenspflegschaft leicht ins Abseits hätten drängen können.

Es ist anders gekommen: Verfahrenspfleger sind in schnell zunehmender Zahl tätig geworden und haben vielerorts auch Skeptiker in Justiz und Jugendämtern von Nutzen und Notwendigkeit der neuen Institution überzeugt. Was aber noch mehr zählt: Kinder und Jugendliche profitieren offensichtlich von einer qualifizierten Vertretung ihrer Interessen in den für sie nur schwer durchschaubaren und sie belastenden Gerichtsverfahren. Freie Träger haben sich zwar mit zum Teil beachtlichen Programmen der hier notwendigen Qualifikation dieser herausfordernden Aufgabe eines Verfahrensbeistands für Kinder und Jugendliche angenommen. Es ist bislang jedoch keineswegs sichergestellt, dass nur „geeignete" Verfahrensbeistände zum Einsatz kommen. Auch wenn der Gesetzgeber dies durch das am 1.9.2009 in Kraft getretene FGG-RG mit § 158 FamFG sichergestellt sehen will, bleibt noch viel zu tun. Zweifelsohne brachte diese Neuregelung zahlreiche weitere Verbesserungen gegenüber der alten Regelung (§ 50 FGG); die meisten Schwachstellen scheinen beseitigt. Die neuen Vergütungsregelungen in Form von Pauschalen haben sich wohl auf die Arbeitsmöglichkeiten der Verfahrensbeistandschaft überwiegend nicht so negativ ausgewirkt, wie zunächst erwartet wurde.

In Praxis und Wissenschaft haben sich lebhafte Diskurse zu Funktion, Zielsetzungen, Arbeitsstandards und Anforderungsprofil entwickelt. In fast allen Beiträgen dieses Handbuchs lässt sich dieser Entwicklungsprozess verfolgen. Dabei haben sich frühere Erfahrungen des Auslands schnell bestätigt: Um die Interessen von Kindern und Jugendlichen im Rahmen der einschlägigen Verfahren sachgerecht vertreten zu können, bedarf es umfassender Kenntnisse des materiellen und formellen Familien- und Jugendhilferechts. Darüber hinaus sollte der Verfahrensbeistand über Erfahrungen im Umgang wie in der Kommunikation mit Kindern in prekären Lebenslagen sowie über ein fundiertes Hintergrundwissen in Entwicklungspsychologie und Entwicklungspsychopathologie, Sozialpädagogik und Sozialarbeit verfügen. Praktisch bedeutsam sind schließlich Fragen der Arbeitsorganisation und der Honorierung.

Vorwort der Herausgeber

Das vorliegende Handbuch soll einem wachsenden Bedarf an Information und Orientierung nachkommen und notwendiges Fachwissen vermitteln – ausgehend von den §§ 158 und 167 FamFG und der einschlägigen Rechtsprechung und Fachliteratur aus den verschiedenen Disziplinen, die an der Diskussion von Anfang an beteiligt waren – in Deutschland nicht anders als im Ausland.

Das Autorenteam setzt sich dementsprechend aus Wissenschaftlern und Praktikern verschiedener Disziplinen zusammen – Juristen, Pädagogen und Sozialarbeiter, Kinder- und Jugendpsychiater und -psychotherapeuten sowie Psychologen. Zwar wurde dieses Handbuch in erster Linie mit der Absicht und Erwartung geschrieben, praktizierenden Verfahrensbeiständen Hilfestellungen zu geben; die Autoren standen jedoch nicht vor den spezifischen Schwierigkeiten und Herausforderungen des Falles bzw. des Kindes, mit dem es der Leser gerade zu tun hat. Handlungsanweisungen für den Einzelfall sind deshalb von einem solchen Handbuch nicht zu erwarten.

Herausgeber und Autoren haben sich bemüht, jeweils den Stand der Diskussion zu dokumentieren, konsensfähige Erkenntnisse nachvollziehbar zu belegen und Streitfragen, Diskussions-, Forschungs- und Reformbedarf zu kennzeichnen. Sie haben sich entschieden, im Meinungsstreit Position zu beziehen. Zum Teil musste Neuland betreten werden: Über die in den §§ 158 und 167 FamFG geregelte Interessenvertretung in gerichtlichen Verfahren hinaus wird in diesem Handbuch auf die Interessenvertretung in kinder- und jugendbehördlichen Verfahren eingegangen; dieses Kapitel wurde wesentlich erweitert, weil die Leistungen der Kinder- und Jugendhilfe oft eine zentrale Bedeutung auch im familiengerichtlichen Verfahren haben. Neu aufgenommen wurde ein Beitrag zur Erörterung der Kindeswohlgefährdung (§ 157 FamFG). Im Übrigen wurde die Grundkonzeption der Vorauflagen beibehalten.

Am 10.10.2019 veröffentlichte der Bundesfinanzhof sein Urteil vom 17.7.2019, V R 27/17: „An der Tätigkeit eines Verfahrensbeistands in Kindschaftssachen besteht ein besonderes Gemeinwohlinteresse", deshalb ist die Tätigkeit als Verfahrensbeistand umsatzsteuerfrei; folglich bleibt diese bei der Berechnung der Umsatzsteuergrenze des § 19 Abs. 1 UStG außer Betracht.

Soweit es möglich war, wurde jedem Autor Raum gegeben, sein spezifisches Thema im Kontext der allgemeinen Diskussion zu verorten. Um dem Leser Orientierungen zu geben, haben Herausgeber und Autoren versucht, das Spektrum möglicher Positionen aufeinander abzustimmen. Dennoch: Unterschiedliche Standpunkte und Darstellungsformen in verschiedenen Beiträgen des Handbuchs sind kein Zufall, sondern bei einem interdisziplinären Anforderungsprofil unvermeidlich. Dadurch bedingte unterschiedliche Standpunkte, aber auch unvermeidliche Überschneidungen wurden gern in Kauf genommen, lassen sie doch zentrale Bezugspunkte umso deutlicher erkennen.

Trotz des Umfanges dieses Handbuchs gibt es Lücken und Auslassungen. Im Übrigen will und kann dieses Handbuch nicht die Heranziehung der jeweiligen Fachliteratur aus den einzelnen Disziplinen ersetzen. Bislang gehen jedoch die Fachdisziplinen kaum auf die spezifische Aufgabenstellung der Verfahrensbeistandschaft ein. Deshalb will das Handbuch grundlegende Beiträge verschiedener Disziplinen zusammenführen, die den Bezug zur Verfahrensbeistandschaft herstellen. Das Handbuch richtet sich an berufsmäßig tätige Verfahrensbeistände; nach Ansicht der Herausgeber und Autoren wie auch der Praxis ist diese herausfordernde Aufgabe nur durch eigens dafür qualifizierte Verfahrensbeistände zu leisten. Aus Gründen der besseren Lesbarkeit wurde regelmäßig die männliche Form gewählt, die aber für Personen aller Geschlechter gilt.

Kritik und Anregungen sind den Herausgebern und Autoren ebenso wie dem Verlag willkommen.

Frau Rechtsanwältin Dorothea Venator, Bundesanzeiger Verlag, war stets für Fragen und Hilfeersuchen aufgeschlossen, wofür ihr herzlich zu danken ist.

Oktober 2019
Ludwig Salgo und Katrin Lack

Inhalt

Übersicht	V
Vorwort der Herausgeber	VII
Autorinnen und Autoren	XXXIII
Abkürzungen	XXXIX

Teil 1
Zur Entstehung und Entwicklung der Verfahrensbeistandschaft

A   Zur Entstehung und Entwicklung eigenständiger Interessenvertretung Minderjähriger *(Ludwig Salgo)*

I.	Vorbemerkung	3
II.	Entwicklungen und Akzeptanz	5
III.	Die Neuregelung der selbstständigen Interessenvertretung im FGG-Reformgesetz	11
IV.	Auswirkungen der neuen Vergütungsregelung	15
V.	Kommunikation mit dem Kind unter den Bedingungen eingeschränkter Ressourcen	20
VI.	Über Besserwisserei, Allmachtsphantasien und Grenzüberschreitungen	21
VII.	Ein Anforderungsprofil an „geeignete" Verfahrensbeistände	23
	1. Der „geeignete" Verfahrensbeistand	23
	2. Unabhängigkeit und Kontrollen	26
VIII.	Die Wille-Wohl-Debatte im FamFG	30
IX.	Implikationen der UN-Konvention über die Rechte des Kindes von 1989 und des Europäischen Übereinkommens über die Ausübung von Kinderrechten	33
X.	Kindeswohl und Kindeswille – die Voraussetzungen und Grenzen der Fähigkeit zur Selbstbestimmung	37
XI.	Informationsbeschaffung als Aufgabe des Verfahrensbeistands	41
XII.	Verfahrensbeistandschaft und Vermittlung	44
XIII.	Das Kind als „Mandant" des Verfahrensbeistands?	47
XIV.	Jenseits der Dichotomie zwischen Kindeswohl und Kindeswillen	49

B Empirisches Wissen zur Verfahrenspflegschaft/Verfahrensbeistandschaft *(Manuela Stötzel)*

I.	Erste Erfahrungsberichte zur Verfahrenspflegschaft	52
II.	Erstes bundesweites Forschungsprojekt zur Verfahrenspflegschaft	56
	1. Auswertung der Länderstatistiken aus dem Jahre 2005	56
	2. Teilnehmende Verfahrenspfleger	57
	3. Perspektive der Familienrichter	57
	4. Analyse der Gerichtsakten	58
	a) Wofür werden Verfahrenspfleger bestellt?	59
	b) Welche Kinder werden vertreten?	59
	c) Wer vertritt die Kinder?	59
	d) Wie werden die Kindesinteressen in das Verfahren eingebracht?	60
	e) Was kostet eine Verfahrenspflegschaft?	60
	f) Wie strittig sind die Kosten im gerichtlichen Alltag tatsächlich?	61
III.	Forschungsprojekt zur „Geeignetheit" von Verfahrensbeiständen gemäß § 158 FamFG	62
	1. Aussagen zur „Geeignetheit" der Verfahrensbeistände	62
	2. Tätigkeitsfeld der Verfahrensbeistände	63
IV.	Rechtstatsachenstudie u.a. zur Verfahrensbeistandschaft in Fällen der Kindeswohlgefährdung nach § 1666 BGB	63
	1. Bestellpraxis der Verfahrensbeistandschaft	64
	2. Aufgaben der Verfahrensbeistandschaft	64
V.	Erkenntnisse zum Verfahrensbeistand aus der Evaluierung der FGG-Reform	65
	1. Bestellpraxis und Auswahl der Verfahrensbeistände	65
	2. Rolle und Aufgaben der Verfahrensbeistandschaft	66
	3. Auswirkungen der Verfahrensbeistandschaft auf eine einvernehmliche Lösung	67
VI.	Interessenvertretung aus der Sicht der betroffenen Kinder	67
	1. Untersuchungsdesign	68
	2. Merkmale von Verfahrenspflegern, Kindern und gerichtlichen Verfahren	69
	3. Das Erleben der vertretenen Kinder	70
	a) Wissen/Informationsstand der Kinder	70
	b) Zufriedenheit der Kinder mit der Vertretung	72
	c) Zusammenhänge zwischen Verhalten des Verfahrenspflegers und Erleben des Kindes	74
VII.	Statistik zur Verfahrenspfleger-/Verfahrensbeistandsbestellung	75
VIII.	Zusammenfassung der empirischen Erkenntnisse	79

C Fallkonstellationen und Vorgehensweisen
(Catharina A. Rogalla/Sandra Tiemann)

Vorbemerkung		81
I.	**Einleitung**	81
II.	**Die Bestellung**	82
III.	**Die Erwartungshaltung der Beteiligten**	85
IV.	**Die Kontaktaufnahme**	89
	1. Die Reihenfolge der Kontaktaufnahme	90
	2. Die Kontaktverweigerung	90
V.	**Das Recht im Blick aufs Kind**	93
VI.	**Das Unterbringungsverfahren**	94
	1. Im Krankenhaus	94
	2. Im Heim	95
VII.	**Findig sein – mutig sein – und manchmal leider auch Fehler machen**	100
	1. Akzente setzen	100
	2. Mitgestalten	101
	3. Aus Fehlern lernen	103
VIII.	**Die Verabschiedung**	104
IX.	**Alles in allem**	105

Teil 2
Gesetzliche Grundlagen

A Die Verfahrensbeistandschaft gemäß § 158 FamFG *(Axel Bauer)*

I.	**Zur Einführung der Verfahrensbeistandschaft nach § 158 FamFG**	112
II.	**Überblick über die Inhalte des § 158 FamFG**	117
III.	**Rechtsstellung des Verfahrensbeistands**	128
	1. Abgrenzung Ergänzungspflegschaft/Vormundschaft – Verfahrensbeistandschaft	128
	2. Unterschiede zum Ergänzungspfleger bzw. Vormund	131
	3. Besonderheiten der Verfahrensbeistandschaft	134
	4. Rechte des Verfahrensbeistands	135
IV.	**Stellung des Verfahrensbeistands gegenüber den sorgeberechtigten Eltern bzw. dem Vormund oder Ergänzungspfleger**	139

V.	Stellung des Verfahrensbeistands gegenüber dem Minderjährigen	141
	1. Verfahrensbeistand als Interessenvertreter besonderer Art	141
	2. Zugang des Verfahrensbeistands zum Kind gegen den Willen der Sorgeberechtigten?	142
	3. Verhältnis des Kindes zum Verfahrensbeistand	144
VI.	Stellung des Verfahrensbeistands gegenüber dem Jugendamt	145
VII.	Stellung des Verfahrensbeistands gegenüber dem Sachverständigen	147
VIII.	Stellung des Verfahrensbeistands gegenüber dem Gericht	149
	1. Aufgaben des Gerichts	149
	2. Verfahrensbeistand als unabhängiger Interessenvertreter des Kindes	152
	3. Prüfung des Bestellungsbeschlusses	154
	4. Prüfung der Fallübernahme	155
	5. Rechtsmittel gegen die Bestellung zum Verfahrensbeistand	156
	6. Handakte des Verfahrensbeistands	157
	7. Akteneinsicht	158
	a) Allgemeines	158
	b) Kosten der Akteneinsicht	160
	8. Ermittlungen zum Sachverhalt	161
	9. Allumfassende Verfahrensbeteiligung des Verfahrensbeistands	165
	10. Anwesenheit bei der Kindesanhörung	166
	11. Verfahrensrechte bei mündlichen Verhandlungen	167
	12. Instrumentalisierung durch die Justiz	169
	13. Datenschutz	171
	14. Verschwiegenheitspflicht und Zeugnisverweigerungsrecht des Verfahrensbeistands	175
	15. Einlegung von Rechtsmitteln	176

B Die Verfahrensbeistandschaft gem. § 167 Abs. 1 Satz 2 FamFG
(Axel Bauer)

I.	Einführung in das Recht des Freiheitsentzugs Minderjähriger	180
II.	Verhältnis der Vorschrift zur Verfahrensbeistandschaft nach § 158 FamFG	182
III.	Verfahrensbeistandschaft in Unterbringungsverfahren: Anwendungsbereich	186
IV.	Stellung des Verfahrensbeistands im Unterbringungsverfahren	188
V.	Freiheitsentziehende Unterbringung nach § 1631b BGB	192
	1. Einführung (Zweck der Norm, Verfahrensrechtsschutz, Freiwilligkeitserklärung)	192

	2.	Freiheitsentziehende Unterbringung nach § 1631b Abs. 1 BGB	194
	3.	Freiheitsentziehende Maßnahmen nach § 1631b Abs. 2 BGB	199
VI.	**Unterbringungsverfahren**		204
	1.	Einführung: Grundrechtsschutz durch Verfahrensrecht	204
	2.	Einleitung des Unterbringungsverfahrens	205
	3.	Sachliche, funktionelle und örtliche Zuständigkeit	206
	4.	Verfahrensgarantien (Überblick)	208
	5.	Pflicht zur Bestellung eines Verfahrensbeistands	209
	6.	Freiwilligkeitserklärung des Minderjährigen	210
	7.	Richterliche Anhörung des Minderjährigen	211
	8.	Sachverständige Begutachtung	212
		a) Allgemeines	212
		b) Sonderfall: Beobachtungsunterbringung	213
	9.	Genehmigung/Anordnung des Freiheitsentzugs	214
VII.	**Exkurs: Einstweilige Anordnung einer vorläufigen Unterbringung bei einfacher und gesteigerter Dringlichkeit (§§ 331, 332, 334 i.V.m. 167 Abs. 1 Satz 1 FamFG); Einstweilige Maßregel der Unterbringung (§ 334 FamFG)**		217
VIII.	**Rechtsmittel**		220
IX.	**Aufgaben des Verfahrensbeistands**		224
	1.	Aufklärung und Information des Minderjährigen	224
	2.	Kontrolle der Einhaltung der Verfahrensgarantien	225
	3.	Vorbereitung des Minderjährigen auf die richterliche Anhörung	227
	4.	Altersadäquate Unterbringungsform	227
X.	**Ende der Verfahrensbeistandschaft**		228
XI.	**Entschädigung des Verfahrensbeistands**		229
C	**Rechte und Pflichten** *(Axel Bauer)*		
I.	Übersicht: Rechte des Verfahrensbeistands		231
II.	Übersicht: Pflichten des Verfahrensbeistands		233
D	**Materielles Kindschaftsrecht** *(Werner Dürbeck)*		
I.	Einleitung		238
II.	Elterliche Sorge		239
	1.	Verfassungsrechtlicher Hintergrund	239
	2.	Inhalt und Bestandteile des Sorgerechts	239
	3.	Abgrenzung zu den Alltagsangelegenheiten i.S.d. § 1687 Abs. 1 Satz 2 BGB	241

4. Das Sorgerecht miteinander verheirateter Eltern 241
   a) Entstehung und Ausübung gemeinsamen Sorgerechts 241
   b) Tod oder sonstiger Ausfall eines Elternteils 242
   c) Ruhen der elterlichen Sorge 242
   d) Begründung alleiniger Sorge nach Trennung oder Scheidung 245
      (aa) Einvernehmen der Eltern 246
      (bb) Antrag eines Elternteils bei fehlendem Einvernehmen 247
      (cc) Wechselseitige Anträge 250
         (1) Kontinuitätsgrundsatz 251
         (2) Förderungsgrundsatz 252
         (3) Bindungen des Kindes an seine Eltern 253
         (4) Bindungen des Kindes an seine Geschwister 253
         (5) Kindeswille 254
         (6) Abwägung 255
      (dd) Meinungsverschiedenheit in einer Angelegenheit § 1628 BGB ... 255
5. Das Sorgerecht nicht miteinander verheirateter Eltern 257
   a) Alleiniges Sorgerecht der Mutter 257
   b) Entstehungsformen gemeinsamer elterlicher Sorge 258
      (aa) Heirat der Eltern 258
      (bb) Gemeinsame Sorgeerklärungen 258
      (cc) Entscheidung des Familiengerichts 259
         (1) Vermutung des § 1626a Abs. 2 Satz 2 BGB 259
         (2) Negative Kindeswohlprüfung § 1626a Abs. 2 Satz 1 BGB ... 260
   c) Begründung alleinigen Sorgerechts 261
   d) Tod oder sonstiger Ausfall der allein sorgeberechtigten Mutter 262
   e) Begründung alleiniger Sorge bei gemeinsamer elterlicher Sorge ... 263
6. Schutz bei Kindeswohlgefährdungen 263
   a) Verfassungsrechtlicher Kontext 263
   b) Tatbestandsvoraussetzungen 264
   c) Fallgruppen 267
      (aa) Gesundheitsgefährdungen 268
      (bb) Schule und Ausbildung 270
      (cc) Kinder- und Jugenddelinquenz – Umgang mit neuen Medien .. 271
      (dd) Störungen der Erziehungs- und Bindungskontinuität 272
      (ee) Störungen in der Persönlichkeitsentwicklung des Kindes ... 272
   d) Rechtsfolgen 273

		e) Vormundschaft/Pflegschaft	276
		f) Gewaltschutz vor nichtsorgeberechtigten Eltern	277
	7.	Abänderung von sorgerechtlichen Gerichtsentscheidungen	277
III.	**Umgangs- und Auskunftsrecht**		280
	1.	Elterliches Umgangsrecht	280
		a) Rechtsnatur	280
		b) Gestaltung der Kindesbetreuung nach Trennung der Eltern – Wechselmodell	282
		c) Ausgestaltung einer Vereinbarung oder gerichtlichen Regelung	283
		d) Ausübung des Umgangsrechts	288
		e) Erzwingbarkeit des Umgangs	289
		(aa) Gegen den Umgangsberechtigten	289
		(bb) Gegen den betreuenden Elternteil	289
		(cc) Umgangspflegschaft/Umgangsbestimmungspflegschaft	290
		f) Einschränkungen des Umgangsrechts – begleiteter Umgang	291
		g) Ausschluss des Umgangsrechts	294
		(aa) Elternbezogene Ausschlussgründe	294
		(bb) Kindesbezogene Ausschlussgründe	296
		(cc) Dauer	296
	2.	Das Umgangsrecht anderer Bezugspersonen nach § 1685 BGB	296
	3.	Das Auskunftsrecht nach § 1686 BGB	299
	4.	Das Umgangsrecht des biologischen Vaters nach § 1686a BGB	300
	5.	Abänderung gerichtlicher Umgangsanordnungen oder gerichtlich gebilligter Vergleiche (§ 156 Abs. 2 FamFG)	304
IV.	**Herausgabe des Kindes § 1632 BGB**		305
	1.	Voraussetzungen	305
	2.	Verbleibensanordnungen	306
		a) § 1632 Abs. 4 BGB	306
		b) § 1682 BGB	307
V.	**Pflegekindschaftsverhältnisse**		309
	1.	Bedeutung und verfassungsrechtlicher Rahmen	309
	2.	Sorge- und umgangsrechtlicher Rahmen	310
		a) Sorgerecht	310
		b) Umgangsrecht	311
	3.	Verbleibensanordnung und die Frage der Perspektive	312

Teil 3
Beiträge aus Pädagogik, Psychologie, Kinder- und Jugendpsychiatrie und -psychotherapie

A   Kindeswille und Kindeswohl *(Maud Zitelmann)*

I.	Die Aufgaben der Interessenvertretung	319
II.	Der Kindeswille als Leitprinzip der Interessenvertretung?	321
III.	Der selbst gefährdende Kindeswille	322
IV.	Verfahrensbeistandschaft im FamFG	326
V.	Das „Kindeswohl" als Leitprinzip	329
VI.	Kriterien der Kindeswohlbestimmung	331
VII.	Konsequenzen für den Verfahrensbeistand	336
VIII.	Der Kindeswille im Recht	339

B   Der „Wille des Kindes"

I.	**Emotionale und kognitive Faktoren** *(Ute Ziegenhain/Franziska Köhler-Dauner/Annabel Zwönitzer)*	349
	1. Einleitung	349
	2. Erlebens- und Verarbeitungsweisen von Kindern auf unterschiedlichen Entwicklungsstufen – Wie zeigen Kinder, was sie verstehen und was sie wollen?	350
	a) Erstes Lebensjahr	350
	b) Kindergarten- und Vorschulalter	352
	c) Vorschul- und Schulalter	353
	d) Jugendalter	354
	3. Gemischte Gefühle	355
	4. Verbergen von Gefühlen	356
	5. Zusammenfassung	356
II.	**Wünsche und Phantasien** *(Jörg M. Fegert)*	357
III.	**Loyalität und Kindeswille** *(Jörg Maywald)*	359
	1. Einleitung	359
	2. Loyalität in Familien	360
	3. Loyalitätskonflikte	361
	4. Loyalität und Kindeswille	362

IV.	Suggestibilität, Beeinflussung und induzierte kindliche Äußerungen *(Jörg M. Fegert)*	363
	1. „Gehirnwäsche", „Programmierung", „PAS"	363
	2. Suggestionseffekte bei kindlichen Zeugenaussagen	365
	3. Falschnegative und falschpositive Einschätzungen kindlicher Zeugenaussagen	367
	4. Wissenschaftlich fragwürdige Begriffsbestimmungen führen zu fragwürdigen Sorgerechts- und Umgangsentscheidungen	368
	5. „PAS" und Kindeswille	371
	6. Sorge- und Umgangsrechtsentscheidungen – Kriterien wissenschaftlich abgesicherten Vorgehens	372
	7. Wie können Verfahrensbeistände mit unterstellter Beeinflussung	374

C Das Wohl der Kinder und Jugendlichen

I.	Bedürfnis nach Liebe, Bindung und Exploration *(Ute Ziegenhain/Annabel Zwönitzer/Franziska Köhler-Dauner)*	378
	1. Einleitung	378
	2. Positive Entwicklung als gelungene Integration von emotionaler Sicherheit und Selbstständigkeit	379
	3. Individuelle Unterschiede in der Qualität von Bindungsbeziehungen	381
	4. Elterliche Feinfühligkeit	381
	5. Strategien sicherer und unsicherer Bindung	382
	6. Entwicklungsverlauf bei sicher und unsicher gebundenen Kindern	385
	7. Kontinuität bindungscharakteristischen Verhaltens	387
	8. Geschwisterbeziehungen	389
	9. Hochunsichere Bindung und Bindungsstörungen	390
	10. Hochunsichere Bindung	391
	11. Bindungsstörungen	394
	12. Hochunsichere Bindungen und Bindungsstörungen als Abweichung der biologisch erwartbaren Suche nach Nähe und Trost bei Belastung	395
	13. Praktische Implikationen	396
II.	Bedürfnis nach Versorgung, Ernährung und Gesundheitsfürsorge *(Ute Ziegenhain/Annabel Zwönitzer/Franziska Köhler-Dauner)*	397
	1. Einleitung	397
	2. Die Bedeutung des familialen und sozialen Umfelds	398
	3. Die kindlichen Basisbedürfnisse	399
	a) Ernährung	400
	b) Schlaf	400
	c) Kleidung und Hygiene	401

			d) Generelle Schutzbedürfnisse	401
			e) Empathiefähigkeit und „Nurturance"	401
			f) Anregung zur Entwicklung von Kindern	401
			g) Gesundheitsfürsorge	402
	4.		Zur Anwendung der Basisfürsorgekriterien	402
	5.		Störungsbilder – Reaktive Bindungsstörungen	403
III.	**Bedürfnis nach Schutz vor Gewalt**			404
	1.		Kindesmisshandlung und sexueller Missbrauch *(Jörg Maywald)*	404
			a) Recht auf gewaltfreie Erziehung	404
			b) Umfang der Gewalt gegen Kinder	405
			c) Definitionen von Kindesmisshandlung	406
			d) Formen von Kindesmisshandlung	407
			aa) Körperliche Misshandlung	408
			bb) Vernachlässigung	408
			cc) Sexueller Missbrauch	408
			dd) Psychische Misshandlung	409
			ee) Münchhausen-Syndrom by proxy	409
			e) Ursachen von Kindesmisshandlung	409
			f) Anlässe für Kindesmisshandlungen	410
	2.		Diagnostik *(Jörg M. Fegert)*	411
			a) Allgemeine Vorbemerkungen zur Diagnostik bei Kindesmisshandlung, Vernachlässigung, sexuellem Missbrauch oder Verdacht auf Münchhausen-Syndrom by proxy	411
			b) Kindesmisshandlung	413
			c) Vernachlässigung	414
			d) Sexueller Missbrauch	415
			e) Münchhausen-Syndrom by proxy	416
			f) Zur Einschätzung von Belastungssituationen	417
			aa) Diagnoseschlüssel	417
			bb) Das multiaxiale Klassifikationsschema	417
			cc) Zur Anwendung des multiaxialen Klassifikationsschemas	421
	3.		Interventionen bei Kindesmisshandlung und Vernachlässigung *(Mériem Diouani-Streek/Gisela Zenz)*	421
			a) Gesichertes Wissen	421
			b) Misshandlung, Vernachlässigung und miterlebte häusliche Gewalt	422
			c) Sozialpädagogische, medizinische und psychologische Diagnostik	424
			d) Langzeitfolgen	426

e) Hochrisiko: Kleinkind 427
f) Familienunterstützende Maßnahmen und Fremdunterbringung 427
g) Prognoseentscheidung 429
h) Dauerhafte Beziehungsperspektiven für Kinder und Jugendliche 430
i) Umgang 431

D Spezifische Bedürfnisse, Belastungs- und Risikofaktoren

I. Sucht und psychische Erkrankungen der Eltern – Risiken für das Kind
(Jörg M. Fegert/Franziska Köhler-Dauner/Annabel Zwönitzer) 435
1. Einleitung 435
2. Psychische Erkrankungen 435
3. Alkohol 436
4. Drogen 436
5. Körperliche Erkrankungen 437
6. Fazit 437

II. Psychische Störungen und Erkrankungen von Kindern und Jugendlichen
(Jörg M. Fegert/Franziska Köhler-Dauner/Annabel Zwönitzer) 437
1. Einleitung 437
2. Überblick über diagnostische Kategorien mit Relevanz im Kindes- und Jugendalter 438
3. Psychische und Verhaltensstörungen durch psychotrope Substanzen (ICD-10 F1) 440
4. Schizophrenie, schizotype und wahnhafte Störungen (F2) 441
5. Affektive Störungen (F3) 441
6. Neurotische Belastungs- und somatophorme Störungen (F4) 442
7. Verhaltensauffälligkeiten mit körperlichen Störungen und Faktoren (F5) 444
8. Verhaltens- und emotionale Störungen mit Beginn in der Kindheit und Jugend (F9) 445

III. Trennungs- und Verlustsituationen *(Jörg Maywald)* 447
1. Einleitung 447
2. Typologie von Trennung und Verlust 448
3. Zwischen Trauma und Chance 449
4. Hospitalismus 452
5. Kindlicher Trauerprozess 453
6. Trennungsreaktionen 453
7. Reaktionen auf die Trennung/Scheidung der Eltern 454

IV.	Das Wechselmodell – Die Rolle der Verfahrensbeistandschaft im Spiegel von Rechtsprechung und Forschung *(Kerima Kostka)*			456
	1. Einleitung			456
	2. Rechtsprechung			457
	3. Ausgewählte Forschungserkenntnisse			465
	4. Anforderungen an Verfahrensbeistände			471
	5. Resümee			473
V.	Rolle des Verfahrensbeistands und Beteiligung des Kindes bei Einvernehmen *(Natalie Ivanits)*			474
	1. Einleitung			474
	2. Anhörung, Beteiligung und Beratung des Kindes			477
		a) Rechtsgrundlagen		477
			aa) Anhörung und Beteiligung gem. Art. 12 UN-Kinderrechtskonvention	477
			bb) Europäisches Übereinkommen über die Ausübung von Kinderrechten vom 25.1.1996 (EÜAK)	478
			cc) Anhörung gem. Art. 103 Abs. 1 GG und § 159 FamFG	478
			dd) Beteiligungs- und Beratungsrechte nach dem SGB VIII	479
			ee) Beteiligungsrecht innerhalb der Familie gem. § 1626 Abs. 2 Satz 2 BGB	479
		b) Humanwissenschaftliche Erkenntnisse zur Kindesbeteiligung		479
			aa) Bedeutung des Alters des Kindes	481
			bb) Bedeutung der Reife des Kindes	482
			cc) Loyalitätskonflikte und Manipulierbarkeit des Kindes	482
			dd) Berücksichtigung der Weigerung des Kindes, sich zu äußern	485
			ee) Die Belastungen des Kindes durch die Anhörung	486
			ff) Mögliche Wirkungen der Kindesbeteiligung auf die innerfamiliären Beziehungen und die Entscheidungsfindung	488
			gg) Verzicht der Kindesanhörung bei elterlicher Einigung	491
	3. Einvernehmen in Kindschaftssachen			492
		a) Rechtsgrundlagen		493
			aa) Einvernehmen im familiengerichtlichen Verfahren, § 156 FamFG	493
			(1) Einvernehmen in Verfahren wegen elterlicher Sorge (§ 156 Abs. 1 FamFG, § 1671 BGB)	493
			(2) Einvernehmen in Verfahren wegen Umgang (§ 1684 BGB, § 156 Abs. 2 FamFG)	494
			(3) Verfahren wegen Kindeswohlgefährdung (§ 157 FamFG, § 1666 BGB)	496
			bb) Einvernehmen im Rahmen einer außergerichtlichen Vermittlung, insbesondere Mediation	497
			cc) Beteiligungsrecht innerhalb der Familie gem. § 1626 Abs. 2 Satz 2 BGB	499

			b)	Humanwissenschaftliche Erkenntnisse zu Einvernehmen	499
				aa) Vermittlung oder herkömmliches Gerichtsverfahren	499
				bb) Bedeutung des Rechts bei einer Einigung – Grenzen der Privatautonomie	501
				cc) Elterliches Einvernehmen und Kindeswohl	502
		4.	Fazit		503
	VI.	**Konflikte um Pflegekinder** *(Mériem Diouani-Streek/Gisela Zenz)*			504
		1.	Fallkonstellationen		504
		2.	Die spezifische Bedeutung von Bindung und Trennung für das Kindeswohl		505
			a) Allgemeines		505
			b) Zeitpunkt und Dauer der Trennung		507
			c) Vorgeschichte		510
			d) Umgang mit der Trennung		513
		3.	Bindung und Trennung aus der Perspektive von Eltern und Pflegeeltern		514
		4.	Zentrale Kontroversen		516
			a) Einleitung		516
			b) Zum Vorrang der ambulanten Hilfen vor der Vollzeitpflege		518
			c) Vollzeitpflege mit oder ohne Rückkehroption		519
			d) Kontakte zur Herkunftsfamilie bei Dauerpflege ohne Rückkehroption		522
	VII.	**Prognostische Entscheidungen** *(Jörg M. Fegert)*			526
	VIII.	**Kommunikation mit Kindern** *(Jörg M. Fegert)*			529
		1.	Einleitung		529
		2.	Bedingungen des Gesprächs		530
		3.	Ethische Grundprinzipien für die Kommunikation		532
		4.	Analyse der Voraussetzung für die Beteiligung in der Kommunikation		533
		5.	Die spezielle Bedeutung von Emotionen und des emotionalen Ausdrucks im Gespräch mit Kindern		534

Teil 4
Die Rechtsstellung des Kindes im gerichtlichen und jugendhilferechtlichen Verfahren

A Das Verfahren der Familiengerichte in Kindschaftssachen
(Stefan Heilmann)

I.	Einleitung	540
II.	Verfahrensgrundsätze in Kindschaftssachen	542
	1. Der Amtsermittlungsgrundsatz (§ 26 FamFG)	542
	2. Das Vorrang- und Beschleunigungsgebot (§ 155 FamFG)	543
	a) Hintergrund	544
	b) Das Vorranggebot	545
	c) Das Beschleunigungsgebot	545
	3. Rechtliches Gehör	546
	4. Öffentlichkeit; Gerichtssprache	547
	5. Beteiligte	547
III.	Verfahrenseinleitung	549
IV.	Zuständigkeiten	550
V.	Besonderheiten des Verfahrensablaufs	551
	1. Bestellung des Verfahrensbeistands	551
	2. Die konfliktregulierende Funktion des Familiengerichts	552
	a) Allgemeines	552
	b) Einvernehmen	553
	c) Früher Termin	554
	d) Erörterungstermin	558
	3. Anhörungen	558
	4. Ausnahme: Das vereinfachte Sorgerechtsverfahren (§ 155a Abs. 3 FamFG)	560
VI.	Ermittlung und Beweiserhebung	561
	1. Beweismittel im Strengbeweisverfahren	561
	2. Insbesondere Sachverständigengutachten	562
VII.	Entscheidung	565
	1. Zwischen- und Endentscheidung	566
	2. Exkurs: Die einstweilige Anordnung (§§ 49 ff. FamFG)	566
	3. Abänderung nach § 1696 BGB, § 166 FamFG	569

VIII.	**Rechtsmittel**	570
	1. Rechtsmittel gegen erstinstanzliche Entscheidungen	570
	a) Zwischenentscheidungen	571
	b) Eilentscheidungen	572
	c) Endentscheidungen in Hauptsacheverfahren	573
	2. Vorgehensweisen gegen Untätigkeit	573
	a) Beschleunigungsrüge, Beschleunigungsbeschwerde und Verzögerungsrüge	574
	b) Ablehnung wegen Befangenheit	577
	aa) Allgemeines	577
	bb) Verfahrensverzögerung als Befangenheitsgrund	577
	c) Dienstaufsichtsbeschwerde	578
	3. Formelle Anforderungen an das Rechtsmittel	578
	a) Frist	578
	b) Beschwerdeberechtigung	578
	c) Form der Einlegung	579
	d) Beschwerdebegründung	580
	e) Anwaltszwang?	580
	4. Beschwerdeverfahren	581
	5. Rechtsmittel gegen Entscheidungen des Oberlandesgerichts	582
IX.	**Wirksamwerden, Vollziehung und Vollstreckung (§§ 86 ff. FamFG)**	583
X.	**Rechte von Kindern und Jugendlichen im gerichtlichen Verfahren**	585
	1. Verfahrensfähigkeit von Kindern und Jugendlichen?	586
	2. Anhörung nach § 159 FamFG	587
	a) Voraussetzungen	588
	b) Gestaltung	589
	aa) Anwesenheit von anderen Verfahrensbeteiligten	590
	bb) Ort der Anhörung	591
	cc) Vorgehensweise des Gerichts	591
	dd) Protokollierung	592
	3. Kindeswohlzentrierung des Verfahrens	593
XI.	**Übersicht über den Ablauf des Hauptsacheverfahrens in Kindschaftssachen** ..	594
XII.	**Übersicht über den Ablauf des Eilverfahrens in Kindschaftssachen**	595
B	**Kinder in Gerichtsverfahren** *(Maud Zitelmann)*	
I.	**Heimunterbringung während des Verfahrens**	597
II.	**Die Situation in der Familie während des Verfahrens**	602

III.	Informationen des Kindes über das Verfahren	603
IV.	Kindesanhörung als Chance	605

C Die Erörterung der Kindeswohlgefährdung nach § 157 FamFG und die Herausforderungen für den Verfahrensbeistand
(Carola Berneiser)

I.	Einleitung	607
II.	Die Erörterung der Kindeswohlgefährdung nach § 157 FamFG	610
	1. Sinn und Zweck der Regelung	610
	2. Durchführung bei „möglicher" Kindeswohlgefährdung	611
	a) Abgrenzung zum frühen ersten Termin	612
	b) Ausgestaltung als Sollvorschrift	613
	c) Beteiligte und Abgrenzung zur Anhörung	613
	3. Das Aufzeigen der rechtlichen Konsequenzen bei Nichtannahme der notwendigen Hilfen	614
	4. Ergebnis und nachträgliche Überprüfung nach Durchführung der Erörterung	617
	5. Erlass einer einstweiligen Anordnung gem. § 157 Abs. 3 FamFG	618
III.	Die Rolle des Verfahrensbeistands in Verfahren nach §§ 1666, 1666a BGB	619
	1. Voraussetzungen für die Bestellung in Verfahren nach §§ 1666, 1666a BGB	619
	2. Die Bestellung eines „geeigneten" Verfahrensbeistands	619
	3. Die Aufgaben des Verfahrensbeistands in Verfahren wegen Kindeswohlgefährdung	620
	4. Zeitpunkt der Bestellung	622
IV.	Erste Erkenntnisse zur praktischen Umsetzung des § 157 FamFG und zur Interessensvertretung des Kindes in Gefährdungsfällen	623
	1. Qualitative Untersuchung zur Umsetzung des § 157 FamFG in der Praxis	623
	2. Studie zur Zusammenarbeit von Jugendhilfe und Justiz (2017)	625
	3. Evaluation der FGG-Reform	628
V.	Fazit – Die Anforderungen an die Einbeziehung des Verfahrensbeistands in den Erörterungstermin nach § 157 FamFG	631

D Gerichtliche Verfahren mit Auslandsbezug *(Katja Schweppe)*

I.	Einleitung	638
II.	Rechtsgrundlagen	639
	1. UN-Konvention	639
	2. Übereinkommen des Europarats	640
	a) Europäisches Sorgerechtsübereinkommen	640

		b) Europäisches Übereinkommen über die Ausübung von Kinderrechten	640
		c) Europäisches Umgangsübereinkommen	640
	3.	Haager Konventionen	641
		a) Haager Kinderschutzübereinkommen	641
		b) Haager Minderjährigenschutzübereinkommen	643
		c) Haager Kindesentführungsübereinkommen	643
	4.	Brüssel IIa-Verordnung	644
	5.	Nationales Recht	645
		a) EGBGB	645
		b) FamFG	646
		c) IntFamRVG	646
III.	Regelungsbereiche		647
	1.	Internationale Zuständigkeit	647
		a) Grundsatz: gewöhnlicher Aufenthalt	647
		b) Besondere Zuständigkeitsregeln nach der Brüssel IIa-VO	648
		c) Sonstige Zuständigkeitsanknüpfungen	649
	2.	Anzuwendendes Recht	651
		a) Grundsatz: Art. 15 KSÜ	651
		b) Ausnahme: Art. 21 EGBGB	652
		c) Verfahrensrecht	653
	3.	Anerkennung und Vollstreckung	653
		a) Anerkennung ausländischer Entscheidungen	653
		aa) Art. 21 ff. Brüssel IIa-VO	653
		bb) Anerkennung nach ESÜ, KSÜ und FamFG	654
		b) Abänderung ausländischer Entscheidungen	655
		c) Vollstreckung ausländischer Entscheidungen	655
	4.	Grenzüberschreitende Unterbringung	656
IV.	Verfahren nach dem HKÜ		657
	1.	Ziele und Instrumentarium des HKÜ	657
		a) Rückführungsverfahren	657
		b) Auslegung der Ausnahmetatbestände	659
		c) Ergänzende Regelungen in Brüssel IIa-VO und IntFamRVG	659
	2.	Probleme in der Praxis des HKÜ	661
	3.	Verfahrensbeistandschaft in HKÜ-Verfahren	663

V.	Verfahrensbeistandschaft in Verfahren mit Auslandsbezug	664
	1. Aufgaben des Verfahrensbeistands	664
	2. Qualifikation des Verfahrensbeistands	666
	3. Allgemeine Hinweise	667

E Jugendhilfeverfahren und Interessenvertretung
(Katrin Lack/Gerhard Fieseler)

I.	Einleitung	672
II.	Das Verwaltungsverfahren im Jugendhilferecht	673
	1. Rechtsgrundlagen	673
	2. Verfahrensgrundsätze	675
	a) Amtsermittlungsgrundsatz	675
	b) Beschleunigte Verfahrensdurchführung	676
	c) Beteiligungs- und Verfahrensfähigkeit	677
	d) Rechtliches Gehör	678
	e) Kindeswohlzentriertes Verfahren in der Jugendhilfe	679
	3. Verfahrenseinleitung	679
	4. Verfahrensbeendigung	681
	5. Rechtsbehelfe	681
III.	Der Schutzauftrag nach § 8a SGB VIII	682
	1. Sinn und Zweck des Schutzauftrages	682
	2. Vorgehen bei gewichtigen Anhaltspunkten für eine Kindeswohlgefährdung	682
IV.	Das Hilfeplanverfahren nach § 36 SGB VIII	684
	1. Sinn und Zweck des Hilfeplanverfahrens	684
	2. Ablauf des Hilfeplanverfahrens	685
	3. Ausgestaltung des Hilfeplans	688
V.	Die Inobhutnahme nach § 42 SGB VIII	689
	1. Rechtsnatur der Inobhutnahme	689
	2. Ablauf der Inobhutnahme	691
	3. Befugnisse des Jugendamtes während der Inobhutnahme	692
	4. Dauer der Inobhutnahme	692
VI.	Rechte von Kindern und Jugendlichen im Verwaltungsverfahren	693
	1. Rechte von Kindern und Jugendlichen aufgrund ihrer förmlichen Beteiligung	694
	a) Anhörung	694
	b) Bevollmächtigte und Beistände	694

		c) Akteneinsicht	694
		d) Bekanntgabe des Verwaltungsaktes	695
	2.	Rechte von Kindern und Jugendlichen unabhängig von ihrer förmlichen Beteiligung	695
		a) Aufklärung und Beteiligung	695
		b) Beratung	696
		c) Initiativrecht des Minderjährigen	697
		d) Einhaltung des Sozialgeheimnisses	697
		e) Einlegen von Rechtsbehelfen	698
VII.	Interessenvertretung von Kindern und Jugendlichen im Verwaltungsverfahren		698
	1.	Interessenvertretung vor Einleitung eines familiengerichtlichen Verfahrens	698
		a) Interessenvertretung durch die Eltern?	698
		b) Interessenvertretung durch das Jugendamt?	699
		c) Interessenvertretung durch Ombudsstellen?	699
		d) Interessenvertretung durch den Verfahrensbeistand?	700
		e) Schlussfolgerungen und Reformbedarf	700
	2.	Interessenvertretung nach Einleitung eines familiengerichtlichen Verfahrens durch den Verfahrensbeistand	703
		a) Gespräche mit dem Jugendamt	703
		b) Einsicht in Akten des Jugendamtes	704
		c) Teilnahme an der Hilfeplanung	704
VIII.	Fazit		705

Teil 5
Das Verhältnis des Verfahrensbeistands zu beteiligten Personen und Organisationen

A Das Verhältnis des Verfahrensbeistands zum Jugendamt
(Jörg Maywald)

I.	Einleitung	709
II.	Stellung des Jugendamtes gegenüber Kind und Eltern	709
III.	Aufgaben des Jugendamtes im familiengerichtlichen Verfahren	711
IV.	Zusammenarbeit des Verfahrensbeistands mit dem Jugendamt	713
V.	Keine Bestellung von Mitarbeitern des Jugendamtes zu Verfahrensbeiständen	715

B Das Verhältnis des Verfahrensbeistands zu Eltern und anderen Bezugspersonen des Kindes/Jugendlichen *(Hildegard Niestroj)*

I. Zum Selbstverständnis des Verfahrensbeistands im Verhältnis zu Eltern 717
II. Die Konzentration auf das Kind als wesentliche Aufgabe 723
    1. Zur Perspektive des Kindes im Interessenkonflikt 723
    2. Die Situation des Kindes aus dem Blickwinkel von Eltern 728
    3. Von einer elternbezogenen Sicht hin zum Kindeswohl 735
    4. Kindzentrierung im familiengerichtlichen Verfahren 739
III. Der klare Rahmen als Strukturierungshilfe 743

C Das Verhältnis des Verfahrensbeistands zu anderen mit dem Kind oder Jugendlichen befassten Fachkräften und Institutionen
(Katrin Lack/Anja S. Schön)

I. Einleitung 747
II. Allgemeine Bedingungen der Kontaktaufnahme 747
III. Besonderheiten einzelner pädagogischer und medizinischer Institutionen 749
    1. Kinderärzte, Kliniken, Geburtshäuser und Mutter-Kind-Heime 749
    2. Sozialpädiatrische Zentren, ambulante Frühförderstellen oder Selbsthilfevereine 750
    3. Tageseinrichtungen für Kinder 750
    4. Schulen, Beratungs- und Förderzentren 751
    5. Inobhutnahmeeinrichtungen und Bereitschaftspflegestellen 752
    6. Kinderheime, Kinderdörfer, Erziehungsstellen, Pflegefamilien 753

D Das Verhältnis des Verfahrensbeistands zu Gutachtern
(Jörg M. Fegert)

I. Zur Abgrenzung der Aufgabenbereiche Verfahrensbeistand – Gutachter 755
II. Aufgabenbereiche des Gutachters 756
III. Sonderfall: Parteigutachten 758
IV. Die Rolle des Verfahrensbeistands, Kenntnisse und Interventionsmöglichkeiten 758
V. Fazit 761

Teil 6
Organisation und Vergütung

A Standards für die Interessenvertretung von Kindern und Jugendlichen vor dem Familiengericht *(Corina Weber/Maud Zitelmann)*

I. Einleitung 765

II. Standards für die Interessenvertretung von Kindern und Jugendlichen vor dem Familiengericht 770

    1. Standards der Bundesarbeitsgemeinschaft Verfahrensbeistandschaft/ Interessenvertretung für Kinder und Jugendliche e.V. (BAG) vom 24.4.2012 770

    2. Ursprüngliche Fassung der Standards der Bundesarbeitsgemeinschaft Verfahrensbeistandschaft/Interessenvertretung für Kinder und Jugendliche e.V. (BAG) vom 17.2.2001 778

B Organisation *(Katrin Lack/Sabine Ehrtmann)*

I. Personelle und organisatorische Voraussetzungen 795

    1. Interessenkonflikte 795

    2. Selbstständige Tätigkeit 796

        a) Vorüberlegungen 796

        b) Abschluss von Versicherungen 797

        c) Existenzgründungszuschuss 800

        d) Umsatzsteuer 800

II. Büroorganisation 801

III. Bestellung zum Verfahrensbeistand 802

C Entschädigung *(Axel Bauer)*

I. Entschädigungsansprüche ehrenamtlicher Verfahrensbeistände 803

II. Berufsmäßig geführte Verfahrensbeistandschaft 804

    1. Einführung 804

    2. Anerkennung als Berufsverfahrensbeistand 805

        a) Pflicht zur Feststellung der Berufsmäßigkeit 805

        b) Unterbliebene Feststellung der Berufsmäßigkeit 806

    3. Maßstäbe für die Feststellung der Berufsmäßigkeit 808

    4. Anwendung der Regelungen des Betreuungsrechts 808

    5. Regelbeispiele der Berufsverfahrensbeistandschaft 809

III.	Anspruch des (Berufs-)Verfahrensbeistands auf Entschädigung in Kindschaftssachen (§ 151 Nr. 1 bis 5 FamFG), in Abstammungssachen (§ 174 FamFG) und in Adoptionssachen (§ 191 FamFG)	811
IV.	Entschädigung des (Berufs-)Verfahrensbeistands in Unterbringungsverfahren	818
V.	Entstehung des Anspruches auf Vergütung	822
VI.	Ausschlussfrist für die Geltendmachung des Vergütungsanspruches	825
VII.	Ersatz von Aufwendungen	827
VIII.	Entschädigungsverfahren	827
IX.	Rechtsmittel gegen die Festsetzung der Entschädigung	829
	1. Rechtsmittel bei unterlassener Feststellung der Berufsmäßigkeit der Verfahrensbeistandschaft	829
	2. Rechtsmittel gegen den Festsetzungsbeschluss	829
	3. Rechtsmittel gegen die Vergütungsentscheidung im vereinfachten Verfahren	830
X.	Kostenregress der Staatskasse	830
Anhang		833
Literatur		843
Stichwortverzeichnis		893

Autorinnen und Autoren

Bauer, Axel, Weiterer aufsichtführender Richter am Amtsgericht Frankfurt am Main, seit 1987 Vormundschafts-/Betreuungsrichter, seit 1998 Betreuungs- und Familienrichter. Referent und Mitglied der Prüfungskommission der Weiterbildung für Verfahrensbeistände der Paritätischen Akademie. Veröffentlichungen zu den Themen Sorgerecht, Verfahrenspfleger/Verfahrensbeistände für Minderjährige, Freiheitsentzug bei Minderjährigen. Ehemaliger Lehrbeauftragter der Johann-Wolfgang-von-Goethe-Universität Frankfurt am Main, aktueller Lehrbeauftragter der Fachhochschule Frankfurt am Main, Fachbereich 4, Soziale Arbeit und Gesundheit. Mitkommentator des Heidelberger Kommentars zum Betreuungs- und Unterbringungsrecht.

Bearbeiter von Rn. 236–583; 2054–2143

Berneiser, Carola, Dr. jur., Lehrkraft an der Frankfurt University of Applied Sciences, Fachbereich Soziale Arbeit und Gesundheit; Lehr- und Publikationsschwerpunkt im Familienrecht, Kinder- und Jugendhilferecht, Kindesschutz; Dissertation zur „verfahrensrechtlichen Neuregelung der Erörterung der Kindeswohlgefährdung nach § 157 FamFG". Hanse Merkur Preis für Kinderschutz 2018 für „Frankfurter Modell: Kinderschutz in der Lehre".

Bearbeiterin von Rn. 1624–1687

Diouani-Streek, Mériem, Dr. phil., Diplom-Pädagogin, Leiterin der Beratungsstelle im Deutschen Kinderschutzbund Bezirksverband Frankfurt am Main, Kuratoriumsmitglied der Stiftung zum Wohl des Pflegekindes und in dieser Funktion Expertin im Dialogforum Pflegekinderhilfe zum Reformprozess des SGB VIII. Veröffentlichungen sowie interdisziplinäre Vortrags- und Lehrtätigkeit in den Bereichen Kinderschutz, Pflegekindschaft, Adoption, kindliche Entwicklung und Beratung. Hanse Merkur Preis für Kinderschutz 2018 für „Frankfurter Modell: Kinderschutz in der Lehre".

Bearbeiterin von Rn. 1056–1089; 1303–1368 (ab der 4. Auflage)

Dürbeck, Werner, Dr. jur., Richter am Oberlandesgericht Frankfurt am Main, 5. Senat für Familiensachen. Veröffentlichungen vor allem im Bereich des Kindschafts-, Prozesskosten- und Beratungshilfe-, Jugendhilfe-, Verfahrens- und des Kostenrechts. Seit 2018 Mitglied der Redaktion der Zeitschrift ZKJ und dort zuständig für den familienrechtlichen Rechtsprechungsteil.

Bearbeiter von Rn. 588–700

Autorinnen und Autoren

Ehrtmann, Sabine, Diplom-Sozialpädagogin (FH), Verfahrensbeistand, Umgangspflegerin, Mitglied des Vorstandes der Bundesarbeitsgemeinschaft Verfahrensbeistandschaft für Kinder und Jugendliche e.V. (BAG) von 2000 bis 2006. Arbeitsschwerpunkt: Selbständige Tätigkeit als Verfahrensbeistand und Umgangspflegerin für Kinder und Jugendliche im Bereich Trennung und Scheidung, Kindeswohlgefährdung sowie bei Unterbringung Minderjähriger.

Bearbeiterin von Rn. 2032–2053 (bis zur 3. Auflage)

Fegert, Jörg M., Professor Dr. med. habil., ist Ärztlicher Direktor der Klinik für Kinder- und Jugendpsychiatrie/Psychotherapie des Universitätsklinikums Ulm, Past-Präsident und Kongresspräsident (Ulm 2017) der Deutschen Gesellschaft für Kinder- und Jugendpsychiatrie, Psychosomatik und Psychotherapie (DGKJP) und Vorstandsmitglied der europäischen Fachgesellschaft European Society for Child and Adolescent Psychiatry (ESCAP) und hier Leiter der Policy Division. Er ist Vorsitzender des Wissenschaftlichen Beirats für Familienfragen beim BMFSFJ und Mitglied in zahlreichen Fachbeiräten, u.a. im Fachbeirat des Unabhängigen Beauftragten für Fragen des sexuellen Kindesmissbrauchs der Bundesregierung. Er ist darüber hinaus stellvertretender Vorsitzender der Aktion Psychisch Kranke e.V., Vizepräsident der Deutschen Traumastiftung e.V., geschäftsführender Sprecher des Zentrums für Traumaforschung und Mitglied im Deutschen Komitee für UNICEF e.V. Zudem ist er Leiter des Kompetenzzentrums Kinderschutz in der Medizin in Baden-Württemberg.

Jörg Fegert ist Editor-in-Chief des Online Journals Child and Adolescent Psychiatry and Mental Health (CAPMH) (www.capmh.com) sowie European Editor des Journal of Child and Adolescent Psychopharmacology (www.liebertpub.com/cap).

Bearbeiter von Rn. 825–835; 852–889; 1011–1055; 1090–1138; 1369–1404; 1997–2017

Fieseler, Gerhard, Professor Dr. jur., Hochschullehrer an der Universität Gesamthochschule Kassel. Arbeitsschwerpunkte in Aus- und Fortbildung: Familien- und Jugendrecht, Recht der Sozialen Arbeit – Veröffentlichungen (Auswahl): Kinder- und Jugendhilferecht. Gemeinschaftskommentar zum SGB VIII (Herausgeber zusammen mit Prof. Hans Schleicher, Manfred Busch und Reinhard Wabnitz); Fieseler/Herborth, Recht der Familie und Jugendhilfe. Mitherausgeber der Fachzeitschrift KiTa aktuell Recht.

Bearbeiter von Rn. 1787–1884 (bis zur 3. Auflage)

Heilmann, Stefan, Professor Dr. jur., Vorsitzender Richter am Oberlandesgericht Frankfurt am Main, 1. Senat für Familiensachen; Honorarprofessor an der Frankfurt University of Applied Sciences; Mitherausgeber und Schriftleiter der Zeitschrift für Kindschaftsrecht und Jugendhilfe (ZKJ); Mitglied der Kinderrechtekommission des Deutschen Familiengerichtstages e.V.; Veröffentlichungen sowie Vortrags- und Lehrtätigkeit insbesondere zum Kindschaftsrecht sowie zum Verfahrensrecht; Referent u.a. in der Fortbildung von FamilienrichterInnen.

Bearbeiter von Rn. 1405–1599

Ivanits, Natalie, Dr. jur., Rechtsanwältin, Fachanwältin für Familienrecht und Mediatorin in Berlin. Dissertation „Zur Stellung des Kindes in auf Einvernehmen zielenden gerichtlichen und außergerichtlichen Verfahren in Kindschaftssachen".

Bearbeiterin von Rn. 1223–1302

Köhler–Dauner, Franziska, Kindheits-Pädagogin MA, wissenschaftliche Mitarbeiterin an der Universitätsklinik für Kinder- und Jugendpsychiatrie/Psychotherapie Ulm, Sektion: Pädagogik, Jugendhilfe, Bindungsforschung und Entwicklungspsychopathologie.

Bearbeiterin von Rn. 800–824; 890–984; 1011–1055; 1090–1138

Kostka, Kerima, Professor Dr. phil., Professur für Hilfen zur Erziehung/Öffentliche Jugendhilfe an der Frankfurt University of Applied Sciences. Diplom-Pädagogin. Wissenschaftspreis des Cornelia Goethe Centrums (2004). Veröffentlichungen, Vortrags- und Forschungstätigkeit insbesondere zu folgenden Themen: Theorie und Praxis der Hilfen zur Erziehung, Kinderschutz, Hilfeplanung, Trennung und Scheidung, Sorge- und Umgangsrecht, häusliche Gewalt. Hanse Merkur Preis für Kinderschutz 2018 für „Frankfurter Modell: Kinderschutz in der Lehre".

Bearbeiterin von Rn. 1172–1222

Lack, Katrin, Dr. jur., Richterin am Amtsgericht Frankfurt am Main; Lehrbeauftragte der Goethe-Universität Frankfurt am Main, Fachbereich Rechtswissenschaft; Dissertation zu „Möglichkeiten und Grenzen der Gesetzgebung zur Effektivierung des Kinderschutzes"; Mitherausgeberin des Handbuchs „Psychologische Gutachten im Familienrecht"; weitere Veröffentlichungen zum Sozial- und Familienrecht (insbesondere Kindschafts-, Verfahrens-, und Eherecht).

Bearbeiterin von Rn. 1787–1884; 1970–1996; 2032–2053 (jeweils ab der 4. Auflage)

Maywald, Jörg, Professor Dr. phil., Diplom-Soziologe, Geschäftsführer der Deutschen Liga für das Kind, Honorarprofessor an der Fachhochschule Potsdam, Sprecher der National Coalition Deutschland – Netzwerk zur Umsetzung der UN-Kinderrechtskonvention. Arbeitsschwerpunkte: Kinderrechte, Frühe Kindheit, Kinder- und Familienpolitik.

Bearbeiter von Rn. 836–851; 985–1010; 1139–1171; 1885-1908

Autorinnen und Autoren

Niestroj, Hildegard, Diplom-Pädagogin, Diplom-Sozialpädagogin, Kindergärtnerin. Kindertherapeutische Arbeit mit (Pflege-)Kindern in priv. Praxis; Kindzentrierte Fallsupervision für Pflege- und Adoptiveltern; Fortbildungsseminare für Jugendamtsmitarbeiter und Pflegeeltern u.a. zum Umgang mit traumatisierten Kindern; Verfahrensbeistand; Referentin in der Weiterbildung und Fallsupervision für Verfahrensbeistände. Praxiserfahrungen in der Kinder- und Jugendhilfe: Kindergärten, Heime; Nachbarschaftszentren für sozialkulturelle Arbeit und Gemeinwesenarbeit; Erziehungsberatung mit Schwerpunkt Kindertherapie und Elternberatung.

Bearbeiterin von Rn. 1909–1969

Rogalla, Catharina A., seit 1988 als Rechtsanwältin in Hamburg tätig. Verfahrensbeiständin für Kinder und Jugendliche. Mitglied des Betreuungsgerichtstages e.V.; Referentin bei Fachtagungen zur Verfahrenspflegschaft/Verfahrensbeistandschaft für Kinder und Jugendliche. Arbeitsschwerpunkte: Kindschafts- und Betreuungsrecht.

Bearbeiterin von Rn. 193–235

Salgo, Ludwig, Professor Dr. jur., Seniorprofessor am Fachbereich Erziehungswissenschaften und außerplanmäßiger Professor am Fachbereich Rechtswissenschaft der Goethe-Universität Frankfurt am Main. Professor an der FH Frankfurt am Main, Fachbereich Soziale Arbeit und Gesundheit (1992–2012). Arbeitsschwerpunkte in Forschung und Lehre: Familienrecht, Sozialrecht mit Schwerpunkt im SGB VIII (Kinder- und Jugendhilferecht); Verfahrensrecht, Rechtsvergleichung, Verhältnis Eltern-Kind-Staat, Trennung/Scheidung/Sorge- und Umgangsregelung, Kindeswohlgefährdung und Intervention, Adoption, Pflegekindschaft, Familiengerichtsbarkeit, „Anwalt des Kindes". Forschungskontakte ins europäische und außereuropäische Ausland. Walter Kolb-Preis der Stadt Frankfurt am Main (1988). Wissenschaftliches Mitglied (Fellow) am Collegium Budapest – Institute for Advanced Study (1996). Vizepräsident des Deutsche Kinderschutzbundes (1985–1993). Fellow am Centre for Social Policy, Dartington, Vorstands- und Kuratoriumsmitglied verschiedener gemeinnütziger Stiftungen und Vereine. Referent in der Weiterbildung für Verfahrenspfleger/Verfahrensbeistände. Hanse Merkur Preis für Kinderschutz 2018 für „Frankfurter Modell: Kinderschutz in der Lehre".

Bearbeiter von Rn. 1–110

Schön, Anja S., Diplom-Pädagogin; Nebentätigkeit als Verfahrensbeiständin für Kinder und Jugendliche. Arbeitsschwerpunkt: Betreuung von traumatisierten Kindern während der Inobhutnahme. Zurzeit Beratungstätigkeit im Beratungs- und Förderzentrum im ZfE/Berthold-Simonsohn-Schule Frankfurt am Main.

Bearbeiterin von Rn. 1970–1996 (bis zur 3. Auflage)

Schweppe, Katja, Dr. jur., Richterin am Oberlandesgericht Frankfurt am Main, 4. Senat für Familiensachen. Studium der Rechtswissenschaft in Frankfurt am Main und Leicester (England). Walter-Kolb-Preis der Stadt Frankfurt am Main (2001). Dissertation „Kindesentführungen und Kindesinteressen". Weitere Veröffentlichungen zu den Themen Vormundschaft in Europa und Beteiligung von Kindern an Gerichtsverfahren.

Bearbeiterin von Rn. 1688–1786

Stötzel, Manuela, Dr. biol. hum., Psychologin und Fachpsychologin für Rechtspsychologie, von 2003 bis 2006 Stellvertretende Vorsitzende und von 2006 bis 2010 Vorsitzende der Bundesarbeitsgemeinschaft Verfahrensbeistandschaft / Interessenvertretung für Kinder und Jugendliche e.V., Ministerialrätin im Bundesministerium für Familie, Senioren, Frauen und Jugend, zurzeit Leiterin des Arbeitsstabes des Unabhängigen Beauftragten für Fragen des sexuellen Kindesmissbrauchs (UBSKM).

Bearbeiterin von Rn. 111–192

Tiemann, Sandra, seit 2013 als Rechtsanwältin in Hamburg tätig. Verfahrensbeiständin für Kinder und Jugendliche an Hamburger und Schleswig-Holsteiner Gerichten. Des Weiteren tätig als Ergänzungspflegerin und Vormünderin. Seit 2005 anerkannte Bereitschaftspflegestelle. Referentin im Bereich Verfahrensbeistandschaften und Familienverfahrensrecht. Arbeitsschwerpunkt: Kindschaftsrecht, insb. Kinder psychisch kranker Eltern und Pflegekinderrechte.

Bearbeiterin von Rn. 139–235

Weber, Corina, Diplom-Sozialpädagogin (FH) und Juristin. Arbeitsschwerpunkte: Kindschaftsrechtsreform, Kinderrechte. Entwicklung der Konzeption der Weiterbildung „Anwalt des Kindes" der Paritätischen Akademie; seit 1998 Referentin in der Fort- und Weiterbildung für Verfahrenspfleger/Verfahrensbeistände verschiedener Träger. Geschäftsführerin der Bundesarbeitsgemeinschaft Verfahrenspflegschaft für Kinder und Jugendliche e.V. (BAG) von 2001 bis 2003: Seit 1997 freiberufliche Führung von Einzelvormundschaften – auch Umgangspflegschaften –, Verfahrenspflegschaften/Verfahrensbeistandschaften für Kinder und Jugendliche; Lehraufträge an der Fachhochschule Frankfurt am Main.

Bearbeiterin von Rn. 2018–2031

Zenz, Gisela, Professor Dr. jur. Dr. h.c., Psychoanalytikerin und Professorin (em.) für Familien-, Jugendhilfe- und Sozialrecht an der Goethe-Universität Frankfurt am Main. Arbeitsschwerpunkte: Kindschaftsrecht (Kindesmisshandlung, Pflegekindschaft, Adoption) und Rechte alter und pflegebedürftiger Menschen (gesetzliche Betreuung, institutionelle und häusliche Pflege, Misshandlung und Vernachlässigung). Stellvertretende Vorsitzende des Landespräventionsrates Hessen, langjährige Politikberatung für das Hessische Justizministerium und das Bundesministerium der Justiz (Bundesverdienstkreuz); Kuratoriumsmitglied verschiedener gemeinnütziger Stiftungen.

Bearbeiterin von Rn. 1056–1089; 1303–1368 (bis zur 3. Auflage)

Ziegenhain, Ute, Professor Dr. phil., Leiterin der Sektion Pädagogik, Jugendhilfe, Bindungsforschung und Entwicklungspsychopathologie an der Klinik für Kinder- und Jugendpsychiatrie/Psychotherapie des Universitätsklinikums Ulm. Arbeitsschwerpunkte: klinische Bindungsforschung, Projekte zur frühen Bindungsförderung, interdisziplinäre Versorgungsmodelle insbesondere im Bereich des Kinderschutzes und der Frühen Hilfen bzw. der Traumapädagogik.

Bearbeiterin von Rn. 800–824; 890–984

Zitelmann, Maud, Professor Dr., Professorin mit dem Schwerpunkt Kinderschutz und Jugendhilfe an der Frankfurt University of Applied Sciences. Staatlich anerkannte Erzieherin und Diplom-Pädagogin. Schwerpunkte in Forschung und Lehre: Kindesschutz in Ausbildung und Studium, Inobhutnahme, Pflegekindschaft, interdisziplinäre Aspekte des Familien- und Jugendhilferechts. Hessischer Hochschulpreis für Exzellenz in der Lehre 2013; Publikationspreis 2018, Hanse Merkur Kinderschutzpreis 2018 für „Frankfurter Modell: Kinderschutz in der Lehre".

Bearbeiterin von Rn. 701–799; 1600–1623; 2018–2031

Zwönitzer, Annabel, Diplom-Psychologin, wissenschaftliche Mitarbeiterin an der Universitätsklinik für Kinder- und Jugendpsychiatrie/Psychotherapie Ulm, Sektion: Pädagogik, Jugendhilfe, Bindungsforschung und Entwicklungspsychopathologie.

Bearbeiterin von Rn. 800–824; 890–984; 1011–1055; 1090–1138

Abkürzungen

a.A.	anderer Ansicht
a.a.O.	am angegebenen Ort
Abg.	Abgeordnete/r
Abs.	Absatz
AcP	Archiv für die civilistische Praxis
AEUV	Vertrag über die Arbeitsweise der Europäischen Union
a.F.	alte Fassung
ÄndG	Änderungsgesetz
AGKJHG	Ausführungsgesetz zum KJHG
AG (AmtsG)	Amtsgericht
AK	Arbeitskreis
Anh.	Anhang
Anm.	Anmerkungen
APA	American Psychiatric Association
Art.	Artikel
ASD	Allgemeiner Sozialdienst
Aufl.	Auflage
ausf.	ausführlich
AWMF	Arbeitsgemeinschaft der Wissenschaftlichen Medizinischen Fachgesellschaften
Az.	Aktenzeichen
BAG	Bundesarbeitsgemeinschaft
BayObLG	Bayerisches Oberstes Landesgericht
BayObLGZ	Entscheidungssammlung des BayObLG
Bearb.	Bearbeiter
BeckOK	Beck-scher Online-Kommentar (siehe Literaturverzeichnis)
Bd.	Band
BdB	Bundesverband der Berufsbetreuer e.V.
BfJ	Bundesamt für Justiz
BGB	Bürgerliches Gesetzbuch
BGBl.	Bundesgesetzblatt
BGH	Bundesgerichtshof
BGHZ	Entscheidungssammlung des BGH in Zivilsachen
BMFSFJ	Bundesministerium für Familie, Senioren, Frauen und Jugend
BMJ	Bundesministerium der Justiz
BR	Bundesrat
BR-Drucks.	Bundesratsdrucksache
BRAGO	Bundesrechtsanwaltsgebührenordnung
BRAK-Mitt.	Mitteilungen der Bundesrechtsanwaltskammer
BRAO	Bundesrechtsanwaltsordnung
BRD	Bundesrepublik Deutschland

Abkürzungen

Brüssel IIa-VO	EU-Verordnung vom 27.11.2003 über die Zuständigkeit und die Anerkennung und Vollstreckung von Entscheidungen in Ehesachen und in Verfahren betreffend die elterliche Verantwortung
BRKG	Bundesreisekostengesetz
BT-Drucks.	Bundestagsdrucksache
BtÄndG	Betreuungsrechtsänderungsgesetz
BtG	Betreuungsgesetz
BtPrax	Betreuungsrechtliche Praxis
BVerfG	Bundesverfassungsgericht
BVerfGE	Entscheidungssammlung des BVerfG
BVerfGG	Bundesverfassungsgerichtsgesetz
BVormVG	Berufsvormündervergütungsgesetz
bspw.	beispielsweise
bzw.	beziehungsweise
DAVorm	Der Amtsvormund
ders.	derselbe
DFGT	Deutscher Familiengerichtstag
d.h.	das heißt
dies.	dieselbe
Diss.	Dissertation
DIV	Deutsches Institut für Vormundschaftswesen
DriG	Deutsches Richtergesetz
Drucks.	Drucksache
DSM-IV	Diagnostisches und Statistisches Manual Psychischer Störungen, 4. Revision
DV	Deutscher Verein für öffentliche und private Fürsorge
DVKostG	Durchführungsverordnung zum Kostengesetz
ebd.	ebenda
Ed(s).	Editor(s)
EGBGB	Einführungsgesetz zum BGB
EGMR	Europäischer Gerichtshof für Menschenrechte
engl.	englisch
Entsch.	Entscheidung
epd	Evangelischer Pressedienst
ESÜ	Europäisches Übereinkommen vom 20.5.1980 über die Anerkennung und Vollstreckung von Entscheidungen über das Sorgerecht für Kinder und die Wiederherstellung des Sorgeverhältnisses
et al.	et altera (und andere)
etc.	et cetera
EU	Europäische Union
EUÜ	Europäisches Übereinkommen über den Umgang von und mit Kindern vom 15.5.2003
EuGH	Gerichtshof der Europäischen Gemeinschaften
e.V.	eingetragener Verein

ev.	evangelisch
evtl.	eventuell
EZFamR	Entscheidungssammlung zum Familienrecht
f.	folgende
FamFG	Gesetz über das Verfahren in Familiensachen und in den Angelegenheiten der freiwilligen Gerichtsbarkeit
FamFR	Familienrecht und Familienverfahrensrecht (Zeitschrift)
FamG	Familiengericht
FamGKG	Gesetz über Gerichtskosten in Familiensachen
FamRB	Familienrechtsberater
FamRBint	Familienrechtsberater, international
FamRefK	Familienrechtsreformkommentar (siehe Literaturverzeichnis, Bäumel)
FamRZ	Zeitschrift für das gesamte Familienrecht
FamS	Familiensenat
ff.	fortfolgende
FF	Forum Familien- und Erbrecht
FGG	Gesetz über die Angelegenheiten der freiwilligen Gerichtsbarkeit
FGG-E	Entwurf zum FGG
FGG-RG	FGG-Reformgesetz
Fn.	Fußnote
FPR	Familie Partnerschaft Recht
FS	Festschrift
FuR	Familie und Recht
gem.	gemäß
Ges. W.	Gesammelte Werke
GG	Grundgesetz
ggf.	gegebenenfalls
GK-SGB VIII	Gemeinschaftskommentar zum SGB VIII (siehe Literaturverzeichnis)
GNotKG	Gerichts- und Notarkostengesetz
GVG	Gerichtsverfassungsgesetz
HK-BUR	Heidelberger Kommentar zum Betreuungs- und Unterbringungsrecht (siehe Literaturverzeichnis, Bauer/Klie/Rink)
HKÜ	Haager Übereinkommen vom 25.10.1980 über die zivilrechtlichen Aspekte internationaler Kindesentführungen (Haager Kindesentführungsübereinkommen)
h.M.	herrschende Meinung
Hrsg.	Herausgeber
iaf	Verband binationaler Familien und Partnerschaften
ICD-10	Internationale Klassifikation psychischer Störungen, 10. Revision (International Classification of Diseases)
i.d.R.	in der Regel
insbes.	insbesondere
IntFamRVG	Internationales Familienrechtsverfahrensgesetz

Abkürzungen

IPR	Internationales Privatrecht
IPRax	Praxis des Internationalen Privat- und Verfahrensrechts
ISD	Internationaler Sozialdienst
i.S.d.	im Sinne des
i.S.v.	im Sinne von
i.V.m.	in Verbindung mit
JAmt	Das Jugendamt
jew.	jeweils
jM	juris Die Monatszeitschrift
JMBl	Justizministerialblatt
JuFöG Schleswig	Jugendförderungsgesetz Schleswig-Holstein
JurBüro	Das juristische Büro
JURIS	Juristisches Informationssystem
jurisPK-SGB VIII	Juris PraxisKommentar SGB VII (siehe Literaturverzeichnis)
JVBKR	Justizvollzugsbestimmungen für Kassenanweisungen in Rechtssachen
JZ	JuristenZeitung
Kap.	Kapitel
KG	Kammergericht
KGR	KG-Report
Kind-Prax	Kindschaftsrechtliche Praxis
KindRG	Gesetz zur Reform des Kindschaftsrechts
KJHG	Kinder- und Jugendhilfegesetz
KJS	Kinder- und Jugendhilfe Sozialdienst
KostO	Kostenordnung
KRK	UN-Konvention über die Rechte des Kindes
KSÜ	Haager Übereinkommen vom 19.10.1996 über die Zuständigkeit, das anzuwendende Recht, die Anerkennung, Vollstreckung und Zusammenarbeit auf dem Gebiet der elterlichen Verantwortung und der Maßnahmen zum Schutz von Kindern (Haager Kindesschutzübereinkommen)
LG	Landgericht
Lit.	Litera (Buchstabe)
LJA	Landesjugendamt
LPK-SGB VIII	Lehr- und Praxiskommentar zum SGB VIII
Ls.	Leitsatz
MDR	Monatsschrift für Deutsches Recht
m.E.	meines Erachtens
Mj.	Minderjährige/r
MünchKomm	Münchener Kommentar zum BGB (siehe Literaturverzeichnis)
MSA	Haager Übereinkommen vom 5.10.1961 über die Zuständigkeit der Behörden und das anzuwendende Recht auf dem Gebiet des Schutzes von Minderjährigen (Haager Minderjährigenschutzabkommen)
m.w.N.	mit weiteren Nachweisen

n.F.	neuer Fassung
NJW	Neue Juristische Wochenschrift
NJWE-FER	NJW-Entscheidungsdienst Familien- und Erbrecht
NJW-RR	NJW-Rechtsprechungsreport
Nr.	Nummer
NStZ	Neue Zeitschrift für Strafrecht
NStZ-RR	NStZ-Rechtsprechungsreport
NZFam	Neue Zeitschrift für Familienrecht
o.a.	oben angegeben(e)
o.Ä.	oder Ähnliches
o.g.	oben genannt
o.J.	ohne Jahr
OLG(e)	Oberlandesgericht(e)
OLGR	OLG-Report
OLGZ	Entscheidungssammlung der OLGe in Zivilsachen
PAS	Parental Alienation Syndrome
PdR	Praxis der Rechtspsychologie
Pkt.	Punkt
PsychKG	Psychisch-Kranken-Gesetze (der Bundesländer)
R & P	Recht & Psychiatrie
RA	Rechtsanwalt
RabelsZ	Zeitschrift für ausländisches und internationales Privatrecht
RdJB	Recht der Jugend und des Bildungswesens
RegE	Regierungsentwurf
Rn.	Randnummer
Rpfleger	Der deutsche Rechtspfleger
RPflG	Rechtspflegergesetz
RsDE	Recht der sozialen Dienste und Einrichtungen
Rspr.	Rechtsprechung
S.	Satz/Seite
s.	siehe
s.a.	siehe auch
SchlHA	Schleswig-Holsteinische Anzeigen
SchlHOLG	Schleswig-Holsteinisches Oberlandesgericht
SGB	Sozialgesetzbuch
sog.	sogenannt
SorgeRG	Gesetz zur Neuregelung des Rechts der elterlichen Sorge
SorgeRÜbkAG	Gesetz vom 5.4.1990 zur Ausführung von Sorgerechtsübereinkommen und zur Änderung des Gesetzes über die Angelegenheiten der freiwilligen Gerichtsbarkeit sowie anderer Gesetze
StGB	Strafgesetzbuch

Abkürzungen

StPO	Strafprozessordnung
StV	Strafverteidiger
u.	unten
u.a.	und andere/unter anderem
UN	United Nations
UN-KRK	UN-Konvention über die Rechte des Kindes
USA	United States of America
UStG	Umsatzsatzsteuergesetz
u.U.	unter Umständen
v.	vom/von
VBVG	Vormünder- und Betreuervergütungsgesetz
Verf.	Verfasser
vgl.	vergleiche
Vorbem.	Vorbemerkung
VwGO	Verwaltungsgerichtsordnung
WHO	Weltgesundheitsorganisation (World Health Organization)
ZAP	Zeitschrift für Anwaltspraxis
ZAR	Zeitschrift für Ausländerrecht und Ausländerpolitik
z.B.	zum Beispiel
ZfF	Zeitschrift für das Fürsorgewesen
ZfJ	Zentralblatt für Jugendrecht
ZGB	Zivilgesetzbuch (Schweiz)
Ziff.	Ziffer
ZKJ	Zeitschrift für Kindschaftsrecht und Jugendhilfe
ZPO	Zivilprozessordnung
ZRP	Zeitschrift für Rechtspolitik
ZSEG	Zeugen-und-Sachverständigen-Entschädigungsgesetz
z.T.	zum Teil
zugl.	zugleich
zust.	zustimmend
ZVW	Zeitschrift für Vormundschaftswesen (Schweiz)
zzt.	zurzeit

Teil 1

Zur Entstehung und Entwicklung der Verfahrensbeistandschaft

A Zur Entstehung und Entwicklung eigenständiger Interessenvertretung Minderjähriger

„This innovation has been one of the success stories of our time."[1]

(Cretney)

Übersicht

		Rn.
I.	Vorbemerkung	1
II.	Entwicklungen und Akzeptanz	4
III.	Die Neuregelung der selbstständigen Interessenvertretung im FGG-Reformgesetz	13
IV.	Auswirkungen der neuen Vergütungsregelung	21
V.	Kommunikation mit dem Kind unter den Bedingungen eingeschränkter Ressourcen	31
VI.	Über Besserwisserei, Allmachtsphantasien und Grenzüberschreitungen	35
VII.	Ein Anforderungsprofil an „geeignete" Verfahrensbeistände	38
	1. Der „geeignete" Verfahrensbeistand	38
	2. Unabhängigkeit und Kontrollen	45
VIII.	Die Wille-Wohl-Debatte im FamFG	53
IX.	Implikationen der UN-Konvention über die Rechte des Kindes von 1989 und des Europäischen Übereinkommens über die Ausübung von Kinderrechten	63
X.	Kindeswohl und Kindeswille – die Voraussetzungen und Grenzen der Fähigkeit zur Selbstbestimmung	75
XI.	Informationsbeschaffung als Aufgabe des Verfahrensbeistands	84
XII.	Verfahrensbeistandschaft und Vermittlung	93
XIII.	Das Kind als „Mandant" des Verfahrensbeistands?	104
XIV.	Jenseits der Dichotomie zwischen Kindeswohl und Kindeswillen	109

I. Vorbemerkung

Der international angesehene und eher zu nüchternen Aussagen neigende Rechtsgelehrte *Stephan M. Cretney,* Oxford, würdigte mit diesem Satz die Entwicklung eigenständiger Interessenvertretung Minderjähriger in Großbritannien.[2] Lange Zeit schien es so, dass vielleicht auch wir für die Entwicklung in Deutschland seit der Einführung der Verfahrenspflegschaft durch das Kindschaftsrechtsreformgesetz im Jahre 1998 von einer „Erfolgsgeschichte" sprechen könnten – und das unter Geltung einer Regelung, die als Minimalkompromiss mit zahlreichen Schwachstellen zustande gekommen war. Wenn inzwischen Kinder und Jugendliche, Jugendämter, Richterschaft und Wissenschaft den Erfolg einer Innovation bestätigen, dann könnte an solchen immer noch mit Bedacht zu betrachtenden Erfolgsmeldungen etwas dran sein, und dann wäre die Einschätzung der Bundesregierung doch gerechtfertigt:

„Die Einführung der Institution des Verfahrenspflegers nach § 50 FGG durch das Kindschaftsrechtsreformgesetz vom 16. Dezember 1997 hat sich als Erfolg erwie-

1

---

1 Cretney, Foreword, in: Monro/Forrester, The Guardian ad Litem, S. V.
2 Vgl. hierzu Salgo, 1996, S. 190 ff.

2 Diese Einschätzung besteht auch nach Inkrafttreten des FamFG fort: „Insgesamt ist die Einschätzung zur Tätigkeit des Verfahrensbeistands somit sehr positiv"[4], so die vom Bundesministerium der Justiz und für Verbraucherschutz in Auftrag gegebenen Evaluation der FGG-Reform. Zu Übermut oder Zufriedenheit besteht dennoch kein Anlass, es sei nur an den tragischen Tod von Yagmur aus Hamburg im Jahr 2013 erinnert – sie hatte im Familiengerichtsverfahren einen Verfahrensbeistand.[5] Der Breisgauer Missbrauchsfall[6] hat erst jüngst aufgezeigt, wie noch so gute Absichten des Gesetzgebers keinerlei Wirkungen entfalten können, wenn sie auf Ignoranz stoßen.

3 Ein Blick auf die Entwicklung der Anzahl der Bestellungen in der Familiengerichtsstatistik gem. § 50 FGG, in die seit 2006 auch die Bestellungen des Verfahrenspflegers bei freiheitsentziehender Unterbringung (§§ 67, 70b FGG) einberechnet wurden,[7] bestätigt zumindest, dass die Richterschaft in den Jahren seit der Einführung der Verfahrenspflegschaft gem. § 50 FGG zunehmend mit dieser neuen Rechtsfigur und der seit 2009 mit § 158 FamFG verdichteten Bestellpflicht weitgehend umzugehen gelernt hat und dass die ursprünglich skeptischen Stimmen[8] allmählich einer allgemeinen Wertschätzung[9] weichen. Die ersten zwanzig Jahre seit Einführung der Verfahrenspflegschaft haben eine wachsende Bereitschaft der Praxis gezeigt, sich auf diese neue „Rechtsfigur" einzulassen.

---

3 BT-Drucks. 16/6308, 415: Gegenäußerung der Bundesregierung: „Die Bundesregierung tritt daher der Einschätzung des Bundesrates [...] ausdrücklich entgegen." Vgl. auch die gründliche Analyse der Verfahrensbeistandschaft von Rösler, S. 261.

4 Ekert/Heiderhoff, Die Evaluierung der FGG-Reform, 2018, S. 117; online abrufbare unter www.bmjv.de/SharedDocs/Artikel/DE/2018/020218_Uebergabe_Bericht_FGG_Reform.html (Zugriff: 30.4.2019).

5 Hoffentlich werden die Ergebnisse des Untersuchungsausschusses der Hamburger Bürgerschaft langfristig Wirkungen zeigen, Bürgerschaft der Freien und Hansestadt Hamburg, Drucks. 20/14100.

6 Salgo, ZKJ 2018, 168; ders., ZKJ 2018, H. 11 Editorial; Heilmann, FamRZ 2018, 1797.

7 Zur hierdurch entstandenen Problematik der statistischen Bewertung vgl. Salgo/Stötzel, ZKJ 2008, 417 f. sowie in diesem Handbuch Rn. 186 ff.

8 Vgl. etwa FamRefK/Maurer, § 50 FGG Rn. 3: „Aus der Sicht des Praktikers (ist) dieses Rechtsinstitut völlig überflüssig."

9 Dittmann, ZKJ 2014, 180, 181: hohe Wertschätzung; ebenso Bergmann, ZKJ 2016, 288, 290 aus familiengerichtlicher Sicht: „Insgesamt handelt es sich aber um ein nützliches Rechtsinstitut, das Kinder besser in sie betreffende Verfahren einbezieht und dem Richter eine bessere Entscheidungsgrundlage bietet." Ebenso Furthmann, S. 169: „Der Verfahrensbeistand ist aus der familiengerichtlichen Praxis nicht mehr hinweg zu denken, seine Arbeit ist ein wichtiger Schritt zur Stärkung der Kinderrechte."

II. Entwicklungen und Akzeptanz

Gesamtübersicht: Verfahrenspflegerbestellung nach § 50 FGG[10]

4

	Deutschland	Früheres Bundesgebiet	Neue Länder
1999	2.544	1.977	567
2000	3.757	2.921	836
2001	5.483	4.409	1.074
2002	6.418	5.132	1.286
2003	7.121	5.577	1.544
2004	7.868	6.174	1.721
2005	8.765	6.917	1.848
2006	12.525	9.855	2.670
2007	13.657	11.600	2.057
2008	18.125	14.408	3.717
2009	14.409	11.575	2.834

Gesamtübersicht: Verfahrensbeistandsbestellung nach § 158 FamFG[11,12]

	Deutschland	Früheres Bundesgebiet	Neue Länder
2010	ca. 45.235	37.061	8.187
2011	ca. 59.179	48.633	10.329
2012	ca. 66.314	nicht mehr ausgewiesen	nicht mehr ausgewiesen
2013	ca. 73.078 (30,4 %)	"	"
2014	ca. 77.318 (30,9 %)	"	"
2015	ca. 80.082 (27,9 %)	"	"
2016	ca. 84.031 (28,0 %)	"	"
2017	ca. 88.475 (34,3 %)	"	"
2018	ca. 97.450 (38,5 %)	"	"

---

10 Statistisches Bundesamt, Rechtspflege, Familiengerichte, Fachserie 10/Reihe 2.2, Tabelle 2.4, 2001 ff. Das Jahr 2009 ist wegen des Inkrafttretens des FamFG nur bis Ende August erfasst.
11 Die angegebenen Prozentzahlen beziehen sich auf Bestellungen von Verfahrensbeiständen in sämtlichen Kindschafts-, Abstammungs- und Adoptionssachen.
12 Statistisches Bundesamt, Rechtspflege, Familiengerichte, Fachserie 10/Reihe 2.2, Tabelle 2.4. Zur Berechnung der absoluten Zahlen in den Folgejahren vgl. Stötzel Rn. 186 ff.

5   Diese erfreuliche Entwicklung in der Familiengerichtsbarkeit erfuhr eine verfassungsgerichtliche Bestätigung mit der Entscheidung des BVerfG vom 3.2.2017[13]: Der **„Grundrechtsschutz durch Verfahrensrecht"**[14] bei Interessenkonflikten zwischen Eltern und ihren Kindern ist schon seit Langem ein besonderes Anliegen des BVerfG gewesen, dessen kontinuierliche Rechtsprechung zunächst zur entsprechenden Sicherung mittels Ergänzungspflegern in Verfassungsbeschwerdeverfahren und letztendlich zur gesetzlichen Etablierung zuerst des Verfahrenspflegers (§ 50 FGG) und sodann des Verfahrensbeistandes (§ 158 FamFG) auch in den fachgerichtlichen Verfahren geführt hat. Vor dem Hintergrund dieser Rechtsprechungstradition hält sich das BVerfG in dieser neuen Entscheidung nicht lange bei dieser Thematik auf: Der im familiengerichtlichen Verfahren bestellte Verfahrensbeistand – im Verfahren vertreten durch eine Rechtsanwältin – „ist befugt, Verfassungsbeschwerde einzulegen und mit dieser – ausnahmsweise – fremde Rechte im eigenen Namen geltend zu machen." Dieser „Ritterschlag" der Verfahrensbeistandschaft durch das BVerfG ist also nicht überraschend.[15] Ohne diese (erfolgreiche) Verfassungsbeschwerde des Verfahrensbeistandes wären massive Grundrechtsverletzungen des betroffenen Kindes durch ein Oberlandesgericht hingenommen worden; dieser Beschluss ist auch für Praxis wie Rechtspolitik von erheblicher Bedeutung.[16]

6   Diese beachtlichen rechtstatsächlichen und verfassungsrechtlichen Entwicklungen kontrastieren in erschreckender Weise mit der Vorgehensweise des Amtsgerichts Freiburg wie des Familiensenats des Oberlandesgerichts Karlsruhe im sog. **Breisgauer Missbrauchsfall**[17]: ein Fall mit einer erheblichen Interessenkollision zwischen einer allein sorgeberechtigten Mutter und ihrem Sohn, also der klassische Fall für die Bestellung einer eigenständigen Interessenvertretung. Diese Fachgerichte missachteten alle zum Schutze des Kindes vorgesehenen Vorkehrungen im FamFG: keine Kindesanhörung eines achtjährigen Kindes, keine Bestellung eines Verfahrensbeistands und keine umfassende Sachverhaltsaufklärung von Amts wegen (§ 26 FamFG). Zudem verkannten sie die materiell-rechtlichen Voraussetzungen und Möglichkeiten der §§ 1666, 1666a BGB.[18] Bleibt zu hoffen, dass dieser Fall nicht nur hinsichtlich der konsequenten Umsetzung gesetzlicher

---

13 BVerfG vom 3.2.2017, 1 BvR 2569/16, FamRZ 2017, 524 mit Anm. Salgo.
14 Vgl. hierzu Salgo, 1996, S. 405 ff.
15 Prütting/Helms/Hammer, FamFG, 4. Aufl., § 158 Rn. 2 sehen in dieser Entscheidung des BVerfG eine zusätzliche Aufwertung der Bedeutung des Verfahrensbeistands.
16 Salgo, Anm. zu BVerfG v. 3.2.2017, 1 BvR 2569/16, FamRZ 2017, 524; Lack, Anm. zu BVerfG v. 3.2.2017, 1 BvR 2569/16, NJW 2017, 1300; Heilmann, ZKJ 2017, 219.
17 AG Freiburg, Beschluss vom 6.4.2017, ZKJ 2018, 187 f.; OLG Karlsruhe, Beschluss vom 27.7.2017, ZKJ 2018, 189 f. sowie hierzu Anm. 6 m.w.N.; siehe hierzu auch in diesem Handbuch unten Rn. 56 sowie Dürbeck, Rn. 265.
18 S. Salgo, ZKJ 2018, 168.

Vorgaben, sondern auch der Qualifikation von Gericht[19] und Jugendamt nachhaltige Wirkungen zeigt.[20]

Auch wirft dieser Fall die Frage auf, ob und von wem gegen die **Unterlassung der Bestellung eines Verfahrensbeistandes** vorgegangen werden kann, auch und gerade soweit Grundrechtsverstöße zu prüfen sind.[21] Das Bundesverfassungsgericht hat klargestellt, dass der bereits bestellte Verfahrensbeistand zur Verfassungsbeschwerde für das Kind befugt ist.[22] Wenn aber kein Verfahrensbeistand bestellt wurde und keiner der Beteiligten Grundrechtsverstöße rügt, sei es aus Unwissenheit oder weil er selbst die Bestellung eines Verfahrensbeistandes für nicht erforderlich oder sogar hinderlich erachtet, wird die **Schutzlücke** offensichtlich. Als es den Verfahrenspfleger noch nicht gab, hatte das Bundesverfassungsgericht[23] die Befugnis zur Erhebung einer Verfassungsbeschwerde bei Vorliegen einer Interessenkollision zwischen Sorgerechtsinhaber und Kind „demjenigen, der sich als Sachwalter des Kindes fühlt, die Möglichkeit, die Bestellung eines Ergänzungspflegers zum Zwecke der Erhebung einer Verfassungsbeschwerde beim Vormundschaftsgericht anzuregen," eingeräumt. Solange diese Konstellation nicht einer gesetzlichen Regelung zugeführt wird, kann dieser Weg beschritten werden.

Aus einer von *Heike Rabe* publizierten Erhebung,[24] durchgeführt unter der Leitung von *Prof. Münder*[25] Technische Universität, Berlin, ergeben sich bemerkenswerte Einschätzungen hinsichtlich der Auswirkungen der Verfahrenspflegschaft auf die Arbeit der Gerichte und Jugendämter:

- 90 % der befragten Richter gaben an, die Arbeit der Verfahrenspfleger/innen als hilfreich für ihre Entscheidungsfindung zu empfinden,[26]

- 56 % der befragten Richter gaben an, dass die Verfahrenspflegschaft keine Auswirkung auf die Dauer des Gerichtsverfahrens hatte; 27 % der befragten Richter gehen sogar davon aus, dass die Arbeit der Verfahrenspfleger eine beschleunigende Wirkung auf das Verfahren habe,[27]

---

19 Zur aktuellen Diskussion s. Stellungnahme der Kinderrechtekommission des Deutschen Familiengerichtstages e.V., FamRZ 2018, 666 ff.; dies., ZKJ 2018, 179; dagegen Nolte, FamRZ 2018, 1225 ff. und Erwiderung Schenck, FamRZ 2018, 1809 ff.
20 Hierzu Salgo, NJW-aktuell 23/2016 (Editorial); ders., ZKJ 2017, 254, 257; Heilmann, NJW-aktuell 16/2018 (Editorial); Rörig, DRiZ 2018, 84.
21 Johannsen/Büte, Familienrecht § 158 Rn. 24: „Bedenken begegnet der generelle Ausschluss der Anfechtbarkeit einer unterbliebenen Bestellung eines Verfahrensbeistandes im Hinblick auf die Rechtsprechung des BVerfG." S. auch Bumiller/Schwamb, Freiwillige Gerichtsbarkeit § 158 Rn. 17.
22 BVerfG, Beschluss vom 3.2.2017, 1 BvR 2569/16, FamRZ 2017, 524.
23 BVerfGE 72, 122, 134-136.
24 Rabe, ZKJ 2007, 437.
25 Münder/Hannemann/Bindel-Kögel, Der Anwalt des Kindes – Innovation durch Recht (2010).
26 Ebd. 441; vgl. auch Cretney (Fn. 1): The guardian is „also helping the court carry out its functions of promoting the child's welfare."
27 Rabe, a.a.O.

- 78 % der befragten Richter bewerten die Arbeit der Verfahrenspfleger als konfliktverringernd,[28]
- 65 % der befragten Jugendämter gaben an, die Tätigkeit von Verfahrenspflegern/innen als häufig oder immer hilfreich für das Jugendamt zu sehen,[29] die Kooperation zwischen Jugendämtern und Verfahrenspflegern/innen war aus der Sicht der Jugendämter sehr gut oder eher gut.[30]

9 Die „Evaluierung der FGG-Reform" bestätigt diese Einschätzungen:
- 80 % der befragten Richter und Anwälte sind der Meinung, die Regelung mit § 158 FamFG habe sich bewährt (über 90 % der erstinstanzlichen Richter),
- den Anteil der Verfahren, in denen der Verfahrensbeistand sachdienliche Beiträge zur Entscheidungsfindung einbringt, schätzen alle befragten Berufsgruppen sehr hoch ein. Für die erste Instanz geben über 90 % der Amtsrichter an, dies komme „fast immer" oder „in der Mehrheit der Fälle" vor. Für die zweite Instanz machen die befragten Richter am Oberlandesgericht ähnliche Angaben, im Vergleich zu ihren Kollegen am Amtsgericht antworten sie jedoch weniger häufig mit „fast immer"[31].

Die unter Leitung von *Münder* durchgeführte Wiederholungsstudie kommt hinsichtlich der Entwicklung der Verfahrensbeistandschaft zu nachfolgendem Gesamtbefund:

> „Der 1998 ins FGG übernommene Verfahrenspfleger war seinerzeit bei Gerichten und Jugendämtern sehr umstritten. Aktuell lässt sich feststellen, dass der Einsatz von Verfahrensbeiständen schon seit einigen Jahren – trotz gelegentlicher Reibungspunkte – sowohl von den Jugendämtern als auch von den Gerichten sehr geschätzt und als unverzichtbarer Bestandteil moderner Kinderschutzverfahren angesehen wird."[32]

Damit ist die lange Zeit vor (und teilweise auch noch nach) der Einführung des § 50 FGG gestellte „Ob-Frage" nicht nur vom Gesetzgeber, sondern auch aus der Praxis eindeutig beantwortet und wird inzwischen nicht mehr gestellt. Zwar sind nicht die Zufriedenheit und die Verbesserung der Arbeit der Gerichte und Behörden der Gradmesser für einen Erfolg oder gar das primäre Ziel der Einführung eigenständiger Interessenvertretung. Aber offensichtlich haben Gerichte und Behörden auch für das Gelingen ihrer Arbeit die Vorteile eigenständiger, unabhängiger und qualifizierter Interessenvertretung von Minderjährigen erkannt. Schon seit Langem unterstützten wohl nicht zuletzt wegen dieser positiven Effekte auch für ihre Arbeit

---

28 Rabe, a.a.O.
29 Rabe, a.a.O.; s.a. Dittmann, ZKJ 2014, 180, 183 zitiert eine Beratungsstelle: „Was ich liebe, sind starke Verfahrenspfleger."
30 Rabe, a.a.O.
31 Ekert/Heiderhoff, a.a.O., S. 103 und S. 115 f.; ebenso Dahm, Die Geeignetheit von Verfahrensbeiständen gemäß § 158 FamFG, 2017, VIII: 93,32 % der Familienrichter/innen finden die Bestellung des Verfahrensbeistandes „hilfreich" für ihre Entscheidungsfindung; s.a. Dahm ZKJ 2016, 212 ff., wo die zentralen Ergebnisse der Befragung dargestellt werden.
32 Münder (Hrsg.), 2017, Kindeswohl zwischen Jugendhilfe und Justiz, S. 440.

gerade viele Richter und ihre berufsständischen Organisationen auch in Australien, Großbritannien und vor allem in den USA die Einführung eigenständiger Interessenvertretung in ihren jeweiligen Rechtssystemen, so auch der Deutsche Familiengerichtstag[33].

Bemerkenswert sind die Äußerungen von Kindern zur Zufriedenheit mit ihrer Interessenvertretung im gerichtlichen Verfahren in der Forschungsstudie von *Murch*:[34]   9a

- Most of the children liked the idea of someone beeing appointed by the court to help them have their say in proceedings.
- A number needed someone accessible to them apart form their parents to support them through the litigation process. That person had to be trustworthy and able to relate to them with empathy.
- Most of them believed that if their parents could not resolve their differences in any other way a neutral judicial authority of some sort was needed.

[…]

- The children generally had clear ideas what constituted a 'good' guardian, that is:
  - The person appointed should give the child enough time to get to know them.
  - They wanted someone they could trust who could communicate with them at their level and who was not patronising.
  - They disliked hasty interrogations and preferred a friendly conversational style of interviewing.
  - They wanted clear explanations not only about the guardian's role but of the whole court process.
  - They particularly wanted guardians or their solicitor to report what they had told them accurately to the court.
  - They wanted to be kept regularly informed about the progress of the case."

Aus den Studien ergab sich, dass ein „guter" Verfahrensbeistand jemand war, der den Kindern mit Empathie zu begegnen in der Lage war und sie durch eine kritische und turbulente Phase der Veränderung familiärer Verhältnisse führen konnte. Die befragten Kinder wünschten sich, dass der Verfahrensbeistand schon viel früher, vor einer Eskalation der Konflikte, bestellt worden wäre.

Die von manchen befürchteten **Verfahrensverzögerungen** aufgrund der Verfahrenspfleger-/Verfahrensbeistandsbestellungen sind in der Bundesrepublik **nicht eingetreten** – eher das Gegenteil, genauso wenig eine Streitverschärfung. Die entscheidende Frage, nämlich wie Kinder und Jugendliche ihre Interessenvertretung mittels Verfahrenspfleger einschätzen, lässt sich inzwischen dank der Arbeit von *Manuela Stötzel* auch beantworten: 10

---

33 Zuletzt 21. Deutscher Familiengerichtstag (2016), AK 23, 21.
34 Murch, M.: Supporting children when parent separate, S. 224 f.

Teil 1 Zur Entstehung und Entwicklung der Verfahrensbeistandschaft

11 „Die Ergebnisse demonstrieren, dass die meisten befragten Kinder eine differenzierte und angemessene Vorstellung von der Rolle und Aufgabe des Verfahrenspflegers haben. Weiterhin berichten sie über eine umfangreiche diesbezügliche Aufklärung durch den Verfahrenspfleger. Die statistischen Analysen zeigen, dass hier ein deutlicher Zusammenhang zur Tätigkeit des Verfahrenspflegers besteht. Dies bedeutet, dass Kinder – zumindest in der untersuchten Altersgruppe der Schulkinder – in der Lage sind, die wichtigsten Informationen zur Rolle und Aufgabe des Verfahrenspflegers aufzunehmen und in ihr Wissen zu integrieren. Das Gesamterleben zu ihrer gerichtlichen Interessenvertretung beschreiben die Kinder insgesamt sehr positiv, wenn auch einzelne Aspekte als problematisch benannt werden. Die Unterstützung und den Beistand durch den Verfahrenspfleger stellen die Kinder in den Vordergrund. In ihren Beschreibungen spielen darüber hinaus Aspekte der Beziehung zum Verfahrenspfleger und seine persönlichen Eigenschaften eine Rolle. Eine komplexe Analyse sämtlicher für die Zufriedenheit des Kindes in Betracht gezogenen Faktoren zeigt, dass sich insbesondere zwei Aspekte als besonders zentral behaupten. Zum einen beschreiben die Kinder ein zunehmend positives Erleben, je mehr der Verfahrenspfleger sie aus ihrer Perspektive bei der gerichtlichen Anhörung unterstützt hat. Zum anderen spielt die kindliche Wahrnehmung darüber, in welchem Ausmaß der Verfahrenspfleger die Meinung des Kindes im gerichtlichen Verfahren deutlich gemacht hat, eine entscheidende Rolle für das Zufriedenheitsempfinden des Kindes."[35]

12 Hinsichtlich der Einschätzung der Verfahrensbeistände durch Jugendliche gelangt die Forschergruppe um *Münder* im Jahre 2017 zu einem ähnlichen Befund:

„In besonderer Weise bemerkenswert ist aber, dass fast durchgängig (von Ausnahmen abgesehen) die ihnen zugeteilten Verfahrensbeistände von den Jugendlichen als sehr wertvolle PartnerInnen im Verfahren angesehen werden. Voraussetzung dafür ist, dass sie hinreichend Interesse am Kind/Jugendlichen mitbringen und die Zeit, wirklich das Erleben, die Wünsche und den Willen der Minderjährigen zu erfassen. Schwierig wird es für die Jugendlichen allerdings, wenn die Verfahrensbeistände neben (oder gar konträr) zu ihrem geäußerten Willen auch ihr Wohl im Blick haben und vertreten, dies jedoch nicht offen, sondern nach nicht nachvollziehbaren Kriterien geschieht."[36]

▸ **Vgl. auch Rn. 149 ff.**

---

35 Stötzel, Wie erlebt das Kind die Verfahrenspflegschaft?, Herbolzheim 2005, S. 222. Vgl. aus richterlicher Sicht: Röchling (2009), § 2 Fn. 5a.
36 Münder (2017), S. 432 f.; überwiegend positiv – weil Verfahrensbeistand entlastet – äußerten sich auch in der Befragung von Münder (2017), S. 375 ff., die Jugendlichen zu ihrem Verfahrensbeistand: „Die hat mich richtig unterstützt, wirklich, das war ein Engel die Frau. Diese würde ich nur jeden Jugendlichen empfehlen, die in meiner Lage sitzen", S. 377, manche waren enttäuscht.

III. Die Neuregelung der selbstständigen Interessenvertretung im FGG-Reformgesetz

Die Neuregelung der selbstständigen Interessenvertretung im Regierungsentwurf (RegE) des FGG-RG griff mit dem § 158 FamFG-E zahlreiche Kritik- und Streitpunkte,[37] Zweifelsfragen,[38] Unklarheiten[39] sowie Verbesserungsvorschläge zu § 50 FGG auf, reagierte damit auch auf offensichtliche Fehlentwicklungen in Teilen der Rechtsprechung und stärkte die Stellung des Verfahrensbeistands;[40] die nachfolgenden zentralen Verbesserungen gegenüber den Regelungen in § 50 FGG finden sich schließlich in der vom Bundestag beschlossenen Fassung des § 158 FamFG wieder:

13

Das Gericht „hat" – ein Ermessen besteht nicht: Die Bestellung ist zwingend – dem minderjährigen Kind

14

- „so früh wie möglich"
- einen „geeigneten" Verfahrensbeistand
- mit klaren Aufgaben und Befugnissen
- in einem erweiterten Katalog von Fallkonstellationen[41]
- nicht nur in Kindschafts-, sondern auch in Unterbringungs-, Abstammungs- und Adoptionssachen (§§ 174, 191 FamFG) zu bestellen.

Der Verfahrensbeistand

- hat das Kind fortlaufend zu informieren,
- hat bei seiner Stellungnahme sowohl das subjektive Interesse (Wille des Kindes) als auch das objektive Interesse des Kindes (Kindeswohl) einzubeziehen,[42]
- hat das Recht auf Teilnahme an der persönlichen Anhörung des Kindes (§ 159 Abs. 4 Satz 3 FamFG),
- kann Gespräche mit Eltern und anderen Bezugspersonen führen, sofern die Bestellung mit erweitertem Auftrag erfolgte (§ 158 Abs. 4 Satz 3 FamFG)
- kann am Zustandekommen einvernehmlicher Regelungen mitwirken (Rn. 94 ff.), sofern die Bestellung mit erweitertem Auftrag erfolgte (§ 158 Abs. 4 Satz 3 FamFG),

---

37 Salgo, FPR 2006, 7 f., sowie Dokumentation, Zur Zukunft der Verfahrenspflegschaft, Kind-Prax 2005, 60.
38 BT-Drucks. 16/6308, S. 238.
39 BT-Drucks. 16/6308, S. 238; vgl. Hornikel, in: Reform des familiengerichtlichen Verfahrens, Lipp/Schumann/Veit (Hrsg.), S. 145, 146.
40 Bumiller/Schwamb, Freiwillige Gerichtsbarkeit § 158 Rn. 1.
41 S. Keidel/Engelhardt, FamFG § 158 Rn. 4 zum umfangreichen Katalog von die Person des Kindes betreffenden Angelegenheiten, der weit über die explizit benannten Fallkonstellationen reicht; s.a. Zorn in: Bork/Jacoby/Schwab FamFG § 158 Rn. 3.
42 So die regierungsamtliche Begründung, BT-Drucks. 16/6308, S. 239.

- hat am Zustandekommen eines gerichtlich gebilligten Vergleich mitzuwirken, d. h. es bedarf auch seiner Zustimmung zum Vergleich (§ 156 Abs. 2 FamFG),
- ist Beteiligter,
- kann im Interesse des Kindes Rechtsmittel einlegen,
- „ist befugt, Verfassungsbeschwerde einzulegen und mit dieser – ausnahmsweise – fremde Rechte im eigenen Namen geltend zu machen"[43],
- ist nicht gesetzlicher Vertreter des Kindes[44].

Ferner

- ist die Bestellung des Verfahrensbeistands ist nicht selbstständig anfechtbar,
- sind dem Verfahrensbeistand keine Kosten aufzuerlegen (§ 158 Abs. 8 FamFG),
- erhält der Verfahrensbeistand die pauschalierte Vergütung in jedem Verfahren, für jedes Kind und in jedem Rechtszug gesondert.

15 Damit entstand die nicht unberechtigte Hoffnung, dass die meisten der zahlreichen Strukturfehler und Anwendungsprobleme des § 50 FGG (keineswegs nur im Bereich der Vergütung) alsbald beseitigt sein könnten, auch wenn längst nicht alle Wünsche an eine Reform[45] damit erfüllt waren. Die vom Deutschen Bundestag auf der Grundlage der Beschlussempfehlung seines Rechtsausschusses[46] verabschiedete Fassung hätte hingegen mit einem gegenüber dem RegE völlig veränderten § 158 Abs. 7 FamFG die Intentionen des § 158 FamFG-E in Frage stellen können. Zahlreiche Passagen des RegE zu § 158 FamFG, insbesondere hinsichtlich der qualitativen Anforderungen sowie der erwarteten Tätigkeiten des Verfahrensbeistands, waren vorbehaltlos zu begrüßen und konnten umgesetzt werden.

16 Die Leitlinie des Regierungsentwurfs des FGG-Reformgesetzes war es, die Erfolgsgeschichte fortzusetzen und zu stärken gegenüber Obstruktionstendenzen aus der Vergütungsrechtsprechung einzelner Gerichte und die Qualität der Interessenwahrnehmung Minderjähriger durch diese inzwischen bewährte Rechtsfigur zu sichern. Die Stellungnahmen in den Anhörungsverfahren zum Referenten- und Regierungsentwurf zu § 158 FamFG-E waren deshalb auch überwiegend positiv. Zu der schließlich vom Rechtsausschuss entwickelten und vom Bundestag verabschiedeten Fassung des § 158 FamFG, insbesondere zu dessen Abs. 7, gab es jedoch keinerlei Anhörungen; es wurden auch keinerlei Expertisen hierzu eingeholt, jedenfalls sind solche die geplante und schließlich Gesetz gewordene Fassung mit den Vergütungspauschalen (350 €/550 €) befürwortenden Stellungnahmen von Fachleuten nicht bekannt. Vielmehr war der Rechtsausschuss offenbar darauf bedacht, den von ihm entwickelten Absatz 7 vor Einbringung in das Plenum des Bun-

---

43 BVerfG, Beschluss vom 3.2.2017, 1 BvR 2569/16, FamRZ 2017, 524 mit Anm. Salgo.
44 Die Bestellung hat nur verfahrensrechtliche, keine materiell-rechtliche Wirkung, d.h. keine Sorgerechtseinschränkungen zur Folge, s. Bumiller/Schwamb, Freiwillige Gerichtsbarkeit § 158 Rn. 1.
45 Salgo, FPR 2006, 7 ff., sowie Dokumentation, Zur Zukunft der Verfahrenspflegschaft, Kind-Prax 2005, 60.
46 BT-Drucks. 16/9733, S. 283 ff., 365 f.

destages nicht allzu sehr bekannt werden zu lassen. Trotz der geforderten Fraktionsdisziplin hatten sich aber einzelne Abgeordnete,[47] auch aus den die Regierung tragenden Parteien, gegen diese Vergütungsregelung im Plenum des Deutschen Bundestages ausgesprochen. Es ist hier nicht der Ort, diesen Gesetzgebungsverlauf erneut zu beschreiben.[48] Es waren ausschließlich fiskalische Gesichtspunkte zur Schonung der Länderhaushalte, die letztendlich zu den Veränderungen der Vergütungsregelung geführt haben. Es bestand die Befürchtung, dass die zahlreichen wichtigen Verbesserungen (gegenüber § 50 FGG) in § 158 FamFG durch die Vergütungsregelung wieder in Frage gestellt sein könnten. Jedoch: Die Veränderungen der Vergütungsregelung wirken sich indes aus unterschiedlichen Gründen nicht so negativ aus, wie es befürchtet worden war.

▶ **Ausführlich zur Vergütungsregelung siehe unter IV., Rn. 21 ff.**

Wie in keinem anderen Rechtsgebiet handelt es sich auf den Gebieten des Kindschaftsrechts, in denen Verfahrensbeistände eingesetzt werden, stets um sehr individuelle Einzelfallentscheidungen auf einem zudem verfassungsrechtlich hoch aufgeladenen Terrain. Bei der Rechtsfindung in diesem hochsensiblen Arbeitsgebiet empfehlen sich eigentlich keine unzureichenden Pauschalbemessungen des einzusetzenden Aufwandes. Dies gilt auch für die Zeit, die das Gericht aufwenden muss, und für den erforderlichen Zeitaufwand, den ein Gutachter braucht. Gleiches sollte auch für den Verfahrensbeistand gelten. Zweifelsohne haben, und hier muss man dem Rechtsausschuss zustimmen, „Fallpauschalen" aber auch einen wesentlichen Vorteile, sowohl für den Staat als auch für den einzelnen Verfahrenspfleger bzw. -beistand: Zeitraubende Dokumentationen der einzelnen Tätigkeiten für die Abrechnung entfallen. Dieser Vorteil gilt allerdings nur dann, wenn diese „Fallpauschalen" so bemessen sind, dass sie eine qualifizierte Wahrnehmung der übertragenen Aufgabe ermöglichen. Die im Gesetzgebungsverfahren ausgesprochenen Erwartungen hinsichtlich einer „Mischkalkulation" dürften sich indes erfüllt haben: Vor allem der Umstand, dass immer wieder der bestellte Verfahrensbeistand für dasselbe Kind in unterschiedlichen Verfahren eingesetzt wird und damit in jedem dieser Verfahren für die Tätigkeit jeweils die Vergütungspauschale erhält, mildert die unter Fallumständen gegebene Härte der pauschalierten Vergütung ab. Zudem werden Verfahrensbeistände in etwa 2/3 der Verfahren mit erweitertem Auftrag bestellt.[49]

17

Aufgabe der Rechtspolitik, der Verfahrensbeistände und ihrer Organisationen, von Justiz und Wissenschaft wird es weiterhin sein, die Folgen dieser neuen Vergütungsregelung in den nächsten Jahren penibel zu beobachten, auszuwerten und soweit notwendig bei nachgewiesenermaßen nicht anders zu lösender Problematik sich für eine Nachbesserung durch den Gesetzgeber einzusetzen. Wenn

18

---

47 Vgl. Protokoll der 2. und 3. Lesung des FGG-RG, 173. Sitzung des Deutschen Bundestages am 27.6.2008, Hinweis in der Rede der Abgeordneten Granold (CDU/CSU), Mitglied des Rechtsausschusses.
48 Vgl. Salgo, ZKJ 2009, 49, 55 ff.
49 Ekert/Heiderhoff, a.a.O., S. 107 ff.

Michael Coester von „Entmachtung" der Verfahrensbeistände sprach und die Frage stellte, ob der dramatische Rückschritt seiner Aufgaben und Befugnisse in der Schlussphase der FGG-Reform und die Ausgestaltung des § 158 FamFG noch verfassungs- und völkerrechtlichen Vorgaben genügt,[50] dann sind diese Warnungen jedenfalls für bestimmte Fallkonstellationen nach wie vor ernst zu nehmen: Die Erfolgsgeschichte dieser noch jungen Institution könnte hier nach wie vor in Frage gestellt sein. Es ging dem Bundesrat um die „Kosten für die Justizhaushalte"[51] – diese konnten indes vom Bundesrat auch nicht annähernd zutreffend beziffert werden –, und es ging um den „Gleichlauf" zu der Vergütung eines Rechtsanwalts[52], auch hier sind dem Bundesrat mehrere Fehleinschätzungen unterlaufen. Wird ein Rechtsanwalt als Verfahrensbeistand tätig, so richten sich seine Gebühren nicht nach dem RVG, sondern auch er erhält die Vergütung für Verfahrensbeistände nach dem § 158 Abs. 7 Satz 2 bis 4 FamFG (Rn. 2082).

19 Dass eine „geeignete" Interessenvertretung Minderjähriger, wie sie nun einmal zu Recht vom Gesetzgeber gefordert wird, Kosten (auch) für die Allgemeinheit verursacht, kann kaum überraschen. Entscheidend ist, ob die Minderjährigen die von der Reform versprochene Unterstützung tatsächlich erfahren, und dann, ob sich die Gesellschaft diese Kosten eigenständiger Interessenvertretung für in prekäre Lebenslagen geratene Minderjährige leisten will und kann. Es könnte sich aber auch um eine lohnende Zukunftsinvestition handeln?! „Ein kindgerechtes Justizsystem ist auf der Seite der Kinder und bietet Hilfe durch kompetente Fachkräfte."[53]

20 Auch wenn Verfahrensbeistände sowohl von Jugendämtern als auch von Gerichten sehr geschätzt und inzwischen als unverzichtbarer Bestandteil moderner Kinderschutzverfahren gesehen werden[54] und auch wenn von Seiten der Minderjährigen überwiegend positive Rückmeldungen vorliegen, sollten Beobachtungen wie Bedenken[55] der Forschergruppe um *Münder* von Ausbildungsträgern wie den Verfahrensbeiständen ernst genommen und berücksichtigt werden. Diese **konstruktive Kritik** an einer noch jungen, den Platz im Verfahren suchenden, aber diesen auch findenden und von Rollenambiguitäten („Kindeswille und Kindeswohl") geprägten Rechtsfigur ist – trotz überwiegender Erfolge – nicht überraschend:

- sehr enge Partnerschaft zwischen RichterInnen und „ihrem" Verfahrensbeistand,
- Vorsicht bei zu großer Nähe zum Jugendamt,

---

50 Staudinger-Coester (2016), § 1666 Rn. 272 sowie § 1671 Rn. 290. Ebenso 18. Deutscher Familiengerichtstag (2010) AK 11 Nr. 6 b): „[...] die angesetzten Pauschalen nicht geeignet sind, eine auch verfassungsrechtlich gebotene angemessene Interessenvertretung des Kindes im Verfahren zu gewährleisten".
51 Stellungnahme des Bundesrates, BT-Drucks. 16/6308, S. 377, Nr. 53 zu §§ 158 und 174 FamFG.
52 Beschlussempfehlung Rechtsausschuss, BT-Drucks. 16/9733, S. 366.
53 Leitlinie des Ministerkomitees des Europarats für eine kindgerechte Justiz (2010).
54 Münder (Hrsg.), 2017, Kindeswohl zwischen Jugendhilfe und Justiz, S. 440.
55 Ebd., insbes. S. 308, 310, 311, 312.

- Gefahr, dass Prinzipien der Neutralität und Unabhängigkeit durch zu enge Kooperation mit Gericht und Jugendamt verblassen: Grenzen eines kooperativen/korporativen Verständnisses,
- Verfahrensbeistände überschreiten ihren Auftrag und übernehmen Beratungsfunktionen,[56]
- Mitwirkung am Zustandekommen einvernehmlicher Regelungen führt nicht zur Übernahme der Mediatorenrolle: „Königsziel" für die Verfahrensbeistandschaft ist nicht immer die Einigung,
- Verbesserungsbedarf bei Erkundung von Wille und Wohl,
- zu wenig kindgemäße Methoden der Gesprächsführung,
- zu wenig Bezug auf Grundrechte des Kindes,
- zu wenig Einsatz für die Einhaltung der Anhörungsrechte des Kindes,
- Verbesserungsbedarf bei Aufklärung des Kindes über das Verfahren,
- Verfahrensbeistände machen von ihrem Beschwerderecht kaum Gebrauch.

Mit diesen Beobachtungen und Bedenken aus einer quantitativen und qualitativen Studie stellt die Forschergruppe um *Münder* – zumal es sich um Hinweise aus Einzelfällen handelt – den Erfolg dieser überfälligen Modernisierung überhaupt nicht in Frage, vielmehr geht es um die Findung, Schärfung und Feinjustierung des Rollenprofils.

IV. Auswirkungen der neuen Vergütungsregelung

Die durch nichts belegte Einschätzung des Bundesrates („In der Praxis ist daher zu beobachten, dass Verfahrensbeistände eher selten von effektivem Nutzen für das Verfahren und für die Wahrung der Interessen des Kindes sind."[57]) scheint widerlegt. Ungeachtet der differenzierten und empirisch abgestützten Einschätzungen entstand im Rahmen der Neuregelung der Interessenvertretung Minderjähriger in Verfahren vor dem Familiengericht ganz am Ende der FGG-Reformdebatte im Sommer des Jahres 2008 eine heftige **Kontroverse um die Vergütung** des Verfahrensbeistands, an deren Ende sich der Bundestag der Auffassung des Bundesrates bei der Vergütungsfrage im Wesentlichen anschloss.[58] Der Bundesrat, der sich schon von Anbeginn der rechtspolitischen Debatte als ein hartnäckiger Gegner einer Interessenvertretung von Minderjährigen gerierte,[59] hielt an dieser Linie aus finanzpolitischen Erwägungen unbeirrt fest.[60]

---

56 Zu einer solchen Kompetenzüberschreitung und Aufgabenvermischung fordern Dostmann/Bauch, NZFam 2015, 820, 821 geradezu auf: Bei „guter Arbeitsweise" soll der Verfahrensbeistand zum „kooperativen Familienkoordinator" werden.
57 Stellungnahme des Bundesrates, BT-Drucks. 16/6308, S. 377 f.
58 Vgl. Salgo, in: Reform des Familiengerichtlichen Verfahrens, Lipp, V./Schumann, E./Veit, B., S. 153/169 ff., 179 ff.
59 Vgl. die Stellungnahme des Bundesrates zu § 50 FGG-E in: BT-Drucks. 13/4899, S. 162: „Für eine besondere Regelung der Verfahrenspflegschaft für Minderjährige besteht kein Bedürfnis."
60 Stellungnahme des Bundesrates, BT-Drucks. 16/6308, Nr. 53, S. 377 zu §§ 158 und 174 FamFG.

22 Der wesentliche Unterschied zwischen 1996 und 2008 bestand indes darin, dass bei der Verabschiedung des Kindschaftsrechtsreformgesetzes Bundesregierung und Bundestag sich durch Drohungen des Bundesrates hinsichtlich eines Scheiterns der Reform wegen der Einführung der Verfahrenspflegschaft nicht einschüchtern ließen,[61] die Bundesregierung in der 16. Legislaturperiode hingegen zwar der Ablehnung des Verfahrensbeistandes durch den Bundesrat zunächst entgegentrat,[62] Bundesregierung und Bundestag sich schließlich aber dem zu erwartenden Druck mit der Pauschalierung der Vergütung unterwarfen, womit eine Kontroverse mit dem Bundesrat um diese Frage vermieden wurde. Noch ein weiterer in seiner Bedeutung nicht zu unterschätzender Unterschied im Herangehen an rechtspolitische Reformprojekte hat sich gezeigt: Während Rechtsvergleichung, Rechtstatsachenforschung und die Einschätzungen aus der Rechtswissenschaft noch erhebliche Bedeutung bei der Vorbereitung der Kindschaftsrechtsreform[63] und damit auch für die Einführung einer eigenständigen Interessenvertretung mit § 50 FGG hatten, gab es keine vergleichbar intensiven Aktivitäten mehr zur Vorbereitung des FGG-RG.[64]

23 Mit welcher Eile die Abwandlung des Regierungsentwurfs im Rechtsausschuss des Bundestages durchgezogen werden musste, zeigte sich an einem nachgebesserten Versehen: Die von der Staatskasse an den Verfahrensbeistand zu leistende einmalige pauschalierte Vergütung erhält dieser aufgrund der noch vor Inkrafttreten des FGG-RG erfolgten Nachbesserung in jedem Rechtszug.[65] Für die aufwandsbezogene Vergütungsregelung nach früherem Recht stellte sich diese Frage nicht, weil gem. § 50 Abs. 4 Nr. 1 FGG die Bestellung erst mit der Rechtskraft der das Verfahren abschließenden Entscheidung endete.

24 In- und ausländische Erfahrungen haben übereinstimmend gezeigt, dass der Einsatz, die spezifische Qualifikation, die Haltung und nicht zuletzt die Zeitressourcen des Interessenvertreters neben einer möglichst präzisen Umschreibung der Aufgaben und Einsatzfelder bereits im Gesetz für einen Erfolg von ausschlaggebender Bedeutung sind.[66] Wie im Bereich der gesetzlichen Gestaltung des Sorgerechts nicht miteinander verheirateter Eltern, so auch im Bereich der Wirkungen und Kostenfolgen eigenständiger Interessenvertretung Minderjähriger und auch in zahlreichen anderen Gebieten hat sich gezeigt, dass für eine gut aufgestellte Rechtspo-

---

61 Vgl. die Stellungnahme des Bundesrates zu § 50 FGG-E, in: BT-Drucks. 13/4899, S. 162: „Für eine besondere Regelung der Verfahrenspflegschaft für Minderjährige besteht kein Bedürfnis", und ebd., S. 172 die Gegenäußerung der Bundesregierung. Damals sind weder Bundestag noch Bundesregierung dieser ablehnenden Haltung des Bundesrates gefolgt, der schon damals keinerlei Vorteile für Minderjährige durch die Einführung des § 50 FGG zu erkennen glaubte.
62 BT-Drucks. 16/6308, S. 415 f.
63 Vgl. BT-Drucks. 13/4899, S. 50 f.: Allein sechs Gutachten wurden vom BMJ zur Vorbereitung der Reform eingeholt.
64 Vgl. Stellungnahme Salgo, Deutscher Bundestag, Rechtsausschuss, Anhörung 13.2.2008, S. 88 f.
65 BT-Drucks. 16/12717, S. 58: „In § 158 Abs. 7 S. 2 werden nach dem Wort ‚Verfahrensbeistand' die Wörter ‚für die Wahrnehmung seiner Aufgaben nach Absatz 4 in jedem Rechtszug jeweils' eingefügt."
66 Mit umfangreichen Nachweisen Salgo, 1996.

litik und Gesetzgebung Rechtstatsachen-, Wirkungs- und Implementationsforschung heutzutage unverzichtbare Instrumentarien sind: Mangels belegbarer Daten war die Bundesregierung in der Auseinandersetzung um die Wirkungen und Kosten der Einführung des Verfahrenspflegers schlecht aufgestellt. Es ist ebenso unerfindlich, wieso die Bundesregierung so lange die Hinweise des Bundesverfassungsgerichts[67] auf die rechtstatsächlichen Defizite im genannten Bereich des Sorgerechts nicht miteinander verheirateter Eltern missachten konnte, um erforderlichenfalls gesetzgeberische Maßnahmen einzuleiten, wie sie vom Europäischen Gerichtshof für Menschenrechte[68] zu Recht eingefordert werden mussten. Erst mit dem Gesetz zur Reform der elterlichen Sorge nicht miteinander verheirateter Eltern vom 16.4.2013 wurde eine umstrittene gesetzgeberische Lösung gefunden.[69] Es bleibt zu hoffen, dass künftig auch der Bundesrat seine skeptische Haltung gegenüber eigenständiger Interessenvertretung Minderjähriger angesichts der breiten, inzwischen auch empirisch abgesicherten Wertschätzung aufgibt.

Inzwischen besteht – wie dargestellt – mehr empirisch gesichertes Wissen über die Auswirkungen der Einführung der Verfahrenspflegschaft und deren Nachbesserung. Zahlreiche Befürchtungen hinsichtlich der Weiterentwicklung in diesem Bereich betreffend die finanziellen Auswirkungen der neuen Vergütungsregelung seit 2009 sind nicht so dramatisch ausgefallen wie von manchen erwartet. Ob die Pauschalen nicht mehr genügend Zeitressourcen für die notwendige Kommunikation mit dem Minderjährigen ermöglichen, lässt sich aus den neueren Untersuchungen kaum beantworten. Nach über 10 Jahren sollten die in § 157 Abs. 7 Satz 2 und 3 FamFG festgelegten Fallpauschalen für berufsmäßig tätige Verfahrensbeistände angepasst werden. Immerhin erfolgte jüngst eine Erhöhung der Betreuervergütung von durchschnittlich 17 %. Befürchtete Härten der Vergütungsregelungen lassen sich durch strikte Ausschöpfung aller gesetzlichen Vergütungsmöglichkeiten abwenden oder zumindest mildern. In der familiengerichtlichen Praxis seit Inkrafttreten des FamFG lassen sich bereits nachfolgende Herangehensweisen vorfinden:

25

- Eindeutige Tendenz zur Bestellung mit erweitertem Aufgabenkreis (§ 158 Abs. 7 Satz 3 FamFG), weil ohne diese Aufgabenwahrnehmung eine effektive Interessenvertretung in der Mehrzahl der Fälle nicht möglich ist;[70] im Jahre 2015 erfolgte die Bestellung mit erweitertem Auftrag in 66,7 % aller Bestellungen,

26

---

67 BVerfG FamRZ 2003, 285, 290 f.; vgl. nunmehr BVerfG vom 27.7.2010, Az. BvR 420/09.
68 EuGHMR FamRZ 2010, 103.
69 Vgl. Rn. 525 ff.; Heilmann, NJW 2013, 1473 ff.; Dürbeck, ZKJ 2013, 330 ff.
70 Ekert/Heiderhoff, a.a.O., S. 10: „In 66,7 Prozent der Verfahren mit Verfahrensbeistand vor dem Amtsgericht und in 56,7 Prozent der Verfahren vor dem Oberlandesgericht wurde 2015 ein Verfahrensbeistand mit erweitertem Aufgabenkreis bestellt". Vgl. 18. Deutscher Familiengerichtstag (2010), AK 10, S. 117: „In der Regel ist der erweiterte Aufgabenkreis notwendig."

- bei Geschwistern Einzelbestellung und Vergütung pro Kind,[71]
- strikte Trennung der Verfahrensgegenstände in Kindschaftssachen mit jeweils eigenem Aktenzeichen und anfallender Fallpauschale: einstweilige Anordnung (§ 51 Abs. 3 Satz 1 FamFG), Umgang, Sorgerecht, Kindeswohlgefährdung, Herausgabe/Verbleib, Überprüfungsverfahren,[72]
- Anfertigung und Bereitstellung der Aktenauszüge für den Verfahrensbeistand in Kopie auf Gerichtskosten (vgl. in Teil 2 Rn. 392),
- da zusätzliche Vergütung der Übersetzungsleistungen bei sprachkundigem Verfahrensbeistand an diesen nicht möglich ist, sollte grundsätzlich die Bestellung eines Dolmetschers durch das Gericht erfolgen; das bestellende Gericht muss die Kommunikation zwischen Kind und Verfahrensbeistand bei sprachunkundigem Kind sicherstellen, ebenso bei einem erweiterten Auftrag mit sprachunkundigen Eltern bzw. weiteren Bezugspersonen[73] (siehe hierzu Bauer in diesem Handbuch, Rn. 251).

Problemanzeige: Bei auswärtig untergebrachtem Kind können schon die Aufwendungen für die **Fahrtkosten** höher liegen als die Pauschale für den erweiterten Wirkungskreis; können solche Aufwendungen über § 158 Abs. 7 Satz 4 FamFG nicht abgegolten werden,[74] so ist die verfassungsrechtlich notwendige Interessenvertretung des Kindes nicht mehr gewährleistet.

27 Verfahrensbeistände, die sich auf eigene Kosten eine Zusatzqualifikation erworben haben, standen vor der Frage, ob sie wegen der Pauschalierungen (350 €/555 €) überhaupt noch Verfahrensbeistandschaften übernehmen könnten oder sich nach anderen Tätigkeitsgebieten umsehen müssten. Dramatische Einschnitte bei der Vergütungsregelung haben sich indes aus den bereits genannten Gründen nicht ergeben. Eine nicht unbeträchtliche Zahl von Richtern und Rechtspflegern vertreten die Auffassung, dass sich die **Pauschalvergütung** bewährt habe. Verfahrensbeistände sehen das überwiegend differenzierter: Ein Drittel von ihnen stimmt der Aussage, die Pauschalvergütung habe sich bewährt, „eher nicht" oder sogar „überhaupt nicht zu"[75]. Bemerkenswert ist, dass fast alle OLG-Richter die Vergütung für eher zu niedrig" halten.[76] Zu der Frage, ob sich die großen und kleineren Träger von spezifischer Aus- und Weiterbildung in diesem Bereich von diesem Ar-

---

71 OLG Stuttgart, Beschluss vom 21.1.2010, 8 WF 14/10, ZKJ 2010, 204; OLG Celle, Beschluss vom 8.3.2010, 10 UF 44/10, FamRZ 2010, 1182; OLG Rostock, Beschluss vom 18.3.2010, 10 WF 44/10, ZKJ 2010, 255, ebenso bereits 18. Deutscher Familiengerichtstag (2010), AK 10, S. 116 sowie Prenzlow, ZKJ 2010, 239 f.
72 18. Deutscher Familiengerichtstag (2010), AK 11, S. 119 Nr. 5.
73 OLG Frankfurt FamRZ 2014, 1135 – der BGH (Beschluss vom 15. April 2015, XII ZB 624/13) hat in der Sache zu dieser Frage wegen der Unstatthaftigkeit des Rechtsmittels nicht entschieden; Menne, FuR 2014, 572; erfreulich klar Keuter, FamRZ 2014, 1971 m.w.N.
74 So OLG Rostock, Beschluss vom 22.3.2010, 10 WF 1/10, FamRZ 2010, 1181 – die Rechtsbeschwerde ist wegen grundsätzlicher Bedeutung der Angelegenheit zugelassen; dazu BGH, Beschluss vom 15.9.2010, XII ZB 134/10, juris.
75 Ekert/Heiderhoff, a.a.O. S. 117 f., Tabelle 58.
76 Ebd. S. 119.

beitsfeld abwenden, weil die Kosten der Aus- und Weiterbildung nicht im Verhältnis zu den Einkommensmöglichkeiten stünden, liegen Berichte einzelner Fortbildungsträger vor, dass dies nicht eingetreten ist. Einzelne Fortbildungsträger berichten über ständig überbuchte Kurse. Dass der erreichte Erfolg vor allem mit der Qualität der Interessenvertretung und damit auch der Vergütungsfrage zusammenhängt, ist bekannt. Auch hier sprechen Anzeichen dafür, dass sich die Einkommenssituation von berufsmäßig tätigen Verfahrensbeiständen unter Geltung des FamFG bei Ausschöpfung der angesprochenen Vergütungsmöglichkeiten insgesamt nicht verschlechtert hat. Die Wertschätzung des Verfahrenspflegers durch die Richterschaft scheint sich zugunsten der Verfahrensbeistände niederzuschlagen (vgl. Rn. 8 f.).

28 Qualifizierte Verfahrensbeistände sind eine gesellschaftliche Ressource, mit welcher der Staat pfleglich umgehen muss, gerade weil an solchen nach wie vor ein großer Mangel besteht. Und was noch mehr ins Gewicht fällt: Der Staat darf ohnehin bereits schwer belasteten Kindern und Jugendlichen in für sie bezüglich ihres weiteren Lebensschicksals Weichen stellenden und sie verunsichernden Verfahren eine qualifizierte Interessenvertretung, die sich im notwendigen Umfang ihren Anliegen widmen kann, nicht versagen. Zur Hoffnung berechtigen die Erfahrungsberichte, fachliche Empfehlungen,[77] Stellungnahmen aus der Fachliteratur und einzelne Gerichtsentscheidungen; sie alle versuchen, die aufgezeigten und andere Wege zu finden, wie die herausfordernde Aufgabe eines Verfahrensbeistands unter Geltung der neuen Vergütungsregelungen des FamFG zum Wohl des betroffenen Minderjährigen wahrgenommen werden kann.

29 Es wird weiterhin zu prüfen sein, ob und in welchen Fallkonstellationen die Vergütung gem. § 158 Abs. 7 FamFG in Höhe und Reichweite den vom Bundesverfassungsgericht festgelegten Grundsätzen für eine effektive Interessenvertretung entspricht.[78] In den neueren Untersuchungen zur Verfahrensbeistandschaft ist die Frage, ob die Pauschalierung der Vergütung auch genug **Zeit für die notwendige Kommunikation** mit dem Kind lässt, nicht erfragt worden; dies müsste auch bei den Minderjährigen wie den Verfahrensbeiständen erfragt werden. Künftige Untersuchungen sollten sensibel auf das Erleben der Kinder fokussieren.

30 Die erste vom Bundesverfassungsgericht als unzulässig verworfene **Verfassungsbeschwerde** gegen die Vergütungsregelung[79] war verfrüht, zu wenig verfassungsrechtlich und vor allem rechtstatsächlich untermauert. Ob durch eine möglicherweise unzureichende Vergütung auf eine den Interessen des Kindes gerecht werdende Interessenvertretung verzichtet werden musste, ist offensichtlich gar nicht in der Verfassungsbeschwerde dargetan; zudem wären ja hierdurch verfassungsrechtlich geschützte Rechte des Kindes und nicht des Verfahrensbeistands

---

77 Vgl. insbesondere die Empfehlungen des AK 10 und 11 des 18. Deutschen Familiengerichtstages (2010).
78 BVerfG, Beschluss vom 9.3.2004, 1 BvR 455/02, FamRZ 2204, 1267, Rn. 31 und 33; vgl. auch Menne, ZKJ 2008, 461, 462 und Prenzlow, ZKJ 2008, 464, 466.
79 BVerfG, Beschluss vom 9.11.2009, 1 BvR 2146/09, ZKJ 2010, 71.

verletzt. Diese Kammerentscheidung des Bundesverfassungsgerichts weist bereits auch die erwähnten Wege auf, wie zunächst die Fachgerichte versuchen müssen, für eine angemessene Vergütung im vorhandenen fachgerichtlichen Regelungsrahmen auf der Grundlage des geltenden Rechts für Abhilfe zu sorgen. Sollten dann immer noch Fallkonstellationen bestehen, in denen ein verfassungsrechtswidriger Zustand mit den Mitteln einer verfassungskonformen Rechtsanwendung nicht lösbar wäre, dann steht dem Familiengericht als Fachgericht der Weg einer **Richtervorlage gem. Art. 100 Abs. 1 GG** zum Bundesverfassungsgericht offen. Die Kammerentscheidung weist ausdrücklich auf diesen Weg sowie auf die Möglichkeit der Individualbeschwerde gegen letztinstanzliche Entscheidungen der Fachgerichte hin. Damit ist klar, dass das „letzte Wort" zur Verfassungsmäßigkeit der Vergütungsregelung des § 158 Abs. 7 FamFG für alle Fallkonstellationen noch längst nicht gesprochen ist. Insgesamt scheint sich aber die Vergütungsregelung bis auf wenige Ausnahmen zu bewähren.

V. Kommunikation mit dem Kind unter den Bedingungen eingeschränkter Ressourcen

31 Kinder und Jugendliche brauchen zunächst Zeit, um zu dem nicht von ihnen selbst, sondern von einem Gericht bestellten Verfahrensbeistand Vertrauen zu fassen; dann braucht es fast immer einen längeren Prozess der Verständigung zwischen Verfahrensbeistand und Kind, um herauszufinden, welche Lösung dem „Willen des Kindes", aber auch seinem „Wohl" am ehesten entspricht. Zudem sind Kinder und Jugendliche nur zu verstehen, wenn man ihre Ambivalenzen, Loyalitäten und ihren Lebenskontext kennt und versteht. Deutlich fordert das Bundesverfassungsgericht, dass ein **Verfahrenspfleger nicht durch eine unzureichende Vergütung von einer „effektiven eigenständigen Interessenvertretung des Kindes"**[80] **abgehalten** und nicht verspätet eingesetzt werden darf, damit er noch nennenswerten Einfluss auf den Ausgang des Verfahrens gewinnen kann.[81] Genau dies könnte aber aufgrund der Pauschalierung in etlichen Fallkonstellationen eintreten, wenn möglicherweise die Verfahrensbeistände sich nicht mehr mit dem notwendigen Arbeitsaufwand ihrer herausfordernden Aufgabe widmen könnten oder wenn sie zu spät oder erst nach Scheitern gerichtlicher Einigungsbemühungen bestellt würden. Um dies zu vermeiden, müssen Verfahrensbeistände grundsätzlich sofort mit Verfahrenseröffnung[82] bestellt werden (vgl. hierzu in Heilmann in diesem Handbuch, Rn. 1447 f.).

32 Es hat sich gezeigt, dass ein Zuwarten bei der Bestellung eines Verfahrensbeistands keine positive Wirkung erzeugt, frühzeitige Einschaltung hingegen nachgewiesenermaßen das Verfahren nicht verzögert, eher beschleunigt und eine Einigung för-

---

80 Vgl. auch Beschlussempfehlung Rechtsausschuss, BT-Drucks. 16/9733, S. 366.
81 BVerfG vom 26.8.1999, 1 BvR 1403/99, juris.
82 Staudinger/Coester (2009) § 1666 BGB Rn. 270; vgl. auch MünchKomm-FamFG/Heilmann (2018) § 155 Rn. 40; 18. Deutscher Familiengerichtstag (2010), AK 11, S. 119 Nr. 5: „vor dem frühen Termin zu bestellen ist".

dert. Eine Schwächung und Einschränkung der Arbeits- und Einflussmöglichkeiten des Verfahrensbeistands könnten die Interessenvertretung des Kindes und deren Qualität betreffen und damit auch den bisherigen viel beschworenen Erfolg der Interessenvertretung.

Entscheidend ist, ob die Kommunikation mit dem Kind gelingt; Voraussetzung hierfür sind das Vorhandensein **genügender Zeitressourcen** und eine entsprechende **Qualifikation des Verfahrensbeistands**. Zwar wurden der Zeitaufwand für die Dokumentation des Arbeitseinsatzes und die Abrechnung mit dem Gericht schon unter Geltung von § 50 FGG nicht vergütet; dieser Aufwand entfällt nunmehr aufgrund der Pauschalierung. Dennoch empfiehlt es sich, weiterhin aus kalkulatorischen Gründen den Zeitaufwand und die sonstigen Kosten unbedingt zu dokumentieren. 33

Da Kinder in einem verfassungsrechtlich gesicherten familialen Kontext stehen, was nichts an ihrer individuellen Rechtssubjektivität ändert, ist ihre **Interessenvertretung ohne Einbezug ihrer Eltern bzw. Bezugspersonen schlechterdings nicht möglich**, ja verfassungsrechtlich geradezu geboten, sodass Fälle der Interessenvertretung ohne Einbezug dieses Kontextes, die mit der kleinen Pauschale zu vergüten wären, kaum vorstellbar sind.[83] Die familiengerichtliche Praxis scheint diese Einschätzung zu teilen.[84] 34

VI. Über Besserwisserei, Allmachtsphantasien und Grenzüberschreitungen

Es gab einzelne Stimmen aus den Reihen der Abgeordneten des Bundestages, die aus Gründen der *political correctness* das nie öffentlich geäußert hätten, die aber teilweise folgende Einstellungen zu Verfahrenspflegern einnahmen: Diese wissen zu genau Bescheid („Besserwisserei"[85]), finden die Zeit zum Aktenstudium und für intensive Kontakte zum Kind und seinem Umfeld, sie kennen somit die Tatsachen des Einzelfalles recht gut; nicht nur das: Sie kennen sich auch im Recht gut aus, zudem kennen sie oft die psychosozialen Zusammenhänge besser als die anderen Beteiligten. Das schafft Neid; zudem haben manche Abgeordnete den bürgerlichen Beruf eines Rechtsanwaltes bzw. einer Rechtsanwältin; manche(r) dürfte(n) seinen (ihren) eigenen Einfluss geschwächt sehen. Bei der Einschätzung von Anwälten zur Verfahrensbeistandschaft sollte man nicht „übersehen, dass der Verfahrensbeistand aus Sicht des Rechtsanwalts vielfach als Gegenspieler gesehen werden könnte."[86] Einzelnen Abgeordneten lagen auch Beschwerden über Verfahrenspfleger vor. Nun sind Verfahrensbeistände bestimmt auch keine Engel[87] 35

---

83 Ebenso Röchling (2009) § 5 Rn. 59.
84 Vgl. Ekert/Heiderhoff, a.a.O., S. 117 f., Tabelle 58 sowie die Empfehlungen des AK 10 und 11 des 18. Deutschen Familiengerichtstages (2010).
85 Vgl. Röchling (2009), § 5 Rn. 50, kritisiert „ein belehrendes Auftreten des Verfahrensbeistands gegenüber anderen Verfahrensbeteiligten".
86 Ekert/Heiderhoff, a.a.O., S. 117.
87 Anders eine Minderjährige in der Untersuchung von Münder (2017), S. 377.

– auch wenn sich manche als rettende Engel mit Allmachtsphantasien zudem noch grenzüberschreitend gerieren – und bei manchen glaubwürdigen Berichten über die Tätigkeit von Verfahrensbeiständen sträuben sich die Haare: Verfahrenspfleger sollen das Kind nicht getroffen, die Akten nicht eingesehen haben, sich völlig unkritisch problematischen Jugendamtspositionen oder der eines Verfahrensbeteiligten angeschlossen haben, sie sollen selbst körperliche Gewalt gegenüber Kindern angewendet, veranlasst oder geduldet haben – nicht etwa bei Selbstgefährdungen von Kindern, sondern zur Brechung des Widerstandes bei umgangsunwilligen Kindern, sie sollen die Rollen von Eltern, Gutachtern, Umgangspflegern oder Jugendamtsmitarbeitern eingenommen haben. Es liegen fast gleichlautende Kritikpunkte auch gegenüber Rechtsanwälten, die als Verfahrensbeistände eingesetzt waren, vor. Warum soll es ausgerechnet unter den Verfahrensbeiständen keine schwarzen Schafe geben, übergriffige, überhebliche, uninformierte etc.?!

36 Es wäre gut, wenn die Verfahrensbeistände und ihre Organisationen sich selbst mit solchen Vorwürfen befassten. Noch besser wäre es, auf empirisch gesicherter Grundlage mehr über die Aktionen und Interaktionen von Verfahrensbeiständen zu wissen; gegen die bereits empirisch gesicherten Feststellungen zur Zufriedenheit der Professionellen und der Minderjährigen mit Verfahrenspflegern stehen solche nie auszuschließenden negativen Erfahrungen hoffentlich nur in Einzelfällen. Das alles würde unter keinen Umständen gesetzgeberische Entscheidungen zur Restriktion der Vergütung oder gar einen unbegründeten Austausch von Verfahrensbeiständen im laufenden Verfahren rechtfertigen, zudem sind manche der „Vorwürfe" eher als Komplimente zu verstehen. Verfahrensbeistände und ihre Organisationen sollten alle Beteiligten, auch Kinder und Jugendliche, Eltern, Mitarbeiter der Kinder- und Jugendhilfe wie auch die Richterschaft zu Beschwerden über ihr Vorgehen geradezu ermutigen, damit eine systematische Aufarbeitung von möglichen Fehlern erfolgen und auch hier eine „Kultur des Umgangs mit und des Lernens aus Fehlern" – wie im Kinderschutzdiskurs[88] – entstehen kann. Es mag auch berechtigte Kritik an Verfahrensbeiständen geben, die man immer mit bedenken sollte. Dennoch: Müssen sich Verfahrensbeistände manchmal nicht gerade „zwischen die Stühle" setzen oder unbequeme Fragen aufwerfen, auf der peniblen Einhaltung der Verfahrensrechte des Kindes mit Nachdruck bestehen und vor unnötigen Verfahrensverzögerungen warnen – sicherlich mit Geschick, Diplomatie und in der jeweils richtigen Tonlage? Besteht nicht zwangsläufig beim gesetzlichen Auftrag eine gewisse Rollenambiguität? Aber liegt nicht gerade hierin die Ursache der Erfolgsgeschichte? Sollte doch in erster Linie die Stellung des Kindes im Verfahren gestärkt, dessen Interessen deutlich ins Verfahren eingebracht werden, damit nicht sein Wille und sein Wohl außer Betracht bleiben!

---

88 Fegert/Schnoor/Kleidt/Kindler/Ziegenhain, Lernen aus problematischen Kinderschutzverläufen – Machbarkeitsexpertise zur Verbesserung des Kinderschutzes durch systematische Fehleranalyse, Berlin 2008.

Eines der Hauptanliegen der FGG-Reform ist, die **Stellung des Kindes** in einem seine Person betreffenden Verfahren zu **stärken**,[89] um den vom Bundesverfassungsgericht eingeforderten und vom Gesetzgeber sicherzustellenden „Grundrechtsschutz durch Verfahren"[90] zugunsten Minderjähriger zu erreichen.

37

VII. Ein Anforderungsprofil an „geeignete" Verfahrensbeistände

1. Der „geeignete" Verfahrensbeistand

Vorbehaltlos zu begrüßen ist, dass der Koalitionsvertrag „rechtlich verbindlich sicherstellen [will], dass auch Verfahrensbeistände über die erforderliche Qualifikation und Eignung verfügen."[91] Fragen der Qualifikation für die Aufgabe eigenständiger Interessenvertretung Minderjähriger haben die in- und ausländischen Diskurse spätestens seit dem Zeitpunkt bestimmt, als deren Akzeptanz, Wirkungen und Arbeitsweisen empirisch durchleuchtet wurden. Seither besteht Einigkeit, dass die nach verschiedenen Kriterien erfolgreichsten Modelle mit Personen arbeiten, die über ihre berufliche Grundqualifikation hinaus eine besondere zusätzliche Qualifikation für diese spezifische Aufgabe erworben hatten. Welche Anforderungen stellen sich überhaupt und über welches Profil sollte man vor dem Hintergrund zahlreicher in- und ausländischer Erfahrungen verfügen, um eine effektive, eigenständige Interessenvertretung des Kindes im Verfahren sicherzustellen? Das nachfolgende Anforderungsprofil beruht auf zahlreichen in- und ausländischen Erfahrungen – wer ein solches Profil erfüllt, ist nach den bisherigen Erfahrungen am ehesten „geeignet", unabhängig von der Grundqualifikation.

38

Verfahrensbeistände sollten

39

- über solide Rechtskenntnisse auf dem Gebiet des Familien-, insbesondere des Kindschaftsrechts verfügen,
- die Komplexität des für Kinder und Jugendliche und ihre Eltern relevanten Familienverfahrensrechts beherrschen,
- gründliche Kenntnisse zum SGB VIII haben,
- Kenntnisse der sozialen und psychischen Lebenssituation von Minderjährigen, die auf eigenständige Interessenvertretung angewiesen sind, haben (solche Situationen sind insbesondere: streitiges Umgangs- und/oder Sorgerecht, häusliche Gewalt, Herausgabe/Verbleib, Misshandlung, Vernachlässigung, sexuelle Ausbeutung, Fremdplatzierung, Adoption, freiheitsentziehende Unterbringung rechtfertigende Ausgangslagen),
- über Grundkenntnisse in der Entwicklungspsychologie verfügen,

---

89 So BT-Drucks. 16/6308, 2; Hornikel, in: Reform des familiengerichtlichen Verfahrens, Lipp/Schumann/Veit, S. 145.
90 Vgl. hierzu Salgo (1996), S. 405 ff.
91 Koalitionsvertrag zwischen CDU, CSU und SPD vom 7.2.2018, Rn. 843 f.

- Techniken kennen und über Kompetenzen verfügen, um Minderjährige zu verstehen und um mit ihnen zu kommunizieren,
- über interkulturelle Kompetenzen[92] sowie
- über Vermittlungskompetenzen verfügen,
- im Stande sein, eine aussagekräftige, i.d.R. schriftliche Stellungnahme abzugeben,[93]
- Kenntnisse der Angebote öffentlicher und freier Träger der Kinder- und Jugendhilfe vor Ort haben.

40 Nur in 47,04 % haben die Verfahrensbeistände eine **Weiterbildung** absolviert und nachgewiesen.[94] Aufgrund der durch Berufsausbildung erworbenen Grundqualifikationen erfüllt keiner der in Frage kommenden Berufe (Rechtsanwalt[95], Sozialarbeiter, Sozialpädagoge, Psychologe, Lehrer) das hier erforderliche Anforderungsprofil ohne Weiteres, sodass zusätzliche Qualifikationen in je unterschiedlichen Bereichen unausweichlich werden; dies betont z.B. die *American Bar Association*, die größte Rechtsanwaltsorganisation der Welt, immer wieder. Eine „effektive eigenständige Interessenvertretung des Kindes" besteht niemals daraus, zum Kind hinzugehen, dort seinen „Willen abzuholen" und diesen sodann dem Familiengericht zu übermitteln. Es bestehen fundamentale Unterschiede zwischen der Interessenwahrnehmung für einen erwachsenen Mandanten und der unabhängigen Interessenvertretung Minderjähriger, nicht nur bezüglich des Zeitaufwandes. Leider scheint die intensiv geführte und umfassende Fachdiskussion zu diesen Fragen nur ansatzweise Eingang ins Gesetzgebungsverfahren zum FGG-RG gefunden zu haben.

41 Die regierungsamtliche Begründung sieht hier das bestellende Gericht immerhin in der Pflicht: „[…] das Gericht (soll) nur eine Person zum Verfahrensbeistand bestimmen, die **persönlich und fachlich geeignet** ist, das Interesse des Kindes festzustellen und sachgerecht in das Verfahren einzubringen."[96] Gegenüber § 50 FGG, der sich im Jahre 1998 zur „Eignung" noch ausschweigt, und gegenüber der damaligen regierungsamtlichen Begründung, die sogar Laien von dieser Aufgabe nicht ausschloss, sind das Adjektiv „geeignet" im Gesetzestext (§ 158 Abs. 1 FamFG) und der Hinweis in der Begründung „persönlich und fachlich geeignet" ein erheblicher Fortschritt. Nur, wie soll das Familiengericht die geforderte persönliche und fachliche Eignung feststellen? Beim Pflichtverteidiger oder bei einem vom Gericht beizuordnenden Rechtsanwalt verzichtet der Gesetzgeber auf entsprechende Aussagen, weil dem als Rechtsanwalt zugelassenen (Voll-)Juristen aufgrund seiner nachgewiesenen Ausbildung und der bei der Zulassung für diese

---

92 Hierzu Büchner/Ballan/Kathola/Stridde, NZFam 2017, 487.
93 Mayer, jM 2017, 140, 144 mit Hinweisen zum notwendigen Inhalt der Stellungnahme.
94 Dahm, Die Geeignetheit von Verfahrensbeiständen gemäß § 158 FamFG, 2017, Grafik 11.
95 S. Bergmann, ZKJ 2016, 288, 289, Fn. 5: „Auch Rechtsanwälte und Rechtsanwältinnen können gute Verfahrensbeistände sein, wenn sie sich der andersartigen Rolle bewusst und entsprechend fortgebildet sind."
96 BT-Drucks. 16/6308, S. 238.

Tätigkeit eingeforderten Angaben zu Vorstrafen auch die persönliche „Eignung" zugesprochen ist und zudem die Rollen und Aufgaben im Einsatzfeld zumeist (gesetzlich) geregelt sind. Diese grundsätzliche Eignung als Rechtsanwalt – oder bei anderen Berufen als Pädagoge, Sozialarbeiter, Psychologe oder Lehrer – reicht indes für sich noch nicht, um den spezifischen Anforderungen der Interessenvertretung Minderjähriger in Gerichtsverfahren vor dem Familiengericht gerecht zu werden. Und selbst die Zusatzbezeichnung „Fachanwalt für Familienrecht" ist keine Garantie für die hier spezifisch geforderte „Eignung". In den hier angebotenen Grundkursen kommt das Kindschaftsrecht kaum, das SGB VIII fast nie vor.

Unterschiedliche Träger haben zur Sicherstellung der hier geforderten fachlichen Eignung teilweise anspruchsvolle Curricula für die Qualifikation zum Verfahrensbeistand entwickelt. Die Teilnehmer an solchen Kursen werden nicht dafür zertifiziert, dass sie die Teilnahmegebühren entrichtet haben, sondern für das Erreichen der jeweils gestellten und teils nicht geringen Anforderungen. Es entsteht der Eindruck, dass die Richterschaft zunehmend auch auf diesen Personenkreis mit entsprechender Zusatzausbildung zurückgreift; dies dürfte wohl deshalb geschehen, weil bei diesem Personenkreis eher von einer fachlichen „Eignung" ausgegangen werden kann. Es lässt sich zudem beobachten, dass allmählich die Anzahl der an Weiterbildungen zum Verfahrensbeistand Teilnehmenden auch aus der Anwaltschaft wächst, wobei hier immer noch die psycho-sozialen Berufe in diesen Kursen überwiegen. **42**

Das Familiengericht steht wegen der an es adressierten gesetzlichen Vorgabe, nur fachlich und persönlich geeignete Personen mit dieser herausfordernden Aufgabe zu betrauen, in der Verantwortung. Der Staat ist hier – durch das bestellende Familiengericht – in jedem Fall in der Pflicht: Er darf nur „geeignete" Beistände auswählen und zur Interessenwahrnehmung Minderjähriger bestellen; diese sind als solche strukturell und systematisch schwächer, zudem meist nicht unerheblich vorbelastet sind und außerdem verfügen sie über kein „Kündigungsrecht" und keine Kontrollkompetenzen. Nicht minder schwierig ist die Feststellung der von der regierungsamtlichen Begründung zusätzlich geforderten „persönlichen" Eignung. Für in der Kinder- und Jugendhilfe bei öffentlichen Trägern Beschäftigte wird inzwischen neben dem Fachkräftegebot wie der Fortbildung (§ 72 SGB VIII) sichergestellt, dass Personen mit bestimmten Vorstrafen nicht beschäftigt oder vermittelt werden dürfen (§ 72a SGB VIII). Zu diesem Zweck müssen entsprechende Führungszeugnisse in regelmäßigen Abständen vorgelegt werden. Mit einer Änderung des § 30a BZRG tat die Einführung eines sog. Erweiterten Führungszeugnisses in Kraft, die auch für Personen auf Antrag erteilt wird, die eine Tätigkeit ehrenamtlich oder beruflich ausüben, die „geeignet ist, [...] Kontakt zu Minderjährigen aufzunehmen" (§ 30a Abs. 1 Nr. 2c BZRG).[97] Da Verfahrensbeistände „berufsmäßig" mit Minderjährigen Kontakt aufzunehmen verpflichtet sind, werden ihnen bei entsprechendem Nachweis erweiterte Führungszeugnisse erteilt werden müssen. Gerichte haben bislang von Verfahrensbeiständen/-pflegern nicht regelmäßig **43**

---

[97] BR-Drucks. 68/09; Bundesgesetzblatt Jahrgang 2009 Teil I Nr. 42, S. 1952.

die **Vorlage von aktuellen Führungszeugnissen** gefordert.[98] Einzelne Träger der Fortbildung zum Verfahrenspfleger/-beistand tun das auch ohne gesetzliche Verpflichtung[99] schon seit Jahren. Dass einschlägig Vorbestrafte nicht mit der Aufgabe eines Verfahrensbeistands betraut werden sollten, darüber besteht Einigkeit. Ob alle Personen mit pädophilen Neigungen durch die regelmäßige Vorlagepflicht entsprechender Führungszeugnisse aus diesem Tätigkeitsfeld herausgehalten werden können, ist eine andere Frage – es bleibt die Hoffnung auf die Abschreckungswirkung.[100] Da das Gericht neben der fachlichen auch für die „persönliche Eignung" in der Verantwortung steht, stellt sich nunmehr die Frage, wer und zu welchem Zeitpunkt auf die Vorlage eines erweiterten Führungszeugnisses welchen Datums bestehen muss. Die für die Zertifizierung von etlichen Trägern der Weiterbildung zum Verfahrensbeistand verlangte Vorlage eines Führungszeugnisses kann zum Bestellungszeitpunkt schon Jahre zurückliegen. Zudem stellt sich die Frage, solange Verfahrensbeistände nicht Mitglieder einer verbindlichen Organisationsstruktur[101] – wie etwa in Großbritannien – sein müssen, die die regelmäßige Vorlage erweiterter Führungszeugnisse kontrollieren könnte, ob sich das Gericht auf das Zertifikat eines Fortbildungsträgers verlassen darf. Bei Personen, die ohnehin entsprechenden berufsrechtlichen Kontrollen unterliegen, könnte auf die Vorlage entsprechender Führungszeugnisse beim Gericht verzichtet werden.

44 Die Frage der „persönlichen Eignung" kann aber auch nicht auf das erweiterte Führungszeugnis reduziert werden. So standen Fortbildungsträger wiederholt vor der Frage, ob sie Teilnehmern an Weiterbildungskursen, bei denen sich aus unterschiedlichen Gründen die Frage der „persönlichen Eignung" (z.B. Sucht, Vorstrafen wegen Kindesentziehung) stellte, eine erfolgreiche Teilnahme bestätigen dürfen. Wegen seiner von Verfassungs wegen bestehenden besonderen Schutzpflichten Minderjährigen gegenüber bleibt der Staat auch hinsichtlich der Qualität der Arbeit wie der „persönlichen Eignung" von Verfahrensbeiständen in der Verantwortung, erst recht hinsichtlich der notwendigen Vorkehrungen, damit Minderjährige nicht etwa durch eben jene zu ihrem Schutze bestellten Verfahrensbeistände zu Schaden kommen.[102]

2. Unabhängigkeit und Kontrollen

45 Die Unabhängigkeit der Interessenvertretung Minderjähriger – von Eltern, Gerichten und Behörden – gehört, neben der unbedingt erforderlichen Zusatzausbildung, zu den essenziellen Voraussetzungen einer solchen Tätigkeit und ist ein wesentlicher Bestandteil der Eignung. **Angehörige der Kinder- und Jugendbehörden**, die ohnehin schon mit den Fällen befasst sind oder waren, aber auch wenn

---

98 Dahm, Die Geeignetheit von Verfahrensbeiständen gemäß § 158 FamFG, 2017, Grafik XI: Nur 2,23 % haben ein erweitertes Führungszeugnis vorgelegt.
99 Dies befürwortet Bergmann, ZKJ 2016, 288, 289.
100 Münder u.a., Frankfurter Kommentar, Schindler/Smessaert (2019), § 72a SGB VIII Rn. 2.
101 Hierzu Dahm, Die Geeignetheit von Verfahrensbeiständen gemäß § 158 FamFG, 2017, S. 32 f.
102 Auch Bergmann, ZKJ 2016, 288, 289 befürwortet eine gesetzliche Verpflichtung zur Vorlage eines qualifizierten polizeilichen Führungszeugnisses.

das nicht der Fall ist, sollten, selbst wenn sie sich zusätzlich für die Aufgaben der Verfahrensbeistandschaft qualifiziert haben, zumindest **in ihrem Bezirk nicht zum Verfahrensbeistand bestellt werden**.[103] Dieser Standpunkt scheint sich in Deutschland durchgesetzt zu haben. Dass auch Kontrollen erforderlich sind, ergibt sich allein aus dem Umstand, dass hier die klassischen Kontrollmechanismen wie Markt, Verbraucherschutz und Berufsrecht angesichts des Umstandes versagen, und zudem dass es sich um die Interessenvertretung von systematisch Schwächeren, nämlich Minderjährigen, handelt, die in der Mehrzahl als vorbelastet gelten müssen, sonst wäre es nicht zu Gerichtsverfahren gekommen, in denen ihre Beeinträchtigungen im Mittelpunkt stehen. Diese **Minderjährigen verfügen nicht über** Kontrollkompetenzen oder gar über ein **Kündigungsrecht**. Einem Verfahrensbeistand, der nie das Kind getroffen und keine Akteneinsicht genommen hat, der die Aufgaben und Rollen anderer Verfahrensbeteiligter übernimmt, der vom Kind abgelehnt wird u.ä.m., wird das bestellende Gericht nicht tatenlos zusehen können, weil hier die vorausgesetzte „Eignung" in Frage gestellt ist. Zugleich darf diese sensibel zu handhabende Kontrollpflicht nicht zur Entpflichtung unbequemer Verfahrensbeistände instrumentalisiert werden.

Dass der **Staat** hier letztendlich verfassungsrechtlich begründete und sensibel zu handhabende **Kontroll- und Qualitätsgewährleistungspflichten** hat, lässt sich kaum bezweifeln. Gleichzeitig müssen alle Überlegungen hierzu vom ebenfalls zu beachtenden Ziel, nämlich der Wahrung der Unabhängigkeit des Verfahrensbeistands, bestimmt sein. Es handelt sich hier keineswegs um unvereinbare Ziele. Allerdings bedarf es eines durchdachten Systems zur gleichzeitigen Sicherung von Qualität und Unabhängigkeit. An der notwendigen Professionalisierung dieser Tätigkeit hatten allenfalls noch die Verfasser der regierungsamtlichen Begründung zu § 50 FGG gewisse Zweifel: „Unter Umständen (kämen) engagierte Laien – das können etwa auch Verwandte sein", in Betracht.[104] Diese Idee ist soweit ersichtlich kaum in erwähnenswertem Umfang auf fruchtbaren Boden gestoßen.[105] Professionalisierung bringt auch **Verantwortung** und notfalls auch **Einstands- und Haftungspflichten** mit sich – allerdings sind dem Verfahrensbeistand keine Kosten aufzuerlegen (§ 158 Abs. 8 FamFG). **46**

Diese Überlegungen gehen weit über die im Einzelfall zu beantwortende Frage nach der Möglichkeit und Notwendigkeit der Aufhebung einer Bestellung hinaus. Natürlich muss eine solche Möglichkeit grundsätzlich bestehen, weil Pflichtwidrigkeiten bei der Wahrnehmung dieser Aufgabe nicht ohne Folgen bleiben dürfen.[106] Zur Verantwortung des Staates dem Kind gegenüber treten Verpflichtungen zur Kontrolle hinsichtlich des effektiven Einsatzes von Mitteln der Eltern oder auch des **47**

---

103 MünchKomm-FamFG/Schumann (2018) § 158 Rn. 18. Zur unterschiedlichen Interessenlage von Jugendhilfe und Verfahrensbeistandschaft s. Lack/Fieseler in diesem Handbuch, Rn. 1864.
104 BT-Drucks. 13/4899, S. 130.
105 Vgl. Stötzel, Wie erlebt das Kind die Verfahrenspflegschaft?, Herbolzheim 2005, S. 78: 54 % Sozialarbeiter/-pädagogen; 20 % Juristen; 13 % Pädagogen; 3 % Psychologen; 3 % Erzieher; 7 % doppelte Qualifikation: Erzieher/Heilpädagoge, Lehrer/Philosoph; vgl. auch Rn. 129 ff.
106 Ebenso Bumiller/Schwamb, Freiwillige Gerichtsbarkeit § 158 Rn. 15.

Staates ; soweit die aufgewandten Mittel von ihnen als Kostenschuldner zu erlangen sind, fordert die Staatskasse die an den Verfahrensbeistand gezahlten Vergütungen von ihnen als Beteiligte zurück.[107] Die Abhängigkeit der Verfahrensbeistände vom Wohlwollen des bestellenden Richters wäre genauer aufzuklären; dasselbe gilt für Fälle von Entpflichtungen in laufenden Verfahren. Soweit die Entstehung bequemer „Seilschaften" zwischen Gericht und Verfahrensbeistand nachweisbar wäre, müsste dem entgegengewirkt werden.

48 Auch müsste sichergestellt werden, etwa durch verbindliche Listen, dass jeder/jede, der/die bestimmten **Qualifikationsanforderungen** erfüllt, in diese aufgenommen werden muss, und das Gericht verpflichtet wäre, nur in diese Liste aufgenommene Verfahrensbeistände zu bestellen. Der Staat unterwirft zum Schutz seiner Bürger auch freiberufliche Tätigkeiten bestimmten Regularien (z.B. durch Zwangsmitgliedschaften in Kammern), wobei die Anwendung und Umsetzung dieser den Berufsgruppen zunächst überlassen ist, der Staat aber im Hintergrund seine Zuständigkeiten und Berufsgerichte bereithält. Über diesen Weg ließe sich die regelmäßige Vorlage der erweiterten Führungszeugnisse regeln. So könnten auch neue[108] qualifizierte Bewerber/innen Chancen auf Bestellungen bekommen; zugleich könnte hiermit sichergestellt werden, dass es nicht zu Bestellungshäufungen bei einigen wenigen Verfahrensbeiständen kommt, wie es derzeit vorkommen kann. Manche Verfahrensgegenstände, z. B. Unterbringungssachen,[109] ebenso wie die unterschiedlichen Altersstufen von Kindern bedürfen spezieller Qualifikationen, welche ebenfalls zu überprüfen wären. In manchen Gerichtsbezirken haben die Gerichte allerdings auch keine Auswahlmöglichkeit mangels geeigneter Verfahrensbeistände. Zudem ist auch nicht jeder Verfahrensbeistand für jeden Verfahrensgegenstand geeignet. Auch das Münchener Modell der Koordinierungsstelle für Verfahrenspflegschaften oder die Berliner und Hamburger Erfahrungen mit Vermittlungsstellen wären auf ihre Vor- und Nachteile und auf die Übertragbarkeit hin zu überprüfen.

49 Natürlich kann man Familiengerichte, die es bei der Zusammenarbeit mit einigen wenigen, aus ihrer Sicht bewährten Verfahrensbeiständen belassen wollen, verstehen. Diese Nähe könnte aber die geforderte Unabhängigkeit des Verfahrensbeistands vom Gericht und nicht nur von Jugendamt und Eltern kompromittieren. Es soll auch vorkommen, dass nur dem Gericht „genehme" Verfahrensbeistände bestellt werden, das könnte heißen, nur solche, die der Auffassung des Gerichts folgen, solche, die Verfahrensfehler und -verzögerungen nicht rügen, keine Beschwerde einlegen und auch sonst keine Schwierigkeiten machen; es sollen Familienrichter vor der Bestellung nach Schilderung des Falles die Meinung des in Frage kommenden Verfahrensbeistandes erfragt haben und je nach Antwort bestellt oder nicht bestellt haben. Für den Fall einer aus der Sicht des Verfahrensbeistandes

---

107 Die Kosten der an den Verfahrensbeistand zu zahlenden Beträge aus der Staatskasse sind gerichtliche Auslagen, die nach FamGKG KV Nr. 2013 in voller Höhe erhoben werden.
108 Prütting/Helms/Hammer, FamFG, 4. Aufl., § 158 Rn. 27.
109 Zur Verfahrensbeistandschaft in Unterbringungssachen siehe in diesem Handbuch Bauer, Rn. 445 ff.

nicht gerechtfertigten Entpflichtung muss ihm der Rechtsweg offenstehen, handelt er doch aus einer eigenen, originären Rechtsstellung als Beteiligter des Verfahrens. Wie (in-)effektiv die traditionellen behördlichen Kontrollmechanismen der Rechts- und Fachaufsicht sein können, ist allseits bekannt.

Deshalb gilt es hier, jenseits der Entpflichtungsmöglichkeit mit wirksamen Mitteln Fachlichkeit, **Qualitätsstandards** und Unabhängigkeit zu sichern, damit es möglichst nicht zu Situationen kommt, in denen sich die Frage einer Entpflichtung stellt. Solche Mittel könnten u.a. sein:

- Verpflichtende Mitgliedschaft in einem Berufsverband[110],
- Herausbildung eines eigenständigen Berufsrechts,
- Verpflichtung zur Zusatzqualifikation
- verbunden mit turnusmäßiger Fortbildungsverpflichtung bei dafür anerkannten Fortbildungsträgern und Pflicht zum regelmäßigen Nachweis der erfolgreichen Teilnahme,
- selbstverpflichtende Standards,
- regelmäßige Vorlage von erweiterten Führungszeugnissen,
- Zulassungs- bzw. Abberufungsverfahren mit Beschwerdemöglichkeit,
- Beschwerdemöglichkeit für Eltern, Kinder u.a. bei Unzufriedenheit mit der Vorgehensweise des Verfahrensbeistandes,
- obligatorische „Peersupervision" der ersten Fälle,
- Supervision.

Professionelle Unabhängigkeit meint auch die ideologische und mentale Einstellung und Haltung der Verfahrensbeistände. „The practitioner should maintain up to date knowledge of current research, legislation, theory and social policy (…)."[111] Wer z.B. die geschlechtsspezifisch orientierte Arbeit mit Männern und Jungen oder Frauen und Mädchen in den Mittelpunkt seiner Tätigkeit gestellt hat, sollte in diesem wichtigen Arbeitsfeld mit Betroffenen weiterarbeiten, ist aber für die Interessenvertretung von Minderjährigen nicht geeignet. Wer meint, ein wissenschaftlich nicht begründbares „PAS"[112] bekämpfen zu müssen, hat nicht die auch in dieser Hinsicht geforderte Unabhängigkeit. Dasselbe gilt für Personen, die pauschale Meinungen vertreten wie etwa „Umgang ist immer gut" oder „Blut ist dicker als Wasser" oder „das schlechteste Elternhaus ist immer besser als jedes Heim" oder ein „Wechselmodell" sei hinsichtlich der Betreuung des Kindes immer das Beste für ein Kind. Auch wer wegen Kindesentziehung vorbestraft ist, scheidet

---

110 Denkbar wäre hier eine Zwangsmitgliedschaft für alle berufsmäßig tätigen Interessenvertreter Minderjähriger (Verfahrensbeistände, Vormünder/Pfleger) ähnlich den Kammern freiberuflich Tätiger.
111 Punkt 5.6 fordert der Code of Ethics NAGALRO aus dem Jahre 2003.
112 Vgl. hierzu Bruch, FamRZ 2002, 1304 ff.; Fegert, Kind-Prax 2001, 3 ff. und 39 ff.; Dettenborn, Kindeswille und Kindeswohl, München 2001, S. 124; Kostka, FamPra.ch 2005, 802; Fegert, ZKJ 2013, 190 f. sowie in diesem Handbuch Rn. 853 ff.

VIII. Die Wille-Wohl-Debatte im FamFG

53 „Der Entwurf hält daran fest, dass der Verfahrensbeistand dem Interesse des Kindes verpflichtet ist und nicht allein dem von diesem geäußerten Willen. Zwar hat der Verfahrensbeistand den Kindeswillen in jedem Fall deutlich zu machen und in das Verfahren einzubringen, es steht ihm jedoch frei, darüber hinaus weitere Gesichtspunkte und auch etwaige Bedenken vorzutragen. Der Verfahrensbeistand hat daher bei seiner Stellungnahme **sowohl das subjektive Interesse des Kindes (Wille des Kindes) als auch das objektive Interesse des Kindes (Kindeswohl) einzubeziehen**. Dieses Verständnis der Aufgaben des Verfahrenspflegers entspricht der Wertung des materiellen Rechts, das vom Zentralbegriff des Kindeswohls geprägt ist (vgl. § 1697a BGB)."[113]

54 Mit dieser eindeutigen Stellungnahme positioniert sich der deutsche Gesetzgeber in einer im In- und Ausland intensiv geführten Auseinandersetzung. Er hat sich nicht für ein Modell rechtsanwaltlicher Interessenvertretung entschieden, weil es eben um die Interessenvertretung Minderjähriger geht, die sich von der Interessenvertretung Erwachsener deutlich unterscheidet. Zu Recht weist die frühere Verfassungsrichterin *Hohmann-Dennhardt* darauf hin, dass exakte Trennlinien zur Präzisierung der Rolle des Verfahrenspflegers zwar in der Theorie gezogen werden können, dass diese aber in der Praxis oft keinen Bestand haben können.[114]

55 Bei der Verfahrensbeistandschaft im kindschaftsrechtlichen Kontext wird sich eine gewisse konzeptionelle Ambiguität[115] zwischen advokatorischer und vormundschaftlicher Interessenvertretung[116] nicht gänzlich vermeiden lassen.[117] Wenn diese offengelegt ist[118] und kontrolliert wird, kann sie positive Wirkungen haben. Den richtigen Weg zwischen Beteiligung („Wille") und Schutz („Wohl") zu finden, stellt eine enorme Herausforderung dar. Diese Position hat die grundlegende Arbeit von *Zitelmann*[119] untermauert; die BAG-Verfahrensbeistandschaft/Interes-

---

113 BT-Drucks. 16/6308, S. 239.
114 Hohmann-Dennhardt, ZfJ 2001, 77, 80.
115 Murch u.a., S. 18, sprechen von einer konzeptionellen Ambiguität der „Guardian ad litem"-Rolle in Großbritannien – diese ist mit den Aufgaben des Verfahrensbeistands (§ 158 FamFG) vergleichbar. Sie kritisieren diese jedoch keineswegs, sondern sehen eben gerade hierin das Geheimnis des Erfolges dieses Konzepts: „Vielleicht sind es gerade diese Ambiguität und der Facettenreichtum dieser Rolle, welche den guardian ad litem zu einem unersetzlichen und von allen geschätzten Beteiligten gemacht haben, auch wenn nach der Logik vieles dafür spricht, die unterschiedlichen Funktionen nicht zu vermischen."
116 Vgl. hierzu bereits Fricke, ZfJ 1999, 51, 55: „Was spricht dagegen, diese verschiedenen Ansätze zu verknüpfen und sich mit einer solchen ‚multifunktionalen', im Einzelnen durchaus widersprüchlichen und pragmatischen Funktionsbeschreibung zu begnügen?"
117 Dieses „Dazwischen" der Verfahrenspflegerrolle bringt auch die Überschrift des Editorials von Meysen, JAmt 2001, 381 zum Ausdruck: „Verfahrenspfleger zwischen Mediator und Anwalt des Kindes."
118 Hierzu Münder (2017), S. 433 berichtet über Enttäuschungen Jugendlicher, denen die Rolle des Verfahrensbeistandes nicht transparent gemacht worden war.
119 Zitelmann, 2001.

senvertretung für Kinder und Jugendliche hat sich mit der Verabschiedung von Standards[120] diesem Standpunkt angeschlossen. So sehr das Modell anwaltlicher Interessenvertretung wichtige Orientierungen für das Rollenbild eines Verfahrensbeistands abzugeben vermag,[121] so wenig dürfen doch entscheidende **Unterschiede zum typischen Rechtsanwalts-Mandanten-Modell** übersehen werden: Es geht um die „Interessenvertretung" oft erheblich belasteter oder zumindest in schweren Loyalitätskonflikten stehender Kinder und Jugendlicher. Diese haben sich „ihren" Verfahrensbeistand zudem nicht ausgesucht, ebenso wenig können sie ihn ohne Weiteres „loswerden".[122] Nur wenn ein über 14 Jahre altes Kind (§ 9 Abs. 1 Nr. 3 FamFG) einen Verfahrensbevollmächtigten bestellt, dann kann dies im Einzelfall zur Aufhebung einer bereits erfolgten Verfahrensbeistandsbestellung führen (vgl. § 158 Abs. 5 FamFG);[123] allerdings muss das Gericht zuvor prüfen, ob auch die Interessen des Kindes nach wie vor angemessen ins Verfahren eingebracht werden.

In der alles andere als nur akademischen Debatte um „Kindeswohl" und „Kindeswillen" bzw. um „Beteiligung" und „Kindesschutz" wird nur allzu gerne abstrakt, apodiktisch, prinzipiell und ideologisch diskutiert. Ebenso werden zu wenig die sehr unterschiedlichen Fallkonstellationen und die Entwicklungs- und Altersstufen der betroffenen Minderjährigen berücksichtigt. Dass ein Verfahrensbeistand so authentisch wie nur möglich den „Willen des Kindes" ins Verfahren einzubringen hat,[124] darüber besteht Einigkeit. Nur: Was ist dieser vielbeschworene „Wille des Kindes"? „There is no ‚true and authentic' voice of the child that exists independently of the child's situation and family circumstances, and the context in which they are giving their voice."[125] Ebenso sollte aber Einigkeit darüber bestehen, dass „die Durchsetzung selbstgefährdender Wünsche des Kindes"[126] unter keinen Umständen zu den Aufgaben eines Verfahrensbeistands zählen kann. Nach Presseberichten soll im Breisgauer Missbrauchsfall der betroffene Minderjährige anfangs den Wunsch geäußert haben, zu seiner Mutter zurückkehren zu wollen.[127] Dies ist auch in anderen Kindeswohlgefährdungsfällen nicht selten der Fall. Werden dem Verfahrensbeistand im Rahmen seiner Tätigkeit das Wohl des Kindes erheblich beeinträchtigende Umstände, die bis dahin nicht Gegenstand des Verfahrens waren, bekannt, so darf er hierüber nicht hinweggehen, sondern muss das Gericht hierüber informieren.

---

120 Vgl. Rn. 2018 ff.
121 Vgl. etwa Steindorff-Classen, S. 295 ff. sowie Bauer/Schimke/Dohmel, S. 211 ff.
122 Vgl. OLG Stuttgart, OLGR 2001, 305.
123 OLG Düsseldorf, FPR 1999, 355: Wird dem über 14 Jahre alten Kind „ein Verfahrenspfleger aufgezwungen, so sieht der Senat darin einen so massiven Eingriff in die Persönlichkeitsrechte, dass zumindest unter solchen begrenzten Voraussetzungen eine Anfechtbarkeit der Bestellung eines Verfahrenspflegers zugelassen werden muss."
124 Salgo (1996), S. 564 f.
125 Parkinson/Cashmore, S. 201.
126 Zitelmann (2001), S. 393.
127 STERN Nr. 24/2018, Interview mit der den Jungen als Nebenkläger im Strafverfahren vertretenden Rechtsanwältin, siehe www.stern.de/panorama/stern-crime/staufen-im-breisgau--wie-geht-es-dem-missbrauchsopfer-inzwischen--8116314.html (Zugriff: 15.4.2019).

57 Ein Blick auf die verfassungsrechtliche Herleitung[128] eigenständiger Interessenwahrnehmung könnte hilfreich für die Bestimmung des notwendigen Rollenbildes sowie der Ziele eigenständiger Interessenvertretung für Minderjährige sein: „Aus der verfassungsrechtlichen Verankerung des Kindeswohls in Art. 6 Abs. 2 und Art. 2 Abs. 1 GG i.V. mit dem Anspruch auf rechtliches Gehör (Art. 103 Abs. 1 GG) ergibt sich die Pflicht, das Kindeswohl verfahrensrechtlich dadurch zu sichern, dass den Kindern bereits im familienrechtlichen Verfahren ein Pfleger zur Wahrung ihrer Interessen zur Seite gestellt wird, wenn zu besorgen ist, dass die Interessen der Eltern in einen Konflikt zu denen ihrer Kinder geraten."[129]

58 Einerseits geht es um die Sicherung des Anspruchs auch Minderjähriger auf „**rechtliches Gehör**", andererseits geht es um die verfahrensrechtliche **Sicherung des Kindeswohls**, wobei sich die Verpflichtung des Staates zur Wahrung der Kindesbelange in Gerichtsverfahren auch aus dem „staatlichen Wächteramt" ergibt. An dieser Herleitung des Bundesverfassungsgerichts wird die Besonderheit der Interessenwahrung Minderjähriger deutlich: Eines Hinweises auf Art. 6 Abs. 2 GG hätte es, wenn es „lediglich" um das rechtliche Gehör wie bei einem Erwachsenen ginge, nicht bedurft; im Übrigen lässt das Bundesverfassungsgericht keinen Zweifel über das Ziel und die Aufgabe der Verfahrenspflegschaft aufkommen: Es geht um die **verfahrensrechtliche Sicherung des „Kindeswohls"** – ein Ausgangspunkt, der Rolle und Aufgabe auch des Verfahrensbeistands wie aller anderen am Verfahren Mitwirkenden und Beteiligten prägt (§ 1697a BGB).

59 Es wird allzu oft übersehen, dass ein **Kind kein Erwachsener** ist und dass gerade die Notwendigkeit zur Durchführung eines zivilrechtlichen Kindesschutzverfahrens noch nicht „mündig" macht[130] – eher eine beeinträchtigte Entwicklung zu vermuten sein wird. Dass Kinder und Jugendliche nicht ohne ihren Lebenszusammenhang gedacht, also nur im Kontext zu verstehen sind, dass **Kindesrecht, Kindeswohl und Kindeswille ineinander verflochtene, untrennbare Kategorien** sind, all das wird nur zu oft bei der heftig geführten Auseinandersetzung um die Rollen- und Aufgabenbestimmung der Verfahrensbeistandschaft übersehen oder je nach ideologischer Ausrichtung nur selektiv wahrgenommen. „Damit das Kind nicht zu einem bloßen Verfahrensobjekt wird, muss sichergestellt sein, dass die eigenständigen Interessen des Kindes in das Verfahren eingebracht werden, insbesondere in denen das Kind besonders schutzbedürftig ist."[131] Die Lebensumstände und die persönlichen Erfahrungen der Minderjährigen, die auf eine eigenständige Vertretung ihrer Interessen angewiesen sind, stellen in jedem Einzelfall eine enorme Herausforderung dar; ihre Rechte und Interessen sind regelmäßig bereits verletzt, wenn Jugendhilfe und Justiz „zum Einsatz" kommen.

---

128 Salgo, 1996, S. 405 ff.; Walter, FamRZ 2001, 1.
129 BVerfG FamRZ 1999, 85.
130 Zitelmann (2001), S. 56; Keidel/Engelhardt, FamFG § 158, Rn. 21.
131 Vgl. BT-Drucks. 13/8511, S. 68 und insbesondere BT-Drucks. 16/6308, S. 239.

Die Suche nach dem „richtigen" Rollenverständnis eigenständiger Interessenvertretung Minderjähriger sollte nicht auf das Niveau der Kinderrechte-Diskussion der 60er Jahre des 20. Jahrhunderts zurückfallen. Die „Gleichbehandlung" von Kindern mit Erwachsenen in zahlreichen Rechtsgebieten, man denke nur an das Straf- oder Arbeitsrecht, war bereits im Zuge der Aufklärung allmählich überwunden worden – was nicht bedeutet, dass die strafrechtliche Verantwortung Minderjähriger oder die Kinderarbeit kein rechtspolitisch relevantes Thema mehr wären. Die Herausbildung der eigenständigen Kategorien von Kindheit und Jugend ist eine Errungenschaft der Neuzeit[132] und jede Gleichsetzung von Kindern und Jugendlichen mit Erwachsenen wäre ein Rückfall, auch wenn sie auf den ersten Blick manche Vorteile verspricht. Bei der Entwicklung und Bestimmung von Kinderrechten führt die Orientierung an der Erwachsenen-Kind-Dichotomie nicht weiter, vielmehr ist nichts Geringeres als ein „eigenständiges kindschaftsrechtliches Denken"[133] jenseits dieser alten Kategorienbildung gefordert, eine Sichtweise, die der Subjektstellung des Kindes ebenso Rechnung trägt wie seiner Schutzbedürftigkeit:

60

> „The tension between protection and participation is not one that can be resolved by argument and nor should it be determined on a win-lose basis. Both perspectives are important to determining the issue of children's participation, and neither is free from detriment or difficulties. The challenge is to work through how best to manage the tension, rather than resolving it through disregarding one or other orientation."[134]

61

Die 1989 von der Generalversammlung der Vereinten Nationen verabschiedete Konvention über die Rechte des Kindes schlägt eben diesen Weg eines „Sowohl-als-auch" ein, den die Bundesrepublik mit der Ratifizierung als verbindlich akzeptiert und nunmehr in der FGG-Reform bestätigt hat.

62

IX. Implikationen der UN-Konvention über die Rechte des Kindes von 1989 und des Europäischen Übereinkommens über die Ausübung von Kinderrechten

Mit der Einführung der Verfahrenspflegschaft im Jahre 1998 kam die Bundesrepublik Deutschland nicht nur dem Verfassungsgebot des Grundrechtsschutzes durch Verfahrensrecht,[135] sondern als Vertragsstaat der UN-Konvention über die Rechte des Kindes auch den Verpflichtungen aus Art. 12 dieser Konvention nach. Dieser Artikel bringt den weltweit verbreiteten Konsens über die Notwendigkeit einer Kindesbeteiligung zum Ausdruck:

63

---

132 Hierzu grundlegend Schwab, AcP 172 (1972), 266.
133 Vgl. Münder, ZfJ 1988, 10.
134 Parkinson/Cashmore, S. 61.
135 Vgl. hierzu m.w.N. Salgo (1996), S. 405 ff.

64 **Art. 12 UN-Übereinkommen über die Rechte des Kindes**

(1) Die Vertragsstaaten sichern dem Kind, das fähig ist, sich eine eigene Meinung zu bilden, das Recht zu, diese Meinung in allen das Kind berührenden Angelegenheiten frei zu äußern, und berücksichtigen die Meinung des Kindes angemessen und entsprechend seinem Alter und seiner Reife.

(2) Zu diesem Zweck wird dem Kind insbesondere Gelegenheit gegeben, in allen das Kind berührenden Gerichts- und Verwaltungsverfahren entweder unmittelbar oder durch einen Vertreter oder eine geeignete Stelle im Einklang mit den innerstaatlichen Verfahrensvorschriften gehört zu werden.

65 Bereits im Jahre 1980 führte das Gesetz zur Neuregelung des Rechts der elterlichen Sorge[136] die verpflichtende Kindesanhörung in § 50b FGG[137] ein. Dies geschah bereits neun Jahre vor der Verabschiedung der UN-Konvention über die Rechte des Kindes im Jahre 1989. Ob das den Gesetzesmachern damals bewusst war – die alte Bundesrepublik war damit auch im internationalen Maßstab führend. Das gleichzeitig mit der Verpflichtung zur Kindesanhörung abgegebene Versprechen des deutschen Gesetzgebers, die Richter für die Anhörung eigens zu qualifizieren,[138] ist nur in Ansätzen, zudem bedauerlicherweise mit abnehmender Tendenz von den hierfür zuständigen Landesjustizverwaltungen verwirklicht worden, auch wenn der Deutsche Bundestag und das Bundesverfassungsgericht dies ebenfalls gefordert hatten.[139] Immer wieder, bis in die jüngste Zeit, bestätigen Untersuchungen Verstöße seitens der Gerichte gegen die Anhörungspflicht,[140] die nunmehr in § 159 FamFG gesetzlich verankert ist. Immerhin: Die Bundesrepublik fährt damit bewusst eine Doppelstrategie, um die **Beteiligungsrechte des Kindes** zu sichern: Gesetzlich verbindliche **Pflicht zur richterlichen Kindesanhörung und Sicherstellung der Interessenvertretung durch den Verfahrensbeistand**. Bemerkenswert bleibt auch, dass in der rechtspolitischen Debatte um die Einführung eigenständiger Kindesvertretung das Vorhandensein der Kindesanhörung nicht als Gegenargument vorgebracht worden war. Angesichts der Kinderrechtsdiskurse[141] der letzten Jahre wäre ein deutliches Anwachsen der Anhörungsquote zu erwarten gewesen: Über alle Altersstufen hinweg lag sie in zivilrechtlichen Kindesschutzverfahren gem. §§ 1666, 1666a BGB nach der Untersuchung von *Münder* im Jahre 2014 bei 39, 2 % (im Jahre 1997/97 bei 42,8 %).[142] Hoffentlich lässt sich dieser Rückgang bei einem an sich bereits zu niedrigen Anhörungsniveau nicht mit der Bestellung von Verfahrensbeiständen erklären. Angesichts der

---

136 Gesetz vom 24.7.1979, Inkrafttreten 1.1.1980.
137 Vgl. hierzu insbes. Lempp/Braunbehrens/Ernst/Eichner/Röcker, Die Anhörung des Kindes gemäß § 50 FGG, Köln 1987; Fehmel, in: Baumeister u.a. (Hrsg.), Familiengerichtsbarkeit, Erl. vor §§ 50a ff. FGG und zu § 50b FGG, Berlin 1992; Keidel/Engelhardt, Freiwillige Gerichtsbarkeit, Erl. zu § 50b FGG, München 2003.
138 BT-Drucks. 8/2788, S. 30. Vgl. hierzu die rechtstatsächliche Untersuchung von Lempp/Braunbehrens/Eichner/Röcker, Die Anhörung des Kindes gemäß § 50 FGG, Köln 1987.
139 BT-Drucks. 8/2788, S. 42; BVerfGE 55, 171, 180.
140 Vgl. Stötzel/Hannemann, ZKJ 2009, 58, 61, Tabelle 3.
141 Ausführlich Röthel/Heiderhoff (Hrsg.), Mehr Kinderrechte? Nutzen und Nachteil.
142 Münder (2017), S. 168 f.

Äußerungen von Richtern und Richterinnen verwundern diese Anhörungsquoten kaum, wenn diese „eine Anhörung möglichst zu vermeiden suchen, um das betroffene Kind zu schonen" und auf den Verfahrensbeistand verweisen.[143] Hier offenbaren sich Fortbildungsdefizite hinsichtlich der Wirkung fachgerechter Kindesanhörungen, aber offensichtlich auch eine generelle Unsicherheit mit der gesetzlich verpflichtenden Kindesanhörung.[144]

Ebenso bemerkenswert ist aber zugleich, dass diese **doppelte Absicherung Kindern bei Trennung/Scheidung ihrer Eltern vollkommen verweigert wird, solange die Eltern keine Anträge auf eine sorgerechtliche Regelung stellen**, obwohl erwiesen ist, dass Kinder in diesen Situationen einen erheblichen Beratungs- und Unterstützungsbedarf haben.[145] In § 159 Abs. 4 Satz 3 FamFG werden diese beiden Vorkehrungen – Anhörung und Interessenvertretung – sogar zusammengebracht: „Hat das Gericht dem Kind nach § 158 FamFG einen Verfahrensbeistand bestellt, soll die persönliche Anhörung des Kindes in dessen Anwesenheit stattfinden." Die Anwesenheit des bereits bestellten Verfahrensbeistands bei der Kindesanhörung ist in der Praxis keineswegs selbstverständlich: Obwohl sie inzwischen in 84,6 % der Kindesschutzverfahren bestellt worden waren, lag die Anwesenheitsquote der Verfahrensbeistände bei lediglich 58,5 %.[146] Während der Richter in der Kindesanhörung eher die Aussagen des Kindes, d.h. den „Kindeswillen" fokussiert, müssen Verfahrensbeistände einen ganzheitlichen Blick auf das Kind haben: Betrachtungen der Gesamtsituation, des Lebensumfeldes, Informationen über die Bedürfnisse und Bindungen des Kindes versetzen diesen in eine bessere Lage, den geäußerten „Kindeswillen" einschätzen zu können. Erfolgen nur eine isolierte Betrachtung und Verwertung des geäußerten Kindeswillens ohne eine Kontextualisierung in die Lebenssituation des Kindes, dann können aus solcher Art verkürzten Verwertungen Gefahren für das Kind entstehen. Diese Herausforderung wird ohnehin nur von einem hierfür qualifizierten Verfahrensbeistand zu erfüllen sein.

66

Das Kind wird somit ein aktives Subjekt mit Mitwirkungs- und Beteiligungsrechten; der Status des Kindes als Individuum mit Menschenrechten, mit eigenen Sichtweisen und eigenen Gefühlen wird hervorgehoben. Damit räumt Art. 12 UN-KRK dem Kind aber nicht das Recht zur Selbstbestimmung ein, postuliert vielmehr das Recht des Kindes, in Entscheidungsprozesse unbedingt einbezogen zu werden: „Being taken seriously, not making the decision, is the crux of the participation principle (Art. 12) in the UN-Convention on the Rights of the Child."[147] Die UN-Konvention stellt somit klar, dass der Sichtweise des Kindes eine zentrale Bedeutung zukommt. Dieser Grundsatz des Art. 12 UNKRK hebelt jedoch nicht den in Art. 3 Abs. 1 UNKRK festgelegten Grundsatz aus: „Bei allen Maßnahmen, die Kinder betreffen (…), ist das Wohl des Kindes ein Gesichtspunkt, der vorrangig zu berücksichtigen

67

---

143 Ebd.
144 Siehe hierzu auch Ivanits in diesem Handbuch, Rn. 1258 ff.
145 Salgo, IzKK-Nachrichten 2009, Heft 1, 25 ff.
146 Münder (2017), S. 170.
147 Parkinson/Cashmore, S. 199.

ist." Nach der UN-Konvention kommt folglich sowohl dem „Wohl des Kindes" als auch seiner Meinung, also seinem „Willen", seinen „Willensäußerungen" jeweils eine zentrale Bedeutung zu.

68 „There is no tension between articles 3 and 12, only a complementary role of the two general principles: one establishes the objective of achieving the best interests of the child and the other provides the methodology for reaching the goal of hearing either the child or the children. In fact, there can be no correct application of article 3 if the components of article 12 are not respected. Likewise, article 3 reinforces the functionality of article 12, facilitating the essential role of children in all decisions affecting their lives."

UN COMMITTEE ON THE RIGHTS OF THE CHILD – GENERAL COMMENT NO. 12 (2009) Fifty-first session, Geneva, 25 May-12 June 2009

69 Auch das Europäische Übereinkommen vom 25. Januar 1996 über die Ausübung von Kinderrechten[148] teilt diesen Standpunkt in aller Deutlichkeit in seinem Art. 10:

(1) In einem ein Kind berührenden Verfahren vor einer Justizbehörde hat der Vertreter, sofern dies nicht dem Wohl des Kindes widersprechen würde,

a) dem Kind, wenn es nach innerstaatlichem Recht als hinreichend verständig angesehen wird, alle sachdienlichen Auskünfte zu erteilen;

b) dem Kind, wenn es nach innerstaatlichem Recht als hinreichend verständig angesehen wird, Erläuterungen zu den möglichen Folgen einer Berücksichtigung seiner Meinung und zu den möglichen Folgen einer Handlung des Vertreters zu geben;

c) die Meinung des Kindes festzustellen und der Justizbehörde diese Meinung vorzutragen.

70 Der Wortlaut des Art. 10 Abs. 1 dieses Übereinkommens wie der erläuternde amtliche Bericht lassen keinen Zweifel darüber aufkommen, „dass dieser Verpflichtung [...] nachzukommen ist, soweit dies nicht mit dem Kindeswohl offensichtlich unvereinbar ist."[149]

71 Das „Wohl des Kindes" ist aber auch im innerstaatlichen Recht Schutzgegenstand der zentralen kindschaftsrechtlichen Generalklauseln (z.B. in den §§ 1666, 1671, 1684, 1697a BGB), weil das Kind zu einer Selbstbestimmung seiner Interessen häufig faktisch und rechtlich noch nicht in der Lage ist und deshalb sein objektiv zu bestimmendes „wohlverstandenes Interesse" nie in den Hintergrund treten darf.[150] Kindesschutz und damit auch zivilrechtliche Verfahren in Kindschaftssachen (§ 151 FamFG) dienen letztlich der Wahrung der Grundrechte des Kindes und seiner Entwicklung zu einer selbstständigen, eigenverantwortlichen Persön-

---

148 Vgl. Entwurf eines Gesetzes zu dem Europäischen Übereinkommen vom 25. Januar 1996 über die Ausübung von Kinderrechten, BT-Drucks. 14/5438.
149 BT-Drucks. 14/5438, S. 32.
150 Staudinger/Coester (2015) § 1666 BGB, Rn. 65–80 und § 1671 BGB, Rn. 233–249. Vgl. insbes. zu dieser Frage grundlegend mit zahlreichen Nachweisen und überzeugend Zitelmann (2001), S. 97 ff.

lichkeit (Art. 1 Abs. 1 und Art. 2 GG). Nur wenn und weil dieser Entwicklungsprozess des Kindes schwerwiegend beeinträchtigt ist oder sein könnte, kommen zivilrechtliche Kindesschutzverfahren in Gang, die auch eine eigenständige Interessenwahrnehmung notwendig werden lassen. Der subjektive „Wille" des Kindes kann jedoch bei der Konkretisierung seines Wohls nicht unberücksichtigt bleiben.[151]

Kindern muss die Möglichkeit geschaffen werden, anstehende **Entscheidungen zu verstehen und u.U. Alternativen mit zu entwickeln** – dies gilt auch und gerade dann, wenn Entscheidungen anders ausfallen, als sie es sich gewünscht hätten. Nur so werden Kinder und Jugendliche zu aktiven Partnern, mit entsprechend sich entwickelnden Fähigkeiten zur Beteiligung. Die UN-Konvention geht in den Art. 5 und 14 – wie auch § 1 Abs. 1 SGB VIII – vom Recht des Kindes auf Entwicklung aus und respektiert damit die wachsende Fähigkeit des Kindes zur Selbstbestimmung und Eigenentscheidung. Hierbei handelt es sich um einen bereits seit dem 1. Januar 1980 in § 1626 Abs. 2 BGB[152] verankerten und wenn auch längst nicht überall, so doch zunehmend berücksichtigten Grundsatz auch des deutschen Familienrechts: 72

> **§ 1626 Abs. 2 BGB** 73
>
> Bei der Pflege und Erziehung berücksichtigen die Eltern die wachsende Fähigkeit und das wachsende Bedürfnis des Kindes zu selbstständigem verantwortungsbewusstem Handeln. Sie besprechen mit dem Kind, soweit es nach dessen Entwicklungsstand angezeigt ist, Fragen der elterlichen Sorge und streben Einvernehmen an.

Es hat sich gezeigt, dass die **Einbeziehung des Kindes** („inclusion") bessere und nachhaltigere Entscheidungen hervorbringt, die Nichtbeteiligung des Kindes hingegen erhebliche Gefahren in sich birgt.[153] Die Berücksichtigung und Auseinandersetzung mit den Wünschen der Kinder qualifizieren die Entscheidungsfindung und das Ergebnis. Der Paradigmenwechsel liegt deutlich zutage: Während man lange Zeit glaubte, Kinder soweit wie nur möglich von solchen Auseinandersetzungen und Foren fern halten zu müssen, geht es nunmehr um adäquate, d.h. die Kinder nicht schädigende Formen der Partizipation und Interessenvertretung. 74

X. Kindeswohl und Kindeswille – die Voraussetzungen und Grenzen der Fähigkeit zur Selbstbestimmung

Selbstbestimmung und damit einhergehend die „allmähliche Verflüchtigung"[154] des elterlichen Bestimmungsrechts ist das Ziel von Erziehung und Sozialisation; diese **Fähigkeit zur Selbstbestimmung** kann gerade bei Kindern, die zur Wahrung ihrer Entwicklungschancen und Grundrechte auf zivilrechtliche Kindesschutzverfahren angewiesen sind, nicht vorausgesetzt werden, geht es doch erst um die 75

---

151 Staudinger/Coester (2015) § 1666 BGB, Rn. 74.
152 Vgl. hierzu grundlegend Staudinger/Peschel-Gutzeit (2015) § 1626 BGB, Rn. 11 ff., 110 ff.
153 Vgl. Ivanits (2012) m.w.N. sowie dies. in diesem Handbuch Rn. 1223 ff.
154 Gernhuber, 1980, § 49 VI 6, S. 726 sowie Gernhuber/Coester-Waltjen (2010), § 57 VII Nr. 74.

Sicherung einer „normalen" Entwicklung. Auch und gerade Verfahrensbeistände sind mit solchen Umständen in einer Vielzahl von Fällen konfrontiert. Was für die „Hilfen zur Erziehung" gem. §§ 27 ff. SGB VIII treffend festgestellt wurde, gilt erst recht für Minderjährige in Gerichtsverfahren, wo es um ihr künftiges „Schicksal"[155] geht: „Für die Adressaten der Hilfen zur Erziehung ist nun aber gerade charakteristisch, dass sie die für das Aushandeln notwendigen Kompetenzen noch nicht oder nicht mehr haben – sie ringen um ihre Selbstbestimmtheit und Einsichtsfähigkeit. Würden sie das nicht tun, wären Hilfen zur Erziehung nicht nötig."[156] Verfahrensbeistände würden nicht bestellt, wären die betroffenen Minderjährigen selbstbestimmte Subjekte, die auf der Grundlage von Einsicht und in Kenntnis der Alternativen[157] ihre Angelegenheit selbst zu regeln im Stande wären.

76   So kommt dem Verfahrensbeistand in jedem Einzelfall die Aufgabe zu, explizite Wünsche und den „Willen" des Minderjährigen zunächst zu eruieren, um diese so authentisch wie nur möglich dem Gericht zu übermitteln – keinem der anderen am Verfahren Beteiligten kommt diese Aufgabe in solcher Eindeutigkeit zu[158] – und im **Konfliktfall zwischen Kindeswillen und Kindeswohl** dafür Sorge zu tragen, dass beides aus einer unabhängigen Position[159] ins Verfahren eingebracht wird:[160] „Dies bedeutet nicht, dass er sich nur zum Sprachrohr des – häufig wandelbaren und beeinflussten – Kindeswillens machen sollte. Bei richtigem Verständnis seiner Aufgabe hat der Verfahrenspfleger auch die objektiven Kriterien des Kindeswohls ins Blickfeld zu nehmen."[161] An die Beachtlichkeit des Kindeswillens werden zuweilen überzogene Anforderungen gestellt: Dieser sollte vernünftig, nicht durch Manipulationen, nicht auf Druck oder sonstige Beeinflussung zustande gekommen sein. Dabei gerät leicht ins Hintertreffen, dass der **„Wille" des Kindes nur ein Faktor unter vielen** bei der Entscheidungsfindung ist. Zudem kann die Konzentration auf den „Kindeswillen" gerade in Fällen des Elternstreits um Sorge und/oder Umgang das Kind wie das Gericht in eine Falle geraten lassen.

77   Im Mittelpunkt stehen hier die sich gegenseitig widersprechenden Elternanträge:

> „When the focus is on the parents' competing proposals, children are not being asked to offer their perspectives, views and experiences of the world as they see it but to express a choice about an issue as adults see it."[162]

---

155 BVerfGE 72, 122, 134.
156 Klatetzki (Hrsg.), S. 16.
157 Vgl. hierzu insbes. Art. 10 Abs. 1b des Europäischen Übereinkommens über die Ausübung von Kinderrechten.
158 Vgl. BT-Drucks. 13/4899, S. 129, 129 f.: „Es fehlt bislang im Verfahren (…) an einer Person, die allein die Interessen des Kindes wahrnimmt."
159 Zum Jugendamt vgl. Salgo, 1996, S. 39 ff. und 496 ff.
160 Salgo, 1996, S. 564 f. und Zitelmann (2001), S. 393.
161 Auch Motzer, FamRZ 1999, 1101, 1105.
162 Parkinson/Cashmore, S. 203.

Die Frage nach dem „Willen" des Kindes verharrt zu sehr bei den streitigen Erwachsenenpositionen, bleibt bipolar. Jedoch: „Children's participation should not be adult-centric."¹⁶³ Hier zeigt sich auch die Begrenztheit einer adversarialen Herangehensweise: Es geht hier nicht um die Zielverwirklichung/-erreichung zweier streitender Parteien, sondern um das Kindeswohl. Die Perspektive des Kindes ist ein wichtiger Teil eines noch zu gewinnenden Gesamtbildes mit zahlreichen weiteren Gesichtspunkten, welches eine fundierte Entscheidung ermöglicht. Die eigenständige Interessenvertretung von Kindern in zivilrechtlichen Kindesschutzverfahren ist nur ein – wenn auch ein wichtiger – Teil der Sicherung der Präsenz der Minderjährigen und ihrer Interessen in Gerichtsverfahren. Was bringen Eltern, Stellungnahmen von Jugendämtern und Gutachtern an zusätzlichen Informationen ins Verfahren ein? 78

Sich auf die Perspektive und Einstellung des Kindes anstatt auf seinen „Willen" nur bezüglich der im Streit stehenden elterlichen Optionen zu konzentrieren, könnte auch für die Interessenvertretung einen möglichen Ausweg aus dem Vertretungsdilemma weisen: Die Kindeswohlorientierung allein läuft Gefahr, das konkrete Kind und seine Stimme auszublenden, wohingegen das Rechtsanwaltsmodell einer „Willensvertretung" geradewegs in die Falle führen kann, in welche die Kinder in zahlreichen Fällen gerade nicht geraten wollen, nämlich sich auf die eine oder andere Seite im Streit der Eltern schlagen zu müssen. Eine Rollenwahrnehmung solcher Art, mit Konzentration und dezidiertem Einbringen der kindlichen Perspektive in einem umfassenderen Sinne als eine „Willensvertretung", könnte die Chancen erhöhen, dass sich die im Streit untereinander befindlichen Parteien auf die Perspektive des Kindes einlassen können; dies würde auch der gesetzgeberischen Intention hinsichtlich einer „Mitwirkung (des Verfahrensbeistands) am Zustandekommen einer einvernehmlichen Regelung über den Streitgegenstand" (§ 158 Abs. 4 Satz 3 FamFG) entsprechen. Mit einer Konzentration auf die „Perspektive des Kindes" anstelle einer Fokussierung auf den „Kindeswillen" verschont man Kinder auch vor Loyalitätskonflikten. Viele Kinder streitender Eltern wollen gehört werden, aber nicht entscheiden müssen (**„voice not choice"**). 79

Aber auch in Kinderschutzfällen entlastet es Kinder, wenn stets klargestellt bleibt, dass das Gericht und nicht sie die Entscheidungen treffen: 80

> „It is crucial then that children know that their views will be taken seriously – but that the decisions are made based on all relevant information and the needs of all involved."¹⁶⁴

▶ Vgl. Rn. 1230 ff.

Entscheidungen mit Kindesbeteiligung sind bestandsfester, entlastender¹⁶⁵, wenn nicht das Kind zum „Entscheider" gemacht wird. Aber ältere Kinder bei hohem Konfliktniveau, Gewalt, Missbrauch etc. wollen auch bestimmte Lösun- 81

---

163 Parkinson/Cashmore, S. 203.
164 Parkinson/Cashmore, S. 199.
165 Prütting/Helms/Hammer, FamFG, 4. Aufl., § 158 Rn. 12.

gen; für sie ist es wichtig, dies auch einem Verfahrensbeistand und einem Richter sagen zu können. Die Nichtbeteiligung und Nichtbeachtung von Kindern, die Nichtbeachtung von Präferenzen, Bindungen und/oder dezidierter Ablehnung gegenüber bestimmten Personen und vorgeschlagenen Lösungen oder die Außerachtlassung von häuslicher Gewalt bergen erhebliche Gefahren.[166]

82 Einzelne Gerichte formulieren die Aufgabenstellung sehr deutlich: Der Verfahrensbeistand hat sowohl „den tatsächlichen Kindeswillen den Beteiligten kundzutun als auch eine objektive Einschätzung der bestehenden Situation" zu geben, die „von den Eltern und anderen Beteiligten unabhängig ist".[167] In fataler Weise erinnert die Kontroverse um Kindeswohl und Kindeswillen im Kontext der Verfahrenspflegschaft auch an die inzwischen als „kontraproduktiv"[168] eingeschätzte Diskussion um „Aushandlungsprozess kontra Diagnose" in der Jugendhilfe. In der jugendhilferechtlichen Diskussion sind inzwischen die „Grenzen der Aushandlung" erkannt,[169] dennoch war und ist es nach wie vor enorm wichtig, dass die Subjektstellung der Kinder und Jugendlichen in den §§ 8, 17 Abs. 3 Satz 1, §§ 36, 42 Abs. 1 Nr. 1 SGB VIII gesetzliche Anerkennung gefunden hat. So sind die subjektiven Wünsche des Kindes oder Jugendlichen in jedem Fall der Ausgangspunkt einer Interessenwahrnehmung auch durch den Verfahrensbeistand.

83 Jedoch: „Für den Interessenvertreter des Kindes im Verfahren reicht es nicht aus, einfach nur das Kind danach zu fragen, was es will oder mit wem es leben will, ohne zunächst ein Verständnis für die psychologischen Zusammenhänge zu haben, welche die Entscheidung des Kindes beeinflussen."[170] „Um ein Kind in seinem Lebenszusammenhang zu verstehen, bedarf es eines längeren Prozesses, welcher weit mehr Zeit in Anspruch nimmt als ein Zweiminutengespräch, in welchem der Anwalt das Kind danach befragt, was es will […]. Der Anwalt muss sich sobald wie möglich die Zeit nehmen, um sich vollkommen in die Welt des Kindes hineinzuversetzen. Hierfür reichen ein oder zwei kurze Begegnungen während der Mittagspause des Anwalts nicht. […] Anwälte, die sich wirklich für die Eigenständigkeit ihrer Klienten einsetzen wollen, sollten ihre Interessenvertretung nicht auf isolierten direkten Äußerungen des Kindes aufbauen. […] Vielmehr müssen die Wünsche des Kindes aus seinem gesamten Lebenszusammenhang verstanden werden; so erst werden sie für den Anwalt nachvollziehbar."[171]

▶ **S. auch XII. „Das Kind als „Mandant" des Verfahrensbeistands?" unter Rn. 104 ff.**

---

166 Kaltenborn (2001), 81, 102, 110 f.
167 Vgl. OLG Naumburg, NJW-RR 2000, 1532 f. zum Verfahrenspfleger.
168 So der Zehnte Kinder- und Jugendbericht, BT-Drucks. 13/11368, S. 262.
169 Vgl. hierzu insbes. Zehnter Kinder- und Jugendbericht, BT-Drucks. 13/11368, S. 178 und S. 185.
170 Keough, S. 62.
171 Koh Peters, S. 15.

XI. Informationsbeschaffung als Aufgabe des Verfahrensbeistands

Manche Oberlandesgerichte schienen – im vergütungsrechtlichen Zusammenhang – die Komplexität dieser Aufgabe verkannt zu haben, indem sie etwa meinten, Verfahrenspfleger als „reine" „Parteivertreter"[172] dürften mit niemand anderem als mit dem Kind kommunizieren. Taten sie dies dennoch, so wurde das damit „abgestraft", dass der vom Verfahrenspfleger geltend gemachte Aufwendungsersatz und die geforderte Vergütung zusammengestrichen wurden, weil angeblich die Zeiten für eine solche Tätigkeit nicht „die vom Gesetz dem Verfahrenspfleger zugewiesenen Tätigkeiten betreffen".[173] Mit § 158 Abs. 4 Satz 3 FamFG ist solchen Standpunkten unter der erweiterten Aufgabenstellung Einhalt geboten.

84

In einem vergütungsrechtlichen Zusammenhang sah sich das Bundesverfassungsgericht veranlasst, deutlich auf die übereinstimmende gesetzgeberische Konzeption der Verfahrenspflegschaft nach dem Betreuungsgesetz wie dem Kindschaftsrechtsreformgesetz hinzuweisen.[174]

85

> „Der Verfahrenspfleger ist – nach der gesetzlichen Ausformung dieses Instituts – ein besonderer Pfleger, der für seine Aufgaben anwaltliche Qualifikationen mitbringen kann, aber nicht notwendig mitbringen muss. Da das geltende Recht keine Klassifizierung von Verfahrenspflegern kennt, erscheint es naheliegend, auch für die Vergütung von Verfahrenspflegern einheitliches Recht zur Anwendung zu bringen.[175] [...] Nach dieser Konzeption des Gesetzgebers ist die Verfahrenspflegschaft keine anwaltsspezifische oder dem Anwaltsberuf vorbehaltene Tätigkeit. Der Verfahrenspfleger ist ein Vertreter eigener Art, für den der Gesetzgeber keine besondere berufliche Qualifikation oder Ausbildung fordert und kein eigenes Berufsbild geschaffen hat. Er überlässt es vielmehr den Gerichten, geeignete Personen auszuwählen. [...] Es geht dem Gesetzgeber in erster Linie nicht darum, dem Betroffenen einen Rechtsberater für das konkrete Verfahren zu schaffen, sondern ihm – mit Hilfe einer geschäftsfähigen und in der Organisation der alltäglichen Geschäfte erfahrenen Person – einen gesetzlichen Vertreter zur Durchsetzung von tatsächlich formulierten oder auch nur zu ermittelnden Interessen und Wünschen im Verfahren zur Seite zu stellen. Die dem Verfahrenspfleger obliegenden Pflichten gegenüber dem Betroffenen sind andere als die Aufgaben des Rechtsanwalts nach § 3 Abs. 1 BRAO [176] [...] Es gibt keine durchsetzbare Verpflichtung zur Übernahme von Verfahrenspflegschaften und es gibt auch kein Überangebot an Personen, die wegen einer Spezialausbildung darauf angewiesen wären, gerade als Verfahrenspfleger zu arbeiten."[177]

86

---

172 OLG Frankfurt a.M. FamRZ 1999, 1293, 1294; OLG Hamburg FamRZ 2001, 34; OLG Brandenburg FamRZ 2001, 692; OLG Braunschweig FamRZ 2001, 776; KG FamRZ 2000, 1300.
173 OLG Brandenburg MDR 2001, 573; KG FamRZ 2000, 1300.
174 BVerfG FamRZ 2000, 1280, 1281 = Kind-Prax 2000, 190, 192.
175 Wörtliche Wiedergabe aus dem Regierungsentwurf zum BtÄndG, BT-Drucks. 13/7158, S. 17.
176 § 3 Abs. 1 BRAO: „Der Rechtsanwalt ist der berufene unabhängige Berater und Vertreter in allen Rechtsangelegenheiten."
177 BVerfG, Kind-Prax 2000, 190, 192 = FamRZ 2000, 1280, 1281. Zum notwendigen Anforderungsprofil des Verfahrenspflegers vgl. Salgo, FPR 1998, 91, 92 f.

87 Bereits hier greift das Bundesverfassungsgericht die Frage der „Eignung" auf und weist ein rechtsanwaltliches Modell der Interessenvertretung Minderjähriger durch Verfahrenspfleger zurück. Auch andere hier aufgeworfene Fragen beantwortet der Gesetzgeber inzwischen in § 158 Abs. 7 Satz 2 FamFG, in der Praxis ist die „berufsmäßige" Führung die Regel.[178]

88 Der geschilderten verengenden Sicht[179] mancher Oberlandesgerichte hinsichtlich der Aufgaben des Verfahrenspflegers („reiner Parteivertreter")[180] wurde – bereits vor Inkrafttreten des FamFG – von einem Teil der fachgerichtlichen Rechtsprechung deutlich widersprochen: Zu den Aufgaben des Verfahrenspflegers *„gehören auch eine außergerichtliche Vorbereitung und Ermittlung der Interessen des Kindes, wozu auch ausführliche Unterhaltungen mit diesem und die Auseinandersetzung mit ihm und seinen Wünschen und Vorstellungen notwendig sind. Ferner müssen in die Ermittlungen die Darstellungen der Eltern, vorliegend der leiblichen Mutter und der Pflegefamilie sowie hier die Haltung von Herrn M., bei dem M. unbedingt wohnen wollte, aufgenommen werden. (…) Mit dem Jugendamt sind erzieherische und soziale Gesichtspunkte zur Entwicklung des Kindes und ggf. weitere Hilfemöglichkeiten gem. § 50 Abs. 2 SGB VIII zu erörtern, (…) hier geschehen im Hilfeplangespräch mit dem Jugendamt. Nur durch diese umfangreichen Ermittlungen wird die Verfahrenspflegerin in die Lage versetzt, eine eigenständige, ganz auf die Interessen des Kindes abgestellte, ggf. von den Vorstellungen des Jugendamtes abweichende Lösung zu finden."*[181] Allenfalls mit einem erweiterten Aufgabenkreis i.S.d. § 158 Abs. 4 Satz 3 und 4 FamFG könnte ein Verfahrensbeistand dieser Aufgabenbeschreibung entsprechend tätig werden.

89 Das „Kindeswohl" beeinflusst in vielfältiger Weise stets auch die Interessenvertretung von Eltern bzw. Elternteilen durch einen Rechtsanwalt in einem familiengerichtlichen Verfahren. Kein Interessenvertreter von Eltern würde es sich nehmen lassen, soweit er dies für erforderlich hält, eigenständige Ermittlungen nach Absprache mit seinem Mandanten anzustellen, weil eigene Informationsbeschaffung im ureigensten Interesse seines Mandanten liegen kann. Ebenso wenig würde es sich ein Rechtsanwalt verbieten lassen, etwa in einem Strafverfahren oder in einem Verwaltungsverfahren sich umfassend zu informieren oder erforderlichenfalls Erkundungen bei der zuständigen Behörde einzuholen. Allerdings wird i.d.R. ein Rechtsanwalt zunächst bei der von ihm vertretenen Partei die notwendigen Informationen anfordern können: „Es ist dann Sache der Partei, auf eigene Kosten die hierfür nötigen Ermittlungen anzustellen. Diese Möglichkeit hat das minderjährige Kind nicht. Vielmehr müsste auch ein für das Kind bestellter Rechtsanwalt den Sachverhalt in eigener Verantwortung aufklären. (…) Der Verfahrenspfleger kann daher auch nach Auffassung des Senats seiner Aufgabe nur gerecht werden, wenn er auch im Umfeld des von ihm betreuten Kindes Erkundigungen einzieht, um sie

---

178 Hannemann/Stötzel, ZKJ 2009, 58, 60, Tabelle 1.
179 KG FamRZ 2000, 1300: „Seine Aufgabenstellung in dem Verfahren ist vergleichbar der eines Rechtsanwalts (RA) als Verfahrensbevollmächtigter."
180 OLG Brandenburg, MDR 2001, 573; OLG Frankfurt a.M. FamRZ 1999, 1293, 1294.
181 OLG Karlsruhe FamRZ 2001, 1166 mit Anm. Bienwald und Luthin.

auf ihre sorgerechtliche Relevanz hin zu überprüfen und gegebenenfalls in das Verfahren einzubringen."[182] Diese bis in Einzelheiten gehenden Beschreibungen sind nur vor dem Hintergrund der vergütungsrechtlichen Auseinandersetzungen im Rahmen von § 50 FGG nachvollziehbar.

Auch die von einzelnen Oberlandesgerichten zur früheren Rechtslage vertretene Auffassung, dass sich alles für den Verfahrenspfleger Relevante aus den Akten[183] ergibt oder dass die Anhörungen[184] gem. §§ 50a, 50b, 50c FGG alles zutage bringen,[185] sodass weitere Informationsbeschaffungen durch den Verfahrenspfleger obsolet und deshalb auch nicht zu vergüten sind[186] – dies soll auch für Kontakte mit dem Jugendamt gelten[187] –, verkannte die spezifische Situation der Interessenvertretung[188] für einen Minderjährigen, der ja nicht nur strukturell unterlegen, sondern auch hinsichtlich der Informationsbeschaffung und der Artikulationsfähigkeit tatsächlichen und rechtlichen Beschränkungen unterworfen ist.

Dies alles könnte als nur noch für die „Rechtsgeschichte" interessante Thematik durch das FamFG als erledigt zu betrachten sein. Dies ist aber keineswegs der Fall: Die erforderlichen Tätigkeiten eines Verfahrensbeistands sind regelmäßig allenfalls mit der erweiterten Aufgabenstellung abgedeckt. Darüber hinaus übersahen solche Gerichtsentscheidungen die vielfältigen Grenzen richterlicher Informationsbeschaffung zum äußerst sensiblen Thema des Kindeswohls. Der örtliche und zeitliche Rahmen, die persönlichen Fähigkeiten, die unterschiedlich vorhandenen entwicklungspsychologischen Kenntnisse des Richters und seine Kommunikationsfähigkeiten können den Erkenntnisgewinn richterlicher Ermittlungen und Kindesanhörungen erheblich einschränken. Geradezu absurd erscheint demgegenüber die Ansicht, „es sei nicht Sache des Verfahrenspflegers [...], durch eigene Ermittlungen im familiären Umfeld des Kindes den wirklichen Kindeswillen zu ermitteln."[189] Immer wieder berichten Stimmen aus der Richterschaft, dass erst durch den Einsatz des Verfahrenspflegers/-beistands neue bislang nicht ins Verfah-

---

182 OLG Frankfurt a.M. vom 23.2.2000, 2 WF 32/00.
183 Nach dem Motto: Quod non est in actis, non est in mundo: Was nicht in den Akten steht, ist nicht in der Welt. Vgl. hierzu Vismann, S. 89 f. zu den Quellen dieses Sprichwortes: „Ob es in Rom bereits kursierte, ist nicht nachzuweisen; die Wortwahl deutet eher auf eine Entstehung im Mittelalter ... [seit dem] 4. nachchristlichen Jahrhundert [und steht] für die Herrschaft des Bürokratischen überhaupt [...]. Die zitierte Sentenz ohne Referenz gleicht einem Gerücht. An ihr selbst hat sich ereignet, wovon sie handelt. Das Sprichwort ist in der Welt und niemand vermag zu sagen, wie es dort hingekommen ist außer durch beständiges Wiederholen."
184 An denen die Verfahrenspfleger zweifelsohne i.d.R. teilnehmen müssen und dürfen; vgl. OLG Bremen FamRZ 2000, 1298 bezüglich der Teilnahmeberechtigung des Verfahrenspflegers an der Kindesanhörung gem. § 50b FGG. Inzwischen ist dieser Streit durch die Einführung des § 159 Abs. 4 Satz 3 FamFG erledigt.
185 OLG Brandenburg FamRZ 2000, 1295, 1296.
186 KG FamRZ 2000, 1300 f.
187 SchlHOLG, Kind-Prax 2001, 31.
188 Vgl. hierzu Willutzki, Kind-Prax 2001, 107, 110: „Dem Verfahrenspfleger (müssen) eigene Ermittlungen zugestanden werden. [...] zur sachgerechten Wahrnehmung seiner Aufgabe, um diese Abhängigkeit von den Ermittlungen des Gerichts, zu denen es nach § 12 FGG verpflichtet ist, aufzuheben."
189 SchlHOLG, Kind-Prax 2001, 31.

92 ren eingebrachte Gesichtspunkte von erheblicher Relevanz, aber auch bis dahin nicht bedachte Lösungsmöglichkeiten eingebracht worden waren.

92 Die mit der „neuen Rechtsfigur" des Verfahrensbeistands verknüpfte Rolle ist also nicht so einfach zu rubrizieren; die Orientierung an bestehenden Rollenmodellen stößt bei der Bestimmung dieser immer noch neuen Aufgabe an deutliche Grenzen. „Mit seiner Einführung ist das gesamte Gefüge der am Verfahren Beteiligten in Bewegung geraten und verlangt nach Neufindung."[190] Ermittlungen in einem zivilgerichtlichen Kindesschutzverfahren sind zuallererst grundsätzlich Aufgabe des Gerichts gem. § 26 FamFG. Nur dem Gericht steht hierfür eine Vielzahl von Instrumenten zur Verfügung (vgl. Rn.1411). Kommt das Gericht dieser ureigenen Verpflichtung, die sich letztendlich aus dem verfassungsrechtlichen Schutzauftrag des Staates aus Art. 6 Abs. 2 Satz 2 GG herleitet, nicht oder nur ungenügend nach – das gilt auch für die Unterstützungs- und Unterrichtungspflichten des Jugendamtes dem Gericht gegenüber gem. § 50 Abs. 1 und 2 SGB VIII –, wird der Verfahrensbeistand zunächst das Gericht auf diese Verpflichtungen mit Nachdruck hinzuweisen haben. Je weniger das Gericht seiner Ermittlungsfunktion nachkommt, umso mehr kann dem Verfahrensbeistand eine solche zuwachsen, immerhin beruht seine Bestellung verfassungsrechtlich auch auf Art. 6 Abs. 2 Satz 2 GG.[191] Hierin liegt letztendlich seine Befugnis begründet, grundsätzlich im Umfeld des von ihm betreuten Kindes Erkundigungen einzuziehen.[192]

XII. Verfahrensbeistandschaft und Vermittlung

93 ▶ Vgl. Rn. 1223 ff.

94 Nunmehr ist explizit gesetzlich festgelegt, dass der Verfahrensbeistand „am Zustandekommen einer einvernehmlichen Regelung über den Verfahrensgegenstand mitwirken" soll, soweit nach den Umständen des Einzelfalles ein Erfordernis besteht und das Gericht dem Verfahrensbeistand diese zusätzliche Aufgabe übertragen hat (§ 158 Abs. 4 Satz 3 FamFG). Diese Regelung ist insbesondere vor dem Hintergrund der vergütungsrechtlichen Vorschriften zu sehen.[193]

95 Auf den Verfahrensbeistand kommt eine nicht leichte Aufgabe zu. Der Verfahrensbeistand muss auch hierfür geeignet sein (ausführlich hierzu Rn. 38 ff.). Darüber hinaus ist für den Erfolg einer solchen zusätzlichen Tätigkeit eine frühzeitige Bestellung von erheblicher Bedeutung: „Je länger" und „verfahrener" ein Verfahren ist, desto geringer sind die Chancen für einvernehmliche Regelungen, auch deshalb ist der Verfahrensbeistand „vor dem frühen Termin zu bestellen".[194]

96 Trotz dieser Möglichkeit, die auch vergütungsrechtliche Folgen hat, bleibt festzuhalten, dass Verfahrensbeistände keine neutralen Mediatoren, sondern parteiliche

---

190 Editorial, JAmt 2001, 157.
191 BVerfG FamRZ 1999, 85.
192 OLG Frankfurt a.M. vom 23.2.2000 – 2 WF 32/00.
193 BT-Drucks. 16/6308, S. 249.
194 18. Deutscher Familiengerichtstag (2010), AK 11, S. 119 Nr. 5.

Interessenvertreter des Kindes bleiben. Maßstab ist und bleibt für sie die Wahrung oder Wiederherstellung der Kindesinteressen. In den meisten Verfahren um Umgangs- und Sorgerecht bei Elterntrennung kommt es zu Kompromissen unter den Erwachsenen. Immer wieder stellt sich hier die Frage nach der Klärung, Bedeutung und Vertretung der kindlichen Interessen beim Zustandekommen solcher einvernehmlichen Lösungen (vgl. Rn. 1223 ff.). Zudem sind die Grenzen für einvernehmliche Lösungen in den Fallkonstellationen mit erheblicher Kindeswohlgefährdung oft noch enger: D e **Kindeswohlgefährdung** und die Sicherheit des Kindes sind **nicht** – wie etwa ein Mehr oder Weniger an Umgang – **verhandelbar** und deshalb im Rahmen der Erörterung der Kindeswohlgefährdung gem. § 157 FamFG vorrangig und nach strengen Maßstäben und von Amts wegen (§ 26 FamFG) zu prüfende Gesichtspunkte. Bei festgestellter akuter Kindeswohlgefährdung bleibt, solange die Sicherheit des Kindes nicht gewährleistet ist, kein Raum für langwierige Verhandlungen zur Steigerung der Hilfeakzeptanz.[195]

Zudem haben in der Regel die Jugendämter in diesen Fällen mit Kindeswohlgefährdung die Möglichkeiten für einvernehmliche Lösungen ausgeschöpft[196] und die Anrufung des Gerichts wegen Kindeswohlgefährdung ist oft der Ausdruck des Scheiterns oder Nichtzustandekommens von einvernehmlichen Lösungen. Anders zu beurteilen sind Fallkonstellationen, in denen das Gericht deshalb vom Jugendamt angerufen werden musste, weil Eltern nicht bereit oder in der Lage waren, bei der Abschätzung von Gefährdungsrisiken mitzuwirken (§ 8a Abs. 2 Satz 1, 2. Hs. SGB VIII).

97

Es gibt Eltern, die erst unter dem erheblichen Druck eines Gerichtsverfahrens Bereitschaft zur Erzielung von Einvernehmen bzw. zur Annahme von Hilfen zur Erziehung zeigen. Die frühzeitige Teilnahme des Verfahrensbeistands an den Verfahren gem. §§ 156 und 157 FamFG, die zunächst auf das Hinwirken auf ein Einvernehmen bzw. auf die Gefährdungsabwendung mit den Eltern fokussiert ist, eröffnet nunmehr ein vom Gesetz geradezu erwünschtes Betätigungsfeld für den Verfahrensbeistand, eine verfahrensrechtlich auch für das Gericht, die Verfahrensbeistandschaft und nicht nur für die Kinder- und Jugendhilfe herausfordernde Konstellation.

98

Soweit es zu einem gerichtlich zu billigenden **Vergleich** kommen soll (§ 156 Abs. 2 Satz 1 FamFG) oder das Gericht im Verfahren gem. §§ 1666, 1666a BGB im Rahmen der Erörterung[197] gem. § 157 FamFG, von einer Maßnahme absehen will, weil die Eltern sich für Hilfen gem. §§ 27 ff. SGB VIII zugänglich zeigen, muss das Gericht im Beschlusswege entscheiden; hier ist die **Zustimmung oder die Ablehnung des Verfahrensbeistands von essenzieller Bedeutung**. Verfahren wegen Kindeswohlgefährdung können nicht mit einem „Vergleich" enden[198], ggf. mit eindeutigen Geboten gem. §§ 1666 Abs. 3 BGB oder, wenn das Gericht gem.

99

---

195 Wie etwa im „Osnabrücker (Todes-)Fall", vgl. Bringewat.
196 Vgl. Münder/Mutke/Schone, Kindeswohl zwischen Jugendhilfe und Justiz, 2000, S. 113 ff.
197 Zum Verfahren gem § 157 FamFG s. Berneiser Rn. 1624 ff.
198 Vgl. OLG Brandenburg, Beschluss vom 21.5.2019, 9 WF 11/19 – juris = BeckRS 2019, 11065.

§ 166 Abs. 3 FamFG von Maßnahmen absieht, mit einer präzisen Festlegung der von den Eltern umzusetzender Schritte, von Fristen und entsprechenden Rückmeldungen des Hilfeträgers.[199] Diese ist für Kompromisse dieser Art stets erforderlich, weil das Kind nicht ein Gegenstand dieser Einigungsversuche ist, sondern ein Verfahrenssubjekt, welches hieran möglichst aktiv zu beteiligen ist. Deshalb muss der Verfahrensbeistand soweit möglich mit dem Kind die vorgeschlagenen Kompromisse abwägen und das Gericht vor Billigung des Vergleichs das Kind ab einem Alter von drei Jahren i.d.R. persönlich anhören.[200] Widersprechen die vorgeschlagenen Lösungen dem Kindeswohl, so könnten diese zunächst nicht ohne Weiteres vom Gericht gebilligt werden. Stimmt der Verfahrensbeistand den vorgeschlagenen Kompromissen aus sachlichen Gründen nicht zu, so ist das Gericht im Rahmen seiner Amtsermittlungspflicht zu einer intensiven Auseinandersetzung mit den Bedenken und Einwänden des Verfahrensbeistands bzw. des Minderjährigen verpflichtet.

100 Gerade das **Absehen von Schutzmaßnahmen setzt eine gründliche Ermittlung und Risikoabwägung voraus** und muss deshalb in einem förmlichen Beschluss, in welchem auch die Erwartungen an Eltern und Behörden unmissverständlich formuliert sind, zum Ausdruck kommen. Als Beteiligter kann der Verfahrensbeistand den Beschluss mit Rechtsmitteln angreifen. Hält das Gericht den vorgeschlagenen gerichtlichen Vergleich nach sorgfältiger Prüfung gem. § 156 Abs. 2 Satz 2 FamFG für mit dem Kindeswohl vereinbar, weil dieser dem Kindeswohl nicht widerspricht (§ 156 Abs. 2 S. 2 FamFG), und der Verfahrensbeistand als Beteiligter verweigert seine Zustimmung, so kann es zwar nicht zum Vergleich kommen, dem Gericht steht es jedoch frei, den Inhalt des Vergleiches in eine Beschlussfassung umzuwandeln. Gegen diese Entscheidung könnte der Verfahrensbeistand erforderlichenfalls Rechtsmittel einlegen.

101 Für seine Rolle als Verfahrensbeistand wird es zudem für die Aufgabenwahrnehmung von Vorteil sein, auch über **Vermittlungskompetenzen**[201] zu verfügen, eine Fähigkeit, die inzwischen allen mit familienrechtlichen Verfahren professionell Befassten abverlangt wird: Rechtsanwälten, Richtern, gerichtlich bestellten Gutachtern und Jugendamtsmitarbeitern. Dies deshalb, weil sich alle an einer einvernehmlichen Konfliktlösung zu orientieren haben,[202] soweit dies möglich und realistisch ist und vor allem nicht zu Lasten des Kindes – des strukturell Schwächsten im Verfahren – geht. Das FamFG sichert an zahlreichen Stellen diese Sichtweise ab.

---

199 Prütting/Helms/Hammer, FamFG, § 166 Rn. 19 f.
200 MünchKomm-FamFG/Schumann (2018) § 156 Rn. 17 ff.; ausführlich Ivanits in diesem Handbuch, Rn. 1223 ff.
201 Willutzki, Kind-Prax 2001, 107, 110; Köckeritz, Kind-Prax 2001, 16, 23; Salgo, FPR 1998, 91, 93; OLG München FamRZ 1999, 667: Der Verfahrenspfleger „hat auch auf die kindgerechte Verfahrensgestaltung hinzuwirken, wozu auch das Bemühen um eine schnelle und einverständliche Konfliktlösung gehört."
202 Nach Auffassung des OLG Frankfurt a.M. FamRZ 1999, 1293, 1294 gehöre es unter keinem Umstand zu den Aufgaben des Verfahrenspflegers zu vermitteln.

Nach wie vor bedürfen indessen bestimmte Fallkonstellationen gerichtlicher Entscheidungen.

Eine Vielzahl moderner Gesetze[203] akzentuiert nicht nur diesen Vermittlungsaspekt, sondern zieht Konsequenzen hieraus bis hin zum Verfahrens- und Gebührenrecht. Bereits die regierungsamtliche Begründung zu § 50 FGG weist darauf hin, dass der Verfahrenspfleger darauf zu achten habe, das Konfliktpotenzial nicht weiter zu erhöhen: „Hier wird sich eine Verfahrenspflegschaft oftmals an dem Interesse des Kindes an einer schnellen und einverständlichen Konfliktlösung zu orientieren haben."[204] Gerade hinsichtlich der Auswirkungen möglicher „einvernehmlicher Lösungen" auf das Kind muss dem Verfahrensbeistand auch eine kontrollierende Funktion zukommen, weil es immer wieder zu Kompromissen unter Erwachsenen kommen könnte, welche die kindliche Position zu wenig oder gar nicht berücksichtigen.

102

Deshalb räumt die Rechtsprechung in Großbritannien den dortigen *guardian ad litem* (Verfahrenspflegern) ausdrücklich das Recht ein, Rechtsmittel gegen die Rücknahme des behördlichen Interventionsantrages einzulegen und auf einer gerichtlichen Weiterbehandlung des Falles zu bestehen, sofern weiterhin eine Kindeswohlgefährdung vorliegt[205] – der Amtsermittlungsgrundsatz in § 26 FamFG verpflichtet den Richter im deutschen Recht hierzu ohnehin. Auch eine Umgangsregelung darf das Gericht nur dann billigen, wenn diese dem Wohl des Kindes nicht widerspricht (§ 156 Abs. 2 Satz 2 FamFG). Allerdings müssen sich Verfahrensbeistände vor **Rollen- und Aufgabenüberschreitungen** penibel in Acht nehmen, so sind sie keine Gutachter, mögen sie in anderen Verfahren als Psychologen Gutachten erstattet[206] haben, und auch nicht Mediatoren[207], sondern parteiliche Interessenvertreter der Kinder.[208] Da der Verfahrensbeistand ein formell am Verfahren Beteiligter ist, muss seine Zustimmung – wie die der anderen formell Beteiligten – zu einem vom Gericht zu billigenden Vergleich (§ 156 Abs. 2 Satz 1 FamFG) zuvor eingeholt werden (vgl. Rn. 1454, 1458).

103

XIII. Das Kind als „Mandant" des Verfahrensbeistands?

Zuweilen bestehen auch undifferenzierte Vorstellungen insbesondere unter den Befürwortern eines „reinen" Anwaltsmodells bezüglich der Besonderheiten eines familienrechtlichen Mandats für Elternteile in Fällen, in denen Minderjährige von den Zielperspektiven der (volljährigen) Mandanten betroffen sind. Wenn ein erwachsener Mandant eine Anwaltskanzlei betritt und den Anwalt auffordert, dies

104

---

203 Vgl. hierzu insbes. zu Vermittlung oder anderen Verfahren zur Beilegung von Streitigkeiten Art. 13 des Europäischen Übereinkommens über die Ausübung von Kinderrechten.
204 BT-Drucks. 13/4899, S. 130.
205 Salgo, 1996, S. 201 m.w.N.
206 Salzgeber/Stadler, JAmt 2001, 382.
207 Verpflichtende alternative Streitbeilegungsverfahren kommen in bestimmten Fallkonstellationen nicht in Betracht; vgl. Art 48 Abs. 1 Istanbul-Konvention; BT-Drucks. 16/6308, S. 236: z.B. in Fällen häuslicher Gewalt.
208 Vgl. den zutreffenden Titel des Editorials von Meysen, JAmt 2001, 38.

oder jenes zu tun, dann muss jeder Rechtsanwalt zunächst einmal überprüfen, ob der Mandant sich genau darüber im Klaren ist, welche Optionen bestehen und welche Folgen sie jeweils haben könnten.

105 Hier können Fragen des Kindeswohls im Mittelpunkt der Beratung stehen. Auch wenn die Beratung hierüber kurz ausfallen mag, muss sie in jedem Falle stattfinden.[209] Der „autonome Erwachsene" kann und muss dann selbstständig entscheiden, aber auch die Folgen seiner Entscheidung tragen. Und hierin liegt letzten Endes der Unterschied zwischen Minderjährigen und Erwachsenen: Die Letzteren dürfen, solange sie mit dem Recht nicht in Konflikt geraten, auch schwerwiegende Fehlentscheidungen treffen, Minderjährigen steht dieses nicht zu. Jedenfalls sind „zuvörderst" die Eltern, bei deren „Versagen" dann aber auch der Staat (ggf. ein Vormund) verpflichtet, Minderjährige vor Fehlentscheidungen mit schwerwiegenden Folgen möglichst zu bewahren. Will etwa eine erwachsene Person in einem von Gewalt bestimmten Lebenszusammenhang mit einem Gewalt ausübenden Partner leben, so hat der Staat diese Entscheidung zu respektieren, außer Schutz- und Hilfsangeboten stehen ihm keinerlei Befugnisse gegen den Willen des unter diesen Umständen lebenden Erwachsenen zu:[210] Erwachsene Menschen haben das Recht, ihre eigenen Fehler zu machen und aus diesen zu lernen oder auch nicht. Diese Freiheit kann aber wesentliche Einschränkungen erfahren, wenn ein minderjähriges Kind mit im selben Haushalt lebt.[211]

106 Aufgrund seiner sich aus der Verfassung ergebenden besonderen Schutzpflichten Minderjährigen gegenüber darf und muss der Staat **Kinder und Jugendliche anders als Erwachsene** behandeln (Art. 6 Abs. 2 Satz 2 GG). Die Entscheidungsfreiheit eines Kindes, gegen welches Gewalt ausgeübt wird[212] oder welches Gewaltanwendungen gegen andere Familienmitglieder miterleben muss, erfährt Einschränkungen. Einem gewaltsamen Milieu während der Kindheit ausgesetzt zu sein, beeinträchtigt in vielfältiger Weise die Entwicklungschancen: Die Wahrscheinlichkeit langfristiger Beschädigung und weiterer Viktimisierung ist sehr groß. Dies gilt auch für die Wahrscheinlichkeit, dass später andere Opfer eines solchen Opfers werden könnten.[213] So kann ein Verfahrensbeistand in einer solchen Situation nicht einfach dem Gericht mitteilen, dass das vom Jugendamt gem. § 42 Abs. 1 Nr. 2 SGB VIII in Obhut genommene Kind sich nichts anderes wünscht, als

---

[209] Koh Peters, S. 16; ebenso Margulies, Fordham Law Review 64 (1966), 1473, 1503: „Mechanically following the child's preference, regardless of the child's age, is an abdication of the lawyers obligation to counsel her clients."
[210] Der Schutzmechanismus des Gewaltschutzgesetzes kommt nur auf Antrag in Gang, vgl. BT-Drucks. 14/5429 und hierzu Schuhmacher, FamRZ 2001, 953 mit umfangreichen Nachweisen.
[211] Hierzu Salgo, ZKJ 2019, 217 ff.
[212] Vgl. Salgo, 2001, 55, 60.
[213] Zu diesem fatalen Kreislauf und zu den Folgekosten vgl. Gravenhorst, Einleitung der Tagungsdokumentation, Gewaltfreies Erziehen in Familien – Schritte zur Veränderung; in: Materialien zur Familienpolitik Nr. 8, BMFSFJ (Hrsg.), Berlin 2000, S. 8.

nach Hause zurückzukehren²¹⁴ und in diesem Milieu leben zu wollen.²¹⁵ Um das „Richtige" herauszufinden und um „erwachsen" zu werden, müssen Kinder zwar auch Fehler machen dürfen; dies ist ein zentrales Element von Sozialisation: Kinder erlangen ihre Entscheidungsfähigkeit auch und gerade durch Fehler, die sie machen. Das Recht der Moderne respektiert dies und billigt solche Fehler Minderjährigen in unterschiedlicher Weise zu, keinesfalls aber mit denselben weitreichenden rechtlichen Konsequenzen wie bei Erwachsenen.

107 Dieses nach wie vor geltende Grundmodell von Minderjährigkeit hat auch Auswirkungen auf die Interessenwahrnehmung in gerichtlichen Verfahren: Hätte der Gesetzgeber eine rechtsanwaltliche Interessenvertretung Minderjähriger – wie eines erwachsenen, unbeschränkt geschäftsfähigen Mandanten – gewollt, hätte er dies aus Gründen der Rechtssicherheit explizit zum Ausdruck bringen müssen, wäre dies doch eine partielle Mündigkeit mit einer erheblichen Abweichung vom Grundmodell der Minderjährigkeit.

108 Deshalb ist die eindeutige und klarstellende Positionierung hierzu in der regierungsamtlichen Begründung zu § 158 FamFG zu begrüßen.²¹⁶ Eltern wie Verfahrensbeistände – aber auch die Kinder- und Jugendhilfe – werden stets zum Ausgangspunkt ihrer Überlegungen „den Kindeswillen" nehmen müssen, weil dieser ein essenzielles Element seines Wohls²¹⁷ ist. In manchen Fällen erfordern indes die Grundbedürfnisse eines Kindes,²¹⁸ dass Eltern (wie auch ein Verfahrensbeistand) intervenieren, um das Kind davor zu bewahren, dass es Fehler mit irreversiblen Folgen schwerwiegender Art macht:²¹⁹ „Einige Fehler sind irreversibel; sie machen eine weitere Entwicklung und Erziehung des Kindes unmöglich. Ein Anwalt, der ein Kind vertritt, muss diese Art von Fehlern zu verhindern suchen und sie dabei von solchen Fehlern zu unterscheiden wissen, aus denen das Kind lernen kann."²²⁰

XIV. Jenseits der Dichotomie zwischen Kindeswohl und Kindeswillen

109 Zu Recht wurde angezweifelt, ob die vor allem in den USA, aber auch in Deutschland geführte **Kontroverse um „Wille" versus „Wohl"** die Debatte überhaupt

---

214 Margulies, Fordham Law Review 64 (1966), 1473, 1479; so auch Söpper, FPR 2001, 269, 272; das war zuerst auch der Wunsch des in Obhut genommenen Jungen im Breisgauer Missbrauchs Fall; STERN Nr. 24/2018, Interview mit der den Jungen als Nebenkläger im Strafverfahren vertretenden Rechtsanwältin, siehe www.stern.de/panorama/stern-crime/staufen-im-breisgau--wie-geht-es-dem-missbrauchsopfer-inzwischen--8116314.html (Zugriff: 15.4.2019); s. zum AG Freiburg, Beschluss vom 6.4.2017, ZKJ 2018, 187 f.; OLG Karlsruhe, Beschluss vom 27.7.2017, ZKJ 2018, 189 f., dazu Salgo, ZKJ 2018, 168.
215 Margulies, Fordham Law Review 64 (1966), 1473.
216 BT-Drucks. 16/6308, S. 239; s.a. Büchner/Mach-Hour, NZFam 2016, 597: „Diese Diskussion um Kindeswohl und Kindeswille ist durch Art. 10 I des Europäischen Abkommens über die Ausübung von Kinderrechten obsolet geworden."
217 Staudinger/Coester (2015), § 1666 BGB Rn. 74 ff.
218 Vgl. zu den sog. „basic needs" in diesem Handbuch Rn. 894 ff., 968 ff.
219 Margulies, Fordham Law Review 64 (1966), 1473, 1478.
220 Ebd. 1481.

vorangebracht hat".[221] Auffallend ist, dass nur zu gerne dieser Streit abstrakt bzw. grundsätzlich geführt wird, die Opponenten hingegen hinsichtlich der Vorgehensweise in konkreten Fällen gar nicht so weit auseinander liegen. Fast alle, die nicht müde werden zu betonen, dass sich der Verfahrensbeistand strikt auf das „Wohl des Kindes" konzentrieren müsse, sind darum bemüht, das Kind in den Mittelpunkt zu stellen und die Bedeutung seiner Wünsche zu betonen. Fast alle, die sich auf die Wünsche oder den „Willen" des Kindes konzentrieren, erkennen an, dass Kinder unter einem bestimmten Alter bzw. ohne bestimmte Kompetenzen in einer Art und Weise vertreten werden müssen, die sich von der herkömmlichen anwaltlichen Vertretung eines Erwachsenen unterscheidet. Man wird kaum jemand aus den „Lagern" finden, der sich jeweils auf ein „reines" Kindeswohl-Modell bezogen hätte oder auf ein „reines" Kindeswillen-Modell bezieht.[222] Sofern die Kontrahenten bereit sind, anzuerkennen, dass ein Kind nicht ohne sein Alter, sein Geschlecht, seine Lebensgeschichte, seine Entwicklung, also niemals ohne Kontext gedacht werden kann, wird sich diese Kontroverse als eine von gestern[223] und vorgestern erweisen. Diesen Ausgangspunkt in der deutschen Kontroverse untermauert zu haben, ist nicht zuletzt das Verdienst der Arbeit von *Maud Zitelmann*.[224] Der Gesetzgeber des FamFG untermauert diesen Standpunkt.

110 Nach einer über zwanzigjährigen Geschichte eigenständiger Interessenvertretung in Verfahren vor den Familiengerichten – zunächst durch Verfahrenspfleger, inzwischen durch Verfahrensbeistände – scheint die Bewährungszeit dieser überfälligen Modernisierung insgesamt erfolgreich zu verlaufen. Die Beobachtungen von Münder u.a. (Rn. 20) müssen allerdings ernstgenommen werden und Konsequenzen haben. Insbesondere müssen die Erfahrungen der betroffenen Minderjährigen hinsichtlich der nicht von ihnen selbst gewählten Interessenvertretung immer wieder erhoben und berücksichtigt werden. Die Familiengerichte sind in der Pflicht, nur „geeignete" Verfahrensbeistände zu bestellen. Verfahrensbeistände, die dem hier aufgestellten Anforderungsprofil (Rn. 38 ff.) entsprechen, könnten noch am ehesten den Herausforderungen dieser Aufgabe gerecht werden. Im Umfeld der Tätigkeit der Verfahrensbeistände nehmen die Forderungen nach mehr Qualität und nach Fortbildungspflichten deutlich zu: bei den Gutachten, bei den Familiengerichten wie bei den jugendamtlichen Stellungnahmen. Gut aufgestellte Verfahrensbeistände könnten und müssten sich an die Spitze dieser „Qualitätsoffensive"[225] stellen.

---

221 Koh Peters, S. 40.
222 Ebd.
223 Ebd. S. 41.
224 Zitelmann, 2001.
225 Heilmann, FamRZ 2018, 666 ff.; siehe auch Deutscher Bundestag, Kommission zur Wahrnehmung der Belange der Kinder (Kinderkommission), Kommissionsdrucksache 19/04 vom 9. November 2018.

B Empirisches Wissen zur Verfahrenspflegschaft/ Verfahrensbeistandschaft

Übersicht	Rn.
I. Erste Erfahrungsberichte zur Verfahrenspflegschaft	113
II. Erstes bundesweites Forschungsprojekt zur Verfahrenspflegschaft	126
1. Auswertung der Länderstatistiken aus dem Jahre 2005	128
2. Teilnehmende Verfahrenspfleger	129
3. Perspektive der Familienrichter	131
4. Analyse der Gerichtsakten	134
a) Wofür werden Verfahrenspfleger bestellt?	137
b) Welche Kinder werden vertreten?	138
c) Wer vertritt die Kinder?	140
d) Wie werden die Kindesinteressen in das Verfahren eingebracht?	141
e) Was kostet eine Verfahrenspflegschaft?	142
f) Wie strittig sind die Kosten im gerichtlichen Alltag tatsächlich?	145
III. Forschungsprojekt zur „Geeignetheit" von Verfahrensbeiständen gemäß § 158 FamFG	147
1. Aussagen zur „Geeignetheit" der Verfahrensbeistände	149
2. Tätigkeitsfeld der Verfahrensbeistände	152
IV. Rechtstatsachenstudie u.a. zur Verfahrensbeistandschaft in Fällen der Kindeswohlgefährdung nach § 1666 BGB	153
1. Bestellpraxis der Verfahrensbeistandschaft	154
2. Aufgaben der Verfahrensbeistandschaft	156
V. Erkenntnisse zum Verfahrensbeistand aus der Evaluierung der FGG-Reform	158
1. Bestellpraxis und Auswahl der Verfahrensbeistände	160
2. Rolle und Aufgaben der Verfahrensbeistandschaft	162
3. Auswirkungen der Verfahrensbeistandschaft auf eine einvernehmliche Lösung	163
VI. Interessenvertretung aus der Sicht der betroffenen Kinder	164
1. Untersuchungsdesign	166
2. Merkmale von Verfahrenspflegern, Kindern und gerichtlichen Verfahren	168
3. Das Erleben der vertretenen Kinder	172
a) Wissen/Informationsstand der Kinder	173
b) Zufriedenheit der Kinder mit der Vertretung	178
c) Zusammenhänge zwischen Verhalten des Verfahrenspflegers und Erleben des Kindes	184
VII. Statistik zur Verfahrenspfleger-/Verfahrensbeistandsbestellung	186
VIII. Zusammenfassung der empirischen Erkenntnisse	192

Verfahrenspflegschaft gemäß § 50 FGG und Verfahrensbeistandschaft gemäß § 158 FamFG[1] war lange Zeit ein eher wenig bedachter Forschungsgegenstand. Mittlerweile liegen jedoch durch ein Forschungsprojekt an der Technischen Univer-

111

---

[1] Bei der Darstellung der Studien und Projekte wird im vorliegenden Kapitel die jeweilige Begrifflichkeit („Verfahrenspflegschaft" bzw. „Verfahrensbeistandschaft") verwendet, die für die Rechtsfigur zum Durchführungszeitpunkt gültig war.

sität Berlin[2], ein teilweise darauf aufbauendes Forschungsprojekt zur Geeignetheit von Verfahrensbeiständen der Hochschule für angewandte Wissenschaft und Kunst Hildesheim/Holzminden/Göttingen[3], ein in Kooperation der Technischen Universität Berlin, der Fachhochschule Münster und der Ostbayerischen Technischen Hochschule Regensburg durchgeführtes Forschungsprojekt zu Verfahren bei Gefährdung des Kindeswohls, das unter anderem die Aufgabenwahrnehmung der Verfahrensbeistandschaft untersuchte[4], sowie den Abschlussbericht der durch das Bundesministerium der Justiz und für Verbraucherschutz in Auftrag gegebenen Evaluierung der FGG-Reform[5] vier regional übergreifende Untersuchungen vor. Darüber hinaus gibt es eine Reihe von vielfältigen inhaltlich oder regional begrenzten Untersuchungen mit unterschiedlichen Schwerpunkten, Forschungszielen und Ausmaßen, die das Erfahrungsbild zur Etablierung der Interessenvertretung von Kindern durch Verfahrenspflegschaft bzw. Verfahrensbeistandschaft vervollständigen.

112 Im Folgenden werden zunächst frühe Untersuchungen und Erfahrungsberichte zur Verfahrenspflegschaft in chronologischer Reihenfolge ihrer Veröffentlichung dargestellt und sodann wird auf die zuvor benannten und umfassenden Forschungsvorhaben eingegangen. In einem separaten Abschnitt wird darüber hinaus ein Blick auf die Erfahrungen aus Sicht der vertretenen Kinder geworfen. Es ist nach wie vor zu beklagen, dass die Perspektive der vertretenen Kinder und Jugendlichen viel zu wenig in die Auswertung und politische Debatte zur Weiterentwicklung des Rechtsinstituts einbezogen wird. Abschließend folgt ein Blick auf die amtliche Statistik zur Anzahl der Bestellungen an den Amtsgerichten, die mittlerweile für fast zwei Jahrzehnte ausgewertet werden kann, sowie eine resümierende Betrachtung der Forschungslage.

I. Erste Erfahrungsberichte zur Verfahrenspflegschaft

113 Schon 1999 wurde an der Evangelischen Fachhochschule Bochum ein erstes Forschungsprojekt durchgeführt,[6] in dessen Rahmen Mitarbeiter der Jugendhilfe sowie Familienrichter befragt wurden. Sie gaben eine Einschätzung zu ihren Erfah-

---

2 Von der VW-Stiftung gefördertes Forschungsprojekt „Innovationsprozesse in Wirtschaft und Gesellschaft. Untersuchung am Beispiel der Rechtsinstitution Anwalt des Kindes" unter Leitung von Prof. Dr. Johannes Münder, Ergebnisse in: Rabe, ZJK 2007, 437 ff.; Hannemann/Stötzel, ZKJ 2009, 58 ff.; vgl. Münder/Hannemann/Bindel-Kögel.
3 In Kooperation mit und gefördert vom Berufsverband der Verfahrensbeistände, Ergänzungspfleger und Berufsvormünder für Kinder und Jugendliche e.V. (BVEB); Dahm, ZKJ 2017, 341 ff.
4 Münder (Hrsg.) 2017: Kindeswohl zwischen Jugendhilfe und Justiz. Zur Entwicklung von Entscheidungsgrundlagen und Verfahren zur Sicherung des Kindeswohls zwischen Jugendämtern und Familiengerichten. Weinheim/Basel: Beltz-Juventa; Bindel-Kögel, uj 2018, 72 ff. Das eng an die gleichnamige Studie aus den Jahren 1996 bis 1999 (Münder/Mutke/Schone 2000) anschließende Forschungsprojekt wurde gefördert durch das Bundesministerium für Familie, Senioren, Frauen und Jugend.
5 Ekert/Heiderhoff 2018, Die Evaluierung der FGG-Reform, Abschlussbericht zum Forschungsvorhaben; www.bmjv.de/SharedDocs/Artikel/DE/2018/020218_Uebergabe_Bericht_FGG_Reform.html (Zugriff: 30.4.2019).
6 Peters/Schimke, Kind-Prax 1999, 143.

rungen mit der Verfahrenspflegschaft, zu Vorstellungen zur Ausgestaltung der Verfahrenspflegerrolle sowie zu damit verbundenen Wünschen und Bedenken ab. Insgesamt waren die Erfahrungen der Richter mit der Verfahrenspflegschaft zum Befragungszeitpunkt jedoch noch eher gering. So betrug die Zahl der Bestellungen im Durchschnitt nur etwa vier Fälle seit der Einführung im Juli 1998. Insgesamt war eine große Verunsicherung zu Aufgaben und Tätigkeiten des Verfahrenspflegers festzustellen.

Etwa eineinhalb Jahre nach Inkrafttreten des § 50 FGG wurde beim Institut Gericht & Familie Berlin/Brandenburg eine Analyse der Anzahl der Verfahrenspflegerbestellungen durchgeführt.[7] Bei insgesamt 140 analysierten Bestellungen zeigten sich drei große Gruppen. So war in 45 Fällen ein Verfahren nach §§ 1666, 1666a BGB (Entzug der elterlichen Sorge) Anlass der Bestellung gewesen. 42 Verfahren hatten die Regelung der elterlichen Sorge nach Trennung der Eltern (§§ 1671, 1672 a.F. BGB) zum Gegenstand und in 38 Fällen war die Regelung des Umgangs des Kindes mit seinen Eltern (§ 1684 BGB) Verfahrensgegenstand.   114

Im Rahmen einer Untersuchung an der Freien Universität Berlin[8] wurden qualitative Interviews mit 13 Verfahrenspflegern geführt und dabei wurde unter anderem erfragt, welches Rollenverständnis die Verfahrenspfleger haben. Ein zentrales Ergebnis war, dass Verfahrenspfleger sozialpädagogischer und psychologischer Grundprofessionen eine „große Ambivalenz bezüglich ihrer Rollenvorstellung und Positionierung im Falle eines Gegensatzes zwischen Wohl und Wille" signalisierten. Angehörige juristischer Grundprofessionen berichteten hingegen, ihre Tätigkeit eher am Modell einer rechtsanwaltlichen Vertretung zu orientieren, wenngleich auch diese Berufsgruppe die Interessenvertretung nicht gleichsetzte mit der reinen Wiedergabe des geäußerten Willens des Kindes.   115

Jeweils vier Verfahrenspfleger und Richter wurden in einem Forschungsprojekt an der Universität Lüneburg zu ihren Arbeitsweisen befragt.[9] Neben eher intuitiven Verhaltensweisen in der individuellen Fallarbeit konnten sowohl bei Richtern als auch Verfahrenspflegern standardisierte und wiederkehrende Arbeitsschritte identifiziert werden (z.B. Auswahl eines geeigneten Verfahrenspflegers durch den Richter, Aktenstudium durch den Verfahrenspfleger nach Fallübernahme).   116

Die rechtstatsächliche Untersuchung zur Reform des Kindschaftsrechts im Auftrag des Bundesministeriums der Justiz[10] beschäftigte sich insbesondere mit Fragen zur Situation der von Scheidung betroffenen Eltern und Kinder und damit verbundenen Aspekten der Beziehung, Kommunikation, Kooperation und Zufriedenheit der Betroffenen. Auch wenn darüber hinaus als Ziel des Vorhabens formuliert wurde, auch Wirkungen mit der Regelung zum Verfahrenspfleger zu eruieren,[11] standen diese Aspekte eher im Hintergrund der Untersuchung. Dennoch beruht diese auf   117

---

7 Walter 2000.
8 Lehmann-Gerstel/Unger 2000.
9 Baier, Kind-Prax 2002, 154.
10 Proksch 2002, Kind-Prax 2003, 3.
11 Proksch 2002, S. 29 f.; Kostka, FamRZ 2004, 1924 ff.

einer bundesweiten und umfassenden Datenbasis und hebt sich in dieser Hinsicht deutlich von bis dahin vorliegenden anderen Forschungsbefunden ab.

118 In der ersten Befragungswelle gaben insgesamt 72,4 % der befragten Eltern mit gemeinsamer elterlicher Sorge und 68,5 % der Eltern mit alleiniger elterlicher Sorge an, keine Kenntnis vom Verfahrenspfleger zu haben. Dabei kannten Mütter diese Regelung besser als Väter, sie wurde von Eltern, bei denen die Kinder nicht leben – unabhängig von der Form des Sorgerechts –, besser beurteilt als von Eltern mit bei ihnen lebenden Kindern.

119 Im Rahmen der zweiten Befragung gaben mehr Eltern mit alleiniger Sorge als mit gemeinsamer Sorge an, dass für ihr Kind ein Verfahrenspfleger bestellt worden sei. Mehrheitlich seien Umgangs- oder Unterhaltskonflikte Anlass für die Bestellung gewesen.

120 Im Ergebnis der Befragung der Fachkräfte gaben 45,1 % der befragten Familienrichter an, im Jahr 2000 in „bis 5 Verfahren" einen Verfahrenspfleger bestellt zu haben. Anlass für die Bestellung sei in 53,8 % die „Entziehung der gesamten Personensorge", in 47,9 % die „Trennung des Kindes von seiner Familie", in 46,6 % „Streit der Eltern um Änderung der elterlichen Sorge" sowie in 46,2 % „Streit der Eltern wegen verweigerten Umgangs" gewesen. 58,6 % der befragten Richter bewerteten die Tätigkeit des Verfahrenspflegers als „sehr hilfreich/hilfreich", 94,2 % betrachteten „kommunikative Fähigkeiten" des Verfahrenspflegers und 71,9 % „allgemeine psychologische Kenntnisse" als notwendige Qualifikation. Beurteilt wurde diese von 52,7 % der Familienrichter als „sehr gut/gut", von 30,9 % als „zufriedenstellend".[12]

121 Eine erste empirische Betrachtung der Wirksamkeit und Effektivität von Verfahrenspflegschaft erfolgte auf der Basis einer Analyse von 40 durchgeführten Verfahrenspflegschaften und unter dem Gesichtspunkt, inwieweit es „gelungen ist, dem kindlichen Willen in der gerichtlichen Entscheidung zur Geltung zu verhelfen".[13] Im Ergebnis entsprach in 60,9 % der Fälle die gerichtliche Entscheidung dem Votum der Verfahrenspflegschaft, wobei in 37,5 % der Fälle auch die Anregungen des Jugendamtes damit übereinstimmten. In 40 % der untersuchten Fälle, in denen zwar aus der Sicht der Verfahrenspflegschaft eine Konvergenz mit der gerichtlichen Entscheidung, aber eine Divergenz zur Einschätzung des Jugendamtes vorgelegen habe, fand kein Gespräch zwischen Jugendamt und Kind statt. Zusätzlich vorliegende Sachverständigengutachten entsprachen in 66,7 % der Position der Verfahrenspfleger vollständig, im Wesentlichen in weiteren 11,1 % der Fälle.

122 Im Rahmen einer in Thüringen durchgeführten Untersuchung[14] wurden zum einen die Amtsgerichte sowie das Oberlandesgericht in Jena mittels eines postalischen Fragebogens befragt. Von den 54 kontaktierten Richterinnen und Richtern sendeten 23 einen bearbeiteten Fragebogen zurück und berichteten im Durchschnitt

---

12 Proksch 2002, S. 129 ff.
13 Lipinski-Wollenberg/Raack, Kind-Prax 2003 (Spezial), 3.
14 Moritz 2004.

über den Einsatz eines Verfahrenspflegers in 19 % ihrer Fälle. Die gesetzlichen Normen für die Voraussetzung der Bestellung hielten 65,21 % der Befragten „nicht für ersatz- oder ergänzungsbedürftig", 34,78 % sahen jedoch Probleme bei der Finanzierung der Verfahrenspflegschaft. Die Bewertung der Leistungen der Verfahrenspflegschaft durch die Familiengerichte war heterogen. Die darüber hinaus befragten 12 Verfahrenspfleger gaben an, eine spezifische Fortbildung für diese Tätigkeit absolviert zu haben, insbesondere um juristische Wissensmängel zu beheben. Die Zufriedenheit wurde von allen Verfahrenspflegern eher schlecht bewertet, was insbesondere mit Problemen bei der Leistungsabrechnung begründet wurde.

123 Eine Fragebogenuntersuchung bei Familiengerichten in Nordrhein-Westfalen[15] zeigte, dass 26 von 27 befragten Familienrichtern den Verfahrenspfleger als eine nicht nur dem Kindeswillen, sondern auch dem Kindeswohl verpflichtete Instanz betrachteten. 55,55 % der Befragten sahen im Verfahrenspfleger zumindest als Nebeneffekt auch einen Ermittlungsgehilfen, die verbleibenden 44,45 % stuften dies überhaupt nicht als Aufgabe des Verfahrenspflegers ein. Vermittelnde Tätigkeiten betrachteten 18,51 % der Richter als wesentliche Hauptaufgabe, 55,56 % bewerteten diese als Nebenaufgabe und die restlichen 25,93 % ordneten dies überhaupt nicht in den Aufgabenkreis des Verfahrenspflegers ein.

124 Auf der Basis von halbstandardisierten Interviews mit zwei betroffenen Kindern, jeweils zwei Müttern und Vätern, vier Verfahrenspflegern, zwei Familienrichtern sowie einer Jugendamtsmitarbeiterin und einem Anwalt wurde in einem weiteren Vorhaben[16] ein dreistufiges Handlungsmodell von Verfahrenspflegschaft entwickelt, das deren Ziele und Handlungsstrategien drei Ebenen zuordnet. Eine erste Ebene beschreibt dabei die „anwaltliche Vertretung der Kindesinteressen im familienrechtlichen Verfahren", eine zweite das „Aufdecken der Fallkonstellationen für das Familiengericht" und eine dritte die „Sozialgeflechtsarbeit als unmittelbar lebensweltbezogene Aktivierung der Eltern".[17]

125 Für das Bundesland Sachsen hat eine weitere Arbeit[18] erhoben, wie sich Qualifikation und Kompetenz des Verfahrenspflegers, die Bestellpraxis der Gerichte, die Zusammenarbeit zwischen Verfahrenspflegern und Gerichten, die Aufgaben und Vergütung des Verfahrenspflegers sowie dessen Arbeitsorganisation aus der Perspektive von Richtern und Verfahrenspflegern darstellen. Dabei wurde deutlich, dass sich in den vergangenen Jahren ein durchaus differenziertes Aufgaben- und Funktionsverständnis des Verfahrenspflegers entwickelt hat. Grundlage für die Ausübung der Tätigkeit sollte interdisziplinäres Wissen sein, das auf der Basis einer interdisziplinären Ausbildung in Form einer formalen Zusatzqualifikation erworben wird. In Sachsen sind die meisten Verfahrenspfleger nebenberuflich in Ergänzung zu anderen Aufgaben tätig.

---

15 Gummersbach 2005; Grüttner (geb. Gummersbach) 2006.
16 Schulze, Kind-Prax 2005, 98; Schulze 2007a; Schulze, ZKJ 2007b, 88.
17 Schulze, ZKJ 2007b, 90.
18 Böttcher 2008.

II. Erstes bundesweites Forschungsprojekt zur Verfahrenspflegschaft

126 Die erste umfassende und bundesweite Untersuchung zur Verfahrenspflegschaft nach § 50 FGG wurde an der Technischen Universität Berlin durchgeführt.[19] Im Zentrum stand eine quantitative Fragebogenerhebung, an der 512 Familienrichter (aus 306 verschiedenen Familiengerichten bundesweit), 219 Verfahrenspfleger und 123 Jugendämter (144 Jugendämter wurden kontaktiert, dies entspricht einer geschichteten repräsentativen Stichprobe von ca. 20 % aller Jugendämter bundesweit) teilnahmen. Zusätzlich wurden 20 qualitative Interviews mit Familienrichtern, 20 mit Verfahrenspflegern und 10 mit Mitarbeitern von Jugendämtern geführt. Darüber hinaus erfolgte eine Auswertung der Datensätze der 16 Statistischen Landesämter über die in 2005 an den Familiengerichten erledigten Verfahren mit Verfahrenspflegern sowie eine Analyse von Gerichtsakten in drei ausgewählten Oberlandesgerichtsbezirken.

127 Die Erhebungen und Auswertungen orientierten sich an den folgenden Forschungsfragen:[20]

- Wie häufig werden Verfahrenspfleger bestellt?
- In welchen Verfahren werden Verfahrenspfleger bestellt?
- Wer wird als Verfahrenspfleger bestellt?
- Wird das Instrument des Verfahrenspflegers von den Richtern angenommen und genutzt?
- Welche Aufgaben hat der Verfahrenspfleger aus Sicht der einzelnen Akteure wahrzunehmen?
- Welche konkreten Tätigkeiten sind für eine qualifizierte Umsetzung der Verfahrenspflegschaft aus Sicht der Akteure wichtig?
- Welche Wirkung hat die Verfahrenspflegschaft aus Sicht der beteiligten Akteure?

1. Auswertung der Länderstatistiken aus dem Jahre 2005

128 Ausgewertet wurden alle 8.669 Verfahren, in denen Verfahrenspfleger nach § 50 FGG bestellt waren.[21] Mit 5.755 Verfahren stellten solche mit dem Inhalt der Übertragung oder Entziehung der elterlichen Sorge (wird in der Statistik gemeinsam ausgewiesen) den größten Anteil. Verfahren zur Regelung des Umgangs des Kindes mit den Eltern waren deutlich seltener (1.954 Verfahren), gefolgt von Schei-

---

19 Das Projekt „Innovationsprozesse in Wirtschaft und Gesellschaft – Untersuchung am Beispiel der Rechtsinstitution Anwalt des Kindes" unter der Leitung von Prof. Dr. Johannes Münder, Lehrstuhl für Sozial- und Zivilrecht, wurde gefördert von der Volkswagen-Stiftung. Münder/Hannemann/Bindel-Kögel 2010; Rabe, ZKJ 2007, 437 ff., Hannemann/Stötzel, ZKJ 2009, 58 ff.
20 Hannemann/Stötzel, ZKJ 2009, 58 ff.
21 Diese Zahl stimmt nicht mit der Bundesstatistik überein, vgl. oben Rn. 3 sowie unten Rn. 164; sie weist 8.765 Bestellungen aus.

dungssachen (268 Verfahren), der Herausgabe des Kindes (163 Verfahren) und „sonstigen" Verfahren (z.B. Verbundverfahren zum Unterhalt, Hausrat).[22]

2. Teilnehmende Verfahrenspfleger

Mit Ausnahme des Saarlandes nahmen an der Untersuchung Verfahrenspfleger aus allen Bundesländern teil. 78 % der 219 Befragten waren weiblich, 22 % männlich. Die 219 Befragten waren zwischen 28 und 70 Jahren alt (Durchschnitt: 46,8 Jahre) und gehörten folgenden Grundprofessionen an (Mehrfachzuordnungen möglich):[23]

129

- Sozialpädagogen/-arbeiter: 95
- Juristen: 76
- Psychologen: 17
- Diplom-Pädagogen: 13
- Lehrer: 8
- Sonstige: 25
- Verwandte: 3

59 % der befragten Verfahrenspfleger hatten darüber hinaus an einer Weiterbildung teilgenommen, um sich spezifische Kenntnisse für die Tätigkeit anzueignen. Über 60 % der Befragten waren bis zu 20 Stunden im Monat als Verfahrenspfleger tätig, nur 4,5 % mehr als 80 Stunden. Bei den Juristen lag der Anteil derjenigen, bei denen die Verfahrenspflegschaft das Haupttätigkeitsfeld darstellt (über 50 % der Gesamttätigkeit), deutlich unter dem der Sozialpädagogen (4,2 % im Vergleich zu 27,9 %).[24]

130

3. Perspektive der Familienrichter

Aus Sicht der Familienrichter waren die Grundprofession und die Erfahrung des Verfahrenspflegers die wichtigsten Kriterien für seine Auswahl. In der Befragung ergaben sich folgende Schwerpunkte zur Grundprofession im Bestellungsverhalten der Richter:[25]

131

- Sozialpädagogen: 60,7 %
- Juristen: 49,3 %
- Psychologen: 22,1 %
- Sonstige: 3,2 %
- Lehrer: 1,4 %

---

22 Hannemann/Stötzel, ZKJ 2009, 59.
23 Hannemann/Stötzel, ZKJ 2009, 59 f.
24 Hannemann/Stötzel, ZKJ 2009, 60.
25 Hannemann/Stötzel, ZKJ 2009, 60.

132 Der größte Teil der befragten Familienrichter (60 %) gab an, dass durch den Verfahrenspfleger eine Verbesserung der Interessenvertretung des Kindes erfolge.[26] 90 % gaben an, dass die Arbeit des Verfahrenspflegers hilfreich für die Entscheidungsfindung sei, 9 % beurteilten dies als neutral und lediglich 1 % empfand die Tätigkeit als störend. Auswirkungen auf die Verfahrensdauer sahen 56 % der befragten Richter nicht, 27 % gaben sogar an, dass der Einsatz eines Verfahrenspflegers beschleunigende Wirkung auf das Verfahren habe. Darüber hinaus wurde er von den Richtern überwiegend (78 %) als konfliktmildernd bewertet. 20 % sahen keine Auswirkungen auf den Konflikt und nur 3 % beurteilten die Tätigkeit als konfliktverschärfend.[27]

133 Zum Aufgabenverständnis des Verfahrenspflegers bejahten 83 % der befragten Richter, dass er die subjektiven Interessen des Kindes vertreten solle, 81 % stimmten aber auch der Aussage zu, dass es auch um eine Vertretung des objektiven Kindeswohls gehe. In der überwiegenden Praxis der Familiengerichte besteht also die Auffassung, dass sowohl subjektive als auch objektive Interessen des Kindes vom Verfahrenspfleger wahrgenommen werden sollen. Zur Umsetzung dieses Auftrages hielten 99 % der Befragten Gespräche mit dem Kind, 90 % Gespräche mit den Eltern und 82 % Gespräche mit dritten Personen für erforderlich.[28]

4. Analyse der Gerichtsakten

134 Um repräsentative Angaben zur rechtstatsächlichen Situation in der Praxis der Familiengerichte zu erhalten, wurde über die Befragungen der zentralen Akteure hinaus eine Aktenanalyse durchgeführt. Bekanntermaßen erfolgte die Rechtsprechung zum Verfahrenspfleger insbesondere hinsichtlich des vergütungsfähigen Tätigkeitsgebiets und Aufgabenkreises in regional sehr heterogenem Ausmaß.[29] Da die Veröffentlichung obergerichtlicher Rechtsprechung aber von verschiedenen Faktoren beeinflusst wird, muss die dort transportierte Sichtweise nicht zwingend die Situation auf der Ebene der Amtsgerichte und damit den familiengerichtlichen Alltag widerspiegeln. Fraglich ist daher, wie hoch der Anteil der streitigen Verfahren über Kostenfragen in der Praxis der Familiengerichte tatsächlich war. Darüber hinaus ist es nur durch eine Aktenanalyse möglich, Informationen zum gerichtlichen Verfahren exakt abzubilden. Daher wurden neben der Analyse der Kostenentscheidungen auch Basisdaten zum jeweiligen familiengerichtlichen Verfahren, zu Geschlecht und Qualifikation des Verfahrenspflegers, zu Geschlecht und Alter der Kinder sowie Daten zur Praxis der persönlichen Anhörung des Kindes erhoben.

---

26 Hannemann/Stötzel, ZKJ 2009, 61 f.
27 Rabe, ZKJ 2007, S. 441; Hannemann/Stötzel, ZKJ 2009, 63.
28 Hannemann/Stötzel, ZKJ 2009, 62 f.
29 Vgl. dazu folgende Übersichten: Carl/Schweppe, FPR 2002, 251; Kiesewetter/Schröder, FPR 2006, 20; Krille, Kind-Prax 2003, 12; Menne, FamRZ 2005, 1035; Menne, JAmt 2005, 274; Söpper, FamRZ 2002, 1535; Söpper, FamRZ 2005, 1787; Stötzel 2005 zu § 158 FamFG.

Die Akten wurden in drei Oberlandesgerichtsbezirken gezogen: **135**
- OLG-Bezirk Brandenburg mit einer eher engen Definition des vergütungsfähigen Aufgabenbereichs: Gerichte A bis D
- OLG-Bezirk Karlsruhe mit einer eher weiten Definition des vergütungsfähigen Aufgabenbereichs: Gerichte E bis G
- OLG-Bezirk Hamm mit kaum veröffentlichter Rechtsprechung zum vergütungsfähigen Aufgabenbereich: Gerichte H und I

Erwähnenswert ist zunächst, dass es trotz Sichtung mehrerer Jahrgänge in einigen Amtsgerichten nicht möglich war, eine Zielgröße von 50 Akten pro Gericht mit Verfahrenspflegern zu finden. Insgesamt wurden in 9 Amtsgerichten 280 Verfahren mit Verfahrenspflegern nach § 50 FGG gesichtet, die im Zeitraum von 2002 bis 2006 anhängig wurden.[30] **136**

a) Wofür werden Verfahrenspfleger bestellt?

In der Gesamtbetrachtung aller Amtsgerichte ergaben sich drei große Gruppen von Verfahren, in denen Verfahrenspfleger bestellt wurden, nämlich zur **137**
- Regelung des Sorgerechts nach Trennung und Scheidung (§§ 1671, 1672 BGB),
- Regelung des Umgangsrechts (§§ 1684, 1685 BGB) sowie
- Kindeswohlgefährdung (§§ 1666, 1666a BGB).[31]

b) Welche Kinder werden vertreten?

Das Alter der vertretenen Kinder (zu Beginn des Verfahrens) variierte deutlich zwischen den einzelnen Amtsgerichten. Die jüngsten Kinder gab es in Amtsgericht A (Durchschnitt 7 Jahre, Median[32] sechs Jahre), die ältesten in Amtsgericht B (Durchschnitt 10 Jahre, Median 11 Jahre). **138**

Unter den insgesamt 410 Kindern, die von den 280 analysierten Verfahren mit Verfahrenspflegern nach § 50 FGG betroffen waren, fanden sich insgesamt 198 Mädchen und 210 Jungen, bei zwei Kindern war das Geschlecht des Kindes nicht aus der Akte ersichtlich.[33] **139**

c) Wer vertritt die Kinder?

Wie bereits aus der Stichprobe der befragten Verfahrenspfleger vermutbar, ergab auch der tatsächliche Blick in die Gerichtsakten, dass in sämtlichen Amtsgerichten mehr Frauen als Männer bestellt wurden. Präferenzen für juristisch oder psychoso- **140**

---

30 Darüber hinaus wurden auch 70 Akten mit Verfahrenspflegerbestellungen nach § 70b FGG ausgewertet; die Ergebnisse werden hier nicht dargestellt.
31 In Einzelfällen kam es auch zur Bestellung eines Verfahrenspflegers nach § 50 FGG zur Wahrnehmung der Vermögenssorge (z.B. Regelung von Erbangelegenheiten). Hannemann/Stötzel, ZKJ 2009, 64.
32 Zentralwert, der die Grenze zwischen zwei Stichprobenhälften kennzeichnet; über und unter dem Median liegen jeweils 50 % der Stichproben.
33 Hannemann/Stötzel, ZKJ 2009, 64 f.

zial ausgebildete Verfahrenspfleger, die örtlich durchaus vorlagen, waren in der Gesamtbetrachtung über alle Amtsgerichte nicht mehr festzustellen.[34]

d) Wie werden die Kindesinteressen in das Verfahren eingebracht?

141   In allen Amtsgerichten wurden schriftliche Stellungnahmen der Verfahrenspfleger in mindestens jedem zweiten Fall erstellt, in Amtsgericht F sogar in 93 % der gesichteten Verfahren. Dabei vergingen in Amtsgericht A im Durchschnitt 6 Wochen, in Amtsgericht E jedoch 23 Wochen bis zur Abgabe der Stellungnahme. Die Bestellung eines Verfahrenspflegers nach § 50 FGG ging keinesfalls regelhaft mit der Einholung eines Sachverständigengutachtens einher. Dies geschah in Amtsgericht H in 52 % der Fälle, in Amtsgericht E nur in 10 %.[35] In allen Amtsgerichten der Stichprobe wurden die Kinder in einem beträchtlichen Anteil der Verfahren überhaupt nicht persönlich durch das Gericht angehört. In einzelnen Gerichten betraf dies sogar 70 % aller gesichteten Verfahren. In der Mehrzahl der Fälle fanden die Anhörungen auch nicht in Begleitung des Verfahrenspflegers statt. In den Amtsgerichten A und B wurde nicht eine Akte gefunden, in der eine Anhörung mit Verfahrenspflegern stattfand (Amtsgericht A ohnehin nur in 30 % Anhörungen).[36]

e) Was kostet eine Verfahrenspflegschaft?

142   In der folgenden Tabelle ist aufgeführt, welche Kosten in den einzelnen Amtsgerichten durch die Verfahrenspfleger in Rechnung gestellt wurden.

143   **Verteilungsmaße der vom Verfahrenspfleger nach § 50 FGG in Rechnung gestellten Kosten im Vergleich der Amtsgerichte (in €, ohne MwSt., 280 Akten)**

Amtsgericht	OLG Brandenburg				OLG Karlsruhe			OLG Hamm	
	A	B	C	D	E	F	G	H	I
Mittelwert	373	367	359	606	889	876	1.049	349	347
Median	281	265	340	617	417	853	919	283	254
Minimum	76	70	45	103	16	246	79	38	33
Maximum	1.254	1.124	930	1.419	2.422	2.184	3.826	1.467	1.486

144   Eine vertiefende Analyse ergab, dass psychosoziale Verfahrenspfleger im Vergleich zu juristischen höhere Rechnungen stellten (Juristen im Durchschnitt 390,00 €/ohne MwSt., Psychosoziale im Durchschnitt 677,00 €/ohne MwSt., ein statistisch hoch signifikantes Ergebnis). Die Vertretung von Kindern in den unterschiedlichen

---

34 Hannemann/Stötzel, ZKJ 2009, 65.
35 Hannemann/Stötzel, ZKJ 2009, 65.
36 Hannemann/Stötzel, ZKJ 2009, 66.

Verfahrensgegenständen unterscheidet sich zwar hinsichtlich des Aufwandes in manchen Amtsgerichten, aber nicht mit Blick auf die Gesamtstichprobe.[37]

f) Wie strittig sind die Kosten im gerichtlichen Alltag tatsächlich?

Die folgende Übersicht zeigt für die jeweiligen Amtsgerichte auf der Basis der Akten, in denen eine Rechnung des Verfahrenspflegers zu finden war, den Fortgang des Vergütungsverfahrens:[38]

- OLG Brandenburg:
  - A: 5 von 9 Verfahren strittig nach einer informellen Stellungnahme, 3-mal endgültige Kürzungen (25,50 € bis 1.253,50 €)
  - B: 1 von 6 Verfahren strittig nach einer informellen Stellungnahme, endgültige Kürzung 182,30 €
  - C: 11 von 43 Verfahren strittig nach einer informellen Stellungnahme, 10-mal endgültige Kürzungen (2,53 € bis 377,21 €)
  - D: 29 von 29 Verfahren strittig nach einer informellen Stellungnahme, 25-mal endgültige Kürzungen (40,75 € bis 988,50 €)
- OLG Karlsruhe (E-G): keine Hinweise auf Vergütungs-Auseinandersetzungen in den Akten
- OLG Hamm:
  - H: 4 von 25 Verfahren Einigung durch eine informelle Stellungnahme, im Ergebnis keine Kürzungen
  - I: keine Hinweise auf Vergütungs-Auseinandersetzungen in den Akten

Mehr als deutlich wird hier, dass im OLG-Bezirk Brandenburg wesentlich mehr Kürzungen der von den Verfahrenspflegern in Rechnung gestellten Kosten erfolgten als in den OLG-Bezirken Karlsruhe und Hamm. Insgesamt lag der Anteil der Verfahren mit Kürzungen in Amtsgericht D bei 90 %, in Amtsgericht A bei 56 %, in Amtsgericht C bei 23 %, in Amtsgericht B bei 17 % sowie in den Amtsgerichten E bis I bei 0 %. Für den OLG-Bezirk Brandenburg ist also eindeutig zu formulieren, dass das in der veröffentlichten Rechtsprechung gezeichnete Bild eines sehr restriktiven Aufgabenverständnisses den gerichtlichen Alltag in den Amtsgerichten tatsächlich prägt. Dabei schlägt sich dieser Umstand auch in der Zeit nieder, die bis zur Anweisung der Vergütung verging: in Amtsgericht D im Durchschnitt 33 Wochen (Maximum 85 Wochen) und in Amtsgericht E 1 Woche (Maximum 5 Wochen).[39]

---

37 Hannemann/Stötzel, ZKJ 2009, 66.
38 Hannemann/Stötzel, ZKJ 2009, 67.
39 Hannemann/Stötzel, ZKJ 2009, 67.

III. Forschungsprojekt zur „Geeignetheit" von Verfahrensbeiständen gemäß § 158 FamFG

147 Das vom Berufsverband der Verfahrensbeistände, Ergänzungspfleger und Berufsvormünder für Kinder und Jugendliche e.V. (BVEB) geförderte Forschungsprojekt untersuchte, welche Konsequenzen für die Anforderungen an Verfahrensbeistände sowie für die Auswahl durch die Familiengerichte aus dem in § 158 FamFG genannten Merkmal der „Geeignetheit" gezogen werden müssen. Das Vorhaben sollte klären,

- inwieweit bei der Bestellung des Verfahrensbeistandes eine Prüfpflicht der Familiengerichte im Hinblick auf dessen „Geeignetheit" besteht sowie
- welche Mindestanforderungen an die „fachliche Eignung" und „persönliche Eignung" zu stellen sind,[40]

und hat damit auch an Fragestellungen des in Abschnitt II. beschriebenen Forschungsprojekts der Technischen Universität Berlin (Rn. 126-147) angeknüpft.

148 Methodisch arbeitete die Untersuchung mit einem Fragebogen, der per E-Mail an alle 639 Familiengerichte versendet wurde. Darüber hinaus wurden eine postalische Fragebogen-Erhebung bei 42 niedersächsischen Jugendämtern sowie eine Online-Befragung von Sachverständigen in familiengerichtlichen Verfahren durchgeführt. Erkenntnisgrundlage waren Daten von 404 Familienrichtern, 92 Vertretungen der niedersächsischen Jugendämter sowie 24 Sachverständigen.

1. Aussagen zur „Geeignetheit" der Verfahrensbeistände

149 Übereinstimmend gaben die befragten Gruppen an, dass in der Praxis insbesondere staatlich anerkannte Sozialarbeiter, Sozialpädagogen sowie Volljuristen (Rechtsanwälte) bestellt werden. Die Familiengerichte legen bei der Auswahl insbesondere auf Erkenntnisse über Erscheinungsformen von Kindeswohlgefährdung Wert (87,38 %). Diese erachten auch die Sachverständigen für zentral (95,38 %), während bei den Jugendämtern Kenntnisse zu den Grundlagen der Bindungstheorie (92,39 %) an vorderster Stelle stehen.[41] Die Autorin der Studie stellt hierzu kritisch fest, dass die geforderten Kenntnisse keinerlei Gegenstand der juristischen Ausbildung sind und auch nicht selbstverständlich zum Kompetenzprofil von Sozialarbeiten und -pädagogen gehören. Der größte Teil der Familienrichter legt bei der Bestellung jedoch keinen Wert auf den Nachweis von Weiter- oder Fortbildungen, was die notwendige Überprüfung der fachlichen Eignung für den konkreten Fall sehr erschwert.[42] Bei den allermeisten Bestellungen durch das Familiengericht spielen auch nicht diese Kenntnisse, sondern konkrete Erfahrungen mit dem Verfahrensbeistand eine Rolle (94,55 %).[43]

---

40 Dahm, ZKJ 2017, 341.
41 Dahm, ZKJ 2017, 342.
42 Dahm, ZKJ 2017, 345, 347.
43 Dahm, ZKJ 2017, 343.

Für die Überprüfung der persönlichen Eignung kommt als ein mögliches – wenngleich nicht ausreichendes – Instrument die Vorlage eines erweiterten Führungszeugnisses nach § 30a BZRG im Betracht, um beispielsweise Personen, die wegen Gewalthandlungen zum Nachteil von Kindern vorbestraft sind, auszuschließen. Nur 2,23 % der befragten Familienrichter gaben jedoch an, hiervon Gebrauch zu machen. Hier bilden die einschlägigen Berufsordnungen allerdings keine lückenlose Sicherheit. Diese wäre nur durch die gesetzliche Regelung einer Vorlagepflicht beim bestellenden Gericht gegeben.[44] Teilweise verlangen die Aus-/Fortbildungsinstitute bei der Anmeldung zum Kurs die Vorlage eines aktuellen erweiterten Führungszeugnisses.[45]

150

Neben der aus Sicht der Autorin eindeutig notwendigen Überprüfung der fachlichen und persönlichen Eignung durch das bestellende Gericht kommt auch die Einrichtung einer Kammer oder Kommission in Betracht, die Verfahrensbeistände zulässt und kontrolliert (siehe auch Salgo in diesem Handbuch, Rn. 48). Darüber hinaus wird die Möglichkeit vorgeschlagen, die erforderlichen Anforderungen direkt im Gesetz zu präzisieren, wie dies inzwischen zur Eignung der Sachverständigen in § 163 FamFG erfolgt ist.[46]

151

2. Tätigkeitsfeld der Verfahrensbeistände

81,95 % der befragten Familienrichter gaben an, zwischen 80 und 100 % der Fälle mit dem erweiterten Aufgabenkreis (und damit der „großen Pauschale") zu bestellen. 99,50 % halten ein Gespräch mit dem Kind für erforderlich, 97,03 % eine Teilnahme an den gerichtlichen Terminen und 87,87 % eine Teilnahme an der Anhörung des Kindes.[47] 86,14 % befürworten ein Hinwirken auf eine einvernehmliche Lösung.

152

IV. Rechtstatsachenstudie u.a. zur Verfahrensbeistandschaft in Fällen der Kindeswohlgefährdung nach § 1666 BGB

Das vom Bundesministerium für Familie, Senioren, Frauen und Jugend geförderte Kooperationsprojekt der Technischen Universität Berlin, der Fachhochschule Münster und der Ostbayerischen Technischen Hochschule Regensburg[48] untersuchte in Fortsetzung einer Studie aus den Jahren 1996 bis 1999[49], wie die gesetzlichen Regelungen des FamFG in Verfahren bei Gefährdung des Kindeswohls umgesetzt werden und wie die Akteure der Kinder- und Jugendhilfe sowie der Familiengerichtsbarkeit ihre jeweiligen Aufgaben und ihre verpflichtende Zusam-

153

---

44 Dahm, ZKJ 2017, 348 f.
45 Z.B. https://pb-paritaet.de/veranstaltungen/fobi2019/327_verfahrensbeistand.htm.
46 Dahm, ZKJ 2017, 350 ff.
47 Dahm, ZKJ 2017, 343.
48 Münder (Hrsg.) 2017: Kindeswohl zwischen Jugendhilfe und Justiz. Zur Entwicklung von Entscheidungsgrundlagen und Verfahren zur Sicherung des Kindeswohls zwischen Jugendämtern und Familiengerichten. Weinheim/Basel: Beltz-Juventa.
49 Münder/Mutke/Schone 2000: Kindeswohl zwischen Jugendhilfe und Justiz. Professionelles Handeln in Kindeswohlverfahren. Münster: Votum.

menarbeit gestalten. Das Rechtsinstitut der Verfahrensbeistandschaft wurde neu in die Untersuchung einbezogen. An 20 ausgewählten Standorten wurden die Verfahren durch quantitative (Analyse der Daten des Statistischen Bundesamtes, Online-Erhebung von 318 Fallverläufen bei Jugendämtern) sowie qualitative (Experteninterviews mit 44 Fachkräften des Allgemeinen Sozialen Dienstes, 30 Familienrichtern und 20 Verfahrensbeiständen sowie 20 problemzentrierte Interviews mit Eltern und Jugendlichen) Methoden untersucht.[50]

1. Bestellpraxis der Verfahrensbeistandschaft

154 Die Einzelfallerhebung von 318 Fallverläufen ergab, dass in etwa einem Viertel der Verfahren nach § 1666 BGB keine Bestellung eines Verfahrensbeistandes erfolgte, obwohl dies nach § 158 Abs. 2 FamFG obligatorisch gewesen wäre.[51] Je weiter die Verfahren vorangeschritten waren, desto höher lag der Anteil der Verfahrensbeistandschaften, was dadurch zu erklären ist, dass die Bestellung oft erst dann erfolgte, wenn abzusehen war, dass es nicht bei einer Erörterung der Gefährdung und den Möglichkeiten ihrer Abwendung nach § 157 FamFG bleibt. Bei den bestellten Verfahrensbeiständen handelte es sich meist um Frauen mit juristischem oder sozialpädagogischem Hintergrund, wobei die juristisch ausgebildeten Verfahrensbeistände deutlich seltener eine entsprechende Fortbildung vorweisen konnten als die sozialpädagogischen Kollegen und dies mehrheitlich für nicht notwendig erachteten.[52]

155 Die bestellenden Richter erwarteten insbesondere zügige Erkenntnisse über Interessen und Lebenslage des Kindes. In den meisten Fällen spielten bei der Auswahl persönliche Erfahrungen mit den Verfahrensbeiständen eine Rolle. Darüber hinaus orientierten sich diese Entscheidungen auch an den von einer bestimmten Berufsgruppe erwarteten Kompetenzen sowie dem vor Ort zur Verfügung stehenden Angebot.[53]

2. Aufgaben der Verfahrensbeistandschaft

156 Kern des Aufgabenverständnisses bildete die Vertretung des subjektiven sowie objektiven Interesses des Kindes, für dessen Ermittlung ein breites Spektrum an Vorgehensweisen geschildert wurde. Als zentral wurden auch die Begleitung, Beratung und Information des Kindes während des Verfahrens erachtet.[54] Wenn in den Verfahren nach § 1666 BGB dem Willen des Kindes nicht gefolgt werden kann, wurde die Erörterung dazu mit dem Kind als besondere, aber wichtige Herausforderung beschrieben. Die Sensibilisierung der Eltern für die Interessen der Kinder und die Motivation zur Hilfeannahme wurden als Mitwirken an einer einvernehmlichen Regelung von etwa der Hälfte der Verfahrensbeistände verstanden. Jugend-

---

50 Münder 2017, 92 ff.; Bindel-Kögel, uj 2018, 72 f.
51 Münder 2017, 166; Bindel-Kögel, uj 2018, 76 f.
52 Münder (Hrsg.) 2017, 281 f., 308; Bindel-Kögel, uj 2018, 76.
53 Münder (Hrsg.) 2017, 283 ff., 309; Bindel-Kögel, uj 2018, 77.
54 Münder (Hrsg.) 2017, 296 ff., 310; Bindel-Kögel, uj 2018, 78.

ämter und Gerichte sahen hierin eine Möglichkeit, verfahrene Situationen mit einer weiteren Rolle neu anzugehen, was jedoch auch die Gefahr eines zu weit verstandenen Aufgabenfeldes birgt.[55]

Begrüßt wurden von den meisten Verfahrensbeiständen die Fallpauschalen nach § 158 Abs. 7 FamFG, wenngleich bei weiten Fahrtwegen und oft langandauernden Verfahren nach § 1666 BGB auch Nachteile einer pauschalen Regelung benannt wurden.[56]

157

V. Erkenntnisse zum Verfahrensbeistand aus der Evaluierung der FGG-Reform

Die im Auftrag des Bundesministeriums der Justiz und für den Verbraucherschutz durchgeführte Evaluierung der FGG-Reform[57] sollte eruieren, ob die zentralen Reformziele aus Sicht der Rechtspraxis erreicht werden konnten und wie sich das FamFG in der praktischen Erprobung bewährt hat.[58] Mit Blick auf die Verfahrensbeistandschaft ist dabei insbesondere das Ziel der Stärkung der konfliktvermeidenden und konfliktlösenden Elemente im familiengerichtlichen Verfahren relevant.

158

Umgesetzt wurde das Vorhaben neben der Analyse der Familiengerichtsstatistik[59] und einer Befragung von BGH-Senaten durch überwiegend standardisierte Online-Befragungen der unterschiedlichen mit dem Verfahren befassten Akteure – 447 Richter erster und 145 zweiter Instanz, 199 Anwälte, 447 Rechtspfleger und 96 Notare, 100 im Betreuungsrecht tätige Verfahrenspfleger, 230 Mitarbeitende von Jugendämtern sowie 246 Verfahrensbeistände.[60] Die Einbeziehung der Verfahrensbeistände war ursprünglich mit der Beauftragung wohl nicht vorgesehen, erfolgte dann aber in Rücksprache mit dem Auftraggeber, um für das Ziel der Konfliktvermeidung und -lösung auch diese für die Wahrung der Rechte des Kindes zentrale Berufsgruppe einbezogen zu haben und ihr einen zentralen Stellenwert einzuräumen.[61]

159

1. Bestellpraxis und Auswahl der Verfahrensbeistände

Die befragten Richter der ersten Instanz gaben an, Verfahrensbeistände in etwa 73 % der Sorgerechtsverfahren und 65 % der Umgangsrechtsverfahren zu bestellen. In der Beschwerdeinstanz lagen diese Anteile noch etwas höher (83 % in Sorgerechtsverfahren, 75 % in Umgangsrechtsverfahren). Etwa ein Drittel der Richter

160

---

55 Münder (Hrsg.) 2017, 292 f., 296 ff. 309, 311 f.; Bindel-Kögel, uj 2018, 79.
56 Münder (Hrsg.) 2017, 282; Bindel-Kögel, uj 2018, 78.
57 Ekert/Heiderhoff 2018, Die Evaluierung der FGG-Reform, Abschlussbericht zum Forschungsvorhaben; einsehbar unter: www.bmjv.de/SharedDocs/Artikel/DE/2018/020218_Uebergabe_Bericht_FGG_Reform.html (Zugriff: 30.4.2019).
58 Ekert/Heiderhoff a.a.O., S. 1 f.
59 Ekert/Heiderhoff a.a.O., S. 98 ff.; da die Statistik im vorliegenden Abschnitt ebenso und aktueller analysiert wurde (Rn. 176-191), wird auf die Darstellung dieser Ergebnisse der Evaluation verzichtet.
60 Ekert/Heiderhoff a.a.O., S. 9 ff.
61 Ekert/Heiderhoff a.a.O., S. 11 f., 14, 97.

in erster und zweiter Instanz berichteten, bei Vorliegen eines Regelbeispiels nach § 158 Abs. 2 FamFG auf die Bestellung verzichtet zu haben. Als Gründe wurden hierfür insbesondere Reife und Alter des Kindes, relative Bedeutungslosigkeit des Verfahrensgegenstandes sowie die Hoffnung auf eine schnelle Einigung benannt. Befragte Anwälte benannten hingegen auch die damit verbundenen Kosten als Grund für den Verzicht auf die Bestellung. Während Richter der ersten Instanz zu einem großen Anteil (über 90 %) der Auffassung sind, dass sich diese Regelung in der Praxis bewährt habe, fällt das Urteil bei den Anwälten hierzu skeptischer aus: Fast 20 % sind nicht dieser oder geteilter Meinung.[62] Auch die Einschätzung zum frühen Zeitpunkt der Bestellung fällt durch die Anwender unterschiedlich aus. Während die Richter der ersten Instanz zu knapp 67 % erklärten, fast nie oder in der Minderheit der Fälle die erste Anhörung vor der Bestellung abzuwarten, gab etwa ein Fünftel der befragten Verfahrensbeistände oder Anwälte an, dass in der Mehrheit der Fälle oder fast immer zunächst abgewartet werde. Entsprechend hoch war die Zustimmung bei den Richtern, dass der Zeitpunkt der Bestellung früh genug erfolgte (ca. 80 %) und geringer bei Verfahrensbeiständen und Anwälten. Als Grund für ein Abwarten wurde insbesondere die Aussicht auf eine schnelle gütliche Einigung angegeben.[63]

161 Nach Angaben der Richter erfolgte die Auswahl der Verfahrensbeistände auf Basis des Verhaltens in Verfahren und von Erfahrungen in der Zusammenarbeit sowie bei Vorliegen von psychologischen oder juristischen Kenntnissen. Sie gaben ebenso wie Anwälte und Verfahrensbeistände an, dass diese insbesondere über Kenntnisse in Bezug auf kindliche Entwicklungen, optimale Willensermittlung des Kindes sowie Fähigkeiten im Aufbau eines Vertrauensverhältnisses zum Kind verfügen sollten.[64]

2. Rolle und Aufgaben der Verfahrensbeistandschaft

162 Weitgehend einheitlich bejahten die befragten Berufsgruppen, dass die Verfahrensbeistandschaft das rechtliche Gehör des Kindes verbessere (ca. 90 %).[65] Alle befragten Berufsgruppen schätzten es als sehr hoch ein, dass die Verfahrensbeistandschaft sachdienliche Beiträge zur Entscheidungsfindung einbringe.[66] Die mit dem FamFG eingeführte pauschale Vergütungsregelung hat sich laut zwei Dritteln der Befragten bewährt, wobei das Urteil der Rechtspfleger hierzu besonders positiv ausfällt (ca. 75 % stimmen voll und ganz oder eher zu, die Mehrheit sieht sehr positive Auswirkungen) und das der Verfahrensbeistände etwas durchwachsener (ca. 60 % stimmen voll und ganz zu, 34 % stimmen eher nicht oder überhaupt

---

62 Ekert/Heiderhoff a.a.O., S. 100 ff.; die Angaben zur Bestellung mit einfachem oder erweitertem Aufgabenkreis waren in etwa übereinstimmend mit der Familiengerichtsstatistik (Rn. 191).
63 Ekert/Heiderhoff a.a.O., S. 104 ff.
64 Ekert/Heiderhoff a.a.O., S. 108 ff.
65 Ekert/Heiderhoff a.a.O., S. 106.
66 Ekert/Heiderhoff a.a.O., S. 115 f.

nicht zu, Urteile zu den Auswirkungen sind insbesondere im Hinblick auf die Qualifikation der Verfahrensbeistände gemischt).[67]

3. Auswirkungen der Verfahrensbeistandschaft auf eine einvernehmliche Lösung

Die Bewertung der befragten Berufsgruppen, ob die Verfahrensbeistände sich ausschließlich auf die Beschreibung der Bedürfnisse des Kindes konzentrieren, fielen unterschiedlich aus. Während die Richter dies eher in der Minderheit oder nie wahrnahmen, taten dies die Jugendämter in der Mehrheit oder fast immer, und bei den Anwälten sowie den Verfahrensbeiständen selbst lagen zwei etwa gleich große Gruppen vor, die dieser Aussage zustimmten oder sie ablehnten. Einheitlich war das Urteil der Verfahrensbeistände (und tendenziell auch der Richter und Jugendämter), dass die Verfahrensbeistände passende Lösungen vorschlagen. Richter und Verfahrensbeistände bewerteten ihren Einfluss auf die Eltern als eher groß, Anwälte und Jugendämter sahen ihn hingegen begrenzt. Alle Berufsgruppen maßen der Verfahrensbeistandschaft insgesamt jedoch eher einen großen Einfluss zu. Insbesondere Verfahrensbeistände und Richter waren der Auffassung, dass sich die Verfahrensbeistandschaft positiv auf das Finden einer einvernehmlichen Regelung auswirke, zurückhaltender zeigten sich hier hingegen Anwälte und Jugendämter. Als förderlich wurde dafür bewertet, dass im Gespräch mit den Eltern ein Bewusstsein für die Bedürfnisse des Kindes geschaffen werden könne und die Verfahrensbeistandschaft als neutrale und fachkompetente Institution Vertrauen genieße.[68]

163

VI. Interessenvertretung aus der Sicht der betroffenen Kinder

Das Erleben der von einem Verfahrenspfleger vertretenen Kinder und Jugendlichen stand im Zentrum einer Untersuchung, die an der Klinik für Kinder- und Jugendpsychiatrie/Psychotherapie der Universität Ulm durchgeführt wurde.[69] Vor dem Hintergrund der beständigen Aktualität des Partizipationsdiskurses verwundert es einerseits, dass Kinder und Jugendliche selbst als zentrale Akteure bisher kaum in Untersuchungen zur Verfahrenspflegschaft einbezogen wurden. Andererseits scheint dies angesichts der zahlreichen methodischen und ethischen Fragen, die sich aus einem solchen Vorgehen ergeben, durchaus nachvollziehbar. So lag bisher nur eine Untersuchung vor, in deren Rahmen von einem Verfahrenspfleger vertretene Kinder zu ihren Erfahrungen befragt wurden.[70] Ausgehend von dieser Untersuchung wurden Fragestellungen und Hypothesen formuliert, welche das Verstehen und Erleben des Kindes zum Verfahrenspfleger beschreiben. Ziel der Untersu-

164

---

67 Ekert/Heiderhoff a.a.O., S. 117 ff.
68 Ekert/Heiderhoff a.a.O., S. 288 ff.
69 Stötzel 2005a; Stötzel, Frühe Kindheit 2005b; Stötzel, FPR 2006; Stötzel, FamPra.ch 2008; Stötzel/Fegert, Kind-Prax 2005a; Stötzel/Fegert, ZKJ 2005b; Stötzel/Fegert, FamPra.ch 2005c; Stötzel/Fegert, Representing Children 2005d; Stötzel/Fegert, International Journal of Law, Policy and the Family 2006; Stötzel/Wolff 2006.
70 Balloff/Stötzel, PdR 2001; Kind-Prax 2002.

chung war es also, einen Einblick in die Wahrnehmung der vertretenen Kinder zu gewinnen.

165   Im Fokus standen folgende Fragestellungen:
- Welches Verständnis haben Kinder von der Verfahrenspflegschaft?
- Wie nehmen Kinder die Problematik Kindeswille – Kindeswohl wahr?
- Wie erleben und bewerten Kinder die Vertretung durch einen Verfahrenspfleger?
- Welche Zusammenhänge zwischen der Tätigkeit des Verfahrenspflegers und dem Verstehen und Erleben des Kindes sind identifizierbar?
- Welche Schlussfolgerungen für die Tätigkeit des Verfahrenspflegers sind ableitbar?

1. Untersuchungsdesign

166   Als Untersuchungsmethode wurde eine postalische Fragebogenerhebung gewählt, um die Studie nicht auf eine regional begrenzte Stichprobe einschränken zu müssen. Nach einer Pilotstudie zur Erprobung und Optimierung des Vorgehens wurden im Sommer 2003 etwa 1.250 Exemplare der Untersuchungsmaterialien an etwa 1.000 verschiedene Verfahrenspfleger in Deutschland verteilt: Fragebögen jeweils für Verfahrenspfleger und Kinder, Informationsmaterial und Einverständniserklärungen jeweils für Verfahrenspfleger, Kinder und Eltern, Rückmeldungen zur Nichtteilnahme sowie mit einem Freimachungsvermerk versehene Rückumschläge. Darüber hinaus wurden weitere 79 Kinder direkt über die Berliner Familiengerichte kontaktiert.

167   Da es über die Grundgesamtheit der Kinder, die von einem Verfahrenspfleger vertreten werden, keine Daten hinsichtlich zentraler Merkmale wie Alter und Geschlecht gibt, war eine repräsentative Stichprobe von vornherein nicht erzielbar. Darüber hinaus stellte sich die Rekrutierung einer ausreichend großen Stichprobe von Kindern und Jugendlichen als sehr problematisch dar. Der Weg der Kontaktaufnahme über die Gerichte in einem bundesweiten Ansatz erschien aufgrund der dafür notwendigen aufwendigen Organisation nicht umsetzbar. Daher wurde der Kontakt zu den Kindern über ihre Verfahrenspfleger hergestellt – wenn auch mit diesem Vorgehen in Kauf genommen werden musste, dass damit vermutlich eher gut verlaufene Fälle in die Stichprobe aufgenommen und die Ergebnisse in eine positive Richtung verzerrt wurden. Für eine Auswertung standen schließlich 160 Fragebögen von 82 Verfahrenspflegern zur Verfügung, die sich insgesamt auf 137 verschiedene gerichtliche Verfahren bezogen. 52 Kinder sendeten ihre Fragebögen zurück. Davon lag in 50 Fällen auch eine Antwort des Verfahrenspflegers vor, sodass Fragebogenpaare von 50 Kindern und ihren Verfahrenspflegern in die Auswertung einbezogen werden konnten.

2. Merkmale von Verfahrenspflegern, Kindern und gerichtlichen Verfahren

168 Von den insgesamt teilnehmenden 82 Verfahrenspflegern waren 65 (79 %) weiblich, nur 17 (21 %) männlich, das durchschnittliche Alter betrug etwa 45 Jahre. Über die Hälfte (53 %) der Verfahrenspfleger waren Sozialpädagogen oder/und Sozialarbeiter. Pädagogen, Psychologen und Erzieher/Lehrer machten jeweils einen Anteil von weniger als 10 % aus. Der Anteil von 11 % Juristen unterschätzt sicher die Bedeutung dieser Berufsgruppe in der Praxis und ist auf den Weg der Kontaktaufnahme insbesondere über Weiterbildungsinstitutionen, Verbände und Arbeitskreise zurückzuführen. 8 der 82 Verfahrenspfleger verfügten über eine doppelte Grundqualifikation, einer sogar über eine dreifache. 70 der 82 Verfahrenspfleger (85 %) gaben an, an einer entsprechenden Weiterbildung zum Verfahrenspfleger teilgenommen zu haben; auch dieser hohe Anteil von Verfahrenspflegern und -beiständen mit Zusatzqualifikationen hängt sicherlich mit der Kontaktaufnahme über die Weiterbildungsinstitution zusammen. 5 der 11 Verfahrenspfleger (also fast 50 %), die dies gemäß den eigenen Angaben nicht getan haben, waren Juristen. Die berufliche Erfahrung als Verfahrenspfleger streute etwa 5 Jahre nach Inkrafttreten der Rechtsvorschrift sehr weit im Bereich zwischen einem und 368 übernommenen sowie 185 abgeschlossenen Fällen. Der Durchschnitt lag bei einer Anzahl von 30 übernommenen und 22 abgeschlossenen Fällen.

169 Verfahrensgegenstand waren in 39 der insgesamt erfassten 137 Gerichtsverfahren (29 %) Maßnahmen wegen Gefährdung des Kindeswohls (§§ 1666, 1666a BGB). Verfahren mit Schwerpunkten in den Bereichen Sorgerecht (§§ 1671, 1672 BGB; 24 %) und Umgangsrecht (§§ 1684, 1685 BGB; 20 %) sowie beiden Aspekten gemeinsam (14 %) stellten weitere zentrale Gruppen dar. Darüber hinaus war in 7 Fällen (5 %) die Wegnahme des Kindes von der Pflegeperson (§ 1632 IV BGB) und in einem Fall die Wegnahme von einem Stiefelternteil (§ 1682 BGB) Gegenstand des Verfahrens und Grund für die Verfahrenspflegerbestellung. Die durchschnittliche Dauer der Verfahren betrug 12 Monate, 26 % der Verfahren dauerten länger als ein Jahr.

170 Der Altersdurchschnitt der 160 vertretenen Kinder und Jugendlichen, über die die Verfahrenspfleger berichteten, lag zum Untersuchungszeitpunkt bei etwa 13 Jahren. Das Alter der tatsächlich teilnehmenden 52 Kinder streute in einem Bereich von 7 bis 18 Jahren und lag im Durchschnitt ebenfalls bei 13 Jahren. Diese Daten sind sicher im Vergleich zur tatsächlichen Gruppe vertretener Kinder nach oben verzerrt und vor dem Hintergrund des Anspruchs der Untersuchung und der Methode der schriftlichen Befragung zu betrachten, die einen gewissen Entwicklungsstand voraussetzen, Kinder zu ihrem Erleben zu befragen. Zum Geschlecht der Kinder war für alle 160 beschriebenen Vertretungen ein Mädchenanteil von 57 % zu verzeichnen, wobei der große weibliche Anteil insbesondere im Bereich von 12 bis 17 Jahren lag und besonders gehäuft in der Gruppe der Umgangsrechtsverfahren auftrat.

171 Für 50 der insgesamt 52 an der Untersuchung teilnehmenden Kinder sendete auch der Verfahrenspfleger seinen bearbeiteten Fragebogen zurück. In dieser Stichprobe war der Mädchenanteil noch höher als in der Gesamtstichprobe und lag bei 63 %. Der hohe Mädchenanteil bestand insbesondere im mittleren Altersbereich der Stichprobe zwischen 11 und 15 Jahren. Möglicherweise haben die Verfahrenspfleger eher vertretene Mädchen als Jungen für die Untersuchung kontaktiert.[71] Von den 30 Verfahrenspflegern, die gemeinsam mit einem vertretenen Kind an der Untersuchung teilnahmen, waren 28 weiblich und nur 2 männlich. Im Verhältnis zur Gesamtstichprobe waren in dieser Teilstichprobe relativ viele Juristen vertreten (fast 20 %), und die Verfahrenspfleger verfügten tendenziell über eine größere Berufserfahrung. Auffällig war auch, dass die Verfahrenspfleger mit diesen Fällen besonders zufrieden waren und diese erhöhte Zufriedenheit des Verfahrenspflegers statistisch nachweisbar mit einem positiven Erleben des Kindes einherging. Dies ist bei der Bewertung der Ergebnisse zu berücksichtigen.

3. Das Erleben der vertretenen Kinder

172 Im Folgenden sollen insbesondere zwei Variablen zum Erleben der Kinder betrachtet werden, die besonders zentral erscheinen:

- Was wissen vertretene Kinder zur Rolle des Verfahrenspflegers? Wovon hängt ein hoher Informationsstand ab?
- Wie zufrieden sind Kinder mit der Vertretung? Wovon hängt ein positives Erleben des Kindes ab?

a) Wissen/Informationsstand der Kinder

173 Zum Informationsstand der Kinder zeigt die folgende Tabelle, welche durchschnittlichen Werte die befragten 52 Kinder (und ihre 50 Verfahrenspfleger) zum Kriterium[72] *Informationsstand („Wissen")* und den dafür als relevant erachteten Prädiktoren[73] erzielten. Prädiktor 1 – *Aufklärung über Rolle und Tätigkeit* – meint dabei die Übermittlung von grundlegenden Informationen an das Kind. *Aufklärung über Gesetzesverankerung und Bestellung durch Richter* (Prädiktor 2) bezieht sich darüber hinaus auf zwei Aspekte, die sich im Ergebnis einer vorangegangenen explorativen Studie als besonders zentral darstellten.[74]

---

[71] Auf eine diesbezügliche Bevorzugung von Mädchen gegenüber Jungen weisen Ergebnisse einer englischen Untersuchung hin: Thomas/Beckford/Lowe/Murch 1999, S. 13.
[72] Statistische Bezeichnung für die abhängige Variable bei einem Zusammenhang.
[73] Statistische Bezeichnung für die unabhängige Variable bei einem Zusammenhang.
[74] Balloff/Stötzel, PdR 2001, 82 f., Kind-Prax 2002, 50 f.

Durchschnittliche Ausprägungen zum Thema „Wissen" des Kindes 174

	Variablenbezeichnung	Kinder	Verfahrens-pfleger
Kriterium	Informationsstand des Kindes	2,36	nicht erhoben
Prädiktor 1	Aufklärung über Rolle und Tätigkeit	2,53	2,48
Prädiktor 2	Aufklärung über Gesetzesverankerung und Bestellung durch Richter	2,37	2,94

Anmerkung: Dargestellt sind jeweils Mittelwerte aus dem möglichen Wertebereich 0 bis 3.

Sowohl die objektiven Werte zum Wissen der Kinder (Kriterium) als auch die Angaben der Kinder zu den beiden Prädiktoren lagen bei dieser quantitativen Betrachtung im oberen Bereich der Antwortskala. 175

Im Folgenden sind nun ergänzend dazu auf qualitativer Ebene weitgehend wörtlich beispielhafte Antworten wiedergegeben, die die Kinder zu Rolle und Aufgabe des Verfahrenspflegers aus ihrer Sicht formulierten: 176

Was ist ein Verfahrenspfleger?

Stell dir vor, ein Freund oder eine Freundin fragt dich, was ein Verfahrenspfleger ist und was der macht. Was würdest du antworten?

Ein Verfahrenspfleger …

- … ist eine Person, die vom Staat bezahlt wird, ein Kind bei Verfahren vertritt und es über seine Rechte und Pflichten aufklärt.
- … unterstützt meine Gefühle und das, was ich will, und teilt es dem Gericht mit – so etwas wie ein Anwalt.
- … hilft dir in familiären Schwierigkeiten und berät dich, was das Beste für dich ist. Verfahrenspfleger sind gute Freunde, mit denen du über alles reden kannst.
- … ist wie ein Anwalt für Kinder, jemand, der ihre Meinung und das Wohl des Kindes aus seiner Sicht vertritt.
- … vertritt die eigene Meinung bei Gericht für dich, weil man selber noch zu jung ist, um einen eigenen Anwalt zu haben.
- … ist der Anwalt der Kinder und kümmert sich um die Kinder bei Gerichtsverfahren und Streit der Eltern um das Sorgerecht. Er hört die Meinung der Kinder an und versucht, beim Richter die Meinung zu vertreten.
- … ist eine Person vom Richter, die dir verspricht zu helfen und es dann doch nicht tut.
- … vertritt die Eltern vorm Gericht.

177 Folgende drei Aspekte wurden mit Blick auf alle Antworten von den Kindern besonders häufig genannt:

- die Vertretung im engeren Sinne („vertritt"/„verteidigt" die „Meinung"/„Wünsche"/„Rechte" des Kindes bei Gericht),
- über die Vertretung hinausgehende unterstützende Tätigkeiten des Verfahrenspflegers („steht zur Seite", „unterstützt", „berät", „weist auf Möglichkeiten hin"),
- der Begriff des „Anwalts".

b) Zufriedenheit der Kinder mit der Vertretung

178 Mit dem Kriterium *Positives Erleben beim Kind („Zufriedenheit")* wurde ein globales Urteil des Kindes erhoben, insgesamt froh zu sein, einen Verfahrenspfleger gehabt zu haben und sich diesen auch für andere Kinder zu wünschen. Darüber hinaus wurden sechs möglicherweise mit dem Erleben des Kindes in Zusammenhang stehende Prädiktoren betrachtet. Prädiktor 1 *(Erlebte Sympathie und Freundlichkeit)* beschreibt persönliche Eigenschaften des Verfahrenspflegers, der mit *Respektierung als Subjekt und Individuum* bezeichnete Prädiktor 2 Aspekte der Arbeitsbeziehung zwischen Kind und Verfahrenspfleger (beispielsweise, ob das Kind an der Terminabsprache beteiligt war). Prädiktor 3 *(Aufklärung zum Gerichtsverfahren)* meint die vom Verfahrenspfleger gemachten Erklärungen zum gerichtlichen Verfahren, während sich die als Prädiktor 4 erhobene *Unterstützung bei Gericht* speziell auf die Situation der persönlichen Anhörung des Kindes bezieht. Prädiktor 5 *(Meinung wiedergegeben)* beschreibt das ausdrückliche Einbringen der kindlichen Wünsche und Vorstellungen in das gerichtliche Verfahren, und Prädiktor 6 erfasst den *Interessengegensatz zum gesetzlichen Vertreter*. Die folgende Tabelle zeigt die jeweiligen durchschnittlichen Antwortausprägungen der 52 Kinder und ihrer 50 Verfahrenspfleger.

179 Durchschnittliche Ausprägung zum Thema „Zufriedenheit" des Kindes

	Variablenbezeichnung	Kinder	Verfahrenspfleger
Kriterium	Positives Erleben beim Kind	2,46****	2,43****
Prädiktor 1	Erlebte Sympathie und Freundlichkeit	1,26	nicht erhoben
Prädiktor 2	Respektierung als Subjekt und Individuum	2,36	2,83
Prädiktor 3	Aufklärung zum Gerichtsverfahren	2,32*	2,64*
Prädiktor 4	Unterstützung bei Gericht	2,09	2,82

	Variablenbezeichnung	Kinder	Verfahrens-pfleger
Prädiktor 5	Meinung wiedergegeben	2,46	2,92
Prädiktor 6	Interessengegensatz zum gesetzlichen Vertreter	1,46	2,55

Anmerkung: Dargestellt sind jeweils Mittelwerte aus dem möglichen Wertebereich 0 bis 3; sehr gute Übereinstimmungen zwischen Kind und Verfahrenspfleger: * p < 0,05; ****p < 0,0001.

Auch zur Zufriedenheit der Kinder, für die quantitativ ein durchschnittlich sehr gutes Gesamturteil ermittelt werden konnte, wurden die Kinder ergänzend um eine freie Formulierung ihrer Meinung gebeten:

Wie war dein Verfahrenspfleger?

Stell dir vor, ein Freund oder eine Freundin möchte deine persönliche Meinung zu deinem Verfahrenspfleger wissen. Er oder sie möchte wissen, was dir gut gefallen hat und was dir nicht so gut gefallen hat. Was würdest du deinem Freund oder deiner Freundin antworten?

Ich fand ...

... gut, dass mein Verfahrenspfleger supernett war und immer zugehört hat. Vertrauen und Sympathie waren sofort vorhanden, die Unterstützung hat mir sehr geholfen.

... meinen Verfahrenspfleger sehr gut, weil er mir sehr geholfen und mich unterstützt hat. Mir hat nicht gefallen, dass ich nur sehr wenig Zeit hatte, meinem Verfahrenspfleger meine Situation zu schildern.

... erst, dass ich keinen Anwalt brauchte. Dann war es aber gut zu wissen, dass jemand da ist, an den man sich wenden könnte, wenn man es braucht.

... gut, dass ich mal mit meinem Verfahrenspfleger Eis essen war. Dass nichts bei der Verfahrenspflege herausgekommen ist, fand ich nicht gut.

... es gut, dass er genau das dem Richter sagte, was ich ihm erzählte, und dass er ihm auch nur das sagte, was ich wollte, dass er es erzählte.

... gut, dass mein Verfahrenspfleger immer da war und mir geholfen hat, sich mit den Eltern zu verständigen. Schlecht war, dass der Verfahrenspfleger einem juristisch nicht weiterhelfen konnte.

... dass wir zu persönlichen Gesprächen immer gut klargekommen sind. Zum Schluss hat er dann doch nur dem Richter zu Munde geredet.

... gut, dass mein Verfahrenspfleger mir immer aufmerksam zugehört hat, mich verstanden hat – bzw. mir das Gefühl gegeben hat – und meine Meinung gut vertreten hat.

182 Ausschließlich positive Aspekte erwähnten 30 der insgesamt 52 befragten Kinder, während 2 Kinder ausschließlich Kritik übten. 12 Kinder berichteten sowohl über Dinge, die ihnen gut gefallen hatten, als auch über solche, die aus ihrer Sicht nicht gut waren oder keine eindeutige Bewertung beinhalteten.

Während die Antworten von 2 Kindern inhaltlich nicht einzuordnen waren, machten jeweils 3 Kinder keine Angaben oder kommentierten, zur Frage nichts sagen zu können.

183 Zentrale Elemente der positiven Beurteilungen waren:

- beistehende und unterstützende Tätigkeiten des Verfahrenspflegers („hat sich eingesetzt", „war auf meiner Seite", „stellte gute Fragen", „gut zu wissen, dass jemand da ist"),
- positive Beziehungsaspekte („hat zugehört", „hat mich verstanden", „man konnte über alles reden"),
- persönliche Eigenschaften des Verfahrenspflegers („war nett", „wir sind gut miteinander klargekommen").

Als problematisch wurde benannt:

- schwierige Bedingungen der Vertretung („zu wenig Zeit zur Schilderung der Situation", „schwierig, alles so zu vermitteln", „hat nicht gefragt, was wichtig ist"),
- Verrat oder diesbezügliche Unsicherheiten („zum Schluss dann doch nur dem Richter zu Munde geredet", „Gefühl, dass später alles erzählt wird"),
- mangelnde Effektivität der Verfahrenspflegschaft („nichts herausgekommen", „konnte juristisch nicht helfen"),
- persönliche Eigenschaften des Verfahrenspflegers („war patzig", „war genervt").

c) Zusammenhänge zwischen Verhalten des Verfahrenspflegers und Erleben des Kindes

184 Um Schlussfolgerungen für die Tätigkeit des Verfahrenspflegers ableiten zu können, wurden schließlich mittels statistischer Methoden Zusammenhänge zwischen den untersuchten Variablen analysiert. Dabei ergaben sich folgende zentrale Ergebnisse:

185
- Das Wissen der Kinder war umso höher, je mehr sie auch darüber berichteten, entsprechende Informationen vom Verfahrenspfleger erhalten zu haben. Die untersuchten Kinder konnten diese Informationen also offensichtlich aufnehmen, in ihr Wissen integrieren und in der Befragung wiedergeben.

Dieses Ergebnis sollte Verfahrenspfleger und Verfahrensbeistände ermutigen, in Umsetzung der in § 158 Abs. 4 S. 2 FamFG umschriebenen Aufgabe eine umfassende Aufklärung und Information als selbstverständlichen Bestandteil ihrer Tätigkeit zu verstehen.

- Die Kinder waren umso zufriedener, je deutlicher sie angaben, dass ihr Verfahrenspfleger sie bei ihrer Anhörung durch den Richter unterstützt und darüber hinaus ihre Meinung gegenüber dem Gericht deutlich gemacht hatte. Die Rolle des Verfahrenspflegers bei der persönlichen Anhörung scheint also für die Kinder zentral gewesen zu sein.

Zur Wiedergabe der kindlichen Meinung ist festzuhalten, dass für das Erleben des Kindes nicht die objektiv bestimmbare Wiedergabe seiner Wünsche entscheidend war, sondern seine subjektive Gewissheit darüber. Daher sollten der Verfahrenspfleger und Verfahrensbeistand versuchen, dem Kind diese Gewissheit beispielsweise durch eine Rückmeldung über seine Arbeit zu geben.

VII. Statistik zur Verfahrenspfleger-/ Verfahrensbeistandsbestellung

Die amtliche Statistik des Statistischen Bundesamtes führt für jedes Geschäftsjahr auf, in wie vielen der im jeweiligen Jahr an den Amtsgerichten abgeschlossenen Verfahren ein Verfahrenspfleger nach § 50 FGG bzw. ein Verfahrensbeistand nach § 158 FamFG bestellt war.[75]

186

Überblick zur Anzahl der Verfahrenspfleger-/Verfahrensbeistandsbestellungen 1999 bis 2018

187

	Deutschland	Früheres Bundesgebiet	Neue Länder
1999	2.544	1.977	567
2000	3.757	2.921	836
2001	5.483	4.409	1.074
2002	6.418	5.132	1.286
2003	7.121	5.577	1.544
2004	7.868	6.174	1.721
2005	8.765	6.917	1.848
2006	12.525	9.855	2.670
2007	13.657	11.600	2.057
2008	18.125	14.408	3.717
2009[76]	14.409	11.575	2.834

---

75 Statistisches Bundesamt 2000–2018, Salgo/Stötzel, ZKJ 2013, 349.
76 In die Statistik für das Jahr 2009 ist nur der Erhebungszeitraum von Januar bis August eingegangen. Mit Inkrafttreten des FamFG am 1.9.2009 wurde die Statistik für dieses Berichtsjahr abgeschlossen, die Zahlen sind daher nicht mit den anderen Jahrgängen vergleichbar.

Teil 1 Zur Entstehung und Entwicklung der Verfahrensbeistandschaft

	Deutschland	Früheres Bundesgebiet	Neue Länder
2010	ca. 45.235* (21 %)	ca. 37.061* (19,8 %)	ca. 8.187* (29 %)
2011	ca. 59.179* (25,5 %)	ca. 48.633* (24,2 %)	ca. 10.329* (33,2 %)
2012	ca. 66.314* (28,5 %)	Die Differenzierung „Früheres Bundesgebiet/ Neue Länder" wird seit der Statistik für das Jahr 2012 nicht mehr ausgewiesen.	
2013	ca. 73.078* (30,4 %)		
2014	ca. 77.318* (30,9 %)		
2015	ca. 80.082* (27,9 %)		
2016	ca. 84.031* (28 %)		
2017	ca. 88.475* (34,3 %)		
2018	ca. 97.450* (38,5 %)		

* Ausgewiesen werden in der Statistik ab dem Erhebungsjahrgang 2010 (mit Inkrafttreten des FamFG) nicht mehr wie in den Vorjahren zum FGG die absoluten Zahlen der Bestellung, sondern der prozentuale Anteil der abgeschlossenen Verfahren in Kindschafts-, Abstammungs- oder Adoptionssachen, in denen ein Verfahrensbeistand bestellt war. Zur Veranschaulichung sind in der Übersicht für die Jahre 2010 ff. auch absolute Zahlen berechnet worden, die allerdings in der Summe von alten und neuen Ländern (diese Differenzierung weist die Statistik für die Jahre 2010 und 2011 noch aus, für 2012 nicht mehr) nicht exakt mit der Gesamtzahl für das Bundesgebiet übereinstimmen (was bei den zugrunde gelegten Größen auf Rundungsungenauigkeiten zurückzuführen und damit bei der Auswertung zu vernachlässigen ist).

188 Der Blick auf diese Zahlen zeigt insbesondere, dass es von Beginn der Erhebungen 1999 an bis in das aktuellste vorliegende Erhebungsjahr 2018 hinsichtlich der absoluten Zahlen einen beständigen Zuwachs der Bestellungen gab. Im historischen Blick auf den kontinuierlichen Anstieg der Zahlen zu Zeiten des FGG fallen zunächst zwei sehr deutliche Entwicklungsschübe auf: Während im Jahr 2005 bundesweit in 8.765 Verfahren ein Verfahrenspfleger nach § 50 FGG bestellt war, weist die Statistik für das Jahr 2006 bereits 12.525 Bestellungen aus. Dies entspricht einem Zuwachs von fast 50 %, der durch Veränderungen in der statistischen Erhebung erklärbar ist. So wurde gegenüber den Berichtsjahren bis 2005 in der Familiengerichtsstatistik seit 2006 ein größerer Berichtskreis abgebildet, der nun auch Verfahren nach § 1631b BGB einbezog.

Daher ist nach Angaben des Statistischen Bundesamtes die höhere Zahl bei Verfahrenspflegerbestellungen gemäß § 50 FGG im Jahr 2006 gegenüber den Vorjahren maßgeblich darauf zurückzuführen, dass in den Vorjahren Verfahrenspflegerbestellungen in Verfahren gemäß § 1631b BGB sowie in Verfahren nach dem Gewaltschutzgesetz noch nicht zur Statistik erfasst wurden. Im Ergebnis sind die Zahlen über Verfahrenspflegerbestellungen sowie zu anderen Einzelaspekten des Verfahrens in ihrer absoluten wie in ihrer relativen Bedeutung nicht mit denen der Vorjahre vergleichbar.[77]

Und während es im Jahr 2007 im Vergleich zum Jahr 2006 zu Entwicklungen etwa in der Größenordnung der Vorjahre kam, fällt zum Jahr 2008 ein erneuter Sprung auf insgesamt 18.125 Bestellungen auf.

Auch dieser deutliche Anstieg dürfte darauf zurückzuführen sein, dass durch die Aufnahme der Verfahren auf die Genehmigung freiheitsentziehender Unterbringung gemäß § 1631b BGB nun auch Verfahrenspfleger nach § 70b FGG, die in diesen Verfahren regelmäßig zu bestellen sind, in der Statistik enthalten sind. Immerhin gab es im Erhebungsjahr 2008 9.252 Unterbringungsverfahren nach § 1631b BGB (zur Verfahrensbeistandschaft in Unterbringungsverfahren siehe Bauer in diesem Handbuch Rn. 445 ff.).[78]

Zusammenfassend bleibt für die Entwicklung des Verfahrenspflegers zu Zeiten des FGG festzuhalten, dass alle Zahlen für das gesamte Bundesgebiet bis zum Jahr 2009 deutlich hinter den Schätzungen zurückbleiben, die auf der Basis von für den Einsatz eines Verfahrenspflegers angezeigten Verfahren bei etwa 30.000 Bestellungen pro Jahr lagen.[79]

Für das Jahr 2010 liegen erstmals Zahlen zu den Bestellungen eines Verfahrensbeistands nach § 158 FamFG vor. Für die Beobachtung und Bewertung der Statistik hilfreich ist, dass mit dieser Änderung nun stets auch unmittelbare prozentuale Angaben veröffentlicht werden, in welchem Anteil der im Berichtszeitraum abgeschlossenen relevanten Verfahren in Kindschafts-, Abstammungs- oder Adoptionssachen Verfahrensbeistände bestellt waren.[80] Relevant sind also bei diesen Zahlen neben dem Verfahrensbeistand gemäß § 158 FamFG (in Kindschaftssachen) auch der Verfahrensbeistand nach § 174 FamFG (in Abstammungssachen) sowie nach § 191 FamFG (in Adoptionssachen), die jeweils auf die Vorschrift in § 158 FamFG verweisen. Die Vergleichbarkeit zu den Vorjahren ist daher auch an dieser Entwicklungsstufe eingeschränkt.

189

---

77 Salgo/Stötzel, ZKJ 2008, S. 417.
78 Statistisches Bundesamt Wiesbaden 2009, S. 18.
79 Balloff, ZfJ 1998, 441 (442); Balloff, FPR 1999, 221 (222); Balloff/Koritz, 2006, S. 92; Salgo, Kind-Prax 2002, 187 (189); Salgo, FPR 2006, 7 (9 f.)
80 Statistisches Bundesamt 2010, Rechtspflege Familiengerichte, Fachserie 10/Reihe 2.2, S. 30, Lfd. Nr. 13–16.

190 Zunächst ist festzustellen, dass im ersten Jahr des FamFG (2010) nur in ca. jedem fünften Verfahren (21 %) ein Verfahrensbeistand bestellt war – dies entspricht allerdings einer absoluten Zahl von ca. 45.325 Bestellungen, die damit gegenüber den Vorjahren deutlich angestiegen ist. Auf den ersten Blick und im Rückblick auf die Bestellzahlen nach § 50 FGG scheint diese Zahl hoch zu sein. Angesichts des engen Ermessensspielraums, den der Gesetzgeber bei den Voraussetzungen der Bestellung in § 158 FamFG geschaffen hat („hat zu bestellen – soweit zur Wahrnehmung seiner Interessen erforderlich") erscheint der prozentuale Anteil der Verfahren mit Verfahrensbeistand jedoch eher niedrig. Für das Jahr 2011 ist ein weiterer deutlicher Zuwachs zu verzeichnen: Bundesweit wurde im Jahr 2011 bereits in ca. jedem vierten Verfahren in Kindschafts-, Abstammungs- oder Adoptionssachen (25,5 %) ein Verfahrensbeistand bestellt. Dies entspricht einer absoluten Zahl von ca. 59.179 Bestellungen. Während die absoluten Bestellzahlen für die folgenden Jahre (2012 bis 2018) jeweils in Größenordnungen von zunächst ca. 7.000 (bis 2013), dann von ca. 3.000 bis fast 4.500 auf im Jahr 2017 immerhin 88.475 Bestellungen und für das Jahr 2018 sogar 97.450 anstiegen, erreichte der prozentuale Anteil der Bestellungen einen vorläufigen bisher dokumentierten Höhepunkt im Jahr 2014: Hier waren nach stetigem relativem Zuwachs in 30,9 % der abgeschlossenen einschlägigen Verfahren Verfahrensbeistände bestellt worden. Für die Jahre 2015 und 2016 lag dieser Wert annähernd gleich bei ca. 28 % und ging damit wieder leicht zurück, um für die Jahre 2017 und 2018 erneut deutlich zuzulegen: In 2017 erfolgt in 34,3 % der Verfahren eine Bestellung, in 2018 sogar in 38,5 % der Verfahren. Es ist also festzustellen, dass nach aktuellsten Zahlen in mehr als jedem dritten Kindschafts-, Abstammungs- oder Adoptionsverfahren ein Verfahrensbeistand bestellt wurde. Auch wenn diese stete Entwicklung als durchaus positiv zu bewerten ist und die Verfahrensbeistandschaft mit fast 100.000 Bestellungen der im Jahr 2018 abgeschlossenen Verfahren eine feste Größe im familiengerichtlichen Alltag geworden ist, muss angesichts des engen Ermessensspielraums, den der Gesetzgeber bei den Voraussetzungen der Bestellung geschaffen hat („hat zu bestellen – soweit zur Wahrnehmung seiner Interessen erforderlich") konstatiert werden, dass die Interessenvertretung von Kindern und Jugendlichen zur Sicherstellung ihrer verfahrensbezogenen Grundrechte noch keine Selbstverständlichkeit im familiengerichtlichen Alltag geworden ist.

191 Bezogen auf die Bestellung nach erweitertem Aufgabenkreis gemäß § 158 Abs. 4 Satz 3 FamFG ergibt sich eine weitere interessante Entwicklung. Während im Jahr 2010 bundesweit noch in nur 8 % aller Verfahren mit erweitertem Aufgabenkreis bestellt wurde (das sind ca. 38 % aller Bestellungen, zum Vergleich: 13 % mit einfachem Aufgabenkreis, das sind 62 % aller Bestellungen), ist für das Jahr 2011 das Verhältnis in etwa ausgeglichen (12,7 % erweiterter Aufgabenkreis, 12,8 % einfacher Aufgabenkreis, das sind jeweils ca. 50 % der Bestellungen). Seit dem Jahr 2012 ist ein kontinuierlicher Zuwachs der Bestellungen mit erweitertem Aufgabenkreis zu verzeichnen: Für das Jahr 2017 erfolgte bereits in 23,9 % aller Verfahren eine Bestellung mit erweitertem Aufgabenkreis und im Jahr 2018 betrug dieses Verhältnis 27,3 % mit erweitertem Ausgabenkreis zu 11,2 % mit einfachem

Aufgabenkreis, was jeweils einen Anteil von ca. 70 % – mehr als zwei Drittel aller Bestellungen – mit erweitertem Ausgabenkreis entspricht. Es ist erfreulich, dass sich diese Entwicklung der berechtigten Forderung nach einer regelhaft notwendigen Beauftragung zu weiteren Befugnissen durch das Gericht annähert, wenngleich nach wie vor verwundert, dass nicht noch konsequenter davon Gebrauch gemacht wird.[81] Denn zu Recht wird in der Fachpraxis deutlich darauf hingewiesen, dass die Trennung zwischen der Feststellung kindlicher Interessen auf der einen und Gesprächen mit weiteren Personen aus dem Lebensumfeld des Kindes auf der anderen Seite vor dem Hintergrund eines umfassenden Verständnisses der kindlichen Interessen und ihrer Vertretung lebensfremd und künstlich ist.[82] Wie dargestellt, zeigen auch Rückmeldungen aus der Praxis (für den Verfahrensbeistand) deutlich, dass Gespräche mit den Eltern und weiteren Bezugspersonen in den allermeisten Fällen vom Gericht für notwendig erachtet werden.[83] Sie sind in der Regel unverzichtbar und erfordern die Beauftragung mit dem erweiterten Aufgabenkreis gemäß § 158 Abs. 4 Satz 3 FamFG.

VIII. Zusammenfassung der empirischen Erkenntnisse

Mit Blick auf die im Einzelnen dargestellten Forschungsergebnisse lassen sich folgende zusammenfassenden Schlussfolgerungen zur Situation der Verfahrensbeistandschaft in Deutschland formulieren: **192**

- **Bestellpraxis:** Verfahrensbeistände werden (mittlerweile) in etwa jedem dritten relevanten familiengerichtlichen Verfahren bestellt. In den Regelbeispielen des § 158 Abs. 2 FamFG erfolgt eine Bestellung in etwa zwei Drittel bis drei Viertel der Verfahren. Dieses Bild zeichnen die amtliche Statistik sowie Rechtsanwenderbefragungen.

- **Auswahl und Qualifikation:** Konkrete (persönliche) Erfahrungen mit einem Verfahrensbeistand bestimmen insbesondere die Entscheidung, wer durch das Gericht (erneut) bestellt wird. Als weitere Faktoren werden das Vorliegen bestimmter Fachkenntnisse sowie pragmatische Umstände des Angebots beschrieben. Nach wie vor dominieren Juristen sowie Sozialpädagogen und -arbeiter die Praxis und verfügen juristisch ausgebildete Verfahrensbeistände seltener über eine spezifische Weiterbildung. Die Einrichtung von geeigneten Strukturen wäre hilfreich für die Überprüfung der Eignung der Verfahrensbeistände sowie im Hinblick auf die Unabhängigkeit der Bestellung.

- **Aufgabenkreis:** Während die amtliche Statistik für gut zwei Drittel der Verfahren eine Bestellung mit erweitertem Aufgabenkreis nach § 158 Abs. 4 Satz 3 FamFG ausweist, nehmen Rechtsanwender einen etwas höheren Anteil wahr (ca. vier Fünftel). Eine umfassende Vertretung der subjektiven und objektiven Interessen des Kindes auf der Basis insbesondere von Gesprächen mit dem Kind

---

81 Holzer/Menne § 158 Rn. 110; Menne, ZKJ 2009, 68 (71); Trenczek, ZKJ 2009, 196 (198 f.)
82 Veit, FF 2008, 476 (479)
83 Rabe, ZKJ 2007, 437 (439); Hannemann/Stötzel, ZKJ 2009, 58 (63)

und seiner Begleitung im Verfahren, einer Mitwirkung bei der Herstellung von Einvernehmen sowie eine Teilnahme an Terminen und Anhörungen werden als zentrale Aufgaben des Verfahrensbeistandes beschrieben.

- **Auswirkungen:** Verfahrensbeistände werden von Rechtsanwendern überwiegend geschätzt und als hilfreich für die (einvernehmliche) Entscheidungsfindung sowie konfliktmildernd wahrgenommen.
- **Vergütung:** Die mit § 158 Abs. 7 FamFG eingeführte pauschale Vergütungsregelung scheint sich insgesamt bewährt und zu einer Beruhigung der in der Vergangenheit teilweise hochstrittigen Praxis beigetragen zu haben.
- **Erleben der Vertretenen:** Nach wie vor wird die Forschung von Befragungen der professionellen Rechtsanwender dominiert. Einzelne Befragungen von vertretenen Kindern und Jugendlichen geben Hinweise darauf, dass Information und Transparenz zum Verfahren und eine bedürfnisgerechte Begleitung zentral für eine positive Wirkung von Verfahrensbeistandschaft sind.

C Fallkonstellationen und Vorgehensweisen

„Es könnte doch ganz nützlich sein."

Erfahrungsbericht zweier Verfahrensbeistände

Seit 2013 arbeiten die Autorinnen in engem kollegialem Austausch in einer Hamburger Rechtsanwalts-Bürogemeinschaft. Die im Folgenden wiedergegebenen Fallbeispiele entstammen stets der Bestellung einer der Autorinnen als Verfahrensbeistand. Nach deutschem Recht wird immer eine Einzelperson als Verfahrensbeistand bestellt. Um einen möglichst an der Realität abgeglichenen Einblick zu gewährleisten, haben sich die Autorinnen für die Darstellungen aus der singulären Erzählperspektive entschieden.

Übersicht

		Rn.
	Vorbemerkung	193
I.	Einleitung	194
II.	Die Bestellung	196
III.	Die Erwartungshaltung der Beteiligten	201
IV.	Die Kontaktaufnahme	210
	1. Die Reihenfolge der Kontaktaufnahme	211
	2. Die Kontaktverweigerung	212
V.	Das Recht im Blick aufs Kind	216
VI.	Das Unterbringungsverfahren	218
	1. Im Krankenhaus	219
	2. Im Heim	220
VII.	Findig sein – mutig sein – und manchmal leider auch Fehler machen	225
	1. Akzente setzen	226
	2. Mitgestalten	228
	3. Aus Fehlern lernen	230
VIII.	Die Verabschiedung	232
IX.	Alles in allem	234

Vorbemerkung

Nachdem Sorgen über die Einführung des FamFG in der Vorauflage an dieser Stelle schon leiser geworden waren, lässt sich fast zehn Jahre später feststellen, dass die Gesetzesnovelle nahezu keinen Einfluss auf die Art und Weise unserer Tätigkeit genommen hat. Erfreulicherweise hat es keine weiteren Sparpläne der Justiz gegeben. Wir werden in der Praxis meist mit großem Aufgabenkreis bestellt, sodass wir unserem Qualitätsanspruch aufgrund angemessener Pauschaldurchschnittsvergütung zu unserer Zufriedenheit gerecht werden können.

193

I. Einleitung

Mit diesem Beitrag soll, wie in den Vorauflagen, jedoch mit teils aktualisierten Fallbeispielen Einblick in die Arbeit eines Verfahrensbeistands gegeben werden. Es geht dabei weniger darum, mit dem Anspruch auf Vollständigkeit umfassend die

194

unterschiedlichsten Erfordernisse, die bei einer Verfahrensbeistandschaft auftreten können, zu schildern.[1] Vielmehr soll mit den Fallbeschreibungen dem Leser die Möglichkeit geboten werden, sich in die Tätigkeit und die persönliche Haltung eines Verfahrensbeistands bei der Interessenvertretung von Kindern einzufühlen.

195 Es soll gezeigt werden, wie – punktuell ganz unterschiedlich – Verfahrensbeistandschaften aussehen können und wie mit schwierigen Situationen umgegangen werden kann. Eigene Denkabläufe werden geschildert, damit Grundlagen des eigenen Handelns bei der Wahrnehmung der Aufgabe eines Verfahrensbeistands erkennbar werden.

Wichtig ist den Autorinnen der Hinweis, dass die von ihnen beschriebenen Situationen und „Lösungsstrategien" nicht als eine generelle Handlungsanweisung verstanden werden dürfen. Jede Verfahrensbeistandschaft ist so individuell anders und besonders, dass selbst in auf den ersten Blick ähnlich wirkenden Situationen im konkreten Einzelfall gänzlich andere Herangehensweisen erforderlich sein können. Gerade dies ist es, was unsere Tätigkeit jedes Mal aufs Neue zu einer Herausforderung macht.

II. Die Bestellung

196 *„Die eilige Urlaubsreise"*

> Amtsgericht ...
>
> Geschäfts-Nr. ...
>
> **Beschluss**
>
> In der Sache
>
> – Antragstellerin –
>
> gegen
>
> – Antragsgegner –
>
> beschließt das Amtsgericht ... durch den Richter am Amtsgericht ... am 9.2.2016:
>
> 1. Frau Rechtsanwältin S. T., nähere Anschrift, wird für die Kinder Ben ..., geb. 30.4.2015 und Oliver ..., geb. 12.12.2012 als Verfahrensbeistand bestellt.
>
>   Ihr wird gemäß § 158 Abs. 4 S. 3 FamFG der erweiterte Aufgabenkreis übertragen.

---

[1] Diesbezüglich geben Weber/Zitelmann in den „Standards für Verfahrenspfleger/innen" eine ausgezeichnete Grundlage. Die „Standards" stellen aus meiner Sicht eine Art „Checkliste" dar. Im Einzelfall können dort beschriebene Vorgehens- und Verhaltensweisen während einer Verfahrenspflegschaft/Verfahrensbeistandschaft auch entfallen, was aber gerade nicht heißt, dass sie in die Überlegungen zur Vorgehensweise nicht unbedingt einzubeziehen wären. – Vgl. die Standards der BAG Verfahrensbeistandschaft, abgedruckt in diesem Handbuch Rn. 2019 ff.

> 2. Ein Termin für eine mündliche Anhörung wird für den 11.2.2016 um 09.30 Uhr anberaumt.
>
> Das persönliche Erscheinen der Antragstellerin und des Antragsgegners wird angeordnet.
>
> 2.a. Der Verfahrensbeistand wird gebeten, die ihm bekannten Kindeseltern über die erfolgte Ladung zu informieren, da nicht zu erwarten steht, dass eine postalische Zustellung rechtzeitig erfolgen kann.

Der Verfahrensgegenstand

Die Kindesmutter begehrte im einstweiligen Anordnungsverfahren vor dem Familiengericht eine sofortige richterliche Entscheidung, die ihr die Befugnis erteilen sollte, einen bereits wenige Tage vor der Antragstellung gebuchten sechswöchigen Urlaub mit ihren beiden Kindern antreten zu dürfen. Gebuchter Abflugzeitpunkt war der 12.2.2016 um 13:00 Uhr. Die Kindesmutter beantragte den sofortigen Erlass eines schriftlichen Beschlusses zur Vorlage am Flughafen. Den Antrag stellte die Kindesmutter am Tag vor meiner Bestellung zu Protokoll der Geschäftsstelle, ohne weitere Nachweise wie z.B. Buchungsunterlagen vorzulegen. **197**

Die Familie – mithin auch die beiden Kinder – waren mir bereits aus einem parallel laufenden Hauptsacheverfahren zur elterlichen Sorge bekannt. Gegenstand des Hauptsacheverfahrens war ein Antrag der Kindesmutter auf Übertragung des alleinigen Aufenthaltsbestimmungsrechtes. In diesem Hauptsacheverfahren hatte die Kindesmutter mitgeteilt, dass sie nach der Trennung von dem Kindesvater im April 2015 beabsichtige, in ihre Heimat nach Fuerteventura zurückzukehren. Sie ginge in Hamburg keiner Erwerbstätigkeit nach und hätte hier auch kein soziales Umfeld. Mir war bereits bekannt, dass die Kinder seit der Trennung der Eltern einvernehmlich im wöchentlichen Wechselmodell von ihnen betreut wurden.

Der Verfahrensablauf

Nahezu zeitgleich mit Eingang des Bestellungsbeschlusses per Telefax erhielt ich einen Anruf der Kindesmutter, einen Anruf der zuständigen Fachkraft des ASD und eine E-Mail mit sofortiger Rückrufbitte vom Kindesvater, der mich darauf hinwies, dass die Kindesmutter ihn über die Antragstellung informiert hätte, ihm dazu jedoch keinerlei Dokumente vorlägen. **198**

Erfreulicherweise hatte der Familienrichter – wie nach unserer Erfahrung mittlerweile durchaus üblich – mich vorab nach meiner Bereitschaft zur Fallübernahme gefragt und den Termin mit mir abgesprochen.

Ich entschied, als Erstes mit der Fachkraft des ASD zu telefonieren, was sich im Nachhinein als richtig erwies: So konnte ich in Erfahrung bringen, dass die Kindeseltern sich in der vergangenen Woche in einem mehrstündigen Vermittlungsgespräch beim ASD bereits auf einen fünfwöchigen Urlaub der Antragstellerin mit den gemeinsamen Kindern geeinigt hatten. Ursprünglich hatte die Kindesmutter mindestens 8 Wochen in ihre Heimat fliegen und der Kindesvater einem Urlaub lediglich für zwei Wochen in den Schulferien der Vorschule des älteren Sohnes zustimmen wollen. Der Kindesvater konnte im Vermittlungsgespräch beim ASD seine große Sorge, ob die Kindesmutter mit den Kindern überhaupt zurückkehren würde, um des Versuchs willen, wieder eine Vertrauensbasis zu finden, zurückstellen.

Die aufgeregte Kindesmutter teilte mir in unserem Telefonat mit, dass sie nicht verstehe, warum sie bei Gericht nicht umgehend einen Beschluss erhalten habe. Sie sei die Kindesmutter und man könne ihr nicht verwehren, mit den Kindern in den Urlaub zu fahren. Ein inhaltliches Gespräch mit mir wurde mit dem Hinweis abgelehnt, dass sie die Urlaubssachen packen müsse.

Der Kindesvater teilte mir mit, dass es eine Vielzahl von Flugalternativen für den vereinbarten Zeitraum von fünf Wochen geben würde, er nunmehr aber auch diesem Zeitraum nicht mehr zustimmen wolle, weil er der Kindesmutter erneut nicht vertraue.

199   Ausnahmsweise entschied ich mich gegen einen Hausbesuch bei den Kindern. Die Brüder waren mir von meinem Besuch anlässlich des Hauptsacheverfahrens wenige Wochen zuvor persönlich bekannt. Unstreitig war, dass beide Brüder sich über eine Reise mit ihrer Mutter an den Strand und in die Sonne freuen würden.

In der gerichtlichen Anhörung nur drei Tage nach Antragstellung betonte die Kindesmutter mehrfach, den gebuchten Urlaub nicht verschieben zu können. Der Antrag der Kindesmutter wurde, unter Hinweis auf die gemeinsame elterliche Sorge, dennoch abgewiesen. Der entsprechende Beschluss ging bereits am Folgetag um 10.30 Uhr in meinem Büro ein mit der zusätzlichen Bitte, den Kindeseltern die Möglichkeit der persönlichen Abholung auf der Geschäftsstelle mitzuteilen.

Am folgenden Montag informierte mich der Kindesvater, dass er sich am Wochenende mit der Kindesmutter auf einen Urlaub von 5 Wochen und 2 Tagen geeinigt habe. Eine Umbuchung sei erfolgt, die Kinder seien mit ihrer Mutter fröhlich in die Ferien geflogen.

Anmerkung

200   In einstweiligen Anordnungsverfahren gilt es oftmals, binnen kürzester Zeit zu überlegen, was zu tun ist: Ist der übersandte Aktenauszug vollständig? Gibt es Vor- oder Parallelverfahren? Wie ist eine zeitnahe Kontaktaufnahme zu den Beteiligten möglich? Wie kann der Vorbesuch beim Kind stattfinden?

In Eilverfahren gilt es, vor allem Ruhe und Sorgfalt zu bewahren. Von außen wird oftmals der Eindruck vermittelt, als sei man als Verfahrensbeistand die „ausführende Feuerwehr" des Gerichts und müsse unverzüglich, notfalls ohne schriftliche Informationen zum Hintergrund, zum Kind eilen und es „retten". Ich habe mir zur Prämisse gemacht: Je höher der Druck von außen, desto gründlicher prüfe ich als Erstes das tatsächliche Eilbedürfnis und sein Zustandekommen. Oft befinden sich die Beteiligten seit Langem in einem Streit, welcher sich womöglich im Eilverfahren nur erneut zugespitzt hat.

Ich behalte mir stets vor, eine Terminverlegung bei Gericht zu beantragen, wenn sich herausstellt, dass noch erforderliche und zielführende Vorgespräche zu führen sind.

III. Die Erwartungshaltung der Beteiligten

„Die eilige Schulauswahl"

Regelmäßig Mitte Januar eines jeden Jahres ereilt die Familiengerichte eine Vielzahl an Eilanträgen **gleichen Verfahrensgegenstands**: Bei gemeinsamer elterlicher Sorge beantragen die Kindeseltern, **meist gegenläufig**, die Übertragung der alleinigen Entscheidungsbefugnis für die Auswahl der Grund- oder weiterführenden Schule.

201

Die Zwillinge dieses Fallbeispiels lebten seit drei Jahren im Wechselmodell und pendelten zwischen den Haushalten ihrer Eltern, welche nicht nur in unterschiedlichen Stadtteilen, sondern sogar in unterschiedlichen Bundesländern (Hamburg/Schleswig-Holstein) gelegen waren. Rechtshängig war bereits ein Hauptsacheverfahren, in welchem beide Elternteile die Beendigung des Wechselmodells und das alleinige Sorgerecht beantragten. Eine Begutachtung lief seit mehreren Monaten. Die zehnjährigen Zwillinge hatten sich bereits in einem früheren Sorgerechtsverfahren nach der Trennung der Eltern dafür ausgesprochen, ausschließlich bei ihrer Mutter leben und ihren Vater am Wochenende und in den Ferien besuchen zu wollen. Als Verfahrensbeistand im laufenden Hauptsacheverfahren hatte ich bereits drei gerichtlichen Anhörungen über jeweils mehrere Stunden beigewohnt. Die Kindeseltern hatten bereits beide den Beratungskurs „Kinder im Blick" durchlaufen, waren bereits in einem der Vorverfahren begutachtet worden und hatten Beratungsangebote des Jugendamtes mehrfach wahrgenommen. Beide Kindeseltern waren von Fachanwälten des Familienrechts langjährig dauerhaft vertreten worden.

Der Verfahrensablauf

Bereits in den Antragschriften der Fachanwälte wurden konkrete „Arbeitsanweisungen" an den *für die Kinder zu bestellenden Verfahrensbeistand* gerichtet: *„Der Verfahrensbeistand hat, noch vor der unverzüglich anzuberaumenden, gerichtlichen Anhörung, die Kinder in der derzeitigen Schule aufzusuchen und dort auch Gespräche mit der Schulleitung und der Schulpsychologin zu führen. Weiter müssen die Eltern der engen Freunde der Brüder persönlich befragt werden, auf welcher Schule deren Kinder angemeldet werden würden. Auch mit diesen besten Freunden der Zwillinge sollte der Verfahrensbeistand persönlich sprechen."*

202

Über diesen „Arbeitsauftrag" hinaus fehlte es in beiden Anträgen nahezu gänzlich an einer Sachverhaltsdarstellung. Die Position des jeweiligen Elternteils wurde ausführlich dargelegt und begründet, ob es außergerichtliche Einigungsversuche gegeben hatte, blieb unerwähnt.

Unmittelbar nach Einreichung des Antrags bei Gericht ging in meinem Büro eine Vielzahl von Telefonanrufen (Eltern, Anwälte der Eltern, ASD) ein. Beide Elternteile forderten von mir den sofortigen Besuch der Kinder in ihrem Haushalt, *„bevor der* *andere Elternteil die Kinder wieder manipulieren kann."* Die Erwartungshaltung der Eltern, getragen von ihren Rechtsanwälten, war massiv. Die Kindesmutter teilte mir mit, ihr Anwalt habe vorgeschlagen, dass sie mir erlauben sollte, an einer Unterrichtsstunde ihrer Söhne teilzunehmen, um mir einen „persönlichen Eindruck" machen zu können.

203 Ich beantragte als Erstes eine Terminverlegung. Meine Rücksprache mit der Schule hatte ergeben, dass die mündliche Verhandlung wenige Tage vor Ausgabe der Halbjahreszeugnisse anberaumt worden war. Erst mit dem Halbjahreszeugnis würde jedoch die offizielle Empfehlung zur weiteren Schullaufbahn seitens der Grundschule erteilt werden. Diese Empfehlung hielt ich für entscheidungsrelevant. Die Schule teilte mir im Übrigen mit, sie beabsichtige nicht, ein inhaltliches Gespräch mit mir zu führen, weil sie „nicht mehr als Spielball für den Streit der Eltern zur Verfügung" stünde. Ihr täten die Kinder leid; das Wohl der Kinder hinge nicht von der Schulwahl, sondern vom Umgang der Eltern untereinander ab.

Im Rahmen meiner weiteren Vorermittlungen ergab sich, dass die Kinder klare Vorstellungen hatten, in welche Schule sie jeweils eingeschult werden wollten. Sie begründeten ihren Wunsch mit den sportlichen/sprachlichen Schwerpunkten der Schulen und dem Wunsch, mit ihren jeweils besten Freunden zusammenbleiben zu wollen.

Vor dem Familiengericht einigten sich die Kindeseltern sodann in einer zwanzigminütigen Anhörung, dem Wunsch ihrer Söhne zu entsprechen.

Anmerkung

204 Es ist schon erstaunlich, wie jährlich vermeintlich überraschend eine Welle von Eilanträgen bei den Familiengerichten eingeht: wenige Tage vor den Schulanmeldungen, wenige Tage vor den Sommerferien und am häufigsten wenige Tage vor Weihnachten. Obwohl diese Ereignisse seit „ewigen Zeiten" feststehen, präsentieren sich die Kindeseltern überrascht und hilflos. Für sie handelt es sich um einen Notfall.

In diesen Momenten halte ich als Verfahrensbeistand inne. Kritisch hinterfrage ich bei den Beteiligten, welche Bemühungen sie auf sich genommen hätten, um rechtzeitig eine außergerichtliche Einigung herbeizuführen. Oft ist die Antwort: „Ich frage ihn/sie gar nichts mehr, weil ich die Antwort ohnehin kenne." Dies lässt fast vermuten, dass die Eltern sich direkt und geradewegs vor das Gericht begeben wollen.

Während eines laufenden Hauptsacheverfahrens wird jede weitere gerichtliche Entscheidung dann von den Eltern als „Sieg" oder „Niederlage" wahrgenommen und als Argument gegen die Erziehungsfähigkeit des anderen Elternteils in der Hauptsache verwendet.

Eilverfahren entfalten oftmals eine große Dynamik. Hier gilt es ganz besonders, sich die Rolle als Verfahrensbeistand zu vergegenwärtigen: Ich bleibe emotional und gedanklich beim Kind. Ich bin nicht die Vermittlerin der Eltern, dies ist Aufgabe der kompetenten Beratungsstellen des ASD. Vor allem „streite" ich nicht mit den Eltern. Als Verfahrensbeistand benenne ich objektive Gesichtspunkte und betone, welche Erwägungen für das Kind bedeutsam sind, damit es nicht aus dem Blick gerät und das Familiengericht eine kindgerechte Entscheidung treffen kann.

Sind Rechtsanwälte am Verfahren beteiligt, heißt es in der Regel für den Verfahrensbeistand, sich „warm anzuziehen" gegenüber der Seite, deren Interessen mit der eigenen (Kindes-)Position kollidieren. Vorwürfe der Inkompetenz, des falschen Vorgehens und des Nicht-richtig-erkennen-Könnens sind häufig und manchmal scharf.

Manchmal scheint es, als hätte die „Erwartungshaltung" an den Verfahrensbeistand, insbesondere in der Anwaltschaft, in den vergangenen Jahren zugenommen. Dadurch ist es oftmals erforderlich, den Eltern erst einmal ausführlich zu erklären, dass es keine formalen „Besuchs- und Gesprächspflichten" jedweder Art für den Verfahrensbeistand gibt, sondern er nach freiem Ermessen entscheiden würde, welche Arbeitsschritte ihm sinnvoll erschienen, um einen objektiven Einblick in die Gefühls- und Gedankenwelt ihres Kindes zu erhalten.

Ein Kriterium der Geeignetheit eines Verfahrensbeistandes ist u.a. eine strukturierte und unabhängige Arbeitsweise, ausgerichtet am Interesse des Kindes. Die Ergebnisse des Forschungsprojekts „Geeignetheit von Verfahrensbeiständen" von *Dr. jur. Sabine Dahm*[2] zeigen deutlich auf, welch unterschiedliche Erwartungen auch die weiteren Beteiligten der Rolle des Verfahrensbeistandes zuschreiben.

Im Besonderen: Die Erwartungshaltung des Gerichts

Erinnert sei nochmals an den Fall „Die eilige Urlaubsreise": Das Gericht hatte es mir übertragen, Informationen an die Kindeseltern zu geben, was eigentlich ureigene Aufgabe des Gerichts gewesen wäre. Im geschilderten Fall handelte es sich um eine ergebnisoffene Anfrage des Gerichts an mich, geschuldet dem Eilbedarf.

Teilweise gehen seitens eines Richters ganz andere, überraschende Aufforderungen an mich, wie bbeispielsweise einen vollständigen Umgang zu begleiten. Wie soll ich damit umgehen? Zu meiner originären Aufgabe als Verfahrensbeistand gehört so etwas nicht. Sollte ich die Vorgehensweise des Gerichts nicht akzeptieren, die Übernahme der Verfahrensbeistandschaft womöglich ablehnen? Was würde der Richter dann machen? Einen anderen Verfahrensbeistand auswählen und mich in Zukunft nicht wieder ansprechen?

An dieser Stelle ist eine Problematik anzusprechen, die in einigen – und eben auch in kindschaftsrechtlichen – Rechtsbereichen von Bedeutung ist: Der Richter sucht sich „seinen" Verfahrensbeistand (ebenso wie „seinen" Sachverständigen") selbst aus.[3] Problematisiert worden ist diese Konstellation bereits an anderen Stellen.

Als vor langer Zeit das Institut des Verfahrenspflegers im Betreuungsrecht seinen Eingang fand, wurde die Befürchtung geäußert, ob nicht die Gerichte aus Grün-

---

2 Online abrufbar unter www.hawk.de/sites/default/files/2018-07/s_17_06_16_bros_web.pdf (Zugriff: 30.4.2019).
3 Salgo, FPR 1999, S. 313 (316); Zitelmann 2001, S. 364 ff.; Knieper 1999, S. 169 f.

den der Verfahrensökonomie vor allem auf Verfahrenspfleger zurückgreifen würden, die weniger den Interessen der Betroffenen als vielmehr der Funktionstüchtigkeit der Rechtspflege den Vorrang einzuräumen bereit sind.[4]

Der renommierte Strafrechtsreporter Gerhard Mauz hat in seinem Buch „Die Justiz vor Gericht"[5] – durchaus vergleichbar – die Rolle der Sachverständigen vor den Strafgerichten und ihren Umgang mit den „heimlich korrumpierenden Erwartungen der jeweiligen Verfahrensbeteiligten" beschrieben.

Diese Problematik gilt es, sich – auch als Verfahrensbeistand – immer wieder zu vergegenwärtigen:

207 Wie gehe ich damit um, dass ich meine Aufträge von einem einzelnen Richter erhalte und im Rahmen meiner Berufstätigkeit darauf auch angewiesen bin? Werde ich möglicherweise nicht zuletzt deshalb gern bestellt, weil ich mich als jemand erweise, mit dem sich „gut zusammenarbeiten" lässt? Weil ich jemand bin, mit dem es „keine Schwierigkeiten" gibt? Jemand, der die Rolle, die ihm zugewiesen wird, im Sinne der Gerichte begreift?[6]

Was sind meine eigenen professionellen Ansprüche für die Übernahme einer Verfahrensbeistandschaft und wie gehe ich damit um, wenn das Gericht offensichtlich andere Vorstellungen hat?

Sich – gerade als selbstständiger „Einzel-Verfahrensbeistand" – eine Arbeitsatmosphäre zu schaffen, in der ein gewisses Maß an Harmonie und Übereinstimmung mit dem Gericht und den sonstigen üblichen Beteiligten (Sachverständige und ASD) besteht, ist verlockend. Es ist schwierig, dem entgegenzuwirken und in jedem Einzelfall wieder von Neuem dem Gericht und den weiteren Beteiligten gegenüber kritisch und streitbar die Interessen des Kindes zu vertreten.

Ich muss meine eigene Befindlichkeit und seelische Situation deshalb immer wieder reflektieren, will ich die Bedürfnisse der Kinder in jedem neuen Fall umfassend und offen wahrnehmen und den übrigen Beteiligten und Beurteilenden mit dem notwendigen Nachdruck vermitteln. Hierfür sind Aus- und Weiterbildung, kritische Selbstkontrolle und Supervision eine notwendige Grundlage.

Mindestens ebenso wichtig ist es aber, sich mit Berufskollegen zusammenzuschließen, um problematische Fragen erörtern und fachlichen Rat bzw. fachliche Unterstützung einholen zu können.

Erwartungshaltung versus Elternautonomie

208 Die Hemmschwelle von Eltern, sich an das Familiengericht zu wenden, scheint immer niedriger zu werden. Oft steht in Umgangsstreitigkeiten gar nicht der Umgang an sich in Frage, sondern die Eltern verfallen vor Gericht in Diskussionen darüber, ob das Kind besser zehn Minuten vor oder nach der vollen Stunde und besser in

---

4 Schumacher, ZRP 1989, S. 7 ff., 9.
5 Mauz, 1990, S. 152 ff., 160 ff.
6 Mauz, a.a.O. S. 154.

der Bäckerei als in der Bücherhalle übergeben werden sollte. Es ist zuerst einmal Aufgabe des Familiengerichts, derartige Diskussionen zu unterbinden. Einem solchen Streitverhalten von Eltern sollte keine „Bühne" geboten werden.

In diesen Momenten nämlich gerät das Kind aus dem Blick. In gerichtlichen Verfahren ist es dann auch Aufgabe des Verfahrensbeistandes, an dieser Stelle zu intervenieren. Das Wohlergehen eines Kindes ist nicht von Detailfragen zu Übergabemodalitäten, sondern vom tatsächlichen Verhalten der Eltern in der Übergabesituation abhängig. Gerne appelliere ich hier an die Kindeseltern, ob sie wirklich glaubten, dass ein Familienrichter, dem das gemeinsame Kind nahezu unbekannt sei, an ihrer Stelle eine solche Entscheidung für das Kind treffen sollte. Womöglich gefiele dem Kind eine Übergabe im Januar besser in der Bücherhalle und wenige Monate später besser auf dem Spielplatz. Diese Flexibilität könnten Eltern sich zum Wohle ihres Kindes aber nur erhalten, wenn sie aufhörten, derartige Entscheidungsbefugnisse an Dritte zu delegieren.

Auch ein Verfahrensbeistand hat keine Entscheidungsbefugnis über die Kinder, für welche er bestellt ist. Das rechtliche Rollenverständnis ist hier zielführend. Den Kindern erkläre ich in Fällen wie den oben geschilderten sehr deutlich, dass weder ich noch das Familiengericht über den Ausgang des Streits entscheiden werden, sondern lediglich einem Elternteil die alleinige Befugnis zur Einzelfallentscheidung übertragen werden wird. **209**

Es ist richtig, dass es in der Elternverantwortung bleibt, Entscheidungen für ihre Kinder zu treffen. Ich wünsche keinem Kind, mit dem Gefühl in einer neuen Klasse zu sitzen, das Familiengericht und eben nicht seine Eltern/sein Elternteil hätten insoweit über sein Leben bestimmt.

IV. Die Kontaktaufnahme

Ist der Erstkontakt schwierig und für das Kind belastend, hilft es sehr, gemeinsam etwas zu tun: zusammen spazieren zu gehen, zusammen ein Eis zu essen, zusammen zu spielen usw. **210**

Darüber hinaus habe ich es mir zur Regel gemacht, dem Kind und mir in komplizierten, „hochstreitigen" Verfahren Zeit zu geben. Ich bespreche, nachdem ich mich vorgestellt und meine Rolle erklärt habe, mit den Kindern in diesen Fällen als Erstes, dass wir uns über das eigentliche, „schwierige Thema" (lieber bei Mama, bei Papa, in der Pflegefamilie; Besuche bei Mama, bei Papa; misshandelt von Mama, Papa usw.) an diesem Tage gar nicht unterhalten müssten, es sei denn, dass sie selbst, von sich aus, mir dazu etwas würden sagen wollen. Ich erkläre den Kindern, dass es auch für mich kaum zu schaffen sei, mit ihnen gleich beim ersten Mal die kompliziertesten Fragen zu erörtern, und ernte in der Regel ein verständnisvolles Lächeln für dieses Eingeständnis. Das „Kennenlern-Gespräch" verläuft so gelöster und gibt die Grundlage dafür, sich gemeinsam an schwierige Fragen heranzutasten.

1. Die Reihenfolge der Kontaktaufnahme

211 In den meisten Verfahren gibt es eine Vielzahl von Beteiligten, oft mit gänzlich unterschiedlichen Auffassungen und Interessen im Verfahren.

Sofern keine konkreten Gründe entgegenstehen, sollte eine Einarbeitung in den Fall – nach Akteneinsicht! – m.E. auch in Hinsicht auf die eigene Vorgehensweise bewusst „kindzentriert" erfolgen. Wenn irgend möglich, suche ich als Erstes das Kind auf bzw. bitte den Jugendlichen, sollte er dies vorziehen, in mein Büro. Von diesem „Kernkontakt" ausgehend, wende ich mich den dem Kind wichtigen Bezugspersonen zu; meist in der Reihenfolge, in der sie aktuell und im Erleben des Kindes von Bedeutung sind. Diese Vorgehensweise hilft mir, die Wünsche und den Willen des Kindes bei meinen Kontakten und Überlegungen immer wieder in den Mittelpunkt zu stellen.

Nach meinem Gespräch mit dem Kind unterhalte ich mich in aller Regel, sofern das Kind einverstanden ist, hinterher noch zusammen mit dem Kind und der Person, bei der ich das Kind besucht habe. Wir sprechen zusammen darüber, was Inhalt meines Gesprächs mit dem Kind gewesen ist. Diese Transparenz ist mir wichtig, um nicht dem Kind die Verantwortung aufzubürden, die bohrenden Fragen: „Wie war's denn? Was habt ihr denn besprochen?", zu beantworten. Sofern mein Gespräch mit dem Kind belastend für dieses war, ist es der Bezugsperson so auch besser möglich, hinterher auf Fragen oder Befürchtungen des Kindes einzugehen.

2. Die Kontaktverweigerung

„Klara"

212 Klara war elf Jahre alt, als ich für sie zum Verfahrensbeistand bestellt wurde. Ihre ersten drei Lebensjahre hatte sie mit ihrem Vater und ihrer Mutter zusammengelebt. Dann trennten sich die Eltern. Klaras Vater kämpfte seit bereits sechs Jahren um ein geregeltes Umgangsrecht mit seiner Tochter. Zwar war ihm ein Umgangsrecht vor einem Jahr gerichtlich zugesprochen worden, Klara lehnte aber jeglichen Kontakt strikt ab.

Klaras Mutter, mit dem Vater aufs Heftigste zerstritten, vertrat seit Jahren unverrückbar den Standpunkt, ihre Tochter zu nichts zwingen zu wollen.

Als ich versuchte, zu Klara Kontakt aufzunehmen, erklärte mir ihre Mutter, Klara wolle mich nicht sehen und nicht sprechen.

Meinen Besuch in ihrer Wohnung lehnte die Mutter für sich selbst strikt ab. Zu einem Treffen „auf neutralem Boden" (Café o.Ä.) sei ihre Tochter nicht bereit. Schließlich einigten wir uns darauf, dass sie, die Mutter, mit Klara zu mir ins Büro kommen würde.

Klara begrüßte mich am Tag unseres Gesprächs in meinem Büro zurückhaltend und scheu. Ihre Mutter lehnte es bereits ab, mir zur Begrüßung die Hand zu geben.

Klara weigerte sich sodann, mit mir allein in einen Raum zu gehen. Wir setzten uns daraufhin zu dritt in mein Besprechungszimmer. Klara blätterte demonstrativ in ihrem Pferde-Heft, ohne mich anzusehen. Als ich sie auf ihre offensichtliche Zuneigung für Pferde ansprach, hatte ich für einen Moment das Gefühl, die Situation würde sich etwas entspannen. Ich bat die Mutter daraufhin, jetzt nach nebenan zu gehen, und meinte zu Klara, sie könne sie jederzeit rufen, sobald sie das Bedürfnis dazu habe. Klara schwieg zu diesem Vorschlag, sodass ich die Mutter bat, es so zu versuchen. Die Mutter jedoch blieb sitzen und meinte entschieden, nicht eher zu gehen, als bis ihre Tochter dies wünsche. Es ginge schließlich um das Kindeswohl und ihre Tochter habe zu der Frage ihres Hinausgehens noch nicht „ja" gesagt. Der leise Hauch einer eigenständigen „Verfahrensbeistand-Kind-Beziehung" war vollständig verflogen. Klara wollte von nun an weder mit mir über ihr Pferde-Heft noch über sonst irgendetwas sprechen. Nach weiteren fünf Minuten beendete ich das Zusammensein.

Die Mutter erklärte mir beim Hinausgehen, sie könne eben kein Vertrauen zu mir haben, da ich letztlich „im Feindeslager" stünde.

Einigermaßen entsetzt blieb ich zurück.

Was hätte ich tun können, als eine Kontaktaufnahme zum Kind nicht zustande kam, weil seine Hauptbezugsperson diesen Kontakt ablehnte und das Kind einen eigenen Standpunkt altersbedingt noch nicht vertreten konnte? **213**

Aus meiner Sicht sind Überlegungen, die vor einem solchen Hintergrund die notfalls gerichtliche Durchsetzung von Rechten des Verfahrensbeistands auf Kontakte mit dem Kind diskutieren, zwar eindrucksvoll, in der Sache und vor allem in der täglichen Praxis jedoch wenig förderlich.

Mir ist nicht vorstellbar, wie es gelingen sollte, das Vertrauen eines Kindes gegen den massiven Widerstand der Person, mit der dieses Kind zusammenlebt, zu gewinnen.

Eine Verfahrensbeistandschaft muss aber notwendigerweise einen positiven, entlastenden Aspekt für das mit ihr konfrontierte Kind haben, wenn dieses Institut überhaupt seinen Sinn und Zweck erfüllen soll.

Als Verfahrensbeistand dem Kind gegenüber die Autorität und Identifikationskraft der Hauptbezugsperson in Frage zu stellen, solange nicht eine Situation der notwendigen Trennung entstanden ist, schien mir ein zu hohes Risiko zu bergen.

Zweifellos gibt es Fälle von Kindeswohlgefährdung, in denen dies nicht das größte Risiko und ein Kontakt zum Kind unbedingt notwendig ist.

„Frederico"

Der 16-jährige Frederico verweigerte schon seit einigen Monaten den Schulbesuch. Nach Aktenlage spielte er den ganzen Tag im abgedunkelten Zimmer an seinem Computer. **214**

Die alleinerziehende und selbst an einer schweren Depression erkrankte Mutter hatte auf Anraten des Jugendamtes beantragt, die psychiatrische stationäre Unterbringung ihres Sohnes zu genehmigen. In zwei getrennten Briefen an den Jugendlichen und die Mutter kündigte ich meinen Hausbesuch an. Die Kindesmutter öffnete mir die Tür und stellte mir in einem Gespräch in der Küche die Familiensituation aus ihrer Sicht mit knappen Worten dar. Es wurde deutlich, dass sie nicht hinter ihrem eigenen Antrag stand, weil sie aus eigener Erfahrung nicht in der Erwartung war, ihrem Sohn könnte in einem Krankenhaus adäquat geholfen werden.

Meine Bitte an die Mutter, ihrem Sohn mitzuteilen, dass ich anwesend wäre und gerne mit ihm sprechen würde, lehnte sie ab. Sie dürfe das Zimmer ihres Sohnes nicht betreten und ihn nicht ansprechen, wenn das Gespräch nicht von ihm aufgenommen würde. Sie halte sich an diese Regeln ihres Sohnes, weil sie die Konflikte nicht ertragen könne und Angst vor ihrem Sohn habe.

Ich klopfte mithin selbst an der verschlossenen Kinderzimmertür. Eine Antwort blieb aus. Ich sprach durch die verschlossene Tür und stellte mich und mein Anliegen vor. Eine Antwort blieb aus. Es waren deutliche Geräusche aus dem Zimmer zu hören, sodass ich davon ausgehen konnte, Frederico würde mich hören. Ich kündigte Frederico an, dass ich noch fünf Minuten in der Küche warten würde, weil ich sehr gerne mit ihm würde sprechen wollen. Nachdem die fünf Minuten verstrichen waren, vermerkte ich auf der Rückseite meiner Visitenkarte eine Handynummer mit dem Angebot an Frederico, sich über WhatsApp an mich zu wenden.

Zwanzig Minuten später kehrte ich an meinen Schreibtisch zurück. Frederico hatte mir bereits drei Nachrichten auf mein Handy geschickt. Er hatte sich dafür entschuldigt, dass er mir die Tür nicht geöffnet hatte, und sich bedankt, dass ich nicht ohne seine Erlaubnis eingetreten war. Er teilte mir mit, dass er das als Respekt verstehe und er darum auch Respekt vor mir habe. Über WhatsApp konnten wir recht schnell ein Treffen außerhalb der Wohnung vereinbaren, welches unproblematisch stattgefunden hat. Frederico hat während des Verfahrens noch regelmäßig über WhatsApp Rückfragen an mich gestellt. Er hat sich begutachten lassen und im Ergebnis einen Erziehungsbeistand angenommen, welcher den Erstkontakt, über mich vermittelt, ebenfalls über WhatsApp aufgenommen hatte. Die Erziehungsbeistandschaft trug die gewünschten Früchte. Ein stationärer Aufenthalt wurde nicht erforderlich. Die Mutter schrieb mir zum Abschluss des Verfahrens, ebenfalls per SMS, wie froh sie sei, dass sie ihren Antrag habe zurücknehmen können.

Anmerkung

215 Die genutzte Handynummer aus der obigen Fallbeschreibung gehört zu einem Diensthandy, das nur in meinem Büro liegt. Ich nutze dieses Handy wie eine Mailadresse für die Jugendlichen. Es dient nicht dazu, eine dauerhafte Erreichbarkeit herzustellen. Meine zuverlässige, ausreichende Erreichbarkeit – eine Rund-um-die-Uhr-Erreichbarkeit halte ich nicht für erforderlich, dafür sind Kinder- und Jugendnotdienste die richtige Anlaufstelle – für Beteiligte und Gerichte ist zu Bürozeiten über unsere Angestellten gewährleistet.

Meine Erfahrung zeigt aber, dass es gerade Jugendlichen oft schwerfällt, direkt in einem Büro anzurufen und ihr Anliegen zu schildern. Mithin bietet das Handy eine für meine „Klienten" leichte Brücke zur Kontaktaufnahme mit mir. In dem Fall von Frederico war ich sehr erfreut, durch diesen medialen Erstzugang einen positiven Einstieg in die Verfahrensbeistandschaft erhalten zu haben. Einen Zugang zu Frederico zu erreichen, indem ich ohne seine Erlaubnis in seine Privatsphäre eindrängte, schien mir nicht der richtige Weg für den Aufbau einer vertrauensvollen Zusammenarbeit zu sein. In anderen Fällen mag es aus guten Gründen anders sein.

Wichtig ist mir, den Jugendlichen über das Diensthandy leichter die Möglichkeit zu geben, mich im laufenden Verfahren mit dem Hinweis auf Gesprächsbedarf zu kontaktieren. Teilweise dauern Verfahren viele Monate an, sodass es ein schöner Weg ist, den Jugendlichen eine jederzeit hürdenfreie Kontaktaufnahme anzubieten und so auf dem aktuellen Stand der Entwicklungen zu bleiben. Für mich erübrigen sich damit aufwändige telefonische Rückfragen über Dritte.

V. Das Recht im Blick aufs Kind

216 Auf hoher See und vor Gericht ist man in Gottes Hand. Nimmt man sich dieses Sprichwort zu Herzen, so übernimmt der Verfahrensbeistand womöglich den Job des Lotsen, damit das schutzlose Schiff – hier das betroffene Kind – trotz zerstrittener Besatzung wieder im sicheren Hafen anlegen kann.

Die Kindesmutter hatte, trotz gemeinsamen Sorgerechts, die drei Kinder nach ihrem Umzug mit ihnen an einer neuen Schule angemeldet. Die Kinder waren bereits vor dem Umzug mit dem Auto zur Schule gefahren worden. Die Schulwegstrecke wäre nach dem Umzug lediglich 5 Minuten länger gewesen. Allerdings war der Kindesvater an der alten Schule als Lehrer angestellt. Die anwaltliche Vertretung der Mutter hatte diese, rechtlich fehlerhaft, dahingehend beraten, dass ein Umzug kurz hinter die Landesgrenze von Hamburg nach Schleswig-Holstein schulrechtlich einen weiteren Schulbesuch in Hamburg verbieten würde. Erstinstanzlich wurde das Recht zur Entscheidung in schulischen Angelegenheiten einstweilig dem Kindesvater übertragen. Das Oberlandesgericht erteilte, auf die Beschwerde der Kindesmutter dagegen, den rechtlichen Hinweis, dass die Kinder bis zu einer Entscheidung verpflichtet seien, weiterhin ihre ursprüngliche Schule zu besuchen. Die Kinder verblieben dennoch als „Gastschüler" auf der neuen Schule. In der Kindesanhörung positionierten sie sich eindeutig dahingehend, dass sie die „Schule von Papa" nie mehr betreten würden.

217 Noch heute fühle ich die Bauchschmerzen, die mir dieses Verfahren bereitet hat. Sogar für mich als Unbeteiligte war es schwer auszuhalten, wie die Kindesmutter hier rechtsfehlerhaft Fakten geschaffen hatte. Dennoch galt es hier ganz besonders, das Wohl der Kinder im Blick zu behalten. Für das Erleben der Kinder kam es nicht auf die Frage der Rechtmäßigkeit ihrer Umschulung an. Sie erlebten erstmalig, nach vier Jahren anhaltendem Dauerstreit ihrer Eltern, eine klare Trennung zwischen der Alltagswelt bei Mama und den Besuchen bei Papa. Die Erleichterung der Kinder darüber war offensichtlich. Ich empfahl mithin, zum Wohle der Kinder, die Rechtsgrundlage für die Beschulung an der neuen Schule zu schaffen.

In meinem ausführlichen Schriftsatz und abschließend auch in der gerichtlichen Verhandlung vor dem Oberlandesgericht konnte ich dennoch nicht umhin, deutlich zum Ausdruck zu bringen, wie sehr es mir an Verständnis für die Vorgehensweise der Kindesmutter mangelte: Wenn ihre Kinder erleben müssten, dass man durch bewusst rechtswidriges Verhalten, entgegen richterlicher Hinweise, seine eigenen Ziele erreichen könne, welche Vorbildfunktion stellte dies für die Kinder dar?

VI. Das Unterbringungsverfahren

218 Besondere Verfahren stellen die Verfahren zur Genehmigung geschlossener Unterbringungen dar.

1. Im Krankenhaus

219 Für Krankenhausbehandlungen auf einer geschlossenen Station gibt es in Hamburg spezielle psychiatrische Kinder- und Jugendstationen.

„Zeli"

Die fünfzehnjährige Zeli war, aus Anlass heftigster nachbarschaftlicher Auseinandersetzungen, gemäß § 1631b BGB auf einer geschlossenen psychiatrischen Station „gelandet".

Als umgehend bestellter Verfahrensbeistand im familiengerichtlichen Unterbringungsverfahren nahm ich am darauffolgenden Tag an der richterlichen Anhörung teil.

Dort stellten sich sehr schnell die schwierigen und alle Beteiligten hilflos machenden Umstände heraus. Zeli, körperlich groß und kräftig, hatte einen Nachbarn mit einer Gaspistole bedroht und war, auch am Tage der richterlichen Anhörung noch, fest entschlossen, ihn zu töten. Zeli befand sich bereits seit ihrem 12. Lebensjahr in nervenärztlicher Behandlung. Die Ärzte gingen, mit der erforderlichen Zurückhaltung angesichts des jungen Alters ihrer Patientin, von dem Vorliegen einer Psychose oder Borderline-Persönlichkeitsstörung aus.

Es erging ein einwöchiger Unterbringungsbeschluss, mit dem Zeli sich auch einverstanden erklärte: „Meine Mordgedanken sollen weggehen."

Was ist in solchen Fällen die Aufgabe eines – gemäß §§ 158, 167 FamFG lediglich für das Unterbringungsverfahren bestellten – Verfahrensbeistands?

Zum einen, die Voraussetzungen des § 1631b BGB ganz selbstständig und gewissenhaft zu prüfen. Eine Unterbringung gem. § 1631b BGB kann und darf nur „Ultima Ratio" sein. Unverzichtbar ist an dieser Stelle für den Verfahrensbeistand die fundierte Kenntnis der Kommentierung des Paragrafen in den einschlägigen juristischen Standardkommentaren sowie regelmäßige Lektüre der aktuellen Rechtsprechung.[7]

Zum anderen gilt es in den freiheitsentziehenden Verfahren natürlich ganz besonders, dem Kind bzw. Jugendlichen als Verfahrensbeistand jederzeit ein Ansprechpartner zu sein, ihm das Verfahren zu erklären und vor allem auch die Beschwerdemöglichkeiten mit ihm gemeinsam zu besprechen. Gerade im Rahmen eines Freiheitsentzuges sollte einem Kind/Jugendlichen die Rechtmäßigkeit einer derartigen Maßnahme, ggf. sogar gegen seinen Willen, nachvollziehbar erklärt werden.

2. Im Heim

Unterbringungen in geschlossenen Heimeinrichtungen gibt es innerhalb der Freien und Hansestadt Hamburg für Kinder und Jugendliche nicht, denn Hamburg hat keine geschlossenen Heime. Über die Richtigkeit und den Erfolg dieser Politik kann lange gestritten werden, was an dieser Stelle nicht Thema sein soll.[8] Dennoch werden hiesige Verfahrensbeistände mit der Frage nach einer geschlossenen Heimunterbringung befasst – dann nämlich, wenn dies außerhalb der Landesgrenzen geschehen soll.

220

„Marco"

Marcos Mutter war beim Familiengericht erschienen und hatte die Genehmigung seiner Unterbringung in der geschlossenen Kinder- und Jugendpsychiatrie beantragt. Marco, gerade 16 Jahre alt, sei drogenabhängig und gehe nicht zur Schule. Er begehe vermehrt Straftaten. Er brauche dringend eine stationäre Therapie und lehne dies ab.

Acht Tage vor dem Verhandlungstermin wurde mein Kollege zum Verfahrensbeistand bestellt. Eine Kontaktaufnahme zu Marco vor dem Gerichtstermin, zu dem Marco in Begleitung seines Familienhelfers erschien, gelang nicht. Marco kam mit tief ins Gesicht gezogener Kapuze. Er wirkte schmächtig und blass, vermied Blickkontakt und blieb einsilbig und misstrauisch.

Das Ergebnis der Verhandlung war ein Beschluss über eine sechswöchige Unterbringung in der Kinder- und Jugendpsychiatrie zum Zwecke der Begutachtung über die Ursachen seiner Problematik und zur Beantwortung der Frage nach geeigneten Hilfen.

Während der sechs Wochen im Krankenhaus konnte sich Marco nach und nach in die Abläufe der Station einfinden. Es gelang ihm, von den Ausgängen zuverlässig zurückzukommen. Zum Ende des stationären Aufenthalts wollte er unbedingt wieder zu seiner Mutter zurück, einen weiteren Unterstützungsbedarf sah er für sich nicht.

---

7 So z.B. Palandt/Diederichsen, MünchKomm-BGB/Huber und Staudinger/Salgo in den jeweils aktuellen Auflagen.
8 Vgl. Fegert/Späth/Salgo (Hrsg.): Freiheitsentziehende Maßnahmen in der Jugendhilfe und Kinder- und Jugendpsychiatrie, Münster 2001.

Der beauftragte Sachverständige dagegen kam in seinem Gutachten zu dem Ergebnis, dass Marco, dessen Kindheit im Elternhaus durch Streit, Gewalt und Alkohol geprägt gewesen sei, seine Situation kaum reflektieren könne. Er zeige keine ausreichende Motivation, sich zu verändern. Von den Strukturen und Vorgaben der Station profitiere er; er sei lebhafter und kontaktfreudiger geworden. Um seiner erheblichen sozialen Beeinträchtigung und Entwicklungsstörung angemessen entgegenwirken zu können, sei seine Unterbringung in einer pädagogischen Heimeinrichtung für vorerst ein Jahr notwendig.

Der klinischen Unterbringung folgte – nach erneuter Anhörung Marcos, bei der er abermals seine Ablehnung einer Heimunterbringung zum Ausdruck brachte – ein Unterbringungsbeschluss zur Heimaufnahme für vorerst ein Jahr.

Von diesen Weiterungen hatte mein Kollege erst Tage später erfahren! Weder war ihm das Sachverständigengutachten übersandt worden, noch hatte er von der erneuten Anhörung Marcos etwas erfahren.

221 Auf Nachfragen bei Marcos Mutter stellte sich heraus, dass Marco bereits direkt aus der Klinik in eine geschlossene Jugendhilfeeinrichtung gekommen war. Marco erzählte, als mein Kollege ihn dort anrief, er würde unverändert nach Hause wollen. Er habe viel zu wenig Freiheiten, keine Privatsphäre und benötige die dortigen therapeutischen Angebote nicht. Ein Familienhelfer zu Hause reiche aus.

Auch wenn mein Kollege an Letzterem Zweifel hatte: An der Richtigkeit einer Beschwerde gegen diesen einjährigen Unterbringungsbeschluss zweifelte er nicht. Zum einen waren die Verfahrensvorschriften des FamFG in Hinsicht auf ein ausreichendes rechtliches Gehör – mit der Möglichkeit einer eingehenden Auseinandersetzung mit dem Gutachten und einer Ladung des Verfahrensbeistands zum Termin – nicht eingehalten worden. Zum anderen ist es das gute Recht eines jeden Minderjährigen, der nicht eingesperrt sein möchte, sich gegen gerichtliche Eingriffe in seine persönliche Freiheit zur Wehr zu setzen, und es ist Aufgabe des Verfahrensbeistands, dieses Recht, so gut es geht, zur Geltung zu bringen.

Die für Marco eingelegte Beschwerde hatte ganz unterschiedliche Echos: Marco freute sich über die Beschwerde und konnte die Entscheidung des Oberlandesgerichts kaum erwarten.

Die Einrichtung befand, Marcos Hoffnung, dass er „rauskomme", habe zur Folge, dass er nun noch weniger mitzumachen bereit sei.

Marcos Mutter war über die Beschwerde ungehalten und konnte nicht verstehen, wieso sie angesichts der Probleme ihres Sohnes überhaupt eingelegt worden war.

Das OLG entschied schnell und schlank und ohne erneute Anhörung: Das Gutachten sei schlüssig, die Auswahl der Einrichtung obläge der Sorgeberechtigten und von einer erneuten Anhörung des Minderjährigen seien keine neuen Erkenntnisse zu erwarten. Der einjährige Unterbringungsbeschluss blieb also aufrechterhalten.

Mein Kollege hat die Situation daraufhin mit Marco sehr genau erörtert. Wäre es gut für ihn, Marco, durch eine Rechtsbeschwerde beim Bundesgerichtshof (BGH) möglicherweise noch viele Wochen weiterhin in einer ungeklärten Situation zu leben? Wäre es nicht vielleicht besser, sich jetzt auf das Konzept der Einrichtung einzulassen und in ein paar Monaten, gegebenenfalls mit einem Unterbringungs-Aufhebungsantrag, neu zu gucken, ob die geschlossene Unterbringung vorzeitig beendet werden könnte?

Marco wollte den „Gang nach Karlsruhe".

Es galt also nun, einen BGH-Anwalt zu finden und, damit dieser tätig werden konnte, einen isolierten und gut begründeten Verfahrenskostenhilfe-Antrag zu stellen.

Wieder gab es unterschiedliche Resonanzen: Das Jugendamt und die Kindesmutter warfen meinem Kollegen vor, er ließe Marco „nicht zur Ruhe kommen". Es ginge Marco in der Einrichtung gut. Die Einrichtung sah dies ebenso. Marco dagegen war ob des weiteren Rechtsmittels „frohen Mutes".

Der BGH gewährte Verfahrenskostenhilfe. Er ordnete Marco den zuvor von meinem Kollegen ausgesuchten und zur Übernahme des Verfahrens bereiten BGH-Rechtsanwalt bei. Dieser wiederum reichte die förmliche Rechtsbeschwerde ein.

Kurz nachdem mein Kollege Marco von dieser Entwicklung in Kenntnis gesetzt hatte, erhielt er von der Einrichtung ein Schreiben zur Kenntnisnahme übersandt, mit dem Marco gegenüber dem BGH seinen „Widerspruch" zurückgenommen hatte.

Zum Hintergrund erfuhr er, dass die Kindesmutter Marco, der sich mittlerweile sieben Monate in der Einrichtung befand, zum einen versprochen hatte, keinen Verlängerungsantrag mehr zu stellen, wenn er jetzt die Rechtsbeschwerde zurücknähme. Zum anderen hatte die Kindesmutter Marco verboten, mit meinem Kollegen zu telefonieren, was von der Einrichtung und dem Jugendamt ohne Weiteres akzeptiert und umgesetzt worden war!

Marco konnte als Minderjähriger die Rechtsbeschwerde nicht wirksam zurücknehmen. Es bedurfte eines erheblichen Insistierens meines Kollegen bei den anderweitigen Beteiligten, bis er mit Marco wieder sprechen konnte.

Da mit einer Entscheidung des BGH in allernächster Zeit zu rechnen war, vereinbarten Marco und sein Verfahrensbeistand, diese Entscheidung jetzt abzuwarten.

Es wurde, was den Ausgang des Rechtsbeschwerdeverfahrens, aber wichtiger noch, was die weitere Entwicklung Marcos betraf, ein „Erfolg auf ganzer Linie".

Der BGH hob den Beschluss des OLG unter Hinweis auf die diversen schwerwiegenden Verfahrensfehler auf und verwies das Verfahren an das OLG zurück. Der BGH hob vor allem aber auch die vom Amtsgericht im Unterbringungsbeschluss angeordnete sofortige Wirksamkeit auf.[9]

Der Unterbringungsbeschluss war damit außer Kraft gesetzt und Marco war „frei".

---

[9] BGH FamRZ 2012, 1556 ff. m. Anm. Salgo.

Unter diesen „freien" Bedingungen konnte sich nun entwickeln, was meinen Kollegen als Verfahrensbeistand mit Zufriedenheit erfüllte. Zwar bekam Marcos Mutter sofort vom Jugendamt zu hören, dass sie Gefahr liefe, ihr Sorgerecht zu verlieren, wenn sie nicht erneut und schnellstmöglich für die weitere geschlossene Unterbringung ihres Sohnes Sorge trage. Marcos Mutter empfand dies als „Drohung".

Die Einrichtung und Marco konnten die Mutter und das Jugendamt am Ende aber dafür gewinnen, Marcos weiterem Verbleib in der Einrichtung unter nunmehr offenen Bedingungen zuzustimmen.

Marco konnte sich dort jetzt frei bewegen und sich erstmalig selbst (und „täglich neu") dafür entscheiden, dort zu wohnen und die interne Schule zu besuchen.

Die Kindesmutter stand noch immer auf dem Standpunkt, möglichst wenig Kontakt zwischen ihrem Sohn und seinem Verfahrensbeistand für richtig zu erachten. Sie konnte sich aber über die Entwicklung freuen und kündigte an, ihren ursprünglichen Unterbringungsantrag nicht mehr aufrechterhalten zu wollen (wodurch sich das weitere Verfahren vor dem OLG erübrigte).

Die Einrichtung berichtete Wochen später, dass Marco seit einiger Zeit erfreulich gut mitarbeite und Erfolge erkennbar seien. Sein freiwilliger Aufenthalt dort wäre „eindeutig die bessere Wahl".

Marco selbst meinte zum Schluss, es gehe ihm „ganz gut". Er bleibe in der Einrichtung, weil seine Mutter es ihm gesagt habe. Die Schule sei anstrengend, aber die Freizeitgestaltung mache Spaß, auch mit den anderen Jugendlichen zusammen sei es gut.

223 Mein Kollege und auch ich haben viel aus dem Verfahren gelernt. Es ist für Nichtjuristen wohl sehr schwer, zu akzeptieren, dass Rechtsmittel gegen staatliche Eingriffe in unserer freiheitlich-demokratischen Grundordnung von elementarer Bedeutung für jeden Einzelnen von uns sind. Dies gilt umso mehr, wenn durch Entscheidungen in Freiheitsrechte eingegriffen wird.

In Unterbringungsverfahren werden mit Vehemenz weitere „Störungen" in der pädagogischen Arbeit abgelehnt mit Hinweis darauf, dass sich der Minderjährige nicht „einlassen" könne, wenn er die Situation nicht als unabänderbar erlebe. Dem kann aus meiner Sicht nur bedingt gefolgt werden.

Zum einen ist es nicht meine originäre Aufgabe als Verfahrensbeistand, unabhängig vom Wunsch und Willen des betroffenen Minderjährigen dafür zu sorgen, dass die pädagogischen Maßnahmen „optimal greifen". Dies gilt umso mehr, als nicht selten gar keine einheitliche Auffassung dazu unter den beteiligten Fachkräften besteht.

Zum anderen berührt die zwangsweise geschlossene Unterbringung einen derart sensiblen Rechtsbereich, dass ihre Genehmigung nach einhelliger Rechtsauffassung nur rechtlich zulässig ist, wenn sie „Ultima Ratio" (letztes Mittel für den kürzest möglichen Zeitraum) ist.

Die strikte Beachtung dieser rechtlichen Voraussetzung einzufordern, und zwar an der Seite des Minderjährigen, der von einer solchen Maßnahme betroffen ist und sie für sich nicht akzeptieren kann, ist unsere Aufgabe. Sie ist es auch dann, wenn sich anderweitig Beteiligte in ihrem Bemühen um den Jugendlichen gestört fühlen.

Zur positiven Entwicklung eines gefährdeten Minderjährigen tragen meist mehrere Aspekte bei. Wenn einer davon ist, dass ein Minderjähriger erlebt, sich mit Unterstützung seines Verfahrensbeistands erfolgreich gegen sein „Weggesperrt-Sein" wehren zu können, ist der Verfahrensbeistand seiner Aufgabe sicher gerecht geworden.

Anmerkung

In dem Fall von Marco arbeitete mein Kollege auf ausdrücklichen Wunsch und in Absprache mit dem Jugendlichen. Er hatte nahezu einen minderjährigen „Mandanten", dessen Rechte er vertrat. Aus unserer Sicht hat ein Verfahrensbeistand eine **Beschwerde** sogar in den Fällen **auf ausdrücklichen Wunsch des Jugendlichen** zu erheben, in denen er selbst die erstinstanzliche Entscheidung für richtig erachtet. Der Jugendliche hat immer ein Beschwerderecht, welches es zu erörtern gilt. Ein Verfahrensbeistand hat nicht das Recht, einem Jugendlichen einen Rechtsweg abzuschneiden. Jedoch hat er die Sinnhaftigkeit und Erfolgsaussichten einer Beschwerde mit dem Jugendlichen eingehend zu erörtern.

Auch ein Kleinkind hat ein eigenes Beschwerderecht, welches es als Verfahrensbeistand nach sorgfältiger Prüfung ggf. auszuüben gilt. Über die Beschwerdeinstanz hinaus hat der Verfahrensbeistand das Recht und mithin auch die Pflicht, eine eigene **Verfassungsbeschwerde** zu erheben, soweit seiner Ansicht nach die Grundrechte eines Kindes verletzt sind. Dies hat das Bundesverfassungsgericht jüngst noch einmal ausdrücklich bestätigt: „Die Verfassungsbeschwerde ist zulässig. *Insbesondere* ist die Beschwerdeführerin aufgrund ihrer Bestellung als Verfahrensbeiständin befugt, Verfassungsbeschwerde einzulegen und mit dieser – ausnahmsweise – fremde Rechte in eigenem Namen geltend zu machen (so zur Position des Verfahrenspflegers im Betreuungsverfahren bei ähnlicher Interessenlage und gesetzlicher Ausgestaltung BVerfG, Beschluss der 3. Kammer des Ersten Senats vom 22. Mai 2013 – 1 BvR 372/13 -, juris, Rn. 4 ff.; ebenso Engelhardt, in: Keidel, FamFG, 18. Auflage 2014, § 158 Rn. 44a)."[10]

Dieser „Ritterschlag" für den Verfahrensbeistand verdeutlicht einmal mehr, wie bedeutsam unsere Rolle als „Interessenvertreter des Kindes" ist, welche wir stets nach eigenem Ermessen und unabhängig von den Erwartungen anderer Beteiligter auszuüben haben.

---

10 BVerfGE ZKJ 2017, 225.

VII. Findig sein – mutig sein – und manchmal leider auch Fehler machen

225 Es ist enorm wichtig, für jede Verfahrensbeistandschaft von Neuem genug Kraft und Zeit zu haben, um eigene Überlegungen zu entwickeln und Lösungsstrategien für die Probleme des Kindes im Rahmen des Verfahrens den anderen Beteiligten aufzeigen zu können.

1. Akzente setzen

Noch einmal: „Die eilige Schulauswahl"

226 Anlässlich des Eilverfahrens wegen des anstehenden Schulwechsels besuchte ich die mir bereits aus dem Hauptsacheverfahren bekannten Kinder erneut. Der Besuch war so ernüchternd, wie ich ihn erwartet hatte: Zunächst spielten wir erneut im Tobekeller eine Runde Fußball. Nur schwer waren die Jungen zu einem Gespräch zu motivieren. Einzig die Aussicht auf ein anschließendes „Rückspiel" bot den Jungen eine Brücke zur „Halbzeitbesprechung". Die Schulauswahl stand für beide Brüder seit den Besichtigungen am Tag der offenen Tür fest. Mads brachte auf den Punkt: „Mama und Papa brauchen halt wieder was zu streiten. Uns hört keiner zu. So ist es doch immer, ich verstehe nur gar nicht, warum uns die Erwachsenen immer fragen, wenn unsere Antworten doch gar keinen interessieren?" Eine Antwort auf seine Frage zu geben, war schwierig. Denn es war das, was die Kinder seit der Trennung ihrer Eltern erlebten: Sie, die Kinder, hatten ganz konkrete Vorschläge, aber die Gerichtsverfahren ihrer Eltern zogen sich aufgrund von Befangenheitsanträgen, Terminverlegungen und Begutachtungen über Jahre ohne Ergebnis hin.

Was sollte ich tun? Durch meinen Terminverlegungsantrag, den ich für sachdienlich hielt (Abwarten der schulischen Empfehlung im Zwischenzeugnis), hatte nun auch ich dazu beigetragen, dass ein Verfahren mehr Zeit in Anspruch nahm als geplant.

Zwei Sätze aus meiner Weiterbildung zum Verfahrensbeistand gingen mir durch den Kopf – zwei Sätze, die mir zu Kernsätzen bei meiner Arbeit geworden sind: „Sich ‚andocken' an die Gefühle des Kindes, dann führt es einen durch", lautet der eine, „Fürsprecher für das Kind zu sein, heißt auch, immer wieder zu überlegen, wie das Kind – durch alle Beteiligten – bewusst entlastet werden könnte", der andere.[11]

Die Verärgerung der Zwillinge war offensichtlich: Sie fühlten sich nicht gehört.

227 Was könnten alle am Gerichtsverfahren Beteiligten tun, um dieses Gefühl der „Ohnmacht" geringer werden zu lassen, um die Jungen bewusst zu entlasten? In wenigen Tagen stand der Anmeldetag an den Schulen bevor. Die Brüder hatten Sorge, dass ihre Eltern ihre geäußerten Wünsche ignorieren würden.

---

11 Niestroj, unveröffentlicht.

Mir wurde klar, dass ich sehr schnell und aktiv versuchen müsste, das Verfahren so zu gestalten, dass die Brüder sich wahrgenommen fühlten. Aus diesem Grund regte ich eine Kindesanhörung noch vor der Anhörung der weiteren Beteiligten an. Diese Idee hatte ich mit Mads und seinem Bruder Peter besprochen und entgegen der Befürchtung ihrer Eltern, dass ihre Söhne eine Anhörung verweigern würden – hier waren die Kindeseltern ausnahmsweise einmal einig –, kamen Mads und Peter sichtlich motiviert zum Anhörungstermin und verließen mit mir gemeinsam, sichtlich stolz, ihre Meinung kundgetan zu haben, den Raum des Richters. Sie hegten für sich keinen Zweifel mehr, dass sie nun an den von ihnen ausgewählten Schulen angemeldet würden.[12]

Verfahrensbeistand zu sein heißt, sich im Verlauf des Gerichtsverfahrens, auch zu einzelnen Verfahrensabschnitten, immer wieder neu zu fragen, wie dem wohlverstandenen Interesse des Kindes bzw. Jugendlichen gedient werden könnte im Sinne der „am wenigsten schädlichen Alternative"[13] und die eigenen Erkenntnisse zeitnah in das Verfahren einzubringen.

Gleichzeitig heißt es natürlich auch, sehr rechtzeitig zu erkennen, wann die eigenen professionellen Grenzen erreicht sind und es weiterer sachverständiger Klärung bedarf.[14]

2. Mitgestalten

„Daniela"

Daniela war sechseinhalb Jahre alt, als ich sie kennenlernte. Sie lebte mit ihrer Mutter, bei der das Jugendamt eine psychische Erkrankung vermutete, in einer mittlerweile völlig vermüllten Wohnung.

228

Daniela wurde von ihrer Mutter liebevoll, aber wie ein Baby und von anderen Menschen völlig isoliert, versorgt. Daniela ging weder in den Kindergarten, noch sahen Nachbarn sie draußen spielen. Selten sah man die Mutter mit Daniela in der „Karre" aus der Haustür kommen und zum Einkaufen fahren.

Als dem Jugendamt, nach vorangegangenen vergeblichen Bemühungen um Hilfestellung – ein älterer Bruder des Mädchens hatte schon aus der Familie herausgenommen werden müssen (s.u.) –, erkennbar wurde, dass von der Mutter auch die anstehende Einschulung Danielas verweigert werden würde, regte es beim Familiengericht die Einrichtung einer Ergänzungspflegschaft für das Aufenthaltsbestimmungs- und Erziehungsrecht an.

Auch im Rahmen des gerichtlichen Verfahrens war es nicht möglich, die Kindesmutter dazu zu bewegen, für Daniela Außenkontakte und ärztliche Untersuchungen zu ermöglichen. Nachdem dies deutlich geworden war, wurde gerichtlicher-

---

12 Siehe oben unter II, Rn. 201 ff.
13 Zu diesem Begriff als Maßstab siehe Goldstein/Freud/Solnit, 1991, S. 49 ff., S. 149 ff.
14 Ohne zusätzliche Weiter- und regelmäßige Fortbildung dürfte dies, d.h. gerade auch das Erkennen der eigenen Grenzen, von keinem Verfahrensbeistand zufriedenstellend zu leisten und zu vermitteln sein.

seits die Einrichtung einer vorläufigen Ergänzungspflegschaft in Aussicht gestellt und ich zum Verfahrensbeistand bestellt.

Bei meinem Besuch bei Daniela saß diese in einem Kinder-Gitterbettchen. Sie war sehr ängstlich und schüchtern und bat mich zu gehen, wie es ihre Mutter sage. Im Gegensatz zum Rest der Wohnung waren Daniela, ihre Kleidung und auch ihr Bettchen tadellos sauber und gepflegt.

Nachdem auch mir dringender Handlungsbedarf im Sinne einer Trennung von Mutter und Kind zu bestehen schien, wurde der vorläufige Pflegschaftsbeschluss erlassen.

Das Gericht lehnte jedoch meinen Antrag, zusätzlich einen Herausgabebeschluss zu fassen und die Anwendung von Gewalt anzuordnen, formlos mir gegenüber ab. Einen derartigen Beschluss hatten sowohl das Jugendamt als auch ich für notwendig erachtet, da bereits zehn Jahre zuvor eine Trennung zwischen der Mutter und Danielas sehr viel älterem Bruder nicht ohne Gewaltanwendung abgelaufen war.

Dennoch meinte das Gericht, der Grundsatz der Verhältnismäßigkeit erfordere es, die Herausnahme Danielas „erst einmal so" zu versuchen. Das Gericht berücksichtigte dabei offensichtlich nicht die unabsehbaren Folgen, die eine gescheiterte Herausnahme bei der Mutter auslösen könnte.

Es „erst einmal so" zu versuchen, schien dem Jugendamt und mir unkalkulierbar und deshalb inakzeptabel. So furchtbar eine notfalls gewaltsame Trennung von Mutter und Kind sein würde, so notwendig schien uns doch die Möglichkeit zu sein, die Herausnahme in jedem Fall, d.h. gegebenenfalls auch unter Zuhilfenahme von Polizeibeamten, zu einem Ende bringen zu können.

229 Was nun? Sollte ich einen meinen Antrag abweisenden Beschluss erwirken, danach in die Beschwerde gehen und damit weitere Zeit verstreichen lassen, wo mir doch ein erheblicher Handlungsbedarf – ohne Alternative zur Kindesherausnahme – zu bestehen schien?

Ich beschloss, „den Ball" des weiteren Vorgehens direkt an das Amtsgericht „zurückzugeben".

Das Jugendamt konnte ich für meine Überlegungen gewinnen.

Gemeinsam würden wir die Mutter und Daniela noch einmal besuchen. Vor Ort wollte ich Danielas Mutter bitten, zusammen mit ihrer Tochter und uns ins Amtsgericht zu fahren, um noch einmal mit einem Richter über den Pflegschaftsbeschluss, seine Richtigkeit und seine Folgen zu sprechen.

Tatsächlich war Danielas Mutter, die mit dem Beschluss nicht einverstanden war, nach einem stundenlangen Gespräch schließlich bereit, mit uns ins Gericht zu fahren. Die aus meiner und der Sicht der Jugendamtsmitarbeiterin bevorstehende Trennung hatten wir im Gespräch nicht erwähnt.

Es berührte mich schmerzhaft zu sehen, wie die Mutter Daniela für die Fahrt liebevoll, aber kleinkindhaft anzog und aus dem Kinderbett hob. Die 6½-jährige Daniela konnte nicht gut laufen und war nicht in der Lage, Treppenstufen zu gehen, ohne festgehalten zu werden.

Im Gericht angekommen, war die zuständige Richterin nicht anwesend. Ich bemühte mich sofort um ein Gespräch mit dem für diesen Tag zuständigen Eilrichter. Ich bat ihn, Akteneinsicht zu nehmen, und erklärte ihm, dass Mutter und Kind heute getrennt werden sollten, wir jedoch befürchten würden, dass dies nicht ohne Gewaltanwendung möglich wäre.

Der Richter konnte sich nach Akteneinsicht mit meinem Vorschlag, im Hintergrund eine Polizeibereitschaft zu organisieren und dann mit der Mutter ein Gespräch über die Kindesherausgabe zu führen, einverstanden erklären.

Er konnte es kraft seiner „Amtsautorität" erreichen, dass die Mutter Daniela für die Zeit des Gesprächs mit der Mitarbeiterin des Jugendamts in ein Nachbarzimmer gehen ließ.

Die Anwesenheit der herbeigerufenen Polizeibeamten wurde erforderlich, als der Richter Danielas Mutter schließlich erklärte, dass Daniela jetzt in ein Kinderhaus gebracht werden würde.

Daniela konnte auf diese Weise von ihrer Mutter getrennt werden, ohne körperliche Gewalt und eine völlig verzweifelte und der Situation gegenüber verständnislose Mutter unmittelbar erleben zu müssen.

3. Aus Fehlern lernen

Die Verfahrensbeistandschaft für Daniela hatte ich vor der Zeit meiner Weiterbildung zum Verfahrensbeistand übernommen.

230

Noch einmal: „Daniela"

Emotional erschöpft und gleichzeitig froh über die zumindest für Daniela doch „glimpflich" abgelaufene Trennung, herrschte bei mir in der Folgezeit lange der Gedanke vor, etwas Gutes für Daniela erreicht zu haben. Daniela war jetzt in einer kindgerechten Umgebung angekommen, sie erfuhr die erforderliche krankengymnastische Behandlung und konnte bereits nach kurzer Zeit Besuche ihrer Mutter erhalten. Alle waren der Auffassung, Daniela mache große Fortschritte und entwickle sich gut.

Unter diesem Eindruck stehend, erklärte ich der in Kindschaftssachen nicht erfahrenen, im Übrigen aber von mir geschätzten psychiatrischen Sachverständigen, die mittlerweile vom Gericht mit der Begutachtung der Mutter zur Frage ihrer Erziehungsfähigkeit beauftragt worden war, anlässlich unseres ersten Telefonats, dass aus meiner Sicht keine besondere Eile bei der Begutachtung notwendig wäre. Daniela ginge es gut und eine Rückkehr in den Haushalt der Mutter wäre aus meiner Sicht ohnehin nicht vorstellbar.

Es dauerte daraufhin über ein Jahr, bis das – außerordentlich sorgfältige – ärztliche Gutachten erstellt und bei Gericht eingegangen war. Wie erwartet wurde empfohlen, Daniela in eine Pflegefamilie zu vermitteln.

Es dauerte sodann noch einmal acht Monate, bis für Daniela endlich eine geeignete Pflegefamilie gefunden worden war.

231 Auch wenn mir damals nach einigen Monaten, die Daniela bereits im Kinderhaus lebte, doch klar geworden war, dass Daniela „eigentlich" feste Bezugspersonen brauchte und sich nach einem Familienleben sehnte, habe ich – aus heutiger Sicht – meine Überlegungen keineswegs klar genug als einen Auftrag, auch für ihre Umsetzung zu sorgen,[15] empfunden.

Vielmehr habe ich Danielas Lebenssituation bis zur Fertigstellung des Gutachtens mitgetragen und mich erst im Anschluss daran für eine umgehende Suche nach einer Pflegefamilie starkgemacht. Angesichts Danielas Alter dauerte die Suche länger als gehofft.

Daniela ist heute, wie mir das Jugendamt im Nachhinein berichtete, in ihrer Pflegefamilie glücklich. Sie hat einen ihren Bedürfnissen entsprechenden Kontakt zu ihrer Mutter, der die Pflegeeltern mit viel Verständnis begegnen.

Ich meinerseits denke häufig noch an mein wenig professionelles „Abwarten" in Bezug auf Danielas Kinderhaus-Aufenthalt zurück. Ich hätte viel eher erkennen müssen, wie wichtig für dieses kleine siebenjährige Mädchen familiäre Bezugspersonen sind und wie wenig ihr davon in dem fraglos gut geführten Kinderhaus gegeben werden konnte. Der am Ende fast zweijährige Aufenthalt Danielas im Kinderhaus hätte abgekürzt werden können und müssen.

Ich habe mich an dieser Stelle über ein Jahr lang aus Unkenntnis nicht genug für Danielas Interessen eingesetzt. Es fehlte mir, wie allen anderen in dieser Phase, an Problembewusstsein.

Nicht unproblematisch war sicherlich auch meine Vorgehensweise, Daniela und ihre Mutter mit zu Gericht zu nehmen, ohne sicherzustellen, dass der zuständige Richter vor Ort sein wird.

VIII. Die Verabschiedung

232 Ein in unserer Supervisionsgruppe wiederholt diskutiertes Thema ist die Frage des Verfahrensabschlusses. Soll ein Abschlussgespräch mit dem Kind der Regelfall sein? Immerhin gilt es, mit dem Kind ggf. das Interesse an einem Beschwerdeverfahren zu prüfen. Wie jedoch verfahren, wenn die Eltern eine Einigung getroffen haben? Ist es dann nicht originäre Elternaufgabe, diese Einigung auch gegenüber ihrem Kind zu vertreten? Würde ein erneutes Auftreten des Verfahrensbeistandes als „Person des Gerichtsverfahrens" das Kind verunsichern? Wo sollte das Abschlussgespräch stattfinden? Im gewohnten Kinderzimmer? Aus paritätischen Gründen spätestens jetzt im Haushalt des anderen Elternteils? Als Gegenbesuch des Kindes in unseren Büroräumen? Für manche Kinder sind Büroräume abschreckend, für andere sehr interessant. Ich habe schon viele Kinder erlebt, denen es

---

15 Vgl. hierzu auch den Erfahrungsbericht zum Fallbeispiel „Sabine", Niestroj, in Salgo, 1996, S. 503–540.

geholfen hat zu sehen, wie viele Akten bei uns hängen. Die Kinder erlebten, dass sie mit ihren Problemen der zerstrittenen Eltern bei Weitem nicht alleine sind. Ist, bei entsprechendem Alter des Kindes, ein telefonisches Abschlussgespräch für alle Beteiligten ein gangbarer Weg und eventuell sogar die am wenigsten belastende Variante?

Die Frage, ob, wann und wie ein meine Tätigkeit abschließendes Gespräch stattfindet, ist meiner Ansicht nach ebenso individuell zu betrachten wie die Frage nach dem Wie der ersten Kontaktaufnahme. Zu jeder Zeit unserer Tätigkeit ist die Leitlinie das individuelle Bedürfnis des betroffenen Kindes.

Noch heute ist mir in Erinnerung, wie mir ein zehnjähriger Junge bei meiner Verabschiedung erklärte, wie zufrieden er auf seiner neuen Schule sei. Ich fragte ihn, ob er meine Visitenkarten bekommen wolle für den Fall, dass er wieder einmal Probleme habe. Er lächelte mich an. „Es könnte doch ganz nützlich sein", meinte er und ließ sich von mir die Karte geben. Mit festem Blick gaben wir uns die Hand.

IX. Alles in allem

Die Arbeit eines Verfahrensbeistands kann schwer sein, manchmal kaum aushaltbar, die Tränen in die Augen treibend:

Dennis, 5 Jahre

Dennis war ein winziger, in seiner Herkunftsfamilie von seiner Mutter schwer misshandelter Junge. Sein Minderwuchs stellte sich nach seiner Inpflegegabe als seelisch bedingt heraus; in seinem neuen Zuhause wuchs er binnen weniger Monate um mehrere Zentimeter.

Bei meinem Besuch in der Pflegefamilie erzählte Dennis von sich aus, dass seine Mutter gestorben sei. Auf meine Nachfrage, wer ihm dies gesagt habe, meinte er nach kurzem Überlegen: „Das habe ich mir selber erlaubt."

Lilly, 4 Jahre

Gegen Ende unseres Gesprächs begann ich Lilly zu fragen, was sie sich von einer Fee wünschen würde. Lilly unterbrach mich und sagte sichtlich resigniert: „Du brauchst mich nicht zu fragen, was ich mir wünsche, weil es in echt gar keine Feen gibt und niemand es schön zaubern kann. Aber es war trotzdem schön, mit dir zu reden, weil du gut zuhören kannst. Du bist nett."

Lara, 17 Jahre

„Ich bin jetzt fast volljährig, für mich ist es zu spät. Aber wenn meine Geschwister zu unserer Mutter zurück möchten und das Jugendamt meint, dass Mama es jetzt auch wieder schafft, sollte es schnell gehen. Die Zeit arbeitet nicht für uns Kinder."

Louise, 6 Jahre

Louise lebte nach der Trennung der Eltern für kurze Zeit bei ihrem Vater, dann bei der Mutter und wollte nun wieder zu ihrem Vater zurück. „Mama soll es aber nicht wissen, weil ich glaube, dass sie traurig ist, wenn ich sage, ich will lieber bei Papa wohnen. Sie sagt auch: ‚Ich will Dich nicht noch einmal verlieren.' Dabei hat sie mich doch noch nie verloren, ich war doch nur bei Papa!"

Bendix, 7 Jahre

Bendix fragte mich, ob ich nähen könnte. Ich verneinte seine Frage etwas erstaunt und Bendix führte aus: „Das ist schade, denn ich brauche einen Reißverschluss, damit man mich zwischen Mama und Papa aufteilen kann. Denn es fühlt sich so an, als ob Mama und Papa mich zerreißen wollen und ich habe Angst, dass ich dabei verbluten kann."

Tannaz, 9 Jahre

„Mama und Papa sollen sich an einen Tisch setzen und vorher auf einen Zettel schreiben, was sie alles doof finden. In der Schule machen wir das auch so. Aber bei Mama und Papa musst du mit am Tisch sitzen bleiben, weil die sich nicht an die Gesprächsregeln halten können."

Justin, 13 Jahre

Bei meinem Abschlussbesuch erklärte ich Justin, dass sein Umzug in eine Wohngruppe entschieden worden sei, weil seine Mutter eine Suchterkrankung habe. Justin fragte, was „Sucht" bedeute. Nach meiner Erklärung stand Justin auf, ging zum Schrank und zeigte mir seine von seiner Mutter zerschlagene Star-Wars-Spardose: „Oh, also macht Mama das hier alles gar nicht mit Absicht kaputt, sondern weil sie krank ist? Kannst du mich bitte zum Jugendamt fahren, damit die mich jetzt gleich dahin bringen? Dann kann Mama sofort ins Krankenhaus gehen und gesund werden."

Erkan, 4 Jahre

Erkan erlebte schon Jahre den heftigen Streit seiner Eltern um sein Umgangsrecht mit dem Vater. Seine Mutter übergab mir die nachstehende Skizze ihres Sohnes.

Erkan dazu: „Das ist ein trauriges Männchen, und das bin ich."

Die Arbeit eines Verfahrensbeistands ist herausfordernd. Sie ist auch ausfüllend mit ihrer Möglichkeit, im Einzelfall perspektivisch die „am wenigsten schädliche Alternative"[16] mitentwickeln und neue, günstigere Lebensformen für Kinder mitgestalten zu können.

Der Anspruch an die eigene Professionalität muss hoch sein und die Wahrnehmung von Weiterbildung und regionalem Austausch einschließen. Nur so kann es gelingen, die Position der Kinder und Jugendlichen, um die es für uns Verfahrensbeistände einzig geht, im gerichtlichen Verfahren – und damit auch in ihrer Lebenswirklichkeit – zu stärken.

---

16 Goldstein/Freud/Solnit, ebd.

Teil 2

Gesetzliche Grundlagen

A Die Verfahrensbeistandschaft gemäß § 158 FamFG

§ 158
FamFG Verfahrensbeistand

(1) Das Gericht hat dem minderjährigen Kind in Kindschaftssachen, die seine Person betreffen, einen geeigneten Verfahrensbeistand zu bestellen, soweit dies zur Wahrnehmung seiner Interessen erforderlich ist.

(2) Die Bestellung ist in der Regel erforderlich,

1. wenn das Interesse des Kindes zu dem seiner gesetzlichen Vertreter in erheblichem Gegensatz steht,
2. in Verfahren nach den §§ 1666 und 1666a des Bürgerlichen Gesetzbuchs, wenn die teilweise oder vollständige Entziehung der Personensorge in Betracht kommt,
3. wenn eine Trennung des Kindes von der Person erfolgen soll, in deren Obhut es sich befindet,
4. in Verfahren, die die Herausgabe des Kindes oder eine Verbleibensanordnung zum Gegenstand haben, oder
5. wenn der Ausschluss oder eine wesentliche Beschränkung des Umgangsrechts in Betracht kommt.

(3) Der Verfahrensbeistand ist so früh wie möglich zu bestellen. Er wird durch seine Bestellung als Beteiligter zum Verfahren hinzugezogen. Sieht das Gericht in den Fällen des Absatzes 2 von der Bestellung eines Verfahrensbeistands ab, ist dies in der Endentscheidung zu begründen. Die Bestellung eines Verfahrensbeistands oder deren Aufhebung sowie die Ablehnung einer derartigen Maßnahme sind nicht selbstständig anfechtbar.

(4) Der Verfahrensbeistand hat das Interesse des Kindes festzustellen und im gerichtlichen Verfahren zur Geltung zu bringen. Er hat das Kind über Gegenstand, Ablauf und möglichen Ausgang des Verfahrens in geeigneter Weise zu informieren. Soweit nach den Umständen des Einzelfalls ein Erfordernis besteht, kann das Gericht dem Verfahrensbeistand die zusätzliche Aufgabe übertragen, Gespräche mit den Eltern und weiteren Bezugspersonen des Kindes zu führen sowie am Zustandekommen einer einvernehmlichen Regelung über den Verfahrensgegenstand mitzuwirken. Das Gericht hat Art und Umfang der Beauftragung konkret festzulegen und die Beauftragung zu begründen. Der Verfahrensbeistand kann im Interesse des Kindes Rechtsmittel einlegen. Er ist nicht gesetzlicher Vertreter des Kindes.

(5) Die Bestellung soll unterbleiben oder aufgehoben werden, wenn die Interessen des Kindes von einem Rechtsanwalt oder einem anderen geeigneten Verfahrensbevollmächtigten angemessen vertreten werden.

(6) Die Bestellung endet, sofern sie nicht vorher aufgehoben wird,

1. mit der Rechtskraft der das Verfahren abschließenden Entscheidung oder
2. mit dem sonstigen Abschluss des Verfahrens.

(7) Für den Ersatz von Aufwendungen des nicht berufsmäßigen Verfahrensbeistands gilt § 277 Abs. 1 entsprechend. Wird die Verfahrensbeistandschaft berufsmäßig geführt, erhält der Verfahrensbeistand für die Wahrnehmung seiner Aufgaben nach Absatz 4 in jedem Rechtszug jeweils eine einmalige Vergütung in Höhe von 350 Euro. Im Fall der Übertragung von Aufgaben nach Absatz 4 Satz 3 erhöht sich die Vergütung auf 550 Euro. Die Vergütung gilt auch Ansprüche auf Ersatz anlässlich der Verfahrensbeistandschaft entstandener Aufwendungen sowie die auf die Vergütung anfallende Umsatzsteuer ab. Der Aufwendungsersatz und die Vergütung sind stets aus der Staatskasse zu zahlen. Im Übrigen gilt § 168 Abs. 1 entsprechend.

(8) Dem Verfahrensbeistand sind keine Kosten aufzuerlegen.

Teil 2 Gesetzliche Grundlagen

Übersicht	Rn.
I. Zur Einführung der Verfahrensbeistandschaft nach § 158 FamFG	237
II. Überblick über die Inhalte des § 158 FamFG	253
III. Rechtsstellung des Verfahrensbeistands	290
1. Abgrenzung Ergänzungspflegschaft/Vormundschaft – Verfahrensbeistandschaft	290
2. Unterschiede zum Ergänzungspfleger bzw. Vormund	300
3. Besonderheiten der Verfahrensbeistandschaft	312
4. Rechte des Verfahrensbeistands	315
IV. Stellung des Verfahrensbeistands gegenüber den sorgeberechtigten Eltern bzw. dem Vormund oder Ergänzungspfleger	327
V. Stellung des Verfahrensbeistands gegenüber dem Minderjährigen	334
1. Verfahrensbeistand als Interessenvertreter besonderer Art	334
2. Zugang des Verfahrensbeistands zum Kind gegen den Willen der Sorgeberechtigten?	338
3. Verhältnis des Kindes zum Verfahrensbeistand	344
VI. Stellung des Verfahrensbeistands gegenüber dem Jugendamt	348
VII. Stellung des Verfahrensbeistands gegenüber dem Sachverständigen	354
VIII. Stellung des Verfahrensbeistands gegenüber dem Gericht	362
1. Aufgaben des Gerichts	362
2. Verfahrensbeistand als unabhängiger Interessenvertreter des Kindes	366
3. Prüfung des Bestellungsbeschlusses	372
4. Prüfung der Fallübernahme	374
5. Rechtsmittel gegen die Bestellung zum Verfahrensbeistand	375
6. Handakte des Verfahrensbeistands	380
7. Akteneinsicht	383
a) Allgemeines	383
b) Kosten der Akteneinsicht	390
8. Ermittlungen zum Sachverhalt	393
9. Allumfassende Verfahrensbeteiligung des Verfahrensbeistands	408
10. Anwesenheit bei der Kindesanhörung	410
11. Verfahrensrechte bei mündlichen Verhandlungen	413
12. Instrumentalisierung durch die Justiz	420
13. Datenschutz	430
14. Verschwiegenheitpflicht und Zeugnisverweigerungsrecht des Verfahrensbeistands	443
15. Einlegung von Rechtsmitteln	444a

I. Zur Einführung der Verfahrensbeistandschaft nach § 158 FamFG

237 Ein wesentliches Ziel des Entwurfes eines neuen Kindschaftsrechts gemäß dem Regierungsentwurf vom 13.6.1996 war es, die Rechtsposition des Kindes im Verfahren vor den Familien- und Vormundschaftsgerichten mit Hilfe des Verfahrenspflegers zu stärken. „Zusammen mit der nach geltendem Recht unter den Voraussetzungen der §§ 50b, 55c FGG (seit 1.9.2009: § 159 FamFG) vorzunehmenden Anhörung des Kindes soll die vorgeschlagene Neuregelung über den Pfleger für das Verfahren (§ 50 FGG-E [seit 1.9.2009: Verfahrensbeistand gemäß § 158 FamFG]) sicherstellen, dass die eigenständigen Interessen des Kindes in das Verfahren eingebracht werden und das Kind damit nicht zu einem bloßen Verfahrensobjekt wird. In einigen im Gesetz ausdrücklich bestimmten Fällen, in denen das Kind besonders schutzbedürftig ist, so etwa im Fall seiner Trennung von der Familie bei Kindeswohlgefährdung, ist in der Regel künftig die Bestellung eines Verfahrenspflegers vorgesehen. Auch in allen anderen Fällen, in denen es zur Wahrnehmung der Interessen des Kindes erforderlich ist, ist diesem in Zukunft ein Verfahrenspfleger zur Seite zu stellen."[1]

Eine kompetent und engagiert für die Interessen der Kinder eintretende Verfahrenspflegschaft erschien umso wichtiger, als das Verfahrensrecht des FGG dem vom gerichtlichen Verfahren betroffenen Kind gleich welchen Alters – bis auf das Beschwerderecht nach § 59 FGG für Jugendliche ab dem vollendeten 14. Lebensjahr – jegliche formelle und materielle Beteiligtenstellung verwehrte und aktive Beteiligungsmöglichkeiten (z.B. durch Stellung eigener Anträge) vorenthielt. **238**

Das gilt allerdings leider auch für die mit Wirkung zum 1.9.2009 eingeführte Neuregelung des Verfahrensrechts durch das FamFG (vgl. nur §§ 9 und 60 FamFG zur Verfahrensfähigkeit – siehe Heilmann in diesem Handbuch, Rn. 1571 – und zum Beschwerderecht Minderjähriger – siehe Heilmann in diesem Handbuch, Rn. 1541). **239**

Der Bedeutung des Rechtsinstitutes der Verfahrenspflegschaft für die von Verfahren der Familien- und Vormundschaftsgerichtsbarkeit betroffenen Minderjährigen wäre es angemessen gewesen, hätte schon der Gesetzgeber des alten FGG die Rechtsstellung des Verfahrenspflegers nach § 50 FGG einschließlich seiner Rechte und Pflichten genauer beschrieben, ein Anforderungsprofil für Verfahrenspfleger festgelegt und das neue Rechtsinstitut der Verfahrenspflegschaft für Kinder deutlich gegenüber der Ergänzungspflegschaft nach §§ 1909 ff. BGB abgegrenzt.

Das hat der **Gesetzgeber des FamFG** in der Vorschrift des § 158 FamFG mit Wirkung zum 1.9.2009 unter dem neuen Namen der **Verfahrensbeistandschaft** jedenfalls teilweise nachgeholt, auch wenn das neue Recht nach wie vor ein Anforderungsprofil für eine kompetente Verfahrensbeistandschaft vermissen lässt (vgl. Rn. 39). **240**

Aufgabe des Verfahrensbeistands ist es, die **Subjektstellung** des vom Verfahren betroffenen Kindes zu stärken, indem der Verfahrensbeistand zum Schutz des betroffenen Kindes für ein **„kindzentriertes Verfahren"** vor Gericht eintritt.[2] **241**

Die Bestellung eines nur den Interessen (d.h. Wohl und Wille) des Kindes verpflichteten Verfahrensbeistandes war allein schon nach Art. 1 und 2 GG geboten, wenn anders das „Gebot der Waffengleichheit" gegenüber den regelmäßig anwaltlich vertretenen Erwachsenen verletzt würde und die persönlichen Belange des Kindes **242**

---

[1] RegE BT-Drucks. 13/4899, S. 76; Einschübe mit Hinweisen auf das FamFG stammen vom Autor.
[2] Vgl. Heilmann, Die Dauer kindschaftsrechtlicher Verfahren, ZfJ 1998, 317–324; ders., Kindliches Zeitempfinden und Verfahrensrecht, Neuwied 1998.

im Verfahren weitgehend unberücksichtigt blieben.³ Die „Waffengleichheit" herzustellen und dem Kind ein in diesem Sinne „faires Verfahren" zu gewähren, ist also vor allem Aufgabe des Verfahrensbeistandes. Ebenso wie es Aufgabe des Verfahrensbeistandes ist, die Belange des Kindes in das Verfahren einzubringen, wenn und soweit es nicht selbst dazu in der Lage ist.

243 Die Bedeutung einer qualifiziert arbeitenden Beistandschaft für eine Vertretung von Kindern und Jugendlichen vor Gericht erkennt das FamFG aber in § 158 FamFG durchaus an:

244 **§ 158 Abs. 1 FamFG** enthält nicht mehr nur eine Kann-Bestimmung, sondern statuiert eine **Verpflichtung** des Gerichts zur Bestellung eines Verfahrensbeistands, wenn das Kriterium der Erforderlichkeit erfüllt ist („[…] hat dem minderjährigen Kind […] einen geeigneten Verfahrensbeistand zu bestellen."). Dies entsprach zwar in der Sache bereits der herrschenden Auffassung zu § 50 Abs. 1 FGG,⁴ die Klarstellung im Gesetzeswortlaut hatte aber ausweislich stetig steigender Zahlen angeordneter Verfahrensbeistandschaften eine nicht zu unterschätzende Bedeutung in der gerichtlichen Umsetzungspraxis.⁵

245 Dabei soll das Gericht nach dem Willen des Gesetzgebers des FamFG nur eine Person zum Verfahrensbeistand bestimmen, „die persönlich und fachlich geeignet ist, das Interesse des Kindes festzustellen und sachgerecht in das Verfahren einzubringen."⁶ Diese Vorgabe findet in § 158 Abs. 1 FamFG seinen Niederschlag, der klarstellt, dass das Gericht dem Kind, soweit dies für die Wahrnehmung seiner Interessen erforderlich ist, „einen **geeigneten** Verfahrensbeistand" zu bestellen hat (vgl. zu Einzelheiten Rn. 147 ff.).

246 Der gerichtlichen Praxis erscheint es für eine effektive Wahrnehmung der Interessen der betroffenen Kinder in immer mehr Fällen geboten, die Führung von Gesprächen mit den Eltern und sonstigen Bezugspersonen des Kindes für erforderlich zu halten und damit einen Anspruch des Verfahrensbeistands auf die **große Entschädigungspauschale** von 550,00 Euro zu begründen (§ 158 Abs. 4 Satz 3, Abs. 7 Satz 3 FamFG). Im Befragungszeitraum August 2016 bis Februar 2017 haben fast 82 % der im Rahmen eines Forschungsprojektes befragten 404 Familienrichter/Innen angegeben, zwischen 80 und 100 % ihrer Fälle mit der sog. großen Fallpauschale vergütet zu haben.⁷ Dass für mehrere von einem Verfahrensgegen-

---

3 Vgl. BVerfG FamRZ 1999, 85.
4 Vgl. Keidel/Kuntze/Winkler-Engelhardt, Freiwillige Gerichtsbarkeit, 15. Aufl. 2003, Rn. 33 zu § 50 FGG m.w.N.
5 Vgl Salgo in diesem Handbuch, Rn 4 zur stetigen Steigerung der Zahlen bestellter Verfahrensbeistände.
6 RegE BT-Drucks. 16/6308, S. 238.
7 So die Ergebnisse des Forschungsprojektes der Hochschule für angewandte Wissenschaft und Kunst Hildesheim/Holzminden/Göttingen, Fakultät Soziale Arbeit und Gesundheit, Mai 2017: „Die ‚Geeignetheit' von Verfahrensbeiständen gemäß § 158 FamFG. Hildesheim 2017, in: Zeitung: Soziale Arbeit und Gesundheit im Gespräch Nr. 7/2017, Onlinequelle: www.hawk.de/sites/default/files/2018-07/s_17_06_16_bros_web.pdf (Zugriff: 15.10.2019); dazu Dahm, ZKJ 2017, 341 ff.

stand betroffene Kinder **mehrere Verfahrensbeistandschaften** anzuordnen sind, die ggf. von demselben Verfahrensbeistand mit Anspruch auf **mehrere Fallpauschalen** nach § 158 Abs. 7 Satz 2 und 3 FamFG bearbeitet werden, ist vergütungsrechtlich inzwischen gefestigte Rechtsprechung der Obergerichte.[8]

247 Die Fallpauschale entsteht bei entsprechender Bestellung des Verfahrensbeistandes zudem im Falle mehrerer **unterschiedlicher Verfahrensgegenstände** (wie in Verfahren zum Sorge- und zum Umgangsrecht) auch gesondert für jeden Verfahrensgegenstand, selbst wenn diese Verfahren zur gemeinschaftlichen Verhandlung zu einem Verfahren verbunden werden.[9]

248 Für Verfahren des einstweiligen Rechtsschutzes (einstweiliges Anordnungsverfahren) ist darüber hinaus eine **gesonderte Verfahrensbeistandschaft** anzuordnen, da es sich bei dem Verfahren auf Erlass einer einstweiligen Anordnung und dem Hauptsacheverfahren nach § 51 Abs. 3 Satz 1 FamFG um **jeweils eigenständige Verfahren** auch dann handelt, wenn ein Hauptsacheverfahren bei Stellung des Antrages auf Erlass einer einstweiligen Anordnung bereits beim Gericht anhängig war.[10] Eine Anrechnung der für das eine Verfahren zu gewährenden Pauschale auf die für das andere Verfahren anfallende Pauschale findet mangels entsprechender Anrechnungsvorschriften nicht statt.[11] Dies gilt auch für Verfahren der einstweiligen Anordnung und Hauptsacheverfahren. Auch hier fällt für jedes Verfahren eine gesonderte Pauschale an.

249 Die Verfahrensbeistandschaft für Kinder und Jugendliche in der Fassung des § 158 FamFG lässt es daher – insbesondere für die Verfahrensbeistände selbst –, nach wie vor als möglich erscheinen, der Verfahrensbeistandschaft zum Wohle der betroffenen Kinder durch fachlich überzeugende Arbeit, Engagement und Kreativität zum Erfolg zu verhelfen, ohne durch gesetzliche Vorgaben allzu stark reglementiert zu sein. Besondere Bedeutung kommt in diesem Zusammenhang der Einhaltung der Standards der Bundesarbeitsgemeinschaft Verfahrensbeistandschaft/Interessenvertretung für Kinder und Jugendliche e.V. (BAG Verfahrensbeistandschaft) zu.

▶ **Zu den Standards siehe Zitelmann/Weber in diesem Handbuch, Rn. 2018 ff.**

250 Die an dem zum 1.7.2005 in Kraft getretenen 2. BtÄndG ausgerichteten **Vorschriften über die Entschädigung der Verfahrenspfleger** (§ 50 Abs. 5 FGG:

---

8 In diesem Sinne BGH FamRZ 2014, 373, 374; FamRZ 2010, 1893; FamRZ 2010, 1896; vgl. bereits OLG Stuttgart, Beschluss vom 21.1.2010, 8 WF 14/10; OLG Frankfurt a.M. FamRZ 2010, 666; OLG München, Beschluss vom 20.5.2010, 11 WF 570/10; OLG Oldenburg, Beschluss vom 28.4.2010, 11 WF 64/10; Keidel/Engelhardt, § 158 FamFG Rn. 47; MünchKomm-ZPO/Schumann, Rn. 48 zu § 158 FamFG m.w.N.; Menne, ZKJ 2009, 68, 74; in diesem Sinne auch BVerfG, 2. Kammer des Ersten Senats, Beschluss vom 9. November 2009, 1 BvR 2146/09; mit einer Anmerkung von Menne, ZKJ 2010, 70.
9 BGH Rpfleger 2014, 81, 82, Rn. 17; NJW 2012, 3100 = FamRZ 2012, 1630 Rn. 12; NJW 2011, 455 und 1451; OLG München ZKJ 2013, 260, unter Aufgabe seiner anderslautenden Entscheidung in NJW 2012, 3735; Menne, ZKJ 2009, 68, 74.
10 Ebenso Menne, ZKJ 2009, 68, 74.
11 BGH RPfleger 2014, 81, 82; Beschluss vom 17.11.2010, XII ZB 478/10, FamRZ 2011, 199 Rn. 13 ff.; ebenso OLG Saarbrücken, ZKJ 2010, 378; Menne a.a.O.

Aufwendungsersatz und Vergütung nach § 67a FGG) zeigten, dass der Gesetzgeber des FGG die Fehlentwicklungen billigend in Kauf genommen hatte, die bereits im Rahmen der gesetzlichen Regelung und der praktischen Umsetzung des betreuungsrechtlichen Verfahrenspflegers nach § 67/67a FGG a.F. zu beklagen waren.[12]

251 Das mit den Betreuungsrechtsänderungsgesetzen vorrangig verfolgte Ziel der Kostendämpfung und der Entlastung der Justiz hat der Gesetzgeber des FamFG auf Druck der Bundesländer gegen erheblichen Widerstand u.a. der BAG-Verfahrenspflegschaft für Kinder und Jugendliche e.V. (jetzt BAG Verfahrensbeistandschaft/Interessenvertretung für Kinder und Jugendliche e.V.) nunmehr mit der Neuregelung der Pauschalvergütung des § 158 Abs. 7 FamFG fortgeführt. Dass mit einer Regelentschädigung von nur 350,00 Euro pro Vertretungsfall eine sachgerechte Interessenvertretung von Minderjährigen vor Gericht gefährdet ist, liegt auf der Hand und wird von den meisten Fachleuten und den Fachverbänden zu Recht befürchtet. Denn die Fallpauschalen gelten nach § 158 Abs. 7 Satz 4 FamFG auch Ansprüche der Verfahrensbeistandschaft auf Aufwendungsersatz und die auf die Vergütung entfallende Umsatzsteuer ab. Nach der Entscheidung des Bundesfinanzhofs vom 17.7.2019 ist die Gesetzesformulierung dahingehend auslegbar, dass die Umsatzsteuer nur dann als Bestandteil der Vergütung zu sehen ist, wenn sie nach geltendem Umsatzsteuerrecht geschuldet wird. Weiter hat der Bundesfinanzhof festgestellt, dass die Tätigkeit des Verfahrensbeistandes umsatzsteuerfrei ist.[13] Hohe Fahrt- und vor allem auch **Dolmetscherkosten** (für Gespräche mit der deutschen Sprache nicht mächtigen Kindern) sind nicht gesondert erstattungsfähig, soweit nicht das Gericht im Einzelfall die Übernahme der entsprechenden Aufwendungen ausdrücklich zugesichert hatte.[14] Eine entsprechende Zusicherung kann auch bereits im Bestellungsbeschluss formuliert werden.

Die weit überwiegende familiengerichtliche Praxis hält demgegenüber eine effektive Wahrnehmung der Interessen der betroffenen Kinder für geboten, ordnet die Führung von Gesprächen mit den Eltern und sonstigen Bezugspersonen des Kindes als Zusatzaufgabe der Verfahrensbeistandschaft an und begründet damit einen Anspruch des Verfahrensbeistands auf die **große Entschädigungspauschale** von 550,00 Euro (§ 158 Abs. 4 Satz 3, Abs. 7 Satz 3 FamFG), vgl. hierzu Rn. 246.

252 Bei allen fiskalischen Überlegungen und Einschränkungen darf die Aufgabenstellung der Verfahrensbeistandschaft für Kinder aber nicht aus den Augen verloren werden. Dem wird vorliegend – soweit der Gesetzgeber dazu Spielraum belassen hat – bei der Beschreibung und Erläuterung der Entschädigungsregelungen Rechnung getragen.

---

12 Vgl. dazu ausführlich Bauer/Schaus, Betrifft Justiz 1997, 162, 169.
13 BFH, Urteil v. 17.7.2019, V R 27/17, juris.
14 Vgl. BGH FamRZ 2014, 191–192 im Anschluss an Senatsbeschluss vom 9. Oktober 2013, XII ZB 667/12, NJW 2013, 3724; Fortführung von Senatsbeschluss vom 15. September 2010, XII ZB 209/10, BGHZ 187, 40, 49 f. = FamRZ 2010, 1893 Rn. 32 f.): Mit den Fallpauschalen des § 158 Abs. 7 Satz 2 und 3 FamFG sind sämtliche Aufwendungen des Verfahrensbeistands abgegolten. Dies gilt auch bei im Einzelfall erheblichen Fahrtkosten.

II. Überblick über die Inhalte des § 158 FamFG

§ 158 FamFG ersetzt den früher in § 50 FGG geregelten Verfahrenspfleger für minderjährige Kinder. In anderen Rechtsbereichen, wie etwa **im Betreuungs- und Unterbringungsrecht**, ist die **Verfahrenspflegschaft** im FamFG weiterhin vorhanden. Die Schaffung zweier auch begrifflich verschiedener Rechtsinstitute unterstreicht die unterschiedliche Ausgestaltung nach den spezifischen Anforderungen der betroffenen Rechtsgebiete.

253

Die Vorschrift des § 158 FamFG behandelt die Rechtsfigur des Verfahrensbeistands für Minderjährige.

254

Die Vorschrift ist zurückzuführen auf Art. 12 des Übereinkommens der Vereinten Nationen über die Rechte des Kindes vom 20.11.1989, das für die Bundesrepublik Deutschland am 5.4.1990 ohne unmittelbare innerstaatliche Anwendbarkeit in Kraft getreten ist.[15]

> Art. 12 lautet:
>
> [Mitspracherecht; rechtliches Gehör]
>
> (1) Die Vertragsstaaten sichern dem Kind, das fähig ist, sich eine eigene Meinung zu bilden, das Recht zu, diese Meinung in allen das Kind berührenden Angelegenheiten frei zu äußern, und berücksichtigen die Meinung des Kindes angemessen und entsprechend seinem Alter und seiner Reife.
>
> (2) Zu diesem Zweck wird dem Kind insbesondere Gelegenheit gegeben, in allen das Kind berührenden Gerichts- oder Verwaltungsverfahren entweder unmittelbar oder durch einen Vertreter oder eine geeignete Stelle im Einklang mit den innerstaatlichen Verfahrensvorschriften gehört zu werden.

Für **Kindschaftssachen** sind bei der Ausgestaltung der Norm insbesondere Artikel 6 Abs. 2 des Grundgesetzes, aber vor allem auch Art. 12 Abs. 2 der UN-Kinderschutzkonvention zu berücksichtigen. Es ist für eine angemessene Vertretung eines Kindes vor Gericht ausreichend, wenn die Interessen des Kindes im gerichtlichen Verfahren von einem Verfahrensbeistand wahrgenommen werden, der gemäß § 158 Abs. 4 Satz 6 FamFG ausdrücklich nicht der gesetzliche Vertreter des Kindes ist. Eines Eingriffes in das sorgerechtliche Vertretungsrecht der Eltern mit der Folge einer Ergänzungspflegschaft bedarf es daher nicht.[16]

255

Die Bezeichnung **„Verfahrensbeistand"** bringt Aufgabe und Funktion im Verfahren deutlicher zum Ausdruck als der Begriff des Verfahrenspflegers. Als ein ausschließlich verfahrensrechtliches Institut handelt es sich auch nicht um eine Beistandschaft – des Jugendamtes – nach § 1712 ff. BGB.

256

Abs. 1 des § 158 FamFG unterscheidet sich von § 50 Abs. 1 FGG a.F. in erster Linie dadurch, dass der Gesetzeswortlaut nicht mehr nur eine Kann-Bestimmung, sondern eine Verpflichtung des Gerichts zur Bestellung eines Verfahrensbeistands ent-

257

---

15 Zur Bedeutung von Art. 12 UN-KRK vgl. Salgo, Kind-Prax 1999, 179.
16 Vgl. BGH, Beschluss vom 7. September 2011, XII ZB 12/11, ZKJ 2011, 1859 = FamRZ 2011, 1788; vgl. hierzu Salgo, FPR 2011, 315 ff.; Lack, FamFR 2011, 527.

hält, wenn das Kriterium der Erforderlichkeit erfüllt ist. Dies entspricht in der Sache bereits der herrschenden Auffassung zu § 50 Abs. 1 FGG a.F.[17]

Das gilt auch für Eilverfahren, die im Wege der einstweiligen Anordnung entschieden werden. Das dringende Bedürfnis zum sofortigen, einstweiligen Einschreiten im Wege der einstweiligen Anordnung (§ 49 Abs. 1 FamFG) besteht, wenn eine Folgenabwägung ergibt, dass die Nachteile, die für die Rechte und Interessen der Beteiligten entstehen, wenn die einstweilige Anordnung unterbleibt, die Hauptsache aber im Sinne des jeweiligen Antragstellers entschieden würde, schwerer wiegen als die Nachteile, die durch vorläufige Maßnahmen eintreten können, die aber aufzuheben und rückabzuwickeln sind, wenn sich dessen Antrag in der Hauptsache als erfolglos erweisen sollte.[18]

▶ **Zum Verfahren der einstweiligen Anordnung siehe Heilmann in diesem Handbuch, Rn. 1495 ff.**

258 Dabei soll das Gericht nur eine Person zum Verfahrensbeistand bestimmen, die persönlich und fachlich geeignet ist, das Interesse des Kindes festzustellen und sachgerecht in das Verfahren einzubringen, vgl. § 158 Abs. 1 FamFG.

Ein Anforderungsprofil für die Eignung von Verfahrensbeiständen enthält das Gesetz aber leider nicht.

2. 1 der Standards der Bundesarbeitsgemeinschaft Verfahrensbeistandschaft/Interessenvertretung für Kinder und Jugendliche e.V. (BAG) vom 24. April 2012 führt dazu aus:

> „Der Verfahrensbeistand soll eine juristische, pädagogische oder psychosoziale Grundausbildung haben und über eine für die Aufgabe geeignete Zusatzqualifikation verfügen, in der juristische, pädagogische und psychologische Kompetenzen erworben und im Hinblick auf die besondere Aufgabe des Verfahrensbeistands integriert werden. Diese Zusatzqualifikationen müssen bei einem von der BAG anerkannten Weiterbildungsträger erworben werden.
>
> Der Verfahrensbeistand verfügt über fundierte Kenntnisse der unterschiedlichen Verfahrensarten sowie der sich aus den unterschiedlichen Kindschaftssachen ergebenden Aufgaben. Durch geeignete Maßnahmen (wie z.B. Fortbildung, Supervision, kollegiale Beratung) gewährleisten Verfahrensbeistände eine fachlich qualifizierte Arbeit und eine professionelle Reflexion ihrer Tätigkeit."

Diese Anforderungen an die Eignung von Verfahrensbeiständen können Richtschnur für die Familiengerichte bei der Bestellung von Verfahrensbeiständen nach § 158 FamFG sein.

259 Das Kammergericht hat dazu zu Recht ausgeführt, durch den Hinweis auf die „Geeignetheit" des Verfahrensbeistands habe der Gesetzgeber lediglich klarstellen wollen, dass bestimmte Mindestanforderungen im Hinblick auf Aus- und Vorbil-

---

17 Vgl. Keidel/Kuntze/Winkler-Engelhardt, Freiwillige Gerichtsbarkeit, 15. Aufl. 2003, Rn. 33 zu § 50 m.w.N.
18 OLG Brandenburg, Beschluss vom 30.01.2019, 13 UF 1/19; vgl. Kemper/Schreiber, Familienverfahrensrecht, FamFG § 158 Rn. 4, beck-online.

dung des Verfahrensbeistands und die von ihm bei der Arbeit zu beachtenden Standards einzuhalten seien.[19]

Es gebe im entschiedenen Fall keine Anhaltspunkte dafür, der bestellte Verfahrensbeistand, ein diplomierter Sozialpädagoge, werde diesen Standards nicht gerecht. Er habe bereits die Fortbildung zum Verfahrenspfleger – dem „Vorgänger" der Verfahrensbeistandschaft – an der Paritätischen Akademie Frankfurt/M. absolviert und sei darüber hinaus Mitglied in der BAG Bundesarbeitsgemeinschaft Verfahrensbeistandschaft/Interessenvertretung für Kinder und Jugendliche e.V. (BAG Verfahrensbeistandschaft), der bedeutendsten Berufsvertretung der Verfahrensbeistände. Sein Leistungsprofil decke sich mit den Anforderungen, die von der BAG Verfahrensbeistandschaft in ihren Standards[20] an die Geeignetheit eines Verfahrensbeistands gestellt werden; mangels anderweitiger Festlegung könne zur Ausfüllung des Begriffs der Geeignetheit auf diese Standards zurückgegriffen werden.[21]

Der Verfahrensbeistand sei lediglich dem Interesse des Kindes verpflichtet, das er unabhängig und engagiert zu vertreten und im Verfahren zur Geltung zu bringen habe. Anders als beispielsweise ein Sachverständiger sei er nicht zur Neutralität verpflichtet. Dass sich daraus bisweilen Konflikte mit anderen Verfahrensbeteiligten ergeben können, liege in der Natur der Sache und könne deshalb auch nicht als Beleg für eine vermeintlich nicht ordnungsgemäße Aufgabenerfüllung herangezogen werden.

Abs. 2 zählt Konstellationen auf, in denen die Bestellung eines Verfahrensbeistands in der Regel erforderlich ist (sog. Regelbeispiele). Soll trotz Vorliegens eines Regelbeispiels von einer Bestellung abgesehen werden, bedarf dies besonderer, nachprüfbarer Gründe, die das Gericht in der Endentscheidung im Einzelnen darzulegen hat, § 158 Abs. 3 Satz 2 FamFG. Wird das Absehen von der Bestellung nicht oder nur unzureichend begründet, liegt darin ebenso wie in dem Unterbleiben der Beistandsbestellung selbst ein wesentlicher Verfahrensverstoß, der im Beschwerdeverfahren zur Aufhebung der Hauptsacheentscheidung führen kann.[22]

260

Denkbar ist ein zulässiger Verzicht auf die Bestellung eines Verfahrensbeistandes insbesondere bei Entscheidungen von geringer Tragweite, die sich auf die Rechtspositionen der Beteiligten und auf die künftige Lebensgestaltung des Kindes nicht in erheblichem Umfang auswirken. Bei den vom Gesetzgeber aufgeführten Regelbeispielen wird ein Absehen von der Bestellung eines Verfahrensbeistandes aber nur in sehr seltenen Fällen in Betracht kommen. Die Erforderlichkeit kann weiter fehlen, wenn alle beteiligten Personen und Stellen gleich gerichtete Verfahrens-

---

19 KG ZKJ 2014, 285–289, unter Hinweis auf OLG Hamm FamRZ 2008, 427 [bei juris Rn. 22] sowie Menne, ZKJ 2008, 111 ff., und unter Verweis auf MünchKomm-FamFG/Schumann (2013), § 158 Rn. 3 [Fn. 20 und Text], Rn. 18; Holzer/Menne, FamFG (2011). § 158 Rn. 31.
20 Abgedruckt in diesem Handbuch in Teil 6, Rn. 2019 ff.; online abrufbar auf der Homepage www.verfahrensbeistand-bag.de (> Infos für Verfahrensbeistände > Standards), dort Ziff. 2.1.
21 Vgl. Menne, ZKJ 2009, 68 (68).
22 OLG Brandenburg, Beschluss vom 30.1.2019, 13 UF 1/19; vgl. Zorn in: Bork/Jakobi/Schwab, FamFG, 2. Aufl., § 158, Rn. 16 m.w.N.

ziele verfolgen. Aber auch wenn die Interessen des Kindes in anderer Weise ausreichend im Verfahren zur Geltung gebracht werden, kommt ein Absehen von der Bestellung eines Verfahrensbeistands in Betracht. Dies kann z.B. dann der Fall sein, wenn das Kind bereits durch einen Ergänzungspfleger vertreten wird, wobei aber auch der Aufgabenkreis des Ergänzungspflegers zu beachten ist. Die Bestellung eines Ergänzungspflegers nur für die Durchführung des familiengerichtlichen Verfahrens scheidet aber aus, weil hier die Bestellung eines Verfahrensbeistands das mildere Mittel darstellt (siehe auch in diesem Handbuch Heilmann, Rn. 1570). Denn mit der Bestellung eines Ergänzungspflegers geht ein teilweiser Sorgerechtsentzug einher, während der Verfahrensbeistand nicht gesetzlicher Vertreter des Kindes, auch nicht für die Dauer des familiengerichtlichen Verfahrens, wird (§ 158 Abs. 4 Satz 5 FamFG).[23] Entbehrlich ist die Bestellung eines Verfahrensbeistandes aber immer dann, wenn die Interessen des Kindes von einem Rechtsanwalt oder einem anderen geeigneten Verfahrensbevollmächtigten angemessen vertreten werden (§ 158 Abs. 5 FamFG).

261 Die in den Nummern 1 bis 5 enthaltenen **Regelbeispiele** können auch als Orientierung zur Auslegung des Begriffs der Erforderlichkeit in Abs. 1 dienen:

262 • **Nummer 1,** wonach die Bestellung eines Verfahrensbeistands regelmäßig erforderlich ist, „wenn das Interesse des Kindes zu dem seiner gesetzlichen Vertreter in erheblichem Gegensatz steht", entspricht § 50 Abs. 2 Nr. 1 FGG.

Bei gemeinsamer Sorge genügt ein erheblicher Interessengegensatz nur zu einem Sorgeberechtigten.[24]

Wird ein solcher Gegensatz festgestellt, dann steht damit auch fest, dass keiner der gesetzlichen Vertreter mehr geeignet ist, allein die Interessen des Kindes im Verfahren zu vertreten, sodass grundsätzlich ein selbstständiger Interessenvertreter zu bestellen ist.[25]

263 • **Nummer 2** nennt die teilweise oder vollständige Entziehung der Personensorge nach den §§ 1666, 1666a BGB. Eine solche Maßnahme hat für das Kind typischerweise erhebliche Auswirkungen. Grundlage für ein Verfahren nach den §§ 1666, 1666a BGB ist die Vermutung einer Kindeswohlgefährdung, die die Eltern nicht abwenden können oder wollen. In einer derartigen Konfliktsituation benötigt das Kind Unterstützung durch eine geeignete dritte Person, um seine Interessen hinreichend deutlich zum Ausdruck bringen zu können.

264 • **Nummer 3** enthält die Konstellation, dass eine Trennung des Kindes von der Person erfolgen soll, in deren Obhut es sich befindet. Dabei ist „Trennung" so zu verstehen wie in § 1666a Abs. 1 Satz 1 BGB. Der Begriff der „Obhut" wird in verschiedenen Vorschriften des Familienrechts im BGB gleichbedeutend ver-

---

23 BGH FamRZ 2011, 1788; Salgo, FPR 2011, 315 ff.; Lack, FamFR 2011, 527.
24 Vgl. Keidel/Engelhardt, FamFG, 19. Aufl., § 158 FamFG Rn. 12, mit Hinweis auf MünchKomm-FamFG/Schumann § 158 Rn. 10; Musielak/Borth § 158 Rn. 8; Prütting/Helms/Stößer § 158 Rn. 11.
25 BT-Drucks. 13/4899, S. 131; Keidel/Engelhardt, a.a.O., unter Hinweis auf Staudinger/Coester § 1671 BGB Rn. 291.

wendet. Für die Anwendung der Regelung ist es ohne Belang, wer die Trennung anstrebt, insbesondere ob es das Kind selbst, das Jugendamt, ein Elternteil oder ein außenstehender Dritter ist oder ob das Gericht eine derartige Maßnahme in Betracht zieht.

- Der Tatbestand der **Nummer 3** ist weiter gefasst als die entsprechende Fallgruppe in § 50 Abs. 2 Nr. 2 FGG a.F; insbesondere erfolgt keine Beschränkung auf Verfahren nach den §§ 1666, 1666a BGB. Hierfür maßgebend ist die Erwägung, dass es für die Auswirkungen einer entsprechenden Maßnahme ohne Bedeutung ist, auf welcher Rechtsgrundlage sie erfolgt. Beispielhaft hierfür sei auf die Entscheidung des OLG Saarbrücken, Beschluss vom 07.09.2018, 6 UF 100/18, mit folgendem Leitsatz hingewiesen: Das Gericht hat dem minderjährigen Kind – und zwar grundsätzlich auch in einstweiligen Anordnungsverfahren (§ 51 Abs. 2 S. 1 FamFG) – wegen § 158 Abs. 2 Nr. 3 FamFG einen Verfahrensbeistand zu bestellen, wenn ein zuvor geregeltes Wechselmodell durch gerichtliche Entscheidung beendet und das Kind in die Obhut nur noch eines Elternteils gegeben werden soll.[26]

265

Das Bundesverfassungsgericht[27] hat zur Begründung des Erfordernisses eines Verfahrensbeistandes im konkreten Fall einer Rückführungsentscheidung unter anderem darauf abgestellt, dass die Entscheidung das soziale Umfeld des Kindes bestimmt und zu einer Herauslösung des Kindes aus der unmittelbaren Zuwendung des gegenwärtig betreuenden Elternteils führen kann. Dem trägt die Bestimmung der Nummer 4 Rechnung.

- **Nummer 4** nennt Verfahren, die die Herausgabe des Kindes oder eine Verbleibensanordnung zum Gegenstand haben. Auch hierbei geht es um den grundsätzlichen Aufenthalt des Kindes. Verfahren auf Herausgabe des Kindes sind in erster Linie solche nach § 1632 Abs. 1, 3 BGB. Eine Verbleibensanordnung regeln die Vorschriften der §§ 1632 Abs. 4 und 1682 BGB.

266

- Nach **Nummer 5** ist ein Verfahrensbeistand in der Regel zu bestellen, wenn ein Ausschluss oder eine wesentliche Beschränkung des Umgangsrechts (vgl. § 1684 Abs. 4 Satz 1, 2 BGB) in Betracht kommt. Dies ist der Fall, wenn eine solche Maßnahme etwa vom Jugendamt oder einem Verfahrensbeteiligten gefordert oder durch das Gericht erwogen wird. Die Situation ist in einem solchen Fall regelmäßig von einem schweren Grundkonflikt oder von Vorwürfen gegenüber dem Umgangsberechtigten geprägt und mit der Konstellation in Nummer 2 vergleichbar.

267

Abs. 3 Satz 1 legt ausdrücklich fest, dass die Bestellung des Verfahrensbeistands so früh wie möglich erfolgen soll, wobei zunächst Anfangsermittlungen zur Erforderlichkeit der Bestellung erfolgen müssen, nicht zuletzt zum Schutz der mit den Kosten der Verfahrensbeistandschaft belasteten Verfahrensbeteiligten. Das kann angesichts des zeitaufwändige Ermittlungen ausschließenden Vorrang- und Be-

268

---

26 Ebenso OLG Brandenburg, Beschluss vom 30.01.2019, 13 UF 1/19 – juris.
27 Beschluss vom 29.10.1998, NJW 1999, 631, 633.

schleunigungsgebots des § 155 FamFG zu Zielkonflikten führen.[28] Verfahrensbeistand bzw. das Kind mit dessen Unterstützung sollen Einfluss auf die Gestaltung und den Ausgang des Verfahrens nehmen können, weshalb nach dem Zeitpunkt, zu dem das Vorliegen der Voraussetzungen nach Abs. 1 bzw. 2 klar ist, ein weiteres Zuwarten nicht mehr gerechtfertigt ist.

269 **Abs. 3 Satz 2** ordnet an, dass der Verfahrensbeistand mit dem Akt der Bestellung zum Beteiligten im Sinne des § 7 FamFG wird. Die Regelung entspricht § 274 Abs. 2 und § 315 Abs. 2 FamFG für Verfahrenspfleger in Betreuungs- und Unterbringungsverfahren. Der Verfahrensbeistand hat wie der Verfahrenspfleger des Betreuungsrechts die Rechte des Betroffenen wahrzunehmen, ohne an dessen Weisungen gebunden zu sein. Wegen der Einzelheiten der vom Verfahrensbeistand zu leistenden „Wahrnehmung der Interessen des Kindes" im gerichtlichen Verfahren (§ 158 Abs. 1 FamFG) wird auf Rn. 275ff. verwiesen. Um ein Mandatsverhältnis zwischen dem vertretenen Kind und dem Verfahrensbeistand wie bei der Beauftragung eines Rechtsanwaltes handelt es sich jedenfalls nicht, auch wenn im Einzelfall ein Rechtsanwalt zum Verfahrensbeistand bestellt wird. Damit hat der Verfahrensbeistand im Verfahren eine eigenständige und unabhängige Stellung, die er allein zum Wohle des von ihm vertretenen Kindes auszufüllen hat.[29] Mit seiner Hinzuziehung erhält der Verfahrensbeistand alle **Rechte und Pflichten eines Beteiligten**, d.h. er ist z.B. zur Stellung von Anträgen und zur Akteneinsicht berechtigt.

Da Befangenheitsanträge nur gegenüber Richtern und Sachverständigen zulässig sind (vgl. §§ 6 FamFG, 41 bis 49, 406 ZPO), kann ein Verfahrensbeistand nicht wegen Besorgnis der Befangenheit abgelehnt werden.[30] Denn der Verfahrensbeistand ist lediglich dem Interesse des Kindes verpflichtet, das er unabhängig und durchaus parteiisch zu vertreten und im Verfahren zur Geltung zu bringen hat; anders als beispielsweise ein Sachverständiger ist er nicht zur Neutralität verpflichtet. Dass sich daraus bisweilen Konflikte mit anderen Verfahrensbeteiligten ergeben können, liegt in der Natur der Sache und kann deshalb auch nicht als Beleg für eine vermeintlich nicht ordnungsgemäße Aufgabenerfüllung herangezogen werden.[31]

Zur **Begründungspflicht** nach § 158 **Abs. 3 Satz 3** FamFG bei Verzicht auf die Bestellung eines Verfahrensbeistandes bei Vorliegen eines Regelbeispieles gemäß Absatz 2 der Norm wird auf Rn. 260 verwiesen.

▶ **Einzelheiten zu den Rechten und Pflichten des Verfahrensbeistands finden Sie in Teil 2 C. Rn. 580 ff.**

---

28 Keidel-Engelhardt § 158 FamFG Rn 31; Menne ZKJ 2009, 68, 69; Jaeger FPR 2006, 410, 414; vgl auch OLG Frankfurt/Main FamRZ 2017, 543–545.
29 OLG Braunschweig, Beschluss vom 28.7.2018, 2 UF 57/18, juris.
30 OLG Braunschweig, Beschluss vom 28.7.2018, 2 UF 57/18, juris; KG Beschluss ZKJ 2014, 285 unter Hinweis auf OLG Hamm FamRZ 2008, 427 sowie Menne, ZKJ 2008, 111 ff.
31 KG Berlin, Beschluss v. 19.2.2014, 17 UF 5/14; ZKJ 7/2014, 285, unter Hinweis auf OLG Hamm, Beschluss vom 16.7.2007, 4 WF 126/07, FamRZ 2008, 427 [bei juris Rn. 22] sowie Menne, ZKJ 2008, 111 ff.; vgl. auch OLG Braunschweig, unter Rn. 26.

Als Verfahrensbeteiligter muss der Verfahrensbeistand einem gerichtlich gebilligten Vergleich nach § 156 Abs. 2 FamFG zustimmen, damit der Vergleich überhaupt wirksam zustande kommt. Die Regelung wird ergänzt durch **Abs. 4 Satz 5,** wonach der Verfahrensbeistand unabhängig von der Beeinträchtigung eigener materieller Rechte im Interesse des Kindes **Rechtsmittel** einlegen kann.

270

Eine Verpflichtung zur Kostentragung kann dem Verfahrensbeistand nicht auferlegt werden, vor allem nicht für die Einlegung eines erfolglos bleibenden Rechtsmittels **(§ 158 Abs. 8 FamFG)**.

271

Abs. 3 Satz 4 stellt klar, dass Entscheidungen über die Bestellung oder Aufhebung der **Bestellung** eines Verfahrensbeistands sowie über die Ablehnung einer derartigen Maßnahme **nicht selbstständig anfechtbar** sind. Auch der Gesichtspunkt einer möglichen Kostenbelastung rechtfertigt in diesem Fall eine selbstständige Anfechtbarkeit nicht.[32] Der Ausschluss der Anfechtbarkeit ist umfassend und insbesondere nicht auf eine Anfechtung durch einzelne Personen oder Beteiligte beschränkt. Erfasst ist damit lediglich die isolierte Anfechtbarkeit einer entsprechenden Entscheidung; ein Rechtsmittel gegen die Endentscheidung kann weiterhin auch damit begründet werden, dass das Gericht einen Verfahrensbeistand zu Unrecht bestellt oder abberufen hat oder dass es die Bestellung eines Verfahrensbeistands zu Unrecht unterlassen oder abgelehnt hat, vgl. § 58 Abs. 2 FamFG.

272

Anders verhält es sich jedoch, wenn der **Rechtspfleger** (z.B. in einem Verfahren nach § 1686 BGB) über die Bestellung des Verfahrensbeistands entschieden hat. In diesem Fall verlangt der von Art. 19 Abs. 4 GG gewährleistete Schutz gegen die Verletzung der Rechtssphäre des Einzelnen durch Eingriffe der öffentlichen Gewalt, dass den betroffenen Eltern bereits vor Abschluss des Verfahrens eine Möglichkeit zur Verfügung steht, die Entscheidung des Rechtspflegers gerichtlich überprüfen zu lassen.[33]

Der Ausschluss der selbstständigen Anfechtbarkeit nach Bestellung eines Verfahrensbeistandes durch Entscheidung eines Richters verhindert Verfahrensverzögerungen. Angesichts der Ausgestaltung des Rechtsinstituts des Verfahrensbeistands liegt weder in der Bestellung noch im Fall des Unterlassens der Bestellung ein derart schwerwiegender Eingriff in Rechte der Beteiligten vor, dass eine isolierte Anfechtbarkeit geboten wäre. Dies gilt insbesondere für die Eltern des betroffenen Kindes. Diese bleiben im Fall der Bestellung eines Verfahrensbeistands – anders etwa als bei der Anordnung einer Ergänzungspflegschaft – weiterhin in vollem Umfang zur Vertretung des Kindes berechtigt. Der Gesichtspunkt einer möglichen Kostenbelastung rechtfertigt eine Anfechtbarkeit nicht.

273

In einer Konstellation, in der die Erforderlichkeit einer Verfahrensbeistandschaft nach § 158 Abs. 1 FamFG nicht ohne Weiteres zu bejahen ist, ist es aber geboten,

---

[32] BGH, Beschluss v. 22.3.2017, XII ZB 391/16, FamRZ 2017, 979 ff., unter Hinweis auf Schulte-Bunert/Weinreich/Ziegler, FamFG 5. Aufl. § 158 Rn. 28; und BT-Drucks. 16/6308, S. 239.
[33] BGH, Beschluss v. 22.3.2017, XII ZB 391/16, FamRZ 2017, 979 ff., unter Aufhebung der Entscheidung OLG Stuttgart FamRZ 2016, 1696, und unter Hinweis auf Bork/Jacoby/Schwab FamFG 2. Aufl. § 158 Rn. 17; Bumiller/Harders/Schwamb FamFG 11. Aufl. § 158 Rn. 19.

den Eltern vor der Bestellung eines Verfahrensbeistandes rechtliches Gehör (Art. 103 Abs. 1 GG) zu gewähren, eben weil die Bestellung des Verfahrensbeistandes nicht isoliert angefochten werden kann und den Eltern eine Belastung mit den Kosten der Verfahrensbeistandschaft droht.[34]

274 **Abs. 4** enthält Bestimmungen über **Aufgaben und Rechtsstellung des Verfahrensbeistands.** Eine Klarstellung wurde in der Vergangenheit von der Praxis vielfach eingefordert. In der Rechtsprechung, die vor Inkrafttreten des FamFG überwiegend im Zusammenhang mit Fragen der Vergütung des Verfahrenspflegers ergangen ist, bestanden diesbezüglich erhebliche Unterschiede und Unklarheiten.

275 **Abs. 4 Satz 1** macht deutlich, dass der Verfahrensbeistand dem **Interesse des Kindes** verpflichtet ist und damit nicht allein dem von diesem geäußerten Willen. Zwar hat der Verfahrensbeistand den Kindeswillen in jedem Fall deutlich zu machen und in das Verfahren einzubringen, es ist jedoch darüber hinaus Aufgabe des Verfahrensbeistands, weitere Gesichtspunkte des objektiven Interesses des Kindes, mithin dessen Wohl, und auch etwaige Bedenken für den Fall der Umsetzung des Willens des Kindes vorzutragen (vgl. auch oben Rn. 269).

276 Der Verfahrensbeistand hat daher in seiner Stellungnahme sowohl das subjektive Interesse des Kindes **(Wille des Kindes)** als auch das objektive Interesse des Kindes **(Kindeswohl)** zum Ausdruck zu bringen.[35] Dieses Verständnis der Aufgaben des Verfahrensbeistands entspricht der Wertung des materiellen Rechts, das vom Zentralbegriff des Kindeswohls geprägt ist (vgl. § 1697a BGB). Es entspricht auch der eigenständigen Stellung des Verfahrensbeistands, der, anders als ein in fremdem Namen handelnder Verfahrensbevollmächtigter, eigenständiger **Verfahrensbeteiligter** ist, vgl. § 158 Abs. 3 Satz 2 FamFG (vgl. zu Einzelheiten Rn. 269 ff.). Die Stellungnahme des Verfahrensbeistands kann sowohl schriftlich als auch mündlich im Termin abgegeben werden.

277 Eine mündliche Stellungnahme zu Protokoll des Erörterungstermins wird insbesondere dann in Betracht kommen, wenn der Termin i. S. des § 155 Abs. 2 FamFG zeitnah nach der Bestellung des Verfahrensbeistands erfolgt. Der Verfahrensbeistand sollte indes i.d.R. seine Stellungnahme in verschriftlichter Form zukommen lassen und damit deutliche „Spuren" in der Gerichtsakte hinterlassen; im Falle der Beschwerde sollte auch dem OLG die Einschätzung des Verfahrensbeistands zugänglich sein. Dies gilt auch für ein eventuell später durchzuführendes Überprüfungs- und/oder Abänderungsverfahren, da Wechsel des ordentlichen Dezernenten an Amtsgerichten keine Seltenheit darstellen.

278 Schließlich wird aus der Formulierung des Abs. 4 Satz 1 deutlich, dass die Aufgaben des Verfahrensbeistands strikt auf das konkrete Verfahren, für das er bestellt

---

34 OLG Frankfurt/Main FamRZ 2017, 543–545; vgl. insoweit auch Borth/Grandel, a.a.O., § 158 FamFG Rn. 11.
35 BT-Drucks. 16/6308, S. 239; Standards der BAG Verfahrensbeistandschaft/Interessenvertretung für Kinder und Jugendliche e.V. vom 24.4.2012, Ziffer 1, abgedruckt in diesem Handbuch in Teil 6, Rn. 2019 ff.; online abrufbar auf der Homepage www.verfahrensbeistand-bag.de (> Infos für Verfahrensbeistände > Standards).

wurde, beschränkt sind („… im gerichtlichen Verfahren zur Geltung zu bringen"). Der Bestellungsbeschluss des Gerichts hat daher das jeweilige Verfahren und damit den genauen Verfahrensgegenstand sowie das vom Verfahrensbeistand zu vertretende Kind so konkret wie möglich zu bezeichnen (Beispielhaft für ein einstweiliges Anordnungsverfahren zum Umgangsrecht: „Aktenzeichen 455 F 4031/18 UGEA: X wird zum Verfahrensbeistand für das Kind Y, geb. am … bestellt …").

Abs. 4 Satz 2 bestimmt, dass der Verfahrensbeistand das Kind in geeigneter Weise über das Verfahren zu informieren hat. Es handelt sich hierbei um das Gegenstück zur Geltendmachung des Interesses des Kindes. Dieses wäre ohne Unterstützung oftmals nicht in der Lage, den Verfahrensgegenstand und den Ablauf des Verfahrens zu verstehen. Eine altersgemäße Information, ggf. auch über den wesentlichen Inhalt der Verfahrensakten, erleichtert dem Kind die Wahrnehmung der eigenen Position und dem Verfahrensbeistand die Geltendmachung der Interessen des Kindes im Verfahren.

279

Abs. 4 Satz 3 behandelt zusätzliche Aufgaben des Verfahrensbeistands, die diesem vom Gericht, das nach **Abs. 4 Satz 4** Art und Umfang der Beauftragung konkret festzulegen und die zusätzliche Beauftragung zu begründen hat, je nach Erfordernis des Einzelfalles mit vergütungsrechtlichen Auswirkungen (vgl. Abs. 7 Satz 3) übertragen werden können. Der Verfahrensbeistand kann und sollte regelmäßig vom Gericht zusätzlich die Führung von Gesprächen mit Eltern und sonstigen Bezugspersonen des Kindes und in hierfür geeigneten Verfahren die Mitwirkung am Zustandekommen einer einvernehmlichen Regelung über den Verfahrensgegenstand übertragen bekommen.

280

Abs. 4 Satz 5 enthält das Beschwerderecht des Verfahrensbeistands im Interesse des Kindes. Kosten des Beschwerdeverfahrens können dem Verfahrensbeistand aber auch im Falle der Erfolglosigkeit des Rechtsmittels gemäß § 158 Abs. 8 FamFG nicht auferlegt werden.

281

Abs. 4 Satz 6 bringt zum Ausdruck, dass eine gesetzliche Vertretungsmacht des Verfahrensbeistands für das Kind nicht besteht. Die Bestellung des Verfahrensbeistands ändert an den Vertretungsverhältnissen und damit an der sorgerechtlichen Vertretung des Kindes im Verfahren durch seine Eltern also nichts. Ein Eingriff in das Sorgerecht ist demnach mit der Bestellung des Verfahrensbeistandes auch nicht verbunden. Der Verfahrensbeistand handelt in eigenem Namen und hat nicht das Recht, rechtlich verbindliche Willenserklärungen für das Kind abzugeben oder entgegenzunehmen. Auf diese Weise wird der Eingriff in das Elternrecht möglichst gering gehalten und eine sachwidrige Verlagerung von Aufgaben auf den Verfahrensbeistand vermieden. Die Einlegung eines Rechtsmittels „im Namen des Kindes" ist vor diesem Hintergrund nicht zulässig. Bei dieser Formulierung fehlt dem Verfahrensbeistand die Beschwerdeberechtigung, weil er gerade nicht gesetzlicher Vertreter des Kindes ist. Vielmehr bedarf es der Einlegung der Beschwerde ausdrücklich „im Interesse des Kindes".

282

§ 158 Abs. 5 regelt das Unterbleiben und die Aufhebung der Verfahrensbeistandschaft bei angemessener Vertretung der Interessen des Kindes durch einen ande-

283

ren geeigneten Verfahrensbevollmächtigten. Eine angemessene Vertretung durch einen Rechtsanwalt kann auch bei einer nachträglichen Beauftragung durch ein nach § 9 Abs. 1 Nr. 3 FamFG verfahrensfähiges Kind vorliegen, sodass nach Beiordnung eines Anwaltes nach bewilligter Verfahrenskostenhilfe (§ 78 Abs. 2 FamFG) die Bestellung des Verfahrensbeistandes regelmäßig aufzuheben ist.[36]

Zu beachten ist, dass es sich um eine sog. Soll-Vorschrift handelt, die dem Gericht ein **Ermessen** einräumt, ob die Interessen des Kindes von einem Rechtsanwalt oder einem anderen geeigneten Verfahrensbevollmächtigten tatsächlich „angemessen vertreten werden". Auswirkungen auf die Vergütung des Verfahrensbeistandes hat die Aufhebung regelmäßig keine, da die Vergütung als Pauschale mit Entfalten der Tätigkeit bereits entstanden ist. Wird die Verfahrensbeistandschaft aufgehoben, steht dem Verfahrensbeistand dagegen aber kein Rechtsmittel zur Verfügung, vgl. Abs. 3 Satz 4. (vgl. weiter zu Rn. 272 ff.).

Nach einer Entscheidung des OLG Koblenz vom 20.8.2018 (Az. 9 UF 247/18, mit Nachweisen zur Literatur und Rechtsprechung) kann ein Verfahrensbeistand grundsätzlich nicht wegen der Art und Weise, in der er seine Tätigkeit ausübt, entlassen werden: Der Verfahrensbeistand ist danach lediglich dem Interesse des Kindes verpflichtet, das er einseitig, unabhängig und engagiert zu vertreten sowie im Verfahren zur Geltung zu bringen hat. Anders als beispielsweise ein Sachverständiger ist er nicht zur Neutralität verpflichtet. Er ist zudem nicht weisungsgebunden und unterliegt nicht der Aufsicht des Gerichts. Dass sich aus diesem Status bisweilen Konflikte mit anderen Verfahrensbeteiligten ergeben können, liegt in der Natur der Sache und kann deshalb auch nicht als Beleg für eine vermeintlich nicht ordnungsgemäße Aufgabenerfüllung herangezogen werden. Vielmehr ist zu beachten, dass ein Verfahrensbeistand, der im Falle eines Konfliktes mit anderen Verfahrensbeteiligten mit seiner Entlassung rechnen müsste, an der ordnungsgemäßen Ausübung seines Amtes gehindert sein könnte.

Eine Aufhebung der Verfahrensbeistandschaft bzw. ein Wechsel in der Person des Verfahrensbeistandes soll gemäß OLG Karlsruhe[37] allerdings nach objektiven Gesichtspunkten in Betracht kommen, wenn zwischen dem Verfahrensbeistand und einem Elternteil beidseitig unüberbrückbare, im Persönlichen begründete Differenzen bestehen, die eine fortgesetzte am Kindeswohl orientierte Wahrnehmung der Kindesinteressen, insbesondere auch die Durchführung der im Kindeswohl liegenden Gespräche des Verfahrensbeistands mit den Eltern, unmöglich erscheinen lassen. Dies soll etwa auch daraus resultieren, dass ein Verfahrensbeistand – berechtigt oder nicht – Strafanzeige gegen einen Elternteil erstattet hat. In diesen Fällen eines unüberbrückbaren Gegensatzes, der eine gedeihliche kindeswohlförderliche Gesprächsführung ausschließt, sei zumindest im Einzelfall nach objektiven Gesichtspunkten eine Aufhebung der Verfahrensbeistandschaft geboten.

---

36 Vgl. OLG Stuttgart, Beschluss vom 17.1.2014, 11 WF 271/13, ZKJ 2014, 289; vgl. auch OLG Braunschweig, Beschluss vom 28.7.2018, 2 UF 57/18, juris.
37 FamRZ 2014, 1136–1137.

Die Aufhebung der Bestellung kommt nach OLG Braunschweig[38] im Rahmen einer eng begrenzten Abberufungskompetenz ansonsten nur in Betracht, wenn er ungeeignet ist oder durch gewichtiges Fehlverhalten auffällt bzw. eine sachgerechte Wahrnehmung der Interessen des Kindes unterlässt.

Abs. 6 regelt die Beendigung der Verfahrensbeistandschaft mit Rechtskraft der das Verfahren abschließenden Entscheidung oder mit dem sonstigen Abschluss des Verfahrens, soweit sie nicht ausnahmsweise schon vorher aufgehoben wird. Die Einlegung einer Verfassungsbeschwerde gehört nach der Rechtsprechung des BVerfG aber noch zu den Aufgaben eines erstinstanzlich bestellten Verfahrensbeistands: „Die Verfassungsbeschwerde ist zulässig, insbesondere ist die Beschwerdeführerin bereits aufgrund ihrer bisherigen einfachgerichtlichen Bestellung als Verfahrensbeiständin befugt, Verfassungsbeschwerde einzulegen und mit dieser – ausnahmsweise – Rechte des Kindes in eigenem Namen geltend zu machen."[39] Der sonstige Abschluss des Verfahrens kann durch Rücknahme des Antrages erfolgen, mit dem das Verfahren eingeleitet worden ist (z.B. Rücknahme eines Sorgerechtsantrages nach § 1671 BGB) oder auch durch einen das Verfahren abschließenden Vergleich, dem der Verfahrensbeistand zugestimmt hat (vgl. Rn. 270).

284

Abs. 7 Satz 1 verweist für den ehrenamtlich tätigen Verfahrensbeistand auf § 277 Abs. 1 FamFG und damit auf den Anspruch des Verfahrensbeistands auf Aufwendungsersatz nach §§ 1835 Abs. 1 bis 2 BGB. **Abs. 7 Satz 2** bestimmt für den berufsmäßig tätigen Verfahrensbeistand eine einmalige Pauschalvergütung in Höhe von 350,00 Euro (kleine Fallpauschale) für jedes vertretene Kind für jeden Rechtszug, die nach **Abs. 7 Satz 4** auch den Aufwendungsersatz und die auf die Vergütung anfallende Umsatzsteuer abgilt (zur Umsatzsteuer und zum Urteil des BFH vom 17.7.2019, V R 27/17 siehe Rn. 251). Die Pauschale fällt für jeden Verfahrensgegenstand gesondert an, hinsichtlich dessen der Verfahrensbeistand bestellt und zur Wahrnehmung der Interessen des Kindes tätig worden ist. Maßgeblich dafür, ob es sich um verschiedene Angelegenheiten handelt, ist somit nicht die Aktenführung des Gerichts, sondern die Einheitlichkeit oder Verschiedenheit der Angelegenheiten, zu welchen die Bestellung als Verfahrensbeistand erfolgte.[40]

285

---

38 Beschluss vom 28.7.2018, 2 UF 57/18, juris.
39 BVerfG FamRZ 2017, 206–208 = ZKJ 2017, 104–108, unter Hinweis auf BVerfG vom 22.5.2013, BtPrax 2013, 150, zum betreuungsrechtlichen Verfahrenspfleger gemäß insoweit gleichlautendem § 276 Abs. 5 FamFG.
40 OLG Frankfurt ZKJ 2014, 113–114: Wenn die Bestellung des Verfahrensbeistands in verschiedenen Angelegenheiten erfolgt ist, kann der Verfahrensbeistand die Vergütung in jeder Angelegenheit, in der er bestellt ist, beanspruchen. Verschiedene Angelegenheiten liegen etwa dann vor, wenn das Gesetz – wie etwa beim Verfahren auf Erlass einer einstweiligen Anordnung im Verhältnis zum Hauptsacheverfahren (§ 51 Abs. 3 Satz 1 FamFG) – die Verfahren jeweils als selbstständige Verfahren definiert (BGH, Beschluss vom 17.11.2010, XII ZB 478/10, FamRZ 2011, 199). Aber auch dann, wenn von der Bestellung verschiedene Kindschaftssachen betroffen sind, fällt die Vergütung hinsichtlich jeder Angelegenheit gesondert an, selbst wenn diese verschiedenen Angelegenheiten in einem einzigen Verfahren betrieben werden (BGH, Beschluss vom 1.8.2012, XII ZB 456/11, FamRZ 2012, 1630).

286 Die Pauschalvergütung erhöht sich gemäß **Abs. 7 Satz 3** im Falle der gesonderten gerichtlichen Übertragung von weiteren Aufgaben im Sinne des Abs. 4 Satz 3, die im Interesse eines effektiven Verfahrensrechtsschutzes des Kindes regelmäßig erforderlich sein wird,[41] auf 550,00 Euro (große Fallpauschale) für jedes vom Verfahrensbeistand vertretene Kind für jeden Verfahrensgegenstand, für den der Verfahrensbeistand bestellt worden ist.

287 **Abs. 7 Satz 5** bestimmt, dass die Entschädigung des Verfahrensbeistands stets aus der **Staatskasse** zu zahlen ist.

288 **Abs. 7 Satz 6** nimmt für das Verfahren auf Festsetzung der Entschädigung auf § 168 Abs. 1 FamFG Bezug.

289 **Abs. 8** bestimmt, dass dem Verfahrensbeistand keine Verfahrenskosten auferlegt werden können. Dies ist sachgerecht, da er allein im Interesse des Kindes tätig wird. Die Regelung gilt sowohl für das erstinstanzliche Verfahren wie auch für ein Rechtsmittelverfahren. Eine entsprechende Regelung enthält § 21 Abs. 1 Satz 2 Nr. 4 FamGKG hinsichtlich der Gerichtskosten.[42] Das gilt allerdings entsprechend der Zwecksetzung der Norm nur, soweit der Verfahrensbeistand nicht in seinen ur-eigenen Angelegenheiten, z.B. seiner eigenen Entschädigung, handelt. Legt der Verfahrensbeistand im Interesse des Kindes Verfassungsbeschwerde ein, werden ihm die Kosten regelmäßig nicht auferlegt werden, da dann allenfalls eine sog. Missbrauchsgebühr erhoben wird.

III. Rechtsstellung des Verfahrensbeistands

1. Abgrenzung Ergänzungspflegschaft/Vormundschaft – Verfahrensbeistandschaft

290 Gemäß §§ 1629 Abs. 2 Satz 3, 1796 Abs. 2 BGB kann das Gericht dem gesetzlichen Vertreter des Kindes, d.h. den sorgeberechtigten Eltern bzw. Adoptiveltern, dem Vormund oder dem Pfleger des Kindes, bei Vorliegen der Voraussetzungen die gesetzliche Vertretungsmacht für das gerichtliche Verfahren ganz oder teilweise entziehen. Voraussetzung dafür ist, dass das Interesse des Minderjährigen zum Interesse des bzw. der Sorgeberechtigten „in erheblichem Gegensatz steht". Der erhebliche Interessengegensatz muss darüber hinaus konkret festgestellt werden, die bloße Möglichkeit eines solchen reicht nicht aus.[43] Das kommt z.B. hinsichtlich der gemeinsam sorgeberechtigten Elternteile in Betracht, wenn im Falle des sexuellen Missbrauches der Tochter durch den Vater die Mutter des Kindes un-

---

41 Vgl. Ziffer 3.1.1 der Standards der BAG Verfahrensbeistandschaft/Interessenvertretung für Kinder und Jugendliche e.V. vom 24.4.2012, abgedruckt in diesem Handbuch in Teil 6, Rn. 2019 ff.; online abrufbar auf der Homepage www.verfahrensbeistand-bag.de (> Infos für Verfahrensbeistände > Standards).

42 Vgl. Keidel/Engelhardt, FamFG, 19. Aufl., § 158 FamFG Rn. 53.

43 Palandt/Diederichsen, § 1629 BGB Rn. 13 ff., § 1796 BGB Rn. 2, unter Hinweis auf OLG Frankfurt, NJW-RR 2005, 1382; vgl. auch OLG Stuttgart FamRZ 1983, 831.

ter Umständen die zu Gunsten der Tochter erfolgte Anwaltsbevollmächtigung widerrufen würde.⁴⁴

291 Die Entziehung der Vertretungsmacht für ein gerichtliches Verfahren kann bei einer entsprechenden, nicht anders abwendbaren Gefährdung des Kindeswohles auch nach § 1666 BGB erfolgen oder bereits in einem gesonderten Verfahren nach dieser Vorschrift erfolgt sein (ausführlich hierzu Dürbeck in diesem Handbuch, Rn. 629 ff.). Dem betroffenen Kind ist dann regelmäßig ein Ergänzungspfleger – Wirkungskreis: Vertretung des Kindes im jeweiligen familiengerichtlichen Verfahren – zu bestellen, § 1909 BGB. Der BGH hat dazu allerdings entschieden, dass die Bestellung eines Verfahrensbeistands nach § 158 FamFG den Entzug der elterlichen Sorge in aller Regel überflüssig und damit unzulässig macht, auch wenn der Verfahrensbeistand nach § 158 Abs. 4 Satz 6 FamFG nicht gesetzlicher Vertreter des Kindes im Verfahren ist.⁴⁵

292 Abzugrenzen ist die Ergänzungspflegschaft von der in § 1684 Abs. 3 BGB geregelten **Umgangspflegschaft:**

293 Das Kind hat nach § 1684 Abs. 1 BGB „das Recht auf Umgang mit jedem Elternteil; jeder Elternteil ist zum Umgang mit dem Kind verpflichtet und berechtigt." Nach § 1684 Abs. 2 BGB haben Elternteile

> „alles zu unterlassen, was das Verhältnis des Kindes zum jeweils anderen Elternteil beeinträchtigt oder die Erziehung erschwert. Entsprechendes gilt, wenn sich das Kind in der Obhut einer anderen Person befindet" (sog. Wohlverhaltensklausel).

Nach § 1684 Abs. 3 BGB

> „kann das Familiengericht über den Umfang des Umgangsrechts entscheiden und seine Ausübung, auch gegenüber Dritten, näher regeln. Es kann die Beteiligten durch Anordnungen zur Erfüllung der in Abs. 2 geregelten Pflicht anhalten. Wird die Pflicht nach Abs. 2 dauerhaft oder wiederholt erheblich verletzt, kann das Familiengericht auch eine Pflegschaft für die Durchführung des Umgangs anordnen **(Umgangspflegschaft)**. **Die Umgangspflegschaft umfasst das Recht, die Herausgabe des Kindes zur Durchführung des Umgangs zu verlangen und für die Dauer des Umgangs dessen Aufenthalt zu bestimmen**. Die Anordnung ist zu befristen. Für den Ersatz von Aufwendungen und die Vergütung des Umgangspflegers gilt § 277 des Gesetzes über das Verfahren in Familiensachen und in den Angelegenheiten der freiwilligen Gerichtsbarkeit entsprechend" (Fettdruck durch den Autor).

Das Gericht trifft hier seinerseits eine konkrete Umgangsregelung, welche es nach Art, Ort und Zeit bestimmt. Der Umgangspfleger wird zur konfliktfreien Durchsetzung der gerichtlichen Regelung eingesetzt, bestimmt aber nicht selbst über Anzahl, Ort und Zeit der Umgangskontakte.

---

44 OLG Frankfurt FamRZ 1980, 927; vgl. OLG Hamburg ZKJ 2014, 70 ff. für eine Ergänzungspflegschaft für das Kind in einem staatsanwaltschaftlichen Ermittlungsverfahren nach § 52 Abs. 2 Satz 2 StPO gegen die Mutter des Kindes.
45 BGH FamRZ 2011, 1788; Salgo, FPR 2011, 315 ff.; Lack, FamFR 2011, 527.

294 Anders ist dies im Fall der **Umgangsbestimmungspflegschaft**. Diese geht mit einem Teilentzug der elterlichen Sorge in einem gesondert betriebenen Verfahren nach §§ 1666, 1666a BGB einher,[46] mit der Folge einer Ergänzungspflegschaft nach § 1909 BGB[47]. Der Umgangsbestimmungspfleger bestimmt in diesem Fall selbst die Modalitäten bei der Vorbereitung des Umganges, bei der Übergabe und der Rückgabe des Kindes und bestimmt die konkrete Ausgestaltung des Umganges.[48]

Muss die Regelung des Umfanges des Umganges selbst den Sorgeberechtigten entzogen und auf einen **Umgangsbestimmungspfleger** übertragen werden, so ist dies jedenfalls nur unter den Voraussetzungen des § 1666 BGB (Kindeswohlgefährdung) zulässig.[49]

295 Ist den Sorgeberechtigten die elterliche Sorge in vollem Umfang sowohl für die Person als auch für das Vermögen des Kindes entzogen worden, ist ein Vormund statt eines Ergänzungspflegers zu bestellen, § 1773 Abs. 1 BGB.

296 Für beide Bestellungen (zum Ergänzungspfleger oder zum Vormund) bedarf es eines förmlichen Bestellungsaktes mit Übersendung eines entsprechenden Anordnungsbeschlusses und der Aushändigung einer Bestellungsurkunde bei der förmlichen Verpflichtung des Pflegers zur treuen und gewissenhaften Führung der Pflegschaft bzw. Vormundschaft, §§ 1789, 1791, 1915 BGB. Damit wird die zum Pfleger bzw. Vormund bestellte Person Inhaber eines öffentlichen Amtes. Als solcher unterliegt der Pfleger bzw. Vormund bei der Ausübung seines Amtes der Aufsicht und Kontrolle des Familiengerichts und ist diesem gegenüber zur Auskunft, zur jährlichen Berichterstattung, zur Rechnungslegung etc. verpflichtet, vgl. §§ 1837 ff., 1915 BGB.

Da die gesetzlichen Vorschriften eine förmliche Bestellung des Umgangsbestimmungspflegers vorsehen, kann ein Vergütungsanspruch für den Zeitraum vor der förmlichen Beauftragung regelmäßig nicht entstehen. Der Umgangsbestimmungspfleger ist daher gehalten, vor Aufnahme seiner Tätigkeit auch seine förmliche Bestellung im Sinne des § 1789 BGB herbeizuführen.[50]

---

[46] BGH ZKJ 2016, 419; OLG Frankfurt/M., FamFR 2013, 381; OLG Frankfurt/M., NJW-RR 2009, 4; Palandt-Götz, § 1684 BGB Rn. 21, m.w.N.; Dürbeck, Rn. 669 m.w.N. in diesem Handbuch; a.A. OLG Braunschweig, Beschluss vom 28.7.2018, 2 UF 57/18, juris; OLG Köln, FamFR 2012, 109; OLG Celle FamRZ 2011, 574.
[47] § 1632 Abs. 2 BGB; vgl. Palandt-Götz, § 1632 BGB Rn. 8, 9.
[48] Dürbeck in diesem Handbuch Rn. 669 in diesem Handbuch, unter Hinweis auf OLG Frankfurt/M., FamFR 2013, 381; KG Berlin FamRZ 2013, 308; OLG Hamm, BeckRS 2012, 18153.
[49] BGH ZKJ 2016, 419; Palandt-Götz, § 1684 BGB Rn. 21, § 1666 BGB Rn. 19, m.w.N.; Dürbeck in diesem Handbuch, Rn. 669 unter Hinweis ua auf OLG Frankfurt/M., NJW-RR 2009, 4, und BVerfG, NJW-RR 2006, 1.
[50] BGH, Beschl. v. 30.8.2017, XII ZB 562/16, ZKJ 2018, 62 = FamRZ 2017, 1846; BGH, Beschl. v 27.9.2017, XII ZB 6/16, FamRZ 2018, 40; OLG Saarbrücken FamRZ 2012, 888, 889; OLG Hamm ZKJ 2014, 78, 79.

Das gilt nach der Rechtsprechung des BGH[51] unter Hinweis auf BT-Drucks. 16/6308, S. 346, ausdrücklich auch für den Vergütungsanspruch des Umgangspflegers nach § 1684 Abs. 3 Satz 6 BGB, da der Gesetzgeber den Umgangspfleger des § 1684 Abs. 3 BGB den Regelungen der Pflegschaft nach § 1915 BGB unterwerfen wollte.

Mit dieser Entscheidung hat der BGH auch die Auffassung des OLG Frankfurt[52] verworfen, ein Vergütungsanspruch für die Zeit vor der förmlichen Bestellung könne mit dem Vertrauensschutz nach § 242 BGB begründet werden: Zwar werde ein Umgangspfleger, der das Amt berufsmäßig führt, regelmäßig darauf vertrauen, dass er eine Vergütung erhält, wenn er auf Veranlassung des Gerichts bereits vor seiner förmlichen Bestellung tätig wird, und zwar zumeist selbst dann, wenn ihm die gesetzlichen Regelungen bekannt sind. Jedoch laufe es dem Grundsatz der Rechtssicherheit und -klarheit zuwider, würde man in diesen Fällen einen Vergütungsanspruch mit § 242 BGB begründen. **297**

Der Ergänzungspfleger (mit entsprechendem Aufgabenkreis) bzw. der Vormund tritt für die gesetzliche Vertretung des Kindes im gerichtlichen Verfahren an die Stelle der zuvor Sorgeberechtigten. Der Umgangspfleger nach § 1684 Abs. 3 Satz 3 und 4 BGB hingegen übt für den durch gerichtliche Entscheidung oder gerichtlich gebilligten Vergleich zur Umgangsgewährung verpflichteten Elternteil das Recht aus, die Herausgabe des Kindes zur Durchführung des gerichtlich angeordneten Umgangs verlangen und für die Dauer des Umganges dessen Aufenthalt bestimmen zu können. **298**

Sachlich zuständig für eine solche Entscheidung zur Anordnung einer Vormundschaft, Ergänzungs- oder Umgangspflegschaft ist nach § 1629 Abs. 2 Satz 3 bzw. § 1684 Abs. 3 BGB das Familiengericht. **299**

2. Unterschiede zum Ergänzungspfleger bzw. Vormund

Der Ergänzungspfleger nach §§ 1909 ff. BGB und der Vormund nach § 1773 BGB sind gesetzliche Vertreter des Kindes und damit Amtsinhaber (Amt des Ergänzungspflegers bzw. Vormundes). Der Verfahrensbeistand nach § 158 FamFG ist hingegen ein „Pfleger eigener Art", auf den die Vorschriften des BGB nicht anwendbar sind. **300**

Dem trägt das FamFG mit Wirkung zum 1.9.2009 bereits durch die **Bezeichnung „Verfahrensbeistand"** Rechnung und bestimmt in § 158 Abs. 4 Satz 6 FamFG nunmehr ausdrücklich: „Er ist nicht gesetzlicher Vertreter des Kindes." **301**

Die Unterscheidung ist nicht nur akademischer Natur: Als gesetzlicher Vertreter des Kindes ist der Ergänzungspfleger bzw. Vormund entweder für den auf den Wirkungskreis der Pflegschaft beschränkten Vertretungsumfang (Ergänzungspfleger) oder für sämtliche personen- und vermögenssorgerechtlichen Angelegenhei- **302**

---
51 BGH, Beschluss vom 30.8.2017, XII ZB 562/16, ZKJ 2018, 62 = FamRZ 2017, 1846; OLG Saarbrücken FamRZ 2012, 888, 889.
52 FamRZ 2017, 461, 462.

ten des Mündels (Vormund) im Rahmen der ihm übertragenen (gesetzlichen) Vertretungsmacht ermächtigt,

303
- mit bindender Wirkung für und gegen den Minderjährigen
- rechtsgeschäftliche Willenserklärungen gegenüber Dritten abzugeben und
- von diesen entgegenzunehmen,
- rechtsgeschäftsähnliche Erklärungen für den Minderjährigen abzugeben (Aufenthaltsbestimmung, Bestimmung des Umgangs mit anderen Personen, Einwilligung in ärztliche Maßnahmen, Befreiung von der Schweigepflicht etc.),
- die Zustimmung zu genehmigungsbedürftigen Rechtsgeschäften des Minderjährigen zu erteilen oder zu versagen, §§ 104, 106 ff. BGB,
- bzw. als sog. Umgangspfleger nach § 1684 Abs. 3 BGB die Herausgabe des Kindes zur Durchführung des Umganges zu verlangen und für die Dauer des Umgangs dessen Aufenthalt bestimmen,
- Rechtsmittel im Namen des Minderjährigen einlegen

zu können.

304
Der Vormund oder Ergänzungspfleger des Kindes für die Vertretung im gerichtlichen Verfahren ist demnach – anstelle der leiblichen Eltern oder sonst Sorgeberechtigter – berechtigt (je nach Wirkungskreis des Ergänzungspflegers), z.B. in eine ärztliche oder psychologische Begutachtung und eine medizinische Untersuchung des Kindes einzuwilligen oder die entsprechende Einwilligung zu versagen, einer Aussage des Kindes vor dem Familien- und/oder Strafrichter zuzustimmen oder die Aussage für das Kind zu verweigern, einer Akteneinsicht Dritter (z.B. der Staatsanwaltschaft, des Strafgerichtes) in die familiengerichtlichen Akten für das Kind zuzustimmen oder die Zustimmung dazu zu versagen, Strafanzeige für den Minderjährigen zu stellen, eine Entbindung von der Schweigepflicht des das Kind behandelnden Arztes zu erklären oder zu verweigern, Rechtsmittel im Namen des Kindes einzulegen etc.

Der Vormund und der Ergänzungspfleger stehen unter der Aufsicht und Kontrolle des Gerichtes (§§ 1837 Abs. 2 bis 4, 1915 BGB), dem gegenüber sie nach §§ 1839 ff. BGB zur Auskunft, zur Berichterstattung und zur Rechnungslegung verpflichtet sind. Zudem unterliegen sie den familiengerichtlichen Genehmigungsvorbehalten der §§ 1631b, 1800, 1810 ff., 1915 BGB, § 3 Abs. 2 Satz 2 RelKErzG.

305
Dem Verfahrensbeistand stehen die o.g. Rechte eines gesetzlichen Vertreters hingegen nicht zu. Andererseits unterliegt er aber auch nicht der Kontrolle und der Aufsicht des Gerichts, dem er auch nicht zur Auskunft oder zur Rechenschaft verpflichtet ist. Das Gericht hat daher keine Möglichkeit, auf die Art und Weise der Wahrnehmung der Aufgaben durch den Verfahrensbeistand Einfluss zu nehmen. Stellt es jedoch fest, dass der Verfahrensbeistand schlicht untätig bleibt bzw. die Interessen des Kindes nicht vertritt, hat es ihn zu entpflichten und einen anderen Verfahrensbeistand zu bestellen. Denn das Gericht hat auf die Einhaltung der zum Schutz des Kindes geltenden Verfahrensvorschriften zu achten und kann seine ver-

fahrensleitende Zwischenverfügung, zu der auch die Bestellung des Verfahrensbeistands zählt, grundsätzlich jederzeit abändern.⁵³ Zurückhaltung ist insoweit aber dringend geboten, um dem Grundsatz der eigenständigen Stellung des Verfahrensbeistandes als Verfahrensbeteiligtem aus eigenem Recht nach § 158 Abs. 3 Satz 2 FamFG Rechnung zu tragen, der auch nicht wie ein Sachverständiger wegen Besorgnis der Befangenheit nach § 6 FamFG i.V.m. § 42 ff. ZPO abgelehnt werden kann.⁵⁴ Es liegt jedenfalls im Ermessen des Verfahrensbeistandes, wie er die Interessen des Kindes wahrnimmt und wie er verfährt, um einen möglichst unverfälschten Eindruck vom Kind zu erlangen. Dazu gehört auch die Entscheidung, ob und vor allem wie er ein Kind anhört.⁵⁵

Der Beschluss, mit dem der Verfahrensbeistand entpflichtet wird, ist nicht anfechtbar. Da der Vergütungsanspruch des entlassenen Verfahrensbeistands mit Entfaltung seiner Tätigkeit bereits entstanden ist und zu den Verfahrenskosten zählt, kann das Gericht die Vergütung des entlassenen Verfahrensbeistands im Rahmen der Kostenentscheidung niederschlagen, um die Verfahrensbeteiligten nicht mit doppelten Kosten zu belasten.

306 Auch kann dem Verfahrensbeistand nach § 158 Abs. 4 FamFG nur ein zusätzlicher Aufgaben- oder Wirkungskreis vom Gericht zugewiesen, nicht jedoch entzogen werden. Seine Aufgabe heißt regelmäßig „Wahrnehmung der Interessen des Minderjährigen im gerichtlichen Verfahren" und ergibt sich für den Regelfall aus dem Gesetzeswortlaut des § 158 Abs. 1 FamFG. Näher konkretisiert wird diese Aufgabenstellung durch § 158 Abs. 4 Satz 1 und 2 FamFG:

> „Der Verfahrensbeistand hat das Interesse des Kindes festzustellen und im gerichtlichen Verfahren zur Geltung zu bringen. Er hat das Kind zu diesem Zwecke über Gegenstand, Ablauf und möglichen Ausgang des Verfahrens zu informieren."

307 Eine Beschränkung dieser grundsätzlichen Aufgabenstellung darf das Gericht nicht vornehmen, sondern vielmehr nur eine **zusätzliche Aufgabenübertragung** vornehmen, wenn dies im Einzelfall für erforderlich gehalten wird, § 158 Abs. 4 Satz 3 und 4 FamFG. Übertragen werden kann dem Verfahrensbeistand die zusätzliche Aufgabe, Gespräche mit den Eltern und weiteren Bezugspersonen des Kindes zu führen und am Zustandekommen einer einvernehmlichen Regelung über den Verfahrensgegenstand mitzuwirken. Zur Entlassung und Neubestellung eines anderen Verfahrensbeistandes wegen Untätigkeit vgl. oben Rn. 305.

308 Das Hinwirken auf Einvernehmen der Beteiligten stellt einen wesentlichen Grundsatz des FamFG dar, zu dessen Umsetzung in erster Linie das Gericht (gemäß

---

53 Keidel/Engelhardt, § 158 FamFG Rn. 42, unter Hinweis auf KG ZKJ 2008, 120; Menne, ZKJ 2008, 111; vgl. auch OLG Hamm FamRZ 2007, 2002.
54 OLG Braunschweig, Beschluss vom 28.7.2018, 2 UF 57/18, juris: „Eng begrenzte Abberufungskompetenz des Gerichts"; OLG München FamRZ 2005, 635; OLG Celle FGPrax 2003, 128; Keidel/Engelhardt aaO, Rn. 39.
55 OLG Braunschweig (siehe Fn. 51), zur unbeanstandeten Aufforderung der Verfahrensbeiständin an die Kindesmutter, das Kind zur Kontaktaufnahme mit der Verfahrensbeiständin an den Gerichtsort oder in ihre Kanzlei zu bringen.

§§ 156 Abs. 1, 165 Abs. 4 FamFG) und auf Anordnung des Gerichts auch der Sachverständige (§ 163 Abs. 2 FamFG) verpflichtet ist.

309 Der Verfahrensbeistand hat daran lediglich „mitzuwirken", wenn das Gericht diese an sich selbstverständliche Aufgabe dem Verfahrensbeistand zusätzlich überträgt. Der Verfahrensbeistand hat dann die Aufgabe, andere Beteiligte dabei zu unterstützen, eine einvernehmliche Regelung des Verfahrensgegenstandes herzustellen und in diesem Rahmen die anderen Beteiligten, insbesondere die Eltern, für die Interessen des Kindes zu sensibilisieren.

310 Als eigenständiger Beteiligter des Verfahrens, zu dem der Verfahrensbeistand mit seiner Bestellung kraft Gesetzes wird (§ 158 Abs. 3 Satz 2 FamFG), kann und muss der Verfahrensbeistand aber seine Zustimmung zu einem Vergleich der übrigen Beteiligten versagen, der aus Sicht des Verfahrensbeistands das Wohl des von ihm vertretenen Kindes gefährdet. Da in diesem Falle ein gerichtlich gebilligter Vergleich im Sinne des § 156 Abs. 2 FamFG am Widerstand des Verfahrensbeistands scheitert, bleibt dem Gericht nur die Möglichkeit, eine gerichtliche Entscheidung zu erlassen, gegen die dem Verfahrensbeistand die in §§ 57, 59 ff. FamFG vorgesehenen Rechtsmittel zustehen, die er im Interesse des Kindes einzulegen berechtigt ist, § 158 Abs. 4 Satz 5 FamFG.[56]

311 Sind dem Verfahrensbeistand die weiteren Aufgaben i.S.d. § 158 Abs. 4 Satz 3 FamFG seitens des Gerichtes nicht übertragen worden, hat das auf die Befugnisse des Verfahrensbeistands keinen unmittelbaren Einfluss. Es ist ihm dann nicht etwa verboten, Gespräche mit den Eltern und weiteren Bezugspersonen des Kindes zu führen und am Zustandekommen einer einvernehmlichen Regelung des Verfahrensgegenstandes mitzuwirken. Die Unterscheidung von originärem und erweitertem Aufgabenkreis hat vielmehr ausschließlich entschädigungsrechtliche Relevanz nach § 158 Abs. 7 Satz 3 FamFG: Statt einer für jeden Rechtszug zu bewilligenden großen Fallpauschale in Höhe von 550,00 Euro pro vertretenem Kind kann der Verfahrensbeistand nur eine kleine Pauschale in Höhe von 350,00 Euro geltend machen, wenn die weiteren Aufgaben nicht zusätzlich übertragen wurden, § 158 Abs. 7 Satz 2 und 3 FamFG.

3. Besonderheiten der Verfahrensbeistandschaft

312 Mit der Bestellung des Verfahrensbeistands nach § 158 FamFG wollte der Gesetzgeber gerade die Möglichkeit schaffen, dass das mit dem familiengerichtlichen Verfahren befasste Gericht ohne ausdrückliche Entziehung der Vertretungsmacht des gesetzlichen Vertreters des Kindes dem Kind ohne förmlichen Bestellungsakt unmittelbar einen Pfleger für das gerichtliche Verfahren bestellt.

> „Bei der Rechtsfigur des Pflegers für das Verfahren wird nicht nur auf § 56f Abs. 2 FGG, sondern auch auf ähnliche Regelungen für das Betreuungs- und das Unterbringungsverfahren (§§ 67, 70b FGG) zurückgegriffen. Wie bei diesen bisher im

---

56 Vgl. Salgo, FPR 2010, 456, 459.

FGG vorgesehenen Pflegerbestellungen für das Verfahren ist ein besonderer Bestellungsakt nicht vorgesehen."[57]

§ 158 Abs. 4 Satz 6 FamFG bestimmt daher klarstellend, dass der Verfahrensbeistand nicht gesetzlicher Vertreter des Kindes im gerichtlichen Verfahren ist. Rechtsmittel z.B. kann er daher im Interesse des von ihm vertretenen Minderjährigen, aber nicht im eigenen Namen einlegen.[58]

313

§ 158 Abs. 4 FamFG enthält eine Beschreibung der dem Verfahrensbeistand obliegenden gesetzlichen und der weiteren Aufgaben, die ihm das Gericht im Einzelfall zusätzlich übertragen kann und nach hier vertretener Auffassung zur Sicherung einer effektiven Interessenvertretung des Kindes vor Gericht regelmäßig auch übertragen muss, nämlich Gespräche mit den Eltern und den sonstigen Bezugspersonen des Kindes zu führen und am Zustandekommen einer einvernehmlichen Regelung des Verfahrensgegenstandes mitzuwirken, § 158 Abs. 4 Satz 3 FamFG.

314

4. Rechte des Verfahrensbeistands

Die rechtlichen Befugnisse eines gesetzlichen Vertreters stehen dem Verfahrensbeistand bzw. Interessenvertreter des Kindes nicht zur Verfügung. Denn er ist nicht gesetzlicher Vertreter des Kindes, auch nicht zu Zwecken der Interessenvertretung in dem Verfahren, in dem er für die Wahrnehmung der Interessen des Kindes bestellt ist, § 158 Abs. 4 Satz 6 FamFG. Seine Aufgabe ist es vielmehr, Defizite bei der Wahrung der Interessen Minderjähriger aufgrund eigener Interessen der beteiligten Erwachsenen und die strukturelle Unterlegenheit des Minderjährigen gegenüber den formell am Verfahren beteiligten Erwachsenen und deren Prozessbevollmächtigten (regelmäßig Rechtsanwälte) im gerichtlichen Verfahren auszugleichen. Es soll mit Hilfe des Verfahrensbeistands „Waffengleichheit" und ein faires Verfahren für das Kind gewährleistet werden. Seine Interessen sollen mit Unterstützung durch den Verfahrensbeistand in einer Weise in das am Kindeswohl orientierte Verfahren eingebracht werden, die seiner grundrechtlichen Position hinreichend Rechnung trägt. Und zwar insbesondere dann, wenn die gesetzlichen Vertreter des Kindes wegen erheblichen Interessengegensatzes an einer effektiven Wahrnehmung der Interessen des Kindes im Verfahren gehindert sind.[59]

315

Für die Durchführung des gerichtlichen Verfahrens tritt der Verfahrensbeistand dabei nach Vorstellung des Gesetzgebers

316

„an die Stelle des gesetzlichen Vertreters und hat an dessen Stelle Kindesinteressen in das Verfahren einzubringen. Wie einen gesetzlichen Vertreter hat das Gericht den Verfahrenspfleger an den Verfahrenshandlungen des Gerichts zu beteiligen."[60]

Der Verfahrensbeistand muss als am Verfahren förmlich Beteiligter (§ 158 Abs. 3 Satz 2 FamFG) demnach zu allen Anhörungs- und Beweisaufnahmeterminen gela-

---

57 RegE BT-Drucks. 13/4899, S. 129 ff.
58 BGH, Beschluss vom 27.3.2019, XII ZB 71/19.
59 BT-Drucks. 13/4899, S. 129 ff., unter Hinweis auf BVerfGE 55, 171, 179.
60 BT-Drucks. 13/4899, S. 129 ff.

den werden, ihm sind die Anträge der Beteiligten, die vom Gericht eingeholten Stellungnahmen anderer Verfahrensbeteiligter, die fachliche Einschätzung des Jugendamtes, die Gutachten der vom Gericht beauftragten Sachverständigen zur Stellungnahme zu übersenden, er hat das Recht auf Akteneinsicht nach § 13 Abs. 1 FamFG, er kann eigene Anträge stellen und – falls im Interesse des Kindes erforderlich – Rechtsmittel gegen Endentscheidungen des Gerichts einlegen, §§ 158 Abs. 4 Satz 5, 58 Abs. 1 FamFG. Kosten auch eines erfolglos gebliebenen Rechtsmittels dürfen ihm dabei nicht auferlegt werden (§ 158 Abs. 8 FamFG), da er nur im Interesse des von ihm vertretenen Kindes handelt.

317 Dabei ging schon der Gesetzgeber des FGG trotz der zweideutigen Formulierung offenkundig nicht davon aus, dass der Verfahrenspfleger über gesetzliche Vertretungsbefugnisse verfügt und den gesetzlichen Vertreter des Kindes insoweit aus dessen Befugnissen, das Kind im Verfahren zu vertreten, verdrängt. Vielmehr sollte er „wie ein gesetzlicher Vertreter" am Verfahren beteiligt werden, damit er die Interessen des Minderjährigen nicht nur bei dessen gerichtlicher Anhörung, sondern bei allen Verfahrensschritten zur Geltung bringt. In diesem – eine gesetzliche Vertretungsmacht nicht beinhaltenden – Sinne tritt er neben den/die gesetzlichen Vertreter des Kindes, die aufgrund eines Interessenkonfliktes daran gehindert sind, ihrer originären Aufgabe nachzukommen, Kindesinteressen vor Gericht wahrzunehmen und in das Verfahren adäquat einzubringen.

318 Das FamFG unterstreicht die starke Stellung des Verfahrensbeistandes gegenüber Sorgeberechtigten, Jugendamt, (Amts-)Vormund bzw. Ergänzungspfleger und Gutachter mit der Feststellung, dass der Verfahrensbeistand mit seiner Bestellung kraft Gesetzes zum eigenständigen Verfahrensbeteiligten wird (§ 158 Abs. 3 Satz 2 FamFG), der im Interesse des Kindes zur Einlegung von Rechtsmitteln berechtigt ist, § 158 Abs. 4 Satz 5 FamFG.

319 **§ 158 Abs. 4 Satz 6 FamFG** stellt nunmehr andererseits aber auch klar, dass der Verfahrensbeistand mit seiner Bestellung nicht zum gesetzlichen Vertreter des Kindes wird, dessen Bestellung daher auch gemäß § 158 Abs. 3 Satz 4 FamFG nicht selbstständig anfechtbar ist.

320 Allein den Interessen des verfahrensbetroffenen Kindes verpflichtet, nicht aber dessen Weisungen unterworfen, hat der Verfahrensbeistand eine den Sorgeberechtigten, dem Jugendamt und auch dem Gericht gegenüber unabhängige Stellung im Verfahren, die er für das betroffene Kind voll zur Geltung bringen kann und soll. Er kann die Sorgeberechtigten und deren Verfahrensbevollmächtigten ebenso an ihre gesetzliche Verpflichtung erinnern, die Belange des Kindes zu berücksichtigen, wie er andererseits das Jugendamt dazu auffordern kann, ihm selbst oder zumindest dem Gericht gegenüber darzulegen, welche Hilfen nach dem SGB VIII es angeboten hat oder aus welchen Gründen auf ein solches Angebot gegenüber den Sorgeberechtigten verzichtet worden ist, vgl. § 50 Abs. 2 SGB VIII.

321 Das von ihm vertretene Kind hat der Verfahrensbeistand auch im Rahmen persönlicher Kontakte über den jeweiligen Verfahrensstand zu informieren, es zu beraten (§ 158 Abs. 4 Satz 2 FamFG) und zu Terminen bei Gericht, beim Sachverständigen,

beim Jugendamt etc. zu begleiten, wenn und soweit es das Kind wünscht. Er hat stets das Recht und die Pflicht, die Probleme, Wünsche und Vorstellungen des Kindes möglichst wortgetreu in das Verfahren einzubringen. Eine abweichende Vorgehensweise mag etwa dann angemessen sein, wenn das Kind den Verfahrensbeistand, z.B. aus Gründen der Loyalität einem nahen Angehörigen oder einer sonstigen engen Bezugsperson (Pflegemutter) gegenüber, ausdrücklich um eine andere Verfahrensweise bittet. Gegebenenfalls ist die Auffassung des Kindes dann in eigenen Worten des Verfahrensbeistands darzustellen.

Soweit der vom Kind geäußerte **Wille** vom Verfahrensbeistand als mit dem **Wohl des Kindes** – zumindest teilweise – nicht vereinbar angesehen werden muss, hat der Verfahrensbeistand dem Gericht im Anschluss an die Darstellung des Willens des Kindes in klar und deutlich davon abgegrenzter Form mitzuteilen, wie er diesen bewertet. Auf Zweifel an der Authentizität der Willensäußerungen des Minderjährigen hat der Verfahrensbeistand das Gericht dabei hinzuweisen.[61] Auch insofern wird es regelmäßig erforderlich sein, die Lebensgeschichte des Kindes unter Benennung der wichtigsten Bezugspersonen, zu denen das Kind im Laufe seines Lebens Bindungen entwickelt hat, mit Blick auf die geäußerten Wünsche und die objektiven Interessen des Kindes darzustellen.

322

Den Ablauf des gerichtlichen Verfahrens kann der so früh wie möglich am Verfahren zu beteiligende Verfahrensbeistand (vgl. § 158 Abs. 3 Satz 1 FamFG) durch eigene Anträge und Anregungen sowie durch Einlegung von Rechtsmitteln (§ 158 Abs. 4 Satz 5 FamFG) maßgeblich mit beeinflussen und so für ein **kindzentriertes Verfahren** sorgen. Dabei wird er unabhängig von gerichtlicher Aufsicht und gerichtlichen Weisungen tätig, ohne von anderen Verfahrensbeteiligten wegen Besorgnis der Befangenheit abgelehnt werden zu können (vgl. oben Rn. 305, 283, 269).

323

▶ **Zur möglichst frühzeitigen Bestellung des Verfahrensbeistands vgl. Rn. 268.**

Dabei hat er ein Hauptaugenmerk darauf zu richten, dass das Gericht den für eine am Kindeswohl ausgerichtete Entscheidung erheblichen Sachverhalt von Amts wegen (§ 26 FamFG) erschöpfend ermittelt. Er wird es regelmäßig als seine besondere Pflicht verstehen, alle Verfahrensbeteiligten und insbesondere das Gericht auf die **Bedeutung eines zügigen kindzentrierten Verfahrens** für das Wohl des Kindes hinzuweisen und das **kindliche Zeitempfinden** in das Verfahren einfließen zu lassen, indem er Alternativen zu verzögernden Verfahrensschritten aufzeigt.[62] So wird der Hinweis des Verfahrensbeistands auf die Notwendigkeit einer zügigen persönlichen richterlichen Anhörung des Kindes (§ 159 FamFG) und seiner unmittelbaren Bezugspersonen (Eltern, Pflegepersonen, §§ 160, 161 FamFG) und auf das Vorrang- und Beschleunigungsgebot des § 155 FamFG mit der Pflicht zur Terminbestimmung binnen eines Monates nach Einleitung des Verfahrens die Ent-

---

61 SchlHOLG Kind-Prax 2001, 31; vgl. auch Pkt. 3.2 der Standards der BAG Verfahrensbeistandschaft/Interessenvertretung für Kinder und Jugendliche e.V., abrufbar auf der Homepage www.verfahrensbeistand-bag.de (> Infos für Verfahrensbeistände > Standards).
62 Vgl. zu Einzelheiten Heilmann, Kindliches Zeitempfinden und Verfahrensrecht, 1998.

scheidungsfindung des Gerichts erfahrungsgemäß oft wesentlich beschleunigen. Auch das Hinwirken auf eine dem Sachverständigen zur Erstattung des Gutachtens zu setzende Frist kann zur Beschleunigung des Verfahrens dienen (siehe hierzu Rn. 355).

▷ **Einzelheiten zum Beschleunigungsgebot finden Sie in Teil 4 Rn. 1422 f.**

324 Das Hinwirken auf Einvernehmen ist ein das FamFG prägender Grundsatz, der nicht nur in § 156 FamFG als Aufgabe des Gerichts, sondern auch in der nach § 158 Abs. 4 Satz 3 FamFG dem Verfahrensbeistand regelmäßig zu übertragenden Zusatzaufgabe seinen Ausdruck gefunden hat. Als eigenständiger Beteiligter des Verfahrens, zu dem der Verfahrensbeistand mit seiner Bestellung kraft Gesetzes wird (§ 158 Abs. 3 Satz 2 FamFG), kann und muss der Verfahrensbeistand aber seine Zustimmung zu einem Vergleich der übrigen Beteiligten versagen, der aus Sicht des Verfahrensbeistands das **Wohl des von ihm vertretenen Kindes** gefährdet.[63] Da in diesem Falle ein gerichtlich gebilligter Vergleich im Sinne des § 156 Abs. 2 FamFG am Widerstand des Verfahrensbeistands scheitert, bleibt dem Gericht nur die Möglichkeit, eine gerichtliche Entscheidung zu erlassen, gegen die dem Verfahrensbeistand die in §§ 57, 59 ff. FamFG vorgesehenen Rechtsmittel zustehen, die er im Interesse des Kindes einzulegen berechtigt ist, § 158 Abs. 4 Satz 5 FamFG.

325 In Umgangsrechtsverfahren ist es generell nicht unproblematisch, wenn der Verfahrensbeistand auf einem Umgangskontakt zwischen der das Umgangsrecht begehrenden Person und dem Kind besteht, um sich von der Interaktion der Beteiligten einen unmittelbaren Eindruck zu verschaffen. So erkenntnisreich eine solche Interaktionsbeobachtung auch sein mag, solche Kontakte sind ja gerade Gegenstand des Verfahrens und ihre Herbeiführung durch den Verfahrensbeistand würde die Hauptsacheentscheidung des Gerichtes vorwegnehmen. Die solche Kontakte ablehnende Partei wird sich regelmäßig in ihren Bedenken übergangen fühlen, die dem Verfahren zugrunde liegende Konfliktlage wird sich nicht selten zu Lasten des beteiligten Kindes massiv verschärfen. Davon abgesehen besteht hier auch ein Rollenkonflikt, da es im Bedarfsfall die Aufgabe eines psychologischen Sachverständigen ist, die Interaktion der Eltern mit dem Kind im Auftrag des Gerichtes zu begutachten.

326 Sind dem Verfahrensbeistand die weiteren Aufgaben im Sinne des § 158 Abs. 4 Satz 3 FamFG seitens des Gerichtes nicht übertragen worden, hat das auf die Befugnisse des Verfahrensbeistands keinen unmittelbaren Einfluss. Es ist ihm dann nicht etwa verboten, Gespräche mit den Eltern und weiteren Bezugspersonen des Kindes zu führen und am Zustandekommen einer einvernehmlichen Regelung des Verfahrensgegenstandes mitzuwirken. Im Gegenteil entspricht es regelmäßig Standards einer guten und effektiven Vertretung von Kindesinteressen vor Gericht, diese Aufgaben auch dann auszuüben, wenn sie vom Gericht dem Verfahrensbeistand nicht ausdrücklich übertragen worden sind. Die Unterscheidung von originä-

---

[63] Salgo, FPR 2010, 456, 458.

rem und erweitertem Aufgabenkreis hat also ausschließlich entschädigungsrechtliche Relevanz nach § 158 Abs. 7 Satz 3 FamFG. Der Verfahrensbeistand sollte das Gericht aber alsbald nach Erhalt des Bestellungsbeschlusses auf die Erforderlichkeit einer entsprechend erweiterten Aufgabenübertragung für eine effektive Vertretung des Kindes hinweisen und auf eine auch nachträglich noch mögliche Erweiterung des Aufgabenkreises drängen. Zur Begründung sollte auf Pkt. 3.1.1 der Standards der BAG Verfahrensbeistandschaft e.V.[64] und auch auf die vorliegende Publikation verwiesen werden.

IV. Stellung des Verfahrensbeistands gegenüber den sorgeberechtigten Eltern bzw. dem Vormund oder Ergänzungspfleger

Der Verfahrensbeistand ist als reiner Beistand des Kindes im Verfahren nicht dessen gesetzlicher Vertreter (§ 158 Abs. 4 Satz 6 FamFG). Er verdrängt also nicht – auch nicht für die Vertretung im gerichtlichen Verfahren – die leiblichen Eltern, die Adoptiveltern oder andere gesetzliche Vertreter (Ergänzungspfleger, Vormund) aus der Position als gesetzliche Vertreter des Kindes. Jedenfalls so lange nicht, als nicht das Gericht den Eltern oder sonstigen Sorgeberechtigten das Sorgerecht ganz oder teilweise (z.B. für die Vertretung im Verfahren oder für die Entscheidung über die Entbindung von der ärztlichen Schweigepflicht) entzogen und zusätzlich auf die Person des Verfahrensbeistands als Ergänzungspfleger nach § 1909 BGB übertragen hat.[65]

327

Folglich hat der Verfahrensbeistand regelmäßig keine weitergehenden Befugnisse den Sorgeberechtigten oder Dritten gegenüber (z.B. auch dem Jugendamt oder dem behandelnden Arzt gegenüber) als nicht vertretungsberechtigte Dritte auch: So kann der Verfahrensbeistand nicht etwa an Stelle der Eltern für das Kind Leistungen nach dem SGB VIII beim Jugendamt beantragen. Er kann auch nicht an Stelle der Sorgeberechtigten die Zustimmung erteilen, dass das Kind vom gerichtlich bestellten Sachverständigen untersucht und befragt wird. Ebenso wenig kann der Verfahrensbeistand den behandelnden Arzt des Kindes an dessen Stelle oder an Stelle der Sorgeberechtigten von der ärztlichen Schweigepflicht entbinden, eine ärztliche Untersuchung des Kindes veranlassen oder mit bindender Wirkung für und gegen das Kind auf dessen Kosten eine ärztliche Stellungnahme anfordern. Er kann auch nicht wie die Sorgeberechtigten den Umgang des Kindes mit Dritten oder den Sorgeberechtigten regeln oder verbieten, selbst wenn dies im Einzelfalle für den Schutz des Kindes in einem laufenden Gerichtsverfahren dringend angezeigt wäre.

328

---

64 Abgedruckt in diesem Handbuch in Teil 6, Rn. 2019 ff.; online abrufbar auf der Homepage www.verfahrensbeistand-bag.de (> Infos für Verfahrensbeistände > Standards).
65 Die Übernahme solcher zusätzlicher Aufgaben eines Ergänzungspflegers sollte der Verfahrensbeistand schon wegen der damit verbundenen Rollenkonflikte gut überdenken! Vgl. Pkt. 2.2 der Standards der BAG Verfahrensbeistandschaft/Interessenvertretung für Kinder und Jugendliche e.V., abgedruckt in diesem Handbuch in Teil 6, Rn. 2019 ff.; online abrufbar auf der Homepage www.verfahrensbeistand-bag.de (> Infos für Verfahrensbeistände > Standards).

329 Der Verfahrensbeistand ist allerdings berechtigt und gegebenenfalls auch verpflichtet, das Gericht zum Zwecke gerichtlicher Intervention über entsprechende **Gefährdungen des Kindes** zu unterrichten. Sollte der Verfahrensbeistand Bedenken gegen die Entscheidungen der gesetzlichen Vertreter haben, sollte er hierzu Stellung nehmen und gegebenenfalls den (Teil-)Entzug der gesetzlichen Vertretungsmacht und die Einrichtung einer Ergänzungspflegschaft anregen. In einem solchen Falle kann die nach § 158 FamFG vorgenommene Beiordnung als Verfahrensbeistand unter den strengen Voraussetzungen des § 1666 BGB (Gefährdung des Kindeswohles) bzw. der §§ 1629 Abs. 2 Satz 3, 1796 Abs. 2 BGB (erheblicher Interessengegensatz) gegebenenfalls – in einem gesondert zu betreibenden Verfahren – in eine Ergänzungspflegschaft nach § 1909 BGB überführt werden mit dem Wirkungskreis „Vertretung des Kindes im gerichtlichen Verfahren" und z.B. dem Zusatz „einschließlich Entscheidung über die Zustimmung des Kindes zur Teilnahme an der gerichtlich angeordneten Begutachtung".[66]

330 Es liegt in solchen Fällen nahe, dass sich der Verfahrensbeistand dem Gericht auch zur Übernahme der Ergänzungspflegschaft anbietet. In gewissen Fallkonstellationen mag es aber auch gute Gründe geben, für die Übernahme der Ergänzungspflegschaft eine andere Person vorzuschlagen oder die Pflegerauswahl dem Gericht zu überlassen. So z.B., wenn es einer Person mit besonderen professionellen Kenntnissen bedarf oder es aus Sicht des Kindeswohls angezeigt erscheint, dass der Verfahrensbeistand seine Person aus dem Streit über bestimmte Fragestellungen heraushält.

331 Ist den (Adoptiv-)Eltern das Sorgerecht entzogen und ein Amtsvormund des Jugendamtes bzw. ein Einzelvormund oder ein Ergänzungspfleger bestellt worden, so ist der Verfahrensbeistand diesen mit gesetzlichen Vertretungsbefugnissen ausgestatteten Personen gegenüber ebenfalls nicht befugt, das Kind an deren Stelle zu vertreten.

332 Zugang zu dem von ihm vertretenen Kind kann der Verfahrensbeistand gegen den Willen des gesetzlichen Vertreters des Kindes nicht erzwingen. Er kann also das Kind nicht gegen den Willen des gesetzlichen Vertreters treffen und mit ihm sprechen, um dem Gericht das Gesprächsergebnis mitteilen zu können.[67] Auch das Gericht hat außerhalb eines gerichtlichen Anhörungstermins nach § 159 FamFG keine Rechtsgrundlage für eine zwangsweise durchzusetzende Anordnung gegenüber dem gesetzlichen Vertreter des Kindes, dem Verfahrensbeistand ein Treffen mit dem Kind zu ermöglichen. Zur sachgerechten Aufgabenerfüllung gehört grundsätzlich der persönliche Kontakt des Verfahrensbeistandes zum betroffenen Kind. Wünschen der Sorgeberechtigten, wo und wie der Verfahrensbeistand Kontakt zum Kind aufnimmt, kann und wird der Verfahrensbeistand im Rahmen des ihm insoweit eröffneten Ermessensspielraumes nachkommen, wenn dies der sachgerechten Wahrnehmung seiner Aufgaben nicht entgegensteht. Die Entscheidung des Verfahrensbeistandes, Kontakt zum Kind ausschließlich außerhalb des Haus-

---

66 Vgl. OLG München FamRZ 1984, 76; OLG Karlsruhe FamRZ 1993, 1479.
67 OLG Brandenburg FamRZ 2000, 1295, 1296; Söpper, FPR 2001, 269, 271.

haltes des betreuenden Elternteiles aufzunehmen, stellt deshalb keinen Pflichtverstoß dar, wenn dafür ein sachlicher Grund (z.B. manipulierender betreuender Elternteil) vorliegt.[68]

Den sonstigen Verfahrensbeteiligten einschließlich der gesetzlichen Vertreter des Kindes steht kein Ablehnungsrecht gegenüber dem Verfahrensbeistand zu. Wegen angeblich bestehender Befangenheit kann der Verfahrensbeistand also weder von den Eltern des von ihm vertretenen Kindes noch von dessen Vormund oder Ergänzungspfleger als befangen abgelehnt werden. Denn die Vorschriften über die Ablehnung von Gerichtspersonen und von Sachverständigen (§§ 6, 30 FamFG, §§ 41–49, 406 ZPO) finden auf Verfahrensbeteiligte wie den Verfahrensbeistand (§ 158 Abs. 3 Satz 2 FamFG) keine Anwendung. Auch eine Dienstaufsichtsbeschwerde ist unzulässig.[69]

333

V. Stellung des Verfahrensbeistands gegenüber dem Minderjährigen

1. Verfahrensbeistand als Interessenvertreter besonderer Art

Der Verfahrensbeistand ist an Weisungen und Wünsche des Kindes nicht gebunden, dazu fehlt es an einer Beauftragung des ja vom Gericht bestellten Verfahrensbeistands durch das Kind (fehlendes Mandatsverhältnis).[70] Der Verfahrensbeistand hat vielmehr die subjektiven und objektiven Interessen des Kindes, d.h. dessen objektiv verstandenes Wohl und dessen Willen, wahrzunehmen (vgl. § 158 Abs. 1 und 4 Satz 1 FamFG: „Interessenwahrnehmung"; … hat „das Interesse des Kindes festzustellen und im Verfahren zur Geltung zu bringen.").

334

Das zeigt sich am deutlichsten daran, dass er zur **Einlegung eines Rechtsmittels** von dem von ihm vertretenen Kind nicht gezwungen werden kann, wenn er die ergangene Entscheidung für mit dem Kindeswohl vereinbar ansieht, vgl. § 158 Abs. 4 Satz 5 FamFG. Rechtsmittel kann der Verfahrensbeistand im Interesse des Minderjährigen ohnehin stets nur in eigenem Namen einlegen, da er nach § 158 Abs. 4 Satz 6 FamFG nicht gesetzlicher Vertreter des Kindes ist.[71] Dem steht daher nicht entgegen, dass das Kind, welches das 14. Lebensjahr vollendet hat, nach § 60 FamFG ein eigenständiges Beschwerderecht ausüben kann. Der Verfahrensbeistand hat jedoch ihm erkennbare Anliegen des Kindes in jedem Falle vorzubrin-

335

---

68 OLG Braunschweig, Beschluss vom 28.7.2018, UF 57/18, juris.
69 OLG Braunschweig, Beschluss vom 28.7.2018, 2 UF 57/18, juris; OLG Köln, Beschluss vom 8.6.2016, 10 UF 200/15, juris; OLG Hamburg, Beschluss vom 14.4.2016, 12 UF 140/15, juris; KG Berlin, ZKJ 2014, 285 unter Hinweis auf OLG Hamm FamRZ 2008, 427 sowie Menne, ZKJ 2008, 111 ff.
70 Der Verfahrensbeistand darf sich aber als „Kinder- und Jugendanwalt" bezeichnen, vgl. Ziegler in Schulte-Bunert/Weinreich, § 158 FamFG Rn. 29, unter Hinweis auf OLG Düsseldorf FamRZ 2015, 694.
71 BGH, Beschluss vom 27.3.2019, XII ZB 71/19.

gen, damit diese vom Gericht berücksichtigt werden können.[72] Falls das Interesse des Kindes es erfordert, ist er auch zur Einlegung von Rechtsmitteln verpflichtet.

336 Dem Kind gegenüber hat er keine Erziehungs- oder Weisungsbefugnisse. Bei der Erfassung der Wünsche und Vorstellungen des Kindes ist der Verfahrensbeistand also weitgehend auf die Kooperationsbereitschaft des Kindes angewiesen, ohne dessen Bereitschaft zur Mitwirkung und Willensbekundung erzwingen zu können. Als auch dem Kind gegenüber weisungsunabhängiger Interessenvertreter soll der Verfahrensbeistand das Selbstbestimmungsrecht von Kindern im gerichtlichen Verfahren schützen.[73] Es wäre widersinnig, diese Aufgabe mit Zwang gegenüber dem Kind erfüllen zu wollen. Eine Rechtsgrundlage dafür existiert folgerichtig auch nicht. Der Verfahrensbeistand hat also zu akzeptieren, wenn das Kind die Mitarbeit verweigert oder zu keiner Willensbekundung bereit ist.

337 Ansonsten ist der vom Kind geäußerte Wille dem Gericht möglichst wortgetreu mitzuteilen. Bei der Anhörung des Kindes durch das Gericht hat der zur Anwesenheit berechtigte und zum Anhörungstermin zu ladende Verfahrensbeistand (§ 159 Abs. 4 Satz 3 FamFG)[74] sicherzustellen, dass das Kind auch Gelegenheit hat, seine Sicht der Dinge, seine Wünsche, Ängste und Zukunftsvorstellungen dem Gericht mit seinen eigenen Worten und Gesten vorzutragen. Nur so erfährt das Gericht möglichst unverfälscht von den für die Beurteilung der Persönlichkeit und der Person des beteiligten Kindes wesentlichen Umständen.

2. Zugang des Verfahrensbeistands zum Kind gegen den Willen der Sorgeberechtigten?

338 Zur sachgerechten Aufgabenerfüllung einer Verfahrensbeistandschaft gehört grundsätzlich der persönliche Kontakt des Verfahrensbeistandes zum betroffenen Kind. Dabei steht dem Verfahrensbeistand ein Ermessensspielraum zu, ob, wie und wie oft er Kontakt zum Kind aufnimmt.[75]

Der Verfahrensbeistand kann aber nicht an Stelle und gegen den Willen der Sorgeberechtigten anordnen, dass er Zugang zu dem verfahrensbetroffenen Kind bekommt, damit er es sehen, sich einen unmittelbaren Eindruck von ihm verschaffen und es befragen kann.[76] Soweit dem Verfahrensbeistand der Zugang zum Kind von den Sorgeberechtigten verweigert wird, kann – mangels Rechtsgrundlage – auch das Gericht keine verfahrensleitende Verfügung erlassen, die die Sorgeberechtigten dazu anhält, das Kind dem Verfahrensbeistand zuzuführen bzw. die Kontaktaufnahme des Verfahrensbeistands zum Kind zu dulden.

---

72 Vgl. RegE zum Betreuungsgesetz, BT-Drucks. 11/4528, S. 171, zur insoweit gleichlautenden Vorschrift des § 67 Abs. 1 Satz 1 FGG aF.
73 Vgl. Stadler/Salzgeber, FPR 1999, 329, 336.
74 Vgl. BT-Drucks. 16/9733, S. 369; Keidel/Engelhardt, § 159 FamFG Rn. 16.
75 OLG Braunschweig, Beschluss vom 28.7.2018, 2 UF 57/18, juris.
76 KG ZKJ 2008, 120; OLG Brandenburg FamRZ 2000, 1295, 1296; Keidel/Engelhardt, § 158 FamFG Rn. 25; Söpper, FPR 2001, 269, 271; a.A. Fricke, ZfJ 1999, 51, 56; Schön, FuR 2001, 349, 353.

339 Allerdings sollte der Verfahrensbeistand bei Vorliegen der Voraussetzungen des § 8a SGB VIII **(Schutzauftrag des Jugendamtes bei Kindeswohlgefährdung)** das Jugendamt zur Abschätzung des Gefährdungsrisikos einschalten mit dem Ziel, das FamG nach § 8a Abs. 3 SGB VIII anzurufen, wenn die Sorgeberechtigten auch nach Intervention des Jugendamtes nicht bereit oder nicht in der Lage sind, bei der Abschätzung des Gefährdungsrisikos für das Kind mitzuwirken. In diesem Falle ist das Jugendamt verpflichtet, das Kind nach § 42 SGB VIII in Obhut zu nehmen oder Einrichtungen der Gesundheitshilfe bzw. die Polizei einzuschalten, wenn eine dringende Gefahr für das Kind besteht und die Entscheidung des FamG nicht abgewartet werden kann.

340 In aller Regel genügt es aber bereits, dass das Gericht die Sorgeberechtigten des Kindes bzw. deren Verfahrensbevollmächtigten eindringlich auf die Notwendigkeit eines Kontaktes zwischen Verfahrensbeistand und Kind schon vor bzw. bei der Bestellung des Verfahrensbeistands oder nochmals im laufenden Verfahren hinweist. Ausnahmsweise recht es dem Verfahrensbeistand auch aus, mit dem Kind im Rahmen einer – erforderlichenfalls vom Verfahrensbeistand angeregten – (erneuten) richterlichen Anhörung des Kindes nach § 159 FamFG Kontakt aufnehmen und mit ihm sprechen zu können. Die Anwesenheit des Verfahrensbeistands bei einer solchen richterlichen Anhörung können die Sorgeberechtigten jedenfalls nicht verhindern.

341 Im Falle einer völligen Verweigerung des Kontaktes könnte den Sorgeberechtigten zwar das Recht zur Vertretung des Kindes im Verfahren entzogen und auf eine andere Person als Ergänzungspfleger übertragen werden, §§ 1796 Abs. 2, 1629 Abs. 2 Satz 3, 1909 BGB. Voraussetzung dafür ist aber, dass das Interesse des Minderjährigen zum Interesse der Sorgeberechtigten „in erheblichem Gegensatz steht". Dass dies grundsätzlich der Fall sein mag, wenn Sorgeberechtigte den Kontakt des Verfahrensbeistands zum Kind verweigern, rechtfertigt einen Sorgerechtsentzug nicht. Der erhebliche Interessengegensatz muss vielmehr konkret festgestellt werden, die bloße Möglichkeit eines solchen reicht nicht aus.[77]

342 Im Regelfall wird der (teilweise auf die Vertretung des Kindes im Verfahren oder gegenüber dem Gutachter gerichtete) Entzug des Sorgerechts allerdings auch aus anderen Gründen nicht geeignet sein, den Verfahrensbeistand zum Ziel gelangen zu lassen, das Kind sehen zu können oder die Einwilligung des Kindes zur Teilnahme an der Begutachtung oder zur Aussage im Rahmen der persönlichen richterlichen Anhörung nach § 159 FamFG herbeizuführen: Wegen des Eingriffes in das nach Art. 6 Abs. 2 GG geschützte Sorgerecht stehen den Sorgerechtsinhabern sämtliche Rechtsmittel und letztendlich die Verfassungsbeschwerde gegen den Teilsorgerechtsentzug zur Verfügung. Die endgültige Entscheidung über den vom Verfahrensbeistand ausgelösten Zwischenstreit wäre also regelmäßig auf lange Zeit vertagt und würde eine zeitnahe Entscheidung im Ausgangsverfahren, in dem der Verfahrensbeistand bestellt wurde, unmöglich machen.

---

[77] Palandt/Diederichsen, § 1629 BGB Rn. 13 ff., § 1796 BGB Rn. 2, unter Hinweis auf OLG Frankfurt, NJW-RR 2005, 1382. vgl. auch OLG Stuttgart FamRZ 1983, 831.

Axel Bauer

343 Der Verfahrensbeistand muss sich bewusst sein, dass das Gericht zu solchen Konflikt verschärfenden Interventionen den Sorgeberechtigten gegenüber nur in absoluten Ausnahmefällen bereit sein wird. Vielleicht will sich das Gericht ja auch mit der Verweigerungshaltung der Sorgeberechtigten abfinden und dieses Verhalten der Sorgeberechtigten inzident bei der Endentscheidung über den Ausgang des Verfahrens berücksichtigen und würdigen. Vielleicht aber sieht das Gericht bei einem bestimmten Verfahrensstand eine Intervention im Sinne des Verfahrensbeistands auch nicht mehr als entscheidungserheblich an und will darauf verzichten. Im Einzelfall mag es aber auch Erfolg versprechende Interventionsmöglichkeiten Dritter (z.B. von Verwandten der Sorgeberechtigten) oder z.B. des Jugendamtes, von Mitarbeitern von Beratungsstellen etc. geben, die eine gerichtliche Intervention entbehrlich machen.

3. Verhältnis des Kindes zum Verfahrensbeistand

344 Die Auswahl eines geeigneten Verfahrensbeistands steht im pflichtgemäßen Ermessen des den Verfahrensbeistand bestellenden Gerichts. Ein Recht auf Auswahl des Verfahrensbeistands steht dem Kind nach § 158 FamFG nicht zu. Folglich steht dem Kind – ebenso wenig wie auch den sonstigen Verfahrensbeteiligten einschließlich der gesetzlichen Vertreter des Kindes – auch **kein förmliches Ablehnungsrecht** gegenüber dem Verfahrensbeistand zu. Die Vorschriften über die Ablehnung von Gerichtspersonen und von Sachverständigen (§ 6 FamFG, §§ 41 bis 49, 406 ZPO) finden auf Verfahrensbeteiligte wie den Verfahrensbeistand (§ 158 Abs. 3 Satz 2 FamFG) keine Anwendung.[78] Ist eine unüberbrückbare Ablehnung des Verfahrensbeistands durch das Kind festzustellen, kommt – mit Zustimmung des Verfahrensbeistands – allerdings ausnahmsweise ein Wechsel in der Person des Verfahrensbeistands in Betracht.[79]

345 Die Pauschalentschädigung nach § 158 Abs. 7 Satz 2 ff. FamFG fällt in diesem Fall für beide Verfahrensbeistände an, da die genannte Regelung Ausnahmetatbestände nun einmal nicht vorsieht. Das Gericht hat aber die Möglichkeit, die Kosten für einen Verfahrensbeistand niederzuschlagen, damit die Kostenschuldner nicht Kosten für beide Verfahrensbeistände zu tragen haben. In diesem Falle trägt dann die Staatskasse die Kosten für einen Verfahrensbeistand.

346 Eine angemessene Interessenvertretung vor Gericht setzt den Aufbau eines tragfähigen Verhältnisses des Verfahrensbeistands zu dem von ihm vertretenen Kind voraus. Die dazu erforderliche Vorgehensweise hat allein der Verfahrensbeistand zu bestimmen. Er sollte allerdings darauf achten, dem Kind gegenüber keine uneinlösbaren Versprechungen im Hinblick auf mögliche Entscheidungen des Gerichts, des Jugendamtes, der Sorgeberechtigten etc. zu machen oder beim Kind unangemessene Beziehungserwartungen aufkommen zu lassen. Auch sollte er sich nicht

---

[78] OLG Braunschweig, Beschluss vom 28.7.2018, 2 UF 57/18, juris; KG Berlin, ZKJ 2014, 285, unter Hinweis auf OLG Hamm FamRZ 2008, 427 sowie Menne, ZKJ 2008, 111 ff.
[79] Marquardt, MDR 2000, 1323, 1324, unter Hinweis auf OLG Köln FamRZ 2001, 845; OLG Stuttgart OLGR 2001, 305; OLG Düsseldorf FPR 1999, 355.

als Konfliktlöser der Familie präsentieren.[80] Je nach Alter und Einsichtsfähigkeit des Kindes hat der Verfahrensbeistand dessen Vertretung vor Gericht mit ihm abzustimmen.

Wird dem Verfahrensbeistand zu Beginn oder während der Vertretung klar, dass ein Kind eine Abneigung gegen ihn hat, **347**

> „wegen der es sich nicht anvertrauen kann, und dass diese trotz aller Bemühungen bestehen bleibt, sollte eine vorzeitige Aufhebung der Bestellung in Betracht gezogen werden. Bezieht sich die Ablehnung des Kindes nicht primär auf die eigene Person, lassen sich aus ihr hingegen Hinweise zum Verständnis seiner Beziehungserfahrungen folgern. Ein Abbruch der Vertretung erscheint dann kaum angebracht."[81]

VI. Stellung des Verfahrensbeistands gegenüber dem Jugendamt

Allein den Interessen des verfahrensbetroffenen Kindes verpflichtet, hat der Verfahrensbeistand eine dem Jugendamt gegenüber unabhängige Stellung im Verfahren, die er für das betroffene Kind voll zur Geltung bringen kann und soll. Ebenso hat das Jugendamt eine vom Verfahrensbeistand unabhängige Funktion im Verfahren, nämlich die, als sozialpädagogische Fachbehörde nach § 50 Abs. 2 SGB VIII Gesichtspunkte des Kindeswohles in das jeweilige Verfahren einzubringen und bei Entscheidungen, die dem Wohle des Kindes nicht gerecht werden, die ihm als Amt – unabhängig von der Verfahrensbeistandschaft – zur Verfügung stehenden Rechtsmittel zu ergreifen (vgl. § 162 Abs. 3 FamFG). Beide Verfahrensbeteiligten (§§ 158 Abs. 3 Satz 2, 162 Abs. 2 FamFG; das Jugendamt wird – außer in Verfahren nach §§ 1666, 1666a BGB – nur auf eigenen Antrag zum förmlich Beteiligten) handeln also frei von Weisungen der jeweils anderen Seite.[82] **348**

Der Verfahrensbeistand soll – wenn nötig – auch darauf hinwirken, dass das Jugendamt das Kind mit allen zu Gebote stehenden Mitteln unterstützt.[83] Es ist aber nicht Aufgabe des Verfahrensbeistands oder des Jugendamtes, anstelle des jeweils anderen Verfahrensbeteiligten zu agieren, wenn dieser seiner Aufgabe nicht in vollem Umfange nachkommt. Zu verschieden sind die den Verfahrensbeteiligten vom Gesetz jeweils zugewiesenen Aufgaben und Funktionen. Jede Rollenvermischung kann nicht nur zur Konfusion auf Seiten des Kindes und der Sorgeberechtigten führen und unnötige Konflikte zwischen Verfahrensbeistand und Jugendamt erzeugen, sondern verwischt auch die eigenständige Rolle und Aufgabenstellung der Verfahrensbeistandschaft. Bitten der Gerichte an den Verfahrensbeistand, anstelle des Jugendamtes dessen Aufgaben oder die freier Träger der Jugendhilfe mit **349**

---

80 Stadler/Salzgeber, FPR 1999, 329, 332.
81 So Pkt. 1.3 der Standards für VerfahrenspflegerInnen der BAG Verfahrenspflegschaft für Kinder und Jugendliche e.V. in der Fassung von 2001, abgedruckt in diesem Handbuch in Teil 6, Rn. 2025 ff.
82 OLG Frankfurt a.M., Beschluss vom 23.2.2000, 2 WF 32/00 (veröffentlicht auf hefam.de). Zur Beteiligtenstellung des Jugendamtes vgl. Lack, ZKJ 2010, 189 ff.; Heilmann, FamRZ 2010, 1391 ff.
83 OLG Frankfurt, Beschluss vom 23.2.2000, 2 WF 32/00 (veröffentlicht auf hefam.de).

Axel Bauer

wahrzunehmen (z.B. Umgangskontakte zu begleiten, Erziehungsberatung zu leisten etc.), sollte der Verfahrensbeistand aus den genannten Gründen entgegentreten.

350 Da der Verfahrensbeistand nicht gesetzlicher Vertreter des Kindes ist, kann er nicht an Stelle der Sorgeberechtigten für das Kind Leistungen nach dem SGB VIII beim Jugendamt beantragen oder Auskünfte verlangen. Er kann und soll das Jugendamt – soweit aus Sicht des beteiligten Kindes entscheidungserheblich – aber z.B. dazu auffordern, ihm alle Informationen, die auf eine Gefährdung des Kindes hinweisen, zur Verfügung zu stellen und mitzuteilen, welche Hilfen nach dem SGB VIII es erbracht oder angeboten hat oder aus welchen Gründen auf ein solches Angebot verzichtet worden ist. Falls erforderlich, soll der Verfahrensbeistand auf das Gericht einwirken, damit es das Jugendamt dazu veranlasst, seine Stellungnahme im jeweiligen Verfahren fachlich näher zu begründen, den erstellten **Hilfeplan** (§ 36 Abs. 2 Satz 2 SGB VIII) zur Akte zu reichen etc.[84]

351 An Hilfeplangesprächen des Jugendamtes kann er jedenfalls nicht an Stelle der Sorgeberechtigten als gesetzlicher Vertreter des Kindes teilnehmen. Ob ihm als Verfahrensbeistand des betroffenen Kindes ein Recht zur Teilnahme daran zusteht, ist nicht ausdrücklich geregelt. Das VG Gelsenkirchen[85] hat ein solches auf dem Verwaltungsgerichtsweg einklagbares Teilnahmerecht mangels Rechtsgrundlage verneint. Es hängt also von der Kooperationsbereitschaft des jeweiligen Jugendamtes ab, ob eine Teilnahme an solchen Gesprächen zustande kommt oder nicht. Nicht selten begrüßen Jugendämter die Bereitschaft von Verfahrensbeiständen, an Hilfeplangesprächen teilzunehmen.

352 Einsicht in Akten des Jugendamtes wird der Verfahrensbeistand – wenn überhaupt – im Streitfall nur auf Umwegen erzwingen können.[86] Die Zivilgerichte einschließlich der Familien- und Betreuungsgerichte wären für eine Klage auf Akteneinsicht sachlich nicht zuständig. Vielmehr ist der Rechtsweg zu den Verwaltungsgerichten gegeben, die sich bislang allerdings mit dieser in der Literatur hoch umstrittenen Frage noch nicht unter dem spezifischen Aspekt der Kindeswohlgefährdung im Kontext der Wahrnehmung des staatlichen Wächteramtes befasst haben.[87]

353 Werden Auskünfte aus Akten des Jugendamtes verweigert (z.B. Hilfepläne gem. § 36 Abs. 2 Satz 2 SGB VIII nicht vorgelegt), sollte sich der Verfahrensbeistand an das Familiengericht mit der Anregung wenden, die gewünschten Auskünfte beim Jugendamt anzufordern bzw. Mitarbeiter des Jugendamtes dazu zu hören oder förmlich als Zeugen zu vernehmen.

---

84 Wiesner/Schmid-Obkirchner, SGB VIII, § 36 Rn. 87.
85 JAmt 2002, 524.
86 Vgl. § 25 SGB X, §§ 61, 63, 67 KJHG i.V.m. § 83 SGB X; vgl. auch BVerwG NJW 1989, 2960 (für die Einsicht in Kranken- und Psychiatrieakten).
87 Wiesner/Mörsberger, Anhang § 61 SGB VIII, § 83 SGB X Rn. 1 f.; zur Problematik vgl. auch Münder u.a., 2000, S. 220 ff.; Fischer in Schellhorn, SGB VIII/KJHG, §§ 61–68; Kunkel, LPK–SGB VIII, § 61 Rn. 106 ff., 229 ff., § 68 Rn. 10 ff.

VII. Stellung des Verfahrensbeistands gegenüber dem Sachverständigen

Sachverständiger und Verfahrensbeistand haben im gerichtlichen Verfahren unterschiedliche Funktionen: Eine sachverständige Empfehlung wird vom Verfahrensbeistand nicht erwartet. Er hat vielmehr nicht nur den Kindeswillen in das Verfahren einzubringen, sondern er „hat das Interesse des Kindes festzustellen und im gerichtlichen Verfahren zur Geltung zu bringen" (§ 158 Abs. 4 S. 1 FamFG). Das „Interesse des Kindes" umfasst dabei nicht nur den Willen des Kindes, sondern auch dessen Wohl. Der Sachverständige agiert demgegenüber neutral und bringt besonderen Sachverstand in das Verfahren ein, wenn die bisherigen Ermittlungen des Gerichts unter Hinzuziehung u. a. des Verfahrensbeistandes und des Jugendamtes noch zu keiner zuverlässigen Grundlage für eine am Kindeswohl orientierte Entscheidung bieten.

354

Alternativen zur Einholung eines Sachverständigengutachtens (vgl. § 163 Abs. 1 FamFG zur Qualifikation des Gutachters[88]) muss der Verfahrensbeistand kritisch auch wegen der Belastungen des Kindes durch die Begutachtung und wegen des Zeitaufwandes für die Erstellung des Gutachtens prüfen. Ob unter Berücksichtigung des kindlichen Zeitempfindens und der besonderen Lebenssituation des Kindes die Einholung eines Gutachtens angemessen ist, um den Belangen des Kindeswohles gerecht zu werden, hat der Verfahrensbeistand ebenfalls kritisch zu hinterfragen. Auf die nach § 30 FamFG i. V. mit § 411 ZPO dem Sachverständigen durch das beauftragende Gericht zu setzende **Frist zur Fertigstellung und Einreichung eines schriftlichen Gutachtens** sollte der Verfahrensbeistand in dem genannten Sinne Einfluss nehmen.

355

Er sollte auch dazu Stellung nehmen, ob der Sachverständige nach § 163 Abs. 2 FamFG bei der Erstellung des Gutachtens auch auf die **Herstellung eines Einvernehmens zwischen den Beteiligten** hinwirken soll oder nicht. Zeitliche Verzögerungen durch diesen Zusatzauftrag werden gegenüber den Chancen und Risiken eines solchen Sonderauftrages abzuwägen sein.[89] In Fällen einer akuten oder wiederholten Kindeswohlgefährdung (z.B. Misshandlung, sexueller Missbrauch, Vernachlässigung, eine das Kindeswohl beeinträchtigende krankhafte Persönlichkeitsstörung, Drogensucht) sollte die Zusatzbeauftragung des Sachverständigen unterbleiben; das Gericht ist in diesen Fällen vielmehr auf eine zügige, alle Maßnahmen zum Schutz des Kindes treffende Verfahrensführung hinzuweisen.[90]

356

Welcher Sachverständige zum Gutachter bestellt wird, ist regelmäßig von großer Bedeutung für das weitere Verfahren. Auf die **Qualifikation** des auszuwählenden Gutachters sollte größter Wert gelegt werden. In Verfahren über die elterliche Sorge, das Umgangsrecht und die Herausgabe eines Kindes i.S.d. § 151 Nr. 1 bis 3 FamFG soll der Sachverständige mindestens über eine psychologische, psycho-

357

---
88 Hierzu Lack/Hammesfahr, Psychologische Gutachten im Familienrecht, Rn. 41 ff., 202 ff.
89 Vgl. zu Einzelheiten BT-Drucks. 16/6308, S. 242; Balloff FPR 2011, 12, 13.
90 Keidel/Engelhardt, § 163 FamFG Rn. 10; Balloff FPR 2011, 12, 13.

therapeutische, kinder- und jugendpsychiatrische, psychiatrische, ärztliche, pädagogische oder sozialpädagogische Berufsqualifikation verfügen. Bei einer pädagogischen oder sozialpädagogischen Berufsqualifikation ist zusätzlich der Erwerb ausreichender diagnostischer und analytischer Kenntnisse durch eine anerkannte Zusatzqualifikation nachzuweisen, vgl. § 163 Abs. 1 FamFG. Der Verfahrensbeistand sollte personelle Gegenvorschläge machen, wenn gegen die vom Gericht als Sachverständiger in Aussicht genommene Person Bedenken bestehen (vgl. zu Einzelheiten § 163 Abs. 1, §§ 29, 30 FamFG in Verbindung mit § 404 ZPO). Besteht die Besorgnis der Befangenheit des Sachverständigen, ist der Ablehnungsantrag umgehend vor der Vernehmung des Sachverständigen zu seinem Gutachten, spätestens jedoch binnen zwei Wochen nach Verkündung oder Zustellung des Beschlusses bzw. der Verfügung über die Ernennung des Sachverständigen bei Gericht zu stellen (vgl. zu Einzelheiten § 30 Abs. 1 FamFG i. V. mit § 406 ZPO).

358 Die vom Sachverständigen zu begutachtende Fragestellung[91] wird vom Gericht festgelegt (§ 30 Abs. 1 FamFG i. V. mit § 404a ZPO). Es ist die Pflicht des Verfahrensbeistands, den Inhalt des Begutachtungsauftrages zu prüfen und gegebenenfalls bei Gericht auf eine Abänderung und Ergänzung hinzuwirken, wenn und soweit dies im Interesse des Kindes erforderlich ist.

359 Die psychologische Begutachtung bedarf als Eingriff in das Persönlichkeitsrecht des Kindes dessen Einwilligung und der seiner/seines Sorgeberechtigten. Die Einwilligung des einwilligungsfähigen Kindes kann nicht ersetzt werden.[92] Feste Altersgrenzen für das Bestehen der nötigen Verstandesreife und Einsichtsfähigkeit in die Bedeutung der Begutachtung existieren nicht. Hat das Kind das 14. Lebensjahr erreicht, kann hiervon aber regelmäßig ausgegangen werden. Der Verfahrensbeistand hat daher das von ihm im Verfahren vertretene Kind über diese Rechtslage kindgemäß aufzuklären, § 158 Abs. 4 Satz 2 FamFG. Falls das Kind die Begutachtung tatsächlich verweigert, sollte dies dem Gericht umgehend mitgeteilt werden.

360 Das Sachverständigengutachten hat der Verfahrensbeistand im Hinblick auf die Vollständigkeit des entscheidungserheblichen Sachverhaltes, Verstöße gegen die Denkgesetze, die Nachvollziehbarkeit und das zur Beurteilung des erhobenen Datenmaterials angewandte Verfahren etc. einer kritischen Beurteilung zu unterziehen.[93] Gegen- oder Obergutachter ist der Verfahrensbeistand damit aber keinesfalls, selbst dann nicht, wenn und soweit er im Einzelfall tatsächlich über die dafür erforderliche Sachkunde und berufliche Erfahrung verfügen sollte. Eine entsprechende Position sollte der Verfahrensbeistand nicht ansatzweise einnehmen, einen dementsprechenden Eindruck bei den anderen Verfahrensbeteiligten erst gar nicht aufkommen lassen. Zu verschieden ist die Funktion des Gutachters als „Gehilfe des Richters" gegenüber der Aufgabe des Verfahrensbeistands als Interessenvertreter

---

91 Hierzu Lack/Hammesfahr, Psychologische Gutachten im Familienrecht, Rn. 59 ff.
92 OLG Stuttgart OLGZ 1975, 132; OLG München FamRZ 1984, 75; OLG Karlsruhe FamRZ 1993, 1479, 1480; vgl. auch Marquardt in der Anm. zu OLG Naumburg MDR 2000, 1322, 1323, 1324.
93 Zu den inhaltlichen und formalen Anforderungen eines psychologischen Sachverständigengutachtens Lack/Hammesfahr, Psychologische Gutachten im Familienrecht, Rn. 170 f.

des Kindes im gerichtlichen Verfahren. Gleichwohl ist er berechtigt, ergänzende Fragestellungen an das Gericht zu übermitteln und im Termin zur Erörterung des Gutachtens vorzubringen. Die Stellungnahme des Verfahrensbeistands sollte so verfasst sein, dass sie nicht mit einer gutachterlichen Stellungnahme verwechselt werden kann. In der Praxis nicht selten zu beobachtenden Funktionalisierungstendenzen der Justiz, der Verfahrensbeistand möge doch „im Interesse des Kindes eine gutachterliche oder sachverständige Beurteilung der Sachlage vornehmen", muss der Verfahrensbeistand aus Gründen der Rollenklarheit entschieden und konsequent entgegentreten.

Sollte im seltenen Einzelfall ein ergänzendes Gutachten oder ein Obergutachten nach Auffassung des Verfahrensbeistands erforderlich sein[94], ist ein entsprechender Antrag mit den maßgebenden gutachtlichen Fragestellungen an das Gericht zu stellen. Auch hierbei wird der Verfahrensbeistand die dadurch eintretenden Belastungen – auch durch die zeitliche Verzögerung – für das Kind berücksichtigen und sorgfältig Alternativen zu einem weiteren Gutachten prüfen müssen. So kann es ausreichend sein, dass der Erstgutachter sein Gutachten im Verhandlungstermin mündlich erläutert und ergänzt oder zusätzlich sachverständige Zeugnispersonen zu ihren besondere Sachkunde voraussetzenden Feststellungen vernommen werden (§ 414 ZPO: Erzieher, Krankenpfleger, Therapeuten, Ärzte etc.). Die entscheidungserheblichen Fragen sollte der Verfahrensbeistand dem Gericht schriftlich vorab mitteilen mit dem förmlichen Antrag, den Gutachter zur Erläuterung und Ergänzung seines Gutachtens oder den Zeugen zur Einvernahme zur mündlichen Verhandlung zu laden. Auf eine dem kindlichen Zeitempfinden entsprechende Fristsetzung des Gerichts gegenüber dem Gutachter zur Einreichung des Gutachtens nach § 30 FamFG i. V. mit § 411 ZPO sollte der Verfahrensbeistand hinwirken.

361

▶ **Zum Verhältnis des Verfahrensbeistands zum Gutachter siehe auch Teil 5 C Rn. 1997 ff.**

VIII. Stellung des Verfahrensbeistands gegenüber dem Gericht

1. Aufgaben des Gerichts

Das Gericht ist von Amts wegen verpflichtet, die Interessen aller Beteiligten in einem Konfliktfall zu berücksichtigen, also neben den Kindesinteressen insbesondere auch diejenigen der Eltern (vgl. Art. 6 GG). Zwar ist der Richter zur Wahrung des Kindeswohles und damit zu einer vorrangigen Berücksichtigung der Interessen des Kindes verpflichtet; eine Interessenwahrnehmung durch den Verfahrensbeistand kann hierdurch aber nicht ersetzt werden, weil der Richter Neutralität wahren muss.[95] In Fällen eines erheblichen Interessengegensatzes zwischen dem Kind und seinen gesetzlichen Vertretern wird der Verfahrensbeistand somit bestellt, um

362

---

94 Hierzu Lack/Hammesfahr, Psychologische Gutachten im Familienrecht, Rn.176 f.
95 BT-Drucks. 13/4899, S. 130; BVerfG FamRZ 1999, 85, 87; Salgo (1996), S. 41 f.; Bauer/Schaus, epd-Dokumentation 19/1998, 24, 25.

allein die Interessen des Kindes in das Verfahren einzubringen.[96] Die Übertragung der Zusatzaufgabe des Verfahrensbeistandes nach § 158 Abs. 4 Satz 3 FamFG, Gespräche mit den Eltern und weiteren Bezugspersonen des Kindes zu führen und am Zustandekommen einer einvernehmlichen Regelung des Verfahrensgegenstandes mitzuwirken, sollte zur Sicherung der Fachlichkeit der verfahrensbeistandschaftlichen Tätigkeit regelmäßig erfolgen.

363 Das Gericht ist in allen durch § 158 Abs. 1 FamFG berührten Verfahren nach § 26 FamFG zur Ermittlung des entscheidungserheblichen Sachverhaltes von Amts wegen verpflichtet (**Amtsermittlungspflicht**). Das Gericht hat sich deshalb eine möglichst zuverlässige Grundlage für eine am Kindeswohl orientierte Entscheidung zu verschaffen.[97]

Dazu gehört es als besondere Art der Sachaufklärung und zur Gewährleistung einer kindeswohlorientierten Entscheidungsfindung (§ 1697a BGB), das Kind persönlich richterlich anzuhören, § 159 FamFG. Die Pflicht zur **Anhörung des Kindes** hat Verfassungsrang[98], sie schützt die Stellung des Kindes als Subjekt im Verfahren[99] als auch seine Grundrechte aus Art. 6 Abs. 2, Art. 2 Abs. 1 GG und sein verfassungsrechtlich verbürgtes Recht auf Gewährung rechtlichen Gehörs, Art. 103 Abs. 1 GG.[100]

Kinder ab Vollendung des **14. Lebensjahres** sind gemäß § 159 Abs. 1 Satz 1 FamFG zwingend anzuhören, das gilt aber auch bereits für Kinder ab Vollendung des **dritten Lebensjahres** nach § 159 Abs. 2 1. Alt. FamFG, da Neigungen, Bindungen und der Wille des Kindes für die Entscheidung über das Sorgerecht und den Umgang regelmäßig von wesentlicher Bedeutung für eine am Kindeswohl ausgerichtete Entscheidung sind.[101] Auch wenn kleinere Kinder einen eigenständigen Willen noch nicht bilden können, können sie aber ggf. durchaus Wünsche, Tendenzen und Präferenzen oder auch Aversionen erkennen lassen, die für die gerichtliche Entscheidung von Bedeutung sind.[102] Sich von einem kleinen Kind einen persönlichen richterlichen Eindruck zu verschaffen, kann nach § 159 Abs. 2, 2. Alt. FamFG („Anhörung aus sonstigen Gründen") insbesondere auch erforderlich sein, um überhaupt beurteilen zu können, ob das Kind bereits in der Lage ist, einen eigenen Willen zu bilden und zum Ausdruck zu bringen.[103] Von einer persönlichen richterlichen Anhörung des Kindes darf das Gericht nach § 159 Abs. 3

---

96 Vgl. BT-Drucks. 13/4899, S. 129 ff.; BVerfG a.a.O.
97 BVerfGE 55, 171 = FamRZ 1981, 124; ZKJ 2009, 207 = FamRZ 2009, 399; BGH FamRZ 2010, 720.
98 BVerfG FamRZ 2008, 1737; FamRZ 2007, 1078; Keidel/Engelhardt, § 159 FamFG Rn. 1, 2.
99 OLG Oldenburg FamRZ 2010, 44.
100 BGH FamRZ 1985, 169, 172.
101 BVerfG FamRZ 2010, 1622; FamRZ 2007, 1078; OLG Braunschweig, Beschluss vom 28.7.2018, 2 UF 57/18, juris; OLG München FamRZ 2015, 602; OLG Hamm FamRZ 2011, 55; OLG Frankfurt FamRZ 1998, 1042.
102 Keidel/Engelhardt, § 159 FamFG Rn. 8, unter Hinweis auf BayObLG FamRZ 1997, 223, und OLG Köln FamRZ 1980, 1153.
103 Keidel/Engelhardt a.a.O., Rn. 9, unter Hinweis auf BT-Drucks. 7/2728, S.73; BayObLG FamRZ 1995, 185.

FamFG nur „aus **schwerwiegenden Gründen**" absehen. Das kann etwa der Fall sein, wenn die gerichtliche Anhörung mit zusätzlicher Gefahr für das Kindeswohl verbundenem Zwang gegenüber dem betreuenden Elternteil durchgesetzt werden müsste und mit Hilfe anderer Informationen (u.a. aus Schilderungen des Verfahrensbeistandes über Kontakte mit dem Kind) die Neigungen, Bindungen und der Wille des Kindes verlässlich festgestellt werden können.[104] Aus vielerlei Gründen kommen Gerichte ihrer sog. Amtsermittlungspflicht nicht selten nur in begrenztem Umfang nach[105]. Auch die persönliche richterliche Anhörung des Kindes wird nicht selten unter Hinweis auf die angeblich nicht mögliche oder keinen Erkenntnisgewinn versprechende Anhörung gerade von kleineren Kindern unterlassen. Dasselbe gilt für die Beachtung des Vorrang- und Beschleunigungsgebotes nach § 155 FamFG.

364 In diesen Fällen ist es die Aufgabe des Verfahrensbeistands, das Gericht auf die Erfüllung seiner Pflichten hinzuweisen, indem er auf die noch ermittlungsbedürftigen Tatsachen, die Pflicht zur richterlichen Anhörung des Kindes und das Beschleunigungsgebot aufmerksam macht. Autoritätsgläubigkeit gegenüber niemandem, auch nicht dem Gericht gegenüber, ist im Übrigen das richtige Motto, wenn es darum geht, mit Durchsetzungs- und Beharrungsvermögen die Interessen des Kindes vor Gericht effektiv wahrzunehmen.[106]

365 Das Gericht sollte es als seine Aufgabe verstehen, dem von ihm für die Interessenvertretung des Kindes bestellten Verfahrensbeistand den Rücken zu stärken und die sonstigen Verfahrensbeteiligten ggf. deutlich darauf hinzuweisen, dass ihnen nicht das Recht zusteht, den Verfahrensbeistand wegen Befangenheit abzulehnen. Denn die Vorschriften über die Ablehnung von Gerichtspersonen und von Sachverständigen (§ 6 FamFG, §§ 41-49, 406 ZPO) finden auf Verfahrensbeteiligte wie den Verfahrensbeistand (§ 158 Abs. 3 Satz 2 FamFG) keine Anwendung.[107] Das Gericht sollte in Konfliktfällen vielmehr deutlich darauf hinweisen, dass der Verfahrensbeistand lediglich dem Interesse des Kindes verpflichtet ist, das er als unabhängiger Verfahrensbeteiligter i.S.d. § 7 FamFG engagiert zu vertreten und im Verfahren zur Geltung zu bringen hat, § 158 Abs. 4 S. 1 FamFG.[108] Und dass er – anders als beispielsweise ein Sachverständiger – nicht zur Neutralität verpflichtet ist. Dass sich daraus Konflikte mit anderen Verfahrensbeteiligten ergeben können, liegt in der Natur der Sache und kann deshalb auch nicht als Beleg für eine vermeintlich nicht ordnungsgemäße Aufgabenerfüllung herangezogen werden.[109] Das Gericht muss darauf achten, den Verfahrensbeistand in seiner Rolle als parteilicher Vertreter des Kindes zu respektieren und diese Funktion bei Anwendung des § 158 Abs. 4 Satz 4

---

104 OLG Braunschweig, Beschluss vom 28.7.2018, 2 UF 57/18, juris.
105 So z.B. auch im sog. „Staufener Missbrauchsfall", vgl. hierzu Salgo, ZKJ 2018, 168 (169).
106 Vgl. auch Bauer, Was macht den guten Anwalt des Kindes aus?, Protokolldienst Nr. 4/2000 der Evangelischen Akademie Bad Boll.
107 OLG Braunschweig, Beschluss vom 28.7.2018, 2 UF 57/18, juris.
108 Vgl. auch OLG Braunschweig, Beschluss vom 28.7.2018, 2 UF 57/18, juris.
109 KG, ZKJ 2014, 285, 289; OLG Hamm FamRZ 2008, 427.

FamFG (konkrete Festlegung der Art und des Umfanges der Beauftragung des Verfahrensbeistandes) nicht mit rollenfremden Aufträgen zu belasten.

2. Verfahrensbeistand als unabhängiger Interessenvertreter des Kindes

366 In Fällen eines erheblichen Interessengegensatzes zwischen dem Kind und seinen gesetzlichen Vertretern wird der Verfahrensbeistand bestellt, um allein die Interessen des Kindes in das Verfahren einzubringen, § 158 Abs. 4 S. 1 FamFG.[110] Der Verfahrensbeistand ist unabhängiger Verfahrensbeteiligter i.S.d. § 7 FamFG, dessen Aufgaben in § 158 Abs. 4 FamFG abschließend geregelt sind. Aufgrund seiner Stellung als selbstständiger, eigenverantwortlich tätiger Verfahrensbeteiligter, der in seiner Tätigkeit nicht der Aufsicht oder Anleitung des Gerichts unterliegt, kommt bis zur Grenze des offensichtlichen Missbrauchs eine gerichtliche Überwachung seiner Arbeit nicht in Betracht.[111]

Der Verfahrensbeistand ist vielmehr lediglich dem Interesse des Kindes verpflichtet, das er einseitig, unabhängig und engagiert zu vertreten sowie im Verfahren zur Geltung zu bringen hat. Anders als beispielsweise ein Sachverständiger ist er nicht zur Neutralität verpflichtet. Es liegt grundsätzlich im Ermessen des Verfahrensbeistandes selbst, wie er die Interessen des Kindes wahrnimmt und wie er verfährt, um einen möglichst unverfälschten Eindruck vom Kind zu erlangen. Dazu gehört auch die Entscheidung, wie und wo er Kontakt zum Kind aufnimmt und es anhört.

Dass sich aus diesem Status bisweilen Konflikte mit anderen Verfahrensbeteiligten ergeben können, liegt in der Natur der Sache und kann deshalb auch nicht als Beleg für eine vermeintlich nicht ordnungsgemäße Aufgabenerfüllung herangezogen werden. Vielmehr ist zu beachten, dass ein Verfahrensbeistand, der im Falle eines Konfliktes mit anderen Verfahrensbeteiligten mit seiner Entlassung rechnen müsste, an der ordnungsgemäßen Ausübung seines Amtes gehindert sein könnte. Er kann nach alledem grundsätzlich nicht wegen der Art und Weise, in der er seine Tätigkeit ausübt, entlassen werden.[112]

367 Gleichwohl hat das Gericht darauf zu achten, dass dem Kind aus Untätigkeit, mangelnder Eignung oder einem offenkundigen Fehlverhalten seiner Vertretung kein Nachteil erwächst. Nur in diesen restriktiv anzunehmenden **Ausnahmefällen** ist das Gericht auch befugt, den Verfahrensbeistand zu entlassen und dessen Verfahrensbeistandschaft nach § 158 Abs. 6 aufzuheben.[113] Die Entscheidung des Verfahrensbeistandes, den Kontakt zum Kind ausschließlich außerhalb des Haushaltes

---

110 Vgl. RegE BT-Drucks. 13/4899, S. 129 ff.; BVerfG FamRZ 1999, 85, 87.
111 OLG Koblenz, Beschluss vom 20.08.2018, 9 UF 247/18, mit Nachweisen zu Rechtsprechung und Literatur; OLG Köln, NZFam 2016, 1051; KG ZKJ 2014, 285; KG FamRZ 2013, 46, 47; KG, ZKJ 2008, 120; Keidel/Engelhardt, § 158 FamFG Rn. 42.
112 OLG Koblenz, Beschluss vom 20.8.2018, 9 UF 247/18 – juris; OLG Braunschweig, Beschluss vom 28.7.2018, 2 UF 57/18 – juris; KG, Beschluss vom 19.2.2014, 17 UF 5/14 – juris, Rdnr. 25, m.w.N.
113 OLG Braunschweig, Beschluss vom 28.7.2018, 2 UF 57/18, juris: „Eng begrenzte Abberufungskompetenz"; KG ZKJ 2014, 285; KG, ZKJ 2008, 120; OLG Hamm FamRZ 2007, 2002.

des betreuenden Elternteiles vornehmen zu wollen, stellt keinen Pflichtverstoß dar, wenn hierfür ein sachlicher Grund (z.B. manipulierender Elternteil) vorliegt.[114]

Nach einer Entscheidung des OLG Karlsruhe[115] soll eine vorherige Aufhebung der Verfahrensbeistandschaft bzw. ein Wechsel in der Person des Verfahrensbeistands in Betracht kommen, wenn zwischen dem Verfahrensbeistand und einem Elternteil beidseitig unüberbrückbare, im Persönlichen begründete Differenzen bestehen, die eine fortgesetzte am Kindeswohl orientierte Wahrnehmung der Kindesinteressen, insbesondere auch die Durchführung der im Kindeswohl liegenden Gespräche des Verfahrensbeistands mit den Eltern, unmöglich erscheinen lassen. Dies soll etwa auch daraus resultieren, dass ein Verfahrensbeistand – berechtigt oder nicht – Strafanzeige gegen einen Elternteil erstattet hat. In diesen Fällen eines unüberbrückbaren Gegensatzes, der eine gedeihliche kindeswohlförderliche Gesprächsführung ausschließt, sei zumindest im Einzelfall nach objektiven Gesichtspunkten eine Aufhebung der Verfahrensbeistandschaft geboten.

Dass diese Entscheidung im Hinblick auf die **Unabhängigkeit des Verfahrensbeistands** gegenüber dem Gericht und gegenüber den Eltern des vom Verfahrensbeistand vertretenen Kindes nicht unproblematisch ist, liegt auf der Hand, eröffnet sie doch provozierendem und den Verfahrensbeistand aggressiv ablehnendem Verhalten der Eltern Tür und Tor, sich eines ihnen missliebigen Beistands entgegen der Interessenlage des Kindes zu entledigen. Hinzu kommt ggf. eine Verfahrensverzögerung infolge der Auswechslung des Verfahrensbeistandes. Die Entpflichtung des Verfahrensbeistandes sollte daher ein seltener Einzelfall bleiben. 368

Der vom Gesetzgeber gewollten unabhängigen Stellung des Verfahrensbeistands gerade auch dem Gericht gegenüber[116] widerspricht es, wenn dem Verfahrensbeistand vom bestellenden Gericht ein Wirkungskreis im Sinne eines Arbeitsauftrages erteilt wird, der in § 158 FamFG (vgl. vor allem die Absätze 1 und 4 der Norm) nicht vorgesehen ist.[117] Unzulässige, in der Gerichtspraxis aber immer wieder anzutreffende Zusatzaufträge wie „Begleitung bzw. Beförderung des Kindes zur gerichtlichen Anhörung", „Begleitung bzw. Beobachtung von Umgangskontakten eines Elternteiles mit dem Kind", „Sachkundige Stellungnahme zur Erziehungsfähigkeit eines Elternteiles" etc. sollten vom Verfahrensbeistand aus Haftungsgründen und aus Gründen der Rollenklarheit (der Verfahrensbeistand ist weder sachverständiger Gutachter noch Umgangsbegleiter oder Umgangspfleger) dem Gericht gegenüber unter Hinweis auf die sich allein aus § 158 FamFG ergebenden zulässige Aufgaben schriftlich zurückgewiesen werden. 369

Der Wirkungskreis der Verfahrensbeistandschaft ergibt sich nämlich allein und unmittelbar aus dem Gesetz: Dem Kind wird ein Beistand für das Verfahren bestellt, 370

---

114 OLG Braunschweig a.a.O.
115 OLG Karlsruhe FamRZ 2014, 1136, 1137.
116 BT-Drucks. 13/4899; vgl. 13. Deutscher Familiengerichtstag, Arbeitskreis 17: Anwalt des Kindes: Verfahrenspfleger – Aufgaben, Befugnisse, Qualifikation, S. 118 f.
117 Vgl. den der Entscheidung des OLG Naumburg MDR 2000, 1322, zugrunde liegenden Sachverhalt mit kritischer Anm. von Marquardt auf S. 1323, 1324.

weil dies „zur Wahrnehmung seiner Interessen" (vgl. den Wortlaut des § 158 Abs. 1 FamFG!) erforderlich ist. Damit lautet sein Wirkungskreis: „Wahrnehmung der Interessen des Kindes im anhängigen Verfahren." Dazu ist es erforderlich, dass der Verfahrensbeistand das Interesse des Kindes feststellt und im gerichtlichen Verfahren zur Geltung bringt, § 158 Abs. 4 Satz 1 FamFG. Vorbedingung dafür wiederum ist es, dass der Beistand das Kind über den Gegenstand, den Ablauf und den möglichen Ausgang des Verfahrens in kindgerechter Weise informiert, § 158 Abs. 4 Satz 2 FamFG.

371   Regelmäßig wird es für die Feststellung des Willens und vor allem des Wohls des Kindes unverzichtbar sein, Gespräche mit den Eltern und mit sonstigen wesentlichen Bezugspersonen des Kindes zu führen. Das gilt vor allem in Unterbringungsverfahren und hier vor allem in solchen nach §§ 1631b Abs. 1 und 2, 1800, 1915 BGB, 151 Nr. 6, 167 Abs. 1 FamFG, da in diesen Fällen die Sorgeberechtigten als Antragsteller auf Genehmigung des Freiheitsentzugs zu ihren Gründen für die Antragstellung zu befragen und mit ihnen und den Bezugspersonen des Kindes Alternativen zum Freiheitsentzug zu erörtern sind. Dazu ist der Verfahrensbeistand im Zweifel erst dann berechtigt und bekommt diese Tätigkeit auch nur dann mit der erhöhten Fallpauschale von 550,00 Euro entschädigt, wenn das Gericht dem Verfahrensbeistand diese Aufgaben mit gesondert zu begründendem Beschluss vorab übertragen hat, §§ 158 Abs. 4 Satz 3 und 4, Abs. 7 Satz 3, 167 Abs. 1 FamFG. Sollte das nicht schon zeitgleich mit der gerichtlichen Bestellung erfolgt sein, sollte der Verfahrensbeistand unbedingt auf einen entsprechenden Zusatzbeschluss des Gerichts drängen.

3. Prüfung des Bestellungsbeschlusses

372   Zur Vorbereitung der eigenen Vorgehensweise sollte der Verfahrensbeistand die Entscheidung zur Bestellung des Verfahrensbeistands samt der übersandten Anfangsinformationen auf Bedenken prüfen, die sich z.B. beziehen auf:

373
- die eigene persönliche oder fachliche Eignung bzw. Nichteignung als Verfahrensbeistand im spezifischen Fall,

- die eigene (zeitliche, emotionale) Belastbarkeit, insbesondere im Hinblick auf die Eilbedürftigkeit des Falls,

- die Vertretung mehrerer Geschwisterkinder (Bestellungsbeschluss nach § 158 FamFG gesondert für jedes einzelne zu vertretende Kind als Vorbedingung einer gesonderten Fallpauschale für jedes vertretene Kind nach § 158 Abs. 7 Satz 2 FamFG; vgl. in diesem Sinne die obergerichtliche Rechtsprechung und die sich dazu äußernde Literatur)[118],

---

[118] BGH FamRZ 2010, 1893; FamRZ 2010, 1896; OLG Stuttgart, Beschluss vom 21.1.2010, 8 WF 14/10; vgl. ebenso: OLG Frankfurt FamRZ 2010, 666; OLG München, Beschluss vom 20.5.2010, 11 WF 570/10; OLG Oldenburg, Beschluss vom 28.4.2010, 11 WF 64/10; Keidel/Engelhardt § 158 FamFG Rn. 47; MünchKomm-ZPO/Schumann, § 158 Rn. 48 m.w.N.; Menne, ZKJ 2009, 68, 74; in diesem Sinne auch BVerfG, 2. Kammer des Ersten Senats, Beschluss vom 9.11.2009, 1 BvR 2146/09, ZKJ 2010, 70 mit Anmerkung Menne.

- die Vertretung mehrerer Kinder stark unterschiedlichen Alters, sehr unterschiedlicher Biographien, vor allem sehr verschiedener Bindungen zu Bezugspersonen oder Interessenlagen oder mit verschiedenen Vätern,
- die (fehlende?) Feststellung der berufsmäßigen Führung der Verfahrensbeistandschaft, wenn die Tätigkeit als Verfahrensbeistand berufsmäßig und nur gegen Vergütung ausgeübt werden soll, vgl. § 158 Abs. 7 Satz 2 FamFG,
- die Angabe des Aktenzeichens des jeweiligen Verfahrens, für das der Verfahrensbeistand bestellt worden ist (eigenes Aktenzeichen jeweils für Hauptsacheverfahren und Verfahren der einstweiligen Anordnung eines jeden Verfahrensgegenstandes vgl. § 51 Abs. 3 Satz 1 FamFG: einstweiliges Anordnungsverfahren als selbstständiges Verfahren neben dem entsprechenden Hauptsacheverfahren mit demselben Verfahrensgegenstand),[119]
- unzulässige Zusatzaufträge, die der Verfahrensbeistand aus Haftungsgründen oder aus Gründen der Rollenklarheit zurückweisen sollte (vgl. weiter zu Rn. 369 und 420 ff. zu problematischen Funktionalisierungstendenzen der Justiz).

Siehe im Einzelnen die Standards für Verfahrensbeistände in Teil 6 Rn. 2019 ff.

4. Prüfung der Fallübernahme

Fehlen Anfangsinformationen, die eine Prüfung ermöglichen sollen, ob der „Fall" übernommen werden kann, so ist auf Übersendung weiterer Informationen aus der Akte zu drängen. Dabei sollten telefonische Rückfragen beim zuständigen Richter auf ein Mindestmaß beschränkt werden, da sie regelmäßig nur dann Erfolg versprechend sind, wenn gewährleistet ist, dass dem Richter die einschlägige Akte gerade vorliegt oder vom Personal der Geschäftsstelle/Serviceeinheit eigens zum Telefonat vorgelegt wird. Telefax-Anfragen unter Angabe der eigenen Rückrufnummer (Telefon/Fax) sind aus den genannten Gründen regelmäßig wesentlich sinnvoller.

374

Zu Einzelheiten der Prüfung des gerichtlichen Bestellungsbeschlusses wird auf die Ausführungen zu Rn. 372 ff. verwiesen. Hinsichtlich unzulässiger und den Verfah-

---

[119] BGH, Beschluss vom 17.11.2010, XII ZB 478/10, FamRZ 2011, 199; ebenso OLG Saarbrücken ZKJ 2010, 378: Da Hauptsacheverfahren und einstweilige Anordnungsverfahren gemäß § 51 Abs. 3 Satz 1 FamFG jeweils selbstständige Verfahren mit gesonderten Aktenzeichen darstellen, ist die Pauschale in diesen Verfahren auch jeweils gesondert festzusetzen, wenn der Verfahrensbeistand in beiden Verfahren bestellt worden ist. Eine Anrechnung der für das eine Verfahren zu gewährenden Pauschale auf die für das andere Verfahren anfallende Pauschale findet mangels entsprechender Anrechnungsvorschriften nicht statt. Vgl. auch OLG München FamRZ 2017, 466: Im Bestellungsbeschluss ist die Frage zu klären, ob die Verfahrensbeistandschaft beruflich geführt wird oder nicht, die Festlegung der genauen Aufgaben vorzunehmen, ferner ist die Frage zu klären, für welches von mehreren Kindern die Beistandschaft bestehen soll, und schließlich ist insbesondere deutlich zu bestimmen, in welchem Verfahren genau ein Verfahrensbeistand erforderlich ist, ob etwa auch ein Eilverfahren erfasst werden soll. Der Verfahrensgegenstand, auf den sich die Beistandschaft bezieht, ist genau zu bezeichnen, denn die Vergütungspauschale nach § 158 Abs. 7 FamFG ist keine „Fallpauschale", sondern knüpft an einen „Verfahrensgegenstand" an.

5. Rechtsmittel gegen die Bestellung zum Verfahrensbeistand

375 Die Bestellung zum Verfahrensbeistand sollte das Gericht mit der dafür ausgewählten Person absprechen. Denn ohne die Zustimmung der zum Verfahrensbeistand bestellten Person ist diese nicht verpflichtet, die Verfahrensbeistandschaft zu übernehmen.[120] Das Gericht kann in diesem Falle die Bestellung aber aufheben und einen anderen zur Aufgabenwahrnehmung bereiten Verfahrensbeistand bestellen.[121]

Aus diesem Grunde bedarf es nach fast einhelliger Meinung in der Literatur auch für den Verfahrensbeistand selbst keiner Ausnahme von der in § 58 FamFG bestimmten Nichtanfechtbarkeit der grundsätzlich unanfechtbaren Zwischenentscheidung über die Bestellung des Verfahrensbeistandes.[122]

376 Weigert sich das Gericht aber beharrlich, die Bestellung auf entsprechenden Hinweis des Verfahrensbeistandes aufzuheben, kann der Verfahrensbeistand gegen die ohne oder gegen seinen Willen erfolgte Bestellung nach hier vertretener Auffassung binnen einer Beschwerdefrist von einem Monat Beschwerde einlegen, §§ 58 ff., 63, 64 Abs. 1 FamFG analog (strittig, zur Aufhebung der Verfahrensbeistandschaft vgl. die Nachweise in Fn. 113; eine Rechtsprechung dazu ist – soweit ersichtlich – bislang nicht ergangen). Die Beschwerde kann sich zulässigerweise nur gegen die Auswahl seiner Person als Beistand, nicht gegen die Anordnung der Verfahrensbeistandschaft als solche richten. Denn der bestellte Verfahrensbeistand wird durch die Bestellung auch nur insoweit beschwert, als sie sich auf seine Person bezieht.

377 Ob ein förmliches Rechtsmittel überhaupt statthaft ist, ist deswegen fraglich, weil es sich bei der Bestellungsentscheidung grundsätzlich nicht um eine „Endentscheidung" im Sinne des § 58 Abs. 1 FamFG handelt. Auch § 158 Abs. 3 Satz 4 FamFG scheint einer Anfechtbarkeit der Bestellung entgegenzustehen, wonach die Bestellung eines Verfahrensbeistandes nicht selbstständig, sondern nur inzident mit der Endentscheidung über den Gegenstand des Verfahrens anfechtbar ist. Der Ausschluss der Anfechtbarkeit soll umfassend sein und sich auf alle Verfahrensbeteiligten erstrecken.[123]

378 Für den nicht zur Übernahme der Verfahrensbeistandschaft bereiten Verfahrensbeistand stellt sich der Bestellungsbeschluss auf seine Person bezogen allerdings als **Endentscheidung** dar,[124] sodass für ihn selbst ein Rechtsmittel zulässig sein

---

120 BVerfG FamRZ 2000, 1280, 1282 m. Anm. Bienwald FamRZ 2000, 1283 f.; MünchKomm-FamFG/Schumann § 158 Rn. 16; a.A. Bode S. 61 f.
121 Vgl. nur Prütting/Helms-Hammer, § 158 FamFG Rn. 34.
122 Vgl. nur Prütting/Helms-Hammer, § 158 FamFG Rn. 34; a.A. Pütting/Helms-Fröschle, § 276 FamFG Rn. 68: anfechtbare Endentscheidung.
123 Keidel/Engelhardt, § 158 FamFG Rn. 43; BT-Drucks. 16/6308, S. 239.
124 Prütting/Helms/Fröschle, § 276 FamFG Rn. 68.

muss, andernfalls der Verfahrensbeistand in seinem durch Art. 1 und 2 GG geschützten Persönlichkeitsrecht, seiner durch Art. 12 GG garantierten Berufsfreiheit und die Rechtsweggarantie des Art. 19 Abs. 4 GG verletzt wäre.[125] Ein Rechtsmittel hat der Gesetzgeber insoweit offenkundig versehentlich nicht bestimmt. Deshalb ist nach hiesiger Auffassung – neben der Gehörsrüge nach § 44 FamFG analog – eine (außerordentliche) Beschwerdebefugnis in analoger Anwendung der §§ 58, 63, 64 ff. FamFG gegeben. Die Beschwerdemöglichkeit gilt auch für eine Entscheidung, mit der der Entlassungsantrag des Verfahrensbeistandes zurückgewiesen wird.[126]

Die Beschwerde muss bei dem Gericht eingelegt werden, das den Verfahrensbeistand bestellt hat, § 64 Abs. 1 FamFG. Dadurch wird dem Eingangsgericht die zeitsparende Möglichkeit gegeben, die Auswahl der Person des Verfahrensbeistands unbeschadet des mit der Beschwerde anhängig werdenden Beschwerdeverfahrens zu überprüfen und gegebenenfalls einen anderen Verfahrensbeistand zu bestellen. Soweit das Ausgangsgericht die Bestellung des Beschwerdeführers nicht zurücknimmt, muss das erstinstanzliche Gericht die Beschwerde von Amts wegen an das übergeordnete Gericht zur Entscheidung weiterleiten, da es zu einer Abhilfeentscheidung in Familiensachen nicht befugt ist, § 68 Abs. 1 Satz 2 FamFG. **379**

Hält das den Verfahrensbeistand bestellende Gericht eine Beschwerde des Verfahrensbeistandes aus o.g. Gründen nicht für zulässig, so ist dies unschädlich, denn es wird sich wegen der vom Verfahrensbeistand zu ihrer Begründung vorgebrachten Gründe regelmäßig veranlasst sehen, einen zur Vertretung des Kindes bereiten anderen ("geeigneten", § 158 Abs. 1 FamFG) Verfahrensbeistand zu bestellen (vgl. Rn. 375).

▶ **Zu Einzelheiten der Rechtsmittel im Verfahren der Familiengerichte vgl. Teil 4 Rn. 1513 ff.**

6. Handakte des Verfahrensbeistands

Die kostenfreie Übersendung von Kopien der wesentlichen Aktenbestandteile an den Verfahrensbeistand sollte bereits zeitgleich mit dem Bestellungsbeschluss des Gerichts erfolgen. Zur Anlegung und Vervollständigung seiner eigenen Handakten sollte der Verfahrensbeistand gegenüber dem Gericht auf Übersendung der wichtigsten Aktenbestandteile in Fotokopie bestehen (z.B. Ablichtung sämtlicher Schriftsätze der Verfahrensbeteiligten, Stellungnahmen des Jugendamts, Sitzungsvermerke, Gutachten, ärztliche Zeugnisse). **380**

Grundsätzlich sollte Einsicht in die gesamten Gerichtsakten genommen werden (vgl. zum Anspruch des Verfahrensbeistands auf Akteneinsicht § 13 Abs. 1 FamFG; vgl. im Folgenden Rn. 382 ff.). Bei länger dauernden Verfahren sollte Akteneinsicht wiederholt erfolgen, um sicherzustellen, dass dem Verfahrensbeistand der aktuelle Sachstand in Gänze bekannt ist. Akteneinsicht kann in den Räumen der Geschäfts- **381**

---

125 Ebenso AG Neuruppin FamRZ 2012, 1090.
126 Prütting/Helms/Fröschle, a.a.O.

stelle stattfinden, wozu sich der Verfahrensbeistand regelmäßig durch Vorlegung des Bestellungsbeschlusses legitimieren muss (Personalausweis zur Sicherheit mitnehmen). Hierbei empfiehlt es sich, sich vorher telefonisch anzukündigen, damit die Akte auf der Geschäftsstelle bereitgehalten werden kann und nicht erst beim Richter, Rechtspfleger oder Kostenbeamten geholt werden muss.

382 Akteneinsicht kann dem Verfahrensbeistand als eigenständigem Verfahrensbeteiligten, zu dem er mit seiner Bestellung wird (§ 158 Abs. 3 Satz 2 FamFG), im Regelfall nicht verwehrt werden, es sei denn, das Gericht vertritt die Auffassung, der Akteneinsicht stünden schwerwiegende Interessen anderer Verfahrensbeteiligter oder eines Dritten entgegen (vgl. § 13 Abs. 1 FamFG). Sollte Akteneinsicht im Einzelfall doch verwehrt werden, sollte der Verfahrensbeistand auf einer beschwerdefähigen gerichtlichen Entscheidung über sein Gesuch auf Akteneinsicht bestehen, § 13 Abs. 7 FamFG.

7. Akteneinsicht

a) Allgemeines

383 Das Recht auf (volle, d.h. grundsätzlich auch die vom Gericht im Rahmen der Amtsermittlung beigezogene Akten) umfassende Akteneinsicht ergibt sich für den Verfahrensbeistand als Verfahrensbeteiligtem (vgl. § 158 Abs. 3 Satz 2 FamFG) aus § 13 Abs. 1 FamFG. Das gilt nicht nur für das laufende, sondern – für frühere Verfahrensbeteiligte – auch für rechtskräftig abgeschlossene Verfahren.[127] Der Verfahrensbeistand eines laufenden Sorgerechtsverfahrens nach § 1666 BGB hat also das Recht auf Akteneinsicht in die Akten eines abgeschlossenen Umgangsverfahrens, in dem er ebenfalls als Verfahrensbeistand verfahrensbeteiligt gewesen ist. Das Recht des Verfahrensbeistands auf Akteneinsicht umfasst auch das Recht, diese Einsicht durch selbstgefertigte Notizen oder Abschriften (z.B. mittels eines Fotoapparates oder des Handys) zu dokumentieren. Das wird nicht durch das mit dem Recht auf Akteneinsicht einhergehende Recht auf Erteilung von Ausfertigungen, Auszügen und Abschriften nach § 13 Abs. 3 FamFG ausgeschlossen.[128]

Die Glaubhaftmachung eines berechtigten Interesses an der Einsicht in die Gerichtsakten ist bei Verfahrensbeteiligten wie dem Verfahrensbeistand regelmäßig entbehrlich. Über den Umfang und die Form der Akteneinsicht (durch Mitnahme oder Übersendung der Akten in das Büro des Verfahrensbeistands, das Fertigen von Ablichtungen etc.) hat der zuständige Richter nach pflichtgemäßem Ermessen zu entscheiden, § 13 Abs. 7 FamFG. Auf Versendung der Akten nach Hause oder in das Büro des Verfahrensbeistands haben auch zu Verfahrensbeiständen bestellte Rechtsanwälte grundsätzlich keinen Anspruch, auch nicht unter dem Gesichts-

---

[127] Keidel/Sternal, § 13 FamFG Rn. 21 m.w.N.
[128] Keidel/Sternal, § 13 FamFG Rn. 55, unter Hinweis auf OLG Schleswig, SchlHA 2010, 407 und BGH NJW 1989, 2818.

punkt der Gewährung rechtlichen Gehörs.[129] Vgl. zu Einzelheiten der Akteneinsicht durch Rechtsanwälte die „Kann-Vorschrift" des § 13 Abs. 4 FamFG.

Ausnahmsweise kann eine Versendungspflicht Anwälten gegenüber bestehen, wenn die Akten voraussichtlich vom Gericht nicht ständig zur Bearbeitung benötigt werden, datenschutzrechtliche Gesichtspunkte nicht entgegenstehen und besondere Gründe für eine Einsichtnahme in der Kanzlei des Anwaltes sprechen.[130] Es ist abzuwarten, ob diese bislang nur auf Rechtsanwälte als „Organe der Rechtspflege" bezogene Rechtsprechung in Zukunft auch auf Verfahrensbeistände anderer beruflicher Herkunft ausgedehnt werden wird. Ein kooperatives Verhalten der Justiz ist insoweit wünschenswert, um den Verfahrensbeiständen ihre verantwortungsvolle Aufgabe im Interesse der von ihnen vertretenen Kinder nicht unnötig zu erschweren.

384

Gegenstand der Akteneinsicht und der Erteilung von Abschriften/Ablichtungen nach § 13 Abs. 3 FamFG sind die vollständigen Gerichtsakten mit allen darin befindlichen Urkunden, unabhängig davon, ob sie dauernd oder nur vorübergehend (als Beweismittel) Aktenbestandteile oder Beiakten sind. Kein Einsichtsrecht besteht in Entscheidungsentwürfe des Gerichtes (§ 13 Abs. 6 FamFG).

385

Die Einsicht in beigezogene Akten aus anderen Verfahren kann nicht ohne Weiteres gewährt werden. Darüber hat vielmehr die aktenführende Stelle (Gericht, Verwaltungsbehörde) nach den für sie maßgeblichen Vorschriften (z.B. § 299 ZPO, § 99 VwGO) zu entscheiden. Das um Einsicht angegangene Gericht hat die Genehmigung zur Akteneinsicht bei der aktenführenden Stelle einzuholen. Beigezogene Ehescheidungsakten dürfen grundsätzlich nicht ohne Einverständnis beider Beteiligten des Scheidungsverfahrens zur Einsicht überlassen werden.[131] Bei Verweigerung der Zustimmung durch einen der Beteiligten entscheidet das verfahrensführende Gericht.

386

Die Erteilung von Abschriften bzw. Ablichtungen aus der Akte (§ 13 Abs. 3 FamFG) kann nur insoweit verweigert werden, als der Verfahrensbeistand sie offensichtlich für seine Rechtsverfolgung ganz oder teilweise nicht benötigt. Dies kann der Fall sein, wenn die begehrten Schriftstücke sich bereits im Besitz des Verfahrensbeistands befinden müssen, z.B. weil ihm bereits Abschriften von Anlagen, Protokollen und Entscheidungen übersandt worden sind oder weil er über Kopien eigener Anträge verfügen muss. Eine kleinliche Handhabung ist aber zu vermeiden.

387

Ein berechtigtes Interesse an Abschriften von innerdienstlichen Verfügungen, Terminbestimmungen, Zustellungsurkunden etc. kann aber nicht ohne Weiteres bejaht werden.[132] Die zur Erteilung von Abschriften vertretene engere Auffassung,[133]

388

---

129 BVerfG vom 26.8.1981, 2 BvR 637/81, HFR 1982, 77; BFH NJW 1979, 1728; BGH NJW 1961, 559; OLG Hamm FGPrax 2013, 105; OLG Frankfurt, RPfleger 1991, 460: „Ermessensentscheidung"; vgl. zu weiteren Einzelheiten Keidel/Sternal, § 13 FamFG Rn. 59.
130 OLG Frankfurt a.a.O.
131 Keidel/Sternal, § 13 FamFG Rn. 51, 52, unter Hinweis auf BVerfGE 34, 205; 27, 443.
132 OLG Düsseldorf R & P 1997, 40, 42.
133 Kahl, a.a.O., unter Hinweis auf OLG Düsseldorf NJWJMBI, 1958, 177.

wonach der Einsichtsberechtigte weitgehend auf die Einsichtnahme der Akten anstelle der Erteilung von Abschriften verwiesen werden könnte, ist in Übereinstimmung mit OLG Düsseldorf[134] ausdrücklich abzulehnen. Sie habe – so OLG Düsseldorf – *„offenbar auf der damaligen unzureichenden Ausstattung der Gerichte beruht"*. Ob die heutigen Verhältnisse der Gerichte angesichts des nicht unerheblichen Personalabbaus im nichtrichterlichen Bereich bei gleichzeitig gestiegener Belastung der Betreuungs- und Familiengerichte besser als in den 50er Jahren sind, mag dahingestellt sein.[135] Jedenfalls ist die Ausstattung mit Fotokopiergeräten (die allerdings bedient sein wollen!) mit Sicherheit besser als damals. Ausstattungsprobleme der Gerichte dürfen jedenfalls nicht länger als Begründung für eine restriktive Handhabung bei der Erteilung von Ablichtungen dienen.

389 Bleiben auch nach erfolgter Akteneinsicht Fragen offen, so sollten diese durch Rücksprache mit dem Gericht geklärt werden. Da Gerichtsverfahren aktenmäßig geführte Verfahren sind, in denen wegen des Grundrechtes der Verfahrensbeteiligten auf rechtliches Gehör (Art. 103 GG) Transparenz und Nachvollziehbarkeit der Fakten herrschen müssen, auf die das Gericht seine Entscheidungen stützt, sollten die Rückfragen grundsätzlich schriftlich erfolgen.

▸ **Zur Akteneinsicht durch andere Verfahrensbeteiligte und nicht am Verfahren beteiligte Personen vgl. unten Rn. 403.**

b) Kosten der Akteneinsicht

390 Nach § 1 des Gesetzes über Gerichtskosten in Familiensachen (FamGKG) bestehen die Gerichtskosten aus Gerichtsgebühren und gerichtlichen Auslagen. Zu den gerichtlichen Auslagen zählen nach §§ 16, 23 FamGKG auch Kosten für das Versenden der Akte auf Antrag und die Fertigung von Abschriften/Ablichtungen von Aktenbestandteilen als „bestimmte sonstige Auslagen".

391 Zu beachten ist die ohnehin bestehende gesetzlich bestimmte Kostenfreiheit bestimmter Schreibauslagen für Verfahrensbeteiligte wie den Verfahrensbeistand nach Ziffer 2000 Abs. 2 Nr. 1 bis 3 des Teiles 2 des Kostenverzeichnisses des FamGKG, z.B. für das Protokoll der gerichtlichen Verhandlung und die Abschrift der gerichtlichen Entscheidung oder eines gerichtlichen Vergleiches.

392 Seit dem 1.9.2009 und der Einführung des § 158 Abs. 8 FamFG dürfen Verfahrensbeistände mit Kosten – welcher Art auch immer – nicht mehr belastet werden, sodass auch Kostenfreiheit hinsichtlich der Auslagen für die Akteneinsicht besteht. Sollten solche Kosten in Anwendung des § 13 Abs. 3 FamFG („auf ihre Kosten") vorab erhoben worden sein, so muss in Anwendung des § 158 Abs. 8 FamFG folgerichtig eine Rückerstattung an den Verfahrensbeistand erfolgen.

---

134 R & P 1997, 40, 42.
135 Vgl. dazu nur Bauer, BtPrax 1994, 56, für das Betreuungsrecht.

8. Ermittlungen zum Sachverhalt

Seit der Einführung der pauschalierten Entschädigung des berufsmäßig tätigen Verfahrensbeistands durch § 158 Abs. 7 FamFG zum 1.9.2009 ist der Streit darüber obsolet, ob der Verfahrensbeistand berechtigt und verpflichtet ist, zur effektiven Wahrnehmung der Interessen des Kindes eigene Ermittlungen bei Dritten (Eltern, sonstigen Angehörigen, Nachbarn, Vermieter, Polizeibehörden, Arzt etc.) anzustellen. Stellt er entsprechende Ermittlungen an, so hat dies jedenfalls **keine Auswirkungen auf die Höhe seiner Entschädigung,** denn deren Höhe steht bereits mit der Bestellung des Verfahrensbeistands fest und gilt auch seine Ansprüche auf Aufwendungsersatz ab: Sie beträgt mindestens 350,00 Euro und erhöht sich kraft Gesetzes auf 550,00 Euro pro Kind[136] in jedem Rechtszug, wenn dem Verfahrensbeistand die Zusatzaufgabe übertragen worden ist, Gespräche mit den Eltern und weiteren Bezugspersonen des Kindes zu führen, vgl. § 158 Abs. 7 Satz 2, 3 und 4, Abs. 4 Satz 3 FamFG. Ist diese Zusatzaufgabe nicht übertragen worden, so haben entsprechende Ermittlungen auch keine entschädigungsrechtliche Relevanz.

393

Die Rechte und Pflichten des Verfahrensbeistands zur Ermittlung des für das Kindesinteresse relevanten Sachverhaltes bei Dritten ist auch durch § 158 FamFG gesetzlich ebenso wenig geregelt wie die Frage, ob die genannten Personen und Stellen berechtigt und verpflichtet sind, dem Verfahrensbeistand die entsprechenden Auskünfte zu erteilen. Die damit angesprochenen Probleme des Datenschutzes, des informationellen Selbstbestimmungsrechts des betroffenen Kindes (Art. 1, 2 GG)[137] und der (ärztlichen) Schweigepflicht werden durch das FamFG nicht gelöst.[138]

394

Gerade weil der Verfahrensbeistand weder der Kontrolle noch der Aufsicht des Gerichts unterliegt, obliegt es seinem pflichtgemäßen Ermessen, ob er über den aus der Akte ersichtlichen Informationsstand hinaus eigene Ermittlungen im Sinne einer sachgerechten Interessenvertretung des betroffenen Kindes für notwendig erachtet. Ob er dafür Gespräche mit den Eltern und weiteren Bezugspersonen des Kindes für erforderlich hält und durchführt, obliegt ebenfalls allein der Entscheidung des Verfahrensbeistands, es sei denn, ihm ist diese Zusatzaufgabe nach

395

---

[136] Vgl. dazu, dass die Fallpauschale bei Bestellung des Verfahrensbeistands für mehrere Kinder mehrfach anfällt: BGH FamRZ 2010, 1896; OLG Stuttgart, Beschluss vom 21.1.2010, 8 WF 14/10; OLG Frankfurt FamRZ 2010, 666; OLG München, Beschluss vom 20.5.2010, 11 WF 570/10; OLG Oldenburg, Beschluss vom 28.4.2010, 11 WF 64/10; Keidel/Engelhardt § 158 FamFG Rn. 47; MünchKomm-ZPO/Schumann, Rn. 48 zu § 158 m.w.N.; Menne, ZKJ 2009, 68, 74; in diesem Sinne auch BVerfG, 2. Kammer des Ersten Senats, Beschluss vom 9. November 2009, 1 BvR 2146/09; mit einer Anmerkung von Menne, ZKJ 2010, 70.
[137] Vgl. das „Volkszählungsurteil" des BVerfG in NJW 1984, 419, 422.
[138] Ebenso Pohl, BtPrax 1992, 25, 26, für das BtG; zur ärztlichen Schweigepflicht und ihren Durchbrechungen vgl. Dickmeis, Keine Schweigepflicht der Ärzteschaft bei Gewalttaten an Frauen und Kindern, ZfJ 1995, 474. Gegenüber dem Jugendamt sieht § 4 Abs. 3 KKG unter den dort genannten Voraussetzungen eine Befugnisnorm vor, die eine Mitteilung durch die in § 4 Abs. 1 KKG genannten Berufsgeheimnisträger ermöglicht.

§ 158 Abs. 4 Satz 3 FamFG nicht ohnehin schon bei seiner Bestellung übertragen worden.

396 Nach **§ 158 Abs. 4 Satz 1 FamFG** ist es Aufgabe des Verfahrensbeistands, das Interesse des Kindes und dabei in erster Linie auch den **Willen des Kindes** zu ermitteln, festzustellen und im jeweiligen gerichtlichen Verfahren zur Geltung zu bringen. Ein effektives Tätigwerden im **Interesse des Kindes** wäre sonst auch kaum möglich. Die Gesetz gewordene Fassung des Regierungsentwurfes hält daran fest, dass der Verfahrensbeistand dem Interesse des Kindes verpflichtet ist und nicht allein dem von diesem geäußerten Willen. Zwar hat der Verfahrensbeistand den Kindeswillen in jedem Fall deutlich zu machen und in das Verfahren einzubringen, es steht ihm jedoch frei, darüber hinaus weitere Gesichtspunkte und auch etwaige Bedenken in Bezug auf das objektive Interesse des Kindes vorzutragen.[139]

▸ Vgl. hierzu Salgo in diesem Handbuch, Rn. 53 ff., 75 ff.

397 Der Verfahrensbeistand hat daher bei seiner Stellungnahme sowohl das subjektive Interesse des Kindes **(Wille des Kindes)** als auch das objektive Interesse des Kindes **(Kindeswohl)** einzubeziehen. Dieses Verständnis der Aufgaben des Verfahrensbeistands entspricht sowohl der Wertung des materiellen Rechts, das vom Zentralbegriff des Kindeswohls geprägt ist (vgl. § 1697a BGB), als auch Art. 10 Abs. 1 der UN-Kinderschutzkonvention, wonach der Vertreter des Kindes die Meinung des Kindes festzustellen und der Justizbehörde diese Meinung vorzutragen hat, sofern dies nicht dem Wohl des Kindes offensichtlich widersprechen würde.[140] Das entspricht auch der eigenständigen Stellung des Verfahrensbeistands, der, anders als ein in fremdem Namen handelnder Verfahrensbevollmächtigter, selbst Beteiligter des Verfahrens ist, in dem er als Verfahrensbeistand bestellt ist (§ 158 Abs. 3 Satz 2 FamFG). Ob er als solcher Gespräche mit den Eltern und weiteren Bezugspersonen des Kindes für erforderlich hält und deswegen auch durchführt, obliegt daher keineswegs der Kontrolle des Gerichtes.

398 Eine Beschränkung der gesetzlich übertragenen und damit originären Aufgabe des Verfahrensbeistands, das Interesse des Kindes zu ermitteln, festzustellen und im Verfahren vor Gericht zur Geltung zu bringen sowie das Kind über Gegenstand, Ablauf und möglichen Ausgang des Verfahrens zu informieren (§ 158 Abs. 4 Satz 1 und 2 FamFG), ist auch durch entsprechenden gerichtlichen Beschluss keineswegs zulässig.

399 Eigener Ermittlungen des Verfahrensbeistands wird es insbesondere dann bedürfen, wenn das Gericht seiner Pflicht zur Ermittlung des kindeswohlerheblichen Sachverhaltes von Amts wegen (§ 26 FamFG) nicht in ausreichendem Umfang nachkommt.[141] Zur Vorbereitung der gerichtlichen Vertretung des Kindes muss der Verfahrensbeistand ohnehin bereits außergerichtlich tätig werden und die Interes-

---

[139] Keidel/Engelhardt, § 158 FamFG Rn. 20 ff. m.w.N.;
[140] Keidel/Engelhardt, § 158 FamFG Rn. 21.
[141] Ebenso OLG Frankfurt, Beschluss vom 23.2.2000, 2 WF 32/00 (unveröffentlicht); vgl. auch BVerfG FamRZ 1999, 85 ff.

sen des Kindes an Hand von dessen Lebensgeschichte ermitteln.[142] Dies setzt den persönlichen Kontakt mit dem Kind voraus, und zwar möglichst nicht unter der „Aufsicht" eines Elternteils.

400 Der Verfahrensbeistand wird in seine Ermittlungen regelmäßig auch die Darstellungen der Eltern und anderer wesentlicher Bezugspersonen einbeziehen müssen, die er durch Gespräche mit ihnen oder, wenn sie solche verweigern, durch deren Sachdarstellung im Verfahren sowie aus den Akten oder im Gespräch mit deren Prozessbevollmächtigten erfährt.[143] Deshalb wird es auch regelmäßig unverzichtbar sein, dass das Gericht dem Verfahrensbeistand die entsprechende Zusatzaufgabe nach § 158 Abs. 4 Satz 3 FamFG überträgt, Gespräche mit den Eltern und weiteren Bezugspersonen (wie Geschwistern, Großeltern, Pflegepersonen, Kindergärtnern, Lehrern etc.) zu führen. Ist dies nicht bereits zum Zeitpunkt seiner Bestellung erfolgt, sollte der Verfahrensbeistand dem Gericht gegenüber darauf drängen, diese zusätzliche Aufgabenübertragung durch gesonderte Verfügung nachzuholen.

401 Die Tätigkeit des Verfahrensbeistands nach § 158 FamFG unterscheidet sich nach einer Entscheidung des Oberlandesgericht Frankfurt von der eines von den Eltern beauftragten Rechtsanwaltes[144]

> „schon deshalb grundlegend, weil der Verfahrensbevollmächtigte der Parteien die für die Entscheidung des Familiengerichts erforderliche Sachaufklärung nicht selbst vornehmen muss, sondern bei der von ihm vertretenen Partei nähere Informationen anfordern kann. Es ist dann Sache der Partei, auf eigene Kosten die hierfür nötigen Ermittlungen anzustellen. Diese Möglichkeit hat das minderjährige Kind nicht. Vielmehr müsste auch ein für das Kind bestellter Rechtsanwalt den Sachverhalt in eigener Verantwortung aufklären."

402 Der Verfahrensbeistand kann nach der zitierten Entscheidung seiner Aufgabe nur gerecht werden,

> „wenn er auch im Umfeld des von ihm betreuten Kindes Erkundigungen einzieht, um sie auf ihre rechtliche Relevanz hin zu überprüfen und gegebenenfalls in das Verfahren einzubringen. Hierzu gehört auch, dass sich der Verfahrenspfleger durch Gespräche mit dem Kind einen Eindruck über dessen Lage und Umfeld verschafft. Dem Verfahrenspfleger als dem Kind zunächst fremde Person wird es daher vielfach auch zuzugestehen sein zu versuchen, in unbefangener Atmosphäre, – notfalls auch bei gemeinsamen Unternehmungen – das Vertrauen des Kindes zu erwerben."

---

142 Vgl. dazu auch Balloff, DAVorm 1995, 813, 818.
143 Ebenso bereits FamRefK-Maurer, § 50 FGG Rn. 8.
144 Beschluss vom 23.2.2000, 2 WF 32/00 (unveröffentlicht).

403 Noch klarer und deutlicher sagt es das Oberlandesgericht Karlsruhe in der Entscheidung vom 27.12.2000:[145]

> „Die Verfahrenspflegerin hat die Aufgabe, die Interessen des Kindes wahrzunehmen, sie gegenüber den Interessen der Eltern sowie der weiteren Beteiligten unabhängig von diesen zu vertreten und in das Verfahren einzuführen. Sie hat im gerichtlichen Verfahren insbesondere die Vorstellungen und Wünsche des Kindes vorzutragen, wenn und soweit dies einem Kind aufgrund seiner Interessen- und Loyalitätskonflikte und ggf. des Alters nicht selbst möglich ist, und auf deren Berücksichtigung zu achten […]. Hierzu gehören auch eine außergerichtliche Vorbereitung und Ermittlung der Interessen des Kindes, wozu ausführliche Unterhaltungen mit diesem und die Auseinandersetzung mit ihm und seinen Wünschen und Vorstellungen notwendig sind. Ferner müssen in die Ermittlungen die Darstellungen der Eltern, vorliegend der leiblichen Mutter, und der Pflegefamilie sowie hier die Haltung von Herrn M., bei dem M. unbedingt wohnen wollte, aufgenommen werden. Insoweit ist – im Hinblick auf die vom Pflegevater geäußerte Art der Begrüßung und Verabschiedung von Herrn M. und M. – auch die Beobachtung der Interaktion zwischen M. und der Person, bei der er ggf. wohnen soll, erforderlich. Mit dem Jugendamt sind erzieherische und soziale Gesichtspunkte zur Entwicklung des Kindes und ggf. weitere Hilfemöglichkeiten gem. § 50 Abs. 2 SGB VIII zu erörtern […], hier geschehen im Hilfeplangespräch mit dem Jugendamt. Nur durch diese umfangreichen Ermittlungen wird die Verfahrenspflegerin in die Lage versetzt, eine eigenständige, ganz auf die Interessen des Kindes abgestellte, ggf. von den Vorstellungen des Jugendamtes abweichende Lösung zu finden."

404 Hält beispielsweise der Verfahrensbeistand eine über den Sachstand der Gerichtsakten hinausgehende Sachverhaltsermittlung für erforderlich, kommt das von Amts wegen dazu berufene Gericht (§ 26 FamFG) einer entsprechenden Anregung aber nicht in einem angemessenen Zeitraum oder in erforderlichem Umfang nach, so kann der Verfahrensbeistand nicht dazu verpflichtet sein, die Endentscheidung abzuwarten und anzufechten, um auf diese zeitraubende Art und Weise dem Interesse des betroffenen Kindes zum Durchbruch zu verhelfen (zur sog. Untätigkeitsbeschwerde vgl. hier Rn. 1530). So würde der Verfahrensbeistand in einem solchen Falle seinerseits das kindliche Zeitempfinden missachten und schlimmstenfalls zu einer weiteren Gefährdung des Kindeswohles beitragen.

405 Mit einer effektiven und eigenständigen Interessenvertretung für Kinder vor Gericht, d.h. einem fairen Verfahren, ließe sich die restriktive Auffassung des 6. Senates des Oberlandesgerichts Frankfurt, des KG und des SchlHOLG zur Aufgabe der Verfahrenspflegschaft jedenfalls nicht in Einklang bringen.[146] Vielmehr beförderte sie die Befürchtung, die Verfahrensbeistandschaft könne zum allein Kosten verursachenden „zahnlosen Papiertiger" werden, der nur gut genug dazu ist, die Ver-

---

[145] OLG Karlsruhe FamRZ 2001, 1166, unter Hinweis auf Maurer, FamRefK, § 50 FGG, Rn. 6, Schwab/Maurer, Handbuch des Scheidungsrechts, 4. Aufl., I, Rn. 418, und Dickmeis, DAVorm 1996, 553, 566.

[146] Ebenso BVerfG FamRZ 1999, 85 ff., OLG Karlsruhe, Entscheidung vom 27.12.2000, 2WF 126/00; Söpper, FPR 2001, 269, 271 f.; Willutzki, Kind-Prax 2001, 107, 110 ff.

fahrensführung des Gerichtes „abzunicken", um sich neue Beiordnungen als Verfahrensbeistand zu sichern.

Das Recht und die Pflicht des Verfahrensbeistands, im Zweifel auch eigene Ermittlungen aufzunehmen, wenn anders Erkenntnisse nicht zu gewinnen sind, die für die sachgerechte Wahrnehmung der Interessen des Kindes im Verfahren unverzichtbar sind, folgt zwar nicht unmittelbar aus dem Text des Gesetzes. Aufgabe des Verfahrensbeistands ist es aber nach § 158 Abs. 4 Satz 1 FamFG, die Interessen des Kindes im Verfahren effektiv wahrzunehmen. Dabei handelt es sich um mehr als die bloße Geltendmachung von Verfahrensrechten. Es geht vielmehr um die Wahrnehmung der subjektiven, aber auch der objektiven Gesamtinteressen der Kinder in dem Umfang, wie sie durch den Gegenstand des gerichtlichen Verfahrens (Sorgerecht, Umgang, etc.) in ihrer Person betroffen sind.[147]

406

Dabei hat der Verfahrensbeistand aber andererseits zur Vermeidung von Rollenkonflikten darauf zu achten, dass er nicht die Rolle und die Aufgaben des Jugendamtes als sozialpädagogische Fachbehörde oder die eines Sachverständigen übernimmt und den Willen des Kindes durch eigene gutachterliche oder sachverständige Tätigkeit ermittelt. Hält er eine sachverständige Klärung für erforderlich, hat er vielmehr die Pflicht, bei Gericht die Einholung eines Gutachtens anzuregen.[148]

407

▶ **Zum Verhältnis des Verfahrensbeistands zu Eltern bzw Sorgeberechtigten und anderen Bezugspersonen des Kindes siehe auch Rn. 327 ff.**

9. Allumfassende Verfahrensbeteiligung des Verfahrensbeistands

Es entspricht allgemeiner Auffassung, dass der Verfahrensbeistand – als kraft Gesetzes am Verfahren Beteiligter (§ 158 Abs. 3 Satz 2 FamFG) – vom Gericht allumfassend über den Verlauf des Verfahrens (z.B. durch Übersendung aller zu den Akten gelangenden Schriftsätze der Beteiligten und des Jugendamtes) zu unterrichten und an allen Verfahrenshandlungen (z.B. mündliche Anhörungs- und Erörterungstermine, förmliche Termine zur Beweisaufnahme) zu beteiligen ist. Dazu gehört, dass er zu allen Terminen zur Erörterung des Verfahrensgegenstandes und zur Anhörung oder Vernehmung von Auskunftspersonen – wie jeder andere Verfahrensbeteiligte auch – zu laden ist.[149]

408

▶ **Vgl. zu Einzelheiten der Anwesenheit des Verfahrensbeistands bei der richterlichen Anhörung des Kindes unter Rn. 410 ff.**

---

147 Vgl. so schon Bienwald, Betreuungsrecht, zum Verfahrenspfleger nach § 67 FGG Rn. 6 und 42, für das Betreuungsrecht; in dem hier vertretenen Sinne vgl. auch OLG Frankfurt, Beschluss vom 23.2.2000, 2 WF 32/2000; Bauer/Schaus, Betrifft Justiz 1997, 162, 165.
148 OLG München FamRZ 2002, 563; Borth, Kind-Prax 2000, 48, 51; Keidel/Engelhardt, § 158 FamFG Rn. 23.
149 Vgl. nur Keidel/Engelhardt, § 158 FamFG Rn. 39; ebenso KG Berlin FamRZ 2000, 1300, für die Ladung zur richterlichen Kindesanhörung; vgl. ebenso BGH, Beschluss v. 13.2.2019, XIII ZB 485/18; FamRZ 2018, 628, für den Verfahrenspfleger in Betreuungssachen; vgl. auch BT-Drucks. 16/9733, S. 369; Keidel/Engelhardt, § 159 FamFG Rn. 16.

Dabei kann er unabhängig vom Willen des Kindes in dessen (wohlverstandenem, objektivem) Interesse gegen verfahrensleitende Zwischenverfügungen des Gerichtes Gegenvorstellungen erheben, aber nur gegen (End-)Entscheidungen Rechtsmittel einlegen, §§ 158 Abs. 4 Satz 5, 58 Abs. 1 FamFG.

409 Der Verfahrensbeistand ist also in die einzelnen Verfahrensschritte einzubeziehen. Dabei hat er volles Akteneinsichtsrecht, § 13 Abs. 1 FamFG (vgl. zu Einzelheiten oben Rn. 383 ff.) und Anspruch auf rechtliches Gehör (Art. 103 Abs. 1 GG). Ihm sind z.B. Sachverständigengutachten rechtzeitig vor dem abschließenden Verhandlungstermin zugänglich zu machen.[150] Einem gerichtlich gebilligten Vergleich nach § 156 Abs. 2 FamFG muss der Verfahrensbeistand zustimmen, ansonsten kann der Vergleich nicht wirksam zustande kommen.[151]

10. Anwesenheit bei der Kindesanhörung

410 Die Rechtsstellung als Verfahrensbeistand schließt grundsätzlich das Recht auf Anwesenheit bei der richterlichen Anhörung des Kindes, der Verfahrensbeteiligten (§§ 159, 160 ff. FamFG) und der Anhörung bzw. Vernehmung anderer Auskunftspersonen ein.[152] Anders als den Beteiligten und ihren Verfahrensbevollmächtigten kann dem Verfahrensbeistand nicht entgegengehalten werden, das Gericht könne von dem Kind nur in Abwesenheit der beteiligten Erwachsenen einen unbefangenen Eindruck erhalten.[153] Denn als Interessenvertreter des Kindes im Verfahren ist es ja gerade Aufgabe und Funktion des Verfahrensbeistands, dem Kind bei der Überwindung der Schwellenangst gegenüber dem Gericht zu helfen, damit das Gericht einen möglichst authentischen Eindruck von der Persönlichkeit des Kindes erhalten kann. Diese Auffassung wird durch § 159 Abs. 4 Satz 3 FamFG bekräftigt, wonach die gerichtliche Anhörung des Kindes im Regelfall in Anwesenheit des Verfahrensbeistands stattfinden soll. Der Verfahrensbeistand ist folglich zu Terminen zur gerichtlichen Anhörung des Kindes zu laden.[154]

411 Soweit die Bestellung eines Verfahrensbeistands zur Wahrnehmung der Interessen eines minderjährigen Kindes geboten ist, darf das Familiengericht den Verfahrensbeistand also von der Anwesenheit bei der (z.B. im Beisein des Sachverständigen) durchgeführten persönlichen Anhörung des Kindes grundsätzlich nicht ausschließen, weil andernfalls die Wahrnehmung der Kindesinteressen, insbesondere bei Kleinkindern, durch den Verfahrensbeistand insoweit nicht mehr gewährleistet ist.[155] Allerdings kann es geboten sein, auf die Anwesenheit des Verfahrensbeistands bei der Anhörung des Kindes zu verzichten, wenn das Kind dies wünscht. In diesem Falle ist aber sicherzustellen, dass der Verfahrensbeistand seine Aufgabe,

---

150 Vgl. auch RegE zum Betreuungsrecht für den Verfahrenspfleger, BT-Drucks. 11/4528, S. 171.
151 Keidel/Engelhardt, § 158 FamFG Rn. 39, § 156 FamFG Rn. 12.
152 KG FamRZ 2000, 1300; Keidel/Engelhardt, § 158 FamFG Rn. 39.
153 Vgl. BGH FamRZ 1986, 895, 896 und BVerfG FamRZ 1981, 124, 126, für den Ausschluss der Sorgeberechtigten und deren Bevollmächtigten von der Kindesanhörung; a.A. FamRefK/Maurer, § 50 FGG Rn. 8 für den Ausschluss des Verfahrenspflegers nach altem Recht.
154 BT-Drucks. 16/9733, S. 369; Keidel/Engelhardt, § 159 FamFG Rn. 16.
155 OLG Bremen FamRZ 2000, 1298.

dem Willen und den Interessen des Kindes Geltung zu verschaffen, sinnvoll erfüllen kann,[156] z.B. indem dem Verfahrensbeistand die Gelegenheit gegeben wird, vor der Anhörung des Kindes schriftlich Fragen zur Akte zu reichen, die das Gericht mit dem Kind im Rahmen seiner gerichtlichen Anhörung erörtert. Ebenso wie allen anderen Verfahrensbeteiligten ist dem Verfahrensbeistand ohnehin der Vermerk mit dem Ergebnis der richterlichen Anhörung des Kindes zur Wahrung des rechtlichen Gehörs zur Stellungnahme zu übermitteln.[157] Eine Anwesenheit des Verfahrensbeistands gegen den ausdrücklichen Willen des von ihm vertretenen Kindes sollte gut reflektiert und dem Gericht mit nachvollziehbarer Begründung mitgeteilt werden, damit das Gericht diese Überlegungen bei seiner verfahrensleitenden Verfügung zur Form der Kindesanhörung berücksichtigen kann.

Es ist darüber hinaus Aufgabe des Verfahrensbeistands, dem Gericht „fachliche Empfehlungen hinsichtlich des Zeitpunktes, des Ortes und der Dauer der Kindesanhörung"[158] zu geben. Das gilt ggf. auch für die Anwesenheit von Vertrauenspersonen des Kindes bei der richterlichen Anhörung. Der Verfahrensbeistand sollte in diesem Zusammenhang unbedingt darauf achten und dem Gericht gegenüber darauf dringen, dass die Anhörung von Kindern keinesfalls im Termin zur Anhörung der Eltern oder anderer Erwachsener und auch nicht in zeitlicher Nähe dazu stattfindet, d. h. der Termin zur Kindesanhörung und der zur Anhörung der (übrigen) Beteiligten sollten nicht unmittelbar hintereinander stattfinden. Die direkte Konfrontation von Kindern mit erwachsenen Verfahrensbeteiligten (und sei es „nur" auf den Gerichtsfluren) ist insbesondere in Verfahren von Kindeswohlgefährdung dringend zu vermeiden. Die Ladungsverfügungen des Gerichts sind insoweit von großer Bedeutung für das vom Verfahrensbeistand vertretene Kind. Sie sollten deutlich getrennte Termine für die Anhörungen von Erwachsenen und Kindern bestimmen und den Zweck der jeweiligen Terminbestimmung bezeichnen. Ist das nicht der Fall, sollte der Verfahrensbeistand insoweit Informationen bei der Geschäftsstelle des Gerichts einholen und ggf. schriftlich auf die dringende Erforderlichkeit einer Trennung der Anhörungstermine für Erwachsene und Kinder hinweisen.

412

11. Verfahrensrechte bei mündlichen Verhandlungen

An mündlichen Erörterungsterminen ist der Verfahrensbeistand als Verfahrensbeteiligter allumfassend zu beteiligen (§ 158 Abs. 3 Satz 2 FamFG) und hierzu förmlich zu laden.[159] Das gilt insbesondere auch für die richterliche Anhörung des vom Verfahrensbeistand vertretenen Kindes nach § 159 Abs. 4 Satz 3 FamFG. Ebenso wie den anderen Verfahrensbeteiligten steht dem Verfahrensbeistand das Recht zu, um eine Terminverlegung bei Gericht nachzusuchen, wenn er an der Wahrnehmung des anberaumten Termins aus *„erheblichen Gründen"* (ohne Verschulden)

413

---

156 BGH FamRZ 2012, 1556; Keidel/Engelhardt, § 159 FamFG Rn. 16.
157 Keidel/Engelhardt, § 159 FamFG Rn. 17.
158 Vgl. dazu ausführlich Zitelmann, 2001, S. 195 ff.
159 KG FamRZ 2000, 1300.

verhindert ist (§§ 32 Abs. 1 Satz 1 FamFG, 227 Abs. 1 ZPO). Ob seinem Verlegungsantrag stattgegeben wird, hat das Gericht durch unanfechtbare verfahrensleitende Anordnung zu entscheiden, § 227 Abs. 4 ZPO.[160]

414 Die dem **Vorrang- und Beschleunigungsgebot** des § 155 Abs. 1 FamFG unterliegenden und spätestens einen Monat nach Beginn des Verfahrens anzuberaumenden Erörterungstermine, die den Aufenthalt des Kindes, das Umgangsrecht oder die Herausgabe des Kindes betreffen, sowie in Verfahren wegen Gefährdung des Kindeswohles nach §§ 1666, 1666a BGB, können in Abweichung zu §§ 32 Abs. 1 Satz 2 FamFG, 277 Abs. 1 ZPO nur aus „zwingenden Gründen" (z.B. krankheitsbedingte Verhinderung) verlegt werden (§ 155 Abs. 2 Satz 4 FamFG). Terminkollisionen mit anderen Erörterungsterminen sind grundsätzlich kein zwingender Grund, es sei denn, die Kollision besteht mit einem ebenfalls dem Vorrang- und Beschleunigungsgebot unterliegenden Verfahren. Bei Terminkollision ist also vorrangig ein Verlegungsantrag im anderen kollidierenden Verfahren zu stellen, dem das andere Gericht wegen des Vorrangs der Kindschaftssache stattzugeben hat.[161]

Der (zwingende) Verlegungsgrund ist zusammen mit dem Verlegungsantrag glaubhaft zu machen, § 155 Abs. 2 Satz 5 FamFG. Als Mittel der Glaubhaftmachung sind alle präsenten Beweismittel im Sinne der §§ 355 bis 455 ZPO und die Versicherung an Eides statt zugelassen, § 31 FamFG. In der Regel werden die Vorlage einer Kopie der Ladung zu dem kollidierenden Termin, ein ärztliches Attest oder die Ablichtung der Buchungsunterlagen im Falle einer Urlaubsverhinderung genügen.

415 Die mündliche Verhandlung wird erstinstanzlich von dem Familienrichter am Amtsgericht (§ 23b Abs. 3 GVG) geleitet, der auch die sitzungspolizeilichen Befugnisse ausübt, §§ 136 ZPO, 176 GVG. Die Verhandlungen in Familien- und Kindschaftssachen sind nicht öffentlich (§ 170 GVG), d.h. nur den Beteiligten und ihren Bevollmächtigten und Beiständen sowie dem Verfahrensbeistand und dem Jugendamt ist die Teilnahme an der Sitzung kraft Gesetzes erlaubt. Weiteren Personen, z.B. wichtigen Vertrauenspersonen, Therapeuten, Ärzten, Psychologen, die das Kind neben dem Verfahrensbeistand zur Kindesanhörung begleiten, kann das Gericht die Teilnahme gestatten, § 175 Abs. 2 Satz 1 GVG. Der Verfahrensbeistand sollte das Gericht schon rechtzeitig vor dem Termin auf den Umstand hinweisen, dass das Kind eine zusätzliche Begleitung wünscht oder benötigt.

416 In mündlichen Erörterungsterminen steht dem Verfahrensbeistand selbstverständlich das Recht zu, sich zu Wort zu melden und zur Sache Stellung zu nehmen (Rederecht des Verfahrensbeistands). Üblicherweise wird das Rederecht vom Vorsitzenden zunächst allen Verfahrensbeteiligten und/oder den Verfahrensbevollmächtigten, der die Durchführung des Verfahrens begehrt, gewährt. Sodann erhalten die weiteren Verfahrensbeteiligten das Wort.

---

160 OLG Hamm RPfleger 1995, 161.
161 BT-Drucks. 16/6308, S. 236; vgl. auch Keidel/Engelhardt, § 155 FamFG Rn. 10.

Über jede mündliche Erörterung in FamFG-Sachen ist ein Sitzungsvermerk anzufertigen (meistens per Diktat auf Tonaufnahmegerät), § 28 Abs. 4 FamFG. In den Sitzungsvermerk sind die wesentlichen Vorgänge der Verhandlung aufzunehmen, insbesondere in Antragsverfahren die Anträge der Beteiligten und des Verfahrensbeistands (vgl. § 160 Absätze 2 und 3 ZPO). Über die Aufnahme bestimmter (wesentlicher) Vorgänge in den Sitzungsvermerk entscheidet das Gericht im pflichtgemäßen Ermessen, § 28 Abs. 4 FamFG.

417

Wird dem Verfahrensbeistand das Rederecht vom Gericht beschnitten oder ganz verwehrt, so empfiehlt es sich, den förmlichen Antrag zu stellen, diesen Vorgang als wesentlich für den Verhandlungsgang in den Sitzungsvermerk aufzunehmen. Das gilt auch für den Fall, dass das Gericht sich weigern sollte, den Antrag des Verfahrensbeistands zur verhandelten Sache selbst in den Sitzungsvermerk aufzunehmen. Dann ist der möglicherweise vom Rechtsmittelgericht als wesentlich einzustufende Verfahrensfehler wenigstens dokumentiert. Weigert sich das Gericht, die Protokollierung vorzunehmen, kann jederzeit nach Schluss der mündlichen Verhandlung ein Antrag auf Ergänzung bzw. Berichtigung des Protokolls gestellt werden, § 42 FamFG analog.[162] Auch ein Befangenheitsantrag gegen den das Verfahren führenden Richter kommt in solchen Fällen in Betracht (vgl. § 6 FamFG, §§ 41 ff. ZPO), sollte aber vom Verfahrensbeistand unter Berücksichtigung des kindliche Zeitempfindens wegen des dadurch verzögerten Verfahrensablaufes gut überlegt sein.

418

Wird das Rederecht des Verfahrensbeistands durch die anderen Verfahrensbeteiligten bzw. deren Bevollmächtigte, durch Zeugen oder Auskunftspersonen beschnitten oder gestört, so kann das Gericht vom Verfahrensbeistand jederzeit zu einer sitzungs- und verfahrensleitenden Verfügung aufgefordert werden, die dem Rederecht des Verfahrensbeistands Geltung verschafft (vgl. §§ 136, 176 ff. ZPO analog).

419

12. Instrumentalisierung durch die Justiz

Die Aufgabenstellung des Verfahrensbeistands ist mit gelegentlich zu beobachtenden Instrumentalisierungstendenzen durch die Justiz unvereinbar.[163] Anders als von Spangenberg und Dormann in der Anmerkung zum Beschluss vom 24.6.1999 des OLG Frankfurt[164] ausgeführt, entspricht es gerade nicht bzw. nicht vorbehaltlos der Rechtsstellung und den Aufgaben des Verfahrensbeistands,

420

- wie der Gerichtsgutachter bzw. Sachverständige als „Gehilfe des Richters" zu fungieren,

421

- den Richter bei dessen Bemühungen um eine gütliche Einigung zu unterstützen und, falls diese scheitert, „seinen Beitrag zur gerichtlichen Entscheidung zu leisten",

---

162 Da § 164 ZPO auf den Sitzungsvermerk keine Anwendung finden soll (vgl. BT-Drucks. 16/6308, S. 187), soll § 42 FamFG analoge Anwendung finden, vgl. Keidel/Sternal, § 28 FamFG Rn. 31.
163 Salgo, 1996, S. 566; Zitelmann, 2001, S. 364 ff.
164 FamRZ 1999, 1293, 1295.

- selbst in eigener Person Umgangskontakte zwischen dem vom Verfahrensbeistand vertretenen Kind und dem Umgang begehrenden Erwachsenen durchzuführen.[165]

422 Das Gericht bei dessen Bemühungen um eine gütliche Einigung zu unterstützen, kann dem Verfahrensbeistand nach § 158 Abs. 4 Satz 3 FamFG vom Gericht ausdrücklich zusätzlich mit der Folge einer erhöhten Fallpauschale nach § 158 Abs. 7 Satz 3 FamFG übertragen werden.

423 Das Hinwirken auf Einvernehmen der Beteiligten stellt einen wesentlichen Grundsatz des FamFG dar, zu dessen Umsetzung in erster Linie das Gericht (gemäß §§ 156 Abs. 1, 165 Abs. 4 FamFG) verpflichtet ist.

424 Der Verfahrensbeistand hat daran lediglich mitzuwirken, wenn das Gericht diese an sich selbstverständliche Aufgabe dem Verfahrensbeistand zusätzlich überträgt, § 158 Abs. 4 Satz 3 FamFG. Der Verfahrensbeistand hat dann alles zu unterlassen, was eine einvernehmliche, mit dem Kindeswohl übereinstimmende Regelung des Verfahrensgegenstands gefährdet, und zusätzlich die Aufgabe, andere Beteiligte dabei zu unterstützen, eine einvernehmliche Regelung des Verfahrensgegenstands herzustellen und in diesem Rahmen die anderen Beteiligten, insbesondere die Eltern, für die Interessen des Kindes zu sensibilisieren.[166]

425 Aufgabe des Verfahrensbeistands ist es hingegen nicht, Streit schlichtende und mediative Aufgaben gegenüber den übrigen Verfahrensbeteiligten in eigener Person durchzuführen. Diese Aufgabe kann ihm vom Gericht auch nicht zusätzlich übertragen werden.

Er kann – nach entsprechender gerichtlicher Übertragung der darauf abzielenden Zusatzaufgabe – lediglich Vermittlungsbemühungen anregen und unterstützen, d.h. am Zustandekommen solcher einvernehmlicher Regelungen „mitwirken".[167]

426 Voraussetzung einer entsprechenden Tätigkeit des Verfahrensbeistands ist allerdings immer, dass das erzielte Einvernehmen der Verfahrensbeteiligten mit dem **Wohl des vom Verfahrensbeistand vertretenen Kindes** zu vereinbaren ist. Einem gerichtlich gebilligten Vergleich der übrigen Verfahrensbeteiligten nach § 156 Abs. 2 FamFG muss der Verfahrensbeistand jedenfalls widersprechen, wenn und soweit er mit dem Kindeswohl nicht vereinbar ist. Das Gericht muss dann mit rechtsmittelfähigem Beschluss streitig über die Sache entscheiden.[168]

---

[165] Ablehnend auch OLG Frankfurt FamRZ 1999, 1293; kritisch dazu auch Marquardt, MDR 2000, 1323, in ihrer Anm. zu OLG Naumburg a.a.O., S. 1322, und Weychardt in seiner Anm. zu OLG Frankfurt FamRZ 2000, 844 (LS).
[166] Stötzel, FPR 2009, 332, 333.
[167] Völker/Clausius, in HK-Familienverfahrensrecht (Hrsg. von Friederici/Kemper) 2009, § 158 FamFG Rn. 18, unter Hinweis auf OLG Oldenburg FamRZ 2005, 391; OLG Düsseldorf FamRZ 2003, 190; OLG Dresden FamRZ 2003, 877.
[168] Salgo, FPR 2010, 456, 459; vgl. auch Keidel/Engelhardt, § 156 FamFG Rn. 12: Verweigerung der Zustimmung des Verfahrensbeistands zum Vergleich der Eltern wegen Art. 6 Abs. 2 Satz 1 GG nur bei Gefährdung des Kindeswohles zulässig.

427 Scheitert eine einvernehmliche Regelung des Sorgerechts- oder Umgangsstreites, so hat der Verfahrensbeistand nur dann seinen Beitrag zu einer gerichtlichen Entscheidung zu leisten, wenn die vom Gericht favorisierte Entscheidung aus Sicht des Verfahrensbeistands mit dem Wohl des Kindes übereinstimmt. Ist das nicht der Fall, hat der Verfahrensbeistand vielmehr alles zu tun, um die entsprechende Entscheidung zu verhindern bzw. die ergehende Entscheidung mit dem statthaften Rechtsmittel anzufechten (vgl. § 158 Abs. 4 Satz 5 FamFG).

428 Im Interesse des von ihm vertretenen Kindes sollte der Verfahrensbeistand jedenfalls immer darauf achten, Rollenkonflikte zu vermeiden, die unweigerlich drohen, wenn der Verfahrensbeistand auch gutachterliche, den Umgang begleitende Funktionen oder die Aufgaben eines Mediators oder Umgangsbegleiters übernimmt. Das gilt insbesondere dann, wenn der Verfahrensbeistand die vom Gericht beabsichtigte oder getroffene Regelung aus kindzentrierter Sicht nicht unterstützen kann.

429 Als „rechte Hand des Richters" zu fungieren, widerspricht der allein der Wahrnehmung der Interessen des betroffenen Kindes verpflichteten Aufgabe des Verfahrensbeistandes, die die Kontrolle und kritische Begleitung des vom Richter zu leitenden gerichtlichen Verfahrens beinhaltet. Deshalb hat der Verfahrensbeistand auch nicht die Verpflichtung, „seinen Beitrag zur gerichtlichen Entscheidung zu leisten", wenn und soweit er davon ausgehen muss, dass die vom Gericht beabsichtigte Entscheidung den für ihn allein maßgeblichen Interessen des Kindes nicht entspricht.[169]

▶ Siehe hierzu Salgo in diesem Handbuch, Rn. 20.

13. Datenschutz

430 Das vom Verfahrensbeistand vertretene Kind und dessen Sorgeberechtigte werden für den Verfahrensbeistand nicht zum „gläsernen Menschen", dessen Daten ihm beliebig verfügbar sind. Das würde auch dem durch das „Volkszählungsurteil" des BVerfG[170] bestätigten „Recht auf informationelle Selbstbestimmung" der Betroffenen widersprechen.

431 Gleichwohl gibt es keine spezielle datenschutzrechtliche Regelung für die Tätigkeit des Verfahrensbeistands. Für den Verfahrensbeistand sind – anders als für freie Träger der Jugendhilfe nach § 61 Abs. 3 SGB VIII – die Regelungen des Sozialdatenschutzes nach §§ 61 ff. SGB VIII, § 35 SGB I, §§ 67 ff. SGB X nicht anwendbar. Für eine analoge Anwendung fehlt es zum einen an einer vergleichbaren Tätigkeit: Der Verfahrensbeistand ist kein Jugendhilfeträger, er ist kein förmlich Beteiligter im jugendhilferechtlichen Verfahren, sondern ausschließlich im familiengerichtlichen Verfahren.[171]

---

[169] Vgl. zu Einzelheiten Bauer in: Was macht den guten Anwalt des Kindes aus?, Protokolldienst Nr. 4/2000 der Evangelischen Akademie Bad Boll.
[170] NJW 1984, 419, 422.
[171] A.A. Röchling/Kunkel, Anwalt des Kindes, § 9 Rn. 1 ff. (zum Datenschutz), Rn. 19 (zu § 68 SGB VIII); Keidel/Engelhardt § 158 FamFG Rn. 22, Kunkel, FPR 2000, 111.

Daneben fehlt es auch an einer Regelungslücke, weil für den Verfahrensbeistand grundsätzlich die Regelungen des Bundesdatenschutzes (BDSG)[172], nunmehr allerdings nach § 1 Abs. 4 Satz 2 BDSG, bzw. ab 25.5.2018 mit dem Inkrafttreten der Europäischen Datenschutz-Grundverordnung (EU DS-GVO) die für die Datenverarbeitung maßgeblichen Vorschriften der DS-GVO (vgl. Art 2 Abs. 1 DS-GVO) anzuwenden sind.[173] Insofern gelten für den Verfahrensbeistand weder die besonderen Regelungen des § 65 SGB VIII (besonderer Vertrauensschutz), noch die entsprechenden Regelungen für den Amtsvormund/Amtsbeistand des Jugendamtes nach § 68 SGB VIII.

432 Der Verfahrensbeistand darf personenbezogene Daten nur dann verarbeiten (also erheben, speichern oder übermitteln, Art. 4 Nr. 2 DS-GVO), wenn eine der in Art. 6 Abs. 1 DS-GVO genannten Bedingungen erfüllt ist. Da die Aufgaben des Verfahrensbeistands nach § 158 FamFG öffentliche Aufgaben sind bzw. die Aufgabe im öffentlichen Interesse liegt, ist nach Art. 6 Abs. 1 lit. e DS-GVO eine Datenverarbeitung des Verfahrensbeistands zu seiner Aufgabenerfüllung grundsätzlich zulässig. Grundsätzlich hat auch der Verfahrensbeistand nach dem allgemeinen datenschutzrechtlichen Grundsatz eine Datenerhebung zunächst beim Betroffenen (hier: dem betroffenen Kind oder jungen Menschen, für den er bestellt ist) durchzuführen. Denn er hat nach § 158 Abs. 4 Satz 1 FamFG in erster Linie das Interesse des Kindes festzustellen und im gerichtlichen Verfahren zur Geltung zu bringen. Ist er nach § 158 Abs. 4 Satz 3 FamFG für weitere Aufgaben bestellt, so gehören auch Gespräche mit den Eltern und weiteren Bezugspersonen des Kindes zu seinem Aufgabenkreis. Eine Ermittlung von personenbezogenen Daten bei Dritten gehört aber nicht regelhaft zu seinem Aufgabenkreis, zumal Dritte (z.B. Jugendhilfeträger, Ärzte, aber auch das Jugendamt) keine Auskunfts- und Übermittlungspflichten gegenüber dem Verfahrensbeistand haben (vgl. zur Schweigepflichtentbindungserklärung Dürbeck in diesem Handbuch, Rn. 641).

433 Eine (zulässige) Datenübermittlung seitens des Verfahrensbeistands ist regelmäßig auf Mitteilungen an das Familiengericht im Rahmen des ihm übertragenen Aufgabenkreises im konkreten Verfahren, für das er bestellt ist, beschränkt.

434 Widerspricht ein – insoweit einsichtsfähiger – Minderjähriger der Weitergabe von Angaben, so ist der Verfahrensbeistand daran grundsätzlich gebunden, es sei denn, eine der Bedingungen des Art. 6 DSGVO über die Rechtmäßigkeit der Verarbeitung der Daten ist erfüllt, z.B. die Verarbeitung ist erforderlich, um lebenswichtige Interessen des betroffenen Kindes oder einer anderen natürlichen Person zu schützen; oder die Verarbeitung ist zur Wahrung der berechtigten Interessen des Verantwortlichen oder eines Dritten (Wohl des vom Verfahrensbeistand vertretenen Kindes) erforderlich, sofern nicht die Interessen oder Grundrechte und Grund-

---

172 So auch Mayer, Die rechtliche Stellung sowie Aufgaben des Verfahrensbeistands, jM 2017, 140.
173 Heinz, Das neue Datenschutzrecht und seine Auswirkungen auf Sachverständige und Verfahrensbeistände, Recht und Psychiatrie 2019, 6, 17 ff.; vgl. für den rechtlichen Betreuer nach § 1896 BGB: Spieker, EU-Datenschutzgrundverordnung (DSGVO): Die Auftragsdatenverarbeitung und die Fremddatenspeicherung in der betreuungsrechtlichen Praxis, BtPrax 2018, 63 ff.

freiheiten der betroffenen Person, die den Schutz personenbezogener Daten erfordern, überwiegen, insbesondere dann, wenn es sich bei der betroffenen Person um ein Kind handelt.

Bei Datenschutzverstößen durch einen Verfahrensbeistand kann sich der Betroffene an die zuständige Aufsichtsbehörde wenden (Art. 77 Abs. 1 DS-GVO), und diese hat die Möglichkeit, Bußgelder zu verhängen (Art. 83 DS-GVO). Daneben haftet der Verfahrensbeistand für mögliche Schäden, die dem Betroffenen hierdurch entstanden sind (Art. 82 Abs. 1 DS-GVO). Davon auszugehen, dass bei schuldhafter Pflichtverletzung des Verfahrensbeistands eine **Haftung** entsprechend den Grundsätzen der Haftung eines Ergänzungspflegers in Betracht komme,[174] ist daher nach Inkrafttreten der DS-GVO obsolet.

435

Hinzu kommt, dass dem Verfahrensbeistand als Interessenvertreter des Kindes vor Gericht die Stellung eines gesetzlichen Vertreters des Kindes fehlt (vgl. § 158 Abs. 4 Satz 6 FamFG). Gegen den Willen der Sorgeberechtigten und/oder des Kindes kann der Verfahrensbeistand also dem Datenschutz unterliegende Informationen (z.B. Auskünfte von Ärzten, vom Kindergarten, von den Lehrern und Therapeuten des Kindes und der Eltern) nicht erlangen (vgl. zur Schweigepflichtentbindungserklärung Dürbeck in diesem Handbuch, Rn. 641).

436

Werden dem Verfahrensbeistand von Dritten Informationen vorenthalten, die er nach seiner Auffassung zur effektiven Wahrnehmung der Interessen des Kindes unbedingt benötigt, so muss er sich an das zur Amtsermittlung (§ 26 FamFG) verpflichtete Familiengericht mit der Anregung wenden, die über die Informationen verfügenden Personen und Stellen um Mitteilung zu bitten bzw. förmlich als Zeugen zu vernehmen. So kann das Gericht das Jugendamt z. B. auffordern, dem Gericht Hilfepläne zu übersenden, welche dann Aktenbestandteil werden und allen Verfahrensbeteiligten zuzuleiten sind (s.a. Lack/Fieseler in diesem Handbuch, Rn. 1834).

437

Damit sind die um Informationsübermittlung angegangenen Personen und Stellen aber nicht automatisch zur Auskunft berechtigt oder verpflichtet. Ob das der Fall ist, bestimmt sich vielmehr nach den für deren Aufgaben- und Kompetenzbereich geltenden Datenschutzvorschriften und gesetzlich geregelten **Schweigepflichten** unter Beachtung berechtigter Interessen des Betroffenen, Dritter oder der Allgemeinheit.

438

Ein Anspruch auf Akteneinsicht und Auskunft aus den **Akten des Jugendamtes** hat zur Grundvoraussetzung, dass die Auskunft begehrende Person förmlich am jugendhilferechtlichen Verwaltungsverfahren beteiligt ist und die Kenntnis des Akteninhaltes für den Verfahrensbeteiligten zur Geltendmachung oder Verteidigung seiner rechtlichen Interessen erforderlich ist, § 25 Abs. 1 Satz 1 SGB X. Da der Verfahrensbeistand des Kindes aber an dem vom Jugendamt eingeleiteten jugend-

439

---

174 MünchKomm-FamFG/Schumann, § 158 FamFG Rn. 35; Keidel/Engelhardt, § 158 FamFG Rn. 22, je m.w.N.; Kunkel, FPR 200, 111. Vgl aA die Literatur zu Fn. 164. Vgl. Rn. 443 ff. zur Verschwiegenheitspflicht und zum Zeugnisverweigerungsrecht des Verfahrensbeistands.

hilferechtlichen Verwaltungsverfahren – anders als am familiengerichtlichen Verfahren – nicht förmlich beteiligt ist, unterliegt sein Interesse auf Auskunft aus den Akten des Jugendamtes dem Ermessen des Jugendamtes in entsprechender Anwendung des § 25 SGB X (sog. Ermessensanspruch auf Auskunft und Akteneinsicht). Das gilt auch für bereits abgeschlossene jugendhilferechtliche Verwaltungsverfahren.[175]

440 Der Ermessensanspruch auf Auskunft gegenüber dem Jugendamt steht unter dem Vorbehalt, dass der Gewährung von Akteneinsicht **Geheimhaltungsinteressen Dritter** nicht entgegenstehen, § 25 Abs. 3 SGB X. Das Interesse der am jugendhilferechtlichen Verfahren beteiligten Eltern und anonym bleiben wollender Informanten oder Hinweisgeber an einer Geheimhaltung ist daher gegenüber dem Informationsinteresse des Verfahrensbeistands abzuwägen. Das vom Jugendamt auszuübende staatliche Wächteramt aus Art. 6 Abs. 2 Satz 2 GG zum Schutze der ihm anvertrauten Kinder und Jugendlichen wird es daher regelmäßig rechtfertigen, dass die Daten anonym bleiben wollender Hinweisgeber auf mögliche Gefährdungen des Kindeswohles regelmäßig weder dem Verfahrensbeistand noch den am Verwaltungsverfahren des Jugendamtes beteiligten Eltern offenbart werden müssen.[176]

441 Ein **behandelnder Arzt** ist an die **ärztliche Schweigepflicht** nach § 203 Abs. 1 Nr. 1 StGB auch dem Gericht gegenüber gebunden, selbst wenn das Gericht ihm einen Gutachtenauftrag erteilt hat oder ihn als sachverständigen Zeugen vernehmen will. Denn nur die Sorgeberechtigten des betroffenen Kindes oder – bei entsprechender Verstandesreife – dieses selbst (in der Regel ab dem 14. Lebensjahr) können den Arzt wirksam von der Schweigepflicht entbinden.

442 Ob er der Schweigepflicht unterliegende Informationen dennoch an das Gericht weitergibt, hat der Arzt nach den allgemeinen strafrechtlichen Vorschriften des rechtfertigenden Notstandes (§ 34 StGB) zu entscheiden.[177] Mit § 4 Abs. 3 KKG will der Gesetzgeber den Arzt bei dieser Entscheidung unterstützen. Ist in diesem Fall von einem erheblichen Interessenkonflikt zwischen dem Kind und seinem gesetzlichen Vertreter auszugehen, so sollte der Verfahrensbeistand bei Gericht die Anordnung einer Ergänzungspflegschaft nach §§ 1629 Abs. 2 Satz 3, 1796 Abs. 2 BGB anregen.

---

[175] Vgl. DIJuF-Rechtsgutachten vom 27.10.2010, JAmt 2010, 552.
[176] Vgl. DIJuF-Rechtsgutachten vom 27.10.2010, JAmt 2010, 552; vgl. auch DIJuF-Rechtsgutachten vom 13.12.2000, JAmt 2001, 79; vgl. auch VG Schleswig JAmt 2010, 150; VG Oldenburg JAmt 2010, 152.
[177] Vgl. Dickmeis, Keine Schweigepflicht der Ärzteschaft bei Gewalttaten an Frauen und Kindern, ZfJ 1995, 474.

14. Verschwiegenheitspflicht und Zeugnisverweigerungsrecht des Verfahrensbeistands

Nicht speziell geregelt ist das Zeugnisverweigerungsrecht des Verfahrensbeistands, das sich nach § 29 Abs. 2 FamFG i.V.m. § 383 Abs. 1 Nr. 6 ZPO richtet.[178] Weiterhin fehlt eine spezielle datenschutzrechtliche Regelung für die Tätigkeit des Verfahrensbeistands; insoweit kann auch § 68 SGB VIII nicht analog angewandt werden.[179] Es gilt vielmehr das BDSG i.V.m. der EU-DS-GVO (vgl. zu Einzelheiten des Datenschutzes oben zu Rn. 430 ff.). Widerspricht ein – insoweit einsichtsfähiger – Minderjähriger der Weitergabe von Daten, so ist der Verfahrensbeistand daran gebunden, soweit keine Anhaltspunkte für eine Kindeswohlgefährdung vorliegen.[180] Bei einer schuldhaften Pflichtverletzung des Verfahrensbeistands kommt eine Haftung nach Art. 82 Abs. 1 DS-GVO in Betracht.[181]

443

Tatsachen, die ein zum Verfahrensbeistand bestellter **Rechtsanwalt** im Rahmen der Ausübung seiner Tätigkeit als Verfahrensbeistand erlangt hat, unterliegen nicht der anwaltlichen Verschwiegenheitspflicht aus § 43a Abs. 2 BRAO, weil der Verfahrensbeistand diese Tatsachen nicht in seiner spezifischen Eigenschaft als Angehöriger der Berufsgruppe der Rechtsanwälte erlangt hat.

444

Allerdings steht dem Verfahrensbeistand – egal welcher berufsspezifischer Qualifikation (also auch einem Sozialarbeiter oder einem Sozialpädagogen) – in Bezug auf Tatsachen, die er in Ausübung dieser Tätigkeit zur Kenntnis genommen hat, ein Zeugnisverweigerungsrecht aus § 383 Abs. 1 Nr. 6 ZPO zu, weil er als parteilicher Interessenvertreter des Kindes tätig geworden ist und ihm in dieser Funktion ein zu schützendes Vertrauen des Kindes und von Familienangehörigen entgegengebracht wird. Dem steht nicht entgegen, dass der Verfahrensbeistand nicht der Strafbarkeit nach § 203 StGB (Verletzung von Privatgeheimnissen durch bestimmte Berufsgruppen oder Amtsträger) unterliegt. Denn der Anwendungsbereich des § 383 Abs. 1 Nr. 6 ZPO deckt sich nicht mit dem des § 203 StGB.[182] Ein Verfahrensbeistand kann sich daher z.B. in einem nachehelichen Unterhaltsverfahren unter Berufung auf sein Zeugnisverweigerungsrecht aus § 383 Abs. 1 Nr. 6 ZPO weigern, als Zeuge über die Gründe für ein Unterbleiben von Umgangskontakten

---

178 OLG Braunschweig FamRZ 2012, 1408, 1410 = FamFR 2012, 187; so auch Fricke ZfJ 2002, 41 ff.; Kunkel FPR 2000, 113; Hannemann/Kunkel FamRZ 2004, 1837 f. Dazu auch Gummersbach S. 355 ff.; Röchling/Kunkel § 9 Rn. 24.
179 Vgl. oben zu Rn. 430 ff.; a.A. Röchling/Kunkel, Anwalt des Kindes, § 9 Rn. 1 ff. (zum Datenschutz), Rn. 19 (zu § 68 SGB VIII); Keidel/Engelhardt § 158 FamFG Rn. 22.
180 Vgl. weiter Rn. 434; vgl. die Literatur zu Fn. 164; Keidel/Engelhardt, § 158 FamFG Rn. 22; Kunkel, FPR 2000, 111.
181 Vgl. weiter Rn. 435; vgl. die Literatur zu Fn. 164; aA. MünchKomm-FamFG/Schumann, § 158 FamFG Rn. 35: §§ 1909 Abs. 1 S. 1, 1915 Abs. 1 S. 1 i.V.m. § 1833 Abs. 1 S. 1 BGB. Vgl. dazu auch Koritz FPR 2012, 568, 569 f.: Haftung entsprechend den Grundsätzen der Haftung eines Ergänzungspflegers.
182 OLG Braunschweig FamRZ 2012, 1408; Zöller/Greger, 29. Aufl., § 383 ZPO, Rn. 16; Keidel/Engelhardt, § 158 FamFG Rn. 39. So auch Fricke, ZfJ 2002, 41 ff.; Kunkel, FPR 2000, 113; Hannemann/Kunkel, FamRZ 2004, 1837 f.; vgl. dazu auch Gummersbach S. 355 ff.; Röchling/Kunkel § 9 Rn. 24.

des Vaters zu seinen Kindern auszusagen.[183] Zweifelhaft ist, ob das Zeugnisverweigerungsrecht auch für Strafverfahren gilt. Denn ein Zeugnisverweigerungsrecht ergibt sich weder aus § 52 noch aus § 53 StPO.[184]

15. Einlegung von Rechtsmitteln

444a Rechtsmittel kann der Verfahrensbeistand im Interesse des von ihm vertretenen Kindes nur **im eigenen Namen** einlegen, vgl. § 158 Abs. 4 Satz 5 FamFG. Dafür kann er auch Verfahrenskostenhilfe beantragen.[185] Rechtsmittel im Namen des Kindes einzulegen, ist ihm hingegen nicht gestattet, da er nach § 158 Abs. 4 Satz 6 FamFG nicht gesetzlicher Vertreter des Kindes ist.[186]

Rechtsmittel des nach § 60 FamFG beschwerdefähigen Minderjährigen (Rn. 451, 452) kann der Verfahrensbeistand daher seinerseits auch nicht zurücknehmen.

444b Das allein statthafte Rechtsmittel gegen **vorläufige Entscheidungen** im Wege der **einstweiligen Anordnung** ist die binnen einer **Frist von zwei Wochen** bei dem Gericht einzulegende Beschwerde (§ 63 Abs. 2 Nr. 1 FamFG), das die Entscheidung erlassen hat, § 64 Abs. 1 FamFG. Diese ist nach der ausdrücklichen Bestimmung des § 57 Satz 2 FamFG in den dort genannten Fällen – anders als die Rechtsbeschwerde zum BGH, vgl. § 70 Abs. 4 FamFG – auch gegen Entscheidungen in Verfahren der einstweiligen Anordnung statthaft.

Die Anfechtbarkeit setzt allerdings voraus, dass die Entscheidung aufgrund mündlicher Erörterung (§ 32 FamFG) ergangen ist.[187] Ist die vorläufige Entscheidung ohne mündliche Verhandlung ergangen, ist gemäß § 54 Abs. 2 FamFG eine erneute Entscheidung des erstinstanzlichen Gerichts aufgrund mündlicher Erörterung zu beantragen, gegen die dann wieder eine Anfechtbarkeit nach § 57 Abs. 2 FamFG besteht.

444c Gegen endgültige Entscheidungen in **Hauptsacheverfahren** ist die auf **einen Monat befristete Beschwerde** zulässig, § 63 Abs. 1 FamFG. Auch diese Beschwerde kann fristwahrend gemäß § 64 Abs. 1 FamFG nur bei dem Gericht eingelegt werden, das die endgültige Entscheidung getroffen hat. Wird die Beschwerde beim übergeordneten Oberlandesgericht oder bei einem anderen unzuständigen Gericht eingelegt, wird die Beschwerdefrist nur dann gewahrt, wenn die Beschwerde innerhalb der Beschwerdefrist zu dem Gericht gelangt, das die Unterbringungsentscheidung erlassen hat.

---

183 Vgl. OLG Braunschweig, a.a.O.
184 OLG Frankfurt, Beschluss vom 15.12.2016, 2 Ws 119/16, ZKJ 2017, 200.
185 BGH, Beschluss vom 27.3.2019, XII ZB 71/19, unter Hinweis auf BGH FamRZ 2011, 633 Rn. 14 ff. zum Vormund; Prütting/Helms/Dürbeck FamFG 4. Aufl. § 76 Rn. 10; vgl. auch Keuter in: Heilmann Praxiskommentar Kindschaftsrecht § 158 FamFG Rn. 39.
186 BGH, Beschluss vom 27.3.2019, XII ZB 71/19, unter Hinweis auf BGH FamRZ 2018, 1512 Rn. 13 mwN.
187 Keidel-Giers, § 57 FamFG Rn. 5; Prütting/Helms/Hammer, § 167 FamFG Rn. 82, unter Hinweis auf BT-Drucks. 17/10490, 18.

444d Der Lauf der zweiwöchigen bzw. einmonatigen Beschwerdefristen gemäß § 63 Abs. 1 und 2 FamFG beginnt jeweils mit der schriftlichen Bekanntmachung der Entscheidung an die verschiedenen Verfahrensbeteiligten, § 63 Abs. 3 FamFG. Für den betroffenen Minderjährigen und den Verfahrensbeistand können also – je nach dem für ihre Person geltenden Bekanntmachungszeitpunkt – unterschiedliche Zeitpunkte gelten, bis zu denen die Beschwerde bei dem Gericht eingelegt sein muss, das die anzufechtende Entscheidung erlassen hat.

444e Das zur Entscheidung über die Beschwerde berufene **Beschwerdegericht** ist in den vom Familiengericht entschiedenen Verfahren das Oberlandesgericht, § 119 Abs. 1 Nr. 1a) GVG. Gegen die Beschwerdeentscheidung des OLG ist – unter den Voraussetzungen des § 70 Abs. 1 und 2 FamFG (Zulassung der Rechtsbeschwerde durch das Beschwerdegericht) – die binnen einer Frist von einem Monat beim Bundesgerichtshof (BGH) einzulegende **Rechtsbeschwerde** zulässig, §§ 71 FamFG, § 133 GVG. Sie findet aber nur gegen Hauptsacheentscheidungen, nicht aber gegen Entscheidungen im Verfahren der einstweiligen Anordnung statt, § 70 Abs. 4 FamFG.

444f Die Einlegung einer **Verfassungsbeschwerde** gehört nach der Rechtsprechung des BVerfG noch zu den Aufgaben eines erstinstanzlich bestellten Verfahrensbeistands.[188]

Nach § 62 Abs. 3 FamFG ist dem Verfahrensbeistand auch der sog. **Fortsetzungsfeststellungsantrag** eröffnet. Er kann also nach Erledigung der angefochtenen Entscheidung in der Hauptsache vor Erlass einer Entscheidung im Beschwerdeverfahren auf seinen Antrag hin feststellen lassen, dass die Entscheidung des Familiengerichts den Minderjährigen in seinen Rechten verletzt hat.

▷ **Wegen weiterer Einzelheiten des Beschwerdeverfahrens wird auf Teil 4 A. zu Rn. 1513 ff. und zum Gang des Beschwerdeverfahrens dort auf Rn. 1550 ff. verwiesen.**

444g Besteht der noch nicht selbst beschwerdefähige, also jünger als 14 Jahre alte Minderjährige (vgl. § 60 Satz 3 FamFG) darauf, die Entscheidung des Gerichtes nicht akzeptieren zu wollen, die der Verfahrensbeistand aber aus Sicht des objektiven Kindeswohls für richtig hält, so hat der Verfahrensbeistand gleichwohl das Rechtsmittel für den Minderjährigen abzufassen und an das Gericht fristgerecht zu übermitteln.

Da der Verfahrensbeistand nicht berechtigt ist, Rechtsmittel im Namen des Minderjährigen einzulegen (vgl. Rn. 445), muss er auch in diesem Falle das Rechtsmittel **im eigenen Namen** einlegen, kann aber seine von der Auffassung des Kindes abweichende Meinung dem Gericht mitteilen, muss dabei aber deutlich machen, dass das von ihm vertretene Kind die Aufhebung der angefochtenen Maßnahme

---

[188] Vgl. BVerfGE vom 22.5.2013, 1 BvR 372/13 zum betreuungsrechtlichen Verfahrenspfleger gemäß insoweit gleich lautendem § 276 Abs. 5 FamFG; BVerfG NJW 2017, 1295 m. Anm. Lack betreffend die Rückführung eines Pflegekindes zu seinen leiblichen Eltern.

begehrt (Stichwort: Geltendmachung von Wohl und Wille des Minderjährigen, § 158 Abs. 4 Satz 1 FamFG).

444h Dem beschwerdefähigen Jugendlichen muss der Verfahrensbeistand bei der Formulierung und Übermittlung seiner eigenständig zulässigen Beschwerde (§§ 59 Abs. 1, 60 FamFG) behilflich sein. Der Verfahrensbeistand hat den Jugendlichen bei der Auswahl und Beauftragung eines Rechtsanwaltes zu unterstützen, der ihn im Rechtsmittelverfahren unabhängig vom Verfahrensbeistand vertritt. Diesen Rechtsanwalt kann der Jugendliche unabhängig von den Sorgeberechtigten wirksam beauftragen, da der beschwerdebefugte Minderjährige insoweit als rechtsgeschäftsfähig gilt.[189] Auf Antrag ist dem Jugendlichen auch Verfahrenskostenhilfe unter Beiordnung des vom Jugendlichen gewählten Rechtsanwaltes (§ 78 Abs. 2 FamFG) zu gewähren. Die Bestellung eines Verfahrensbeistands nach § 158 Abs. 1 FamFG steht dem nicht entgegen, da sich Funktion und Stellung von Verfahrensbeistand und beigeordnetem verfahrensbevollmächtigten Anwalt unterscheiden. Nur den Rechtsanwalt kann sich der Jugendliche selbst auswählen, nur ihm gegenüber besitzt er ein Weisungsrecht.[190] Folge der Beauftragung und Beiordnung eines eigenen Verfahrensbevollmächtigten wird aber gemäß §§ 158 Abs. 5 FamFG regelmäßig, wenn auch nicht zwingend (§ 158 Abs. 5 FamFG ist eine „Soll-Vorschrift"), die Aufhebung der Verfahrensbeistandschaft sein[191] (vgl. zu Einzelheiten die Erläuterung zu Rn. 283).

Dem Verfahrensbeistand steht es selbstverständlich frei, neben dem Jugendlichen zusätzlich auch seinerseits Beschwerde einzulegen, wenn die anzugreifende gerichtliche Entscheidung aus Sicht des Verfahrensbeistandes nicht dem Interesse des Minderjährigen entspricht.

---

189 OLG Karlsruhe FamRZ 2016, 567; OLG Dresden NJW 2014, 2451; Keidel-Meyer-Holz, § 60 FamFG Rn. 18.
190 OLG Dresden FamRZ 2014, 1042; OLG Stuttgart ZKJ 2014, 289–290 = FamRZ 2014, 1482–1483.
191 OLG Stuttgart ZKJ 2014, 289–290 = FamRZ 2014, 1482–1483.

B Die Verfahrensbeistandschaft gem. § 167 Abs. 1 Satz 2 FamFG

§ 167
FamFG Anwendbare Vorschriften bei Unterbringung Minderjähriger und bei freiheitsentziehenden Maßnahmen bei Minderjährigen

(1) In Verfahren nach § 151 Nummer 6 sind die für Unterbringungssachen nach § 312 Nummer 1 und 2, in Verfahren nach § 151 Nummer 7 die für Unterbringungssachen nach § 312 Nummer 4 geltenden Vorschriften anzuwenden. An die Stelle des Verfahrenspflegers tritt der Verfahrensbeistand. Die Bestellung eines Verfahrensbeistands ist stets erforderlich.

(2) Ist für eine Kindschaftssache nach Abs. 1 ein anderes Gericht zuständig als dasjenige, bei dem eine Vormundschaft oder eine die Unterbringung erfassende Pflegschaft für den Minderjährigen eingeleitet ist, teilt dieses Gericht dem für das Verfahren nach Abs. 1 zuständigen Gericht die Anordnung und Aufhebung der Vormundschaft oder Pflegschaft, den Wegfall des Aufgabenbereichs Unterbringung und einen Wechsel in der Person des Vormunds oder Pflegers mit; das für das Verfahren nach Abs. 1 zuständige Gericht teilt dem anderen Gericht die Unterbringungsmaßnahme, ihre Änderung, Verlängerung und Aufhebung mit.

(3) Der Betroffene ist ohne Rücksicht auf seine Geschäftsfähigkeit verfahrensfähig, wenn er das 14. Lebensjahr vollendet hat.

(4) In den in Abs. 1 Satz 1 genannten Verfahren sind die Elternteile, denen die Personensorge zusteht, der gesetzliche Vertreter in persönlichen Angelegenheiten sowie die Pflegeeltern persönlich anzuhören.

(5) Das Jugendamt hat die Eltern, den Vormund oder den Pfleger auf deren Wunsch bei der Zuführung zur Unterbringung zu unterstützen.

(6) In Verfahren nach § 151 Nr. 6 und 7 soll der Sachverständige Arzt für Kinder- und Jugendpsychiatrie und -psychotherapie sein. In Verfahren nach § 151 Nr. 6 kann das Gutachten auch durch einen in Fragen der Heimerziehung ausgewiesenen Psychotherapeuten, Psychologen, Pädagogen oder Sozialpädagogen erstattet werden. In Verfahren der Genehmigung freiheitsentziehender Maßnahmen genügt ein ärztliches Zeugnis; Satz 1 gilt entsprechend.

(7) Die freiheitsentziehende Unterbringung und freiheitsentziehende Maßnahmen enden spätestens mit Ablauf von sechs Monaten, bei offensichtlich langer Sicherungsbedürftigkeit spätestens mit Ablauf von einem Jahr, wenn sie nicht vorher verlängert werden.

§ 1631b
Freiheitsentziehende Unterbringung und freiheitsentziehende Maßnahmen

(1) Eine Unterbringung des Kindes, die mit Freiheitsentziehung verbunden ist, bedarf der Genehmigung des Familiengerichts. Die Unterbringung ist zulässig, solange sie zum Wohl des Kindes, insbesondere zur Abwendung einer erheblichen Selbst- oder Fremdgefährdung, erforderlich ist und der Gefahr nicht auf andere Weise, auch nicht durch andere öffentliche Hilfen, begegnet werden kann. Ohne die Genehmigung ist die Unterbringung nur zulässig, wenn mit dem Aufschub Gefahr verbunden ist; die Genehmigung ist unverzüglich nachzuholen.

(2) Die Genehmigung des Familiengerichts ist auch erforderlich, wenn dem Kind, das sich in einem Krankenhaus, einem Heim oder einer sonstigen Einrichtung aufhält, durch mechanische Vorrichtungen, Medikamente oder auf andere Weise über einen längeren Zeitraum oder regelmäßig in nicht altersgerechter Weise die Freiheit entzogen werden soll. Abs. 1 Satz 2 und 3 gilt entsprechend.

Übersicht	Rn.
I. Einführung in das Recht des Freiheitsentzugs Minderjähriger	445
II. Verhältnis der Vorschrift zur Verfahrensbeistandschaft nach § 158 FamFG	450
III. Verfahrensbeistandschaft in Unterbringungsverfahren: Anwendungsbereich	456
IV. Stellung des Verfahrensbeistands im Unterbringungsverfahren	462
V. Freiheitsentziehende Unterbringung nach § 1631b BGB	472
1. Einführung (Zweck der Norm, Verfahrensrechtsschutz, Freiwilligkeitserklärung)	472
2. Freiheitsentziehende Unterbringung nach § 1631b Abs. 1 BGB	478
3. Freiheitsentziehende Maßnahmen nach § 1631b Abs. 2 BGB	490
VI. Unterbringungsverfahren	502
1. Einführung: Grundrechtsschutz durch Verfahrensrecht	502
2. Einleitung des Unterbringungsverfahrens	503
3. Sachliche, funktionelle und örtliche Zuständigkeit	505
4. Verfahrensgarantien (Überblick)	510
5. Pflicht zur Bestellung eines Verfahrensbeistands	513
6. Freiwilligkeitserklärung des Minderjährigen	519
7. Richterliche Anhörung des Minderjährigen	522
8. Sachverständige Begutachtung	525
a) Allgemeines	525
b) Sonderfall: Beobachtungsunterbringung	527
9. Genehmigung/Anordnung des Freiheitsentzugs	532
VII. Exkurs: Einstweilige Anordnung einer vorläufigen Unterbringung bei einfacher und gesteigerter Dringlichkeit (§§ 331, 332, 334 i.V.m. 167 Abs. 1 Satz 1 FamFG); Einstweilige Maßregel der Unterbringung (§ 334 FamFG)	537
VIII. Rechtsmittel	547
IX. Aufgaben des Verfahrensbeistands	560
1. Aufklärung und Information des Minderjährigen	560
2. Kontrolle der Einhaltung der Verfahrensgarantien	562
3. Vorbereitung des Minderjährigen auf die richterliche Anhörung	569
4. Altersadäquate Unterbringungsform	571
X. Ende der Verfahrensbeistandschaft	573
XI. Entschädigung des Verfahrensbeistands	577

I. Einführung in das Recht des Freiheitsentzugs Minderjähriger

445 § 1631b BGB in der Fassung des zum 1.10.2017 in Kraft getretenen Gesetzes zur Einführung eines familiengerichtlichen Genehmigungsvorbehaltes für freiheitsentziehende Maßnahmen bei Kindern vom 17.7.2017[1] erweitert die gerichtliche Genehmigungspflicht des Abs. 1 der Norm (Freiheitsentziehende Unterbringung) durch den neu eingefügten Abs. 2 auf freiheitsentziehende Maßnahmen in geschlossenen und offenen Einrichtungen i.S.d. § 1906 Abs. 4 BGB.

---

1 BGBl. I S. 2424.

Unterbringungen von Minderjährigen, die mit Freiheitsentziehung verbunden sind, unterlagen bereits nach alter Rechtslage gemäß § 1631b BGB der Genehmigung des Familiengerichts.[2] Für freiheitsentziehende Maßnahmen bei Minderjährigen sah das Kindschaftsrecht dagegen – anders als das Betreuungsrecht für Volljährige – ein Genehmigungserfordernis nicht vor. So hatte auch der Bundesgerichtshof (BGH) durch Beschluss vom 7.8.2013[3] – entgegen der hier in den Vorauflagen vertretenen Auffassung einer analogen Anwendung der Genehmigungspflicht nach § 1906 Abs. 4 BGB – klargestellt, dass die Eltern für die Entscheidung über die Fixierung ihres minderjährigen autistischen Kindes in einer offenen Heimeinrichtung nach dem bis 31.9.2017 geltenden Recht keiner familiengerichtlichen Genehmigung gemäß § 1631b BGB bedurften. De lege ferenda hatte es der BGH vielmehr dem Gesetzgeber überlassen zu entscheiden, „ob die Anordnung eines familiengerichtlichen Genehmigungsvorbehalts das geeignete, erforderliche und verhältnismäßige Mittel ist, Kinder vor ungerechtfertigten unterbringungsähnlichen Maßnahmen zu schützen."[4]

Der neue Abs. 2 der Vorschrift lautet: **446**

> „Die Genehmigung des Familiengerichts ist auch erforderlich, wenn dem Kind, das sich in einem Krankenhaus, einem Heim oder einer sonstigen Einrichtung aufhält, durch mechanische Vorrichtungen, Medikamente oder auf andere Weise über einen längeren Zeitraum oder regelmäßig in nicht altersgerechter Weise die Freiheit entzogen werden soll. Abs. 1 Satz 2 und 3 gilt entsprechend."[5]

Wegen des Zweckes und des Inhaltes der Neufassung der Vorschrift wird auf die Ausführungen zu Rn. 472 ff. und 490 ff. verwiesen. Vgl. auch Rn. 460 zur Kritik daran, dass die zwangsweise ärztliche Behandlung Minderjähriger – anders als nach § 1906a BGB für Volljährige – nach wie vor ohne gerichtliche Genehmigungspflicht allein in der Verantwortung der gesetzlichen Vertreter von Minderjährigen verbleibt.

Mit dem o.g. Reformgesetz wurde neben § 1631b BGB und § 151 FamFG (bloße Folgeänderung) auch die Verfahrensvorschrift des § 167 FamFG in wesentlichen Teilen neu gefasst und an die Änderung des § 1631b BGB angepasst. Eine freiheitsentziehende Unterbringung Minderjähriger, für die zwingend ein Verfahrensbeistand nach § 167 FamFG zu bestellen ist, kann aber auch auf der Rechtsgrundlage der Landesgesetze zur öffentlich-rechtlichen Unterbringung psychisch gestörter Personen auf Anordnung eines sozialpsychiatrischen Dienstes, eines Kli- **447**

---

2 Vgl. Rohmann, Das Sachverständigengutachten im Fall der Unterbringung von Kindern und Jugendlichen, FPR 2011, 561; Vogel, Die juristischen Mindeststandards bei der mit Freiheitsentziehung verbundenen Unterbringung in der Behandlung von Jugendlichen, FPR 2012, 462.
3 BGH ZKJ 2013, 449 ff. = FamRZ 2013, 1646 ff.; kritisch Salgo FamRZ 2013, 1719 f.
4 Vgl. BR-Drucks. 793/16, S. 1.
5 Dazu: Götz, Fortschritt im Kindesschutz – Genehmigungsvorbehalt jetzt auch für freiheitsentziehende Maßnahmen bei Kindern, FamRZ 2017, 1289; Hoffmann, Voraussetzungen und Verfahren der freiheitsentziehenden Unterbringung von Kindern und Jugendlichen, JAmt 2009, 473; Hoffmann, Freiheitsentziehende Unterbringung in einer Einrichtung der Kinder- und Jugendhilfe, FamRZ 2017, 337.

nikarztes oder einer sonst nach dem jeweiligen Landesrecht zuständigen Person oder Behörde erfolgen. Denn die sogenannten landesrechtlichen PsychKHG sehen eine Mindestaltersgrenze der zur Abwehr von Eigen- und Fremdgefahren unterzubringenden Personen nicht vor.[6]

448 Das Rangverhältnis beider Unterbringungsformen ist nicht eindeutig geklärt, da weder § 1631b BGB noch die Landesgesetze einheitliche Bestimmungen dazu enthalten. Allgemein wird aber u.a. wegen der Vertretungsbefugnis der gesetzlichen Vertreter des Minderjährigen, deren Befugnis im Falle personensorgeberechtigter Eltern zudem unter dem Schutz von Art. 6 Abs. 2 GG steht, zu Recht davon ausgegangen, dass der zivilrechtlichen Unterbringung nach § 1631b BGB der Vorrang einzuräumen ist.[7]

449 Unterlassen Sorgeberechtigte bzw. Vormünder/Ergänzungspfleger die Anordnung eines Freiheitsentzuges und gefährden sie damit zugleich erheblich das Wohl des Minderjährigen, so kommen zum Schutz des Kindeswohles Maßnahmen des Entzuges des Sorgerechtes nach §§ 1666, 1666a BGB (ggf. i.V.m. §§ 1837 Abs. 4, 1915 BGB) ebenso in Betracht wie (vor allem in Fällen akuter Krisenintervention bei Gefahr im Verzug) die Anordnung von Freiheitsentzug durch das Jugendamt im Rahmen einer Inobhutnahme des Kindes nach § 42 Abs. 5 SGB VIII sowie die Anordnung einer öffentlich-rechtlichen Unterbringung nach Landesrecht gegen den Willen des gesetzlichen Vertreters des Kindes.[8]

II. Verhältnis der Vorschrift zur Verfahrensbeistandschaft nach § 158 FamFG

450 **§ 167 FamFG** vollzieht die mit dem Gesetz **zur Einführung eines familiengerichtlichen Genehmigungsvorbehaltes für freiheitsentziehende Maßnahmen bei Kindern vom 17.7.2017 (BGBl. I S. 2424)** bestimmte Erweiterung der materiell-rechtlichen Eingriffsnorm des § 1631b BGB auf die Genehmigungspflicht freiheitsentziehender Maßnahmen verfahrensrechtlich nach und regelt in seinem **Abs. 1 Satz 1,** dass in den Fällen des § 151 Nr. 6 FamFG (Genehmigung freiheitsentziehender Unterbringung und freiheitsentziehender Maßnahmen nach § 1631b BGB) die für Unterbringungssachen nach § 312 Nr. 1 und 2 FamFG und in Verfahren nach § 151 Nr. 7 (Unterbringung nach den PsychKHG der Bundeslän-

---

6 Die Landesunterbringungsgesetze (PsychKHG) sind abgedruckt in HK-BUR-Ordner 5 zu 4000 Länderrecht.
7 HK-BUR/Hoffmann, § 1631b BGB Rn. 55; Beermann, FPR 2011, 535, 537, 538; Wille, ZfJ 2002, 85; vgl. auch Rüth, FPR 2011, 554, 556, aus kinder- und jugendpsychiatrischer Sicht. Vgl. den Vorrang des § 1631b BGB ausdrücklich oder mittelbar bestimmend: § 13 Abs. 2 PsychKHG Baden-Württemberg; § 8 Abs. 2 PsychKHG Hamburg; § 10 Abs. 2 PsychKG NRW; § 9 Abs. 2 PsychKG Mecklenburg-Vorpommern; § 8 Abs. 1 PsychKG Brandenburg; offenlassend z.B. §§ 16, 17 PsychKHG Hessen und Art. 1 ff. UnterbringungsG Bayern. Der Vorrang der zivilrechtlichen Unterbringung entspricht auch der bislang h.M. zum Betreuungsrecht, vgl. HK-BUR/Bauer/Braun, § 1906 BGB Rn. 78 ff.
8 Staudinger/Salgo, § 1631b, Rn. 3; HK-BUR/Hoffmann, § 1631b BGB Rn. 55, 59 ff., Trenzcek, ZfJ 2000, 121; vgl. weiter auch die in Fn. 5, 6 181 genannten Landesunterbringungsgesetze (PsychKHG).

der) die für Unterbringungssachen nach § 312 Nr. 4 FamFG geltenden Verfahrensvorschriften der §§ 312 ff. FamFG anzuwenden sind. Damit würde u.a. § 317 FamFG über die Bestellung eines Verfahrenspflegers entsprechend anzuwenden sein. **Satz 2** modifiziert dies aber insoweit, als in Unterbringungsverfahren Minderjähriger an die Stelle des Verfahrenspflegers der **Verfahrensbeistand** nach § 158 FamFG tritt. Ein solcher ist in den genannten Unterbringungsverfahren nach Satz 3 der neu gefassten Norm **stets** zu bestellen.

Damit wird § 317 FamFG aus dem Verfahrensrecht für Erwachsene für Unterbringungsverfahren Minderjähriger von einer Soll-Vorschrift mit Begründungspflicht bei Nichtbestellung (§ 317 Abs. 2 FamFG) zu einer verbindlichen Vorschrift zur zwingenden Bestellung eines Verfahrensbeistandes in Unterbringungsverfahren Minderjähriger verändert. Zur Begründung dieser Änderung der bisherigen Rechtslage heißt es in der BR-Drucksache 793/16, Seite 14 und 15:

451

> „Der Verfahrensbeistand ist nach § 158 Abs. 1 Satz 1 FamFG zu bestellen, wenn dies zur Wahrnehmung der Interessen des Kindes erforderlich ist. Die Bestellung ist im Regelfall des § 158 Abs. 2 Nummer 1 FamFG dann erforderlich, wenn das Interesse des Minderjährigen zu dem seiner gesetzlichen Vertreter in erheblichem Gegensatz steht. Daher soll in den Verfahren zur Genehmigung einer freiheitsentziehenden Unterbringung oder freiheitsentziehenden Maßnahme bei einem Minderjährigen die Bestellung eines Verfahrensbeistandes zukünftig obligatorisch sein, um auch seine Interessenvertretung in diesen besonders grundrechtsrelevanten Bereichen besser sicherzustellen als bisher."

Bei § 167 Abs.1 FamFG handelt es sich – soweit nicht § 167 spezielle Vorschriften für das Unterbringungsverfahren bei Minderjährigen enthält – um eine **umfassende Rechtsgrundverweisung** auf die entsprechend anzuwendenden Vorschriften über die Unterbringung von Erwachsenen.

Damit finden die Verfahrensvorschriften der §§ 312 ff. FamFG aus dem Unterbringungsrecht der Volljährigen, soweit sie nicht durch die Bestimmungen des § 167 Abs. 1 bis 7 FamFG ihre Änderungen speziell für Unterbringungsverfahren Minderjähriger erfahren, auf die freiheitsentziehende Unterbringung und die freiheitsentziehenden Maßnahmen Minderjähriger nach § 1631b BGB entsprechend Anwendung. Somit gelten für Unterbringungsverfahren Minderjähriger die folgenden wesentlichen Verfahrensgarantien (in Klammern die Mindestanforderungen im Eilverfahren des einstweiligen Anordnungs-/Genehmigungsverfahrens):

452

- ärztliches Gutachten, in Verfahren nach § 1631b Abs. 2 BGB: ärztliches Zeugnis genügt, § 321 FamFG (Verfahren der einstweiligen Anordnung: ärztliches Zeugnis, §§ 331 Nr. 2, 332 FamFG),
- obligatorische Bestellung und Anhörung des Verfahrensbeistands,
- persönliche richterliche Anhörung des Minderjährigen, §§ 319, 331 Nr. 4 FamFG (bei Gefahr im Verzuge auch vor der Anhörung von Minderjährigem und Verfahrensbeistand, Anhörungen sind aber unverzüglich nachzuholen, § 332 FamFG),

- Anhörung von Jugendamt und personensorgeberechtigten Eltern, Pflegern, Pflegeeltern, § 167 Abs. 4 FamFG, abweichend von §§ 320, 315 FamFG (verzichtbar in Eilverfahren),
- Beschluss: Anordnung oder Genehmigung der Unterbringung bzw. der freiheitsentziehenden Maßnahme mit

    a.) näherer Angabe der Unterbringungsmaßnahme: Kinder- und Jugendpsychiatrie oder Kinder- und Jugendhilfeeinrichtung; konkrete Bezeichnung der freiheitsentziehenden Maßnahme: Fixierung durch Bauchgurt, Bettgitter etc., § 323 Abs. 1 Nr. 1 FamFG.

    b.) zeitlicher Befristung: bis 6 Monate oder bis zu einem Jahr (§ 167 Abs. 7 FamFG; abweichend von § 329 Abs. 1 Satz 1 FamFG: ein Jahr bzw. zwei Jahre; Verfahren der einstweiligen Anordnung: im Regelfall bis 6 Wochen, verlängerbar bis höchstens bis 3 Monate, § 333 Abs. 1 FamFG).

453 Folgende Abweichungen vom Verfahrensrecht in Unterbringungssachen der Erwachsenen (§§ 312 ff. FamFG) sieht § 167 FamFG vor:

§ 167 Abs. 1 FamFG: Ein Verfahrensbeistand ist **stets und ohne Ausnahme** zu bestellen (Abweichung von § 317 FamFG: Verfahrenspfleger, bei ausnahmsweiser Nichtbestellung besteht Begründungspflicht).

§ 167 Abs. 2 FamFG: Gegenseitige Unterrichtungs- und Mitteilungspflichten des für die Vormundschaft/Pflegschaft und des für die Unterbringungsentscheidung zuständigen Gerichtes bei unterschiedlicher örtlicher Zuständigkeit der mit der jeweiligen Sache befassten Gerichte (Abänderung von § 313 Abs. 4, 338 FamFG).

§ 167 Abs. 3 FamFG: Der von einem Unterbringungsverfahren betroffene Minderjährige ist ohne Rücksicht auf seine Geschäftsfähigkeit voll verfahrensfähig i.S.d. § 9 FamFG erst mit Vollendung des 14. Lebensjahres (Abänderung und Einschränkung von § 316 FamFG).

§ 167 Abs. 4 FamFG: In Unterbringungsverfahren Minderjähriger sind die Elternteile, denen die Personensorge zusteht, die gesetzlichen Vertreter (Ergänzungspfleger) in persönlichen Angelegenheiten und die Pflegeeltern persönlich richterlich anzuhören (Abänderung von § 315, 320 FamFG).

§ 167 Abs. 5 FamFG: Das Jugendamt hat die Eltern, den Vormund oder den Ergänzungspfleger auf deren Wunsch bei der Zuführung zu der nach § 1631b Abs. 1 BGB genehmigten Unterbringung zu unterstützen (Abänderung von § 326 FamFG).

§ 167 Abs. 6 FamFG:

Sätze 1 und 2: Der Gutachter soll Arzt für Kinder- und Jugendpsychiatrie und -psychotherapie sein; in Verfahren nach § 151 Nr. 6 (Genehmigung von freiheitsentziehender Unterbringung nach § 1631b Abs. 1 BGB und von freiheitsentziehenden Maßnahmen nach § 1631b Abs. 2 BGB) kann der Sachverständige auch ein in Fragen der Heimerziehung ausgewiesener Psychotherapeut, Psychologe, Pädagoge oder Sozialpädagoge sein (Abänderung von § 321 FamFG). **Satz 3:** In

Verfahren der Genehmigung freiheitsentziehender Maßnahmen nach § 1631b Abs. 2 BGB genügt ein ärztliches Zeugnis (ebenso § 321 Abs. 2 FamFG für eine freiheitsentziehende Maßnahme nach § 1906 Abs. 4 BGB).

§ 167 Abs. 7 FamFG: Die Höchstfrist der freiheitsentziehenden Unterbringung und freiheitsentziehender Maßnahmen beträgt sechs Monate, bei offensichtlich langer Sicherungsbedürftigkeit ein Jahr, wenn sie nicht vorher verlängert wird (Abänderung von § 329 FamFG).

Soweit die durch § 167 FamFG bestimmten Abweichungen das Verfahrensrecht der Unterbringung Volljähriger nach §§ 312 bis 339 FamFG nicht abändern, bleiben die letztgenannten Verfahrensvorschriften ergänzend auch im Unterbringungsverfahren Minderjähriger wirksam.

Strittig bleibt insoweit aber nach wie vor, ob für die Entschädigung der beruflich tätigen Verfahrensbeistände die Vergütungspauschale nach § 158 Abs. 7 Satz 2 ff. FamFG anfällt (so die herrschende Meinung) oder insoweit über § 318 FamFG die Entschädigungsregelungen des § 277 FamFG Anwendung finden. Wegen der Einzelheiten dazu wird auf Rn. 577 ff. und 2103 ff. verwiesen.

454 Dieselben Verfahrensgrundsätze gelten auch für die Anordnung einer freiheitsentziehenden Unterbringung eines Minderjährigen nach den **Landesgesetzen über die Unterbringung psychisch Kranker** (sog. landesrechtliche PsychKHG), die eine Altersgrenze nicht kennen, vgl. §§ 151 Nr. 7, 167 Abs. 1 FamFG. In beiden Fällen (Freiheitsentzug nach § 1631b BGB und PsychKHG) ist aber für Minderjährige statt des für Volljährige zu bestellenden Verfahrenspflegers stets, d.h. obligatorisch und ohne Ausnahme, ein sog. **Verfahrensbeistand zu bestellen**, § 167 Abs. 1 Satz 2 und 3 FamFG.

455 Anwendung findet die Vorschrift des § 167 FamFG daher selbstverständlich auch auf die zahlenmäßig häufigsten Fallgestaltungen der **vorläufigen Unterbringung** oder vorläufiger freiheitsentziehender Maßnahmen durch einstweilige Anordnung nach §§ 331 ff. FamFG i.V.m. § 1631b BGB (vgl. §§ 331 Nr. 3 und 332 Satz 1, 334 FamFG). Auch in diesen Fällen besteht – wie in Hauptsacheverfahren – ohne Ausnahme die Pflicht des Gerichts, dem von einem Unterbringungsverfahren betroffenen Minderjährigen einen Verfahrensbeistand zu bestellen, §§ 167 Abs. 1 Satz 2 und 3, 158 FamFG.

III. Verfahrensbeistandschaft in Unterbringungsverfahren: Anwendungsbereich

456 § 167 FamFG findet Anwendung auf Hauptsache- und einstweilige Anordnungsverfahren nach §§ 312 ff. FamFG für zivilrechtliche Maßnahmen des Freiheitsentzuges und die öffentlich-rechtliche Unterbringung, d.h. auf Verfahren

- zur freiheitsentziehenden Unterbringung in einer Einrichtung der Kinder- und Jugendhilfe,[9]
- zur Unterbringung in der Kinder- und Jugendpsychiatrie (nach § 1631b Abs. 1 BGB)

sowie auf Verfahren

- betreffend sonstige freiheitsentziehende Maßnahmen in offenen und geschlossenen Einrichtungen nach § 1631b Abs. 2 BGB (zivilrechtliche Maßnahmen des Freiheitsentzugs)

und auf Verfahren

- betreffend die Unterbringung nach den Landesunterbringungsgesetzen, die – ohne Altersgrenze – auch auf Minderjährige Anwendung finden (PsychKG-Unterbringungoder sog. öffentlich-rechtliche Unterbringung).

457 Das gilt aber auch

- für zivilrechtliche Unterbringungsmaßnahmen, die das Familiengericht nach § 1846 BGB (i.V.m. § 1631b BGB), im Falle der (rechtlich oder tatsächlich) Verhinderung der Eltern (§ 1693 BGB) oder im Falle des noch nicht bestellten oder des verhinderten Vormunds/Pflegers (§ 1915 BGB) zum Wohle des Minderjährigen als einstweilige Maßregeln anordnet, vgl. § 334 FamFG,

und

- für freiheitsentziehende Maßnahmen, die zum Wohle von Minderjährigen im Rahmen von Inobhutnahmen nach § 42 Abs. 5 SGB VIII auf **Anordnung des Jugendamtes** (§ 42 Abs. 2 Satz 4 SGB VIII) oder des sonst Personensorgeberechtigten erforderlich werden: Die Unterbringung durch das Jugendamt ist nach § 42 Abs. 5 Satz 2 SGB VIII nur bis zum Ablauf des Tages nach ihrem Beginn – d.h. längstens für 48 Stunden – möglich. Das Jugendamt ist also gehalten, unverzüglich eine gerichtliche Entscheidung herbeizuführen.

---

[9] Vgl. ausführlich zur freiheitsentziehenden Unterbringung in Einrichtungen der Kinder- und Jugendhilfe: Hoffmann, FamRZ 2013, 1346 ff.; Bauer, Neue Gesichtspunkte zum Thema Freiheitsentzug und geschlossene Unterbringung in der Jugendhilfe, Evangelische Jugendhilfe Heft 2/2001, 80; Permien, FPR 2011, 542; vgl. OLG Naumburg JAmt 2002, 538, zu einer Unterbringung in der Kinder- und Jugendpsychiatrie.

Für den weiteren Ablauf des Verfahrens gelten dann die nachfolgenden Alternativen:[10] **458**

- Stimmen die sorgeberechtigten **Eltern** dem Freiheitsentzug nicht zu oder nehmen sie ihren ursprünglichen Antrag zurück und wäre das Kindeswohl ohne den Freiheitsentzug gefährdet, muss ihnen zunächst in einem gesonderten Eilverfahren nach § 1666 BGB zumindest das Aufenthaltsbestimmungsrecht entzogen und auf einen Pfleger übertragen werden, der dann seinerseits den Unterbringungsantrag stellen muss.[11]

- Soweit ein Ergänzungspfleger/Vormund nicht rechtzeitig bestellt werden kann, kann das Gericht die Zustimmung auch nach § 1915 i.V.m. § 1846 BGB vorläufig erteilen. Das Gericht darf aber nicht ohne (einstweiligen) Sorgeentzug die Zustimmung unmittelbar auf § 1693 BGB stützen.[12] Eine Anordnung der Unterbringung nach § 1693 BGB kommt nur bei Verhinderung der Eltern aus tatsächlichen oder rechtlichen Gründen in Betracht.

- Eine unmittelbare Anordnung der freiheitsentziehenden Unterbringung durch das Gericht ist auch nach § 151 Nr. 7 i.V.m. dem jeweiligen PsychKHG im Wege der öffentlich-rechtlichen Unterbringung möglich, die dann aber im Hinblick auf die Formenstrenge in Freiheitsentziehungssachen ausdrücklich auf die entsprechenden gesetzlichen Grundlagen gestützt werden muss[13] und ggf. einen Antrag der nach Landesrecht zuständigen Behörde oder Stelle voraussetzt.

In Übereinstimmung mit der hier zusammen mit Teilen der Literatur bereits in der Vorauflage vertretenen Meinung finden § 1631b BGB, § 167 FamFG nach der Neufassung des Gesetzes entgegen der bisher herrschenden Auffassung in der obergerichtlichen Rechtsprechung Anwendung auch auf sog. unterbringungsähnliche Maßnahmen im Sinne des § 1906 Abs. 4 BGB wie Bettgitter, Bauchgurte oder sonstige Fixierungsmaßnahmen im Rahmen einer offenen oder geschlossenen Unterbringung[14] (vgl. insoweit die zum 1.10.2017 in Kraft getretene Neufassung des § 1631b Abs. 2 BGB.). **459**

▶ **Vgl. zu Einzelheiten unten Rn. 490 ff.**

Auf **ärztliche Zwangsbehandlungsmaßnahmen,** z.B. zur Durchführung einer Zahn- oder Tumorbehandlung gegen den Willen des betroffenen Kindes oder sogar auf eine Entscheidung über den Verzicht auf eine künstliche Beatmung eines schwerstkranken Minderjährigen am Lebensende, finden §§ 1631b BGB, 167 **460**

---

10 Vgl. Prütting/Hammer, § 167 FamFG Rn. 9.
11 BVerfG FamRZ 2007, 1627 = FamRB 2007, 296; OLG Naumburg, FamRZ 2009, 431 = JAmt 2009, 40; FK-SGB VIII/Trenczek, § 42 Rn. 58; Staudinger/Salgo, § 1631b, Rn. 26.
12 BVerfG a.a.O.
13 BVerfG FamRZ 2007, 1627 = FamRB 2007, 296.
14 Vgl. oben zu Rn. 445 ff.; vgl. zur bisherigen Rechtsprechung: BGH, Beschluss vom 7.8.2013, XII ZB 559/11, FamRZ 2013, 1646, Bestätigung des OLG Oldenburg FamRZ 2012, 39 = JAmt 2011, 670; ebenso OLG Frankfurt FamRZ 2013, 1225. Vgl. kritisch zur BGH-Entscheidung vom 7.8.2013 Salgo, FamRZ 2013, 1719 f. sowie juris, Die Monatszeitschrift 2014, 99 ff. mit Anm. von Breidenstein; a.A. auch Beermann, FPR 2011, 535.

FamFG hingegen keine Anwendung, da diese vom Anwendungsbereich der genannten Normen nicht erfasst werden und solche Maßnahmen einer familiengerichtlichen Genehmigung nach wie vor nicht bedürfen.[15] Das gilt auch für selbst einwilligungsfähige Minderjährige ab dem 14. Lebensjahr mit entsprechender Einsichtsfähigkeit für ihre Krankheit. Die zwangsweise ärztliche Behandlung Minderjähriger gegen deren sog. natürlichen Willen liegt – anders als nach § 1906a BGB für Volljährige – nach wie vor ohne jegliche gerichtliche Genehmigungskontrolle allein in der Verantwortung der gesetzlichen Vertreter von Minderjährigen. Da die Missbrauchskontrolle zum Schutze des Kindeswohles nach § 1666, 1666a BGB unzureichend erscheint, ist de lege ferenda aus verfassungsrechtlichen Gründen eine vorgelagerte gerichtliche Genehmigungskontrolle der Entscheidungen der personensorgeberechtigten Vertreter des Kindes erforderlich.[16]

461 IV. Stellung des Verfahrensbeistands im Unterbringungsverfahren

Die Stellung des Verfahrensbeistands in Unterbringungsverfahren nach § 1631b BGB oder nach den Landesunterbringungsgesetzen (PsychKHG) i.V.m. § 167 FamFG entspricht der nach § 158 FamFG, denn § 167 Abs. 1 FamFG bestimmt, dass in Unterbringungsverfahren Minderjähriger zwingend ein Verfahrensbeistand nach § 158 FamFG mit den dort genannten Rechten und Pflichten zu bestellen ist.[17] Der Verfahrensbeistand hat als im Unterbringungsverfahren förmlich Beteiligter, zu dem er mit seiner Bestellung wird (§ 158 Abs. 3 Satz 2 FamFG), daher dieselben Verfahrensrechte wie der nach § 158 FamFG bestellte Verfahrensbeistand in sonstigen Kindschaftssachen des § 151 FamFG. Auch die Entschädigung des Verfahrensbeistands erfolgt über § 158 Abs. 7 FamFG und nicht über §§ 318, 277 FamFG nach den Bestimmungen des Verfahrenspflegers für Erwachsene (strittig, aber herrschende Meinung und gängige gerichtliche Praxis).[18] Auf die Ausführungen zu Rn. 2103 ff. wird verwiesen.

462 Die Bestellung und Anhörung des Verfahrensbeistands muss bei Erlass einer einstweiligen Unterbringungsentscheidung zur Abwehr einer Gefahr im Verzuge für den Minderjährigen unverzüglich nachgeholt werden, § 332 Satz 2 FamFG (sog. **„einstweilige Anordnung bei gesteigerter Dringlichkeit"**). Daraus folgt, dass der Verfahrensbeistand in allen anderen, weniger eiligen Unterbringungssituationen (vgl. § 331 Satz 1 Nr. 3 FamFG für die einfache einstweilige Anordnung) und erst recht im Hauptsacheverfahren zur endgültigen Entscheidung über die freiheitsentziehende Unterbringung regelmäßig **vor** Erlass der Unterbringungsentscheidung zu bestellen und anzuhören ist (vgl. § 1631b Abs. 1 Satz 3, 1. Hs. BGB).

---

15 Vgl. BGH, Beschluss vom 7.8.2013, XII ZB 559/13, juris; OLG Brandenburg FamRZ 2000, 1033, 1034; DIJuF-Rechtsgutachten vom 13.4.2010 und 15.3.2010, JAmt 2010, 236, 237; 239 und 240; vgl. weiter auch Schwedler, NJOZ 2014, 1 ff.
16 Vgl. kritisch zu dieser Rechtslage auch Grotkopp, BtPrax 2013, 83.
17 MünchKomm-FamFG/Heilmann, § 167 FamFG Rn. 28; Keidel/Engelhardt, § 167 FamFG Rn. 2.
18 Vgl. die Fußnote zuvor.

463 Denn die Bestellung des Verfahrensbeistands hat insbesondere bei den besonders schweren Eingriffen in das Grundrecht der Freiheit der Person (Art. 2 Abs. 2 GG) so **frühzeitig** zu erfolgen, dass der Verfahrensbeistand noch effektiv Einfluss auf die Unterbringungsentscheidung nehmen kann. Er ist daher bereits **vor** der abschließenden richterlichen Anhörung des Minderjährigen so rechtzeitig zu bestellen, dass er an der Anhörung des Kindes, zu der er immer zu laden ist, teilnehmen kann. Erfolgt die Anhörung dennoch ohne die Möglichkeit einer Beteiligung des Verfahrensbeistands, ist sie grob **verfahrensfehlerhaft** und verletzt den Minderjährigen in seinem Anspruch auf rechtliches Gehör aus Art. 103 Abs. 1 GG.[19] Das ergibt sich hinsichtlich des Bestellungszeitpunktes im Übrigen ausdrücklich schon aus § 158 Abs. 3 Satz 1 FamFG, wonach der Verfahrensbeistand so früh wie möglich zu bestellen ist, wenn sich dem Gericht die Anordnung oder die Genehmigung eines Freiheitsentzuges auch nur als wahrscheinlich darstellt. Die unter Verstoß gegen Art. 103 Abs. 1 GG getroffene Anordnung oder Genehmigung eines Freiheitsentzugs ist rechtswidrig und sollte regelmäßig vom Verfahrensbeistand mit dem Rechtsmittel der Beschwerde (§§ 57 ff. FamFG) angegriffen werden.

464 Besonderes Augenmerk sollte der Verfahrensbeistand auf die Bestimmungen des § 167 Abs. 6 FamFG über die **Qualifikation des Sachverständigen** legen[20]: Der Gutachter soll regelmäßig Arzt für Kinder- und Jugendpsychiatrie und -psychotherapie sein, da im Regelfall eine psychiatrische Erkrankung vorliegen wird, die eine psychiatrische Diagnostik und Gefährdungseinschätzung erforderlich machen wird.[21] In Verfahren nach § 151 Nr. 6 (Genehmigung von freiheitsentziehender Unterbringung nach § 1631b Abs. 1 BGB und von freiheitsentziehenden Maßnahmen nach § 1631b Abs. 2 BGB) kann und sollte der Sachverständige dann, wenn im Einzelfall eine Unterbringung in einer Einrichtung der Kinder- und Jugendhilfe in Betracht kommt, ein in Fragen der Heimerziehung ausgewiesener Psychotherapeut, Psychologe, Pädagoge oder Sozialpädagoge sein.

Soweit § 167 Abs. 6 Satz 3 FamFG in Verfahren der Genehmigung freiheitsentziehender Maßnahmen nach § 1631b Abs. 2 BGB ein **ärztliches Zeugnis** genügen lässt, soll der das Zeugnis ausstellende Arzt ebenfalls Angehöriger der in Satz 1 genannten Berufsgruppe (Arzt für Kinder- und Jugendpsychiatrie) sein. Ein allgemeinärztliches Zeugnis oder das eines Facharztes für Allgemeinmedizin reichen nicht aus. Denn insoweit gilt Satz 1 der Norm ausdrücklich entsprechend. Der Arzt muss den Minderjährigen vor der Erstattung des Gutachtens ärztlichem Standard

---

[19] Vgl. BGH BtPrax 2012, 116, 117, und BtPrax 2011, 125, 126; ebenso OLG Naumburg FamRZ 2008, 186; OLG Hamm FamRZ 2000, 494, 496, jeweils für den Verfahrenspfleger im betreuungsrechtlichen Unterbringungsverfahren.

[20] Rohmann, Das Sachverständigengutachten im Fall der Unterbringung von Kindern und Jugendlichen, FPR 2011, 561; Vogel, Die juristischen Mindeststandards bei der mit Freiheitsentziehung verbundenen Unterbringung in der Behandlung von Jugendlichen, FPR 2012, 462.

[21] Vgl. BT-Drucks. 16/6308, S. 243; Keidel/Engelhardt, § 167 FamFG Rn. 12: „psychiatrische Hochrisikogruppe."

entsprechend persönlich untersucht oder befragt haben; ein Zeugnis nach Aktenlage genügt nicht.[22]

465 Der Verfahrensbeistand hat auch besonders auf die zwingende und vom Unterbringungsrecht der Erwachsenen nach § 329 FamFG abweichende **Befristung des Freiheitsentzugs** (§ 323 Abs. 1 Nr. 2 FamFG) zu achten: § 167 Abs. 7 FamFG bestimmt insoweit, dass die Höchstfrist der freiheitsentziehenden Unterbringung und freiheitsentziehender Maßnahmen sechs Monate beträgt, wenn sie nicht vorher verlängert wird.

Bei offensichtlich langer Sicherungsbedürftigkeit kann eine Höchstdauer bis zu einem Jahr bestimmt werden. Dies soll nur in **Ausnahmefällen** möglich sein, wenn ein offensichtliches Bedürfnis für eine Unterbringung bzw. freiheitsentziehende Maßnahme über sechs Monate hinaus besteht. Ein Ausnahmefall (des § 1631b Abs. 2 BGB) kann beispielsweise vorliegen, wenn es erforderlich ist, ein dauerhaft körperlich schwerstbehindertes Kind vor einer Selbstgefährdung durch Stürze aus einem Rollstuhl oder Bett zu sichern. Die Abweichung von der regelmäßigen Höchstdauer ist zu begründen (§ 38 Abs. 3 FamFG). Mit der Neubestimmung der Höchstdauer der freiheitsentziehenden Unterbringung und der freiheitsentziehenden Maßnahme kann der Dynamik der Entwicklung von Kindern und Jugendlichen besser Rechnung getragen werden. Dies ist auch aufgrund erheblicher Unterschiede zu oft altersbedingten und nicht heilbaren Erkrankungen bei Erwachsenen (Beispiel Demenz) geboten.

466 Insbesondere soll die Dauer von Freiheitsentziehungen in Jugendhilfeeinrichtungen, die häufig mit einer räumlichen Entfernung zu Bezugspersonen und eingeschränkten Kommunikationsmöglichkeiten einhergehen, vom Gericht in kürzeren Zeitabständen überprüft werden.[23]

Für das **Verlängerungsverfahren** gilt § 329 Abs. 2 FamFG, d.h. alle Verfahrensgarantien aus dem Verfahren der erstmaligen Anordnung oder Genehmigung des Freiheitsentzugs (Verfahrensbeistand, ärztliche Begutachtung, richterliche Anhörungen etc.) gelten entsprechend. Ob die Verlängerung des Freiheitsentzuges unvermeidlich ist, ist im Verlängerungsverfahren auch vom Verfahrensbeistand einer besonders kritischen Prüfung zu unterziehen.

467 Die Bekanntmachung der Unterbringungsentscheidung (Genehmigung der Unterbringung durch den Sorgeberechtigten nach § 1631b BGB) und der Anordnung der sofortigen Wirksamkeit der Entscheidung können dem Verfahrensbeistand gegenüber erfolgen, sodass die Entscheidung im Zeitpunkt der Bekanntmachung wirksam wird, § 324 Abs. 2 Nr. 1 FamFG. Diese Regelung gilt auch für die eiligen und gesteigert eiligen einstweiligen Unterbringungsanordnungen nach §§ 331 und 332 FamFG und einstweilige Maßregeln der Unterbringung nach § 1846 BGB, § 334 FamFG.[24]

---

22 BR-Drucks. 793/16, S. 21.
23 BR-Drucks. 793/16, S. 21.
24 Zu Einzelheiten vgl. HK-BUR/Hoffmann, zu §§ 1631b, 1846 BGB.

468 Soweit Unterbringungsentscheidungen anderen Gerichten, Behörden oder sonstigen öffentlichen Stellen (z.B. Straßenverkehrsbehörde, Polizei) mitgeteilt werden müssen, weil dies unter Beachtung berechtigter Interessen des betroffenen Minderjährigen erforderlich ist, um eine erhebliche Gefahr für das Wohl des Betroffenen, für Dritte oder für die öffentliche Sicherheit abzuwenden (§ 338 Satz 1 FamFG), ist der Verfahrensbeistand unter Angabe des Inhaltes und des Empfängers der Mitteilung darüber zu unterrichten. Die Unterrichtung des Verfahrensbeistands ist aktenkundig zu machen, §§ 338, 308 Abs. 3 und 4 FamFG. Diese Regelungen gelten auch für Mitteilungen des Gerichtes aus dem Unterbringungsverfahren zum Zwecke der Verfolgung von Straftaten oder Ordnungswidrigkeiten, §§ 311, 338 Satz 1 FamFG.

469 Die Bestellung des Verfahrensbeistands durch den Richter der ersten Instanz (Amtsgericht) bleibt nach § 158 Abs. 6 FamFG bis zur **Rechtskraft** der verfahrensbeendigenden Entscheidung oder bis zum sonstigen Abschluss des Verfahrens (z.B. nach Rücknahme des Unterbringungsantrages) wirksam. Der Verfahrensbeistand vertritt die Interessen des Kindes also auch im hier allein zulässigen (familiengerichtlichen) Rechtsbeschwerdeverfahren beim Oberlandesgericht (vgl. § 1631b BGB, § 70 Abs. 3 FamFG, § 119 Abs. 1 Nr. 1a) GVG).

Der Verfahrensbeistand ist nach der Neufassung des § 62 Abs. 3 FamFG (in Kraft getreten am 22.7.2017) nach Erledigung der Hauptsache – nach Beendigung des Freiheitsentzuges vor oder während des Beschwerdeverfahrens – zur Fortsetzung seiner Beschwerde im Rahmen eines Fortsetzungsfeststellungsantrags befugt, mit dem er die Feststellung der Rechtswidrigkeit des Freiheitsentzugs begehrt. Die Einlegung einer **Verfassungsbeschwerde** gehört nach der Rechtsprechung des BVerfG noch zu den Aufgaben eines erstinstanzlich bestellten Verfahrensbeistands.[25] Zuletzt führte des BVerfG explizit aus: „Der Verfahrensbeistand im fachgerichtlichen Kinderschutzverfahren ist befugt, Verfassungsbeschwerde einzulegen und mit dieser – ausnahmsweise – fremde Rechte in eigenem Namen geltend zu machen."[26]

470 Kritisch festzustellen ist, dass die Verfahrensbeistandschaft (nach Eintritt der Rechtskraft der Unterbringungsentscheidung) nicht auch während der gesamten Dauer der Unterbringung fortdauert, sodass die Rechte des untergebrachten Kindes gegenüber der Unterbringungseinrichtung nur von den Sorgeberechtigten vertreten werden, die ihrerseits hinsichtlich der von ihnen betriebenen Unterbringung in einem Interessenkonflikt stehen. Das ist aus verfassungsrechtlicher Sicht (Art. 1 und 2 GG) besonders bedenklich in den Fällen, in denen Ärzte und Eltern eine **Zwangsbehandlung** des Minderjährigen entgegen seinem natürlichen Willen für erforderlich halten. Denn diese obliegt – anders als § 1906a BGB für Er-

---

[25] Vgl. BVerfGE vom 22.5.2013, BtPrax 2013, 150, zum betreuungsrechtlichen Verfahrenspfleger gemäß insoweit gleich lautendem § 276 Abs. 5 FamFG; für Verfahren betreffend die Rückführung eines Pflegekindes vgl. BVerfG NJW 2017, 1295 m. Anm. Lack.
[26] BVerfG, Beschluss vom 30.04.2018, 1 BvR 393/18 = BeckRS 2018, 9535.

wachsene – allein der Entscheidung der Sorgeberechtigten, ohne dass ihre Entscheidung insoweit der familiengerichtlichen Genehmigung bedarf.[27]

471 Für die Entschädigungsansprüche des Verfahrensbeistands in Unterbringungssachen (Ansprüche auf Aufwendungsersatz und Vergütung) nimmt § 167 FamFG Bezug auf die Bestimmung des § 158 Abs. 7 FamFG über die Entschädigung des Verfahrensbeistands in Kindschaftssachen. Damit ist – nach herrschender Meinung, aber keinesfalls unstrittiger Auffassung – eine Entschädigung gemäß §§ 277, 318 FamFG nach den Grundsätzen der Entschädigung des Verfahrenspflegers im Betreuungsrecht ausgeschlossen[28] und die Entschädigung erfolgt in Höhe der in § 158 Abs. 7 Satz 2 und 3 FamFG vorgesehenen **Fallpauschalen** (350,00 bzw. 550,00 Euro pro Kind in jeder Instanz und jedem Verfahren).

▶ Wegen der Einzelheiten der Entschädigung des Verfahrensbeistands in Unterbringungsverfahren wird auf die Ausführungen zu Rn. 2103 ff. verwiesen.

V. Freiheitsentziehende Unterbringung nach § 1631b BGB

1. Einführung (Zweck der Norm, Verfahrensrechtsschutz, Freiwilligkeitserklärung)

472 Das Genehmigungserfordernis des § 1631b Abs. 1 BGB soll sicherstellen, dass Eltern ihr Kind nicht in eine geschlossene Einrichtung verbringen, obwohl bei sinnvoller Wahrnehmung des Erziehungsrechts eine Problemlösung auch mit milderen Mitteln, u.a. durch vorrangige Inanspruchnahme öffentlicher Hilfen nach §§ 27 ff. SBG VIII, erreicht werden kann. Durch die Erweiterung des § 1631b BGB um einen Abs. 2 wird ein familiengerichtliches Genehmigungserfordernis für freiheitsentziehende Maßnahmen eingeführt. Auf diese Weise soll auch die elterliche Entscheidung für ein Kind, das sich in einem Krankenhaus, einem Heim oder einer sonstigen Einrichtung aufhält und dem durch mechanische Vorrichtungen, Medikamente oder auf andere Weise über einen längeren Zeitraum oder regelmäßig in nicht altersgerechter Weise die Freiheit entzogen werden soll, unter den Vorbehalt der Genehmigung durch das Familiengericht gestellt werden. Der Entscheidungsprimat der Eltern in Bezug auf die grundsätzliche Anwendung und die Art und Weise von freiheitsentziehenden Maßnahmen bleibt dabei in vollem Umfang erhalten.

473 Freiheitsentziehende Maßnahmen i.S.d. § 1631b Abs. 2 BGB (Stichwort: körpernahe Fixierung) können mindestens ebenso schwerwiegend und belastend sein wie eine gemäß § 1631b Abs. 1 BGB genehmigungspflichtige freiheitsentziehende Unterbringung. Solche Maßnahmen sind daher ebenfalls der Kontrolle des Familiengerichts zu unterstellen. Durch die Einführung eines Genehmigungstatbestandes für freiheitsentziehende Maßnahmen auch jenseits der freiheitsentziehenden

---

27 Vgl. DIJuF-Rechtsgutachten vom 13.4.2010 und 15.3.2010, JAmt 2010, 236, 237; 239 und 240; kritisch zu dieser Rechtslage Grotkopp, BtPrax 2013, 83.
28 Keidel/Engelhardt, § 167 FamFG Rn. 2; MünchKomm-FamFG/Heilmann, § 167 FamFG Rn. 28; vgl. zu Einzelheiten der keineswegs eindeutigen Rechtslage unter Rn. 2103 ff.

Unterbringung wird ein Gleichlauf des Kindesschutzes und des Erwachsenenschutzes gewährleistet; im Betreuungsrecht besteht gemäß § 1906 Abs. 4 BGB bereits seit 1992 ein entsprechendes Genehmigungserfordernis.

Durch das bereits bestehende Kontrollsystem der Heimaufsicht (§§ 45 ff. SGB VIII) wird nach Auffassung des Gesetzgebers dem gesetzgeberischen Handlungsbedarf nicht Rechnung getragen. Im Unterschied zur Notwendigkeit einer Erlaubnis für den Betrieb einer Einrichtung und zur laufenden Kontrolle im Rahmen der Aufsichtsbefugnisse der zuständigen Behörde mit Überprüfungs- und Eingriffsmöglichkeiten der Behörde sowie Beteiligungs- und Beschwerderechten der Betroffenen, die eine präventive Kontrolle von Einrichtungen gewährleisten, geht es hier um Maßnahmen zur Sicherung des Wohles des einzelnen Kindes. Die Heimaufsicht dient demgegenüber der abstrakten Gefahrenabwehr ohne konkreten Bezug auf die persönlichen Voraussetzungen, Bedürfnisse und Diagnosen des einzelnen Kindes. Aufgrund des gänzlich anderen Ansatzes kann daher die Heimaufsicht allein keinen umfassenden Kindesschutz gewährleisten und macht familienrechtliche Maßnahmen auch nicht entbehrlich. Das Erfordernis der richterlichen Genehmigung nach dem neuen § 1631b Abs. 2 BGB ist wie nach § 1631b Abs. 1 BGB auch eine angemessene Beschränkung des Elternrechts, d. h. deren Genehmigung ist in beiden Fallkonstellationen nicht ausreichend. In beiden Fällen wird der besonderen Schutzbedürftigkeit des Kindes im Hinblick auf Freiheitsentziehungen Rechnung getragen. **474**

Die Genehmigung ist jeweils an das **Kindeswohl** geknüpft, d.h., nur wenn die Freiheitsentziehung nicht dem Kindeswohl entspricht, kann das Gericht eine Genehmigung ablehnen. In allen übrigen Fällen ist dem Elternwunsch zu entsprechen. Über die §§ 1800 und 1915 BGB gilt § 1631b BGB für den Vormund und den Pfleger entsprechend. Das Schutzbedürfnis des Kindes ist bei allen gesetzlichen Vertretern dasselbe. Bei einem Vormund oder Pfleger drängt sich die Notwendigkeit einer Genehmigungspflicht sogar noch mehr auf, weil er im Hinblick auf das Näheverhältnis zum Kind eher einem Betreuer ähnelt als einem sorgeberechtigten Elternteil.[29] **475**

Die verfahrensrechtliche Umsetzung beider Formen des Freiheitsentzuges folgt den Bestimmungen der §§ 312 ff. FamFG in Verbindung mit den jeweiligen Besonderheiten des § 167 FamFG. Allerdings mit der durchaus gravierenden **Einschränkung des Verfahrensrechtsschutzes** durch § 167 Abs. 6 Satz 3 FamFG. Danach reicht für die Anordnung und Genehmigung freiheitsentziehender Maßnahmen i.S.d. § 1631b Abs. 2 BGB ein **ärztliches Zeugnis** statt eines in Verfahren nach § 1631b Abs. 1 BGB erforderlichen ärztlichen Gutachtens. Das entspricht zwar der auch für das Verfahrensrecht für Erwachsene geltenden Rechtslage (vgl. § 321 Abs. 2 FamFG), ist aber auch dort – ebenso wie hier für Minderjährige – wegen der oft ungleich höheren Intensität und Eingriffsqualität des körpernahen Freiheitsentzuges verfassungsrechtlich bedenklich. **476**

---

29 BR-Drucks. 793/16, S. 2, 4 bis 6.

Denn ein ärztliches Zeugnis unterscheidet sich von einem ärztlichen Gutachten wesentlich u.a. dadurch, dass es nicht durch einen förmlichen Beweisbeschluss nach §§ 321 Abs. 1 i.V.m. § 30 Abs. 2 FamFG vom Gericht bei einem Sachverständigen eingeholt wird, dessen Person das Gericht bestimmt; das ärztliche Zeugnis kann demgegenüber auch von Verfahrensbeteiligten wie den Eltern als Antragstellern einer Genehmigung von Freiheitsentzug wirksam ins Verfahren eingebracht werden. Das sollte Verfahrensbeistände für Minderjährige dazu veranlassen, im Zweifel auf einer Einordnung der jeweiligen freiheitsentziehenden Maßnahme als freiheitsentziehende Unterbringung nach § 1631b Abs. 1 BGB oder zumindest auf die gerichtliche Einholung eines ärztlichen Gutachtens auch in Verfahren des § 1631b Abs. 2 BGB zu drängen. Es ist insoweit ohnehin nicht nachvollziehbar, wieso der meist körpernähere und damit regelmäßig ungleich belastendere Eingriff in die Grundrechte der Betroffenen ein Weniger an Verfahrensrechtsschutz erfordert als die freiheitsentziehende Unterbringung nach § 1631b Abs. 1 BGB.

477 Eine sog. **Freiwilligkeitserklärung** von Minderjährigen (Einwilligung in den Freiheitsentzug), die das Genehmigungserfordernis nach § 1631b BGB entfallen lässt, ist grundsätzlich unbeachtlich. Insoweit wird auf die Ausführungen zu VI./6., Rn. 519 ff. verwiesen.

2. Freiheitsentziehende Unterbringung nach § 1631b Abs. 1 BGB

478 Der Begriff der Unterbringung setzt eine **Fremdplatzierung,** und sei es in einer fremden Familie, voraus.[30] Im Haushalt der eigenen Familie des Kindes kann eine freiheitsentziehende Unterbringung schon begrifflich nicht stattfinden, wohl aber in der Pflegefamilie, einer Einrichtung der Kinder- und Jugendhilfe, der Kinder- und Jugendpsychiatrie, einem Krankenhaus, einem betreuten Wohnen für behinderte Kinder, einem Wohnheim, einer Wohngruppe etc.[31]

479 Die Unterbringung ist aber nur dann genehmigungspflichtig, wenn sie mit einer **Freiheitsentziehung** verbunden ist. Eine Freiheitsentziehung liegt vor, wenn eine Maßnahme einem Menschen umfassend den Gebrauch der persönlichen Freiheiten nimmt, indem sie ihm die Möglichkeit entzieht, seinem natürlichen Willen folgend einen Raum zu verlassen.[32] Abzustellen ist daher darauf, ob das Kind die tatsächliche Möglichkeit hat, sich frei zu bewegen und selbst zu entscheiden, wohin es sich fortbewegen möchte. Maßgeblich ist dabei lediglich der eingetretene Erfolg, nicht das eingesetzte Mittel oder der Zweck der Maßnahme.[33] Eine freiheitsentziehende Unterbringung in diesem Sinn ist jedenfalls gegeben, wenn der Betroffene gegen seinen Willen oder im Zustand der Willenlosigkeit in einem räumlich begrenzten Bereich eines geschlossenen Krankenhauses, einer anderen

---

30 Vgl. OLG Celle ZKJ 2013, 502; Staudinger/Salgo, § 1631b BGB Rn. 11; Hoffmann, FamRZ 2013, 1346 ff.
31 BR-Drucks. 793/16, S. 11 ff., zu § 1631b Abs. 2 BGB n.F.
32 OLG Celle, a.a.O., unter Hinweis auf BVerfGE 10, 302, 309 ff.; BGHSt 14, 314, 315 ff.; 32, 183, 188 ff.
33 OLG Celle a.a.O.; OLG Hamm FamRZ 1962, 302, 309 ff.

geschlossenen Einrichtung oder dem abgeschlossenen Teil einer solchen Einrichtung festgehalten, sein Aufenthalt ständig überwacht und die Kontaktaufnahme mit Personen außerhalb des Bereiches eingeschränkt wird.[34]

480 Die Definition der freiheitsentziehenden Unterbringung in § 1631b Abs. 1 BGB („Eine Unterbringung des Kindes, die mit Freiheitsentziehung verbunden ist, …") umfasst nicht nur baulich/räumlich geschlossene Formen der Unterbringung, sondern auch halboffene, fakultativ geschlossene sowie „offene" Einrichtungen, in denen die Fortbewegungsfreiheit des Minderjährigen überwacht und nach allen Seiten hin entzogen wird.[35] Die freiheitsentziehende Unterbringung erfolgt in sog. **halboffenen geschlossenen Einrichtungen**, wenn der Minderjährige sich innerhalb einer größeren Einrichtung frei bewegen, den Einrichtungskomplex aber nicht – frei seinem Willen folgend – verlassen kann.[36] Bei der Unterbringung in einer **„fakultativ geschlossenen Einrichtung"** (Station einer kinder- und jugendpsychiatrischen Klinik, die nach Bedarf offen oder geschlossen betrieben werden kann und in der einige Minderjährige freiheitsentziehend, andere ohne Freiheitsentziehung untergebracht sind) ist maßgeblich, ob der jeweilige Minderjährige faktisch am Verlassen der Einrichtung gehindert ist oder nicht.[37]

Maßgeblich ist jedenfalls nicht die Bezeichnung der Einrichtung oder deren äußerlicher Eindruck, sondern, ob der Aufenthalt des Minderjährigen auf einen gewissen räumlichen Bereich begrenzt und/oder so überwacht ist, dass ein Entweichen verhindert werden kann.

481 In baulich/technisch **offenen** Einrichtungen können **altersinadäquate** Ausgangsbeschränkungen[38] wie überwachter Ausgang nur in Gruppen bei über 16-Jährigen zu einer Unterbringung führen, die mit Freiheitsentzug verbunden ist,[39] vor allem, wenn diese Maßnahme von weiteren Überwachungsmaßnahmen, z.B. durch den freiheitsbeschränkenden Einsatz von Personal, gestützt wird. Zumindest liegt dann aber eine freiheitsentziehende Maßnahme i.S.d. § 1631b **Abs. 2** BGB vor. Insoweit stellt § 1631b Abs. 2 BGB einen Auffangtatbestand dar, der solche freiheitsentziehenden Maßnahmen einer familiengerichtlichen Genehmigungspflicht unterzieht, die sich nicht eindeutig dem Abs. 1 zuordnen lassen.

482 Familiengerichtliche Rechtsprechung zur Abgrenzung freiheitsentziehender Unterbringung i.S.d. § 1631b Abs. 1 BGB von nach § 1631b Abs. 2 BGB ebenfalls genehmigungspflichtigen freiheitsentziehenden Maßnahmen gibt es noch nicht. Hier kann aber die Rechtsprechung und die Literatur zum Betreuungsrecht (§ 1906 BGB) entsprechend herangezogen werden: Der BGH will auf die reine **Dauer** des Freiheitsentzuges abstellen und ab einem mehr als 30-minütigen Freiheitsentzug

---

34 Vgl. die Legaldefinition in § 415 Abs. 2 FamFG; BVerfGE 105, 239 = NJW 2002, 3161; BGH FamRZ 2008, 866; BGH, Beschluss vom 7.8.2013, XII ZB 559/11, juris, unter Hinweis auf BGH FamRZ 2001, 149 ff.
35 Palandt-Götz, § 1631b BGB Rn. 2.
36 Staudinger/Salgo, § 1631b BGB Rn. 12.
37 Staudinger/Salgo, § 1631b BGB Rn. 12a.
38 Vgl. zur Altersinadäquanz BR-Drucks. 793/16, S. 13.
39 OLG Celle ZKJ 2013, 502, unter Hinweis auf BT-Drucks. 8/2788, S. 51.

von dem mit § 1631b Abs. 1 vergleichbaren § 1906 Abs. 1 BGB ausgehen.[40] Richtigerweise ist aber mit der überwiegenden Rechtsprechung und Literatur darauf abzustellen, ob die Maßnahme nur den einzelnen Betroffenen/Minderjährigen (dann **personenbezogene freiheitsentziehende Maßnahmen** nach § 1631b Abs. 2 BGB) oder alle Bewohner/Minderjährige der Einrichtung/Station/Wohngruppe erfasst (**einrichtungsbezogene freiheitsentziehende Unterbringung** nach § 1631b Abs. 1 BGB).[41] Bedeutung hat die Abgrenzung nicht für die Genehmigungsbedürftigkeit der Maßnahme, die sowohl bei § 1631b Abs. 1 BGB als auch bei § 1631b Abs. 2 BGB stets zu beachten ist.

483 Sie ist aber verfahrensrechtlich bedeutsam, weil der Schutz durch das Verfahrensrecht bei Maßnahmen nach § 1631b Abs. 2 BGB vermindert ist. Denn für deren Genehmigung genügt bereits ein ärztliches Zeugnis anstelle eines ärztlichen Gutachtens, vgl. § 167 Abs. 6 Satz 3 FamFG (statt Gutachten nach § 321 Abs. 1 FamFG).

484 Als **Mittel zum Entzug der Fortbewegungsfreiheit** des Minderjährigen kommen vor allem bauliche Vorkehrungen (verschlossene Türen und Fenster, Gitter, Mauern usw.), aber auch technische oder personelle Mittel in Betracht, wenn dadurch ein Verlassen des Aufenthaltsortes effektiv verhindert wird. Sind lediglich bestimmte (alters)übliche Schranken zu überwinden, liegt keine Freiheitsentziehung vor, wobei wertend auf den Einzelfall (und die Möglichkeiten des jeweiligen Minderjährigen) abzustellen ist.[42] Letztlich kommt es auf die Beschaffenheit und die Praxis der Einrichtung und den damit für den jeweiligen Minderjährigen verbundenen Grad der Einschränkung der Fortbewegungsfreiheit an, was im Einzelfall durch das Gericht von Amts wegen zu ermitteln ist (§ 26 FamFG).

Was für einen nichtbehinderten Minderjährigen nur eine nichtgenehmigungsbedürftige bloße Freiheitsbeschränkung sein mag, kann im Einzelfall für einen Minderjährigen mit körperlicher oder geistiger Behinderung ein genehmigungspflichtiger Freiheitsentzug iSd § 1631b BGB sein.

485 Für einen Freiheitsentzug kommen in erster Linie bauliche und raumgestaltende Maßnahmen wie Gitter, Zäune, Mauern, gesicherte Türen und Fenster sowie Überwachungs- und Kontrollsysteme (z.B. GPS-Überwachung) zur Verhinderung des Verlassens einer Einrichtung in Betracht.[43] Bei geschlossenen Anstalten oder ge-

---

40 Vgl. für Volljährige BGH FamRZ 2015, 567 = FamRB 2015, 139, der die Abgrenzung von freiheitsentziehender Unterbringung und sonstigen freiheitsentziehenden Maßnahmen nach § 1906 Abs. 1 oder Abs. 4 BGB wenig nachvollziehbar danach unterscheiden will, ob die nachts abgeschlossene Stationstür auf Verlangen innerhalb von 30 Minuten oder erst später aufgeschlossen wird; ablehnend: vgl. nur HK-BUR/Bauer/Braun, § 1906 BGB Rn. 71, 73 mwN zur a.A.
41 LG Ulm BtPrax 2010, 245, 246 = FamRZ 2010, 1764; AG Hildesheim BtMan 2009, 161; AG Stuttgart-Bad Cannstadt FamRZ 1997, 704; HK-BUR/Bauer/Braun, § 1906 BGB Rn. 71; Kreicker, NJW 2009, 890, 893 ff.; Dodegge/Roth, Betreuungsrecht, Teil G Rn. 11).
42 Prütting/Helms/Hammer, § 167 FamFG Rn. 2, unter Hinweis auf OLG Celle ZKJ 2013, 502: Keine Freiheitsentziehung bei einem 11-Jährigen, wenn zum Verlassen der Station das Drücken eines auf Schulterhöhe angebrachten Druckknopfes erforderlich ist.
43 OLG Celle, a.a.O., Staudinger/Salgo, § 1631b BGB Rn. 12.

schlossenen Abteilungen solcher Einrichtungen liegt regelmäßig eine Freiheitsentziehung i.S.d. § 1631b Abs. 1 BGB vor. Die Unterbringung in einer dauernd geschlossenen Einrichtung stellt selbst dann einen Freiheitsentzug dar, wenn überwachter Ausgang, Telefonkontakte, Besuchskontakte etc. gewährt werden. Aber auch in **offenen** Einrichtungen kann das Festhalten auf einem beschränkten Raum eine genehmigungspflichtige Freiheitsentziehung darstellen.[44] Eine aus wiederkehrenden Anlässen (Auftreten von Unruhezuständen mit Eigen- und Fremdgefährdung) angeordnete regelmäßige Verbringung in einen sog. Time-out-Raum auch nur für mehr als jeweils 30 Minuten ist demnach bei Minderjährigen aller Altersstufen als eine untypische Maßnahme der freiheitsentziehenden Unterbringung, mindestens aber als freiheitsentziehende Maßnahme i.S.d. § 1631b Abs. 2 BGB genehmigungspflichtig.[45]

Nicht genehmigungspflichtig – weder nach § 1631b Abs. 1 noch nach § 1631b Abs. 2 BGB – sind dagegen typische **altersadäquate Freiheitsbeschränkungen** partieller Art, wie sie zwangsläufig mit der Unterbringung von Minderjährigen in Einrichtungen einhergehen, insbesondere begrenzte Ausgangszeiten, Ausgehverbote, Hausarbeitsstunden oder auch Stuben- bzw. Hausarrest. Das OLG Celle hat daher eine genehmigungspflichtige Freiheitsentziehung verneint, wenn ein 11-Jähriger die Station einer Kinder- und Jugendpsychiatrie nur verlassen kann, wenn er einen in üblicher Schalterhöhe angebrachten Türentriegelungsknopf betätigt.[46] Gleiches gilt, wenn junge (z.B. unter 14-jährige) Minderjährige die Einrichtung nicht jederzeit verlassen können, z.B. weil das Haus nachts zu altersüblichen Zeiten abgeschlossen wird.[47] Dabei ist aber in jedem Einzelfall auf die **Altersadäquanz** der Maßnahme besonders zu achten. So wird man bei 17-Jährigen das abendliche Abschließen der Haustür der Einrichtung oder Wohngruppe ab bereits 18:00 Uhr wohl kaum als altersadäquat bezeichnen können. **486**

Bei der Abgrenzung zwischen der genehmigungsbedürftigen Freiheitsentziehung und der genehmigungsfreien bloßen Freiheitsbeschränkung verschiebt sich die Grenze mit zunehmendem Alter des Kindes, ohne dass es bestimmte, feste Altersgrenzen gibt. So kann sich eine Maßnahme für ein Kleinkind als Freiheitsbeschränkung darstellen, für einen Jugendlichen jedoch eine Freiheitsentziehung bedeuten. Abzustellen ist darauf, ob die Freiheitsbeschränkung über das in diesem Alter übliche Maß hinausgeht, also altersadäquat ist oder nicht.[48] **487**

Ein Vergleich mit typischen altersüblichen Maßnahmen im Haushalt von Sorgeberechtigten bietet sich an. Im Zweifel ist wegen des mit der Norm bezweckten effektiven Grundrechtsschutzes (Art. 1, 2, 104 Abs. 1 GG) stets von Freiheitsentzug (und sei es i.S.d. § 1631b Abs. 2 BGB als Auffangtatbestand) auszugehen. Das gilt

---

44 OLG Celle Fn. 41, a.a.O., unter Hinweis auf BT-Drucks. 8/2788, S. 51.
45 So für Volljährige BGH FamRZ 2015, 567 = FamRB 2015, 139, wenn die Tür auf Verlangen erst später als innerhalb von 30 Minuten aufgeschlossen wird.
46 OLG Celle, Fn. 41 a.a.O., unter Hinweis auf BT-Drucks., a.a.O., S. 38.
47 OLG Celle, Fn. 41 a.a.O., Staudinger/Salgo, § 1631b BGB Rn. 13.
48 OLG Celle, Fn. 41 a.a.O., unter Hinweis auf BT-Drucks. 8/2788, S. 51; MünchKomm-BGB/Huber, 6. Aufl. 2012, § 1631b BGB Rn. 5; OLG Düsseldorf NJW 1963, 365, 367.

auch für die Frage, ob dem Minderjährigen wegen einer krankheits- oder behinderungsbedingten Einschränkung seiner Fortbewegungsfähigkeit die Fortbewegungsfreiheit überhaupt entzogen werden kann und damit ein genehmigungsbedürftiger Freiheitsentzug vorliegt. Von der Fähigkeit zur willkürlichen Bewegung ist vielmehr solange auszugehen, wie das Gegenteil nicht zuverlässig festgestellt werden kann.[49] Allein die Tatsache, dass ein Minderjähriger bislang keine Anzeichen dafür gezeigt hat, sich in Richtung des umgrenzten Bereiches nach außerhalb begeben zu wollen, lässt die Freiheitsentziehung nicht entfallen. Denn geschützt ist die **Entschließungsfreiheit zur Fortbewegung** im Sinne der Aufenthaltsfreiheit. Es reicht also für die Annahme von Freiheitsentzug aus, dass dem Minderjährigen die Fortbewegungsfreiheit für den Fall genommen würde, dass er beabsichtigen würde, den umgrenzten Bereich zu verlassen.[50] **Maßstab der Genehmigungsfähigkeit** der Unterbringung ist schon nach dem Wortlaut des § 1631b Abs. 1 Satz 2, Abs. 2 Satz 2 BGB allein das **Wohl des Minderjährigen**.

488 Es wurde vom Gesetzgeber bewusst davon abgesehen, Gründe für eine geschlossene Unterbringung aufzuzählen, da diese Gründe zu vielschichtig sind, um abschließend aufgezählt werden zu können. Es wird daher in § 1631b Abs. 1 Satz 2 BGB beispielhaft (*„insbesondere"*) die Abwendung einer **erheblichen Selbst- oder Fremdgefährdung** genannt. Im Fall der Fremdgefährdung kann die Unterbringung des Kindes geboten sein, wenn das Kind sich sonst dem Risiko von Notwehrmaßnahmen, Ersatzansprüchen und (Straf- und Zivil-)Prozessen aussetzt. Eigen- und Fremdgefährdung sind insoweit eng miteinander verbunden. Eine geschlossene Unterbringung allein zu Zwecken einer Sanktionierung des Minderjährigen ist dagegen nicht zulässig.[51] Dabei ist insbesondere zu bedenken, dass die Herauslösung des Minderjährigen aus delinquentem Milieu und Verhalten zu seinem Wohl geboten sein und – im Ausnahmefall als letztes Mittel der Wahl – nach Ausschöpfung ohne Freiheitsentzug auskommender Hilfen nach SGB VIII die freiheitsentziehende Unterbringung erforderlich machen kann. Die freiheitsentziehende Unterbringung muss z.B. zur Abwendung einer **erheblichen Eigen- und/ oder Fremdgefahr** erforderlich sein, ohne dass die Gefahren durch mildere Mittel (z.B. durch Hilfen nach SGB VIII), d.h. ohne Freiheitsentzug auskommende Maßnahmen, abwendbar wären (Freiheitsentzug als „Ultima Ratio").[52]

489 Eine freiheitsentziehende Unterbringung kommt daher nur als letztes Mittel und nur für die kürzeste angemessene Zeit bzw. Dauer in Betracht (vgl. auch Art. 37b UN-Kinderschutzkonvention).[53] Erziehungsprobleme, die das Einwirken auf den Minderjährigen in geschlossenen Räumen erforderlich machen, reichen dafür

---

[49] BGH FamRZ 2012, 1372.
[50] Strittig; wie hier BGH FamRZ 2017, 1342; BtPrax 2015, 65, 66; vgl. zum Streitstand ausführlich HK-BUR/Bauer/Braun, § 1906 BGB Rn. 45, 187.
[51] BT-Drucks. 16/6815, S. 13 ff.; BGH ZKJ 2012. 444, 445.
[52] OLG Frankfurt JA 15, 334; BGH FamRZ 2013, 115; 2013, 1646 und 1719; 2012, 1556, mit Anm. Salgo.
[53] BGH ZKJ 2012, 444, 445.

nicht aus.⁵⁴ Als **mildere Mittel** kommen z.B. die Verbringung des Kindes aus kriminellem Milieu in eine entfernt lebende Pflegefamilie, in die Erziehung in einer Tagesgruppe (§ 32 SGB VIII), in eine intensive sozialpädagogische Einzelbetreuung (§ 35 SGB VIII) oder in die Hilfe zur Erziehung in einer offen geführten Kinder- und Jugendhilfeeinrichtung oder in eine sonstige betreute Wohnform i.S.d. § 34 SGB VIII in Betracht.⁵⁵ Das Hinweisen auf mildere, den Freiheitsentzug verkürzende oder entbehrlich machende Optionen, die das Kindeswohl insbesondere durch öffentliche Hilfen zur Erziehung nach §§ 27 ff. SGB VIII gewährleisten (vgl. § 1631b Abs. 1 Satz 2 BGB), ist wesentliche Aufgabe des Verfahrensbeistands bei dem vom Gericht aus verfassungsrechtlichen Gründen zu beachtenden **Verhältnismäßigkeitsprinzip**. Der Maßstab der Erforderlichkeit trägt dem Umstand Rechnung, dass das Familiengericht im Verfahren nach § 1631b BGB eine Entscheidung der sorgeberechtigten Eltern überprüft, denen im Rahmen ihres Interpretationsprimats (Artikel 6 Abs. 2 Satz 1 GG) ein Spielraum bei der Ausübung des Aufenthaltsbestimmungsrechts zufällt. Die Entscheidung des Gerichts hat zugleich dem Freiheitsrecht des Minderjährigen Rechnung zu tragen.⁵⁶ Diese Grundsätze gelten auch für freiheitsentziehende Maßnahmen i.S.d. § 1631b Abs. 2 BGB.

3. Freiheitsentziehende Maßnahmen nach § 1631b Abs. 2 BGB

490 § 1631b Abs. 2 BGB bestimmt ebenso wie § 1906 Abs. 4 BGB im Betreuungsrecht Volljähriger, dass das Genehmigungserfordernis nur gilt, wenn die elterliche Entscheidung zur Anwendung freiheitsentziehender Maßnahmen für ein Kind getroffen wird, das sich in einem Krankenhaus, einem Heim oder einer sonstigen Einrichtung aufhält. Zum Einrichtungsbegriff kann also auf die Kommentarliteratur zum Betreuungsrecht verwiesen werden.⁵⁷ Die freiheitsentziehende Maßnahme ist demnach nur genehmigungspflichtig, wenn sich der Minderjährige außerhalb des elterlichen Haushaltes aufhält, also auch nur für kürzere Zeit (z.B. während eines Krankenhausaufenthaltes) fremdplatziert ist.⁵⁸ Das Genehmigungserfordernis gilt daher insbesondere dann nicht, wenn sich das Kind im elterlichen Haushalt aufhält. Dort haben die Eltern selbst die Kontrollmöglichkeit, anders, als wenn sich das Kind in einer Einrichtung befindet und die Eltern die Kontrollmöglichkeit abgeben müssen. Ein Genehmigungstatbestand wäre zudem in solchen Fällen kaum praktisch umsetzbar, da die Kontrolle durch das Familiengericht davon abhinge, ob die Eltern auch für solche Maßnahmen in ihrem eigenen Haushalt tatsächlich das Familiengericht einschalten. Auch insoweit besteht jedoch keine Schutzlücke, da

---

54 So aber OLG Naumburg JAmt 13, 48, 50; kritisch zu Recht Palandt-Götz, § 1631b BGB Rn. 3.
55 BGH ZKJ 2012, 444, 446.
56 BGH, Fn. 54 a.a.O.; 444, 445; Palandt-Götz, § 1631b BGB Rn. 4; BT-Drucks. 16/6815, S. 14.
57 Vgl. nur HK-BUR/Bauer/Braun, § 1906 BGB Rn. 189 ff.
58 Krit. zu diesem Ausschlusskriterium einer Genehmigungsbedürftigkeit Götz, FamRZ 2017, 1289; vgl. differenzierend auch HK-BUR/Bauer/Braun, § 1906 BGB Rn. 190 ff., unter Hinweis auf OLG Hamburg FamRZ 1994, 1019, LG München FamRZ 2000, 1123, BayObLG BtPrax 2003, 37 = FamRZ 2003, 325, wonach § 1906 Abs. 4 BGB für solche Volljährige entsprechend anwendbar ist, deren Pflege zu Hause in der eigenen Wohnung von Pflegediensten wesentlich mitgeleistet wird.

– falls erforderlich – über § 1666 BGB der Kindesschutz auch in diesem Fall gewährleistet werden kann. Wenn das Kind mit dem Vormund in einem Haushalt lebt, bieten die Bestimmungen der §§ 1837 und 1886 BGB in Verbindung mit § 1666 BGB einen ausreichenden Schutz.[59]

491 Es muss sich um eine Freiheitsentziehung durch **mechanische Vorrichtungen (Bettgitter, Bauchgurte im Stuhl oder Bett, Therapietischbretter am Rollstuhl, Time-out-Maßnahme etc.), Medikamente oder auf andere Weise** handeln. Das Tatbestandsmerkmal „auf andere Weise" dient dabei als Auffangtatbestand für alle freiheitsentziehend wirkenden Maßnahmen, die keine mechanischen Vorrichtungen oder Medikamente sind: Personaleinsatz zur Verhinderung des Entweichens, Wegnahme von Fortbewegungsmitteln wie Rollstühle, Prothesen, Sehhilfen etc., Trickschlösser, versteckte Türöffnungsanlagen, Täuschungshandlungen etc. Auch insoweit verfolgt die Neufassung einen Gleichlauf mit dem Betreuungsrecht, weswegen auch diesbezüglich auf die Rechtsprechung und Kommentarliteratur zum Betreuungsrecht verwiesen werden kann.[60]

492 Dies bedeutet, dass das Mittel der Freiheitsentziehung letztlich unerheblich ist; maßgeblich ist vielmehr, dass das Kind oder der Jugendliche durch die Maßnahme am Verlassen seines Aufenthaltsortes gehindert wird.[61] Ob die Verwendung von GPS-Ortungsanlagen, Lichtschranken, Türkontakten, Sendechips in der Bekleidung oder am Körper etc. freiheitsentziehende Wirkung entfaltet, ist nach betreuungsrechtlichen Grundsätzen differenziert zu beurteilen: Dienen diese **Maßnahmen der Ortung und dem Auffinden des Minderjährigen**, damit er sodann im Zweifel auch gegen seinen Willen mit unmittelbarem Zwang in die Einrichtung zurückgeführt werden kann, so handelt es sich um eine freiheitsentziehende Maßnahme i.S.d. § 1631b Abs. 2 BGB. Soll er aber nur aufgefunden werden können, um Ausgang und Rückkehr in die Einrichtung seinem Willen entsprechend zu begleiten, so hat die Maßnahme keinen freiheitsentziehenden Charakter.[62] Sieht man in der Verwendung solcher Ortungstechnik generell einen Verstoß gegen die Menschenwürde (Art. 1 GG), wäre sie allerdings schon nicht genehmigungsfähig.[63] Soweit eine Mindermeinung zu § 1906 Abs. 4 BGB und die Gesetzesbegründung zu § 1631b Abs. 2 BGB[64] davon ausgeht, es komme für die Bejahung einer Genehmigungsbedürftigkeit insbesondere bei Heilbehandlungsmaßnahmen auf den mit dem Freiheitsentzug verfolgten **Zweck der Maßnahme** an,[65] kann dem

---

[59] BR-Drucks. 793/16, S. 11, 12.
[60] Vgl. nur HK-BUR/Bauer/Braun, § 1906 BGB Rn. 200 ff. mit Nachweisen zur Rechtsprechung.
[61] BR-Drucks. 793/16, S. 12, unter Hinweis auf den Entwurf eines Betreuungsgesetzes, BT-Drucks. 11/4528, S. 148 f.
[62] DIJuF-Rechtsgutachten, JAmt 2017, 124; OLG Brandenburg FamRZ 2006, 1481; LG Ulm FamRZ 2009, 544; AG Meißen BtPrax 2007, 187 = FamRZ 2007, 1911; AG Coesfeld FamRZ 2008, 34 = BtPrax 2007, 268; a.A. Freiheitsentzug schon bei bloßer Verwendung der Ortungsanlage: AG Bielefeld BtPrax 1996, 232; AG Stuttgart-Bad Cannstadt FamRZ 1997, 704; vgl. ausführlich HK-BUR/Bauer/Braun, § 1906 BGB Rn. 206 ff.
[63] AG Hannover BtPrax 1992, 113.
[64] BR-Drucks. 793/16, S. 12; OLG Hamm BtPrax 1999, 64 = FamRZ 1998, 190 (LS).
[65] Prütting/Helms/Hammer, § 167 FamFG Rn. 3e.

nicht gefolgt werden. Denn damit würde der Anwendungsbereich der Norm weitgehend entleert und insbesondere bei medizinisch-medikamentöser Behandlung gegen Null tendieren. Diese Auffassung entspricht auch nicht der von der Gegenmeinung vielfach nur unvollständig zitierten Begründung des Betreuungsgesetzes zu § 1906 Abs. 4 BGB, die ausdrücklich nicht die Genehmigungsbedürftigkeit einer Maßnahme von einem subjektiven Merkmal wie dem einer „guten Absicht" oder Zweckbestimmung des Anwenders (oder im Falle von Heilbehandlung der des Arztes) abhängig machen wollte.[66] Es kommt folglich nicht auf den mit dem Freiheitsentzug verfolgten Zweck, sondern allein auf den mit ihm – bei objektiver Betrachtung – verwirklichten Freiheitsentzug an. Nur diese Auslegung wird dem aus verfassungsrechtlichen Gründen des Schutzzweckes der Norm (Art. 1, 2 und 104 Abs. 2 GG) weiten Anwendungsbereich des § 1631b BGB gerecht.[67]

493 Die Maßnahme, die die Einschränkung der Bewegungsfreiheit und der Entschließungsfreiheit zur Fortbewegung des Kindes oder des Jugendlichen bewirken soll, muss auf einen **längeren Zeitraum** gerichtet sein oder die Freiheitsentziehung muss **regelmäßig** erfolgen. Auch insoweit können Begründung, Rechtsprechung und Literatur zum Betreuungsgesetz herangezogen werden. Das zeitliche Erfordernis bietet die Gewähr dafür, dass nicht jede geringfügige, lediglich im Ausnahmefall anlassbezogene kurze Beschränkung der Freiheit das Genehmigungserfordernis auslöst.[68] **Längerer Zeitraum** i.S.d. § 1631b Abs. 2 BGB ist laut Gesetzesbegründung zum Betreuungsrecht (§ 1906 Abs. 4 BGB) ein Zeitraum, der länger als der Tag nach Beginn der freiheitsentziehenden Maßnahme andauert. In der betreuungsrechtlichen Praxis hat sich ein Zeitraum von 2 bis 3 Tagen und länger nach Beginn der Maßnahme eingebürgert.[69] Ob diese Auslegung noch mit der Entscheidung des **BVerfG** vom 24.7.2018[70] zu körpernahen 5-Punkt- oder 7-Punkt-Fixierungen im Rahmen bereits angeordneter landesrechtlicher PsychK(H)G-Unterbringung kompatibel ist oder eine Neufassung bzw Neuauslegung der Norm erforderlich macht, ist allerdings fraglich.[71] In der besagten Entscheidung hat das BVerfG für die Abgrenzung einer Freiheitsentziehung zu einer bloßen Freiheitsbeschränkung iSd Art 104 Abs 2 GG bei einer **Dauer von 30 Minuten** und mehr die Grenze gezogen. Ab dieser Dauer liege eine **Freiheitsentziehung** vor, die dem gesonderten **Richtervorbehalt** des Art 104 Abs 2 S 1 GG unterliege. Da nicht ersichtlich ist, wieso für Fixierungen nach BGB gerade bei den besonders vulnerablen und des Rechtsschutzes bedürftigen Minderjährigen andere Zeitvorgaben gelten

---

66 Vgl. die Gegenäußerung der BReg in BT-Drucks. 11/4528, S. 228, auf den einschränkenden Vorschlag des Bundesrates, BT-Drucks. 11/4528, S. 209, „ohne dass diese Maßnahmen zu Heilzwecken erfolgen." Vgl. dazu eingehend: HK-BUR/Bauer/Braun, § 1906 BGB Rn. 218 ff., mit weiteren Nachweisen zur Literatur.
67 Vgl. BGH BtPrax 2015, 65 zu § 1906 Abs. 4 BGB; OLG Celle ZKJ 2013, 502, zu § 1631b BGB.
68 BR-Drucks. 793/16, S. 12 mit Hinweis auf BT-Drucks. 11/4528, S. 149.
69 RegE zum Betreuungsrecht, BT-Drucks. 11/4528, S. 149; HK-BUR/Bauer/Braun, § 1906 BGB Rn. 196 m.w.N.
70 NJW 2018, 2169ff, Rn 67, 68 ff.
71 Vgl. eine Neuauslegung bzw. Neufassung fordernd Schneider, FamRZ 2019, 89ff, zu § 1906 Abs. 4 BGB.

sollen und warum die nach § 1631b Abs. 2 BGB fixierten Personen anders als nach PsychKHG untergebrachte Personen behandelt werden sollen, ist nach hiesiger Auffassung jedenfalls für **körpernahe Fesselungen** von einer richterlichen Genehmigungspflicht gemäß § 1631b Abs 2 BGB bereits ab einer Dauer einer solchen Maßnahme von 30 Minuten auszugehen. **Regelmäßig** findet ein genehmigungspflichtiger Freiheitsentzug statt, der stets zur gleichen Zeit (zur Nachtzeit) oder aus gleichem Anlass (wiederkehrende Unruhe mit autoaggressiven Handlungen) erforderlich wird, ohne dass es auf die Dauer des jeweiligen Freiheitsentzuges ankäme, sodass auch wiederkehrende Freiheitsentzüge von der Dauer eines „Vater-unser-Gebetes" ausreichen.[72]

494 Nur **altersinadäquate Maßnahmen** lösen nach dem Wortlaut der Norm („*in nicht altersgerechter Weise*") die Genehmigungspflicht aus. Pädagogischen Konzepten, die freiheitsentziehende Maßnahmen bei „erziehungsschwierigen" Jugendlichen als angemessenes und altersgerechtes Erziehungsmittel und als Reaktion auf vermeintliches Fehlverhalten erachten, soll auf diese Weise eine Absage erteilt werden. Erziehungsschwierigkeiten allein rechtfertigen es nicht, eine Maßnahme als altersgerecht einzustufen, die unter Kindern und Jugendlichen derselben Altersgruppe sonst nicht mehr angemessen wäre.[73] (Alters-)adäquate und übliche Maßnahmen, die im Rahmen der Erziehung insbesondere gegenüber besonders der Aufsicht bedürfenden Kleinkindern zur Anwendung gelangen, sollen hingegen nicht vom Anwendungsbereich der Norm erfasst sein. Dementsprechend wird die freiheitsentziehende Maßnahme nur dann unter den Vorbehalt der Genehmigung durch das Familiengericht gestellt, wenn dem Kind oder Jugendlichen „*in nicht altersgerechter Weise*" die Freiheit entzogen werden soll. Diese Beschränkung nimmt Maßnahmen wie Laufställe oder Hochstühle für Kleinkinder zum Beispiel in Kindertagesstätten vom Anwendungsbereich der Vorschrift aus, da eine staatliche Kontrolle für solche Fälle nach Auffassung des Gesetzgebers unverhältnismäßig wäre.[74] Eine aus wiederkehrenden Anlässen (Auftreten von Unruhezuständen mit Eigen- und Fremdgefährdung) angeordnete regelmäßige Verbringung in einen sog. Time-out-Raum auch nur für bis zu 30 Minuten ist demnach bei Minderjährigen aller Altersstufen als unübliche Maßnahme zumindest als freiheitsentziehende Maßnahme i.S.d. § 1631b Abs. 2 BGB genehmigungspflichtig. Über die §§ 1800, 1915 BGB gilt § 1631b BGB für den Vormund und den Pfleger entsprechend. Das Schutzbedürfnis des Kindes ist bei allen gesetzlichen Vertretern dasselbe.[75]

495 Aus Gründen eines effektiven Grundrechtsschutzes (Art. 1, 2, 104 Abs. 2 GG) des von ihm vertretenen Kindes sollte der Verfahrensbeistand in Übereinstimmung mit

---

[72] BT-Drucks. 11/4528, S. 149; HK-BUR/Bauer/Braun, § 1906 BGB Rn. 197, mit Hinweis auf BGH BtPrax 2015, 65.
[73] BR-Drucks. 793/16, S. 13.
[74] BR-Drucks. 793/16, S. 12: so bereits bisher die Auffassung der Bundesregierung für die freiheitsentziehende Unterbringung, vergleiche Antwort der Bundesregierung, BT-Drucksache 9/1299, S. 11.
[75] BR-Drucks. 93/16, S. 12.

der obergerichtlichen Rechtsprechung zum betreuungsrechtlichen Unterbringungsrecht bei Zweifeln über den freiheitsentziehenden Charakter einer bestimmten Maßnahme regelmäßig von einer genehmigungspflichtigen Freiheitsentziehung ausgehen.[76]

Nur so ist auch gewährleistet, dass der Verzicht auf detaillierte Vollzugsregelungen bei der zivilrechtlichen Unterbringung nach § 1631b BGB den verfassungsrechtlichen Vorgaben entspricht.[77]

496

Auch wenn eine nach § 42 Abs. 3 Satz 2 SGB VIII im Rahmen der Inobhutnahme eines Kindes durch das Jugendamt vorgenommene Freiheitsentziehung i.S.d. § 1631b Abs. 1 oder 2 BGB fortgesetzt werden soll, ist ebenfalls ein Verfahren nach § 1631b BGB einzuleiten und dementsprechend ein Verfahrensbeistand nach § 167 FamFG zu bestellen.[78]

497

Der Genehmigungstatbestand des § 1631b Abs. 2 BGB gilt sowohl für Minderjährige, die bereits (mit Genehmigung des Gerichts gemäß § 1631b Abs. 1 BGB) freiheitsentziehend untergebracht sind, als auch für solche, die (in einer offen geführten Einrichtung) nicht freiheitsentziehend untergebracht sind. Das Schutzbedürfnis ist dasselbe. Dies entspricht auch der Rechtslage im Betreuungsrecht, da § 1906 Abs. 4 BGB a.F. (bis zur Neufassung mit Wirkung zum 22.7.2017) zwar ausdrücklich auf Betreute Bezug nahm, die sich in Einrichtungen aufhalten, „ohne untergebracht zu sein"; der BGH hatte aber bereits für diese inzwischen überholte Fassung des § 1906 Abs. 4 BGB in ständiger Rechtsprechung eine Genehmigungspflicht für beide Fälle des Freiheitsentzuges angenommen.[79] Die Genehmigung ist jeweils an das **Kindeswohl** geknüpft, d.h., nur wenn die Freiheitsentziehung nicht dem Kindeswohl entspricht, kann das Gericht eine Genehmigung ablehnen. Insoweit kann auf die Ausführungen oben zu Rn. 489 verwiesen werden. In allen übrigen Fällen ist dem Elternwunsch zu entsprechen, soweit der Freiheitsentzug zur Gefahrenabwehr erforderlich und geeignet und als letztes Mittel der Wahl auch verhältnismäßig ist. Dabei ist aber auch dem Freiheitsrecht des Minderjährigen Rechnung zu tragen.[80] Vgl. weiter zu Rn. 499ff.

498

Die Genehmigungsfähigkeit einer freiheitsentziehenden Maßnahme hängt wie die der freiheitsentziehenden Unterbringung davon ab, ob die Maßnahme als **Ultima Ratio** das mildeste geeignete Mittel ist, die vom Minderjährigen ausgehende

499

---

[76] Vgl. BGH FamRZ 2012, 1372; BGH FamRZ 2017, 1342; BGH BtPrax 2015, 65, 66; vgl. ausführlich HK-BUR/Bauer/Braun, § 1906 BGB Rn. 45, 187.
[77] Vgl. BVerfG NJW 2007, 3560; Marschner/Volckart/Lesting, Freiheitsentziehung und Unterbringung, 2010, Kapitel A, S. 5 Rn. 5, S. 15 Rn. 34; Lesting, Recht und Psychiatrie 2010, 137, 138; Hauk, Recht und Psychiatrie 2009, 174, 176; Gutachten des Abgeordnetenhauses von Berlin – Wissenschaftlicher Parlamentsdienst – vom 18.7.2013 zur Frage der Erforderlichkeit einer gesetzlichen Regelung für den Vollzug einer freiheitsentziehenden Maßnahme nach § 1631b BGB.
[78] Vgl. zu Einzelheiten Hoffmann, Recht und Psychiatrie 2009, 121, 125 ff., Beermann, FPR 2011, 535, 537.
[79] BR-Drucks. 793/16, S. 13, unter Hinweis auf BGH FamRZ 2015, 1707; FamRZ 2012, 1866; FamRZ 2010, 1726 m. w. N.
[80] BR-Drucks. 793/16, S. 13; BGH ZKJ 2012, 444, 446.

erhebliche Eigen- oder Fremdgefahr für sein Wohl abzuwehren. Denn § 1631b Abs. 2 Satz 2 BGB verweist auf die Genehmigungsvoraussetzungen des § 1631b Abs. 1 Satz 2 BGB.

500 Dabei sind auch die mit einem körpernahen Freiheitsentzug regelmäßig verbundenen gesundheitlichen Nachteile nach längerer Immobilisierung der Betroffenen zu beachten, die einer (weiteren) Genehmigung entgegenstehen können: Gelenkversteifung, Aufliegegeschwüre (Dekubiti), Inkontinenz, Blutungen, Herz-Kreislauf-Probleme, Depressionen, Aggression, gesteigerte Unruhe etc.[81] Das ist insbesondere im Rahmen von Verfahren zur Verlängerung freiheitsentziehender Maßnahmen zu berücksichtigen.

501 **Optionen zur Vermeidung freiheitsentziehender Maßnahmen** kommt daher besondere Bedeutung zu. Neben persönlichen **präventiven Förderungsmaßnahmen** wie Kraft- und Balancetraining, Sport-, Spiel-, Sing- und Malkreise, alters- und krankheitsadäquates Einbeziehen in die Aufgaben des Alltags, regelmäßige Anleitung zum Toilettengang etc. kommen als Optionen zur Vermeidung von Freiheitsentzug in Betracht: Anti-Rutsch-Socken, Helme, Ellenbogen-/Knieschoner, Hüftprotektoren (weich und hart), Niedrig-Pflegebetten, Teilbettgitter, Gehfrei-Hilfen, Anti-Rutsch-Matte für Stühle, Ortungssysteme ohne freiheitsentziehende Folgemaßnahmen etc., wie sie im Rahmen z.B. der „Redufix"-Projekte 1 und 2 bei Erwachsenen eingesetzt wurden.[82] Auch eine Veränderung des Umganges des Minderjährigen mit Bezugspersonen oder des Aufenthaltsortes kann möglicherweise eine freiheitsentziehende Maßnahme überflüssig machen.

VI. Unterbringungsverfahren

1. Einführung: Grundrechtsschutz durch Verfahrensrecht

502 Der Einhaltung der verfahrensrechtlichen Regelungen kommt bei Freiheitsentzug und vor allem im Falle des Freiheitsentzugs Minderjähriger besondere Bedeutung zum Schutz der Grundrechte des Betroffenen zu („**Grundrechtsschutz durch Verfahren**").[83] Die Freiheit sichernde Funktion des Art. 2 Abs. 2 Satz 2 GG sowie das staatliche Amt, über die Betätigung der Eltern zu wachen, verlangen, dass Entscheidungen, die den Entzug der persönlichen Freiheit betreffen, auf zureichender richterlicher Sachaufklärung im Rahmen der Amtsermittlungspflicht nach § 26 FamFG beruhen. Wesentliche Elemente der Sachaufklärung sind die Einholung eines Sachverständigengutachtens (statt nur eines ärztlichen Zeugnisses) und die persönliche Anhörung des von der Unterbringung betroffenen Minderjährigen. Aus den hohen verfassungsrechtlichen Anforderungen an eine freiheitsentziehende Unterbringung oder freiheitsentziehende Maßnahme folgt bereits, dass Unterbringungsverfahren vorrangig und beschleunigt zu betreiben sind. Dies gilt insbesondere für die Durchführung von persönlichen Anhörungen, vor allem des

---

81 Vgl. ausführlich HK-BUR/Bauer/Braun, § 1906 BGB Rn. 228 ff.
82 Vgl. HK-BUR/Bauer/Braun, § 1906 BGB Rn. 227 ff.
83 BR-Drucks. 793/16, S. 11.

betroffenen Minderjährigen als Grundrechtsträger, und für die Einholung und Erstattung von Sachverständigengutachten, die regelmäßig noch zügiger erfolgen müssen als in beschleunigten Kindschaftssachen. Das gilt zudem insbesondere dann, wenn der zur Genehmigung anstehende Freiheitsentzug bereits stattfindet und fortdauert. Insoweit können nämlich wegen der besonderen **Bedeutung des Kindeswohls** in diesen Verfahren die Wertungsgrundsätze des Verfahrens in Kindschaftssachen der §§ 151 ff. FamFG und hier insbesondere das **Vorrang- und Beschleunigungsgebot** des § 155 Abs. 1 FamFG in Unterbringungsverfahren des § 167 Abs. 1 FamFG auslegend herangezogen werden.[84]

Die verfahrensrechtlich mit besonderen **Verfahrensgarantien** zum Schutze der Grundrechte der betroffenen Minderjährigen (Art. 1, 2, 104 Abs. 2 GG) abgesicherte materiell-rechtlich verankerte Genehmigungspflicht dient nicht dazu, freiheitsentziehende Unterbringungen oder Maßnahmen „abzunicken", sondern ihre Erforderlichkeit zu prüfen, insbesondere nach weniger beeinträchtigenden Alternativen zu suchen und die Einhaltung von fachlichen Mindeststandards zu gewährleisten.[85] Insoweit kommt der Einhaltung der Verfahrensgarantien auch eine gewisse „**Richtigkeitsgewähr**" für die zu treffende materiell-rechtliche Unterbringungsentscheidung zu.

2. Einleitung des Unterbringungsverfahrens

Das Unterbringungsverfahren wird auf Antrag der Sorgeberechtigten oder (im Ausnahmefall) auch von Amts wegen eingeleitet. Bei Mitsorgeberechtigten ist gem. §§ 1629 Abs. 1, 1687 Abs. 1 Satz 1 BGB ein übereinstimmender Antrag beider Sorgeberechtigter erforderlich. Zumindest muss eine wirksame Vollmacht des anderen Elternteils vorliegen. Zur Einholung der familiengerichtlichen Genehmigung zu der elterlichen Entscheidung bedarf es **keines förmlichen Antrages** i.S.d. § 23 FamFG. Das Verfahren vor dem Familiengericht wird von Amts wegen eingeleitet, in der Regel allerdings aufgrund einer Anregung der Eltern oder der Einrichtung (§ 24 Abs. 1 FamFG).

503

Das FamFG trägt auf diese Weise dem Fürsorgecharakter solcher Verfahren in besonderer Weise Rechnung. Ein Genehmigungsverfahren, das durch förmlichen Antrag der Eltern oder der Einrichtung eingeleitet werden müsste, würde die Frage einer gerichtlichen Genehmigung demgegenüber in das Belieben des Antragstellers stellen, sodass die Gefahr bestünde, dass dem betroffenen Kind oder Jugendlichen womöglich in einer Situation, in der eine gerichtliche Überprüfung besonders dringend angezeigt wäre, mangels förmlichen Antrags der erforderliche Schutz versagt bliebe. Der gesetzliche Vertreter, in der Regel also die Eltern, muss zu erkennen geben, dass er die Genehmigung der freiheitsentziehenden Maßnahme wünscht, denn das Familiengericht genehmigt lediglich die von ihm gewünschte freiheitsentziehende Maßnahme. Die Entscheidungsbefugnis liegt also

504

---

84 BGH ZKJ 2013, 74, 75, m.w.N.
85 Prütting/Helms/Hammer, § 167 FamFG Rn. 1b, m.w.N., u.a. mit Hinweis auf BGH FamRZ 2013, 118.

weiterhin beim gesetzlichen Vertreter, insbesondere bei den Eltern. Lehnen sie von Anfang an oder im Laufe des Verfahrens eine freiheitsentziehende Maßnahme für ihr Kind ab, fehlt es an einer Entscheidungsgrundlage für das Familiengericht. Eine Genehmigung kann dann nicht erteilt werden. Nur wenn sie sich für eine freiheitsentziehende Maßnahme bei ihrem Kind entscheiden wollen, muss diese zusätzlich durch das Familiengericht genehmigt werden. Auch dann tritt das Familiengericht aber nicht an die Stelle der Eltern, sondern nur zusätzlich neben sie. Im Ergebnis ist damit sichergestellt, dass fortan eine unabhängige Instanz in der Regel vor der Erstanwendung einer solchen Maßnahme und sodann in regelmäßigen Abständen prüft, ob sie gerechtfertigt ist.[86]

3. Sachliche, funktionelle und örtliche Zuständigkeit

505 Für die Kinder betreffende Unterbringungsmaßnahmen sind – anders als für Erwachsene – nicht die Betreuungs-, sondern gemäß §§ 151 Nr. 6 und 7, 111 Nr. 2 FamFG die **Familiengerichte** sachlich zuständig. Funktionell zuständig ist wegen Art. 104 Abs. 2 GG der Familienrichter, nicht jedoch der Rechtspfleger.[87]

506 Die sachliche Zuständigkeit der Familiengerichte ergibt sich für die zivilrechtliche Unterbringung aus dem eindeutigen Wortlaut des § 1631b Abs. 1 Satz 1 BGB. Die sachliche Zuständigkeit der Familiengerichte für die Unterbringung nach den **landesrechtlichen Unterbringungsgesetzen** (§ 151 Nr. 7 FamFG) setzt die materiell- oder verfahrensrechtliche Zuweisung dieser Verfahren an die Familiengerichte voraus.[88] Diese eindeutige Zuweisung ist aber z.B. nach dem zum 1.8.2017 in Kraft getretenen Hessischen Psychisch-Kranken-Hilfe-Gesetz (PsychKHG) bislang immer noch nicht erfolgt (vgl. §§ 16, 17 PsychKHG; vgl. mit ausdrücklicher Zuweisung an das FamFG hingegen § 17 Abs. 1 Niedersächsisches PsychKG).[89] Soweit also nach den Landesunterbringungsgesetzen derzeit eine Zuweisung an die Familiengerichte (noch) nicht erfolgt ist, könnten die **Betreuungsgerichte** – wohl entgegen der im Gesetz nicht klar genug zum Ausdruck kommenden Zielsetzung des FamFG-Gesetzgebers – auch für die landesrechtliche Unterbringung Minderjähriger nach § 151 Nr. 7 FamFG sachlich zuständig sein (**strittig**).[90] Im Ergebnis steht dem allerdings § 151 Nr. 7 FamFG selbst mit seiner Bestimmung entgegen, dass die Anordnung der freiheitsentziehenden Unterbringung eines Minderjährigen nach den Landesgesetzen über die Unterbringung psychisch Kranker zu den dem **Familiengericht** zugewiesenen Kindschaftssachen gehört.[91]

---

86 BR-Drucks. 793/16, S. 11.
87 HK-BUR/Hoffmann, § 1631b BGB Rn. 27, mit näherer Begründung unter Hinweis auf die in § 3 Nr. 2a RPflG nicht auf den Rechtspfleger übertragenen Unterbringungssachen.
88 Ebenso Keidel/Engelhardt, § 151 FamFG Rn. 15.
89 Die Texte der Landesunterbringungsgesetze finden sich im Heidelberger Kommentar zum Betreuungs- und Unterbringungsrecht unter Ordnungsziffern 4000 ff. und in Marschner/Volckart, Freiheitsentziehung und Unterbringung.
90 A.A. Hoffmann, Recht und Psychiatrie 2009, 121, 125 ff.: FamG seit 1.9.2009 zuständig für öffentlich-rechtliche Unterbringung von Minderjährigen; ebenso Beermann, ZKJ 2011, 535, 538.
91 Ebenso Hoffmann und Beermann, jeweils a.a.O.

Örtlich zuständig ist vorrangig das Familiengericht, bei dem eine Vormundschaft oder (Ergänzungs-)Pflegschaft (§ 1909 BGB) für das betroffene Kind anhängig ist, § 313 Abs. 1 Nr. 1 analog § 167 Abs. 1 Satz 1 FamFG.[92] Ist das – wie regelmäßig – nicht der Fall, finden für die örtliche Zuständigkeit des Familiengerichts die allgemeinen Zuständigkeitsregeln des betreuungsgerichtlichen Unterbringungsverfahrens, d.h. § 313 Abs. 1 bis 4 FamFG, entsprechende Anwendung: Örtlich zuständig ist also das Familiengericht, in dessen Bezirk der betroffene Minderjährige zur Zeit des Befasstwerdens des Gerichtes seinen gewöhnlichen Aufenthalt hat, § 313 Abs. 1 Nr. 2 FamFG.[93] Hat das Kind im Inland keinen gewöhnlichen Aufenthalt oder ist ein solcher nicht feststellbar, so ist das Gericht zuständig, in dessen Bezirk das Bedürfnis für eine freiheitsentziehende Unterbringung auftritt, § 313 Abs. 1 Nr. 3 FamFG.[94] Für Minderjährige mit deutscher Staatsangehörigkeit, für die eine örtliche Zuständigkeit nach o.g. Vorschriften nicht begründet ist (z.B.: **Kind lebt im Ausland,** wo auch das Bedürfnis für eine Unterbringung auftritt), ist das Familiengericht Berlin-Schöneberg zuständig, § 313 Abs. 1 Nr. 4 FamFG (Auffangzuständigkeit).

507

Das Familiengericht des Ortes des Unterbringungsbedürfnisses ist – neben den Familiengerichten, die ansonsten örtlich zuständig sind – auch für solche freiheitsentziehenden Unterbringungen Minderjähriger zuständig, die im Rahmen vorläufiger Maßregeln nach § 1846 BGB angeordnet werden müssen, § 313 Abs. 2 FamFG: Betroffen sind Minderjährige, für die ein Vormund oder ein Ergänzungspfleger noch nicht bestellt oder nach seiner Bestellung an der Erfüllung seiner Pflichten gehindert ist.

508

Das örtlich zuständige Familiengericht kann das Verfahren nach Anhörung des gesetzlichen Vertreters (Sorgeberechtigte oder Vormund) mit bindender Wirkung an ein anderes Familiengericht abgeben, wenn dafür wichtige Gründe bestehen, so wenn sich der Minderjährige im Bezirk des anderen Familiengerichts aufhält und die Unterbringungsmaßnahme dort vollzogen werden soll, vgl. §§ 4, 314 FamFG („Abgabe aus wichtigem Grund"). Vor der geplanten Abgabe sollen die Verfahrensbeteiligten, so auch der Verfahrensbeistand, angehört werden (§ 4 Abs. 2 FamFG), sodass er ggf. bestehende Bedenken gegen die Abgabe äußern und z.B. im Falle der Abgabe an ein weit entfernt liegendes Familiengericht seine Entpflichtung aus der Aufgabe als Verfahrensbeistand und eine Neubestellung eines anderen Verfahrensbeistands am Ort des übernehmenden Gerichts anregen kann. Eine Abgabe des Verfahrens gegen seinen Willen kann der Verfahrensbeistand zwar nicht verhindern. Nach Übernahme des Verfahrens kann er aber auf Entlassung und Neubestellung eines ortsansässigen Verfahrensbeistands hinwirken.

509

---

92 Vgl. OLG Brandenburg FamRZ 2010, 2019, für den Fall einer bindenden Abgabe an das für die Vormundschaft zuständige Familiengericht nach §§ 313 Abs. 1 Nr. 1, 167 Abs. 1 FamFG.
93 Vgl. zu den Voraussetzungen des gewöhnlichen Aufenthaltes HK-BUR/Bauer, §§ 272 FamFG Rn. 15, 313 FamFG Rn. 38: Entscheidend ist der tatsächliche Lebensmittelpunkt des Kindes, nicht die ordnungsbehördliche Meldung.
94 Gerichtsort des Unterbringungsbedürfnisses, vgl. HK-BUR/Bauer, §§ 272 FamFG Rn. 19, 313 FamFG Rn. 40ff: der auch nur zeitweilige Aufenthaltsort des Kindes oder der Ort der Einrichtung, in der das Kind bereits freiheitsentziehenden Maßnahmen unterworfen ist.

4. Verfahrensgarantien (Überblick)

510 Wesentliche Verfahrensgarantie des Unterbringungsverfahrens ist u.a. die Einholung eines Sachverständigengutachtens zur Unterbringungsnotwendigkeit (§ 321 FamFG), das gemäß § 167 Abs. 6 Satz 1 FamFG von einem Arzt für Kinder- und Jugendpsychiatrie und -psychotherapie erstattet werden soll. In Verfahren nach § 1631b BGB (§ 151 Nr. 6 FamFG) kann das Gutachten auch durch einen in Fragen der Heimerziehung ausgewiesenen Psychotherapeuten, Psychologen, Pädagogen oder Sozialpädagogen erstattet werden, § 167 Abs. 6 Satz 2 FamFG.[95] In Verfahren zur Genehmigung freiheitsentziehender Maßnahmen nach § 1631b Abs. 2 FamFG genügt aber ein ärztliches Zeugnis eines Arztes für Kinder- und Jugendpsychiatrie und -psychotherapie § 167 Abs. 6 Satz 3 und 4 FamFG. Vgl. zur Kritik an dieser Regelung Rn. 476.

511 Weitere Verfahrensgarantien sind die persönliche richterliche **Anhörung des Minderjährigen** (§ 319 FamFG), die persönliche richterliche Anhörung seiner Personensorgeberechtigten, seiner Pflegeeltern (§ 167 Abs. 4 FamFG) und die Anhörung des Jugendamtes (§ 320 Satz 2 FamFG) sowie die (obligatorische) Bestellung und Anhörung eines Verfahrensbeistands, § 167 Abs. 1 Satz 2 und 3 FamFG.

Die Einholung eines Gutachtens, die persönliche richterliche Anhörung des Minderjährigen und die Bestellung und Anhörung des Verfahrensbeistands sind regelmäßig zwingend auch bei vorläufigen Unterbringungen, die im Wege einstweiliger Anordnungen ergehen (§ 331 FamFG).[96] Diese Verfahrenshandlungen sind insbesondere dann, wenn der Freiheitsentzug bereits stattfindet und fortdauert, zügig vorzunehmen, vgl. oben zu Rn. 502. Die Anhörung des Kindes hat regelmäßig in Anwesenheit des Verfahrensbeistands **vor** der Entscheidung über den Freiheitsentzug zu erfolgen. Andernfalls ist sie verfahrensfehlerhaft.[97]

512 Wird eine Unterbringungsmaßnahme angeordnet oder genehmigt, hat das Familiengericht in der Unterbringungsentscheidung neben der verpflichtenden **zeitlichen Befristung** der Unterbringung (§ 323 Nr. 2 FamFG) nach § 323 Nr. 1 FamFG zwingend auch die **nähere Bezeichnung der Unterbringungsmaßnahme** anzugeben. Es ist also in der Entscheidungsformel anzugeben, dass die freiheitsentziehende Unterbringung in einer Einrichtung der Kinder- und Jugendhilfe oder der Kinder- und Jugendpsychiatrie erfolgt.[98]

---

95 Vgl. zu Einzelheiten Rohmann, FPR 2009, 30.
96 Vgl. zu Einzelheiten HK-BUR/Hoffmann, § 1631b BGB Rn. 25 ff.; Wille, Freiheitsentziehung bei Kindern und Jugendlichen nach § 1631b BGB in der familiengerichtlichen Praxis, Der Amtsvormund 2000, 449; dort auch zur Abgrenzung des Freiheitsentzuges nach § 1631b BGB zur öffentlich-rechtlichen Unterbringung nach den Landesunterbringungsgesetzen, PsychKGs; Bauer, Ev. Jugendhilfe Heft 2/2001, S. 80, 84 ff.
97 BGH BtPrax 2012, 116, 117; BtPrax 2011, 125, 126 zur betreuungsrechtlichen Unterbringung.
98 OLG Naumburg JAmt 2002, 538 zu § 70f Abs. 1 Nr. 2 FGG.

5. Pflicht zur Bestellung eines Verfahrensbeistands

Ein Verfahrensbeistand für das Unterbringungsverfahren ist wegen der Intensität des Eingriffes in Form des Freiheitsentzugs in die Grundrechte des Minderjährigen (Art. 1 und 2 GG) **stets** zu bestellen, § 167 Abs. 1 Satz 2 und 3 FamFG. Da Gespräche mit den die Unterbringung ihres Kindes betreibenden Eltern oder dem Vormund/Ergänzungspfleger und weiteren Bezugspersonen des Kindes sowie das Mitwirken an einer einvernehmlichen Regelung der Unterbringungssituation zum Standard einer effektiven Kindesvertretung vor Gericht gerade auch in den für das Kind besonders belastenden Unterbringungsverfahren gehören, ist die gerichtliche Übertragung dieser Zusatzaufgaben regelmäßig erforderlich, vgl. § 158 Abs. 4 Satz 3 FamFG.

513

Der Verfahrensbeistand ist generell so zeitig zu bestellen, dass der mit seiner Bestellung verbundene Rechtsschutz für den Minderjährigen in effektiver Form wahrgenommen werden kann.[99] Die Bestellung hat daher regelmäßig bereits mit dem Eingang des Unterbringungsantrags der/des gesetzlichen Vertreter/s zu erfolgen, spätestens aber vor der persönlichen richterlichen (Erst-)Anhörung des Minderjährigen durch das Familiengericht.[100] Ist der Minderjährige bereits mit Sofortanordnung seines gesetzlichen Vertreters, der Polizei oder des Aufnahmearztes (nach PsychKG) in die Klinik oder in eine sonstige Einrichtung in freiheitsentziehender Weise aufgenommen worden (§ 1631b Abs. 1 Satz 2 BGB), ist die sofortige Beiordnung eines Verfahrensbeistands geboten, sobald dem Gericht der Unterbringungsantrag vorliegt oder das Gericht an eine einstweilige Maßregel nach § 1846 BGB denken muss. Vgl. insoweit weiter zu Rn. 502.

514

Die **Auswahl des Verfahrensbeistands** obliegt wie bei der Bestellung nach § 158 FamFG dem Familiengericht. Zum Verfahrensbeistand sollte im Interesse des von der freiheitsentziehenden Unterbringung besonders schwer betroffenen Minderjährigen nur bestellt werden, wer für das Gebiet des Freiheitsentzugs von Minderjährigen einschlägige juristische, kinder- und jugendpsychiatrische und/oder pädagogisch-psychologische Kenntnisse und Erfahrungen mitbringt. Angehörige des Kindes, die die Verfahrensbeistandschaft nur laienhaft betreiben können, sind angesichts ihrer mangelnden Kenntnis der juristischen, pädagogischen, psychiatrischen und psychologischen Bedeutung Komplexität des Unterbringungsverfahrens als Verfahrensbeistände regelmäßig ungeeignet. Aus diesen Gründen kommt regelmäßig die Beiordnung ehrenamtlicher Verfahrensbeistände nicht in Betracht, soweit diese nicht nachweislich die zuvor genannten Kenntnisse erworben haben. Gänzlich scheiden wegen des in ihrer Person angelegten Interessenkonfliktes als Verfahrensbeistände die Mitarbeiter der Einrichtung oder des Trägers der Einrichtung aus, in der der Minderjährige wohnt oder in der er untergebracht oder freiheitsentziehenden Maßnahmen nach § 1631b Abs. 2 BGB unterworfen werden

515

---

99 Vgl. § 158 Abs. 3 Satz 1 FamFG.
100 Vgl. Rn. 511, Fn. 94

soll. Auch Mitarbeiter des fallzuständigen Jugendamtes sollten aus diesen Gründen nicht zu Verfahrensbeiständen bestellt werden.

516 Die Bestellung eines Verfahrensbeistands soll unterbleiben oder aufgehoben werden, wenn der Minderjährige durch einen (eigenen) Rechtsanwalt oder einen anderen geeigneten Verfahrensbevollmächtigten vertreten wird, §§ 158 Abs. 5, 167 Abs. 1 Satz 2 FamFG. Einen eigenen Verfahrensbevollmächtigten kann jeder betroffene Minderjährige wirksam beauftragen, der das 14. Lebensjahr vollendet hat. Das folgt aus § 167 Abs. 3 FamFG, wonach der Betroffene ohne Rücksicht auf seine Geschäftsfähigkeit als voll verfahrensfähig gilt, der das genannte Alter vollendet hat.[101] Es wird allerdings im Einzelfall zu prüfen sein, ob die Ablösung einer am Kindeswohl orientierten Verfahrensbeistandschaft durch eine am Mandatsverhältnis orientierte Prozessbevollmächtigung im Interesse des Minderjährigen liegt (vgl. Pkt. 5.5 der Standards für Verfahrensbeistände der BAG-Verfahrensbeistandschaft für Kinder und Jugendliche e.V., Fassung 2001).

517 Die Vertretung durch einen Verfahrensbevollmächtigten der Eltern oder des Vormunds, der die Unterbringung des Minderjährigen betreibt, reicht nicht zur Unterlassung oder Aufhebung einer allein dem Interesse des Minderjährigen verpflichteten Verfahrensbeistandschaft. Das Gleiche gilt wegen der Abhängigkeit vom erwachsenen Auftraggeber auch für solche Verfahrensbevollmächtigte, die von den die Unterbringung betreibenden Eltern bzw. Vormündern entschädigt werden.

518 ▶ **Wegen der Stellung des Verfahrensbeistandes im Unterbringungsverfahren wird auf die Ausführungen zu Rn. 461 ff. und die Erläuterungen zu § 158 FamFG verwiesen.**

6. Freiwilligkeitserklärung des Minderjährigen

519 Ob ein betroffener Minderjähriger im Ausnahmefall das nötige Urteilsvermögen und die erforderliche Einsichtsfähigkeit in die Konsequenzen seiner Erklärung besitzt, um wirksam in seinen Freiheitsentzug einwilligen zu können, hat der Verfahrensbeistand besonders kritisch zu überprüfen. Schließlich entfällt bei Annahme einer wirksamen Freiwilligkeitserklärung nach Auffassung einiger Familiengerichte die richterliche Genehmigungskontrolle.[102] Die Frage, ob die richterliche Kontrolle überhaupt zurückgenommen werden kann, wird im Hinblick auf die Grundrechtsgarantie bei Freiheitsentzug nach Art. 104 Abs. 2 GG wegen der besonderen Schutzbedürftigkeit von Minderjährigen in der Literatur äußerst kontrovers diskutiert.[103] Es wird die Auffassung vertreten, dass es immer einer richterlichen Ent-

---

[101] Vgl. nur in Keidel/Engelhardt, § 167 FamFG Rn. 8; Bassenge/Roth, § 167 FamFG Rn. 4.
[102] „Freiwilligkeitserklärung" mit der Folge, dass eine gerichtliche Genehmigung mangels Freiheitsentzuges nicht erfolgen kann, vgl. HK-BUR/Hoffmann, § 1631b BGB Rn. 5 ff.; Saage/Göppinger, Freiheitsentziehung und Unterbringung, § 1631b BGB Anm. 4; BayObLGZ 1994, 302; vgl. auch Gollwitzer/Rüth, Die geschlossene Unterbringung Minderjähriger aus kinder- und jugendpsychiatrischer Sicht, FamRZ 1996, 1388.
[103] Vgl. zu Einzelheiten MünchKomm-ZPO/Heilmann, § 167 FamFG Rn. 31 mit weiteren Nachweisen zum Streitstand in Fn. 24.

scheidung bedürfe, da nur der Richter über die Zulässigkeit und Fortdauer eines Freiheitsentzuges entscheiden könne.[104] In diesem Sinne auch Salgo:

> „Auch bei älteren Minderjährigen ist die familiengerichtliche (vormals: vormundschaftsgerichtliche) Genehmigung in aller Regel erforderlich, da gemeinsames Merkmal für freiheitsentziehende Unterbringungen Minderjähriger zumeist – in Anbetracht des engen Anwendungsbereiches des § 1631b – eine wesentliche Gefährdung, Erkrankung oder Störung und damit einhergehend eine Beeinträchtigung oder Einschränkung der Steuerungs-, Einsichts- und Entscheidungsfähigkeit ist, sodass eine so schwerwiegende Entscheidung, bei der zudem auch Eltern dem richterlichen Genehmigungserfordernis unterworfen sind, kaum je allein von der Einwilligung des Minderjährigen abhängig sein kann (vgl. insb. Gollwitzer-Rüth, a.a.O.). Das Persönlichkeitsprofil der hier in Betracht zu ziehenden Minderjährigen spricht in aller Regel eben nicht für das Vorhandensein einer entsprechenden Einsichtsfähigkeit in eine so folgenreiche Entscheidung."[105]

Ob das jeweils betroffene Kind – unabhängig von seinem Alter – in seiner konkreten Situation tatsächlich in der Lage ist, die Konsequenzen einer Freiwilligkeitserklärung zu überblicken, davon hat sich der Verfahrensbeistand vor Ort im Rahmen eines persönlichen Kontaktes zum Kind selbst zu überzeugen. Auch das Gericht muss vom Verfahrensbeistand dazu veranlasst werden, von einer tragfähigen Freiwilligkeitserklärung erst dann auszugehen, wenn es sich von dem betroffenen Kind vor Ort in der Einrichtung einen persönlichen Eindruck verschafft und ein Gespräch mit dem Kind geführt hat. Nur so kommt das Gericht seiner **rechtsstaatlichen Kontrollfunktion** nach.[106]

520

Der Verfahrensbeistand wie auch das Gericht werden bei dieser Einschätzung alle fallspezifischen Umstände – insbesondere aber die unerlässlichen Ausführungen des Sachverständigengutachtens zur Einwilligungsfähigkeit – zu berücksichtigen haben. Wegen des (Erwartungs-)Drucks der Sorgeberechtigten bzw. der Einrichtung, des Krankheitsbildes, des Einflusses von Medikamenten oder aufgrund anderer Umstände werden regelmäßig Zweifel an der Freiheit der natürlichen Willensbildung oder der Einsichtsfähigkeit des psychisch gestörten oder sich jedenfalls in einer Ausnahmesituation befindlichen Minderjährigen verbleiben.[107]

521

7. Richterliche Anhörung des Minderjährigen

Die persönliche richterliche Anhörung des Kindes vor Erlass einer Unterbringungsentscheidung ist die vom Familiengericht **zwingend** zu beachtende zentrale **Verfahrensgarantie** eines jeden Unterbringungsverfahrens, vgl. §§ 319, 167 Abs. 1

522

---

104 Schwab, FamRZ 1990, 687.
105 Staudinger/Salgo, § 1631b BGB Rn. 8; vgl. auch Fink, in Heilmann/Lack, Die Rechte des Kindes, S. 151 ff.
106 Vgl. ebenso BVerfG FamRZ 2007, 1627, 1628; MünchKomm-ZPO/Heilmann, § 167 FamFG Rn. 31; Wille, Zentralblatt für Jugendrecht 2002, 85 ff.; Wille, Der Amtsvormund 2000, 449.
107 So auch Wille, a.a.O., mit der Forderung, dass der Richter sich „in jedem Fall" durch persönliche Anhörung des Kindes von der Wirksamkeit der Freiwilligkeitserklärung zu überzeugen hat; vgl. aus kinder- und jugendpsychiatrischer Sicht Gollwitzer/Rüth, FamRZ 1996, 1388, 1389.

FamFG. Das gilt auch und in besonderem Maße in den in der gerichtlichen Praxis zahlenmäßig weit überwiegenden **Eilfällen,** in denen Familiengerichte wegen der besonderen Eilbedürftigkeit nicht selten grob verfahrensfehlerhaft auf persönliche richterliche Anhörungen der Kinder verzichten. Insoweit wird auf §§ 331 Satz 1 Nr. 4, 167 Abs. 1 FamFG und die Ausführungen zu den Verfahrensgarantien in Eilfällen unter VII., Rn. 537 ff. verwiesen.

523 Die **vorherige** persönliche richterliche Anhörung ist regelmäßig auch dann unverzichtbar, wenn Zwangsmaßnahmen zur Durchsetzung der psychiatrischen oder psychologisch-pädagogischen Begutachtung nach § 167 Abs. 6 FamFG erforderlich werden, vgl. §§ 322, 283 Abs. 1 Satz 2, 284 Abs. 1 Satz 2, 167 Abs. 1 FamFG (hierzu auch Fegert in diesem Handbuch, Rn. 2004). Insoweit wird auf die Ausführungen zur **Zwangsvorführung zum Sachverständigen** und zur freiheitsentziehenden **Beobachtungsunterbringung** (dazu unten 8., Rn. 527 ff.) verwiesen.

524 Ist bei Fällen von **Gefahr im Verzuge** im Sinne des § 332 FamFG – ausnahmsweise – zu Recht auf die vorherige richterliche Anhörung des Kindes vor Anordnung oder Genehmigung der freiheitsentziehenden Unterbringung verzichtet worden, so ist die richterliche Anhörung unverzüglich, d.h. ohne schuldhaftes Zögern (Definition in § 121 Abs. 1 Satz 1 BGB) **umgehend** nachzuholen (vgl. § 1631b Abs. 1 Satz 3 BGB), sobald die Anhörung tatsächlich möglich geworden ist, vgl. § 332 Satz 2 FamFG. Darauf hat der Verfahrensbeistand dem Gericht gegenüber wegen der Bedeutung der persönlichen Anhörung für die Einschätzung der Erforderlichkeit einer Unterbringungsmaßnahme dringend hinzuwirken.

> Wegen der Aufgabe des Verfahrensbeistands, die Einhaltung der Verfahrensgarantien durch das Gericht zu kontrollieren und das Kind bzw. den Jugendlichen auf die richterliche Anhörung vorzubereiten, wird auf die Ausführungen unter IX./2. Rn. 562 ff. verwiesen.

8. Sachverständige Begutachtung

a) Allgemeines

525 Anders als § 1906 BGB für die Erwachsenen stellt § 1631b BGB für das Bedürfnis des Freiheitsentzugs nicht auf eine Erkrankung bzw. Behinderung ab, sondern auf das „Wohl des Kindes". Der Sachverständige wird sich daher in der Mehrzahl der Fälle mit Entwicklungsstörungen bzw. Erziehungsdefiziten beschäftigen müssen, die nicht notwendigerweise Krankheitscharakter haben. Wegen des eindeutigen Wortlautes des § 70e FGG musste nach altem Recht zwar jedenfalls ein Gutachten mindestens eines (jugend-)psychiatrieerfahrenen Mediziners eingeholt werden. Zusätzlich war aber regelmäßig auch die sachverständige Stellungnahme eines Pädagogen und/oder Psychologen erforderlich. Dieser sollte die Erforderlichkeit und Geeignetheit der freiheitsentziehenden Unterbringung als letztes Mittel der ärztlichen und/oder pädagogisch-erzieherischen Einflussnahme auf den Minderjährigen erörtern und die evtl. noch verbleibenden Alternativen zur Beseitigung der Kindeswohlgefährdung durch Maßnahmen der offenen Jugendhilfe darlegen.

Dieser Anforderung der gerichtlichen Praxis ist der Gesetzgeber des FamFG mit der Bestimmung des § 167 Abs. 6 Satz 2 FamFG nachgekommen. Vgl. weiter zu Rn. 568.

Mit einem (einfach-)ärztlichen Zeugnis zur Notwendigkeit des Freiheitsentzuges, wie es nach § 167 Abs. 6 Satz 3 FamFG für freiheitsentziehende Maßnahmen nach § 1631b Abs. 2 BGB und §§ 321 Abs. 2, 331 Nr. 2, 312 Nr. 2 FamFG, 1846 BGB für Maßnahmen der vorläufigen Unterbringung bzw. für einstweilige freiheitsentziehende Maßregeln ausreicht (Freiheitsentzug für die Dauer von sechs Wochen bzw. höchstens drei Monaten, § 333 FamFG), sollte sich der Verfahrensbeistand im Interesse des von ihm vertretenen Minderjährigen auf keinen Fall abfinden und auf der umgehenden Einholung weiterer fachkundiger Stellungnahmen bzw. eines förmlichen Gutachtens im Sinne des § 167 Abs. 6 Satz 1 und 2 FamFG durch das Gericht bestehen (zu weiteren Einzelheiten vgl. oben unter Rn. 476). **526**

b) Sonderfall: Beobachtungsunterbringung

Im Falle der Verweigerung der Begutachtung durch das Kind stehen dem Familiengericht die Zwangsmaßnahmen der **Zwangsvorführung** und der freiheitsentziehenden Unterbringung zur Begutachtung (sog. **Beobachtungsunterbringung**; zu befristende Dauer: 6 Wochen, § 284 Abs. 2 FamFG) zur Verfügung, §§ 322, 167 Abs. 1, 283, 284 FamFG. Für die zwangsweise Vorführung und die Unterbringung zur Begutachtung (§ 322 FamFG) gelten die §§ 283 und 284 FamFG entsprechend, d.h., auch in diesen Fällen ist eine vorherige richterliche **Anhörung des Kindes** im Beisein des immer so frühzeitig wie möglich zu bestellenden Verfahrensbeistands Pflicht (im Falle der Unterbringung zur Begutachtung, vgl. § 284 Abs. 1 Satz 2 FamFG) oder zumindest soll sie – wenn möglich – vor einer Zwangsvorführung zur Begutachtung stattfinden, § 283 Abs. 1 Satz 2 FamFG. Solche Zwangsmaßnahmen zu vermeiden und Alternativen dazu aufzuzeigen, ist im Interesse des von ihm vertretenen Kindes Aufgabe des Verfahrensbeistands. Er soll das Kind über die Zulässigkeit dieser Zwangsmaßnahmen bei Verweigerung der Begutachtung informieren und auf die Folgen und möglichen Alternativen hinweisen, vgl. §§ 158 Abs. 4 Satz 2, 167 Abs. 1 Satz 2 FamFG. **527**

Erfahrungen der gerichtlichen Praxis zeigen, dass bei der Anordnung der sog. Beobachtungsunterbringung nach §§ 322, 284 FamFG – aus welchen Gründen auch immer – nicht selten auf die nach § 284 Abs. 1 Satz 2 FamFG **zwingende richterliche Anhörung des Kindes** in Anwesenheit des Verfahrensbeistands „verzichtet" wird und damit die Verfahrensrechte des Kindes massiv verletzt werden (Verletzung des Anspruches des Kindes auf die Gewährung rechtlichen Gehörs, Art. 103 Abs. 1 GG; Verletzung der Amtsermittlungspflicht nach § 26 FamFG). Aufgabe des Verfahrensbeistands ist es in einem solchen Falle, das Gericht dringend auf seine Pflicht zur Anhörung des Kindes vor Anordnung der Beobachtungsunterbringung hinzuweisen. Schließlich ist mit der Beobachtungsunterbringung bis zu einer Höchstdauer von 6 Wochen ein Freiheitsentzug und damit ein erheb- **528** licher Eingriff in die grundgesetzlich geschützte Freiheit der Person (Art. 2 Abs. 2 Satz 2 GG) verbunden.[108]

529   Ist die Beobachtungsunterbringung bereits ohne richterliche Anhörung des Kindes oder zwar nach Anhörung, aber **in Abwesenheit des Verfahrensbeistands** beschlossen worden, ist es die dringende Pflicht des Verfahrensbeistands, unverzüglich die nach §§ 284 Abs. 3 Satz 2, 322 FamFG zulässige sofortige Beschwerde gegen den Unterbringungsbeschluss einzulegen. Vgl. weiter zu Rn. 546, 547. Denn nicht selten wird in der Praxis die Beobachtungsunterbringung überhaupt nicht für die ihr zugedachte Funktion genutzt, die Erstellung des nach § 321 FamFG vor einer Unterbringungsentscheidung zwingend erforderlichen ärztlichen Gutachtens zu ermöglichen. Vielmehr wird oft genug spätestens nach Ablauf der Frist für die Beobachtungsunterbringung (§ 284 Abs. 2 FamFG) der weitere Unterbringungsbedarf verneint, die Unterbringung für beendet erklärt und auf die Erstattung eines ärztlichen Gutachtens von allen Verfahrensbeteiligten und seitens des Familiengerichts verzichtet. Da diese Praxis eine klare Umgehung des Gesetzeszweckes zu Lasten der betroffenen Kinder darstellt, ist es Pflicht des Verfahrensbeistands, das Kind gegen solche rechtswidrigen gerichtlichen Praktiken zu schützen.

530   Der Verfahrensbeistand muss bei Anordnung einer Beobachtungsunterbringung stets darauf achten, dass das Familiengericht die höchstens zulässige **Unterbringungsdauer** so stark wie möglich abkürzt (Höchstdauer 6 Wochen mit Möglichkeit der Verlängerung auf 3 Monate! Vgl. § 284 Abs. 2 FamFG) und darauf drängen, dass das im Rahmen der Unterbringung zu erstellende Gutachten möglichst zeitnah (binnen weniger Tage) schriftlich erstattet wird. Auf eine zeitgleich mit dem Auftrag zur Begutachtung festzusetzende möglichst kurze Frist von nur wenigen Tagen nach §§ 30 FamFG i.V.m. 411 Abs. 1 ZPO zur Erstellung des Gutachtens ist das Familiengericht dringend hinzuweisen.

531   Organisatorische Defizite der die Beobachtungsunterbringung durchführenden Einrichtung (wie fehlende Schreibkräfte zum Schreiben des Gutachtens) können nicht als Legitimation für eine unnötig lange dauernde Unterbringungszeit dienen. Auf solche Defizite sollte der Verfahrensbeistand das Familiengericht hinweisen und auf Abhilfe drängen.

9. Genehmigung/Anordnung des Freiheitsentzugs

532   Nach § 1631b BGB erteilt das Familiengericht eine „Genehmigung" einer freiheitsentziehenden Unterbringung oder einer freiheitsentziehenden Maßnahme, die vom Sorgeberechtigten beabsichtigt oder – im Falle des Satzes 3 bei Gefahr des Aufschubes – bereits von ihm angeordnet und veranlasst wurde. Eine gerichtliche Anordnung zur freiheitsentziehenden Unterbringung im Sinne eines Unterbringungsbefehles oder -auftrages ist mit der Genehmigung also nicht verbunden. Die Entscheidung, ob von der einmal erteilten Genehmigung tatsächlich auch Gebrauch gemacht wird, liegt vielmehr allein beim Sorgeberechtigten. Soweit dieser

---

108   BGH BtPrax 2012, 116, 117; BGH BtPrax 2011, 125, 126.

bei Ausübung seiner Entscheidungsbefugnisse das Kindeswohl gefährdet, muss gegebenenfalls unter Einschaltung des Jugendamtes ein Sorgerechtsverfahren nach § 1666 BGB eingeleitet werden.

Voraussetzung sowohl für die Erteilung als auch für die Verlängerung der familiengerichtlichen Genehmigung einer mit Freiheitsentziehung verbundenen Unterbringung eines Minderjährigen ist jeweils ein entsprechender Antrag des bzw. der zur Aufenthaltsbestimmung berechtigten Sorgeberechtigten. Sind also beide Elternteile insoweit mitsorgeberechtigt, bedarf es gem. § 1687 Abs. 1 Satz 1 BGB des Antrages beider Elternteile, weil es um eine Entscheidung von erheblicher Bedeutung geht.[109] Andernfalls liegt schon kein ausreichender Antrag auf Genehmigung vor. Zumindest muss eine wirksame Vollmacht des anderen Elternteils vorliegen. Ein förmlicher Antrag i.S.d. § 23 FamFG ist nicht erforderlich; es bedarf aber mindestens einer entsprechenden Anregung eines von Amts wegen einzuleitenden Verfahrens, § 24 FamFG (vgl. oben zu 2., unter Rn. 503, 504). In jedem Fall ist auch nach von Amts wegen erfolgter Einleitung des Verfahrens zu prüfen, ob die Eltern (bzw. der für das Kind bestellte Vormund oder Pfleger) mit der freiheitsentziehenden Unterbringung oder Maßnahme einverstanden sind, da das Gericht lediglich eine von den Eltern gewünschte Maßnahme genehmigt. Es kann nicht gegen den Willen des gesetzlichen Vertreters eine Genehmigung erteilen oder gar selbst die Unterbringung anordnen. Maßgeblich ist der Wille des zur Aufenthaltsbestimmung Berechtigten.

533

Eine Verlängerung der Genehmigung einer freiheitsentziehenden Unterbringung kommt ohne entsprechende „Anträge" der Sorgeberechtigten ebenfalls nicht in Betracht. Das folgt schon daraus, dass eine Verlängerung der Genehmigung unzulässig ist, wenn der Sorgeberechtigte die Unterbringung nicht mehr will.[110] Die Anordnung oder Verlängerung einer Unterbringung durch das Gericht selbst ohne oder gegen den Willen der Aufenthaltsbestimmungsberechtigten ist zur Abwendung einer erheblichen Gefahr für das Kindeswohl in Fällen einer akuten Krisenintervention nur nach dem Landesgesetz über die Unterbringung psychisch Kranker (PsychKHGs) zulässig, wenn dem Minderjährigen in Fällen von Gefahr im Verzuge durch das Unterlassen oder die Verweigerung der gesetzlichen Vertreter ohne Freiheitsentzug ein erheblicher Schaden drohen und ein Eilverfahren für einen Entzug des Aufenthaltsbestimmungsrechts zu spät kommen würde.

Da das Gericht mit der Unterbringungsgenehmigung keine eigene Anordnung zur Unterbringung erlässt, kann die Einrichtung mit Zustimmung des Sorgeberechtigten und unter Einbeziehung des an der Hilfeplanung beteiligten Jugendamtes – gegebenenfalls auch unter Mitwirkung des Verfahrensbeistands – den Vollzug der Genehmigung (gegebenenfalls unter Auflagen an den Minderjährigen) aussetzen, um die Überführung bzw. Rückführung des Minderjährigen in das ohne Freiheitsentzug arbeitende Setting auszuprobieren. Jede auch nur kurzzeitige **Aussetzung des Vollzugs der Unterbringungsgenehmigung** ist dem Gericht mitzu-

534

---

109 Satudinger/Salgo, § 1687, Rn. 45.
110 OLG Bremen FamRZ 2013, 1227; OLG Naumburg FamRZ 2009, 431; BR-Drucks. 793/16, S. 11.

teilen, damit es zur Prüfung in der Lage ist, ob die Unterbringungsgenehmigung wegen Wegfalles der Unterbringungsvoraussetzungen zurückzunehmen ist, § 330 Satz 1 FamFG. Die die Unterbringung vollziehende Einrichtung hat – schon aus Gründen der eigenen Haftung – dafür Sorge zu tragen, dass der Sorgeberechtigte der Mitteilungsverpflichtung dem Gericht gegenüber auch tatsächlich nachkommt.

535 Anderes gilt nur für solche freiheitsentziehenden Unterbringungen Minderjähriger, die im Rahmen vorläufiger Maßregeln nach § 1846 BGB angeordnet werden müssen, § 334 FamFG. Betroffen sind Minderjährige, für die ein Vormund/Pfleger (§ 1915 BGB) noch nicht bestellt oder nach seiner Bestellung an der Erfüllung seiner Pflichten gehindert ist. In diesem Falle wird die Unterbringung vom Familiengericht selbst angeordnet, vollzogen und der Vollzug bei Bedarf ausgesetzt. Eine Anordnung (statt einer Genehmigung) einer freiheitsentziehenden Unterbringung erfolgt regelmäßig auch bei einer Unterbringung nach den Landesgesetzen über die Unterbringung psychisch Kranker (PsychKHG), die auf Antrag einer dafür nach Landesrecht zuständigen Behörde, Stelle oder Klinik erfolgt.

536 Wird eine Unterbringungsmaßnahme angeordnet oder genehmigt, hat das Familiengericht in die Unterbringungsentscheidung neben der verpflichtenden zeitlichen Befristung der Unterbringung (§§ 167 Abs. 7 i.V.m. 323 Nr. 2 FamFG) nach § 323 Nr. 1 FamFG zwingend auch die nähere Bezeichnung der Unterbringungsmaßnahme anzugeben. Es ist also in der Entscheidungsformel anzugeben, ob die freiheitsentziehende Unterbringung in einer Einrichtung der Kinder- und Jugendhilfe oder einer Klinik der Kinder- und Jugendpsychiatrie erfolgt. Das bedeutet allerdings nicht, dass das Familiengericht ein bestimmtes Krankenhaus oder eine bestimmte Anstalt oder Einrichtung anzugeben hätte. Denn die Auswahl der konkreten Einrichtung, in der der Minderjährige untergebracht werden soll, obliegt insoweit den Sorgeberechtigten bzw. dem Vormund, nicht dem Familiengericht.[111]
Im Falle der Genehmigung oder Anordnung einer freiheitsentziehenden Maßnahme i.S.d. § 1631b Abs. 2 BGB ist diese Maßnahme nach Art und Umfang ebenfalls möglichst konkret zu bezeichnen, beispielhaft wie folgt:

> „… wird die Anbringung eines beidseitigen Bettgitters zur Nachtzeit von 20.00 bis 7.00 Uhr bis zum (konkretes Ablaufdatum, vgl. § 167 Abs. 7 FamFG) genehmigt"

oder

> „wird die körpernahe Fixierung im Bett mittels Bauch- und Beckengurt für jeweils von … bis … Uhr bis zum … (konkretes Ablaufdatum) genehmigt."

---

[111] BVerfG FamRZ 2007, 1627; OLG Koblenz FamRZ 2015, 2069; OLG Naumburg JAmt 2002, 538; zu § 70f Abs. 1 Nr. 2 FGG.

VII. Exkurs: Einstweilige Anordnung einer vorläufigen Unterbringung bei einfacher und gesteigerter Dringlichkeit (§§ 331, 332, 334 i.V.m. 167 Abs. 1 Satz 1 FamFG); Einstweilige Maßregel der Unterbringung (§ 334 FamFG)

Unterbringungsverfahren werden nach drei Gefahrenstufen unterteilt, die unterschiedliche Verfahrensabläufe nach sich ziehen:

- einfache Gefahr,
- dringende Gefahr oder
- gesteigert dringende Gefahr.

537

Diese Unterscheidung der Gefahrenstufen ergibt sich schon aus dem unterschiedlichen Wortlaut der §§ 313 bis 330 (Hauptsacheverfahren bei einfacher Gefahr) und der 331, 332, 334 FamFG (Verfahren der einstweiligen Anordnung oder der einstweiligen Maßregel der Unterbringung). In der gerichtlichen Praxis werden sich die meisten betroffenen Kinder oder Jugendlichen auf Betreiben ihrer Eltern oder Vormünder/Ergänzungspfleger wegen sog. „Gefahr im Verzuge" zur Abwendung einer akuten Gefahr bereits in der freiheitsentziehenden Unterbringung befinden. Oder es werden bereits freiheitsentziehende Maßnahmen nach § 1631b Abs. 2 BGB praktiziert.

▶ Zum Begriff der freiheitsentziehenden Unterbringung siehe oben Rn. 472 ff.

Denn eine solche – vorläufig ohne familiengerichtliche Genehmigung – von den gesetzlichen Vertretern des Kindes angeordnete Unterbringung oder freiheitsentziehende Maßnahme ist ausnahmsweise zulässig, wenn mit dem Aufschub der familiengerichtlichen Genehmigung **Gefahr für das Kind** verbunden ist. Die gerichtliche Genehmigung der Unterbringung ist in diesen Fällen aber „unverzüglich" (d.h. ohne schuldhaftes Zögern, vgl. die Legaldefinition in § 121 Abs. 1 BGB) nachzuholen, § 1631b Abs. 1 Satz 3, Abs. 2 Satz 2 BGB, indem die gesetzlichen Vertreter unmittelbar nach Veranlassung der Unterbringungsmaßnahme einen Genehmigungsantrag nach § 1631b BGB beim Familiengericht stellen. Das gilt analog auch in Fällen der sog. Freiheitsentziehenden Inobhutnahme nach § 42 Abs. 5 SGB VIII, in denen das Jugendamt eine freiheitsentziehende Unterbringung im Rahmen der Inobhutnahme anordnet.

538

In allen diesen Fällen wird das Gericht die Unterbringungsmaßnahme zumindest im Wege einer vorläufigen Unterbringung durch einstweilige Anordnung nach § 331 FamFG genehmigen, wenn

539

1. dringende Gründe für die Annahme bestehen, dass die Voraussetzungen für die Genehmigung oder Anordnung eines Freiheitsentzuges oder einer Unterbringung nach § 1631b BGB gegeben sind und ein dringendes Bedürfnis für ein sofortiges Tätigwerden besteht,

2. ein ärztliches Zeugnis (oder nach § 167 Abs. 6 Satz 2 FamFG ein entsprechendes Zeugnis eines in Fragen der Heimerziehung ausgewiesenen Psychologen, Psychotherapeuten, Pädagogen oder Sozialpädagogen bei Unterbringung nach § 1631b BGB) über den Zustand des Minderjährigen vorliegt,

3. im Falle des § 317 nach § 167 Abs. 1 FamFG ein Verfahrensbeistand bestellt und angehört worden ist und

4. die/der Minderjährige persönlich richterlich angehört worden ist, wobei die Anhörung – abweichend von § 319 Abs. 4 FamFG – auch im Wege der Rechtshilfe durch das Familiengericht erfolgen darf, an dessen Ort sich die Unterbringungseinrichtung befindet, in der das Kind untergebracht worden ist.

540 Bleibt für die Durchführung der in § 331 FamFG genannten Verfahrenshandlungen keine Zeit, ohne dass sich die für das Kind ohne die Unterbringung/freiheitsentziehende Maßnahme bestehende Gefahr akut realisieren würde, besteht also „Gefahr im Verzuge", kann das Familiengericht nach § 332 FamFG eine vorläufige Unterbringung/einen vorläufigen Freiheitsentzug durch einstweilige Anordnung (bei gesteigerter Dringlichkeit) bereits **vor** der richterlichen Anhörung des Kindes sowie vor Bestellung und Anhörung eines Verfahrensbeistands beschließen. In diesem Falle sind aber die zunächst unterbliebenen Verfahrenshandlungen der Anhörung des Kindes und der Bestellung und Anhörung des zu bestellenden Verfahrensbeistands „unverzüglich nachzuholen" (§ 332 Satz 2 FamFG), worauf der Verfahrensbeistand unbedingt zu achten hat.

541 Ein (ärztliches) Zeugnis über den Zustand des Kindes und dringende Gründe für die Annahme des Bestehens der Gründe für den Freiheitsentzug des § 1631b BGB sind aber auch in den Fällen von Gefahr im Verzuge im Sinne des § 332 FamFG stets Zulässigkeitsvoraussetzungen für eine entsprechende einstweilige Anordnung des Gerichts. Ohne entsprechendes ärztliches Zeugnis (beachte aber § 167 Abs. 6 Satz 2 FamFG!) ist eine einstweilige Anordnung einer Unterbringung also in keinem Falle zulässig. Diese Verfahrensgrundsätze gelten zwingend analog auch dann, wenn das Familiengericht nach § 1846 BGB (i.V.m. §§ 1800, 1915, 1631b BGB) im Interesse des Kindes eine einstweilige Unterbringungsmaßregel treffen muss, weil die sorgeberechtigten Eltern an der Ausübung der elterlichen Sorge gehindert sind und ein Vormund/Ergänzungspfleger noch nicht bestellt oder ebenfalls an der Erfüllung seiner Pflichten verhindert ist, § 334 FamFG.

542 **Höchstdauer** der auch im Falle einer einstweiligen Anordnung immer zu befristenden vorläufigen Unterbringungsentscheidung ist – unabhängig von der Gefahrenstufe – im Regelfall sechs Wochen, § 333 Abs. 1 FamFG (beachte: Die Höchstdauer des § 167 Abs. 7 FamFG gilt nur in einem Hauptsache-, nicht in einem Eilverfahren der einstweiligen Anordnung nach §§ 331 ff. FamFG).

543 Gemeinsame Voraussetzung aller drei Verfahrensarten ist, dass die freiheitsentziehende Unterbringung bzw. die freiheitsentziehende Maßnahme nach § 1631b BGB zum **Wohl des Kindes**, insbesondere zur Abwendung einer erheblichen Selbst- oder Fremdgefährdung des Kindes, zwingend erforderlich ist und dieser Gefahr nicht auf andere Weise, insbesondere auch nicht durch andere öffentliche

Hilfen (z.B. im Rahmen einer Heimerziehung in einer offen geführten Einrichtung), begegnet werden kann, vgl. § 1631b Abs. 1 Satz 2, Abs. 2 Satz 2 BGB, oder im Falle einer Unterbringung nach den PsychKG (§§ 167 Abs. 1, 151 Nr. 7 FamFG) die in den jeweiligen Landesunterbringungsgesetzen genannten Unterbringungsvoraussetzungen der erheblichen und nicht anders abwendbaren Eigen- oder Fremdgefahren zu bejahen sind.

Liegt eine gesteigerte Gefahr für das betroffene Kind nicht vor, kann also die für die Durchführung des Hauptsacheverfahrens erforderliche Zeit genutzt werden, ohne dass sich die Gefahrenlage für das Kind drastisch verschärft, so richtet sich das vom Familiengericht zu beachtende Verfahren nach §§ 313 bis 330 FamFG: 544

- Einholung eines ärztlichen Gutachtens, §§ 167 Abs. 6, 321 FamFG (statt bloß eines ärztlichen Zeugnisses in Eilverfahren) für die Unterbringung nach § 1631b Abs. 1 BGB oder die Vorlage/Einholung eines ärztlichen Zeugnisses für freiheitsentziehende Maßnahmen nach § 1631b Abs. 2 BGB, vgl. § 167 Abs. 6 Satz 3 FamFG.
- Richterliche Anhörung des Kindes, § 319 FamFG (soll nicht im Wege der Rechtshilfe erfolgen, § 319 Abs. 4 FamFG; im Eilverfahren gilt diese Einschränkung nicht, § 331 Satz 2 FamFG).
- Anhörung sonstiger Beteiligter (Eltern mit Recht zur Personensorge, Vormund, Ergänzungspfleger, Pflegeeltern) und des Jugendamtes, § 167 Abs. 4 FamFG (in Eilverfahren nicht erforderlich).
- Befristete Unterbringungsentscheidung bis zu sechs Monaten oder höchstens einem Jahr, §§ 323, 329 Abs. 1, 167 Abs. 7 FamFG (in Eilverfahren regelmäßig nur 6 Wochen, § 333 FamFG).

Nicht zu verwechseln mit Eilentscheidungen nach §§ 331 ff. FamFG über vorläufige Unterbringungsmaßnahmen sind die in § 322 FamFG geregelten Zwangsmaßnahmen der Zwangsvorführung und der Unterbringung zur Begutachtung zur Erzwingung der ärztlichen Begutachtung nach §§ 283, 284 FamFG analog, die im Falle der sog. Beobachtungsunterbringung zur Vorbereitung eines ärztlichen Gutachtens nach § 284 Abs. 1 Satz 2 FamFG die vorherige persönliche richterliche Anhörung des Minderjährigen zwingend voraussetzen. Vgl. zu Einzelheiten Rn. 527 ff. 545

Beachte: Die vorherige richterliche Anhörung der Minderjährigen wird in der familiengerichtlichen Praxis nicht selten „vergessen", obwohl sie angesichts des mit der Beobachtungsunterbringung bereits praktizierten Freiheitsentzugs verfassungsrechtlich zwingend geboten ist. In solchen Fällen gravierender Verstöße gegen zwingende Verfahrensvorschriften sollte der Verfahrensbeistand die Einlegung von Rechtsmitteln gegen die entsprechenden Beschlüsse prüfen, vgl. für die Beobachtungsunterbringung die **sofortige Beschwerde** nach §§ 284 Abs. 3 Satz 2, 322 FamFG i.V.m. §§ 567 bis 572 ZPO binnen einer sog. Notfrist von zwei Wochen ab Zustellung der Entscheidung an den Verfahrensbeistand. Zum Gang des mit Einlegung der sofortigen Beschwerde beginnenden Beschwerdeverfahrens vgl. 546

§ 572 ZPO: Abhilfe durch das erstinstanzliche Gericht oder im Falle der Nichtabhilfe Vorlage der Akten an das Beschwerdegericht.

VIII. Rechtsmittel

547 Rechtsmittel kann der Verfahrensbeistand im Interesse des von ihm vertretenen Kindes auch im Unterbringungsverfahren nur **im eigenen Namen** einlegen, vgl. § 158 Abs. 4 Satz 5 FamFG. Dafür kann er auch Verfahrenskostenhilfe beantragen.[112] Rechtsmittel im Namen des Kindes einzulegen, ist ihm hingegen nicht gestattet, da er nach § 158 Abs. 4 Satz 6 FamFG nicht gesetzlicher Vertreter des Kindes ist.[113] Rechtsmittel des nach § 60 FamFG beschwerdefähigen Minderjährigen (Rn. 551, 552) kann der Verfahrensbeistand daher seinerseits auch nicht zurücknehmen.

Gravierende Verstöße gegen zwingendes Verfahrensrecht können nur in den seltenen Fällen schon **vor** Erlass einer Endentscheidung i.S.d. § 58 Abs. 1 FamFG mit Rechtsmitteln angegriffen werden, in denen ein Rechtsmittel ausdrücklich für zulässig erklärt wird, vgl. §§ 284 Abs. 3 Satz 2, 322 FamFG i.V.m. §§ 567 bis 572 ZPO (sofortige Beschwerde) für die Unterbringung zur Vorbereitung eines ärztlichen Gutachtens. Ansonsten sind **Zwischenentscheidungen** (z.B. die Zwangsvorführung des Minderjährigen zum Sachverständigen oder zur Anhörung durch das FamG nach §§ 283, 322 bzw. 319 Abs. 5 FamFG) nur mit der Endentscheidung zusammen anfechtbar und werden dann vom Beschwerdegericht zusammen mit der Endentscheidung mit überprüft, § 58 Abs. 2 FamFG. Ob eine freiheitsentziehende Unterbringung materiell-rechtlich genehmigt werden kann, bedarf einer strikt am Wohl des einzelnen Minderjährigen orientierten gerichtlichen Einzelfallprüfung, die den Vorrang ohne Freiheitsentzug arbeitender kinder- und jugendhilferechtlicher Hilfen sowie den Vorrang von Optionen zur Vermeidung freiheitsentziehender Maßnahmen anerkennt und feststellt, dass die im Einzelfall nötigen und möglichen Hilfen der „offenen" Jugendhilfe bis hin zur intensiven sozialpädagogischen Einzelbetreuung nach § 35 SGB VIII erfolglos geblieben sind oder nicht Erfolg versprechend sein werden (Freiheitsentzug als Ultima Ratio; vgl. § 1631b Abs. 1 Satz 2, Abs. 2 Satz 2 BGB). Optionen zur Vermeidung freiheitsentziehender Maßnahmen i.S.d. § 1631 Abs. 2 BGB sind vom Verfahrensbeistand mit Nachdruck ins Verfahren einzubringen, da insbesondere körpernahe Fixierungen als besonders belastend erlebt werden können und tief in die Grundrechte der Minderjährigen eingreifen.

548 Steht die vom Gericht entschiedene Anordnung bzw. Genehmigung eines Freiheitsentzugs aus Sicht des Verfahrensbeistands mit dem Wohl des von ihm vertretenen Minderjährigen nicht in Einklang (z.B. weil das die freiheitsentziehende

---

112 BGH, Beschluss vom 27.3.2019, XII ZB 71/19, unter Hinweis auf BGH FamRZ 2011, 633 Rn. 14 ff. zum Vormund; Prütting/Helms/Dürbeck FamFG 4. Aufl. § 76 Rn. 10; vgl. auch Keuter in: Heilmann Praxiskommentar Kindschaftsrecht § 158 FamFG Rn. 39.

113 BGH, Beschluss vom 27.3.2019, XII ZB 71/19, unter Hinweis auf BGH FamRZ 2018, 1512 Rn. 13 mwN.

Maßnahme anordnende oder genehmigende Gericht Optionen zur Vermeidung von Freiheitsentzug unter Verstoß gegen den **Amtsermittlungsgrundsatz**, § 26 FamFG, nicht ermittelt oder fälschlich für unwirksam erklärt hat), muss der Verfahrensbeistand die Einlegung von Rechtsmitteln prüfen. Diese kann er – unabhängig davon, wie sich der Minderjährige zu der Entscheidung verhält – in eigenem Namen selbstständig einlegen, § 335 Abs. 2 FamFG. Das gilt auch dann, wenn das Gericht die freiheitsentziehende Maßnahme für eine längere Dauer als für das Wohl des Kindes unbedingt erforderlich anordnet oder genehmigt. Gegen eine die freiheitsentziehende Unterbringung ablehnende Entscheidung des Familiengerichts steht dem Verfahrensbeistand (anders als den die Unterbringung betreibenden Sorgeberechtigten oder dem Jugendamt) – mangels eigener Beschwerde des Minderjährigen – kein Beschwerderecht zu.[114]

Jeder Genehmigungsbeschluss nach § 1631b Abs. 1 BGB hat anzugeben, ob die freiheitsentziehende Unterbringung in einer Klinik der Kinder- und Jugendpsychiatrie oder in einer Einrichtung der Kinder- und Jugendhilfe genehmigt wird (§ 323 Nr. 1 FamFG). Die Auswahl der konkreten Einrichtung oder Klinik, in der die Unterbringung durchgeführt werden soll, ist hingegen allein Sache des/der Sorgeberechtigten bzw. des Vormundes/Pflegers. Auch die nach § 1631b Abs. 2 BGB genehmigten freiheitsentziehenden Maßnahmen sind nach Art und Umfang so konkret wie möglich zu benennen (vgl. insoweit zu Rn. 536). 549

Jeder Genehmigungsbeschluss ist darüber hinaus zwingend mit einer **zeitlichen Befristung** zu versehen (§§ 323 Abs. 1 Nr. 2, 167 Abs. 7, 329 Abs. 1 FamFG: sechs Monate oder höchstens ein Jahr; §§ 333 Abs. 1, 323 FamFG: sechs Wochen bei einstweiliger Anordnung; nach Verlängerung höchstens drei Monate). Ohne eine solche Befristung ist der Beschluss rechtswidrig. Der dem Kind bestellte Verfahrensbeistand hat unbedingt dafür Sorge zu tragen, dass der Beschluss eine Befristung enthält oder nachträglich entsprechend ergänzt wird. Lehnt das Gericht eine Befristung endgültig ab, sind im wohlverstandenen Interesse des Minderjährigen immer Rechtsmittel einzulegen, damit in der Rechtsmittelinstanz rechtsstaatliche Zustände hergestellt werden können. Vgl. zu weiteren Einzelheiten Rn. 465. 550

Besteht der noch nicht selbst beschwerdefähige, also jünger als 14 Jahre alte Minderjährige (vgl. § 60 Satz 3 FamFG) darauf, die Entscheidung des Gerichtes nicht akzeptieren zu wollen, die der Verfahrensbeistand aber aus Sicht des objektiven Kindeswohls für richtig hält, so hat der Verfahrensbeistand gleichwohl das Rechtsmittel für den Minderjährigen abzufassen und in eigenem Namen (Rn. 547) an das Gericht fristgerecht zu übermitteln. Der Verfahrensbeistand kann seine von der Auffassung des Kindes abweichende Meinung dem Gericht mitteilen, muss dabei aber deutlich machen, dass das von ihm vertretene Kind die Aufhebung der angefochtenen Maßnahme begehrt. 551

---

114 Vgl. HK-BUR-Bauer, § 317 FamFG Rn. 104, Keidel-Budde, § 335 FamFG Rn. 3, jeweils mit Hinweis auf BayObLG BtPrax 2002, 165 und OLG Frankfurt OLG-Report 2000, 14: Beschwerdebefugnis des Verfahrenspflegers (§ 317 FamFG) beschränkt auf den Umfang der Beschwer des Betroffenen selbst.

Axel Bauer

552 Dem beschwerdefähigen Jugendlichen muss der Verfahrensbeistand bei der Formulierung und Übermittlung seiner eigenständig zulässigen Beschwerde (§§ 59 Abs. 1, 60 FamFG) behilflich sein. Der Verfahrensbeistand hat den Jugendlichen bei der Auswahl und Beauftragung eines Rechtsanwaltes zu unterstützen, der ihn im Rechtsmittelverfahren unabhängig vom Verfahrensbeistand vertritt. Diesen Rechtsanwalt kann der Jugendliche unabhängig von den Sorgeberechtigten wirksam beauftragen, da er nach § 167 Abs. 3 FamFG als voll verfahrensfähig gilt. Auf Antrag ist dem Jugendlichen auch Verfahrenskostenhilfe unter Beiordnung des vom Jugendlichen gewählten Rechtsanwaltes (§ 78 Abs. 2 FamFG) zu gewähren. Die Bestellung eines Verfahrensbeistands nach § 167 Abs. 1 FamFG steht dem nicht entgegen, da sich Funktion und Stellung von Verfahrensbeistand und beigeordnetem verfahrensbevollmächtigten Anwalt unterscheiden. Nur den Rechtsanwalt kann sich der Jugendliche selbst auswählen, nur ihm gegenüber besitzt er ein Weisungsrecht.[115] Folge der Beauftragung und Beiordnung eines eigenen Verfahrensbevollmächtigten wird aber gemäß §§ 158 Abs. 5, 167 Abs. 1 FamFG regelmäßig, wenn auch nicht zwingend (§ 158 Abs. 5 FamFG ist eine „Soll-Vorschrift"), die Aufhebung der Verfahrensbeistandschaft sein[116] (vgl. zu Einzelheiten die Erläuterung zu § 158 Abs. 5 FamFG Rn. 283).

Entspricht die ergangene Entscheidung nach Auffassung des Verfahrensbeistandes nicht dem Interesse des von ihm vertretenen Minderjährigen, hat der Verfahrensbeistand selbstverständlich das Recht, seinerseits Beschwerde zusätzlich zu der des Minderjährigen einzulegen.

553 Das allein statthafte Rechtsmittel gegen **vorläufige Unterbringungsentscheidungen** im Wege der **einstweiligen Anordnung** (§§ 331, 332, 334 FamFG) ist die binnen einer Frist von zwei Wochen bei dem Gericht einzulegende Beschwerde (§ 63 Abs. 2 Nr. 1 FamFG), das die Unterbringungsentscheidung erlassen hat, § 64 Abs. 1 FamFG. Diese ist nach der ausdrücklichen Bestimmung des § 57 Satz 2 in Verbindung mit §§ 111 Nr. 2, 151 Nr. 6 und 7 FamFG – anders als die Rechtsbeschwerde zum BGH, vgl. § 70 Abs. 4 FamFG – auch gegen Entscheidungen in Verfahren der einstweiligen Anordnung statthaft.

Anders als bei den anderen in § 57 Satz 2 FamFG genannten Kindschaftssachen setzt die Anfechtbarkeit nicht voraus, dass die Entscheidung aufgrund mündlicher Erörterung (§ 32 FamFG) ergangen ist.[117] Unerheblich ist nach der Vorschrift auch, ob es sich um eine „gewöhnliche" einstweilige Anordnung nach § 331 oder eine „eilige" einstweilige Anordnung nach § 332 FamFG handelt. Es gilt gem. § 63 Abs. 2 Nr. 1 eine verkürzte Beschwerdefrist von zwei Wochen. Daneben besteht wahlweise die Möglichkeit, gemäß § 54 Abs. 2 FamFG eine erneute Entscheidung

---

115 OLG Dresden FamRZ 2014, 1042; OLG Stuttgart ZKJ 2014, 289–290 = FamRZ 2014, 1482–1483.
116 OLG Stuttgart ZKJ 2014, 289–290 = FamRZ 2014, 1482–1483.
117 Prütting/Helms/Hammer, § 167 FamFG Rn. 82, unter Hinweis auf BT-Drucks. 17/10490, 18.

des erstinstanzlichen Gerichts aufgrund mündlicher Erörterung zu beantragen, wenn die einstweilige Anordnung ohne eine solche ergangen ist.[118]

Gegen endgültige, auf höchstens sechs Monate bzw. ein Jahr zu befristende Unterbringungsentscheidungen im **Hauptsacheverfahren** (§§ 167 Abs. 7, 329 Abs. 1 FamFG) ist die auf einen Monat befristete Beschwerde zulässig, § 63 Abs. 1 FamFG. Auch diese Beschwerde kann fristwahrend gemäß § 64 Abs. 1 FamFG nur bei dem Gericht eingelegt werden, das die endgültige Unterbringungsentscheidung getroffen hat. Wird die Beschwerde beim übergeordneten Oberlandesgericht oder bei einem anderen unzuständigen Gericht eingelegt, wird die Beschwerdefrist nur dann gewahrt, wenn die Beschwerde innerhalb der Beschwerdefrist zu dem Gericht gelangt, das die Unterbringungsentscheidung erlassen hat.

Die ebenfalls binnen eines Monats einzulegende Rechtsbeschwerde zum BGH gegen die Beschwerdeentscheidung des Oberlandesgerichts ist zulassungsfrei statthaft (§ 70 Abs. 3 Satz 1 Nr. 2 FamFG).

Der Lauf der zweiwöchigen bzw. einmonatigen Beschwerdefristen gemäß § 63 Abs. 1 und 2 FamFG beginnt jeweils mit der schriftlichen Bekanntmachung der Entscheidung (§§ 324 Abs. 2, 15, 16 FamFG) an die verschiedenen Verfahrensbeteiligten, § 63 Abs. 3 FamFG. Für den betroffenen Minderjährigen und den Verfahrensbeistand können also – je nach dem für ihre Person geltenden Bekanntmachungszeitpunkt – unterschiedliche Zeitpunkte gelten, bis zu denen die Beschwerde bei dem Gericht eingelegt sein muss, das die Unterbringungsentscheidung erlassen hat.

Der Minderjährige – und sein Verfahrensbeistand – können die Beschwerde allerdings auch bei dem Amtsgericht einlegen, in dessen Bezirk der Minderjährige bereits untergebracht ist, §§ 167 Abs. 1, 336 FamFG.

Das zur Entscheidung über die Beschwerde berufene Beschwerdegericht ist in den vom Familiengericht entschiedenen Unterbringungsverfahren der §§ 151 Nr. 6 und 7, 111 Nr. 2 FamFG das Oberlandesgericht, § 119 Abs. 1 Nr. 1a) GVG. Soweit im Einzelfall über eine öffentlich-rechtliche Unterbringung eines Minderjährigen nach den Landesunterbringungsgesetzen durch das Betreuungsgericht – statt richtigerweise durch das FamG – entschieden wurde, ist das zuständige Beschwerdegericht allerdings das Landgericht (vgl. §§ 72 Abs. 1, 119 Abs. 1 b) GVG). Gegen die Beschwerdeentscheidung des OLG ist die zulassungsfreie, binnen einer Frist von einem Monat beim Bundesgerichtshof (BGH) einzulegende Rechtsbeschwerde zulässig, §§ 70 Abs. 3 Satz 1 Nr. 2, 71 FamFG, § 133 GVG. Sie findet aber nur gegen Hauptsacheentscheidungen, nicht aber gegen Entscheidungen im Verfahren der einstweiligen Anordnung statt, § 70 Abs. 4 FamFG.

---

118 Prütting/Helms/Hammer, a.a.O., unter Hinweis auf OLG Naumburg JAmt 2013, 48.

559 Die Einlegung einer **Verfassungsbeschwerde** gehört nach der Rechtsprechung des BVerfG noch zu den Aufgaben eines erstinstanzlich bestellten Verfahrensbeistands.[119]

Nach § 62 Abs. 3 FamFG ist dem Verfahrensbeistand auch der sog. **Fortsetzungsfeststellungsantrag** eröffnet. Er kann also nach Beendigung des Freiheitsentzuges vor Erlass einer Entscheidung im Beschwerdeverfahren auf seinen Antrag hin feststellen lassen, dass die Entscheidung des FamG über den Freiheitsentzug den Minderjährigen in seinen Rechten verletzt hat.

IX. Aufgaben des Verfahrensbeistands

1. Aufklärung und Information des Minderjährigen

560 „Der Verfahrenspfleger im Unterbringungsverfahren [...] muss [...] das Wohl des Kindes vertreten, was ihn nicht der Aufgabe enthebt, explizite Wünsche und den Willen des Minderjährigen so authentisch wie nur möglich dem Gericht zu übermitteln, und im Konfliktfall zwischen Kindeswohl und Kindeswillen dafür Sorge zu tragen, dass beides ins Verfahren eingebracht wird."[120] Aufgabe des Verfahrensbeistands in Unterbringungsverfahren ist daher insbesondere die Aufklärung des Minderjährigen über den Verfahrensgegenstand, den Ablauf und den möglichen Ausgang des Verfahrens sowie die gesetzlichen Verfahrensrechte des Kindes, vgl. §§ 167 Abs. 1, 158 Abs. 4 Satz 2 FamFG. Dazu gehört es auch, den Minderjährigen über die Rolle der übrigen Verfahrensbeteiligten (Jugendamt, Sachverständiger) in Kenntnis zu setzen. Dadurch soll der Minderjährige in die Lage versetzt werden, seine Partizipationsrechte und Mitwirkungsmöglichkeiten im Verfahren offensiv wahrzunehmen.

561 Jugendliche ab dem vollendeten 14. Lebensjahr sind über die ihnen nach § 167 Abs. 3 FamFG zugestandene volle Verfahrensfähigkeit für das Unterbringungsverfahren und damit über ihr Recht zu informieren,

- selbstständig, ohne Beistand und ohne Vertretung durch einen Erwachsenen auf das Verfahren bezogene Anträge jeglicher Art zu stellen,

- trotz erfolgter Bestellung eines Verfahrensbeistands einen eigenen Bevollmächtigten für das Verfahren selbstständig zu beauftragen und dafür Verfahrenskostenhilfe unter Beiordnung des vom Jugendlichen ausgewählten Rechtsanwalts zu beantragen (zu den Folgen für die Bestellung des Verfahrensbeistands vgl. § 158 Abs. 5 FamFG; vgl. auch Rn. 552),[121]

---

119 Vgl. BVerfGE vom 22.5.2013, 1 BvR 372/13 zum betreuungsrechtlichen Verfahrenspfleger gemäß insoweit gleich lautendem § 276 Abs. 5 FamFG; BVerfG NJW 2017, 1295 m. Anm. Lack betreffend die Rückführung eines Pflegekindes zu seinen leiblichen Eltern.
120 Staudinger/Salgo, § 1631b BGB Rn. 38.
121 OLG Dresden FamRZ 2014, 1042; OLG Stuttgart ZKJ 2014, 289–290 = FamRZ 2014, 1482–1483; HK-BUR/Hoffmann, § 1631b BGB Rn. 29c und d.

- selbstständig und unabhängig von der Entscheidung des Verfahrensbeistands eigene Rechtsmittel gegen Entscheidungen des Gerichts einzulegen (§ 60 FamFG, vgl. Rn. 552).

2. Kontrolle der Einhaltung der Verfahrensgarantien

Aufgabe des Verfahrensbeistands im Unterbringungsverfahren ist es insbesondere, auf die Einhaltung der dem Schutze des betroffenen Minderjährigen dienenden gesetzlichen Verfahrensgarantien durch das Gericht zu achten.[122] Dazu gehört die Pflicht des Gerichtes, das Gutachten eines sachkundigen Sachverständigen einzuholen (§§ 167 Abs. 6, 321 FamFG; in Verfahren der Genehmigung freiheitsentziehender Maßnahmen reicht allerdings ein ärztliches Zeugnis, § 167 Abs. 6 Satz 3 FamFG), das Jugendamt zu hören (§ 320 Satz 2 FamFG), das betroffene Kind zeitnah persönlich richterlich anzuhören und sich dabei einen unmittelbaren Eindruck von ihm zu verschaffen (§ 319 FamFG), bevor es eine Unterbringungsentscheidung trifft. Bei einer Unterbringung nach § 1631b Abs. 1 BGB, die als Hilfe zur Erziehung in einer Einrichtung der Kinder- und Jugendhilfe erfolgen soll (§§ 27 ff. SGB VIII), muss vor der gerichtlichen Entscheidung jedenfalls im Hauptsacheverfahren auch ein **Hilfeplan** nach § 36 Abs. 2 SGB VIII vorliegen (zum Hilfeplanverfahren siehe Lack/Fieseler in diesem Handbuch, Rn. 1833 f.).[123] Der Verfahrensbeistand sollte also dem Gericht gegenüber darauf drängen, dass ein Hilfeplan beim Jugendamt angefordert wird und zur Akte gelangt, bevor eine Entscheidung über eine längerfristige Unterbringung oder eine Verlängerung einer bereits genehmigten Unterbringung ergeht.

562

Die **Pflicht zur persönlichen richterlichen Anhörung des Minderjährigen** besteht regelmäßig auch bei vorläufigen Unterbringungen nach § 331 Nr. 4 FamFG, über die wegen Eilbedürftigkeit im Wege einstweiliger Anordnungen entschieden wird.[124] Eine verfassungsrechtlich bedenkliche Ausnahme[125] ist nur bei Gefahr im Verzuge bzw. im Falle gesteigerter Dringlichkeit der Unterbringungsentscheidung (§§ 332, 334 FamFG) vorgesehen. Dann ist die persönliche Anhörung des Minderjährigen aber unverzüglich, d.h. ohne schuldhaftes Zögern des Gerichts (vgl. die Definition in § 121 Abs. 1 Satz 1 BGB) nachzuholen, §§ 332 Satz 2, 334 FamFG.[126]

563

Die unverzügliche Nachholung der persönlichen richterlichen Anhörung des Minderjährigen hat der Verfahrensbeistand vom Gericht nach Erlass einer vorläufigen Unterbringungsentscheidung ohne vorherige Anhörung dringend einzufordern.

564

Auf einer **zügigen persönlichen richterlichen Anhörung** des Kindes sollte der Verfahrensbeistand dem Gericht gegenüber immer und auch dann bestehen,

565

---

122 Vgl. nur BVerfG FamRZ 2007, 1627, 1628.
123 Bauer, Ev. Jugendhilfe 2001, 80; ebenso HK-BUR/Hoffmann, § 1631b BGB Rn. 33a, die als weitere Voraussetzung einer Unterbringungsentscheidung das Vorliegen der Zusage einer Einrichtung zur Aufnahme des Kindes verlangt.
124 Vgl. BVerfGE 58, 208, 222; BVerfG FamRZ 2007, 1627; MünchKomm-ZPO/Heilmann, § 167 FamFG Rn. 9 ff.
125 Vgl. BVerfGE 58, 208, 222.
126 Vgl. BayObLG FamRZ 2000, 566, 567 zur betreuungsrechtlichen Unterbringung.

wenn sich das Kind nach Darstellung der die freiheitsentziehende Maßnahme durchführenden Einrichtung angeblich freiwillig dort aufhält, sodass es einer gerichtlichen Genehmigung nach § 1631b BGB mangels eines Freiheitsentzuges nicht (mehr) bedürfe (sog. „Freiwilligkeitserklärung"; vgl. zu Einzelheiten oben Rn. 519 ff.). Die **Anhörung des Kindes im Wege der Rechtshilfe** durch einen ersuchten Richter soll dabei möglichst unterbleiben (§ 319 Abs. 4 FamFG): Der anhörende Richter soll auf der Grundlage seines unmittelbaren persönlichen Eindrucks von dem Minderjährigen über dessen Freiheitsentziehung entscheiden. Darauf sollte der Verfahrensbeistand dem Gericht gegenüber bestehen.

566 Soll die persönliche richterliche Anhörung des Minderjährigen nach § 34 Abs. 2 FamFG unterbleiben, weil davon erhebliche Nachteile für die Gesundheit des Minderjährigen zu befürchten sind, darf diese Entscheidung nur auf der Grundlage eines ärztlichen Gutachtens ergehen (§ 319 Abs. 3 FamFG). Ist der Minderjährige angeblich äußerungsunfähig, so hat sich das Gericht davon im Rahmen eines Anhörungsversuches durch Verschaffung eines unmittelbaren Eindruckes persönlich richterlich zu überzeugen.[127]

567 Das Gericht hat ein für die Entscheidung nach § 1631b BGB relevantes **Gutachten** einzuholen, §§ 321, 167 Abs. 6 FamFG. Regelmäßig reicht ein Gutachten eines Arztes für Psychiatrie bzw. eines psychiatrieerfahrenen Arztes zur Sachverhaltsaufklärung nach § 26 FamFG bei Minderjährigen nicht aus, sofern der Arzt nicht auch besondere Kenntnisse im Bereich der Kinder- und Jugendpsychiatrie, der Jugendpsychologie oder der Pädagogik aufweist[128], § 167 Abs. 6 FamFG.

568 Es ist die Aufgabe des Verfahrensbeistands, dem Gericht gegenüber auf der Bestellung eines unabhängigen und für Fragestellungen der Kinder- und Jugendpsychiatrie (in Verfahren nach den Landesunterbringungsgesetzen gemäß § 151 Nr. 7 FamFG) bzw. für Fragen der Heimerziehung qualifizierten Gutachters (Gutachten eines Psychotherapeuten, Psychologen,[129] Pädagogen oder Sozialpädagogen in Verfahren nach § 1631b BGB, § 151 Nr. 6 FamFG) zu bestehen, § 167 Abs. 6 FamFG. Der Verfahrensbeistand sollte das Gericht auch auf die Notwendigkeit einer angemessenen pädagogisch-psychologischen Begutachtung der bei der Mehrzahl der Minderjährigen vorliegenden Entwicklungsstörungen bzw. Erziehungsdefizite hinweisen, sodass es bei der Einholung lediglich eines kinder- und jugendpsychiatrischen Gutachtens jedenfalls in Verfahren nach § 1631b BGB nicht bleiben sollte, wenn pädagogische Gesichtspunkte wie etwa die Erreichbarkeit pädagogischer Ziele im Vordergrund und eine Unterbringung in einer Einrichtung der Kinder- und Jugendhilfe im Raum stehen. In Fragen der Heimerziehung ausgewiesener Sachverständiger i.S.d. § 167 Abs. 6 Satz 2 FamFG ist ein Gutachter, der über mehrjährige Erfahrungen einer wissenschaftlichen und praktischen Tätigkeit in Zusammenhang mit freiheitsentziehenden Unterbringungen in Einrichtungen der Kinder- und Jugendhilfe verfügt und dessen Fähigkeiten und Erfahrungen das

---

127 BT-Drucks. 16/3608, S. 192; MünchKomm-ZPO/Heilmann, § 167 FamFG Rn. 10.
128 HK-BUR/Hoffmann, § 1631b BGB Rn. 33.
129 OLG Saarbrücken FamRZ 2010, 1920.

durchschnittliche Können anderer in diesem Bereich tätiger Personen übertreffen.[130] In Verfahren zur Genehmigung freiheitsentziehender Maßnahmen nach § 1631b Abs. 2 BGB sollte der Verfahrensbeistand auf der Einholung eines unabhängigen Gutachtens (statt eines nach § 167 Abs. 6 Satz 3 FamFG ausreichenden ärztlichen Zeugnisses) bestehen, insbesondere dann, wenn das ärztliche Zeugnis (zulässigerweise) von Verfahrensbeteiligten vorgelegt wird, die sich – wie die Antragsteller eines Genehmigungsverfahrens – in einem Interessenkonflikt befinden.

3. Vorbereitung des Minderjährigen auf die richterliche Anhörung

Dem Minderjährigen bei der Vorbereitung auf die richterliche Anhörung zu helfen, Ängste vor der Anhörung abzubauen und die Voraussetzungen zu schaffen, dass der Minderjährige seine Interessen und Vorstellungen in das Gespräch mit dem Gericht einbringen kann, ist eine wichtige Aufgabe des Verfahrensbeistands. Dabei hat der Verfahrensbeistand dem Minderjährigen den Inhalt und die Bedeutung des Sachverständigengutachtens und der Stellungnahme des Jugendamtes in einer seiner Situation und seinem Entwicklungsstand angemessenen Weise zu erläutern. Das gilt auch für das Ergebnis der Anhörung der Sorgeberechtigten und anderer Personen und Institutionen (Schule, Polizei etc.).   569

Ehe das Gericht eine freiheitsentziehende Maßnahme genehmigt oder anordnet, muss es sorgfältig prüfen, ob alternativ dazu andere, weniger einschneidende Maßnahmen möglich sind, die die Gefährdung des Minderjährigen zu beseitigen in der Lage sind (vgl. § 1631b Abs. 1 Satz 2, Abs. 2 Satz 2 BGB). Aufgabe des Verfahrensbeistands (und selbstverständlich auch die des Jugendamtes und des Sachverständigen) ist es, dem Gericht ggf. geeignete Jugendhilfeangebote nach SGB VIII darzulegen, die im Einzelfall – alternativ zum Freiheitsentzug – eine positive Einwirkung auf den Minderjährigen erwarten lassen.[131] Das gleiche gilt für Optionen zur Vermeidung freiheitsentziehender Maßnahmen nach § 1631b Abs. 2 BGB. Vgl. insoweit Rn. 490 ff., 501.   570

4. Altersadäquate Unterbringungsform

Nicht selten werden Minderjährige (sei es durch die Sorgeberechtigten, sei es im ersten Zugriff durch polizeiliche Sofortanordnung nach den PsychKG) in einer Einrichtung der Erwachsenenpsychiatrie untergebracht. Das begegnet erheblichen fachlichen Bedenken, auch wenn manche PsychKG (vgl. § 10 Abs. 2 Satz 2 PsychKHG Hessen) dies für den begründeten Ausnahmefall kurzzeitig durchaus zulassen. Der Verfahrensbeistand hat darauf zu drängen, dass der Minderjährige umgehend in eine auf Minderjährige spezialisierte Einrichtung – je nach Diagnose und Hilfebedarf – der Jugendhilfe oder der Kinder- und Jugendpsychiatrie über-   571

---

[130] HK-BUR/Hoffmann, § 1631b BGB Rn. 31b, unter Hinweis auf PK-Kindschaftsrecht/Fink, § 167 FamFG Rn. 31.
[131] Ebenso Späth in Fegert/Späth/Salgo, S. 59 ff.; vgl. auch BGH ZKJ 2012, 444 ff.

führt wird.¹³² Jeder Genehmigungsbeschluss nach § 1631b BGB hat deshalb anzugeben, ob die freiheitsentziehende Unterbringung in einer Klinik der Kinder- und Jugendpsychiatrie oder in einer Einrichtung der Kinder- und Jugendhilfe genehmigt wird (§ 323 Nr. 1 FamFG).¹³³

572 Besonderes Augenmerk ist darauf zu richten, dass im Rahmen einer freiheitsentziehenden Unterbringung nach § 1631b Abs. 1 BGB eine bloße Verwahrung des Minderjährigen vermieden wird. Es bedarf in der Unterbringungseinrichtung vielmehr einer intensiven pädagogisch-erzieherischen Einflussnahme auf die Minderjährigen und einer konstanten Beziehungsarbeit mit den Kindern und Jugendlichen. Ideal wäre, dass der Bezugsbetreuer/-pädagoge bei dem Minderjährigen verbleibt, wenn ein Wechsel des Minderjährigen von der freiheitsentziehenden in die offene Unterbringung und andersherum erfolgt. Die dafür erforderlichen baulichen, konzeptionellen, personellen und sächlichen Voraussetzungen sollte die Unterbringungseinrichtung erfüllen.

X. Ende der Verfahrensbeistandschaft

573 Die Verfahrensbeistandschaft endet – soweit sie nicht z.B. nach §§ 158 Abs. 5, 167 Abs. 1 FamFG vorher aufgehoben wird– mit der Rechtskraft der das Verfahren abschließenden Entscheidung (nach Ablauf der Rechtsmittelfrist) oder mit dem sonstigen Abschluss des Verfahrens (z.B. mit der Rücknahme des Unterbringungsantrages). Der Verfahrensbeistand ist daher – ohne erneute Beiordnung durch das Beschwerdegericht bzw. das Rechtsbeschwerdegericht selbst – berechtigt, ein Rechtsmittel gegen die Unterbringungsentscheidung einzulegen, zu begründen und den Minderjährigen auch in dem ggfls. von ihm durch eigene Beschwerde initiierten Beschwerdeverfahren zu vertreten.

574 In der Praxis überwiegen zahlenmäßig eindeutig die Fälle vorläufiger Unterbringungen in Verfahren der einstweiligen Anordnung, in denen die Verfahrensbeistandschaft schon nach Ablauf der **zweiwöchigen Beschwerdefrist** des § 63 Abs. 2 Nr. 2 FamFG nach Bekanntmachung der Unterbringungsentscheidung endet, wenn Rechtsmittel nicht eingelegt werden.

575 Umso kritischer ist festzustellen, dass die Verfahrensbeistandschaft (nach Eintritt der Rechtskraft der Unterbringungsentscheidung) nicht auch während der gesamten Dauer der Unterbringung fortdauert, sodass die Rechte des untergebrachten Kindes gegenüber der Unterbringungseinrichtung „nur" von den Sorgeberechtigten vertreten werden, die ihrerseits hinsichtlich der von ihnen betriebenen Unterbringung in einem Interessenkonflikt stehen. Durch die Neufassung des § 1631b Abs. 2 BGB ist nunmehr aber immerhin eindeutig geregelt, dass freiheitsentziehende Maßnahmen auch im Rahmen einer bereits nach § 1631b Abs. 1 BGB ge-

---

132 Vgl. zu den Indikatoren für die eine oder andere Unterbringungsform: Permien, Recht und Psychiatrie 2006, 111 ff.; DIJuF-Rechtsgutachten vom 19.7.2013, JAmt 2013, 573 ff.
133 BVerfG FamRZ 2007, 1627, 1629; OLG Naumburg JAmt 2002, 538, 539; MünchKomm-ZPO/ Heilmann, § 167 FamFG Rn. 14; Hoffmann, Recht und Psychiatrie 2009, 121, 125 ff.

nehmigten freiheitsentziehenden Unterbringung zusätzlich genehmigungspflichtig sind.

Die Beendigung der Verfahrensbeistandschaft mit Eintritt der Rechtskraft der Unterbringungsentscheidung ist aus verfassungsrechtlicher Sicht (Art. 1 und 2 GG) besonders bedenklich in den Fällen, in denen Ärzte im Einvernehmen mit den Sorgeberechtigten im Rahmen der vom Gericht genehmigten freiheitsentziehenden Unterbringung – anders als bei Volljährigen nach § 1906a BGB – eine rechtsstaatlich nicht kontrollierte **Zwangsbehandlung** des Minderjährigen betreiben.[134] Soweit das dem Verfahrensbeistand bereits vor Eintritt der Rechtskraft der Unterbringungsentscheidung bekannt wird, sollte er die Einlegung einer Beschwerde gegen die Unterbringungsentscheidung in Betracht ziehen, um eine erneute gerichtliche Überprüfung zu eröffnen, ob die freiheitsentziehende Unterbringung des Minderjährigen auch unter Berücksichtigung der Zwangsbehandlung noch dem Wohl des Minderjährigen entspricht.[135] Nach Eintritt der Rechtskraft der Unterbringungsentscheidung kommt eine vom Verfahrensbeistand initiierte Überprüfung des Freiheitsentzuges nach § 1696 Abs. 2 BGB, der auch Genehmigungen nach § 1631b BGB als kindesschutzrechtliche Maßnahme erfasst, in Betracht. Hierzu hat das Gericht die Unterbringungsmaßnahme fortlaufend zu überprüfen, was sich aus allgemeinen Grundsätzen des Unterbringungsverfahrens („Verfahrensbeobachtungspflicht", vgl. § 330 FamFG) sowie ergänzend aus der Wertung des § 166 Abs. 2 FamFG i.V.m. § 1696 Abs. 2 BGB ergibt.[136] Der Verfahrensbeistand kann in diesen Fällen bei Bedarf auch ein Sorgerechtsverfahren nach § 1666 BGB anregen.

576

XI. Entschädigung des Verfahrensbeistands

Wegen der Entschädigung des Verfahrensbeistands verweist § 167 Abs. 1 Satz 2 FamFG auf die Regelungen über die Entschädigung des Verfahrensbeistands in Kindschaftssachen in § 158 Abs. 7 FamFG. Die Entschädigung erfolgt daher (nach herrschender Meinung und gängiger familiengerichtlicher Praxis) in der Form und der Höhe der in § 158 Abs. 7 Satz 2 und 3 FamFG bestimmten **Fallpauschalen** von 350,00 bzw. 550,00 Euro pro Kind und für jede Instanz, in der das Kind vom Verfahrensbeistand vertreten wird.

577

Eine Entschädigung nach (Zeit-)Aufwand über die Bestimmungen des Verfahrenspflegers in Betreuungssachen gemäß § 277 FamFG ist demnach ausgeschlossen (**strittig**). Insoweit kann auf die Ausführungen zu § 158 FamFG und die Erläuterungen zu Rn. 2103 ff. verwiesen werden.

578

▶ Zu Einzelheiten der Entschädigung des Verfahrensbeistands siehe Rn. 2054 ff.

---

134 Ebenso Hoffmann, NZFam 2015, 985; vgl. zu Einzelheiten der Voraussetzungen einer Zwangsbehandlung HK-BUR/Hoffmann, § 1631b BGB Rn. 38 ff.; Hoffmann, Recht und Psychiatrie 2009, 121, 123 ff.; OLG Naumburg JA 2002, 538; Wille, ZfJ 2002, 85 ff.
135 Vgl. HK-BUR/Hoffmann, § 1631b BGB Rn. 38 ff.
136 Prütting/Helms/Hammer, § 167 FamFG; Staudinger/Salgo, § 1631b BGB Rn. 29; Hoffmann, FamRZ 2017, 337 (344).

579 Gespräche mit den die Unterbringung ihres Kindes betreibenden Eltern oder dem Vormund/Ergänzungspfleger und weiteren Bezugspersonen des Kindes sowie das Mitwirken an einer einvernehmlichen Regelung der Unterbringungssituation gehören zum Standard einer effektiven Kindesvertretung vor Gericht gerade auch in den für das Kind besonders belastenden Unterbringungsverfahren Daher ist es gerade in Unterbringungsverfahren unerlässlich, dem Verfahrensbeistand die **Zusatzaufgabe nach § 158 Abs. 4 Satz 3 FamFG** zu übertragen, mit den Eltern und weiteren Bezugspersonen des Kindes Gespräche zu führen, insbesondere auch, um Alternativen zum Freiheitsentzug auszuloten und in das Verfahren einzubringen. Entschädigungsrechtliche Folge davon ist die Gewährung der **großen Entschädigungspauschale** je Rechtszug in Höhe von 550,00 Euro pro betroffenem und vom Verfahrensbeistand vertretenen Kind.

▶ **Ausführlich zur Entschädigung/Vergütung des Verfahrensbeistands in Unterbringungsverfahren siehe Rn. 2103 ff.**

C Rechte und Pflichten

Übersicht Rn.

I. Übersicht: Rechte des Verfahrensbeistands 580
II. Übersicht: Pflichten des Verfahrensbeistands 582

I. Übersicht: Rechte des Verfahrensbeistands

Der Beistand für das Verfahren hat die nachfolgenden Verfahrensrechte: **580**

- Er wird durch seine Bestellung **Beteiligter des Verfahrens**, § 158 Abs. 3 Satz 2 in Verbindung mit §§ 7, 27 FamFG; er genießt alle Verfahrensrechte, die das Gesetz den Verfahrensbeteiligten gewährt.

- Der Verfahrensbeistand hat das Recht auf volle (kostenlose) **Akteneinsicht** (§ 13 Abs. 1 FamFG) und damit u.a. auch das Recht auf Einsicht in das ärztliche, psychologische oder pädagogische Gutachten, §§ 30 Abs. 4, 37 Abs. 2 FamFG.[1] Er ist über den jeweiligen Verfahrensstand zu informieren.

- Er hat das Recht, bei Anhörungen und förmlichen **Beweiserhebungen** (z.B. Kindesanhörung, Zeugeneinvernahme) anwesend sein. Er kann die Beeidigung von Zeugen beantragen. Er ist u.a. zur richterlichen Anhörung des Kindes zu laden, § 159 Abs. 4 Satz 3 FamFG.

- Für den Termin zur richterlichen **Anhörung des Kindes** kann er für den Ort und die Umstände der Anhörung Vorschläge machen (z.B. die Anwesenheit einer Vertrauensperson des Kindes bei der Anhörung).

- Er kann **Informationen** über die persönlichen und psychosozialen Verhältnisse des betroffenen Kindes und seiner Eltern einholen (Ermittlungsrecht); hierzu kann er, soweit erforderlich, die Personen des näheren Umfeldes des Kindes (nahe Angehörige mit Kontakt zum Kind, Pflegepersonen, Vertrauenspersonen, Erzieher, Lehrer etc.) mit einbeziehen.

- Er kann eine ärztliche, psychologische, (sozial-)pädagogische **Begutachtung anregen bzw. beantragen**, sich zu Fragestellungen der Begutachtung äußern und Sachverständige vorschlagen.

  Er hat das Recht, sich zu dem Gutachten zu äußern und die mündliche Erläuterung des schriftlichen Gutachtens in einem Verhandlungstermin zu beantragen.

- Er kann die **Anhörung** bzw. förmliche Vernehmung bestimmter Personen aus dem Umfeld **des Kindes beantragen**.

---

[1] Vgl. so schon BayObLG FamRZ 1993, 1489, 1490.

- Er kann einem **Einvernehmen** (insbesondere einem Vergleich) der übrigen Verfahrensbeteiligten über den Verfahrensgegenstand widersprechen und damit eine beschwerdefähige gerichtliche Entscheidung erzwingen, wenn das beabsichtigte Einvernehmen aus Sicht des Verfahrensbeistands dem Kindeswohl widerspricht (vgl. § 156 Abs. 2 FamFG).
- Er kann in Verfahren nach § 1631b BGB zur **Notwendigkeit einer Zwangsvorführung** zur Anhörung und Untersuchung bzw. einer freiheitsentziehenden Beobachtungsunterbringung (§§ 167 Abs. 1, 312 Nr. 1, 319 Abs. 5, 322 FamFG) Stellung nehmen und Vorschläge zur Vermeidung solcher Zwangsmaßnahmen unterbreiten.
- Er kann **Stellung nehmen** zum Umfang des Sorgerechtsentzuges, d.h. u.a. zu den Wirkungskreisen der Ergänzungspflegschaft nach Teilsorgerechtsentzug bzw. zum Umfang und zur Form eines Umgangskontaktes.
- Er kann bestimmte Stellen oder Personen als Sachverständige oder Vormünder/Ergänzungspfleger vorschlagen oder von anderer Seite vorgeschlagene Stellen oder Personen im Rahmen seiner Stellungnahme **ablehnen**.
- Er kann auf eine **Abänderung** gerichtlicher Beschlüsse oder gerichtlich gebilligter Vergleiche drängen, wenn und soweit dies aus triftigen, das Wohl des Kindes nachhaltig berührenden Gründen angezeigt erscheint, bzw. auf eine Aufhebung von Maßnahmen nach den §§ 1666, 1631b BGB hinwirken, wenn eine Gefahr für das Wohl des Kindes nicht mehr besteht, § 1696 BGB.
- Er kann das Gericht bei länger dauernden Maßnahmen nach den §§ 1631b, 1666, 1666a BGB auf seine von Amts wegen einzuhaltende Verpflichtung hinweisen, diese Maßnahmen in angemessenen Zeitabständen (sechs Monate bis höchstens ein Jahr) zu **überprüfen** (§ 1696 BGB, vgl. auch § 166 FamFG). Dabei hat das Gericht dem kindlichen Bedürfnis nach dauerhaften und stabilen Lebensumständen Rechnung zu tragen.
- Der Verfahrensbeistand kann Beschleunigungsrüge/-beschwerde erheben (§§ 155b, 155c, FamFG).
- Der Verfahrensbeistand kann im Interesse des von ihm vertretenen Kindes eigene **Rechtsmittel** einschließlich eines Fortsetzungsfeststellungsantrages (§ 62 Abs. 3 FamFG) – erforderlichenfalls sogar bis zur Verfassungsbeschwerde – einlegen oder zurücknehmen, § 158 Abs. 4 Satz 5 FamFG (nicht aber Rechtsmittel des betroffenen Kindes selbst, welches das 14. Lebensjahr vollendet hat, vgl. § 60 FamFG).
- Er darf auch neben einem für das Kind auftretenden Verfahrensbevollmächtigten weiter die **Interessen des Kindes vertreten**, solange nicht das Gericht die Verfahrensbeistandschaft aufgehoben hat, §§ 158 Abs. 5, 167 Abs. 1 Satz 2 FamFG.
- Er kann als Berufsverfahrensbeistand binnen 15 Monaten nach erstmaliger Entfaltung seiner Tätigkeit mindestens die kleine **Fallpauschale** (350,00 Euro) pro Kind in jeder Instanz nach §§ 158 Abs. 7 Satz 2, 167 Abs. 1 Satz 2 FamFG für jeden Verfahrensgegenstand, für den er bestellt ist, geltend machen. Nach ge-

richtlicher Übertragung der Zusatzaufgabe nach § 158 Abs. 4 Satz 3 FamFG, Gespräche mit den Eltern und weiteren Bezugspersonen des Kindes zu führen, kann der Verfahrensbeistand die große Fallpauschale (550,00 Euro) beanspruchen, § 158 Abs. 7 Satz 3 FamFG.

- Er hat das Recht, gegen die **Auswahl und die Bestellung seiner Person** zum Verfahrensbeistand (einfache, unbefristete) Beschwerde einzulegen, §§ 58 ff. FamFG analog (z.B. bei Überlastung oder fehlender Eignung für die Fallübernahme); strittig, da keine Endentscheidung nach § 58 Abs. 1 FamFG.

581 Der Verfahrensbeistand ist **nicht gesetzlicher Vertreter** des betroffenen Kindes im Verfahren, vgl. §§ 158 Abs. 4 Satz 6, 167 Abs. 1 Satz 2 FamFG. Er ist daher unabhängig von der Einsichtsfähigkeit des Minderjährigen beispielsweise nicht berechtigt, den Arzt des Kindes von seiner Schweigepflicht zu entbinden (auch nicht dem Gericht gegenüber zu Zwecken der ärztlichen Begutachtung), ärztliche, psychologische oder pädagogische (Zusatz-)Gutachten namens und auf Rechnung des Kindes in Auftrag zu geben.

Er ist auch nicht befugt, Rechtsmittel im Namen, jedoch im Interesse des Minderjährigen einzulegen oder zurückzunehmen.[2]

II. Übersicht: Pflichten des Verfahrensbeistands

582 Der Verfahrensbeistand hat

- dem Gericht **mitzuteilen**, wenn und soweit die Übernahme der Verfahrensbeistandschaft aus fachlichen oder zeitlichen Gründen (z.B. längerer Urlaub, Krankheit, Überlastung) den Interessen des betroffenen Kindes nicht gerecht würde,
- **persönlichen Kontakt** zum betroffenen Kind, zu den das Kind versorgenden Erwachsenen bzw. zu den Personen aufzunehmen, die ihrerseits Umgang mit dem Kind oder andere gerichtliche Maßnahmen beantragen (z.B. Sorgerechtsübertragung, freiheitsentziehende Unterbringung des Kindes oder freiheitsentziehende Maßnahmen).

  Das sollte – soweit im Einzelfall in besonderem Maße erforderlich – auch dann zu den verfahrensbeistandschaftlichen Pflichten gehören, wenn sich die gerichtliche Beauftragung nicht auf die Zusatzaufgaben nach § 158 Abs. 4 Satz 3 FamFG erstreckt,
- dem Gericht umgehend **mitzuteilen, wenn der persönliche Kontakt zum Kind nicht zugelassen** wird oder das Verhältnis zum Kind erheblich gestört ist, sodass es deshalb nicht (mehr) angemessen vertreten werden kann,
- das Kind über die Bedeutung des Verfahrensgegenstandes aufzuklären, es **über den** jeweiligen **Verfahrensstand, den Ablauf und möglichen Ausgang des Verfahrens zu informieren**, vgl. § 158 Abs. 4 Satz 2 FamFG,

---

[2] BGH, Beschluss vom 27.3.2019, XII ZB 71/19 – juris; s. zur Verfassungsbeschwerde BVerfG, Beschluss vom 3.2.2017, 1 BvR 2569/16 – juris.

- die subjektiven (Wille) und objektiven (Wohl) **Interessen des Kindes im Verfahren wahrzunehmen**, vgl. § 158 Abs. 1, Abs. 4 Satz 1 FamFG,
- ihm erkennbare **Anliegen** (Anträge, Anregungen, Wünsche und Befürchtungen) **des Minderjährigen vorzubringen**, gegebenenfalls mit einer eigenen Darstellung und Bewertung, soweit dies aus Sicht der (objektiven) Interessen des Kindes erforderlich erscheint,
- auf die Einhaltung der zum Schutz des Minderjährigen bestimmten **Verfahrensgarantien** zu achten (z.B. persönliche richterliche Anhörung des Minderjährigen, ggf. angemessene psychologische, pädagogische oder ärztliche Begutachtung des Kindes; in Verfahren nach § 1631b BGB: Begutachtung durch einen Arzt für Kinder- und Jugendpsychiatrie oder durch einen in Fragen der Heimerziehung ausgewiesenen Psychotherapeuten, Psychologen, Pädagogen oder Sozialpädagogen, vgl. § 167 Abs. 6 FamFG), die Sachverhaltsermittlung des Jugendamtes und des Gerichts (§ 26 FamFG) sowie das psychologische, pädagogische oder ärztliche Sachverständigengutachten einer kritischen Beurteilung in Bezug auf das angewandte Verfahren, die Vollständigkeit, die Wahrhaftigkeit, die Nachvollziehbarkeit und auf Verstöße gegen die Denkgesetze etc. zu unterziehen,
- an Gerichtsterminen oder **Terminen** und Gesprächen mit dem Jugendamt, dem Sachverständigen oder anderen Personen/Stellen **teilzunehmen**, wenn und soweit dies u.a. nach dem gerichtlichen Auftrag (§ 158 Abs. 4 Satz 3 und 4 FamFG) zur sachgerechten Wahrnehmung der Interessen des Kindes erforderlich ist (einschließlich Begleitung des Kindes zu den Terminen, wenn vom Kind gewünscht),
- auf ein **kindzentriertes, das kindliche Zeitempfinden** berücksichtigendes Verfahren gegenüber allen Verfahrensbeteiligten und dem Gericht hinzuwirken, die gerichtlichen (Zwischen-)Entscheidungen und die gerichtlichen Vergleiche mit dem Kind zu beraten und sie dem Kind zu erläutern, u.a. zur Abklärung, ob Rechtsmittel gegen die Gerichtsentscheidungen einzulegen sind (vgl. §§ 158 Abs. 4 Satz 5, 60 FamFG),
- **einvernehmlichen Regelungen** des Verfahrensgegenstandes durch die übrigen Beteiligten zu **widersprechen** und so eine beschwerdefähige Entscheidung des Gerichtes herbeizuführen, soweit das Einvernehmen dem Kindeswohl widersprechen würde,
- im Unterbringungsverfahren **Alternativen zum Freiheitsentzug zu ermitteln** und dem Gericht mitzuteilen, sowie auf eine kindgerechte Unterbringung zu drängen, die dem konkreten Hilfebedarf des Minderjährigen gerecht wird,
- die ergangene gerichtliche Entscheidung mit den dafür zur Verfügung stehenden **Rechtsmitteln** (vgl. §§ 58 ff. FamFG) anzugreifen, wenn sie mit dem Wohl des Kindes nicht vereinbar ist,
- den verfahrensfähigen Jugendlichen bei der Einlegung der von ihm gewünschten Rechtsmittel zu **unterstützen**.

583 Die hier dargestellten Anforderungen an die Tätigkeit des Verfahrensbeistands sind nicht als abschließende Aufzählung zu verstehen. Je nach Fallgestaltung und beteiligtem Kind können andere bzw. weitere oder ein Weniger an Anforderungen maßgeblich sein.

Ergänzend zu den Rechten und Pflichten wird auf die Standards Verfahrensbeistandschaft der BAG Verfahrensbeistandschaft/Interessenvertretung für Kinder und Jugendliche e.V. (BAG) verwiesen (Rn. 2019 ff.).

Bleiben frei **584–587**

D Materielles Kindschaftsrecht

Übersicht   Rn.

I.	Einleitung	588
II.	Elterliche Sorge	589
	1. Verfassungsrechtlicher Hintergrund	589
	2. Inhalt und Bestandteile des Sorgerechts	590
	3. Abgrenzung zu den Alltagsangelegenheiten i.S.d. § 1687 Abs. 1 Satz 2 BGB	594
	4. Das Sorgerecht miteinander verheirateter Eltern	595
	a) Entstehung und Ausübung gemeinsamen Sorgerechts	595
	b) Tod oder sonstiger Ausfall eines Elternteils	596
	c) Ruhen der elterlichen Sorge	597
	d) Begründung alleiniger Sorge nach Trennung oder Scheidung	602
	(aa) Einvernehmen der Eltern	603
	(bb) Antrag eines Elternteils bei fehlendem Einvernehmen	606
	(cc) Wechselseitige Anträge	610
	(1) Kontinuitätsgrundsatz	612
	(2) Förderungsgrundsatz	613
	(3) Bindungen des Kindes an seine Eltern	614
	(4) Bindungen des Kindes an seine Geschwister	615
	(5) Kindeswille	616
	(6) Abwägung	617
	(dd) Meinungsverschiedenheit in einer Angelegenheit § 1628 BGB	618
	5. Das Sorgerecht nicht miteinander verheirateter Eltern	620
	a) Alleiniges Sorgerecht der Mutter	620
	b) Entstehungsformen gemeinsamer elterlicher Sorge	621
	(aa) Heirat der Eltern	621
	(bb) Gemeinsame Sorgeerklärungen	622
	(cc) Entscheidung des Familiengerichts	623
	(1) Vermutung des § 1626a Abs. 2 Satz 2 BGB	624
	(2) Negative Kindeswohlprüfung § 1626a Abs. 2 Satz 1 BGB	625
	c) Begründung alleinigen Sorgerechts	626
	d) Tod oder sonstiger Ausfall der allein sorgeberechtigten Mutter	627
	e) Begründung alleiniger Sorge bei gemeinsamer elterlicher Sorge	628
	6. Schutz bei Kindeswohlgefährdungen	629
	a) Verfassungsrechtlicher Kontext	629
	b) Tatbestandsvoraussetzungen	630
	c) Fallgruppen	635
	(aa) Gesundheitsgefährdungen	636
	(bb) Schule und Ausbildung	637
	(cc) Kinder- und Jugenddelinquenz – Umgang mit neuen Medien	638
	(dd) Störungen der Erziehungs- und Bindungskontinuität	639
	(ee) Störungen in der Persönlichkeitsentwicklung des Kindes	640
	d) Rechtsfolgen	641
	e) Vormundschaft/Pflegschaft	643
	f) Gewaltschutz vor nichtsorgeberechtigten Eltern	644
	7. Abänderung von sorgerechtlichen Gerichtsentscheidungen	645
III.	Umgangs- und Auskunftsrecht	652
	1. Elterliches Umgangsrecht	652
	a) Rechtsnatur	652

Teil 2 Gesetzliche Grundlagen

        b) Gestaltung der Kindesbetreuung nach Trennung der Eltern – Wechselmodell 654
        c) Ausgestaltung einer Vereinbarung oder gerichtlichen Regelung 655
        d) Ausübung des Umgangsrechts 664
        e) Erzwingbarkeit des Umgangs 665
            (aa) Gegen den Umgangsberechtigten 665
            (bb) Gegen den betreuenden Elternteil 666
            (cc) Umgangspflegschaft/Umgangsbestimmungspflegschaft 668
        f) Einschränkungen des Umgangsrechts – begleiteter Umgang 670
        g) Ausschluss des Umgangsrechts 673
            (aa) Elternbezogene Ausschlussgründe 674
            (bb) Kindesbezogene Ausschlussgründe 675
            (cc) Dauer 676
    2. Das Umgangsrecht anderer Bezugspersonen nach § 1685 BGB 677
    3. Das Auskunftsrecht nach § 1686 BGB 680
    4. Das Umgangsrecht des biologischen Vaters nach § 1686a BGB 681
    5. Abänderung gerichtlicher Umgangsanordnungen oder gerichtlich gebilligter
       Vergleiche (§ 156 Abs. 2 FamFG) 685
  IV. Herausgabe des Kindes § 1632 BGB 686
    1. Voraussetzungen 686
    2. Verbleibensanordnungen 687
        a) § 1632 Abs. 4 BGB 687
        b) § 1682 BGB 688
  V. Pflegekindschaftsverhältnisse 691
    1. Bedeutung und verfassungsrechtlicher Rahmen 691
    2. Sorge- und umgangsrechtlicher Rahmen 693
        a) Sorgerecht 693
        b) Umgangsrecht 694
    3. Verbleibensanordnung und die Frage der Perspektive 695

I. Einleitung

588 Kenntnisse des materiellen **Kindschaftsrecht**s sind für den Verfahrensbeistand als „Anwalt des Kindes" unverzichtbar und auch ein **wesentliches Eignungskriterium** für seine Auswahl (vgl. in diesem Handbuch Salgo, Rn. 39). Gerade das Sorge- und Umgangsrecht ist einem **gesellschaftlichen und rechtspolitischen Wandel** unterworfen und in jüngster Zeit Gegenstand zahlreicher Gesetzesnovellierungen und höchstrichterlicher nationaler und europäischer Rechtsprechung. Die folgende Darstellung der Grundlagen des **materiellen Kindschaftsrechts** orientiert sich an den verschiedenen verfahrensrechtlichen Konstellationen, in denen Verfahrensbeistände gewöhnlich tätig sind,[1] und hat das Ziel, auch den nicht aus dem Kreise der Juristen stammenden Verfahrensbeiständen die für die tägliche Arbeit vor den Familiengerichten nötigen rechtlichen Grundkenntnisse zu vermitteln.

---

1 Einen umfassenden Überblick über das materielle Kindschaftsrecht geben Gernhuber/Coester-Waltjen, S. 644 ff., sowie die Kommentierung von §§ 1626 ff. BGB in Heilmann (Hrsg.), Praxiskommentar Kindschaftsrecht.

II. Elterliche Sorge

1. Verfassungsrechtlicher Hintergrund

Art. 6 Abs. 2 GG garantiert das **natürliche Recht der Eltern** auf **Pflege und Erziehung der Kinder.** Das den Eltern als Rechtsträger zugewiesene Grundrecht ist sowohl als **Abwehrrecht,** als **Institutsgarantie** und schließlich als **wertentscheidende Grundsatznorm** ausgestaltet.[2] Erfasst sind dabei sämtliche Bereiche der elterlichen Sorge. Art. 6 Abs. 2 Satz 1 GG ist jedoch ein **pflichtengebundenes Grundrecht,** das von den Eltern als Rechtsträger nicht um seiner selbst willen, sondern quasi treuhänderisch **zum Wohl des Kindes** auszuüben ist.[3] Das Kind selbst ist in Art. 6 Abs. 2 GG nicht ausdrücklich als Grundrechtsinhaber genannt. Unabhängig von der Frage, ob Art. 6 Abs. 2 Satz 1 GG auch ein Grundrecht des Kindes beinhaltet,[4] sind Kinder jedenfalls Träger des in Art. 2 Abs. 1 i.V.m. Art. 1 GG enthaltenen **allgemeinen Persönlichkeitsrechts.**[5] Zu einer Ergänzung des Grundgesetzes durch ein explizites **Kindergrundrecht** haben sich die Regierungsparteien nunmehr endlich im Koalitionsvertrag vom 7.2.2018 (dort S. 21) entschlossen.

589

Als Schranken des Elternrechts kommen die aufgrund des **staatlichen Wächterauftrages** gezogenen gesetzlichen Grenzen (Art. 6 Abs. 2 Satz 2 GG) und auch der staatliche Erziehungsauftrag im Bereich des Schulwesens (Art. 7 GG) in Betracht. Im **Bereich der Europäischen Menschenrechtskonvention** ist Art. 8 EMRK (Recht auf Achtung des Privat- und Familienlebens) zu beachten, die jedoch nur den Rang eines einfachen Bundesgesetzes und einer Auslegungshilfe für die nationale Verfassung[6] hat. Auch der Europäische Gerichtshof für Menschenrechte betreibt, ohne dass die EMRK selbst ein ausdrückliches Kindergrundrecht enthalten würde, unbestreitbar einen sehr effektiven und weitreichenden Schutz von Kinderrechten. Schließlich ist im Rahmen der internationalen Rechtsquellen auch die **UN-Kinderrechtskonvention** zu beachten.[7]

2. Inhalt und Bestandteile des Sorgerechts

Im Rahmen der elterlichen Sorge unterscheidet man zwischen der Sorge für die Person des Kindes (**Personensorge**) und der Sorge für das Vermögen des Kindes (**Vermögenssorge**), § 1626 Abs. 1 BGB. Da § 158 FamFG in Sorgerechtsangelegenheiten, die sich ausschließlich auf das Vermögen beziehen, die Bestellung eines Verfahrensbeistands nicht zulässt,[8] bedarf es insoweit an dieser Stelle keiner weite-

590

---

2 BeckOK GG/Uhle, Art. 6 Rn. 47 ff.
3 BVerfG NJW 1982, 1379.
4 So BVerfG ZKJ 2008, 324; a.A. zu Recht die h.L. wie Wiesner/Wiesner, § 1 SGB VIII Rn. 8; Jestaedt, S. 13 ff. m.w.N.
5 BVerfG ZKJ 2018, 225; NJW 1968, 2233; Britz, FamRZ 2015, 793.
6 BVerfG NJW 1987, 2427; JAmt 2004, 601.
7 BGBl. 1992 II, S. 121.
8 Vgl. MünchKomm-FamFG/Schumann, § 158 FamFG Rn. 5.

ren Erörterung der Vermögenssorge.[9] In diesen Fällen ist bei einem erheblichen Interessengegensatz zwischen Kind und sorgeberechtigten Eltern nach §§ 1629 Abs. 2 Satz 3, 1796 Abs. 2, 1909 BGB ein **Ergänzungspfleger** zu bestellen.

591 Gegenstand der Personensorge ist nach § 1631 Abs. 1 BGB die gesamte **Pflege, Erziehung, Beaufsichtigung** des Kindes und die **Bestimmung seines Aufenthalts**. Umfasst werden insbesondere die Bereiche der **Gesundheitsfürsorge,** die Bestimmung der **schulischen Angelegenheiten** sowie Fragen der **Ausbildungs- und Berufswahl** (§ 1631a BGB), das Recht zur **Bestimmung des Umgangs** des Kindes mit Dritten (§ 1632 Abs. 2 BGB) und der **Anspruch auf Herausgabe** des Kindes (§ 1632 Abs. 1 BGB). Das Recht zur Regelung des Umgangs des Kindes wird dabei nicht vom Aufenthaltsbestimmungsrecht umfasst,[10] was nunmehr auch vom BGH anerkannt worden ist.[11] Eine spezialgesetzliche Regelung hat der Gesetzgeber anlässlich des Urteils des Landgerichts Köln zur strafrechtlichen Beurteilung von **Beschneidungen**[12] bei Kindern männlichen Geschlechts für diese Frage des Sorgerechts in § 1631d BGB getroffen.[13] Die Vorschrift regelt nunmehr sowohl das Elternrecht im Rahmen der Personensorge als auch Reichweite, Ausführung und Grenzen dieses nicht unerheblichen körperlichen Eingriffs.

592 Hinsichtlich der **Erziehung** des Kindes enthält § 1631 Abs. 2 BGB ein an die Eltern gerichtetes **Gewaltverbot**.[14] Schließlich sollen Eltern bei der Erziehung nach § 1626 Abs. 2 und 3 BGB auch das Bedürfnis des Kindes zu **selbstständigem verantwortungsbewussten Handeln** entsprechend dessen **Alter und Reifegrad** berücksichtigen und möglichst im Rahmen eines **Dialogs** mit dem Kind einvernehmliche Lösungen erzielen (vgl. auch § 1631a BGB für Fragen der Ausbildung und des Berufs).

593 **Einschränkungen bei der Ausübung des elterlichen Sorgerechts** enthält das Gesetz etwa bei der geschlossenen Unterbringung des Kindes einschließlich freiheitsbeschränkender Maßnahmen (§ 1631b Abs. 1 und 2 BGB; vgl. Rn. 445 ff.) in bestimmten Fällen der Vertretung des Kindes (vgl. §§ 1629 Abs. 2 und 2a, 1795, 1796, 112, 113 BGB), beim Umgangsbestimmungsrecht nach Maßgabe von §§ 1684 ff. BGB und im Rahmen des Herausgabeanspruches durch eine mögliche Verbleibensanordnung nach § 1632 Abs. 4 BGB (vgl. dazu Rn. 687 ff.). Schließlich schränkt auch die nach § 42 SGB VIII vorgesehene Inobhutnahme von Kindern das Sorgerecht insoweit ein, als bis zur Herbeiführung einer familiengerichtlichen Regelung trotz Herausgabeverlangens der Eltern gegenüber dem Jugendamt Letzte-

---

9 Vgl. insoweit etwa Fröschle, Rn. 536 ff.; Oberloskamp/Dürbeck, Vormundschaft, § 10 Rn. 1 ff.
10 OLG Frankfurt ZKJ 2013, 167; Heilmann, NJW 2012, 16 (20) und FamRZ 2014, 1753.
11 BGH ZKJ 2016, 419 = FamRZ 2016, 1752 m. Anm. Lack.
12 LG Köln FamRZ 2012, 1421; OLG Hamm FamRZ 2018, 722.
13 Ausführlich Staudinger/Salgo, § 1631d BGB Rn. 1 ff.; Lack, ZKJ 2012, 336; Spickhoff, FamRZ 2013, 337; Klinkhammer, FamRZ 2012, 1913.
14 Zur Entwicklung Peschel-Gutzeit, FPR 2012, 195; Staudinger/Salgo, § 1631 BGB Rn. 66.

res berechtigt ist, den Aufenthalt des Kindes während dieses Zeitraums zu bestimmen und seine Herausgabe zu verweigern.[15]

3. Abgrenzung zu den Alltagsangelegenheiten i.S.d. § 1687 Abs. 1 Satz 2 BGB

Sorgerechtsrelevante Entscheidungen liegen insbesondere dann vor, wenn die betreffende Angelegenheit von **erheblicher Bedeutung** für das Kind ist (§ 1687 Abs. 1 Satz 1 BGB). Hiervon unterscheidet das Gesetz in § 1687 Abs. 1 Satz 2 BGB zunächst die **Angelegenheiten des täglichen Lebens.**[16] Während Erstere bei gemeinsamem elterlichen Sorgerecht einvernehmlich von den Eltern zu entscheiden sind, sind alltägliche Angelegenheiten wie gewöhnliche Fragen des Schullebens, der Gesundheit, der Ernährung, der Kleidung oder des Fernseh- oder Computerkonsums nach § 1687 Abs. 1 Satz 2 BGB demjenigen Elternteil zugewiesen, bei dem sich das Kind überwiegend) aufhält. Bei getrennt lebenden Eltern kann in Streitfällen hier nach § 1687 Abs. 2 BGB das Familiengericht angerufen werden. Bei sorgerechtsrelevanten Fragestellungen von erheblicher Bedeutung wie z.B. bei der Schulwahl[17], der Wahl des Kindergartens[18], der Taufe/Kommunion des Kindes[19] oder der Impfung des Kindes[20] oder bei einer mit Gefahren verbundenen Urlaubsreise[21] kann nach § 1628 BGB bei dem Familiengericht die Übertragung der Entscheidung auf einen Elternteil beantragt werden (vgl. Rn. 618 f.). Als dritte Art sorgerechtsrelevanter Entscheidungen enthält § 1687 Abs. 1 Satz 5 BGB die **Angelegenheiten der tatsächlichen Betreuung** (wie z. B. Freizeitgestaltung, Medienkonsum, Ernährung, Umgang mit Dritten), die dem Umgangselternteil für die Zeit seines berechtigten Umgangs zugewiesen sind.[22] Bei **alleinigem Sorgerecht** gelten gemäß § 1687a BGB die Bestimmungen von § 1687 Abs. 1 Satz 4 und 5 BGB entsprechend.

594

4. Das Sorgerecht miteinander verheirateter Eltern

a) Entstehung und Ausübung gemeinsamen Sorgerechts

Aus dem Wortlaut von § 1626 Abs. 1 BGB[23] und einem Umkehrschluss aus § 1626a Abs. 1 und 2 BGB folgt, dass **zum Zeitpunkt der Geburt** des Kindes **miteinander verheirateten Eltern** die elterliche Sorge **gemeinsam** zusteht. Diese Rechtsfolge tritt ungeachtet der biologischen Vaterschaft des Ehemannes der

595

---

15 OLG Frankfurt ZKJ 2019, 185; OLG Zweibrücken FamRZ 1996, 1026; Staudinger/Salgo, § 1632 BGB Rn. 16; Heilmann/Dürbeck, § 42 SGB VIII Rn. 25.
16 Vgl. dazu Staudinger/Salgo, § 1687 BGB Rn. 52.
17 OLG Dresden FamRZ 2017, 39; OLG Schleswig NJW-RR 2011, 581; Onstein, FuR 2017, 131.
18 OLG Hamm ZKJ 2018, 464; KG ZKJ 2018, 230.
19 OLG Stuttgart FamRZ 2016, 1378; OLG Hamm FamRZ 2014, 1712.
20 BGH ZKJ 2017, 316 (Impfung); weitere Beispiele bei FA-FamR/Maier, 4. Kap. Rn. 36.
21 OLG Frankfurt FuR 2019, 39 und ZKJ 2016, 361 (jeweils Türkei); vgl. auch KG FamRZ 2017, 1061 (Thailand); ausführlich Stockmann, FamRB 2017, 315.
22 Vgl. dazu Heilmann/Gottschalk, § 1687 BGB Rn. 16 ff.
23 Völker/Clausius, § 1 Rn. 32.

Mutter ein (vgl. § 1592 Nr. 1 BGB). Zu einem gemeinsamen Sorgerecht der Eltern kommt es aber auch dann, wenn der rechtliche Vater die Mutter des inzwischen geborenen Kindes **später heiratet** (§ 1626a Abs. 1 Nr. 2 BGB), bei einer **gemeinschaftlichen Adoption** (§ 1741 Abs. 2 Satz 2 BGB) oder einer **ergänzenden Einzeladoption** (§§ 1741 Abs. 2 Satz 1 BGB, 9 Abs. 7 Satz 1 LPartG).[24] Bei dem gemeinsamen Sorgerecht der Eltern verbleibt es grundsätzlich auch im Falle ihrer **Trennung** oder der **Scheidung der Ehe** (vgl. § 1671 Abs. 1 Satz 1 BGB). Gemäß § 1627 Satz 1 BGB ist die elterliche Sorge **eigenverantwortlich** und in **gegenseitigem Einvernehmen** zum **Wohl des Kindes** auszuüben. Bei Meinungsverschiedenheiten müssen sich gemeinsam sorgeberechtigte Eltern nach § 1627 Satz 2 BGB **einigen.** Gelingt dies in einer einzelnen Angelegenheit von erheblicher Bedeutung (z.B. Schulwahl) nicht, kann nach § 1628 BGB das **Familiengericht** angerufen werden und einem Elternteil alleine die Entscheidungsbefugnis übertragen werden. Im Bereich der **Vertretung des Kindes** haben gemeinsam sorgeberechtigte Eltern ebenfalls nur **gemeinschaftliche Vertretungsmacht** (§ 1629 Abs. 1 Satz 2 Hs. 1 BGB). Ausnahmen bestehen in Eilfällen bei **Gefahr im Verzug** (§ 1629 Abs. 1 Satz 4 BGB: Einzelvertretungsmacht) und bei der **Entgegennahme** einer an das Kind gerichteten **Willenserklärung** (§ 1629 Abs. 1 Satz 2 HS 2 BGB). Weitere gesetzliche Ausnahmeregelungen finden sich für die Geltendmachung von **Unterhaltsansprüchen des Kindes** gegen einen mitsorgeberechtigten Elternteil in § 1629 Abs. 2 Satz 2 und Abs. 3 BGB.

b) Tod oder sonstiger Ausfall eines Elternteils

596 **Stirbt** bei miteinander verheirateten Eltern ein Elternteil, so fällt nach § 1680 Abs. 1 BGB die elterliche Sorge dem überlebenden Elternteil **kraft Gesetzes** alleine zu. Gemäß § 1681 Abs. 1 BGB gilt dies entsprechend, wenn ein Elternteil für **tot erklärt** oder seine Todeszeit nach dem **Verschollenengesetz** festgestellt worden ist. Sterben **beide Elternteile,** muss nach § 1773 BGB ein **Vormund** für das Kind bestellt werden. Schließlich gilt die Rechtsfolge von § 1680 Abs. 1 BGB nach dessen Absatz 3 auch für den Fall, dass einem mitsorgeberechtigten verheirateten Elternteil das Sorgerecht gemäß **§ 1666 BGB** durch eine Entscheidung des Familiengerichts wegen einer **Gefährdung des Kindeswohls entzogen** worden ist, sodass auch hier der andere Elternteil, der von der Entscheidung nicht betroffen ist, allein sorgeberechtigt wird.

c) Ruhen der elterlichen Sorge

597 Die elterliche Sorge ruht, wenn ein oder beide sorgeberechtigte Elternteile aus **rechtlichen** (§ 1673 BGB) oder **tatsächlichen** Gründen (§ 1674 BGB) **an der Ausübung des Sorgerechts verhindert** ist. Durch das Gesetz zum Ausbau der Hilfen für Schwangere und zur Regelung der **vertraulichen Geburt** v.

---

24 Nach BVerfG ZKJ 2013, 244 gilt dies auch für die ergänzende Adoption des Adoptivkindes des anderen Lebenspartners, was sich durch die zwischenzeitliche Öffnung der Ehe für gleichgeschlechtliche Paare erübrigt hat.

28.8.2013[25] neu in § 1674a BGB eingeführt wurde das Ruhen der elterlichen Sorge der Mutter für ein vertraulich geborenes Kind nach Maßgabe von § 25 Abs. 1 Schwangerschaftskonfliktgesetz.[26]

Die Rechtsfolge ergibt sich zunächst aus § 1675 BGB: Für die Dauer des Ruhens darf die elterliche Sorge nicht ausgeübt werden.

598 Aus **rechtlichen** Gründen ruht das Sorgerecht nach § 1673 Abs. 1 BGB, wenn ein Elternteil **geschäftsunfähig** ist. Dies ist nach § 104 Nr. 2 BGB in Fällen krankhafter Störung der Geistestätigkeit anzunehmen, wenn eine freie Willensbestimmung dadurch dauerhaft nicht mehr gewährleistet ist.[27] Gleichgestellt sind nach § 1673 Abs. 2 Satz 1 BGB **beschränkt geschäftsfähige Elternteile** (d.h. nach §§ 2, 106 BGB unter 18-Jährige), wobei diese aber **gemeinsam mit dem gesetzlichen Vertreter** des Kindes (d. h. hier der volljährige Elternteil) nach § 1673 Abs. 2 Satz 2 BGB die **tatsächliche Personensorge** ausüben. Die **Vermögenssorge** und die **Vertretungsmacht** für das Kind liegen hier aber ausschließlich bei dem anderen volljährigen Elternteil.

599 Fälle einer **tatsächlichen** Verhinderung von sorgeberechtigten Eltern nach § 1674 Abs. 1 BGB liegen vor, wenn die elterliche Sorge auf längere Zeit tatsächlich nicht ausgeübt werden kann, was nach § 1673 Abs. 1 BGB durch einen **Beschluss des Familiengerichts**[28] festzustellen ist. Fälle von tatsächlicher Verhinderung sind etwa längere Strafhaft[29], Krankheit oder der unbekannte Aufenthalt von Sorgeberechtigten im Ausland.[30] Im Einzelfall kann auch bei Ruhen der elterlichen Sorge ein rechtlich schützenswertes Interesse für einen Antrag des anderen Elternteils nach § 1671 Abs. 1 BGB bestehen.[31] Nicht ausreichend sind Fälle vorübergehender Abwesenheit wie Untersuchungshaft[32] oder schwere Erreichbarkeit.[33] Von erheblicher praktischer Bedeutung sind hier diejenigen Fälle, in denen **minderjährige Kinder aus dem Ausland unbegleitet von ihren Eltern** in die Bundesrepublik Deutschland einreisen, um hier Asyl oder ein sonstiges Aufenthaltsrecht zu erlangen.[34] Sind die Eltern – wie in den meisten Fällen in der Praxis – unbekannten Aufenthalts und auch sonst nicht erreichbar, liegt eine tatsächliche Verhinderung an der Ausübung der elterlichen Sorge vor. Dies ist auch dann anzunehmen, wenn bei schwierigen Verkehrsverbindungen und/oder politischen Verhältnissen fernmündlicher oder elektronischer Kontakt zu den im Heimatland lebenden Eltern besteht[35]

---

25 BGBl. 2013 I, 3458.
26 Vgl. Helms, FamRZ 2014, 609.
27 Vgl. zu den Voraussetzungen etwa BGH WM 1965, 895.
28 Zuständig ist nach § 3 Nr. 2a und 14 RpflG der Rechtspfleger.
29 OLG Brandenburg FamRZ 2009, 237; OLG Dresden FamRZ 2003, 1038; a.A.: OLG Frankfurt FamRZ 2007, 753.
30 MünchKomm-BGB/Hennemann, § 1674 BGB Rn. 5.
31 OLG Karlsruhe FamRZ 2017, 41.
32 OLG Köln FamRZ 1978, 623; Staudinger/Coester, § 1674 BGB Rn. 14.
33 OLG Koblenz FamRZ 2011, 1517.
34 Ausführlich Lack, in Heilmann/Lack, Die Rechte des Kindes, S. 85; Dürbeck, FamRZ 2018, 553; ders., ZKJ 2014, 266.
35 OLG Hamm FuR 2016, 421 und BeckRS 2015, 20704; OLG Karlsruhe FamRZ 2012, 1955.

oder eine Sorgerechtsvollmacht für einen erwachsenen Mitreisenden erteilt worden ist.[36] Nach der Einreise werden die betroffenen Kinder vom zuständigen Jugendamt zunächst vorläufig nach § 42a SGB VIII und nach der im Verteilungsverfahren nach § 42b SGB VIII zu treffenden Entscheidung gemäß § 42 Abs. 1 Nr. 3 SGB VIII (endgültig) **in Obhut genommen**.[37] Sowohl im jugendhilferechtlichen Kontext (vgl. § 42f SGB VIII) als auch im Verfahren vor dem Familiengericht ist die – mangels regelmäßigen Vorhandenseins von Ausweispapieren – schwierige Frage der **Feststellung des genauen Alters** zu prüfen, was im Zweifelsfall auch die Veranlassung medizinischer Untersuchungen erforderlich macht.[38] Der Begriff der **Volljährigkeit** ist dabei regelmäßig nach Art. 7 EGBGB nach dem Recht des Herkunftsstaates zu beurteilen, welches vorsehen kann, dass diese später als bei Erreichen des 18. Lebensjahres eintreten kann.[39] Zur Anwendung deutschen Rechts gelangt man jedoch, wenn es sich bei dem Betroffenen um einen Flüchtling i.S.d. Art 12 GFK handelt, was für den Fall einer noch nicht bestandskräftigen Entscheidung über einen Asylantrag von den Familiengerichten festgestellt werden soll.[40]

600 Nach Feststellung des Ruhens der elterlichen Sorge ist sodann vom Familienrichter (§ 14 Abs. 1 Nr. 10 RpflG) gemäß § 1773 BGB **Vormundschaft** anzuordnen, wobei bei der nach § 1779 BGB zu treffenden Entscheidung zur **Auswahl der Person des Vormunds**[41] im Inland lebende Verwandte[42], Berufs- oder Vereinsvormünder (§ 1791a BGB)[43] oder – wie im Regelfall – das Jugendamt als Amtsvormund (§ 1791b BGB) in Betracht kommt. Gemäß §§ 1773 Abs. 1, 1791b BGB ist dann bei Nichtvorhandensein von Angehörigen im Inland das **Jugendamt als Amtsvormund** zu bestellen. Streitig war auch nach den beiden Entscheidungen des BGH vom 29.5.2013[44] zur Unzulässigkeit der Anordnung einer Ergänzungspflegschaft immer noch die Frage, ob unbegleiteten minderjährigen Flüchtlingen zusätzlich ein **Rechtsanwalt als Mitvormund** nach §§ 1775 Satz 2, 1787 Abs. 2 BGB für den Aufgabenkreis der **Vertretung des Kindes in asyl- und ausländerrechtlichen Angelegenheiten** zu bestellen ist, was ein Teil der Rechtsprechung unter Bezugnahme auf die europarechtlichen Vorgaben (Art. 6 der Dublin-III-Ver-

---

36 DIJuF-Rechtsgutachten JAmt 2016, 194; KG ZKJ 2012, 450.
37 Vgl. dazu Lack, in Heilmann/Lack, Die Rechte des Kindes, S. 85, 103 f.
38 Vgl. aus der Rspr.: Minderjährigkeit verneint: OLG Koblenz NJW 2017, 2208; OLG Karlsruhe FamRZ 2015, 2182 und IPRspr 2015, Nr. 129, 332; bejaht: OLG Hamm JAmt 2019, 112; FamRZ 2015, 1635 und BeckRS 2014, 19258; OLG Oldenburg FamRZ 2013, 1317; vgl. auch zu den Anforderungen an die Amtsermittlungspflicht OLG Frankfurt FamRZ 2017, 244; OLG München FamRZ 2012, 1958; KG ZKJ 2012, 450.
39 Vgl. BGH ZKJ 2018, 227 (Guinea); OLG Koblenz FamRZ 2017, 1229 (Gambia); OLG Brandenburg StAZ 2017, 111 (Guinea); OLG Karlsruhe FamRZ 2015, 1820 (Algerien); OLG Bremen ZKJ 2012, 359 (Liberia).
40 BGH ZKJ 2018, 227; Helms, ZKJ 2018, 219.
41 Ausführlich zu den Auswahlkriterien OLG Celle ZKJ 2016, 135.
42 OLG Hamm MDR 2017, 948: Vorrang gegenüber Jugendamt; zu Recht kritisch DIJuF-Rechtsgutachten JAmt 2016, 195.
43 Beide ohne Vorrang ggü. dem Amtsvormund, vgl. OLG Schleswig ZKJ 2016, 303; OLG Celle FamRZ 2016, 647.
44 BGH FamRZ 2013, 1206 und JAmt 2013, 426 entgegen der damals in Hessen vorherrschenden Praxis der Familiengerichte.

ordnung, VO-EU Nr. 604/13; Art. 25 der Richtlinie EU 2013/32; Art. 24 der Richtlinie EU 2013/2033) trotz der gegenläufigen Entscheidung des BGH bejahte.[45] Inzwischen hat jedoch der BGH seine bereits vorher in einem obiter dictum geäußerte Auffassung[46] abschließend bestätigt und entschieden, dass die Bestellung des Jugendamts als alleiniger Amtsvormund auch den europarechtlichen Vorgaben genügt und die Bestellung eines anwaltlichen Mitvormunds in diesen Fällen unzulässig ist.[47] Bei fehlender juristischer Sachkunde muss sich der Vormund um geeignete Rechtsberatung und im gerichtlichen Verfahren um eine anwaltliche Vertretung für seinen Mündel bemühen.

Ist lediglich ein Elternteil tatsächlich verhindert, so bestimmt § 1678 Abs. 1 BGB, dass für die Zeit des Ruhens die elterliche Sorge von dem anderen mitsorgeberechtigten und nicht verhinderten Elternteil **alleine** ausgeübt wird. Entfällt das tatsächliche Hindernis, z. B. weil der betreffende Elternteil nach Deutschland zurückgekehrt ist, so hat das **Familiengericht** – mit rechtsgestaltender Wirkung[48] – nach § 1674 Abs. 2 BGB – von Amts wegen – **festzustellen,** dass dessen elterliches Sorgerecht wieder auflebt. Im Falle der **vertraulichen Geburt** lebt das Sorgerecht der Mutter nach § 1674a Satz 2 BGB wieder auf, wenn das Familiengericht feststellt, dass diese ihm gegenüber die für den Geburtseintrag ihres Kindes erforderlichen Angaben gemacht hat.[49] Der biologische Vater bleibt insoweit weitgehend rechtelos, was verfassungsrechtlich bedenklich ist.[50]

601

d) Begründung alleiniger Sorge nach Trennung oder Scheidung

Leben die miteinander verheirateten und gemeinsam sorgeberechtigten Eltern **nicht nur vorübergehend voneinander getrennt,** so kann jeder Elternteil nach § 1671 Abs. 1 Satz 1 BGB **beantragen,** dass ihm das **Familiengericht** die elterliche Sorge oder einen Teil davon **allein überträgt.**[51] Die Frage der Trennung der Eltern beurteilt sich alleine nach § 1567 Abs. 1 BGB,[52] sodass entscheidend ist, ob zwischen ihnen keine häusliche Gemeinschaft mehr besteht und zumindest ein Ehegatte sie erkennbar auch nicht mehr herstellen will. Eine Trennung in der Ehewohnung ist entsprechend § 1567 Abs. 1 Satz 2 BGB möglich. Weiterhin ist zwingend ein (verfahrenseinleitender) **Antrag eines Elternteiles** erforderlich, weder das Jugendamt noch das betroffene Kind sind antragsberechtigt.[53] Das Familiengericht ist außerhalb von § 1671 Abs. 4 BGB (von Amts wegen zu berücksichti-

602

---

45 OLG Frankfurt JAmt 2014, 166; NJW 2014, 3111; FamRZ 2016, 1597; OLG Bamberg FamRZ 2015, 682; anders aber die h. M.: OLG Frankfurt FamRZ 2015, 1119; FamRZ 2015, 680; NJW-RR 2014, 1222; FamRZ 2014, 673; FamRZ 2014, 602; OLG Köln FF 2016, 461; OLG Schleswig FamRZ 2016, 1474; OLG Celle FamRZ 2016, 647; OLG Nürnberg NJW 2016, 720; OLG Bamberg FamRZ 2016, 152; Dürbeck, ZKJ 2014, 266.
46 BGH FamRZ 2014, 472 Rn. 9.
47 BGH ZKJ 2018, 15; Dürbeck, FamRZ 2018, 553, 559 f.
48 Palandt/Götz, § 1674 BGB Rn. 4.
49 Vgl. dazu Heilmann/Keuter, § 1674a BGB Rn. 8 ff.; OLG Köln ZKJ 2018, 426.
50 Vgl. OLG München FamRZ 2018, 762; Reinhardt JAmt 2019, 6.
51 Vgl. dazu Splitt, FF 2017, 47; Rake FuR 2019, 194.
52 Schwab, FamRZ 1998, 457.
53 Völker/Clausius, § 1 Rn. 228.

gende Gefährdungen des Kindeswohls) an den oder die wechselseitig gestellten Antrag/Anträge der Eltern **gebunden,** da es sich insoweit um **echte Sachanträge** handelt,[54] kann also z.B. bei einer Beschränkung des Antrages auf das Aufenthaltsbestimmungsrecht nicht weitere Teile des Sorgerechts übertragen.

(aa) Einvernehmen der Eltern

603 Gemäß § 1671 Abs. 1 Satz 2 Nr. 1 BGB hat das Familiengericht dem Antrag auf Übertragung der alleinigen Sorge stattzugeben, wenn der **andere Elternteil zustimmt,** es sei denn, dass das Kind das **14. Lebensjahr** vollendet hat und der Übertragung **widerspricht.** Die Vorschrift ist Ausdruck des grundsätzlichen **Vorrangs der Elternautonomie.** Sie ermöglicht allerdings **nicht,** die Übertragung des alleinigen Sorgerechts auf den **anderen Elternteil** zu verlangen.[55]

604 Die Zustimmungserklärung selbst ist weder Verfahrenshandlung noch Willenserklärung, sondern nach zutreffender Auffassung eine **geschäftsähnliche Handlung.**[56] Sie bedarf keiner bestimmten **Form** und kann insbesondere auch schriftlich erklärt werden.[57] Auch kann sie in einer vor dem Familiengericht geschlossenen **Vereinbarung der Eltern** enthalten sein, bedarf dann aber mangels der vertraglichen Disposition und Charakters des Sorgerechts gleichwohl einer Regelung durch Gerichtsbeschluss nach § 1671 Abs. 1 Satz 2 Nr. 1 BGB.[58] Die Zustimmung ist bis zur abschließenden gerichtlichen Sachentscheidung, also auch noch im Beschwerdeverfahren, **frei widerruflich.**[59] Liegt die Zustimmung vor, so hat das Familiengericht – von der Ausnahme der Erforderlichkeit von Maßnahmen nach §§ 1671 Abs. 4, 1666 BGB abgesehen – dem zu entsprechen und das Sorgerecht im begehrten Umfang auf den antragstellenden Elternteil zu übertragen. Eine **Kindeswohlprüfung** sieht das Gesetz vorbehaltlich des Widerspruchs des über 14-jährigen Kindes nicht vor.

605 **Widerspricht** das betroffene Kind, das bereits das 14. Lebensjahr erreicht hat, der Übertragung, so ist das Familiengericht zunächst an einer Entscheidung aufgrund der Elternautonomie nach § 1671 Abs. 1 Satz 2 Nr. 1 BGB gehindert. Es hat vielmehr nun eine **umfassende Prüfung des Kindeswohls** nach § 1671 Abs. 1 Satz 2 Nr. 2 BGB zu erfolgen (vgl. Rn. 606 ff.). Kommt das Familiengericht zum Ergebnis, dass die Übertragung des Sorgerechts auf den antragstellenden Elternteil trotz des entgegenstehenden Kindeswillens dem Kindeswohl entspricht, z.B. weil es den Eltern nach den durchgeführten Ermittlungen an einer tragfähigen sozialen Beziehung zueinander fehlt, so verbleibt der Widerspruch des Kindes im Ergebnis unbeachtlich.[60]

---

54 Johannsen/Henrich/Jaeger, § 1671 BGB Rn. 20.
55 OLG Saarbrücken ZKJ 2010, 452; Staudinger/Coester, § 1671 BGB Rn. 50.
56 Fröschle, Rn. 248; a.A.: Heilmann/Keuter, § 1671 BGB Rn. 8 und Staudinger/Coester, § 1671 BGB Rn. 75: höchstpersönliche Willenserklärung.
57 Johannsen/Henrich/Jaeger, § 1671 BGB Rn. 23.
58 Vgl. BGH DAVorm 2000, 704.
59 BGH DAVorm 2000, 704; OLG Brandenburg NJW-Spezial 2014, 549; OLG Zweibrücken FamRZ 2011, 992.
60 BT-Drucks. 13/4899, S. 99; Heilmann/Keuter, § 1671 BGB Rn. 10.

(bb) Antrag eines Elternteils bei fehlendem Einvernehmen

606 Gemäß § 1671 Abs. 1 Satz 2 Nr. 2 BGB ist dem Antrag eines Elternteils auf Übertragung der elterlichen Sorge oder eines Teils der elterlichen Sorge auch bei fehlender Zustimmung des anderen Elternteiles stattzugeben, wenn zu erwarten ist, dass die Aufhebung der gemeinsamen Sorge bzw. eines Teilbereichs von dieser und die Übertragung auf den antragstellenden Elternteil dem **Wohl des Kindes** am besten entspricht. Maßstab für die demnach vom Familiengericht zu treffende Entscheidung ist allein das Kindeswohl. Es ist also zunächst zu fragen, ob die Aufhebung der gemeinsamen elterlichen Sorge dem Wohl des Kindes entspricht. Eine **„doppelte" Kindeswohlprüfung** dahingehend, dass nach Bejahung der Notwendigkeit der Aufhebung der gemeinsamen elterlichen Sorge in einem zweiten Schritt zu prüfen wäre, ob die Übertragung der elterlichen Sorge gerade auf den antragstellenden Elternteil dem Kindeswohl am besten entspricht, entfällt, wenn sich der Antragsgegner darauf beschränkt, der Aufhebung der gemeinsamen Sorge entgegenzutreten und seinerseits keinen, auch nicht hilfsweise, Sorgerechtsantrag nach § 1671 Abs. 1 Satz 2 Nr. 2 BGB stellt.[61]

607 Es besteht insoweit **keine gesetzliche Vermutung** dafür, dass bei einer Trennung der Eltern die gemeinsame elterliche Sorge die **beste Form** der Wahrnehmung der elterlichen Verantwortung ist. Ihr ist deshalb weder aus verfassungsrechtlichen Gründen noch aus der Regelung in § 1671 Abs. 1 BGB ein **Vorrang vor der Alleinsorge** eines Elternteils einzuräumen.[62] Es mag durchaus einem gesellschaftlichen oder rechtsethischen **Idealbild** entsprechen, dass Eltern auch nach der Beendigung ihrer Lebensgemeinschaft verantwortungsbewusst und im gegenseitigen Zusammenwirken die Belange des Kindes weiterhin gemeinsam wahrnehmen. Dies kann etwa der bereits angesprochenen gesetzlichen Bestimmung von § 1627 BGB entnommen werden. Auch fordert das verfassungsrechtlich in Art 6 Abs. 2 Satz 1 GG geschützte Elternrecht, dass Entscheidungen zur Aufhebung des gemeinsamen Sorgerechts nach § 1671 Abs. 1 BGB, die im Ergebnis einen Verlust des Sorgerechts für den anderen Elternteil darstellen, dem **Verhältnismäßigkeitsgrundsatz** genügen und auf eine hinreichende, vom Familiengericht von Amts (§ 26 FamFG) wegen **ermittelte Tatsachengrundlage für eine am Kindeswohl orientierte Entscheidung** gestützt werden müssen.[63] Schließlich hat auch der Gesetzgeber im Rahmen der Entstehung des Gesetzes zur Reform der elterlichen Sorge nicht miteinander verheirateter Eltern[64] ausdrücklich erklärt, er verfüge über ein **„neues Leitbild"**, wonach die gemeinsame Ausübung des Sorgerechts den Bedürfnissen des Kindes nach Beziehungen zu beiden Eltern entspreche.[65] Gleichwohl vermag dies wegen des Vorrangs des Kindeswohls entgegen

---

61 Völker/Clausius, § 1 Rn. 259.
62 BVerfG ZKJ 2018, 373; FamRZ 2004, 354; 2003, 285; BGH NJW 2005, 2080.
63 BVerfG FamRZ 2004, 1015; Fröschle, Rn. 263.
64 BGBl. 2013 I, 795.
65 BT-Drucks. 17/11048, S. 12 unter Bezugnahme auf BVerfGE 107, 150, (155).

manchen Stimmen in der Literatur[66] und der früheren Rechtsprechung[67] keine Abkehr von der bisherigen Rechtsprechung zum Verhältnis gemeinsamer und alleiniger Sorge begründen,[68] was auch vom BGH in seiner Entscheidung zu § 1626a Abs. 2 BGB[69] (dazu Rn. 620 ff.) bestätigt worden ist.

608 Die Ausübung der gemeinsamen elterlichen Sorge setzt, wie auch der Gesetzgeber konzediert,[70] in jedem Fall eine **tragfähige soziale Beziehung der Eltern** voraus und erfordert ein **Mindestmaß an Übereinstimmung,** die sich am Kindeswohl auszurichten hat.[71] Das setzt insbesondere voraus, dass die Eltern über die für eine gemeinsame Ausübung des Sorgerechts unverzichtbare **Fähigkeit und Willigkeit zur Kooperation** verfügen,[72] da sich elterliches Zusammenwirken praktisch nicht verordnen lässt.[73] Das setzt insbesondere auch die Fähigkeit voraus, mit dem anderen Elternteil zu **kommunizieren.** Erfolgt eine Verständigung wegen der Zerrüttung der Beziehung der Eltern nur über das Kind oder Rechtsanwälte oder auch nur per SMS, WhatsApp oder E-Mail, wird dies im Regelfall kaum eine tragfähige soziale Beziehung für ein gemeinsames Sorgerecht darstellen.[74] Fehlende Kooperationsbereitschaft und -fähigkeit eines Elternteils kann aber auf der anderen Seite im Hinblick auf das Erfordernis der Verhältnismäßigkeit des Eingriffs in das Elternrecht nicht bereits dann angenommen werden, wenn diese durch die **einseitige Verweigerung der Kommunikation** und ein pauschales Ablehnen des gemeinsamen Sorgerechts durch den antragstellenden Elternteil mit dem anderen Elternteil verursacht wird.[75] Dass Eltern in Einzelfragen verschiedener Meinung sind und ihre Meinungsverschiedenheiten im Einzelfall streitig ausgetragen haben, genügt grundsätzlich ebenfalls nicht, um die gemeinsame elterliche Sorge abzulehnen.[76] Auf der anderen Seite ist es unerheblich, ob und wenn ja welchen Elternteil ein **Verschulden** an der fehlenden Kooperation der Eltern untereinander trifft.[77] Indizien für das Fehlen einer hinreichenden Kooperationsfähigkeit und -willigkeit der Eltern sind neben Kommunikationsproblemen vor allem massiv auftretende Trennungskonflikte, **Uneinigsein** bei zahlreichen sorgerechtsrelevanten Fragen in der Vergangenheit,[78] das Empfinden von **Hass** gegenüber dem an-

---

66 Willutzki, FPR 2013, 236 (239); Coester, FamRZ 2012, 1337 (1339).
67 Vgl. etwa OLG Brandenburg FuR 2016, 417; OLG Celle ZKJ 2014, 206.
68 Vgl. OLG Celle FamRZ 2016, 385; OLG Frankfurt BeckRS 2015, 06313; OLG Stuttgart FamRZ 2015, 674; Dürbeck, ZKJ 2013, 330 (332).
69 BGH ZKJ 2016, 414 Rn. 11 ff. = FamRZ 2016, 1439 m. Anm. Lack.
70 BT-Drucks. 17/11048, S. 17.
71 BVerfG ZKJ 2018, 373; FF 2009, 416; FamRZ 2004, 354; NJW 2003, 955; BGH ZKJ 2016, 414.
72 BVerfG FamRZ 1982, 1179; BGH FamRZ 2008, 592; OLG Frankfurt FamRZ 2014, 317; OLG Köln FamRZ 2013, 47; vgl. auch Wanitzek, FamRZ 2013, 1169 mit weiterer Rspr. hierzu.
73 BGH FamRZ 1999, 1646.
74 BVerfG FamRZ 1993, 941; Johannsen/Henrich/Jaeger, § 1671 BGB Rn. 36; a.A.: OLG Frankfurt FamRB 2012, 338 bei einer ausschließlichen Kommunikation über das Kind.
75 BGH ZKJ 2016, 414 = FamRZ 2016, 1439 m. Anm. Lack; OLG Frankfurt, Beschluss vom 7.3.2012, 2 UF 211/10, juris.
76 BGH ZKJ 2016, 414 = FamRZ 2016, 1439; OLG Karlsruhe, Beschluss vom 2.4.2015, 18 UF 253/14, juris.
77 BGH FamRZ 2008, 592.
78 Heilmann/Keuter, § 1671 BGB Rn. 14; Völker/Clausius, § 1 Rn. 245.

deren Elternteil oder schwerwiegende Beleidigungen auch während des Verfahrens. Auch **Gewalterfahrungen** des antragstellenden Elternteils durch den Antragsgegner können der Annahme einer hinreichenden Kooperationsbasis der Eltern entgegenstehen,[79] wobei in diesem Zusammenhang auch Art. 31 der sog. **Istanbul-Konvention**[80] zu berücksichtigen ist. Schließlich können weiterhin **Suchterkrankungen**[81] oder **psychische Erkrankungen** Grund für die Auflösung der gemeinsamen Sorge sein.[82] Gegen eine Beendigung der gemeinsamen Sorge sprechen dagegen eine durch die Passivität oder Gleichgültigkeit des anderen Elternteils bereits in der Vergangenheit bestehende **faktische Alleinsorge** des Antragstellers[83] oder die (einvernehmliche) Erteilung einer ausreichenden **Sorgerechtsvollmacht**[84] durch den anderen Elternteil (vgl. aber unten Rn. 609). Im Übrigen werden das während des familiengerichtlichen Verfahrens erkennbare Verhalten der Eltern, z.B. in der gemeinsamen Anhörung nach § 160 FamFG, die Kindesanhörung nach § 159 FamFG und die Berichte des Verfahrensbeistandes und des Jugendamtes eine hinreichende Tatsachengrundlage für die Prüfung dieser Frage ermöglichen.

Bei der Annahme einer nicht hinreichenden tragfähigen sozialen Beziehung der Eltern wird im Regelfall davon auszugehen sein, dass bei einer Beibehaltung der gemeinsamen Sorge mehr Nachteile als Vorteile für die Kinder bestehen,[85] weil diese durch fortwährende Konflikte ihrer Eltern belastet werden. Im Hinblick auf die Auswirkungen auf das Kindeswohl genügt die begründete Besorgnis, dass die Eltern auch in Zukunft nicht in der Lage sein werden, ihre Streitigkeiten in wesentlichen Bereichen der elterlichen Sorge konstruktiv und ohne gerichtliche Auseinandersetzungen beizulegen.[86] Nicht erforderlich ist, dass bereits eine Belastung für das Kind eingetreten ist.[87] Ist diese Besorgnis zu bejahen, so ist in solchen Fällen der Alleinsorge gegenüber dem Fortbestand der gemeinsamen Sorge der Vorzug zu geben. Der Kindeswille ist demgegenüber bei der Beurteilung der Frage der Kooperationsfähigkeit und Kooperationswilligkeit der Eltern nicht von ausschlaggebender Bedeutung. Er kann aber gerade bei älteren Kindern der Annahme einer schädlichen Auswirkung auf das Kindeswohl entgegenstehen. Eine Entscheidung über einen Sorgerechtsantrag nach § 1671 Abs. 1 Satz 2 Nr. 2 BGB ist im Regelfall auch dann nicht entbehrlich, wenn der andere Elternteil anbietet, dem Antragstel-

609

---

79 OLG Karlsruhe FamRZ 2002, 1209.
80 Gesetz zu dem Übereinkommen des Europarats v. 11.5.2011 zur Verhütung und Bekämpfung von Gewalt gegen Frauen und häuslicher Gewalt, BGBl. 2017 II, 1026.
81 Aber nur wenn sie Auswirkungen auf die Erziehungsfähigkeit haben, vgl. OLG Brandenburg NZFam 2019, 133.
82 OLG Celle NZFam 2018, 528; OLG Naumburg FamRZ 2009, 433; Scharl/Schmid, FamRB 2013, 224.
83 OLG Köln ZKJ 2011, 472; OLG Frankfurt FamRB 2012, 338.
84 OLG Schleswig ZKJ 2012, 228; Geiger/Kirsch, FamRZ 2009, 1879.
85 OLG Saarbrücken NZFam 2019, 45; OLG Frankfurt, Beschluss vom 24.8.2010, 5 UF 30/10, nicht veröffentlicht.
86 BGH ZKJ 2016, 414 = FamRZ 2016, 1439; FamRZ 2008, 592.
87 BGH ZKJ 2016, 414 = FamRZ 2016, 1439; FamRZ 2008, 592; a. A.: OLG Brandenburg FamRZ 2016, 240; OLG Celle FamRZ 2014, 857.

ler eine **Sorgerechtsvollmacht** zur alleinigen Vertretung des Kindes zu erteilen. Ungeachtet ihrer Verbreitung in der familiengerichtlichen Praxis ist sie bei Erfüllung der Voraussetzungen für die Aufhebung der gemeinsamen Sorge von Abs. 1 Satz 2 Nr. 2 wegen ihrer **jederzeitigen Widerruflichkeit** bei fehlendem Einvernehmen nicht geeignet, eine kindeswohlgerechte Aufteilung der elterlichen Sorge außerhalb elterlicher Vereinbarungen zu gewährleisten und künftige Elternkonflikte zu vermeiden.[88]

(cc) Wechselseitige Anträge

610   Stellen die Eltern **wechselseitige Anträge** nach § 1671 Abs. 1 Nr. 2 BGB, so ist eine **doppelstufige Kindeswohlprüfung**[89] vorzunehmen:

1. Stufe: Entspricht die Aufhebung der gemeinsamen elterlichen Sorge dem Kindeswohl am besten?

2. Stufe: Besteht die Erwartung, dass die Übertragung der elterlichen Sorge gerade auf den Antragsteller oder den Antragsgegner dem Kindeswohl am besten entspricht?

Derartige Fälle treten in der Praxis vor allem dann auf, wenn **beide Elternteile** – meist unmittelbar nach der Trennung – das **Aufenthaltsbestimmungsrecht** für ihr Kind begehren. Dabei wird in nahezu allen Fällen bereits wegen der sich widersprechenden Anträge der Eltern in der ersten Stufe die Notwendigkeit einer Aufhebung des gemeinsamen Aufenthaltsbestimmungsrechts zu bejahen sein.[90] Ausnahmen können dann gerechtfertigt sein, wenn die Eltern ein **Wechselmodell** praktizieren oder einem solchen positiv gegenüberstehen.[91] Im Übrigen ist aber streitig, ob durch eine Sorgerechtsentscheidung über das Aufenthaltsbestimmungsrecht nach § 1671 Abs. 1 Satz Nr. 2 BGB ein Wechselmodell angeordnet werden kann.[92] Das OLG Frankfurt lehnt dies grundsätzlich ab, eine Ausnahme soll nur dann gelten, wenn das Wechselmodell dem Kindeswohl am besten entspricht und mit der Übertragung des Aufenthaltsbestimmungsrechts auf den wechselmodellwilligen Elternteil davon auszugehen ist, dass der unwillige Elternteil seinen Widerstand aufgibt[93], was aber nicht überzeugt.

611   Ist dagegen wie im Regelfall auch über das Aufenthaltsbestimmungsrecht zu entscheiden, so ist im Rahmen der Kindeswohlprüfung auf der **zweiten Stufe** entscheidend, ob eine Übertragung auf den **Vater oder die Mutter** dem Wohl des Kindes am besten entspricht. Hierbei greift die Rechtsprechung im Regelfall auf

---

88 OLG Düsseldorf ZKJ 2018, 106; OLG Karlsruhe ZKJ 2016, 59; OLG Nürnberg MDR 2011, 1237; Heilmann/Keuter, § 1671 BGB Rn. 21; Hoffmann, Personensorge, § 4 Rn. 21; a. A.: OLG Frankfurt, ZKJ 2019, 230; OLG Stuttgart, Beschluss vom 7.1.2014, 15 UF 285/13, juris; OLG Schleswig ZKJ 2012, 228.
89 Schilling, NJW 2007, 3233 (3237).
90 BVerfG FamRZ 2004, 1015; OLG Brandenburg FamRZ 2008, 1474; OLG Hamm FamRZ 2009, 432.
91 OLG Frankfurt FamFR 2013, 500; zu weitgehend aber AG Erfurt ZKJ 2013, 31.
92 Offen gelassen von BGH ZKJ 2017, 190; dafür Hammer FamRZ 2015, 1433, 1443 f.
93 OLG Frankfurt FamRB 2019, 102; Beschluss vom 7.2.2018, 4 UF 226/17, juris.

folgende fünf Kriterien[94] zurück, die in einer Gesamtschau zu gewichten und gegeneinander abzuwägen sind:

(1) Kontinuitätsgrundsatz

Dem Kontinuitätsgrundsatz liegt die Erkenntnis zugrunde, dass die Fortdauer familiärer und sozialer Bindungen wichtig für eine **stabile psychosoziale Entwicklung** des Kindes ist, wobei insbesondere die **Kontinuität der Betreuungsperson**[95] und weniger der Wohnort hervorzuheben ist. Ein häufiger Wechsel der Hauptbezugsperson und des sozialen Umfelds gilt gerade bei jüngeren Kindern als schädlich.[96] Dem Kriterium der Kontinuität kommt vor allem bei im Übrigen gleicher Erziehungseignung der Eltern, nicht entgegenstehendem Kindeswillen und gleich starken Bindungen zu beiden Eltern entscheidende Bedeutung zu.[97] Besonderes Gewicht erfährt der Kontinuitätsgrundsatz auch in Fällen, in denen der betreuende Elternteil beabsichtigt, mit dem Kind **auszuwandern** oder im Inland umzuziehen. Hier hat der BGH[98] entschieden, dass angesichts der allgemeinen Handlungsfreiheit des betreuenden Elternteiles dessen Motive für seinen **Auswanderungs- bzw. Umzugswunsch** nicht zur Überprüfung des Familiengerichts stehen. Solange der betreuende Elternteil sich nicht davon leiten lässt, durch seinen Wegzug den Kontakt des anderen Elternteiles zu vereiteln oder zu erschweren, kommt eine Einschränkung des Sorgerechts dahin, den Wohnsitz des Kindes nicht zu verlegen, grundsätzlich nicht in Betracht.[99] Eine bloße Zurückweisung des Antrages des betreuenden Elternteiles auf Übertragung des Aufenthaltsbestimmungsrechts nach § 1671 Abs. 1 Nr. 2 BGB kann insoweit nicht erfolgen.[100] Nur dann, wenn der andere Elternteil seinerseits das Aufenthaltsbestimmungsrecht nach § 1671 Abs. 1 Nr. 2 bzw. Abs. 2 Nr. 2 BGB begehrt, erfolgt eine Kindeswohlprüfung anhand der hier genannten Kriterien. Dabei ist zu unterstellen, dass der auswanderungs- bzw. umzugswillige Elternteil seinen Entschluss vollzieht.[101] Insoweit kann die Frage des Umzuges auch nicht über eine Entscheidung nach § 1628 BGB geklärt werden.[102] Unzulässig dürfte es auch sein, das Aufenthaltsbestimmungsrecht an den umzugswilligen erst zu einem späteren Zeitpunkt, z. B. nach Beendigung der Grundschule[103], zu übertragen.

612

---

94 BGH FamRZ 2010, 1060; FamRZ 1990, 392; OLG Frankfurt FamRZ 2012, 1882.
95 Salzgeber, Familienpsychologische Gutachten, Rn. 1141 ff.
96 BVerfG NJW 1983, 101; Castellanos/Hertkorn, Rn. 242.
97 OLG Hamm FamRZ 2017, 1225; OLG Köln FamRZ 2011, 1151; OLG Brandenburg ZKJ 2013, 31; BeckRS 2012, 14952.
98 BGH FamRZ 2010, 1060; 2011, 796; allgemein zur Problematik der Auswanderung in Bezug auf das Sorge- und Umgangsrecht Coester-Waltjen, ZKJ 2013, 4; Faber, FuR 2012, 464.
99 OLG Dresden FamRZ 2017, 1834; OLG Frankfurt FamRZ 2014, 323; OLG Köln FamRZ 2011, 490.
100 BGH FamRZ 2010, 1060 Rn. 24; a. A. zu Unrecht: OLG Frankfurt FamRZ 2017, 806.
101 BGH FamRZ 2010, 1060 Rn. 36.
102 OLG Stuttgart ZKJ 2019, 150; OLG Koblenz FamRZ 2019, 804; Staudinger/Coester, § 1671 BGB Rn. 56; a.A.: AG Erfurt FamRZ 2018, 1671.
103 So das OLG Koblenz FamRZ 2019, 804 = ZKJ 2019, 312.

(2) Förderungsgrundsatz

613 Beim Förderungsgrundsatz geht es um die Frage, welcher Elternteil besser dazu in der Lage ist, das Kind bei dem **Aufbau seiner Persönlichkeit,** insbesondere seiner seelischen, geistigen und körperlichen Entwicklung, zu **unterstützen**.[104] Im Vordergrund stehen damit Fragen der **Erziehungsfähigkeit** der Eltern. Dabei geht es insbesondere darum, ob ein Elternteil ein **„überlegenes" Erziehungskonzept**[105] besitzt, wer von beiden eine **verlässlichere und stabilere Betreuungsperson** ist,[106] das Ausmaß der Bereitschaft zur **Übernahme von Verantwortung** für das Kind,[107] die Wahrung der **Einheitlichkeit und Gleichmäßigkeit der Erziehung**[108] und schließlich die **Bindungstoleranz**[109] des jeweiligen Elternteils (vgl. § 1626 Abs. 3 BGB, § 17 SGB VIII). Zu berücksichtigen sind dabei die jeweiligen **Betreuungsmöglichkeiten** unter Einschluss etwaiger vorhandener persönlicher Defizite beider Elternteile, wie z.B. durch Erkrankungen, Sucht oder Neigung zu Gewalt, und die unterschiedlichen Erziehungsstile. Die heute nur noch vereinzelt vertretene Auffassung, dass der **persönlichen Betreuung** durch einen Elternteil gegenüber der Fremdbetreuung in Zweifelsfällen ein **Vorzug** gebühre,[110] hat sich durch die grundlegende Änderung des Betreuungsunterhaltsrechts (§ 1570 BGB) und durch die – ungeachtet der umstrittenen Einführung des staatlichen Betreuungsgeldes[111] – staatliche Förderung der Kinderfremdbetreuung nicht aufrechthalten lassen.[112]

Die **Bindungstoleranz,** d.h. die Fähigkeit eines Elternteils, auch im Trennungsfall einen konfliktfreien Umgang mit dem anderen Elternteil zuzulassen, kann bei im Übrigen gleicher Erziehungseignung durchaus ausschlaggebend sein.[113] Sie kann auch durch die feste Annahme eines tatsächlich nicht stattgefundenen sexuellen Missbrauchs durch Personen aus der Familie oder des anderen Elternteils zu einer schweren Belastung des Kindes und die Übertragung des Sorgerechts auf den anderen Elternteil im Einzelfall rechtfertigen.[114] Eine eigenmächtige Trennung des Kindes vom anderen Elternteil nach Beendigung der Beziehung der Eltern, verbunden mit einem Umzug in ein anderes Bundesland, kann vor allem in einem einstweiligen Anordnungsverfahren dahingehend entscheidend zu berücksichtigen sein, als diese Verhaltensweise negative Rückschlüsse auf die Erziehungsfähigkeit

---

104 BVerfG FamRZ 1981, 124; Staudinger/Coester, § 1671 BGB Rn. 178.
105 OLG Dresden FamRZ 2017, 1834; KG NJW-RR 1982, 138.
106 OLG Frankfurt FamRZ 1994, 920; FA-FamR/Maier, 4. Kap. Rn. 226.
107 OLG Brandenburg NJW-Spezial 2017, 5; BayObLG FamRZ 1968, 267.
108 OLG Zweibrücken FamRZ 2001, 186.
109 Salzgeber, Familienpsychologische Gutachten Rn. 1179 ff.; Ausschluss von Bindungstoleranz bei antisozialen Verhaltensmustern wie z.B. häusliche Gewalt: Salzgeber ebd., Rn. 1214.
110 BVerfG FamRZ 1981, 124; OLG Köln FamRZ 2010, 139; Becker-Stoll, FamRZ 2010, 77; Völker/Clausius, § 1 Rn. 269.
111 BVerfG FamRZ 2015, 1459 zur Verfassungswidrigkeit der Regelung durch den Bund.
112 OLG Brandenburg FamRZ 2009, 1759..
113 OLG Köln ZKJ 2019, 69; OLG Celle NZFam 2018, 528; OLG Brandenburg NZFam 2016, 808; OLG Köln FamRZ 1994, 924; Salzgeber, Familienpsychologische Gutachten, Rn. 1179.
114 OLG Stuttgart, Beschluss vom 19.12.2018, 17 UF 96/18, juris; nachfolgend BVerfG, Beschluss vom 26.2.2019, 1 BvR 340/19, juris.

des betroffenen Elternteils zulässt oder der herbeigeführte Ortswechsel aktuell das Wohl des Kindes beeinträchtigt.[115]

(3) Bindungen des Kindes an seine Eltern

Es geht hier um die Frage, zu welchem Elternteil das Kind die **emotional stärkere Bindung** hat.[116] Da es sich insoweit um eine **innere,** in der Psyche des Kindes wurzelnde **Tatsache** handelt, bereitet die gerichtliche Ermittlung dieses durchaus bedeutsamen Kindeswohlkriteriums gerade bei kleineren Kindern, die sich in den ersten sechs Lebensjahren nur eingeschränkt zu ihren Gefühlen äußern können,[117] nicht unerhebliche Probleme. Die Kindesanhörung kann hierzu oft nur von begrenztem Aussagewert sein. Ein Besuch des Richters in beiden elterlichen Haushalten, wie z.T. in der Literatur gefordert,[118] wird sich angesichts der Arbeitsbelastung der Familienrichter kaum realisieren lassen. Hier kommen insbesondere den Berichten des Verfahrensbeistands und des Jugendamtes große Bedeutung für den Erkenntnisgewinn des Familiengerichts zu, die auch die Einholung eines psychologischen Sachverständigengutachtens entbehrlich machen können. Unbestreitbar ist jedenfalls, dass das Kind ein Recht hat, dass die staatliche Entscheidung nach § 1671 Abs. 1 Satz 2 Nr. 2 BGB eine in ihm entstandene Bindung zu seinen Eltern möglichst wenig beeinträchtigt.[119] Bei gleichstarken Bindungen des Kindes zu seinen Eltern kann entscheidend sein, ob ein Elternteil – etwa wegen Fehlens anderer Bezugspersonen, wie eines neuen Lebensgefährten oder eines weiteren Kindes – in größerem Umfang dazu in der Lage ist, sich emotional dem Kind zuzuwenden.[120] Im Übrigen sind Bindungen des Kindes auch dann zu beachten, wenn diese durch Beeinflussung des betreffenden Elternteils entstanden sind.[121]

(4) Bindungen des Kindes an seine Geschwister

Ebenfalls anerkannt als Kindeswohlkriterium ist der Umstand, dass das Kind emotionale Bindungen zu seinen Geschwistern – unabhängig davon, ob es sich um Voll- oder **Halbgeschwister** handelt[122] – aufgebaut hat. Eine Trennung des Kindes von seinen Geschwistern, zu denen eine emotionale Bindung aufgebaut worden ist, soll grundsätzlich nicht erfolgen.[123] Dem liegt die Erkenntnis zugrunde, dass es für die Entwicklung des Kindes förderlich ist, wenn es gemeinsam **mit Geschwistern aufwächst und erzogen** wird,[124] weil auch ein gewisses Maß an Rivalität die soziale Kompetenz und Entwicklung des Kindes fördert. Auch kann es die mit einer Trennung der Eltern verbundene psychische Belastung des Kindes mindern, wenn

---

115 OLG Nürnberg NJW 2013, 2526 = FamRZ 2013, 1588; Heilmann/Keuter, § 1671 BGB Rn. 41.
116 Eingehend Brisch, FPR 2013, 183; Walter, FPR 2013, 177; aus der Rspr. vgl. etwa OLG Hamm FamRZ 2017, 1225.
117 Völker/Clausius, § 1 Rn. 301.
118 FA-FamR/Maier, 4. Kap. Rn. 247.
119 Johannsen/Henrich/Jaeger, § 1671 BGB Rn. 69.
120 OLG Düsseldorf FamRZ 1995, 1511.
121 BGH FamRZ 1985, 169; OLG Brandenburg FamFR 2011, 525.
122 OLG Brandenburg FamRZ 2008, 1472; Staudinger/Coester, § 1671 BGB Rn. 229.
123 BGH FamRZ 1985, 169; OLG Nürnberg NZFam 2017, 185.
124 OLG Köln FamRZ 2010, 139: OLG Hamm FamRZ 2000, 1039.

ihm die übrige Familie erhalten bleibt.[125] Insoweit kann es sogar zur Wahrung der Geschwisterbindung im Einzelfall erforderlich sein, dem weniger erziehungsgeeigneten Elternteil den Vorzug zu geben.[126] Hier kann dem vorhandenen **Kindeswillen** – je nach Alter und Reifegrad – unter Umständen gewichtige Bedeutung zukommen. Nicht ausgeschlossen ist es jedoch im Einzelfall, eine **Geschwistertrennung** vorzunehmen. Solche Gründe können bestehen in einer konfliktbehafteten, negativen Beziehung der Kinder untereinander[127] oder aber auch in unterschiedlich stark ausgeprägten Bindungen der Kinder zu den beiden Elternteilen. Gerade bei älteren Kindern kann es auch der Kindeswille gebieten, z. B. bei fehlender Bindung zwischen den Geschwistern, im Rahmen der Gesamtabwägung eine Trennung von Geschwistern in Kauf zu nehmen.[128]

(5) Kindeswille

616 Schon weil das Kind selbst **Träger der Grundrechte** auf Achtung seiner Menschenwürde und seines allgemeinen Persönlichkeitsrechts ist (vgl. Rn. 589), ist es geboten, bei staatlichen Entscheidungen über das Sorgerecht den Willen des Kindes mit zu berücksichtigen.[129] Er ist insoweit nicht nur **Ausdruck seiner Bindungen und Neigungen,** sondern auch – zumindest ab einem gewissen Alter – ein **Akt der Selbstbestimmung.**[130] Ob ihm streitentscheidende Bedeutung zukommen kann, hängt zum einen vom Alter und Reifegrad des Kindes ab, zum anderen aber auch von der Intensität des geäußerten Willens.[131] Feste Altersgrenzen existieren insoweit nicht. In jedem Fall zeigt die gesetzliche Regelung der Verfahrens- und Beschwerdefähigkeit des Kindes (§§ 9 Abs. 1 Nr. 3, 60 FamFG; vgl. auch § 1671 Abs. 1 Satz 2 Nr. 1 BGB) und die Anhörungsvorschrift des § 159 FamFG, dass bei einem Alter von **14 Jahren** in jedem Fall dem Willen des Kindes entscheidende Bedeutung zukommt. Im Übrigen kann bei entsprechendem Reifegrad auch dem Willen jüngerer Kinder, etwa die Frage ihres künftigen Aufenthalts betreffend, erhebliche Beachtung zu schenken sein.[132] Ist der Kindeswille erkennbar von einem Elternteil, etwa durch gezielte Geschenke, Versprechungen oder sonstige Verhaltensweisen, **beeinflusst,** kann seine Erheblichkeit im Einzelfall zurücktreten[133] (vgl. im Übrigen in diesem Handbuch Zitelmann, Rn. 712 ff.).

Mittel richterlicher Erkenntnisgewinnung sind hinsichtlich des Kindeswillens naturgemäß die **persönliche Kindesanhörung** gemäß § 159 FamFG, der Bericht des anzuhörenden oder zu beteiligenden **Jugendamtes** und die **Einschätzung des Verfahrensbeistands**, der als „Anwalt des Kindes" in besonderer Art und Weise

---

125 OLG Brandenburg FamRZ 2009, 1759.
126 OLG Bamberg FamRZ 1998, 498; Salzgeber, Familienpsychologische Gutachten, Rn. 1194.
127 OLG Frankfurt FamRZ 1994, 920; Heilmann/Keuter, § 1671 BGB Rn. 43.
128 Völker/Clausius, § 1 Rn. 303.
129 BVerfG FamRZ 2008, 1737; 1981, 124; siehe auch Art. 12 UN-KRK.
130 BVerfG FamRZ 2009, 1389; Staudinger/Coester, § 1671 BGB Rn. 235.
131 OLG Jena FamRZ 2016, 2126; OLG Frankfurt FamRZ 1997, 573.
132 BGH FamRZ 1990, 992.
133 OLG Frankfurt FamRZ 2019, 206; OLG Brandenburg MDR 2015, 1305; Kritisch Schwarz, S. 44.

den Willen des Kindes in das Verfahren einzubringen und zu vertreten hat (vgl. in diesem Handbuch Heilmann Rn. 1578).

(6) Abwägung

Die vorerwähnten fünf Kindeswohlkriterien sind vom Familiengericht gegeneinander abzuwägen. Eine gesetzliche Rangordnung existiert nicht. Die Frage der Bindungen des Kindes zu einem Elternteil und ggf. auch der dahin gehende Kindeswille finden ihre Grenzen dort, wo ein Elternteil in der Erziehungsfähigkeit so erheblich eingeschränkt ist,[134] dass eine Übertragung des Sorgerechts auf ihn nicht verantwortet werden kann. Maßgeblich sind im Übrigen jeweils die konkreten Umstände des Einzelfalles, nach denen der Familienrichter die zukünftige Entwicklung des Kindes und seines Wohlergehens **prognostizieren** muss. In **einstweiligen Anordnungsverfahren** (vgl. in diesem Handbuch Heilmann Rn. 1495 ff.) erscheint es nur bei Vorliegen besonderer Umstände angezeigt, **bereits vollzogene erstinstanzliche Entscheidungen** abzuändern und vor einer Entscheidung in der Hauptsache das Kind einem erneuten Obhutswechsel auszusetzen.[135]

617

(dd) Meinungsverschiedenheit in einer Angelegenheit § 1628 BGB

Können sich gemeinsam sorgeberechtigte – nicht notwendigerweise voneinander getrennt lebende – Eltern in einer **einzelnen Angelegenheit** oder in einer bestimmten Art von Angelegenheiten der elterlichen Sorge, die für das Kind **von erheblicher Bedeutung** ist, nicht einigen, so kann das Familiengericht nach § 1628 Satz 1 BGB auf **Antrag eines Elternteiles** die Entscheidung einem Elternteil übertragen. Wichtig ist dabei, dass nicht das **Familiengericht** selbst dazu berufen ist, die zwischen den Eltern streitige Entscheidung zu treffen.[136] Es hat vielmehr die **Entscheidungsbefugnis** demjenigen Elternteil zu **übertragen**, dessen Vorschlag für das **Wohl des Kindes** (§ 1697a BGB) **die beste Lösung** darstellt. Die in der Praxis auftretenden Fälle betreffen zunächst Fragen der **Schulwahl**, z.B. die Entscheidung, ob das Kind in einer privaten oder staatlichen Schule angemeldet wird.[137] Bei der Entscheidung über die Wahl der Schule ist insbesondere die Auswirkung der jeweiligen Schulwahl auf das soziale Umfeld des Kindes in die Erwägung mit einzubeziehen.[138] Soweit das Konzept des nicht überwiegend betreuenden Elternteils nicht offenkundig vorzugswürdig ist, ist im Zweifel dem betreuenden Elternteil die Entscheidungsbefugnis zu übertragen, da dieser ganz überwiegend von den Folgen der zu treffenden Entscheidung betroffen ist, da das Kind seinen dauerhaften Lebensmittelpunkt bei ihm hat.[139] Schwieriger ist die Entscheidung in Bezug auf die Schulwahl dann, wenn das Kind in einem Wechselmo-

618

---

134 BGH FamRZ 1985, 169; Johannsen/Henrich/Jaeger, § 1671 BGB Rn. 83.
135 OLG Brandenburg FamRZ 2015, 1515; OLG Celle ZKJ 2012, 446; OLG Saarbrücken NJOZ 2011, 841; OLG Jena FamRZ 2010, 1830; Prütting/Helms/Dürbeck, § 49 FamFG Rn. 11.
136 BVerfG NJW 2003, 1031.
137 OLG Dresden FamRZ 2017, 39; OLG Schleswig NJW-RR 2011, 581.
138 BVerfG FamRZ 2003, 511; KG ZKJ 2018, 230.
139 OLG Schleswig NJW-RR 2011, 581; OLG Frankfurt, Beschluss vom 22.4.2013, 5 UF 16/13.

dell betreut wird.[140] Auch die Wahl des **Kindergartens** kann Gegenstand eines Verfahrens von § 1628 BGB sein.[141]

619 Weiter stehen Fragen von **religiöser Bedeutung** im Vordergrund,[142] so etwa die Frage der Anmeldung des Kindes für den schulischen **Religionsunterricht**[143] oder die Teilnahme des Kindes an der **Kommunion**.[144] Ob es dabei aus Gründen des Kindeswohls im Einzelfall auch geboten sein kann, von einer Übertragung der Entscheidungsbefugnis auf einen Elternteil ganz abzusehen und die Anträge der Eltern zurückzuweisen,[145] erscheint zweifelhaft. Es kann aber in Ausnahmefällen an der Erheblichkeit einer Angelegenheit für das Kindesinteresse fehlen.[146] Andere Schwerpunkte bilden in der Praxis im Bereich der Gesundheitsfürsorge Streitigkeiten von Eltern über die Notwendigkeit von **Schutzimpfungen**[147], **kieferorthopädische Behandlungen**[148] oder **Operationen**.[149] Hinsichtlich Schutzimpfungen besteht im Regelfall ein Vorrang des Elternteils, der diese befürwortet.[150] Schließlich sind auch Meinungsverschiedenheiten über Fragen der **Namensgebung** oder -änderung zu nennen[151] und im Bereich der neuen Medien über die Veröffentlichung von Fotos eines Kindes auf einer kommerziellen Zwecken dienenden Internetseite[152] oder über die Löschung von in das Internet eingestellter Bilder des Kindes.[153] In Zeiten von Terroranschlägen gewinnen auch Meinungsverschiedenheiten über **Urlaubsreisen** mit dem Kind zunehmend an Bedeutung.[154] Auch die Frage, ob für das Kind in einem Sorge- oder Umgangsrechtsverfahren ein **Rechtsanwalt** zu beauftragen ist, war jüngst Gegenstand eines Verfahrens nach § 1628 BGB, das sogar den BGH beschäftigte.[155] Der BGH hat hierzu zutreffend erkannt, dass bei Bestellung eines Verfahrensbeistands ein Bedürfnis für die Beauf-

---

140 KG FamRZ 2018, 502 m. Anm. Köhler: Vorrang der Kontinuität.
141 OLG Hamm ZKJ 2018, 464; KG ZKJ 2018, 230.
142 OLG Stuttgart, Beschluss vom 15.8.2017, 16 UF 139/17, FamRZ 2018, 354 (Taufe); OLG Karlsruhe FamRZ 2016, 1376 (Taufe); OLG Hamm FamRZ 2014, 1712 (Kommunion); vgl. dazu auch das Gesetz über die religiöse Kindererziehung (RKEG), das in § 2 Abs. 1 bei fehlendem Elternkonsens auf die sorgerechtlichen Bestimmungen verweist und in § 2 Abs. 3 die Möglichkeit der Anrufung des Familiengerichts vorsieht, Einzelheiten bei Staudinger/Salgo, § 2 RKEG Rn. 3 ff.; Schwab, FamRZ 2014, 1.
143 Bejaht von OLG Köln FamFR 2013, 257.
144 Bejaht von OLG Hamm FamFR 2012, 94.
145 OLG Düsseldorf FamRZ 2010, 1255 zu einer katholischen Taufe bei Eltern verschiedener Konfession.
146 OLG Köln NJW-RR 2012, 453: Besuchsreise nach Russland, sehr zweifelhaft.
147 Vgl. Brissa, JR 2012, 401.
148 AG Lemgo FuR 2015, 365.
149 Vgl. Schilling, NJW 2007, 3235.
150 BGH ZKJ 2017, 316; OLG Frankfurt ZKJ 2016, 105.
151 BGH ZKJ 2017, 64; OLG Brandenburg StAZ 2016, 111; OLG Dresden FamRZ 2004, 164.
152 OLG Oldenburg FamRZ 2018, 1517.
153 AG Stolzenau FamRZ 2018, 35; zur Geltendmachung des Löschungsanspruchs vgl. OLG Karlsruhe FamRZ 2016, 2138.
154 OLG Frankfurt FuR 2019, 39 und ZKJ 2016, 361 (jeweils Türkei); KG FamRZ 2017, 1061 (Thailand); OLG Karlsruhe FamRZ 2015, 150 (Ukraine); OLG Hamburg FamRZ 2012, 562 (Kasachstan).
155 BGH ZKJ 2018, 424.

tragung eines eigenen Rechtsanwalts für das Kind in einem Umgangsverfahren nicht bestehe und hat die Rechtsbeschwerde des Kindesvaters zurückgewiesen. Ohnehin ist die Regelung von § 158 Abs. 5 FamFG, wonach im Falle der anwaltlichen Vertretung des Kindes die Bestellung eines Verfahrensbeistands unterbleiben oder aufgehoben werden soll, verfehlt, da eine kindesgerechte Interessensvertretung nur durch einen – nicht von den Eltern ausgewählten – Verfahrensbeistand gewährleistet ist.

Gemäß § 1628 Satz 2 BGB kann die Übertragung der Entscheidungsbefugnis mit **Beschränkungen oder Auflagen** verbunden werden, die auch den Zweck verfolgen können, die Umsetzung der von den begünstigten Eltern beabsichtigten Maßnahmen zu kontrollieren, wie dies z. B. bei einer beabsichtigten ärztlichen Maßnahme der Fall sein kann.[156] Denkbar sind nunmehr auch Auseinandersetzungen der Eltern wegen einer beabsichtigten Beschneidung des männlichen Kindes[157] (vgl. § 1631d BGB).

5. Das Sorgerecht nicht miteinander verheirateter Eltern

a) Alleiniges Sorgerecht der Mutter

Das Sorgerecht nicht miteinander verheirateter Eltern stand lange Zeit im Mittelpunkt der rechtspolitischen Diskussion. Gemäß § 1626a Abs. 2 BGB in der vor dem 19.5.2013 geltenden Fassung hatte die Mutter bei der Geburt eines nicht ehelichen Kindes das alleinige Sorgerecht. Bis zur Kindschaftsreform zum 1.7.1998[158] war bei nicht ehelichen Kindern eine Beteiligung des Vaters an der elterlichen Sorge überhaupt nicht vorgesehen. Erst ab diesem Zeitpunkt wurde die gesetzliche Möglichkeit geschaffen, durch gemeinsame Abgabe von Sorgeerklärungen die elterliche Sorge gemeinsam auszuüben (vgl. Rn. 622). Anders als der eheliche Vater konnte allerdings bis zum 21.7.2010 der Vater eines nicht ehelichen Kindes – außerhalb von Fällen nach § 1666 BGB – das Sorgerecht weder gemeinsam mit der Mutter noch zur alleinigen Ausübung durch eine am Kindeswohl orientierte Entscheidung des Familiengerichts erhalten, wenn die Mutter ihr Einverständnis hierzu verweigerte. Diese Regelung hielt das BVerfG in seiner Entscheidung vom 29.1.2003[159] zunächst noch ausdrücklich für verfassungsgemäß. Erst nachdem der EGMR in seiner Entscheidung vom 3.12.2009[160] das deutsche Recht als unvereinbar mit der EMRK erklärt hatte, schloss sich dem das **BVerfG in seiner Entscheidung vom 21.7.2010**[161] an, erklärte die deutsche Gesetzeslage für verfas-

620

---

156 Palandt/Götz, § 1628 BGB Rn. 8.
157 Vgl. dazu OLG Hamm ZKJ 2013, 497, hier verfügte aber die Kindesmutter über das alleinige Sorgerecht und die Entscheidung beruhte auf § 1666 BGB; Staudinger/Salgo,§1631d BGB Rn. 1 ff.; Klinkhammer, FamRZ 2012, 1913; Lack, ZKJ 2012, 336.
158 BGBl. 1997 I, S. 2942.
159 BVerfG JAmt 2003, 90.
160 EGMR FamRZ 2010, 103 – „Zaunegger" –. Auch die vergleichbare Rechtslage in Österreich wurde vom EGMR beanstandet, vgl. FamRZ 2012, 357.
161 BVerfG FamRZ 2010, 1403; zu beiden Entscheidungen ausführlich Hohmann-Dennhardt, FF 2011, 181.

sungswidrig und schuf bis zur Neuregelung durch den Gesetzgeber eine Übergangsregelung dahin, dass Vätern der Weg zu den Familiengerichten zu eröffnen sei, um das alleinige oder gemeinsame Sorgerecht für ihr nicht eheliches Kind nach Maßgabe des Kindeswohls zu erhalten.[162] Am **19.5.2013** ist nunmehr das **Gesetz zur Reform der elterlichen Sorge nicht miteinander verheirateter Eltern**[163] in Kraft getreten. Der Gesetzgeber konnte sich zu einer „großen Lösung" dahingehend, nicht eheliche Kinder bereits bei der Geburt mit ehelichen Kindern gleichzustellen und das gemeinsame Sorgerecht der Eltern mit Geburt oder Anerkennung der Vaterschaft entstehen zu lassen, nicht durchringen.[164] Auch nach heutigem Recht verbleibt es nach **§ 1626a Abs. 3 BGB** dabei, dass die **unverheiratete Mutter mit der Geburt alleiniger Träger der elterlichen Sorge** des von ihr geborenen Kindes ist, soweit die Eltern nicht bereits zuvor Sorgeerklärungen (§ 1626a Abs. 1 Nr. 1 BGB) abgegeben haben (dazu Rn. 622).

b) Entstehungsformen gemeinsamer elterlicher Sorge

(aa) Heirat der Eltern

621 Bereits erwähnt wurde die Begründung gemeinsamer elterlicher Sorge für ein nicht ehelich geborenes Kind durch spätere Heirat der Eltern, § 1626a Abs. 1 Nr. 2 BGB (Rn. 595). Voraussetzung ist aber, dass die Vaterschaft bereits zu diesem Zeitpunkt rechtlich durch Anerkennung oder gerichtliche Feststellung begründet war, § 1592 Nr. 2 oder 3 BGB. Sie wird nicht durch die Heirat begründet. Wird die Vaterschaft erst nach der Heirat rechtswirksam anerkannt, führt dies aber zu einem rückwirkenden Erwerb des gemeinsamen Sorgerechts zum Zeitpunkt der Heirat.[165]

(bb) Gemeinsame Sorgeerklärungen

622 Gemäß § 1626a Abs. 1 Nr. 1 BGB kann die gemeinsamer Sorge auch im Rahmen der Elternautonomie rechtsgeschäftlich durch Abgabe **gemeinsamer Sorgeerklärungen** begründet werden. Nach zutreffender Ansicht handelt es sich dabei der Rechtsnatur nach um einseitige, formgebundene, nicht empfangsbedürftige **Willenserklärungen**.[166] Sie können von den Eltern bereits **vor der Geburt** abgegeben werden, § 1626b Abs. 2 BGB, sind **höchstpersönlich** zu erklären (§ 1626c BGB) und **bedingungs- und befristungsfeindlich,** § 1626b Abs. 1 BGB. Die Erklärungen sind nach § 1626d Abs. 1 BGB **öffentlich zu beurkunden,** was in der Praxis kostenlos bei der zuständigen Urkundsperson des **Jugendamtes** (§ 59 Abs. 1 Satz 1 Nr. 8 SGB VIII)[167] oder aber bei einem **Notar** möglich ist. Die Form wird auch gewahrt durch eine **gerichtlich protokollierte Vereinbarung,**[168] was nunmehr auch in der neuen Vorschrift des § 155a Abs. 5 FamFG geregelt ist. Nach

---

162 Zur darauf folgenden Rechtsprechung vgl. Leeb/Weber, ZKJ 2012, 388; Büte, FuR 2013, 418.
163 BGBl. 2013 I, 795; zur Geschichte des Gesetzgebungsverfahrens und den verschiedenen diskutierten Modellen Dürbeck, ZKJ 2013, 330.
164 Zur Kritik Heilmann, NJW 2013, 1473: „Irrweg".
165 OLG Celle MDR 2014, 1105; Soergel/Hilbig-Lugani, § 1626a BGB Rn. 20.
166 Knittel, Rn. 703; a.A.: Gernhuber/Coester-Waltjen, § 57 Rn. 138: geschäftsähnliche Handlung.
167 Wiesner/Dürbeck, § 59 SGB VIII Rn. 16.
168 BGH NJW 2011, 2360.

§ 1626b Abs. 3 BGB ist keine Sorgeerklärung mehr möglich, wenn bereits eine familiengerichtliche Entscheidung zur Verteilung der elterlichen Sorge ergangen ist. Gemeint sind hier Entscheidungen nach §§ 1626a Abs. 2, 1671 Abs. 2, 1696 BGB, bei denen bereits eine kindeswohlorientierte Lösung gefunden wurde und diese nicht ohne Weiteres angetastet werden soll.[169] Wurde der Kindesmutter vor der Abgabe der Sorgeerklärung bereits das Sorgerecht ganz oder in Teilbereichen **nach § 1666 BGB entzogen,** ist sie insoweit nicht **verfügungsbefugt** und die Übertragung auf den Vater geht ins Leere.[170] Eine **gleichzeitige Abgabe** der Erklärungen von Vater und Mutter ist **nicht erforderlich**. Beschränkt geschäftsfähige Elternteile bedürfen nach § 1626c Abs. 2 Satz 1 BGB der Zustimmung ihres gesetzlichen Vertreters.[171] Leider nicht nachgekommen ist der Gesetzgeber der berechtigten Forderung,[172] Sorgeerklärungen auch für Teilbereiche der elterlichen Sorge, wie z.B. das Aufenthaltsbestimmungsrecht, zu öffnen.[173] Nach der gegenwärtigen Gesetzeslage können Teilbereiche des Sorgerechts nicht durch eine gemeinsame Sorgeerklärung der gemeinsamen Sorge zugänglich gemacht werden.[174] Teilbereiche des Sorgerechts der Mutter können daher – auch bei einem Konsens der Eltern – nur durch gerichtliche Entscheidung nach § 1626 Abs. 1 Nr. 3 BGB („soweit") zur gemeinsamen Ausübung bzw. nach § 1671 Abs. 2 BGB zur alleinigen Ausübung auf den Vater übertragen werden.

(cc) Entscheidung des Familiengerichts

Gemäß § 1626a Abs. 1 Nr. 3 BGB kann das **gemeinsame Sorgerecht** für ein nicht eheliches Kind auch **auf Antrag** des Vaters oder der Mutter durch **Entscheidung des Familiengerichts** übertragen werden. Ebenso wie das Verfahrensrecht[175] (vgl. in diesem Handbuch Heilmann Rn. 1473 ff.) unterscheidet auch das **materielle Recht** in § 1626a Abs. 2 BGB danach, ob das Familiengericht eine Entscheidung im vereinfachten schriftlichen Verfahren nach § 155a Abs. 2 und 3 FamFG trifft oder aber nach § 155a Abs. 4 FamFG eine persönliche Anhörung der Eltern stattzufinden hat.

623

(1) Vermutung des § 1626a Abs. 2 Satz 2 BGB

Nach § 1626a Abs. 2 Satz 2 BGB wird **vermutet,** dass die gemeinsame elterliche Sorge **dem Kindeswohl nicht widerspricht,** wenn der andere Elternteil im Rahmen seiner schriftlichen Anhörung nach § 155a Abs. 2 FamFG binnen der ihm gesetzten Frist **keine Gründe vorträgt,** die der Übertragung der gemeinsamen elterlichen Sorge entgegenstehen können, und solche Gründe auch sonst nicht ersichtlich sind. Die Regelung war sowohl das Kernstück als auch der Hauptkritik-

624

---

169 Knittel, Rn. 716.
170 BGH FamRZ 2005, 1469.
171 Weitere Einzelheiten bei Fröschle, Rn. 187 ff.
172 Vgl. Bundesrat BT-Drucks. 17/11048, S. 40 und Coester, FamRZ 2012, 1337 (1344).
173 Befürwortend auch ohne gesetzliche Regelung Staudinger/Coester, § 1626a BGB Rn. 60; zu Recht ablehnend Knittel, Rn. 709 f.; Palandt/Götz, § 1626a BGB Rn. 9.
174 BGH NJW 2008, 662; OLG Nürnberg ZKJ 2014, 201; Wiesner/Dürbeck, § 59 SGB VIII Rn. 38.
175 Schumann, FF 2013, 339.

punkt der gesetzlichen Reform des Sorgerechts von Eltern nicht ehelicher Kinder. Die **gesetzliche Vermutung** kommt zunächst dann zur Anwendung, wenn der andere Elternteil auf die Zustellung der Antragsschrift binnen der ihm gesetzten Frist zur schriftlichen Stellungnahme **schweigt.** Damit hat der Gesetzgeber im Rahmen des vom Amtsermittlungsgrundsatz (§ 26 FamFG) geprägten Kindschaftsverfahrens eine Art „Versäumnisbeschluss" i.S.d. von dem Beibringungsgrundsatz bestimmten Zivilprozesses geschaffen. Schweigen gilt insoweit jetzt auch hier als Zustimmung.[176] Schließlich kommt die Vermutung auch dann zum Tragen, wenn – meist steht die Kindesmutter auf der Antragsgegnerseite – der andere Elternteil **keine zumindest potenziell kindeswohlrelevanten Gründe** gegen die Begründung der gemeinsamen elterlichen Sorge vorbringt. Als nicht kindeswohlrelevante Gründe nennt die Gesetzesbegründung beispielhaft Argumente wie „lieber alleine entscheiden zu wollen", „bereits mit anderen Vätern schlechte Erfahrungen gemacht zu haben", „dem Vater bereits umfassende Vollmachten erteilt zu haben" und das „Fehlen absehbarer wichtiger Entscheidungen für das Kind".[177] Neuere empirische Untersuchungen haben jedoch gezeigt, dass die Gründe für die Ablehnung einer gemeinsamen elterlichen Sorge bei betroffenen Müttern oft vielschichtig sind.[178] Nennt die Mutter auch nur einen Grund, der potenziell kindeswohlrelevant sein kann (z.B. gestörte Beziehung zum Vater, Gewalterfahrungen, Kommunikationsprobleme),[179] kommt die Vermutung nicht zum Tragen und es ist in materiell-rechtlicher Hinsicht eine ausführliche und umfassende Kindeswohlprüfung nach § 1626a Abs. 2 Satz 1 BGB durchzuführen.[180] Dabei sind auch erkennbare sprachliche oder intellektuelle Defizite nicht anwaltlich vertretener Mütter zu berücksichtigen. Schließlich greift die Vermutung auch dann nicht ein, wenn dem Familiengericht **anderweitig** (z.B. aus in der Vergangenheit oder parallel geführten Umgangs- oder Gewaltschutzverfahren) Gründe bekannt sind, die der Übertragung der gemeinsamen Sorge entgegenstehen. Unklar ist auch in materiell-rechtlicher Hinsicht, wie im Verfahren nach § 155a Abs. 2 und 3 FamFG der **Kindeswille** bei der Entscheidung zu berücksichtigen ist. Jedenfalls ist das betroffene Kind unbestritten nach § 159 FamFG anzuhören.[181] Die Bestellung eines Verfahrensbeistandes ist im schriftlichen Verfahren aber nicht vorgesehen. Ergeben sich dabei Gesichtspunkte, die auf eine nicht tragfähige soziale Beziehung der Eltern hinweisen, kann § 1626a Abs. 2 Satz 2 BGB nicht angewendet werden.

(2) Negative Kindeswohlprüfung § 1626a Abs. 2 Satz 1 BGB

625 Liegen aus den in Rn. 624 aufgezeigten Fällen zumindest potenziell kindeswohlrelevante Gründe vor, die gegen die Begründung einer gemeinsamen elterlichen Sorge sprechen, so bestimmt § 1626a Abs. 2 Satz 2 BGB als materiell-rechtliches

---

176 Zu Recht kritisch: Salgo, FPR 2012, 409 (410).
177 BT-Drucks. 17/11048, S. 18.
178 Langmeyer/Walper in Jurczyk/Walper, S. 172 f.
179 OLG Frankfurt, Beschluss vom 18.12.2018, 5 UF 234/18, BeckRS 2018, 33653 und ZKJ 2014, 123; Dürbeck, ZKJ 2013, 330 (332).
180 BGH ZKJ 2016, 414 Rn. 34 = FamRZ 2016, 1439 m. Anm. Lack.
181 BT-Drucks. 17/11048, S. 23; Heilmann, NJW 2013, 1473 (1476).

Pendant zu § 155a Abs. 4 FamFG, dass das Familiengericht auf Antrag eines Elternteils das gemeinsame Sorgerecht oder eines Teilbereichs davon überträgt, wenn die **Übertragung dem Kindeswohl nicht widerspricht**. Damit hat sich der Gesetzgeber über die Übergangsregelung des BVerfG (vgl. Rn. 620) hinausgehend für eine **negative Kindeswohlprüfung** entschieden. Die gewählte Formulierung des Gesetzes ist nach den Gesetzesmaterialien Ausdruck eines „**neuen Leitbildes**" des Gesetzgebers, dass das gemeinsame Sorgerecht grundsätzlich den Bedürfnissen von Kindern nach Beziehungen zu beiden Elternteilen entspricht und in möglichst vielen Fällen das gemeinsame Sorgerecht für Kinder begründet werden soll[182] (vgl. bereits Rn. 607). Ungeachtet dessen ist die Formulierung dieses Leitbildes nicht normativer, sondern rechtspolitischer Natur.[183] Der in Rechtsprechung und Literatur vertretenen Ansicht, nach der die Neuregelung ein Regel-Ausnahme-Verhältnis, einen Vorrang oder eine Vermutung zugunsten der gemeinsamen elterlichen Sorge begründe,[184] ist der BGH mit der wohl überwiegenden Ansicht zu Recht nicht gefolgt.[185] Ein gesetzlicher Vorrang der gemeinsamen elterlichen Sorge besteht mithin nicht, wenn das Familiengericht gemäß § 155a Abs. 4 FamFG vom vereinfachten Verfahren in das herkömmliche kindschaftsrechtliche Verfahren übergeht, da das Familiengericht gemäß § 26 FamFG von Amts wegen zu ermitteln hat, ob aus Sicht des Kindeswohls **im konkreten Einzelfall** der gemeinsamen elterlichen Sorge der Vorrang gegenüber der Alleinsorge durch die Mutter gebührt. Entscheidendes Kriterium ist auch im Rahmen des § 1626a Abs. 2 Satz 1 BGB – wie bei § 1671 Abs. 1 Satz Nr. 2 BGB (vgl. Rn. 608) –, ob die Eltern eine hinreichend **tragfähige soziale Beziehung** zueinander haben und insbesondere die für eine gemeinsame Ausübung des Sorgerechts unverzichtbare **Kooperationsfähigkeit und Kooperationswilligkeit** besitzen.[186]

c) Begründung alleinigen Sorgerechts

§ 1671 Abs. 2 BGB ersetzt den zwischenzeitlich durch das BVerfG aufgehobenen § 1672 BGB und ermöglicht dem nicht sorgeberechtigten Vater eines nicht ehelichen Kindes, die **alleinige elterliche Sorge** auf **Antrag** durch eine Entscheidung des Familiengerichts zu erhalten. Wie bei § 1671 Abs. 1 BGB (vgl. Rn. 603) kann der Vater nach § 1671 Abs. 2 Nr. 1 BGB im Rahmen der **Elternautonomie** das alleinige Sorgerecht für sein Kind erhalten, wenn die Mutter dem zustimmt, es sei denn, das Kind hat das 14. Lebensjahr vollendet und widerspricht der Übertra-

626

---

182 BT-Drucks. 17/11048, S. 30; zustimmend: Willutzki, FPR 2013, 236 (238).
183 Soergel/Hilbig-Lugani, § 1626a BGB Rn. 36; Staudinger/Coester, § 1626a BGB Rn. 5; a. A.: OLG Brandenburg MDR 2016, 32.
184 OLG Brandenburg NZFam 2015, 935; OLG Celle FamRZ 2014, 857; OLG Stuttgart FamRZ 2014, 1715; MünchKomm-FamFG/Schumann, 2. Aufl., § 155a FamFG Rn. 16; zur Entwicklung der Rspr. vgl. Lack, FamRZ 2014, 1337.
185 BGH ZKJ 2016, 414 = FamRZ 2016, 1439 m. Anm. Lack; OLG Frankfurt FamRZ 2014, 1120; NJW 2014, 2201; OLG Saarbrücken FamRZ 2014, 1858; Soergel/Hilbig-Lugani, § 1626a BGB Rn. 36 f.; Dürbeck, ZKJ 2013, 330, (332).
186 BGH ZKJ 2016, 414 = FamRZ 2016, 1439 m. Anm. Lack; OLG Karlsruhe FamRZ 2015, 2168; OLG Frankfurt ZKJ 2014, 123; OLG Brandenburg ZKJ 2014, 27; KG FamRZ 2013, 1409; BeckOK-BGB/Veit, § 1626a BGB Rn. 30.1; Lohse, JAmt 2013, 298 (299); Dürbeck, ZKJ 2013, 330 (332).

gung. Anders aber als bei der Begründung alleiniger elterlicher Sorge nach § 1671 Abs. 1 Satz 2 Nr. 1 BGB hat auch bei Zustimmung der Mutter und fehlendem Widerspruch des 14-jährigen Kindes die Übertragung der Alleinsorge zu unterbleiben, wenn diese **dem Wohl des Kindes widerspricht (negative Kindeswohlprüfung)**, was wegen der Bedeutung eines Austausches des Sorgeberechtigten, der meist auch mit einem Aufenthaltswechsel verbunden sein wird,[187] zu begrüßen ist. Die Zustimmung des anderen Elternteils ist bis zum Abschluss des Beschwerdeverfahrens frei **widerruflich**.[188] **Stimmt die Mutter nicht** zu oder **widerspricht das mindestens 14-jährige Kind,** so ist dem Antrag des Vaters auf Übertragung des alleinigen Sorgerechts gemäß § 1671 Abs. 2 Nr. 2 BGB stattzugeben, wenn **eine gemeinsame Sorge nicht in Betracht kommt** und zu erwarten ist, dass die Übertragung auf den Vater dem **Kindeswohl am besten entspricht**. Die gesetzliche Regelung entspricht daher der vormals durch das BVerfG geschaffenen Übergangsregelung (vgl. Rn. 620). Wie bei § 1671 Abs. 1 Satz 2 Nr. 2 BGB hat eine **doppelte Kindeswohlprüfung**[189] zu erfolgen. Bei der allein am Kindeswohl auszurichtenden Frage, welchem der Elternteile die elterliche Sorge zu übertragen ist, sind auch hier die Erziehungseignung der Eltern – einschließlich ihrer Bindungstoleranz –, die Bindungen des Kindes – insbesondere an seine Eltern und Geschwister –, die Prinzipien der Förderung und der Kontinuität sowie der Kindeswille als entscheidende Gesichtspunkte zu berücksichtigen.[190] Auf die auch insoweit hier geltenden Ausführungen zu § 1671 Abs. 1 Satz 2 Nr. 2 BGB (Rn. 612 ff.) ist Bezug zu nehmen. § 1671 Abs. 2 Nr. 2 BGB kommt in der Praxis in Fällen z. B. der Umgangsvereitelung infolge fehlender Bindungstoleranz durch den betreuenden Elternteil[191], der Auswanderung bzw. des Umzugs des bisher allein Sorgeberechtigten (siehe oben Rn. 612), bei einer in der Obhut des Betreuungselternteils drohenden Kindeswohlgefährdung oder des Wunsches eines bereits älteren Kindes, zum anderen Elternteil zu wechseln,[192] in Betracht.[193]

d) Tod oder sonstiger Ausfall der allein sorgeberechtigten Mutter

627 **Stirbt** die nach § 1626a Abs. 3 BGB allein sorgeberechtigte Mutter, so hat das Familiengericht nach § 1680 Abs. 2 BGB die elterliche Sorge dem überlebenden Elternteil zu übertragen, wenn dies dem **Wohl des Kindes nicht widerspricht.** Damit erfolgt nach der zum 19.5.2013 neu gefassten Formulierung durch eine **negative Kindeswohlklausel** ein (scheinbar) erleichterter Zugang des Vaters zum alleinigen Sorgerecht. Gleichwohl hat von Amts wegen eine Überprüfung der

---

187 Vgl. zum Verlauf des Gesetzgebungsverfahrens insoweit: Huber/Antomo, FamRZ 2012, 1257 (1261)
188 BGH DAVorm 2000, 704; OLG Brandenburg NJW-Spezial 2014, 549; Heilmann/Keuter, § 1671 BGB Rn. 8.
189 Heilmann, NJW 2013, 1473 (1478).
190 OLG Celle FamRZ 2014, 857; OLG Karlsruhe ZKJ 2012, 317; OLG Brandenburg FamFR 2012, 499; Soergel/Runge-Rannow, § 1671 BGB Rn. 83.
191 OLG Brandenburg FuR 2018, 416; OLG Köln FamRZ 2017, 1839; Staudinger/Dürbeck, § 1684 BGB Rn. 123.
192 OLG Hamm NZFam 2014, 430; OLG Celle FamRZ 2014, 857.
193 Vgl. dazu Staudinger/Coester, § 1671 BGB Rn. 263 ff.

Eignung des Vaters zur Ausübung der alleinigen Sorge zu erfolgen. Voraussetzung ist aber, dass der Vater auch **tatsächlich die Verantwortung übernehmen will.**[194] Gemäß § 1680 Abs. 3 BGB gelten die gleichen Grundsätze, wenn der allein sorgeberechtigten Mutter das **Sorgerecht nach § 1666 BGB entzogen** wurde. **Ruht die elterliche Alleinsorge der Mutter aus rechtlichen oder tatsächlichen Gründen** (§§ 1673, 1674 BGB, vgl. Rn. 597 ff.) und besteht keine Aussicht, dass der Grund des Ruhens wegfallen wird, so hat das Familiengericht nach § 1678 Abs. 2 BGB die elterliche Sorge dem Kindesvater zu übertragen, wenn dies dem Wohl des Kindes nicht widerspricht.[195]

e) Begründung alleiniger Sorge bei gemeinsamer elterlicher Sorge

Haben die nicht miteinander verheirateten Eltern durch Sorgeerklärungen (§ 1626a Abs. 1 Nr. 1 BGB) die gemeinsame elterliche Sorge begründet, so kann diese nach der Trennung der Eltern auf Antrag eines Elternteiles nach § 1671 Abs. 1 BGB in ein alleiniges Sorgerecht des antragstellenden Elternteiles durch eine Entscheidung des Familiengerichts umgewandelt werden. Es gelten hier die Ausführungen zur Rechtslage bei miteinander verheirateten Eltern entsprechend (Rn. 602 ff.). Zur Rechtslage bei einer durch familiengerichtliche Entscheidung nach § 1626a Abs. 1 Nr. 3 und Abs. 2 BGB begründeten gemeinsamen elterlichen Sorge vgl. Rn. 623.

628

6. Schutz bei Kindeswohlgefährdungen

a) Verfassungsrechtlicher Kontext

Das nach Art. 6 Abs. 2 Satz 1 GG als **„natürliches" Grundrecht** gewährte Recht der Eltern auf Pflege und Erziehung ihres Kinder ist gleichzeitig als **Pflicht der Eltern** ausgestaltet und hat sich als **oberste Richtschnur am Wohl des Kindes zu orientieren**[196] (vgl. Rn. 589). Auch wenn der Staat das Elternrecht und das Familienleben (vgl. Art. 8 EMRK) zu achten hat, hat er nach Art. 6 Abs. 2 Satz 2 GG die Aufgabe, über die Betätigung der Elternrechte zu **wachen.** Die Erziehung des Kindes ist damit primär in die Verantwortung der Eltern gelegt. Die Eltern können grundsätzlich frei von staatlichen Eingriffen nach eigenen Vorstellungen darüber entscheiden, wie sie die Pflege und Erziehung ihrer Kinder gestalten und damit ihrer Elternverantwortung gerecht werden wollen. Das **Erziehungsprimat der Eltern** endet aber dort, wo das **Wohl des Kindes gefährdet** ist. Im Rahmen der Ausübung des **staatlichen Wächteramtes** bestimmt Art. 6 Abs. 3 GG, dass gegen den Willen der Erziehungsberechtigten Kinder nur aufgrund eines Gesetzes von der Familie getrennt werden dürfen, wenn die Eltern versagen oder wenn die Kinder aus anderen Gründen zu verwahrlosen drohen. Das elterliche Fehlverhalten muss dabei ein solches Ausmaß erreichen, dass das Kind bei einem Verbleiben in der Familie in **seinem körperlichen, geistigen oder seelischen Wohl** nachhal-

629

---

194 BT-Drucks. 17/11048, S. 30.
195 Vgl. dazu Heilmann, NJW 2013, 1473 (1478).
196 BVerfG ZKJ 2012, 306.

tig gefährdet ist.[197] Alle staatlichen Eingriffe in das Sorgerecht, insbesondere die in Art. 6 Abs. 3 GG erwähnte Entziehung der elterlichen Sorge, sind nur unter strikter Beachtung des **Grundsatzes der Verhältnismäßigkeit** zulässig.[198] Dieser gebietet es, dass der gewählte staatliche Eingriff geeignet und notwendig zur Abwehr einer Gefährdung für das Kindeswohl sein muss. Außerdem muss der Staat insoweit das mildeste in Betracht kommende Mittel zur Einschränkung des Sorgerechts wählen und nach Möglichkeit versuchen, durch helfende und unterstützende Maßnahmen, die einfachgesetzlich vor allem in §§ 27 ff. SGB VIII vorgesehen sind, die nötige Elternverantwortung her- bzw. wiederherzustellen.[199] Genügen allerdings solche Maßnahmen zum Schutz des Kindes nicht, dann ist den Eltern die Erziehungs- und Pflegeverantwortung vorübergehend und ggf. auch dauernd zu entziehen.[200]

Kinderschutz durch das **Familiengericht** wird einfachgesetzlich durch §§ 1666, 1666a BGB gewährleistet. Im Bereich der Exekutive wird das Wächteramt vor allem durch das **Jugendamt** ausgeübt, das bei einer akuten Gefährdung des Kindeswohls Kinder gemäß §§ 8a, 42 SGB VIII auch gegen den Willen der Eltern **in Obhut nehmen** kann.[201]

b) Tatbestandsvoraussetzungen

630 Durch das zum 12.7.2008 in Kraft getretene Gesetz zur Erleichterung familiengerichtlicher Maßnahmen bei Gefährdung des Kindeswohls[202] wurde § 1666 BGB neu gefasst. Nicht mehr erforderlich ist heute insbesondere, dass **elterliches Erziehungsversagen ursächlich** für die **eingetretene Gefährdung des Kindeswohls** ist, was sich in der früheren Fassung der Norm als hohe Hürde für die der Amtsermittlung unterliegenden Familiengerichte erwiesen hatte.[203] Voraussetzung für die Ergreifung familiengerichtlicher Maßnahmen bei einer Kindeswohlgefährdung ist nunmehr, dass

(1) das **körperliche, geistige oder seelische Wohl des Kindes** (oder seines Vermögens) **gefährdet** ist und

(2) die Eltern **nicht gewillt** oder **nicht in der Lage** sind, die Gefahr abzuwenden.

631 Eine **Gefährdung des Kindeswohls** liegt jedenfalls dann vor, wenn das Kind bereits einen körperlichen, geistigen oder psychischen Schaden erlitten hat, die **Gefahr** sich also bereits **realisiert** hat.[204] Im Übrigen definiert die Rechtsprechung den Begriff der Gefährdung als eine **gegenwärtige, in einem solchen Maße vorhandene Gefahr, dass bei der weiteren Entwicklung eine erhebliche**

---

197 BVerfG FamRZ 2017, 1577; ZKJ 2017, 225; FamRZ 2015, 112; FamRZ 1982, 576.
198 BVerfG FamRZ 2009, 1472; BGH FamRZ 2014, 543.
199 BVerfG FamRZ 2014, 242; FamRZ 2003, 296.
200 BVerfG ZKJ 2017, 225.
201 Zur Inobhutnahme Köhler ZKJ 2019, 12; Zitelmann, ZKJ 2011, 236; Peschel-Gutzeit, FPR 2012, 443.
202 BGBl. 2008 I, 1188; vgl. dazu Veit, FPR 2008, 598.
203 BT-Drucks. 16/6815, S. 9.
204 OLG Stuttgart FamRZ 2002, 1279; einschränkend Staudinger/Coester, § 1666 BGB Rn. 82.

Schädigung mit ziemlicher Sicherheit zu erwarten ist.[205] Es ist also sowohl die Feststellung zu treffen, dass eine Schädigung des Kindes entweder bereits eingetreten sein muss oder aber eine solche mit hinreichender Sicherheit bevorsteht. Wegen des elterlichen **Erziehungsprimats** verlangt die Rechtsprechung darüber hinaus aber, dass das Kindeswohl **nachhaltig** und schwerwiegend gefährdet sein muss.[206] Nicht vom staatlichen Wächteramt umfasst ist aber insoweit die Aufgabe, für eine **bestmögliche Förderung der Kinder** zu sorgen, weil die Persönlichkeit der Eltern und deren soziale und wirtschaftliche Verhältnisse zum Schicksal und Lebensrisiko des Kindes zählen.[207]

Nach dem tragischen **sexuellen Missbrauchsfall von Staufen** (siehe hierzu in diesem Handbuch Salgo Rn. 6, 56) und der dort fahrlässig getroffenen Gefährdungseinschätzung von Familiengerichten und Jugendamt[208] hat das OLG Karlsruhe in einem ähnlichen Fall, in dem die Mutter einer 11-jährigen Tochter mit einem Mann zusammengezogen war, der wegen des sexuellen Missbrauchs von Kindern unter Bewährung stand, die Gefährdungsschwelle von § 1666 BGB relativiert und entschieden, dass dann, wenn dem Kind eine besonders schwer wiegende Schädigung droht, die Wahrscheinlichkeit des Gefahreneintritts auch unter 50% liegen könne und hat der allein sorgeberechtigten Mutter, die an ihrer Beziehung zu ihrem pädosexuellen Lebensgefährten festhielt, das Sorgerecht für das Kind entzogen.[209] Der BGH[210] hat die Entscheidung nicht bestätigt und entschieden, dass beim Gefahrenbegriff in § 1666 BGB zwischen der Tatbestands- und der Rechtsfolgenebene unterschieden werden müsse. Auf der **Tatbestandsebene** hat er zugestanden, dass bei im Raum stehenden besonders schweren Rechtsgutsverletzungen des Kindes im Einzelfall auch eine Wahrscheinlichkeit unter 50% genügen könne, um kinderschützende Maßnahmen nach § 1666 Abs. 3 BGB zu ergreifen. Soweit es aber die in § 1666 Abs. 3 Nr. 6 BGB geregelte und mit einer Fremdunterbringung des Kindes verbundene Entziehung des elterlichen Sorgerechts betrifft, müsse aber mit Hinblick auf Art. 6 Abs. 2 GG und des Verhältnismäßigkeitsgrundsatzes auf der **Rechtsfolgenebene** eine erhebliche Schädigung des körperlichen, geistigen oder seelischen Wohls des Kindes mit ziemlicher Sicherheit zu erwarten sein. Ist dies nicht der Fall, so soll nach Ansicht des BGH ein Entzug des Sorgerechts in den Fällen von pädo- oder hebephilen Lebensgefährten der Mütter unzulässig sein und lediglich Weisungen und Auflagen, insbesondere die „Überwachung" der Familie durch eine sozialpädagogische Familienhilfe und unangekündigte Besuche des Jugendamts, in Betracht kommen.[211]

---

205 BVerfG FamRZ 2010, 713; ZKJ 2012, 186; FamRZ 2015, 112; BGH FamRZ 1956, 350; Heilmann/Cirullies, 1666 BGB Rn. 19.
206 BVerfG ZKJ 2017, 225; FamRZ 1982, 567; BayObLG FamRZ 1998, 1044.
207 BVerfGE 60, 79; FamRZ 2017, 1577; OLG Hamm FuR 2013, 725: kein Anspruch auf „Idealeltern".
208 OLG Karlsruhe ZKJ 2018, 188; vgl. dazu Salgo ZKJ 2018, 168.
209 OLG Karlsruhe JAmt 2018, 511.
210 BGH FamRZ 2019, 598 m. Anm. Hammer; vgl. dazu auch Heilmann NJW 2019, 1417; Salgo ZKJ 2019, 217 (219).
211 So bereits auch BGH ZKJ 2017, 108; krit. Salgo, ZKJ 2019, 217 (219).

632 Zweite (negative) Voraussetzung von § 1666 Abs. 1 BGB ist es, dass anzunehmen sein muss, dass die **Eltern nicht gewillt** oder **nicht in der Lage** sind, die Gefahr abzuwenden. Nicht erforderlich ist es, dass die Gefahr von den Eltern verursacht wurde (vgl. Rn. 630), sie kann insoweit z.B. auch von Dritten ausgegangen sein. In diesem Zusammenhang kommt es auch **nicht** darauf an, ob den Eltern ein **Verschuldensvorwurf** an dem Eintritt der Gefahr und dem Unvermögen zur Beseitigung der Gefahr zu machen ist,[212] sodass der Tatbestand auch dann erfüllt ist, wenn die Eltern z.B. krankheitsbedingt zur Abhilfe nicht fähig sind. Die sog. Subsidiaritätsklausel[213] soll gewährleisten, dass es den Eltern als primär Verantwortliche selbst obliegt, Gefahren für ihre Kinder zu beseitigen. Demnach sind die Familiengerichte zur Prüfung verpflichtet, ob Eltern nicht ggf. mit **unterstützenden Maßnahmen der Kinder- und Jugendhilfe** (§ 1 Abs. 3 Nr. 2 SGB VIII) selbst dazu in die Lage versetzt werden können, Abhilfe zu schaffen. Hier kommt naturgemäß dem Umstand, ob Eltern in der Vergangenheit öffentliche Hilfen in Anspruch genommen und mit dem öffentlichen **Träger der Kinder- und Jugendhilfe kooperiert** haben, große Bedeutung zu.[214] Schließlich kann allenfalls in Ausnahmefällen auch die Erteilung einer umfassenden **Sorgevollmacht** für das Jugendamt eine zunächst hinreichende Bereitschaft der Eltern zur Gefahrenabwehr darstellen, z.B. in einem einstweiligen Anordnungsverfahren nach §§ 49 ff. FamFG.[215] Im Übrigen sind Sorgerechtsvollmachten wegen ihrer jederzeitigen Widerrufbarkeit mit dem staatlichen Kinderschutzauftrag kaum in Einklang zu bringen.[216] Jedenfalls bleiben sorgeberechtigte Eltern auch nach Erteilung einer Sorgerechtsvollmacht zu Kooperation und Kommunikation mit dem bevollmächtigten Jugendamt und zur Teilhabe an sorgerechtsrelevanten wesentlichen Entscheidungen verpflichtet. Fehlt es – wie häufig – an diesen Voraussetzungen, bedarf es trotz Vollmacht eines Eingriffs in das Sorgerecht.[217] Sind die sorgeberechtigten Eltern mit der Fremdunterbringung des Kindes einverstanden, kommt ein Entzug der elterlichen Sorge im Regelfall nicht in Betracht.[218]

633 Das *BVerfG* hat im Übrigen die **Anforderungen an den Entzug des elterlichen Sorgerechts** mit seiner im Jahr 2014 geänderten Rechtsprechung zum Prüfungsumfang entsprechender Verfassungsbeschwerden[219] erheblich verschärft und ist

---

212 BayObLG FamRZ 1998, 1044; MünchKomm-BGB/Olzen, § 1666 BGB Rn. 117 f.
213 Vgl. Johannsen/Henrich/Büte, § 1666 BGB Rn. 42.
214 OLG Hamm DAVorm 1986, 804.
215 OLG Brandenburg, Beschluss vom 14.10.2016, 10 UF 29/16, juris; OLG Frankfurt BeckRS 2013, 17057.
216 OLG Bremen JAmt 2018, 42; zu Rechtsnatur und Grenzen der Sorgevollmacht in Verfahren nach § 1666 BGB: Hoffmann, FamRZ 2011, 1544; kritisch auch Heilmann, NJW 2012, 16 (19) wegen der Widerruflichkeit der Vollmacht und der Pflichtgebundenheit des Elternrechts.
217 OLG Bremen ZKJ 2018, 189; OLG Hamm FamRZ 2015, 1906; DIJuF-Rechtsgutachten JAmt 2016, 82.
218 BVerfG ZKJ 2018, 59 = FamRZ 2017, 1577; OLG Brandenburg, Beschluss vom 14.10.2016, 10 UF 29/16, juris.
219 BVerfG ZKJ 2014, 242: Erstreckung auf Auslegungsfehler und Fehler bei der Feststellung und Würdigung des Sachverhalts; ZKJ 2014, 281; FamRZ 2014, 1266; FamRZ 2014, 1270; FamRZ 2014, 1772; JAmt 2014, 419; FamRZ 2015, 112; FamRZ 2016, 439.

hier zu einer Art „Superrevisionsinstanz" geworden.[220] So wurde etwa eine nicht hinreichende Aufklärung des Sachverhalts im einstweiligen Anordnungsverfahren[221] beanstandet und immer wieder betont, dass eine nachhaltige Kindeswohlgefährdung konkret von den Fachgerichten festzustellen sei.[222] Auch könne sich das Familiengericht nicht allein darauf berufen, dass das Jugendamt die Bewilligung öffentlicher Hilfen i.S.d. §§ 27 ff. SGB VIII verweigere, sondern habe die Geeignetheit von Hilfen zur Abwendung einer Trennung des Kindes von seinen Eltern selbstständig und eigenverantwortlich zu prüfen.[223] Auch für den **Umgang mit und die Verwertung von familienpsychologischen Sachverständigengutachten** liegen bereits mehrere Entscheidungen vor.[224]

Gleichwohl hat das BVerfG in jüngeren Entscheidungen aber betont, dass für den Fall, dass das Gericht eine Trennung des Kindes von den Eltern nicht für erforderlich hält, obwohl Anhaltspunkte dafür bestehen, dass das Kind bei einem Verbleiben in der Familie oder bei einer Rückkehr dorthin in seinem körperlichen, geistigen oder seelischen Wohl nachhaltig gefährdet sein könnte, die Entscheidung verfassungsgerichtlicher Kontrolle am Maßstab des Art. 6 Abs. 2 Satz 2 GG grundsätzlich nur dann standhält, wenn das Gericht in Auseinandersetzung mit den für eine nachhaltige Gefahr sprechenden Anhaltspunkten nachvollziehbar begründet, warum eine solche Gefahr für das Wohl des Kindes nicht vorliegt, wobei es auch der Einschätzung des Verfahrensbeistands wesentliche Bedeutung beigemessen hat.[225] In der gleichen Entscheidung hat es dem Verfahrensbeistand das Recht zuerkannt, Verfassungsbeschwerde gegen eine letztinstanzliche Fachgerichtsentscheidung einzulegen (vgl. Heilmann, Rn. 1557). Auch seine restriktive Rechtsprechung zum Umfang der **amtswegigen Sachaufklärung beim vorläufigen Sorgerechtsentzug** im Wege einstweiliger Anordnung hat es in der Zwischenzeit relativiert und anerkannt, dass Sachverständigengutachten oder ausführliche ärztliche Stellungnahmen dort regelmäßig nicht eingeholt werden können.[226]

634

c) Fallgruppen

Da § 1666 BGB sehr allgemein als **Generalklausel** gefasst ist, hat es sich in der Rechtswissenschaft eingebürgert, bestimmte **Fallgruppen** einer Kindeswohlgefährdung zu unterscheiden, wobei hier nur auf wesentliche in der Praxis im Vordergrund stehende Konstellationen eingegangen werden kann. Eine Gefährdung des Kindeswohls bezieht sich, wie oben festgestellt, auf alle **schwerwiegenden Be-**

635

---

220 Zur Kritik vgl. Hammer, FF 2014, 1005; Lack/Heilmann, ZKJ 2014, 308; Heilmann, NJW 2014, 2904.
221 Sehr weitgehend BVerfG ZKJ 2014, 281; FamRZ 2014, 1772.
222 BVerfG FamRZ 2016, 439; JAmt 2014, 419.
223 BVerfG ZKJ 2014, 242; vgl. auch BVerfG ZKJ 2014, 327.
224 BVerfG FamRZ 2015, 112 (Unverwertbarkeit wegen Befangenheit); ZKJ 2017, 225 (unzulässige Abweichung von einem Gutachten); ZKJ 2017, 313 (zulässige Abweichung von mangelhaften Gutachten).
225 BVerfG ZKJ 2017, 225 = NJW 2017, 1295 m. Anm. Lack.
226 BVerfG ZKJ 2018, 312 = FamRZ 2018, 1084; ebenso EGMR FamRZ 2019, 594 („Zwölf Stämme").

einträchtigungen der **Integritäts- und Entfaltungsinteressen** des minderjährigen Menschen.

- Die **Integritätsinteressen** umfassen die körperliche und psychische Gesundheit, die Versorgung mit Nahrung, Kleidung und Wohnung und ein Mindestmaß an emotionaler Zuwendung.

- Die **Entfaltungsinteressen** beziehen sich auf die Entwicklung des Kindes durch Erziehung, durch geeignete soziale Kontakte, Schul- und Berufsausbildung, Pflege und Förderung geistiger und kultureller Interessen und mit zunehmendem Alter auch auf die Möglichkeit der Selbstbestimmung.

(aa) Gesundheitsgefährdungen

636 Wie der Wortlaut von § 1666 Abs. 1 BGB zeigt, ist der Begriff der Gesundheit des Kindes nicht rein **körperlich**, sondern es sind auch **geistige und seelische Beeinträchtigungen** mit einzubeziehen. Im Vordergrund stehen zunächst **gezielte Eingriffe in die körperliche Integrität** des Kindes, die zumeist nicht einmalig stattfinden, sondern in regelmäßiger Weise von einem Elternteil oder ggf. auch Dritten (z. B. Lebensgefährte der Mutter) verübt werden.[227] In diesem Zusammenhang ist Art. 31 der sog. Istanbul-Konvention[228] zu beachten, wonach sicherzustellen ist, dass die Rechte und Sicherheit von Kindern in Fällen von Gewalt bei sorgerechtlichen Entscheidungen hinreichend zu berücksichtigen sind. Das Problem ist in der Praxis häufig die **Feststellung der hierzu erforderlichen Tatsachen.** Kindesmisshandlungen werden häufig als Unfälle getarnt, Zeugen oder ärztliche Befunde fehlen häufig oder sind wenig ergiebig. Beruht der Verdacht der **Kindesmisshandlung** allein auf der Aussage des betroffenen Kindes und bestreiten die Eltern den Vorwurf, das Kind regelmäßig zu schlagen, muss zumindest in einem Hauptsacheverfahren der Vorwurf des Kindes durch ein Glaubwürdigkeitsgutachten überprüft werden.[229] Auch gezielte und noch nicht eingetretene Schädigungen, die auf religiösen oder kulturellen Vorstellungen beruhen, wie z.B. trotz der Regelung in § 1631d BGB zu **Beschneidungen** von männlichen Kindern[230] oder auch Mädchen afrikanischer Herkunft,[231] können Kindeswohlgefährdungen darstellen. Schließlich kann auch ein **Unterlassen der Eltern** eine Gefährdung des Kindeswohls begründen, wenn sie etwa nicht dazu in der Lage sind, Gefahren durch krankhafte Selbstverletzungen, Abmagerung oder sonstige körperliche oder psychische Erkrankungen oder Verhaltensauffälligkeiten zu begegnen,[232] oder aber aus religiösen Gründen notwendige Heilmaßnahmen für das Kind, z.B. Blut-

---

227 Vgl. etwa OLG Karlsruhe, Beschluss vom 3.3.2017, 18 UF 159/16, NJOZ 2018, 7; BayObLG FamRZ 1997, 572; Heilmann/Cirullies, § 1666 BGB Rn. 21.
228 Gesetz zu dem Übereinkommen des Europarates v. 11.5.2011 zur Verhütung und Bekämpfung von Gewalt gegen Frauen und häuslicher Gewalt, BGBl. 2017 II 1026.
229 EGMR FamRZ 2013, 845.
230 Vgl. hierzu OLG Hamm FamRZ 2013, 1818; Lack, ZKJ 2012, 336 ff.
231 OLG Karlsruhe FamRZ 2009, 1599; OLG Bremen ZKJ 2008, 338; AG Delmenhorst, Beschluss v. 10.7.2012, 18 F 146/12, ZKJ 2018, 79.
232 OLG Brandenburg FamRZ 2017, 966; Staudinger/Coester, § 1666 BGB Rn. 96.

transfusionen, verweigern.²³³ Immer bedeutsamer werden auch **seelische Gesundheitsgefährdungen** des Kindes durch das **Miterleben von Gewalt,** vor allem durch Misshandlungen der Mutter durch den Vater.²³⁴ Auch der der Mutter drohende Ehrenmord durch ihre Angehörigen ist hier zu nennen.²³⁵ Schließlich gehört hierher auch der – in der Praxis nicht selten vorkommende – Vorwurf des **sexuellen Missbrauchs** des Kindes,²³⁶ der im Bereich der Tatsachen- und Beweisermittlung oft kaum lösbare Probleme mit sich bringt (*Stichwort: sexualisiertes Verhalten, „wunde Scheide"*). Gerade hier muss bei einer Nichtaufklärung des Vorwurfs eine **kindeswohlorientierte Wahrscheinlichkeits- und Risikoabwägung** erfolgen.²³⁷ Immer mehr in den Blickwinkel der Öffentlichkeit geraten auch Fälle, in denen das Kind Kontakt zu **pädo- oder hebephilen** Bezugspersonen wie etwa seinem Vater oder dem Lebensgefährten der Mutter²³⁸ hat. Gerade der Breisgauer Fall des sexuellen Missbrauchs eines 9-jährigen Jungen durch das Zusammenwirken der Kindesmutter mit ihrem pädophilen und einschlägig vorbestraften Lebensgefährten zeigt, welch dramatische Konsequenzen richterliche Fehlprognosen in Bezug auf die Gefährdungseinschätzung für Kinder haben können (zur Bestimmung des Gefahrenbegriffs vgl. oben Rn. 631).²³⁹ Als kindeswohlgefährdend können sich schließlich auch **psychische Kindesmisshandlungen**²⁴⁰ und nur von einem Elternteil **eingebildete Erkrankungen** des Kindes darstellen, so beim sog. **Münchhausen-by-proxy-Syndrom** (siehe hierzu Fegert in diesem Handbuch, Rn. 1036 f.).²⁴¹ Auch **Vernachlässigungen** bei der Ernährung, Hygiene und Körperpflege können, gerade auch bei Säuglingen und Kleinkindern, zu Gefährdungen führen.²⁴² Ebenso zu nennen sind seelische Gefährdungen aufgrund emotionaler Vernachlässigung des Kindes.²⁴³ Gefährdungen der seelischen Gesundheit können aber auch – durchaus zunehmend in der Gerichtspraxis – durch ein Übermaß an Fürsorge (Fälle von sog. **overprotection**)²⁴⁴ entstehen. Problematisch ist im Hinblick auf Art. 6 Abs. 2 Satz 1 GG auch der Umgang mit Verstößen der Eltern bei der Wahrnehmung der in den Ländern geregelten **Pflicht zur Wahrnehmung**

---

233 So bei Verweigerung von Eltern, die den Zeugen Jehovas angehören, vgl. OLG Celle NJW 1995, 792; Staudinger/Coester, § 1666 BGB Rn. 82 und 102.
234 BVerfG FamRZ 2010, 1742; OLG Hamm FamRZ 2010, 1742; Ernst, FPR 2011, 195; Kindler, FPR 2012, 422 m.w.N. der Rspr.
235 OLG Köln ZKJ 2018, 426.
236 BGH ZKJ 2017, 108; OLG Brandenburg JurBüro 2017, 612; FamRB 2012, 6; OLG Hamm NZFam 2014, 474.
237 OLG Karlsruhe FamRZ 2013, 1237 zum Umgangsausschluss.
238 Vgl. die Fälle von BGH FamRZ 2019, 598; FamRZ 2017, 212; OLG Karlsruhe NZFam 2018, 1027 m. Anm. Salzgeber; ZKJ 2018, 188; OLG Frankfurt ZKJ 2018, 315; AG Freiburg ZKJ 2018, 187; Salgo, ZKJ 2019, 217 ff.
239 Dazu ausführlich Salgo, ZKJ 2018, 168.
240 Zur Erkennung und Bewertung: Dettenborn, FPR 2012, 447.
241 OLG Dresden FamRZ 2008, 712; OLG Celle FamRZ 2006, 1478; Salzgeber, Familienpsychologische Gutachten, Rn. 1086; vgl. auch den Fall von OLG Schleswig FamRZ 2018, 109.
242 OLG Brandenburg FamRZ 2009, 2100; 2008, 713.
243 BVerfG ZKJ 2017, 313; OLG Brandenburg FamRZ 2016, 1180; KG FamRZ 2015, 1906.
244 Staudinger/Coester, § 1666 BGB Rn. 121 m.w.N. der Rspr.; vgl. dazu auch BVerfG FamRZ 2014, 1270.

von ärztlichen Vorsorgeuntersuchungen (sog. U-Untersuchungen), wie z.B. im Hessischen Kindergesundheitsschutzgesetz geregelt.[245] Hier kann die Nichtwahrnehmung von Terminen nicht allein Grundlage für Eingriffe in das elterliche Sorgerecht nach § 1666 BGB sein, das Familiengericht muss vielmehr seiner Amtsermittlungspflicht nachkommen und untersuchen, ob ausreichende Anhaltspunkte für eine Kindeswohlgefährdung bestehen.[246] Eine **zwangsweise Durchsetzung** der Teilnahme an den Vorsorgeuntersuchungen ist **gesetzlich nicht vorgesehen.**[247] Die Nichtteilnahme an einer Untersuchung begründet zunächst für das Jugendamt lediglich einen **Gefahrerforschungsauftrag.** Eine **Mitteilung des Jugendamtes** an das Familiengericht nach § 8a SGB VIII – die von den Eltern mangels Verletzung eigener Rechte nicht vor dem Verwaltungsgericht angefochten werden kann[248] – wird daher zunächst nicht zu Maßnahmen zur Durchsetzung oder zum Nachweis der Vorsorgeuntersuchung führen, sondern nur Anlass sein können, **gerichtliche Ermittlungsmaßnahmen** wie Nachfragen im Kindergarten oder beim Hausarzt zu ergreifen, die erforderlich sind, um eine **Risikoeinschätzung** zu ermöglichen.[249]

In Bezug auf das gerichtliche Verfahren vor dem Familiengericht ist bei Kinderschutzverfahren auf den zwingenden frühen Erörterungstermin nach § 157 FamFG hinzuweisen (vgl. in diesem Handbuch Berneiser, Rn. 1624 ff. und Heilmann, Rn. 1465).

(bb) Schule und Ausbildung

637 Häufig treten in der Praxis Fälle auf, in denen Kinder der **staatlichen Schulpflicht** nicht nachkommen. **Weigern sich Eltern beharrlich,** ihre schulpflichtigen Kinder der öffentlichen Schule oder einer anerkannten Ersatzschule zuzuführen, um ihnen stattdessen selbst **„Hausunterricht"** zu erteilen, so kann darin ein Missbrauch der elterlichen Sorge liegen, der das Wohl der Kinder nachhaltig gefährdet und deshalb zum Entzug von Teilbereichen der elterlichen Sorge führen kann.[250] § 1666 Abs. 3 Nr. 2 BGB ermöglicht aber auch zunächst Gebote, für die Einhaltung der Schulpflicht zu sorgen.

Die Durchsetzung der Schulpflicht entgegen den Vorstellungen der Eltern steht auch im Einklang mit der EMRK, auch soweit der Schulbesuch oder Teile hiervon aus religiösen Gründen verweigert werden (z. B. Schwimmunterricht bei muslimischen Mädchen[251]). Sorgerechtsmaßnahmen nach § 1666 BGB kommen schließ-

---

245 Vgl. ausführlich zu den einzelnen landesrechtlichen Regelungen Lack, 2012, S. 521 ff.
246 AG Büdingen ZKJ 2013, 177; dies vernachlässigend AG Frankfurt a.M. JAmt 2013, 161; unter landesverfassungsrechtlichen Aspekten vgl. VerfGH Rheinland-Pfalz JAmt 2010, 142.
247 Vgl. etwa Drucks. 16/7796 des Hessischen Landtages, S. 6.
248 Hess. VGH ZKJ 2013, 82; kritisch: Sommer, ZKJ 2013, 68.
249 OLG Frankfurt ZKJ 2014, 31.
250 BGH FPR 2008, 115; OLG Nürnberg FamRZ 2017, 454; OLG Frankfurt BeckRS 2013, 16988; OLG Köln ZKJ 2013, 175; vgl. auch BVerfG FamRZ 2006, 1094 zur Zulässigkeit strafrechtlicher Sanktionen; vgl. dazu auch Onstein, jM 2015, 442; vgl. auch EGMR FamRZ 2019, 449 ff. m. Anm. Salgo.
251 EGMR NVwZ-RR 2018, 505.

lich auch dann in Betracht, wenn das schulpflichtige Kind **eigenmächtig dem Unterricht** fernbleibt und die Eltern nicht willens oder dazu in der Lage sind, hier gegenzusteuern.[252] Schließlich fallen aber auch Sachverhalte unter diese Fallgruppe, in denen Eltern bei der Wahl von Schule oder Ausbildung (vgl. § 1631a BGB) die **persönlichen Neigungen und Fähigkeiten** in kindeswohlgefährdender Weise **negieren**.[253]

(cc) Kinder- und Jugenddelinquenz – Umgang mit neuen Medien

Kindeswohlgefährdungen können sich schließlich auch aus (wiederholtem und erheblichem) **strafrechtlich relevanten Verhalten von Kindern und Jugendlichen** ergeben.[254] Dieses kann sich in Extremfällen auch in Form von Gewalthandlungen des Kindes gegenüber seinen Eltern darstellen.[255] Maßnahmen nach § 1666 BGB kommen hier in Betracht, wenn die Eltern nicht dazu willens oder imstande sind, die zur Gefahrabwendung nötigen Maßnahmen, wie z. B. eine stationäre Behandlung des Kindes[256], zu veranlassen.

638

Neu in die Diskussion um etwaige rechtlich relevante Kindeswohlgefährdungen i.S.d. § 1666 BGB ist in den letzten Jahren der **Umgang des Kindes mit neuen Medien**[257], etwa durch pornographische oder gewaltverherrlichende Inhalte im Internet oder auf Spielkonsolen[258], durch eine Kommunikation mit Dritten mit Gefährdungspotenzial (z. B. mit Pädophilen, Stalkern, Mobbing von Mitschülern in Netzwerken)[259] oder aber bei Gefahren durch eine sexualisierte Selbstdarstellung im Internet (sog. Sexting[260]). Es obliegt in diesen Fällen grundsätzlich dem Primat des Erziehungsvorrangs der Eltern, für das Kind schädliche Wirkungen im Umgang mit neuen Medien entgegenzuwirken, bei Uneinigkeit der Eltern steht der Zugang zu den Familiengerichten nach Maßgabe von §§ 1628, 1671 BGB offen.[261] Nur bei einer **konkreten und gegenwärtigen Gefahr** für das Kind, welche die Eltern nicht abwenden wollen oder können, kommen – im Regelfall – niedrigschwellige familiengerichtliche Maßnahmen, wie z. B. Weisungen oder Auflagen, in Betracht.[262]

---

252 OLG Hamm FamRZ 2013, 165; OLG Celle ZKJ 2008, 428; OLG Koblenz NJW-RR 2005, 1164; OLG Köln JAmt 2003, 548; Raack, FPR 2012, 467; Diederichsen, FPR 2012, 202.
253 OLG Koblenz FamRZ 2007, 1680; BeckOK-BGB/Veit, § 1666 Rn. 23 m. w. N.
254 BVerfG FamRZ 2003, 296; vgl. ausführlich dazu Matzke/Fritsch, FPR 2012, 459.
255 Ernst, FPR 2011, 195 (197).
256 OLG Brandenburg, Beschluss vom 29.10.2013, 13 UF 208/13, juris.
257 Vgl. dazu Onstein, jM 2017, 95.
258 AG Bad Hersfeld NZFam 2018, 414: Playstation.
259 Vgl. dazu Rake, FamRZ 2017, 1733.
260 Vgl. dazu Döll, FamRZ 2017, 1728.
261 Dazu Lack, FamRZ 2017, 1730.
262 OLG Frankfurt ZKJ 2018, 432; Götz, FamRZ 2017, 1725 (1727); vgl. die sehr weitgehende Rechtsprechung des AG Bad Hersfeld zum Umgang mit Messengerdiensten in FamRZ 2016, 2114 und ZKJ 2017, 282; zu Recht aber bei Umgang mit gewaltverherrlichenden Spielen AG Bad Hersfeld NZFam 2018, 414.

(dd) Störungen der Erziehungs- und Bindungskontinuität

639 Störungen der Erziehungs- und Bindungskontinuität im Leben des Kindes können in vielfältiger Weise zu einer Gefährdung seines Wohles führen. Meist sind sie verursacht durch **Erziehungsfehler oder sonstige Unzulänglichkeiten** in der Person der Erziehungsberechtigten,[263] wobei hier insbesondere in der Praxis auch **psychische Erkrankungen**[264] von Eltern eine große Rolle spielen. Entgegen weit verbreiteter Praxis stellen aber **Drogen- oder Alkoholsuchterkrankungen** von Eltern nur dann eine Gefahr für das Kind dar, wenn durch diese eine konkrete Gefahr für das Kind, z. B. infolge mangelnder Versorgung, Erziehung oder Zuwendung, besteht.[265]

Hierzu zählen auch Fälle, in denen die gewachsene Bindung zu einem Elternteil durch einen vom anderen Elternteil verweigerten Umgang (sog. **Umgangsboykott**) beeinträchtigt wird.[266] Die verfassungsrechtlichen Anforderungen für einen darauf gestützten Entzug der elterlichen Sorge sind hier jedoch sehr hoch anzusetzen, sodass im Regelfall ein Entzug der Personensorge nicht in Betracht kommt.[267] Ist wegen des **Herausgabeverlangens** der sorgeberechtigten Eltern gegenüber einer das Kind betreuenden Pflegeperson eine Gefährdung des Kindeswohls zu befürchten, ist vorrangig auf die Möglichkeit einer Verbleibensanordnung nach § 1632 Abs. 4 BGB abzustellen[268] (vgl. dazu Rn. 687 ff.). Schließlich zählen hierzu auch Fälle, in denen ein Sorgeberechtigter, z.B. wegen häufiger Umzüge und/oder Wechsel von Lebenspartnern, Lebenskontinuität für das Kind verhindert. Hinzukommen müssen bei **häufigem Partnerwechsel** aber auch Mängel in der Betreuung des Kindes.[269]

(ee) Störungen in der Persönlichkeitsentwicklung des Kindes

640 Zu kindeswohlgefährdenden Störungen in der **Persönlichkeitsentwicklung** kann es kommen, wenn Eltern die auch in § 1626 Abs. 2 BGB statuierte Pflicht verletzen, die Entwicklung des Kindes zu einer **selbstverantwortlichen und gemeinschaftsfähigen Persönlichkeit** zu ermöglichen und zu fördern. Dieses Ziel wird z. B. dann verfehlt, wenn das Kind infolge einer **symbiotischen Eltern-Kind-Beziehung** von der Außenwelt abgeschnitten wird.[270] Gerade bei älteren Kindern ist ein Mindestmaß an Teilhabe an Entscheidungen und Kontakten zur sozialen Außenwelt unverzichtbar. Hier haben – etwa bei Mädchen im geschlechtsreifen

---

263 Vgl. dazu die Übersicht bei BeckOK-BGB/Veit, § 1666 BGB Rn. 19.
264 OLG Karlsruhe NZFam 2017, 1132: Gefahr der Parentifizierung des Kindes; OLG Köln FF 2016, 150.
265 OLG Dresden Sozialrecht aktuell 2016, 167; OLG Schleswig ZKJ 2014, 330; OLG Hamm FamRZ 2013, 1989; Soergel/Plettenberg, § 1666 BGB Rn. 37.
266 Vgl. etwa OLG Frankfurt, Beschluss vom 28.3.2011, 2 UF 109/10, juris; Splitt, FF 2019, 94.
267 BVerfG ZKJ 2012, 250; BGH ZKJ 2012, 107; OLG Brandenburg FamFR 2013, 301; OLG Saarbrücken ZKJ 2012, 115; OLG Frankfurt FamRZ 2014, 396; vgl. dazu auch Heilmann, ZKJ 2012, 105.
268 BVerfG FamRZ 1989, 145; FamRZ 2017, 1577; BGH FamRZ 2014, 543; OLG Frankfurt DAVorm 2000, 1014.
269 OLG Frankfurt FamRZ 2003, 1317.
270 BVerfG FamRZ 2014, 1270; AG Moers ZfJ 1986, 13; BeckOK-BGB/Veit, § 1666 BGB Rn. 18.

Alter – auch **kulturelle oder religiös motivierte Anschauungen** zurückzutreten.[271] Hierzu zählen aber auch **Defizite der Eltern** in der **nötigen Erziehung,** die ggf. auch **sucht- oder krankheitsbedingt** sein können,[272] und in der **emotionalen Zuwendung** gegenüber dem Kind.[273] Immer mehr werden auch Fragen der **Intersexualität von Kindern** und Jugendlichen relevant, z.B. bei der Frage der Kindeswohlgefährdung durch eine hormonelle Behandlung vor einer Entscheidung über den Antrag nach dem TranssexuellenG.[274]

d) Rechtsfolgen

Soweit die Tatbestandsvoraussetzungen von § 1666 Abs. 1 BGB erfüllt sind, hat das Familiengericht die Maßnahmen zu treffen, die zur Abwendung der Gefahr erforderlich sind. Schutzmaßnahmen, wie z.B. Weisungen im Bereich der Gesundheitssorge, können dabei auch bereits **vor der Geburt** des Kindes getroffen werden, nicht allerdings der Entzug des Sorgerechts.[275] Insoweit kann auch dem noch nicht geborenen Kind ein Verfahrensbeistand bestellt werden.[276]

641

§ 1666 Abs. 3 BGB nennt als mögliche Schutzmaßnahmen – nicht abschließend[277] – folgende mögliche Anordnungen:

- Nr. 1: **Gebote**, die gem. §§ 11 bis 40 SGB VIII zur Verfügung stehenden **Leistungen der Jugendhilfe oder der Gesundheitsfürsorge anzunehmen**. Das Familiengericht kann das **Jugendamt** aber nach h. M. **nicht** zur Erbringung solcher Leistungen **verpflichten**.[278] Das führt in der Praxis zu Problemen, wenn das Familiengericht im Hinblick auf den Verhältnismäßigkeitsgrundsatz eine bestimmte Leistung der Jugendhilfe zur Gefahrenabwehr als geeignet ansieht, das Jugendamt diese aber (z.B. wegen fehlender Finanzierung) nicht zur Verfügung stellen kann oder will. Gleichwohl fordert das BVerfG in diesen Fällen auch bei Verweigerung des Jugendamtes eine eigenverantwortliche Prüfung der Geeignetheit von Maßnahmen der Kinder- und Jugendhilfe durch die Familiengerichte (vgl. oben Rn. 633).

- Nr. 2: **Gebote**, für die **Einhaltung der Schulpflicht** zu sorgen. Hier kommen insbesondere Weisungen gegenüber den Eltern, für die Einhaltung der Schulpflicht zu sorgen, in Betracht. Kündigen die Eltern allerdings an, solche Gebote

---

271 Ausführlich Staudinger/Coester, § 1666 Rn. 160 ff., etwa auch zu Fällen der Zwangsverheiratung von Kindern.
272 BVerfG ZfJ 2000, 475; zur ggf. erforderlichen Begutachtung psychisch gestörter Eltern Wiedemann, ZKJ 2013, 6.
273 OLG Saarbrücken FamRZ 2010, 746.
274 Vgl. OLG Dresden ZKJ 2018, 149 = FamRZ 2018, 32: Vorläufiger Sorgerechtsentzug.
275 OLG Frankfurt ZKJ 2017, 381; Staudinger/Coester, § 1666 BGB Rn. 22 ff.
276 AG Bad Iburg ZKJ 2017, 383.
277 BGH FamRZ 2017, 212.
278 OVG Lüneburg JAmt 2012, 271; Meysen, NZFam 2016, 580; Palandt/Götz, § 1666 BGB Rn. 39; zu diesem traditionellen Konfliktfall zwischen Jugendamt und Familiengericht ausführlich Sommer, Das Verhältnis von Familiengericht und Jugendamt, S. 156 ff. und Heilmann/Dürbeck, § 36a SGB VIII Rn. 1 ff.; offengelassen von BVerfG ZKJ 2014, 242.

nicht umsetzen zu wollen, kann dies die Notwendigkeit für einen unmittelbaren Eingriff in das Sorgerecht nach § 1666 Abs. 3 Nr. 6 BGB begründen.[279]

- Nr. 3: **Verbote** – gemäß § 1666 Abs. 4 BGB auch an **Dritte** (z.B. Lebensgefährte der Mutter) gerichtet – die **Wohnung zu benutzen** (sog. **Go-Order**) oder sich an Orten aufzuhalten, an denen sich das Kind regelmäßig aufhält. Ein solches Verbot hätte in Verbindung mit einem Kontaktverbot nach Nr. 4 auch in dem Breisgauer Missbrauchsfall gegenüber dem pädophilen Lebensgefährten der Kindesmutter angeordnet werden können.[280] § 1666 Abs. 3 Nr. 3 und 4 BGB sind insoweit in Bezug auf das Verhältnis Eltern-Kind **vorrangig gegenüber § 1 GewSchG** (vgl. § 3 GewSchG).[281] Mit § 1666 Abs. 3 BGB können jedoch die gleichen Maßnahmen wie nach § 1 GewSchG, also auch ein Wohnungsbetretensverbot oder das Verbot eines Kontakts des Kindes mit dem Lebensgefährten der Mutter,[282] getroffen werden.[283] Ist allerdings das **Kind Täter** gegenüber einem Elternteil, kommt § 1 GewSchG zur Anwendung.[284] Kontakt- und Näherungsverbote gegenüber Lebenspartnern und damit verbundenen Weisungen gegenüber dem betreffenden Elternteil kommen vor allem dann in Betracht, wenn von Ersterem die Gefahr einer körperlichen Misshandlung oder eines sexuellen Missbrauchs des Kindes ausgeht.[285] Ist es aus Kindeswohlgesichtspunkten geboten, gegen einen nichtsorgeberechtigten Elternteil ein Kontaktaufnahme- bzw. Näherungsverbot zu verhängen, ergibt sich die Ermächtigungsgrundlage hierfür weder aus dem Gewaltschutzgesetz noch aus § 1666 BGB, sondern aus § 1684 Abs. 4 BGB, da es sich um eine Ausgestaltung des (ausgeschlossenen) Umgangs handelt (zum Gewaltschutz vor nichtsorgeberechtigten Eltern siehe auch Rn. 644).[286]

- Nr. 4: **Kontaktverbote** mit dem Kind (vgl. oben zu Nr. 3).

- Nr. 5: **Ersetzung von Erklärungen** des Inhabers der elterlichen Sorge, insbesondere **Einwilligung in die Begutachtung oder Therapie des Kindes,**[287] oder die notwendige Erklärung zur Inanspruchnahme öffentlicher Hilfen: Ersetzt werden kann auch die Zustimmung der Eltern zur Erteilung einer Schweigepflichtentbindungserklärung gegenüber Dritten (wie z.B. Ärzte, Therapeuten des Kindes) im Rahmen der Begutachtung durch einen Sachverständigen[288]

---

279 OLG Frankfurt BeckRS 2013, 16988; Soergel/Plettenberg, § 1666 BGB Rn. 46.
280 Vgl. Salgo, ZKJ 2018, 168 zu den Entscheidungen des AG Freiburg ZKJ 2018, 187 und OLG Karlsruhe ZKJ 2018, 188; abgelehnt aber von BGH FamRZ 2019, 598 im dortigen Fall.
281 OLG Bamberg FamRZ 2012, 459; Heilmann/Cirullies, § 1666 BGB Rn. 47.
282 BGH FamRZ 2017, 212.
283 Cirullies/Cirullies, Rn. 350; Palandt/Götz, § 1666 BGB Rn. 36.
284 Johannsen/Henrich/Götz, § 3 GewSchG Rn. 7.
285 BGH ZKJ 2017, 108; OLG Brandenburg FamRZ 2016, 1282 (dort verneint).
286 OLG Frankfurt ZKJ 2013, 298; Staudinger/Dürbeck, § 1684 BGB Rn. 335; für Anwendung von § 1666 Abs. 3 Nr. 3 und 4 BGB: Heilmann/Cirullies, § 1666 BGB Rn. 13.
287 BVerfG NJW 2011, 1661; OLG Brandenburg FamRZ 2018, 829.
288 OLG Schleswig FamRZ 2018, 109; Heilmann/Heilmann, § 163 FamFG Rn. 42.

oder zur Teilnahme eines Kindes an der Begutachtung selbst.[289] Ebenso kann eine Entscheidung in Bezug auf eine erforderliche ärztliche Maßnahme für das Kind, z. B. die Durchführung einer Chemotherapie[290], ersetzt werden.

- Nr. 6: die **teilweise oder vollständige Entziehung der elterlichen Sorge.**

  Als **sonstige,** nicht in § 1666 Abs. 3 ausdrücklich genannte **Maßnahmen,** können in Betracht kommen der **Nachweis der Erfüllung bestimmter Auflagen** oder Weisungen gegenüber dem Jugendamt,[291] Ermahnungen, Verwarnungen oder Verbote.[292] An einen Elternteil gerichtete Auflagen, an **einer Therapie teilzunehmen,** sind jedoch mangels Bestehens einer Rechtsgrundlage unzulässig.[293] Zulässig sind aber Auflagen, dem Kind eine Therapie zu ermöglichen.[294]

Bei der Auswahl der Maßnahmen hat das Familiengericht den **Verhältnismäßigkeitsgrundsatz** zu beachten, § 1666a Abs. 1 Satz 1 und Abs. 3 BGB (zu den strengen Anforderungen s.o. Rn. 633).[295] Ein vollständiger oder teilweiser Entzug der elterlichen Sorge, verbunden mit der Trennung des Kindes von seinen Eltern, darf nur erfolgen, wenn alle anderen möglichen Maßnahmen, insbesondere öffentliche Hilfen nach dem SGB VIII, entweder vergeblich versucht wurden oder sicher voraussehbar ist, dass sie zur Abwendung der Gefahren für das Kind nicht ausreichend sind, z.B. weil die Eltern bereits in der Vergangenheit nicht mit dem Jugendamt kooperiert haben. Auch die Schwere der Verfehlung der Eltern oder die fortdauernde Beeinträchtigung des Erziehungsdefizits (*z.B. der Drogensucht*) kann andere mildere Maßnahmen als die Trennung des Kindes von seinen Eltern als aussichtslos erscheinen lassen. Von mehreren geeigneten Maßnahmen ist diejenige zu wählen, die am **wenigsten** in das Elternrecht eingreift. Auch die Dauer der Maßnahme ist unter Beachtung des Verhältnismäßigkeitsgrundsatzes zu bestimmen.

642

Die Prüfung der Verhältnismäßigkeit als Ausfluss des Rechtsstaatsprinzips (Art. 20 Abs. 1 GG) und der Begrenzung von staatlichen Grundrechtseingriffen beinhaltet **drei Stufen**:[296]

(1) Die getroffene Maßnahme muss **geeignet** sein, der Gefährdung des Kindeswohls entgegenzutreten. Geeignet sind nur **effektive** Maßnahmen.

(2) Sie muss weiter **erforderlich** sein. Das bedeutet, dass innerhalb des Spektrums von geeigneten Maßnahmen diejenige zu wählen ist, die am wenigstens in das Elternrecht nach Art. 6 GG eingreift **(Gebot des geringstmöglichen Eingriffes).**

---

289 BGH FamRZ 2010, 720; OLG Bremen FamRZ 2014, 1376; OLG Hamm NZFam 2014, 810; Prütting/Helms/Hammer, § 163 FamFG Rn. 22.
290 OLG Naumburg VersR 2014, 507.
291 Ernst, FPR 2008, 602.
292 Vgl. die Beispiele bei Palandt/Götz, § 1666 BGB Rn. 45.
293 BVerfG NJW 2011, 1661; OLG Brandenburg FamRZ 2017, 966.
294 BVerfG ZKJ 2011, 133; FamRZ 2012, 1227; Heilmann/Cirullies, § 1666 BGB Rn. 62.
295 Vgl. BVerfG NJW 1982, 1379.
296 BVerfGE 24, 119.

(3) Sie muss **verhältnismäßig im engeren Sinn sein, d.h.**, auch die „erforderliche" Maßnahme in vorstehendem Sinn ist noch einmal **abzuwägen** gegen das mit dem vorgesehenen Eingriff verbundene Schadenspotenzial einerseits und die Risiken für das Kind bei Nichteingriff andererseits.

Ist der Entzug der elterlichen Sorge als **Ultima Ratio** dennoch unverzichtbar, so verlangt § 1666a Abs. 3 BGB eine Prüfung dahin, ob zur Abwendung der Gefahr es ausreicht, nur Teilbereiche des Sorgerechts zu entziehen. Bei der Unterbringung des Kindes in einer Pflegefamilie wird es aber im Regelfall nicht ausreichend sein, den Eltern lediglich das Aufenthaltsbestimmungsrecht zu entziehen, da dies zu erheblichen Problemen bei der Hilfegewährung nach §§ 27, 33 SGB VIII führen kann und die Entscheidungsbefugnisse der Pflegepersonen (§ 1688 BGB) im Bereich der Alltagssorge nicht hinreichend sind.[297]

Im Übrigen ist § 1666 BGB gegenüber § 1671 Abs. 1 und 2 BGB nachrangig, wenn von dem anderen Elternteil keine Gefahr für das Kind ausgeht (sonst § 1671 Abs. 4 BGB) und im Übrigen die weiteren Voraussetzungen von § 1671 BGB (Antrag, Kindeswohldienlichkeit) vorliegen.[298]

e) Vormundschaft/Pflegschaft

643 Entzieht das Familiengericht gemäß § 1666 Abs. 3 Nr. 6 BGB beiden sorgeberechtigten Eltern (ggf. auch vorläufig durch einstweilige Anordnung nach §§ 49 ff. FamFG) das Sorgerecht, so ist nach § 1773 BGB ein **Vormund** zu bestellen. Wird nur ein Teilbereich der elterlichen Sorge entzogen, so ist ein **Ergänzungspfleger** (§ 1909 BGB) für die betroffenen Bereiche zu bestellen.[299] Bei der Auswahl des Vormunds (§ 1779 BGB) oder Pflegers hat das Familiengericht als milderes Mittel **vorrangig Verwandte** zu berücksichtigen, § 1779 Abs. 2 Satz 2 BGB.[300] Dies gilt aber nur dann, wenn sie, insbesondere zur Abwendung der Gefahr, auch **geeignet** sind.[301] Diese Einschränkung gilt auch für den Verfahrensbeistand, der die Vormundschaft ehrenamtlich übernehmen will.[302] Geht von den betroffenen Eltern eine Gefahr für das Kind aus (**z.B. wegen vorangegangener Misshandlungen**) und distanzieren sich die betreffenden Verwandten nicht von den Eltern, so kommen z.B. die Großeltern als Vormund im Regelfall nicht in Betracht. Stehen von den in § 1779 Abs. 2 Satz 2 BGB genannten Personen keine geeigneten oder bereiten zur Verfügung, so ist – wie in der Praxis zumeist – das **Jugendamt als Amtsvormund** nach § 1791b BGB zu bestellen.[303] Innerhalb des Jugendamts wird die Ausübung der Vormundschaft auf einen einzelnen Mitarbeiter nach § 55 Abs. 2

---

297 Vgl. Staudinger/Salgo, § 1631 BGB Rn. 58a.
298 OLG Frankfurt FamFR 2012, 359; Heilmann/Cirullies, § 1666 BGB Rn. 6.
299 Zum Verfahren bei der Bestellung und Auswahl: Oberloskamp/Dürbeck, Vormundschaft, § 3 Rn. 168 ff.
300 BVerfG ZKJ 2015, 70; ZKJ 2014, 435; FamRZ 2014, 1843; ZKJ 2012, 306; FamRZ 2009, 291.
301 OLG Düsseldorf FamRB 2019, 143.
302 BVerfG JAmt 2018, 574: Ablehnung durch Mutter und Kind.
303 Vgl. zur Kritik an Ausgestaltung und Handhabung der Amtsvormundschaft: Salgo/Zenz, FamRZ 2009, 1378.

SGB VIII übertragen.³⁰⁴ Ein Vorrang der Vereins- oder Berufsvormundschaft gegenüber der Amtsvormundschaft besteht für das Familiengericht nicht.³⁰⁵

Lebt das Kind in einer Pflegefamilie, so sollten vorrangig seine Pflegepersonen ausgewählt werden, auf was der Verfahrensbeistand hinweisen sollte. Ein im Sorgerechtsverfahren tätiger Verfahrensbeistand, der das Amt des Vormunds ehrenamtlich übernehmen möchte, wird trotz des Vorrangs der Einzelvormundschaft nicht auszuwählen sein, wenn er infolge der ablehnenden Haltung des Kindes und seiner Eltern nicht als geeignet angesehen werden kann.³⁰⁶

Ist bei gemeinsamem Sorgerecht nur einem Elternteil das Sorgerecht entzogen worden, so kommt es gemäß § 1680 Abs. 3 und 1 BGB zur alleinigen elterlichen Sorge des anderen Elternteils. Wurde dem allein sorgeberechtigten Elternteil das Sorgerecht entzogen, so hat das Familiengericht nach § 1680 Abs. 2 BGB die elterliche Sorge dem anderen Elternteil zu übertragen, § 1680 Abs. 3 und 2 BGB, wenn dies dem Wohl des Kindes nicht widerspricht, ansonsten einen Vormund zu bestellen.

f) Gewaltschutz vor nichtsorgeberechtigten Eltern

Kommt es **nach** dem Entzug der elterlichen Sorge zu (kindeswohlgefährdenden) Handlungen eines Elternteils gegenüber dem Kind, die unter § 1 GewSchG fallen, z.B. **Stalking** gegenüber dem in einer Pflegefamilie lebenden Kind (§ 1 Abs. 2 Nr. 2 GewSchG), so stellt sich die Frage, ob angesichts der Bestimmung des § 3 GewSchG, wonach im Verhältnis des verletzten Kindes zu seinen Eltern **vorrangig die sorgerechtlichen Bestimmungen** gelten sollen, der Vormund für das Kind eine Anordnung nach § 1 GewSchG beim Familiengericht beantragen kann. Nach einer in der Literatur vertretenen Meinung wird dies bejaht, da § 3 GewSchG nur in Bezug auf Gewalt durch sorgeberechtigte Eltern die sorgerechtlichen Vorschriften für vorrangig erkläre.³⁰⁷ Nach zutreffender Auffassung gilt § 3 GewSchG aber auch in Gewalt- und Stalkingfällen i.S.d. § 1 GewSchG durch nichtsorgeberechtigte Eltern, sodass Schutzmaßnahmen in Form von **Näherungs- und Kontaktaufnahmeverboten** zugunsten des Kindes (auch von Amts wegen) nach dem hier einschlägigen **§ 1684 Abs. 4 BGB** ergehen können.³⁰⁸

644

7. Abänderung von sorgerechtlichen Gerichtsentscheidungen

Da Sorgerechtsänderungen nicht in materielle Rechtskraft erwachsen, können sie nachträglich geändert werden, und zwar auch dann, wenn sie sich als von Anfang an unrichtig herausstellen.³⁰⁹ In materiell-rechtlicher Hinsicht besteht mit § 1696

645

---

304 Vgl. dazu Wiesner/Walther, § 55 SGB VIII Rn. 78 ff.; Heilmann/Dürbeck, § 55 SGB VIII Rn. 7 ff.
305 OLG Schleswig ZKJ 2016, 303; OLG Celle ZKJ 2016, 135; Heilmann/Dürbeck, § 1779 BGB Rn. 4.
306 BVerfG FamRZ 2018, 1092.
307 Johannsen/Henrich/Götz, § 3 GewSchG Rn. 3.
308 OLG Frankfurt ZKJ 2019, 309; ZKJ 2013, 298; Staudinger/Dürbeck, § 1684 BGB Rn. 335; für Anwendung von § 1666 Abs. 3 Nr. 3 und 4 BGB: Heilmann/Cirullies, § 1666 BGB Rn. 13.
309 OLG Rostock OLGR 2007, 184; Fröschle, Rn. 324; zur Frage der Rechtskraft: BGH NJW-RR 1986, 1130.

BGB eine Abänderungsnorm, die weder systematisch noch rechtspolitisch geglückt ist.[310] Sie wird in verfahrensrechtlicher Hinsicht ergänzt durch § 166 FamFG.[311]

646 Nach § 1696 Abs. 1 Satz 1 BGB kann eine Entscheidung zum Sorge- und Umgangsrecht (vgl. Rn. 685) abgeändert werden, wenn dies aus **triftigen, das Wohl des Kindes nachhaltig berührenden Gründen** angezeigt ist, es reicht also insoweit für eine Abänderung nicht, dass sie dem Kindeswohl entspricht. Diese **hohe Schwelle** für die Abänderung bereits getroffener Sorgeentscheidungen beruht auf dem Bedürfnis, die **Stabilität von Gerichtsentscheidungen** zu sichern und auch **für das Kind kontinuierliche und stabile Verhältnisse** zu schaffen.[312]

647 Nicht erfasst von § 1696 Abs. 1 Satz 1 BGB werden Fälle der Abänderung von gemeinsamer elterlicher Sorge nicht miteinander verheirateter Eltern, die auf **Sorgeerklärungen nach § 1626a Abs. 1 Nr. 1 BGB** beruhen, hier gelten vielmehr § 1671 Abs. 1 Nr. 1 und 2 BGB. Auch soweit Sorgeerklärungen der Eltern vor dem Familiengericht abgegeben worden sind und vom Familiengericht – ohne rechtliche Notwendigkeit, vgl. §§ 156 Abs. 2 FamFG – „gebilligt" wurden, greift § 1696 Abs. 1 BGB nicht.[313] Spezialregelungen bestehen im Übrigen in §§ 1678 Abs. 2, 1680 Abs. 2, 1681 Abs. 1 und 2 BGB (vgl. § 1696 Abs. 1 Satz 3 BGB). Schließlich bestimmt § 1696 Abs. 1 Satz 2 BGB, dass auch **gerichtliche Sorgeentscheidungen nach § 1626a Abs. 2 BGB** (vgl. Rn. 623 ff.) nach Maßgabe von § 1671 Abs. 1 BGB abgeändert werden sollen, was zumindest hinsichtlich für nach § 1626a Abs. 2 Satz 2 BGB getroffenen Entscheidungen fragwürdig ist.[314] § 1696 Abs. 1 Satz 1 BGB gilt im Übrigen nach zutreffender Auffassung auch für die Abänderung von Entscheidungen, die einen **Antrag auf eine Sorgerechtsregelung zurückgewiesen** haben.[315] Für die Abänderung im Wege **einstweiliger Anordnung** (§§ 49 ff. FamFG) getroffener Regelungen zum Sorgerecht gilt § 1696 BGB nicht, sondern der speziellere § 54 FamFG.[316]

648 Soweit beide (verheirateten) Eltern bei einer vorangegangenen Entscheidung nach § 1671 Abs. 1 BGB darin **übereinstimmen,** die alleinige Sorge aufzulösen und **gemeinsame Sorge zu begründen,** ist aufgrund des Vorrangs der **Elternautonomie** der **Elternkonsens** stets ein triftiger Abänderungsgrund und ihm kommt bei der Entscheidung nach § 1696 Abs. 1 Satz 1 BGB indizielle Bedeutung zu.[317] § 1671 Abs. 1 BGB ist im Übrigen vorrangige Spezialvorschrift gegenüber § 1696 BGB, wenn die (verheirateten oder geschiedenen) Eltern bei vorangegangener ge-

---

310 Zur Kritik Staudinger/Coester, § 1696 BGB Rn. 4 ff.
311 Ausführlich Bartels, FF 2019, 77.
312 Coester, FamRZ 2012, 1337 (1340); zur Vereinbarkeit mit der EMRK: EGMR FamRZ 2013, 431.
313 BGH FamRZ 2011, 796.
314 Zur Kritik Dürbeck, ZKJ 2013, 330 (335).
315 KG FamRZ 2011, 122; Heilmann/Gottschalk, § 1696 BGB Rn. 9; Fröschle, Rn. 333; a.A.: OLG Oldenburg NJW-Spezial 2019, 70; AG Ludwigslust FamRZ 2006, 501; Staudinger/Coester, § 1696 Rn. 35 und 55; Völker/Clausius, § 3 Rn. 6, die § 1671 BGB anwenden wollen.
316 OLG Hamm FamRZ 2018, 830; Prütting/Helms/Dürbeck, § 54 FamFG Rn. 2.
317 Heilmann, NJW 2013, 1473 (1478); Fröschle, Rn. 338.

richtlicher Begründung gemeinsamer Sorge **zur alleinigen Sorge zurückkehren** wollen.[318]

Bei nicht miteinander verheirateten Eltern gilt, dass bei **vorausgegangener Ablehnung des Antrages des Vaters** auf Begründung gemeinsamer Sorge nach § 1626a Abs. 2 Satz 2 BGB ein **erneuter Antrag des Vaters** auf Begründung der gemeinsamen Sorge an § 1696 Abs. 1 Satz 1 BGB gemessen werden sollte.[319] Begehrt der Vater dagegen im Abänderungsverfahren die **alleinige elterliche Sorge,** gilt § 1671 Abs. 2 BGB und nicht § 1696 Abs. 1 Satz 1 BGB.[320] § 1696 Abs. 1 BGB gilt dagegen, wenn nach vorausgegangener Entscheidung nach § 1671 Abs. 2 BGB (Übertragung des alleinigen Sorgerechts auf den Vater) die Mutter des nicht ehelichen Kindes die gemeinsame (oder alleinige) Sorge begehrt. Hat das Familiengericht aufgrund der **Übergangsregelung des BVerfG** zur Teilhabe des Vaters eines nicht ehelichen Kindes am Sorgerecht[321] (vgl. Rn. 620) das gemeinsame Sorgerecht der Eltern begründet, so ist auf einen von der Mutter gestellten Antrag auf **Wiederherstellung ihres alleinigen Sorgerechts** § 1696 Abs. 1 Satz 1 BGB anwendbar, weil der Ausschluss des § 1696 Abs. 1 Satz 2 BGB hier nicht gilt.[322]

649

Soweit § 1696 Abs. 1 Satz 1 BGB in den verbleibenden Fällen anzuwenden ist, muss die begehrte Abänderung nicht nur dem Kindeswohl dienen, sondern aus **triftigen,** das Wohl des Kindes nachhaltig berührenden **Gründen** angezeigt sein. Solche triftigen Gründe können etwa auf einer **Änderung der Rechtslage**[323] oder auf **geänderten tatsächlichen Umständen** beruhen. Allein der Wunsch eines Elternteiles zur Abänderung der Entscheidung genügt nicht.[324] Solche Umstände können in einer **Veränderung der sozialen Beziehung der Eltern** zueinander (*Stichwort: Kooperation der Eltern*), in einseitiger Veränderung der **Betreuungssituation** oder in sonstigen Lebensumständen wie **Wiederverheiratung, Umzug, Auswanderung** oder **Krankheit** liegen.[325] Auch Veränderungen auf der Ebene des **Umgangsrechts** (z.B. Umgangsboykott, vgl. Rn. 666)[326] können einen Abänderungsgrund darstellen, hier ist aber zunächst die Vollstreckung der Umgangsregelung nach §§ 89 ff. FamFG (Ordnungsmittel) durchzuführen.[327] Schließlich kann auch ein **geänderter Kindeswille** die Abänderung rechtfertigen,[328] wobei hier die Frage seiner **Beeinflussung** von besonderer Bedeutung ist.

650

---

318 OLG Hamm FamRZ 2007, 757; Heilmann, NJW 2013, 1473 (1478); Dürbeck, ZKJ 2013, 330 (335); Coester, FamRZ 2012, 1337 (1340).
319 Dürbeck, ZKJ 2013, 330 (335), vgl. Staudinger/Coester, § 1671 BGB Rn. 27 ff.
320 Heilmann, NJW 2013, 1473 (1478).
321 BVerfG FamRZ 2010, 1403.
322 OLG Frankfurt FamRZ 2014, 317.
323 BVerfG FamRZ 1982, 1179; 2005, 783.
324 Johannsen/Henrich/Büte, § 1696 BGB Rn. 21.
325 Weitere Beispiele bei Heilmann/Gottschalk, § 1696 BGB Rn. 21.
326 OLG München FamRZ 1997, 45.
327 BGH NJW-RR 1986, 1264.
328 OLG Brandenburg FamRZ 2010, 911 und 1993; vgl. aber auch OLG Hamm FPR 2002, 270 und FamRZ 2005, 746; Palandt/Götz, § 1696 BGB Rn. 21.

Auch behauptete Verfehlungen gegenüber dem Kind (z.B. sexueller Missbrauch, körperliche Misshandlung) können Gründe für eine geänderte Sorgerechtsverteilung liefern, wobei hier jedoch § 1666 BGB vorrangig ist.[329]

651 Soweit die abzuändernde Entscheidung eine **Maßnahme nach § 1666 BGB** betrifft, gilt die Sonderregelung des § 1696 Abs. 2 BGB. Eine dem Grundsatz der Verhältnismäßigkeit im besonderen Maße unterliegende Entscheidung, mit der nach § 1666 BGB in das elterliche Sorgerecht eingegriffen wurde, ist – von Amts wegen – aufzuheben, wenn eine **Gefahr für das Kindeswohl nicht mehr besteht** oder die **Erforderlichkeit der Maßnahme entfallen** ist. Diese materiell-rechtliche Regelung wird verfahrensrechtlich unterstützt durch § 166 Abs. 2 FamFG, wonach eine Regelüberprüfung von Entscheidungen nach § 1666 BGB für das Familiengericht obligatorisch ist.[330] § 166 Abs. 3 FamFG verlangt darüber hinaus eine Überprüfung von Entscheidungen, wonach von Maßnahmen nach § 1666 BGB abgesehen wurde. Es kommt bei der Anwendung von § 1696 Abs. 2 BGB nicht darauf an, ob eine ursprünglich bei der Anordnung einer Maßnahme nach § 1666 BGB vorhandene Gefahr für das Kind in Wegfall geraten ist (z.B. durch die Wiederherstellung eines Erziehungsdefizits bei einem Elternteil), es ist bei der Gefahreneinschätzung vielmehr auf den gegenwärtigen Zeitpunkt der Entscheidung abzustellen, sodass auch eine für das Kind mit der Herausnahme aus seiner Pflegefamilie verbundene Gefahr für sein körperliches oder seelisches Wohl mit zu berücksichtigen ist.[331] In letzterem Fall kann z.B. auch eine Verbleibensanordnung nach § 1632 Abs. 4 BGB in Betracht zu ziehen sein (vgl. Rn. 687 ff.).

III. Umgangs- und Auskunftsrecht

1. Elterliches Umgangsrecht

a) Rechtsnatur

652 Das Umgangsrecht eines Elternteiles steht wie die elterliche Sorge unter dem Schutz des Art. 6 Abs. 2 Satz 1 GG[332] und im Bereich der EMRK unter dem Schutz von Art. 8 Abs. 1 EMRK.[333] Es hat insoweit neben dem Sorgerecht eine **eigenständige Rechtsposition.**[334] Das Umgangsrecht ist ein absolutes Recht i.S.d. § 823 Abs. 1 BGB.[335] Seine Verletzung kann zu Schadensersatzansprüchen nach § 823 Abs. 1 und § 280 Abs. 1 BGB (gesetzliches Schuldverhältnis) führen.[336] Seine Bedeutung erlangt es in den meisten Fällen dadurch, dass vor dem Hintergrund des Getrenntlebens der Eltern ein hinreichender sozialer Kontakt auch zwischen dem

---

329 Heilmann/Gottschalk, § 1696 BGB Rn. 14.
330 Der EGMR fordert mindestens jährliche Überprüfung, vgl. FamRZ 2011, 1484.
331 BVerfGE 88, 187.
332 BVerfGE 31, 194.
333 EGMR FamRZ 2011, 1125; NLMR 2016, 436.
334 BVerfG FamRZ 1989, 1159; 2004, 1166.
335 RGZ 141, 320; BGH FamRZ 2002, 1099.
336 BGH FamRZ 2002, 1099; OLG Bremen ZKJ 2018, 103; KG FamRZ 2018, 270; OLG Frankfurt FamRZ 2016, 387; OLG Köln FamRZ 2015, 151.

Kind und dem nicht überwiegend betreuenden Elternteil gewährleistet sein soll (vgl. § 1626 Abs. 3 Satz 1 BGB). Es kann aber auch dann – für beide Elternteile gleichermaßen – zur Geltung kommen, wenn das Kind, z.B. nach erfolgtem Sorgerechtsentzug, nicht mehr bei den Eltern lebt.[337] Das Umgangsrecht soll im Übrigen nach seinem traditionellen Verständnis dem umgangsberechtigten Elternteil ermöglichen, sich von dem körperlichen und geistigen Befinden des Kindes und seiner Entwicklung durch persönliche Begegnungen und Gespräche fortlaufend zu überzeugen und insoweit auch wechselseitigen emotionalen Bedürfnissen Rechnung tragen.[338] Mit der umgangsrechtlichen Anerkennung des Wechselmodells durch den BGH[339] (unten Rn. 654) ist dieser ursprüngliche Zweck des Umgangsrechts aber gegenwärtig nur noch als Mindestgarantie zu verstehen, da es im Einzelfall auch dazu geeignet ist (jedenfalls bei gemeinsamer elterlicher Sorge), eine Mitbetreuung des Kindes bis hin zu einem paritätischen Verhältnis zu ermöglichen. Zu weitgehend ist aber die Ansicht des KG, dass es § 1684 BGB auch erlaube, das elterliche Betreuungsmodell durch eine Umgangsregelung dahin abzuändern, dass das Kind seinen Lebensmittelpunkt nunmehr im Haushalt des vormals umgangsberechtigten Elternteils hat.[340]

Der Elternteil, bei dem das Kind überwiegend lebt, muss im Übrigen den persönlichen Umgang des Kindes mit dem anderen Elternteil **fördern**[341] (vgl. § 1684 Abs. 2 BGB). Das Umgangsrecht ist aber auch – weil auch das **Kind als Grundrechtsträger ein Recht zum Umgang** mit beiden Elternteilen hat[342] – **Recht und Pflicht beider Eltern** zugleich (vgl. § 1684 Abs. 1 BGB). Das elterliche Umgangsrecht knüpft dabei grundsätzlich an die **abstammungsrechtliche Elternschaft** i.S.d. §§ 1591 ff. BGB an. Umgangsrechte des **sozialen Vaters** (§ 1685 Abs. 2 BGB) oder des **biologischen Vaters** (§ 1686a BGB) sind von schwächerer Bedeutung als das Umgangsrecht des rechtlichen Vaters, wie ein Vergleich der Kindeswohlvoraussetzungen der genannten Normen belegt. **Nach einer Adoption** verlieren die leiblichen Eltern ihren rechtlichen Elternstatus (vgl. § 1755 Abs. 1 BGB). Ob hier noch ein Umgangsrecht nach § 1685 Abs. 2 BGB in Betracht kommen kann, ist umstritten (vgl. Rn. 679). Gemäß § 1684 Abs. 2 BGB haben beide Elternteile alles zu unterlassen, was das Verhältnis zum jeweils anderen Elternteil beeinträchtigt (sog. **Wohlverhaltensgebot**). Können sich Eltern über die Frage und Ausgestaltung des Umgangs nicht einigen, müssen die Familiengerichte sich um eine **Konkordanz** der kollidierenden Rechte der Eltern und des Kindes bemühen.[343] Hier kommt naturgemäß auch dem Verfahrensbeistand bei der Wahrnehmung der Rechte des Kindes eine vermittelnde Funktion zu, die er bei Bestellung mit dem erweiterten Aufgabenkreis des § 158 Abs. 4 Satz 3 FamFG ohnehin hat.

653

---

337 BVerfG ZKJ 2013, 120.
338 BVerfGE 31, 194 (206); BGH FamRZ 1965, 130.
339 BGH ZKJ 2017, 190.
340 KG ZKJ 2018, 374.
341 BVerfG ZKJ 2013, 162; OLG Saarbrücken ZKJ 2015, 117.
342 BVerfG FamRZ 2008, 845; Horndasch, FPR 2012, 208.
343 BVerfG FamRZ 1993, 662; ZKJ 2015, 319; EGMR NJW 2004, 3397.

Aus Art. 6 und 8 EMRK leitet der EGMR auch einen Anspruch ab, dass in einer **angemessenen Frist** von den Gerichten über das Umgangsrecht entschieden wird[344] (zum allgemeinen Beschleunigungsgebot in Kindschaftssachen nach § 155 FamFG und zu den Beschleunigungsrechtsbehelfen nach §§ 155b, c FamFG vgl. Rn. 1527 ff.). Eine (längere) **Einschränkung** oder gar ein gänzlicher **Ausschluss des elterlichen Umgangsrechts** ist nach § 1684 Abs. 4 Satz 2 BGB nur dann rechtlich zulässig, wenn der Schutz des Kindes es erfordert, eine **Gefahr für sein Wohl** abzuwehren.[345] Begehrt das Kind vor dem Familiengericht eine Regelung seines eigenen Umgangsrechts, kann dieser Anspruch des Kindes – entgegen der Ansicht des Bundesgerichtshofs zur früheren Rechtslage[346] – auch von dem allein sorgeberechtigten Elternteil im eigenen Namen geltend gemacht werden und nicht ausschließlich von dem Kind, vertreten durch den allein sorgeberechtigten Elternteil,[347] weil es sich bei Umgangsverfahren um Amtsverfahren i.S.d. § 24 FamFG handelt.[348] Das nach § 9 Abs. 1 Nr. 3 FamFG in diesem Ausnahmefall selbst verfahrensfähige Kind kann ebenfalls selbst die Regelung seines Umgangsrechts anregen.[349]

b) Gestaltung der Kindesbetreuung nach Trennung der Eltern – Wechselmodell

654 Nach der (auch räumlichen) Trennung der Eltern stellt sich naturgemäß auch die Frage, in wessen Haushalt das gemeinsame Kind seinen gewöhnlichen Aufenthalt haben soll. Die Entscheidungsbefugnis folgt insoweit aus dem Sorgerecht, hier insbesondere dem Aufenthaltsbestimmungsrecht. Im Streitfall sind Anträge nach § 1671 Abs. 1 oder 2 BGB beim Familiengericht zu stellen (vgl. Rn. 602 ff.). Einigen sich die Eltern dahin, dass das Kind seinen gewöhnlichen Aufenthalt bei einem Elternteil allein haben soll (sog. **Residenzmodell**), ist der nicht betreuende Elternteil auf sein Recht (und die Pflicht) nach § 1684 Abs. 1 BGB zum Umgang zu verweisen. In der Praxis häufen sich – auch vor dem Hintergrund sich verändernder Arbeitsbedingungen, z. B. durch zunehmende Heimarbeit oder berufliche Selbstständigkeit – und zunehmendem Interesse der Väter an der Pflege und Erziehung ihrer Kinder – jedoch Fälle, in denen sich Eltern die Betreuung des Kindes genau hälftig aufteilen[350] (sog. **Wechselmodell**). Hier stellt sich bei elterlichem Konsens die Frage des Umgangsrechts nicht. Im Mittelpunkt der rechtlichen Diskussion stand aber bis Anfang 2017 die damals noch nicht abschließend geklärte Rechtsfrage, ob das **Familiengericht auch gegen den Willen eines oder beider Elternteile in einem Umgangsverfahren ein Wechselmodell anordnen darf.**

---

344 EGMR FamRZ 2015, 469; 2011, 533; 1125; 1283; 2009, 1037; JAmt 2010, 37.
345 BVerfGE 31, 194 (209).
346 BGH FamRZ 2008, 1334.
347 OLG Frankfurt FamRZ 2013, 575.
348 BGH ZKJ 2017, 190; Heilmann/Gottschalk, § 1684 BGB Rn. 85.
349 Köhler ZKJ 2018, 50.
350 Ausführlich zum Wechselmodell: Jokisch, FuR 2013, 679; 2014, 25. Das Wechselmodell ist auch als sog. Nestmodell umsetzbar, das Kind verbleibt dabei immer im gleichen Haushalt und wird abwechselnd von den Eltern dort betreut, vgl. Völker/Clausius, § 1 Rn. 325.

Diese Frage wurde von dem überwiegenden Teil der Rechtsprechung und Literatur verneint,[351] während andere der Auffassung waren, dass sich auch in diesen Fällen durch die Anordnung eines Wechselmodells kindeswohlgerechte Lösungen finden lassen.[352] Der BGH[353] hat in seiner grundlegenden Entscheidung vom 1.2.2017 ein gewisses Maß an Rechtssicherheit in diesen Fragen geschaffen. Danach kann das Wechselmodell in einem Umgangsverfahren nach §§ 1684 BGB, 151 Nr. 2 FamFG bei entsprechender Kindeswohldienlichkeit auch gegen den Willen eines Elternteils angeordnet werden. Unabdingbare Voraussetzungen sind aber erhöhte Kooperations- und Kommunikationsfähigkeiten der Eltern, ohne die ein Wechselmodell nicht zum Wohl des Kindes gelebt werden kann.[354] Bei hohem Konfliktniveau kommt ein Wechselmodell daher nicht in Frage,[355] wobei aber auch hier Ausnahmen denkbar sind.[356] Auch bei kleineren Kindern ist dies eher kritisch zu sehen.[357] Auch weit voneinander entfernte Elternwohnsitze sprechen gegen eine paritätische Betreuung.[358] Im Übrigen hat auch das BVerfG[359] bereits entschieden, dass der Gesetzgeber nicht gehalten ist, der paritätischen Betreuung von Trennungskindern den Vorzug einzuräumen und den Familiengerichten bei der Prüfung von Wechselmodellen im Rahmen von §§ 1671, 1684 BGB eine Kindeswohlprüfung im Einzelfall aufgegeben.

c) Ausgestaltung einer Vereinbarung oder gerichtlichen Regelung

Gemäß § 1684 Abs. 3 Satz 1 BGB ist das Familiengericht dazu berufen, über den Umfang des Umgangsrechts zu entscheiden und seine Ausübung näher zu regeln. Das Verfahren kann insoweit **auf Anregung** des umgangswilligen Elternteiles, des betreuenden Elternteils (vgl. Rn. 653) oder des Kindes eingeleitet, aber auch vom Familiengericht **von Amts** wegen eröffnet werden[360] (vgl. in diesem Handbuch Heilmann, Rn. 1439).

655

---

351 OLG Schleswig FamRZ 2016, 1945; OLG Brandenburg FamRZ 2016, 1473; 2012, 457; OLG Dresden MDR 2016, 1456; OLG Hamm FamFR 2012, 287; OLG Nürnberg FamRZ 2011, 1803; OLG Düsseldorf ZKJ 2011, 256; Staudinger/Rauscher, § 1684 BGB Rn. 50; Jokisch, FuR 2013, 679; Heilmann, NJW 2012, 16 (18).
352 OLG Hamburg FamRZ 2016, 912; KG FamRZ 2012, 886; Sünderhauf, FamRB 2013, 290, 327 m.w.N. der Rspr.; zur berechtigten Kritik an den Forderungen von Sünderhauf ausführlich: Kostka, ZKJ 2014, 54.
353 BGH ZKJ 2017, 190; zur sorgerechtlichen Begründung eines Wechselmodells vgl. Hammer, FamRZ 2015, 1433, 1438 f.
354 Vgl. OLG Stuttgart ZKJ 2018, 17 (dort bejaht).
355 BGH ZKJ 2017, 190; Hammer, FamRZ 2015, 1433, 1441; Kindler/Walper, NZFam 2016, 820; Kostka, ZKJ 2014, 54.
356 Vgl. KG ZKJ 2018, 381; viel zu weitgehend aber OLG Hamm ZKJ 2018, 465: Wechselmodell trotz Hochkonflikthaftigkeit und weiter Entfernung der Elternwohnsitze bei einem Kleinkind.
357 Kindler/Walper, NZFam 2016, 820, 822.
358 Vgl. etwa OLG Bremen ZKJ 2019, 25; Staudinger/Dürbeck, § 1684 BGB Rn. 255; a.A.: OLG Hamm ZKJ 2018, 465.
359 BVerfG ZKJ 2015, 419; vgl. dazu Heilmann, NJW 2014, 3346; nunmehr auch bestätigt durch BVerfG FamRZ 2018, 593 vor dem Hintergrund der Entscheidung des BGH ZKJ 2017, 190.
360 Vgl. OLG Frankfurt ZKJ 2013, 127.

656 Bei der Regelung des Umgangs sind die Familiengerichte nicht an die von den Eltern zuvor geschlossenen **außergerichtlichen Vereinbarungen** zu Umfang und Ausübung des Umgangsrechts gebunden. Nach zutreffender Auffassung sind derartige Vereinbarungen frei widerruflich.[361] Hat die Vereinbarung sich aber in der Vergangenheit bewährt, so kann ihr unter Berücksichtigung von Kontinuitätsgesichtspunkten durchaus indizielle Bedeutung für die Entscheidung zukommen.[362] Schließen die Eltern im gerichtlichen Termin eine Vereinbarung zum Umgang, so ist das Familiengericht angehalten, darüber zu entscheiden, ob es die Regelung aus Kindeswohlgesichtspunkten **billigt** (§ 156 Abs. 2 FamFG), vgl. in diesem Handbuch Heilmann, Rn. 1454.

657 Das Umgangsverfahren kann nur durch eine **vollstreckbare Umgangsregelung beendet** werden, unabhängig davon, ob sie in einem gerichtlich gebilligten Vergleich (§ 156 Abs. 2 FamFG) oder einem Beschluss des Familiengerichts enthalten ist. Die Vereinbarung oder Entscheidung muss das Umgangsrecht detailliert und unmissverständlich nach **Ort, Zeitpunkt, Dauer und Modalitäten der Übergabe des Kindes** und seiner **Rückführung** bei Beendigung des Umgangs[363] regeln. Anders als die in §§ 1685, 1686a BGB geregelten Umgangsrechte ist beim **elterlichen Umgangsrecht** grundsätzlich **nicht zu prüfen,** ob ein Umgang mit dem anderen Elternteil **dem Kindeswohl entspricht,** hiervon geht der Gesetzgeber vielmehr (im Sinne einer widerlegbaren Vermutung, § 1684 Abs. 4 BGB) aus (vgl. §§ 1626 Abs. 3, 1684 Abs. 1 BGB). Für die Entscheidung des Gerichts gilt gleichwohl § 1697a BGB, sodass das Gericht diejenige Umgangsregelung zu wählen hat, die dem **Wohl des Kindes am besten entspricht** und den besten Ausgleich etwaiger kollidierender Rechte der Eltern schafft. Hierbei gibt es **keine festen Regeln**. In der Vergangenheit vorherrschend war die Praxis einer Umgangsregelung im zweiwöchigen Rhythmus an den Wochenenden mit meist zwei Übernachtungen[364] und einer hälftigen Aufteilung der Schul- oder Kindergartenferien.[365] Diese Praxis wird aber durch das gesteigerte Bedürfnis von vielen Vätern, an der Entwicklung ihrer Kinder teilzuhaben, immer mehr zu Recht in Frage gestellt. Allgemein gültige Regeln lassen sich nicht aufstellen.[366] Zu berücksichtigen sind die **Wohnverhältnisse** des umgangsberechtigten Elternteils, das **Alter** des Kindes, die **Entfernung der Wohnsitze** der Eltern voneinander, das **Konfliktniveau** zwischen den Eltern, die **Belastbarkeit und Gesundheit** des Kindes und schließlich auch das Vorhandensein einer **Bindung** oder vertrauten Beziehung

---

361 Johannsen/Henrich/Jaeger, § 1684 Rn. 12; Fröschle, Rn. 1101; a.A.: KG FamRZ 1980, 1156; Hammer, FamRZ 2005, 1209.
362 Staudinger/Dürbeck, § 1684 BGB Rn. 156; BGH ZKJ 2011, 220 zum Sorgerecht; zu weitgehend aber OLG Brandenburg FamRZ 2008, 2055; FamFR 2012, 334, das § 1696 BGB analog anwenden will, Entscheidungsmaßstab muss das Kindeswohl bleiben, vgl. OLG Stuttgart NJW-RR 2017, 1284; OLG Saarbrücken FamRZ 2011, 824.
363 BGH ZKJ 2012, 190; OLG Frankfurt NZFam 2014, 610.
364 Vgl. BVerfG FamRZ 2007, 105; KG FF 2011, 127; OLG Zweibrücken FamRZ 2009, 134.
365 Zum Ferienumgang vgl. Staudinger/Dürbeck, § 1684 BGB Rn. 238 ff.; Balloff/Vogel FF 2019, 4.
366 Vgl. Salzgeber, Familienpsychologische Gutachten, Rn. 629 ff.

zwischen umgangsberechtigtem Elternteil und Kind.[367] Nach Ansicht des BGH sind auch die zu § 1671 BGB entwickelten Kindeswohlkriterien der Kontinuität, der Förderung der Bindungen zu Eltern und Geschwistern und natürlich der Kindeswille von Bedeutung.[368] Bei Kleinkindern ist es häufig vorzugswürdig, dass die Kontakte häufiger, aber weniger lang stattfinden.[369] Bei der Frage der **Übernachtungen** gibt es keine festen Altersgrenzen,[370] allerdings bedarf der Ausschluss von Übernachtungen besonderer Rechtfertigung, weil Übernachtungen des Kindes beim umgangsberechtigten Elternteil in der Regel dem Kindeswohl entsprechen.[371] Ein Umgangsrecht besteht im Übrigen auch mit Kleinkindern,[372] wobei auch hier bei entsprechenden Bindungen des Kindes zum Umgangselternteil und adäquaten Wohnverhältnissen auch Übernachtungen des Kindes in Betracht kommen.[373] Natürlich ist auch der **Kindeswille** – je nach **Alter und Reifegrad** des betroffenen Kindes – unter Umständen von gewichtiger Bedeutung für die Ausgestaltung der Umgangsregelung.[374] Das **Persönlichkeitsrecht des Kindes** erfordert es, bei der familiengerichtlichen Regelung des elterlichen Umgangsrechts seinen Willen in angemessener Weise zu berücksichtigen.[375] Hier kann sich vor allem bei einer gänzlichen Verweigerungshaltung des Kindes gegenüber Kontakten mit dem nicht betreuenden Elternteil die Frage der Autonomie, der Stabilität und Intensität des Kindeswillens stellen, der im äußersten Fall sogar zum Umgangsausschluss führen kann[376] (vgl. Rn. 673).

Für die Frage des **Orts der Ausübung des Umgangs** gilt der Grundsatz, dass dieser in der **Wohnung des Umgangsberechtigten** auszuüben ist,[377] und zwar weder in Anwesenheit des anderen Elternteils noch sonstiger, nicht vom Berechtigten bestimmter Dritter.[378] Eine Ausnahme kann ggf. bei Säuglingen oder kranken Kindern gemacht werden.[379] Einschränkungen sind im Übrigen nur nach Maßgabe von § 1684 Abs. 4 BGB gerechtfertigt. 658

Das elterliche Umgangsrecht umfasst auch das Recht, einen Teil der **Ferien** mit dem Kind zu verbringen, was grundsätzlich auch dem Wohl des Kindes ent- 659

---

367 Vgl. dazu Heilmann/Gottschalk, § 1684 BGB Rn. 29.
368 BGH ZKJ 2017, 190.
369 OLG Koblenz FamRZ 2017, 1844; Johannsen/Henrich/Jaeger, § 1684 BGB Rn. 26 m.w.N.; Kindler/Walper, NZFam 2016, 820, 821.
370 OLG Saarbrücken FuR 2018, 371; ZKJ 2013, 218; OLG Zweibrücken FamRZ 2000, 134; Balloff/Vogel, FF 2019, 4.
371 BVerfG FamRZ 2007, 105; OLG Saarbrücken ZKJ 2013, 218.
372 OLG Koblenz FamRZ 2017, 1844; Johannsen/Henrich/Jaeger, § 1684 BGB Rn. 29.
373 OLG Saarbrücken NZFam 2018, 469.
374 BVerfG FamRZ 1999, 641; OLG Zweibrücken JAmt 2001, 43; vgl. dazu im Einzelnen Staudinger/Dürbeck, § 1684 BGB Rn. 202.
375 BVerfG ZKJ 2016, 457; ZKJ 2007, 201.
376 BVerfG NJW-RR 2005, 801; FamRZ 2015, 1093; Heilmann/Gottschalk, § 1684 BGB Rn. 31.
377 BGH FamRZ 1969, 148; MünchKomm-BGB/Hennemann, § 1684 Rn. 22.
378 KG ZKJ 2016, 25; Burschel, NZFam 2016, 395.
379 BVerfG FamRZ 2005, 429 (Umgang in der Wohnung der Mutter bei krankem Kind); AG Eschwege FamRZ 2001, 1162 (Säugling).

spricht.[380] Hier wird häufig – soweit dies die Arbeitstätigkeit des umgangsberechtigten Elternteils zulässt – eine **hälftige Aufteilung** der Ferien erfolgen können. Ausnahmen können bei geringer Belastbarkeit des Kindes, fehlender Vertrautheit zwischen Kind und Elternteil oder entgegenstehendem und nachvollziehbarem Kindeswillen zu machen sein. Ob beabsichtigte **Ferienreisen in das Ausland** der Zustimmung des anderen betreuenden Elternteiles bedürfen, ist eine Frage des Sorgerechts nach § 1687 Abs. 1 Satz 1 oder 4 BGB (vgl. oben Rn. 594).[381] Bei Reisen in das europäische Ausland oder in das Heimatland des Umgangselternteils dürfte jedenfalls im Regelfall ohne Hinzutreten weiterer Umstände keine wesentliche Angelegenheit iSd § 1687 Abs. 1 Satz 1 BGB vorliegen.[382] Ist die Reise danach zulässig, kann der Umgangsberechtigte vom anderen Elternteil auch den Reisepass in entsprechender Anwendung von §§ 1632 Abs. 1, 1684 Abs. 2 BGB verlangen.[383]

660 Streit besteht zwischen Eltern auch häufig bei der Frage, bei wem das Kind die **Feiertage,** insbesondere an Weihnachten, verbringen soll. Die gängige Praxis geht dahin, dass das Kind am 24. und 25.12 im Haushalt des betreuenden Elternteils verbleibt und der andere Elternteil am 26.12. ein Umgangsrecht erhält.[384] Bei einer ausreichenden Bindung des Kindes zum umgangsberechtigten Elternteil spricht allerdings kaum etwas dagegen, den Aufenthalt am 24. und 25.12. im jährlichen Wechsel zu regeln.[385] Gleiches sollte gelten für den **Geburtstag** des Kindes.[386] Auch auf die Geburtstage der Eltern ist Rücksicht zu nehmen.[387]

661 Problematisch ist die Frage, ob eine Umgangsregelung auch eine Bestimmung enthalten sollte, ob und inwieweit **ausgefallene Umgangstermine nachzuholen** sind. Die Praxis handhabt dies unterschiedlich. Dabei sollte nach der hier vertretenen Auffassung Zurückhaltung geübt werden, da Ersatzregelungen auch dazu führen können, dass die betroffenen Eltern und das Kind den Überblick verlieren und auch die Vollstreckungsfähigkeit der Regelung beeinträchtigt werden kann. Eine generelle Pflicht des Familiengerichts zur Ausgestaltung von Ersatzregelungen für ausgefallene Termine, z.B. infolge Erkrankungen, besteht jedenfalls ohne ausreichenden Anlass nicht.[388]

---

380 OLG Düsseldorf FamRZ 2018, 1759; OLG Saarbrücken ZKJ 2014, 75; OLG Frankfurt FamRZ 2007, 664; MünchKomm-BGB/Hennemann, § 1684 Rn. 28.
381 Vgl. den Fall von OLG Frankfurt ZKJ 2019, 30 zur Vereitelung einer Urlaubsreise des Vaters mit dem Kind durch die Mutter mittels Einschaltens der Bundespolizei; ausführlich dazu Staudinger/Salgo, § 1687 BGB Rn. 40.
382 BVerfG FamRZ 2010, 109; vgl. auch KG FamRZ 2017, 1061 (Thailand).
383 BGH ZKJ 2019, 303.
384 Staudinger/Dürbeck, § 1684 BGB Rn. 236 m. Nachw. der älteren Rspr.
385 OLG Hamm NZFam 2014, 912; OLG Brandenburg BeckRS 2008, 22016; Heilmann/Gottschalk, § 1684 BGB Rn. 42.
386 BT-Drucks. 13/4899, S. 105.
387 OLG Brandenburg, Beschluss vom 1.7.2015, 10 UF 8/15, juris; OLG Karlsruhe FamRZ 2014, 1124.
388 OLG Saarbrücken FamRZ 2011, 824; FamRZ 2012, 646; Staudinger/Dürbeck, § 1684 BGB Rn. 240.

662 Das elterliche Umgangsrecht nach § 1684 Abs. 1 BGB umfasst grundsätzlich alle Mittel der Kommunikation,[389] sodass auch Regelungen betreffend **Brief-, E-Mail-, Skype- und Telefonkontakte** getroffen werden können und im Streitfall ggf. sogar getroffen werden müssen.[390] Sinnvoll sind solche Regelungen bei größerer räumlicher Entfernung der Elternwohnsitze oder bei einer Inhaftierung des umgangsberechtigten Elternteils.[391] Im Übrigen ist auch hier Zurückhaltung angezeigt, weil die Einhaltung bestimmter Termine für Telefonate zu häufigen Konflikten führen kann. Problematisch ist auch der rechtliche Umgang mit zwischen den Eltern streitigen **Geschenken** des Umgangsberechtigten zum Zwecke der Kommunikation, z.B. bei der Überlassung eines **Mobiltelefons**.[392] Die Überlassung eines Mobiltelefons gehört nicht zu den Angelegenheiten der tatsächlichen Betreuung i.S.d. § 1687 Abs. 1 Satz 4 BGB, sondern ist eine **Entscheidung von erheblicher Bedeutung** nach § 1687 Abs. 1 Satz 1 BGB und ohne die Zustimmung des anderen Elternteils nicht zulässig.[393] In Konfliktfällen sollte vom Familiengericht § 1684 Abs. 2 und 3 BGB entsprechend angewendet werden.[394]

663 Auch die **Modalitäten des Abholens und des Bringens** des Kindes sollten in einer Umgangsregelung enthalten sein, obgleich sie für die Frage der Vollstreckbarkeit einer Regelung nach § 89 FamFG grundsätzlich nicht zwingend sind.[395] Grundsätzlich ist es **Sache des Berechtigten,** das Kind abzuholen und nach Beendigung des Umgangstermins wieder zurückzubringen.[396] Es besteht grundsätzlich keine Obliegenheit des betreuenden Elternteiles, an der Umsetzung des Umgangsrechts, z.B. durch Transport des Kindes zum Bahnhof oder Flughafen, mitzuwirken. Seine Pflicht beschränkt sich darauf, das Kind zur Übergabe an den Berechtigten bereitzuhalten. Ausnahmen können jedoch angezeigt sein bei so großer Entfernung zwischen den Wohnsitzen der Eltern, dass ohne seine Mitwirkung das Umgangsrecht nicht realisierbar wäre,[397] was z.B. auch in Fällen der **Auswanderung oder des Wegzuges des betreuenden Elternteils** gegeben sein kann. Dies kann auch dann der Fall sein, wenn der Umgangsberechtigte sich in Haft befindet.[398] Gleiches gilt im Ergebnis auch für die Frage der **Kosten des Umgangs,** z.B. für die Fahrtkosten. Auch diese hat grundsätzlich allein der Umgangsberechtigte zu tragen[399] und kann sie jedenfalls bis zur Grenze des ihm verbleibenden Kindergeldanteils auch nicht als Abzugsposten beim Kindesunterhalt berücksichtigen.[400]

---

389 BT-Drucks. 13/4899, S. 104 f.; KG FamRZ 2006, 878.
390 OLG Karlsruhe NZFam 2017, 1129; KG FamRZ 2006, 878; Heilmann/Gottschalk, § 1684 BGB Rn. 51.
391 OLG Hamm FamRZ 2003, 951.
392 Vgl. Burschel, NZFam 2016, 395, 396.
393 Staudinger/Dürbeck, § 1684 BGB Rn. 104 ff..
394 Johannsen/Henrich/Jaeger, § 1684 BGB Rn. 9.
395 BGH FamRZ 2012, 533.
396 OLG Hamm FamRZ 2004, 560; Menne, ZKJ 2006, 135.
397 BVerfG FamRZ 2002, 809; Völker/Clausius, § 2 Rn. 137 ff.
398 Vgl. OLG Hamburg ZKJ 2017, 277; OLG Hamm 2003, 951; BVerfG FamRZ 2002, 809.
399 BGH NJW 1995, 717; FamRZ 2014, 917.
400 Vgl. zur Rechtslage im Unterhaltsrecht Lettmaier/Dürbeck, FamRZ 2019, 81; Liceni-Kierstein, FamRB 2012, 346.

Ausnahmen hinsichtlich der Kostentragung bestehen aber z.B. dann, wenn der betreuende Elternteil die Entstehung erheblicher Mehrkosten durch einen Wegzug veranlasst hat und ohne seine Beteiligung an den Umgangskosten das elterliche Umgangsrecht des anderen Elternteils vereitelt wäre.[401] Im Übrigen können einkommensschwache Elternteile umgangsbedingte Fahrtkosten auch nach § 21 Abs. 6 SGB II als sozialrechtlichen Mehrbedarf geltend machen.[402] Einer gerichtlichen Regelung der Übergabemodalitäten bedarf es aber dann zwingend, wenn dem umgangsberechtigten Elternteil gemäß **§ 1 GewSchG** untersagt ist, sich der Wohnung des betreuenden Elternteils zu nähern. Hier kann das Familiengericht die Frage der Realisierung der Kindesübergabe nicht offenlassen[403] und muss ggf. eine dritte mitwirkungsbereite Person oder ggf. einen Umgangspfleger (§ 1684 Abs. 3 Satz 3 BGB) bestimmen, der das Kind bei dem betreuenden Elternteil abholt und sodann dem Berechtigten übergibt.

d) Ausübung des Umgangsrechts

664 Die Ausgestaltung der Umgangskontakte liegt grundsätzlich alleine in der Sphäre des umgangsberechtigten Elternteils. Dies gilt z.B. auch für die **Frage der Anwesenheit dritter Personen,** also etwa der Großeltern oder des **neuen Lebenspartners.**[404] Dies folgt schon aus §§ 1687a, 1687 Abs. 1 Satz 4 BGB und beruht im Übrigen auf dem Gedanken, dass das Kind auch an das **soziale Umfeld** des nicht betreuenden Elternteils **gewöhnt** werden soll.[405] Ausnahmsweise kann bei einer nicht anders abwendbaren Gefährdung des Kindeswohls (z.B. beharrliche Ablehnung des neuen Partners durch das Kind) eine vorübergehende Regelung dahingehend geboten sein, dass der Umgang in Abwesenheit des Partners durchzuführen ist.[406] Der umgangsberechtigte Elternteil hat im Übrigen auf die **Erziehungsvorstellungen des betreuenden Elternteils** und die gesundheitlichen Belange des Kindes **Rücksicht zu nehmen.** Zu denken ist dabei je nach Einzelfall an eine Einschränkung des Rauchens in den Wohnräumen,[407] in denen sich das Kind aufhält, oder des Unternehmens gefährlicher Unternehmungen wie Motorradfahren[408] oder die Anwesenheit von für das Kind gefährlichen Haustieren.[409]

---

401 BVerfG FamRZ 2002, 809; OLG Saarbrücken ZKJ 2019, 314; OLG Nürnberg FamRZ 2014, 858; BeckOK-BGB/Veit, § 1684 Rn. 14.
402 Vgl. Staudinger/Dürbeck, § 1684 BGB Rn. 170 ff. auch zu weiteren Möglichkeiten der sozialrechtlichen Absicherung der Umgangskosten, etwa im Rahmen der temporären Bedarfsgemeinschaft oder der Wohnkosten.
403 OLG Frankfurt BeckRS 2014, 17407; Sächsisches OVG, Beschluss vom 17.7.2013, 5 B 345/13, juris; Heilmann/Gottschalk, § 1684 BGB Rn. 46.
404 BGH FamRZ 1969, 148.
405 Johannsen/Henrich/Jaeger, § 1684 BGB Rn. 31.
406 OLG Nürnberg FamRZ 1998, 976; vgl. auch KG FamRZ 2016, 1780 m. Anm. Dürbeck, (Ausschluss der Großmutter).
407 KG FamRZ 2011, 825.
408 OLG München FamRZ 1998, 974.
409 OLG Köln FamRZ 2003, 112.

e) Erzwingbarkeit des Umgangs

(aa) Gegen den Umgangsberechtigten

Da auch das Kind selbst ein Recht zum Umgang mit beiden Elternteilen hat und dieses auch selbst im familiengerichtlichen Umgangsverfahren eine Regelung nach § 1684 Abs. 3 BGB beanspruchen kann (vgl. Rn. 653), stellt sich die Frage, ob dieses auch nach §§ 89 ff. FamFG durch die dort vorgesehenen Ordnungsmittel gegen den umgangsunwilligen Elternteil erzwungen werden kann. Zwar ist es nach Ansicht des Bundesverfassungsgerichts[410] wegen der den Eltern durch Art. 6 Abs. 2 Satz 1 GG auferlegten Verantwortung für ihr Kind und dessen Recht auf Pflege und Erziehung gerechtfertigt, einen Elternteil **zum Umgang mit seinem Kind zu verpflichten.** Ein Umgang mit dem Kind, der nur mit Ordnungsmitteln gegen seinen umgangsunwilligen Elternteil durchgesetzt werden kann, dient aber in der Regel nicht dem Kindeswohl und kann den **Eingriff in das Persönlichkeitsrecht des Elternteils** nicht rechtfertigen. Zwar findet im Vollstreckungsverfahren im Rahmen von § 89 Abs. 1 FamFG grundsätzlich keine erneute Kindeswohlprüfung statt,[411] die obige Erwägung ist jedoch im Rahmen des von § 89 Abs. 1 FamFG vorgesehenen Ermessens („kann") zu berücksichtigen.[412] Das Umgangsrecht des Kindes ist daher im Regelfall nicht durchsetzbar, es sein denn, es bestehen konkrete Anhaltspunkte, dass auch ein erzwungener Umgang dem Wohl des Kindes dient.[413]

665

(bb) Gegen den betreuenden Elternteil

Die Notwendigkeit der Erzwingung einer Umgangsregelung kann zunächst daraus resultieren, dass der betreuende Elternteil den Umgang des Kindes mit dem anderen Elternteil gänzlich ablehnt (**sog. Umgangsboykott**[414]). Hier ist grundsätzlich zunächst die Erzwingung des Umgangsrechts durch die Mittel des Vollstreckungsrechts nach §§ 89 ff. FamFG zu versuchen (vgl. Rn. 1565 ff.), soweit nicht neue Tatsachen die Abänderung der getroffenen Umgangsregelung (§ 1696 BGB) erforderlich machen. Dem betreuenden Elternteil obliegt dabei die Pflicht, das Kind zur Übergabe an den anderen Elternteil **bereitzuhalten** und bei einer **Verweigerung durch das Kind alle ihm zur Verfügung stehenden Möglichkeiten auszuschöpfen,** um den Umgang tatsächlich durchzuführen. Hierzu gehört es auch, **erzieherisch auf das Kind einzuwirken.**[415] Führt die Vollstreckung der Umgangsregelung – wie in der Praxis häufig zu beobachten – nicht zu einer Änderung des Verhaltens, kann gleichwohl nur unter sehr engen Voraussetzungen eine Änderung des Sorgerechts nach § 1671 Abs. 1 Nr. 2 oder Abs. 2 Nr. 2 bzw. § 1666

666

---

410 BVerfG FamRZ 2008, 845.
411 BGH FamRZ 2012, 533.
412 BGH FamRZ 2011, 1729; OLG Frankfurt BeckRS 2013, 17103.
413 Bejaht im Fall von OLG Oldenburg FamRZ 2017, 390; verneint von OLG Hamm NJW 2017, 3455.
414 Vgl. Splitt, FF 2019, 94; Gottschalk, FPR 2007, 308; Heilmann, ZKJ 2012, 105; zu den Ursachen bei betreffenden Eltern: Maywald, FPR 2013, 200.
415 BGH ZKJ 2014, 251; ZKJ 2012, 190; OLG Frankfurt FamFR 2013, 327.

BGB (vgl. Rn. 602 ff.; zum Entzug des Umgangsbestimmungsrechts unten Rn. 669) in Betracht kommen. Nicht an dieser Stelle vertieft werden sollen weitere verfahrensrechtliche Möglichkeiten wie das Vermittlungsverfahren (§ 165 FamFG) (vgl. Rn. 1568) und unterhalts- oder vermögensrechtliche Auswirkungen von Fällen unberechtigter Umgangsverweigerung.[416]

667 Beruht die Ursache des fehlgeschlagenen Umgangs dagegen auf dem Widerstand des Kindes, so werden die Gründe hierfür – falls der betreuende Elternteil seinen vorbezeichneten erzieherischen Obliegenheiten nachkommt[417] – zu ermitteln sein. Dabei kann sich auch die Frage stellen, ob die Ablehnungshaltung des Kindes nicht unter dem Gesichtspunkt einer Gefährdung seines Wohls eine Beschränkung oder gar den Ausschluss des Umgangsrechts nach § 1684 Abs. 4 BGB erfordert (vgl. Rn. 675).

(cc) Umgangspflegschaft/Umgangsbestimmungspflegschaft

668 Im materiellen Kindschaftsrecht geregelt, nämlich in § 1684 Abs. 3 Sätze 3 bis 6 BGB, ist die Möglichkeit der Bestellung eines **Umgangspflegers.**[418] Nach § 1684 Abs. 3 Satz 3 BGB kann eine – nach Satz 5 zu befristende – **Pflegschaft zur Durchführung des Umgangs** dann angeordnet werden, wenn die Wohlverhaltenspflicht nach § 1684 Abs. 2 BGB dauerhaft oder wiederholt erheblich verletzt wurde. Gemäß § 1684 Abs. 3 Satz 4 BGB umfasst die Umgangspflegschaft **das Recht, die Herausgabe des Kindes zur Durchführung des Umgangs zu verlangen** und für die **Dauer des Umgangs dessen Aufenthalt zu bestimmen.** Der Umgangspfleger ist jedoch nicht berechtigt, den Umgang selbst zu regeln.[419] Die (vollstreckbare) Ausgestaltung des Umgangs obliegt allein dem Familiengericht. Auch ist er zur Anwesenheit während des Umgangs nicht berechtigt.[420] Im Übrigen bewirkt die Umgangspflegschaft lediglich eine Sorgerechtseinschränkung und stellt keinen Sorgerechtseingriff dar, weshalb sie umgangsrechtlicher Natur ist[421] und die Schwelle der Kindeswohlgefährdung nicht überschritten sein muss.

669 Will das Familiengericht dagegen einer dritten Person die Regelung des Umgangsrechts überlassen, kann dies nur durch die Bestellung eines **Umgangsbestimmungspflegers** nach § 1909 BGB erfolgen, was nunmehr auch vom BGH bestätigt worden ist.[422] Diesem muss insoweit gemäß § 1909 BGB das **Recht zur Bestimmung des Umgangs** als Teilbereich der elterlichen Sorge übertragen werden, was jedoch nur unter den erschwerten Voraussetzungen des **§ 1666 BGB**

---

416 Vgl. etwa MünchKomm-BGB/Hennemann, § 1684 Rn. 85 ff.; Gottschalk, FPR 2007, 308.
417 Zum früheren Umgang mit dem sog. PAS-Syndrom und der Frage seiner fehlenden wissenschaftlichen Anerkennung: Fegert, ZKJ 2013, 190.
418 Zur Abgrenzung zum Verfahrensbeistand: Kuleisa-Binge, FPR 2012, 363.
419 OLG Frankfurt FamFR 2013, 381; KG FamRZ 2013, 308; OLG Hamm BeckRS 2012, 18153.
420 OLG Köln ZKJ 2018, 101; Dürbeck, ZKJ 2017, 457, 459.
421 OLG Schleswig ZKJ 2016, 464 OLG Hamm FamRZ 2017, 47; Prütting/Helms/Dürbeck, § 57 FamFG Rn. 5.
422 BGH ZKJ 2016, 419; zur vormaligen Streitfrage vgl. Heilmann, FamRZ 2014, 1753.

(Kindeswohlgefährdung) möglich ist.[423] Sind die Voraussetzungen des § 1666 BGB, z. B. in Fällen von hohem Konfliktpotenzial der Eltern, erfüllt und kommt es zum Teilentzug der elterlichen Sorge, so kann der Umgangsbestimmungspfleger die Modalitäten des Umgangs selbst bestimmen bzw. eine Anordnung durch das Familiengericht nach § 1684 Abs. 3 BGB anregen. Die Bestellung eines **Umgangspflegers** nach § 1684 Abs. 3 BGB stellt aber das **mildere Mittel** gegenüber einem Teilentzug der elterlichen Sorge[424] und natürlich auch gegenüber einem Ausschluss des Umgangsrechts[425] dar. Bei der **Auswahl des Umgangspflegers** sollte wegen der unterschiedlichen Aufgaben unbedingt darauf geachtet werden, dass dieser **nicht identisch mit dem Verfahrensbeistand** ist.[426]

f) Einschränkungen des Umgangsrechts – begleiteter Umgang

Gemäß § 1684 Abs. 4 Satz 1 BGB kann das Familiengericht das Umgangsrecht oder den Vollzug früherer Entscheidungen über das Umgangsrecht einschränken oder ausschließen, soweit dies zum **Wohl des Kindes erforderlich** ist. § 1684 Abs. 4 Satz 2 BGB bestimmt dagegen, dass eine gerichtliche Entscheidung, die das Umgangsrecht oder seinen Vollzug für **längere Zeit oder auf Dauer einschränkt oder ausschließt,** nur ergehen darf, wenn andernfalls das **Wohl des Kindes gefährdet** würde. Es handelt sich insoweit um eine wenig geglückte Differenzierung des Gesetzes. Da das BVerfG wegen der besonderen Bedeutung des Umgangsrechts als Teil des von Art. 6 Abs. 2 Satz 1 GG geschützten Elternrechts Einschränkungen oder einen Ausschluss des Umgangsrechts nur für zulässig hält, wenn nach den Umständen des Einzelfalls der Schutz des Kindes dies erfordert, um eine **Gefährdung seiner seelischen oder körperlichen Entwicklung** abzuwenden,[427] kommt der Bestimmung von § 1684 Abs. 4 Satz 1 BGB – ausgenommen von Beschränkungen von kurzer Dauer und Intensität[428] – keine nennenswerte Bedeutung zu. Als Einschränkung des elterlichen Umgangsrechts nennt das Gesetz insbesondere in § 1684 Abs. 4 Satz 3 BGB die gerichtliche Anordnung, dass der Umgang nur stattfinden darf, wenn ein **mitwirkungsberechtigter Dritter** anwesend ist (**sog. begleiteter Umgang**[429]). Der Umgangsbegleitung kommt gerade unter dem Gesichtspunkt der Verhältnismäßigkeit staatlicher Eingriffe in das elterliche Umgangsrecht herausragende Bedeutung zu, weil sie im Vergleich zum gänzlichen Ausschluss des Umgangsrechts das mildere Mittel darstellt.[430] Die **Anordnung begleiteter Umgangskontakte** ist nach zutreffender Auffassung und entgegen einer weit verbreiteten Praxis aber stets nur dann zulässig, wenn

670

---

423 BGH ZKJ 2016, 419; OLG Frankfurt ZKJ 2018, 22; NJW-RR 2009, 4; vgl. auch BVerfG NJW-RR 2006, 1.
424 BGH ZKJ 2016, 419; OLG Frankfurt ZKJ 2018, 22; OLG Hamm NJW-RR 2011, 1150.
425 BVerfG ZKJ 2012, 186; OLG Frankfurt BeckRS 2013, 15961.
426 Kuleisa-Binge, FPR 2012, 363.
427 BVerfG FamRZ 2008, 856.
428 OLG Nürnberg ZKJ 2017, 33 (dreimonatiger Ausschluss beim Wechsel in eine Pflegefamilie); Heilmann/Gottschalk, § 1684 BGB Rn. 65.
429 Umfassend: Fthenakis (Hrsg.), Begleiteter Umgang von Kindern; Klinkhammer/Prinz (Hrsg.), Handbuch Begleiteter Umgang; Staudinger/Dürbeck, § 1684 BGB Rn. 350 ff.
430 BVerfG FamRZ 2005, 1057.

ohne sie das Kindeswohl gefährdet ist.[431] Ausgenommen sind allenfalls begleitete Kontakte von ganz kurzer Dauer (vgl. § 1684 Abs. 4 Satz 1 BGB). Die Anordnung ist – entgegen verbreiteter Praxis – nicht zulässig aus Kompromisserwägungen, weil ein Elternteil seine Verweigerungshaltung nur dann aufgeben will, wenn Kontakte in begleiteter Form durchgeführt werden.[432] Die Auffassung, die zumindest nicht unbefristete Anordnungen von beschütztem Umgang an § 1684 Abs. 4 Satz 1 BGB (zum Wohl des Kindes erforderlich) messen will,[433] dürfte Art. 6 Abs. 2 Satz 1 GG nicht gerecht werden. Begleiteter Umgang kommt vor allem dann in Betracht, wenn nach einem **längeren Kontaktabbruch** zwischen Elternteil und Kind eine zwischenzeitlich bei dem Kind eingetretene **Entfremdung** zunächst überwunden werden muss,[434] und bei von dem **betroffenen Elternteil für das Kind ausgehenden Gefahren** wie z.B.:

- Absicht zur Entführung des Kindes,[435]
- Alkoholismus oder Drogensucht des Umgangsberechtigten,[436]
- psychische Erkrankung des Umgangsberechtigten,[437]
- Verdacht des sexuellen Missbrauchs[438] oder Pädophilie[439]
- Gefahr sonstiger drohender Übergriffe auf das Kind, wie z.B. durch Gewalt oder auch Genitalverstümmelung,[440]
- Straf- oder Untersuchungshaft des Umgangsberechtigten,[441]
- starke Ängste des Kindes.[442]

671 Die **Auswahl und Bestimmung der Begleitperson** obliegen allein dem Familiengericht. Sie können **nicht dem Jugendamt** überlassen werden, weil es dann schon an einer vollstreckungsfähigen Endentscheidung fehlen würde.[443] Auch kann das Jugendamt vom Familiengericht nicht zur Durchführung des begleiteten Umgangs verpflichtet werden.[444] Die Begleitperson, sei es ein privater Dritter, ein

---

431 BVerfG FamRZ 2010, 1622; FamRZ 2008, 494; OLG Frankfurt ZKJ 2013, 421; Heilmann/Gottschalk, § 1684 BGB Rn. 69; Dürbeck, ZKJ 2015, 457, 458.
432 Heilmann, NJW 2012, 16 (21).
433 Johannsen/Henrich/Jaeger, § 1684 BGB Rn. 32.
434 OLG Köln FamRB 2017, 299; OLG Brandenburg FamRZ 2014, 1124; OLG Düsseldorf FamRZ 2011, 822; natürlich auch bei erstmaligem Kontakt, vgl. OLG Hamm FamRZ 2011, 826.
435 OLG Köln ZKJ 2006, 259; OLG Brandenburg NJW-RR 2010, 148.
436 OLG Koblenz FamRZ 2007, 926; aber nur bei konkreter Gefahr für das Kind, vgl. auch OLG Dresden ZKJ 2017, 112.
437 OLG Köln BeckRS 2013, 07154; OLG München FamRZ 2014, 1385.
438 OLG Hamburg FamRZ 1996, 422; vgl. auch BVerfG FamRZ 2005, 1816 und OLG Karlsruhe FamFR 2013, 213 zu den hohen Anforderungen der Verdachtsprüfung.
439 BVerfG NZFam 2015, 234; OLG Schleswig FamRZ 2014, 1385.
440 OLG Karlsruhe FamRZ 2009, 130; OLG Oldenburg FamRZ 2005, 925; hier ist aber die Gefahr einer Retraumatisierung des Kindes zu bedenken, vgl. DIJuF-Rechtsgutachten JAmt 2016, 435, 437.
441 OLG Hamburg ZKJ 2017, 277; AG Pankow-Weißensee ZKJ 2006, 265; Menne, ZKJ 2006, 250.
442 OLG Jena FamRZ 2007, 661.
443 OLG Frankfurt NZFam 2014, 610; FuR 2014, 307: OLG Saarbrücken NJW-RR 2010, 1446.
444 OLG Frankfurt FamRZ 1999, 617; Heilmann/Dürbeck, § 18 SGB VIII Rn. 3.

Mitarbeiter des Jugendamts oder eines freien Trägers (vgl. § 1684 Abs. 4 Satz 4 BGB), muss **zur Mitwirkung bereit** sein.[445] Ein daneben den Eltern zustehender Anspruch gegenüber dem Jugendamt auf Beratung und Unterstützung bei der Ausübung des Umgangsrechts (§ 18 Abs. 3 SGB VIII) bleibt hiervon unberührt. Wird – wie im Regelfall – vom Jugendamt ein zur Durchführung des begleiteten Umgangs bereiter **freier Träger der Kinder- und Jugendhilfe** benannt, so hat das Familiengericht eine vollstreckbare Umgangsregelung zu treffen,[446] sie kann nicht der Begleitperson überlassen werden.[447] Da begleiteter Umgang grundsätzlich keine Dauerlösung darstellen soll und kann, wird die Regelung der einzelnen Umgangskontakte **zu befristen**[448] und nach Beendigung der begleiteten Kontakte, die Regelung des Umgangs in das Einvernehmen der Eltern zu stellen sein.[449] Bei fehlendem Einvernehmen wird dann nach dem Ende der Umgangsbegleitung ein Abänderungsverfahren nach §§ 1696 BGB, 166 FamFG durchzuführen sein. Im Idealfall kommt es sodann zu unbegleiteten Kontakten, im schlimmsten Fall ist das Umgangsrecht auszuschließen. Wird die Bewilligung begleiteter Umgangskontakte von dem nach § 18 Abs. 3 Satz 3 und 4 SGB VIII zuständigen Jugendamt verweigert und findet das Familiengericht keinen ehrenamtlich tätigen Umgangsbegleiter, so verbleibt nur die Aussetzung des Umgangsverfahrens während der Dauer eines vom Umgangsberechtigten zu führenden Verwaltungsprozesses[450] oder aber – wie nach zutreffender Ansicht – der Ausschluss des Umgangs.[451] Die **Bestimmung eines Umgangspflegers zur Umgangsbegleitung** hält der BGH entgegen der vormaligen h.M. aber für zulässig und gewährt ihm in diesem Fall – systemwidrig – einen Vergütungsanspruch auch für die Begleitung des Umgangs.[452] Dies führt aber dann dazu, dass die betroffenen Eltern – anders als bei der über das Jugendamt erfolgten Umgangsbegleitung – die Auslagen des Gerichts für die Vergütung der Umgangsbegleitung durch den Umgangspfleger zu tragen haben, soweit ihnen in der Endentscheidung nach § 81 FamFG die Gerichtskosten auferlegt wurden.[453]

Lehnt der **zum Umgang berechtigte Elternteil** die Durchführung begleiteten Umgangs **generell ab,** so wird der Umgang nur dann auszuschließen sein, wenn ansonsten eine Gefährdung des Kindeswohls droht.[454] Im Regelfall genügt hier schon aus Gründen der Verhältnismäßigkeit die Feststellung, dass es einer Umgangsregelung nicht bedarf.[455] Keinesfalls darf sich das Familiengericht darauf be- 672

---

445 OLG Frankfurt ZKJ 2015, 240; OLG Celle FamRZ 1998, 973.
446 OLG Frankfurt FuR 2014, 307.
447 OLG Celle FamRZ 2013, 1237.
448 A.A.: OLG Saarbrücken FamRZ 2011, 826: keine Befristung.
449 OLG Frankfurt ZKJ 2019, 72.
450 BVerfG ZKJ 2015, 463; OLG Schleswig FamRZ 2015, 1040.
451 BGH ZKJ 2019, 143 abweichend von OLG Köln ZKJ 2018, 101; OLG Frankfurt ZKJ 2015, 240; Dürbeck, ZKJ 2015, 457, 459.
452 OLG Köln ZKJ 2018, 101; OLG Frankfurt FamRZ 2016, 1787; Dürbeck, ZKJ 2015, 457, 459.
453 Dürbeck, ZKJ 2019, 141, auch zur Kritik an der Entscheidung des BGH.
454 OLG Brandenburg FamRZ 2010, 740.
455 OLG Karlsruhe FamRZ 2006, 1867; Dürbeck, FamRZ 2016, 1784.

schränken, den **„Antrag" des Umgangsberechtigten mangels Kindeswohldienlichkeit zurückzuweisen,**[456] weil diese Entscheidungsform im Gesetz nicht vorgesehen ist. Eine Zurückweisung des „Antrages" auf Regelung des Umgangsrechts würde nämlich einen regelungslosen Zustand schaffen, der wegen seiner Ungewissheit im Gegensatz zu einem etwaigen Umgangsausschluss für die Betroffenen nach Ansicht des BVerfG „unerträglich" wäre.[457] Das Familiengericht kann also nur den Umgang regeln oder ausschließen, andernfalls wird seine Entscheidung im Beschwerdeverfahren nach § 69 Abs. 1 Satz 2 FamFG aufzuheben und an das Amtsgericht zurückzuverweisen sein.[458]

g) Ausschluss des Umgangsrechts

673 Würde es durch die Ausübung des elterlichen Umgangsrechts zu einer **Gefährdung der seelischen oder körperlichen Entwicklung des Kindes** kommen[459] und kann diese Gefahr nicht durch mildere Maßnahmen, wie z.B. die Anordnung einer Umgangspflegschaft oder begleiteter Umgangskontakte abgewendet werden, so muss der Umgang nach § 1684 Abs. 4 Satz 2 BGB **ausgeschlossen** werden. Ein genereller Ausschluss des beiderseitigen elterlichen Umgangsrechts kommt im Übrigen ohne konkrete Gefahr für das Kindeswohl auch dann nicht in Betracht, wenn beiden Eltern nach § 1666 BGB das Sorgerecht entzogen wurde und die Kinder in einer Pflegefamilie wohnen (zur Problematik Rn. 694). Zum Begriff der „Gefährdung" des Kindeswohls kann auf Rn. 631 ff. verwiesen werden.

(aa) Elternbezogene Ausschlussgründe

674 Elternbezogene Gründe, die den Ausschluss des Umgangsrechts rechtfertigen können, sind die bereits im Rahmen der Gründe für die Anordnung von begleiteten Umgangskontakten erwähnten Fälle von drohenden oder bereits erfolgten **Kindesentführungen**[460] oder **Gewalt**[461]**, sexuellem Missbrauch**[462] oder **Pädophilie.**[463] Hier kann auch bereits ein **Verdacht** genügen, wobei dann hinsichtlich der Intensität des Verdachts eine **umfassende Untersuchung und Abwägung** vorzunehmen ist.[464] Das Umgangsrecht kann weiterhin auszuschließen sein, wenn der Umgangsberechtigte **öffentlich zu Terrorakten aufgerufen** hat.[465] Auch **Straftaten gegen die körperliche Integrität des anderen Elternteils,** die zum Teil von Kindern auch miterlebt werden, sollten Anlass sein, den Ausschluss des Umgangsrechts zumindest für befristete Zeit zu prüfen, weil insoweit auch mittel-

---

456 OLG Frankfurt ZKJ 2013, 421.
457 BVerfG FamRZ 2006, 1005; BGH FamRZ 1994, 158.
458 OLG Frankfurt ZKJ 2013, 427.
459 BVerfG FamRZ 2008, 856; BGH FamRZ 1980, 132.
460 BVerfG FamRZ 2010, 109; OLG Köln FamRZ 2005, 1770.
461 OLG Hamburg FamRZ 2011, 822; AG Bremen ZKJ 2008, 214; Heilmann/Gottschalk, § 1684 BGB Rn. 78.
462 OLG Karlsruhe NZFam 2017, 1132; FamRB 2014, 7; Splitt, FF 2016, 146, 149.
463 BVerfG NZFam 2015, 234; FamRZ 2008, 494; OLG Düsseldorf FamRZ 2009, 1685; Wallner, NZFam 2015, 610.
464 BVerfG FamRZ 2005, 1816; 2008, 494; OLG Karlsruhe FamFR 2013, 213.
465 OLG Köln ZKJ 2013, 302: „Salafist".

bar erlebte Gewalt die Gefahr von Belastungsstörungen und einer Retraumatisierung des Kindes begründen.[466] Besonders schwerwiegend sind insoweit Fälle der vorsätzlichen Tötung der Kindesmutter durch den Vater.[467] Hier ist vom Familiengericht insbesondere bei **Gewaltschutzverfahren** die Wahrnehmung des staatlichen Wächteramtes gefragt. Stehen erhebliche Körperverletzungen der Kindesmutter im Raum und haben Täter und Opfer gemeinsame minderjährige Kinder, wird die **Einleitung eines Umgangsverfahrens von Amts wegen** zu erfolgen haben.[468] Weiter zu nennen sind **psychische Erkrankungen** des betreffenden Elternteils[469] und **Alkohol- und Drogensucht**.[470] Die **Zugehörigkeit zu einer religiösen Sekte** wird nur in Ausnahmefällen einen Umgangsausschluss rechtfertigen können.[471] Ist der umgangsberechtigte Elternteil in **Straf- oder Untersuchungshaft,** stellt dies allein noch kein zureichendes Kriterium für einen Ausschluss des Umgangs dar.[472] Anders wird naturgemäß zu verfahren sein, wenn die Straftat zu Lasten des Kindes oder des anderen Elternteils begangen worden ist (s.o.). Auch der Umstand, dass der Vater der **rechtsradikalen Szene** angehört und die Mutter, die sich hiervon losgesagt hat und sich aus begründeter **Furcht vor Racheakten des Vaters** mit den Kindern in staatlicher Obhut verborgen hält, kann zu Lasten des Vaters den gänzlichen Ausschluss des Umgangs aus Gründen der Gefährdung des Kindeswohls erfordern.[473] Einen Umgangsausschluss nicht rechtfertigen können allein Spannungen oder gar eine Verfeindung der Eltern untereinander.[474] Wird aber dadurch eine **schwerwiegende seelische Belastung** des unter einem **Loyalitätskonflikt** leidenden Kindes verursacht, kann der Umgang als letztes Mittel auszuschließen sein.[475] Auch bei einem fehlgeschlagenen begleiteten Umgang, wie dies etwa bei Fehlen eines mitwirkungsbereiten Dritten (s.o. Rn. 671)[476] oder bei Einstellung der Umgangsbegleitung wegen eines Fehlverhaltens des Umgangselternteils[477] der Fall ist, kommt ein Ausschluss des Umgangs in Betracht.

---

466 OLG Saarbrücken ZKJ 2017, 152; OLG Hamburg FamRZ 2011, 822; OLG Köln FamRZ 2011, 571; Schmid, FamRB 2012, 317; Becker/Büchse, ZKJ 2011, 292.
467 Vgl. BGH FamRZ 2016, 1058 m. krit. Anm. Heilmann (Verfahrenskostenhilfe für den Vater im Umgangsverfahren); OLG Frankfurt, Beschluss vom 7.6.2011, 4 UF 123/08, juris.
468 Zur Verfahrensgestaltung vgl. Staudinger/Dürbeck, § 1684 BGB Rn. 324.
469 Vgl. OLG Bremen FF 2018, 165; OLG Saarbrücken JAmt 2011, 167; Vogel FF 2014, 150.
470 KG FamRZ 2002, 412; vgl. aber zu den Anforderungen an die Feststellung einer Gefahr für das Kindeswohl OLG Dresden ZKJ 2017, 112; OLG Frankfurt FamRZ 2016, 482.
471 EGMR OstEuR 2013, Nr. 2, 234; vgl. auch zu Fällen religiöser Beeinflussung KG FamRZ 1968, 260.
472 BVerfG FamRZ 2006, 1822; BGH FamRZ 1984, 1084.
473 BVerfG ZKJ 2013, 531 mit Anm. Salgo in FamRZ 2013, 531.
474 BGH FamRZ 1984, 1084; OLG Brandenburg FamRZ 2003, 111.
475 EGMR FamRZ 2017, 891; BVerfG ZKJ 2013, 120; OLG Nürnberg NZFam 2016, 1206; KG ZKJ 2015, 235; OLG Saarbrücken FamRZ 2007, 945.
476 Staudinger/Dürbeck, § 1684 BGB Rn. 340.
477 OLG Bremen FF 2018, 165; OLG Saarbrücken ZKJ 2017, 152; vgl. auch OLG Koblenz FamRZ 2017, 301 m. Anm. Dürbeck.

(bb) Kindesbezogene Ausschlussgründe

675 Der **Wille des betreffenden Kindes** (zur Bedeutung vgl. Rn. 657) und die daraus resultierende Ablehnungshaltung gegenüber Umgangskontakten mit dem nicht betreuenden Elternteil können so gewichtig sein, dass ein befristeter Ausschluss des Umgangsrechts nach § 1684 Abs. 4 Satz 2 BGB in Betracht kommen kann.[478] Hier sind vor allem **Alter** und **Reifegrad** des Kindes, die **Gründe seiner Ablehnungshaltung,** die Frage der **Beeinflussung des gebildeten Willens** und die **Intensität und Stabilität des Willens** von entscheidender Bedeutung.[479] Sind diese Kriterien erfüllt, gebietet es die **Achtung des Persönlichkeitsrechts** des Kindes, seinen Willen zu berücksichtigen und ihn nicht zum Umgang mit dem anderen Elternteil zu zwingen.[480]

(cc) Dauer

676 Schließt das Familiengericht den Umgang aus, so ist dieser grundsätzlich zu **befristen,**[481] wobei das genaue Datum, wenn irgendwie möglich, zu nennen ist.[482] Ein **unbefristeter Umgangsausschluss** kommt aber in solchen Ausnahmefällen in Betracht, in denen bereits mit hinreichender Sicherheit feststeht, dass nur ein dauerhafter Ausschluss eine Gefährdung des Kindeswohls abwenden kann.[483] Angesichts der Rechtsprechung des **EGMR** zur **jährlichen Überprüfung** von gerichtlichen Entscheidungen, die in das Elternrecht eingreifen,[484] dürfte ein längerer Ausschluss als ein Jahr eher der Ausnahmefall sein,[485] längere Zeiträume sind aber in begründeten Fällen nicht ausgeschlossen.

2. Das Umgangsrecht anderer Bezugspersonen nach § 1685 BGB

677 Das Umgangsrecht anderer Bezugspersonen des Kindes ist in § 1685 BGB geregelt. Nach dessen Absatz 1 haben **Großeltern** und **Geschwister** ein Recht auf Umgang mit dem Kind, wenn dieser dem **Wohl des Kindes entspricht.** Gleiches gilt nach § 1685 Abs. 2 BGB für andere **enge Bezugspersonen des Kindes,** wenn diese für das Kind **tatsächliche Verantwortung** tragen oder getragen haben (**sog. sozial-familiäre Beziehung**). Anders als bei § 1684 Abs. 1 BGB im Verhältnis des Kindes zu seinen (rechtlichen) Eltern besteht bei dem Umgangsrecht der in § 1685 BGB genannten Verwandten und sonstigen sozialen Bezugspersonen ungeachtet der Regelung von § 1626 Abs. 3 Satz 2 BGB **keine gesetzliche**

---

478 BVerfG ZKJ 2016, 457; NZFam 2015, 319; ZKJ 2013, 320; OLG Hamm FamRZ 2009, 1245; Ernst, NZFam 2015, 641; Staudinger/Dürbeck, § 1684 BGB Rn. 302 ff; Splitt, FF 2016, 146, 150.
479 BVerfG ZKJ 2013, 120; OLG Koblenz FamRZ 2014, 2010; Dettenborn/Walter, Familienrechtspsychologie, S. 83 f.
480 BVerfG ZKJ 2016, 457; BGH FamRZ 1980, 131; OLG Nürnberg FamRZ 2009, 1687; Heilmann/Gottschalk, § 1684 BGB Rn. 30; BeckOK-BGB/Veit, § 1684 Rn. 55.
481 BVerfG FamRZ 2005, 1815; ausführlich Staudinger/Dürbeck, § 1684 BGB Rn. 295 f.
482 BVerfG FamRZ 2006, 1005; BGH FamRZ 1984, 1084.
483 BVerfG FamRZ 2016, 1917; KG ZKJ 2015, 235; OLG Brandenburg FamRZ 2010, 1357; vgl. auch EGMR FamRZ 2017, 891 unter Hinweis auf §§ 166 Abs. 2 FamFG, 1696 Abs. 2 BGB.
484 EGMR FamRZ 2011, 1484.
485 So auch Völker/Clausius, § 2 Rn. 162.

Vermutung dafür, dass dieser **dem Kindeswohl förderlich** ist.[486] Voraussetzung ist vielmehr die Feststellung, dass der Umgang **dem Kindeswohl tatsächlich dient.** Hierdurch wollte der Gesetzgeber den Umgang des Kindes außerhalb der Elternbeziehung begrenzen.[487]

Anders als die in § 1685 Abs. 2 BGB genannten weiteren Personen brauchen die in § 1685 Abs. 1 BGB genannten **Geschwister und Großeltern** des Kindes ihre tatsächliche Stellung als Bezugsperson nicht darzulegen, weil insoweit durch das Verwandtschaftsverhältnis vermutet wird, dass eine Beziehung des Kindes zu ihnen in seinem Interesse liegen kann.[488] Fälle, in denen der Umgang des Kindes mit seinen **Geschwistern** – umfasst sind nicht nur leibliche, sondern **auch Adoptiv-**[489] **und Halbgeschwister**[490] – vom Familiengericht zu regeln ist, sind in der Praxis selten. Sie können aber dann von Bedeutung sein, wenn die Eltern z.B. nach der Trennung die **Kinder aufteilen**[491] oder Geschwister nach der Trennung von den Eltern in **unterschiedlichen Pflegefamilien** leben. Wird eines von zwei leiblichen Geschwistern dagegen **adoptiert,** erlischt nach § 1755 Abs. 1 Satz 1 BGB das wechselseitige Umgangsrecht nach § 1685 Abs. 1 BGB.[492] Häufig sind dagegen Fälle, in denen – meist nach einer Trennung der Eltern – die **Großeltern** des nicht betreuenden Elternteils Umgang mit dem Kind beanspruchen.[493] Auch bei Pflegekindern kommt ein Umgang mit Großeltern in Betracht.[494] Hier werden in der Praxis Umgangsregelungen häufig deshalb nicht getroffen, weil der Umgang mit den Großeltern dem Kindeswohl nicht dient. Bestehen nämlich zwischen dem betreuenden Elternteil und den Großeltern **starke Spannungen oder Zerwürfnisse,** so ist **zu vermuten,** dass ein erzwungener Umgang zu **seelischen Belastungen und/oder Loyalitätskonflikten des Kindes** führen würde.[495] Auch in Fällen, in denen Großeltern den Erziehungsvorrang der Eltern missachten oder deren Erziehungsfähigkeit in Zweifel stellen, wird im Regelfall die Kindeswohldienlichkeit des Umgangs zu verneinen sein.[496] Anders kann natürlich zu verfahren sein, wenn das Kind den Umgang ausdrücklich wünscht. Trotzdem kann auch in diesem Fall die Kindeswohldienlichkeit fehlen, wenn z.B. durch den Umgang mit den Großeltern

678

---

486 BGH ZKJ 2017, 463.
487 BT-Drucks. 13/4899, S. 107.
488 Johannsen/Henrich/Jaeger, § 1685 BGB Rn. 2.
489 Campbell, NJW-Spezial 2011, 644.
490 KG FamRZ 2017, 899; Palandt/Götz, § 1685 BGB Rn. 4.
491 Vgl. EGMR FamRZ 2010, 1046.
492 OLG Dresden ZKJ 2012, 69, das auch ein Umgangsrecht nach § 1685 Abs. 2 BGB verneinte; Heilmann/Gottschalk, § 1685 BGB Rn. 7.
493 Etwa BGH ZKJ 2017, 463; OLG Brandenburg NJW-RR 2019, 130; OLG Saarbrücken ZKJ 2017, 379; OLG Brandenburg FamRZ 2016, 1092; OLG Frankfurt FamRZ 2013, 1994; BeckRS 2014, 118955; MDR 2017, 1128; OLG Hamm ZKJ 2011, 227; OLG München FamRZ 2011, 1804; OLG Brandenburg BeckRS 2010, 12593; KG FamRZ 2009, 1229.
494 OLG Frankfurt BeckRS 2014, 118955; OLG Brandenburg FamRZ 2017, 1675.
495 BGH ZKJ 2017, 463; OLG Brandenburg NJW-RR 2019, 130; JAmt 2011, 419; OLG Saarbrücken ZKJ 2017, 379; Heilmann/Gottschalk, § 1685 BGB Rn. 11; kritisch Giers, FamRB 2011, 229, nicht ausreichend allein ist aber eine pauschale Ablehnungshaltung des betreuenden Elternteils.
496 BGH ZKJ 2017, 463; OLG Oldenburg ZKJ 2018, 234; OLG Dresden FamRZ 2010, 310; Staudinger/Dürbeck, § 1685 BGB Rn. 39; Johannsen/Henrich/Jaeger, § 1685 BGB Rn. 5.

die Gefahr bestünde, dass das Kind Umgang auf diesem Weg mit einem vom Umgang ausgeschlossenen Elternteil erhielte. Eine Notwendigkeit zur Regelung eines eigenständigen Umgangsrechts der Großeltern fehlt im Regelfall auch dann, wenn diese im Rahmen der Umgangskontakte des Kindesvaters über ausreichend eigene Kontakte mit dem Kind verfügen.[497] Umgekehrt wird die Kindeswohldienlichkeit meist zu bejahen sein, wenn zwischen Kind und Großeltern eine **enge Bindung** besteht, insbesondere weil die Großeltern das Kind **in der Vergangenheit selbst betreut** haben. Verneint das Gericht die Kindeswohldienlichkeit – wobei den in § 1685 Abs. 1 BGB genannten Verwandten die Feststellungslast obliegt[498] –, so ist der Umgang nach § 1685 Abs. 3 BGB i.V.m. § 1684 Abs. 4 BGB nur dann **auszuschließen, wenn zu erwarten ist, dass die** Großeltern durch unzulässige Kontaktaufnahmen das Wohl des Kindes gefährden. Ist dies – wie in der Regel – nicht zu erwarten, genügt die Feststellung, dass ein Umgang nicht zu regeln ist.[499] Eine **Umgangspflegschaft** i.S.d. § 1684 Abs. 3 Satz 3 BGB kann nach § 1685 Abs. 3 Satz 2 BGB nur unter den engen Voraussetzungen von § 1666 BGB angeordnet werden.

679 Zum Kreise der Umgangsberechtigten nach § 1685 Abs. 2 BGB können sowohl weitere **Verwandte** des Kindes wie Tanten,[500] der **frühere Lebensgefährte** eines Elternteils,[501] aber auch die (früheren) **Pflegeeltern des Kindes**[502] (vgl. hierzu Rn. 699) und auch ein **leiblicher Elternteil nach einer erfolgten Adoption**[503] gehören. Voraussetzung ist aber, dass gegenwärtig oder früher eine **sozial-familiäre Beziehung** zwischen ihnen und dem Kind in dem Sinne besteht oder bestanden hat, dass die Person für das Kind **tatsächliche Verantwortung getragen** hat. Nach § 1685 Abs. 2 Satz 2 BGB wird dies vermutet, wenn die Person mit dem Kind **längere Zeit in häuslicher Gemeinschaft zusammengelebt** hat. Damit hat das Familiengericht sowohl das Bestehen einer (zumindest früheren) **sozial-familiären Beziehung** zu dem Kind als auch die **Kindeswohldienlichkeit des Umgangs** festzustellen. Der **Zeitfaktor** einer zurückliegenden sozialen Beziehung zu dem Kind kann aber durchaus gegen einen Umgang sprechen, da § 1685 Abs. 2 BGB nicht dazu dient, abgebrochene Beziehungen des Kindes wieder neu zu beleben.[504] Ob auch ein **leiblicher Elternteil nach einer erfolgten Adoption** sich auf ein (durchsetzbares) Umgangsrecht nach § 1685 Abs. 2 BGB berufen kann, ist umstritten, nach der wohl noch h.M. aber zu verneinen.[505] Ein Umgangs-

---

497 OLG Hamm BeckRS 2011, 06401.
498 OLG Naumburg FamRZ 2008, 915; Heilmann/Gottschalk, § 1685 BGB Rn. 11.
499 OLG Celle NJW-RR 2011, 431; Heilmann/Gottschalk, § 1685 BGB Rn. 21; Köhler, ZKJ 2018, 9, 10; Dürbeck, FamRZ 2017, 1168; im. Erg. auch BGH ZKJ 2017, 463; a. A.: OLG Frankfurt MDR 2017, 1128; OLG Saarbrücken NZFam 2017, 671.
500 OLG Bremen ZKJ 2012, 494.
501 OLG Karlsruhe NJW 2011, 1012; OLG Frankfurt BeckRS 2013, 03348.
502 BVerfG FamRZ 2000, 413; BGH NJW 2001, 3337; OLG Schleswig ZKJ 2019, 187.
503 OLG Stuttgart NJW-RR 2007, 76.
504 BVerfG FamRZ 2000, 413; vgl. auch OLG Karlsruhe FamRZ 2009, 1229.
505 EGMR FamRZ 2014, 1351; OLG Schleswig FamRZ 2004, 1057; im Ergebnis auch OLG Stuttgart NJW-RR 2007, 76; Staudinger/Frank, § 1755 BGB Rn. 7; kritisch: Botthoff, FamRZ 2016, 768; Hoffmann, FamRZ 2013, 1077 (1081); JAmt 2003, 453.

recht kommt hier nur dann in Betracht, wenn ein Umgangsausschluss kindeswohlgefährdend wäre (dann also als Anordnung nach § 1666 BGB)[506] oder wenn die Pflegeeltern den Umgang des Kindes mit seinen leiblichen Eltern nach der Adoption längere Zeit geduldet haben (dann § 1685 Abs. 2 BGB).[507] Ob dieser generelle Ausschluss der leiblichen Eltern auch bei den in der Praxis vorherrschenden (halb-)offenen Adoptionen aber verfassungsrechtlichen Maßstäben genügt und im Hinblick auf das Kindeswohl tatsächlich erforderlich ist, kann durchaus bezweifelt werden.[508] Bei der anstehenden Reform des Adoptionsrechts dürfte hier Änderungsbedarf bestehen. Bis zur Beanstandung der hiesigen Rechtslage durch den EGMR und die gesetzliche Neuregelung in § 1686a BGB (vgl. Rn. 681 ff.) entsprach es gefestigter Rechtsprechung, dass dem (potenziellen) **biologischen Vater** des Kindes ohne eine sozial-familiäre Beziehung zu dem Kind ein Umgangsrecht nach § 1685 Abs. 2 BGB nicht zuzubilligen war.[509] Verfügte er jedoch über eine sozial-familiäre Beziehung zu dem Kind, kann sein Umgangsrecht bei Vorliegen der weiteren Voraussetzungen (insbesondere Kindeswohldienlichkeit) auf § 1685 Abs. 2 BGB gestützt werden.[510]

3. Das Auskunftsrecht nach § 1686 BGB

Gemäß § 1686 Satz 1 BGB kann jeder Elternteil vom anderen Elternteil bei berechtigtem Interesse **Auskunft über die persönlichen Verhältnisse des Kindes** verlangen, soweit dies dem Kindeswohl nicht widerspricht. Bei Streitigkeiten entscheidet nach Satz 2 der Vorschrift das Familiengericht in Person des **Rechtspflegers**, § 3 Nr. 2a RpflG. Der grundsätzlich gegen den anderen Elternteil, in dessen Obhut sich das Kind befindet,[511] gerichtete Anspruch kommt nicht nur dann zum Tragen, wenn der die Auskunft begehrende Elternteil vom Umgang mit dem Kind nach § 1684 Abs. 4 Satz 1 oder 2 BGB ausgeschlossen wurde oder sein Umgangsrecht sonst eingeschränkt worden ist.[512] Anspruchsberechtigt ist auch ein privater Samenspender, soweit dieser rechtlicher Vater ist.[513] Ein **berechtigtes Interesse** des Elternteils, unabhängig auch von der Frage des Sorgerechts, an der Erteilung von Auskünften über das Kind kann auch dann bestehen, wenn das Kind selbst **Kontakte zu ihm ablehnt** und dies **akzeptiert** wird,[514] wenn der betreffende Elternteil, z.B. wegen **großer räumlicher Entfernung** nach einem Wegzug oder nach der Auswanderung des anderen Elternteils mit dem Kind, an der Wahrnehmung von Umgangskontakten tatsächlich gehindert ist oder diese nur in größeren

680

---

506 Vgl. BayObLG FamRZ 1971, 467.
507 OLG Stuttgart FamRZ 2006, 1865.
508 Vgl. MünchKomm-BGB/Maurer, § 1755 BGB Rn. 9; Helms, Gutachten F zum 71. DJT, 93 ff.
509 BVerfG FamRZ 2006, 1661; BGH FamRZ 2005, 705.
510 OLG Frankfurt ZKJ 2019, 65; Staudinger/Dürbeck, § 1686a BGB Rn. 8.
511 Palandt/Götz, § 1686 BGB Rn. 4.
512 Was gleichwohl den häufigsten Anwendungsfall darstellt, vgl. etwa OLG Köln FamRZ 2005, 1276; Dürbeck, ZKJ 2017, 457, 458.
513 OLG Düsseldorf FamRZ 2017, 809 m. Anm. Hammer.
514 OLG Hamm FamRZ 2003, 1583; Johannsen/Henrich/Jaeger, § 1686 BGB Rn. 2.

Zeitabständen wahrgenommen werden können.[515] Der Anspruch besteht in analoger Anwendung im Übrigen auch **gegen den Vormund oder Pfleger** des Kindes, nicht aber gegenüber Obhutspersonen des Kindes.[516] Voraussetzung ist aber stets, dass das Auskunftsrecht **nicht rechtsmissbräuchlich** ausgeübt wird, was insbesondere dann der Fall ist, wenn sich der an sich berechtigte Elternteil die erforderlichen Informationen anderweitig verschaffen kann.[517] Der Anspruch ist vom Inhalt her auf **alle relevanten Informationen über die persönlichen Verhältnisse** des Kindes gerichtet, insbesondere auf schulische oder berufliche Belange, etwaige Krankheiten oder Schutzmaßnahmen wie Impfungen und persönliche Interessen des Kindes.[518] Mit der Auskunft können etwaige **Zeugnisse, Atteste und ggf. auch Lichtbilder** des Kindes verlangt werden. Die Frage, in welchen **Zeitabständen** die Auskünfte jeweils erteilt werden sollen, hängt vom Einzelfall ab.[519] Die Geltendmachung des Anspruchs muss nicht dem Kindeswohl dienen, sondern darf ihm nach der negativen Formulierung des Gesetzes nur nicht widersprechen.[520] Dies kann im Einzelfall gegeben sein z.B. bei **erheblichen Konflikten der Eltern,** die eine Belastung für das Kind darstellen,[521] oder wenn der vom Umgang ausgeschlossene Elternteil die Informationen zu dem Zweck erhalten will, einen **dem Kindeswohl abträglichen Kontakt herzustellen,**[522] einen kindeswohlabträglichen Einfluss auf die elterliche Sorge zu nehmen[523] oder das Informationsmaterial z.B. durch **Veröffentlichung zu missbrauchen.**[524] Der Auskunft entgegenstehen kann auch das Persönlichkeitsrecht des schon älteren Kindes in Bereichen seiner Intimsphäre.[525] Auch bei vorausgegangener Kindesentführung oder der konkreten Gefahr einer solchen sind solche Auskünfte zu versagen, die es dem Berechtigten ermöglichen, den Aufenthalt des Kindes zu ermitteln, was etwa auch bei Übersendung eines Fotos des Kindes der Fall sein kann.[526] Verweigert der betreuende Elternteil die Erfüllung der Auskunft, kommt nach ergebnisloser Vollstreckung auch ein Teilentzug der elterlichen Sorge in Betracht, damit ein Ergänzungspfleger die Auskunft erteilen kann.[527]

4. Das Umgangsrecht des biologischen Vaters nach § 1686a BGB

681 Wie bereits erwähnt (Rn. 679), kannte das deutsche Familienrecht ursprünglich ein allein an die biologische Vaterschaft eines Kindes geknüpftes Umgangsrecht nicht.

---

515 BGH ZKJ 2017, 146; OLG Brandenburg FamRZ 2008, 638; BayObLG FamRZ 1983, 1169.
516 BGH ZKJ 2017, 146; ZKJ 2017, 466; Dürbeck, ZKJ 2017, 457, 458.
517 OLG Brandenburg FamRZ 2008, 638.
518 Vgl. Heilmann/Gottschalk, § 1686 BGB Rn. 9 f.
519 Vgl. etwa BeckOK-BGB/Veit, § 1686 Rn. 5: viertel- bis halbjährlich.
520 Vgl. BT-Drucks. 13/4899, S. 107.
521 OLG Brandenburg FamRZ 2008, 638.
522 Vgl. OLG Naumburg FamRZ 2001, 513; BT-Drucks. 8/2788, S. 55.
523 BGH ZKJ 2017, 466.
524 OLG Hamm FamRZ 2010, 909.
525 BGH ZKJ 2017, 466; OLG Köln NJW-Spezial 2016, 677; KG FamRZ 2011, 827; Dürbeck, ZKJ 2017, 457, 459.
526 Vgl. Staudinger/Dürbeck, § 1686 BGB Rn. 11.
527 Vgl. OLG Frankfurt FamRZ 2002, 1585; 2004, 1311.

Das elterliche Umgangsrecht knüpft nach § 1684 BGB nicht an die biologische, sondern die rechtliche Vaterschaft an. § 1685 Abs. 2 BGB kann zu einem Umgangsrecht des biologischen (und gleichzeitig sozialen) Vaters führen, setzt aber voraus, dass Vater und Kind zumindest zeitweise bereits in einem Haushalt zusammengelebt oder der biologische Vater bereits anderweitig tatsächlich Verantwortung für das Kind übernommen hat. Zum Verständnis der Problematik ist weiter zu beachten, dass der biologische Vater die Vaterschaft des rechtlichen Vaters (meist der Ehemann der Mutter, vgl. § 1592 Nr. 1 BGB) nicht anfechten kann, wenn zwischen rechtlichem Vater und Kind eine sozial-familiäre Beziehung besteht (vgl. § 1600 Abs. 1 Nr. 2, Abs. 2 und 4 BGB).[528] Diese Rechtslage und damit der Umgangsausschluss des biologischen Vaters, der nie mit dem Kind zusammengelebt hat, vom Umgang mit dem Kind aber ausgeschlossen war, wurde von Bundesverfassungsgericht und Bundesgerichtshof nicht beanstandet.[529] Der EGMR hat jedoch in mehreren Entscheidungen[530] hierin eine **Verletzung von Art. 8 EMRK** gesehen, weil auch ein beabsichtigtes Familienleben mit dem Kind zu schützen sei, und der EGMR hat die Möglichkeit einer **einzelfallabhängigen Prüfung des Umgangsrechts des mutmaßlichen biologischen Vaters nach Kindeswohlkriterien** angemahnt. Ungeachtet der Rechtsprechung des EGMR zum Umgangsrecht des leiblichen Vaters ließ aber das deutsche Abstammungsrecht **keine inzidente Klärung der Vaterschaft** in einem Umgangsverfahren zu.[531] Hierauf hat der Gesetzgeber reagiert und mit dem **Gesetz zur Stärkung der Rechte des leiblichen, nicht rechtlichen Vaters vom 4.7.2013,**[532] das am 13.7.2013 in Kraft getreten ist, ein **neues Umgangs- und Auskunftsrecht des biologischen Vaters** geschaffen.[533]

Materiell-rechtlich ist das Umgangs- und Auskunftsrecht des biologischen Vaters in § 1686a BGB geregelt. Es wird flankiert durch die verfahrensrechtliche Bestimmung von § 167a FamFG.[534] Nach § 1686a BGB hat der leibliche Vater, der ein **ernsthaftes Interesse** an dem Kind gezeigt hat, solange die (rechtliche) Vaterschaft eines anderen Mannes besteht, ein **Recht zum Umgang** mit dem Kind, wenn der Umgang dem Kindeswohl dient, und darüber hinaus **ein Recht auf Auskunft von jedem Elternteil über die persönlichen Verhältnisse des Kindes,** soweit er ein berechtigtes Interesse hat und dies dem Wohl des Kindes nicht widerspricht. Der potenzielle leibliche Vater hat dabei im Streitfall nach § 167a Abs. 1 FamFG **an Eides statt zu versichern,** dass er der **Kindesmutter**

---

528 Vgl. zuletzt BVerfG NZFam 2014, 45 m. Anm. Lack; hiergegen hat auch der EGMR keine Bedenken, vgl. FuR 2012, 473; vgl. aber nunmehr BVerfG ZKJ 2019, 177 zur Frage der Konkurrenz von zwei sozialen Vaterschaften im Abstammungsrecht.
529 BVerfG FamRZ 2004, 1705; 2003, 816; BGH NZFam 2017, 1127; FamRZ 2005, 705; zur Vorgeschichte Staudinger/Dürbeck, § 1686a BGB Rn. 1 ff.; Peschel-Gutzeit, NJW 2013, 2465.
530 FamRZ 2011, 3565; 2011, 1715; FuR 2012, 473.
531 Letztmals bestätigt durch BVerfG FamRZ 2013, 1195 = ZKJ 2013, 407.
532 BGBl. I 2013, 2176.
533 Vgl. dazu ausführlich Hammer, FamRB 2013, 298; Peschel-Gutzeit, NJW 2013, 2465; Keuter, ZKJ 2014, 16.
534 Vgl. dazu MünchKomm-FamFG/Heilmann, § 167a FamFG Rn. 1 ff.

in der gesetzlichen Empfängniszeit beigewohnt hat. Das wird auch bei einem **Samenspender** außerhalb von § 1600 Abs. 5 BGB anzunehmen sein,[535] allerdings bedarf es insoweit keiner eidesstattlichen Versicherung in Bezug auf die Beiwohnung.[536] Wird die Vaterschaft von der Kindesmutter bestritten oder in Frage gestellt, weil sie auch mit anderen Männern in der Empfängniszeit Geschlechtsverkehr hatte, so hat das Familiengericht **die Vaterschaft gemäß § 167a Abs. 2 FamFG inzident zu klären.**[537] Die Einholung eines Abstammungsgutachtens sollte – um eine Belastung für das Kind zu vermeiden – grundsätzlich vor der Kindesanhörung erfolgen, worauf der Verfahrensbeistand ggf. hinwirken sollte.[538] Lässt sich die fehlende Kindeswohldienlichkeit ohne größeren Ermittlungsaufwand feststellen, bedarf es der Klärung der Abstammung nicht.[539] Nicht entscheidend ist, ob die Vaterschaft des rechtlichen Vaters wegen einer fehlenden sozial-familiären Beziehung (§ 1600 Abs. 2 BGB) noch angefochten werden könnte.[540]

683 Erforderlich ist damit ein **ernsthaftes Interesse** des biologischen Vaters an dem Kind. Hierbei sind **keine zu hohen Anforderungen** an dieses Tatbestandsmerkmal zu stellen, es dient lediglich dazu, Anträge auszuschließen, bei denen das Interesse des Vaters offenkundig gering[541] oder gar rechtsmissbräuchlich ist. Dabei ist eine **Prognose** zu stellen, ob der Antragsteller längerfristig an der Teilhabe **am Leben des Kindes interessiert** ist.[542] Kriterien sind etwa nach der Gesetzesbegründung[543] bereits außergerichtlich geäußerte Wünsche auf Umgang oder des Erhalts von Informationen über das Kind. Der Umstand, dass der potenzielle Vater in der Vergangenheit zunächst kein Interesse an dem Kind gezeigt hat, reicht für sich genommen zur Ablehnung der Ernsthaftigkeit nicht aus, zumal eine solche Zurückhaltung auch zum Wohl des Kindes erfolgt sein kann.[544] Schließlich ist es neben der **Feststellung der biologischen Vaterschaft,** die nicht wie im Abstammungsverfahren nach § 177 Abs. 2 Satz 1 FamFG förmlich festgestellt werden muss und von den Beteiligten unstreitig gestellt werden kann,[545] notwendig, dass der begehrte Umgang **dem Kindeswohl dient** (§ 1686a Abs. 1 Nr. 1 BGB).

Es ist daher eine **Kindeswohlprüfung wie bei § 1685 Abs. 1 BGB** (vgl. Rn. 678) durchzuführen, eine Vermutung wie bei § 1626a Abs. 2 Satz 2 BGB besteht hier nicht. Hierzu ergingen bereits nach den Urteilen des EGMR (vgl. Rn. 681) obergerichtliche Entscheidungen. So hat das OLG Bamberg[546] die Kindeswohldienlichkeit des Umganges verneint, wenn das Kind in einem intakten, gut organisierten und

---

535 BGH ZKJ 2013, 410; Hoffmann, FamRZ 2013, 1077 (1078); Hammer, FamRB 2013, 298, 299.
536 OLG Frankfurt ZKJ 2019, 65.
537 Kritisch hierzu (aber zu Unrecht): Peschel-Gutzeit, NJW 2013, 2465 (2466).
538 MünchKomm-FamFG/Heilmann, § 167a Rn. 12; differenzierend BVerfG ZKJ 2015, 72.
539 EGMR FamRZ 2018, 1423; OLG Frankfurt, Beschluss vom 2.1.2019, 6 WF 115/18, juris.
540 BR-Drucks. 666/12, S. 12; Hoffmann, FamRZ 2013, 1077 (1079).
541 Hammer, FamRB 2013, 298 (299); vgl. auch OLG Bremen FamRZ 2015, 266.
542 OLG Frankfurt ZKJ 2019, 65; Lang, FPR 2013, 233 (235).
543 BT-Drucks. 17/13269, S. 5.
544 Hoffmann, FamRZ 2013, 1077 (1080).
545 MünchKomm-FamFG/Heilmann, § 167a FamFG Rn. 13.
546 OLG Bamberg FamRZ 2013, 710, vgl. auch OLG Koblenz FamRZ 2013, 798.

emotional stabilen Familienverband, bestehend aus Vater, Mutter und seinen Geschwistern, lebt und dieser Verband voraussichtlich aufgelöst werden würde, sollte es zu einer positiven Feststellung der Vaterschaft des Antragstellers und zu einer Anordnung von Umgangskontakten mit ihm kommen. In diese Richtung tendierten auch erste Entscheidungen zu § 1686a BGB.[547] Es erscheint aber zumindest fragwürdig, ob im Rahmen der Kindeswohlprüfung **vorrangig** auf die **Erhaltung bzw. den Schutz des sozialen bzw. rechtlichen Familienverbandes** abgestellt werden darf. Der Gesetzgeber ist – dem EGMR folgend – davon ausgegangen, dass ein Umgang des Kindes ausschließlich an Kindeswohlgesichtspunkten zu messen ist, hier ist insoweit auch ein gesellschaftliches Umdenken dahin veranlasst, dass ein Kind **auch Kontakt zu zwei Vätern** haben kann.[548] Es kommt also insbesondere darauf an, ob Umgangskontakte für das Kind eine **nicht hinnehmbare seelische Belastung** oder Verunsicherung für das Kind bedeuten würden. Dabei sind gerade der Kindeswille je nach Alter und Reifegrad des betroffenen Kindes und die Bindung des Kindes an seinen rechtlichen und sozialen Vater von gewichtiger Bedeutung.[549] Beziehungsstörungen zwischen Erzeuger und Kindesmutter dürfen nur wie bei § 1685 Abs. 1 BGB gegen einen Umgang im Interesse des Kindes sprechen, wenn die Beziehung schwerwiegend geschädigt ist.[550] Erforderlich ist demnach eine **ergebnisoffene Abwägung** der hier ggf. kollidierenden Interessen, bei der nach dem Willen des Gesetzgebers die Stabilität und Belastbarkeit des sozialen Familienverbands, das Konfliktniveau zwischen den Beteiligten, das Alter und die Belastbarkeit des Kindes sowie seine Bindung an seine soziale Familie und die Dauer der Kenntnis von der Existenz des biologischen Vaters zu berücksichtigen sind.[551] Die Kindeswohldienlichkeit kann dabei nicht mit der Begründung abgelehnt werden, dass das Kind noch nichts über die Existenz eines anderen biologischen Vaters wisse, hier muss bei einer Verweigerung der Eltern ggf. das Familiengericht mit sachverständiger Hilfe das Kind informieren.[552] Von besonderer Bedeutung ist aber, ob der biologische Vater den Erziehungsvorrang der rechtlichen Eltern respektiert und ob sich das Kind bei etwaigen Konflikten in einem Loyalitätskonflikt befindet.[553] Bejaht das Familiengericht die Kindeswohldienlichkeit eines Umgangs zwischen Erzeuger und Kind, so gelten nach § 1686a Abs. 2 BGB die Vorschriften des § 1684 Abs. 2 bis 4 BGB entsprechend, wobei auch hier eine Umgangspflegschaft i.S.d. § 1684 Abs. 3 Satz 3 BGB nur unter den Voraussetzungen des § 1666 BGB angeordnet werden darf. Keine Anwendung findet § 1686a BGB für den leiblichen Vater, der seine Stellung als rechtlicher Vater auf-

---

547 OLG Frankfurt FamRZ 2017, 307; OLG Jena FamRZ 2017, 410.
548 Ebenso Kloster-Harz, FamFR 2013, 337 (339).
549 BVerfG ZKJ 2016, 457.
550 BVerfG, Beschluss vom 9.3.2017, 1 BvR 401/17, juris; OLG Frankfurt ZKJ 2019, 65; OLG Jena FamRZ 2017, 410; Hammer, FamRB 2013, 298 (300).
551 BGH ZKJ 2017, 21; BR-Drucks. 666/12, S. 13.
552 BGH ZKJ 2017, 21.
553 OLG Frankfurt ZKJ 2019, 65; FamRZ 2017, 307; OLG Jena FamRZ 2017, 410; Heilmann/Gottschalk, § 1686a BGB Rn. 17.

grund einer Adoption seines Kindes verloren hat,[554] wie dies aufgrund der gesetzlichen Regelung in § 1755 BGB auch der noch h.M. zur Verneinung eines Umgangsrechts der früheren rechtlichen Eltern nach Adoption entspricht (vgl. Rn. 679).

684 Das in § 1686a Abs. 1 Nr. 2 BGB geregelte **Auskunftsrecht** des biologischen Vaters[555] wird vor allem dann beansprucht werden, wenn das Familiengericht die Kindeswohldienlichkeit des Umgangsrechts nach Nr. 1 verneint hat. Insoweit ist damit zu rechnen, dass dieses oft **hilfsweise** für den Fall der Ablehnung des Umgangsrechts vor dem Familiengericht geltend gemacht werden wird. Es kann – wie bei § 1686 BGB (Rn. 680) – nur abgelehnt werden, wenn dies dem Kindeswohl widerspricht **(negative Kindeswohlprüfung)**, aber auch dann, wenn es – wie bei § 1686a Abs. 1 Nr. 1 BGB – ausnahmsweise an einem berechtigten Interesse des Antragstellers fehlt. Der Anspruch hat den gleichen Inhalt wie der Auskunftsanspruch des § 1686 BGB (Rn. 680), richtet sich aber **sowohl gegen die Kindesmutter als auch den rechtlichen Vater des Kindes**. Er wird – wie bei § 1686 BGB – nur in seltenen Fällen abgelehnt werden können.[556] Seine Geltendmachung kann dann aber ebenso wie beim Umgangsrecht zur **inzidenten Feststellung der biologischen Vaterschaft** des Antragstellers führen.

5. Abänderung gerichtlicher Umgangsanordnungen oder gerichtlich gebilligter Vergleiche (§ 156 Abs. 2 FamFG)

685 Ebenso wie sorgerechtliche Regelungen sind auch gerichtliche Umgangsanordnungen und hier auch gerichtlich gebilligte Vergleiche i.S.d. § 156 Abs. 2 FamFG **gemäß § 1696 Abs. 1 BGB** – auch von Amts wegen[557] – zu ändern, wenn dies aus **triftigen, das Wohl des Kindes nachhaltig berührenden Gründen** angezeigt ist. Solche Gründe können etwa durch die Veränderung tatsächlicher Rahmenbedingungen entstehen, wie sie z.B. durch das Alter des Kindes, seine Betreuungssituation[558] oder seine Bedürfnisse bedingt sein können. Auch unüberbrückbare Streitigkeiten der Eltern, z.B. über die Modalitäten einer Umgangsregelung, können Anlass für eine Abänderung sein.[559] Wurde nach Wirksamwerden einer Umgangsregelung das Aufenthaltsbestimmungsrecht auf den umgangsberechtigten Elternteil übertragen, so ist ein Antrag des vormals betreuenden Elternteils am Maßstab des § 1684 Abs. 1 BGB und nicht an § 1696 Abs. 1 BGB zu messen.[560] Soweit der Umgang ausgeschlossen oder beschränkt wurde, gelten die § 166

---

554 BR-Drucks. 666/12, S. 12; MünchKomm-BGB/Hennemann, § 1686a BGB Rn. 8; Dürbeck, ZKJ 2018, 23; offen gelassen von OLG Hamm ZKJ 2018, 22.
555 Vgl. dazu Clausius, NZFam 2017, 893.
556 Staudinger/Dürbeck, § 1686a BGB Rn. 23; Hoffmann, FamRZ 2013, 1077 (1081); Clausius, NZFam 2017, 893 (895).
557 OLG Celle ZKJ 2011, 433.
558 OLG Saarbrücken FamRZ 2012, 646: Einschulung.
559 Fröschle, Rn. 1173.
560 Zutreffend Völker/Clausius, § 3 Rn. 6.

Abs. 2 FamFG, 1696 Abs. 2 BGB.[561] Im Übrigen ist auf die Ausführungen zur Abänderung sorgerechtlicher Regelungen (Rn. 645 ff.) zu verweisen.

IV. Herausgabe des Kindes § 1632 BGB

1. Voraussetzungen

Gemäß § 1632 Abs. 1 BGB umfasst die Personensorge das **Recht, die Herausgabe des Kindes von jedem zu verlangen,** der es den Eltern oder einem Elternteil widerrechtlich vorenthält. Der Anspruch folgt insbesondere dem **Recht zur Bestimmung des Aufenthalts** des Kindes, § 1631 Abs. 1 BGB.[562] Steht das Aufenthaltsbestimmungsrecht **einem Elternteil alleine zu,** kann nur dieser das Recht geltend machen. Anspruchsgegner kann in diesem Fall aber **auch der andere Elternteil** sein, bei dem sich das Kind ohne hinreichende Rechtsgrundlage (z.B. Umgangsregelung oder im Fall einer Entführung) befindet.[563] Haben die Eltern **gemeinsam das elterliche Sorgerecht** inne, so müssen beide oder einer mit Zustimmung des anderen die **Herausgabe an beide** verlangen, sind sie sich uneinig, ist der Antrag unbegründet, da dann zunächst eine Entscheidung nach § 1628 BGB einzuholen ist.[564] Anspruchsinhaber kann auch der **Vormund** (§ 1800 BGB) oder **Pfleger** (§§ 1915 Abs. 1, 1800 BGB)[565] sein, wenn ihm das Aufenthaltsbestimmungsrecht zusteht, so z.B. auch der nach § 1684 Abs. 3 Satz 3 BGB bestellte Umgangspfleger. Verfahrensrechtlich handelt es sich um ein **eigenständiges Verfahren** nach § 151 Nr. 3 FamFG,[566] für das auch ein Verfahrensbeistand bestellt werden kann. Es ist **ein Antrag eines Elternteils** nach § 1632 Abs. 3 BGB erforderlich. Beantragt bei gemeinsamer elterlicher Sorge ein Elternteil das Aufenthaltsbestimmungsrecht wegen Dringlichkeit im Wege **einstweiliger Anordnung** nach § 1671 Abs. 1 Satz 2 Nr. 2 BGB, so kann in Ausnahmefällen ein **daneben gestellter Antrag nach § 1632 Abs. 1 BGB** ebenfalls veranlasst sein, auch wenn der Anspruch erst mit der Entscheidung über das Sorgerecht entstehen kann. Ein **widerrechtliches Vorenthalten** liegt vor, wenn der Anspruchsgegner das Kind **ohne Rechtfertigungsgrund,** insbesondere Einwilligung des oder der Sorgeberechtigten, in seiner Gewalt hat und die Wiedererlangung durch den Berechtigten verhindert.[567] Bei gemeinsam sorgeberechtigten Eltern ist **Maßstab der Entscheidung allein das Kindeswohl.**[568] Da § 1632 Abs. 1 BGB allein auf das Aufenthaltsbestimmungsrecht abstellt, steht der Anspruch auch Eltern gegen die Pflegeeltern zu, wenn sich das Kind im Einverständnis der Eltern und ohne Sorgerechtsentzug in Vollzeitpflege (§ 33 SGB VIII) befindet und nicht die Voraussetzungen

686

---

561 OLG Schleswig FamRZ 2015, 1040; MünchKomm-BGB/Hennemann, § 1684 Rn. 116.
562 BayObLG FamRZ 1990, 1379; Staudinger/Salgo, § 1632 BGB Rn. 9.
563 BGH FamRZ 1990, 666; OLG Brandenburg FamRZ 2007, 1350; Heilmann/Fink, § 1632 BGB Rn. 8.
564 BeckOK-BGB/Veit, § 1632 BGB Rn. 2.
565 OLG Brandenburg FamRZ 2000, 1038.
566 Einzelheiten bei MünchKomm-FamFG/Heilmann, § 151 FamFG Rn. 35 ff.
567 Palandt/Götz, § 1632 BGB Rn. 4; Staudinger/Salgo, § 1632 BGB Rn. 14.
568 OLG Düsseldorf FamRZ 1974, 99.

einer Verbleibensanordnung nach § 1632 Abs. 4 BGB vorliegen. Hat das Jugendamt das Kind nach § 42 SGB VIII **in Obhut genommen**, stellt dies bis zu einer unverzüglich herbeizuführenden sorgerechtlichen Entscheidung des Familiengerichts einen Rechtfertigungsgrund gegen den Herausgabeanspruch der Eltern dar.[569] § 1632 Abs. 1 BGB iVm § 1684 Abs. 2 BGB werden im Übrigen entsprechend angewendet, wenn der betreuende Elternteil oder der Umgangselternteil die Herausgabe **persönliche Gegenstände** des Kindes, insbesondere dessen **Reisepass** zum Zweck des Antritts einer Urlaubsreise, vom jeweils anderen Elternteil verlangt.[570]

2. Verbleibensanordnungen

a) § 1632 Abs. 4 BGB

687 Lebt das Kind in einer **Pflegefamilie** und wollen die (sorgeberechtigten) Eltern das Kind von dort wegnehmen (also nach § 1632 Abs. 1 BGB vorgehen), kann das Familiengericht **von Amts wegen** oder auch **auf Antrag** der Pflegeperson anordnen, dass das Kind bei der Pflegeperson **verbleibt,** wenn und solange das **Kindeswohl durch die Wegnahme gefährdet** würde.[571] In Ausnahmefällen können auch Kinder, die sich in Heimerziehung i.S.d. § 34 SGB VIII befinden, erfasst sein, wenn Versorgung, Erziehung und Betreuung ein familienähnliches Gepräge aufweisen und schützenswerte Bindungen bei dem Kind entstanden sind.[572] Der Begriff der Kindeswohlgefährdung entspricht insoweit demjenigen von § 1666 BGB,[573] im **Vergleich zu § 1666 BGB** ist wegen des Verhältnismäßigkeitsprinzips **§ 1632 Abs. 4 BGB vorrangig,**[574] schließt aber daneben Maßnahmen nach § 1666 BGB nicht aus, soweit sie – z. B. wegen fehlender Kooperation der Eltern mit dem Jugendamt und der Pflegeperson – erforderlich sind.[575] Wegen der besonderen Bedeutung der **Pflegekindschaftsverhältnisse** wird die dort bestehende Problematik von Verbleibensanordnungen nach § 1632 Abs. 4 BGB in einem gesonderten Abschnitt (vgl. Rn. 695 ff.) erörtert. Aus § 1632 Abs. 4 BGB kann für die Pflegeperson auch ein **Anspruch auf Rückführung** gegenüber dem Sorgerechtsinhaber folgen, wenn zwischen der Herausnahme des Kindes aus ihrem Haushalt und der Einleitung des Verfahrens auf Anordnung des Verbleibs ein unmittelbarer zeitlicher Zusammenhang besteht.[576] Ein solcher **enger zeitlicher**

---

569 OLG Frankfurt ZKJ 2019, 185; OLG Brandenburg FF 2019, 172; OLG Zweibrücken FamRZ 1996, 1026; Staudinger/Salgo, § 1632 Rn. 5; Heilmann/Dürbeck, § 42 SGB VIII Rn. 25.
570 BGH ZKJ 2019, 303.
571 Ausführlich Splitt, FamRB 2018, 416; Balloff/Vogel, FamRB 2018, 408.
572 Staudinger/Salgo, § 1632 BGB Rn. 65; Heilmann/Fink, § 1632 BGB Rn. 31, Vgl. auch DIJuF-Rechtsgutachten, JAmt 2014, 388.
573 BVerfG FamRZ 2006, 1593; BT-Drucks. 13/4899, S. 96.
574 BVerfG ZKJ 2018, 59; FamRZ 1989, 145; BGH FamRZ 2014, 543; OLG Koblenz FamRZ 2005, 1923.
575 OLG Frankfurt FamRZ 2015, 2172; OLG Bamberg DAVorm 1987, 664; Völker/Clausius, § 4 Rn. 24.
576 BGH ZKJ 2017, 142: dort verneint – vgl. hierzu Lack, NJW 2017, 474; OLG Koblenz ZKJ 2019, 181; OLG Braunschweig ZKJ 2018, 270.

Zusammenhang muss auch zwischen Herausnahme des Kindes und dem Zeitpunkt der letzten Sachentscheidung über den Antrag auf Herausgabe bestehen, da sonst der Zweck von § 1632 Abs. 4 BGB, das Kind vor einem abrupten Bindungsabbruch zu schützen, nicht mehr erreicht werden kann.[577] Besteht ein solcher zeitlicher Zusammenhang, kann gleichwohl die Rückführung des Kindes nicht verlangt werden, wenn im Haushalt der vormaligen Pflegeeltern eine Gefährdung für das Wohl des Kindes bestand.[578]

b) § 1682 BGB

Eine weitere Begrenzung erfährt § 1632 Abs. 1 BGB durch die Möglichkeit von Verbleibensanordnungen nach § 1682 BGB.[579] Hat das Kind **seit längerer Zeit** in einem Haushalt mit einem Elternteil **und dessen Ehegatten** gelebt und will der andere Elternteil, der wegen **Ruhens der elterlichen Sorge, Tod oder Sorgerechtsentzug des bisher betreuenden Elternteils** (§§ 1678, 1680, 1681 BGB) den Aufenthalt des Kindes nunmehr (sorgerechtlich) allein bestimmen kann, **das Kind von dem Ehegatten wegnehmen,** so kann das Familiengericht **von Amts wegen** oder **auf Antrag** des Ehegatten ebenfalls anordnen, dass das Kind bei dem Ehegatten **verbleibt,** wenn und solange das **Kindeswohl durch die Wegnahme gefährdet würde.** Die Regelung gilt nach Satz 2 entsprechend, wenn das Kind seit längerer Zeit in einem Haushalt mit einem Elternteil und **dessen Lebenspartner** oder einer **nach § 1685 Abs. 1 BGB umgangsberechtigten volljährigen Person** (also Großeltern und Geschwister[580]) gelebt hat. Eine Verbleibensanordnung kann zugunsten der Großeltern nicht stattfinden, wenn diese lediglich einen erweiterten Umgang mit den Kindern hatten, die Kinder aber nicht länger im Haushalt der Großeltern gelebt haben.[581] Damit finden aber gleichwohl auch **Stiefkind- bzw. Patchworkverhältnisse** und Beziehungen des Kindes zu ihm nahestehenden volljährigen Verwandten Berücksichtigung bei der Frage der Begrenzung der elterlichen Sorge i.S.d. pflichtengebundenen Elternrechts (Art. 6 Abs. 2 Satz 1 GG) zugunsten des allgemeinen Persönlichkeitsrechts des Kindes (Art. 2 Abs. 1 i.V.m Art. 1 Abs. 1 GG). Nach zutreffender Auffassung[582] kommt aber auch den Rechten der Stiefeltern bzw. der sonstigen in § 1682 Satz 2 BGB genannten Bezugspersonen **verfassungsrechtlicher Schutz** zu, wie sie das Bundesverfassungsgericht auch der aus Pflegekindern und Pflegeeltern folgenden Pflegefamilie aus Art. 6 Abs. 1 und Abs. 3 gewährt.[583] Im Verhältnis zu **§ 1632 Abs. 4 BGB** stellt § 1682 BGB eine **Sonderregelung** dar.[584] Trotz hoher Scheidungsraten und gesteigerter Bedeutung von Patchworkfamilien hat § 1682 BGB

688

---

577 OLG Koblenz ZKJ 2019, 181.
578 OLG Braunschweig ZKJ 2018, 270; OLG Hamm BeckRS 2015, 116240 (Vorinstanz zu BGH ZKJ 2017, 142).
579 Ausführlich dazu Salgo, FPR 2004, 83; Oberloskamp, ZKJ 2008, 484.
580 Nicht ausreichend sind minderjährige Geschwister, vgl. Palandt/Götz, § 1682 BGB Rn. 2.
581 AG Dortmund FamRZ 2017, 538.
582 Staudinger/Salgo, § 1982 BGB Rn. 8; Salgo, FPR 2004, 83; zur Erstreckung des Familienbegriffs des Art. 6 Abs. 1 GG auf die Stieffamilie vgl. auch BVerfGE 18, 97.
583 BVerfG NJW 1985, 423; 1989, 519; Groß, FPR 2004, 411.
584 BeckOK-BGB/Veit, § 1632 BGB Rn. 33.

die obergerichtliche Rechtsprechung bisher, soweit erkennbar, nicht beschäftigt. Der in § 1682 Satz 1 BGB erwähnte Antrag des Stiefelternteils kann dabei bereits dann gestellt werden, wenn der sorgeberechtigte Elternteil **außergerichtlich** die Herausgabe des Kindes verlangt hat.[585]

689 Wie § 1632 Abs. 4 BGB setzt die Verbleibensanordnung nach § 1682 BGB zunächst voraus, dass das Kind **„längere Zeit"** mit der Bezugsperson in einem Haushalt gemeinsam mit dem früher betreuenden Elternteil zusammengelebt hat. Der Begriff ist **nicht absolut** nach bloßer tatsächlicher Dauer, sondern unter **besonderer Berücksichtigung des kindlichen Zeitempfindens**[586] zu bestimmen. Dabei kommt insbesondere dem Alter des Kindes besondere Bedeutung zu, da jüngere Kinder wesentlich schneller als ältere Kinder Bindungen zu Bezugspersonen aufbauen können.[587] Schließlich ist weiterhin erforderlich, dass **durch eine Wegnahme,** d. h. eine Überführung in den Haushalt des sorgeberechtigten Elternteils, **das Wohl des Kindes gefährdet würde.** Hinsichtlich des Begriffs der Gefährdung ist insoweit auch hier auf die Ausführungen zu § 1666 BGB (Rn. 631 ff.) Bezug zu nehmen. Hier kommt es zunächst darauf an, ob in der vorangegangenen Zeit des Getrenntlebens zwischen Kind und dem nunmehr allein sorgeberechtigten Elternteil bei dem Kind eine **Entfremdung im Sinne eines Abbruchs seiner Bindungen**[588] entstanden ist. Auf der anderen Seite ist bei §§ 1632 Abs. 4, 1682 BGB im Verhältnis Kind zu Stiefelternteil bzw. sonstiger Bezugsperson das **Ausmaß der beim Kind entstandenen Bindungen**[589] zu untersuchen, wobei hier das Alter des Kindes und sein Zeitempfinden sowie sein geäußerter Wille ebenfalls von zentraler Bedeutung sind. Sind **gesicherte Bindungen zu der Bezugsperson** entstanden, so kann im Regelfall davon ausgegangen werden, dass die Trennung des Kindes von der Bezugsperson mit einer erheblichen psychischen Belastung für das Kind verbunden ist, und es ist danach zu fragen, ob eine Herausnahme des Kindes zum gegenwärtigen Zeitpunkt zu erheblichen Schäden für seine weitere Entwicklung führen würde.

690 Insoweit ist – wie im Rahmen des § 1632 Abs. 4 BGB – eine **Abwägung zwischen dem Elternrecht des die Herausgabe verlangenden Elternteils nach Art. 6 Abs. 2 Satz 1 GG und dem Recht des Kindes aus Art. 2 Abs. 1 GG vorzunehmen,** wobei dem Bedürfnis des Kindes nach Sicherung der Kontinuität seiner Lebensbedürfnisse stets zentrale Bedeutung zukommt.[590] Ein vorhandenes **Risiko für den Eintritt psychischer oder körperlicher Schädigungen** ist für das Kind **nicht hinnehmbar,**[591] wobei insbesondere in einstweiligen Anordnungsverfahren

---

585 MünchKomm-BGB/Hennemann, § 1682 BGB Rn. 8.
586 Heilmann, Kindliches Zeitempfinden und Verfahrensrecht, S. 71 ff.
587 Staudinger/Salgo, § 1682 BGB Rn. 15 f.; Balloff, FPR 2013, 208, (211); Kindler, FPR 2013, 194 (195), vgl. auch zur Rspr. OLG Celle FamRZ 1990, 191.
588 Kindler, FPR 2013, 194 (197); Salgo, FPR 2004, 76 (81); Heilmann/Fink, § 1632 BGB Rn. 32.
589 Vgl. dazu Balloff, FPR 2013, 208.
590 OLG Frankfurt ZKJ 2014, 292; Staudinger/Coester, § 1666 BGB Rn. 129 ff. und Staudinger/Salgo, § 1682 BGB Rn. 29.
591 BVerfG JAmt 2010, 192.

nach §§ 49 ff. FamFG die Gefahr eines mehrfachen Aufenthaltswechsels des Kindes zu vermeiden ist. Im Übrigen spielt bei der – wegen des staatlichen Wächteramtes **nicht im Ermessen** des Familiengerichts stehenden[592] – Entscheidung des Familiengerichts das **Verhältnis des Kindes zu dem sorgeberechtigten Elternteil** und, wie bei Pflegekindern, auch dessen **Erziehungskompetenz** für das Abwägungsergebnis eine gewichtige Rolle.

Entgegen der wohl h.M.[593] beschränkt sich weder der Zweck noch der Gestaltungsspielraum von §§ 1682, 1632 Abs. 4 BGB darauf, zeitlich befristete Verbleibensanordnungen zu treffen, um das Kind auf einen Wechsel zum sorgerechtlichen Elternteil vorzubereiten. Das Bedürfnis des Kindes nach Stabilität und Kontinuität kann es im Einzelfall gebieten, **von einer Befristung abzusehen,** um dem Kind und der „Stieffamilie" eine **dauerhafte Perspektive** zu schaffen.[594] Ordnet das Familiengericht eine Verbleibensanordnung an, so hat das Familiengericht in jedem Fall auch eine **Regelung des Umgangs mit dem betreuenden Elternteil** zu treffen, deren Ausmaß vom Einzelfall und vor allem von der Perspektive der Rückkehr des Kindes zu dem betreffenden Elternteil abhängt (vgl. dazu Rn. 695). Wurde die Anordnung **befristet,** ist rechtzeitig vor Ablauf der Frist neu zu überprüfen, ob das Kindeswohl durch eine Herausgabe an den Elternteil noch gefährdet wäre.

V. Pflegekindschaftsverhältnisse

1. Bedeutung und verfassungsrechtlicher Rahmen

Obwohl das materielle Kindschaftsrecht des BGB **nur vereinzelt Vorschriften** über Kinder enthält, die in Pflegefamilien betreut werden bzw. aufwachsen (vgl. §§ 1630 Abs. 3, 1632 Abs. 4, 1688 BGB), soll ihnen angesichts der gesteigerten Bedeutung von Konfliktfällen zwischen Eltern und Pflegeeltern in der Familiengerichtspraxis und der besonderen Schwierigkeiten ihrer rechtlichen Bewältigung ein besonderer Abschnitt gebühren. Zum 31.12.2017 lebten in Deutschland 81.412 minderjährige Kinder in Vollzeitpflege (vgl. § 33 SGB VIII) in einer anderen Familie.[595] Bei etwa der Hälfte von ihnen fand vorher ein Sorgerechtsentzug bei den Eltern nach § 1666 BGB statt,[596] in den meisten Fällen – etwa 2/3[597] – waren die betroffenen Kinder bei ihren Eltern Gefährdungen ausgesetzt[598] und ambulante Erziehungshilfen nach §§ 27 ff. SGB VIII vor der Fremdplatzierung ohne Erfolg eingesetzt. Die Begründung des Pflegekindschaftsverhältnisses basiert dabei auf jugendhilferechtlichen Erziehungshilfen nach § 33 SGB VIII. Wegen der **besonde-**

691

---

592 OLG Bamberg FamRZ 1993, 726; Staudinger/Salgo, § 1682 BGB Rn. 24.
593 Palandt/Götz, § 1682 BGB Rn. 3; BeckOK-BGB/Veit, § 1682 BGB Rn. 6.
594 BGH FamRZ 2014, 543 zu § 1632 Abs. 4 BGB; Salgo, FPR 2004, 76 (83); MünchKomm-BGB/Hennemann, § 1682 BGB Rn. 13.
595 Quelle: BT-Drucks. 19/9599, S. 3.
596 DJI, Handbuch Pflegekinderhilfe, S. 271.
597 Köckeritz/Diouani-Streek, ZKJ 2019, 93, 98 unter Hinweis auf eine Studie des DJI: 64%.
598 Vgl. Salgo/Lack in: Prenzlow, Handbuch Elterliche Sorge und Umgang, S. 400.

ren **Schutzbedürftigkeit** von Pflegekindern, wie dies auch in Art. 20 Abs. 1 der **UN-Konvention über die Rechte des Kindes** als Recht des Pflegekindes und als staatlicher Schutzauftrag niedergelegt ist, kommen gerade **Auswahl und Überwachung der Pflegeperson** durch den öffentlichen Träger der Kinder- und Jugendhilfe (§§ 44 ff. SGB VIII) entscheidende Bedeutung zu. Versäumnisse hierbei können, wie die Fälle Chantal in Hamburg oder der sexuelle Missbrauchsfall von Lügde zeigen,[599] dramatische Folgen für betroffene Pflegekinder haben. Aus Kindessicht beklagenswert stellt sich der Umstand dar, dass bis heute keine gesetzliche Regelung existiert, welche auf Dauer angelegte Pflegeverhältnisse zugunsten der Stabilität der Pflegefamilie rechtlich schützt. Der in der letzten Legislaturperiode vorgelegte Entwurf eines Gesetzes zur Stärkung von Kindern und Jugendlichen vom 15.5.2017[600] hätte mit seiner vorgeschlagenen Ergänzung von §§ 1632 Abs. 4 (Anordnung des Verbleibs auf Dauer), 1688 Abs. 2, 1696, 1697a BGB den richtigen Weg zum Schutz von Pflegekindern geebnet.[601] Er war jedoch politisch nicht umsetzbar.[602]

692 In **verfassungsrechtlicher Hinsicht** stehen vor allem in streitigen Fragen um die **Rückführung des Pflegekindes zu den Eltern** (§ 1632 Abs. 4 BGB bzw. Aufhebung einer Anordnung nach §§ 1666, 1696 Abs. 2 BGB) und in Fragen des **elterlichen Umgangsrechts** die **Grundrechte der Eltern** aus Art. 6 Abs. 2 Satz 1 GG in einem **Konflikt** mit dem **Grundrecht des Kindes** auf freie Entfaltung seiner Persönlichkeit (Art. 2 Abs. 1 GG, 1 Abs. 1 GG) und ggf. auch Schutz seiner körperlichen Unversehrtheit (Art. 2 Abs. 2 GG) auf der einen Seite, aber auch mit den ebenfalls **verfassungsrechtlichen geschützten Rechten von Pflegeeltern** aus Art. 6 Abs. 1 GG.[603] Auch nach Ansicht des EGMR fällt die Pflegefamilie in den Schutzbereich des „**Familienlebens**" nach Art. 8 Abs. 1 EMRK, wenn zwischen den Pflegeeltern und dem Pflegekind eine enge zwischenmenschliche Verbindung im Sinne einer familienähnlichen Beziehung besteht.[604] In Fragen der Prüfung einer Gefährdung des Kindeswohls durch Rückführung des Kindes zu seinen Eltern und in Fragen des Ausschlusses oder der Beschränkung des Umgangsrechts nach § 1684 Abs. 4 BGB kommt der **staatliche Wächterauftrag** nach Art. 6 Abs. 2 Satz 2 und Abs. 3 GG, der hier durch das Familiengericht wahrgenommen wird, hinzu.

2. Sorge- und umgangsrechtlicher Rahmen

a) Sorgerecht

693 Soweit sich Kinder in Pflegefamilien befinden, sind die Pflegepersonen **nicht kraft Gesetzes mit der Ausübung des Sorgerechts** in Bezug auf die erheblichen Kin-

---

599 Vgl. Salgo, ZKJ 2013, 150 zum Fall Chantal.
600 BT-Drucks. 18/12330.
601 Zum Reformbedarf im Pflegekinderwesen vgl. ausführlich KRK FamRZ 2014, 891.
602 Zu den Gründen Köckeritz/Diouani-Streek, ZKJ 2019, 93, 94.
603 BVerfG 79, 51 (60); FamRZ 2010, 1622; ausführlich Groß, FPR 2004, 411.
604 EGMR FamRZ 2012, 429.

desbelange i.S.d. § 1687 Abs. 1 Satz 1 BGB betraut. Falls die Eltern der Vollzeitpflege ihrer Kinder ohne vorausgegangenen Sorgerechtsentzug nach §§ 27, 33 SGB VIII freiwillig zugestimmt haben, sind sie weiterhin alleiniger Träger der elterlichen Sorge. § 1630 Abs. 3 Satz 1 BGB gibt aber **Eltern und Pflegeeltern** die Möglichkeit, bei dem Familiengericht die Übertragung von Angelegenheiten der elterlichen Sorge auf die Pflegeeltern zu **beantragen.** Die Übertragung ist nach § 1630 Abs. 3 Satz 2 BGB aber ohne Ausnahme **von der Zustimmung der Eltern abhängig** und verleiht nach Satz 3 der Vorschrift der Pflegeperson die Rechte und Pflichten eines Pflegers (§§ 1909 ff. BGB). Nach zutreffender Ansicht ist auch die Übertragung der gesamten elterlichen Sorge möglich.[605] Da aber Erziehung ohne Kompetenzen nicht möglich ist, sieht § 1688 Abs. 1 BGB vor, dass bei einer **auf längere Zeit angelegten Pflege** die Pflegeperson berechtigt ist, in **Angelegenheiten des täglichen Lebens** zu entscheiden und das Kind insoweit zu **vertreten.** Nach § 1688 Abs. 3 BGB gilt aber auch insoweit ein Vorrang der sorgeberechtigten Eltern oder des Vormunds, soweit dieser etwas anderes zu der betreffenden Angelegenheit erklärt. Wegen der Einzelheiten zum Umfang der Angelegenheiten des täglichen Lebens ist auf die vorhandene Literatur zu verweisen.[606] Die Entscheidungsbefugnis von Pflegeeltern ist insgesamt unzureichend gesetzlich geregelt und bedarf dringend einer Reform.[607]

b) Umgangsrecht

694 Die Gewährung und Ausgestaltung des Umgangsrechts der Eltern nach § 1684 BGB **während des Bestehens eines Pflegekindschaftsverhältnisses** gehören zu den schwierigsten Bereichen des Kindschaftsrechts, weil die Regelvermutung von § 1626 Abs. 3 BGB, wonach der Umgang mit beiden Eltern in der Regel dem Wohl des Kindes dient, nicht ohne Weiteres auf Kinder in Vollzeitpflege übertragen werden kann.[608] Hier ist zum einen an Fälle zu denken, in denen das Pflegekind durch ein **schwerwiegendes Fehlverhalten der Eltern** oder eines Elternteils, wie z.B. eines sexuellen oder sonst gewalttätigen Übergriffs, traumatisiert oder sonst geschädigt worden ist.[609] Insoweit ist ein auch **längerfristiger Ausschluss** oder eine Einschränkung des Umgangsrechts durchaus zu erwägen,[610] wenn die **Gefahr einer Retraumatisierung** besteht. Lehnen die Eltern die Betreuung des Kindes in der Pflegefamilie ab und bestehen zwischen Eltern und Pflegeeltern **erhebliche Konflikte,** kann bei einer **zweifelhaften Rückkehroption**

---

605 OLG Celle ZKJ 2017, 149; KG FamRZ 2006, 191; a. A.: OLG Jena FamRZ 2009, 992; Palandt/Götz, § 1630 BGB Rn. 11.
606 Vgl. etwa Salgo/Lack in: Prenzlow, Handbuch Elterliche Sorge und Umgang, S. 356 ff.; Groß, FPR 2004, 411.
607 Zu den aktuellen Gesetzgebungsaktivitäten: Hoffmann, NZFam 2019, 1; vgl. auch die Vorschläge: von Salgo/Veit/Zenz, ZKJ 2013, 204.
608 Obermann, NZFam 2019, 293; Heilmann, ZKJ 2014, 48; Rüting, FPR 2012, 381; Walter, FPR 2004, 415; Staudinger/Dürbeck, § 1684 BGB Rn. 275 ff.; auch anerkannt vom EGMR, Entscheidung vom 2.10.2007, 42550/05, juris.
609 Walter, FPR 2004, 415 (416); Heilmann, ZKJ 2014, 48 (52 f.).
610 BVerfG FamRZ 2000, 1489; Salgo/Lack in: Prenzlow, Handbuch Elterliche Sorge und Umgang, S. 381 ff.

ebenfalls ein Umgangsausschluss in Frage kommen.[611] Auch eine Beschränkung des Umgangs durch eine Begleitung kommt in Betracht.[612] § 1684 Abs. 4 Satz 1 BGB ermöglicht es schließlich auch bei einer fehlenden Kindeswohlgefährdung, den Umgang für kurze Dauer auszuschließen, um dem Pflegekind eine ungestörte Integration in die Pflegefamilie zu ermöglichen.[613]

Schließlich kann auch der **Wille des betroffenen Kindes,** das Kontakte mit den Eltern verweigert und ggf. Trennungs- und Verlustängste wegen der Vorstellung einer Rückkehr zu den Eltern bei gleichzeitigem Verlust der Pflegefamilie entwickelt hat, einen Umgangsausschluss rechtfertigen.[614] Dies hat auch das Bundesverfassungsgericht in seiner viel beachteten Entscheidung vom 29.11.2012 bestätigt.[615] Kam es bereits **unmittelbar nach der Geburt des Kindes** zur Begründung eines Pflegschaftsverhältnisses, steht im Regelfall der Gewährung eines elterlichen Umgangsrechts – unabhängig von der Frage der Rückkehroption – nichts im Wege, wenn der Umgang zeitnah nach der Trennung begehrt wird.[616] Bei **realistischer Rückkehroption** kommt der Ausgestaltung des Umgangsrechts sogar ganz entscheidende Bedeutung für das Wohl des Kindes zu, wobei bei einer klaren Perspektive für das Kind auch der Verlauf der Kontakte im Regelfall begünstigt werden wird.[617] Haben beide Eltern Umgang mit ihrem in Familienpflege lebenden Kind, so ist trotz der Notwendigkeit enger zeitlicher Abstände der jeweiligen Termine darauf zu achten, dass das Pflegekind nicht durch den Besuchsplan überfordert wird und seine Integration in die Pflegefamilie nicht gestört wird.[618]

3. Verbleibensanordnung und die Frage der Perspektive

695   Lebt ein Kind **längere Zeit** in **Familienpflege** und wollen die Eltern das Kind von der Pflegefamilie **wegnehmen,** so kann das Familiengericht **von Amts** wegen oder **auf Antrag** anordnen, dass das Kind bei der Pflegefamilie **verbleibt, solange das Kindeswohl** durch die Wegnahme **gefährdet wäre.** Die Vorschrift entspricht von der Zielsetzung und dem Regelungsgehalt her der bereits erörterten Verbleibensanordnung nach § 1682 BGB (Rn. 687 ff.), wobei insbesondere zur Bestimmung des Merkmals „längere" Zeit und des Einflusses des **kindlichen Zeitempfindens** auf die Ausführungen in Rn. 689 zu verweisen ist. Auch hier bedarf es für ein **Herausgabeverlangen der Eltern** oder des **Vormunds** (§ 1800 BGB) keines gerichtlichen Herausgabeantrages. Die Wahrnehmung der Kindesinteressen in der **verfassungsrechtlich hoch brisanten Konfliktlage** zwischen Eltern-, Kinder- und Pflegeelternrechten und der Ausübung des staatlichen Wächteramtes

---

611   OLG Celle ZKJ 2013, 250.
612   OLG Köln ZKJ 2019, 148.
613   OLG Nürnberg ZKJ 2017, 33.
614   OLG Schleswig FamRZ 2000, 48; Heilmann, ZKJ 2014, 48 (52).
615   BVerfG ZKJ 2013, 120; vgl. dazu Salgo, FamRZ 2013, 343; Gottschalk/Heilmann, ZKJ 2013, 113; Lack, FamFR 2013, 73.
616   OLG Hamm FamRZ 2011, 1171; Staudinger/Dürbeck, § 1684 BGB Rn. 276.
617   Salgo/Lack in: Prenzlow, Handbuch Elterliche Sorge und Umgang, S. 383 f.; Walter, FPR 2004, 415 (418).
618   OLG Frankfurt, Beschluss vom 12.10.2015, 5 UF 195/15, juris.

gehört auch für den Verfahrensbeistand zu den schwierigsten Fallkonstellationen.[619] In jedem Fall muss in der Abwägung der Grundrechtspositionen das **Wohl des Kindes letztlich ausschlaggebend** sein,[620] weil Eltern- und Familienrechte pflichtgebunden sind. Insoweit kommt es auch nicht entscheidend darauf an, ob dem Elternrecht generell gegenüber dem Recht der Pflegeeltern der **Vorrang** zukommt.[621]

§ 1632 Abs. 4 BGB gebietet es insoweit, die bei dem Kind entstandenen **Bindungen** zu seinen Pflegepersonen zu berücksichtigen und eine durch eine Trennung mögliche **körperliche oder seelische Beeinträchtigung** des Kindes zu verhindern.[622] Es bedarf einer einzelfallbezogenen **Abwägung** der kollidierenden Interessen und im Hinblick auf die Gefährdungsfrage einer **Prognoseentscheidung.** Geht es um die Frage der **Rückführung des Kindes zu seinen Eltern,** so genügt für die Annahme einer Gefährdung des Kindeswohls **nicht allein das Bestehen einer sozialen Eltern-Kind-Beziehung** zwischen Kind und Pflegeperson. Die Rechtsprechung des Bundesverfassungsgerichts verlangt insoweit darüber hinaus, dass mit **überwiegender Wahrscheinlichkeit nicht auszuschließen** sein muss, dass die Trennung des Kindes von seinen Pflegeeltern zu **psychischen oder physischen Schädigungen** bei dem Kind führen kann,[623] wobei eine Restmöglichkeit, dass solche Störungen nicht eintreten, außer Acht zu bleiben hat. Damit sollten nach zutreffender Ansicht an eine Verbleibensanordnung im Interesse des Kindes keine allzu hohen Hürden gestellt werden.[624]

696

Geht es dagegen um die Frage des **Wechsels der Pflegeperson,** besteht kein Anlass, ein geringeres Maß an Unsicherheit hinzunehmen. Die Rechtsprechung verlangt hier für eine Herausgabe des Kindes, dass mit **hinreichender Sicherheit auszuschließen** sein muss, dass die Wegnahme des Kindes aus der Pflegefamilie zu Schädigungen bei dem Kind führen kann.[625] Eine niedrigere Schwelle kann aber wiederum veranlasst sein, wenn der Wechsel der Pflegeperson zu einer **Adoption** des Kindes führen soll.[626]

697

Die Entscheidung über eine Trennung des Kindes von seiner sozialen Familie wird in der Hauptsache häufig nicht ohne ein **psychologisches Sachverständigengutachten** zu entscheiden sein. Von Bedeutung für die Frage der Wahrscheinlich-

698

---

619 Vgl. die erfolgreiche Verfassungsbeschwerde des Verfahrensbeistands im Fall von BVerfG NJW 2017, 1295 gegen die Rückführung des Kindes aus der Pflegefamilie.
620 BVerfG FamRZ 2010, 865; Staudinger/Salgo, § 1632 BGB Rn. 44.
621 So die h.M., vgl. BVerfG FamRZ 2006, 1593; BeckOK-BGB/Veit, § 1632 BGB Rn. 26.
622 Zu den Gefahren einer Trennung von Kind und Bindungspersonen aus psychologischer Sicht: Köckeritz/Diouani-Streek, ZKJ 2019, 93; Brisch, 17. DFGT, 2008, S. 89 ff.; Kindler, FPR 2013, 194; Balloff, FPR 2013, 208.
623 BVerfG FamRZ 2010, 865; OLG Frankfurt JAmt 2013, 218; OLG Hamm FamRZ 2010, 1747.
624 MünchKomm-BGB/Huber, § 1632 BGB Rn. 45; Salgo/Lack in: Prenzlow, Handbuch Elterliche Sorge und Umgang, S. 375 f.; Hoffmann, FPR 2011, 578 (581); die Rspr. ist hier aber durchaus restriktiver, vgl. etwa OLG Frankfurt FamFR 2013, 114; OLG Stuttgart FamRZ 2014, 320.
625 BVerfG FamRZ 2004, 771; Heilmann/Fink, § 1632 BGB Rn. 40; vgl. auch OLG Saarbrücken ZKJ 2016, 269 zum Wechsel des Kindes von Bereitschaftspflege in Dauerpflege.
626 BVerfG FamRZ 1989, 31.

keit von kindeswohlgefährdenden Bindungsstörungen können sein die **Intensität der Bindungen** des Kindes an die Pflegepersonen und deren Umfeld, wie z.B. Pflegegeschwister,[627] **Dauer des Pflegeverhältnisses**[628] unter Berücksichtigung des kindlichen Zeitempfindens, die **Erziehungseignung der Eltern**,[629] **Anlass der Trennung** von den Eltern (unverschuldete Umstände wie Krankheit auf der einen oder zielgerichtete Schädigungen des Kindes oder vorwerfbare Vernachlässigung auf der anderen Seite)[630], der **Wille des Kindes** zu einer Rückkehr zu seinen Eltern[631] und eine etwaige vorhandene Bindung zu seinen Eltern,[632] sein **Gesundheitszustand** und eine etwaige noch vorhandene **Traumatisierung** des Kindes.[633] In jedem Fall sollten zumindest in Fällen, in denen ein schwerwiegendes Elternversagen zur Begründung des Pflegschaftsverhältnisses geführt hat, **„experimentelle" Rückführungen vermieden** werden,[634] da solche dem Kind nicht zumutbar sind. Kommt dagegen eine Rückführung des Kindes in Betracht, besteht auch die Möglichkeit eines gleitenden Übergangs nach Ablauf einer Übergangsphase.[635] Bestehen dagegen hinreichende Anhaltspunkte für das Fortbestehen einer Kindeswohlgefährdung für den Fall der Rückführung des Kindes zu seinen Eltern, kommt eine Rückübertragung des Sorgerechts auf die Eltern nicht in Betracht.[636]

699 Kommt das Familiengericht in seiner Abwägung zum Ergebnis, dass eine Kindeswohlgefährdung überwiegend wahrscheinlich ist, so besteht trotz der Formulierung „kann" **kein Ermessensspielraum.**[637] Im Rahmen des hier besonders zu beachtenden **Verhältnismäßigkeitsgrundsatzes** ist vor allem auch die Frage der Befristung der Anordnung und der Regelung des elterlichen Umgangsrechts von entscheidender Bedeutung. Nicht selten wird die Auffassung vertreten, § 1632 Abs. 4 BGB diene der **Vermeidung einer Rückkehr des Kindes zur „Unzeit"** und nicht des dauerhaften Verbleibens des Kindes in der Pflegefamilie, weshalb die Anordnung zu befristen sei.[638] Gleichwohl ist zu konstatieren, dass die Frage einer Befristung der Anordnung eng an die **Wahrscheinlichkeit einer Rückkehr des Kindes** zu seinen Eltern geknüpft ist. Pflegschaftsverhältnisse können, wie ein Blick auf §§ 33 Satz 1, 37 SGB VIII und auch auf Art. 20 Abs. 1 der UN-Kinderrechtskonvention zeigt, durchaus auch **auf Dauer angelegt** sein.[639] Auch im Rah-

---

627 OLG Schleswig FamRZ 2017, 718; MünchKomm-BGB/Huber, § 1632 BGB Rn. 49b.
628 OLG Frankfurt FamRZ 1994, 720; Heilmann/Fink, § 1632 BGB Rn. 32.
629 OLG Stuttgart FamRZ 2014, 320 (hier bejaht); OLG Schleswig FamRZ 2017, 718; Balloff, FPR 2013, 208 (211).
630 Zweifelhaft bei OLG Schleswig FamRZ 2017, 718 (Schütteltrauma).
631 OLG Saarbrücken FamFR 2011, 549.
632 Zu den Aspekten der Bindung in diesen Fällen vgl. Köckeritz/Diouani-Streek, ZKJ 2019, 93.
633 BVerfG FamRZ 2010, 865; OLG Karlsruhe FamRZ 2004, 722.
634 Salgo/Lack in: Prenzlow, Handbuch Elterliche Sorge und Umgang, S. 375 ff.
635 OLG Saarbrücken NZFam 2016, 719.
636 BVerfG NJW 2017, 1295 m. Anm. Lack.
637 Staudinger/Salgo, § 1632 BGB Rn. 81.
638 KG NJW-RR 2005, 878; OLG Koblenz FamRZ 2005, 1923; Palandt/Götz, § 1632 BGB Rn. 9.
639 Zu möglichen Gründen aus kinder- und jugendhilferechtlicher Sicht: Wiesner/Schmid-Obkirchner, § 33 SGB VIII Rn. 34 ff.

men des § 1632 Abs. 4 BGB ist die Perspektive des Kindes im Hinblick auf die **Rückkehroption** entscheidend für die Befristung der Verbleibensanordnung. Ist sie zu verneinen, sehr unwahrscheinlich oder nicht absehbar, können auch **unbefristete Verbleibensanordnungen** ergehen.[640] Ist eine Rückkehr des Kindes zu seinen Eltern **wahrscheinlich,** ist die Anordnung zu befristen und die **Rückkehr** durch einen sorgsam ausgestalteten **Umgang zwischen Eltern und Kind vorzubereiten,** weil dies für ein Gelingen der Reintegration des Kindes in den elterlichen Haushalt von zentraler Bedeutung ist.[641] Aus Sicht des Pflegekindes sollte vor allem wegen seines Bedürfnisses nach Stabilität und Kontinuität sowohl im kinder- und jugendhilferechtlichen Verfahren als auch bei dem Familiengericht versucht werden, die Perspektive auf eine möglichst gesicherte Grundlage zu stellen und für das Kind einen Schwebezustand zu vermeiden.[642]

Lehnt das Familiengericht dagegen eine **Verbleibensanordnung ab,** so hat es zu prüfen, ob das Wohl des Kindes nach der Rückkehr zu seinen Eltern oder dem Wechsel in ein neue Pflegefamilie[643] eine **Umgangsregelung mit seinen vormaligen Pflegeeltern** (und ggf. Pflegegeschwistern) nach § 1685 Abs. 2 BGB erfordert, was auch vom Verfahrensbeistand angeregt werden kann.

700

---

640 OLG Brandenburg FamRZ 2009, 61 und Beschluss vom 8.8.2016, 3 UF 151/14, juris; OLG Frankfurt FamRZ 2015, 2172; ZKJ 2014, 292; OLG Köln FamRZ 2008, 808; MünchKomm-BGB/Huber, § 1632 BGB Rn. 57 f.
641 Salgo/Lack in: Prenzlow, Handbuch Elterliche Sorge und Umgang, S. 383 f.; Rüting, FPR 2012, 381.
642 Staudinger/Salgo, § 1632 BGB Rn. 99.
643 Vgl. den Fall von OLG Schleswig ZKJ 2019, 187.

Teil 3

Beiträge aus Pädagogik, Psychologie, Kinder- und Jugendpsychiatrie und -psychotherapie

A Kindeswille und Kindeswohl

Übersicht Rn.

I.	Die Aufgaben der Interessenvertretung	701
II.	Der Kindeswille als Leitprinzip der Interessenvertretung?	707
III.	Der selbst gefährdende Kindeswille	713
IV.	Verfahrensbeistandschaft im FamFG	728
V.	Das „Kindeswohl" als Leitprinzip	735
VI.	Kriterien der Kindeswohlbestimmung	743
VII.	Konsequenzen für den Verfahrensbeistand	758
VIII.	Der Kindeswille im Recht	768

I. Die Aufgaben der Interessenvertretung

701 Die Einführung der Interessenvertretung für Kinder und Jugendliche ist von einer höchst kontroversen Fachdiskussion über deren Zielsetzung und Aufgaben begleitet worden. Diese Diskussion erfolgte ohne Beteiligung betroffener Kinder und Jugendlicher[1] und findet heute auch unter den erwachsenen Akteuren kaum noch statt. Erledigt haben sich damit die zugrunde liegenden Unklarheiten und streitigen Positionen jedoch nicht, denn die Aufgaben eines Verfahrensbeistands werden bis heute ganz unterschiedlich verstanden und erfüllt, das Recht der Kinder auf eine einheitlich praktizierte Ermittlung, Begleitung und unabhängige Vertretung ihrer gesamten Interessen wird täglich verletzt.

Unstrittig ist die Aufgabe des Verfahrensbeistands, eine **verständliche Information** des Kindes über Anlass, Verlauf und den Ausgang des Verfahrens zu leisten und die **Kindesanhörung persönlich zu begleiten**. Auch die Aufgabe, den **Kindeswillen zu ermitteln** und im Verfahren präsent zu halten, ist in der Fachöffentlichkeit nicht kontrovers diskutiert worden.[2]

702 Jenseits dieser minimalen Übereinkunft stellte sich bei Einführung der Interessenvertretung vor allem die Grundsatzfrage, ob diese sich auf die Vertretung des Kindeswillens beschränken oder auch **für das persönliche Wohl des Kindes eintreten** soll. Aus dieser Entscheidung ergeben sich jeweils andere fachliche Anforderungen, Befugnisse und Pflichten einer Interessenvertretung für Minderjährige und bei erfolgreicher Durchsetzung bei Gericht auch andere Folgen für das betroffene Kind.

Entsprechend war diese Grundsatzfrage schon früh in der Reformdiskussion von *Salgo* aufgeworfen worden, der in Kenntnis der im Ausland langjährig geführten

---

1 Vgl. jedoch Stötzel 2005; siehe auch in diesem Handbuch Stötzel, Rn. 111 ff.; Lampe, Wiebke: Die Sicht und das Erleben von Jugendlichen in Kindeswohlverfahren. In Münder: Kindeswohl zwischen Jugendhilfe und Justiz, 2017, S. 375 ff. Eine Übersicht zur Partizipation in der Rechtsdiskussion bietet: Graf-van Kesteren, Annemarie: Kindgerechte Justiz. Wie der Zugang zum Recht für Kinder und Jugendliche verbessert werden kann. Deutsches Institut für Menschenrechte, Berlin 2015.
2 Auch wenn dieses Recht in der Praxis durchaus verletzt wird, vgl. Hoffmann, S. 210. In Münder: Kindeswohl zwischen Jugendhilfe und Justiz, 2017.

Debatten um die Orientierung des sog. Kindesanwaltes an „Kindeswillen" bzw. „Kindeswohl" eine eindeutige gesetzliche Regelung forderte.

703 Als dann im Jahr 1998 die Verfahrenspflegschaft eingeführt wurde, war im Gesetzestext nur pauschal von den „Interessen" des Kindes die Rede. In der Folge blieb unklar, ob dieser Interessenbegriff einzig die subjektiv vom Kind definierten Interessen meinte oder auch die objektiven, also das persönliche Wohl und den Schutz des Kindes umfassenden Interessen meinte.

Erst bei Einführung des FamFG stellte die regierungsamtliche Begründung klar, dass von den nun als „Verfahrensbeistand" bezeichneten Personen eine Ermittlung und Vertretung des Kindeswillens und des Kindeswohls erwartet wird. Doch bis in die Gegenwart ist eine Vielfalt an Vertretungspraktiken zu finden, die dieser Vorgabe nicht entsprechen. Eine wirksame Kontrolle der Gerichte fehlt.[3]

704 In den ersten drei Jahrzehnten nach Einführung der Interessenvertretung haben sich in Deutschland zum Nachteil betroffener Kinder und Jugendlicher neben guten fachlichen Standards auch viele nicht akzeptable oder sogar schädigende Praktiken herausgebildet.

Für die Kinder und Jugendlichen hat dies weitreichende Folgen: Einige Verfahrensbeistände sehen ihre einzige Aufgabe in der Ermittlung und Vertretung des Kindeswillens. Andere verstehen sich zutreffend auch dem Wohl bzw. Schutz der Kinder verpflichtet, übergehen jedoch die Wünsche der Kinder. Andere Verfahrensbeistände „beraten" die von ihnen vertretenen Kinder und Jugendlichen in problematischer Weise oder sie verlassen die Vertretungsrolle und betreiben Mediation.[4]

Von den Kindern und Jugendlichen ist die Kontrolle ihrer erwachsenen Vertreter aus Gründen der Entwicklung, der Information und des Machtgefälles nicht zu erhoffen. Es kommt also auf das Familiengericht an, das den jeweiligen Verfahrensbeistand bestellt. Eine Lösung ist dies jedoch nicht, denn Familienrichtern fehlt das spezifische Fachwissen, das die Grundlage einer Beurteilung der Arbeitsweise und Empfehlungen des Verfahrensbeistands wäre.

705 Leitende Kriterien bei der Auswahl des Verfahrensbeistandes durch das Gericht sind nicht unbedingt dem gesetzlichen Auftrag einer Vertretung von Kindeswohl und Kindeswille entsprechende fachliche Kompetenzen. Der Studie von Bindel-Kögel zufolge greifen Richter auf Anwälte zurück, weil ihnen die Verständigung mir Juristen leichter fällt und sie sich eine reibungslose Kooperation wünschen, aus der „enge Partnerschaften zwischen Richtern und ‚ihrem' Verfahrensbeistand"[5] erwachsen.

Die Eigeninteressen der Familienrichter, mit deren Verfahrensgestaltung und Beschlüssen sich jedoch die Kindesvertretung kritisch zu befassen und gegen die sie

---

3 Zur Fachdiskussion Zitelmann 2001, zur aktuellen Praxis vgl. Bindel-Kögel. In Münder: Kindeswohl zwischen Jugendhilfe und Justiz, 2017.
4 Vgl. ausführlich Bindel-Kögel. In Münder: Kindeswohl zwischen Jugendhilfe und Justiz, 2017, S. 286 ff.; 309, 312.
5 Bindel-Kögel, S. 310. In Münder: Kindeswohl zwischen Jugendhilfe und Justiz, 2017

erforderlichenfalls Rechtsmittel einzulegen hat, werden hier ein entscheidender Maßstab. Die Eigeninteressen der Kinder und Jugendlichen aber, für die diese Vertretung eigentlich etabliert worden ist, sind durch das derzeitige Auswahlverfahren und die geringe Fachkontrolle der Familiengerichte nicht gewahrt.[6]

Diese dominante Position des Familiengerichtes ist durch § 158 FamFG auch massiv in Bezug auf die Aufgaben des Verfahrensbeistands ausgebaut worden. Lag die Ermittlung der Interessen des Kindes und das hierfür erforderliche Vorgehen zunächst ganz im fachlichen Ermessen seiner Vertretung, hat nun der Richter zu beschließen, ob und ganz konkret mit welchen Personen der Verfahrensbeistand zur Wahrnehmung seiner Aufgabe sprechen kann. Ebenso kann der Richter dem Verfahrensbeistand eine Mitwirkung an einvernehmlichen Regelungen vorgeben. Die Interessen des individuellen Kindes als zentraler Maßstab der Kindesvertretung sind durch spezifische Erwartungen abgelöst worden, die der Richter „seinem" Verfahrensbeistand vorgibt.

II. Der Kindeswille als Leitprinzip der Interessenvertretung?

Die Entwicklung der Praxis erfordert es, die Grundsatzdebatte um die Vertretungsziele und Aufgaben der Kindesvertretung endlich zu einer verbindlichen Klärung zu bringen und den § 158 FamFG mit der erforderlichen Klarheit auszugestalten.

Dieser Beitrag setzt sich zunächst kritisch mit der in der Praxis immer noch verbreitete Reduktion der Interessenvertretung auf eine vom Kind instruierte anwaltliche Vertretung auseinander. Auch wenn dieses Konzept im Ergebnis nicht befürwortet wird, ist eine berufsethische und fachliche Begründung zu leisten, weshalb die Kindesvertretung nicht allein dem Kindeswillen verpflichtet sein darf, sondern im Sinne einer „advokatorischen Ethik"[7] auch ohne Zustimmung, notfalls sogar gegen den erklärten Willen der vertretenen Kinder und Jugendlichen für deren eigene Interessen einzutreten hat.

In der Diskussion zur Kindesvertretung wurde angeführt, dass sich Richter, Jugendamt und auch die Gutachter bereits mit dem Wohl des Kindes befassen. Es brauche keine weitere Person, die für den Schutz und das Wohl des Kindes im Verfahren eintrete, wohl aber eine an den individuellen Willen des Kindes gebundene Vertretung.[8] Diese auf den ersten Blick radikal an den Rechten des Kindes orientierte Position lässt allerdings die Kindesrechte auf Schutz, Fürsorge, Entwicklung und Bildung unbeachtet und postuliert das Kind als eigenverantwortlichen Mandanten.

Dabei ist offenkundig, dass Säuglinge und Kleinkinder zur eigenverantwortlichen „Instruktion" ihrer Vertretung noch unfähig sind. Vergleichbar schwierig wäre die Vertretung von geistig beeinträchtigen Kindern und Jugendlichen. Auch bei der

---

6 Zu Strukturen im Ausland, die eine Schulung, Auswahl, Vermittlung und Unterstützung und damit die Unabhängigkeit vom Gericht eher sichern, vgl. schon Salgo 1997, auch Zitelmann 2001.
7 Vgl. Brumlik 2018.
8 Vgl. ausführlich und mit vielen Nachweisen Zitelmann 2001.

Vertretung älterer Kinder kann ein ganz auf den Kindeswillen eingeengtes Vertretungskonzept nachteilige und schädigende Folgen für das weitere Leben des Kindes haben, besonders wenn dieses Kind weiterer Vernachlässigung und Gewalt ausgesetzt wäre.

709 Bis zur Adoleszenz sind Eltern die engsten und wichtigsten Bezugspersonen des Kindes, das seine Entscheidungen in enger Verbundenheit trifft. Zunehmende Unabhängigkeit von den Eltern und die Suche nach eigener Identität erlauben erst im Jugendalter eine kritische Distanz. Autonomie ist also keine Entwicklungsaufgabe des Kindesalters, sondern der Adoleszenz und kann bei einem Kind mit normal verlaufender Entwicklung nicht vorausgesetzt werden.

710 Im Sorgerechtsverfahren zwischen erziehungsfähigen Eltern erzwingt die Forderung, das Kind oder der Jugendliche solle seine Vertretung instruieren, eine schwierige und seelisch belastende Positionierung. Das Kind oder der junge Mensch wird in solchen Fällen einen Elternteil bevorzugen und einen anderen Elternteil enttäuschen müssen.

Eigene Bedürfnisse des Kindes können dabei leitend sein, aber auch übergangen werden, sei es aus Mitgefühl für einen der Elternteile oder aber aus Angst vor den Folgen einer den Elternteil kränkenden Zurückweisung, zumal die weitere Perspektive seiner Beziehungen durch das schwebende Verfahren für das Kind noch offen ist.

711 Eine zweite diesen **Loyalitätskonflikt** reduzierende Möglichkeit bleibt dem Kind, indem es für die „gerechte Aufteilung" des eigenen Lebens im Wechselmodell votiert. Die Praxis zeigt, dass manche Kinder ihre Bedürfnisse dabei weit hinter die der Eltern stellen, um die sie sich sorgen, die sie nicht kränken oder im Stich lassen und „ungerecht" behandeln wollen.[9]

Als dritte Option bleibt dem Kind nur der Ausweg, erst gar keinen Willen zu äußern, was vielleicht Entlastung bringt, eine Willensvertretung jedoch handlungsunfähig macht und entsprechend Druck auf das Kind erzeugen kann, sich doch zu positionieren.

712 III. Der selbst gefährdende Kindeswille

Scheint die tiefe Verstrickung in das Familiensystem schon bei hochstreitigen Verfahren um das Sorgerecht und Umgangsrecht hochproblematisch, in denen Eltern zwar erziehungsfähig sind, aber in einem Interessenkonflikt mit ihrem Kind stehen,[10] entfaltet das Konzept des vom Kind instruierten Anwaltes in ethischer und fachlicher Sicht schädigende Wirkungen, sobald es um die Wahrung der Rechte eines durch die Eltern geschädigten und gefährdeten Kindes geht.

---

9 Vgl. Kostka Rn. 1186 in diesem Handbuch.
10 Zum Kindeswohl und auch der Interessenvertretung des Kindes bei Trennung und Scheidung der Eltern in rechtsvergleichender und erziehungswissenschaftlicher Perspektive vgl. Kostka 2004.

In der unrealistischen Hoffnung, die so dringend benötigte Wertschätzung und Liebe doch noch zu erhalten, klammern sich schwer vernachlässigte, misshandelte und sexuell missbrauchte Kinder oft gerade an jene Personen, die ihre Bedürfnisse nicht zu befriedigen vermögen oder ihnen Gewalt antun. Die Identifikation mit allmächtig und rücksichtslos erlebten Eltern führt zur Übernahme ihrer Sichtweise und ihrer Moralvorstellungen. Dies **verhindert** zugleich die **Entwicklung von Selbstwert, Integrität und Autonomie** und geschieht um den Preis der Schuldübernahme durch das Kind.

Von im Kindesschutz ungeschulten Personen werden solche Beziehungen selbst bei sehr schwerer Misshandlung immer wieder als „liebevoll" und damit als vermeintlich rechtlich schutzwürdige Eltern-Kind-Beziehung beschrieben. Erst bei näherer Hinsicht wird die angstvolle Überanpassung des Kindes deutlich und zeigen projektive Testverfahren[11], dass es bei dieser Eltern-Kind-Beziehung um eine Täter-Opfer-Beziehung geht. Diese zeichnen sich gerade dadurch aus, dass **Angst, Ohnmacht, Wut und Hass auf die Eltern nicht erlebt und verarbeitet** werden können, das Kind verharrt in einer angstmotivierten Überanpassung an die unberechenbaren Eltern, solange es sich nicht dauerhaft und wirksam vor seinen Peinigern beschützt erfährt.[12]

713

Betroffene Kinder sind in die Primärbeziehungen der Familien intensiv verstrickt und misshandelnden oder sexuell missbrauchenden Eltern bis zur **Selbstaufgabe** verbunden. Sie sorgen sich häufig mehr um die Sorgen der Eltern und Geschwister als sich selbst, haben einen gestörten Zugang zu den eigenen Bedürfnissen, häufig verbunden mit einem kaum entwickelten Selbstwertgefühl. Zur Zeit des Verfahrens hatten sie noch gar keine Chance, Mangel- bzw. Gewalterfahrungen zu verarbeiten, sich kritisch von schädigendem Verhalten der Eltern zu distanzieren und damit auch Eigenverantwortung zu entwickeln.

714

Gefährdete Kinder sind häufig einer weitgehenden **Verleugnung, Rationalisierung**[13]**, Manipulation und Schweigegeboten**, mitunter auch **Erpressungen und Drohungen** ausgesetzt. Dies ist besonders wahrscheinlich, wenn die Eltern ein Strafverfahren zu befürchten haben. Das Kind jedoch muss zur Zeit des Verfahrens noch mit seinem Verbleib in der Familie oder einer Rückführung zu den als unberechenbar oder gewalttätig erlebten Eltern rechnen. Eine von den Eltern/Tätern innere kritische Distanzierung und erst recht eine unabhängige Positionierung des Kindes oder Jugendlichen können in dieser Situation nicht erwartet werden.

715

Orientiert sich die Vertretung eines solchen Kindes nun ausschließlich an dem von ihm geäußerten Willen, wird sie über das Kind in die angstbesetzte Eltern-Kind-Beziehung eingebunden, wird verstrickt in Loyalitätskonflikte und schädigende Rollen des Kindes und wäre sogar zur Geheimhaltung von Missbrauch oder Miss-

716

---

11 Vgl. Nienstedt 2018, S. 109; auch Stürmer 2018, 87 ff.
12 Nienstedt/Westermann 2007; Garbe 2017.
13 Steffes-enn: Neutralisierung und Täterschaft. In: Steffes-enn, Rita/Hoffmann, Jens: schwere Gewalt gegen Kinder. Verlag für Polizeiwissenschaft, Frankfurt 2010, S. 92–108.

handlungen genötigt. Ein allein dem Kindeswillen verpflichteter Anwalt würde pädagogisch verheerend zum erwachsenen Mitwisser und Akteur in einem das Kind schädigenden Familiensystem. „Dem Kindeswillen zu folgen, könnte dann bedeuten, dass Lebensbedingungen hergestellt werden, die in einem Missverhältnis zur objektiven Bedürfnislage des Kindes stehen", mit der Folge eines Schadensrisikos und eines Schutzbedarfes des Kindes.[14]

717 Während einer vorläufigen Fremdunterbringung und in der Schwebe des langwierigen Verfahrens äußern viele Kinder den Wunsch, „zu Hause" zu leben. Häufig sorgen sich Kinder um die Eltern oder zu Hause lebende Geschwister. Oft halten sie schwere Vernachlässigung, sexuellen Missbrauch oder Gewalterfahrungen für normal, manche traumatische Erfahrungen sind ganz abgespalten.

Entsprechend bereitwillig klammern sich die Kinder an oft ernst gemeinte Beteuerungen der Eltern, das Kind bald nach Hause zu holen und künftig gut für seine Bedürfnisse sorgen zu wollen.

718 Ein Anwalt, der sich zum Fürsprecher des Kindeswillens macht und in Kenntnis der bereits erfolgten Schädigung des Kindes seine Rückführung zu den Eltern verlangt, vermittelt dem Kind eine Billigung der elterlichen Verhaltensweisen. Mit dem Kind werden die vom Täter genannten Neutralisierungen und Rationalisierungen (zumindest teilweise) nachvollzogen, mitunter sogar nachempfunden: Das Kind in der Rolle des Provokateurs, das ewig schreiende Kind usw. scheint das Verhalten der Eltern als Augenblicksversagen zu rechtfertigen, es kommt zur Polarisierung im Netzwerk der Helfer, die besonders bei unklarer Beweislage (junge Opfer) trotz unglaubwürdigster Ablaufschilderungen der Eltern eine Wirkung entfaltet.[15]

719 Der Anwalt kann Distanz zu seinem Auftrag, seiner Berufsrolle einnehmen, das Kind kann dies aber erst nachvollziehen, wenn es ein klares Rollenverständnis erworben hat und die Trennung von Rolle und Person nachvollziehen kann. Wie genau und mit welchen Folgen das Kind einen Erwachsenen erlebt, der sich auf seinen Wunsch mit der ganzer Autorität eines Rechtsanwaltes für eine gerichtliche Entscheidung einsetzt, die dem Kind weiter schaden wird, ist nicht erforscht. Aus Sicht der Verfasserin verbietet sich ein solches Experiment auch.

720 Um diesem berufsethischen Dilemma zu entgehen, liegt eine eingehende Beratung des Kindes durch den Anwalt über seine wohlverstandenen Interessen nahe. In den Fachveröffentlichungen des In- und Auslandes gibt es entsprechende Empfehlungen, Hinweise und Erfahrungsberichte hinsichtlich eines solchen „beratenen" Kindeswillens.[16] Für das bereits beziehungsgeschädigte, hochangepasste und oft manipulierte Kind bedeutet dies eine Fortsetzung seiner Fremdbestimmung, es soll seine Wünsche aufgeben und wird „beraten", bis es will, was es nach Ansicht seiner Vertretung wollen soll.

---

14 Dettenborn 2014, S. 82.
15 Vgl. näher Steffes-enn 2010, S. 106.
16 Näher: Zitelmann 2001, S. 307 ff.

721 Lassen sich Kinder und Jugendliche nach solcher „Beratung"[17] auf die Position ihrer Vertretung ein, dürfte der entscheidende Faktor vielfach nicht Einsicht sein. Das Kind wird nicht plötzlich mündig. Anwaltliche Beratung taugt auch nicht zur Verarbeitung von Deprivation oder Gewalt. Jedoch **haben seelisch misshandelte Kinder** ein sehr **ausgeprägtes Gespür für die Erwartungen und Probleme der Erwachsenen** – auch des Verfahrensbeistands – und zugleich wenig entwickelte Fähigkeiten, um den Überzeugungsversuchen eines „Kinderanwaltes" die Stirn zu bieten.

Die Position, die nach solcher Beeinflussung aber bei Gericht vertreten wird, ist weder das fachlich begründete „Wohl" noch ist es der authentische „Wille" des Kindes oder Jugendlichen, sondern es sind als Kindeswillen getarnte Vorstellungen seines Anwaltes vom Kindeswohl.

722 Als in der Fachliteratur vorgeschlagener Ausweg bliebe damit einzig die Möglichkeit, das Gericht um die eigene Entlassung zu bitten – was für den Verfahrensbeistand eine Lösung sein mag, für seinen Nachfolger und damit auch für das betroffene Kind jedoch nicht.

723 Auch wenn und gerade weil der Verfahrensbeistand nur bei Vereinbarkeit mit den wohlverstandenen Interessen des Kindes zur Durchsetzung des Kindeswillens verpflichtet ist, hat er sich eingehend und differenziert mit den Wünschen und Befürchtungen des Kindes auseinanderzusetzen und in seinen Stellungnahmen für eine möglichst authentische Dokumentation des Kindeswillens zu sorgen.[18]

Zur Achtung des Kindeswillens gehört auch das engagierte **Eintreten des Verfahrensbeistands für die richterliche Anhörung des Kindes**, verbunden mit Empfehlungen zum Ort und zur Gestaltung der Anhörungssituation. Die Gespräche mit dem Verfahrensbeistand sind kein Ersatz für die persönliche Begegnung zwischen Richter und Kind.

724 Kinder und Jugendliche haben während des Verfahrens das Recht, „über Gegenstand, Ablauf und möglichen Ausgang des Verfahrens in geeigneter Weise" durch den Verfahrensbeistand informiert zu werden (§ 158 Abs. 4 FamFG). Auch das Jugendamt hat das Kind auf seine Rechte im gerichtlichen Verfahren hinzuweisen (§ 8 Abs. 1 SGB VIII). Nicht zuletzt ist das Kind vom Familiengericht „über den Gegenstand, Ablauf und möglichen Ausgang des Verfahrens in einer geeigneten und seinem Alter entsprechenden Weise zu informieren, soweit nicht Nachteile für seine Entwicklung, Erziehung oder Gesundheit zu befürchten sind" (§ 159 Abs. 3 FamFG).

725 Dieser mehrfache Beratungsauftrag zeigt: Das Kind soll die Chance haben, seine Rechte auszuüben, und verstehen können, was in dem Verfahren vorgeht, das

---

17 Zur Bedeutung in der Praxis und problematischen Beeinflussungsversuchen vgl. Münder 2017, S. 302 ff.
18 Vgl. Auch Punkt 3.2 der Standards des BVEB, online abrufbar auf der Homepage www.verfahrensbeistand-bag.de (> Infos für Verfahrensbeistände > Standards); siehe hierzu Zitelmann/Weber in diesem Handbuch, Rn. 2018 ff.

seine Person schließlich existenziell betrifft, und ein Mindestmaß an Kontrolle in einer ungewissen Lebenssituation erlangen. Alle Kinder und Jugendlichen haben das Recht, ihrem Entwicklungsstand entsprechend über das Spektrum möglicher Beschlussinhalte aufgeklärt zu werden und dem Gericht mitzuteilen, welche Entscheidung aus ihrer Sicht für sie selbst gut, weniger schlimm bzw. nicht akzeptabel wäre. Deren Position ist im Verfahren immer beachtlich, zu vertreten, notfalls auch durch Rechtsmittel, aber nur, soweit dies auch im wohlverstandenen Interesse des Kindes liegt.

Diese Prüfung des möglichen Schutzbedarfes, betont der Psychologe *Dettenborn*, bedarf einer Güterabwägung: „Auf der einen Seite sind die möglichen Gefährdungsfolgen zu prüfen, die auftreten, wenn dem kindlichen Willen stattgegeben wird. Die andere Seite betrifft die Prüfung möglicher Gefährdungsfolgen, wenn dem Kindeswillen nicht gefolgt wird, z.B. Resignation, Hilflosigkeit, Labilisierung des Selbstwertgefühls."[19]

726 Nichts spricht dagegen, wenn fachlich qualifizierte Erwachsene mit einem Kind, das einen selbst gefährdenden Willen äußert, seine **Ambivalenz ausloten, widersprüchliche Bedürfnisse aufgreifen** und versuchen, ein „Bündnis" mit jenen inneren Anteilen zu schließen, mit denen das Kind sich nach einem Leben sehnt, in dem es sich von (Ersatz-)Eltern geliebt und versorgt weiß, als deren Kind es seine Fähigkeiten entwickeln und seine Persönlichkeit entfalten kann.

Die Begleitung des Kindes bei der Realisierung des bereits erlebten Leides und bei der meist seelisch extrem schwierigen Lösung aus schädigenden Beziehungen ist nicht Sache der Verfahrensvertretung, kann aber mit ihrer Hilfe eingeleitet und auf den Weg gebracht werden.

727 Die Vertretung der Kinder ist nicht berechtigt, gezielt Einfluss auf den Willen des einzelnen Mädchens oder Jungen zu nehmen, so schädigend sich die Verwirklichung dieser Vorstellungen auch auswirken kann. Seine Willensäußerungen sind zu dokumentieren und mündlich wie schriftlich in das Verfahren einzubringen. Zugleich, deutlich abgetrennt, müssen aus Sicht des Verfahrensbeistands bestehende Risiken aufgezeigt und Hinweise gegeben werden, ob den im Kindeswillen zum Ausdruck gebrachten Bedürfnissen des Kindes in anderer Weise entsprochen werden kann.

IV. Verfahrensbeistandschaft im FamFG

728 Mit Einführung des „Gesetzes über das Verfahren in Familiensachen und in den Angelegenheiten der freiwilligen Gerichtsbarkeit" (FamFG) sind die Aufgaben des Verfahrensbeistands erstmals konkreter gefasst worden. Demnach ist es die Aufgabe des Verfahrensbeistands, „das Interesse des Kindes festzustellen und im gerichtlichen Verfahren zur Geltung zu bringen". Der Begründung allerdings, die zum Gesetzestext veröffentlicht wurde, ist zweifelsfrei zu entnehmen, dass dieser

---

19 Dettenborn 2014, S. 82. Zur Güterabwägung vgl. ausführlich: Zitelmann 2001, S. 78 ff.

Interessenbegriff die subjektiven und die wohlverstandenen Interessen des Kindes umfasst. Sie stellt klar

> „[...], dass der Verfahrensbeistand dem Interesse des Kindes verpflichtet ist und nicht allein dem von diesem geäußerten Willen. Zwar hat der Verfahrensbeistand den Kindeswillen in jedem Fall deutlich zu machen und in das Verfahren einzubringen, es steht ihm jedoch frei, darüber hinaus weitere Gesichtspunkte und auch etwaige Bedenken vorzutragen. Der Verfahrensbeistand hat daher bei seiner Stellungnahme sowohl das subjektive Interesse des Kindes (Wille des Kindes) als auch das objektive Interesse des Kindes (Kindeswohl) einzubeziehen. Dieses Verständnis der Aufgaben des Verfahrenspflegers entspricht der Wertung des materiellen Rechts, das vom Zentralbegriff des Kindeswohls geprägt ist (vgl. § 1697a BGB)."[20]

729 Für eine andere Aufgabe bietet die gesetzlich geregelte Ausgangslage, nämlich der anzunehmende erhebliche Interessenkonflikt zwischen Kind und Sorgeberechtigten, auch gar keinen Anhaltspunkt.

Die Fälle, in denen eine nur dem Willen des Kindes verpflichtete anwaltliche Vertretung einzusetzen wäre, wären konsequent gedacht nämlich jene, in denen Eltern erkennbar den Willen ihres Kindes im Verfahren nicht oder nicht nachhaltig genug vertreten. Dann aber würde in Situationen, in denen ein Elternteil oder beide Eltern die elterliche Sorge durchaus verantwortlich, wenn auch gegen den Willen des Kindes ausüben, stets ein Anwalt für das Kind eingesetzt.

Demgegenüber würden die wohlverstandenen Interessen des Kindes nicht ermittelt und im Verfahren vertreten, wenn sich Kind und Eltern in ihrer Position einig sind, selbst wenn diese Position nicht mit dem Kindeswohl vereinbar ist. Diese Problematik wird am Kindesschutzverfahren nach §§ 1666, 1666a BGB besonders deutlich.

730 Als dem Kindeswohl über § 1628 i.V.m. § 1627 BGB verpflichtete gesetzliche Vertreter fallen die Eltern in diesen Fällen faktisch aus. Oft müssen sie nicht nur mit Sorgerechtsentzug oder Beschränkungen ihres Umgangs rechnen, sondern auch mit Strafverfahren wegen Körperverletzung (§§ 223, 224, 225 StGB), Verletzung der Fürsorgepflicht (§ 171 StGB) oder Sexualstraftaten (§§ 174, 176 ff. StGB) und mit Entschädigungsansprüchen des Kindes. Diesen Ausfall kann nur eine dem Kindesschutz verpflichtete Vertretung kompensieren.

Den Willen des Kindes betreffend geht die Regelung über die Aufgaben der gesetzlichen Vertretung hinaus. § 1626 Abs. 2 BGB verpflichtet die gesetzlichen Vertreter des Kindes zur Rücksichtnahme auf die wachsende Fähigkeit und das wachsende Bedürfnis des Kindes zu selbstständigem verantwortungsbewusstem Handeln. Sie haben mit dem Kind, soweit es nach dessen Entwicklungsstand angezeigt ist, Fragen der elterlichen Sorge zu besprechen und Einvernehmen anzustreben.

731 Der Verfahrensbeistand allerdings ist jedoch nicht nur zur Rücksichtnahme auf den Willen des Kindes angehalten, vielmehr hat er „den Kindeswillen in jedem Fall

---

20 BT-Drucks. 16/6308 S. 239.

deutlich zu machen und in das Verfahren einzubringen". Dabei kommt es nicht darauf an, ob und wie weitgehend sich diese Wünsche mit den fachlichen Empfehlungen des Verfahrensbeistands decken.

732 Die Vorgabe, dass der Verfahrensbeistand die Interessen des Kindes, das persönliche Wohl und den Willen des Kindes zu ermitteln und im gerichtlichen Verfahren zu vertreten hat, wird nicht nur durch die Bestellung hierfür überhaupt nicht qualifizierter Anwälte, sondern auch durch die Pauschalierung der Tätigkeit ad absurdum geführt.

Galt bis zum FamFG eine Vergütungsregelung, die der notwendigen Ermittlung der Interessen dem individuellen Fall entsprechend Rechnung trug, gilt seither eine **Pauschalierung, die geradezu den Anreiz für eine mangelhafte Praxis setzt**: einmalige Gespräche in der Kanzlei in Anwesenheit des Elternteils; Erstbegegnungen auf dem Gerichtsflur statt im vertrauten Umfeld des Kindes. Akzeptanz „praktischer" gemeinsamer Terminierung der Verhandlung mit „eingeschobener" Kindesanhörung, welche die Begleitung des Kindes durch seinen Verfahrensbeistand vor und nach der Anhörung unmöglich macht. Fehlende Bemühungen um das Gespräch mit wichtigen Auskunftspersonen im Kindergarten oder der Schule sowie immer mit Bezugspersonen der Bereitschaftspflege oder des Kinderheimes und mit den meist ja schon seit Jahren mit der Familie befassten Fachkräften des Jugendamtes und ambulanter Erziehungshilfen.

Vielleicht ist es in Umgangs- und Sorgerechtsverfahren möglich, die Begegnungen von Kind und Verfahrensbeistand im vertrauten Umfeld des Kindes, seine Begleitung zur Kindesanhörung und schriftlichen Stellungnahmen zur Pflicht zu machen und dies unter Einbezug notwendiger Fahrten pauschal zu vergüten.

733 Weit komplexer und nach Überzeugung der Verfasserin pauschal nicht abzubilden sind die Aufgaben des Verfahrensbeistands in jenen Verfahren, in denen eine Gefahreneinschätzung erfolgen bzw. der Verbleib fremdplatzierter Kinder geklärt werden muss. Die gegenwärtige Höhe der Fallpauschale von 550 € entspricht ungefähr sechs Fachleistungsstunden einer ambulanten Familienhilfe oder dem Honorar eines Jugendtherapeuten für sechs Stunden in der Spieltherapie. Wie kann diese Vergütung das notwendige Studium der meist sehr umfangreichen Akten, die Information und die Beratung des gefährdeten, vielleicht traumatisch belasteten Kindes in seinem vertrauten Umfeld, seine Begleitung zur Anhörung, das Abfassen verschiedener schriftlicher Stellungnahmen, ausführliche Gespräche mit beiden Eltern, die Erkundigungen bei Bezugspersonen im Heim oder bei den Pflegeeltern, Gespräche mit dem Vormund und dem ASD, wo nötig mit fallspezifisch kundigen Experten (Sucht, Sekten etc.) und die Teilnahme an allen mündlichen Verhandlungen sowie die notwendigen Fahrten abdecken?

734 Der Trend zur Vertretung des Kindeswillens, die nicht nur geringe Qualifikation erfordert, sondern auch kaum Kosten verursacht, wird durch das Vergütungsrecht forciert. Diese dem Kostendruck der Justizkassen folgende Praxis trifft indes die bereits geschädigten, daher besonders schutzbedürftigen Kinder und Jugendlichen, die unter dem besonderen Schutz des Staates stehen müssten. Dass Einsparungen

in diesem Bereich kurzsichtig sind, weil sie auf lange Sicht vielfach höhere Kosten verursachen, hat die Forschung inzwischen nachgewiesen.[21]

Damit Verfahrensbeistände die ihnen entstehenden Aufwendungen zur qualifizierten Vertretung der Kinder abrechnen können, bedarf es einer Änderung des Vergütungsrechtes, das sich am gesetzlich vorgesehenen Anforderungsprofil und der Komplexität von Fallkonstellationen zu orientieren hat und nicht am Kostendruck der Justiz.

V. Das „Kindeswohl" als Leitprinzip

Die Verfahrensbeistandschaft unterscheidet sich grundlegend von der anwaltlichen Rechtsvertretung für Erwachsene, deren Ausgangspunkt der Erhalt oder die Wiederherstellung einer selbstbestimmten Lebenspraxis des zur Eigenverantwortung fähigen Klienten ist. Beim professionellen Handeln für das noch nicht mündige Kind geht es vorrangig um sein Recht auf Förderung seiner Entwicklung und auf Erziehung zu einer eigenverantwortlichen und gemeinschaftsfähigen Persönlichkeit.[22]

735

Die noch fehlende Autonomie des Kindes wird hier durch das stellvertretende Abwägen, Entscheiden und Handeln des Erwachsenen ersetzt. Das Kindeswohl hat im Familienrecht eine Ersatzfunktion für den Willen des Kindes, bis die Eigenentscheidung des minderjährigen Kindes als Teilmündigkeit oder individuelle Einsichtsfähigkeit in die zu treffende Entscheidung zur rechtlichen Anerkennung kommt.[23]

Das **Kindeswohl** ist das zentrale Leitprinzip des Kindschaftsrechtes in Deutschland. Diese **Generalklausel** bedarf der **kindzentrierten Auslegung im Einzelfall** und errichtet eine Sperre gegenüber den Interessen und Rechten aller anderen Personen und den Interessen der Politik oder des Staates.

736

Wenn Kinder oder Jugendliche einen Verfahrensbeistand brauchen, wirkt der Begriff des Kindeswohls verharmlosend, denn die meisten Kinder befinden sich ja in extrem belastenden Situationen, durch akute Vernachlässigung oder Misshandlung, durch Infragestellung des Lebens in der Pflegefamilie oder durch hochstreitige Sorgerechts- und Umgangsverfahren.[24] Womöglich sollte daher im Kontext der Verfahrensbeistand nicht vom Kindeswohl, sondern von der am „wenigsten schädliche Alternative für die Entwicklung und das weitere Aufwachsen des Kindes"[25] die Rede sein.

---

21 Vgl. Habetha u.a. 2012: Deutsche Traumafolgenkostenstudie. https://beauftragter-missbrauch.de/fileadmin/Content/pdf/Literaturliste/Publikat_Deutsche_Traumafolgekostenstudie_final.pdf.
22 Vgl. § 1 SGB VIII.
23 Vgl. zu berufsethischen Aspekten Zitelmann 2001, S. 78 ff.
24 Vgl. Paul: Aktueller Stand nationaler und internationaler Forschung zu Folgen für Kinder durch hochkonflikthafte Trennungen. DJI (Hrsg.), Anhang 17. www.dji.de/fileadmin/user_upload/bibs/6_Anhang17FolgenKinder.pdf (Zugriff: 30.4.2019).
25 Diesen Begriff schlug das interdisziplinäre Autorenteam Goldstein/Freud/Solnit 1973 in seinem lesenswerten Buch (Jenseits des Kindeswohls) vor: „The least detrimental available alternative for the child's growth and development", S. 53 ff.

737 Der Kindeswohlbegriff prägt internationale Übereinkommen wie die UN-Konvention über die Rechte des Kindes, ist für die Reform der deutschen Verfassung vorgeschlagen[26] und wird seit über hundert Jahren in § 1666 BGB als die zentrale Generalklausel des materiellen Kindschaftsrechtes verwendet.

Der Begriff des Kindeswohls kommt inzwischen in einer Vielzahl gesetzlicher Regelungen vor und steht hier für ganz unterschiedliche Lebenslagen von Kindern. Je nach Formulierung wird der Begriff mit einer **positiven oder negativen Bestimmung** verbunden. So ist zu fragen, ob eine Maßnahme dem Wohl des Kindes am besten entspricht, dem Wohl des Kindes nicht widerspricht, zum Wohl des Kindes erforderlich ist oder ob das Kindeswohl gefährdet wäre.

Das Kindeswohl ist Leitprinzip der elterlichen Sorge, seine Wahrung ist primär den Eltern übertragen, sie haben gemäß § 1627 BGB die elterliche Sorge als Pflichtrecht „in eigener Verantwortung und in gegenseitigem Einvernehmen zum Wohl des Kindes auszuüben".

738 Das Konstrukt des Kindeswohls schafft zugleich die **Legitimation staatlicher Eingriffsbefugnis** in die Rechte der Eltern – und wo nötig – auch in die Rechte des Kindes selbst und ist zentraler Maßstab der Familiengerichtsbarkeit. Soweit das Gesetz nichts anderes bestimmt, muss das Familiengericht diejenige Entscheidung treffen, „die unter Berücksichtigung der tatsächlichen Gegebenheiten und Möglichkeiten sowie der berechtigten Interessen der Beteiligten dem Wohl des Kindes am besten entspricht" (§1697a BGB).

Dem verfahrensleitenden Prinzip des Kindeswohls[27] hat auch die Gestaltung des Verfahrens, sei es durch Beschleunigung, die kindgerechte Information und Anhörungspraxis, eine am Kind orientierte Amtsermittlung und Verhandlungsführung vollständig Rechnung zu tragen.

739 Bereits das Bürgerliche Gesetzbuch von 1900 nannte die Gefährdung des körperlichen oder geistigen Wohls des minderjährigen Kindes als Anlass für gerichtliche Eingriffe in das Recht der damals noch geltenden „Väterlichen Gewalt". Schon in der ersten Hälfte des 20. Jahrhunderts diente die Klausel aber nicht nur dem Schutz der Minderjährigen, sie war zugleich ein Instrument der Sozialkontrolle und diente als Einfallstor politischer Interessen. Behördliche Eingriffe und die Fremdplatzierung der Kinder trafen schon bald die Kommunisten, religiös verfolgte Minderheiten, rassisch stigmatisierte Familien und Homosexuelle. Das Risiko politisch motivierter Eingriffe besteht fort und fordert stets aufs Neue eine selbstkritische Auseinandersetzung.[28]

740 Nicht nur im historischen Rückblick, sondern bis heute erfolgen Eingriffe des Jugendamtes und der Familiengerichte überwiegend bei sozioökonomisch benach-

---

26 Deutscher Bundestag: Kinderrechte in die Verfassung WD3 – 317/06.
27 Vgl. grundlegend Coester 1983.
28 Vgl. ausführlich Zitelmann 2001, S. 113 ff.; aktuell auch zum Salafismus: www.bpb.de/politik/extremismus/radikalisierungspraevention/257455/aufwachsen-in-salafistischen-familien-zwischen-religionsfreiheit-und-moeglicher-kindeswohlgefaehrdung (Zugriff: 30.4.2019).

teiligten Familien. Der Schutz von Kindern der Mittelschicht und in privilegierten Lebenslagen erfolgt weit seltener, was auf bessere Entlastung vermögender Eltern sowie auf eine stärkere Abschirmung gegenüber dem Staat zurückgehen dürfte. Aktuelle Erhebungen zur Gefährdungseinschätzung nach § 8a SGB VIII zeigen zudem, dass die in Ein-Eltern-Familien lebenden Kinder deutlich überrepräsentiert sind.[29]

In der zweiten Hälfte des 20. Jahrhunderts erlangte der Rechtsbegriff des Kindeswohls im gesamten Familienrecht zunehmend an Bedeutung. Dies galt besonders für das Scheidungsrecht, gefolgt vom zivilrechtlichen Kindesschutz. In beiden Rechtsgebieten ist in den 1970er Jahre das „Verschulden" als Anknüpfungspunkt für die Sorgerechtsregelung nach der Scheidung bzw. für staatliche Eingriffe in die elterliche Sorge beseitigt worden. Mit dem Entfall des Schuldprinzips als vorher maßgeblichem Kriterium gewann das Kindeswohl weiter an Bedeutung und wurde zum Entscheidungsmaßstab der Gerichte, ohne jedoch für eine entsprechende Qualifikation der Richter zu sorgen. 741

Mit dem Bedeutungszuwachs der Generalklausel „Kindeswohl" wurden Sachverständigengutachten die Regel, es kam zu einer Verlagerung auf Gutachter und das Jugendamt und einer anderen Rolle des nun mit Fragen der Erziehung und Sozialisation befassten Familiengerichtes. Damit setzte eine heute noch immer bedeutsame Entwicklung von Kriterien ein, die Richtern helfen sollen, das persönliche Wohl des einzelnen Kindes fachgerecht einzuschätzen.[30] 742

VI. Kriterien der Kindeswohlbestimmung

Die durch Gesetzgebung, Rechtsprechung und die Fachliteratur über Jahrzehnte entwickelten Kriterien zur Bestimmung des „Kindeswohls" haben sich unsystematisch, vor allem aber orientiert an Scheidungskindern herausgebildet. Damals wurde bei jeder Scheidung immer auch das Sorgerecht als Alleinsorge zugeteilt und das Umgangsrecht geregelt. Es ging also nicht speziell um hochstreitige Verfahren, sondern um das Sorgerecht aller geschiedenen Eltern, die in der Regel ja durchaus zur bedürfnisbefriedigenden, liebevollen Eltern-Kind-Beziehungen in der Lage sind. 743

Diese Kriterien durchziehen bis heute die familienrechtliche Fachliteratur und werden generalisierend und damit fachlich riskant auch auf Kinder in Gefährdungssituationen und Pflegekinder angewendet. 744

Bei ungenügender Qualifikation juristischer und psychosozialer Fachkräfte birgt die Generalklausel des Kindeswohls bzw. der Kindeswohlgefährdung in Kombination mit diesen Kriterien so ein hohes Risiko nicht fachgerechter und für das Kind und seine Familie nachteiliger Entscheidungen. 745

---

29 Vgl. Münder 2017; 2013, S. 4, S. 129 ff.; zur Geschichte: Coester 1983, Zenz 1981; Zitelmann 2001, S. 133 ff.
30 Wegweisend war die interdisziplinäre Trilogie von Goldstein/Freud/Solnit in den 1970er und 1980er Jahren.

746 Als Kindeswohlkriterien gelten zum Beispiel die **Kontinuität und Stabilität** von Erziehungsverhältnissen; die Beachtung der **Bindungen** des Kindes, die **individuelle Förderung** des Kindes, die **Achtung seiner Selbstbestimmungsfähigkeit** und der **Umgang mit beiden Elternteilen**.[31] Die Vertretung des Kindes sollte diese durch die Rechtsprechung und Fachöffentlichkeit entwickelten Kriterien kennen und in der Lage sein, mit ihnen zu argumentieren.[32] Häufig wird jedoch eine kritische Auseinandersetzung mit diesen Kriterien erfolgen müssen.

747 Für das misshandelte oder vernachlässigte Kind spielen die in Scheidungskonstellationen tatsächlich wichtige „Kontinuität und Stabilität" der Betreuungsverhältnisse eine problematische, nicht selten sogar schädigende Rolle. Gleiches gilt für den „Erhalt der Bindung" an die primäre Bezugsperson, die bei misshandelten Kindern oft angstmotiviert und intensiv, aber eben schädigend ist und irreversible Bindungsstörungen im Sinne des ICD-10 (zukünftig: ICD-11) zur Folge haben kann. Auch der „Kindeswille" betroffener Kinder ist häufig kein Indikator des Kindeswohls, sondern in sehr vielen Fällen selbstgefährdend und nicht selten auch durch Schweigegebote und Drohungen misshandelnder Eltern beeinflusst.

748 Auch im Verfahren um den **Verbleib des Pflegekindes** sind die gängigen am Scheidungsverfahren orientierten Kindeswohlkriterien irreführend. Hier bedarf es vielmehr fundierter fachlicher Kenntnisse, um die oft traumatischen Erfahrungen und hieraus resultierenden Ängste, Probleme und Bedürfnisse von Pflegekindern fachlich einzuschätzen und in das Zentrum des Verfahrens zu bringen. Sie bilden zusammen mit der Einschätzung der bisherigen Sozialisation des Pflegekindes in der Ersatzfamilie[33] eine entscheidende Grundlage für die vom Familiengericht anzustellende Prognose über mögliche Gefährdungen des Kindeswohls durch Umgangs- oder Rückführungswünsche der leiblichen Eltern.

749 Allgemeingültige Kriterien zur Bestimmung des Kindeswohls sind nicht möglich und vom Gesetzgeber auch nicht intendiert. Das Kindeswohl ist **Generalklausel**, um der individuellen Entwicklung und persönliche Entfaltung des Kindes und seiner Lebenssituation in der Familie angemessen Rechnung tragen zu können. Allgemeine Kriterien zur Bestimmung des Kindeswohls helfen hier nur bedingt weiter. Sie bieten keine „Anleitung" für Laien, eher eine Anregung, zum umfassenden Fallverstehen verschiedene typische Aspekte bestimmter Fallkonstellationen in die Ermittlung und die notwendige Güterabwägung im Einzelfall einzubeziehen.

750 Aus kinder- und jugendpsychiatrischer Sicht kommt der Vorschlag, das Kindeswohl in Bezug auf **kindliche Grundbedürfnisse** zu definieren.[34] Zentrale Anknüpfungspunkte bilden die Konvention der Vereinten Nationen über die Rechte des

---

31 Ausführlich vgl. Kostka 2004, S. 107 ff.
32 Zum Familienrecht (BGB) vgl. insbesondere die Kommentierung bei Staudinger/Coester; zum SGB VIII bieten die Kommentare von Wiesner, aber auch von Fieseler/Herborth und Münder gute Argumentationshilfen.
33 Vgl. aus Sicht psychologischer Sachverständiger: Nienstedt/Westermann 2007; Lack/Hammesfahr, Psychologische Gutachten im Familienrecht, Rn. 561 ff.
34 Pädiatrische und psychiatrische Perspektive: Greenspan, Berry T./Brazelton, Stanley: Die sieben Grundbedürfnisse von Kindern.

Kindes und das entwicklungspsychologische Konzept der sog. „Basic Needs". Zu den elementaren Bedürfnisbereichen zählen: das Bedürfnis nach Liebe, Bindung und Welterkundung; das Bedürfnis nach Versorgung, Ernährung und Gesundheitsfürsorge; das Bedürfnis nach Bildung, Erziehung und Vermittlung hinreichender Erfahrungen; das Bedürfnis nach Schutz vor Gewalt und Gefahren. Ebenso wird orientiert an Fallgruppen für eine konkretere Klärung des Gefährdungsbegriffes plädiert, um die interdisziplinäre Verständigung zwischen dem medizinischen Bereich und dem der Jugendhilfe/Justiz zu erleichtern.[35]

Aus Sicht der Familienrechtspsychologie, so *Dettenborn*, kann der Begriff des Kindeswohls als eine „für die Persönlichkeitsentwicklung eines Kindes oder Jugendlichen günstige Relation zwischen seiner Bedürfnislage und seinen Lebensbedingungen" verstanden werden.[36] Er legt hier in Bezug auf die Kindeswohlgefährdung eine Tabelle vor, in der wichtige Bedürfnisbereiche und Entwicklungsaufgaben sowie Risikofaktoren bzw. dysfunktionale Beziehungen zusammengestellt sind:

Übersicht: Kindeswohl – Bedürfnislage und gefährdende Lebensbedingungen

Bedürfnis	Gefährdung (soziale Risikofaktoren)
Körperliche Zufriedenheit durch Nahrung, Pflege, Versorgung	Fehlernährung, mangelnde Gesundheitsvorsorge, Verhinderung notwendiger Heilmaßnahmen, mangelnder Schutz vor Suchtstoffen
Sicherheit	Stärke oder Häufung nicht vorhersehbarer unbeeinflussbarer Ereignisse mit negativen Folgen (Bindungsabbrüche, Personen-verluste); Diskontinuität der Lebensbedingungen; massive Defizite, eingeengter Wohn- und Lebensraum, Lärm
Emotionale Zuwendung in stabilen sozialen Beziehungen	Häufig wechselnde Bezugspersonen, Erleben von Feindseligkeit, Ablehnung, Gleichgültigkeit, Desinteresse seitens der Bezugspersonen, Fehlerziehungsformen, Instrumentalisierung für Erwachseneninteressen, Belastung mit Konflikten anderer, unnötige emotionale Konflikte, Angstinduzierung, Misshandlung, Missbrauch
im Kern: sichere Bindungen	Instabile emotionale Beziehungen, Mangel an Empathie und feinfühliger Fürsorge durch Bezugspersonen; Trennungsangst, Vorschädigung durch Trennung und Bindung

---

35 Vgl. Fegert 2000, ders. Stellungnahme zu BT-Drucks. 2011; siehe auch Ziegenhain in diesem Handbuch, Rn. 894; Fegert in diesem Handbuch, Rn. 968 ff.
36 Vgl. Dettenborn 2014, S. 50; Zitelmann 2001, S. 118 ff.

Bedürfnis	Gefährdung (soziale Risikofaktoren)
Umwelterkundung	Misslingen sicherer Bindung, mangelnde Anregung, inadäquate Reaktion auf Neugierverhalten bzw. Erkenntnisstreben, Missachtung von Fragephasen
Zugehörigkeit	Ausgrenzung, (Selbst-)Isolierung, Loyalitätskonflikte, unklare Grenzen oder Rollen im Familiensystem, dysfunktionale Regeln, Außenseiterpositionen in Gruppierungen, unangemessene Anforderungen für Zugehörigkeit
Anerkennung	Unangemessenes Anspruchsniveau, inadäquate Rückmeldung auf Sozial- und Leistungsverhalten, Kumulation von Misserfolgen im Sozial- und Leistungsverhalten, Überforderung
Orientierung	Pendelerziehung, zu starre oder unklare Grenzen zwischen Kind und Erwachsenem, mangelnde Vermittlung von Moral- und Leistungsnormen, von Pflicht- und Verantwortungsbewusstsein, mangelnde Gelegenheit zur Übernahme von Verantwortung, zur angemessen Konfliktaustragung; mangelnde Identifikationsmöglichkeit und Vorbildwirkung von Bezugspersonen; chaotische Lebensbedingungen
Selbstbestimmung	Ausnutzung von Abhängigkeiten, übermäßige Kontrolle, Missachtung und Vereitelung angemessener Interessen und Verhaltensintentionen, Handlungen; Verhinderung von Verantwortungsübernahme und Partizipation, Falschplatzierung durch Behörden
Selbstverwirklichung	Verhinderung von Individuation, Selbstreflexion, Selbstkontrolle, Einengung von Kreativität
Wissen/Bildung	Mangelnde Anregung und Förderung, Verletzung der Aufsichtspflichten, Demotivierung im Leistungsbereich; Mängel in Bildungs- bzw. Ausbildungsinstitutionen

Psychosoziales Fallverstehen– mehr als „Check-Listen-Output"

753 Mit der Klarstellung der strafrechtlichen Verantwortlichkeit von Fachkräften mit **Garantenstellung** für das Kindeswohl sind zur Absicherung zahlreiche „Diagnose-Tabellen" und sog. „Gefährdungs-Check-Listen" entwickelt worden. Sie dienen als praxisbezogene Handreichungen und sind in den letzten Jahrzehnten in vielen Jugendämtern zusammengetragen und erprobt, nicht aber wissenschaftlich entwickelt, erforscht und validiert worden. Ampel-Tabellen und Checklisten basie-

ren also oft nur auf Annahmen und Erfahrungswissen der Praxis und sollten entsprechend kritisch betrachtet werden.

Checklisten können die Anamnese anleiten und helfen, die Umstände, Belastungen und Ressourcen in ihrer Gesamtheit im Blick zu halten, die bei der Einschätzung von Gefährdungslagen bedeutsam sind. Manche Manuale beziehen auch Erkenntnisse aus der Forschung (Hochrisiko, Vulnerabilität, Salutogenese, Resilienz, sequenzielle Traumatisierung usw.) ein. Evaluierte Handreichungen bieten zum Beispiel das Bayerische Landesjugendamt mit der „Sozialpädagogischen Diagnose"[37], der „Stuttgarter Kinderschutzbogen"[38] und die „KiWo-Skala" für das Kindergarten- und Schulalter.[39]

754 Die Bestimmung des weiteren Schicksals eines Kindes, die Beachtung seiner Lebensgeschichte und Beziehungen und seiner eigenen Sicht und Wünsche, begünstigende und mildernde Faktoren bei vorhandenen Risiken oder Gefahren, die hierauf bezogene Einschätzung der Erziehungsfähigkeit der beiden Eltern und anderer Bezugspersonen – dies alles ist kein Ergebnis simpler Fragen im Ankreuztest wie „Ja" oder „Nein", „Mehr" oder „Weniger". Die Bestimmung des Kindeswohls verlangt mehr als das Ausfüllen von Tabellen, die z.B. witterungsentsprechende Kleidung, altersgemäße Aufsicht oder die Verletzungsspuren und medizinische Versorgung eines Kindes abfragen.

755 Viel spricht aber dafür, dass der vermehrte Einsatz standardisierter Check-Listen in der Jugendhilfe dazu verleitet, ein am Kind orientiertes, empathisches und damit erst fachlich fundiertes Fallverstehen der Fachkräfte nicht erst zu entwickeln. Es ist gerade die Fähigkeit zur **passageren Identifikation** mit dem Kind, also die Bereitschaft und Kompetenz, seinen Alltag aus seiner Perspektive und in seinem mutmaßlichen Erleben nachzuvollziehen, die eine Einschätzung des Kindeswohls erlaubt. Zugleich muss die Fachkraft in der Lage sein, sich aus dieser Identifikation auch zu lösen und die Perspektive eines Erwachsenen einzunehmen, um handlungsfähig zu werden und nicht mit in der Ohnmacht des Kindes zu verharren.

756 Die Folgen eines auf die Eltern fokussierten oder auch auf Check-Listen und auf ein Allgemeinwissen reduzierten „Fallverstehens" sind für Kinder und Jugendliche fatal. Fachlichkeit in der Jugendhilfe und im Familiengericht erfordert nur in akuten Notsituationen einen schnellen „Fakten-Check", sonst aber ausgeprägte interdisziplinär fundierte Kompetenzen. Es geht in komplexen Fällen um das Fachwissen und die Methoden mehrerer Disziplinen (Recht, Entwicklungspsychologie, Pädagogik, Psychiatrie, Kindermedizin), die bezogen auf das einzelne Kind, seine Beziehungen und deren gesellschaftliche Lebensumstände verstanden, angewendet und integriert werden müssen. Hierzu bedarf es auch der Fähigkeit des Verfahrensbeistands, grundsätzlich oder fallbezogen die eigenen fachlichen Grenzen anzuer-

---

[37] Download unter: www.blja.bayern.de/service/broschueren/neue/27607/index.php (Zugriff: 30.4.2019).
[38] Vgl. Kindler/Lukasczyk/Reich 2008.
[39] Vgl. KVJS KiWoSkala 2010 (Kita); 2016 (Schulkind).

kennen und dafür Sorge zu tragen, dass das einzelne Kind eine qualifizierte Vertretung erhält.

757 Fallverstehen bedeutet auch eine angemessene Kenntnis und Einschätzung der in **verschiedenen Kulturen und sozialen Schichten** bedeutsamen **Geschlechterrollen, Erziehungsvorstellungen** und des dort praktizierten **Umgangs** mit Kindern.[40]

Verfahrensbeistände brauchen dabei die gut entwickelte Fähigkeit zur passageren Identifikation und zur Interpretation kindlicher Bedürfnisse, Äußerungen und Verhaltensweisen sowie zur ergebnisoffenen, non-suggestiven Verständigung mit dem Kind, um die Bedeutung zu erfassen, die es seinen Erfahrungen selbst gibt, und um zu erfahren, was es braucht, was es sich wünscht und was es befürchtet.

VII. Konsequenzen für den Verfahrensbeistand

758 Gerade weil das Kindeswohl betreffende Verfahren vielgestaltig sind und eine Auseinandersetzung mit dem individuell situierten Einzelfall erfordern, bedürfen die Bestimmung des Kindeswohls und die Einschätzung von Gefahren des Einbezugs außerjuristischen Fachwissens. Bestellt ein insoweit nicht qualifizierter Richter dem Kind einen ebenso wenig qualifizierten Verfahrensbeistand, sind die Rechte des Kindes verletzt. Angesichts der noch mangelhaften Ausbildung aller am Kindesschutz beteiligten Berufsgruppen[41] verfügen auch andere Akteure oft meist über kein kinderbezogenes Fachwissen.

Das Soziologenteam um *Bühler-Niederberger* u.a. (Kinderschutz, 2014) fand in einer Studie zum Kindesschutzverfahren, dass in Fallschilderungen eher die Perspektive der gewalttätigen Eltern übernommen wird, das Kind selbst aber kaum in den Schilderungen vorkommt.

759 **Zentral für die Gefährdungseinschätzung war das Verhalten der Eltern gegenüber den Sozialarbeitern des Jugendamtes (Compliance), nicht ihr Verhalten gegenüber dem Kind**. In den Fallschilderungen der Fachkräfte wurden die Compliance und Lebensführung der Eltern zum Thema, Misshandlung und Vernachlässigung ursächlich als Überforderung konstruiert.

Der Fokus auf die Eltern war „derart auffällig", dass eine „prinzipielle Zurückweisung kindbezogenen Wissens"[42] konstatiert wurde. Nur in der Hälfte der 58 Fälle wurde deutlich, dass die Kinder oder ihre Bezugspersonen im Kindergarten als Auskunftsquelle in Betracht gezogen wurden. Außer Angaben zum Alter und Geschlecht der Kinder wurde etwa in der Hälfte der Pflegezustand zum Thema, sonst wurden Verhaltensprobleme berichtet, das kindliche Erleben der misshandelten oder vernachlässigten Kinder kam nur in 40 % der Fallberichte vor, eine kindbezogene Fachsprache fehlte ganz, der einzige professionelle Kode der Sozialarbeiter

---

40 Vgl. hierzu Keller, Kinderalltag. Weitere Literatur: www.nifbe.de/nifbe-publikationen (Zugriff: 30.4.2019).
41 Vgl. Baz Bartels/Berneiser, ZKJ 2016, 440 ff. und ZKJ 2017, 4 ff.
42 Ebd. S. 44.

lautete „verhaltensauffällig" und zeigte „eindeutig ein deviantes oder bösartiges Kind" an. „Auch das Ansprechen des Erlebens oder Leidens des Kindes geschah meist unter Verwendung alltäglicher Wendungen wie: „die kam eigentlich ganz gut klar mit der Situation", „die liebten natürlich ihre Mutter", „die waren schon etwas blass um die Nase"."[43]

Verfahrensbeistände können den offenkundig notwendigen Ausgleich bei der auf das Kind zentrierten Ermittlung sowie eine fachlich qualifizierte Beschreibung des Falles und notwendiger Maßnahmen im familiengerichtlichen Verfahren sicherstellen. Dies allerdings setzt fachliche Fähigkeiten voraus, dass die Familiengerichte überhaupt qualifizierte Verfahrensbeistände bestellen und den Justizkassen wieder eine angemessene Vergütung ihrer Tätigkeit ermöglicht wird.

760

Für die qualifizierte Verfahrensvertretung des Kindes stellt sich die Frage: **Welche Lebensgeschichte haben Eltern und Kind, welches sind die Ursachen der Probleme oder Gefahren, welche Folgen hat das Kind bereits davon getragen, welche Risiken bestehen weiterhin? Welche Gestaltung des Verfahrens und – noch wichtiger – welche Entscheidung des Gerichtes bedeuten die geringste seelische Belastung für dieses Kind?** Welche Maßnahmen tragen dazu bei, diesem Mädchen oder Jungen eine geschützte Verarbeitung seiner bisherigen Lebenserfahrungen zu ermöglichen? Wie kann das Kind vor weiteren Schädigungen behütet, wie in seiner seelischen Entwicklung und seiner Persönlichkeitsentfaltung durch das Familiengericht wahrgenommen und unterstützt werden?

Die Bestimmung des „Kindeswohls" hat unabhängig von berechtigten Interessen der Geschwister oder der Eltern zu erfolgen. Diese vom Rechtswissenschaftler *Michael Coester* als „Sperrfunktion"[44] bezeichnete Kindzentrierung besteht auch gegenüber möglichen Kostenbedenken oder sonstigen Eigeninteressen der Jugendbehörde und der Justiz.

761

Die Verfahrensvertretung des Kindes ist die einzige Fachkraft im Verfahren, die nicht den Rechten der Eltern oder den Maßgaben einer Behörde oder des Gerichtes, sondern allein dem Kindeswillen und den wohlverstandenen Interessen des Kindes verpflichtet ist. Aus diesem Auftrag des Gesetzgebers ergibt sich die Verpflichtung, im Verfahren jene Positionen zu kennzeichnen und zurückzuweisen, die als Kindeswohl ausgegeben werden, um den Interessen ihrer Mandanten bzw. eigenen Interessen zur besseren Durchsetzung zu verhelfen.

Nicht bereits der Verfahrensbeistand, wohl aber das Familiengericht hat dann im Weiteren **auch die Interessen anderer Verfahrensbeteiligter in die Abwägung einzubeziehen**. Auch hier bleibt die vorrangige Orientierung im Regelfall „diejenige Entscheidung, die unter Berücksichtigung der tatsächlichen Gegebenheiten und Möglichkeiten sowie der berechtigten Interessen der Beteiligten dem Wohl des Kindes am besten entspricht" (§ 1697a BGB).

---

43 Ebd. S. 46.
44 Vgl. grundlegend schon Coester 1983, S. 240 ff., 252 ff.

762 Anscheinend bestellen Gerichte häufig pauschal eine einzige Fachkraft zur Interessenvertretung mehrerer Geschwister. Dies erhöht das Risiko einer unzureichenden Ermittlung und auch Vertretung des persönlichen Wohls und der Wünsche jedes einzelnen Kindes. Dabei weisen die Situation, Rolle und das Erleben von Geschwistern in derselben Familie große Unterschiede auf und es müssen die erforderlichen Ermittlungen und Maßnahmen des Gerichtes **für jedes einzelne Kind** bedacht werden. Dem individuellen Rechtsanspruch des einzelnen Kindes auf eine von den Geschwisterinteressen unabhängige Wahrnehmung und Vertretung seiner Interessen kann eine einzelne Person, vermutlich auch im Erleben der Geschwister selbst, nur schwer oder gar nicht entsprechen.

763 Die Stellungnahme dieser Vertretung wird stattdessen eine eigene fachlich fundierte, parteiliche Darstellung der Kindesinteressen beinhalten, die inhaltlich keine Rücksicht auf die Bedürfnisse anderer Familienmitglieder nimmt, sondern aufzeigt, welcher Verlauf und Ausgang des Verfahrens den rechtlichen Rahmen schaffen, damit dem Kind weitere Belastungen und Schädigungen möglichst erspart bleiben und es alle Beziehungsangebote und pädagogisch-therapeutischen Hilfen erhält, die zur Bewältigung seiner belastenden oder traumatischen Erfahrungen geeignet und erforderlich sind.

764 Neben grundlegenden Kenntnissen über die Kindesentwicklung und Erziehungsfähigkeit von Eltern müssen dem Verfahrensbeistand die **Möglichkeiten und Grenzen der Beratung sowie vieler anderer Jugendhilfeleistungen** bekannt sein. Auch ist eine **Kompetenz zur Kommunikation** mit Kindern und Jugendlichen vorauszusetzen. Abhängig von der jeweiligen Fallkonstellation bedarf es guter **Kenntnis der Forschung und Praxis im betreffenden Fachgebiet** (hochkonflikthafte Verfahren zwischen Eltern, häusliche Gewalt, Adoption, Pflegekindschaft, Misshandlung, Vernachlässigung, Missbrauch, Autonomiekonflikte).

> ▶ Zum Anforderungsprofil von Verfahrensbeiständen siehe auch Salgo in diesem Handbuch, Rn. 39.

In manchen Fällen sind **zusätzlich Recherchen** anzustellen, etwa über die Auswirkungen bestimmter psychischer Krankheiten, Folgen und Therapierbarkeit von Substanzenmissbrauch, Zugehörigkeit zu bestimmten religiösen oder weltanschaulichen Gruppierungen der Eltern. Auch in Bezug auf das Kind müssen Folgen und Behandlungsbedarf bestimmter Schädigungen mit Hilfe der Fachliteratur oder auch von Experten eingeschätzt werden.

765 Welchen Betreuungs- und Förderbedarf hat ein Kind mit einer Alkoholembryopathie? Kann denn ein einjähriges Kind ohne Umgang einen Elternteil über Wochen in Erinnerung halten und aus Sicht des Kindes von einer „Rückführung" noch gesprochen werden? Was bedeutet es, ein Kind zu vertreten, das in einer Familie der Sinti oder Roma aufwächst? Welche Prognose haben Eltern, die am Methadonprogramm teilnehmen, wie wahrscheinlich ist Beigebrauch und mit welchen Folgen für das Kind? Wie ist eine psychiatrische Diagnose („Borderline-Syndrom"; „Dissoziale Persönlichkeitsstörung") zu verstehen, was bedeutet sie im konkreten Fall zur Einschätzung der Erziehungsfähigkeit des Elternteils? Welche Hilfen gibt es für

Kinder, die bei Eltern mit geistiger Behinderung aufwachsen, wann reichen diese nicht mehr aus? Welche Folgen hat ein Schütteltrauma, wie ist das Risiko der Wiederholung einzuschätzen, welchen Behandlungs- und Hilfebedarf hat ein derart misshandeltes Kind und wie werden die Eltern womöglich auf seine Behinderung reagieren?

Schon diese wenigen Praxisbeispiele lassen erkennen, dass die Bestimmung des „Kindeswohls" auf Seiten der Fachkräfte und Familienrichter die Bereitschaft und fachliche Kompetenz voraussetzt, sich **gezielt und systematisch in die einschlägige Fachliteratur einzuarbeiten bzw. den fachlichen Rat anderer Professioneller einzuholen**, die sich speziell in dem jeweiligen Fachgebiet auskennen.

766

Soweit sich das Familiengericht trotz der zu befürchtenden Verfahrensverzögerung entschließt bzw. dazu angeregt wird, ein ergänzendes Gutachten durch Sachverständige einzuholen, wird es für den Verfahrensbeistand zwingend darum gehen, entsprechende Fragen und Überlegungen im Interesse des Kindes möglichst präzise zu formulieren und in das Verfahren einzubringen, damit sie das Gericht bereits bei der Auswahl und Beauftragung des Gutachters berücksichtigen kann.

Entsprechend der jeweiligen Fallkonstellation wird der zeitliche Aufwand solcher eigenständigen Recherchen und Berichte stark variieren, dies gilt besonders, wenn der begründete oder erwiesene Verdacht auf eine Kindeswohlgefährdung besteht und es damit im Verfahren um eine umsichtige Gefahreneinschätzung sowie um eine Prognose der weiteren Entwicklung und Beziehungen des Kindes und hieraus resultierender Schutzmaßnahmen und Hilfen geht.

767

Die in § 158 Abs. 7 FamFG geregelte pauschale Vergütung des Verfahrensbeistands trägt diesem Umstand, wie gezeigt, kaum Rechnung und konterkariert damit den gesetzlichen Kindeswohlauftrag.

Die Gesetzgebung muss hier deutlich nachbessern. Anderenfalls sind die Weichen gestellt, dass die bei der gesetzlichen Neuregelung berechtigte Erwartung an den Verfahrensbeistand enttäuscht wird und die hiervon betroffenen Kinder noch zusätzlich belastet und geschädigt werden.[45]

VIII. Der Kindeswille im Recht

Die rechtliche Anerkennung der eigenen Entscheidungen von Kindern und Jugendlichen erfolgt in der deutschen Rechtsordnung sehr zurückhaltend. Hintergrund ist nicht nur die eigennützige Sicherung der Vormachtstellung Erwachsener oder die Sicherheit des Rechtsverkehrs, sondern sind auch und gerade die „wohlverstandenen" Interessen der Kinder und Jugendlichen selbst.

768

Hierzu zählen der Schutz des Kindes vor irreversiblen Fehlentscheidungen sowie überfordernden Entscheidungszwängen „für" oder „gegen" Elternteile oder an-

---

45 Zur Entwicklung der Vergütung seit Inkrafttreten des FamFG vgl. Salgo in diesem Handbuch, Rn. 21 ff. und Bauer in diesem Handbuch Rn. 2054 ff.

dere Bezugspersonen sowie das nicht von der Hand zu weisende Risiko einer verstärkten Beeinflussung oder Manipulation des Kindes durch die am Sorgerechtsverfahren beteiligten Erwachsenen.

769 So behalf und behilft sich der Gesetzgeber mit einer Individualisierung des Problems, indem das Kind seinem Entwicklungsstand gemäß an Entscheidungen der Sorgeberechtigten und Gerichte beteiligt und seine **Selbstbestimmungsfähigkeiten** berücksichtigt werden sollen. Aus verfassungsrechtlicher Sicht heißt es hierzu in Bezug auf streitige Konflikte zwischen den Eltern:

> „Der Wille des Kindes ist zu berücksichtigen, soweit das mit seinem Wohl vereinbar ist. Voraussetzung hierfür ist, dass das Kind in dem gerichtlichen Verfahren die Möglichkeit erhält, seine persönlichen Beziehungen zu den Eltern erkennbar werden zu lassen. Die Gerichte müssen ihr Verfahren deshalb so gestalten, dass sie möglichst zuverlässig die Grundlage einer am Kindeswohl orientierten Entscheidung erkennen können (vgl. BVerfGE 55, 171 <182>). Mit der Kundgabe seines Willens macht das Kind zum einen von seinem Recht zur Selbstbestimmung Gebrauch. Denn jede gerichtliche Lösung eines Konflikts zwischen den Eltern, die sich auf die Zukunft des Kindes auswirkt, muss nicht nur auf das Wohl des Kindes ausgerichtet sein, sondern das Kind auch in seiner Individualität als Grundrechtsträger berücksichtigen, weil die sorgerechtliche Regelung entscheidenden Einfluss auf das weitere Leben des Kindes nimmt und es daher unmittelbar betrifft (vgl. BVerfGE 37, 217 <252>; 55, 171 <179>)."[46]

Das gesetzgeberische Konzept folgt insoweit dem Grundsatz: **Beachtlichkeit des Kindeswillens** als wesentliches Entscheidungskriterium, **aber zugleich so weit wie möglich Schonung und Schutz des Kindes bei der Ermittlung und Berücksichtigung seiner Haltung.**

770 Diesen Grundsätzen kann die Kindesvertretung durch eine flexible Orientierung am Kindeswohl und Kindeswillen durchaus Rechnung tragen, freilich mit dem Risiko, dass fachliche Fehleinschätzungen oder Ignoranz dazu führen, weitgehend über den Kopf des Kindes hinweg zu agieren, seinen Willen erst gar nicht zu ermitteln oder nicht zur Kenntnis des Gerichtes zu bringen.[47]

Eine entsprechende Verpflichtung zur möglichst authentischen Übermittlung des Kindeswillens wird deshalb in Deutschland als Mindeststandard einer vorrangig am „Kindeswohl" orientierten Vertretung gesehen. Angesichts der nach wie vor bestehenden Umsetzungsdefizite bedarf aber wohl auch dies einer Klarstellung im FamFG.

771 Gerade weil ihre vorrangige Orientierung das Wohl des Kindes ist, muss die Vertretung des Kindes die am Verfahren beteiligten Personen **über die Sicht und die Erwartungen sowie Befürchtungen des Kindes informieren** und dafür sorgen, dass es Resonanz erhält.

---

46 BVerfG, FamRZ 2009, 1389 ff.
47 Vgl. mit negativen Beispielen: Bindel-Kögel/Hoffmann/Schone 2017, S. 262 ff.

Vielfach ist diese Aufgabe metaphorisch als „Sprachrohr" bezeichnet worden: Das Kind sagt, was es will oder nicht will, und seine Vertretung verschafft ihm – in Ergänzung zur Kindesanhörung – das Gehör des Gerichtes und anderer Verfahrensbeteiligter. Ein „Sprachrohr" ist ein Blechstück, das allenfalls Lautstärke und Klang der Stimme verändert. Eine solch authentische Übermittlung ist bei komplexen Inhalten des familiengerichtlichen Verfahrens unmöglich. Auch bleiben die vorangehende Interaktion zwischen Kind und Vertretung und der Zweck der Begegnung nicht ohne Folgen.

Die Verfasserin dieses Beitrages schlägt folgendes Verständnis vor: „Der **Begriff des Kindeswillens** umfasst die Gesamtheit vielfältiger, teils unvereinbarer, unterschiedlich dringlicher, veränderlicher Präferenzen, die das Kind in Interaktionssituationen schriftlich, sprachlich oder nonverbal ausdrückt bzw. auszudrücken scheint. Seine Erwägungen und Motive können dem Kind verborgen sein, erst der Zugang zu seiner inneren Welt – Konflikten, Emotionen, Phantasien und Urteilen – ermöglicht dem Gericht ein Verständnis." 772

Erlaubt die Verständigung zwischen Menschen immer nur ein begrenztes Verstehen, stellt die Kommunikation zwischen Kindern und Erwachsenen spezifische Anforderungen. Nicht nur, weil Kinder noch lange nach dem Spracherwerb dazu neigen, eher zu handeln als zu „verwörtern". Vielmehr auch, weil das gesprochene Wort sowohl intersubjektiv mit verschiedenen Bedeutungen belegt ist als auch Sprach- und Begriffssystem von Kind und Erwachsenem aufgrund ihrer Entwicklung sowie lebensgeschichtlichen und soziokulturellen Erfahrung variieren. 773

Erschwerend kommt hinzu, dass es bei dieser Verständigung um für das Kind hochbedeutsame, teils auch ängstigende, überfordernde oder konfliktreiche Themen geht, deren direkte Erörterung sich unter Umständen verbietet. In den fraglichen Verfahren geht es meist um eine der schmerzlichsten Fragen, mit denen ein Kind konfrontiert sein kann. Nämlich, ob sich das Kind vorübergehend oder dauerhaft von seiner (Ersatz-)Familie und der ihm vertrauten Umgebung trennen muss. Also um eine **Frage, die weit jenseits des „normalen" Erwartungs- und Entscheidungshorizontes eines Kindes liegt** und entwicklungspsychologisch und soziokulturell betrachtet nicht in der Phase der Kindheit und der frühen Pubertät, sondern erst während der Verselbstständigung in der späten Adoleszenz an- bzw. entsteht und selbst dann noch eine enorme Entwicklungsaufgabe darstellt. Ohne Zweifel birgt diese Fragestellung, wenn ein Kind mit vier, acht oder dreizehn Jahren mit ihr konfrontiert wird, ein großes Überforderungspotenzial. 774

Abhängig von Entwicklungsstand, Veranlagungen, intellektuellen Möglichkeiten, Temperament, der Stabilität früherer Beziehungen etc. sind Kinder bisweilen sehr dezidiert, bisweilen überhaupt nicht in der Lage, in einer juristischen Konfliktsituation, die auch sie betrifft, ihren Willen zu artikulieren. 775

Häufig sind **kindliche Wünsche und Vorstellungen** zudem **von Ambivalenzen geprägt**. Kleinen Kindern ist es oft nicht möglich, ihren Willen auszudrücken, und ihre Willensäußerungen sind eher durch die Situation beeinflusst. Ebenso dauere es bei psychisch schwer traumatisierten Kindern zum Teil Jahre, bis sie durch intensive therapeutische Behandlung wieder in der Lage sind, verbal Zeugnis von ihren Erfahrungen abzulegen oder auch nur ihren Willen zu artikulieren.[48]

776 Die meisten Kinder und Jugendlichen, stellt *Dettenborn* aus gutachterlicher Erfahrung fest, haben den Prozess der Willensbildung[49] hinter sich und können sich eindeutig verbal und nonverbal artikulieren. Methodische Zugänge sind das Gespräch und die Beobachtung, standardisierte Instrumente auch für Gutachter sind derzeit nicht verfügbar. „In der Mehrzahl der Fälle ist es nicht sehr problematisch den Kindeswillen auf direktem Weg zu erfahren, vorausgesetzt, er wird in angemessener Weise erkundet."[50]

777 Sobald der Kindeswille in Konflikt mit der Zielorientierung anderer Verfahrensbeteiligter gerät, kommt die Frage der möglichen Beeinflussung des Kindes auf. Zunächst ist als Erziehungswissenschaftlerin zu betonen, dass äußere Beeinflussung und deren Verinnerlichung durch das Kind unverzichtbar in jeder Eltern-Kind-Beziehung erfolgt. Das Kind eignet sich seine Werte, Fähigkeiten und Ziele an, es sucht sich Vorbilder und identifiziert sich mit seinen Eltern, es wird beeinflusst und will normalerweise auch beeinflusst werden.

778 Nicht die Beeinflussung des Kindes an sich ist daher problematisch und sie darf nicht zur Entwertung führen. Auch Erwachsene treffen ihre Entscheidungen beeinflusst durch ihre Partner, Freunde und ihr soziales Umfeld. Die Verinnerlichung der vom Kind zunächst nicht geteilten Ansichten von einem oder beiden Elternteilen erfolgt im Vertrauen auf deren Urteilsvermögen und hilft ihm, gegebene Dissonanzen mit der geliebten Person zu überwinden, es entsteht eine neue psychische Realität, die seine eigenen Strebungen fortan bestimmt.[51] **Auch der beeinflusste Wille eines Kindes muss daher in die Würdigung und Abwägung der im Verfahren beachtlichen Positionen einbezogen werden.**

779 Nicht vom Familiengericht gewichtet wird der Kindeswille bei rein äußerlicher Anpassung des Kindes an die Erwartungen von Bezugspersonen/Tätern, die im Erleben des Kindes keine Entsprechung hat. Motive des Kindes können Ratlosigkeit, Schuldgefühle, die Hoffnung auf Vorteile oder die Vermeidung negativer Konsequenzen bis hin zum Entzug von Liebe, Drohungen oder Terror sein. Eine solche Feststellung ist in der Regel mit Hilfe eines psychologischen Sachverständigen zu treffen.[52]

---

48 Vgl. Fegert 1995, S. 311 ff.
49 Hierzu Dettenborn 2014, S. 65; ausführlich auch Zitelmann 2001, S. 217 ff.
50 Dettenborn 2014, S. 99.
51 Vgl. ausführlich Dettenborn 2014, S. 94, 96.
52 Vgl. ausführlich Dettenborn 2014, auch Staudinger/Coester, § 1671, Rn. 239, 244; Staudinger/Coester, § 1666, Rn. 63, 74, 77. Bei Jugendlichen käme es nur dann, wenn Fremdsteuerung die eigenen Entscheidungen praktisch verdrängt habe, auf den geäußerten Willen nicht an. Doch setze eine verhärtete Kindesposition, dem Grundsatz der Verhältnismäßigkeit entsprechend, auf der Durchsetzungsebene gegebenenfalls beachtliche Grenzen. Auch Schwab meint, ein durch Beeinflussung gebildeter Wille sei die psychische Realität des Kindes und als solche beachtlich. Er warnt davor, den Kindeswillen „psychologisch wegzuinterpretieren". Vgl. Schwab 1995, § 59, Rn. 523, vgl. auch Ell 1990, S. 54 ff.

780 Erleben die Kinder ihre Eltern als überwältigend und rücksichtslos, entwickeln sie in der Folge oft eine (eventuell durch Größenphantasien und Pseudounabhängigkeit kompensierte) Überzeugung, selbst hilflos, ohnmächtig und ohne Einfluss zu sein.[53] Sie neigen aufgrund ihrer Vorgeschichte jedoch auch zur **angstmotivierten Überanpassung** an Eltern oder zunächst auch die Pflegefamilie. In diesem Fall sind die tatsächlichen Wünsche und Bedürfnisse des Kindes, auch seine aus traumatischen Erfahrungen resultierenden Überzeugungen, Ängste und Aggressionen wenig sichtbar. **Bis das Kind seine Wünsche und Bedürfnisse als berechtigt und erlaubt erleben und sich entsprechend mitteilen kann, braucht es die Erfahrung von Sicherheit und Schutz vor den Angst auslösenden Eltern** sowie genügend Zeit, Sicherheit und die Unterstützung einfühlsamer, belastungsfähiger und zuverlässiger Erwachsener. Bedingungen also, die während eines Kindesschutzverfahrens oder bei Umgangs- und Rückführungswünschen der Herkunftsfamilie in der Regel alle nicht erfüllt sind.

781 Die Kommunikation mit einem Kind erfordert also mehr als nur das gesprochene Wort, um seine Sicht und seine Erwartungen kennenzulernen und zu verstehen.

Die Aufmerksamkeit des Verfahrensbeistands muss sich also ebenfalls stets auch auf jene Wünsche und Abneigungen oder Befürchtungen richten, die das Kind nonverbal ausdrückt und die emotional oft stimmiger sein können als das gesprochene Wort.

782 Zu der Frage, wie die Begegnungen des Verfahrensbeistands mit Kindern und Jugendlichen gestaltet sein sollten, gibt es wenig Literatur. Was Rahmenbedingungen angeht, fällt die Forschung ernüchternd aus. *Bindel-Kögel* zufolge umfasst die Anzahl persönlicher Kontakte mit der Person, welche über die Zukunft und Sicherheit des Kindes mitbestimmt, selbst im Verfahren nach §§ 1666, 1666a BGB in der Regel nur zwei Treffen ohne Eltern. In der Regel werde das Kind in das Büro/die Kanzlei eingeladen, gelegentlich erfolgten auch Hausbesuche oder Gespräche mit einem vorläufig fremdplatzierte Kind im Heim, eher aber mit seinen Erziehern, besonders Jurist/innen suchten das Kind „aus pragmatischen Gründen der Arbeitsersparnis" aber selbst zur Gefahreneinschätzung nicht auf.[54] Neben der **fast jede Form der Praxis beliebig abdeckenden Fallpauschale** ist hier erneut nach der fachlichen Eignung der Verfahrensbeistände zu fragen.

783 Die folgende Zusammenstellung gibt einige Hinweise zur Gesprächsführung, wichtiger aber noch als Ratschläge für die individuell sehr unterschiedliche „richtige Kommunikation" mit den Kindern und Jugendlichen ist aus Sicht der Verfasserin eine Vertrautheit des Verfahrensbeistands sowohl mit eigenen Abwehrmecha-

---

53 Vgl. Nienstedt/Westermann 2007, Kap. 1 und 2.
54 Vgl. Bindel-Kögel 2017, S. 296. Diese geringe Kontaktzahl scheint auch die Mitteilung über den Ausgang des Verfahrens zu umfassen, bei der die Frage notwendiger Rechtsmittel zu besprechen ist.

nismen wie auch mit unangemessenen Methoden der Gesprächsführung, besonders in Verfahren mit möglicherweise strafrechtlichem Bezug.[55]

784 Hilfreich ist zunächst eine **freundliche, zugewandte Haltung**, die den Kindern mit dem notwendigen **Respekt und Ernst**, aber unbelastet von eigenen Emotionen und Wertungen begegnet. Häufig, so *Dettenborn*, werden gerade jüngere Kinder in ihrem Verständnis unterschätzt: „Einem altersgerecht entwickelten fünfjährigen Kind kann z.B. zugetraut werden, folgender Argumentation zu folgen, wenn sie vom Gutachter oder Verfahrensbeistand vorgebracht wird: Der Richter wird entscheiden. Dann müssen alle machen, was der Richter bestimmt hat. Wenn du könntest, würdest du vorher dem Richter noch etwas sagen wollen?"[56]

785 Das Gespräch sollte gut vorbereitet sein. *Dettenborn* empfiehlt zur Entlastung von Verfahrensbeistand und Kind sowie zur besseren Fokussierung einen Gesprächsleitfaden, für den auch Hypothesen (u.a. zur möglichen Kontaktverweigerung) hilfreich sein können.[57] In der Regel sollte das Gespräch mit dem Kind allein und **in vertrauter Umgebung** geführt werden. Bei starker Verunsicherung des Kindes muss **notfalls eine vertraute Person einbezogen** werden.

786 Die Begegnung kann (sprechen weder Datenschutz noch Stigmatisierung des Kindes dagegen), mit Einwilligung der Sorgeberechtigten im Kindergarten oder der Schule stattfinden. Auch in einem Heim oder in Bereitschaftspflege lebende Kinder profitieren von einer Begegnung im vertrauten Umfeld. Muss die Begegnung in der elterlichen Wohnung stattfinden, kann sich ein gemeinsamer Besuch auf dem Spielplatz oder ein Spaziergang empfehlen, um ungestört auch über die Beziehung zu den dort lebenden Personen zu sprechen.

787 Kindern im Vorschulalter kann es helfen, nebenher zu spielen oder zu malen. Es kann sinnvoll sein, **zunächst über den Alltag des Kindes ins Gespräch zu kommen**, über den Kindergarten oder die Schule, Interessen und Fähigkeiten, Freunde usw. Schwierige Themen sollten nicht aus Angst vor einer Belastung der Kinder vermieden, sondern eigeninitiativ angesprochen werden. Die in einer Studie zur Kindesanhörung befragten Kinder waren verstört, dass (aus Sorge des Richters um die seelische Belastung) die wichtigen Themen gar nicht zur Sprache kamen und den Kindern keine Äußerung zum Verfahren selbst ermöglicht wurde.[58]

788 Die Beteiligung des Kindes am Verfahren ist keine Pflicht, sondern ein Recht des Kindes, über dessen Ausübung es allein entscheiden darf. **Kinder, die sich nicht** (zu bestimmten Themen und Erfahrungen) **äußern möchten, dürfen daher nicht bedrängt werden.** Wertungen und Kritik am Kind sind ebenfalls zu unterlassen, hilfreich sind Einfühlung und ein Verständnis für die Gefühle und Konflikte des Kindes.

---

55 Vgl. hierzu Niehaus/Volbert/Fegert 2017, Entwicklungsgerechte Befragung von Kindern in Strafverfahren.
56 Dettenborn 2014, S. 106.
57 Vgl. Dettenborn 2014, S. 101.
58 Lempp, Reinhart u.a. 1987: Die Anhörung des Kindes gemäß § 50b FGG.

Dettenborn rät dazu, nur dann nach Willensinhalten oder Motiven zu fragen, wenn das Kind eine Bereitschaft zeigt, vielleicht sogar froh über das Gespräch ist. Ansonsten schreibt er, wohl mit Bezug auf den Umgangs- oder Sorgerechtsstreit, „sind eher indirekte Fragen effektiv, z.B. danach, was das Kind in bestimmten Situationen oder bei Erlebnissen (z.B. Übergabesituation, Urlaub mit einem Elternteil) gefühlt, gedacht, gewünscht hat, was es getan hat, gestört hat oder angenehm war."[59]

789

Über starke Affekte sollte dem Kind durch den Verfahrensbeistand inhaltlich oder spielend hinweg geholfen werden, ohne den Affekt zum Thema zu machen. Mitteilungen sollen aus **kurzen, einfachen Sätzen** bestehen. Jede Frage sollte nur einen Gedanken aufgreifen, Doppelfragen sind zu vermeiden.

790

Bei altersgerecht entwickelten Kindern empfiehlt es sich bis zum Ende des Grundschulalters nicht, geschlossene spezifische Fragen zu formulieren. Auch Antwortmöglichkeiten vorzugeben kann einen suggestiven Effekt haben, ebenso die Wiederholung bereits gestellter Fragen, bei denen das Kind somit befürchtet, „falsch" geantwortet zu haben. Eine ganz grobe Orientierung zur Vermeidung von Suggestivfragen bieten **offene W-Fragen** (Was? Wann? Wer? Wie? Wo? – bei Schuldgefühlen des Kindes jedoch nicht: Warum?). Es kann notwendig sein, das Kind auch wissen zu lassen, dass es nicht Schuld, etwa an der Elterntrennung, trägt und seine damit verbundenen Gefühle und Konflikte normal sind. Gleiches gilt für den Widerwillen gegen wiederholte Befragungen.[60]

791

Die **Dokumentation** der Mitteilungen des Kindes erfolgt gerade, wenn seine Angaben auch für laufende oder spätere Strafverfahren oder die Opferentschädigung bedeutsam sind, am besten in Form einer Aufzählung. Fließtext verleitet, widersprüchliche Erzählungen und Brüche in der Erzählung zu glätten. Dies nimmt ihr die Authentizität und stellt leicht Kohärenz und Zusammenhänge her, die das Kind so nicht geäußert hat. Notiert werden sollten unmittelbar nach dem Gespräch als **Gedächtnisprotokoll** – ohne Beschönigung eigener, vielleicht unbedachter Fragen und Reaktionen:

792

- Datum, Zeit und Dauer
- Anwesende Personen
- Umstände, wie das Gespräch zustande kam
- Verlauf des Gespräches
- Angaben des Kindes, inklusive gestellte Fragen
- Eindruck der psychischen Verfasstheit des Kindes[61]

Für Kinder und Jugendliche kann es Entlastung bieten, dass auch nach der Begegnung mit ihrer Vertretung oder nach einer Anhörung durch das Familiengericht die

793

---

59 Dettenborn 2014, S. 103.
60 Vgl. Dettenborn 2014, S. 102.
61 Volbert, in: Fegert u.a. (Hrsg.): Sexueller Missbrauch von Kindern und Jugendlichen, S. 185–194.

leicht zu verwirklichende Chance besteht, bisherige Mitteilungen um vergessene Gesichtspunkte zu ergänzen oder sich bei Bedarf zu korrigieren. Bevor die Sicht des Kindes an das Gericht übermittelt wird, sollte Gelegenheit sein, diesen Teil der schriftlichen Stellungnahme durchzusprechen und Missverständnisse zu klären.[62]

794 Der Teil der **fachlichen Stellungnahme**, der dem Familiengericht eine fachliche Einordnung und ein vertieftes Verständnis der vom Kind geäußerten Befürchtungen und Wünsche ermöglichen soll, ist **von der Dokumentation der Auskünfte und Willensäußerungen des Kindes deutlich abzusetzen**. Zur Wahrung der Persönlichkeitsrechte des Kindes sollte das Familiengericht dazu aufgefordert werden, dem von der Entscheidung betroffenen Kind selbst und nicht nur durch den Verfahrensbeistand die für das Kind als Subjekt des Verfahrens so wichtige Resonanz zu geben.

795 Nach *Dettenborn*, der eine eindrucksvolle Übersicht entwicklungspsychologischer Studien erarbeitet hat, kommt dem Kindeswillen ab dem Entwicklungsstand eines dreijährigen Kindes eine Bedeutung für das familiengerichtliche Verfahren zu.[63] § 159 FamFG ermöglicht zudem, dass der Richter auch von noch jüngeren Babys und Kleinkindern einen persönlichen Eindruck gewinnt, soweit ihre Bindungen, Neigungen oder ihr Wille für die Entscheidung maßgeblich sind.

In Deutschland ist eine Anhörung in allen Kindesschutzverfahren sowie in Sorgerechtsverfahren bei Trennung oder Scheidung der Eltern zwingend vorgesehen (vgl. § 159 FamFG) – sie darf nur aus schwerwiegenden Gründen unterbleiben. Dieser vom Bundesverfassungsgericht gut abgesicherte Rechtsanspruch auch des jüngeren Kindes auf Anhörung wird jedoch seit Jahrzehnten von einem Teil der Richterschaft nicht eingelöst[64] und von Jugendämtern und Verfahrensbeiständen nicht gefordert.

796 Nicht begründete[65] oder nicht begründbare Unterlassungen der Kindesanhörung sind ein Grund, um Rechtsmittel einzulegen. Seit Einführung der Kindesanhörung verstoßen Familiengerichte immer wieder gegen die Rechte der Kinder. Dies mag auch in guter Absicht geschehen, um jüngere oder gefährdete Kinder vor den Belastungen einer persönlichen Anhörung zu schützen. Bei genauer Hinsicht schützen diese Richter aber nicht das ihnen unbekannte Kind, sondern sich selbst vor einer Konfrontation mit den teils schwer geschädigten Jungen und Mädchen.

797 An dieser Stelle ist vor einer Praxis zu warnen, bei der ausgerechnet die Tatsache, dass dem Kind oder Jugendlichen eine unabhängige Interessenvertretung im Ver-

---

62 Hinweise zur Gesprächsführung finden sich in der Studie zur Kindesanhörung von Lempp 1987; auch bei Fegert 1999, Dettenborn m.w.N. 2014 und Zitelmann 2001.
63 Vgl. Dettenborn 2015, S. 71 ff.
64 Vgl. Münder 2000; 2017; Zitelmann 2009, S. 90 f.; Hannemann/Stötzel 2009.
65 Wenig selbstkritisch der Untersuchungsbericht der „Arbeitsgruppe Staufen" (2018) zum Fall eines Kindes, das ohne Anhörung zu den pädosexuellen Eltern zurückgeführt und im Darknet zur Vergewaltigung angeboten wurde. „Die Kindesanhörung und die Bestellung eines Verfahrensbeistands sind im gerichtlichen Verfahren in Fällen der vorliegenden Art als gesetzlicher Regelfall vorgesehen. Wird auf die Bestellung eines Verfahrensbeistands und die Anhörung des Kindes im Einzelfall verzichtet, wird angeregt, die Gründe hierfür zu dokumentieren."

fahren zur Seite gestellt werden muss, zum Anlass genommen wird, von einer persönlichen Anhörung des Kindes durch das Gericht abzusehen. Die neueste Studie zur Verfahrensbeistandschaft zeigt, dass diese Praxis durch Verfahrensbeistände teils nicht korrigiert, teils unter Missachtung der jüngeren Kinder sogar legitimiert wird.[66] Manche Verfahrensbeistände und Richter führen an, die Wünsche des Kindes seien „bereits im Vorfeld vom Verfahrensbeistand erhoben und eingebracht worden"[67]. Allerdings lässt sich erst absehen, was das Kind dem Richter mitzuteilen hat, wenn es diese Chance auch erhält.[68] Mit *Reinhard Lempp* ist auch zu betonen, dass der Sinn der Anhörung „nicht nur eine Verpflichtung des Richters ist, sich einen persönlichen Eindruck von dem Kinde und seiner Person zu machen, sondern auch dem Kinde frühzeitig die Erfahrung zu vermitteln, dass es in einer so wichtigen, seine eigene Person betreffenden Angelegenheit auch als Person respektiert und angehört wird."[69]

Besonders das in seinen Bedürfnissen übergangene oder in seiner Familie schwer traumatisierte Kind hat **Anspruch auf rechtliches Gehör**, auf eine Resonanz in Bezug auf seine Schutzbedürftigkeit bei selbstgefährdendem Kindeswillen und eine kindgerechte Begründung der Beschlüsse. Dies gilt für seine Interessenvertretung, mehr noch aber für den Richter, der im Verfahren über den Schutz und weiteren Lebensweg dieses Kindes entscheidet. 798

Die Richter am Familiengericht sind gefordert, sich ein unmittelbares Bild von dem Kind zu machen, in dessen Leben sie die entscheidenden Weichen stellen, und ihre Entscheidungen persönlich zu verantworten. Dem Verfahrensbeistand wächst hier die Aufgabe zu, durch die gute Vorbereitung des Kindes oder Jugendlichen sowie fachliche Anregungen an das Familiengericht sowie durch eigene Mitwirkung beim Termin zum Gelingen der Kindesanhörung beizutragen – und diese wenn nötig auch unter Hinweis auf Beschwerderechte auf den Weg zu bringen. 799

---

66 Vgl. Bindel-Kögel/Hoffmann/Schone 2017, S. 262 ff.
67 Bindel-Kögel/Hoffmann/Schone 2017, S. 263.
68 Zu den Aufgaben des Verfahrensbeistands bei der Kindesanhörung vgl. Zitelmann 2001, S. 174 ff. (www.stiftung-pflegekind.de/literatur/empfehlungen/?L=0).
69 Lempp 1983, S. 126.

B Der „Wille des Kindes"

Übersicht

	Rn.
I. Emotionale und kognitive Faktoren	800
1. Einleitung	800
2. Erlebens- und Verarbeitungsweisen von Kindern auf unterschiedlichen Entwicklungsstufen – Wie zeigen Kinder, was sie verstehen und was sie wollen?	801
a) Erstes Lebensjahr	801
b) Kindergarten- und Vorschulalter	806
c) Vorschul- und Schulalter	812
d) Jugendalter	815
3. Gemischte Gefühle	818
4. Verbergen von Gefühlen	821
5. Zusammenfassung	824
II. Wünsche und Phantasien	825
III. Loyalität und Kindeswille	836
1. Einleitung	836
2. Loyalität in Familien	838
3. Loyalitätskonflikte	843
4. Loyalität und Kindeswille	849
IV. Suggestibilität, Beeinflussung und induzierte kindliche Äußerungen	852
1. „Gehirnwäsche", „Programmierung", „PAS"	852
2. Suggestionseffekte bei kindlichen Zeugenaussagen	856
3. Falschnegative und falschpositive Einschätzungen kindlicher Zeugenaussagen	861
4. Wissenschaftlich fragwürdige Begriffsbestimmungen führen zu fragwürdigen Sorgerechts- und Umgangsentscheidungen	865
5. „PAS" und Kindeswille	872
6. Sorge- und Umgangsrechtsentscheidungen – Kriterien wissenschaftlich abgesicherten Vorgehens	874
7. Wie können Verfahrensbeistände mit unterstellter Beeinflussung	882

I. Emotionale und kognitive Faktoren

1. Einleitung

Bereits Babys haben Bedürfnisse und durchaus feste „Vorstellungen" darüber, was sie wollen. Dies lässt sich beispielsweise an ihrem Ärger ablesen, wenn ihnen etwas nicht gelingt oder wenn sie etwas nicht bekommen, was sie haben möchten. Dies lässt sich auch aus ihrer Überraschung erschließen, wenn etwas Unerwartetes geschieht. Der Ausdruck von solchen Vorstellungen und „Willensbekundungen" ist allerdings vom Verständnis des Kindes über die Situation zu unterscheiden. Das Verständnis einer Situation umfasst Bedürfnisse und Gefühle, Absichten oder Vorstellungen eines Kindes ebenso wie die Fähigkeit, die Bedürfnisse, Gefühle, Absichten und Vorstellungen anderer Menschen zu verstehen. All das wirkt sich auf sein Verhalten aus. Dabei ist dieses Verständnis der Situation entwicklungsabhängig, d.h., es unterscheidet sich in Abhängigkeit vom Alter des Kindes.

800

2. Erlebens- und Verarbeitungsweisen von Kindern auf unterschiedlichen Entwicklungsstufen – Wie zeigen Kinder, was sie verstehen und was sie wollen?

a) Erstes Lebensjahr[1]

801   Bereits Neugeborene haben eine **Präferenz für Vertrautes gegenüber Unvertrautem**. Sie kommen mit dieser Disposition auf die Welt. Sie bevorzugen Personen beziehungsweise das menschliche Gesicht und die Stimme gegenüber Gegenständen. Allerdings lässt sich daraus nicht schließen, dass sie zwei Personen (begrifflich) voneinander unterscheiden können. Vielmehr scheinen sie eher zwischen Eigenschaften von Menschen zu unterscheiden. Ihre emotionalen Ausdrucksverhaltensweisen sind, in Abhängigkeit ihres individuellen Temperaments, noch eher reflexhafte Reaktionen auf das Ausmaß an Stimulation, dem sie ausgesetzt sind. Ihre Reaktionen sind zudem eher global und diffus. Negative emotionale Reaktionen lassen sich beispielsweise in diesem frühen Alter noch nicht als Furcht oder Ärger differenzieren, sondern als Verstörung. Emotionales Verhalten im Neugeborenenalter ist weder kontextuell noch wird es mit einer subjektiven Bedeutung verknüpft.

802   Jenseits der Neugeborenenperiode ist emotionales Verhalten in Aspekten von Vergnügen, Vorsicht oder Frustration mit dem Inhalt der jeweiligen Situation und mit Bedeutungselementen verknüpft. Vorläufer des Verständnisses über Gefühle und Befindlichkeiten anderer Menschen zeigen sich früh. Experimentelle Studien zeigten, dass Säuglinge **ab dem dritten bis vierten Lebensmonat** gezielt einen **fröhlichen Gesichtsausdruck von anderen emotionalen Ausdrucksverhaltensweisen unterscheiden** konnten (*Bölte*, 2013). **Fünf Monate** alte Säuglinge sind in der Lage, zwischen **verschiedenen Gefühlsäußerungen** (Lächeln, Stirnrunzeln) zu unterscheiden. Zu diesem Zeitpunkt lässt sich allerdings noch nicht klar erschließen, inwieweit damit auch eine emotionale Reaktionsfähigkeit verbunden ist. Bei **sechs Monate** alten Säuglingen lassen sich **differenzierte Emotionen** wie Ärger oder Überraschung deutlich ablesen. Dabei drücken die Kinder nicht nur mit Gesichtsausdruck, sondern mit ihrem gesamten Verhalten den jeweiligen Gefühlsausdruck stimmig aus. Ihr Verhalten lässt sich damit zumindest für freudige, interessierte, traurige oder ärgerliche Reaktionen bereits als spezifisch und bedeutungsvoll interpretieren (*Rauh*, 1995).

803   Allerdings dürften sich solche Emotionen systematisch erst im letzten Drittel des ersten Lebensjahres als präzise, unmittelbare und mit spezifischer Bedeutung versehene Reaktionen beobachten lassen. Neben Freude, Ärger oder Traurigkeit taucht auch Furcht erst zu diesem Zeitpunkt als deutliche Reaktion auf. Zudem lassen sich auf dieser Entwicklungsstufe erstmals auch negative Emotionen wie Furcht und Ärger als deutlich voneinander abgegrenzte Verhaltensreaktionen un-

---

[1] Die folgenden Altersangaben dienen nur als grobe Orientierung. Sie entstammen unterschiedlichen Untersuchungen, die hier nach Alter geordnet wurden. Im Übrigen sind immer auch individuelle Unterschiede von Kindern zu berücksichtigen.

terscheiden. Die Fähigkeit, **am Ende des ersten Lebensjahres emotionale Reaktionen mit spezifischer Bedeutung und Inhalt zu verknüpfen**, geht auch mit neuen kognitiven Kompetenzen einher. Dazu gehört die Objekt- beziehungsweise Personpermanenz. Das ist die Fähigkeit, sich Dinge und Menschen auch dann vorstellen zu können, wenn sie sich nicht im direkten Wahrnehmungsfeld des Kindes befinden. Dazu gehört außerdem, dass das **Langzeitgedächtnis** funktionsfähig wird. Der damit verbundene zunehmende Zugriff auf vorangegangene Erfahrungen steuert die Aufmerksamkeit des Kindes. Schließlich ist das Kind gegen Ende des ersten Lebensjahres in der Lage, sich selbst von anderen Menschen zu unterscheiden, ebenso wie es sein Verhalten von dem anderer unterscheiden kann.

Dieses rudimentäre Bewusstsein spiegelt sich beispielsweise darin, dass das Kind zunehmend **nonverbal kommuniziert** und die Bezugsperson mit Zeigegesten z.B. auf interessante Gegenstände aufmerksam macht (*Joint Attention*). Rudimentäres Verständnis einer **Selbst-Anderen-Unterscheidung** zeigt sich zudem in sozial rückversichernden Blicken des Kindes (*Social Referencing*), wenn es sich der Aufmerksamkeit der Bezugsperson versichert, oder aber bei Verunsicherung, um das eigene Verhalten zu steuern (*Bolten/Schneider*, 2010). Emotionale Signale der Bezugsperson wie Freude oder Gefahr beziehungsweise Ängstlichkeit werden adäquat erfasst und beeinflussen die Verhaltensreaktionen des Kindes. Das Kind orientiert sich besonders in unvertrauten Situationen systematisch an Verhalten und Ausdruck der Bezugsperson. Ist der Gesichtsausdruck der Mutter z.B. angesichts eines nahenden Hundes ängstlich, wird auch das Kind ängstlich und krabbelt nicht weiter beziehungsweise zur Mutter zurück. Besonders eindrucksvoll bestätigt dies auch das Studiendesign der so genannten „visuellen Klippe" (eine durchsichtige, mit Glas abgedeckte Fläche, die für sechs Monate alte Kinder den Eindruck erwecken kann, in die Tiefe zu fallen). Danach zeigte sich, dass der emotionale Gesichtsausdruck der Bezugsperson, nämlich ein freudiger oder aber ängstlicher Gesichtsausdruck, maßgeblich beeinflusste, ob das Kind über die Glasfläche krabbelte oder nicht bzw. wie sich das Kind in dieser Anforderungssituation verhalten wird (*Sorce et al.*, 1985).

Diese rudimentäre Unterscheidungsfähigkeit zwischen dem Selbst und der Umwelt lässt sich als Voraussetzung dafür interpretieren, überhaupt eine Beziehung zwischen eigener Erfahrung und Umwelt herzustellen. Damit wird letztlich eine Form sozialen Lernens ermöglicht. Das Kind lernt, individuell unterschiedlich, angemessene emotionale Reaktionsweisen, die vermutlich auch die Ausbildung eigener emotionaler Reaktionen fördern. Die Bedeutung eigener Erfahrung und das Verhalten anderer Menschen werden miteinander verknüpft. Diese interpersonale Emotionsregulation, welche vorwiegend durch die Bezugsperson des Kindes initiiert und gesteuert wird, entwickelt sich im Laufe des **zweiten Lebensjahres** zu einer **vermehrt selbstständigen Regulation von Emotionen**. Danach fordert das Kind zunehmend aktiv eine Unterstützung hinsichtlich der Regulation aufkommender Emotionen ein (*Holodynski*, 2004).

b) Kindergarten- und Vorschulalter

806 Mit etwa **zwei bis drei Jahren** erkennen Kinder dann die Selbstwertrelevanz von Handlungen und deren Ergebnissen (intrapersonale Regulation). Es entwickeln sich so genannte **selbstbewertende Emotionen** (*Holodynski*, 2004). Die Kinder fühlen sich betroffen, wenn sie etwas falsch gemacht haben oder schämen sich, wenn sie bei etwas Verbotenem ertappt werden. Sie beginnen, sich an sozialen Standards zu orientieren. Kognitiv setzt dies voraus, dass sie sich intuitiv der Wirkung ihres eigenen Verhaltens auf andere Menschen bewusst sind. Außerdem reagieren Kinder dieses Alters nicht einfach mehr nur auf die emotionalen Befindlichkeiten anderer Menschen. Sie sind vielmehr aktiv in der Lage, **andere Menschen sowohl zu trösten, sich aber auch verletzend zu verhalten**. Im Alter zwischen dem **dritten und vierten Lebensjahr**, verbunden mit der Entwicklung der verbalen Ausdrucksfähigkeit, sind Kinder zunehmend in die Lage, eigene Gefühle und die Gefühle anderer auch zu **verbalisieren**.

807 Bereits hier aber zeigen sich große individuelle Unterschiede zwischen Kindern darin, wie sie auf die Gefühle und Befindlichkeiten anderer Menschen reagieren. Dies hängt wesentlich mit ihren bisherigen sozialen Vorerfahrungen zusammen und dabei insbesondere mit ihren bisherigen **Bindungsvorerfahrungen** mit den Eltern. Dabei zeigte sich in Untersuchungen, dass Kinder insbesondere dann andere Kinder bei Kummer trösteten, wenn die Eltern klare Verhaltensregeln zeigten und diese auch unter Berücksichtigung der Perspektive des anderen Kindes begründeten. Wenn demgegenüber Eltern kindliche Signale ignorieren, emotionale Befindlichkeiten falsch oder unangemessen benennen oder nicht ernst nehmen, so die Interpretation, gelingt es Kindern schwerer, eigene Gefühle zu äußern und die Gefühle anderer nachzuvollziehen. Dies kann mit verzerrter Selbstwahrnehmung einhergehen oder mit geringer oder fehlender emotionaler Beteiligung.

808 Wenn Eltern schließlich überwiegend schwer vorhersagbar reagieren, entwickeln Kinder emotional heftige Reaktionen und fordern anhaltende Aufmerksamkeit. Im Falle von massiv kritischem Elternverhalten, nämlich dann, wenn Kinder misshandelt werden, waren diese anderen Kindern gegenüber meist aggressiver als nicht misshandelte Kinder. Misshandelte Kinder reagierten zudem auf den Kummer eines anderen Kindes nicht beziehungsweise negativ, nämlich ängstlich oder aggressiv. Schließlich fällt es Kindern aus ungünstigen Familienverhältnissen schwer, insbesondere positive Gefühle adäquat den passenden Ereignissen zuzuordnen.

809 Unabhängig von individuellen Unterschieden aber entwickeln Kinder zunehmend mehr **psychologisches Verständnis**. Diese Fähigkeiten setzen gleichermaßen neue emotionale und auch kognitive Kompetenzen voraus. Dazu gehört die Fähigkeit, auch über nicht vorhandene und hypothetische Situationen nachzudenken. Die Kinder stellen sich Wünsche oder Überzeugungen vor oder handeln „als ob". Sie können diese vorgestellten Wünsche oder Überzeugungen klar von der Realität unterscheiden und sie können sie auf „andere" übertragen. Beispielsweise zeigte sich dies in Experimenten, in denen etwa eine Puppe im Spiel bestimmte Ziele verfolgte oder Wünsche benannte. Kinder dieses Alters können auf einer psychologi-

schen Verständnisebene nachvollziehen, was ein anderer Mensch wahrnimmt oder was er wünscht. Sie verstehen zunehmend, dass zwei verschiedene Personen eine Situation unterschiedlich erleben bzw. **verschiedene Wünsche und Vorstellungen** haben können (*Harris*, 2004). Sie können sich in die Gefühle des anderen hineinversetzen, und zwar wahrscheinlich dadurch, dass sie die tatsächliche Situation mit den vermutlichen Wünschen des anderen vergleichen.

Die emotionale Gefühlsqualität dieser Teilhabe an den Gefühlen oder Intentionen eines anderen Menschen ist **Empathie**. Dabei ist wesentlich, dass das Gefühl des anderen Menschen als dessen Gefühl erkannt wird. Das Kind erfasst das Gefühl eines anderen Menschen, auch wenn dieses Gefühl nicht seinem eigenen entspricht. Damit geht wiederum die kognitive Kompetenz einher, sich selbst vom anderen unterscheiden zu können. Diese wird durch die Entwicklung eines Selbstkonzeptes ermöglicht, wie es sich in der neu erworbenen Fähigkeit des Selbst-Erkennens im Spiegel zeigt. Durch diese Art der Selbstobjektivierung unterscheiden sich entstehende Emotionen und Gefühlsäußerungen von der bloßen Gefühlsansteckung, die sich bereits beim Neugeborenen beobachten lässt (*Bischof-Köhler*, 2009).

810

Mit **vier und fünf Jahren** sind Kinder dann zunehmend in der Lage, einfache Gefühle wie Fröhlichkeit oder Traurigkeit als Konsequenz der Überzeugungen und Wünsche zu erfassen, die diese Gefühle verursachen. Sie **verstehen andere Menschen überwiegend als Handelnde, die ihre Ziele verfolgen**. Nach diesem Verständnis sind Menschen fröhlich oder traurig in Abhängigkeit davon, ob sie ihre Ziele erreichen oder nicht.

811

c) Vorschul- und Schulalter

Etwa zwischen **vier und zehn Jahren** erschließt sich ihnen außerdem zunehmend ein psychologisches Verständnis für **komplexere Gefühlsqualitäten**. Dazu gehören selbstwertrelevante Gefühle wie Stolz, Scham oder Schuldgefühle (so genannte sekundäre Emotionen). Dies setzt erneut erweiterte kognitive Kompetenzen voraus. Danach wird das Erleben von Menschen nicht mehr nur in Abhängigkeit von erfolgreichem beziehungsweise nicht erfolgreichem Handeln aufgefasst. Vielmehr verstehen Kinder nun zunehmend auch, dass die Einschätzung und Bewertung von Verhalten und Handeln das Erleben und die Gefühle in einer Situation beeinflussen. Dabei scheint es zunächst, dass die Einschätzung und Bewertung anderer ihr eigenes Erleben beeinflussen. Kinder sind stolz, wenn die Eltern sie loben, weil sie sich beispielsweise um das jüngere Geschwisterkind gekümmert haben. Sie schämen sich, wenn die Eltern verärgert und enttäuscht sind, weil sie gelogen haben. Zunehmend verstehen sie dann, dass auch sie selber ihr **eigenes Verhalten nach sozialen Normen** oder Verhaltensstandards einschätzen. Auch ohne elterliche Intervention verspüren sie Schuldgefühle, wenn sie jemanden gekränkt haben.

812

Untersuchungen legen nahe, dass das Verständnis von Kindern dieser Altersstufe für soziale Normen und Standards individuell unterschiedlich ist und von der Art der elterlichen Vermittlung dieser Normen abhängt. Dabei scheinen Erklärungen

813

und Appelle an kindliche Einsicht beispielsweise das psychologische Verständnis für Verantwortlichkeit und **Schuldgefühle** zu fördern. Allerdings ist solches Verständnis nicht ausschließlich „sozial konstruiert". Vielmehr fließen gleichermaßen die eigenen Erfahrungen von Kindern mit solchen selbstwertrelevanten Gefühlen in ihr Verständnis einer Situation ein.

814 Dabei ist der Umgang mit **Schuldgefühlen bei sexuell missbrauchten Kindern** vor allem im Schulalter von besonderer klinischer Bedeutung. Schuldgefühle sind hier in engem Zusammenhang mit Selbstentwertung zu sehen, die zu erheblichen Selbstzweifeln bis hin zu Störungen der Identität führen können. *Fegert* (1999) verweist darauf, dass Täter ihren Opfern häufig eine aktive Beteiligung suggerieren und ihnen dabei angebliche oder tatsächliche Lust unterstellen. Eine solche vermeintliche Verantwortung löst bei den betroffenen Kindern dann Schuldgefühle aus. Ebenso empfinden Kinder zumeist Schuldgefühle, wenn der Täter ihnen Folgen für sich oder die Familie androht, falls der Missbrauch aufgedeckt würde. Die Vorstellung, dass der Missbrauch aufgedeckt werden könnte, führt bei den Kindern außerdem zu Gefühlen von Peinlichkeit und damit zum Erleben einer Entwertung und Verspottung durch andere Menschen.

d) Jugendalter

815 Mit Erreichen des Jugendalters schließlich entspricht das kognitive Verständnis der Jugendlichen zunehmend dem von Erwachsenen. Nach *Piagets* Entwicklungsmodell sind Jugendliche mit Beginn der formal-operatorischen Phase in der Lage, theoretische Vorstellungen über hypothetische Sachverhalte nach formal-logischen Regeln zu entwickeln. Dazu gehört auch, miteinander unvereinbare Standpunkte oder Befindlichkeiten zu erfassen und gegeneinander abzuwägen.

816 Mit diesen neuen Kompetenzen ist außerdem eine verbesserte Fähigkeit verbunden, **über sich selbst nachzudenken und eigene Gefühle und eigenes Verhalten zu bewerten**. Dies geschieht allerdings häufig in einer stark auf die eigene Person und die eigene Perspektive (ego-)zentrierten Weise (*Elkind*, 1967). Die Folge sind häufig unausgewogene Einschätzungen, die die Perspektive anderer nicht oder nur unzureichend berücksichtigen sowie wechselnde Gefühle von eigener Unzulänglichkeit oder besonderer Einzigartigkeit. Häufige **emotionale Unausgeglichenheit und Verunsicherung** wird verstärkt durch nicht unerhebliche körperliche Veränderungen und Anpassungsleistungen sowie durch Entwicklungsanforderungen wie die Aufgabe, sich in verschiedenen sozialen Rollen zu bewähren oder die eigene Identität und Persönlichkeit zu stabilisieren (vgl. *Erikson,* 1961; *Oerter & Dreher,* 1995). Diese Stabilisierung lässt sich als **emotionale Autonomie** in der Beziehung mit den Eltern beschreiben, als **Widerstandsfähigkeit** gegenüber Konformitätsdruck aus der Gleichaltrigengruppe, als ein subjektives Gefühl von Autonomie gegenüber Abhängigkeit beziehungsweise dem Gefühl, aktive Kontrolle über das eigene Leben zu haben (*Steinberg & Silverberg,* 1986).

817 Die Fähigkeiten von Jugendlichen, mit solcherart unterschiedlichen Entwicklungsanforderungen zurechtzukommen, sind individuell unterschiedlich und u.a. abhängig von der Qualität der Bindungsbeziehung mit den Eltern. Eine angespannte

und belastete Beziehung mit den Eltern dürfte aber charakteristisch für die Situationen sein, in denen Verfahrensbeistände hinzugezogen werden. Daher bedürfen auch Jugendliche trotz fortgeschrittener kognitiver und emotionaler Kompetenzen besonderer Unterstützung in belastenden Lebenssituationen.

3. Gemischte Gefühle

Kinder, die die Unterstützung eines Verfahrensbeistands benötigen, befinden sich in einer Lebenssituation, in der sie insbesondere gemischten und sich widersprechenden Gefühlen ausgesetzt sind. Der Entwicklungspsychologe *Paul Harris* hat zusammengefasst, wie Kinder ab dem Alter von sechs bis sieben Jahren zunehmend beginnen, ein Verständnis darüber zu entwickeln, dass sie gemischte Gefühle erleben (*Harris*, 1992). Dieses Verständnis entwickelt sich relativ langsam, obwohl Kinder gemischte Gefühle durchaus schon früh auszudrücken vermögen. **818**

Bereits Kinder im **Kindergarten- und Vorschulalter** drücken gemischte Gefühle aus. Häufig lässt sich dies in Interaktionen von Geschwistern beobachten. Dabei pendeln ältere Geschwister beispielsweise zwischen liebevollen und feindseligen Gefühlen hin und her. Zärtliche Gefühle gegenüber dem jüngeren Geschwister werden nicht selten von negativen Gefühlen abgelöst und auch ausgedrückt. Kindern im Kindergarten- und Vorschulalter ist es aber kognitiv noch nicht möglich, zwei Gefühlsqualitäten zu erfassen, die sie entweder gleichzeitig oder nacheinander erleben. Sie können Situationen beschreiben, in denen bestimmte einfache Gefühle hervorgerufen werden. Sie „leugnen" aber, dass es möglich ist, zwei Gefühle gleichzeitig zu fühlen. Für ihr psychologisches Verständnis beispielsweise der Trennung der Eltern bedeutete das, dass sie ihre verständlicherweise ambivalenten Gefühle diesen gegenüber jeweils nur getrennt voneinander erfassen können. **819**

Zwischen sechs und acht Jahren beginnen Kinder Situationen zu beschreiben, die zwei verschiedene Gefühle hervorrufen können. Dabei folgt allerdings ein Gefühl auf das andere: „Ich habe mich gefreut, dass Papa gekommen ist, und dann war ich sauer, weil er nicht immer da ist." Auch Kinder dieses Alters bezweifeln also noch, dass man gleichzeitig mehrere Gefühle haben kann. Erst mit etwa **sieben oder acht Jahren** beginnen Kinder dann auch Situationen zu beschreiben, in denen sie zwei Gefühle gleicher Qualität erleben, und zwar zwei positive oder zwei negative Gefühle: „Wenn dein Bruder dich schlägt, bist du sauer und auch traurig." Ungefähr **ab dem zehnten Lebensjahr** können Kinder im Allgemeinen verstehen, dass unterschiedliche oder gar sich widersprechende Gefühle gleichzeitig erlebt werden können und sie können sie als solche beschreiben (*Fried*, 2008): „Ich habe mich schlecht gefühlt wegen all der Verantwortung, aber ich war glücklich, dass ich so gut war." Mit etwa elf Jahren gelingt es ihnen schließlich, kognitiv zu erfassen, dass eine Situation unterschiedliche Gefühle hervorrufen kann: „Ich war glücklich, meinen Vater zu sehen, aber sauer, dass er uns verlassen hat." **820**

4. Verbergen von Gefühlen

821 Kinder sind häufig Situationen ausgesetzt, in denen der spontane Ausdruck ihrer Gefühle nachteilig für sie ist beziehungsweise ihnen von den beteiligten Erwachsenen – direkt oder indirekt – untersagt wird. Während man die Emotionen und Gefühle jüngerer Kinder zumeist anhand des nonverbalen Ausdrucks ableiten kann, gelingt es Kindern zunehmend auch, Gefühle zu verbergen. Für den Umgang mit Kindern ab dem sechsten Lebensjahr insbesondere in für sie konflikthaften Situationen und bei psychischer Belastung bedeutet dies, dass ihr Verhalten oder ihr Gesichtsausdruck nicht immer einfache Rückschlüsse auf ihre Befindlichkeit zulässt. Dabei unterliegt die Fähigkeit von Kindern, ihre Gefühle zu verbergen und von ihrem Emotionsausdrücken zu entkoppeln, gleichermaßen einem Entwicklungsverlauf als auch jeweils individuellen Unterschieden.

822 Bereits bei **einjährigen Kindern,** die zurückweisende oder feindselige Beziehungsvorerfahrungen gemacht haben, entspricht ihr neutrales und vordergründig unbekümmertes Verhalten in einer belastenden Situation nicht ihrer – physiologisch gemessenen – inneren Erregung. Mit etwa **drei bis vier Jahren** gelingt es dann allen Kindern, unter bestimmten Umständen ihre wahren Gefühle zu verbergen. Allerdings geschieht dies eher hölzern und es ist gewöhnlich für einen Beobachter sichtbar, dass das gezeigte Gefühl nicht dem tatsächlich empfundenen Gefühl entspricht. Die Kinder scheinen noch eher den Forderungen und Wünschen der Eltern nachzugeben. Mit **etwa sechs Jahren** aber scheinen sie allmählich zu verstehen, dass das Verbergen von Gefühlen auch einer Funktion dient, nämlich der, sich entweder selber zu schützen, wie beispielsweise davor ausgelacht zu werden, oder der, andere Menschen zu schützen. Beispielsweise verbergen Kinder ihren Kummer bei der Trennung von einem Elternteil, um diesem wiederum Kummer oder Schuldgefühle zu ersparen.

823 Mit der **weiteren Entwicklung** wird die Fähigkeit von Kindern, ihre spontanen Gefühle mit einem „sozial adäquateren" Gefühl zu überdecken und ihre Gefühlswelt gewissermaßen mehr und mehr zu privatisieren, dann zunehmend verfeinert. Kinder im Alter von sieben, neun und elf Jahren unterschieden sich in einer experimentellen Situation in ihrer Reaktion auf ein enttäuschendes und nicht altersentsprechendes Geschenk, das sie als Belohnung für eine zuvor gelöste Aufgabe erhielten. Dabei reagierten die älteren Kinder positiver als die jüngeren und die Mädchen positiver als die Jungen. Demgegenüber ließ sich aber auch in der Mimik älterer Kinder Enttäuschung ablesen, wenn sie sich unbeobachtet glaubten (vgl. *Fegert*, 1999). Aber auch älteren Kindern ebenso wie Erwachsenen gelingt es nicht immer, ihren spontanen Gefühlsausdruck mit einem anderen zu überdecken. Vielmehr kommt es bisweilen zu so genannten Überblendungen von Gefühlen, wenn spontanes und „sozial adäquates" Gefühl gleichzeitig ausgedrückt werden.

5. Zusammenfassung

824 Zusammenfassend unterliegt das psychologische Verständnis von Kindern und Jugendlichen für ihr eigenes Verhalten, für ihre Bedürfnisse und Gefühle oder Ab-

sichten einem Entwicklungsprozess ebenso wie auch ihr Verständnis für das Verhalten anderer und deren Gefühle und Absichten. Nach moderner entwicklungspsychologischer Auffassung ist dieser Entwicklungsprozess das Ergebnis einer Koordinationsleistung kognitiver und emotionaler Aspekte. Diese wird wiederum sowohl von neuronalen Entwicklungsfortschritten beeinflusst als auch sozial und kulturell.

II. Wünsche und Phantasien

Wie bei Erwachsenen sind auch bei Kindern und Jugendlichen Willensbildung und Entscheidungsfindung nicht nur abhängig von rationalen Überlegungen, sondern sind wesentlich beeinflusst von emotional begründeten Wünschen, Phantasien und Vorstellungen der Kinder. Dabei muss zunächst jedoch vorrangig hinterfragt werden, ob die Altersgruppe der vermeintlich vernünftigen, reifen Erwachsenen ihre Überlegungen und Güterabwägungen Kindern, Jugendlichen oder jungen Erwachsenen als Norm vorsetzen können. 825

Entwicklungspsychologisch sind z.B. das **Jugendalter und junge Erwachsenenalter** durch eine **sehr viel höhere Risikobereitschaft** als andere Entwicklungsphasen charakterisiert. Diese große Bereitschaft, Risiken in Kauf zu nehmen, führt bisweilen zu schnellen Wechseln in Orientierungen oder Beziehungsverhältnissen und ist auch für die beobachtete höchste Ausprägung dissozialer krimineller Aktivitäten im Jugendalter und jungen Erwachsenenalter sicher mit verursachend. Andererseits werden viele weitreichende Entdeckungen, Veränderungen etc. von jungen Menschen gemacht, die noch bereit sind, Risiken auf sich zu nehmen und Bestehendes in Frage zu stellen. Der Versuch, so genannte **vernünftige Willensäußerung von** scheinbar **irrationalen Wünschen** von Kindern und Jugendlichen **zu trennen**, ist deshalb oft eher Ausdruck einer gewissen **Erwachsenenperspektive**. 826

Ebenso wie das Jugendalter sich durch eine **relative Veränderungsbereitschaft und Experimentierfreude** auszeichnet, sind viele Kinder bis zur Vorpubertät eher „konservativ" und veränderungsängstlich. Ihre Wünsche in Trennungssituationen beziehen sich häufig auf traditionelle Rollenmodelle und die Wiederherstellung früher, harmonischer oder wenigstens als heil wahrgenommener Elternbeziehungen. Das Anhören solcher Phantasiegeschichten, welche nicht selten auch beim Einsatz projektiver Verfahren, wie z.B. im TAT oder TGT, bei Wunschproben oder in so genannten „Story-Stem-Verfahren" wie beispielsweise dem Geschichten-Ergänzungsverfahren (GEV-B, Gloger-Tippelt & König, 2008) deutlich werden, löst bei vielen Helfern massive Gegenübertragungsgefühle aus. 827

Angesichts der häufig krassen Realität zerstrittener Elternpaare halten es die involvierten Helfer häufig schwer aus, wenn Kinder ihre Wunschbilder und reparativen Phantasien ausbreiten. Vielmehr fühlen sich viele Helfer zu schnell aufgerufen, hier das Realitätsprinzip einzuführen und solchen Vorstellungen nicht weiter Raum zu geben, um die Kinder davor zu bewahren, unrealistischen Hoffnungen nachzuhängen. Doch ähnlich wie bei anderen in verschiedenen Entwicklungsphasen typi- 828 scherweise auftauchenden Phantasien, wie z.B. die Vorstellung von anderen Eltern abzustammen, wie z.B. als verheimlichte Abstammung aus einem Königshaus etc., symbolisieren solche Phantasien **emotionale Bedürfnisse nach Achtung** und geben Auskunft über **Ideal- und Realselbst** von Kindern. Solche „Happy-End"-Phantasien aus Angst vor notwendiger Trauer und Enttäuschung, wenn häufig bittere Realität wahrgenommen werden, können durchaus auch für erfahrene Berater beängstigend sein. Allerdings müssen gerade große Diskrepanzen zwischen Idealvorstellungen und Realitäten wahrgenommen werden und eventuell auch als Ursache für manifeste Abwehrvorgänge oder geglückte Copingleistungen im Umgang mit Konflikten berücksichtigt werden.

830   Die scheinbare emotionale Unengagiertheit, mit der sich Kinder teilweise mit ihrem Schicksal arrangieren oder sich in bestehende Verhältnisse fügen oder sich wegen eines Loyalitätskonfliktes überhaupt nicht äußern wollen, resultiert nicht selten aus der starken emotionalen Besetzung jener Wunsch- und Phantasiewelten. Diese werden zuweilen aber auch von den betroffenen Kindern als unrealistisch erkannt. Nur wenn es helfenden Erwachsenen gelingt, auch zu dieser emotionalen Welt einen Zugang zu finden, kann eine realistische Willensbildung unter Einbezug von Trauer und emotionaler Verarbeitung gelingen.

831   Solcherart beschriebene Phantasien müssen von anders gearteten Phänomenen unterschieden werden. Ein Charakteristikum der beschriebenen Phantasien ist dass sich Kinder über deren Irrealität weitgehend bewusst sind. Andere Phänomene, die bisweilen als Phantasiegeschichten bezeichnet werden, haben eine andere psychopathologische Natur und müssen deshalb auch in Entscheidungsprozessen deutlich anders bewertet werden. Dies gilt insbesondere für die Extremform der so genannten *Pseudologia phantastica* (siehe auch Rn. 863), einem Phänomen, bei welchem Kinder in einer besonderen emotionalen Problematik bei diagnostizierbar niedrigem Selbstwert gerade in Situationen sozialer Beachtung ständig neue z.T. auch widersprüchliche Geschichten erzählen, die sie in einem besonderen Lichte erscheinen lassen sollen. Eine solche Pseudologie weckt in der Gleichaltrigengruppe und auch bei Erwachsenen zunächst vielleicht starkes Interesse und auch Anteilnahme und Mitleid, je mehr dann aber Widersprüche auftreten und ständig immer weiter besondere Ereignisse sich auftun, desto mehr distanzieren sich die Adressaten von den betroffenen Kindern. Dies führt nur zu einer neuen Welle noch absurderer Phantasiegeschichten.

832   Eine solche Problematik tritt nicht selten bei schwer im Selbstwert gekränkten traumatisierten Kindern auf, die von ihren Peinigern häufig über längere Zeit auch aktiv zum Lügen angehalten wurden. Dies führt dazu, dass solchen Kindern, die ständig irgendwelche so genannten „Phantasiegeschichten" erzählen, auch **nicht geglaubt wird, wenn sie einmal die Wahrheit sagen**. Das Phänomen der phantastischen Pseudologie ist kein Alltagsphänomen, sondern Ausdruck deutlich **behandlungsbedürftiger Psychopathologie**.

833   Bisweilen wird auch geschildert, dass die Phantasien eines Kindes immer wieder um traumatische Ereignisse kreisen und dass sich solche Gedanken kaum eindäm-

men oder abschütteln lassen. Hierbei handelt es sich häufig um so genannte **"Flashback"-Erinnerungen,** die für posttraumatische Belastungsreaktionen typisch sind. Es sind nicht Phantasien, sondern die immer gleichen Erinnerungen an massive Auseinandersetzungen oder andere traumatische Ereignisse, die solche Kinder belasten. Die Kinder erleben solche Erinnerungen als Kontrollverlust, da sie ihr emotional überflutendes Auftreten nicht oder nicht hinreichend steuern können und sich damit diesen Eindrücken ausgeliefert sehen.

Insgesamt ist es also bei der Ermittlung des Kindeswillens wichtig, auf Phantasien von Kindern einzugehen und übliche alters- und situationsadäquate Phantasien und Tagträume von expliziten psychopathologischen Phänomenen zu unterscheiden. Gerade die Beschreibung einer entsprechenden Phantasiewelt mag manches Verhalten in der Gerichtsverhandlung für alle Verfahrensbeteiligten verstehbarer machen. Gerade weil die einzelnen Phantasiegeschichten uns direkt emotional anrühren, haben sie ihren Platz auch in der scheinbar sachlichen, gerichtlichen Erörterung, weil sie dazu führen können, dass der Persönlichkeit des Kindes deutlich Rechnung getragen wird. 834

Wunschproben und Satzergänzungstests gehören mit zu den ältesten und weitverbreitetsten projektiven Verfahren, die häufig auch ohne psychodynamischen Hintergrund als Explorationsergänzung eingesetzt werden. Im tiefenpsychologisch-psychotherapeutischen Kontext geben sie nicht nur Aufschluss über Phantasien und Herangehensweisen an Problemsituationen, sondern sie geben Einblick in spezifische Persönlichkeitsbereiche. Züge wie z.B. Gier oder die Unfähigkeit zuzugreifen, wenn man doch wünschen kann, zeigen sich ebenso wie der Wunsch, Optionen festzuhalten etc. *Klosinski* (1997) hat darauf hingewiesen, dass die klassische Form der Wunschprobe (drei Wünsche) für viele Kinder in Entscheidungsdilemmata eine Belastung darstellt. Er empfiehlt deshalb eine ausführlichere Form mit zehn Wünschen, die sich gerade in belastenden Entscheidungssituationen bei der projektiven Explorationsergänzung in der Praxis sehr bewährt hat. 835

III. Loyalität und Kindeswille

1. Einleitung

Der Begriff Loyalität leitet sich vom französischen Wort *„loi"* (Gesetz) ab und bezeichnet im engen Sinne Gesetzestreue. Die Bedeutung von Loyalität geht jedoch weit über das bloße Einhalten oder Respektieren von Gesetzen hinaus. Die Besonderheit liegt in der ethischen Komponente, in der inneren Verpflichtung gegenüber denen, die diese Gesetze oder Regeln verkörpern. **Loyalität** beschreibt damit ein verpflichtendes Band, ein verinnerlichtes Treuegebot zwischen zwei Menschen, aber auch von Einzelpersonen gegenüber Gruppen wie z.B. Familien, Parteien oder dem Staat. 836

Loyalitäten führen zu erwartbaren Handlungen. Sie erhöhen die Vorhersagbarkeit und Zuverlässigkeit von Geschehensabläufen, schaffen Sicherheit und stehen im Dienste einer inneren Ordnung der menschlichen Welt. Loyalität appelliert an das 837

Pflichtbewusstsein und an den Sinn für Fairness und Gerechtigkeit. Loyales Verhalten wird mit Anerkennung und Bestätigung der Zugehörigkeit belohnt. Die Nichterfüllung von Verpflichtungen – Illoyalität – führt zu Unwohlsein und Schuldgefühlen. Weitere Folgen sind Sanktionen bis hin zur Ausstoßung aus dem loyal miteinander verbundenen Gruppenverband.

2. Loyalität in Familien

838 Unter dem Stichwort der „unsichtbaren Bindungen" (*Invisible Loyalties*) hat *Boszormenyi-Nagy* das generationenübergreifende Loyalitätsprinzip in Familien und anderen sozialen Gruppen herausgearbeitet: *„Das Loyalitätsprinzip ist eine grundlegende Voraussetzung für das Verständnis der Moral, das heißt der tiefer liegenden Beziehungsstruktur von Familien und anderen sozialen Gruppen. (...) Loyalitätsbindungen gleichen unsichtbaren, aber starken Fasern, welche die komplizierten Teilchen des Beziehungs-,Verhaltens' in Familien wie auch in der Gesellschaft zusammenhalten. Um die Funktionen einer Gruppe zu verstehen, muss man vor allem wissen, wer mit wem durch Loyalität verbunden ist und was Loyalität für die so Verbundenen bedeutet"* (Boszormenyi-Nagy/Spark 1981, S. 66).

839 Ein großer Teil der in den Familien herrschenden ungeschriebenen Gesetze – alles das, was in einer Situation gesagt oder verschwiegen, getan oder unterlassen werden soll – wird unbewusst vermittelt und ist für den Außenstehenden nur schwer einsichtig. Familiäre Regeln werden häufig über Generationen weitergegeben. Neu hinzukommende Mitglieder können durch Modifikationen des Regelwerks in den Loyalitätsverband integriert werden. Selbst dort, wo sich ein Familienmitglied typischerweise weigert, bestehende Regeln einzuhalten, kann diese Haltung zu einer regelhaften Erwartung führen. Ein Beispiel hierfür ist die Rolle eines Familienmitglieds als Sündenbock, dessen Loyalität sich in der regelmäßigen Missachtung von Verhaltensstandards zeigt.

840 Aufgrund ihres angeborenen **Bedürfnisses nach Bindung und Zugehörigkeit** (vgl. oben Rn. 837) sind Kinder gerne bereit, bestehende Familienregeln wahrzunehmen, diese zu internalisieren und sich loyal gegenüber den ihnen nahe stehenden Personen zu verhalten. Sie lernen früh zu erkennen, was von ihnen erwartet wird, und richten ihr Verhalten darauf aus. Das im Alltag immer wieder geübte loyale Verhalten wird durch ein System wechselseitiger Bestätigung in Gang gehalten und verstärkt. Als Lohn winken Anerkennung, Schutz und Trost. Der Preis für illoyales Verhalten sind Missbilligung, Ausgrenzung und Strafe.

841 Individuelle Unterschiede ergeben sich durch die unterschiedliche Qualität von Loyalitätsbeziehungen zwischen Eltern und Kindern. An dem einen Ende eines Kontinuums stehen rigide elterliche Verhaltenserwartungen, die dem loyal sich verhaltenden Kind keinen Raum für eigene Gestaltung offenlassen. Von dem Kind wird das Ausfüllen einer Rolle verlangt, die durch starre Vorgaben und undurchlässige Grenzen bestimmt ist. Eltern haben in diesem Fall unverrückbare Vorstellungen davon, wie ihr Kind sein solle, und versuchen, es ganz nach ihrem Bilde zu formen und zu beeinflussen. Am anderen Ende des Kontinuums stehen Eltern, die

an das Verhalten ihres Kindes unklare, wechselnde und unvorhersehbare Erwartungen knüpfen. Rollendiffusität, unklare Grenzziehung und starke Ambivalenzen kennzeichnen diese Haltung. Sich den Eltern gegenüber loyal zu verhalten, bedeutet hier für das Kind, stets auf der Hut zu sein und sich den je nach Stimmung wechselnden Erwartungen der Eltern anzupassen.

In einem Mittelbereich zwischen diesen beiden Extremen bewegen sich elterliche Erwartungen, bei denen Klarheit mit situationsangemessener Flexibilität verbunden ist. In diesen Familien gibt es Regeln, die aber veränderbar sind, wenn die Umstände es erfordern. Den Kindern wird die Botschaft vermittelt, sich auf bewährte Verhaltensweisen verlassen zu können und zugleich einen ausreichenden Spielraum für die Ausgestaltung eines eigenen altersangemessenen Verantwortungsbereichs zu besitzen. Loyalität kombiniert in diesem Fall eine Sicherheit gebende Zuverlässigkeit mit der für die Bewältigung neuer Situationen notwendigen Offenheit. Erziehungsziele in diesem für Kinder förderlichen Mittelbereich sind Rollenklarheit, Balancierung unterschiedlicher Erwartungen, Konfliktfähigkeit, Toleranz und Respekt vor den Unterschieden zwischen Menschen. 842

3. Loyalitätskonflikte

Aus Sicht des Kindes bestehen in der Familie **gleichzeitig mehrere Loyalitäten**: zur leiblichen Mutter und zum leiblichen Vater, zu eventuell existierenden Geschwistern, zu den Großeltern, eventuell zu Stief-, Pflege- bzw. Adoptiveltern oder -geschwistern, zu anderen in der Familie bedeutsamen Personen, zu familiären Subgruppen (z.B. zur mütterlichen und väterlichen Herkunftsfamilie) und zu der Familie als Ganzes. Jede Loyalitätsbeziehung ist für das Kind mit eigenen Regeln und Rollenerwartungen verbunden, die sich mehr oder weniger von den anderen unterscheiden. Feine Unterschiede, offene und verdeckte Differenzen, konkurrierende Erwartungen und Konflikte sind hier selbstverständlich. 843

Loyalitätskonflikte – also das Nebeneinander unterschiedlicher Loyalitäten – sind für Kinder **nicht per se schädigend**. Solange diese ein bestimmtes Ausmaß nicht überschreiten, gehören sie zu den normalen Lebenserfahrungen, die sogar Reifung fördernd sind. Wenn beispielsweise Mutter und Vater in ähnlichen Situationen unterschiedliche Erwartungen haben, lernt das Kind zu differenzieren und Alternativen zu akzeptieren, aus denen es auf je eigene Weise Gewinn ziehen kann. Eine kritische Schwelle wird dann erreicht, wenn die Parallelität unterschiedlicher Regelanforderungen im Sinne eines „Sowohl-als-auch" in ein „Entweder-oder" umschlägt. Sobald **Konkurrenz zur Rivalität** wird, in der kein Platz mehr für die Regeln des anderen bleibt (der andere frontal bekämpft wird), können Loyalitätskonflikte für Kinder mit schädigenden Folgen verbunden sein. 844

Klassische Konstellationen für Loyalitätskonflikte mit möglichem negativem Ausgang sind der **Scheidungskampf** auf dem Rücken des Kindes und die Rivalität zwischen leiblichem Elternteil und Stiefelternteil bzw. zwischen leiblicher **Familie und Pflege- oder Adoptivfamilie**. Gemeinsam ist diesen Konflikten, dass sich ein Kind mehreren Erwachsenen loyal verbunden fühlt, diese Erwachsenen in Kon- 845 flikt miteinander geraten und versuchen, die Loyalität des Kindes im Kampf gegen den oder die anderen Erwachsenen auszunutzen.

846 Die **Folgen** für das Kind, das dadurch regelmäßig in Konflikt mit einem Teil seiner Gefühlswelt gebracht wird, können gravierend sein. Viele Kinder neigen dazu – manchmal bis zur Selbstverleugnung –, sich den jeweils wechselnden Erwartungen anzupassen, um es auf diese Weise soweit wie möglich „allen recht zu machen". Der Preis, den sie dafür bezahlen, zeigt sich in **Zurückgezogenheit** und **depressiver Gereiztheit**, in **starken Selbstzweifeln** oder **psychosomatischen Beschwerden**. Andere Kinder tendieren dazu, den inneren Konflikt zu externalisieren und durch erhöhte **Aggressivität, Schulverweigerung** u.Ä. sozial auffällig zu werden.

847 Da Loyalität ein interaktionales Geschehen darstellt und im Zusammenspiel zwischen zwei und mehr Partnern entsteht, hängt die subjektiv empfundene Intensität einer Verpflichtung ebenfalls von mindestens zwei Personen – Sender und Empfänger – ab. In Bezug auf Kinder ist dies insofern von Bedeutung, als diese eine starke loyale Verbundenheit zu einer Person empfinden können, auch ohne dass eine entsprechende Verhaltenserwartung immer wieder erneuert wird. Dies ist häufig der Fall bei einem abwesenden (z.B. verstorbenen) Elternteil, dem sich das Kind besonders verbunden fühlt. Das Loyalitätsempfinden verhindert dann, dass sich das Kind unbefangen **auf neue Beziehungen einlassen** kann.

848 Ein spezieller Fall des Loyalitätskonflikts liegt bei der so genannten **Double-Bind-Situation** vor. Hier werden dem Kind widersprüchliche, sich gegenseitig ausschließende Botschaften von einer (Eltern-)Person vermittelt. Viele hochambivalente Beziehungen sind durch Double-Bind-Situationen geprägt, die auch als Beziehungsfallen bezeichnet werden. Ein Beispiel für eine solche doppelte Botschaft ist, wenn ein Elternteil einerseits durch starke Ablehnung und Missbilligung des Verhaltens dem Kind signalisiert, nicht erwünscht zu sein, andererseits aber das Kind an sich klammert durch Vermittlung der Botschaft, schwer zu leiden oder sogar krank zu werden, sobald es sich anderen Menschen zuwendet. Da das Kind nicht zugleich beide Verhaltenserwartungen (den Elternteil zu verlassen und ihm zugleich als Stütze zu dienen) erfüllen kann, handelt es sich hier um eine schwerwiegende Beziehungsstörung, die das **Kind in seiner seelischen Entwicklung massiv gefährdet** (*Watzlawik* 1969, S. 195).

4. Loyalität und Kindeswille

849 Loyales Verhalten von Kindern gegenüber ihnen nahe stehenden Personen aus Vergangenheit und Gegenwart gehört zu den normalen Verhaltensweisen, die es zu respektieren und zu schützen gilt. Das Erkennen von Loyalitätsbeziehungen gibt wichtige Hinweise auf die Position des Kindes in der Familie und auf seine Beziehung (Nähe und Distanz, Intensität und Qualität) zu den einzelnen Familienmitgliedern bzw. Teilfamilien. Rigide oder widersprüchliche Verhaltenserwartungen sowie die Instrumentalisierung loyalen Verhaltens gegen andere für das Kind wichtige Personen dagegen bergen erhebliche Entwicklungsrisiken und gefährden das Kin-

deswohl. Im Einzelfall gilt es zu unterscheiden – unter Umständen mit Unterstützung von psychologisch geschulten Fachkräften –, wo es sich um Loyalitätsbeziehungen handelt, die für das Kind eine wichtige Ressource darstellen, und wo andererseits ein Kind unter dem Druck von Loyalitätskonflikten leidet und Entlastung benötigt.

Entlastung gelingt am einfachsten **durch Wertschätzung** aller Personen, denen sich das Kind loyal verbunden fühlt. In einem zweiten Schritt kann dann versucht werden, das Kind aus einer übergroßen Loyalitätsverpflichtung (z.B. zu seiner Herkunftsfamilie) zu entbinden und ihm dadurch die Chance zu geben, sich an dem neuen Ort (z.B. in einer Pflegefamilie) einzuleben und Fuß zu fassen. In manchen Fällen – besonders wenn es sich um unverarbeitete Verlusterfahrungen oder um widersprüchliche, das Kind verwirrende Verhaltenserwartungen handelt – kann eine therapeutische Unterstützung notwendig sein. 850

Loyalitäten haben Einfluss auf die kindliche Willensbildung. Das, was Kinder wollen, wird beeinflusst durch ihre Verbundenheit zu anderen Personen und durch Gefühle von Verpflichtung diesen für sie bedeutsamen Menschen gegenüber. Hier zeigt sich die **generelle Kontextabhängigkeit des menschlichen Willens** (was im Übrigen für Kinder und für Erwachsene gilt). Im Umkehrschluss bedeutet dies, dass wir uns von der Vorstellung eines vollständig unabhängigen (autonomen) Willens verabschieden müssen. Was „freier Wille" genannt wird, entpuppt sich bei näherem Hinsehen als mehrschichtige Konstruktion des Individuums auf der Basis seiner bisher gemachten Erfahrungen. Dies bedeutet nun nicht, dass wir den Begriff des freien Willens gänzlich aufgeben müssen. Entscheidend ist, dass Willensäußerungen immer eine aktive Leistung des Subjekts voraussetzen und daher keineswegs aus den kontextuellen Einflüssen allein erklärbar sind. 851

IV. Suggestibilität, Beeinflussung und induzierte kindliche Äußerungen

1. „Gehirnwäsche", „Programmierung", „PAS"

Angebliche und reale Beeinflussung und Fragen der Beeinflussbarkeit von Kindern spielen in vielen zugespitzten Sorgerechtsauseinandersetzungen und vor allem in Umgangsfragen eine Rolle. Allerdings bestehen Zweifel, ob Kinder à la longue tatsächlich die negative Meinung eines Elternteils über den anderen übernehmen. In ihrer 25-Jahres-Katamnese über Scheidungskinder berichten *Wallerstein* (FamRZ 2001, 65 ff.) bzw. *Wallerstein* und *Lewis* (1998), dass Kinder, vor allem im jüngeren Alter, zuweilen Partei für eine Seite ergriffen, und zwar meistens für die, um die sie sich am meisten Sorgen machten bzw. die sie am meisten bemitleideten. Keine dieser Allianzen hätte die mittlere Adoleszenz überdauert. Die meisten Kinder hätten ihre Urteile über die Eltern auf der Grundlage eigener Beobachtungen revidiert. „Es gibt keinen Beleg in unserer Studie, dass eine elterliche Stimme das Denken des Kindes auf Dauer völlig dominieren könnte" (*Wallerstein*, 2000, S. 10). 852

Teil 3 Beiträge aus Pädagogik, Psychologie, Kinderpsychiatrie

853 In den letzten 20 Jahren haben Begrifflichkeiten wie „Gehirnwäsche", „Brainwashing" oder „Programmierung" auch in der deutschen Familiengerichtsbarkeit Eingang gefunden. Sie sollen als Teil elterlichen Suggestionsverhaltens mit Ursache für ein sogenanntes **„Parental Alienation Syndrome"** („PAS") sein (vgl. *Gardner*, 1992, *Kodjoe* und *Koeppel*, 1998). In der Juris-Datenbank lassen sich zwischen den Jahren 2000 und 2013 36 höchstrichterliche Entscheidungen finden, die ein PAS zum Gegenstand hatten. Bezugnahmen auf ein PAS in diesen Gerichtsentscheidungen finden sich in der Wiedergabe des Parteienvortrages im vom Gericht eingeholten Gutachten, aber auch in den Entscheidungsgründen. Einige Gerichtsentscheidungen setzten sich kritisch mit PAS auseinander, andere bauten ihre Begründung explizit auf PAS auf. 2013 hat die amerikanische Fachgesellschaft APA (American Psychiatric Association), Herausgeberin des in Nordamerika geltende, in der Forschung meistverbreiteten Klassifikationssystems DSM, den Antrag von PAS-Befürwortern endgültig abgelehnt, "Parental Alienation" als diagnostizierbares psychiatrisches Störungsbild in das DSM-5 aufzunehmen (vgl. *Fegert*, 2013a). Nachdem *Bernet* (2011) zusammen mit 70 Co-AutorInnen aus Medizin, Psychologie, Sozialarbeit und Jurisprudenz in einem Sammelband den Eindruck erweckt hatte, dass PAS dringend in einen Diagnosekatalog aufgenommen werden müsste, und *Andritzki* (2012) im Deutschen Ärzteblatt auch schon den medizinischen Störungsbegriff (Parental Alienation – keine geringfügige Störung) verwendet hatte, war diese definitive Entscheidung für Experten, die an das Konstrukt „glauben", offensichtlich eine große Enttäuschung. *Boch* (2013) legte nun dar, dass zwar nicht das PAS im DSM-5 aufgenommen worden sei, aber erhebliche Trennungskonflikte etc. als belastende Merkmale doch jetzt klassifiziert werden könnten (PAS sei ja nur nicht aufgenommen worden, weil es an Daten fehle). *Klenner* (1995) spricht beschreibender von „Umgangsvereitelung", wobei diese neutralere Begriffswahl meines Erachtens den Vorteil hat, dass sie nicht ein psychopathologisches Störungsbild unterstellt, welches quasi mit psychotherapeutischen Kompetenzen diagnostiziert werden müsste oder könnte. Andererseits birgt die Formulierung die Gefahr, dass die unbewusste Natur vieler Loyalitätsprobleme und Ambivalenzen auch der Kindeseltern unter einer solch klar finalen Formulierung, die ein bewusstes Handeln unterstellt, plakativ zugedeckt wird.

854 Dies ist genau das zentrale Problem, denn für eine empirisch gestützte Klassifikation von Störungsbildern braucht es eine empirische Datengrundlage (*Fegert* 2013 b). Es war sicher kein Zufall, dass sich schon 1998 in der Zeitschrift „Child Maltreatment" *Kathleen Coulborn Faller*, die sich viele Jahre mit Missbrauchsvorwürfen in Scheidungsverfahren auseinandergesetzt hat, mit dem PAS-Begründer *R.A. Gardner* beschäftigte. *Faller* versuchte Forschungsergebnisse zu einzelnen Teilkonstrukten, die sie in Gardners Beschreibung zu erkennen glaubte, darzustellen, um dann den Nutzen der Verwendung des PA-Syndrom-Begriffs im medizinischen und juristischen Kontext kritisch zu evaluieren. *Gardner* warf ihr vor, ihn weitgehend missverstanden zu haben. Sie habe sich mit Begrifflichkeiten auseinandergesetzt, die in seinem Werk nur eine marginale oder überhaupt keine Rolle spielten (*Gardner*

1998, *Faller* 1998 a und b [The Parental Alienation Syndrome: What is it and what data support it?]).

Offensichtlich haben Experten, die sich wissenschaftlich mit sexuellen Missbrauchsvorwürfen in Sorgerechtsstreitigkeiten und Umgangsfragen befasst haben, auch etwas zur Debatte um das sogenannte „PAS" beizutragen (vgl. die schon Mitte der 90er Jahre über 100 Seiten umfassende kommentierte Bibliographie zu dieser Thematik von *Deaton* et al., 1995). Trotz zunehmender Bemühungen einer differenzierteren und kritischen Betrachtungsweise der praktischen Anwendbarkeit dieses Konstruktes (vgl. *Bond*, 2008, *Kennedy*, 2009) bleibt nach wie vor zu befürchten, dass ähnlich wie in den USA auch in Europa diese Debatte ideologisch entgleist und zu vielen nicht mehr überwindbaren Polarisierungen führt. Damit besteht die Gefahr, dass auch der „PAS"-Begriff wieder eine Einteilung in „Lager" mit sich bringen wird. Solche Lagerbildungen sind letztendlich nicht nur der Wissenschaft, sondern auch der Klärungs- und Befriedungsfunktion von Gutachten abträglich. Denkt man zurück an Debatten wie um den „Missbrauch mit dem Missbrauch" oder den Einsatz des Polygraphen in Missbrauchsfällen, so war jeweils eine Rückbesinnung auf Grundprinzipien der Epidemiologie und der Begutachtungsmethodik klärend und hilfreich. Insofern liegt es nahe, sich im Kontext des „PAS" hier einmal näher mit Fragen der Suggestibilität, Beeinflussung und Induktion im klinisch-psychopathologischen Sinne auseinanderzusetzen.

855

2. Suggestionseffekte bei kindlichen Zeugenaussagen

Die Debatte um den sexuellen Missbrauch an Kindern und die Verwertbarkeit von Kinderaussagen im forensischen Bereich hat in den letzten zwanzig Jahren zu einer gründlicheren Erforschung von Suggestionseffekten geführt (für einen ausführlichen Überblick siehe Niehaus et al., 2017), doch schon *Stern* (1904) unterschied zwischen aktiver Suggestion als Handlung der einflussnehmenden Personen und passiver Suggestion als einem psychischen Zustand bei der beeinflussten Person. *Volbert* (1997) beschreibt diesen Zustand passiver Suggestion als „Empfänglichkeit für Suggestionen", welche nicht als überdauerndes Persönlichkeitsmerkmal zu verstehen sind, sondern situationsbezogen aus einem kognitiven oder emotionalen Mangelzustand heraus entsteht (Niehaus et al., 2017). Mit Bezug auf ältere Literatur, z.B. *Gheorghiu* (1989), nennt sie drei Arten von unerfüllten Bedürfnissen als Grundlage passiver Suggestion:

856

- **Affektive Bedürfnisse** (Mangel an Liebe, Vertrauen, Sicherheit, Selbstwertgefühl)

857

- **Kognitive Bedürfnisse** (Mangel an Erinnerung, Wissen, logischem Denken und Verständnis)

- **Strukturelle Bedürfnisse** (ungenügende Klarheit der Situation).

In Bezug auf **kindliche Zeugenaussagen** stellte die in dem von *Doris* 1991 herausgegebenen Buch geführte Debatte über Beeinträchtigungen von Gedächtnisleistungen einen wichtigen Meilenstein dar. Umstritten blieb allerdings, ob Kinder und hier insbesondere Vorschulkinder besonders stark durch suggestiv einge-

858

brachte falsche Informationen zu falschen Erinnerungen und Falschaussagen verleitet werden können. Die Widersprüche zwischen den experimentellen Ergebnissen von *Ceci et al.* (1987) und *Zaragoza* (1987) blieben umstritten. *Zaragoza* (1991) blieb auf der Basis der Untersuchung von über 260 Vorschulkindern der Meinung, dass sie keine spezifischen Faktoren herausfinden konnte, welche Erinnerungsfehler prädizierten. Inzwischen gilt jedoch als belegt, dass es möglich ist, durch suggestive „Techniken" menschliche Erinnerungen über einzelne Details hinaus zu verfälschen, welche in den Aussagen durch den Aussagenden ohne entsprechende Motivation oder Bewusstsein verändert oder hinzugefügt werden.

Aktuelle Befunde zeigten, dass bei Kindern als auch Erwachsenen durchaus „(...) falsche Erinnerungen an individuelle, vermeintlich autobiografische Erinnerungen induziert werden können, die missbrauchsrelevante Aspekte aufweisen (negativ, körpernah, eigene Beteiligung, Kontrollverlust)" (*Niehaus* et al., 2017, S. 56). Dabei lagen die Zustimmungsraten in Abhängigkeit der zugrundeliegenden Untersuchungsanlage (Art des fiktiven Ereignisses, Umfang der suggestiven Einflussnahme) bei Kindern zwischen 25 % und 80 % (*Niehaus* et al., 2017).

859 Tatsächlich ist bereits seit den 1970er Jahren hinlänglich bekannt, dass Fragen unterschiedliches suggestives Potenzial aufweisen. Dabei kann eine suggestive Beeinflussung sowohl von der Verwendung bestimmter Begrifflichkeiten als auch von der Formulierung von Fragen ausgehen. Um **potenzielle Suggestivität** zu **vermeiden**, aber gleichzeitig auch einen freien Bericht anzuregen, sollte grundsätzlich insbesondere auf geschlossene Fragen wie z.B. „Ja-Nein-Fragen" verzichtet werden. Weniger suggestiv einzuschätzen sind dabei **offene Fragen** oder auch Bestimmungsfragen (die so genannten „W-Fragen"). Durch diese Art der Herangehensweise wird lediglich der Rahmen einer Antwort abgesteckt, ohne dabei inhaltliche Erwartungen zu transportieren (beispielsweise *„Wie ist das denn gewesen? Erzähl mal!"*). Besonders sorgfältig muss dabei nach der Formulierung notwendiger Fragen auf die Betonung des Inhaltes geachtet werden (*Niehaus* et al., 2017)

860 Gemäß der Auswertung von Gerichtsprotokollen zeigten sich über die mehr oder weniger leicht zu identifizierenden Suggestivfragen hinaus bestimmte Verhaltensweisen in Befragungssituationen als weniger leicht zu identifizieren und die Kombination mehrerer Techniken im negativen Sinne als deutlich effektiver.

Dabei lassen sich sechs Hauptformen von suggestiven Verhaltensweisen innerhalb von Befragungssituationen unterscheiden (zusammenfassend *Köhnken*, 2003):

- **Induzierung von Stereotypen** (Angeschuldigte wird Stereotyp eines bösartigen Menschen induziert),

- **Wiederholung einer geschlossenen Frage** (vermittelt dem Kind das Gefühl, dass seine erste Antwort unzulänglich gewesen sein muss),

- **Falschinformationseffekte** (dazugeben von Detailinformationen, die vom Kind selbst nicht erwähnt wurden),

- **Konformitätsdruck** (durch das Vorhalten von Aussage eines anderen Kindes als positives Beispiel),
- **Systematische Konditionierung** (Form positiver Verstärkung),
- **Aufforderung zu Konfabulationen** (Verleitung zur Vorstellung von fiktiven Ereignissen) (*Niehaus* et al., 2017).

3. Falschnegative und falschpositive Einschätzungen kindlicher Zeugenaussagen

Richtige Befunde: Die Äußerungen des Kindes werden vom Gutachter als wahrheitsgemäß angesehen und decken sich tatsächlich mit der Wirklichkeit. Diese Übereinstimmung kann sowohl Ergebnis gründlicher Untersuchungsmethodik wie auch ein Zufallstreffer sein. Als **falschnegativ** bezeichnet man Befunde, bei denen man zu dem Schluss kommt, es sei nichts vorgefallen, tatsächlich ist aber etwas vorgefallen. **Falschpositiv** wären z.B. die dargelegten Suggestionsbefunde, d.h., real ist nichts vorgefallen, aber Suggestionseffekte oder andere Effekte führen dazu, dass bei der Bewertung von Kinderaussagen von realen Vorfällen ausgegangen wird. 861

Fegert (1997) nennt **gezieltes Schweigen,** häufig bedingt durch große Angst der Kinder, sich mitzuteilen, häufig bedingt durch vorangegangene negative Erfahrungen oder Enttäuschung bei Mitteilungsversuchen, als Ursache für falschnegative Ergebnisse bei der Wahrnehmung kindlicher Traumatisierung. Auch **unbewusste Phänomene wie Verdrängung, Bagatellisieren** etc. können psychopathologisch zu falschnegativen Beurteilungen führen. Kinder- und jugendpsychiatrische Störungsbilder wie der Mutismus oder andere Formen der Kommunikationsstörung können ebenfalls die Folge haben, dass die tatsächlichen Verhältnisse nicht erhoben werden können. 862

Ursachen bei Kindern für falschpositive Bewertungen durch Erwachsene liegen in **gezielten Falschaussagen oder Lügen,** wobei festgestellt werden muss, dass bei gesteigertem Befragungsdruck durch Erwachsene die Konfabulationsneigung von Kindern steigen kann. *Bernett* (1993) beschreibt verschiedene Phänomene, die zu so genannten Falschaussagen führen. Er nennt Phantasietätigkeit, Täuschungsphänomene, Trugwahrnehmungen, Konfabulation und *Pseudologia Phantastica* (siehe oben Rn. 831), wahnhafte Phänomene etc.. Psychopathologisch wichtig erscheint dabei zu differenzieren, dass Phantasietätigkeit und wahnhafte Phänomene bei explizit psychopathologischen Problemen, z.B. im Zusammenhang mit einer Schizophrenie, nicht interaktiv sind, sondern in der Person des betroffenen Kindes oder Jugendlichen anzusiedeln sind, während das Konfabulieren oder gar die Pseudologie die Interaktion und Kommunikation mit anderen bedingt. Hierin liegt offensichtlich eine wesentliche Unterscheidung zwischen interaktionell induzierten Phänomenen und intrapsychischen Vorgängen. 863

Allerdings reicht es nicht allein, Kinder und Jugendliche im Hinblick auf Verfälschungsgründe zu betrachten, vielmehr sind solche Möglichkeiten der Nichtwahrnehmung bzw. der Überbewertung auch bei Eltern, erwachsenen Bezugspersonen 864 und Professionellen wie Lehrern, Sozialarbeitern, Ärzten, Psychologen, Verfahrensbeiständen, Anwälten etc. zu beobachten. **Manipulative Tendenzen wie Übertreiben oder Abwiegeln** können hier genauso eine Rolle spielen wie die **Fehlinterpretation** eigentlich verständlichen kindlichen Verhaltens und insbesondere die unzulässige kausale Zuordnung für bestimmte Verhaltensfolgen auf die Umgangssituation.

4. Wissenschaftlich fragwürdige Begriffsbestimmungen führen zu fragwürdigen Sorgerechts- und Umgangsentscheidungen

865 Schon 1988 behauptete *Hechler* für die amerikanischen Verhältnisse ein „Sexual Abuse Syndrome" habe sich in ein „Sexual Accuse Syndrome" vor allem in Sorgerechts- und Umgangsfragen verwandelt. Der Missbrauchsvorwurf sei zur taktischen Waffe geworden. *Fegert (*1997) stellt in Bezug auf eine eigene Stichprobe und auf die Stichprobe von *Deberding* und *Klosinski* (1995) allerdings kritisch fest, dass diese pointierte Formulierung von einem „Sexual Accuse Syndrome" als generalisierte Unterstellung sicher zu weit gehe. Allerdings war schon sehr früh (vgl. *Fegert* 1987) die damals in den USA verbreitete Annahme eines so genannten **Verhaltenssyndroms des sexuellen Missbrauchs** oder *„Sexual Abuse Syndrome"* auf nachhaltige Kritik gestoßen, weil es keine empirischen Befunde dafür gab, dass es sich wirklich um einen stabilen Symptomkomplex handele, welcher die regelmäßige interraterreliable zuverlässige Diagnostik sexuell missbrauchter Kinder aus der Analyse von Verhaltenssymptomen ermögliche. Die jüngere Debatte um **sexuellen Missbrauch in Institutionen und Familie** zeigte mit der Auswertung des bislang weltweit größten Datensatzes der Anlaufstelle der Unabhängigen Beauftragten der Bundesregierung, Dr. Christine Bergmann (*Rassenhofer* et al., 2013; *Fegert* et al., 2013), wie vielfältig und unterschiedlich die kurz-, mittel- und langfristigen Folgen sexuellen Missbrauchs für Betroffene sein können. Vielen Betroffenen war nicht geglaubt worden. Häufig war unterstellt worden, dass ihnen das eingeredet worden sei etc. Das Ausmaß sexuellen Kindesmissbrauchs in Deutschland war bis zu den 1990er Jahren nicht angemessen methodisch untersucht worden (*Jud* et al., 2016). In jüngerer Prävalenz wurden innerhalb Deutschland zwei größere repräsentative Studien zu Misshandlung, Vernachlässigung und Missbrauch durchgeführt. Verdienst der jüngeren Studie war es, die vorangegangene Prävalenzstudie weitgehend zu replizieren und damit auch einen Vergleich zu ermöglichen (*Häuser* et al., 2011; Witt et. al., 2017). Danach berichteten 13,9 % der Befragten von sexuellen Missbrauchserfahrungen in ihrer eigenen Kindheit, wovon 2,3 % schwere sexuelle Missbrauchserfahrungen angaben. Deutlich wird dabei, dass trotz einer verstärkten Kinderschutzdebatte die Angaben zu sexuellem Missbrauch gleichbleibend hoch sind (Witt et al., 2017). Wird sexueller Kindesmissbrauch in seiner weltweiten Prävalenz betrachtet, repräsentiert durch mehr als 300 Studien weltweit, kommt sexueller Missbrauch an Kindern über Länder und Kontinente hinweg vor. Dabei sind in der Regel Mädchen häufiger betrof-

fen (Durchschnittswert nach *Stoltenborgh* et al., 2011: 18 %) als Jungen (7,6 %) (*Fegert* et al., 2015 für einen aktuellen Gesamtüberblick)[2].

866 Die Unterstellung, etwas sei nicht wirklich erlebt worden, beziehungsweise etwas sei eingeredet worden, ist eine Argumentation, die viele betroffene Kinder sprachlos gemacht hat und die ihre sprachlichen Äußerungen und anderen Willensäußerungen komplett negiert. Das so genannte „Parental Alienation Syndrome" („PAS"), welches, wie oben ausgeführt, ja auch von der amerikanischen Fachgesellschaft für Psychiatrie (APA, American Psychiatric Association) endgültig als Störungsbild im Klassifizierungssystem DSM abgelehnt wurde (*Fegert*, 2013), ist hier nur die Spitze eines Eisbergs und Begrifflichkeiten wie die so genannte „Umgangsvereitelung" (*Klenner*, 1995). Diese führen zur Polarisierung in der Fachwelt, welche wiederum zu erzieherisch oder didaktisch gemeinten gerichtlichen Entscheidungen führen, die häufig an den Interessen und Bedürfnissen von Kindern vorbeigehen.

867 Der in der klinisch-psychiatrischen Literatur – überhaupt in der Medizin – klar umschriebene Syndrombegriff trifft wohl auch wenig auf den hier gemeinten Gegenstand zu (vgl. *Kennedy*, 2009). Deshalb haben manche erfahrenen psychologischen Gutachter, z.B. *Salzgeber* und *Stadler* (1998) oder *Gerth* (1998), „PAS" („PAS und das entsprechende Vokabular „Programmierender Elternteil", „Gehirnwäsche" etc. als unzulässige Vereinfachung und unbewiesene Unterstellung, ja gar als „Allheilmittel" oder „psychologisch verbrämte Keule" (*Salzgeber* und *Stadler* 1998, S. 168) oder „Superkriterium" (S. 170) bezeichnet. Offensichtlich soll der Syndrombegriff der eher trocken deskriptiven Kategorie der „Umgangsvereitelung" nun eine klinische Relevanz und wissenschaftliche Aura geben.

868 Auffallend ist aber, dass auch in der groß angelegten Übersicht von *Bernet* (2011) nach wie vor wenig empirische Belege für ein systematisch auftretendes Parental Alienation Syndrome zu finden sind. Die Literatur bleibt deskriptiv kasuistisch phänomenologisch und deutet Fälle aus der Sicht von Expertinnen und Experten, die von der Existenz eines Parental Alienation Syndroms überzeugt sind. Als Therapie wird dann meist der Wechsel des Kindes in eine nicht „Gehirn waschende" Beziehung bzw. in eine nicht induzierende Umgebung, d.h. meist zum anderen Elternteil, vorgeschlagen. Eine überzeugende empirische Evaluation dieses Lösungsansatzes liegt nicht vor. Dagegen wird nicht selten unter der Formulierung „Leuchtturmentscheidungen" auf den einschlägigen Homepages von Organisationen der so genannten Väterbewegung auf entsprechende OLG-Entscheidungen hingewiesen. Dabei werden Einzelentscheidungen, in denen ein so genanntes „PAS" („PAS in der Begründung direkt angeführt wurde, meist wörtlich zitiert. So ist es offensichtlich gelungen, im juristischen Schrifttum in der familienrechtlichen Debatte eine rhetorische Figur einzuführen, die alle unangenehmen Affekte heftig geführ-

---

2 Fegert, J. M., Hoffmann, U., Koenig, E., Niehues, J. & Liebhardt, H. (Hrsg.) 2015a, Sexueller Missbrauch von Kindern und Jugendlichen: Ein Handbuch zur Prävention und Intervention für Fachkräfte im medizinischen, psychotherapeutischen und pädagogischen Bereich, 1. Auflage, Springer, Heidelberg).

ter Umgangsauseinandersetzungen oder Sorgerechtsauseinandersetzungen aufgreift, sie zum Wesen einer meist mütterlichen Pathologie macht und die generelle Lösung in einer Entfernung aus der „Gehirnwäschesituation" sieht, d.h., weitgehende Entscheidungen bis hin zum Sorgerechtsentzug vorschlägt.

869   Wegen dieser weitreichenden Konsequenzen einer solchen rhetorischen Floskel und nicht wegen der vorgelegten Befunde lohnt es sich im Kontext eines solchen Buches, sich näher mit der **Frage „PAS"** („PAS auseinanderzusetzen. Selbstverständlich bedeutet die Aufnahme dieses Schlagwortes in ein Handbuch gleichzeitig die Gefahr, einer nur scheinbar wissenschaftlichen Kategorisierung weitere akademische Anerkennung und Weihen zu geben. Deshalb sei aus kinder- und jugendpsychiatrischer und psychotherapeutischer Sicht hier noch einmal gesagt, dass im Gegensatz zu den in der internationalen Klassifikation der Erkrankungen (ICD-10 bzw. zukünftig ICD-11) beschriebenen Störungsbildern und Syndromen das „PAS" keine reliable „Evidence Base" hat, wie sie z.B. von den Fachgesellschaften und Fachverbänden gefordert wird. Die jüngste Entscheidung des DSM-Komitees (vgl. *Fegert*, 2013a+b) zieht einen vorläufigen Schlussstrich, weil, wie selbst von Verfechtern des PAS-Begriffs vielleicht unfreiwillig zugegeben (*Boch*, 2013), die empirische Grundlage fehlt.

870   Der Begriff „PAS" wurde von dem Psychoanalytiker *Gardner* im Zusammenhang mit beschreibenden Darstellungen der Psychodynamik von Umgangsvereitelungen quasi als theoretisches Modell eingeführt. *Gardner* verwendet diesen Begriff seit ca. Mitte der 80er Jahre, er wurde aber erst mit Erscheinen seines Buches populär („The Parental Alienation Syndrome – A Guide for Mental Health and Legal Professionals" [1992, 2. Auflage 1998]). *Jopt* (1999) hat auf die z.T. unfruchtbare Empirie-Theorie-Debatte hingewiesen und unterstrich die theoretische Bedeutung des „PAS"-Modells einmal im Rahmen eines Vortrags mit der zutreffenden Formulierung „Empirie ersetzt keine Theorie". Demgegenüber verweist *Gardner* klar auf die Begrifflichkeiten der empirisch fundierten Klassifikation der Weltgesundheitsorganisation oder der amerikanischen psychiatrischen Assoziation, indem er sein theoretisches Konstrukt *„Parental Alienation Syndrome"* („PAS" „a disorder", also ein Störungsbild, nennt (*Gardner*,1992). Diese Anspielung auf ein bei Psychoanalytikern eher unbeliebtes Kategoriensystem kann nur den Zweck haben, hier eine empirische Fundierung suggerieren zu wollen. Er definiert:

> „The parental alienation syndrome (PAS) is a disorder that arises primarily in the context of child-custody disputes. Its primary manifestation is the child's campaign of denigration against a parent, a campaign that has no justification. It results from the combination of a programming (brainwashing) parent's indoctrinations and the child's own contributions to the vilification of the target parent. When true parental abuse and/or neglect is present the child's animosity may be justified, and so the parental alienation syndrome explanation for the child's hostility is not applicable."

871   Damit legt selbst der Urheber der Begrifflichkeit zunächst einmal nahe, zu prüfen, ob es sich wirklich um suggerierte oder induzierte Vorwürfe handelt oder ob tatsächlich massive Belastungsfaktoren wie Vernachlässigung, Misshandlung oder Missbrauch die Beziehung geprägt haben. Für die letzteren Fälle verneint er eine

mögliche Anwendung seines Terminus. Dies scheint mir eine entscheidende Feststellung zu sein, da in der deutschen Rechtsprechung und in manchen Literaturstellen der so genannte Missbrauchsvorwurf im Umgangsrechtsverfahren als Extremform des so genannten „PAS" und quasi als Taktik der Umgangsvereitelung dargestellt wird. Syndrome werden in der klinischen Literatur „Symptomkomplexe" genannt, die gerade durch das gesetzmäßige gemeinsame Auftreten mehrerer Symptome diagnostiziert werden können. Deshalb ist es wichtig, aus *Gardners* Texten die Beschreibung einzelner Hinweissymptome, die den Symptomkomplex darstellen sollen, zu diskutieren. Als Symptome beschreibt er Verunglimpfung, vage absurde Erklärungen oder Rationalisierungen für die Herabsetzung des anderen Elternteils, Fehlen der sonst in solchen Konflikten typischen Ambivalenz der Kinder, reflexartige Unterstützungen des entfremdenden Elternteils im elterlichen Konflikt, Abwesenheit von Schuldgefühlen wegen Grausamkeiten und/oder Ausbeutung des entfremdeten Elternteils, Ausbreitung der Feindseligkeit und Ablehnung auf Freunde oder die erweiterte Familie des entfremdeten Elternteils und der Rekurs auf entlehnte Szenarien.

5. „PAS" und Kindeswille

Deutlich wird, dass die Annahme eines „PAS" in einem solchen Sinne quasi die völlige Außerkraftsetzung des vom Kind dargelegten Kindeswillens bedeutet. Kinder werden als Opfer eines Programmierungsprozesses, als Opfer einer Hirnwäsche dargestellt, so dass es nur logisch erscheint, dass auf ihre Äußerungen in diesem Kontext keine Rücksicht genommen werden kann. Welche Gefahr in solchen Konzepten für tatsächlich stark betroffene und geängstigte Kinder lauert, kann jeder ermessen, der mit traumatisierten Kindern arbeitet. Auch verwundert, dass nicht die in Extremfällen durchaus praktikable diagnostische Lösung, nämlich die Verbringung des Kindes in ein relativ beeinflussungsarmes neutrales Umfeld zur Exploration der Beziehung zu beiden Elternteilen in einer stützenden entlastenden Umgebung diskutiert wird, sondern als Lösung dieser hochstrittigen Konflikte die Umplatzierung zum anderen Elternteil entgegen den Äußerungen der Kinder scheinbar das Allheilmittel darstellt.

Sicher müssen manche Entscheidungen orientiert am Kindeswohl auch über den artikulierten Kindeswillen in begründeter Form hinweggehen können. Doch bleibt der **geäußerte Kindeswille ein konstitutiver Anteil des Kindeswohlbegriffs** (vgl. *Fegert*, 2000). Es ist fragwürdig, ob aus Inhalten wie Ablehnung etc. monokausal auf „Gehirnwäsche" oder „Programmierung" zurückgeschlossen werden darf. Selbst die Annahme sozialer Erwünschtheit ist keine alles erklärende Generalhypothese. Vielmehr müssen im Einzelfall die subjektive Befindlichkeit und die innere Logik von Kindesäußerungen beachtet und respektiert werden. Deshalb führt die letztendlich von der Heftigkeit der Auseinandersetzung abgeleitete, eher interaktionelle „PAS"-Hypothese in Begutachtungsfragen nicht weiter.

6. Sorge- und Umgangsrechtsentscheidungen – Kriterien wissenschaftlich abgesicherten Vorgehens

874 Für eine differenzierte und seriöse Entscheidungsgrundlage gilt es daher, die **Willensäußerungen des Kindes ausführlich als Freitext zu erfassen**. Dabei ist es durchaus möglich, auch kleinere Kinder schon zu befragen, wie die Elternteile und andere Erwachsene über diese Frage denken und was diese ihnen zu dieser Frage gesagt haben. Eine Textanalyse ergibt dann Anhaltspunkte, ob bestimmte Argumente stereotyp wiederholt werden oder ob sich differenzierte emotional nachvollziehbare Gefühle und Argumentationsketten auffinden lassen. Zusammen mit der Interpretation von Familienbeziehungsverfahren oder Skulpturverfahren oder zur Explorationsergänzung auch projektiven Verfahren wie dem TAT (Thematic aperception test) oder TGT (Thematischer Gestaltungstext) ergibt sich dann eine gutachterliche Basis zur Einschätzung der Willensäußerungen des Kindes.

875 Ohne die detaillierte Formulierung und Überprüfung von Einzelhypothesen kann eine intendierte Umgangsvereitelung nicht angenommen werden. Wird in einem Gerichtsverfahren vielleicht auch von einem psychologischen Sachverständigen oder vom Verfahrensbeistand oder von einem Anwalt allein aufgrund der Heftigkeit der Auseinandersetzung hinter der Äußerung des Kindes dahinterliegende „Gehirnwäsche" vermutet und ein so genanntes „PAS" scheinbar „diagnostiziert", ist damit ein hohes Risiko fachlichen Fehlverhaltens verbunden. 1999 hat der BGH in Strafsachen in Bezug auf die **Glaubhaftigkeitsbegutachtung** eine viel beachtete Entscheidung, die zum ersten Mal aus höchstrichterlicher Sicht zur Begutachtungsmethodik Stellung nimmt, getroffen (Beschluss vom 30.7.199, 1 StR 168/98, FamRZ 1999, 1648). Generell ist selbstverständlich der **Sachverständige in der Wahl seiner Mittel frei**. Erhebliche Mängel in strafrechtlichen Glaubwürdigkeitsgutachten haben den BGH aber nach der Anhörung von zwei Sachverständigen dazu veranlasst, sich prinzipiell zur wissenschaftlichen Bearbeitung solcher Fragestellungen zu äußern. Der Erste Senat des BGH in Strafsachen folgte dabei der Darstellung beider Gutachter und stellte klar, dass mit Hinblick auf das im Strafverfahren zentrale Prinzip der Unschuldsvermutung die wissenschaftlichen Prüffragen so formuliert werden müssen, dass entsprechende entlastende Hypothesen (vom BGH etwas missverständlich als Nullhypothese bezeichnet) durch eine Fülle von Realkennzeichen und Befunden widerlegt werden. Dies setzt allerdings voraus, dass Grund für die Vergabe des Gutachtens nicht eine generelle Erledigungsstrategie der Gerichte war, sondern konkrete Zweifel an einer Aussage. Prinzipiell sind die hier betonten methodischen Vorgehensweisen durchaus zu begrüßen, solange die Methoden nicht mechanistisch, sondern mit klinisch versiertem Blick auf die individuellen und situativen Besonderheiten des Einzelfalles angewendet werden (zu positiven wie negativen Auswirkungen des BGH-Urteils auf die Praxis der Glaubhaftigkeitsbegutachtung siehe *König* und *Fegert*, 2009; generell zur aussagepsychologischen Methodik des Sachverständigen siehe *Lack/Hammesfahr*, Psychologische Gutachten m Familienrecht, 2019, Rn. 227 ff.).

Übertragen " („PAS auf unseren Kontext, in dem der zentrale Wert, um dessen Schutz es in dem Verfahren geht, das Kindeswohl darstellt, müsste also analog geschlossen werden, dass zunächst einmal der Verdacht einer Kindeswohlgefährdung durch – nennen wir es einmal – „Gehirnwäsche", d.h. eine massive Beeinflussung durch ein Elternteil, z.B. durch Leugnung der Existenz des anderen Elternteils, Wegschneiden des anderen Elternteils aus gemeinsamen Erinnerungsfotos etc., besteht. In einem solchen begründeten Zweifel wären dann einzelne Hypothesen zu überprüfen, wobei durch eine gründliche Überprüfung die falschpositive Annahme eines so genannten „Parental Alienation"-Zusammenhangs ausgeschlossen werden sollte. Ebenso wie im Strafrecht muss hier im familienrechtlichen Zusammenhang zunächst einmal das Fehlerrisiko benannt und abgewogen werden. Während im Strafrecht falschpositive Ergebnisse, d.h. das bejahende Ergebnis einer Glaubhaftigkeitsbegutachtung, obwohl der Angeschuldigte keine Tat begangen hat, die Verurteilung Unschuldiger das maximal zu fürchtende Ergebnis darstellt, sind in Verfahren, wo es um das Kindeswohl geht, primär falschnegative Ausgänge zu besorgen. Das heißt, das Strafverfahren hebt in der Glaubhaftigkeitsbegutachtung auf die Spezifität ab und nimmt damit Mängel in der Sensitivität in Kauf. 876

Geht es um **Kindeswohlgefährdung** im familienrechtlichen Verfahren, muss eine völlig andere Akzentsetzung erfolgen. Hier ist größtmögliche Sensitivität, d.h. die Frage „Handelt es sich um eine Kindeswohlgefährdung?" **vorrangiger als der spezifische Nachweis eines Täter-Opfer-Zusammenhangs**. Bei einer unterstellten **Umgangsvereitelung** sind deshalb folgende Fragestellungen zu überprüfen: 877

- Gibt es Hinweise auf **Induktion** oder so genannte „Gehirnwäsche"?

  Diese Hinweise dürfen nicht aus dem Verhalten von Kindern geschlossen werden, wie dies die Autoren des „PAS" unterstellen, sondern sie müssen sich ähnlich wie die in der aussagepsychologischen Glaubhaftigkeitsbegutachtung aus dem Text, d.h. aus den Aussagen der Kinder sowie der Analyse der Aussagenentstehung, herleiten lassen, da die angegebenen Verhaltenssymptome unspezifisch sind und sich eben bei realen Ängsten, begründeten Ablehnungen bei Misshandlungserfahrungen etc. genauso zeigen. Eine differenzierte situative und einzelfallbezogene Analyse erweist sich hier als unabdingbar, da die Verhaltensbeobachtung des Kindes mit der Beschreibung von Ablehnung, Zurückweisung etc. alleine keine Argumentationsbasis darstellen kann. Als Dimension zur Exploration einer möglichen Suggestion oder Beeinflussung können aus der PAS-Literatur (vgl. *Turkat*, 2002 bzw. *Weigel* und *Donovan*, 2006) folgende Fragen als explorationsbedürftige Themen entnommen werden:

- Gibt es in den Explorationen beider Elternteile Hinweise auf eine **gegenseitige Dämonisierung** und eine **Verstärkung der Loyalitätskonflikte** des Kindes? 878

- Lassen sich in empirisch abgesicherten und ergänzend in projektiven Verfahren Hinweise auf **Beeinflussung oder Loyalitätskonflikte** feststellen?

Jörg M. Fegert

- Wie stark ist das Kind in der Untersuchungssituation **beeinflussbar und suggestibel**?
- Welche Verhaltensbeobachtungen lassen sich in einem geschützten Kontext in der **Interaktion** des Kindes mit dem einen und anderen Elternteil machen?
- Welcher **Realgehalt** steht **hinter den Äußerungen des Kindes**?
- Wie verhalten sich die angenommenen **Beeinflussungseffekte zum Entwicklungsstand** des Kindes und **zu seinen intellektuell kognitiven Fähigkeiten**?
- Wie stark zeigt das Kind in verschiedenen Situationen wie z.B. der Untersuchungssituation oder in testpsychologischen Untersuchungen **Antworttendenzen** im Sinne sozialer Erwünschtheit?

879 Sind Kriterien für explizite psychopathologische Phänomene wie **„Folie à deux"**, eine **induzierte** Psychose nach ICD-10 bzw. ICD-11, erfüllt, dann ist eine Krankenbehandlung des Kindes, die in der Regel eine Trennung von der ebenfalls erkrankten induzierenden Person voraussetzt, unbedingt erforderlich. Häufig kann erst in einem solchen stationären veränderten Kontext gesehen werden, ob induzierte wahnhafte Phänomene weiter bestehen und somit eine eigene behandlungsbedürftige Erkrankung besteht, oder ob die **„Folie à deux"-Symptomatik** schon durch den Milieuwechsel nachlässt.

880 Nicht zuletzt muss grundsätzlich überprüft werden, inwieweit das Kind zu einer **eigenen Willens- und Meinungsbildung** in der Lage ist, ob es die einschlägigen Fragestellungen verstanden hat etc.

881 Zwar zeigt die referierte Literatur nachweisbare z.T. massive Suggestionseffekte in Aussagen von vor allem kleineren Kindern, dennoch muss festgestellt werden, dass solche Effekte nicht häufig und schon gar nicht die Regel sind, sondern als eher seltene Ereignisse wegen ihrer Tragweite im forensischen Kontext eine besondere Bedeutung haben. Der Umkehrschluss, kleine Kinder seien völlig willenlos und suggestibel, „Gehirnwäsche" sei deshalb ein generell häufiges Phänomen, trifft gerade auf Kinder, die bislang in sehr positiven und fördernden Umweltbedingungen aufgewachsen sind, nicht zu. Deshalb ist zu prüfen, ob aufgrund von vorausgegangenen schweren Bindungsenttäuschungen, anderen Traumata sowie Vernachlässigungsfolgen etc. besondere Beeinträchtigungen bei den Möglichkeiten zur kindlichen Willensäußerung bestehen. **Allein der Bezug auf das junge Alter des Kindes reicht nicht, um eine erhöhte Suggestibilität anzunehmen**, und schon gar nicht, um die Empfänglichkeit für „Gehirnwäsche" zu postulieren.

7. Wie können Verfahrensbeistände mit unterstellter Beeinflussung

882 Die angegebene, nicht abgeschlossene Liste von Einzelfragen verdeutlicht, dass die phänomenologische Beschreibung von Verhaltensweisen, wie sie von *Gardner* als „Symptome" des „PAS" („PAS dargestellt wurden, nicht zur Klärung entsprechender Fragestellungen beiträgt. Gerade Verfahrensbeistände haben in ihrer Möglich-

keit zum Beziehungsaufbau zu dem Kind eine große Chance, einen wichtigen Beitrag im Einzelfall dadurch zu leisten, dass das Kind gegenüber ihnen Loyalitätskonflikte und Ambivalenzen offenbart. **Betont ein Kind auch im Umgang mit dem Verfahrensbeistand immer wieder Ängste und negative Erlebnisse oder Traumata**, die durch einen anderen Elternteil ausgelöst wurden, und zwar insbesondere als eigene Erfahrung und nicht als Wahrnehmung der Mutter, so **muss diesen Hinweisen nachgegangen werden** und muss im Zweifel eine weitere Beunruhigung des Kindes vermieden werden.

Zwar wird häufig im **begleiteten Umgang** durch den somit installierten physischen Schutz ein probates Lösungsmittel für diese Konfliktsituationen gesehen, doch muss kritisch eingewandt werden, dass hier die **emotionalen Kosten und die starke psychische Belastung des Kindes** in entsprechenden Entscheidungen bislang wenig Berücksichtigung finden. Meines Erachtens hat begleiteter Umgang als Übergangsphase oder Lösungsstrategie durchaus seinen Platz, als Dauerbelastung ist er abzulehnen (zur praktischen Umsetzung des begleitenden Umgangs siehe Deutsche Standards zum begleiteten Umgang 2008 sowie *Fegert*, 2004, bzw. *Kölch* und *Fegert*, 2008).

883

Allerdings sind die nach der Kindschaftsrechtsreform gestärkten Rechte des Kindes auf Beziehungen nur ein Teil seiner Menschenwürde und des Kindeswohls, welches substanziell ja auch immer den Kindeswillen mit einschließt. Widersprechen sich Willensäußerungen von Kindern und Umgangswünsche Erwachsener, so scheint es problematisch, generell davon auszugehen, dass mit Bezug auf die Menschenwürde des Kindes sein Wille zugunsten von Beziehungserhalt bzw. Beziehungswünschen der Erwachsenen zu brechen sei.

884

Der Erhalt von Beziehungen und auch die Ermöglichung des Erhalts von Beziehungen durch Elternteile sind wichtige Kriterien mit Bezug auf das Kindeswohl, und jeder wohlmeinende Verfahrensbeistand wird darauf hinwirken, dieser Beziehungsebene Chancen zu eröffnen. Teilweise werden in manchen Verfahren Beziehungsdebatten aber sehr theoretisch geführt – auch in Situationen, wo quasi keine Bindungen vorhanden sind. Hier kommen dann eher alte abstammungsrechtliche Fragen der Blutsverwandtschaft etc. zum Tragen als Fragestellungen der sozialen Elternschaft, die für Beziehungsfragen und Bindungsfragen bei weitem relevanter sind.

885

Hier kann festgestellt werden, dass **in jeder Eltern-Kind-Beziehung Beeinflussung und in jedem Elternkonflikt Loyalitätskonflikte bei den Kindern regelhaft** anzutreffen sind. Induktionsphänomene oder die hier häufig erwähnte „Gehirnwäsche" sind sowohl aus Gründen, die in den Elternpersönlichkeiten liegen, wie auch aufgrund von Kindvariablen relativ selten.

886

Der Aufbau eines massiv induzierenden Umfelds setzt quasi eine psychische Störung beim induzierenden Elternteil voraus, z.B. eine wahnhafte Störung, eine Psychose oder eigene unbearbeitete posttraumatische Belastungsreaktionen. Solche psychiatrischen Krankheitsbilder lassen sich bei Elternteilen nach den gängigen Diagnosemanualen absichern.

887

888　Psychotische Störungen, **schwere Persönlichkeitsstörungen, massive depressive Erkrankungen und Suizidalität bei Elternteilen** stellen auch eine Entwicklungsbelastung für Kinder dar und können zur Kindeswohlgefährdung werden. Die Untersuchung solcher Phänomene wie auch komorbid auftretende oder allein auftretende Suchterkrankungen spielen eine weit größere Rolle bei der Abklärung und können in klare von einem psychiatrischen Gutachter beantwortbare Fragestellungen übergeführt werden.

889　So kann eine solche Frage z.B. lauten, ob eine psychiatrische Erkrankung vorliegt, wenn ja, welche, und ob im Fall des Vorliegens einer solchen Erkrankung eine Beeinflussung und Induktion des Kindes oder eine Gefährdung des Kindes bzw. eine Einschränkung der Fähigkeiten, für das Kind zu sorgen, resultiert. Für tatsächliche induzierte wahnhafte Prozesse existiert sowohl im DSM-IV wie in der ICD-10 bzw. ICD-11 eine Diagnosekategorie. Demgegenüber ist das so genannte **„PAS"** ein beziehungsdynamisches Erklärungsmodell und **keine operationalisierbare Diagnosestellung**.

C Das Wohl der Kinder und Jugendlichen

Übersicht

		Rn.
I.	Bedürfnis nach Liebe, Bindung und Exploration	890
	1. Einleitung	890
	2. Positive Entwicklung als gelungene Integration von emotionaler Sicherheit und Selbstständigkeit	893
	3. Individuelle Unterschiede in der Qualität von Bindungsbeziehungen	902
	4. Elterliche Feinfühligkeit	903
	5. Strategien sicherer und unsicherer Bindung	906
	6. Entwicklungsverlauf bei sicher und unsicher gebundenen Kindern	914
	7. Kontinuität bindungscharakteristischen Verhaltens	921
	8. Geschwisterbeziehungen	929
	9. Hochunsichere Bindung und Bindungsstörungen	933
	10. Hochunsichere Bindung	937
	11. Bindungsstörungen	946
	12. Hochunsichere Bindungen und Bindungsstörungen als Abweichung der biologisch erwartbaren Suche nach Nähe und Trost bei Belastung	950
	13. Praktische Implikationen	958
II.	Bedürfnis nach Versorgung, Ernährung und Gesundheitsfürsorge	961
	1. Einleitung	961
	2. Die Bedeutung des familialen und sozialen Umfelds	963
	3. Die kindlichen Basisbedürfnisse	968
	a) Ernährung	970
	b) Schlaf	972
	c) Kleidung und Hygiene	973
	d) Generelle Schutzbedürfnisse	974
	e) Empathiefähigkeit und „Nurturance"	975
	f) Anregung zur Entwicklung von Kindern	976
	g) Gesundheitsfürsorge	978
	4. Zur Anwendung der Basisfürsorgekriterien	979
	5. Störungsbilder – Reaktive Bindungsstörungen	981
III.	Bedürfnis nach Schutz vor Gewalt	985
	1. Kindesmisshandlung und sexueller Missbrauch	985
	a) Recht auf gewaltfreie Erziehung	985
	b) Umfang der Gewalt gegen Kinder	989
	c) Definitionen von Kindesmisshandlung	992
	d) Formen von Kindesmisshandlung	995
	aa) Körperliche Misshandlung	997
	bb) Vernachlässigung	998
	cc) Sexueller Missbrauch	999
	dd) Psychische Misshandlung	1001
	ee) Münchhausen-Syndrom by proxy	1003
	e) Ursachen von Kindesmisshandlung	1004
	f) Anlässe für Kindesmisshandlungen	1010
	2. Diagnostik	1011
	a) Allgemeine Vorbemerkungen zur Diagnostik bei Kindesmisshandlung, Vernachlässigung, sexuellem Missbrauch oder Verdacht auf Münchhausen-Syndrom by proxy	1011
	b) Kindesmisshandlung	1020
	c) Vernachlässigung	1028

d)	Sexueller Missbrauch	1029
e)	Münchhausen-Syndrom by proxy	1036
f)	Zur Einschätzung von Belastungssituationen	1038
	aa) Diagnoseschlüssel	1038
	bb) Das multiaxiale Klassifikationsschema	1039
	cc) Zur Anwendung des multiaxialen Klassifikationsschemas	1055
3.	Interventionen bei Kindesmisshandlung und Vernachlässigung	1056
a)	Gesichertes Wissen	1056
b)	Misshandlung, Vernachlässigung und miterlebte häusliche Gewalt	1059
c)	Sozialpädagogische, medizinische und psychologische Diagnostik	1065
d)	Langzeitfolgen	1069
e)	Hochrisiko: Kleinkind	1072
f)	Familienunterstützende Maßnahmen und Fremdunterbringung	1075
g)	Prognoseentscheidung	1079
h)	Dauerhafte Beziehungsperspektiven für Kinder und Jugendliche	1084
i)	Umgang	1087

I. Bedürfnis nach Liebe, Bindung und Exploration

1. Einleitung

890 Die Verfahrensbeistandschaft dient der Wahrnehmung der individuellen Interessen des Kindes in Fällen, in denen Interessensgegensätze zwischen dem Kind und den Eltern oder anderen gesetzlichen Vertretern zu befürchten sind. Gewöhnlich handelt es sich um Trennung bzw. Scheidung der Eltern und damit verbundene Sorgerechtsaspekte oder aber um Trennung des Kindes von den Eltern wegen drohender Misshandlung und/oder Vernachlässigung.

891 Die **Trennung von engen Bezugspersonen** aber ist in jedem Fall eine **gravierende Beeinträchtigung** des Wohls des Kindes. Sie widerspricht dem biologisch verankerten Grundbedürfnis von Kindern nach einer stabilen und persönlichen Bindungsbeziehung zu engen Bezugspersonen. Dies ist die Auffassung der **ethologischen Bindungstheorie.** Sie gilt derzeit als das differenzierteste Modell sozial-emotionaler Entwicklung über den Lebenslauf. Zentrales Thema der Bindungstheorie ist die Bedeutung von Trennung für das Erleben und die Verarbeitungsweisen von Kindern. Dabei bezieht sich die Trennung nicht nur auf die Erfahrung „körperlicher" Abwesenheit der Bindungsperson, sondern auch auf die Erfahrung „psychologischer", also emotionaler Abwesenheit, nämlich dann, wenn Bindungspersonen die Bedürfnisse von Kindern nach emotionaler Sicherheit und Zuverlässigkeit nicht oder nur unzureichend erfüllen (können).

892 Trennungen finden jedoch statt und in der Praxis der Jugendhilfe wie der Familiengerichte häufig dann, wenn andernfalls das Wohl des Kindes massiv gefährdet wäre (siehe hierzu Dürbeck in diesem Handbuch, Rn. 634 ff.). In diesen Fällen ist die **Trennung gewöhnlich die Folge der beschriebenen unzureichenden Versorgung bzw. Gefährdung** des Kindes durch die Eltern. Nach bindungstheoretischer Auffassung ist hierbei das Kind ebenso durch die faktische Trennung von den Eltern belastet als auch durch deren vernachlässigendes oder misshandelndes

Verhalten. Bindung ist danach also unabhängig von der Qualität der Beziehung, d.h. (nahezu) alle Kinder sind an ihre Eltern gebunden bzw. an diejenigen Personen, die sich um sie kümmern und für sie sorgen. Dies können auch Pflegeeltern sein. Bindungen entstehen auch dann, wenn Eltern sich ggf. auch kritisch bzw. dysfunktional im Umgang mit ihrem Kind verhalten. Insofern sind bisweilen in der Praxis gebräuchliche Einschätzungen, wonach z.B. **misshandelte Kinder** keine Bindung aufgebaut hätten, irreführend. Vielmehr handelt es sich dann meist um eine hoch problematische **Bindung mit so genannter hochunsicherer Qualität**. Kinder, die keine Bindung zu einer erwachsenen Bezugsperson aufbauen konnten, sind sehr selten. Es handelt sich dann meist um Kinder mit **massiven Deprivationserfahrungen**.

2. Positive Entwicklung als gelungene Integration von emotionaler Sicherheit und Selbstständigkeit

Positive Entwicklung wird in modernen Selbst- und Persönlichkeitstheorien als eine gelungene Integration von emotionaler Verbundenheit und Autonomie aufgefasst. Diese Auffassung lässt sich aus der bindungstheoretischen Annahme eines **Gleichgewichtes zwischen Bindungs- und Erkundungsbedürfnissen** herleiten. Danach wird eine positive sozial-emotionale Entwicklung entscheidend davon beeinflusst, dass Sicherheits- oder Bindungsbedürfnisse und Erkundungs- oder Autonomiebestrebungen gleichermaßen und ausgewogen befriedigt werden.

893

Sowohl Erkundungs- als auch Bindungsbedürfnisse gelten als biologische Grundbedürfnisse, die in einer komplementären Beziehung miteinander stehen. Dabei repräsentiert das Erkundungssystem das Interesse und die Erkundung von Neuem. Dieses Interesse geht mit dem Gefühl einher, Verhalten oder Ereignisse selber verursachen und kontrollieren zu können, also dem Gefühl, unabhängig und autonom zu sein. Ein früher Hinweis auf solche Gefühle ist z.B. die Freude an der eigenen Handlung, die sich bereits bei vier Monate alten Säuglingen beobachten lässt, wenn sie beispielsweise in einem psychologischen Experiment erleben, dass sie sich mit Hilfe eines Schnullers Bilder oder Töne „herbeisaugen" können. Nachdem sie den Zusammenhang erfasst haben, wiederholen sie diese „Nuckelhandlung" begeistert.

894

Das Bindungssystem gilt demgegenüber als ein **Schutzsystem,** das sich stammesgeschichtlich entwickelt hat, um das Überleben des menschlichen Säuglings zu sichern. Das Bindungssystem wird insbesondere in Situationen von Verunsicherung oder Angst ausgelöst, wie beispielsweise in einer **unvertrauten Umgebung** oder bei **Abwesenheit der Bezugsperson**. Damit sind Situationen umschrieben, in denen das motorisch und sprachlich noch hilflose Kind den Schutz der Bindungsperson braucht. Über Bindungsverhaltensweisen zeigen Kleinkinder dann ihr Bemühen, Nähe zu und Kontakt mit der Bindungsperson herzustellen: Sie weinen, folgen ihr oder strecken die Arme nach ihr aus, kuscheln sich bei ihr an oder klammern sich an sie. Die Aktivierung des Bindungssystems ist mit starker innerer Erregung verbunden, wie sie sich im Anstieg der Herzfrequenz oder auch im An-

895

stieg von so genannten Stresshormonen zeigt. Diese innere Erregung dauert so lange an, bis der Kontakt zur Bindungsperson wiederhergestellt ist.

896 Beide Systeme, das der Bindung und das der Erkundung, regulieren und balancieren sich wechselseitig. In vertrauten Situationen und ausgeglichener Befindlichkeit geben Kinder eher dem Interesse nach Neuem nach. In unvertrauten Situationen überwiegt hingegen ihr Bedürfnis nach emotionaler Sicherheit. Sie suchen die Nähe und den Kontakt zur Bindungsperson, sei es nun körperliche Nähe, wie bei Kleinkindern, oder psychologische Nähe bzw. Intimität, wie sie sich bei älteren Kindern symbolisch durch Sprache oder Verhalten ausdrückt. *Mary Ainsworth*, neben *John Bowlby* sicher die bekannteste Protagonistin bindungstheoretischer Forschung, prägte den Begriff der sicheren Basis. Danach dient die Bindungsperson als personifizierte emotionale Sicherheitsquelle, von der aus das Kind, je nach Situation und Kontext, regelmäßig erkundet bzw. zurückkehrt, um emotional „aufzutanken", wie *Mahler* es bezeichnet.

897 Alle Kinder entwickeln im Verlauf des **ersten Lebensjahres eine oder mehrere enge Bindungen** zu nahestehenden Bezugspersonen. Gewöhnlich ist dies die Mutter bzw. der Vater. Bindungsbedürfnis und Bindungsbeziehungen sind unabhängig von der Qualität der jeweiligen Beziehung des Kindes mit einer Bezugsperson. Selbst Kinder, die von ihren Eltern misshandelt werden, bauen eine tiefgreifende Bindung zu diesen Eltern auf.

898 Davon ausgenommen sind lediglich Kinder, die in ihrer geistigen Entwicklung so schwer beeinträchtigt sind, dass sie das Niveau eines **Entwicklungsstandes von sechs Monaten nicht überschreiten**, oder Kinder mit **massiven Deprivationserfahrungen** Auch Kinder, die in der Folge von häufig wechselnden Beziehungen und **Beziehungsabbrüchen** keine stabile Bindung zu einer Bezugsperson etablieren können (siehe unten Rn. 807 ff., Bindungsstörungen).

899 Was folgt daraus für die Erlebens- und Verarbeitungsweisen von Kindern? Trennungen führen beim Kind zu starken psychologischen Reaktionen. Insbesondere dann, wenn die **Trennung** von einer Bindungsperson **unvorhersehbar** erfolgt und von anderen, zusätzlichen negativen (Vor-)Erfahrungen begleitet wird, können diese Reaktionen sich sogar nachteilig auf die weitere Entwicklung des Kindes auswirken. Kinder mit schwierigen und traumatischen Beziehungsvorerfahrungen, wie beispielsweise **Misshandlung oder Vernachlässigung,** sind dabei besonders und konflikthaft belastet. Sie leiden nicht nur unter der Trennung von den Eltern, sondern fürchten sich gleichermaßen vor ihnen.

900 Unkontrollierbare, nicht angekündigte und **überraschende Trennungen ängstigen das Kind**. Es versucht zu protestieren und die Nähe zu seiner Bindungsperson wiederherzustellen. Längere Trennungen oder ein Verlust der Bindungsperson lösen beim Kind starke Trauer aus. Diese wird von den beteiligten Erwachsenen oft nicht als solche wahrgenommen bzw. fehlinterpretiert. Eine typische Abfolge von Verhaltensreaktionen bei Kindern nach einer Trennung ist nämlich zunehmende Resignation nach dem ersten Protest. Diese aber lässt sich leicht mit Anpassung

verwechseln. Das (scheinbar) ruhige und unauffällige Verhalten des Kindes täuscht über seine starke innere Belastetheit und seinen Kummer hinweg.

Umgekehrt aber vermag die Anwesenheit einer Bindungsperson dem Kind den Umgang mit neuen und damit häufig auch verunsichernden Situationen zu erleichtern. 901

3. Individuelle Unterschiede in der Qualität von Bindungsbeziehungen

Kinder sind also mit einem angeborenen Bedürfnis ausgestattet, Bindungen einzugehen. Bindungsbeziehungen sichern aus biologischer Sicht das physische Überleben des Kindes und vermitteln aus einer psychologischen Perspektive emotionale Sicherheit und sind für die Entwicklung von Selbstvertrauen essentiell. Allerdings sind nicht alle Bindungsbeziehungen in dieser Weise idealtypisch. Dazu bedarf es zweier Personen: das Kind mit seinem Bindungsbedürfnis und die Bezugsperson, die darauf entsprechend angemessen antwortet (siehe unten Rn. 764 ff., Elterliche Feinfühligkeit). Es gibt Kinder, die aufgrund schwieriger Interaktionserfahrungen mit ihrer Bezugsperson nur unzureichende emotionale Sicherheit erfahren, schlimmstenfalls sogar auch nur unzureichende körperliche Fürsorge. Diese Kinder lernen im Verlauf des ersten Lebensjahres, mit diesen **unzureichenden Reaktionen ihrer Bezugsperson** so weit umzugehen, dass sie sich ihrer wenigstens eingeschränkt versichern können. Sie passen sich damit bestehenden Interaktionsmustern an und entwickeln basierend darauf eine unsichere Bindungsbeziehung. 902

4. Elterliche Feinfühligkeit

Die Qualität von Bindungsbeziehungen ist also eng mit der Qualität elterlichen Verhaltens verknüpft, so das konsistente Ergebnis zahlreicher Untersuchungen. *Ainsworth* prägte für angemessenes elterliches Verhalten den Begriff der Feinfühligkeit oder Sensitivität. **Feinfühliges Verhalten** bedeutet, dass Eltern die Signale und Bedürfnisse des Kindes wahrnehmen diese richtig interpretieren und darauf altersentsprechend angemessen und prompt reagieren. Feinfühliges Verhalten bedeutet also, Zeichen beginnender Belastetheit beispielsweise bei einem Säugling überhaupt wahrzunehmen, und zwar dann, wenn das Baby noch nicht unüberhörbar schreit, sondern dann, wenn es unruhig wird, das Gesicht verzieht oder sich körperlich anspannt. Feinfühliges Verhalten bedeutet aber auch, die beobachtete Belastetheit eines Säuglings angemessen zu interpretieren und darauf angemessen zu reagieren. In diesem Falle wäre es angemessen, dem Baby Ruhe zu verschaffen. Unangemessen wäre es, für mehr Abwechslung zu sorgen und ihm beispielsweise mehr Spielangebote zu machen. Ein solches Verhalten wäre dann wahrscheinlich, wenn die Bezugsperson die körperliche Überforderung und Überstimulation des Babys als mangelnde Abwechslung missversteht. Schließlich bedeutet feinfühliges Verhalten auch, so rechtzeitig zu reagieren, dass die Hilfe für das Kind auch erkennbar und spürbar ist. 903

Bei einem älteren Kind wiederum wäre es feinfühlig, zunehmende Verschlossenheit oder Gereiztheit als Zeichen einer Verhaltensänderung zu bemerken. Ange- 904 messen wäre es dann, sein Verhalten, beispielsweise im Zusammenhang mit aktuellen Partnerproblemen der Eltern, als Hinweis auf Verunsicherung oder Ängste vor einer Trennung der Eltern zu deuten. Eine feinfühlige Reaktion bestünde darin, mit dem Kind in einer einigermaßen entspannten Situation über seine Befürchtungen offen zu reden und ihm Verständnis für seine Gefühle zu signalisieren, ohne aber die Realität, also die Situation der elterlichen Beziehung oder aber mögliche Trennungsüberlegungen, zu beschönigen. Dabei ist es sicher auch Ausdruck feinfühligen Verhaltens, in welchem Ausmaß ein Elternteil das **Kind über den Partnerkonflikt informiert**. In Abhängigkeit von dessen Entwicklungsalter kann eine mehr oder weniger umfassende Information grenzüberschreitend sein bzw. die Rollen von Eltern und Kind umkehren und damit emotional genauso überfordernd für das Kind sein wie umgekehrt mangelnde Beteiligung und die damit einhergehende emotionale Verunsicherung. In diesem Zusammenhang ist es daher ganz besonders wichtig, zwischen der Elternrolle auf der einen und der Paarbeziehung auf der anderen zu unterscheiden und dem Kind altersentsprechend zu vermitteln, dass die Gründe für eine Trennung in der Paarbeziehung liegen und die Elternschaft für das Kind weiterbestehen wird.

905 Feinfühliges Verhalten ist also komplex. Es bezieht jeweils die unterschiedlichen Kompetenzen von Kindern auf unterschiedlichen Entwicklungsstufen mit ein, berücksichtigt die individuellen Bedürfnisse und Kompetenzen des individuellen Kindes sowie die Situation und den Kontext seines Verhaltens. Für das Verständnis dieses Konzeptes ist es außerdem wesentlich, dass feinfühliges Verhalten nicht bedeutet, durchgängig perfektes Verhalten zu zeigen. Vielmehr ist ein über die Zeit hinweg **ausreichend feinfühliges Verhalten, das aber zuverlässig und erwartbar ist**, für eine positive emotionale Befindlichkeit von Kindern entscheidender.

5. Strategien sicherer und unsicherer Bindung

906 Natürlich haben nicht alle Kinder in diesem Sinne feinfühlige Beziehungserfahrungen, die ihnen hinreichend emotionale Sicherheit vermitteln. Vielmehr erleben Kinder in der Beziehung mit den Eltern häufig, dass die Balance zwischen genügender emotionaler Unterstützung auf der einen Seite und der Möglichkeit, zu erkunden und Selbstständigkeit zu erproben, unausgewogen ist. Dies zeigt sich in der Erfahrung von zu viel bzw. unangemessener Unterstützung und damit fehlenden Möglichkeiten, eigenständig zu erkunden und sich als selbstständig zu erleben. Dies zeigt sich aber umgekehrt auch in mangelnder emotionaler Unterstützung, die mit zu früher und überfordernder „Selbstständigkeit" verbunden ist.

Diese Beziehungserfahrungen lassen sich als unterschiedliche Muster sicherer und unsicherer Bindung beschreiben.[1] Diese Bindungsstile lassen sich als normale Strategien im Umgang mit Belastungen interpretieren. Entgegen mancher gängigen Praxiseinschätzung sind unsichere Bindungen gewöhnlich nicht klinisch relevant.

907

Danach entwickeln Kinder, deren Bindungsperson überwiegend voraussagbar und zuverlässig ist und die insbesondere in Notsituationen bereit ist, sie zu trösten und emotional aufzufangen, gewöhnlich eine **sichere Bindungsbeziehung.** Der **Säugling** lernt mit der Zeit und zunächst über seine Sinne und seine Motorik, dass er verlässlich beruhigt und getröstet wird, wenn er Unruhe und Kummer signalisiert. Gleichzeitig lernt er darüber auch im weiteren Entwicklungsverlauf seine Befindlichkeit und seine Gefühle klar auszudrücken und sie voneinander zu unterscheiden. Gegen Ende des ersten Lebensjahres hat das Kleinkind gelernt, seine Gefühle auf eine Person zu beziehen, und erlebt seine Bindungsperson als sichere Basis, von der aus es interessiert seine Umgebung erkundet und auf die es sich in den alltäglichen kleinen und größeren Notsituationen verlässlich und verfügbar stützen kann. Es kann sich moduliert und flexibel zwischen dem Bedürfnis nach Sicherheit und Erkundung bewegen.

908

Mit Beginn des zweiten Lebensjahres verfügt das Kleinkind über eine größere Gedächtniskapazität. Es beginnt, sich an vergangene Ereignisse zu erinnern, und es verfügt, wenn auch noch begrenzte Alltagsvorstellungen, über Vorstellungen, was in der näheren Zukunft sein wird. Es kann sich zunehmend über Sprache oder Verhalten ausdrücken und es hat nun ein intuitives Bewusstsein über die eigene Wirkung auf andere Menschen. Das sicher gebundene **Kindergartenkind** äußert seine Gefühle und Wünsche klar und direkt gegenüber der Bindungsperson. Im Falle unterschiedlicher Ziele ist es bereit, Kompromisse mit ihr auszuhandeln. Es hat nun bereits genügend „innere Sicherheit" erworben, um auch mit kleinen Belastungen selbstständig und selbstbewusst umzugehen. Dazu gehört auch die Fähigkeit, sich aktiv Hilfe und Unterstützung bei der Bindungsperson zu holen, wenn es verunsichert ist.

909

Kinder, deren Bindungsperson sich in alltäglichen emotionalen Notsituationen in einer für das Kind wechselhaften und wenig nachvollziehbaren Weise verhält, entwickeln eine **unsicher-ambivalente oder kontrollierende Bindung.** Die Bindungsperson vermag den Säugling zeitweilig durchaus zu trösten und ihm bei der Regulation negativer Gefühle und Spannungen zu helfen, sie verzögert aber zu anderen Zeiten ihre Hilfe oder ist sogar ärgerlich. Ihr Verhalten lässt gleichermaßen auf Zuwendung, aber auch auf Hilflosigkeit und Ärger schließen. Solche wechselhaften Bindungserfahrungen erschweren es dem Kind, verlässliche Erwartungen

910

---

1 Die folgenden Beschreibungen der Bindungsstile sind eine Zusammenfassung bestehender Forschungsergebnisse über individuelle Unterschiede zwischen sicher gebundenen Kindern und Kindern mit unterschiedlichen Stilen unsicherer Bindung. Entsprechend dem Umfang bzw. der Eindeutigkeit der Ergebnisse der vorliegenden Forschungsliteratur lassen sich die Stile im Kleinkindalter als Vignetten zusammenfassen. Für das Kindergarten-, Schul- und Jugendalter sind die Befunde weniger zahlreich bzw. lassen nur systematische Aussagen über sichere Stile im Unterschied zu unsicheren Stilen zu, nicht aber über die unterschiedlichen Stile unsicherer Bindung.

über die Reaktionen der Bindungsperson zu entwickeln, die seine Gefühle und sein Verhalten im Umgang mit der Bindungsperson anleiten könnten. Es versucht daher, mit verstärkten und übertriebenen Gefühlsäußerungen zu reagieren, um sicherzugehen, dass Mutter oder Vater sich ihm beständig und erwartbar zuwendet („viel hilft viel"). Gleichzeitig aber wirkt es auch ängstlich und ärgerlich und lässt sich häufig nur schwer wieder beruhigen. Erst mit den neuen kognitiven Kompetenzen und dem Auftauchen von Schüchternheit als neuer Gefühlsqualität um das zweite Lebensjahr gelingt es ihm zunehmend, seine gemischten Gefühle in einer Strategie auf die Bindungsperson zu beziehen. Es wechselt zwischen drohendem und charmant-entwaffnendem Verhalten und versucht sich so die Kontrolle über die Bindungsperson und deren fortwährende Aufmerksamkeit zu sichern. Allerdings ist es von diesem absichernden Bemühen um die Zuwendung und Aufmerksamkeit der Bindungsperson offenbar stark in Anspruch genommen und wirkt emotional abhängig. Es fällt ihm schwer, auch selbstverantwortlich mit kleinen Schwierigkeiten oder Belastungen umzugehen, Kompromisse auszuhandeln oder zu akzeptieren.

911 Kinder, die ihre Bindungsperson als emotional zurückweisend, ignorierend oder gar feindselig erleben, entwickeln gewöhnlich eine **unsicher-vermeidende Bindungsbeziehung** mit ihr. Bereits der Säugling dürfte mit der Anforderung zu früher und überfordernder Selbstregulation und Selbstständigkeit konfrontiert sein. Insbesondere in Belastungssituationen, wenn er auf Hilfe bei der Regulation negativer Gefühle angewiesen ist, fühlt er sich nicht oder nur unzureichend emotional aufgefangen und unterstützt. Es erfährt außerdem, dass sich die eigenen Gefühle von Spannung oder Belastetheit noch verstärken, wenn es sie äußert. Hinzu kommt, dass Bindungspersonen die Überforderungszeichen des Kindes vielfach als Ausdruck von Zurückweisung interpretieren. Sie reagieren daher gekränkt und häufig auch ärgerlich. Insofern befindet sich das Kind bindungstheoretisch betrachtet in einem Dilemma: Die Person, an die es sich insbesondere bei Verunsicherung wendet, ist gleichzeitig auch diejenige, von der es erwarten muss, ignoriert, zurückgestoßen oder auf seine „Selbstständigkeit" verwiesen zu werden.

912 Gegen **Ende des ersten Lebensjahres** ist das Kleinkind auf einer zunächst sensorischen und motorischen Ebene in der Lage, Eindrücke, die starke Gefühle auslösen können, zu vermeiden. Es weint nicht oder selten, wenn es belastet oder verunsichert ist, und drosselt oder unterdrückt sein Bedürfnis, die Nähe der Bindungsperson und Körperkontakt mit ihr zu suchen. Als Ausweg aus dem Konflikt zwischen Bindungsbestreben und erwarteter Zurückweisung hat es einen Verhaltenskompromiss entwickelt, indem es die größtmögliche körperliche Nähe zur Mutter sucht, bei der es (noch) nicht zurückgestoßen wird. Dies lässt sich gemäß dem Motto „Nah, aber nicht zu nah" interpretieren. Wenn es bei Belastung seine durchaus angemessenen Gefühle von Kummer oder auch Ärger gegenüber der Bindungsperson unterdrückt, so verhindert es, dass seine Kummeräußerungen von ihr mit Zurückweisung und seine Ärgeräußerungen gleichermaßen mit Ärger oder Aggression beantwortet werden. Vermeidend gebundene Kinder wirken in solchen belastenden Situationen zwar auf den ersten Blick unbelastet, sind aber

innerlich stark erregt, wie physiologische Messungen von Herzfrequenz und Stresshormonen belegten (siehe oben Rn. 895).

Das **Kindergartenkind** wirkt zunehmend bemüht, mit Kummer oder Gefühlen von Verunsicherung ebenso wie mit belastenden Situationen alleine zurechtzukommen. Mit dem Auftauchen von Schüchternheit in seinem Gefühlsrepertoire aber vermag es nun mit charmant/entwaffnendem Verhalten Fürsorglichkeit bei einer zurückweisenden Bezugsperson oder auch feindseliges Verhalten aufzulösen. Dies ermöglicht nun auf einer psychologischen Ebene einen Grad an Nähe zu erreichen, der Schutz ermöglicht, ohne aber die Gefahr von Zurückweisung einzugehen, die mit psychologischer Intimität verbunden wäre. 913

6. Entwicklungsverlauf bei sicher und unsicher gebundenen Kindern

Bindungssicherheit ist also durch eine kooperative und harmonische Eltern-Kind-Beziehung charakterisiert, während Bindungsunsicherheit mit mehr oder minder emotional unzureichenden Beziehungserfahrungen im Zusammenhang steht. Bindungssicherheit lässt sich darüber hinaus auch als **Vorläufer einer positiven Persönlichkeitsentwicklung** auffassen. 914

Untersuchungen belegen die **Entwicklungsvorteile sicher gebundener Kinder** in unterschiedlichen Bereichen sozial-emotionaler und auch kognitiver Entwicklung gegenüber unsicher gebundenen Kindern. Diese zeigten sich mit zunehmender Entwicklung auch in sozialen Beziehungen jenseits der Eltern-Kind-Beziehung. Eine sichere Bindung stellt damit einen Schutzfaktor für die weitere Entwicklung dar und kann andere Risikofaktoren „abpuffern". 915

Sicher gebundene Kinder gelten als **unabhängiger und sozial kompetenter** als unsicher gebundene Kinder. Im Kindergartenalter wirken sie **selbstbewusst und selbstständig**. Sie sind kooperativ und gewöhnlich gut in der Lage, auftauchende Konflikte mit anderen Kindern zu lösen. Sie sind in der Gruppe Gleichaltriger beliebt. Dies dürfte auch damit zusammenhängen, dass sie sich gut in andere Kinder hineinfühlen und hineinversetzen können. Sie neigen beispielsweise dazu, in uneindeutigen Konfliktsituationen einem anderen Kind keine „bösen" Absichten zu unterstellen. Demgegenüber unterstellen unsicher gebundene Kinder in solchen Situationen absichtsvoll aggressives Verhalten. Sicher gebundene Kinder vernachlässigen allerdings ihre eigenen Bedürfnisse nicht. Sie sind im Kindergartenalter außerdem emotional flexibler als unsicher gebundene Kinder und kommen auch mit kleineren Frustrationen gut zurecht. Erste Befunde legen nahe, dass diese positiven Kompetenzen im Umgang mit mäßigen Anforderungssituationen sich auch in besseren Ergebnissen in Entwicklungstests niederschlagen. 916

Sicher gebundenen Kindern im **Vorschulalter** gelingt es besser als unsicher gebundenen Kindern, ihre Fähigkeiten und Unzulänglichkeiten realistisch einzuschätzen. Dabei dürfte ein realistischer Umgang mit eigenen Fehlern und Schwächen auch von einem sicheren Selbstwertgefühl abhängen. Neben einer positiven Einschätzung des eigenen Selbst verfügen sicher gebundene Kinder im Vorschulalter und frühen Schulalter über **aktive Handlungskompetenzen**. Sie äußern je- 917 doch auch deutlich ihr Bedürfnis nach Hilfe und Trost von Bindungspersonen, wenn sie mit einer Situation nicht zurechtkommen.

918 In der **mittleren Kindheit** sind die Anforderungen an sozial kompetentes Verhalten von Kindern natürlich komplexer. Ein Kind muss nicht nur mit anderen Kindern interagieren, sondern auch stabile Freundschaften mit Gleichaltrigen aufbauen und sich einen Platz in einer Gruppe erobern. Diese unterschiedlichen Anforderungen an die Gestaltung von Freundschaften und der Befriedigung sozialer Anerkennung müssen überdies miteinander koordiniert werden. Sicher gebundene Kinder haben im Vergleich mit unsicher gebundenen Kindern **wenige, aber gute Freunde**. Unter den unsicher gebundenen Kindern sind es die ambivalent gebundenen Kinder, die viele Probleme mit Freunden haben. Vermeidend gebundene Kinder wiederum sprechen nicht bzw. wenig über negative Gefühle wie Kummer oder Traurigkeit, sei es im Zusammenhang mit Problemen mit Freunden oder mit den Eltern. In diesem Alter zeigt sich nach neueren Untersuchungen außerdem, dass sicher gebundene Kinder besser in der Schule abschneiden als unsicher gebundene Kinder.

919 Sicher gebundene **Jugendliche** haben häufiger auch **mehr Erfolg in der Schule**. Sie unterscheiden sich darin von unsicher gebundenen Jugendlichen. Wie auf den früheren Altersstufen unterscheiden sich sicher gebundene Jugendliche zudem auch in **größerer Autonomie und höherer sozialer Kompetenz** von unsicher gebundenen Jugendlichen. Dabei bedeuten zunehmende Autonomie und Unabhängigkeit von den Eltern aber nicht, dass die Zuneigung der Jugendlichen zu ihnen nachlässt. Vielmehr wird nach bindungstheoretischer Auffassung Autonomie im Kontext von engen und dauerhaften Beziehungen entwickelt. Auch Jugendliche wenden sich unter Stress an ihre Eltern, allerdings natürlich nicht mehr so häufig wie im Kleinkindalter. Dennoch bleiben auch bei ihnen unter diesen veränderten Entwicklungsbedingungen und -anforderungen ihre Bindungs- und Sicherheitsbedürfnisse aktiv. Dabei sind sicher gebundene Jugendliche dadurch charakterisiert, dass sie moduliert und flexibel zwischen Sicherheitsbedürfnissen und der Berücksichtigung der Bedürfnisse anderer auf der einen Seite und den eigenen Autonomiebestrebungen auf der anderen Seite balancieren können. Bei Meinungsverschiedenheiten mit den Eltern argumentieren sie engagiert und konstruktiv, berücksichtigen aber die Perspektive der Eltern. Unsicher gebundene Jugendliche hingegen neigen dazu, Meinungsverschiedenheiten nicht auszutragen und Konflikte zu vermeiden oder manipulativ bzw. nötigend vorzugehen. **Bei Gleichaltrigen** sind sicher gebundene Jugendliche **sozial akzeptiert und anerkannt**. Unsicher gebundene Jugendliche gelten dagegen häufig als feindselig und sozial weniger kompetent.

920 Bindungssicherheit lässt sich also auf unterschiedlichen Entwicklungsaltersstufen unterschiedlich beschreiben. Dabei wird die **Balance zwischen Sicherheitsbedürfnissen und Autonomiebestrebungen** jeweils vor dem Hintergrund neuer und zunehmend differenzierter Entwicklungskompetenzen und -anforderungen neu gestaltet und ausgedrückt. Dennoch ist hervorzuheben, dass Bindungsunsicherheit eine normale Anpassungsstrategie auf eine mehr oder weniger förder-

liche Beziehungsumwelt ist und keineswegs pathologisch verstanden werden kann. Es gibt keinen systematischen empirischen Zusammenhang zwischen unsicherer Bindung und der Entwicklung von spezifischen psychiatrischen Störungsbildern (*Zeanah & Smyke*, 2009).

7. Kontinuität bindungscharakteristischen Verhaltens

Die individuell unterschiedlichen Beziehungserfahrungen, die Säuglinge und Kleinkinder mit ihren Bindungspersonen machen, beeinflussen also offenbar auch ihr Verhalten gegenüber der übrigen sozialen und gegenständlichen Welt. Wie kommt es zu solchen bindungscharakteristischen Verhaltensweisen, die sich von der Kleinkind-, über die Kindergarten- und Schulzeit bis ins Jugendalter verfolgen lassen? Solche Befunde legen auf den ersten Blick ja ein „deterministisches" Modell nahe: „Einmal sicher gebunden, immer sicher gebunden." Der Vorwurf eines solcherart statischen theoretischen Modells wird auch häufig gegenüber der Bindungstheorie erhoben.

921

Demgegenüber begründen Bindungstheoretiker die beobachtete Kontinuität bindungscharakteristischen Verhaltens über die Zeit hinweg mit der Annahme so genannter „innerer Arbeitsmodelle". Diese gelten zwar als hartnäckig gegenüber Veränderungen, aber als prinzipiell veränderbar. Frühe Beziehungserfahrungen werden verinnerlicht und auf neue, andere Beziehungen übertragen. Dies wird als so genannte Repräsentation bezeichnet. Diese internen Erwartungsmuster über sich selbst, die Bindungspersonen und die Beziehung mit ihnen beeinflussen die Gefühle, die Einschätzung über das vermutete Verhalten der anderen bzw. das eigene Verhalten.

922

Sobald das Kind gegen **Ende des ersten Lebensjahres** über zunehmend differenzierte kognitive Kompetenzen wie erweiterte Gedächtnisstrukturen oder einer rudimentären Selbst-Anderen-Unterscheidung (siehe auch in diesem Handbuch Ziegenhain, Rn. 804) verfügt, werden die frühen Interaktionserfahrungen in internen Erwartungsmustern (zunächst auf einer senso-motorischen, nicht reflektierten Ebene) repräsentiert, d.h., sie sind nicht bewusst. Das Kind macht Erfahrungen mit engen Bezugspersonen und entwickelt daraus wiederum Erwartungen über das Verhalten von Vater oder Mutter und auch über seine eigenen Verhaltensmuster und die damit einhergehenden Gefühle. Aus alltäglichen Erfahrungen heraus entwickelt es „innere Arbeitsmodelle" über seine Beziehung („scripts", „generalisierte Schemata" in der Terminologie anderer kognitionspsychologischer Ansätze). Es organisiert seine Interaktionserfahrungen mit engen Bindungspersonen in inneren Repräsentationen. Dabei internalisiert es keine konkreten Erlebnisse, sondern **schematisierte Handlungsvorlagen**. Also nicht: „Wenn ich weine, nimmt Mama mich auf den Arm", sondern „Wenn ich unglücklich bin, werde ich getröstet" oder aber „Wenn ich unglücklich bin, muss ich alleine zurechtkommen". In diesem frühen Alter werden die Beziehungserfahrungen noch dyadisch, d.h. personen- oder beziehungsspezifisch organisiert (De Wolff & *Van Ijzendoorn*, 1997).

923

924 In folgenden Entwicklungsschritten werden auf einer Symbolisierungsebene auch Sprache sowie neue kognitive und sozial-emotionale Entwicklungskompetenzen in die bestehenden internen Arbeitsmodelle integriert und differenziert. Während das Kleinkind auf der senso-motorischen Entwicklungsstufe Informationen nur relativ „starr" umzusetzen vermag und nur sehr rudimentär in der Lage ist, das Verhalten der Bindungsperson zu interpretieren bzw. seine Reaktion auch nur aktuell darauf beziehen kann, verfügt das **zwei- bis dreijährige Kleinkind** auf der symbolischen Repräsentationsebene über deutlich flexiblere Kompetenzen. Es verfügt auf der symbolischen Repräsentationsebene vermutlich bereits über anschauliche „innere Arbeitsmodelle" über das eigene Selbst und seine Beziehungen, und ab etwa vier Jahren verarbeitet es diese zu strukturellen Begriffen und Konzepten; auch beginnen die Kinder auf dieser Entwicklungsstufe damit, Erfahrungen reflektierend miteinander zu verknüpfen und erste Verallgemeinerungen über ihre Beziehungen zu konstruieren. Die Repräsentationen sind nun also nicht mehr personenspezifisch verankert, sondern werden zunehmend beziehungsübergreifend generalisiert.

925 Individuell unterschiedlich werden dabei die Repräsentationen von den Beziehungserfahrungen mit relevanten Erwachsenen beeinflusst. Beispielsweise wird ein Kind, das seine Bezugsperson als überwiegend zurückweisend erfährt und diese insofern auch intern als zurückweisend repräsentiert, auch von sich selbst eher eine Vorstellung als eines wenig liebenswerten und von anderen nicht akzeptierten Menschen entwickeln. Demgegenüber wird ein Kind, das seine Bindungspersonen als emotional verfügbar und unterstützend erlebt, ein Selbstmodell konstruieren, nach dem es kompetent und liebenswert ist. Die Entwicklung des eigenen Selbstwertgefühls ist danach also mit der Art der Beziehungserfahrungen verknüpft.

926 Solche inneren Vorstellungen wirken nicht nur auf die Haltung zu den Bindungspersonen und den Umgang mit ihnen zurück, sondern beeinflussen auch zunehmend den Umgang mit anderen Menschen. Das Kind sucht und erlebt neue Beziehungen im Kindergarten oder in der Schule auf der Grundlage seiner bisherigen Beziehungserwartungen und -erfahrungen mit sich selbst und anderen. Es verhält sich entsprechend seinen Erwartungen und die anderen reagieren entsprechend darauf.

927 Vor dem Hintergrund der bisherigen empirischen Befunde aber lässt sich nicht zwangsläufig auf einen kontinuierlichen Entwicklungsverlauf von Bindungssicherheit von der frühen Kindheit ins Jugend- und Erwachsenenalter schließen. Die wenigen, bisher vorliegenden Längsschnittuntersuchungen zeichnen auf den ersten Blick ein uneinheitliches Bild. Danach werden kontinuierliche Zusammenhänge zwischen der Bindungsqualität in der frühen Kindheit und der weiteren Entwicklung bis ins Jugend- und frühe Erwachsenenalter in einigen Untersuchungen bestätigt, während ein solcher Zusammenhang in anderen Untersuchungen nicht bestand. Allerdings fanden sich Hinweise auf den Einfluss von Lebenserfahrungen wie Scheidung, Krankheit oder Tod der Eltern, die die Veränderungen in der Bindungsqualität (in vermehrte Unsicherheit) plausibel erklären dürften.

Diese Befunde entsprechen modernen entwicklungspsychologischen Annahmen, nach denen Bindungssicherheit oder Bindungsunsicherheit nicht allein von frühen Beziehungserfahrungen abhängt. Neben Einflussfaktoren wie den oben erwähnten Stressbelastungen kann auch die **Qualität außerfamiliärer Tagesbetreuung oder** die Qualität **des sozialen Netzwerks der Familie** die spätere Bindungsrepräsentation zu unterschiedlichen Zeitpunkten im Entwicklungsverlauf positiv oder negativ beeinflussen. Ebenso werden Veränderungen in der Bindungsqualität auch als normativ auftretende **Veränderungen im Entwicklungsverlauf** diskutiert. Dazu gehören Übergänge, die mit qualitativ bedeutsamen sozialen, emotionalen und kognitiven Veränderungen verbunden sind, wie die des Übergangs von der senso-motorischen in die symbolische (präoperative) Phase im Kleinkindalter oder die des Übergangs ins Jugendalter (formal-operative Phase). Schließlich können auch spätere Beziehungserfahrungen mit anderen nahestehenden Personen als den Eltern die Bindungssicherheit beeinflussen. In klinischen Interviews mit bindungssicheren Erwachsenen über negative Bindungsvorerfahrungen mit ihren Eltern finden sich häufig Hinweise auf positive Erfahrungen mit anderen nahestehenden Menschen. Dies waren häufig Großeltern oder andere Verwandte und in späterem Alter auch Freunde, Liebespartner und nicht selten Therapeuten.

928

8. Geschwisterbeziehungen

Dabei gehören Geschwisterbeziehungen zu denjenigen Beziehungen, die gewöhnlich von der Kindheit über die gesamte Lebensspanne hinweg andauern und sowohl sozial-emotionale als auch kognitive Entwicklung mit beeinflussen, und zwar gleichermaßen positiv wie negativ. Geschwister können im Umgang mit widrigen Lebensereignissen unterstützen, wie etwa bei Problemen mit Gleichaltrigen oder bei Partnerschaftskonflikten im späteren Leben und sie beeinflussen insgesamt Anpassungsprozesse positiv. Geschwisterbeziehungen sind aber nicht selten auch von Rivalitäten und Konflikten geprägt, die auch so genanntes „Bullying" einschließen können. Gemäß neuerer Studien sind bis zu 40% von Kindern Bullying im Sinne wiederholten und aggressiven Verhaltens durch Geschwister in der Familie ausgesetzt. Bullying unter Geschwister birgt ein erhöhtes Risiko für die betroffenen Kinder emotionale Probleme, wie depressive Symptome oder selbstverletzendes Verhalten zu entwickeln (Wolke et al., 2015). Die Qualität der Beziehungen zwischen Geschwistern scheint überwiegend durch die Qualität ihrer Beziehung mit den Eltern beeinflusst zu werden:

929

Eltern sind unterschiedlich kompetent, ihren Kindern Einfühlungsvermögen und Verständnis für die Perspektive und die Gefühle des jeweils anderen Geschwisterkindes zu vermitteln. Banale Situationen, wie beispielsweise die Auseinandersetzung von Geschwistern um ein Spielzeug, werden von Eltern durchaus unterschiedlich „geschlichtet". Kommentare, die den Kindern die Perspektive und die Gefühle des jeweils anderen Kindes vermitteln, helfen ihnen, sich in die Perspektive des anderen Kindes einzufühlen, ohne aber befürchten zu müssen, dass ihre eigene Perspektive unberücksichtigt bleibt: „Schau mal, das gehört eigentlich dei-

930

nem Bruder, und du müsstest ihn vorher fragen, wenn du damit spielen willst", und zum anderen Kind gewandt: „Das ist nicht in Ordnung, wenn du deinen Bruder schlägst, das tut ihm ganz schön weh, er weint jetzt" (vgl. oben Rn. 668). Demgegenüber werden Empathie und Perspektivenübernahme nicht gefördert, wenn Verhalten und Gefühle der Kinder nicht verdeutlicht werden: „Hört sofort mit diesem Krach auf!" Noch schwieriger sind Parteinahmen der Eltern für ein Geschwisterkind, ohne die Position des anderen Kindes zu berücksichtigen. Solches Verhalten fördert Rivalität und Eifersucht unter Geschwistern und erhöht die Wahrscheinlichkeit einer unsicheren Geschwisterbeziehung (vgl. oben Rn. 790 f.).

931 Die internen Vorstellungen, die Kinder in ihrer ersten engen Bindungserfahrung über sich selbst, über die Eltern und die damit einhergehenden Gefühle und Erwartungen gemacht haben, beeinflussen offenbar auch ihr Verhalten im Umgang mit Geschwistern. Untersuchungen belegen, dass ältere Geschwister, die eine sichere Bindung mit der Mutter hatten, weniger eifersüchtig waren und ihre jüngeren Geschwister häufiger trösteten als ältere Geschwister, die mit der Mutter unsicher gebunden waren. Sicher gebundene ältere Geschwister wurden auch von ihren kleinen Geschwistern häufiger aktiv aufgesucht, wenn diese bekümmert waren und Trost brauchten. Und die jüngeren Geschwister, die mit der Mutter sicher gebunden waren, akzeptierten im Unterschied zu unsicher gebundenen jüngeren Geschwistern die älteren Geschwister problemlos als „Trostersatz", wenn die Mutter nicht da war.

932 Für die Praxis lässt sich folgern, dass **auch Geschwisterbindungen enge Bindungen** sind, und zwar unabhängig von ihrer Qualität. **Kinder leiden** daher nicht nur unter der Trennung von den Eltern, sondern auch **unter der Trennung von den Geschwistern**. Insbesondere dann, wenn solche Trennungen abrupt stattfinden, können sie sich, ebenso wie Trennungen von den Eltern, negativ auf die weitere sozial-emotionale Entwicklung des Kindes auswirken.

9. Hochunsichere Bindung und Bindungsstörungen

933 Die bisher beschriebenen Stile sicherer, unsicher-ambivalenter und unsicher-vermeidender Bindung stehen im Zusammenhang mit unterschiedlichen Persönlichkeitsstilen und unterschiedlichem Selbstwertverhalten im Verlauf der Entwicklung. Sie charakterisieren außerdem die Vielfalt der Beziehungserfahrungen von Kindern. Wichtig ist es festzuhalten, dass sichere Bindung ebenso wie die beiden Stile unsicherer Bindung Normvarianten sind. Dabei lässt sich **sichere Bindung als Schutzfaktor** auffassen. Die Stile unsicherer Bindung stehen im Zusammenhang mit eingeschränkten sozial-emotionalen Kompetenzen oder mangelndem Selbstwert und haben keine psychopathologische d.h. klinische Relevanz.

934 Demgegenüber lassen sich so genannte **hochunsichere Bindungen und Bindungsstörungen** entwicklungspsychopathologisch interpretieren und als bedeutsame **Risikofaktoren** für die weitere Entwicklung betrachten. Hochunsichere Bindung und dabei die so genannte hochunsicher-desorganisierte Bindung ist einer der wenigen Prädiktoren, der spätere Psychopathologie aus der frühen Kind-

heit in normalen Populationen voraussagt (*Lyons-Ruth & Jacobwitz*, 2016). Sowohl das Konzept der hochunsicheren Bindung als auch das Störungsbild der Bindungsstörungen stützen sich auf beziehungsbezogene und klinisch relevante Probleme, entstammen aber unterschiedlichen Konzepten. Hochunsichere Bindungen wurden im Kontext entwicklungspsychologisch-bindungstheoretischer Forschung definiert. Bindungsstörungen sind Diagnosekriterien in der Klassifikation psychischer Störungen des Kindesalters (ICD-10 bzw. zukünftig ICD-11). **Hochunsichere Bindung weist klinische Nähe zu Bindungsstörungen auf**. Danach kann in einzelnen Fällen eine klinische Überlappung von hochunsicher-desorganisierter Bindung und (reaktiver) Bindungsstörung bestehen. Betroffene Kinder zeigen nicht selten die gleichen Verhaltensweisen wie Kinder mit einer reaktiven Bindungsstörung, dazu gehören Furchtreaktionen wie Erstarren oder Einfrieren („Freezing" bzw. „Frozen Watchfulness"). Auf der Basis neuerer Studien werden diese angstassoziierten Verhaltensweisen eher als Symptome traumatisierter Kinder interpretiert. Im ICD-11 wird dieser Bezug zu einer traumatischen (Beziehungs-)Vorerfahrung zukünftig durch die Gruppierung der Bindungsstörungen unter traumaindizierte Störungsbilder Rechnung getragen.

Insgesamt muss von getrennten Phänomenen ausgegangen werden. Psychopathologisch relevante Probleme bei hochunsicherer Bindung lassen sich schwer von psychologischen Belastungen im Normalbereich abgrenzen. Die Klassifikation einer Bindungsstörung beschreibt eine voll ausgebildete psychische Störung des Kindesalters, während hochunsichere Bindung ein Kontinuum beschreibt, das die Intensität und den Ausprägungsgrad von Belastungen abbildet. Danach lassen sich Hinweise desorganisierten Verhaltens bei kleinen Kindern als vorübergehendes bzw. „flüchtiges" Phänomen genauso beobachten wie als chronisches Verhalten, letzteres meist im Kontext von Familien mit vielfältigen und schwerwiegenden Belastungen (Ziegenhain & Fegert, 2019).

935

Hinzu kommt, dass sie sich auch in ihrer Auftretenshäufigkeit unterscheiden. Die Auftretenshäufigkeit hochunsicherer Bindung beträgt ca. 15 % -20% in Normalstichproben und ist bei Kindern aus klinischen und Hochrisikogruppen um das Zwei- bis Dreifache erhöht. Demgegenüber wird die Auftretenshäufigkeit von Bindungsstörungen auf weniger als 1 % geschätzt (wegen fehlender empirischer Daten extrapoliert auf der Basis von Häufigkeiten von Misshandlung und Vernachlässigung). Zum Vergleich dazu treten unsichere Bindungen in Normalstichproben mit ca. 40 % auf.

936

10. Hochunsichere Bindung

Zumindest in der frühen Kindheit ist eines der zentralen Merkmale hochunsicherer Bindung, dass die Kinder in Situationen erhöhter Belastung und erhöhter innerer Erregung ihr Verhalten nicht mehr kohärent organisieren können. Sie zeigen bindungsbezogenes Konfliktverhalten in Situationen erhöhter Belastung und erhöhter innerer Erregung Insbesondere Kleinkinder zeigen dann unter Belastung keine Nähe- und Kontaktsuche zur Bindungsperson bzw. bizarre Verhaltensweisen, wie beispielsweise starke Gehemmtheit in der Situation, körperliches Erstarren über

937

mehrere Sekunden oder Furchtreaktionen. Diese Verhaltensweisen beschreiben Indikatoren für eine **hochunsicher-desorganisierte Bindung.**

938 **Für die Praxis ist es wichtig**, dass solche Signale auf einen Zusammenbruch der Bewältigungsstrategien von Kindern hinweisen können und darauf, dass sie ihr Verhalten und ihre Gefühle nicht mehr flexibel regulieren können. Die Verhaltenshinweise lassen sich nicht immer entwicklungskritisch und entwicklungspsychopathologisch interpretieren. Vielmehr können sie auch auf eine situative und vorübergehende Belastung hindeuten, z.B. wenn das Kind in die Krippe eingewöhnt wird oder wenn ein Geschwisterkind geboren wird, wenn die Eltern Belastungen ausgesetzt sind bzw. Konflikte haben. Solche Belastungszeichen sind dann entwicklungskritisch, wenn sie chronisch sind und zum Beziehungsalltag eines Kindes gehören.

939 In solchen chronischen Beziehungskontexten fanden sich häufige Zusammenhänge zwischen hochunsicherer Bindung im Kleinkindalter und späteren Verhaltensproblemen. Diese zeigten sich insbesondere im Zusammenhang mit externalisierenden und internalisierenden Problemen im Kindergarten und im frühen Schulalter.

940 Dabei waren hochunsicher gebundene Kinder gewöhnlich psychosozial multiplen Belastungen ausgesetzt. Es waren Kinder mit Misshandlungs- und Vernachlässigungserfahrungen, die gehäuft hochunsicher gebunden waren, ebenso wie Kinder mit depressiv erkrankten Müttern, Kinder mit alkohol- oder drogenabhängigen Eltern oder Kinder von jugendlichen und allein erziehenden Müttern. Zusammenhänge fanden sich außerdem zwischen hochunsicherer Bindung bei Kindern und unverarbeiteten Trauerprozessen der Eltern über den (frühen) Verlust einer nahe stehenden Bindungsperson.

941 Bei Kindern **jenseits des Kleinkindalters** zeigt sich hochunsicheres Bindungsverhalten dann in Strategien auffällig **kontrollierenden Verhaltens**. Darunter versteht man einerseits überfürsorgliches Verhalten bis hin zur Parentifizierung oder aber bestrafendes und beschämendes Verhalten gegenüber der Bindungsperson (*Cassidy & Marvin*, 1992; *Crittenden*, 1994). Solcherart kontrollierendes Verhalten lässt sich dann etwa im Zusammenhang mit Interaktionssituationen beobachten, in denen die Kinder wenig bzw. kognitiv schwer nachvollziehbare und beliebige Rahmenbedingungen und Grenzen erleben und/oder starke Überbehütung. Die Kinder verhalten sich entweder einseitig manipulativ drohend und aggressiv gegenüber der Bindungsperson oder hilflos und passiv.

942 **Unangemessen fürsorgliches Verhalten** gegenüber der Bindungsperson zeigt sich vor allem bei Kindern mit Bindungspersonen, die (emotional) sehr zurückgezogen und wenig ansprechbar sind, wie z.B. vernachlässigende Eltern oder auch Eltern mit depressiver Symptomatik. Die Kinder zeigen dann häufig bemühtes und fürsorgliches Verhalten, indem sie mit kleinen Albernheiten die Aufmerksamkeit der Mutter oder des Vaters suchen oder sich fürsorglich und liebevoll um sie oder ihn kümmern. In besonders ausgeprägten Fällen kann dieses Verhalten in eine Übernahme der elterlichen Rolle münden. Die Kinder reagieren mit dieser Strategie

auf eine Beziehungssituation, in der die Gefahr, von einer emotional sehr zurückgezogenen Bindungsperson nicht beachtet zu werden, größer ist als die Gefahr, zurückgewiesen zu werden, wenn sie ihr zu nahe kommen bzw. wenn sie ihr Bedürfnis nach Nähe und Trost äußern. Diese Kinder scheinen vornehmlich zu lernen, das zu tun, was andere von ihnen wollen, jedoch nicht, wie sie selbst oder andere fühlen. Sie sind Selbstzweifeln gegenüber sehr empfindlich und dürften gefährdet sein, keinen Zugang zu den eigenen Gefühlen zu entwickeln.

Eine andere hochunsichere Strategie des vermeidenden Typs äußert sich in **stark bemühtem und (über-)angepasstem Verhalten** gegenüber der Bindungsperson und lässt sich als Reaktion auf ein aggressives oder feindseliges Beziehungsmilieu interpretieren.

943

Die **Risiken hochunsicher gebundener Kinder** liegen in der Entwicklung aggressiver Verhaltensauffälligkeiten im Kindergartenalter, depressiver Symptomatik, aber auch Verzögerungen in der kognitiven Entwicklung von der frühen Kindheit bis ins Jugendalter. Gewöhnlich führt aber hochunsichere Bindung dann nicht für sich alleine genommen zu späteren Entwicklungs- und Verhaltensauffälligkeiten, sondern in Kombination mit anderen Risikofaktoren. Zu solchen Risiken gehören beispielsweise Armut, Arbeitslosigkeit, familiale und psychosoziale Belastungen wie Trennung bzw. Scheidung der Eltern oder die des Alleinerziehens, und zwar besonders dann, wenn die Familien materiell wenig abgesichert und sozial wenig unterstützt werden. Weitere Risikofaktoren sind psychische Belastungen und Störungen oder Alkohol-, Drogen- und Medikamentenmissbrauch der Eltern. Auch negative Kindheitserfahrungen der Eltern können sich auf die Beziehung mit ihrem Kind auswirken, wie beispielsweise aus der Misshandlungsforschung bekannt ist.

944

Derzeit diskutiert wird, dass einige Kinder verletzlicher gegenüber Belastungs- und Stresserfahrungen sind als andere Kinder und dass sie gefährdeter sind, eine hochunsichere Bindung zu entwickeln. Es wird angenommen, dass eine solche Verletzlichkeit temperamentsabhängig und/oder genetisch bedingt ist. In neueren Studien wurde der Einfluss des Polymorphismus des 7-repeat allels des DRD4-Gens (bereits assoziiert mit aggressivem und hyperaktivem Verhalten) sowie der Serotonin-Transmitter-Polymorphismus (assoziiert mit der Regulation von Furcht und Angst) untersucht. Hochunsicher-desorganisierte Bindung ließ sich etwa aus der Wechselwirkung zwischen kritischem mütterlichem Verhalten und dem DRD4-Polymorphismus voraussagen, aus der zwischen wenig responsivem mütterlichen Verhalten und dem Serotonin-Transmitter-Polymorphismus sowie aus der Wechselwirkung früher unverarbeiteter Verluste oder früher Traumatisierung der Mutter und dem DRD4-Polymorphismus beim Kind. Es scheint wohl so zu sein, dass die genetische Ausstattung eines Kindes mit darüber bestimmt, wie stark sich kritisches elterliches Verhalten auf die Entwicklung hochunsicherer-desorganisierter Bindung auswirkt.

945

11. Bindungsstörungen

946 Bindungsstörungen sind eine **voll ausgebildete psychische Störung des Kindesalters**. Sie beschreiben Verhaltensweisen, die in den meisten sozialen Kontexten entwicklungsunangemessen sind. Es werden zwei Formen von Bindungsstörungen unterschieden: Die **„reaktive Bindungsstörung im Kindesalter"** (F94.1) beschreibt entweder extrem furchtsames oder gehemmtes beziehungsweise ambivalentes und widersprüchliches kindliches Verhalten. Die **„Bindungsstörung des Kindesalters mit Enthemmung"** (F94.2) beschreibt enthemmtes und distanzloses Verhalten gegenüber verschiedenen Bezugspersonen. Beide Störungsbilder werden als Folge eines extrem inadäquaten Beziehungskontextes begründet. Mit Einführung des ICD-11 (bzw. vorhergehend des DSM-5) wird **extrem unzureichende Fürsorge** („insufficient care") spezifisch als Vernachlässigung, häufige Wechsel von Bezugspersonen oder Deprivation im Kontext von unzureichender Betreuung in stationären Settings spezifiziert (AACAP, 2016; vgl. Ziegenhain & Fegert, 2019). AACAP, 2016). Letztlich sind damit Situationen umschrieben, die es Kindern erschweren, exklusive Bindungen zu nahestehenden Bezugspersonen aufzunehmen bzw. in einer hinreichend guten Bindungsbeziehung aufzuwachsen.

In Anlehnung an Veränderungen im DSM-5 werden neu im ICD-11 die beiden Formen von Bindungsstörungen unter so genannte traumaindizierte Störungsbilder gruppiert („Trauma-and-Stressor-Related Disorders"). Zudem wird die bisherige „Bindungsstörung mit Enthemmung" neu als „Störung enthemmter sozialer Beziehungsaufnahme" („disinhibited social engagement disorder", DSED) benannt. Damit geht zudem ein verändertes konzeptuelles Verständnis der Störung enthemmter sozialer Beziehungsaufnahme einher: Sie beschreibt im Kern sozial distanzloses Verhalten gegenüber fremden und unvertrauten Erwachsenen. Solches Verhalten, so die Argumentation, lässt sich nicht ausschließlich auf Störungen in der Bindungsbeziehung zurückführen. Vielmehr kann es bei fehlender oder bei abweichender Bindung ebenso wie in positiven Bindungsbeziehungen auftreten, etwa in Pflege- oder Adoptionsbeziehungen (vgl. Ziegenhain & Fegert, 2019).

947 Bei der Diagnostik gilt, dass **beide Störungsbilder schon vor dem fünften Lebensjahr des Kindes begonnen** haben. Bindungsstörungen in der frühen Kindheit stehen in einem engen Zusammenhang mit der Entwicklung vieler weiterer psychischer Erkrankungen in der mittleren Kindheit sowie in der Adoleszenz (*Schmid, Petermann & Fegert*, 2013).

948 **Reaktive Bindungsstörungen** sind neben übermäßig ängstlichem und wachsamem Verhalten durch widersprüchliche oder ambivalente Reaktionen in unterschiedlichen sozialen Situationen gekennzeichnet. Weitere Kriterien sind emotionale Auffälligkeiten, die sich in verminderter Ansprechbarkeit, Furchtsamkeit, Rückzugsverhalten sowie aggressivem Verhalten gegenüber sich selbst oder gegenüber anderen als Reaktion auf das eigene Unglücklichsein beobachten lassen. Gegenüber Bindungspersonen sind die Symptome ambivalenter Reaktionen beispielsweise durch wechselnde Suche von Nähe und Vermeidung von Körperkontakt oder Trostversuchen gekennzeichnet, auch oder insbesondere in für das Kind belastenden Situationen. Kennzeichnend für Kinder mit reaktiver Bindungsstörung ist außerdem ein gleichermaßen aggressives wie stark zurückgenommenes Verhalten gegenüber Bindungspersonen. Dennoch lassen sich in der Interaktion mit adäquat reagierenden Bezugspersonen soziale Gegenseitigkeit und Ansprechbarkeit beobachten. Die Interaktion mit Gleichaltrigen, wie z.B. soziales Spielen, ist eingeschränkt.

Die Diagnose der **mit Enthemmung** wird vergeben, wenn Kinder diffuse beziehungsweise mangelnde exklusive Bindungen während der ersten fünf Lebensjahre haben, wenn sie situationsübergreifend wenig modulierte und distanzlose Interaktionen mit unvertrauten Personen zeigen sowie anklammerndes Verhalten oder extreme Suche nach Aufmerksamkeit. Diffuse Bindungen mit Bezugspersonen zeigen sich darin, dass insbesondere Bindungsbedürfnisse, wie die Suche nach Trost oder Nähe, unterschiedslos gegenüber Bezugspersonen und unvertrauten Personen gezeigt werden. Auch für den Typ „Bindungsstörung mit Enthemmung" sind aggressives Verhalten (gegen sich selbst und gegen andere) sowie eingeschränkte Interaktion mit Gleichaltrigen und eingeschränktes soziales Spiel kennzeichnend.

949

12. Hochunsichere Bindungen und Bindungsstörungen als Abweichung der biologisch erwartbaren Suche nach Nähe und Trost bei Belastung

Hochunsichere Bindung und Bindungsstörungen lassen sich als Verletzung der grundlegenden Organisation des Bindungssystems verstehen. Das bedeutet, dass es zu einer Abweichung vom biologisch angelegten Verhaltenssystem kommt, wonach Kinder unter Belastung unweigerlich Nähe und Kontakt zu einer Bindungsperson suchen.

950

Bei Kindern mit hochunsicherer Bindung nimmt man an, dass **Furcht** die diesen Kindern gemeinsame Beziehungserfahrung ist. Dabei kann Furcht nach dieser Annahme in zweierlei Hinsicht wirken. Die Furcht der Kinder resultiert entweder aus der direkten Interaktionserfahrung mit einer bedrohlichen, feindseligen oder gar misshandelnden Bindungsperson oder indirekt aus den Auswirkungen (potenziell) traumatischer Beziehungsvorerfahrungen der Bindungsperson, die die aktuelle Beziehung zum Kind beeinflussen. Gemäß dieser Annahme ist das Kind in einem unlösbaren Konflikt gefangen. Furcht aktiviert, biologisch programmiert, das kindliche Bindungssystem. Das Kind muss daher unweigerlich Nähe und Kontakt zur Bindungsperson suchen. Ist aber die Bindungsperson, bei der das Kind Schutz sucht, gleichzeitig diejenige, die seine Furcht verursacht, dann kollabieren seine Verhaltensstrategien und seine Aufmerksamkeit. Sind solche konflikthaften Erfahrungen nachhaltig und/oder stark angstauslösend, beeinträchtigen sie offenbar die Bewältigungskompetenzen des Kindes und seine Fähigkeiten, seine Gefühle flexibel zu regulieren. Die Kinder zeigen unter Belastung keine Nähe- und Kontaktsuche zur Bindungsperson beziehungsweise die oben beschriebenen bizarren Verhaltensweisen.

951

952 Diese lassen sich als Hemmung von Bindungsverhalten umschreiben. Mit einer solchen Hemmung von Bindungsverhalten lassen sich auch die Verhaltensweisen der Kinder interpretieren, die mit einer „Reaktiven Bindungsstörung" klassifiziert werden. Das Verhalten eines Kindes, das etwa in einer unvertrauten Situation und bei offensichtlicher Belastung oder Angespanntheit die Bindungsperson nicht adressiert, widerspricht der bindungstheoretischen Erwartung.

953 Insofern besteht hier in einzelnen Fällen eine klinische Überlappung von hochunsicher-desorganisierter Bindung und reaktiver Bindungsstörung, die sich an den oben beschriebenen Furchtreaktionen (Erstarren oder Einfrieren, siehe oben Rn. 934) ablesen lässt.

954 Das Verhalten von Kindern mit Bindungsstörung mit Enthemmung bzw. zukünftig „Störung enthemmter sozialer Beziehungsaufnahme" lässt sich als eine Überaktivität des Bindungssystems interpretieren. Diese zeigt sich im Unvermögen des Kindes, differenziertes und persönlich bezogenes Bindungsverhalten gegenüber einer Bezugsperson zu zeigen. Das Verhalten eines Kleinkindes beispielsweise, das in einer unvertrauten Situation bereitwillig und ohne soziale Rückversicherung bei der Bindungsperson mit einem fremden Menschen mitgeht, widerspricht der bindungstheoretischen Erwartung, nach der das Kind sich bei Verunsicherung oder Belastung an eine exklusive Bindungsperson wendet.

955 Bindungsstörungen sind empirisch wenig erforscht und über ihren Entwicklungsverlauf ist wenig bekannt. Gemäß klinischen Beobachtungen finden sich Symptome der Bindungsstörung mit Enthemmung bzw. mit einer Störung enthemmter sozialer Beziehungsaufnahme eher bei Kindern, die massive Deprivationserfahrungen beziehungsweise häufig wechselnde Bindungspersonen haben, und Symptome der Reaktiven Bindungsstörung eher bei Kindern, die massiv misshandelt wurden. Bindungstheoretisch interpretiert bedeutet dies, dass Kinder mit einer Bindungsstörung mit Enthemmung keine Bindung zu einer stabilen Bezugsperson entwickeln konnten. Demgegenüber haben Kinder mit einer Reaktiven Bindungsstörung eine, allerdings häufig im Misshandlungskontext etablierte Bindung an eine Bezugsperson, können sie aber bei Belastung nicht als so genannte „sichere Basis" nutzen.

956 Viele Kinder erleben allerdings gleichermaßen häufig wechselnde Bezugspersonen als auch Misshandlung, so dass eine Unterscheidung schwierig ist.

13. Praktische Implikationen

957

958 Allein aus der Definition ihrer Tätigkeit heraus begegnen Verfahrensbeistände Kindern, die emotional belastet und verunsichert sind. Gewöhnlich leiden die Kinder unter der Trennung von zumindest einem Elternteil. Dabei sind **unkontrollierbare und abrupte Trennungen besonders belastend für Kinder**. In diesem Zusammenhang sind außerdem die oben beschriebenen Konfliktsituationen zu berücksichtigen, nach denen Kinder gleichermaßen unter der Trennung von einer Bindungsperson leiden und sich vor derselben Person fürchten können.

Dies gilt auch für Kinder, die – zumindest vordergründig – ruhig und gelassen wirken. Das **Verhalten oder der Gesichtsausdruck von Kindern lässt nicht immer direkte Rückschlüsse auf ihre Befindlichkeit zu**. Das Fehlen von Kummerreaktionen kann vielmehr Ergebnis unsicherer Beziehungsvorerfahrungen sein bzw. Ergebnis dessen, dass die Kinder gelernt haben, Kummeräußerungen eher zu unterdrücken. Vordergründig unauffälliges Verhalten von Kindern erlaubt zunächst **keine Rückschlüsse** auf ihre tatsächliche mögliche Belastetheit (dysregulierte physiologische Stressreaktivität: Cortisolausschüttung, autonomes Nervensystem). Ebenso wenig lässt sich daraus auf eine fehlende Bindung schließen. Umgekehrt lässt das Ausmaß panischen, klammernden Verhaltens **keine Rückschlüsse** auf die Intensität einer Bindung zu bzw. gar auf eine „gute" Bindung (*Cave*: teilweise auch entwicklungskritisches Verhalten). Schließlich ist es wichtig zu betonen, dass aus der entwicklungsbiopsychologisch begründeten Perspektive von Kindern Bindungspersonen diejenigen Erwachsenen sind, die täglich (emotional) verfügbar sind und sich um sie kümmern. Insofern ist **Bindung nicht durch genetische Verwandtschaft definiert**.

959

Eine angemessene Unterstützung für das Kind setzt dessen Vertrauen in den Verfahrensbeistand voraus. Um Vertrauen aufzubauen, braucht das Kind **hinreichend Zeit**, um den Verfahrensbeistand überhaupt kennenzulernen. Vertrauen wird außerdem über **klare, nachvollziehbare und verbindliche Absprachen** aufgebaut. Neben der zunehmenden emotionalen Sicherheit in der neuen Beziehung mit dem Verfahrensbeistand verbindet sich für das Kind damit auch kognitiv eine zunehmende Transparenz und Beteiligung. Für den Verfahrensbeistand bedeutet dies, das **Kind in seiner Autonomie zu respektieren**, unabhängig davon, ob er im Einzelnen den Wünschen oder Vorstellungen des Kindes folgen kann, bzw. unabhängig davon, wie realistisch er diese einschätzt.

960

II. Bedürfnis nach Versorgung, Ernährung und Gesundheitsfürsorge

1. Einleitung

Vernachlässigung ist eine wiederholte, länger dauernde oder andauernde Unterlassung fürsorglichen Handelns Erwachsener, welche sich in direkter Betreuungsverantwortung für ein Kind befinden. Die Unterlassung in Sicherstellung physischer und psychischer Bedürfnisse des Kindes kann aktiv oder unbewusst oder aufgrund mangelnden Wissens bzw. mangelnder Verständnismöglichkeiten erfolgen. Unter **körperlicher Vernachlässigung** ist die nicht hinreichende Versorgung und Gesundheitsfürsorge, die zu massiven Gedeih- und Entwicklungsstörungen führen kann (bis hin zum psychosozialen Minderwuchs), zu verstehen. **Emotionale Vernachlässigung** (Deprivation) stellt ein nicht hinreichendes oder ständig wechselndes und dadurch nicht ausreichendes emotionales Beziehungsangebot dar und ist von der emotionalen Misshandlung, die sich durch intrusive Methoden auszeichnet, wie Terrorisierung, Herabsetzung etc., zu unterscheiden. Tatsächlich wird emotionale Misshandlung in ihrer Bedeutung und Folge nicht selten unterschätzt.

961

Aktuelle neurobiologische Studien insbesondere um die Arbeitsgruppe von Teicher (Choi et al., 2009) belegten, dass gerade psychische Misshandlung, wie verbale Herabsetzung oder Demütigungen von Kindern, spezifische Verbindungen im sich entwickelnden Gehirn beeinträchtigen (vgl. Ziegenhain 2014).

962 Die schwersten Folgen hat Vernachlässigung bei Säuglingen und Kleinkindern, da diese am elementarsten auf eine allumfassende Grundversorgung angewiesen sind. Ihre chronische Unterversorgung kann zu einer Schädigung der körperlichen, geistigen und seelischen Entwicklung führen, sie kann darüber hinaus akut auch zu lebensbedrohlichen Situationen führen.

2. Die Bedeutung des familialen und sozialen Umfelds

963 *Polansky* (1981) beschreibt mit Blick auf die Persönlichkeitsstruktur vernachlässigender Eltern das Phänomen des so genannten „Apathienutzlosigkeitssyndroms". Eltern, die häufig in schweren sozialen Problemen stecken oder selbst an einer Depression erkrankt sind, sind wenig in der Lage, die notwendige Empathie für die Bedürfnisse eines Säuglings zu entwickeln. *Schone* (1997) spricht von unterschiedlichen Risikofaktoren, die er als Hypothesen zu Gründen und Ursachen der Vernachlässigung anführt. Auf der Basis einer Literaturübersicht nennt er die finanzielle und materielle Situation der Familie, insbesondere Armut, geringes oder gar kein Einkommen, Sozialhilfebezug, Schulden, Arbeitslosigkeit, beengte oder schlechte Wohnverhältnisse und Obdachlosigkeit (siehe auch *Münder* u.a., 2000).

964 In eigenen Untersuchungen (*Fegert*, 1997) zeigten wir in einer kinder- und jugendpsychiatrischen Inanspruchnahmepopulation, dass die Kombination von Mangel an Aufsicht und dem eher ablehnungstypischen Risiko „Mangel an Wärme" nach den Kriterien der Achse 5 der WHO gerade bei Eltern aus der untersten sozioökonomischen Schicht kumulieren. Eine logistische Regressionsgleichung, die diese beiden Variablen als abhängige Variablen und die übrigen Variablen der 5. Achse der WHO sowie Schicht und Alter als unabhängige Variablen annahm, machte deutlich, dass massive Not, d.h. nach den WHO-Kriterien Lebensbedingungen mit direkter psychosozialer Gefährdung, hochsignifikant mit einer *odds ratio* von 3,1 ein relativ höheres Vernachlässigungsrisiko mit sich bringt. Deutlich wurde dabei auch, dass, je besser die materiellen Ressourcen sind, desto mehr eventuelle Mängel an Basisbedürfnissen offensichtlich durch Einsatz fremder Hilfe kompensiert werden können. Dennoch behalten psychische und Suchterkrankungen eines Elternteils auch bei höherer Schicht ein erhöhtes Gefährdungsrisiko für Vernachlässigung der Kinder.

▶ **Zum multiaxialen Klassifikationsschema vgl. unten Rn. 900 ff.**

965 *Schone* (1997) verweist auch auf die Bedeutung der „sozialen Situation" und spricht insbesondere Integrationsprobleme, Isolation gegenüber der Nachbarschaft, schwierige Wohnmilieus, in denen Vernachlässigung akzeptiert oder toleriert wird, sowie fehlende Hilfe von außen, d.h. auch schlechte soziale Infrastruktur als Indikatoren. Zur familialen Situation nennt er Isolation in der eigenen Familie

und von der Verwandtschaft, Familienkonflikte, Trennung, Scheidung und gewalttätige Umgangsformen.

In Bezug auf das dort noch genannte **Risiko des Alleinerziehens** konnten wir in einer Literaturübersicht und Datenanalyse in unserer Rostocker Inanspruchnahmepopulation (*Fegert*, 2000) aufzeigen, dass ganz unterschiedliche Familienformen prinzipiell mit einem psychisch gesunden Aufwachsen von Kindern verbunden sein können. Während Alleinerziehen bis in die 70er Jahre durch die Stigmatisierung der betroffenen so genannten illegitimen Kinder noch tatsächlich ein psychosoziales Vernachlässigungsrisiko darstellte, hat die veränderte Realität familialer Lebenswelten hier einige korrigierende Einschränkungen dringend erforderlich gemacht. Als Risiko für Vernachlässigung ist Alleinerziehen vor allem bei sehr jungen unerfahrenen Teenagermüttern anzusehen. Überall da, wo die alleinerziehende Mutter durch eine psychische Erkrankung und/oder eine Suchterkrankung an der Empathie und Wahrnehmung kindlicher Bedürfnisse gehindert ist, stellt das Alleinerziehen auch ein erhöhtes Risiko dar. 966

Die meisten Studien, die generell von einem leicht erhöhten Risiko für Verhaltensauffälligkeiten durch Alleinerziehen ausgehen, lassen diesen Effekt auf sozioökonomische und Schichtvariablen zurückführen. Zentraler Prädiktor sind also die psychosoziale Situation, die Not und nicht die Beziehungsform Ehe, eheähnliche Beziehung, Alleinerziehen, gleichgeschlechtliche Partnerschaft etc. Umso mehr sind Elternvariablen und Kindvariablen zu betrachten. Unerwünschte Schwangerschaft, sehr frühe Elternschaft, geringes Bildungsniveau der Eltern, fehlende Perspektive der Erziehungsperson, mangelnde Leistungsfähigkeit aufgrund Krankheit und Behinderung der Eltern oder des Geschwisterteils, Suchtprobleme und nicht zuletzt eigene Deprivationserfahrungen der Eltern werden hier genannt (vgl. *Schone*, 1997). 967

3. Die kindlichen Basisbedürfnisse

Für Verfahrensbeistände ist es deshalb wichtig, zur Abschätzung einer Gefährdungssituation eines Kindes, Kenntnisse über kindliche Basisbedürfnisse und deren Altersabhängigkeit zu haben. Die Beschreibung solcher *„basic needs"* als Einschätzungskriterien (vgl. *Fegert*, 1997) kann hier hilfreich sein. Auch die Metapher der Bedürfnispyramide (vgl. *Maslow*, 1978) macht deutlich, dass **Kinder, je kleiner sie sind, umso stärker von der direkten Bedürfnisbefriedigung in den Bereichen Versorgung, Ernährung, Gesundheitsfürsorge abhängen**, wenngleich natürlich Liebe und Zuwendung, d.h. die emotionale Seite, in der Interaktion mit dem Kind bei der Beurteilung von Gedeihstörungen sowie körperlichen und psychischen Deprivationsfolgen nie zu vernachlässigen ist. 968

Häufig sind die Versorgungsdefizite nicht von einem Empathiedefizit zu trennen. *Steele* (1997) spricht davon, dass dieses **Empathiedefizit** verhindert, dass die Pflegepersonen tatsächlich die Hungerschreie der Kinder „hören". Es fehlen innere Maßstäbe und das Empathiedefizit verhindert, dass sie „sehen", dass Kinder nicht zunehmen etc. *Cantwell* (1997) beschreibt wie andere (vgl. Übersicht in *Schone*, 969

1997) Grundbedürfnisse, deren Befriedigung ein kleines Kind von den es umgebenden Versorgungspersonen erwarten darf.

a) Ernährung

970 Essen und Flüssigkeit muss in hinreichendem Ausmaß zur Verfügung stehen. Konsistenz und Nährwert der Nahrung muss altersangemessen sein. Frühkindliche Gedeihstörungen verweisen häufig auf unzureichende Ernährung oder Schwierigkeiten in der Eltern-Kind-Interaktion. Mit *Cantwell* (1997) kann die Wachstums- und Gewichtskurve des Kindes als „Zollstock" für die richtige Versorgung genommen werden. Das Untersuchungsheft für Kinder verzeichnet Perzentilenkurven. Werden regelmäßige ärztliche Untersuchungen wahrgenommen, lässt sich der Gewichtsverlauf gut dokumentieren. Liegt das Gewicht des Säuglings bzw. Kleinkindes unter der dritten Perzentile und steigt es nach Aufnahme angemessener Ernährung und unter positiven emotionalen Anregungsverhältnissen an, liegt der Verdacht nahe, dass vorher keine ausreichende Ernährung stattfand. Solche Situationen sind häufig nach der Aufnahme in eine Kinderklinik zu beobachten und sind in der Regel auch in Arztbriefen und Entlassungsberichten dokumentiert. Gleichzeitig werden in der Kinderklinik häufig unspezifische Entwicklungsverzögerungen festgestellt, die schon im stationären Milieu durch die dort vorhandene Anregung, z.B. durch das Pflegepersonal und durch spezifische Maßnahmen durch Ergotherapie, Logopädie etc. sich rasch zurückbilden. Differentialdiagnostisch müssen organisch begründete Krankheiten ausgeschlossen werden.

971 Eine Extremform solcher Gedeihstörungen ist der **psychosoziale Minderwuchs,** welcher im Gegensatz zu den relativ häufigen Gedeihstörungen (zwischen ein und fünf Prozent der Aufnahmen in Kinderkliniken) ein relativ seltenes, aber in diesem Kontext relevantes Phänomen darstellt (vgl. *Steinhausen*, 1981, 1985). Kriterien sind ausgeprägte Wachstumsverzögerungen mit einer Körpergröße unterhalb der dritten Perzentile und verzögerte Epiphysenreifung, schwere psychische Störungen mit hochgradig abnormem Essverhalten, Störungen des Schlaf-Wach-Rhythmus, herabgesetzte Schmerzempfindlichkeit und ausgeprägte Entwicklungsverzögerung. Die beschriebenen Symptome sind in der Regel durch Aufhebung der deprivierenden Bedingungen reversibel. Endokrine Funktionen, Serumbefunde, radiologische Zeichen können auffällig sein. In der stationären Beobachtung fällt auf, dass diese Kinder, obwohl normale Nahrung zugänglich ist, große Mengen Wasser, z.T. auch aus dem Waschbecken oder Toilettenbecken etc., zu sich nehmen (Polydipsie; andere Ursachen derselben müssen ausgeschlossen werden, z.B. Diabetes insipidus). Auch wird bisweilen ein ungesteuertes Essverhalten, Sammeln von Essensresten etc. wahrgenommen.

b) Schlaf

972 Die Sicherstellung eines hinreichenden Schlaf-Wach-Rhythmus ist für die Entwicklung eines Kindes unbedingt erforderlich.

c) Kleidung und Hygiene

Kinder brauchen eine adäquate Bekleidung, die sie weder zu starker Wärme noch Kälte aussetzt und sie somit vor **Witterungsbedingungen** schützt. Die Kleidung muss hinreichend **sauber** sein. Lebt eine Mutter mit ihrem Kind auf der Straße oder in anderen extremen Notverhältnissen, dann kann auch ausreichende Kleidung nicht einen hinreichenden **Wärmeschutz,** z.B. in einem strengen Winter oder bei starker Nässe, bieten. Auch lebensnotwendige Wärme gehört zu den Grundbedürfnissen. Hygiene und Körperpflege sind wichtige Kriterien für die Einschätzung eines Pflegezustandes eines Säuglings und können z.B. beim Wickeln gut beobachtet werden. **Regelmäßiges Wickeln** eines Säuglings verhindert Infektionen im Windelbereich. Solche Infektionen sind aber nicht selten. Ein zentrales Kriterium ist eher der Umgang mit diesen Infektionen (also z.B.: Was wird gegen einen Windelsoor getan? Wird hier dann auf besondere Hygiene geachtet? Wird der Kinderarzt aufgesucht? etc.).

973

d) Generelle Schutzbedürfnisse

Schutz vor Gefahren, z.B. Kampfhunde in der Wohnung, offenes Feuer, ungesicherte Treppen, Schutz vor Witterungsbedingungen (vgl. Kleidung), Schutz vor Reizüberflutung, d.h. z.B. die Bereitstellung eines Schlafplatzes, in dem das Kind in Ruhe einschlafen kann, ohne z.B. gleichzeitig dem Fernsehprogramm und Zigarettenrauch ausgesetzt zu sein. Das Schutzbedürfnis geht aber noch dahingehend weiter, dass von den erwachsenen Bezugspersonen auch beschützende, in Schutz nehmende Handlungen verlangt werden, die Gefahren für das Kind antizipieren. Gerade wenn Kinder durch Krabbeln oder Laufen einen größeren Bewegungsradius entwickelt haben, benötigen sie eine Fülle von elterlichen Hinweisen, um selbst ein Verhalten zu entwickeln, was einerseits ihre Neugier befriedigt und andererseits ihrer persönlichen Sicherheit Rechnung trägt. Immer wieder müssen Kinder darauf hingewiesen werden, dass Herdplatten heiß sind. Begrifflichkeiten wie heiß, kalt etc. müssen eingeübt und auch emotional verstanden werden.

974

e) Empathiefähigkeit und „Nurturance"

„Nurturance" bezeichnet im Englischen **aufmerksames und reaktionsbereites Verhalten**, welches Eltern ihren Kindern gegenüber zeigen, um damit eine gedeihliche Entwicklung und den Aufbau positiver Bindungen zu den primären Beziehungspersonen zu unterstützen. Die Befriedigung solcher Bedürfnisse nach Verständnis ist zentral für den Aufbau von Selbstwertgefühl, Interesse und damit auch für die kognitive Entwicklung.

975

f) Anregung zur Entwicklung von Kindern

Es ist auch unbedingt eine Anregung durch **Interaktion** und durch **Spielmaterialien** erforderlich. Von Eltern wird dabei die Meisterung der Aufgabe von **Grenzziehungen** gefordert. Solche Grenzziehungen müssen einerseits hinreichend flexibel sein, so dass sie durch ihre Starrheit nicht nachfühlbar sind, andererseits müssen sie hinreichend zuverlässig sein, so dass sie eine Orientierung im Leben für das Kind ermöglichen. Die ersten zentralen Aufgaben in der Erziehung und Grenz-

976

setzung sind die Füttersituation, die Schlafsituation sowie später die Sauberkeitserziehung. Um diese zentralen Interaktionen kann sich eine Fülle von Konflikten ranken; deshalb ist es sehr hilfreich, sowohl während der Säuglingsphase als auch später retrospektiv, diese ersten Entwicklungsaufgaben zwischen Eltern und Kindern und ihre Bewältigung näher unter die Lupe zu nehmen.

977 Selbstverständlich ist **Kommunikation** eine zentrale Voraussetzung für die sprachliche Entwicklung. Eine reziproke Kommunikation, ein sprachliches Vorbild gehört zur Anregung von Kindern. Dasselbe gilt für die Gewährleistung **motorischer Bedürfnisse.** Hier sind grobmotorische und feinmotorische Bedürfnisse zu unterscheiden, die beide adäquat gefördert werden müssen. Kinder müssen sich austoben können und ihre Kraft spüren und dosieren lernen können. Sie müssen Erschöpfung lernen und dabei auch lernen, wie sie sich erholen und zur Ruhe kommen können. Die Feinmotorik wird vor allem durch Spielzeug, durch das Malen etc. angeregt. Auch hier sind vor allem durch die primären Bezugspersonen zentrale Entwicklungsanreize zu geben.

g) Gesundheitsfürsorge

978 Gesundheitsfürsorge ist eine der zentralen Aufgaben einer guten Versorgung von Kindern. Hierzu gehört die regelmäßige Wahrnehmung der entwicklungsdiagnostischen **Routineuntersuchungen** ebenso wie der zuverlässige Aufbau eines **Impfschutzes** für das Kind. Wichtig ist, dass die entsprechenden Unterlagen, Untersuchungsheft und Impfpass aufbewahrt werden und im Zweifelsfall zur Verfügung stehen. Der Gesundheitszustand des Kindes muss aufmerksam erfasst werden. Infektionskrankheiten, Fieber etc. müssen wahrgenommen, entsprechende Pflegemaßnahmen ergriffen werden bzw. bei Ausbleiben von entsprechendem Erfolg muss ein Arztbesuch erfolgen. Verschleppte Vorstellungen führen zu besonders schweren Verläufen und teilweise vermeidbaren Folgeerkrankungen, z.T. mit Defektheilungen. Eine notwendige Medikamenteneinnahme muss sichergestellt werden, Verbände müssen hygienisch hinreichend vorgenommen bzw. gewechselt werden.

4. Zur Anwendung der Basisfürsorgekriterien

979 Zentral für die Anwendung der Basisfürsorgekriterien ist ihre **Entwicklungsabhängigkeit.** Das heißt, je älter und fortgeschrittener Kinder in ihrer Entwicklung sind, desto eher werden sie in der Lage sein, sich Grundbedürfnisse selbst zu sichern bzw. einige Tage ohne elterliche Aufsicht und Versorgung zu überleben. Bei einem zehnjährigen Kind ist also, z.B. wenn die Mutter durch Alkoholexzesse für mehrere Tage als Versorgerin ausfällt, in der Regel nicht zu befürchten, dass eine Lebensgefahr durch Unterernährung oder Verdursten besteht. Vielmehr wird wahrscheinlich das Kind quasi parentifiziert, sich um den suchtkranken Elternteil kümmern und emotional stark notleiden und auch in seinen intellektuellen Bedürfnissen sowie seinen Autonomiebedürfnissen keine hinreichende Förderung erhalten.

Die Planung der Hilfe und die Notwendigkeit schnellen Einschreitens sind also je nach Entwicklungsstand und in Abhängigkeit von der Gefährdung im elementaren Bedürfnisbereich bei kleinen Kindern und Schulkindern völlig unterschiedlich, denn die gleiche eben skizzierte Situation könnte für einen Säugling schon lebensbedrohlich werden (*Ziegenhain* et al., 2007). Deshalb können auch für Maßnahmen des Kinderschutzes und für Interventionen durch Erwachsene in Garantenpositionen **keine für alle Altersstufen gleichermaßen verbindlichen generellen Regeln** oder Schwellen des Einschreitens definiert werden. Grundkenntnisse über die absolute Hilfsbedürftigkeit von Säuglingen sollten aber von allen Personen, die in diesem Bereich Verantwortung tragen, erwartet werden (vgl. *Fieseler*, 2000).

980

5. Störungsbilder – Reaktive Bindungsstörungen

Die psychischen Folgen schwerer Vernachlässigung und/oder anderer Traumatisierungen im frühen Kindesalter werden häufig noch durch ungenügende und ebenfalls belastende institutionelle Reaktionen (vgl. *Fegert*, 1998) verstärkt. Gerade der rasche Wechsel zwischen vernachlässigender Herkunftsfamilie, Kurzpflegestellen, institutioneller Versorgung, Dauerpflege etc. kann den Schaden vertiefen, den Vernachlässigung und Misshandlung gesetzt haben.

981

Insofern sind die Störungsbilder der Reaktiven Bindungsstörung des Kindesalters und der Bindungsstörung des Kindesalters mit Enthemmung (ICD-10 F94.1 und F94.2) nicht selten die psychischen Folgezustände, die im jungen Kindesalter kinderpsychiatrisch dann nach den Kriterien der Weltgesundheitsorganisation bei schwer betroffenen Kindern festgestellt werden müssen. Gemäß der Revision der Klassifikationssysteme DSM-5 bzw. ICD-11 2018 werden Bindungsstörungen neu unter die so genannten **stressassoziierten Störungsbilder** subsumiert. Danach bleibt die reaktive Bindungsstörung im Wesentlichen in ihrer alten Definition erhalten. Die **reaktive Bindungsstörung** ist durch eine anhaltende Auffälligkeit im Muster der sozialen Beziehungen des Kindes charakterisiert und wird von einer emotionalen Störung begleitet. Sie zeichnet sich durch eine besondere Reaktion auf Milieuwechsel aus, häufig sind auch Furchtsamkeit und gegen sich selbst sowie andere gerichtete Aggressionen.

982

Demgegenüber wird die **Bindungsstörung mit Enthemmung** als Störung ungehemmter sozialer Beziehungsaufnahme („disinhibited social engagement disorder; DSED) definiert. Gemäß den neueren Befunden insbesondere aus der Forschung mit rumänischen Heimkindern, lässt sich dieses Störungsbild nicht mehr ausschließlich auf dysfunktionale pathogene Fürsorge zurückführen und wird im DSM-5 bzw. ICD-11 als gesondertes Störungsbild geführt. Sie beschreibt nach wie vor sozial ungehemmtes und distanzloses Verhalten mit Fremden und entspricht dem früheren **Hospitalismusbegriff** mit charakteristischem Anklammerungsverhalten, wahllosen, distanzlosen und aufmerksamkeitssuchenden Beziehungsaufnahmen, der Unmöglichkeit, selektive Bindungen aufzubauen, und massiven emotionalen und Verhaltensstörungen (vgl. oben I. 11., Rn. 807 ff.).

983 Wichtig ist, dass diese in ihrer klinischen Bedeutung anerkannten **Krankheitsbilder nicht mit bindungstheoretischen Klassifikationen verwechselt** werden. Die dort eingeführten Begrifflichkeiten beziehen sich auf Ausprägungsformen, die auch in der Entwicklungspsychologie normaler Eltern-Kind-Beziehungen gefunden werden können. Die hier referierten Krankheitsbegriffe bezeichnen Störungsbilder mit einer eher ungünstigen Prognose, mit einem **hohen Risiko** der Entwicklung späterer **Persönlichkeitsstörungen** und mit einem häufig hohen individuellen **Förder- und Hilfebedarf**.

984 Da neben dem auffälligen Beziehungsverhalten die meist gravierende Vorgeschichte mit häufigen Betreuungswechseln, Deprivation etc. eine wesentliche Rolle bei der Diagnosestellung spielt, ist es **wichtig, diese Vorgeschichte exakt zu recherchieren**. Häufig werden Pflege- und Adoptivfamilien nicht hinreichend über die Existenz solcher Störungsbilder bei den ihnen anvertrauten Kindern informiert. Eine rechtzeitige fachärztliche Diagnosestellung, eine vernünftige Pflegeeltern-, Eltern- oder Institutionsberatung sind unabdingbar, um den Kindern in stabilen Betreuungsverhältnissen bessere Aufwachsensbedingungen zu sichern (vgl. *Fegert* 1998, S. 28).

III. Bedürfnis nach Schutz vor Gewalt

1. Kindesmisshandlung und sexueller Missbrauch

a) Recht auf gewaltfreie Erziehung

985 Die Auffassung, dass Kinder ein Recht auf Schutz vor Gewalt in der Erziehung haben, ist historisch jung und auch heutzutage im Bewusstsein vieler Menschen nicht fest verankert. Nach der Aufnahme eines Rechts von Kindern auf gewaltfreie Erziehung in das Bürgerliche Gesetzbuch am 8.11.2000 ist nunmehr zumindest auf der gesetzlichen Ebene klargestellt, dass Gewalt kein akzeptables Mittel der Erziehung sein darf. Die Neufassung des § 1631 Abs. 2 BGB lautet:

> „Kinder haben ein Recht auf gewaltfreie Erziehung. Körperliche Bestrafungen, seelische Verletzungen und andere entwürdigende Maßnahmen sind unzulässig."

Nach § 1631 Abs. 2 Satz 1 BGB haben also alle in Deutschland lebenden Kinder ein Recht auf gewaltfreie Erziehung. Das bedeutet, dass das **Kind als Inhaber von Grundrechten** – nämlich als Person mit eigener Würde – die Achtung seiner Persönlichkeit auch von den eigenen Eltern verlangen kann. Korrespondierend zu diesem Recht normiert § 1631 Abs. 2 Satz 2 BGB ein Verbot an die Eltern. Sie dürfen bei der Ausübung der Personensorge körperliche Bestrafungen, seelische Verletzungen und andere entwürdigende Maßnahmen nicht mehr einsetzen.

986 Die ausdrückliche Benennung des **Leitbildes einer Erziehung ohne Gewalt** bezeichnet einen Wendepunkt im Verhältnis zwischen Eltern und Kindern. Nachdem die körperliche Züchtigung des Gesindes durch die Herrschaft, der Lehrlinge durch die Lehrherren, der Schüler durch die Lehrer und der Ehefrau durch den Ehemann verboten worden war, beseitigte das Recht auf gewaltfreie Erziehung das letzte

Refugium gesetzlich legitimierter körperlicher Gewaltanwendung. Mit der Reform des § 1631 Abs. 2 BGB ist der Berufung auf ein angeblich bestehendes elterliches Züchtigungsrecht endgültig der Boden entzogen worden. Gewalt in jeder Form darf nicht mehr als legitimes Mittel der Erziehung angesehen werden.

Verstoßen die Eltern gegen dieses Verbot, soll ihnen und den betroffenen Kindern und Jugendlichen vor allem Hilfe angeboten werden. Denn Ziel des Gesetzes ist die Ächtung von Gewalt in der Erziehung und nicht – wie es in der Begründung für das Gesetz ausdrücklich heißt – die Kriminalisierung der Familie. Nicht die Strafverfolgung oder der Entzug der elterlichen Sorge sollen in Konfliktlagen im Vordergrund stehen, sondern Hilfen für die betroffenen Familienmitglieder. Ergänzend wurde daher in § 16 Abs. 1 SGB VIII die Pflicht der Jugendbehörden angefügt, „Wege aufzuzeigen, wie Konfliktsituationen in der Familie gewaltfrei gelöst werden können" (vgl. *Salgo* [2001], Vom langsamen Sterben des elterlichen Züchtigungsrechts).

987

Nach der Verabschiedung eines Rechts von Kindern auf Erziehung ohne Gewalt genügt Deutschland zumindest auf der gesetzlichen Ebene nun auch den in der **UN-Kinderrechtskonvention** formulierten internationalen Ansprüchen. In **Artikel 19 Abs. 1** der von Deutschland 1992 ratifizierten Konvention heißt es:

988

> „Die Vertragsstaaten treffen alle geeigneten Gesetzgebungs-, Verwaltungs-, Sozial- und Bildungsmaßnahmen, um das Kind vor jeder Form körperlicher oder geistiger Gewaltanwendung, Schadenszufügung oder Misshandlung, vor Verwahrlosung oder Vernachlässigung, vor schlechter Behandlung oder Ausbeutung einschließlich des sexuellen Missbrauchs zu schützen, solange es sich in der Obhut der Eltern oder eines Elternteils, eines Vormunds oder anderen gesetzlichen Vertreters oder einer anderen Person befindet, die das Kind betreut."

Mit der Einführung eines gesetzlichen Gewaltverbots in der Erziehung gehört Deutschland zu den inzwischen 54 Staaten weltweit (Stand: Mai 2019, Information unter www.endcorporalpunishment.org), die den in Artikel 19 der UN-Kinderrechtskonvention festgelegten Gewaltschutz in nationales Recht umgesetzt haben. Neben zahlreichen europäischen Staaten zählen dazu inzwischen auch Länder aus allen anderen Kontinenten.

b) Umfang der Gewalt gegen Kinder

Der gesetzlichen Ächtung steht die tatsächlich gegen Kinder ausgeübte Gewalt gegenüber. Aufgrund des Dunkelfeldes und der Schwierigkeit einer einheitlichen Definition lässt sich das gesamte Ausmaß nicht seriös ermitteln. Allerdings gibt es deutliche Belege dafür, dass körperliche Züchtigung in der Familie auch heute noch weit verbreitet ist. In einer Untersuchung von *Bussmann* (1996) unter 2.400 Jugendlichen aus Ost und West gaben 81,5 % der befragten Jugendlichen an, geohrfeigt worden zu sein. 43,5 % berichteten über deftige Ohrfeigen und 30,6 % über eine Tracht Prügel. In einer ergänzenden Umfrage unter 3.000 Erwachsenen äußerten 61,2 %, ihren Kindern gegenüber leichte und deftige Ohrfeigen einzusetzen. 20,6 % berichteten, schon einmal eine Tracht Prügel verabreicht zu haben.

989

990 Die Schwelle zur Kindesmisshandlung wird ebenfalls in einem Umfang überschritten, die beunruhigen muss. Die Sachverständigenkommission des 10. Kinder- und Jugendberichts geht aufgrund einer Studie von *Wetzels* (1997) davon aus, dass jährlich rund 150.000 Kinder von ihren Eltern körperlich misshandelt werden. Entsprechende Untersuchungen zur psychischen Misshandlung und Kindesvernachlässigung liegen nicht vor. Nach vorsichtigen Schätzungen (*Johns* 1999) ist davon auszugehen, dass insgesamt etwa 20 % aller Erwachsenen in ihrer Kindheit mit schwerwiegenden bzw. häufigen Formen der körperlichen oder sexuellen Gewalt konfrontiert waren. Die entsprechenden Zahlen bei Vernachlässigung werden auf 5 % bis 10 % geschätzt.

991 Hinweise auf das tatsächliche Ausmaß von Misshandlungen ergeben sich durch Vergleich mit der Situation in den USA, die ein Pflichtmeldesystem kennen. Von den dort jährlich 2,5 bis 3 Millionen gemeldeten und knapp 1 Million bestätigten Fällen entfallen etwa 60 % auf Vernachlässigungen, 20 % auf körperliche und 10 % auf sexuelle Misshandlungen (*Herrmann* u.a. 2008, S. 4). Prävalenz-Schätzungen, die ausschließlich auf angezeigten und bestätigten Misshandlungsfällen beruhen, gehen davon aus, dass 1 bis 2 % aller Kinder in den USA Opfer einer Kindesmisshandlung werden. Übertragen auf die Anzahl der Kinder in Deutschland, wären hierzulande 150.000 bis 300.000 Kinder und Jugendliche betroffen.

c) Definitionen von Kindesmisshandlung

992 Bei allen epidemiologischen Untersuchungen, die auf das Ausmaß von Kindesmisshandlung zielen, hängen die Ergebnisse stark von den definitorischen Vorgaben ab. Darüber, wann auf einem Kontinuum aller möglichen Verhaltensweisen im Verhältnis zu Kindern die Schwelle zur Misshandlung überschritten wird, gehen die Meinungen auseinander. Zu beachten ist, dass bei Definitionsversuchen neben den **rechtlichen und sozialwissenschaftlichen Aspekten** immer auch **kulturelle Werturteile** eine Rolle spielen, die ihrerseits historischen Veränderungen unterliegen. Eine von solchen sozial-kulturellen Sinnkonstruktionen gelöste Definition von Kindesmisshandlung ist nicht möglich. In der Praxis sind vor allem zwei Definitionen von Bedeutung: einerseits ein an strafrechtliche Bestimmungen angelehnter (eng gefasster) Begriff von Kindesmisshandlung, andererseits eine an sozialwissenschaftlichen Kriterien orientierte (weiter gefasste) Definition.

993 **Strafrechtlich** wird die „Misshandlung von Schutzbefohlenen" in § 225 des Strafgesetzbuches (StGB) erfasst. Sexueller Missbrauch wird strafrechtlich in § 174 (Sexueller Missbrauch von Schutzbefohlenen), § 176 (Sexueller Missbrauch von Kindern) und § 182 (Sexueller Missbrauch von Jugendlichen) behandelt. Die dort benutzten Definitionen von Misshandlung und sexuellem Missbrauch orientieren sich sämtlich an dem strafrechtlichen Rechtsgüterschutz mit dem Ziel der Ermittlung und Verfolgung des Täters.

994 In **sozialwissenschaftlicher Perspektive** hat das Kinderschutz-Zentrum Berlin die folgende Definition entwickelt: „Kindesmisshandlung ist ein das Wohl und die Rechte eines Kindes (nach Maßgabe gesellschaftlich geltender Normen und begründeter professioneller Einschätzung) beeinträchtigendes Verhalten oder Handeln bzw. ein Unterlassen einer angemessenen Sorge durch Eltern oder andere Personen in Familien oder Institutionen (wie z.B. Kindertagesstätten, Schulen, Heime oder Kliniken), das zu nicht-zufälligen, erheblichen Verletzungen, zu körperlichen und seelischen Schädigungen und/oder Entwicklungsgefährdungen eines Kindes führt, die die Hilfe und eventuell das Eingreifen von öffentlicher Jugendhilfe und Gerichten in die Rechte der Inhaber der elterlichen Sorge im Interesse der Sicherung der Bedürfnisse und des Wohls eines Kindes notwendig machen" (*Kinderschutz-Zentrum Berlin*, Berlin 2000, S. 26). Diese Definition knüpft mit der Schwelle zur Kindesmisshandlung an gesellschaftliche Normsetzungen an. Sie orientiert sich an den Folgen für das Kind (erhebliche Verletzungen, Schädigungen, Entwicklungsgefährdungen) und unterstreicht dessen Hilfe- und Schutzbedürfnis.

d) Formen von Kindesmisshandlung

Die Misshandlung eines Kindes besteht nur selten in einer einmaligen gewaltsamen Handlung, auch wenn ein einzelner Vorgang (z.B. das Schütteln eines Säuglings mit der Folge eines Hirntraumas; siehe hierzu in diesem Handbuch *Fegert*, Rn. 1024) mit erheblichen Verletzungen für das Kind verbunden sein kann. Typischerweise ist Kindesmisshandlung ein aus mehreren Elementen zusammengesetztes Konglomerat negativer Einwirkungen (Handlungen und Unterlassungen) auf ein Kind.

995

Auch wenn es für eine diagnostische Fokussierung sinnvoll ist (hierzu in diesem Handbuch *Fegert*, Rn. 1020 ff.), verschiedene Formen der Misshandlung zu unterscheiden, kommen diese in der Praxis selten isoliert vor. Besonders in schweren Misshandlungsfällen sind **häufig komplexe Mischformen** zu beobachten, die sich gegenseitig überlappen und verstärken. Körperliche Misshandlungen haben immer auch in seelischer Hinsicht schädigende Folgen für das Kind. Vernachlässigungen und sexuelle Misshandlungen sind sowohl mit körperlichen als auch mit psychischen und psychosomatischen Konsequenzen verbunden. Gerade die Verschränkung der verschiedenen Aspekte macht ihre pathogene Wirkung aus. Es können vier **Hauptformen** von Kindesmisshandlung unterschieden werden: **körperliche Misshandlung, Vernachlässigung, sexueller Missbrauch, psychische (emotionale) Misshandlung**. Hinzu kommt das so genannte **Münchhausen-Syndrom by proxi** (siehe in diesem Handbuch *Dürbeck*, Rn. 636, *Fegert*, Rn. 1036 f.), das eine Kombination aus körperlicher und seelischer Misshandlung darstellt.[2]

996

---

[2] Für die Beschreibung der Misshandlungsformen siehe auch die Broschüre „Kindesmisshandlung. Erkennen und Helfen" (Kinderschutz-Zentrum Berlin, Berlin 2000); für die Darstellung der Vernachlässigung siehe die Broschüre „Kindesvernachlässigung. Erkennen, Beurteilen, Handeln" (Deutscher Kinderschutzbund LV NRW e.V/Institut für Soziale Arbeit e.V., Münster 2000).

aa) Körperliche Misshandlung

997 Körperliche Misshandlung umfasst alle Handlungen, vom einzelnen Schlag mit der Hand, über Prügeln, Festhalten und Würgen bis hin zum gewaltsamen Angriff mit Riemen, Stöcken, anderen Gegenständen und Waffen, die zu einer nicht zufälligen körperlichen Verletzung eines Kindes führen, wobei es vor allem zu Blutergüssen, Prellungen, Schädel- und Knochenbrüchen, aber auch zu inneren Verletzungen und zu Verbrennungen kommt. Sie sind einerseits die Folge gezielter Gewaltausübung, z.B. bei exzessiven Kontrollmaßnahmen. Andererseits stellen körperliche Misshandlungen eine Form impulsiver sowie reaktiver Gewalttätigkeit dar. Dies ist vor allem in zugespitzten Stress-Situationen der Fall.

bb) Vernachlässigung

998 Kindesvernachlässigung ist die andauernde oder wiederholte Unterlassung fürsorglichen Handelns durch sorgeverantwortliche Personen (Eltern oder andere von ihnen autorisierte Betreuungspersonen), welches zur Sicherstellung der seelischen und körperlichen Versorgung des Kindes notwendig wäre. Diese Unterlassung kann bewusst oder unbewusst, aufgrund unzureichender Einsicht oder unzureichenden Wissens erfolgen. Die durch Vernachlässigung bewirkte chronische Unterversorgung des Kindes hemmt, beeinträchtigt oder schädigt seine körperliche, geistige und seelische Entwicklung und kann besonders bei Säuglingen und Kleinkindern zu gravierenden bleibenden Schäden oder gar zum Tode des Kindes führen. Vernachlässigung weist auf eine schwerwiegende Beziehungsstörung zwischen Eltern und Kind hin, in der es in zugespitzten Krisensituationen häufig parallel zu körperlichen Misshandlungen kommt.

cc) Sexueller Missbrauch

999 **Sexueller Missbrauch** (sexuelle Misshandlung) ist eine geltende Generationsschranken (unter Ausnutzung einer Macht- und Autoritätsposition) überschreitende sexuelle Aktivität eines Erwachsenen mit Minderjährigen in der Form der Belästigung, der Masturbation, des oralen, analen oder genitalen Verkehrs oder der sexuellen Nötigung bzw. der Vergewaltigung sowie der sexuellen Ausbeutung durch Nötigen von Minderjährigen zu pornographischen Aktivitäten und Prostitution, wodurch die körperliche und seelische Entwicklung, die Unversehrtheit und Autonomie, die sexuelle Selbstbestimmung der Minderjährigen gefährdet und beeinträchtigt werden und die Gesamtpersönlichkeit nachhaltig gestört wird. Sexueller Missbrauch ist oft mit emotionalen Misshandlungen und in schweren Fällen häufig mit Vernachlässigungen verknüpft.

1000 Die Schwere des Traumas sexueller Misshandlungen ist abhängig vom Alter der Betroffenen bei Misshandlungsbeginn und von der Dauer, Häufigkeit und Intensität der sexuellen Aktivität und der emotionalen Beziehung zwischen den Beteiligten. Generell gilt, dass chronische gewaltsame Missbrauchserfahrungen zu schwereren Schädigungen führen, als dies bei verbalen Entgleisungen (sexueller „Anmache") oder bei exhibitionistischen und voyeuristischen Vorgängen der Fall ist. Doch auch das letztgenannte Verhalten kann im Einzelfall nachhaltige Schäden bewirken (*Hirsch* 1987, 174 ff.) und ein Eingreifen erfordern.

dd) Psychische Misshandlung

Psychische (emotionale) Misshandlung bezeichnet qualitativ und quantitativ ungeeignete und unzureichende, altersinadäquate Handlungen, Haltungen und Beziehungsformen von Sorgeberechtigten zu Kindern in der Form der Ablehnung, des Überforderns, des Herabsetzens und Geringschätzens, des Ängstigens und Terrorisierens, des Isolierens, des Korrumpierens, der Ausbeutung und der Verweigerung von emotionaler Zuwendung und Unterstützung, wodurch das Bestreben eines Kindes, seine affektiven, kognitiven und moralischen Entwicklungsbedürfnisse zu befriedigen, in einem Maße eingeschränkt und frustriert wird, dass die Persönlichkeitsentwicklung eines Kindes beeinträchtigt und geschädigt wird.

1001

Chronische psychische Misshandlungen führen, soweit kompensatorische Erfahrungen nicht gemacht werden, in der Regel zu erheblichen Verhaltens-, Persönlichkeits- und Entwicklungsstörungen, vor allem zu einem schwachen Selbst, zu unsicher-ambivalenten oder desorientierten Bindungsmustern, zu irritierter Selbst- und Fremdwahrnehmung und zu einer Einschränkung sozialer und kognitiver Kompetenzen und Potentiale.

1002

ee) Münchhausen-Syndrom by proxy

Das Münchhausen-Syndrom by proxy (Münchhausen-Stellvertreter-Syndrom) ist eine selten vorkommende, für das betroffene Kind mit schweren Folgen verbundene Kombination von physischer und psychischer Misshandlung. Hier simulieren die Eltern bei ihrem (oft sehr kleinen) Kind eine Krankheit. Manchmal handelt es sich nur um erfundene, berichtete Krankheitssymptome, manchmal werden jedoch auch körperliche Symptome oder schwerwiegende Verletzungen herbeigeführt, um eine Krankheit vorzutäuschen. Häufig werden die Kinder zahlreichen und schmerzhaften medizinischen Eingriffen unterzogen, die alle ohne krankhaften Befund bleiben. Ohne dies zu beabsichtigen, wirkt das medizinische Personal dadurch an der Misshandlung des Kindes mit (siehe in diesem Handbuch Dürbeck, Rn. 636, Fegert, Rn. 1036 f.).

1003

e) Ursachen von Kindesmisshandlung

Kindesmisshandlung ist nicht monokausal erklärbar. Vielmehr handelt es sich um ein **vieldimensionales, prozesshaftes Geschehen**, an dem mehrere Personen beteiligt sind und das in einen familiären, institutionellen und gesellschaftlich-kulturellen Kontext eingebettet ist. Misshandlungen entstehen multifaktoriell. Ihr Auftreten wird durch das Aufeinandertreffen verschiedener Risikofaktoren begünstigt. Kindesmisshandlung ist nicht allein ein Armutsproblem. Sie kommt aber in sozial benachteiligten Milieus aufgrund der größeren psychosozialen Belastung gehäuft vor. Soziale Not verringert die Chance, für ein Kind gut sorgen zu können. Trotz vielfältiger und im Einzelfall sehr unterschiedlicher Faktoren, die für die Entstehung von Kindesmisshandlung ursächlich sind, gibt es typische Muster, soziale

1004

Bedingungen, Beziehungskonstellationen und Krisensituationen, die sich wechselseitig verstärken und als Risikofaktoren an der Entstehung von Misshandlungen beteiligt sind.

1005 Zu den **psychosozialen Risikofaktoren** gehören Arbeitslosigkeit, finanzielle und materielle Notlagen (sozialer Abstieg), Leistungsdruck bzw. berufliche Probleme, soziale Isolation und sehr enge Wohnverhältnisse. Kulturelle Anpassungsschwierigkeiten erhöhen das Risiko einer Misshandlung besonders dann, wenn eine mangelnde Verwurzelung in der Herkunftskultur begleitet wird von geringen Chancen der Integration in die Aufnahmekultur.

1006 **Elterliche Risikofaktoren** sind akute und chronische Belastungen wie Krankheit oder Sucht, Gewalterfahrungen in der eigenen Kindheit und mangelnde Bewältigungsstrategien sowie gravierende Beziehungs- und Partnerkonflikte. Gefährdungen entstehen auch, wenn Eltern einen rigiden (z.B. bei vehementer Befürwortung eines elterlichen Züchtigungsrechts) oder inkonsistenten Erziehungsstil verfolgen und wenn sie überhöhte oder unrealistische Erwartungen an das Kind stellen.

1007 Faktoren, die mit der Geschichte und Konstitution des Kindes zusammenhängen, erhöhen oder verringern ebenso das Risiko einer Misshandlung und führen häufig dazu, dass gerade ein Kind unter mehreren in einer Familie besonders gefährdet ist (Aschenputtel-Syndrom).

1008 Zu den **pränatalen Risikofaktoren** gehören unerwünschte Schwangerschaft, unklare Vaterschaft, geplanter, aber nicht realisierter Schwangerschaftsabbruch, kurz aufeinander folgende Schwangerschaft, Risiko-Schwangerschaft, Schwangerschafts-Depression, psychosoziale Krisen während der Schwangerschaft und sehr junge Elternschaft.

1009 **Perinatale Risiken** sind Frühgeburtlichkeit oder Behinderung des Kindes sowie die Trennung von Mutter und Kind nach der Geburt. **Postnatale Faktoren,** die das Risiko einer Misshandlung erhöhen, sind kränkelnde Säuglinge, körperlich oder geistig behinderte Kinder, Kinder mit Gedeih- oder Regulationsstörungen (Schrei-, Ess- oder Schlafstörungen) sowie Kinder, die gegenüber der ursprünglichen Erwartung das „falsche" Geschlecht haben.

f) Anlässe für Kindesmisshandlungen

1010 Anlässe für Kindesmisshandlungen sind zumeist **Krisensituationen**, die in psychischen Überforderungen gipfeln. Geringfügige Anlässe im Zusammenspiel mit chronischen Belastungen führen zum Zusammenbruch des psychischen Gleichgewichts. In einem Krisenzyklus werden typischerweise wie in einem Teufelskreis die äußere Realität überschätzt, die eigenen Handlungsmöglichkeiten dagegen unterschätzt. Ein Gefühl der Hilflosigkeit stellt sich ein, das sich in Aggression wandelt, die sich dann auf dem Rücken des Kindes als Misshandlung entlädt.

2. Diagnostik

a) Allgemeine Vorbemerkungen zur Diagnostik bei Kindesmisshandlung, Vernachlässigung, sexuellem Missbrauch oder Verdacht auf Münchhausen-Syndrom by proxy

Die medizinische Diagnostik und Differentialdiagnostik setzen z.T. hoch spezialisierte Fachkenntnisse über Verletzungsmuster und weitergehende apparative Diagnostik voraus (siehe *Jacobi*, 2008 oder *Egle/Hoffmann/Joraschky*, 2008). In einem Handbuch für Verfahrensbeistände ist es sicher nicht sinnvoll, hier quasi in einem Schnellkurs wie für „Barfußärzte" scheinbare diagnostische Kompetenz ausbilden zu wollen. Vielmehr geht es darum, Sensibilität dafür zu wecken, welche Fragen vom Arzt mit welchen Mitteln beantwortet werden können, sodass es nicht dazu kommt, dass wesentliche Erkenntnisse zum Schutz von Kindern nicht erhoben oder nicht in Entscheidungen mit einbezogen werden. 1011

Um die in medizinisch-psychiatrischen Gutachten häufig verwendeten Fachbegriffe zu verstehen, empfiehlt es sich, ein Fachwörterbuch wie z.B. den Pschyrembel zu Rate zu ziehen. Gerade vor dem Einsatz apparativer Diagnostik, z.B. Röntgen, Szintigraphie, Computertomographie, Magnetresonanztomographie, bestehen teilweise irrationale kritische Einstellungen bei Helfern, die die verständlichen Ängste misshandelter Kinder vor apparativer Diagnostik noch verstärken können. Es ist deshalb nicht nur historisch wichtig zu wissen, dass einer der Väter der modernen Kinderschutzbewegung *Henry Kempe* (vgl. *Helfer/Kempe/Krugmann*) pädiatrischer Radiologe war. 1012

Gerade in einem Feld, wo häufig große Unsicherheit besteht, weil im intimen Nahbereich der Familie keine Zeugenaussagen außer den Schilderungen der Kinder zur Verfügung stehen, bekommen medizinische Befunde von stark hinweisendem oder beweisendem Charakter eine besondere Bedeutung. **Ohne bildgebende Verfahren sind manche Misshandlungsformen**, die schwerste Entwicklungsbeeinträchtigungen nach sich ziehen können wie z.B. Schütteltraumen bei Babys, **kaum nachzuweisen**. Indizierte apparative Diagnostik stellt also keine weitere unnötige Belastung ohnehin schwer geschädigter Kinder dar, sondern ist Befunderhebung, Befundsicherung und Ausgangspunkt für therapeutische Interventionen. 1013

Neben dem Spezialwissen des Facharztes gehören zur Diagnostik bei Kindesmisshandlungen auch die einfache **Wahrnehmung von Verletzungen und Veränderungen am Körper** bzw. am körperlichen Zustand des Kindes und die Beschreibung der Vorgeschichte. Für Letztes bedarf es keiner spezifischen medizinischen Ausbildung. *Feldman* (1997) nennt fünf einfache Fragen, die hier zu stellen sind: 1014

- Was ist vorgefallen (Verletzungsart, Schädigungsvorgang etc.)? 1015

- Wie (z.B.: Misshandlung, Schädigungsmechanismus, d.h. welche Typen von Verletzungen treten auf? Wie stark ist das Ausmaß, wie stark ist die Gefährdung?)

- Wann?
- Wer?
- Warum?

1016 Ganz typisch ist der **Widerspruch zwischen unerklärten Befunden und den zur Erklärung von den Eltern dargestellten Geschichten**. Immer wieder muss deshalb die Frage überprüft werden, ob die zu einer Verletzung oder zu einem bestimmten Zustand eines Kindes angebotenen Erklärungsansätze plausibel sind. Charakteristischerweise werden viele Verletzungen, die Folge von Misshandlungen sind, verzögert wahrgenommen oder einer Behandlung zugeführt. Wie wir auch aus dem Modellprojekt „Guter Start ins Kinderleben" wissen, sind hierfür neben fehlendem Wissen und mangelndem Zuständigkeitsgefühl unter anderem auch defizitäre bzw. nicht vorhandene interdisziplinäre Netzwerke ursächlich verantwortlich (*Ziegenhain* und *Fegert*, 2008, *Ziegenhain* et al., 2010). Insofern ist neben der Frage nach dem Zeitpunkt des Auftretens bisweilen eine über den eigenen professionellen Auftrag hinausblickende Verantwortlichkeit ebenfalls von großer Bedeutung. Zielführend erscheinen zudem systematische Fehleranalysen (*Fegert* et al., 2008 und *Fegert* et al., 2010). Durch derartiges Wissen erschließen sich auch dem Verfahrensbeistand zentrale, für seine Arbeit wichtige Zusammenhänge.

1017 Ärztliche Untersuchungen sind gerade für misshandelte oder stark vernachlässigte Kinder häufig angstbesetzte Situationen. Ist es dem **Verfahrensbeistand** gelungen, eine vertrauensvolle Beziehung zum Kind aufzubauen, kann er die **notwendige Diagnostik** dadurch **unterstützen**, dass er das Kind zur Untersuchung begleitet bzw. die Begleitung des Kindes durch eine Vertrauensperson sicherstellt. Diese Vertrauensperson kann dafür sorgen, dass gerade bei solchen irritablen und meist stark geängstigten Kindern Grundprinzipien des ärztlichen Umgangs eingehalten werden. So sollte z.B. vor einer Untersuchung dem angezogenen Kind der bevorstehende Untersuchungsgang erläutert werden und auch die eingesetzten Instrumente bzw. Apparate sollten gezeigt werden (vgl. *Fegert* et al., 2013).

1018 Selbstverständlich ist es im Kontext von Misshandlungsfragen notwendig, das Kind am ganzen Körper zu untersuchen, da Misshandlungsspuren, wie z.B. Brandnarben von Zigaretten, nicht selten im Bereich des Höschens zu finden sind, da sie dann nicht andernorts, z.B. beim Sportunterricht oder im Kindergarten, auffallen. Massiv geängstigte Kinder werden in dieser Situation steuernde, hilfreiche, sichere Unterstützung gebende Erwachsene brauchen, um Untersuchungen nicht als zusätzliches Trauma zu erleben. Bisweilen kann es nötig werden, Wunden auch fotografisch zu dokumentieren. Auch dies sollte Kindern erklärt werden, nicht zuletzt, weil nicht auszuschließen ist, dass manche Kinder auch Opfer von Video- oder fotografischen Aufnahmen im Rahmen pädophiler sexueller Ausbeutung geworden sind.

1019 Berichtet der Arzt nicht unaufgefordert über die Ergebnisse seiner Untersuchung, so sollte die Begleitperson die Frage stellen, ob nun alles in Ordnung sei oder was zur Heilung unternommen werden müsse. Wichtig ist es, in solchen Untersuchungen **entsetzte Bemerkungen und große Betroffenheit zu vermeiden**, weil sie den Kindern wiederum häufig noch mehr Scham zumuten und sie in starke Loyalitätskonflikte stürzen können. Es ist schädlich, sich vor den Kindern ausfallend oder negativ über die Handlung missbrauchender oder misshandelnder Eltern auszulassen. Solche emotionalen Bewertungen müssen den Kindern überlassen bleiben, da sie meist auch eine positive Beziehung oder wenigstens Beziehungshoffnung mit den misshandelnden Elternteilen verbinden.

b) Kindesmisshandlung

Kinder mit Misshandlungserfahrungen haben meist **Angst vor der Untersuchung** und zeigen in der Untersuchungssituation deutliche Stresssymptome. Wichtig ist es, z.B. ein ängstliches Zusammenzucken bei der Untersuchung der Reflexe mit dem Reflexhammer oder bei anderem einfachen Instrumenteneinsatz zu beobachten und zu dokumentieren. 1020

Zentral ist die gründliche Inspektion der Haut. **Hämatome und Hautwunden** sind generell die häufigsten Befunde, die bei Misshandlungen beobachtet werden können. Striemen, insbesondere Doppelstriemen, z.B. bei Stockschlägen oder Gürtelschlägen, lassen häufig Rückschlüsse auf das Misshandlungswerkzeug zu. Auch Hämatome können eindeutig geformt sein, sodass z.B. die Formen von Schlagringen, Gürtelschnallen etc. im Hämatom zu erkennen sind. Generell ist die Lokalisation von Hämatomen, Striemen und Narben zu beachten, da Misshandlungsspuren häufig an nicht exponierten Körperstellen zu finden sind. So sind z.B. Hämatome an den Schienbeinen gerade bei Jungen im Vorschul- und Grundschulalter eher ein Normalbefund, für den Stürze, Keilereien, Fouls beim Fußball etc. auch hinreichende Erklärungen bieten. Hämatome in verschiedenen an unterschiedlicher Verfärbung erkennbaren Stadien im Gesicht, am Rücken, am Gesäß, an den Innenseiten der Oberarme, im Brustbereich oder auf dem Bauch deuten eher auf Misshandlung hin. Bei der Abwehr von Schlägen finden sich Hämatome an den Streckseiten der Unterarme, so genannte „Parierverletzungen" (vgl. *Fegert* et al., 2013). 1021

Differentialdiagnostisch muss natürlich bei Hämatomen unterschiedlichen Alters auch an **Blutgerinnungsstörungen** etc. gedacht werden. Insofern muss eine ärztliche Untersuchung wenigstens bei einem scheinbaren Missverhältnis von Gewalteinwirkung und wahrnehmbaren Hämatomen auch Blutuntersuchungen, insbesondere Gerinnungsuntersuchungen mit einbeziehen (vgl. Leitlinie der AWMF zur Diagnostik und Behandlung von Misshandlung, Vernachlässigung und sexuellem Missbrauch 2009; Leitfaden für Kinderarztpraxen des Berufsverbandes der Ärzte für Kinderheilkunde und Jugendmedizin Landesverband Bayern 2001). 1022

Auch **Verbrennungen und Verbrühungen** betreffen üblicherweise typische Lokalisationen wie Hals, Brust, Schultern und Gesicht, wenn z.B. ein kleines Kind sich einen Topf vom Herd oder vom Tisch herabzieht und die heiße Flüssigkeit über sich gießt. Beim Baden in einem viel zu heißen Bad verletzt sich ein Kind, was alleine in die Badewanne steigt, höchstens an der Hand oder an einem Fuß. Befinden sich die Verbrühungsspuren am ganzen Körper oder an ausgedehnten Körperflächen, ist das Kind absichtlich in ein zu heißes Bad gedrückt worden. Charakteris- 1023 tisch sind große runde Verbrennungsmuster am Gesäß, die dadurch entstehen, dass Kinder auf die heiße Herdplatte gesetzt werden. Über Jahre und Jahrzehnte hinaus noch sichtbar sind kreisförmige Verbrennungsspuren, die durch das Ausdrücken von Zigaretten auf der Haut von Kindern verursacht werden, welche an allen denkbaren und undenkbaren Körperstellen, wie z.B. Innenseiten der Oberschenkel etc., gefunden werden können (vgl. *Fegert* et al., 2013).

1024 Im Gegensatz zu den USA und z.B. der Schweiz wurde in Deutschland erst spät und immer noch wenig zur Information der Allgemeinbevölkerung über **Schütteltraumata** unternommen. Schütteltraumata bei kleinen Kindern führen durch das Hin- und Herschwingen des Kopfes zu einem Abriss der Blutgefäße unter der harten Hirnhaut (Dura mater). Man spricht in der Folge von einem subduralen Hämatom. Akut können die Kinder nach dem Schütteln schläfrig sein, sie wirken benommen oder werden bewusstlos, z.T. kommt es zum Erbrechen oder es treten Krampfanfälle auf. Äußerlich ist häufig am Kopf überhaupt nichts zu sehen. Bisweilen sind am ehesten Griffmarken an der Brustwand zu beobachten. Hinweisend sind bei der Untersuchung der Augen Retinablutungen. Die entwicklungsneurologischen Folgen sind häufig fatal. Viele Kinder leiden ihr Leben lang unter einer deutlichen Intelligenzminderung, starken Störungen der motorischen Entwicklung, des Sehvermögens oder der Sprachentwicklung etc. Häufig entwickeln sich Anfallsleiden.

1025 Unterschiedliche **Frakturen** verschiedenen Alters deuten, abgesehen von differentialdiagnostisch in Betracht zu ziehenden seltenen Erkrankungen der Knochendichte, fast immer auf Misshandlung hin. Auf dieser quasi beweisenden radiologischen Befundlage beruhte die Beschreibung des „Battered-Child-Syndrome" (*Helfer/Kempe*). Jedes Auftreten von Knochenbrüchen ohne klare Erklärungsansätze bei Säuglingen und Kleinkindern ist hoch verdächtig und muss die Untersuchung nach weiteren anderen alten Frakturen unbedingt nach sich ziehen.

1026 Zum Ausschluss **innerer Blutungen** sollte wenigstens eine Sonographie durchgeführt werden. Gerade in unklaren Fällen wird man nicht um ausgedehnte Laboruntersuchungen und im Zweifelsfall eine radiologische Abklärung des Skeletts sowie eine bildgebende Darstellung des Schädels und Gehirns herumkommen.

1027 Laboruntersuchungen sind auch zum Ausschluss von **Intoxikationen** unabdingbar. Während der Nachweis mancher Substanzen im Urin oder im Blut nur relativ kurzzeitig möglich ist, können bestimmte rechtsmedizinische Institute aus Haaren bestimmte Substanzen, insbesondere auch Drogen, noch lange später nachweisen.

c) Vernachlässigung

1028 Bei der Schilderung der Basisbedürfnisse (siehe oben Rn. 829 ff.) sind schon die hinweisenden Symptome bei Vernachlässigung ausführlich erwähnt worden. Bei der körperlichen Untersuchung ist vor allem die Erfassung des Gewichts und des Längenwachstums wesentlich. Bei der Differentialdiagnose von Gedeihstörungen müssen Stoffwechselerkrankungen, neuromuskuläre Erkrankungen usw. differentialdiagnostisch ausgeschlossen werden. Deshalb sind auch im Kontext von scheinbaren Vernachlässigungsfragen eine ärztliche Abklärung und ein pädiatrisch begleiteter Kostaufbau, eine vernünftige Immunisierung durch ein Impfprogramm etc. unabdingbar.

d) Sexueller Missbrauch

Häufig wird in Zusammenhang mit dem Verdacht des sexuellen Missbrauchs viel zu schnell an eine gynäkologische Untersuchung der Kinder gedacht. Dabei wird von falschen Voraussetzungen ausgegangen, wie z.B. der Annahme, dass sich eine Penetration eindeutig nachweisen ließe. Die Variabilität des Hymens ist aber groß, und auch andere, früher als scheinbar sichere Hinweiszeichen angesehene Befunde, wie z.B. der so genannte anale Dilatationsreflex, sind zwar zu beachten, aber haben sicher keinen Beweischarakter. Jede Infektion mit Geschlechtserkrankungen bei Säuglingen, Kleinkindern oder vorpubertären Kindern oder das Auftreten von Kondylomen im Genitalbereich bei diesen Kindern bedarf einer gründlichen Abklärung.

1029

In den meisten Fällen kann das **Kind** aber **ohne Eile auf die körperliche Untersuchung vorbereitet werden**. Es muss nicht in einer Nacht-und-Nebel-Aktion, z.B. in der Begleitung der Polizei, gynäkologisch „überrumpelt" werden. Eile ist nur geboten, wenn sich direkt nach einer Tat möglicherweise noch Sperma asservieren lässt innerhalb von 48, maximal 72 Stunden nach der Tat (auch auf das Höschen oder andere eventuell beschmutzte Kleidungsstücke achten!). Durch moderne genetische Methoden wie den so genannten genetischen Fingerabdruck ist im Gegensatz zu allen anderen Untersuchungsbefunden nicht nur eine Erörterung der Tat, sondern eine Identifizierung des Täters mit hoher Sicherheit möglich. Dies erspart dem Kind unnötige lange Verhöre und eine unklare Beweissituation. Deshalb sollte immer dann, wenn ein sexueller Missbrauch unmittelbar vorausgegangen ist oder wenn akute Verletzungen zu versorgen sind, selbstverständlich eine sofortige **Untersuchung mit hinreichender Befunddokumentation und Asservierung von Abstrichen** in forensisch hinreichender Qualität erfolgen.

1030

In jedem anderen Fall sollte das Kind auf die Untersuchung vorbereitet werden, in größeren Städten gibt es Kinderschutzambulanzen und spezielle Kindergynäkologinnen, die sich auch in ihrer Untersuchungsmethodik auf Bedürfnisse und Ängste von Kindern eingestellt haben und z.B. zur Inspektion des Genitales häufig auf den Untersuchungsstuhl verzichten und die Kinder in einer Seitenlage von hinten inspizieren. Auch der Einsatz von Spekula kann teilweise durch andere Instrumente vermieden werden. Bei der Inspektion des Genitales müssen Verletzungen im Bereich von Klitoris, großen und kleinen Labien, Vulvarändern, Urethralbereich, Hymenalbereich, Leisten- und Analbereich beschrieben und beurteilt werden.

1031

In vielen Fällen werden sich aber keine eindeutigen ärztlichen Befunde erheben lassen, sodass der „Königsweg" in der Diagnostik des sexuellen Missbrauchs das Zuhören bleibt. Manche Verfahrensbeistände fürchten aus Angst vor Vorwürfen, z.B. die Kinder suggestiv befragt zu haben, überhaupt die Unterhaltung über diese Thematik. Beachtet man einige wichtige Grundregeln, kann gar nicht so viel falsch

1032

gemacht werden, und grundsätzlich ist sehr viel größerer Schaden für das Kind zu befürchten, wenn wichtige Mitteilungen nicht respektiert oder nicht in Entscheidungen einbezogen werden.

1033 Ganz wichtig ist es, **Kinder frei erzählen zu lassen** und diesen **Bericht möglichst wörtlich, gleichzeitig oder gleich im Anschluss an das Gespräch aus der Erinnerung zu dokumentieren**. *Rebernig* (unveröffentlichte Dissertation) konnte in ihrer experimentellen Arbeit zeigen, dass schon drei- und vierjährige Kinder mit gut ausgeprägtem Wortschatz detailreich über Ereignisse berichten können. Die Kinder berichteten in dieser Untersuchung mehr als bei geschlossenen Fragestellungen. Spielrequisiten wurden von drei- und vierjährigen Kindern zur Vervollständigung ihrer Berichte kaum herangezogen. Gleichzeitig verfälschten aber auch Spielrequisiten kaum die Berichte der Kinder.

1034 Besonders kritisch in Bezug auf Suggestionseffekte sind Ja/Nein-Antworten zu bewerten. Solche Vorhaltfragen beeindrucken vor allem Kleinkinder und Kinder im Grundschulalter, die von der Autorität des Befragers auf die scheinbare Richtigkeit seiner Vorhalte schließen. Insofern sollte, wenn eine Vertiefung oder Nachfragen notwendig sind, eher das vom Kind Gesagte kurz resümiert und eine Verständnisfrage gestellt werden. Müssen Nachfragen nach Personen gestellt werden, sollte nie die primär in Verdacht stehende Person als erste genannt werden. Die Frageformulierung sollte nicht als Ja-Nein-Frage, sondern eher wie in der Form der Multiple-Choice-Fragen gewählt werden.

1035 Wichtig ist, dass auch die Entstehungsgeschichte der Aussage hinreichend dokumentiert wird, sodass deutlich wird, **in welcher Situation sich das Kind dem Verfahrensbeistand anvertraut hat** und ob das Kind dies **spontan oder auf Nachfrage** getan hat. Bei der Protokollierung der Aussage eines Kindes sollte auf keinen Fall interpretiert oder in Erwachsenensprache übersetzt werden. Gerade die bildhaften Darstellungen von Kindern und die Beschreibungen, die zeigen, dass sie die Bedeutung mancher Vorgänge noch gar nicht verstanden haben etc., sind wichtige diagnostische Kriterien zur Bewertung der Kinderaussage (vgl. *Köhnken*, 1982, 2001; *Fegert*, 1993).

e) Münchhausen-Syndrom by proxy

1036 Die Kinder, bei denen ein Münchhausen-Syndrom by proxy (zur Definition siehe oben Rn. 864 oder auch *Jacobi*, 2008) vermutet werden muss, befinden sich meistens schon in ärztlicher, häufig in stationärer Behandlung. Regelhaft werden bei ihnen schwere Krankheitsbilder vermutet. Verschiedenste medizinische Experten sind schon involviert. Eine Unzahl von differentialdiagnostischen und apparativen Untersuchungen war auch schon Teil der Belastungen und Schädigungen, die dieses Krankheitsbild kennzeichnen. Da sich der Zustand dieser Kinder teilweise so zuspitzt, dass eine direkt lebensbedrohliche Situation eintreten kann, muss bisweilen massiv für ihren Schutz gesorgt werden, z.B. durch kontinuierliche Videoüberwachung (auch zur Überführung des Täters, durch Eingipsen und Beschriften intravenöser Zugänge, sodass nicht an ihnen unkontrolliert manipuliert werden kann etc.).

Ganz zentral ist der klinische und toxikologische **Nachweis von Vergiftungen**. Da die scheinbar zum Wohle des Kindes entfaltete diagnostische Aktivität der Ärzte kausaler Faktor bei der Misshandlung ist, löst allein die Unterstellung des Verdachts des Münchhausen-Syndroms by proxy auch bei den behandelnden Ärzten häufig massive emotionale Reaktionen aus. Deshalb ist es diagnostisch sehr wichtig, die **Vorgeschichte minutiös zu dokumentieren** und den häufigen Arztwechsel sowie das Immer-wieder-Auftreten neuer seltener, unbekannter Erkrankungen und Komplikationen zu beschreiben. Erst dann wird plausibel, dass diese „Expertenkiller" keine narzisstische Herausforderung an die speziellen Leistungen des nächsten Experten darstellen und dass nicht nach noch selteneren Krankheitsbildern, sondern nach einfachen Außeneinwirkungen gesucht werden muss.

1037

f) Zur Einschätzung von Belastungssituationen

aa) Diagnoseschlüssel

Für die Beschreibung der Belastungssituation haben sich in der Medizin international anerkannte Diagnoseschlüssel eingebürgert. Das in Europa verbreitetste Diagnoseschema ist die internationale Klassifikation von Krankheiten der Weltgesundheitsorganisation (International classification of diseases) – derzeit in der 10. Überarbeitung als ICD-10 (zukünftig ICD-11). Die in Deutschland im Sozialgesetzbuch V abgesicherten Ansprüche auf Krankenbehandlung setzen eine fachgerechte Diagnostik nach den Kriterien der Weltgesundheitsorganisation voraus. Im psychiatrischen Bereich findet neben dieser Klassifikation der Weltgesundheitsorganisation häufig auch das Klassifikationsschema der Amerikanischen Psychiatrischen Gesellschaft (APA American Psychiatric Association) DSM, aktuell in fünfter Auflage, Anwendung.

1038

bb) Das multiaxiale Klassifikationsschema

In der Kinder- und Jugendpsychiatrie und Psychotherapie hat sich seit Jahren die multiaxiale Klassifikation der Störungsbilder, die bei Kindern und Jugendlichen angetroffen werden, eingebürgert (WHO [2006], *Remschmidt*, *Schmidt* und *Poustka*, 2008).

1039

- **Achse 1: Die psychiatrischen Störungsbilder**

Die erste Achse erfasst die psychiatrischen Störungsbilder nach den Definitionen der Weltgesundheitsorganisation. Die drei deutschen Fachgesellschaften der Kinder- und Jugendpsychiatrie und Psychotherapie haben bezogen auf diese Diagnosen im Kapitel F der ICD-10 Leitlinien zur Diagnostik und Therapie verfasst. In diesen Leitlinien werden die einzelnen Krankheitsbilder definiert, ihre Leitsymptome dargestellt, Schweregradeinteilungen vorgenommen, Untergruppen diskutiert und Verwechslungsmöglichkeiten im Sinne von Ausschlussdiagnosen dargelegt. Wichtig ist auch die Erläuterung von häufigen so genannten Komorbiditäten, d.h. Störungsbildern, die statistisch gehäuft gemeinsam auftreten. Die übliche und fachlich anerkannte störungsspezifische Diagnostik zur Erfassung der Symptomatik der Entwicklungsgeschichte des Problems, der problemaufrechterhaltenden

1040

störungsrelevanten Rahmenbedingungen werden ebenso dargelegt wie möglicherweise apparative Labor- und testdiagnostische Verfahren.

1041 Zur Vermeidung von unnötigen Belastungen von Kindern wird auch jeweils auf entbehrliche diagnostische Maßnahmen eingegangen. Entscheidungsbäume erleichtern das diagnostische Vorgehen und die Planung von Interventionen. Die Auswahl des Interventionsettings, die Hierarchie von Behandlungsentscheidungen und -beratungen sowie die Besonderheiten bei ambulanter, teilstationärer und stationärer Behandlung, die notwendigen Schnittstellen mit der Jugendhilfe für rehabilitative Maßnahmen und Hilfen zur Erziehung sowie Eingliederungshilfen werden ebenfalls für jedes Krankheitsbild ausführlich dargestellt. Abschließend wird auf überholte und entbehrliche Therapiemaßnahmen eingegangen.

1042 Derzeit liegen Leitlinien zu 34 Störungsbildern oder Problembereichen vor (*Deutsche Gesellschaft für Kinder- und Jugendpsychiatrie und Psychotherapie* et al., 2000). Ständig aktualisiert werden diese Leitlinien auch auf der Homepage der Arbeitsgemeinschaft der Wissenschaftlichen Medizinischen Fachgesellschaften (AWMF, www.AWMF.org) im Internet kostenlos zur Verfügung gestellt.

- **Achsen 2 bis 4**

1043 Die zweite Achse ermöglicht die Einschätzung von spezifischen Entwicklungsrückständen, z.B. der Motorik, der Sprache, oder von Teilleistungsstörungen wie der Lese-Rechtschreib-Störung (Achse 2 des multiaxialen Klassifikationsschemas). Die dritte Achse stellt die Beschreibung des Intelligenzniveaus der Kinder dar, da ihre Reflexions- und Entscheidungsmöglichkeiten vom Entwicklungsstand und den intellektuellen Fähigkeiten abhängig sind. Die vierte Achse beschreibt körperliche Grund- und Begleiterkrankungen, welche eine spezifische belastende Situation noch in einem völlig anderen Licht erscheinen lassen können.

- **Achse 5: Psychosoziale Belastungsfaktoren**

1044 Ganz zentral für Verfahrensbeistände ist eine gute Kenntnis der fünften Achse, welche die psychosozialen Belastungsfaktoren systematisch zusammenfasst (*van Goor-Lambo* et al., 1990, *van Goor-Lambo* et al., 1994, *Poustka*, 1990, *Poustka*, 1991, *Poustka*, 1994, sowie *Poustka* und *van Goor-Lambo*, 2000). Der große Vorteil solcher Glossare besteht in der Konkretisierung einzelner Unterscheidungsmerkmale bei der Beschreibung psychosozialer Belastungen in der Lebensumwelt von Kindern.

- **Problematische innerfamiliäre Beziehungen**

1045 Der erste Abschnitt dieser Achse beschreibt problematische innerfamiliäre Beziehungen. Zunächst wird ein Mangel an Wärme in der Eltern-Kind-Beziehung festgestellt, wenn mehrere Punkte, wie z.B. abweisender Elternteil, wenig einfühlsamer Elternteil, Mangel an Interesse am Kind, kein Mitgefühl für Schwierigkeiten des Kindes, selten Lob und Ermutigung, gereizte Reaktion auf Ängste des Kindes, kaum körperliche Nähe bei Nöten des Kindes etc., zutreffen. Ebenso operationalisiert sind Faktoren wie Disharmonie in der Familie, zwischen Erwachsenen oder Geschwistern über 16, feindliche Ablehnung oder Sündenbockzuweisung gegenüber dem Kind durch einen oder beide Elternteile, körperliche Misshandlung und sexueller Missbrauch innerhalb der engeren Familie. So wird z.B. Disharmonie in der Familie im Extremfall beschrieben, wenn Auseinandersetzungen mit gravierenden Kontrollverlusten enden oder persistierend eine Atmosphäre gravierender Gewalttätigkeit in der Familie herrscht, wenn Partner das Haus in Wut verlassen oder sich gegenseitig aussperren. Eine Generalisierung ablehnender und kritischer Gefühle zwischen den Erwachsenen liegt vor, wenn eine Beleidigung der anderen Familie, der Freunde des Partners, seiner Herkunft etc. vorgenommen wird, wenn irrelevante vergangene Geschehnisse zur Herabsetzung verwendet werden, wenn als Reaktion auf Streitigkeiten getrennt geschlafen wird, länger in der Familie nach Streitigkeiten nicht miteinander gesprochen wird etc.

Unter **körperlicher Kindesmisshandlung** werden Handlungen mit Verletzungsfolgen, Schläge mit harten, scharfen Gegenständen, Bestrafungen mit schwerwiegendem Kontrollverlust und Gewalt Handlungen mit anderen körperlichen Traumata, Verbrennungen, Fesselungen, Schütteltrauma etc. erfasst. **Sexueller Missbrauch** beinhaltet jeglichen Genitalkontakt zwischen Erwachsenem und Kind, Manipulation an Brüsten oder Genitalien des Kindes durch Erwachsene, Nötigen des Kindes, Genitalien des Erwachsenen zu berühren, absichtliches Entblößen der Genitalien vor dem Kind, Versuch, die Genitalien des Kindes zu entblößen, sowie physischen Kontakt zwischen Erwachsenem und Kind mit sexueller Erregung.

1046

- **Innerfamiliäre Belastungen**

Die zweite zentrale Kategorie der innerfamiliären Belastung, die ein potenzielles Risiko für das Kind darstellt, bilden psychische Störungen, abweichendes Verhalten oder Behinderungen in der Familie. Während **Suchterkrankungen oder schwere psychische Erkrankungen von Eltern** oder auch Sinnesbehinderungen durchaus als Beeinträchtigung für Kinder in der Familie erkannt werden, werden häufig die Belastungen durch die Anwesenheit eines behinderten Geschwisterkindes übersehen. Auch solche Einschränkungen des sozialen Lebens, z.B. die Überforderung durch altersinadäquate Verantwortung für behinderte Geschwister etc., werden hier erfasst.

1047

- **Inadäquate/verzerrte innerfamiliäre Kommunikation**

Der dritte Bereich der psychosozialen Belastungen der Achse 5 der WHO bezieht sich auf inadäquate oder verzerrte innerfamiliäre Kommunikation. Allerdings wird man feststellen müssen, dass diese Kategorie in vielen Fällen ohnehin der Anlass zum Einsatz eines Verfahrensbeistands war, sodass hier wenig Neues erfasst werden wird.

1048

- **Abnorme Erziehungsbedingungen**

Der vierte Abschnitt erfasst abnorme Erziehungsbedingungen wie elterliche Übervorsorge, unzureichende elterliche Aufsicht und Steuerung, Erziehung, die eine unzureichende Erfahrung vermittelt, sowie unangemessene Forderung und Nötigung durch einen oder beide Elternteile.

1049

- **Abweichende Elternsituationen**

1050 Im fünften Abschnitt werden belastende Ereignisse im Rahmen institutioneller Erziehung oder Erziehung in so genannten abweichenden Elternsituationen beschrieben. Allerdings mag hier kritisch eingewandt werden, dass Situationen von Alleinerziehenden, von Müttern nach künstlicher Befruchtung, von homosexuellen Paaren etc. nicht ohne Weiteres in einer Kategorie zusammengefasst werden können. Die Kategorien „isolierte Familie", insbesondere z.B. Verbote für das Kind, andere Kinder einzuladen, und „Verbote, andere zu besuchen", sind ebenso bedeutend wie Lebensbedingungen mit möglicher psychosozialer Gefährdung.

- **Akute belastende Lebensereignisse**

1051 Der Abschnitt 6 erfasst akute belastende Lebensereignisse wie den Verlust einer liebevollen Beziehung, bedrohliche Umstände infolge von Fremdunterbringung, z.B. in Pflegestelle, Kinderheim oder Krankenhausaufnahme, negativ veränderte familiäre Beziehungen durch neue Familienmitglieder sowie die Erfassung von Ereignissen, die zur Herabsetzung der Selbstachtung führen, die Erfassung von sexuellem Missbrauch außerhalb der Familie und die Erfassung unmittelbar beängstigender Erlebnisse wie Entführung, Naturkatastrophen mit Lebensgefahr, direkte Anwesenheit bei schweren Unfällen, persönliche Bedrohung etc.

- **Gesellschaftliche Belastungsfaktoren**

1052 Der Abschnitt 7 beschreibt gesellschaftliche Belastungsfaktoren wie Verfolgung oder Diskriminierung, Migration und soziale Verpflanzung.

- **Chronisch zwischenmenschliche Belastungen**

1053 Im achten Abschnitt werden chronisch zwischenmenschliche Belastungen im Zusammenhang mit Schule und Arbeit erfasst. Dazu gehören abnorme Streitbeziehungen mit Mitschülern, Sündenbockzuweisung durch Lehrer oder Ausbilder etc. Abschließend werden belastende Lebensereignisse der Situation infolge von Verhaltensstörungen oder Behinderungen des Kindes wie institutionelle Erziehung, bedrohliche Umstände infolge von Fremdunterbringung und abhängige Ereignisse, die zur Herabsetzung der Selbstachtung führen, im Zusammenhang mit den beschriebenen Störungsbildern erfasst.

- **Achse 6**

1054 Als sechste Achse hat sich die Beschreibung des Funktionsniveaus im Alltag eingebürgert. Das heißt, hier wird beschrieben, wie stark Kinder im Alltag auf Unterstützung, Betreuung oder ständige Supervision angewiesen sind. Eine vernünftige Evaluation der Lebensumstände eines Kindes wird selbstverständlich auch die vorhandenen Ressourcen wie z.B. eine unterstützende Großmutter, eine gute Integration in die Peergroup oder in einen Sportverein etc. erfassen. Die Vorgeschichte der Hilfeplanungen, bisher gewährte institutionelle Hilfen ebenso wie Behandlungsversuche gehören zu einer korrekten Abwägung der Umstände, denn allein eine solche umfassende Berücksichtigung positiver wie negativer Faktoren kann zu präziseren Prognoseabschätzungen führen.

cc) Zur Anwendung des multiaxialen Klassifikationsschemas

Poustka und *vanGoor-Lambo* (2000) haben in einem Fallbuch anhand von 30 konkreten einzelnen Fallgeschichten die Bedeutung psychosozialer Umstände für den Verlauf und die Behandlung psychischer Störungen im Kindes- und Jugendalter dargelegt und dabei die Praxis der Anwendung dieses multiaxialen Klassifikationsschemas an jedem einzelnen Fall verdeutlicht. Ihr Buch zeigt, dass sich diese Kategorisierung, welche die Arbeitsgruppe im Auftrag der Weltgesundheitsorganisation beschrieben hat, hervorragend zur Erörterung multipler psychosozialer Belastungen eignet.

3. Interventionen bei Kindesmisshandlung und Vernachlässigung

a) Gesichertes Wissen

Vernachlässigung und Kindesmisshandlung sind die häufigsten Anlässe für ein Verfahren nach § 1666 BGB, in dem gemäß §158 Abs. 2 Nr. 2 FamFG regelmäßig Verfahrensbeistände einzusetzen sind, sofern die – auch teilweise – Entziehung der elterlichen Sorge in Betracht kommt. Ihre Aufgabe ist es, die Wahrnehmung der Kindesinteressen im Rahmen der Sachverhaltsermittlung sowie bei der Einschätzung der zur Abwendung der Kindeswohlgefährdung „geeigneten" und „erforderlichen" Maßnahmen – d.h. der „öffentlichen Hilfen" (§ 1666a BGB) und gegebenenfalls der Eingriffe ins elterliche Sorgerecht – zu gewährleisten. Häufig wird es dabei auch um medizinische, psychiatrische und psychologische Diagnostik gehen (§ 163 Abs. 1 FamFG). Über die Möglichkeiten und Grenzen entsprechender Beiträge von medizinischen und psychologischen Sachverständigen werden Verfahrensbeistände sich gerade mit Blick auf die seit einigen Jahren verstärkte Diskussion um die Qualität und Standards von Sachverständigengutachten in familienrechtlichen Verfahren möglichst genau informieren müssen.[3] Einen qualifizierten Umgang mit der Problematik können sie aber auch von den professionell beteiligten Fachkräften der Jugendhilfe einfordern – zumal im Anschluss an die Konkretisierung des Schutzauftrags der Jugendhilfe im Jahr 2005 eine qualifizierte psychosoziale Diagnostik im Jugendamt sowie die Erhebung der Risikofaktoren und Gefährdungslagen von Kindern in Einrichtungen der Jugendhilfe durch Hinzuziehung der mit Kindesschutzfragen „insoweit erfahrenen Fachkraft" erwartet werden darf (§ 8a Abs. 4 Satz 1 Nr. 2 und Satz 2 SGB VIII).

Freilich, die Literatur zur Kindesmisshandlung ist in den letzten Jahrzehnten im In- und Ausland flutartig angewachsen. Wissenschaftliche, d.h. medizinische, psychologische, soziologische und rechtswissenschaftliche Untersuchungen, stehen neben Handbüchern und Leitlinien für die praktische Umsetzung. Wie immer, wenn die Literatur zu einem öffentlich interessierenden Thema boomt, verbürgt auch hier das neuere Erscheinungsjahr einer Veröffentlichung keineswegs immer den höheren Stand des Wissens. Gleichviel: Gesichertes Erfahrungswissen zu Bedingungszusammenhängen der Kindesmisshandlung existiert – anderslautenden Be-

---

3 Vgl. Arbeitsgruppe Familienrechtliche Gutachten 2015 sowie Stürmer 2017, S. 87 ff.

hauptungen zum Trotz – durchaus, insbesondere zur medizinischen Differentialdiagnostik, zu sozialen und psychologischen Aspekten der Familiensituation, zu Misshandlung auslösenden Momenten, zur Wiederholungstypik, zu kurz- und langfristigen Folgen für misshandelte Kinder und – wenngleich in geringerem Maße – auch zur Wirksamkeit von Interventionen.[4]

1058 Studium und Weiterbildung sollten Verfahrensbeistände insbesondere dazu befähigen, „gesichertes Wissen", d.h. Ergebnisse seriöser Forschung, die immer auch die Grenzen ihrer Aussagekraft und ihre Irrtumsrisiken erkennbar macht, von unbelegten bzw. unbelegbaren Behauptungen und pseudowissenschaftlichen „Erkenntnissen" zu unterscheiden. Diese sind häufig schon an dem Absolutheitsanspruch zu erkennen, mit dem sie ihre Geltung behaupten und alles bisherige Erfahrungswissen als falsch entlarven oder als irrelevant ignorieren zu können glauben. Das bedeutet freilich nicht, dass sich aus der gründlichen Aneignung wissenschaftlicher Erkenntnisse schlichte „Wenn/Dann-Diagnosen" oder die Bestimmung der (einzig) richtigen Hilfe für den Einzelfall – für diese Familie und dieses Kind – ableiten ließen. Wohl aber kann die Wahrnehmung geschärft, das Spektrum der Verständnis- und Erklärungsmöglichkeiten erweitert und die Wahrscheinlichkeit zutreffender Diagnosen und Prognosen erhöht werden. Wissen kann also Irrtumsrisiken in der Praxis nicht ausschließen, diese aber reduzieren und einer begründeten Abwägung zugänglich machen. Im Folgenden geht es um einige Konsequenzen aus gesichertem Wissen, die für das Verfahren und die Entscheidungen nach § 1666 BGB von besonderer Bedeutung sind.

b) Misshandlung, Vernachlässigung und miterlebte häusliche Gewalt

1059 In traditioneller Sichtweise wurde unter „Kindesmisshandlung"[5] vor allem die körperliche Misshandlung verstanden. Heute werden die Grenzen zwischen körperlicher und seelischer Misshandlung sowie Vernachlässigung als fließend angesehen, da die Ursachenzusammenhänge und auch die langfristigen Folgen für die betroffenen Kinder durchaus vergleichbar sind.[6] Die neuere Forschung zu **Risikofaktoren für Kindeswohlgefährdung** hat zu einem differenzierten Verständnis der Hintergründe und Auslöser von Bedürfnisversagen und Übergriffen auf Kinder und Jugendliche beigetragen und beschreibt Eltern-, Kind- und Umfeldvariablen sowie deren kumulierende Wechselwirkungen.[7] Demnach besteht ein deutlich erhöhtes Risiko für Vernachlässigung und Misshandlung von Kindern, die aufgrund ihres sehr jungen Alters, prä-, peri- und postnataler Schädigungen, Regulations- und Verhaltensstörungen sowie Behinderungen erhöhte Erziehungsanforderungen stellen und auf Eltern treffen, deren Erziehungsfähigkeit wegen

---

[4] Dornes 2006; Egle/Joraschky/Lampe/Seiffge-Krenke/Cierpka 2015; Fegert/Hoffmann/König/Niehues/Liebhardt 2015; Helfer/Kempe/Krugman 2002; Jacobi 2008; Nienstedt/Westermann 2013; Ziegenhain/Fegert 2007.

[5] Zu Definition und Häufigkeit der Kindesmisshandlung und des sexuellen Missbrauchs siehe in diesem Handbuch Maywald Rn. 989 ff.; zu Vernachlässigung und emotionaler Misshandlung siehe in diesem Handbuch Fegert/Zwönitzer/Köhler-Dauner Rn. 961 ff.

[6] Siehe Egle 2015; Joraschky/Pöhlmann 2015.

[7] Vgl. Deegener/Körner 2011, S. 211.

psychischer Störungen oder Abhängigkeitserkrankungen, eigenen Deprivations-, Misshandlungs- oder Missbrauchserfahrungen eingeschränkt sowie durch negative Gefühle zur Elternrolle und unangemessene Erwartungen an das Kind geprägt ist.[8]

Die **körperliche Misshandlung** gilt nach wie vor als die am ehesten erkennbare Schädigungsform. Sie umfasst alle Formen der körperlichen Übergriffe seitens der Eltern, von „erzieherisch" gemeinten Schlägen, bei denen die Verletzung des Kindes nicht intendiert ist, bis hin zur schweren Misshandlung, bei der die Verletzung des Kindes intendiert ist oder in Kauf genommen wird, etwa das Traktieren mit Gegenständen, Verbrennen oder Verbrühen des Kindes u.a.m. Eine besondere Form der Kindesmisshandlung stellt das affektartige Schütteln von Säuglingen dar, welches mit schwerwiegenden Folgen einhergeht. Etwa ein Drittel der Babys mit Schütteltrauma verstirbt, mindestens zwei Drittel tragen Langzeitschäden davon, wobei diese als solche häufig unentdeckt bleiben und im weiteren Leben als Behinderungen oder Entwicklungsbeeinträchtigungen firmieren.[9]

1060

Die lange weniger beachtete Vernachlässigung kommt am häufigsten vor: In der durch *Münder* u.a. durchgeführten Fallerhebung in Jugendämtern war in 65,1 % aller Fälle Vernachlässigung die Gefährdungslage, die zur Anrufung des Gerichts geführt hat.[10] Auch nach der Konkretisierung des Schutzauftrags der Jugendhilfe ist der Hinweis von *Schone* u.a. relevant, dass zudem mit einer erheblichen Anzahl unbemerkter Vernachlässigungsfälle gerechnet werden muss, insbesondere in subtileren Formen (emotionale Vernachlässigung) und bei sehr kleinen Kindern dadurch, dass sie sich vorwiegend innerhalb der Familie aufhalten.[11] Körperliche und emotionale Vernachlässigung birgt gerade für Säuglinge und Kleinkinder eine existentielle seelische Bedrohung und weist in diesem Alter die schwersten Deprivationsfolgen auf.[12]

1061

Zur **häuslichen Gewalt** sind Wissensbestand und Interventionsempfehlungen in den vergangenen zwanzig Jahren deutlich angewachsen. Sie umfasst die von den Kindern mittelbar und unmittelbar miterlebte oder mitgehörte Partnergewalt, die Demütigung, Bedrohung, körperliche und sexuelle Misshandlung, Vergewaltigung oder Tötung der Mutter, die Zeugung eines Kindes durch Vergewaltigung oder die gewaltvoll (frühzeitig) ausgelöste Geburt sowie das Miterleben der Bedrohung und Misshandlung von Geschwistern.[13] Eine für Deutschland repräsentative Studie zur häuslichen Gewalt aus dem Jahr 2004 zeigt die hohe Eingebundenheit der Kinder in Partnergewalt durch Miterleben und -hören der Gewaltausbrüche (57 %), Hineingezogenwerden (21 %), Versuche, die Mutter aktiv zu schützen (25%), und

1062

---

8 Vgl. Lengning/Zimmermann 2009, S. 14.
9 Vgl. Matschke/Herrmann/Sperhake/Körber/Bajanowski/Glatzel 2009; Zur Diagnostik vgl. in diesem Handbuch Fegert u.a. Rn. 1024.
10 Vgl. Münder/Mutke/Schone 2000; siehe aktuell Münder 2017.
11 Vgl. Schone/Gintzel/Jordan/Kalscheuer/Münder 1997.
12 Siehe hierzu in diesem Handbuch Fegert/Zwönitzer/Köhler-Dauner, oben Rn. 961 ff.
13 Vgl. umfassend Beiträge in Kavemann/Kreyssig 2013.

schließlich selbst angegriffen werden (10 %).[14] Heute muss häusliche Gewalt im Sinne wiederholter, verletzungsträchtiger Gewalttaten als Indikator für Kindeswohlgefährdung angesehen werden, da die umfassenden entwicklungsbeeinträchtigenden Folgen sowie die Weitergabe der Gewalterfahrungen zwischen den Generationen empirisch nachgewiesen sind.[15]

1063 Das Erleben von Kindesmisshandlung in ihren unterschiedlichen Formen und/oder häuslicher Gewalt steht nicht nur nachweislich mit der Ausbildung verschiedener Verhaltensauffälligkeiten, Bindungsstörungen, Entwicklungsbeeinträchtigungen und psychosomatischer Erkrankungen in Verbindung[16], sondern geht häufig mit der seelischen Traumatisierung der Kinder einher. Nicht selten ergeben sich daraus die nachhaltigsten Schädigungsfolgen und diese Traumafolgestörungen können mit den gängigen klinischen Diagnoseinventaren nur sehr unzureichend abgebildet werden.[17] Zwar hat das in Deutschland im Jahr 2015 veröffentlichte DSM-5 eine wesentliche Veränderung hinsichtlich der Anerkennung traumatischer Ereignisse in der Kindheit gebracht, da direkt erlebte oder miterlebte Ereignisse, die objektiv als traumatisch gelten müssen, nun als traumatisch anerkannt werden und nicht länger auf die subjektive, emotionale Reaktion des betroffenen Kindes abgestellt wird. Für bis sechsjährige Kinder werden als traumatische Ereignisse bspw. das einmalige oder wiederholte direkte Erleben sowie Miterleben von (drohendem) Tod, schwerer Verletzung oder sexueller Gewalt beim Kind bzw. seiner/n primären Bezugsperson/en aufgeführt.[18] Die Komplexität der kindlichen Entwicklung und Kindesmisshandlung erfordert jedoch mit Blick auf eine sachgerechte Diagnostik der schweren, langfristigen Folgen interpersoneller Traumatisierung im Kindes- und Jugendalter ein eigenständiges Konzept, wie es in der Traumaentwicklungsstörung im In- und Ausland diskutiert wird.[19]

1064 **Konsequenzen für die Intervention:** Misshandlung und Vernachlässigung, aber auch miterlebte Gewalt in der Familie, etwa gegen die Mutter oder gegen Geschwister, beanspruchen gleiche Aufmerksamkeit für ihre Erkennung, gleiche Priorität bei Schutz- und Hilfeüberlegungen, die gleiche umfassende und sorgfältige Hilfeplanung, wobei den psychischen Schädigungen und möglicher interpersoneller Traumatisierung besondere Bedeutung zukommt.

c) Sozialpädagogische, medizinische und psychologische Diagnostik

1065 Die Forschung hat Risikofaktoren identifiziert, die eine frühe Erkennung, eine realistische Gewichtung und eine differenzierte Dokumentation von Misshandlungsrisiken erlauben.[20] Für die Praxis sind daraus verschiedene Risikoeinschätzungskriterien oder Leitlinien entwickelt worden, die zum Teil von Behörden verbreitet und

---

14 Vgl. m.w.N. Kavemann 2013, S. 15 ff.
15 Vgl. Übersicht bei Kindler in Kavemann/Kreyssig 2013, S. 27–46.
16 Vgl. Sroufe/Egeland/Carlson/Collins 2005.
17 Van der Kolk/Pynoos/Cicchetti u.a. 2009.
18 Vgl. DSM-5 2015, S. 1112.
19 Vgl. van der Kolk u.a. 2009, s.o.; Schmid/Fegert/Petermann 2010.
20 Vgl. Bender/Lösel 2015, S. 77 ff.; Deutsches Jugendinstitut 2006; Köckeritz 2004, S. 73 ff.

auch von Verfahrensbeiständen genutzt werden können.[21] Zu betonen ist, dass solche „Checklisten" die Einzelfallentscheidung über die individuelle Gefährdungslage eines Kindes auf Grundlage der Bewertung und Gewichtung vorhandener Risiken nicht ersetzen. Wohl aber können sie helfen, die Entscheidung – unter Nutzung fachkompetenter Beratung und Diagnostik – objektiv nachvollziehbar zu fundieren.

Konsequenzen für die Intervention: Eine fundierte sozialpädagogische Diagnostik zu Familiensituation und Entwicklungsprognose des Kindes ist Grundlage für Risikoanalyse, Gefährdungseinschätzung und Fallverstehen, die im Einzelfall um pädiatrische, psychologische oder psychiatrische Diagnostik zu ergänzen sind. Wie der Richter, so wird auch der Verfahrensbeistand darauf zu achten haben, dass im Zuge familiengerichtlich in Auftrag gegebener Gutachten eine Passung zwischen den im Einzelfall virulenten Fragen – etwa zum Bindungsstatus des Kindes oder zur Erziehungsfähigkeit der Eltern –, den im Gutachten eingesetzten Methoden zur Exploration dieser Fragen und den schließlich generierten diagnostischen Einsichten erkennbar ist. Eine Untersuchung zur Qualität von Gutachten im Kontext familiengerichtlicher Verfahren legt diesbezüglich eine erhöhte Aufmerksamkeit nahe.[22]

1066

Die Verpflichtung, bei Hinweisen auf gewichtige Anhaltspunkte einer Kindeswohlgefährdung eine **Gefährdungseinschätzung** vorzunehmen, ist gem. § 8a SGB VIII auch für Einrichtungen und Dienste freier Träger verbindlich geregelt worden. Hierbei ist insbesondere „sicherzustellen, dass …(2) bei der Gefährdungseinschätzung eine insoweit erfahrene Fachkraft hinzugezogen wird" (§ 8a Abs. 4 Nr. 3 SGB VIII). Erhärten sich dadurch die Hinweise und wird eine Kindeswohlgefährdung festgestellt und kann sie nicht anders abgewendet werden (§ 8a Abs. 4 Satz 2 SGB VIII), ist dem Jugendamt eine sog. „8a-Meldung" einzugeben und dieses wird von Amts wegen tätig, die Gefährdung durch das Anbieten von Hilfen zur Erziehung oder durch die Einschaltung des Familiengerichtes abzuwenden. Für die längerfristige Hilfeplanung sieht § 36 Abs. 2 SGB VIII wie schon für die Einschätzung der Kindeswohlgefährdung § 8a Abs. 1 Satz 3 SGB VIII ausdrücklich das „Zusammenwirken mehrerer Fachkräfte" sowie die Beteiligung anderer Personen, Dienste oder Einrichtungen an der Hilfeplanung vor, sofern diese in die Erbringung der Hilfe einbezogen sind. Hierunter fallen auch z.B. Ärzte, Fachkräfte aus sozialpädiatrischen Zentren, Frühförder- und Beratungsstellen u.a.

1067

Das **Gebot des multidisziplinären Austausches** gilt nicht nur für Sozialpädagogen und Sozialarbeiter, sondern ebenso für Psychologen, Psychiater und Kinderärzte, die im Kontext eines Verfahrens nach § 1666 BGB klinisch, beratend oder gutachterlich tätig sind. Von ihnen muss nicht nur erwartet werden, dass sie sich mit dem spezifischen Erfahrungswissen ihres Faches zur Kindesmisshandlung vertraut machen, sondern auch, dass sie wissen, wann und wie sie die Interventionsmöglichkeiten der Jugendhilfebehörden und Gerichte in Anspruch nehmen kön-

1068

---

21 Z.B. der sog. Stuttgarter Kinderschutzbogen mit Ankerbeispielen für verschiedene Altersgruppen.
22 Vgl. Salewski/Stürmer 2015, S. 4–9.

nen – oder auch müssen, um ein Kind vor (weiterer) Misshandlung oder Vernachlässigung zu bewahren. § 4 KKG hat bezüglich des **Beratungsanspruchs** dieser Personen gegenüber dem Jugendamt sowie hinsichtlich der früher häufig vorhandenen Rechtsunsicherheiten bei Übermittlung von Informationen durch Geheimnisträger bei Kindeswohlgefährdung für eine höhere Rechtssicherheit gesorgt. Dieser Beratungsanspruch steht gemäß § 8b Abs. 1 SGB VIII auch Verfahrensbeiständen zu.

d) Langzeitfolgen

1069 Anhaltende Kindesmisshandlung oder Vernachlässigung führen nicht nur häufig zu dauerhaften körperlichen Schädigungen, sondern regelmäßig auch zu schweren Beeinträchtigungen der Persönlichkeitsentwicklung und der sozialen Anpassung von Kindern, die später auch in Gewalttätigkeit münden kann, nicht zuletzt in die Misshandlung der eigenen Kinder.[23]

1070 **Konsequenzen für die Intervention:** In jedem bekannt werdenden Fall von Vernachlässigung und Misshandlung muss die **Reaktion so schnell wie möglich und so effizient wie möglich** erfolgen. Das heißt, es müssen so schnell wie möglich die erforderlichen Informationen eingeholt und Entscheidungen über das weitere Vorgehen getroffen werden, die alle denkbaren Hilfen zur Bewältigung der Schädigung bzw. Traumatisierung in Betracht ziehen. Ob und wie lange Gespräche mit den Eltern über Beratungs- und Unterstützungsmöglichkeiten und entsprechende Angebote der Jugendämter wirksam sind und welche Kontroll- und Schutzmaßnahmen sofort zu ergreifen sind, muss nicht nur im Hinblick auf die akute Gefahr für Körper und Leben des Kindes, sondern auch unter Berücksichtigung der Zeitperspektive des Kindes, d.h. der bereits erlebten Schädigung(en) und ihrer Auswirkungen auf die seelische Entwicklung, entschieden werden. Die Auswahl der wirksamen Hilfeangebote und Interventionen bei Kindesmisshandlung – Kindesschutzhandeln insgesamt – ist stets auch ein prognostisches Handeln, das der Entwicklungstatsache und -perspektive des individuellen Kindes verpflichtet ist.[24]

1071 Wenn im Einzelfall in Jugendamts- oder familiengerichtlichen Entscheidungen eine familien- bzw. elternzentrierte Sichtweise vorherrscht und das Kind in seiner Notlage und Entwicklungsperspektive aus dem Blick zu geraten droht, so ist seitens der Interessenvertretung des Kindes daran zu erinnern, dass dem Kindeswohl nach Gesetz und Rechtsprechung – nicht zuletzt des Bundesverfassungsgerichts, aber auch des Europäischen Gerichtshofs für Menschenrechte – oberste Priorität zukommt.[25]

---

23 Vgl. Egle 2015, S. 42 ff.; Zenz 1979, S. 227 ff.; speziell zur späteren Misshandlung eigener Kinder: Wetzels, 1997, S. 246 ff.; Jacobi 2008, S. 76 ff. m.w.N.
24 Vgl. ausführlich Diouani-Streek 2015.
25 BVerfG, Beschluss vom 3.2.2017, 1-BvR 2569/16, ZKJ 2017, 225 und vom 23.4.2018, 1-BvR 383/18, ZKJ 2018, 312; zur Fremdunterbringung siehe Rechtsprechung des EuGHMR bei Pintens, FamRZ 2016, 341, 345 m.w.N.

e) Hochrisiko: Kleinkind

Je jünger das Kind ist, bei dem ein schwerwiegender Misshandlungs- oder Vernachlässigungsverdacht besteht, desto größer ist sein Risiko, innerhalb kürzester Zeit folgenschwere, auch irreversible körperliche Schäden zu erleiden oder zu sterben.[26]

1072

Konsequenzen für die Intervention: Je jünger das Kind, desto schneller müssen wirksame Maßnahmen zu seinem Schutz ergriffen werden, auch und gerade, wenn das Risiko nicht schnell geklärt werden kann. Sind die Eltern damit nicht einverstanden, so ist eine eilige Unterbringung außerhalb der Familie auf einstweilige Anordnung des Familiengerichts möglich.[27] Falls auch diese nicht abgewartet werden kann, ist das Jugendamt berechtigt, das Kind in Obhut zu nehmen und an einem sicheren Ort unterzubringen (§§ 8a Abs. 3 Satz 2, 42 Abs. 1 Nr. 2b SGB VIII).

1073

Da es sich bei der Inobhutnahme von Kindern um gravierende Eingriffe ins Elternrecht – und in die Familienbindungen des Kindes – handelt, bedarf es stets der sorgfältigen fachlichen Begründung, wenn nicht der Verdacht willkürlicher oder unverhältnismäßiger Eingriffsbereitschaft entstehen soll. Jedenfalls wird der Verhältnismäßigkeitsgrundsatz verletzt, wenn nach einer solchen Eilmaßnahme nicht unverzüglich alles Nötige zur Überprüfung der Entscheidung getan wird. In jeder dieser Verfahrensphasen müssen Verfahrensbeistände daher im Interesse des Kindes auf Beschleunigung drängen.

1074

▶ Zum Beschleunigungsgebot vgl. Heilmann Teil 4 II Rn. 1417 ff.

f) Familienunterstützende Maßnahmen und Fremdunterbringung

Das „Gesetz zur Ächtung der Gewalt in der Erziehung" vom 6.7.2000 hat nicht nur Kindern ein „Recht auf gewaltfreie Erziehung" zugesprochen (§ 1631 Abs. 2 BGB), sondern zugleich den Jugendämtern aufgegeben, Eltern Wege aufzuzeigen, „wie Konfliktsituationen in der Familie gewaltfrei gelöst werden können" (§ 16 Abs. 1 Satz 3 SGB VIII). Die Jugendhilfe sollte zur Verwirklichung dieses gesetzlichen Auftrages verstärkt „Programme mit therapeutischen und beraterischen Elementen entwickeln".[28] Der **Ausbau von Präventionsprogrammen** im Kontext der Frühen Hilfen ist in Deutschland seither stark vorangeschritten und deren Evaluation ist mit dem Bundeskinderschutzgesetz seit dem Jahr 2012 gesetzlich verankert worden. Die systematische Entwicklung und Evaluation wirksamer Interventionen bei festgestellter Kindesmisshandlung, auf die Familiengerichte im Rah-

1075

---

26 Leitlinien der Deutschen Gesellschaft für Kinder- und Jugendpsychiatrie und -psychotherapie, 2007, Pkt. 2.2; siehe auch die aufschlussreichen Fall-Dokumentationen gescheiterter Kindesschutzverläufe: zu „Osnabrücker Fall" vgl. Bringewat 1997; zu „Fall Kevin" vgl. Bremische Bürgerschaft Drucks. 16/1381, 2007; zu „Fall Yagmur" vgl. Hamburgische Bürgerschaft Drucks. 20/14160, 2015.
27 Siehe BVerfG vom 23.4.2018, 1-BvR 383/18, ZKJ 2018, 312; zur einstweiligen Anordnung siehe Heilmann, in diesem Handbuch Rn. 1495 ff.
28 Salgo in: Kohl/Landau 2001, S. 55 ff.; Staudinger/Salgo 2015, Erl. § 1631 Rn. 66 ff.; vgl. inbes. hierzu die Staatenverpflichtung zur Bereithaltung entsprechender Leistungen in den Art. 15, 16, 31 Istanbul-Konvention.

men von Verfahren nach §§ 1666, 1666a BGB zurückgreifen sollten, steht hingegen noch weitestgehend aus.

1076 Wirksamkeitsstudien aus dem Ausland sowie inländische Erfahrungsberichte zur Arbeit mit gewaltbelasteten Familien zeigen, dass therapeutische und sozialpädagogische Hilfen keineswegs immer erfolgreich in der Abwendung von Kindesmisshandlung sind. Insbesondere bei Familien mit einer generationenübergreifenden Geschichte von Misshandlung und/oder schwerwiegender Vernachlässigung verändert sich die Familiendynamik kaum jemals innerhalb einer akzeptablen Zeitspanne so weit, dass dem traumatisierten Kind ein Verbleiben in der Familie oder eine baldige Rückkehr aus dem Heim oder der Pflegefamilie zugemutet werden kann.[29] Gezielte Studien zum Therapieerfolg bei Eltern misshandelter, missbrauchter oder vernachlässigter Kinder haben ergeben, dass, selbst wenn sich in der Therapie deutliche Veränderungen in der Persönlichkeit und den Lebensumständen der Eltern abzeichnen, in einer großen Zahl der Fälle Misshandlungen, Missbrauch oder Vernachlässigung der Kinder sich noch über Jahre fortsetzen bzw. nach einer Rückführung des Kindes wieder einstellen.[30] Besondere Skepsis ist insoweit gegenüber Therapie- oder Trainingsverfahren angebracht, die bei Kostenträgern mit dem Versprechen werben, schwierigste Fälle innerhalb kürzester Frist, d.h. kostengünstiger als alle anderen, erfolgreich abzuschließen. Verfahrensbeistände sollten bei solchen Angeboten nach der externen wissenschaftlichen Überprüfung der Methoden und Wirkungen fragen.

1077 Die durchaus ernüchternden Befunde des Auslandes zur (Un-)Wirksamkeit von Interventionen bei Kindesmisshandlung sprechen nicht gegen therapeutische und beraterische Bemühungen um die Eltern – sie können insbesondere später geborenen Kindern zugutekommen. Für ein bereits beeinträchtigtes oder traumatisiertes Kind aber sind die notwendigen Veränderungen meist nicht schnell und nicht stabil genug zu erreichen, um es vor weiterer Schädigung zu schützen und seine seelischen Verletzungen und Entwicklungsdefizite auszugleichen.

1078 **Konsequenzen für die Intervention:** Die schwerwiegende Schädigung bzw. Traumatisierung eines Kindes bei hohem Wiederholungsrisiko für Misshandlung in der Familie verlangt im Einzelfall zumeist seine **dauerhafte Fremdunterbringung**. Der Verbleib oder auch die Rückführung des Kindes in seine Herkunftsfamilie können in solchen Fällen nur unter besonders zu begründenden Umständen und mit sehr spezifischer Unterstützung und Kontrolle ins Auge gefasst werden.[31] Das SGB VIII hält diesbezüglich sehr differenzierte – und gegenüber dem BGB deutlich näher an der internationalen Forschungslage ausgerichtete – Regelungen zur Unterbringung von Kindern in Pflegefamilien bereit, mit denen sich Verfahrensbeistände deshalb gut auskennen sollten.[32]

---

29 Vgl. grundlegend Diouani-Streek 2015.
30 Vgl. Dornes 1997, S. 239 ff.; Jones/LaLiberte 2010; Kimberlin/Anthony/Austin 2008; Terling 1999.
31 Dies betont die jüngste Rechtsprechung des Bundesverfassungsgerichtes: BVerfG vom 3.2.2017, 1-BvR 2569/16, ZKJ 2017, 225 und vom 23.4.2018, 1-BvR 383/18, ZKJ 2018, 312.
32 Vgl. Salgo/Lack 2013.

g) Prognoseentscheidung

1079 Mit Verabschiedung des SGB VIII wurde Vollzeitpflege 1990/1991 im Interesse des kindlichen Bedürfnisses nach lang anhaltenden Bindungen als **„zeit- und zielgerichtete Intervention"** sozialrechtlich normiert, um entweder die baldmöglichste Rückkehr des Kindes in seine Herkunftsfamilie zu verwirklichen oder, sofern dies innerhalb eines an Alter und Entwicklungsstand des Kindes bemessenen Zeitraums nicht erreichbar ist, die Dauerhaftigkeit seines Lebensortes außerhalb der Herkunftsfamilie sicherzustellen.[33]

1080 Nach § 33 SGB VIII ist bei der Unterbringung in Vollzeitpflege deshalb die Entscheidung zwischen einer „befristeten Erziehungshilfe" und einer „auf Dauer angelegten Lebensform" jeweils nach den Umständen des Einzelfalles zu treffen, zu denen auch die „Möglichkeiten einer Verbesserung der Erziehungsbedingungen in der Herkunftsfamilie" gehören.[34] § 37 Abs. 1 Satz 4 SGB VIII konkretisiert dies dahingehend, dass eine „andere, dem Wohl des Kindes oder Jugendlichen förderliche und auf Dauer angelegte Lebensperspektive" zu erarbeiten ist, wenn in der Herkunftsfamilie eine „nachhaltige Verbesserung" der Erziehungsbedingungen innerhalb eines im Hinblick auf die Entwicklung des Kindes oder Jugendlichen vertretbaren Zeitraums nicht erreichbar ist. Dieser **der Jugendhilfe überantwortete Entscheidungszwang** beinhaltet in jedem Einzelfall die Notwendigkeit, bereits bei Unterbringung eine Prognose über die Rückkehr- bzw. Verbleibensperspektive des Kindes auf fachlich nachvollziehbarer Grundlage zu formulieren. Hierzu sind prognostische Entscheidungen über die weitere Entwicklung eines gefährdeten Kindes unter Berücksichtigung der familiären Risiken und Ressourcen notwendig, deren Einholung durch die Heranziehung kinderpsychiatrischer Begutachtung oder Beratung vom Verfahrensbeistand durchaus angeregt werden kann.[35]

1081 **Konsequenzen für die Intervention:** Diesen Prognoseauftrag hat der Gesetzgeber des SGB VIII wie folgt formuliert: „Kommt das Jugendamt deshalb nach einer sorgfältigen Prüfung der Situation in der Herkunftsfamilie zu der Überzeugung, dass Bemühungen zur Verbesserung der Erziehungsbedingungen (…) mit dem Ziel der Rückführung des Kindes **innerhalb eines angemessenen Zeitraums** offensichtlich erfolglos sind oder sein werden, dann ändert sich sein ‚Auftrag'" der Rückführungsbemühungen zugunsten der Einrichtung einer langfristigen Lebensperspektive des Kindes außerhalb der Herkunftsfamilie.[36] Entsprechend wird in § 36 Abs. 1 Satz 2 SGB VIII ausdrücklich die Prüfung der Adoptionsoption „vor und während" langfristig außerhalb des Elternhauses zu erbringender Hilfen expliziert. Im Zuge der Adoptionsoptionsprüfung durch das Jugendamt ist im Interesse des Kindes ebenfalls abzuwägen, ob die gerichtliche Prüfung der Voraussetzungen zur Ersetzung der elterlichen Einwilligung in die Adoption erforderlich erscheint.[37]

---

33 Vgl. Salgo 1987, 398; BT-Drucks. 11/5948, 71 ff.
34 Vgl. Wiesner/Schmid-Obkirchner 2015: §§ 33, 36, 37 SGB VIII.
35 Hierzu ausführlich in diesem Handbuch Fegert, Rn. 1369 ff.
36 BT-Drucks. 11/5948, S. 75.
37 Vgl. Salgo ZfJ 2004, S. 410 ff.

1082 Diese gesetzlichen Vorgaben zur sog. **kontinuitätssichernden Hilfeplanung** für Pflegekinder sind in der Praxis deutscher Jugendämter und Gerichte noch heute mit vielfältigen Umsetzungsproblemen behaftet. Eine fundierte Prognoseentscheidung im Einzelfall ist auf der Grundlage von im Ausland forschungsbasiert entwickelten Kriterien der Entscheidungsfindung und -begründung gleichwohl möglich und sollte ggf. vom Verfahrensbeistand eingefordert werden.[38]

1083 Die Herausnahme eines misshandelten, missbrauchten oder vernachlässigten Kindes aus der Herkunftsfamilie stellt, auch wenn die **Trennung von den leiblichen Eltern** mit einer **zeitweisen Belastung** einhergeht, **gegenüber dem langfristigen Verbleib in schädigenden Familienstrukturen für das Kind „die weniger schädliche Alternative"** dar.[39] Die auch im Familienrecht anerkannte hohe Bedeutung der Eltern-Kind-Bindung spricht in diesen Fällen deshalb nicht gegen eine Trennungsentscheidung, weil es sich hier in der Regel um Angstbindungen des Kindes an die Eltern handelt, die Ausdruck hochambivalenter bzw. desorientierter Bindungsmuster sind, welche die Persönlichkeitsentwicklung des Kindes schwer und langfristig schädigen.[40] Während an die Trennung von Kind und Eltern zu Recht hohe gesetzliche Hürden angelegt werden, fallen diese Eltern-Kind-Bindungen nicht in den Schutzbereich des § 1666a BGB.[41]

h) Dauerhafte Beziehungsperspektiven für Kinder und Jugendliche

1084 Unter den Schutzfaktoren, die Entwicklungsrisiken für belastete Kinder sowie Folgen von Gefährdungserfahrungen mildern können, ist in internationalen Studien übereinstimmend als wichtigster Faktor die stabile Beziehung zu mindestens einer verlässlichen und liebevoll zugewandten erwachsenen Person herausgestellt worden.[42] Bei Kindern, die eine solche Beziehung erstmals nach einer Fremdunterbringung außerhalb ihrer Herkunftsfamilie finden, sind daher die Stabilisierung und Erhaltung dieser Beziehung, d.h. die „Beziehungskontinuität", von ganz entscheidender Bedeutung für ihre weitere Entwicklung. Diese Erkenntnis greift im fachwissenschaftlichen Diskurs in Deutschland zurzeit Raum und bildet eine wesentliche Grundlage für aktuelle Reformforderungen für das Pflegekinderrecht.[43] Die umfangreiche Pflegekinderforschung des angloamerikanischen Sprachraums belegt, dass mit mehrfachen Wechseln der Unterbringung das Risiko der Kinder, internalisierende und externalisierende Verhaltensauffälligkeiten sowie Entwicklungsbeeinträchtigungen davonzutragen, deutlich zunimmt und ihre Bindungs- und Beziehungsfähigkeit schwer beeinträchtigt oder sogar zerstört wird.[44]

---

38 Vgl. ausführlich Diouani-Streek 2015.
39 Goldstein/Freud/Solnit 1991, S. 49 ff.
40 Sroufe u.a. 2005; Solomon/George 2011, S. 25 ff.; Nienstedt/Westermann 2013, S. 222 ff.
41 Staudinger/Coester 2015 §§ 1666, 1666a BGB.
42 Vgl. Forschungsübersicht bei Werner 2007; siehe auch Nienstedt/Westermann 2013, S. 25 ff.
43 Vgl. DFGT 2014; Diouani-Streek/Salgo, RdJB 2016; Wissenschaftlicher Beirat für Familienfragen am BMFSFJ 2016.
44 Vgl. die Nachweise bei Zenz 1982, S. 38 sowie Diouani-Streek 2015, Kap. IV.

Konsequenzen für die Intervention: Da Beziehungskontinuität am ehesten in der Pflegefamilie gewährleistet ist, muss sie soweit wie möglich Vorrang haben vor anderen stationären Erziehungsformen.[45] Für Kleinkinder ist das weitgehend anerkannte Praxis. Manche älteren Kinder oder Jugendliche mit langjährigen traumatisierenden Beziehungserfahrungen halten allerdings die Intensität einer Familie nicht aus oder überfordern sie mit ihren Verhaltensschwierigkeiten, sodass sie im Heim oder in einer betreuten Wohngruppe besser untergebracht sind – manchmal auch nur vorübergehend.[46] Auch für sie ist aber, was oft übersehen wird, die Beziehungskontinuität von nicht geringerer Bedeutung. Im Gegenteil: Für sie ist die stabile Beziehung zu einer verlässlichen und liebevoll zugewandten Person oft die allerletzte Chance zur Entwicklung von Selbstvertrauen und Beziehungsfähigkeit.[47]

1085

Bei der Entscheidung über die Fremdunterbringung eines traumatisierten Kindes oder Jugendlichen muss daher in jedem Falle die Gewährleistung von Beziehungskontinuität, d.h. eine für das Kind **erkennbare sichere Verbleibensperspektive**, der zentrale Fokus in der Hilfeplanung sein.[48] Darüber hinaus schließt sie wegen der besonderen Trennungsproblematik für das Kind, aber auch wegen der besonderen Anforderungen, die ein solches Kind beim Aufbau neuer Bindungen an Pflegeeltern oder Erzieher stellt, eine sorgfältige Auswahl geeigneter Pflegefamilien, Heime oder Wohngruppen ein und verlangt eine spezifische Planung pädagogischer Unterstützung für Pflegeeltern und Erzieher. Im Ausland hierzu eingesetzte Programme der Bindungsförderung geben Impulse für die Entwicklung spezifischer Hilfen auch in Deutschland.[49] Diese sind jedoch noch nicht in der Jugendhilfe implementiert und auch die Versorgungslage hochbelasteter Kinder in Pflegefamilien und Heimen mit Psychotherapie ist in Deutschland immer noch unzureichend.[50] Deshalb ist bei der Unterbringung von Kindern aus gewaltbelasteten oder vernachlässigenden Familien in der Hilfeplanung das Augenmerk in jedem Einzelfall auf eine differenzierte psychosoziale und traumasensible Diagnostik zu richten, um für das einzelne Kind bedarfsgerechte Hilfen und Beziehungskontinuität einzurichten.[51]

1086

i) Umgang

Die Praxis des Umgangsrechts traumatisierter Kinder mit ihren Eltern, von denen sie misshandelt oder vernachlässigt wurden, stellt ein besonders schwieriges Problem dar und verlangt völlig andere Überlegungen als die Umgangsregelung für Scheidungskinder.[52] Fachleute sehen hier regelmäßig die **Gefahr einer fortdau-**

1087

---

45 Vgl. Dozier 2005.
46 Vgl. dazu Nienstedt/Westermann 2013, S. 278 ff.
47 Vgl. hierzu auch Dürbeck, Verbleibensordnung im Heim, in diesem Handbuch, Rn. 687.
48 Ausführlich Diouani-Streek 2015.
49 Dozier/Dozier/Manni 2002, S. 7 ff.
50 Vgl. DJI Handbuch Pflegekinderhilfe 2010, S. 209 sowie 868; Fegert/Ziegenhain/Goldbeck 2013.
51 Gahleitner 2013, S. 228 ff.; vgl. schon Nienstedt 1998, S. 52 ff.; Tenhumberg/Michelbrink 1998, S. 106 ff.
52 Salgo, FPR 2004, 419; Salgo ZKJ 2013, S. 150 ff.; Heilmann, ZKJ 2014, 48 ff.

ernden Schädigung des Kindes durch ständiges Wiederaufleben traumatischer Ängste und die Verunsicherung seines Vertrauens in die neue Familie. Wenn hochambivalente Bindungswünsche der Kinder immer wieder – ohne Rücksicht auf Signale von Angst und posttraumatischen Belastungssymptomen – durch Besuche der Eltern belebt werden, führt das zu einer fortgesetzten Verwirrung des ohnehin bereits schwer geschädigten, meist „desorientierten" Bindungsverhaltens.[53] Dadurch wird die Entwicklung neuer, sicherer Bindungen massiv behindert, wenn nicht sogar verhindert.[54] Praxiserfahrungen zeigen wenig positive Ergebnisse solcher Besuchskontakte für die Kinder und die wenigen empirischen Daten hierzu bestätigen diese Einschätzung.[55]

1088 **Konsequenzen für die Intervention:** Der **Umgang** eines Kindes, das aufgrund schwerer Schädigung bzw. Traumatisierung in der Herkunftsfamilie dauerhaft in einer Pflegefamilie oder einem Heim lebt, mit den Eltern, die es schwer misshandelt oder vernachlässigt haben, ist **nur ausnahmsweise** und unter besonderen Voraussetzungen anzustreben. Auch insoweit ist aus den gesetzlichen Vorschriften nichts Gegenteiliges herzuleiten. Vielmehr hat die Kindschaftsrechtsreform 1998 das Umgangsrecht als „Recht des Kindes" ausgestaltet, womit zugleich klargestellt ist, dass es niemals zu seinem Schaden durchgesetzt werden darf.

1089 Falls die Eltern auf Besuchen bestehen, kann das Familiengericht nach § 1684 Abs. 4 BGB den **Umgang einschränken oder ausschließen**, soweit dies „zum Wohl des Kindes erforderlich" ist. Dies kann auch auf längere Zeit oder auf Dauer geschehen, wenn andernfalls „das Wohl des Kindes gefährdet" wäre. Die im Gesetz vorgesehene Möglichkeit der Anordnung „geschützten Umgangs" bzw. eine Umgangspflegschaft stellen in diesen Fällen kaum einen Ausweg dar, da die **Anwesenheit einer begleitenden Person allenfalls vor äußerer, nicht aber vor psychischer Einwirkung schützen** kann, was häufig nicht bedacht wird. Aufgrund des bei Pflegekindern gegenüber Gleichaltrigen exorbitant erhöhten Anteils an Kindern mit Symptomen der posttraumatischen Belastungsstörung ist die Indikation für eine traumafokussierte Psychotherapie häufig gegeben, deren Durchführung das Aussetzen persönlicher Kontakte mit den traumaauslösenden Elternteilen jedenfalls erforderlich macht.[56]

---

53 Zum „desorientierten Bindungsverhalten" als Folge traumatischer Interaktionen vgl. Main 2011; Solomon/George 2011, S. 25-51.
54 Vgl. Westermann 1990, S. 39; Nienstedt/Westermann 2013, S. 220 ff.
55 Kötter 1997, S. 247, registriert „mehr Loyalitätskonflikte" sowie „verstärkte Verhaltensstörungen" bei Pflegekindern mit laufenden Besuchskontakten und resümiert: „Insgesamt scheinen die Besuchskontakte insbesondere von den Pflegeeltern, aber auch von den Pflegekindern kurz- und mittelfristig eher negativ verarbeitet zu werden"; vgl. auch Brisch 2008, S. 89, 109 ff.; Kindler, ZKJ 2009, 110 ff. mahnt dazu weitere Forschung an. Ausführlicher zur Umgangsproblematik: Diouani 2005; Diouani-Streek/Zenz, Konflikte um Pflegekinder, in diesem Handbuch, Rn. 1303 ff.
56 Kindler, FPR 2013, S. 199.

D Spezifische Bedürfnisse, Belastungs- und Risikofaktoren

Übersicht	Rn.
I. Sucht und psychische Erkrankungen der Eltern – Risiken für das Kind	1090
1. Einleitung	1090
2. Psychische Erkrankungen	1092
3. Alkohol	1094
4. Drogen	1095
5. Körperliche Erkrankungen	1098
6. Fazit	1100
II. Psychische Störungen und Erkrankungen von Kindern und Jugendlichen	1101
1. Einleitung	1101
2. Überblick über diagnostische Kategorien mit Relevanz im Kindes- und Jugendalter	1104
3. Psychische und Verhaltensstörungen durch psychotrope Substanzen (ICD-10 F1)	1110
4. Schizophrenie, schizotype und wahnhafte Störungen (F2)	1115
5. Affektive Störungen (F3)	1117
6. Neurotische Belastungs- und somatophorme Störungen (F4)	1118
7. Verhaltensauffälligkeiten mit körperlichen Störungen und Faktoren (F5)	1126
8. Verhaltens- und emotionale Störungen mit Beginn in der Kindheit und Jugend (F9)	1129
III. Trennungs- und Verlustsituationen	1139
1. Einleitung	1139
2. Typologie von Trennung und Verlust	1141
3. Zwischen Trauma und Chance	1149
4. Hospitalismus	1159
5. Kindlicher Trauerprozess	1161
6. Trennungsreaktionen	1163
7. Reaktionen auf die Trennung/Scheidung der Eltern	1166
IV. Das Wechselmodell – Die Rolle der Verfahrensbeistandschaft im Spiegel von Rechtsprechung und Forschung	1172
1. Einleitung	1172
2. Rechtsprechung	1174
3. Ausgewählte Forschungserkenntnisse	1197
4. Anforderungen an Verfahrensbeistände	1215
5. Resümee	1220
V. Rolle des Verfahrensbeistands und Beteiligung des Kindes bei Einvernehmen	1223
1. Einleitung	1223
2. Anhörung, Beteiligung und Beratung des Kindes	1230
a) Rechtsgrundlagen	1230
aa) Anhörung und Beteiligung gem. Art. 12 UN-Kinderrechtskonvention	1231
bb) Europäisches Übereinkommen über die Ausübung von Kinderrechten vom 25.1.1996 (EÜAK)	1234
cc) Anhörung gem. Art. 103 Abs. 1 GG und § 159 FamFG	1235
dd) Beteiligungs- und Beratungsrechte nach dem SGB VIII	1236
ee) Beteiligungsrecht innerhalb der Familie gem. § 1626 Abs. 2 Satz 2 BGB	1237
b) Humanwissenschaftliche Erkenntnisse zur Kindesbeteiligung	1238
aa) Bedeutung des Alters des Kindes	1242
bb) Bedeutung der Reife des Kindes	1244

Teil 3 Beiträge aus Pädagogik, Psychologie, Kinderpsychiatrie

				cc)	Loyalitätskonflikte und Manipulierbarkeit des Kindes	1246
				dd)	Berücksichtigung der Weigerung des Kindes, sich zu äußern	1254
				ee)	Die Belastungen des Kindes durch die Anhörung	1258
				ff)	Mögliche Wirkungen der Kindesbeteiligung auf die innerfamiliären Beziehungen und die Entscheidungsfindung	1261
				gg)	Verzicht der Kindesanhörung bei elterlicher Einigung	1269
		3.	Einvernehmen in Kindschaftssachen			1273
			a)	Rechtsgrundlagen		1275
				aa)	Einvernehmen im familiengerichtlichen Verfahren, § 156 FamFG	1275
					(1) Einvernehmen in Verfahren wegen elterlicher Sorge (§ 156 Abs. 1 FamFG, § 1671 BGB)	1276
					(2) Einvernehmen in Verfahren wegen Umgang (§ 1684 BGB, § 156 Abs. 2 FamFG)	1277
					(3) Verfahren wegen Kindeswohlgefährdung (§ 157 FamFG, § 1666 BGB)	1282
				bb)	Einvernehmen im Rahmen einer außergerichtlichen Vermittlung, insbesondere Mediation	1283
				cc)	Beteiligungsrecht innerhalb der Familie gem. § 1626 Abs. 2 Satz 2 BGB	1290
			b)	Humanwissenschaftliche Erkenntnisse zu Einvernehmen		1291
				aa)	Vermittlung oder herkömmliches Gerichtsverfahren	1291
				bb)	Bedeutung des Rechts bei einer Einigung – Grenzen der Privatautonomie	1295
				cc)	Elterliches Einvernehmen und Kindeswohl	1297
		4.	Fazit			1300
	VI.	Konflikte um Pflegekinder				1303
		1.	Fallkonstellationen			1303
		2.	Die spezifische Bedeutung von Bindung und Trennung für das Kindeswohl			1307
			a)	Allgemeines		1307
			b)	Zeitpunkt und Dauer der Trennung		1314
			c)	Vorgeschichte		1323
			d)	Umgang mit der Trennung		1331
		3.	Bindung und Trennung aus der Perspektive von Eltern und Pflegeeltern			1333
		4.	Zentrale Kontroversen			1338
			a)	Einleitung		1338
			b)	Zum Vorrang der ambulanten Hilfen vor der Vollzeitpflege		1344
			c)	Vollzeitpflege mit oder ohne Rückkehroption		1349
			d)	Kontakte zur Herkunftsfamilie bei Dauerpflege ohne Rückkehroption		1358
	VII.	Prognostische Entscheidungen				1369
	VIII.	Kommunikation mit Kindern				1377
		1.	Einleitung			1377
		2.	Bedingungen des Gesprächs			1380
		3.	Ethische Grundprinzipien für die Kommunikation			1392
		4.	Analyse der Voraussetzung für die Beteiligung in der Kommunikation			1394
		5.	Die spezielle Bedeutung von Emotionen und des emotionalen Ausdrucks im Gespräch mit Kindern			1396

I. Sucht und psychische Erkrankungen der Eltern – Risiken für das Kind

1. Einleitung

In der kinder- und jugendpsychiatrischen Risikoforschung sind die Einflüsse elterlicher psychischer Erkrankung, körperlicher Erkrankung und Behinderung sowie von Suchterkrankungen seit den 70er Jahren nachhaltig untersucht worden (vgl. z.B. *Rutter* und *Quinton* 1984; zu rechtlichen Aspekten vgl. *Münder* 1995). Da psychiatrische Erkrankungen im Erwachsenenalter generell keinen kleinen Teil der Gesamtbevölkerung betreffen, ist deren Auswirkung auf Kinder und Jugendliche nicht zu unterschätzen (vgl. *Graham* et al. 1999, *Kölch* et al. 2008). Hinzu kommt, dass Familien, bei denen die Eltern unter einer psychiatrischen oder Suchterkrankung litten, hochsignifikant häufiger eine ambulante Behandlung oder Beratung verzögerten, abbrachen oder erst gar nicht antraten (Elpers et al., 1995; *Kölch* et al. 2008). Zudem sind neben psychischen Auffälligkeiten von Kindern psychisch kranker Eltern signifikant häufiger auch körperliche Erkrankungen zu beobachten (*Sills* et al. 2007).

Kinder von psychisch und suchtkranken Eltern sind unterversorgt. Sie benötigen vielfältige und interdisziplinär zusammengesetzte Hilfen und Leistungen. Es geht gewöhnlich um chronische und multiple Problemlagen, die unterschiedlich intensive bzw. schwankende Unterstützung und Versorgungen von Geburt über die gesamte Kindheit erfordern, und zwar für die gesamte Familie. Daraus ergibt sich zwingend, Lösungsansätze für ein interdisziplinäres und flächendeckendes Unterstützungs- und Versorgungssystem zu entwickeln, welches ein breites Spektrum an qualifizierten Hilfen und Leistungen abdeckt. Die Notwendigkeit die Versorgung von Kindern psychisch und suchtkranker Eltern zu verbessern, wurde im Koalitionsvertrag der 19. Legislaturperiode festgehalten und durch einen fraktionsübergreifenden Entschließungsantrag des Deutschen Bundestags zur Etablierung einer Arbeitsgruppe konkretisiert, die beauftragt wurde, Expertisen und Empfehlungen zu erstellen (Bundestagsdrucksache 18/12780; Arbeitsgruppe Kinder psychisch und suchtkranker Eltern mit Expertisen; https://www.ag-kpke.de/).

2. Psychische Erkrankungen

Die häufigsten psychischen Störungen, die Einfluss auf die Kindesentwicklung haben, sind **Depressionen und Angsterkrankungen** der Mütter. Nicht selten besteht ein Zusammenhang mit schwierigen Lebensbedingungen oder innerfamiliärer Gewalt. Aber auch die etwas selteneren **Schizophrenien** oder die relativ häufigen **Persönlichkeitsstörungen** von Eltern stellen nachhaltige Entwicklungsrisiken für Kinder dar. Generell kann festgestellt werden, dass psychische Erkrankungen in der Elterngeneration mit einem erhöhten Risiko der Kinder verbunden sind, auch psychische oder Verhaltensprobleme zu bekommen (*Ravens-Sieberer*, 2007, *Wiegand-Grefe*, 2011). Hier stellt sich natürlich sofort die Frage nach der Genetik. Genetische Transmissionsfaktoren sind bei Schizophrenie und einigen anderen

Störungsbildern relativ unumstritten, allerdings kann mit *Graham* et al. (1999) oder *Gladstone* (2011) unterstrichen werden, dass andere Mechanismen, wie beispielsweise der familiäre Kontext sowie die sozialen Umstände bei der Beeinflussung der Ausprägung von Verhaltensproblemen bei den Kindern von höherer Relevanz sind.

1093 Verschiedene Studien, z.B. *Mills* et al. (1984), zeigten, dass depressive Mütter deutlich weniger auf die Bedürfnisse ihrer Kinder reagieren, weniger Grenzen setzen und weniger bereit sind, Interaktionen zu initiieren. *Hammen* (1999) gibt eine Übersicht der Studien über Kinder depressiver Mütter aus den letzten 25 Jahren. Im Vergleich zu Kindern von chronisch körperlich kranken Eltern zeigte sich in mehreren Studien, dass die Kinder unipolar depressiver Eltern schlechter zurechtkamen. *Lyons-Ruth* (1995) wies darauf hin, dass die Schwierigkeiten der Kinder depressiver Mütter nicht selten aber auf Kontextvariablen wie massiven Beziehungsstörungen, chronischem Ehestreit oder Bindungsproblemen zwischen Mutter und Kind zurückzuführen sind.

3. Alkohol

1094 *Spohr und Steinhausen* (2008) beschreiben die Risikosituation von Kindern alkoholkranker Eltern. Zunächst verweisen sie auf das **fetale Alkoholsyndrom (FAS)**, welches 1973 erstmals von *Jones* und *Smith* beschrieben wurde. Das fetale Alkoholsyndrom ist mit einer hohen Rate intellektueller Beeinträchtigung und hyperkinetischer Verhaltensauffälligkeit verbunden. Es kann durch typische körperliche Stigmata schon in der Neonatalperiode diagnostiziert werden. Alkohol in der Familie ist generell ein Risikofaktor für die Entwicklung von psychischen Problemen und Verhaltensauffälligkeiten bei den Kindern.

Ganz besonders viele Studien unterstreichen den starken statistischen Zusammenhang zwischen elterlichem Alkoholismus und **Störungen des Sozialverhaltens** (vgl. *Steinhausen* 1999; zu rechtlichen Aspekten vgl. *Zenz* 1998). Aber auch hyperkinetische Störungen, emotionale Störungen, Somatisierungsstörungen (Kopfschmerzen, Schlafstörungen, Essprobleme) und eigene Alkohol- bzw. Drogenkonsumprobleme der Kinder werden statistisch in Zusammenhang mit der elterlichen Suchterkrankung gebracht (vgl. *Klein* und *Quinten* 2002).

4. Drogen

1095 Drogenabhängige Eltern leben meist noch in einer deutlich prekäreren Situation als alkoholabhängige. Auch die Kinder drogenabhängiger Mütter haben ähnlich wie Kinder alkoholabhängiger Mütter deutlich erhöhte biologische Risiken beim Start in das Leben. Sie machen oft nach der Geburt einen Entzug durch und müssen häufig gleichzeitig mit einer weniger unterstützenden psychosozialen Umgebung zurechtkommen.

1096 *Van Baar* (1999) betont, dass somatische und neuromotorische Entwicklungen nicht so stark negativ beeinflusst sind. Die Kinder, welche pränatal Kokain ausgesetzt waren, zeigten in verschiedenen Untersuchungen **deutlich schlechtere**

Raten der kognitiven Entwicklung und auch einen **Rückstand in der Sprachentwicklung**. Pränatal heroin-, methadon- und kokainexponierte Kinder zeigten ebenfalls erhebliche Entwicklungsrisiken (vgl. *Habash* 2012). In der Amsterdamer Studie der Autorin *Van Baar* hatten im Vorschulalter etwa 50 % der im Mutterleib drogenexponierten Kinder sehr niedrige Entwicklungsscores (mehr als eine Standardabweichung unterhalb der Norm) (*Van Baar* 1999).

Interessant sind die Ergebnisse der Studie von *Davies* und *Templer* (1988), die Kinder, die pränatal exponiert waren, mit pränatal nicht exponierten Kindern verglichen, die aber mit einem suchtkranken Vater aufwuchsen. Die Leistungen dieser Kinder waren in der testpsychologischen Untersuchung deutlich besser. Sie zeigten weniger Schwierigkeiten in der Wahrnehmung, in der Feinmotorik und im Bereich der Aufmerksamkeit als die Kinder, welche in utero Drogen ausgesetzt waren. Biologische und psychosoziale Faktoren sind gerade bei der Problematik der Drogenabhängigkeit kaum voneinander zu trennen.

5. Körperliche Erkrankungen

Körperliche Erkrankungen von Eltern sind mit einem geringen, aber über viele Untersuchungen konsistent nachweisbar erhöhten Risiko für Verhaltensauffälligkeiten und psychischen Störungen bei den Kindern verbunden (vgl. *Graham* et al. 1999, *Romer* 2007). Häufig sind solche **Kinder in die Versorgung der Eltern eingebunden** und müssen teilweise **für ihr Alter nicht angemessene verantwortungsvolle Aufgaben** übernehmen.

Die Kommunikation innerhalb der Familie ist dadurch teilweise sehr auf Krankheit, bevorstehenden Tod etc. eingeengt, so dass dies auch deutliche Auswirkungen auf die emotionale Entwicklung der Kinder haben kann. Alles in allem wird deutlich, dass die gesundheitliche Situation der Eltern bisweilen direkt biologisch-genetisch, aber meist vermittelt über psychosoziale und Erziehungsvariablen auf Probleme von Kindern „durchschlägt".

6. Fazit

Die **besondere Beachtung des elterlichen Gesundheitszustands** und der möglichen Auswirkungen auf die Kinder muss deshalb Teil einer verantwortungsvollen Einschätzung kritischer Situationen sein. Nur auf dieser Basis können fundierte prognostische Überlegungen in schwierigen Entscheidungssituationen angestellt werden.

II. Psychische Störungen und Erkrankungen von Kindern und Jugendlichen

1. Einleitung

In stark belastenden Entscheidungssituationen zeigen viele Kinder auffällige Verhaltensweisen. Dabei ist es dann oft wichtig festzustellen, ob bestimmte Schwierigkeiten auch schon vor akuten Belastungssituationen bestanden haben oder ob bestimmte Probleme erst z.B. nach der Trennung der Eltern etc. aufgetreten sind. Eine zeitliche Chronologie der Ereignisse ist hier diagnostisch stets hilfreich (vgl. *Fegert, Kölch* 2013).

1102 Wichtig ist es auch, nicht jede – zumal in einem Belastungskontext auch verständliche – emotionale Äußerung oder trotzige Reaktion eines Kindes zu pathologisieren. In diesem Zusammenhang ist es vielleicht interessant zu erwähnen, dass in den meisten kinder- und jugendpsychiatrischen und psychotherapeutischen Ambulanzen, in denen nach klar definierten diagnostischen Kriterien, wie z.B. den Forschungskriterien nach ICD-10 (zukünftig ICD-11) gearbeitet wird, bei ca. einem Drittel der Inanspruchnahmepopulation keine psychiatrische Diagnose gestellt wird. Andererseits ist es für die Hilfeplanung, für die Entscheidungsfindung und für prognostische Aussagen unabdingbar, tatsächlich bestehende psychische Erkrankungen von Kindern mit in die Überlegungen einzubeziehen und eben nicht quasi selbstverständlich davon auszugehen, dass mit der Klärung eines Konfliktes auch das psychische Problem behoben sein wird.

1103 Nun ist es nicht möglich, im Rahmen eines Handbuchs für Verfahrensbeistände quasi einen gesamten Überblick über die Klassifikation, Diagnostik und Behandlung psychischer Störungen im Kindesalter zu geben. Hier sei auf die einschlägigen Lehrbücher sowie die Leitlinien der AWMF, sowie die diagnostischen Manuale ICD-10 bzw. zukünftig ICD-11 verwiesen. Allerdings ist es wichtig, dass Verfahrensbeistände so viel Wissen über psychische Störungen im Kindesalter haben, dass sie im Zweifelsfall an die Notwendigkeit einer kinder- und jugendpsychiatrischen und psychotherapeutischen Abklärung denken. Hierbei kann auch die Anwendung von normierten Verhaltenslisten, wie z.B. der Child-Behaviour-Checklist CBCL, dem entsprechenden Lehrerfragebogen TRF und der Selbstreportform für Jugendliche YSR hilfreich sein, denn diese standardisierten Instrumente ermöglichen es dem Experten, eine Fülle von Verhaltensproblemen zu erfassen und gleichzeitig aufgrund der empirisch abgesicherten Normwerte eine Einschätzung, ob das Verhalten in der Summe schon auffällig zu nennen ist oder nicht, zu treffen. Nur bei Berücksichtigung dieser Normwerte sowie der Kenntnis zugrundeliegender Skalierungen ist die Interpretation solcher Verhaltensinstrumente aber legitim. Die Ausdeutung auf Einzel-Itemebene ohne Rückbezug auf die so genannten Syndromskalen und die Normen ist unprofessionell und kann schnell zu völligen Fehlbewertungen führen.

2. Überblick über diagnostische Kategorien mit Relevanz im Kindes- und Jugendalter

1104 Mit der Einführung eines einheitlichen Behinderungsbegriffs im Sozialgesetzbuch IX hat der Gesetzgeber verschiedene Widersprüche zwischen den einzelnen Sozialgesetzbüchern zu beseitigen versucht. Zu begrüßen ist es, dass nun im Rahmen des Kinder- und Jugendhilferechts (SGB VIII) ohne Verweis auf die primär mit Bezug auf Erwachsene entwickelten Kategorien der Eingliederungshilfeverordnung des SGB XII direkt auf die üblichen Diagnosen nach ICD-10 bzw. ICD-11 Bezug genommen wird. Den Gesetzesmaterialien ist zu entnehmen, dass die jeweils **im Kran-**

kenkassenrecht (SGB V) geltende Klassifikation der Krankheiten und psychischen Störungen Grundlage auch für die Anspruchsbegründung nach § 35a SGB VIII ist. Mit dem **Bundesteilhabegesetz** (seit 1.1.2012) wurden zudem neue Rahmenbedingungen und Vorgaben zur Verfahrensregelung eingeführt, die für alle Rehabilitationsträger verbindlich sind. Dazu gehören Maßnahmen zur früheren Bedarfserkennung (§ 12 SGB IX) und Instrumente, die zur Ermittlung des Rehabilitationsbedarfs eingesetzt werden (§ 13 SGB IX). Neben einer möglichst nahtlosen Leistungserbringung liegen hier Chancen einer „gemeinsamen Sprache" **system- bzw. disziplinübergreifender Diagnostik und Hilfeplanung**. Die gesetzlichen Vorgaben sowie die (entwicklungs-) spezifischen Bedürfnisse von Kindern und Jugendlichen nach § 35a SGB VIII sind in einem neu entwickelten Instrument zur Bedarfsermittlung von Teilhabebeeinträchtigungen systematisch berücksichtigt (https://www.uniklinik-ulm.de/fileadmin/default/Kliniken/Kinder-Jugendpsychiatrie/Dokumente/Teilhabe_Instrument_Rechtsexpertise_2019.pdf).

1105 Die Feststellung eines solchen Störungsbildes nach diesen Grundlagen ist zwar eine zwingende Voraussetzung, ist aber nicht hinreichend. Entscheidend ist die vor allem sozialpädagogisch relevante Feststellung, ob dieses beschreibbare definierte Störungsbild zu Beeinträchtigungen bei der Teilhabe am gesellschaftlichen Leben führt. Für Kinder bedeutet dies, ob das Störungsbild z.B. zu einer Reduktion des Freundeskreises, zu sozialer Isolation, Ausschluss aus altersentsprechenden Aktivitäten, Ausgrenzungen bei Klassenfahrten etc. führt.

1106 Die **Beeinträchtigungen** bei der Teilhabe sind also **im Einzelfall** konkret und in Bezug auf ihr Ausmaß zu beschreiben. Sie müssen in einem kausalen Zusammenhang mit dem Störungsbild stehen. Betrachtet man die übliche Klassifikation der ICD-10 bzw. ICD-11, so lassen sich psychiatrische Krankheitsbilder, die vorwiegend in Kindheit und Jugend auftreten, von Erkrankungen unterscheiden, die generell auch im Erwachsenenalter beschrieben werden können. Für diese Krankheitsbilder, die auch bzw. primär im Erwachsenenalter auftreten, erfolgt keine spezifische Definition oder Beschreibung der Symptomatik im Kindes- und Jugendalter. Dennoch unterscheiden sich Auftretenshäufigkeiten bestimmter Anteile der Symptomatik, aber auch behandlungsrelevante Details wie Ansprechbarkeit auf bestimmte pharmakotherapeutische Interventionen in verschiedenen Altersgruppen.

1107 Insofern ist **entwicklungspsychopathologisches Fachwissen für die Diagnostik** von psychischen Störungen im Kindes- und Jugendalter eine unabdingbare Voraussetzung.

1108 Häufig hängt die Beeinträchtigung der Teilhabe neben der Ausprägung des Störungsbildes aber zentral auch von den psychosozialen Bedingungen ab, in denen ein Kind aufwächst. Viele Familien können mit manchen psychischen Belastungen und psychiatrischen Erkrankungen von Kindern sehr gut umgehen und bedürfen kaum weiterer Unterstützung, so dass hier insbesondere **Krankenbehandlung** und **Psychotherapie** gefragt sind. Andere Familien haben so wenig eigene Ressourcen, dass schon Krankheitsbilder, die von anderen Familien mit den eigenen

Kräften bewältigt werden können, zu einem Risiko der Ausgrenzung werden. Einer solchen Ausgliederung soll die früher so genannte **Eingliederungshilfe** vorbeugen bzw. entgegenwirken. Deshalb sind Hilfen zur Teilhabe immer in Abhängigkeit vom Störungsbild und dessen immanenter Verlaufsdynamik, aber auch von der psychosozialen Situation zu gestalten.

1109 Im Folgenden werden einzelne wichtige Störungsbilder, wie sie z.B. von niedergelassenen Kinder- und Jugendpsychiatern oder Institutsambulanzen an Versorgungskliniken (§ 118 SGB V) festgestellt werden können, dargestellt.

3. Psychische und Verhaltensstörungen durch psychotrope Substanzen (ICD-10 F1)

1110 Substanzgebrauch und Konsum psychotroper Substanzen wird im Jugendalter derzeit nach den gleichen diagnostischen Kriterien wie im Erwachsenenalter erfasst. Allerdings gibt es in den Konsummustern wesentliche Unterschiede und glücklicherweise sind viele Verhaltensweisen noch nicht chronifiziert als Suchtverhalten eingeschliffen, so dass therapeutische Interventionen noch leichter möglich sind.

1111 In den letzten Jahren hat sich gerade bei jugendlichen Neueinsteigern und schon bei Kindern ab 11 oder 12 Jahren der Konsum von Partydrogen oder zunehmend auch der Mischkonsum von **Alkohol, Cannabinoiden und sog. Designerdrogen** gezeigt. Da die sogenannten Designerdrogen auch Schüchternheit reduzieren und gleichzeitig als **Appetitzügler** wirken, ist es wenig verwunderlich, dass zunehmend mehr Mädchen ebenfalls zu den neuen Konsumenten gehören. Substanzkonsum ist gerade im Jugendalter häufig kein isoliertes Phänomen, sondern ist oft mit anderen psychischen Problemen vergesellschaftet. Aus der Kombination oder so genannten Komorbidität resultieren aber häufig auch soziale Probleme wie **Schulabsentismus** etc. Zu den akuten Drogenproblemen können akute **Intoxikationen, Delirien, Wahrnehmungsstörungen, Krampfanfälle** etc. gehören.

1112 Die Weltgesundheitsorganisation unterscheidet verschiedene Stufen des Umgangs mit Substanzen:

- „Schädlicher Gebrauch" wird ein Konsumverhalten genannt, das zu einer Gesundheitsschädigung führt

- „Abhängigkeitssyndrome" dagegen werden körperliche Verhaltens- und kognitive Phänomene genannt, die mit einem starken Wunsch oder einer Art Zwang, Substanzen oder Alkohol zu konsumieren, einhergehen.

1113 Charakteristisch ist eine **verminderte Kontrollfähigkeit** bezüglich des Beginns, der Beendigung und der Menge des Substanz- und Alkoholkonsums. Weiterhin ist der Gebrauch der Substanzen häufig mit dem Ziel verbunden, Entzugssymptome zu mildern, körperliche Entzugssyndrome oder eine Toleranz gegenüber der Substanz zu vermindern. Nicht selten können auch **schwere psychische Störungen** im Zusammenhang mit Substanzkonsum auftreten. Häufig ist dann nicht klar, ob eine Schizophrenie durch den Substanzkonsum ausgelöst wurde (**Flashback-Psy-**

chose) oder ob im Substanzkonsum schon eine Art Selbstmedikation oder Selbstheilungsversuch lag. Kinder und Jugendliche, die Opfer schwerer Traumata wurden, haben ein höheres Risiko für Substanzkonsumprobleme. Auch in belastenden innerfamiliären Situationen kann es verstärkt zu Substanzkonsum oder schädlichem Gebrauch kommen. Verschiedene internationale Studien zeigten, dass früher Drogenkonsum einer der stärksten Prädiktoren für Substanzgebrauch im Erwachsenenalter ist (vgl. *Kaminer* und *Tarter*, 1999).

Eine adäquate Wahrnehmung, Beschreibung und der Versuch der Sicherstellung oder einer Vermittlung an eine spezialisierte Drogenentwöhnungseinrichtung in der Behandlung durch den Verfahrensbeistand ist bei solchen Problemen deshalb dringend anzuraten (*Hellenschmidt & Ludolph*, 2013). Scheinbar kontrollierter Partydrogenkonsum auf Raves etc. muss nicht harmlos sein und kann teilweise massive körperliche Folgen nach sich ziehen. 1114

4. Schizophrenie, schizotype und wahnhafte Störungen (F2)

Schizophrenien sind im Kindesalter extrem selten und im Jugendalter immer noch eher seltene, aber schwere psychische Erkrankungen. Viele Jugendliche zeigen lange Vorlaufphasen mit **Leistungseinbruch, Rückzug aus der sozialen Gruppe, teilweise** läppischem **inadäquaten Affektverhalten** etc. bis zum Ausbruch produktiver, z.B. halluzinatorischer Phänomene. Wahnhafte Störungen, deutliche formale Denkstörungen wie **Gedankenabreißen, Neologismen** sind charakteristisch für floride schizophrene Erkrankungen, die dringend einer psychiatrischen Behandlung bedürfen. 1115

Neuere Untersuchungen zeigen, dass eine frühzeitige medikamentöse Intervention mit nebenwirkungsärmeren so genannten atypischen **Neuroleptika** auf längere Sicht zu günstigeren Ergebnissen auch im Hinblick auf die psychosoziale Integration führen, die Prognose hingegen bei einem frühen Erkrankungsalter jedoch allgemein häufig schlechter ist (vgl. *Müller & Kölch, 2013; McClellan* et al., 2013). Durch eine frühzeitige medikamentöse Behandlung konnte auch die häufig mit der Krankheit einhergehende kognitive Beeinträchtigung deutlich verringert werden. Wie in vielen Bereichen der Kinder- und Jugendmedizin sind auch diese neueren Medikamente für die Behandlung an Kindern und Jugendlichen arzneimittelrechtlich nicht zugelassen, so dass die Behandlung als individueller Heilversuch erfolgen muss. In der Trennungssituation müssen also z.B. bei gemeinsamem Sorgerecht **beide Elternteile aufgeklärt werden und ihre Zustimmung erteilen** (vgl. *Fegert* 2000; *Müller & Kölch*, 2013; zur rechtlichen Situation siehe Dürbeck in diesem Handbuch, Rn. 618 f.). 1116

5. Affektive Störungen (F3)

Auch **manische, depressive** oder **bipolare affektive Erkrankungen** sind im Kindes- wie Jugendalter eher seltene Probleme, die allerdings, wenn sie auftreten oder gar mit Suizidalität verbunden sind, dringend einer fachärztlichen Behandlung bedürfen. Insgesamt haben depressive Phasen und emotionale Störungen bei 1117

Mädchen in der Vorpubertät und Pubertät eine höhere Remissionschance als z.B. Störungen des Sozialverhaltens oder Dissozialität, die überwiegend bei Jungen auftreten.

6. Neurotische Belastungs- und somatophorme Störungen (F4)

1118 **Angststörungen und gezielte Phobien** mit oder ohne **Panikstörungen** sind auch im Kindes- und Jugendalter nicht seltene Probleme. Starke soziale Isolation bis hin zur sozialen Phobie ist nicht selten mit der **emotionalen Störung mit Trennungsangst** verbunden. Diese Kinder, früher häufiger als Schulphobiker bezeichnet, können vor dem Hintergrund einer massiven häuslichen Problematik nicht mehr am gesellschaftlichen Leben teilnehmen und auch nicht mehr die Schule besuchen. Sie schwänzen aber nicht die Schule, sondern fehlen in der Regel mit Wissen der Eltern oder eines Elternteils, um den sie sich gleichzeitig panische Sorgen machen. Sie befürchten z.B. schon bei kurzer Trennung, der Elternteil könnte versterben etc.

1119 Auch **Zwangsstörungen** (F42) sind schwer beeinträchtigende Krankheitsbilder, die dringend einer Behandlung bedürfen. Während die Wirksamkeit von Antidepressiva gegen depressive Störungen im Kindes- und Jugendalter in vielen empirischen Studien nicht klar belegt werden konnte, ist die Wirksamkeit dieser Substanzen für die Indikation Zwangserkrankung klar erwiesen. Zwangshandlungen, wie z.B. ein Waschzwang, oder auch Zwangsgedanken sind für die Betroffenen extrem quälende Symptome, da die Kinder und Jugendlichen, die darunter leiden, sehr wohl wissen, wie „unsinnig" ihre Handlungen sind.

1120 Eine zentrale diagnostische Kategorie, die jeder Verfahrensbeistand erkennen können sollte, stellen die Reaktionen auf **schwere Belastungen und Anpassungsstörungen** dar (F43). Vorausgegangen ist bei Anpassungsstörungen immer ein belastendes Ereignis, eine belastende Situation oder eine Lebenskrise von außergewöhnlichem Ausmaß. Dies ist sozusagen typisch für die Situationen, in denen Verfahrensbeistände eingesetzt werden. Beobachtet werden kurze depressive Reaktionen, längere depressive Reaktionen, eine Mischung von Angst und depressiver Reaktion oder aber auch Mischbilder mit verschiedenen affektiven Qualitäten wie Angst, Depression, Sorgen, Anspannung, Ärger bis hin zur Kombination mit regressivem Verhalten wie **Bettnässen, Daumenlutschen** bei kleineren Kindern. Manche Kinder reagieren vorwiegend mit Störungen im Sozialverhalten, werden **aggressiv** oder zeichnen sich durch einen **Wechsel in ihren Gefühlen** aus. Solche Reaktionen auf Familien- und Lebenskrisen sind relativ normale Anpassungsprozesse. Viele Kinder bedürfen aber in solchen Krisen der psychotherapeutischen oder beraterischen Unterstützung zur Stabilisierung und Sicherung ihrer Lebenssituation (vgl *Kirsch* & *Izat*, 2013). Dauern solche Anpassungsreaktionen länger als sechs Monate an, sollte unbedingt fachliche Unterstützung aufgesucht werden.

1121 Davon abzugrenzen sind regelrechte **posttraumatische Belastungsstörungen und akute Belastungsreaktionen.** Akute Belastungsreaktionen sind Krisenzustände, welche rasch remittieren, in denen die Betroffenen aber akut Hilfe und die

Nähe einer wesentlichen Bezugsperson brauchen. Posttraumatische Belastungsstörungen (PTBS) sind schwere Erkrankungen, die in der Regel innerhalb von sechs Monaten nach schweren Traumata auftreten. Charakterisiert sind diese durch so genannte **„Flashback"-Erinnerungen**, also das Wiedererleben des traumatischen Ereignisses, **Tagträume, emotionalen Rückzug, Vermeidung von Reizen** und Situationen, die an die traumatische Situation erinnern, **Schlafstörungen, Panikattacken**.

Bei den Betroffenen besteht bekanntermaßen ein deutlich **erhöhtes Risiko für Alkohol- und Substanzkonsumprobleme**, aber auch für **selbstverletzendes Verhalten**. Viele Kinder, die Opfer von sexuellem Missbrauch oder protrahierter Misshandlung wurden, sind von diesem Störungsbild betroffen. Man findet es auch bei Flüchtlingskindern aus Kriegs- und Krisenregionen, Entführungsopfern oder nach Naturkatastrophen. Allerdings ist die traumatische Wirkung umso größer, je mehr die Traumatisierung von einer Beziehungsperson ausging, und umso geringer, je mehr das traumatisierende Ereignis wie eine Naturkatastrophe oder z.B. ein Flugzeugabsturz als ein Schicksalsschlag angesehen werden kann. 1122

Posttraumatische Belastungsstörungen sind schwere psychische Erkrankungen, die einer professionellen Diagnostik und Behandlung bedürfen. So verständlich diese schweren Belastungsreaktionen sind, reicht einfaches Verständnis oder gar der Versuch, die belastenden Erlebnisse mit den Betroffenen immer wieder durchzusprechen, nicht aus. Vielmehr ist es für viele Betroffene wichtig, durch bestimmte **trainierbare Techniken wieder Kontrolle über ihre Gefühlswelt zu erlangen**, um nicht länger Opfer von nicht kontrollierbaren Erinnerungen etc. zu sein. 1123

Nicht selten verstricken sich Helfer aus dem psychosozialen Feld mit diesen betroffenen Patientinnen und Patienten, was zu neuen Kränkungen und Enttäuschungen und bisweilen auch zu sehr gefährlichen Situationen führen kann. Viele Notaufnahmestellen, Krisenstellen und andere Anlaufstellen haben häufig mit solchen Patientinnen und Patienten zu tun. Gerade weil die traumatischen Erlebnisse der Betroffenen so viel Verständnis wecken, neigen Helfer und helfende Organisationen zur Selbstüberforderung oder zur verspäteten Grenzsetzung, welche dann häufig zum Beziehungsabbruch und zur erneuten Selbstschädigung führen kann. In solchen Beziehungskrisen sind dann die Betroffenen nicht selten **akut suizidal**. Im Umgang mit solchen Kindern und Jugendlichen sollten Verfahrensbeistände eher **Distanz wahren, klar auf Regeln und Absprachen achten, keine nicht erfüllbaren Beziehungsangebote machen, nicht Teile ihrer Privatheit preisgeben** (Herausgabe der Privattelefonnummer, Übernachtung beim Verfahrensbeistand in Krisensituationen etc. sind Kunstfehler). Supervision oder Balintgruppenarbeit ist bei der Betreuung solcher Kinder für die Helfer dringend anzuraten. 1124

Auch **dissoziative Störungen,** wie z.B. die zu Freuds Zeiten häufigen klassischen hysterischen Phänomene wie Lähmungen etc. gehören zur Gruppe der neurotischen Störungen. Konversionsstörungen oder dissoziative Störungen sind klassische Indikationen für ambulante psychotherapeutische Behandlungen, wobei im- 1125 mer eine klare medizinische Differentialdiagnose erfolgen muss, damit nicht z.B. Tumorleiden etc. übersehen werden. Dasselbe gilt für die so genannten **Somatisierungsstörungen**, für die es häufig in der Familie, z.B. bei Elternteilen, Muster oder Vorbilder gibt.

7. Verhaltensauffälligkeiten mit körperlichen Störungen und Faktoren (F5)

1126   Hierzu zählen die **Essstörungen,** die nach wie vor sehr viel häufiger bei Mädchen als bei Jungen auftreten. Die **Magersucht** oder **Anorexia nervosa** ist charakterisiert durch einen signifikanten Gewichtsverlust, auffällige Verhaltensweisen, die zum Gewichtsverlust führen sollen, wie Diät, Abführmittelmissbrauch, exzessive Gymnastik und der Missbrauch von Appetitzüglern, Diurethika etc. Auffällig ist ein gestörtes Körperbild, der Body-Mass-Index (BMI – Körpergewicht in kg durch Körpergröße im Quadrat) hilft, das Ausmaß des Störungsbildes einzuordnen (vgl. *Schulze & Kölch*, 2013). Ein BMI unter 17,5 weist auf die Diagnose „Magersucht" hin. In stationärer Behandlung befinden sich Mädchen mit einem BMI häufig unter 15.

1127   *Steinhausen* (2002, 2009) hat eine Fülle von internationalen Verlaufsstudien zur Anorexie zu einer Übersicht integriert. Auf der Basis der Untersuchung von insgesamt 4.786 Patienten aus 108 Studien aus aller Welt kommt er zu einer durchschnittlichen Todesrate (durch Suizid oder körperliche Folgeerkrankungen) von 5,49 % im Verlauf. Weniger als die Hälfte der Patientinnen und Patienten schafft es, später frei von klinischen Symptomen zu sein, ein Drittel zeigt eine deutliche Besserung, der Rest behält eine chronifizierte Essstörung. Während beginnende Magersuchtsverläufe noch ambulant behandelt werden können (dabei sollten objektive Einweisungskriterien abhängig von BMI-Werten vereinbart und überprüft werden), müssen schwerere Formen stationär behandelt werden. In einem verhaltenstherapeutischen Regime müssen bei der stationären Behandlung zunächst einmal Gewichtszunahme und gleichzeitig eine Bearbeitung der Körperschemastörung erfolgen.

1128   Immer häufiger trifft man auch im Jugendalter die **Bulimia nervosa,** die so genannte „Fress-Kotz-Sucht", an. Bei der **Bulimie** gibt es normalgewichtige, untergewichtige wie auch übergewichtige Verläufe. Sehr häufiges Erbrechen kann zu Verschiebungen in den Elektrolyten, insbesondere Kalium, führen und kann damit Ursache für kardiale Komplikationen bis zum Herzstillstand sein. Durch das chronische Erbrechen wird das Gebiss in der Regel stark in Mitleidenschaft gezogen. Die Effekte stationärer Behandlung sind deutlich weniger positiv als bei der Magersucht. Wegen der starken Beschämung über die Erkrankung sind viele bulimische Patientinnen und Patienten bisweilen suizidgefährdet oder zeigen gleichzeitig anderes selbstschädigendes Verhalten. In vielen Städten haben sich mittlerweile Selbsthilfegruppen für Patientinnen und Patienten mit Essstörungen gebildet. Die Teilnahme an solchen Gruppen kann sehr zur Stabilisierung beitragen.

8. Verhaltens- und emotionale Störungen mit Beginn in der Kindheit und Jugend (F9)

Zu den häufigsten Störungen gehören hier die **hyperkinetischen Störungen**. Das so genannte hyperkinetische Syndrom oder **Aufmerksamkeitsdefizitsyndrom (ADS)** oder **Aufmerksamkeitsdefizithyperaktivitätssyndrom (ADHS)** oder Attention Deficit Disorder (ADD) ist eine Erkrankung, die ganz überwiegend Jungen betrifft. Bei Felduntersuchungen finden sich Geschlechtsrelationen zwischen 2:1 oder 4:1, in klinischen Populationen steigt dieses Missverhältnis auf 4:1 bis auf 8:1 zu Ungunsten der Jungen an (vgl. *Bandelow* et al. 2006; *Ravens-Sieber* et al. 2008, *Ludolph & Pfalzer*, 2013). Noch heute werden solche Kinder häufig als „Zappelphilipp" bezeichnet. Meistens wird die Erkrankung im Grundschulalter diagnostiziert, wenn den unruhigen Jungen die ersten Anpassungsleistungen beim Schulbesuch nicht gelingen. Die Behandlungsleitlinien in Deutschland und in Amerika empfehlen eine medikamentöse Behandlung sowie gezielte verhaltenstherapeutische Interventionen und eine Eltern- und Lehrerberatung (*Ludolph & Pfalzer*, 2013). 1129

Wichtig ist, dass Aufmerksamkeitsstörungen und unruhiges Verhalten auch in Belastungssituationen, z.B. in einem Scheidungskontext, auftreten können und dann eine eher psychosoziale Ursache haben. Deshalb ist eine genaue Anamneseerhebung, die schon das kindliche Temperament mit einbezieht, unabdingbar, um abzuklären, ob das Aufmerksamkeitsdefizit oder die Unruhe neuerdings unter Belastung, z.B. durch eine Trennungssituation, aufgetreten ist oder ob es sich um eine seit der frühen Kindheit bestehende hyperkinetische Störung handelt. 1130

Störungen des Sozialverhaltens (F91) haben häufig eine ungünstige Prognose und führen zu erheblichen Konflikten und Belastungen mit dem Lebensumfeld der Betroffenen. Auf den familiären Rahmen beschränkte Störungen des Sozialverhaltens kommen nicht selten in Scheidungskrisen oder ähnlichen familiären Konfliktsituationen vor. Diese früher so genannte „Neurotische Delinquenz", bei der sich die Kinder geradezu absichtlich beim Klauen erwischen lassen und nur in einem überschaubaren Rahmen speziell in der Familie, z.B. aus dem Portemonnaie der Mutter etc., stehlen, signalisiert deutlich ihr scheinbares Zu-kurz-Kommen in der familiären Situation und hat wenig mit einem Verstoß gegen allgemein gültige gesellschaftliche Normen zu tun. 1131

Bei den anderen Störungen des Sozialverhaltens ist es wichtig zu ermitteln, ob es dem Betroffenen überhaupt gelungen ist, soziale Beziehungen aufrechtzuerhalten und ob Normen von ihm akzeptiert werden. Deshalb unterscheidet man auch Störungen des Sozialverhaltens mit vorhandenen sozialen Bindungen, z.B. in einer gleichaltrigen Gang, in der zwar alle Jugendlichen dissoziales Verhalten zeigen, die sich aber an einen Gruppenkodex und damit auch an soziale Normen halten, von Störungen des Sozialverhaltens mit fehlenden sozialen Bindungen. 1132

Die häufig schwer gestörten Jugendlichen mit **fehlenden sozialen Bindungen** zeigen die schlechteste Prognose. Häufig sind solche Störungen auch kombiniert mit einer depressiven Störung. Je älter diese betroffenen Menschen werden, desto 1133 häufiger werden bei ihnen Persönlichkeitsstörungen diagnostiziert. Oft benötigen sie Hilfen aus dem therapeutischen wie aus dem pädagogischen Sektor, nicht selten wollen aber weder kinder- und jugendpsychiatrische noch Jugendhilfeeinrichtungen sich ihrer annehmen. Deshalb ist es oft die Justiz, welche sich wohl oder übel ihrer wegen des delinquenten Verhaltens annehmen muss, das einzige System, in dem sie längere Zeit Betreuung oder Kontinuität erleben. Nicht selten sind sie aber auch in Haftanstalten wieder Opfer in Gruppensituationen, da es ihnen nicht gelingt, soziale Bindungen herzustellen. Verglichen mit der eher ungünstigen Prognose von Sozialstörungen im Kindes- und Jugendalter haben **emotionale Störungen** ein deutlich besseres Outcome und sind eine klassische Domäne der ambulanten psychotherapeutischen Maßnahmen und Hilfen, wie Eingliederungshilfe etc.

1134 **Tic-Störungen** sind als monosymptomatische Tics, d.h. allein als Blinzeltic, Zwinkertic, im Grundschulalter nicht seltene und eher harmlose vorübergehende Symptome. Schwere Krankheitsbilder sind die chronische, motorische oder vokale Tic-Störung und insbesondere die kombinierte vokale und multiple motorische Tic-Störung, das so genannte „Gilles de la Tourette"-Syndrom. Diese schwere Tic-Erkrankung, die auch so genannte distale Tics, d.h. Zuckungen der Gliedmaßen und des Schultergürtels, mit beinhaltet, führt häufig zur völligen sozialen Isolation, da die Betroffenen auch durch laute Vokalisationen oder gar durch Koprolalie (unkontrollierbarer Gebrauch von Fäkalausdrücken) auffallen. In der Schule werden diese Kinder als extrem störend erlebt und nicht selten massiv ausgeschlossen oder ungerecht bestraft. Solche Tic-Störungen bedürfen dringend einer fachärztlichen Behandlung, die Deutsche Tourette-Gesellschaft bietet auch Selbsthilfegruppen in den meisten Städten an. Tic-Erkrankungen haben häufig einen wellenartigen, unvorhersehbaren Verlauf. Unter Stress nehmen Tic-Symptome aber häufig zu.

1135 Ebenfalls unter Stress kann ein sekundäres **Einnässen** bei kleineren Kindern wieder auftreten. Es ist zu unterscheiden von einem primären Einnässen, d.h., dabei handelt es sich um Kinder, die noch nie trocken waren. Hier ist die Ursache häufig eher eine allgemeine Entwicklungsverzögerung. Die probate Behandlungsmaßnahme sind unspezifische Mittel wie Kalenderführung. Sollte dies nicht helfen, müssen verhaltenstherapeutische Methoden, wie Klingelhose oder Klingelmatte, mit sehr hohen Erfolgsaussichten eingesetzt werden. Eine schwer behandlungsbedürftige Symptomatik ist das **Einkoten.** Einkoten und Kotschmieren ruft immer starke emotionale Reaktionen hervor. **Nicht selten werden diese Kinder** in verzweifelnden Auseinandersetzungen **geschlagen**. 30 bis 50 % aller Fälle weisen komorbid weitere psychische Erkrankungen auf (*Gontard*, 2004).

1136 Auf die Reaktiven Bindungsstörungen des Kindesalters wurde schon in den Beiträgen zur Vernachlässigung ausführlich eingegangen (Rn. 859, Rn. 889, Rn. 917 ff.). Erwähnenswert ist noch der ((s)elektive) **Mutismus,** d.h. eine Erkrankung, in der die Kinder Kommunikation mit ihrer Umwelt verweigern und nur noch mit einer Person, meist der Mutter, oder überhaupt nicht mehr mit ihrem Umfeld kommunizieren. Ein solcher Mutismus ist dringend behandlungsbedürftig. Eine stationäre Aufnahme in einer Kinder- und Jugendpsychiatrie und damit die Trennung von einem Milieu, das zur Aufrechterhaltung der Symptomatik beigetragen hat, ist oft dringend zu empfehlen (*Plener & Spröber*, 2013).

Kombiniert mit diesen psychiatrischen Diagnosen oder als alleinstehende Problematik spielen häufig noch **Entwicklungsstörungen** eine Rolle. Bei kleineren Kindern können **Artikulationsstörungen** ihre Verfahrensbeteiligung massiv beeinträchtigen. Logopädische Behandlung und eine vernünftige Diagnostik, die die Ursachen der Sprachstörung abklärt (wichtig auch Abklärung des Hörvermögens), sind hier unbedingt zu fordern.

1137

Umschriebene Entwicklungsstörungen schulischer Fertigkeiten wie die **Lese-Rechtschreib-Störung** oder **Rechenstörung** können Kinder in ihrer Leistungsmotivation nachhaltig beeinträchtigen, führen nicht selten zu schweren Selbstwertproblemen und reaktiv zu emotionalen Störungen oder dissozialem Verhalten.

1138

Alle Entwicklungsstörungen, sei es die Sprache, die Motorik oder die schulischen Fertigkeiten, lassen sich durch standardisierte diagnostische Methoden relativ eindeutig abklären. Bei Verdacht auf solche Probleme sollten Verfahrensbeistände dafür sorgen, dass den Kindern eine kompetente **Diagnostik und anschließende Förderung** ermöglicht wird. Nur eine solche Förderung im Bereich ihrer Grundproblematik wird auch die Freiheitsgrade ihrer Beteiligungsmöglichkeiten im Verfahren steigern können.

III. Trennungs- und Verlustsituationen

1. Einleitung

Gegenstand der gerichtlichen Verfahren, in denen dem Kind oder Jugendlichen ein Verfahrensbeistand zur Seite gestellt ist, sind in der überwiegenden Zahl der Fälle Entscheidungen, die mit der Trennung des Kindes von einem oder beiden Elternteilen bzw. Pflegepersonen verbunden sind. Einigen Kindern steht damit zum ersten Mal in ihrem Leben die Trennung oder sogar der Verlust einer wichtigen Bindungsperson bevor. Andere haben bereits vor Beginn des Verfahrens gravierende Trennungs- und Verlusterfahrungen machen müssen. Die Frage, ob das Kind die möglicherweise bevorstehende Trennung von nahestehenden Personen in sein Leben integrieren und für seine Entwicklung positiv nutzen kann oder ob traumatische Folgen und eventuell länger anhaltende Störungen zu erwarten sind, ist für das Kindeswohl von zentraler Bedeutung.

1139

Die Begriffe Trennung und Verlust beinhalten, dass die Bindungsfigur einer Person vorübergehend (Trennung) oder für immer (Verlust) unzugänglich ist. Von jemandem getrennt zu leben, heißt, nicht demselben Haushalt anzugehören. Ablösung schließlich steht für einen inneren Prozess, bei dem psychische Energie allmählich von der geliebten Person abgezogen und auf neue Objekte verteilt wird. Der Ablösungsprozess geht ähnlich dem Trauerprozess zeitlich weit über das unmittelbare Ereignis der Trennung bzw. des Verlustes hinaus.

1140

2. Typologie von Trennung und Verlust

1141 Für die Bedeutung einer Trennung sind neben Alter, Entwicklungsstand und Vorerfahrungen des Kindes Art und Dauer sowie die Begleitumstände der Trennung entscheidend. *Yarrow* (1977) unterscheidet in einer Typologie von Trennung und Verlust sechs Hauptarten der Trennung des Kindes von seinen Eltern:

- **Eine einzelne kurze Trennung, gefolgt von Wiedervereinigung mit den Eltern**

1142 Hierzu gehören (a) vollständige Trennung ohne begleitende äußere Beeinträchtigung, wenn die Eltern z.B. verreisen und das Kind bei einer Pflegeperson und womöglich in der vertrauten Umgebung belassen; (b) vollständige Trennung mit begleitender äußerer Beeinträchtigung, wie z.B. kurzer Unterbringung des Kindes im Krankenhaus oder ein Krankenhausaufenthalt eines Elternteils; (c) teilweise Trennung ohne begleitende Beeinträchtigung, wenn das Kind z.B. in den Kindergarten geht; (d) teilweise Trennung mit begleitender äußerer Beeinträchtigung, z.B. Krankenhausunterbringung, bei der Kontakt mit den Eltern beibehalten wird.

- **Wiederholte kurze Trennungen mit Wiedervereinigung**

1143 Hierzu zählen (a) wiederholte vollständige Trennungen ohne begleitende äußere Beeinträchtigung; (b) wiederholte vollständige Trennungen mit begleitender äußerer Beeinträchtigung; (c) wiederholte teilweise Trennungen ohne begleitende äußere Beeinträchtigung; (d) wiederholte teilweise Trennungen mit begleitender äußerer Beeinträchtigung.

- **Eine einzelne längerdauernde Trennung mit Wiedervereinigung**

1144 Dieser Trennungstypus unterscheidet sich von den ersten beiden durch seine relativ lange Dauer. Er ist häufig mit gleichzeitiger äußerer Beeinträchtigung verbunden, wie z.B. Krankenhausaufenthalt wegen chronischer Erkrankungen oder ernster Familienkrisen.

- **Wiederholte langdauernde Trennungen mit Wiedervereinigung**

1145 Diesen Typ von Trennungserfahrungen erleiden Kinder in Familien mit wiederholten Krisen. Es ist der Typus, mit dem sich häufig die sozialen Dienste zu befassen haben, von denen das Kind vorübergehend in Pflegestellen oder Heimen untergebracht wird, wo es aber einen gewissen Kontakt zu seiner Familie beibehält.

- **Einmalige dauernde Trennung**

1146 Dieser Trennungstypus ergibt sich gewöhnlich beim Tod oder bei dauernder physischer oder geistiger Unfähigkeit der Eltern, oder weil die Eltern nicht in der Lage sind, adäquat für das Kind zu sorgen. Das Kind wird dann dauerhaft in einer Pflege- oder Adoptivfamilie oder in einem Heim untergebracht.

- **Wiederholte dauernde Trennungen**

1147 Dies ist der extremste Typus von Trennungserfahrung. Nach dauernder Trennung wird das Kind etwa in einem Heim oder in einer Pflegefamilie untergebracht. Zumeist bleibt es dort nicht ausreichend lange, um Ersatzbeziehungen zu entwickeln, sondern erfährt eine Serie von Wechseln der Heime oder Pflegefamilien. Der Eindruck des ursprünglichen Verlustes der Eltern wird durch immer neue Trennungserfahrungen verstärkt. Die jeweils folgenden Erfahrungen führen häufig zu Deprivation (seelischen Mangelerscheinungen) und verschiedenen Arten von Traumata.

Die Gefahr traumatischer Trennungsfolgen sieht *Yarrow* besonders für diejenigen Kinder, die zusätzlich zu (wiederholten) Trennungen mit einer deprivierenden Umwelt fertig werden müssen. Als wichtigstes Ergebnis einer Zusammenschau verschiedener retrospektiver Untersuchungen führt er an, dass die Trennung selbst nicht als einzige ätiologische Variable für die Entstehung von Psycho- und Soziopathien angesehen werden darf: „Ihre Auswirkungen sind zweifellos abhängig von einer Reihe von Faktoren, deren wichtigster wahrscheinlich das Alter des Kindes zur Zeit dieses Erlebnisses ist, vom Ausmaß des dabei bewirkten Traumas und vom Ausmaß, in dem die Folgeerfahrungen das ursprüngliche Trauma verstärken oder abschwächen. Eine Trennung, der die Unterbringung in einem Heim oder in einer schlechten Pflegestelle folgt oder die der Prolog einer Reihe von Wechseln oder Verlusten von Mutterfiguren ist, erhöht die Wahrscheinlichkeit von Persönlichkeitsstörungen" (*Yarrow* 1977, S. 139).

1148

3. Zwischen Trauma und Chance

Auszug aus einem Referat beim 54. Deutschen Juristentag von *Reinhart Lempp* zu kinderpsychologischen und -psychiatrischen Aspekten der Rechtsstellung des Pflegekindes:

1149

> „Es kann kein Zweifel sein, dass viele Kinder eine solche Trennung von der Bezugsperson in ihrer früheren oder späteren Kindheit durchmachen mussten und bis heute noch müssen, ohne dass später allgemein erkennbare psychische Schäden und Störungen, also psychische Krankheiten im weitesten Sinne, nachzuweisen wären. Es kann also kein Zweifel sein, dass viele Kinder ein solch psychisches Trauma der Trennung und des Beziehungsverlustes offenbar folgenlos bewältigen. Möglicherweise trügt hier der Schein insofern, als es zwar bei diesen Menschen nicht zu psychischen Krankheiten und manifesten Störungen kommt, dass aber eine nachhaltige verletzende Erfahrung sie ihr ganzes Leben begleitet und ihre Einstellung zur Umwelt mitbestimmt. Ich halte es für möglich, ja sogar für wahrscheinlich, dass jede solche Erfahrung in gewisser Weise die Lebensqualität vermindert. Von dieser Feststellung bleibt unberührt, dass auch solche negativen Erfahrungen von manchen Menschen in positiver Weise verarbeitet werden können und sie zu einer reiferen Form der Lebensbewältigung und Lebensbewährung befähigt. Nur können wir nicht eine solche Fähigkeit bei jedem Kinde für die Zukunft getrost voraussetzen und uns darauf verlassen, dass das Kind schon das Beste daraus machen werde. Wir müssen vielmehr von der Vorstellung ausgehen, dass es mit solchen negativen Früherfahrungen ähnlich ist wie mit der Belastung mit Röntgenstrahlen. Der menschliche Körper ‚vergisst' keine Bestrahlung mit ionisierenden Strahlen und zählt sie gewissermaßen von Geburt bis zum Tode in jeder seiner Zellen zusammen, und eine im Alter erfolgte geringdosige Röntgenbestrahlung kann dazu führen, dass die kritische Grenze überschritten wird und die krebsige Entartung der Zellen in Gang kommt. In ähnlicher Weise müssen wir wohl davon ausgehen, dass sich

auch negative Lebenserfahrungen beim einzelnen Menschen addieren, und zwar mit Sicherheit auch solche Erfahrungen, an die sich der Heranwachsende und der erwachsene Mensch dann im Einzelnen gar nicht mehr erinnern kann. Wir wissen auch, dass gerade eine Folge ähnlicher psychisch verletzender Ereignisse summativ zu einer psychisch krank machenden Belastung werden kann."

(*Lempp,* 54. DJT 1982, I 48 f.).

1150 Unter der Voraussetzung eines quantitativ und qualitativ ausreichenden Bindungsangebots können Kinder altersangemessene Trennungen gut für ihre Entwicklung nutzen. Insofern sind **Trennungen nicht per se schädigend**. Risiken und Gefahren ergeben sich erst durch das kumulative Zusammenspiel einer Reihe von im Einzelfall zu gewichtenden Variablen.

1151 Neben der individuellen **Empfindlichkeit des Kindes** zum Zeitpunkt der Trennung sind **Alter und Entwicklungsstand** bedeutsam. Während bei einem Säugling bereits die kurzzeitige Nichtverfügbarkeit der Mutter/Bindungsperson zu einem Gefühl großer Hilflosigkeit und Verlassenheit führt, erweitert sich mit zunehmendem Alter das Zeitverständnis und damit die Toleranz für überschaubare Trennungen. Besonders trennungsempfindlich sind Kinder im Alter zwischen etwa sechs Monaten und drei Jahren. In dieser Zeit binden sie sich in der Regel intensiv an eine, manchmal auch zwei oder drei Hauptbindungspersonen und zugleich ist ihr Verständnis für Zeit/Dauer und die Gründe von Trennungen noch nicht sehr entwickelt.

1152 Eine zweite Variable betrifft die **Intensität der Bindung** und damit die emotionale Nähe zu der Person, von der das Kind getrennt wird. Wenn seine Hauptbindungsperson z.B. die Großmutter ist, wird die Reaktion auf eine Trennung von Mutter oder Vater weniger schwerwiegend sein. Zum emotionalen Kontext gehören auch vertraute Gegenstände (Bett, Kleidung, Spielzeug), Gewohnheiten (Essensrituale, Schlaflied) und die sozialräumliche Umgebung (Kindergarten, Schule, Freundeskreis), deren weitere Verfügbarkeit bzw. Aufrechterhaltung Trennungsreaktionen lindern können.

1153 Weiterhin spielen die Vorgeschichte des Kindes insbesondere im Hinblick auf **frühere Trennungserfahrungen oder andere Traumatisierungen** sowie die **Qualität der Ersatzbeziehungen** eine wichtige Rolle. Ängste aufgrund zurückliegender, nicht verarbeiteter Trennungen können in der aktuellen Situation reaktiviert und verstärkt werden. Zu den Erfahrungen nach der Trennung, die eine Bewältigung erleichtern oder erschweren können, gehört, ob eine spezielle Person kontinuierlich zur Verfügung steht, wie die Rahmenbedingungen der Ersatzbetreuung sind (Qualität der Einzel- oder Gruppenbetreuung), die materielle Ausstattung und Versorgung und inwieweit Erinnerungen an die Personen, von denen das Kind getrennt ist, akzeptiert und gefördert werden (*Robertson/Robertson,* Psyche 1975).

1154 Zusammenfassend hängt die Bedeutung einer Trennung auf einem Kontinuum zwischen Trauma und Chance davon ab, „wie groß der reale Verlust ist, welche Ängste dadurch reaktiviert werden, wie tragfähig die neuen Beziehungen sind und inwiefern es gelingt, für den Zusammenhang von altem und neuem Zustand einen lebensgeschichtlichen Sinn zu erschließen" (*Maywald* 1997, S. 30). Der Begriff des Traumas bezieht sich dabei auf das Zusammenspiel von objektivem Ereignis und subjektiver Verarbeitung, er bezeichnet „die objektive Gewalt, die dem Subjekt angetan wird, und zugleich die individuell höchst unterschiedliche Art, in der das Subjekt auf diese äußere Zumutung reagiert" (*Ehlert/Lorke* 1988, S. 503).

Das infantile Trauma (Verletzung) ist durch einen Erregungszuwachs aus inneren und ggf. auch äußeren Quellen gekennzeichnet, denen das Kind hilflos gegenübersteht, weil seine noch unzureichend entwickelten Ich-Funktionen versagen und seine psychische Handlungsfähigkeit darnieder liegt. Die traumatische Situation tritt meist plötzlich und unerwartet ein, sie setzt die Ich-Funktionen außer Kraft und es kommt zur Reizüberschwemmung. Entwicklungstraumata, so *Mertens*, sind dadurch gekennzeichnet, dass nicht allein eine einzelne Situation die integrativen Fähigkeiten des mehr oder minder entwickelten Ichs überfordert, sondern dass eine angemessene Reaktion auf die für verschiedene Lebensalter spezifischen Entwicklungsbedürfnisse ausbleibt, so dass „das Kind nicht oder nur unzureichend lernen kann, seine phasenadäquaten Bedürfnisse in der Interaktion mit seinen Bezugspersonen zu regulieren und auszuhandeln" (*Mertens* 1998, S. 246, 243 f.).

1155

Bei richtiger, altersgemäßer „Dosierung" können Kinder Trennungen gut verkraften und für ihre Entwicklung positiv nutzen. Im Spiel lernen sie, ihr hilfloses Ausgeliefertsein gegenüber Trennungen in Aktion umzusetzen und den erlittenen Schmerz erträglich zu halten, indem sie z.B. das Verschwinden und Wiederkommen von Gegenständen aktiv in Szene setzen. Sigmund Freud berichtet von einem eineinhalbjährigen Jungen, der aus seinem zugehängten Bett immer wieder eine Holzspule hinauswirft, die mit einem Bindfaden versehen ist, dessen Ende er in der Hand hält. Nach dem Verschwinden, das der Junge mit einem lauten und lang gezogenen o-o-o-o („Fort") begleitet, zieht er die Spule an dem Faden wieder in sein Bett. Das Wiedererscheinen wird dann mit einem freudigen „Da" begrüßt (*Sigmund Freud*, GW Bd. XIII, S. 11 ff.). Auf diese Weise spielt der Junge die Trennung und die erwartete Wiedervereinigung mit der Mutter immer wieder durch, gleichsam in einer Mischung aus Selbstversicherung und Bemächtigung. Bevor ein Kind vorübergehende Trennungen und das anschließende Wiederkommen der Bindungsperson verstehen und integrieren kann, spielen – wie *Winnicott* (1974) beschreibt – Übergangsobjekte eine wichtige Rolle für die emotionale Verarbeitung. Ein Kuscheltier, der Zipfel einer Decke, ein Kleidungsstück o.Ä. erinnern an die abwesende Person und erleichtern so dem Kind die Trennung.

1156

Wenn **Trennungen unvorbereitet** eintreten **und über lange Zeit andauern**, stellen sie besonders für kleine Kinder eine **erhebliche Gefährdung** dar. *Anna Freud* hat die Reaktionen einjähriger Kinder beschrieben, die während des Krieges evakuiert und dadurch plötzlich und für lange Zeit von ihren Familien getrennt wurden:

1157

1158 „Das Kind fühlt sich plötzlich von allen ihm wichtigen Personen seiner Umwelt verlassen. Seine neu erworbene Liebesfähigkeit findet sich ohne die Objekte, auf die sie gerichtet waren; sein Verlangen nach Zärtlichkeit bleibt unbeantwortet. Die Sehnsucht nach der Mutter steigert sich unter diesen Umständen ins Unerträgliche und erzeugt Ausbrüche von Verzweiflung, wie wir sie bei hungrigen Säuglingen sehen können, wenn die Mahlzeit auf sich warten lässt. Dieses gesteigerte Verlangen des verlassenen Kindes, sein psychischer Hunger nach der Mutter überwiegt oft für Stunden oder Tage alle körperlichen Bedürfnisse. Manche Kinder dieses Alters verweigern nach der Trennung Nahrung und Schlaf; die Mehrzahl sträubt sich gegen die sonst lustvollen Vornahmen der Körperpflege, gegen Trost oder Zärtlichkeiten von Seiten fremder Ersatzpersonen. […] Wie schwer der Schock der Trennung für das Kind dieser Entwicklungsstufe ist, lässt sich auch indirekt aus seinem Verhalten bei der Wiedervereinigung mit der Mutter schließen. Viele Kinder erkennen die Mutter nicht wieder, wenn sie erst nach Ablauf der Eingewöhnungsperiode zurückkehrt. Die Mütter selbst sind sich klar darüber, dass die rasche Entfremdung des Kindes nichts mit einer Schwäche des kindlichen Erinnerungsvermögens selbst zu tun hat."

(*Freud/Burlingham* 1982, S. 38 und S. 40)

4. Hospitalismus

1159 Wenn zu der Trennung von den wichtigen Bindungspersonen eine affektive Mangelversorgung hinzukommt, verschlechtert sich der Zustand der Kinder beträchtlich. *Spitz* (1976) hat dieses Bild als **anaklitische Depression** bzw. als **Hospitalismus-Syndrom** beschrieben. Bei Kindern eines Findelhauses, die zwischen dem sechsten und achten Lebensmonat von der Mutter getrennt wurden und seitdem im Durchschnitt nur ein Zehntel der affektiven Zufuhr bekamen, die sie in einer üblichen Mutter-Kind-Beziehung bekommen hätten, beobachtete er eine typische Symptomfolge von u.a. anspruchsvoller Weinerlichkeit, anhaltendem Schreien, Kontaktverweigerung, Schlaflosigkeit, Gewichtsverlust, motorischer Verlangsamung sowie nach dem dritten Monat beginnender Lethargie und dem Absinken des Entwicklungsquotienten. Da der sich bildende starre Gesichtsausdruck stark an das Erscheinungsbild erwachsener Depression erinnert, nannte er diesen Zustand anaklitische Depression.

1160 Wenn dieser beinahe totale Entzug affektiver Zufuhr länger anhielt, stellte *Spitz* einen zunehmenden körperlichen und seelischen Verfall der Kinder fest, den er als Hospitalismus oder auch emotionelles Verhungern bezeichnete:

„Alsbald, nach der relativ kurzen Zeit von drei Monaten, zeigte sich ein neues klinisches Bild: Die Verlangsamung der Motorik kam voll zum Ausdruck; die Kinder wurden völlig passiv; sie lagen in ihrem Bettchen auf dem Rücken. Sie erreichten nicht das Stadium motorischer Beherrschung, das notwendig ist, um sich in die Bauchlage zu drehen. Der Gesichtsausdruck wurde leer und oft schwachsinnig, die Koordination der Augen ließ nach. (...) Klinisch werden diese Säuglinge unfähig, Nahrung zu verdauen; sie leiden an Schlaflosigkeit; später können diese Kinder sich selbst aktiv angreifen, indem sie mit dem Kopf gegen die Gitterstäbe ihres Bettchens schlagen, sich mit den Fäusten auf den Kopf schlagen und sich die Haare büschelweise ausreißen. Wenn der Entzug total ist, wird der Zustand zum Hospitalismus; der Verfall schreitet unerbittlich fort und führt zu Marasmus und Tod."

(*Spitz* 1976, S. 290 und S. 297)

5. Kindlicher Trauerprozess

Bowlby (1983) hat als Schlüsselkonzept zum Verständnis kindlicher Trennungsreaktionen den Begriff der Trauer vorgeschlagen. Am Beispiel eines zweijährigen, von seiner Mutter getrennten Kindes unterscheidet er drei Hauptphasen des kindlichen Trauerprozesses: **Zuerst protestiert das Kind** gegen die Trennung und ist energisch bestrebt, wieder mit der Mutter zusammenzukommen:

> „Es wird häufig laut schreien, an seinem Bett rütteln, sich hin- und herwerfen und eifrig auf jede Bewegung und auf jedes Geräusch achten, die ihm die Rückkehr der Mutter anzeigen könnten. Dieses Verhalten kann mit Intensitätsschwankungen eine Woche oder länger andauern. Während dieser ganzen Zeit scheint das Kind durch die Hoffnung und Erwartung, dass seine Mutter zurückkehren wird, in seinen Anstrengungen angefeuert zu werden."

(*Bowlby* 1983, S. 20)

Es folgt eine Phase der Verzweiflung, in der die Sehnsucht nach der Mutter zwar nicht geringer wird, „aber es schwindet die Hoffnung auf ihre Erfüllung. Schließlich werden die ständigen lautstarken Forderungen eingestellt; das Kind wird apathisch und zurückgezogen, es gerät in einen Zustand der Verzweiflung, der vielleicht nur durch ein zeitweiliges monotones Wimmern unterbrochen wird. Es fühlt sich unendlich elend" (a.a.O., S. 20 f.). Die dritte Phase ist gekennzeichnet durch eine **Entfremdung von der bisherigen Bindungsperson und** durch eine **schrittweise Anpassung an die Bedingungen der neuen Situation**.

> „Diese Phase lässt sich regelmäßig beobachten, wenn ein Kind im Alter zwischen etwa sechs Monaten und drei Jahren eine Woche oder länger nicht von seiner Mutter gepflegt worden ist und auch keine spezielle Ersatzpflege genossen hat. Sie ist gekennzeichnet durch eine fast vollständige Abwesenheit von Bindungsverhalten, wenn es seine Mutter zuerst wiedersieht."

(a.a.O., S. 34)

6. Trennungsreaktionen

Auch wenn ältere Kinder nicht mit dieser Intensität auf Trennungen reagieren, so hinterlässt das Verlassenwerden durch die Eltern und die Unterbringung im Heim oder in einer Pflegefamilie auch bei ihnen in der Regel **schwere seelische Wunden**. Aufgrund ihrer Ich-Bezogenheit glauben sie häufig, dass sie selbst und ihr Verhalten die Ursache für das Verlassenwerden sind. Sie halten sich für wenig liebenswert und sehen darin den Grund, warum die Eltern weggegangen sind oder sie weggegeben haben. Häufig war dies auch tatsächlich die Botschaft von Eltern, die ihr Kind damit erziehen wollen („Du musst ins Heim, weil du so böse bist."). Für die Kinder ist es mit dieser Zuschreibung der Erwachsenen sehr schwer, ein positives Selbstwertgefühl zu entwickeln. Nach einer Fremdunterbringung ist die

Angst eines Kindes vor erneutem Verlassenwerden zunächst sehr hoch, es wird neuen Personen eher misstrauisch begegnen und lange Zeit zuverlässige und positive Beziehungserfahrungen brauchen, um sich auf neue Bindungen einlassen zu können.

1164 In der Folge traumatischer Trennungserlebnisse verweigern sich viele Kinder neuen Bindungsangeboten. Sie fühlen sich wertlos, suchen die Schuld für die Trennung in Eigenschaften ihrer Person und reagieren – besonders wenn sie in ihren Trauerreaktionen keine Unterstützung durch andere Menschen erhalten – mit Abstumpfung, Passivität und Depression bis hin zu Selbstverletzung und Suizidalität und/oder kompensatorischer Hyperaktivität, verfrühtem Autonomiestreben und Selbstverwahrlosung.

1165 Aufgrund von Überfürsorglichkeit, extremer Verwöhnung, doppelten Botschaften oder infolge starker Ambivalenzen können Schäden aber auch dadurch angerichtet werden, dass Trennungen von wichtigen Bindungspersonen nicht zugelassen und die natürliche Loslösung und Individuation nicht akzeptiert und gefördert werden. In der Folge dieser symbiotischen Verklammerungen kann es zu notorischer Unselbstständigkeit und Retardierung, psychosomatischen Beschwerden, Pseudodebilität und zu schweren kindlichen Psychosen kommen.

7. Reaktionen auf die Trennung/Scheidung der Eltern

1166 Im Gegensatz zur Fremdunterbringung von Kindern außerhalb des Elternhauses haben Scheidungskinder lediglich unter der (partiellen) Trennung bzw. dem Verlust eines Elternteils zu leiden. Aber auch bei ihnen zeigen sich starke Reaktionen auf die Trennung der Eltern. Insbesondere jüngere Kinder und Jugendliche fühlen sich oft schuldig für das Scheitern der Paarbeziehung, identifizieren sich stark mit den Eltern (oder einem von beiden) und geraten häufig in große Loyalitätskonflikte.

1167 *Wallerstein* und *Kelly* (1980) gehen davon aus, dass die Scheidung der Eltern je nach dem Alter des Kindes unterschiedliche Störungsmuster verursacht. Wenn Kinder die Scheidung ihrer Eltern im **Vorschulalter** erleben, reagieren sie häufig mit starken Ängsten. Sie fürchten, auch den noch verbliebenen Elternteil zu verlieren, und leiden unter angstbesetzten, teilweise verleugnenden Phantasien. In magischer Weise fühlen sie sich für die Trennung der Eltern verantwortlich. Im **Schulalter** werden sich die Kinder zunehmend der sozialen Konsequenzen der Scheidung bewusst. Sie klammern sich nicht an den verbliebenen Elternteil, sondern suchen aktiv nach einer neuen Form der Familienidentität, die beide Elternteile einschließt. In diesem Alter sind Kinder besonders anfällig für Loyalitätskonflikte. Sie wollen es beiden Eltern „recht" machen und schämen sich der Handlungsweisen ihrer Eltern. Im **Jugendalter** kann durch eine Scheidung der Eltern die Identitätsfindung und schrittweise Ablösung empfindlich beeinträchtigt werden. *Wallerstein* und *Kelly* (1980) beobachteten zwei Reaktionsweisen: Während eine Gruppe Jugendlicher Kontakt mit jüngeren Kindern suchte, Leistungseinbrüche in der Schule zeigte und die emotionale Unterstützung der Familienmitglieder einforderte, wandte sich eine andere Gruppe verstärkt Gleichaltrigen zu und bemühte sich, möglichst schnell unabhängig zu werden.

Bezüglich möglicher **Geschlechtsunterschiede** bei der Reaktion von Kindern auf Trennung und Scheidung der Eltern kommen die Autoren zu folgenden Schlussfolgerungen: In der Akutphase der Scheidung reagieren Mädchen und Jungen gleichermaßen belastet. Nach eineinhalb Jahren sind die Mädchen im Durchschnitt emotional stabiler und zeigen im Vergleich zu den Jungen weniger Auffälligkeiten. Diese Unterschiede waren im Rahmen einer Nachuntersuchung nach fünf Jahren nicht mehr nachweisbar. Nach zehn Jahren hatte sich das Bild umgekehrt. Während die Jungen zumeist emotional stabiler waren, litten viele Mädchen unter mangelndem Selbstvertrauen und depressiven Verstimmungen.

1168

Wallerstein und *Lewis* (2001, S. 71) zeichnen aufgrund ihres 25 Jahre langen Kontaktes zu 130 betroffenen Familien ein viel komplexeres Bild der **Langzeitwirkungen von Trennung und Scheidung,** als dies aufgrund der Momentaufnahmen der meisten bisher vorliegenden Studien möglich ist. Sie erheben auch Zweifel gegenüber vielen landläufigen Annahmen und Erwartungen der Rechtspolitik:

1169

> „Unsere Ergebnisse erzählen jedoch eine andere Geschichte. Sie zwingen uns zu einem grundlegenden Umdenken. Im Gegensatz zu den Erfahrungen der Erwachsenen erreicht das kindliche Leiden nicht seinen Höhepunkt während der akuten Krise, um danach sukzessiv abzunehmen. Im Gegenteil, die Scheidung ist für das Kind eine kumulative Erfahrung. Ihre Auswirkungen nehmen im Laufe der Zeit zu. Auf jeder Stufe der Entwicklung werden die Folgen erneut und auf verschiedene Weise erlebt. Kinder haben uns erzählt, wie sie in den Jahren unmittelbar nach der Scheidung unter Einsamkeit und einem gravierenden Verlust an elterlicher Fürsorge litten. Sie erinnern sich an diese Jahre noch lange, nachdem die Zeit der Ehekrise und Scheidung im Gedächtnis verblasst ist. Die Auswirkungen der Scheidung gewinnen an Stärke, wenn die Kinder in die frühe Adoleszenz eintreten und oft ungenügend beaufsichtigt und beschützt werden, und wenn zusätzlich (falls dies nicht schon früher geschah) von ihnen verlangt wird, sich an neue Stiefeltern und Stiefgeschwister anzupassen. Die Auswirkungen werden in der Spätadoleszenz nochmals verstärkt, wenn finanzielle Nöte die Kinder daran hindern, eine Berufswahl zu treffen oder Bildungschancen wahrzunehmen, die dem sozioökonomischen Status der Eltern entsprechen würden. Und nochmals, wenn bei den jungen Erwachsenen die Angst wächst, die eigenen erwachsenen Beziehungen könnten wie jene der Eltern scheitern. Die Auswirkungen der elterlichen Scheidung werden in den ersten drei Jahrzehnten des Lebens dieser Kinder immer und immer wieder durchgespielt. Natürlich bedeutet das nicht, dass daraus immer unglückliche oder scheiternde Kinder bzw. Erwachsene werden. Aber eine Reihe von speziellen und schwierigen Aufgaben überlagert zusätzlich die ganz normalen Aufgaben, die in den verschiedenen Entwicklungsphasen zu bewältigen sind. Viele Kinder, die dazu fähig waren, frühere Entwicklungsstadien erfolgreich zu durchlaufen, kommen in einem späteren Entwicklungsstadium nicht zurecht, weil ihre Ressourcen erschöpft sind."

1170

Auch wenn davon auszugehen ist, dass Verfahrensbeistände in den meisten Fällen Kinder erleben, die von ihren Eltern in massive Paarstreitigkeiten verwickelt und häufig sogar für erwachsene Zwecke instrumentalisiert werden, so muss doch be-

1171

tont werden, dass eine Trennung oder Scheidung der Eltern für das betroffene Kind nicht per se eine Katastrophe sein muss. Denn der **Wechsel von einer unglücklichen, konfliktreichen Familiensituation in eine harmonischere und weniger stressbelastete Lebenswelt ist auch für die Kinder von Vorteil**. Trotz vor allem zu Beginn regelmäßig auftretender Anpassungsprobleme zeigen die meisten Kinder infolge Trennung oder Scheidung ihrer Eltern nur wenige ernsthafte nachhaltige Probleme und „funktionieren" innerhalb der normalen Bandbreite. Kinder glücklich aufwachsen zu lassen, ist daher, wie *Largo* und *Czernin* (2004, S. 12) zusammenfassen, „weit weniger eine Frage des Familienmodells als vielmehr der Art und Weise, wie mit ihnen umgegangen wird. Es geht darum, ihre Bedürfnisse wahrzunehmen und zu erfüllen, egal, innerhalb welchen Familienmodells, welcher Form des Zusammenlebens oder welcher Lebensart. Die Gretchenfrage ist also nicht „Scheidung – ja oder nein?", sondern „Wie können wir als verheiratete oder geschiedene Eltern das Verhalten unserer Kinder richtig lesen und ihre Bedürfnisse angemessen befriedigen?"

IV. Das Wechselmodell – Die Rolle der Verfahrensbeistandschaft im Spiegel von Rechtsprechung und Forschung

1. Einleitung

1172 Nicht nur in Fachliteratur und Tagespresse, auch Berichten aus der Praxis zufolge ist das Wechselmodell äußerst präsent: Sei es bei Jugendämtern, die sich zunehmend im Rahmen von Beratungsgesprächen mit Eltern oder in Stellungnahmen für Gerichte damit auseinandersetzen, sei es bei Anwälten, die von sich häufenden Anfragen danach berichten, sei es bei Erziehungsberatungsstellen oder eben auch bei Verfahrensbeiständen. Trotz dieser Präsenz können allerdings noch kaum Aussagen darüber getroffen werden, von wem und in welcher Form das Modell in Deutschland tatsächlich praktiziert wird – Daten von 2015 zufolge liegt die Häufigkeit bei ca. 5 %[1]; es handelt sich also auch weiterhin nicht um ein „Standardmodell".

1173 Der vorliegende Aufsatz nimmt in Bezug auf das Wechselmodell psychosoziale Aspekte im Zusammenhang mit dem Wohlergehen des Kindes in den Fokus – also jene Aspekte, die Grundlage für die Tätigkeit von Verfahrensbeiständen sind. Hier-

---

[1] Bei einer Zeiteinteilung von mind. 40/60- bis hin zu 50/50-Regelungen. Vgl. Walper (2016): Arrangements elterlicher Fürsorge nach Trennung und Scheidung: Das Wechselmodell im Licht neuer Daten aus Deutschland. In: Deutscher Familiengerichtstag e.V. (Hg.:): 21. Deutscher Familiengerichtstag vom 21. bis 24. Oktober 2015 in Brühl. Ansprachen und Referate. Berichte und Ergebnisse der Arbeitskreise. Brühler Schriften zum Familienrecht Band 19. Bielefeld, S. 120 ff. Im internationalen Kontext wird das Wechselmodell zwar teils häufiger als in Deutschland praktiziert, ist aber auch dort keinesfalls die Regel. Zudem ist nicht automatisch von einer paritätischen Betreuung die Rede, sondern es häufig wird schon ab einer 30/70-Regelung vom Wechselmodell gesprochen. Vgl. mit zahlreichen Daten: Fehlberg/Smyth (2011): Caring for children after parental separation: would legislation for shared parenting time help children? University of Oxford. Department of Social Policy and Intervention. Family Policy Briefing 7, S. 3 f.

für werden zunächst anhand von Rechtsprechung einige relevante Themen herausgearbeitet; anschließend werden zentrale Forschungserkenntnisse dargestellt, um schließlich Herausforderungen für die Verfahrensbeistandschaft zu resümieren.

2. Rechtsprechung

Im Fokus dieses Kapitels steht Rechtsprechung, welche einige exemplarische Spannungsfelder in der Tätigkeit von Verfahrensbeiständen benennt.[2] Einführend soll erinnert werden, dass der Bundesgerichtshof – durchaus überraschend für den juristischen Diskurs[3] – die Möglichkeit einer gerichtlichen **Anordnung** des Wechselmodells auch **gegen den Willen eines Elternteils** im Rahmen des Umgangsrechts eröffnet hat.[4] Mit einem Anstieg diesbezüglicher Verfahren und entsprechender Tätigkeit von Verfahrensbeiständen ist also zu rechnen. Entscheidender Maßstab bleibt jedoch, dass das Wechselmodell im konkreten Einzelfall dem Kindeswohl am besten entsprechen muss[5].

1174

Zunächst kann bei einem Blick in ausgewählte Rechtsprechung festgestellt werden, dass nicht automatisch allen Beteiligten **Rolle und Auftrag des Verfahrensbeistands** bekannt ist. Spezifisch hiermit hat sich das OLG Köln beschäftigt. In einem Fall von „heillos zerstrittenen Eltern" wurde dargelegt, dass ein umfassendes Wechselmodell mit dem Kindeswohl nicht vereinbar sei. In Bezug auf die Rolle des Verfahrensbeistands wurde der Auffassung des Beschwerdeführers (des Vaters) nicht gefolgt: Es könne nicht nachvollzogen werden, dass der Verfahrensbeistand bewusst falsche Tatsachen zu seinem Nachteil eingeführt oder einseitig für die Kindesmutter Partei genommen habe. Vielmehr habe sie versucht, zugunsten des Kindes ihre Schlüsse zu ziehen – ihr Auftrag sei ausschließlich, die Interessen des Kindes wahrzunehmen, für dieses Partei zu ergreifen. Der Verfahrensbeistand habe weder eine Mediatorenstellung noch solle er neutral die Interessen der Eltern begutachten.[6] Deutlich wird hier, dass die Rolle des Verfahrensbeistands anscheinend dem Vater nicht bewusst war und somit durchaus Aufklärungsbedarf bestehen kann – den Kindern wie den Eltern gegenüber, auch, um eine weitere Verhärtung der Fronten im Verfahren möglichst zu vermeiden.

1175

Das KG setzt sich dahingehend mit der Rolle eines Verfahrensbeistands auseinander, der unkritisch die Position des Vaters übernehme. Auch hier lehnt der Senat die Anordnung eines Wechselmodells bei den hoch strittigen Eltern ab, die sich bei

1176

---

2 Die Suche in juris online wurde mit den Schlagworten „Wechselmodell" und „Verfahrensbeistand" durchgeführt und dann nach Augenschein zusammengestellt. Die dargestellten Fälle erheben weder Anspruch auf Vollständigkeit, noch sind sie zu generalisieren.

3 Vgl. hierzu für einen Überblick Hammer 2015: Die gerichtliche Anordnung des Wechselmodells. FamRZ, 1433 ff.

4 Vgl. BGH, Beschluss vom 1.2.2017, XII ZB 601/15, juris. Siehe dazu Gottschalk/Heilmann (2017): Anordnung eines paritätischen Wechselmodells gegen den Willen eines Elternteils? In: ZKJ (5), S. 181–183. DFGT, Stellungnahme vom 9.3.2017, FamRZ 2017, 584 ff.; sowie die Anmerkung von Schwonberg, FamRZ 2017, 536 ff.

5 Vgl. BGH, a.a.O., Rn 29, 31.

6 Vgl. OLG Köln, Beschluss vom 21.2.2012, II-4 UF 258/11, juris.

den geringsten Alltagsangelegenheiten nicht einigen konnten und gerichtliche Klärung wünschten (Übergabe von Fahrkarten, Schülerausweis, Mobiltelefon etc.). Beide Eltern haben neue Partner mit jeweils anderen Wohnorten, d.h., für den 13-jährigen J. findet das Leben an vier verschiedenen Wohnorten statt.[7] Zahlreiche Umgangsbegleiter haben die Zusammenarbeit mit der Mutter abgebrochen, weil diese den Umgang behindert habe. Hier hatte neben dem Vater auch der Verfahrensbeistand Beschwerde gegen den das Wechselmodell ablehnenden Beschluss des Amtsgerichts eingelegt. Beide wollten, unterstützt vom Jugendamt, eine gerichtliche Anordnung des Wechselmodells. In der Argumentation von Verfahrensbeistand und Jugendamt sind diese sich einig, dass beide Eltern ihre Kinder (J. und seine kleine Schwester) gänzlich aus dem Blick verloren haben und ohne Rücksicht auf deren Wohl ihre eigenen Interessen verfolgen. Dennoch habe sich aus Sicht des Verfahrensbeistands im Wechselmodell die Situation von J. verbessert und der Wille des Jungen spreche dafür.[8]

1177 Diese Einschätzung erörtert der Senat kritisch, insbesondere anhand der schwierigen Abwägung von Kindeswille und Kindeswohl, die der Verfahrensbeistand einseitig zugunsten des Willens auslege:

> „J [...] hat sich zwar [...] mehrfach dahin geäußert, dass er **bei beiden Eltern gleich viel Zeit** verbringen will. [...] Dabei ist bei der Anhörung vor dem Senat deutlich geworden, dass er sich grundsätzlich sowohl beim Vater als auch bei der Mutter wohl fühlt. [...] Wichtig ist ihm vor allem, dass der Streit zwischen den Eltern aufhören möge. Da J [...] seine Präferenz, gleich viel Zeit bei Vater und bei Mutter zu leben, kontinuierlich äußert, ist davon auszugehen, dass dies sein eigener Wille ist.
>
> Wie er jedoch bei seiner Anhörung vor dem Amtsgericht [...] auch zum Ausdruck gebracht hat, steht dahinter die Vorstellung, dass er damit **beiden Elternteilen gerecht werden** will. **Er sorgt sich um seine Eltern**, weil der wöchentliche Wechsel für sie anstrengend sei. Die Frage, ob für ihn das Wechselmodell anstrengend sei, verneint er hingegen. Vor dem Senat hat er seinen Wunsch damit begründet, dass er **beide Eltern gleich liebhabe**. Seine eigenen Interessen stellt er zurück. Mit der Amtsrichterin hat er deswegen auch überlegt, dass ein gegenüber dem Wechselmodell verkürzter Umgang mit dem Vater weniger anstrengend für die Eltern und deswegen vielleicht besser sei.
>
> Nach Einschätzung des Senats **nimmt das Kind hierbei vor allen Dingen Verantwortung für seine Eltern wahr**. Dies ist bedenklich, denn das ist nicht die Aufgabe des Kindes. J [...] hat aber dem Senat auch erklärt, dass er auch einverstanden sei damit, wenn er überwiegend bei der Mutter lebt."[9]

1178 Sehr differenziert erörtert der Senat hier die Problematik von **Loyalitätskonflikten** und Verantwortungsübernahme von Kindern, die sich in der Abwägung von Wille und Wohl deutlich herauskristallisiert. Diese Abwägung wird bspw. in Aus-

---

7 Vgl. KG, Beschluss vom 22.5.2015, 18 UF 133/14, juris.
8 Vgl. KG, Beschluss vom 22.5.2015, 18 UF 133/14, juris, Rn. 16 ff.
9 KG, Beschluss vom 22.5.2015, 18 UF 133/14, juris, Rn. 23 (Hervorhebung Kostka).

tralien unter dem Stichwort *„voice, not choice"* diskutiert: Beteiligung und Anhörung müssen selbstverständlich sein – das darf aber nicht mit einer **Verantwortungsübergabe an die Kinder** verwechselt werden.[10]

Dem Gericht zufolge entsteht zudem der Eindruck, dass der Verfahrensbeistand einseitig die Position des Vaters einnehme und dessen Angaben über die Mutter unüberprüft übernehme.[11] Diese Bedenken werden insofern gestützt, als die Argumente des Verfahrensbeistands für das Wechselmodell vage bleiben und bei Nachfragen des Gerichts nicht erhärtet werden. Die Parteilichkeit für das Kind wird somit nicht deutlich ersichtlich, obwohl der Verfahrensbeistand sieht, dass beide Eltern das Kind aus dem Blick verloren haben – eine Situation, in der der Junge anscheinend versucht, stellvertretend für die Erwachsenen eine Lösung zu finden. Deutlich wird hieran auch, wie herausfordernd es für Verfahrensbeistände sein kann, sich nicht in elterliche Dynamiken verstricken zu lassen. Soweit sie sich im Zuge der Informationsbeschaffung mit beiden Eltern auch persönlich auseinandersetzen, kann es durchaus zu (unbewussten) Parteinahmen kommen, je nachdem, welcher Elternteil „glaubwürdiger", „kooperationsbereiter" usw. erscheint. Hier bedarf es fachlicher Reflexion, die mögliche eigene emotionale Verstrickungen, Abwehrreaktionen, vorschnelle Deutungen u.a.m. aufgreifen kann. Vor allem gilt es aber, sich der eigenen Rolle immer wieder bewusst zu sein: **Interessenvertretung und Parteilichkeit nur für das Kind**.

1179

Weitere Fragen kommen anhand des Falls auf: Wurde dem Kind gut erklärt, was Auftrag und Rolle des Verfahrensbeistands ist? Ist vielleicht beim Jungen der Eindruck entstanden, dass Vater und Verfahrensbeistand zusammenarbeiten? Wie kommt es, dass das Gericht anscheinend durch relativ einfache Nachfragen erläutert bekommt, dass es dem Jungen v.a. um seine Eltern geht, und wieso taucht das in der Stellungnahme des Verfahrensbeistands nicht auf? Wurde danach nicht gefragt? Hat der Junge nichts gesagt, weil der Verfahrensbeistand nicht als „neutral" wahrgenommen wurde? Oder wurde es gesagt, aber „überhört"?

1180

In einem Fall vor dem Thüringer OLG wiederum argumentiert der Verfahrensbeistand deutlich parteilich für das Kind. Der Kindesvater beantragte anlässlich der Schuleinführung eine gerichtliche Anordnung des Wechselmodells, weil seine Tochter einer gezielten schulischen Förderung durch ihn bedürfe. Der Verfahrensbeistand spricht sich aufgrund der massiven Spannungen der Kindeseltern auch im Beschwerdeverfahren gegen ein Wechselmodell aus (ebenso die Kinderpsychologin und das Jugendamt): *„Aus der belasteten und gestörten Beziehungsebene der Eltern resultiere eine erhebliche Gefahr, dass das Kind zunehmend zwischen den Eltern zerrieben werden könne."*[12]

1181

---

10 Vgl. Cashmore/Parkinson 2009: Children's participation in family law disputes. The views of children, parents, lawyers and counsellors. Family Matters No. 82, 15 ff. sowie auch Salgo, Rn. 79 und Ivanits, Rn. 1239, 1262 in diesem Handbuch.
11 Vgl. KG, Beschluss vom 22.5.2015, 18 UF 133/14, juris, Rn. 20.
12 Thüringer Oberlandesgericht, Beschluss vom 12.9.2016, 4 UF 678/15, juris, Rn. 17.

1182 Interessant ist hier und in weiteren Beschlüssen aber insbesondere die Bezugnahme auf **Fragen der „Gerechtigkeit"**. Das Gericht betont, dass Entscheidungen im Kindschaftsrecht keinen *„übergeordneten Gerechtigkeitserwägungen und Sanktionierungsbestrebungen zugänglich"* seien, da Elterninteressen immer dem Kindeswohl unterzuordnen seien.[13] Auf Elternebene ausgefochtene Kämpfe oder Motivationen (nach „Gerechtigkeit") könnten für die Entscheidung nicht relevant sein. Das Gericht habe sich davon überzeugen können, dass eine sachgerechte Kommunikation zwischen den Eltern kaum möglich sei – eine Einschätzung, die vom Verfahrensbeistand geteilt wurde. Das 7-jährige Kind hatte sich für einen hälftigen Aufenthalt bei beiden Elternteilen ausgesprochen; die Tragweite eines Wechselmodells sei jedoch, so der Senat, für das Kind nicht ansatzweise zu erfassen; dem Willen komme hier wegen der fehlenden Rahmenbedingungen kein erhebliches Gewicht zu.[14]

1183 An dieser Stelle ist zudem die **Entscheidung des Bundesverfassungsgerichts** in Erinnerung zu rufen, der zufolge das Wechselmodell nicht als Regelfall vorgesehen sein müsse: Art. 6 Abs. 2 GG bedeute **nicht**, dass *„allen Müttern und Vätern stets die gleichen Rechte im Verhältnis zum Kind eingeräumt werden müssen"*; es sei auch nicht ersichtlich, dass Männer hier diskriminiert würden.[15]

Auch weitere Gerichte differenzieren deutlich zwischen „Gleichbehandlung" oder „Gleichberechtigung" der Eltern und den Bedürfnissen des Kindes im Einzelfall. So betont das OLG Dresden: *„Festzuhalten ist allerdings, dass es einen etwa auf Gleichbehandlungsgesichtspunkte gegründeten Rechtsanspruch von Eltern auf rechnerisch exakte Halbteilung von Betreuungs- und Erziehungszeiten unabhängig vom Kindeswohl im Einzelfall nicht gibt."*[16]

Das OLG Nürnberg führt an, *„ dass sich der Wunsch des Vaters nach einem Wechselmodell mehr am eigenen Bedürfnis, ein gleichberechtigter Elternteil zu werden, als an den Bedürfnissen des gemeinsamen Kindes orientiert."*[17]

1184 Thema ist also nicht mehr das „Kindeswohl", sondern es geht explizit um die „Gleichbehandlung" der Eltern bzw. die Ansprüche der Eltern auf „gerechte" Aufteilung des – ja was, des „Besitzes" Kind? Bahr-Jendges stellt pointiert dar, wie Sprache Dahinterliegendes offenbaren kann: *„[...] das Kind gehört mir, [...] und was mir gehört, gebe ich nicht her!!! Und das findet sich trefflich in der Sprache wieder: von ‚Haben' ist die Rede. ‚Es ist jedes Mal ein Kampf, das Kind länger zu haben' schreibt ein Vater, ‚Wir wollen sie eigentlich beide mehr haben', und deshalb ‚haben wir uns dann in der Mitte geeinigt', sagt eine Mutter, ‚wir machen halbe/halbe'. Nur, wo, was ist die Mitte und wer wird halbiert? [...] Und wer traut*

---

13 Vgl. Thüringer Oberlandesgericht, Beschluss vom 12.9.2016, 4 UF 678/15, juris, Rn. 47 (Hervorhebungen Kostka).
14 Vgl. Thüringer Oberlandesgericht, Beschluss vom 12.9.2016, 4 UF 678/15, juris, Rn. 52.
15 BVerfG, Nichtannahmebeschluss vom 24.6.2015, 1 BvR 486/14, juris (Hervorhebungen Kostka).
16 OLG Dresden, Beschluss vom 8.2.2017, 20 UF 853/16, juris, Rn. 6.
17 OLG Nürnberg, FamRZ 2016, 2119 f.

sich noch, ein ‚salomonisches Urteil' zu fällen, das nicht ‚halbiert'?"[18] Vorstellungen des Kindes als „Besitz" glaubte man überholt – aktuelle Debatten stellen das jedoch zumindest in sprachlicher Hinsicht zum Teil in Frage.

Das OLG Stuttgart beispielsweise ordnet aus „Gerechtigkeitsüberlegungen" eine Umgangsregelung im Sinne eines paritätischen Wechselmodells gegen den Willen eines Elternteils an.[19] In diesem Fall hatten die Kinder bereits ein ausgedehntes Umgangsrecht, die Eltern konnten kommunizieren und Lösungen finden, die Kinder fühlten sich in beiden Haushalten wohl, beide Eltern seien erziehungsfähig. Der Verfahrensbeistand hatte sich in beiden Instanzen für ein Wechselmodell ausgesprochen; beide Kinder würden den Wechsel positiv erleben und das Wechselmodell würde die nötige Klarheit bringen, wann sie bei welchem Elternteil seien (unklar bleibt, warum das sonst nicht möglich wäre). Im Gegensatz dazu hatte sich das Jugendamt in beiden Instanzen für die Beibehaltung der bisherigen Umgangsregelung ausgesprochen, da sich die Zwillinge in einem Loyalitätskonflikt befinden würden. Ein Mädchen habe sich für den Standpunkt der Mutter, das andere für den Standpunkt des Vaters ausgesprochen. **1185**

Interessant ist hier nun die Begründung des Gerichts, die ähnlich wie das obige KG auch auf den Willen der Kinder rekurriert, aber mit Blick auf „Gerechtigkeit" eine gänzlich anders gelagerte Schwerpunktsetzung vornimmt: **1186**

> Die Kinder haben sich bei ihrer getrennten Anhörung durch den Senat beide dafür ausgesprochen, dass sie gerne abwechselnd jeweils gleich lang bei Mama und Papa wären. Dieser übereinstimmende Wille beider Mädchen beruht nach der Einschätzung des Senats nicht maßgeblich auf Manipulationen oder Beeinflussungen durch den Kindesvater, wie die Mutter vermutet. Zwar hat L. gesagt, dass es **gemein für Papa sei, dass die Mama sie länger habe**. Sie hat auf Nachfrage bejaht, dass der Papa das auch selber sage, dass das ungerecht sei. Allerdings wurde deutlich, dass es auch L. **eigenem Gerechtigkeitsempfinden** entspricht, gleich viel Zeit bei Mutter und Vater zu verbringen. Sie hat diesen Wunsch damit begründet, dass sie **Mama und Papa gleich lieb** habe ... Offenkundig wird die **gleichmäßige Aufteilung** der Betreuungszeiten zwischen Mutter und Vater von ihr als **natürliche und angemessene Problemlösung** in der Trennungssituation empfunden.
>
> Genauso sieht das auch L. Auch sie hat erklärt, dass sie es richtiger finden würde, wenn die Eltern sich bei der Betreuung gleichmäßig abwechseln würden. Dieses **Gerechtigkeitsempfinden** ist gerade für Grundschulkinder und Jugendliche eine zentrale und grundsätzlich positive Eigenschaft, die es zu stützen gilt [...] Die Ermittlung des Kindeswillens dient auch dazu, die Selbstbestimmung des heranwachsenden Kindes zu fördern [...] Diesem übereinstimmenden **Willen** der immerhin schon 8 Jahre und 10 Monate alten Kinder kommt hinsichtlich der hälftigen Betreuung eine **besondere Bedeutung** zu. Es wäre den Kindern nur schwer zu vermitteln, warum man sie zwar bei Gericht mehrfach anhört, sich letztlich aber dennoch über ihren klar formulierten Willen hinwegsetzt. Eine den Kindeswillen einfach

---

18 Bahr-Jendges, Streit 3/2017, 105.
19 Vgl. OLG Stuttgart, Beschluss vom 23.8.2017, 18 UF 104/17, juris.

> **ignorierende Entscheidung** des Beschwerdegerichts würde daher zu einer **Beeinträchtigung des Selbstwertgefühls** der Kinder führen und würde daher **nicht ihrem Wohl entsprechen**.
>
> Demgegenüber ist ein fester Lebensmittelpunkt bei einem Elternteil im vorliegenden Fall keine Voraussetzung für das Wohlergehen der Mädchen. Die Verfahrensbeiständin hat hierzu […] überzeugend ausgeführt, dass sowohl L. als auch L. die bereits bisher praktizierten ausgedehnten Umgangskontakte zum Vater und den Wechsel positiv erleben und sich gut auf die jeweiligen Haushalte einlassen können. Das paritätische Wechselmodell bringe im Unterschied zur aktuellen Regelung noch mehr Klarheit für die Kinder, wann sie bei welchem Elternteil sind. Die Verfahrensbeiständin befürwortet daher das Wechselmodell."[20]

1187 Hier finden wir die oben von *Bahr-Jendges* angeführte Begrifflichkeit, die Besitzansprüche und die Notwendigkeit einer „gerechten" Aufteilung impliziert (es sei „gemein", wenn die Mutter das Kind mehr „habe"); dies wird vom Gericht durchaus kritisch konnotiert. Anhand der Ausführungen des Gerichts ist jedoch nicht ersichtlich, ob gefragt wurde, ob die Mädchen es sich auch anders vorstellen können oder ob ihnen vermittelt wurde, dass sie ihre Eltern auch gleich lieb haben können, wenn sie nicht genau gleich viel Zeit mit ihnen verbringen. Die „Beeinträchtigung des Selbstwertgefühls" durch eine Missachtung des geäußerten Kindeswillens wird hier im Sinne einer Bestimmung des Kindeswohls außerordentlich hoch gewertet.

1188 Interessant ist dabei die Aussage des Gerichts *„es wäre nur schwer zu vermitteln…"*: Zum Spannungsfeld, in dem wir uns im Kontext von Kindeswille und Kindeswohl bewegen, gehört ja gerade, dass man mit Kindern sprechen, ihnen erklären, auch für ihr Verständnis werben sollte, warum ggfs. ihrem geäußerten Willen nicht entsprochen werden kann. Es geht hier nicht um eine *„den Kindeswillen einfach ignorierende Entscheidung"*. Es besteht ein Unterschied zwischen Ignorieren und sorgfältigem Abwägen aller Faktoren (darunter auch dem geäußerten Willen), um dann zu einer wohlbegründeten Entscheidung zu gelangen. Diese muss kindgerecht erklärt werden; unter anderem muss sehr deutlich gemacht werden, dass es **nicht Aufgabe der Kinder ist, für „Gerechtigkeit" zwischen den Eltern zu sorgen**.

1189 Mit der Bezugnahme auf das „Gerechtigkeitsempfinden" wird vom Gericht sogar das **Bedürfnis der Kinder**, im Interesse der Eltern **für Gerechtigkeit zu sorgen**, benannt, dies aber nicht als bedenklich empfunden, sondern sogar unterstützt als „natürliche und angemessene Problemlösung" – und insofern auch implizit ein Anspruch der Eltern auf eine für sie „gerechte" Lösung gestützt. Der vom Jugendamt formulierte dahinterliegende Loyalitätskonflikt der Kinder wird nicht erörtert, stattdessen wird die Wahrnehmung der Kinder, dass sie nun für ein „faires" Ergebnis verantwortlich sind, noch befördert – eine differenzierte Erörterung von möglicherweise unterschiedlichen Interessen von Mutter, Vater und Kindern wird nicht

---

20 OLG Stuttgart, Beschluss vom 23.8.2017, 18 UF 104/17, juris, Rn. 38 ff. (Hervorhebungen Kostka).

vorgenommen und sich somit auch nicht kritisch mit dem Gedanken einer „gerechten" Lösung auseinandergesetzt. Hierzu würden auch Überlegungen dahingehend gehören, welche Kriterien eigentlich einer „gerechten" Lösung zugrunde liegen: Geht es darum, dass die Betreuungssituation vor der Trennung „gerecht" abgebildet wird? Geht es um abstrakt „gerechte" – im Sinne von hälftiger – Aufteilung der Zeit der Kinder?[21] Inwieweit ist „Gerechtigkeit" für das Wohlergehen der Kinder – außer dahingehend, dass sie den Streit der Eltern schlichten wollen und sich daher Gedanken machen, was „gerecht" sein könnte[22] – relevant?

Es wird die große Bedeutung ersichtlich, die dem **Kindeswillen** gerade im Kontext des Wechselmodells zukommt. Das *OLG Thüringen* stellt in einer Entscheidung auf zwei Funktionen des Kindeswillens ab: als Hinweis auf die (stärksten) Bindungen des Kindes wie auch als Ausdruck seiner Selbstbestimmung[23] – dem Willen sei nur insoweit zu entsprechen, als er dem Kindeswohl entspreche. Im vorliegenden Fall fühle sich der 8-jährige T. bei Vater und Mutter wohl, wichtig sei ihm jedoch „*vor allem, dass der Streit zwischen den Eltern aufhören möge. Wie er jedoch damit bei seiner Anhörung vor dem Amtsgericht auch zum Ausdruck gebracht hat, steht dahinter die Vorstellung, dass er beiden Elternteilen gerecht werden will. T. hat aber [...] auch erklärt, dass er eine Trennung von seiner Mutter über einen Zeitraum von einer Woche als zu lange empfinde.*"[24]

1190

Hier haben wir es mit einer der grundlegenden Fragen in der Tätigkeit von Verfahrensbeiständen zu tun, nämlich danach, **wie sich Wille und Wohl des Kindes zueinander verhalten**. Welche Kriterien werden in der Interpretation angesetzt? Wie stark wird der geäußerte Wille eines Kindes im Kontext anderer Faktoren gewichtet? Eine Befragung von *Cashmore* und *Parkinson* bestätigt dabei die Ergebnisse zahlreicher anderer Studien: Kinder wollen, dass ihre Ansichten gehört und ernst genommen werden; sie **wollen jedoch nicht die Entscheidung über Wohnort und Umgangskontakte treffen müssen**.[25] Zum einen ist also eine starke Gewichtung des Kindeswillens im Sinne der Subjektstellung von Kindern prinzipiell positiv zu bewerten. Nichtsdestotrotz dürfen zum anderen Überlegungen zu Kindeswohl(gefährdung) – anhand einschlägiger Kriterien – nicht außen vor bleiben.

1191

Illustriert werden kann dies anhand eines Falls vor dem Schleswig-Holsteinischen OLG. Hier wird weder die genaue Grundlage einer in der Vergangenheit vermuteten „vermeintlichen Kindeswohlgefährdung"[26] wie auch einer aktuell drohenden

1192

---

21 Siehe hierzu auch Kostka, in: Heilmann/Lack (Hrsg.), Die Rechte des Kindes, S. 159–188.
22 Spannend wäre es auch, die Beurteilung von Gerechtigkeit anhand moralischer Entwicklungsstufen zu erörtern. So beschreibt bspw. Kohlberg die Stufe, die zum Alter dieser Kinder passen würde, als „instrumentell-relativistische Orientierung": Als richtige Handlung wird die bewertet, die zur Befriedigung eigener (oder anderer) Bedürfnisse dient; Beziehungen sind mit „Handelsgeschäften" vergleichbar und Ideen von Fairness werden „materiell-pragmatisch" ausgelegt, vgl. Kohlberg 1997: Die Psychologie der Moralentwicklung. 2. Aufl. Frankfurt, S. 51.
23 Vgl. OLG Thüringen, FamRZ 2016, 2122 ff.
24 OLG Thüringen, FamRZ 2016, 2124
25 Vgl. Cashmore/Parkinson 2009 S. 20 f.
26 Schleswig-Holsteinisches OLG, Beschluss vom 19.12.2013, 15 UF 55/13, juris, Rn. 17.

Kindeswohlgefährdung, die der Verfahrensbeistand einbringt, erörtert.[27] Der Verfahrensbeistand formuliert, dass es zwar besser wäre, das Sorgerecht einem Elternteil allein zu übertragen, sie sei allerdings „ratlos", welcher der Elternteile besser geeignet sei. Der Senat erklärt schließlich zur Beibehaltung des Wechselmodells, dass die Nichtbeachtung des Willens des 10 1/2-jährigen Kindes A. (das sich das Wechselmodell wünsche) „die Gefahr einer Kindeswohlschädigung" berge.

1193 Dabei geht der Senat nicht genauer auf den Wunsch des Bruders B. ein, der die meiste Zeit bei der Mutter verbringen möchte; auch der Bericht einer Klinik, dass B. durch die Konflikte belastet sei, und des Verfahrensbeistands dahingehend, dass sich B's Zustand verschlechtert habe, werden größtenteils übergangen. Stattdessen heißt es: *„Das Risiko für beide Kinder, durch Kommunikationsprobleme zwischen der Kindesmutter und dem Kindesvater Belastungen mit kindeswohlgefährdendem Ausmaß zu erleben, hält der Senat derzeit für geringer als die **Gefahr** der **nachhaltigen Verletzung des Selbstwertgefühls** der Kinder."*[28]

1194 Sowohl hier als auch im oben (Rn. 1185) angeführten Beschluss des OLG Stuttgart wiegt eine mögliche Kindeswohlgefährdung durch „Verletzung des Selbstwertgefühls", wesentlich stärker als bspw. die wissenschaftlich vielfach nachgewiesene Belastung von Kindern durch dauerhafte Konflikte der Eltern oder weitere einschlägige Kriterien von Kindeswohl(gefährdung) [29] – das überrascht umso mehr, als zu dessen Bestimmung in der juristischen wie auch sozialwissenschaftlichen Literatur mannigfaltige Anhaltspunkte vorliegen.[30]

1195 Gleichwohl wurde deutlich, dass zahlreiche Gerichte auf bekannte Kriterien zurückgreifen und sich insbesondere der Belastung, denen Kinder bei dauerhaften Konflikten der Eltern ausgesetzt sind, sehr bewusst sind. Das KG formuliert dies folgendermaßen:

> „Für N. wäre es wichtig, wenn sich beide Eltern darüber klar werden könnten, welche **Belastung die Streitigkeiten** für sie bedeuten. Sie erlebt immer wieder, wie ihre beiden von ihr geliebten Eltern sich gegenseitig verletzen. Dieses Verhalten schadet N. sehr und ist ihrem Wohl abträglich. [...] Die Feststellung der Verfahrenspflegerin, dass jede Veränderung des gegenwärtigen Zustands zur Folge hätte, dass N. sich für die dadurch zwangsläufig geringere Intensität der Kontakte zu einem Elternteil verantwortlich und letztlich schuldig fühlen würde, zeigt eine bedenkliche Entwicklung. Auch die Anhörung des Kindes hat den **Loyalitätskonflikt** deutlich gemacht. [...] Bei N. hatte man [...] deutlich den Eindruck, dass sie sich nicht äußern wollte, um die Gefahr zu vermeiden einen Elternteil dadurch zurückzusetzen."[31]

---

27 Schleswig-Holsteinisches OLG, Beschluss vom 19.12.2013, 15 UF 55/13, juris, Rn. 39.
28 Schleswig-Holsteinisches OLG, Beschluss vom 19.12.2013, 15 UF 55/13, juris, Rn. 48.
29 Vgl. bspw. MünchKomm-BGB/Olzen, 7. Aufl. 2017, BGB § 1666 Rn 47–116, sowohl zur Abwägung der Beachtlichkeit des Kindeswillens wie auch der möglichen Ursachen einer Kindeswohlgefährdung.
30 Hier reicht ein kurzer Blick in BGB- wie auch SGB VIII-Kommentare sowie in Literatur zu Risikoeinschätzung, vgl. stellvertretend mit einem guten Überblick Alle (2012): Kindeswohlgefährdung. Das Praxishandbuch. 2., aktualisierte Aufl. Freiburg im Breisgau.
31 KG Berlin, Beschluss vom 21.2.2006, 13 UF 115/05, FamRZ 2006, 1626.

Sichtbar werden bei diesem kurzen Blick in Gerichtsbeschlüsse die bekannten **Spannungsfelder zwischen Kindesinteressen und Elterninteressen, Kindeswille und Kindeswohl**. Wenn Verfahrensbeistände sich gemäß den Standards des Berufsverbandes der Verfahrensbeistände, Ergänzungspfleger und Berufsvormünder für Kinder und Jugendliche – BVEB – e.V.[32] (siehe hierzu Zitelmann/Weber in diesem Handbuch, Rn. 2018 ff.) als Vertretung von „wohlverstandenen Interessen" verstehen, bewegen sie sich immer in diesen Spannungsfeldern: Zwar kommt dem Willen des Kindes, auch im gerichtlichen Verfahren, mit steigendem Alter zunehmende Bedeutung zu; er setzt aber nicht unabhängige Überlegungen zum Wohl außer Kraft. Im Zusammenhang mit dem Wechselmodell werden der Wille des Kindes wie auch die möglichen Belastungen im Kontext einer Einschätzung des Kindeswohls in den hier vorgestellten Begründungen sowohl von den Verfahrensbeiständen wie auch den Gerichten sehr unterschiedlich gewertet.

1196

Vor diesem Hintergrund soll im Folgenden ein kurzer Einblick in Forschungserkenntnisse zum Wechselmodell gegeben werden.

3. Ausgewählte Forschungserkenntnisse[33]

Von denjenigen, die ein Wechselmodell als Regelfall fordern, wird angeführt, dass es auch und gerade bei hochstrittigen Eltern geeignet sei. Die Eltern hätten dann keinen Grund mehr zu streiten[34], weil das Kind annähernd gleich viel Zeit mit jedem Elternteil verbringe; die Ursache des Konfliktes sei somit beigelegt. Bezugsrahmen ist also die oben erörterte Frage nach „Gerechtigkeit" – es wird davon ausgegangen, dass die Herstellung von „Gerechtigkeit" für die Eltern deren Konflikte beilege. Dabei wird anscheinend die Existenz einer „objektiven" Gerechtigkeit angenommen, d.h. dass es in der Regel eine Lösung gibt, die beide Eltern als gerecht empfinden (s.a.o.) – dass dies häufig gerade nicht der Fall ist, zeigt auch die Rechtsprechung immer wieder.

1197

Insbesondere die weitere zugrunde liegende Annahme – dass nämlich der Streit um das Kind die einzige Konfliktursache der Eltern ist – muss jedoch einem kritischen Blick unterworfen werden. So war in einer Studie von hochkonflikthaften Eltern bei diesen zwar sehr wohl das **Bewusstsein um die Bedeutung einer**

---

32 „Die in der Bundesarbeitsgemeinschaft Verfahrensbeistandschaft/Interessenvertretung für Kinder und Jugendliche e.V. vereinigten Personen respektieren die **eigenständigen und wohlverstandenen Interessen** von Kindern und Jugendlichen und verpflichten sich deshalb, diese in familiengerichtlichen Verfahren **parteilich und unabhängig** zu vertreten. Dabei wird die Notwendigkeit anerkannt, das **konkrete Erleben** des Kindes bzw. Jugendlichen genauso zu berücksichtigen, wie die zur Verfügung stehenden und relevanten **wissenschaftlichen Erkenntnisse** aus Psychologie, Pädagogik, Soziologie und Recht.", so Präambel; online abrufbar unter www.verfahrensbeistand-bag.de (> Infos für Verfahrensbeistände > Standards); Hervorhebungen Kostka.
33 Im Folgenden werden nur ausgewählte Schlaglichter gesetzt. Für eine eingehendere Diskussion sowohl von Forschungserkenntnissen wie auch der Subjektstellung der Kinder muss auf andere Veröffentlichungen verwiesen werden: Kostka, in: Heilmann/Lack (Hrsg.), Die Rechte des Kindes; Kostka, Streit 4/2014, 147 ff.; Kostka, ZKJ 2014, 54 ff.
34 Vgl. stellvertretend Sünderhauf 2013, Wechselmodell: Psychologie – Recht – Praxis, Wiesbaden, S. 347.

sachlichen Kommunikation vorhanden, letztlich wurde aber doch das *„Unvermögen hochkonflikthafter Mütter und Väter"* festgestellt, dies umzusetzen. Dies wird folgendermaßen erörtert[35]:

> „Zwischen Paar- und Elternebene zu unterscheiden, ist ein Leitprinzip in der professionellen Arbeit mit hochkonflikthaften Familien. Für hochkonflikthafte Eltern erweist sich jedoch genau dies als besonders schwierig. Dies zeigt sich daran, dass die Mütter und Väter nicht in der Lage sind, die negativen Gefühle für den ehemaligen Partner zurückzustellen, um zugunsten der gemeinsamen Kinder zu kooperieren. […] Dieses Unvermögen hochkonflikthafter Mütter und Väter erschwert enorm die Suche nach einvernehmlichen Regelungen. Darüber hinaus ist es mit einer Instrumentalisierung des Kindes verbunden."[36]

1198 Beschrieben wird dort, dass diese Eltern typischerweise **verschiedene Konfliktthemen** haben, die zudem häufig wiederkehrten: *„I. Die gemeinsamen Kinder (1. Aufenthaltsbestimmungsrecht, 2. Umgang, 3. Finanzielle Fragen), II. Die elterliche Beziehung (1. Das Scheitern, 2. Wunsch nach Klärung)."*[37] Dabei zeigt sich bereits, dass **einige der Themen gar nicht mit dem Wechselmodell „bearbeitet" werden können**; und gerade die finanziellen Fragen beim Wechselmodell ggf. erst „hochkochen" können – wenn nämlich der besser verdienende Elternteil davon ausgeht, dass er bei paritätischer Betreuung keinen Kindesunterhalt mehr zahlen muss (s.a.u.).

1199 Somit scheint es illusorisch zu glauben, dass durch das Wechselmodell sämtliche Streitigkeiten beigelegt werden könnten, zumal diese ihre Ursache häufig in tiefer liegenden (unbearbeiteten) Konflikten haben, die sich jedoch massiv auf die elterliche Kommunikation auswirken können[38]:

> „Die Kommunikation zwischen hochkonflikthaften Müttern und Vätern zeichnet sich durch hohe emotionale Beteiligung und Feindseligkeit aus. […] Hochkonflikthafte Eltern sind tendenziell nicht in der Lage, eine Kommunikation aufrechtzuerhalten, die den Bedürfnissen der Kinder dient."[39]

1200 Selbst wenn ein Konfliktthema „befriedet" wäre, bleiben weitere oder der Konflikt sucht sich andere „Ventile". Somit ist eine Grundannahme des Wechselmodells auf zwei Ebenen zu hinterfragen: Erstens die Annahme, dass eng begrenzt ist, worüber gestritten wird (über die Kinder, aber nicht über Finanzen oder die elterliche Beziehung, …) und zweitens, dass der Konflikt sich auflöst, wenn man eine – vorgeblich – gerechte Lösung findet.

1201 Auch die Forschung zeigt bisher nicht, dass das Wechselmodell konfliktreduzierend wirkt, sondern dass vielmehr die **Konflikte bei hochstrittigen Eltern be-**

---

35 Dietrich et al.2010, Arbeit mit hochkonflikthaften Trennungs- und Scheidungsfamilien. München, S. 14 f. Dort werden auch individuelle Merkmale und Beziehungsdynamik dieser Eltern detailliert beschrieben.
36 Dietrich et al.2010, S. 14.
37 Dietrich et al.2010, S. 16.
38 Vgl. Dietrich et al.2010, S. 16.
39 Dietrich et al.2010, S. 15.

stehen bleiben.⁴⁰ Wenn die Eltern mit Wechselmodell durch die **erhöhten Anforderungen** an die Kommunikation aber in ständigem Kontakt stehen müssen, sind die Kinder den Konflikten gerade dann massiv und kontinuierlich ausgesetzt. Dass dies deutliche negative Auswirkungen hat, ist gut empirisch belegt und einer der am wenigsten strittigen Befunde der Scheidungsfolgenforschung.⁴¹

Neben den – angeblich positiven – Auswirkungen auf die Konflikte der Eltern ist das weitere zentrale Argument für das Wechselmodell, dass es das beste Modell für die Kinder sei, da ihnen beide Eltern gleichermaßen erhalten bleiben.⁴² Auch hier gibt es allerdings aus der Scheidungsfolgenforschung zahlreiche Erkenntnisse dahingehend, dass ein **Fokus auf die Kontakthäufigkeit** (und darum geht es letztlich) **für Kinder viel weniger relevant** ist als lange Zeit vermutet. Für das Wohlergehen der Kinder scheint **vielmehr die Qualität der Kontakte** – die positive Gestaltung – ausschlaggebend zu sein.⁴³

1202

Umgekehrt können die immer wieder proklamierten deutlich negativen Folgen von fehlendem Kontakt⁴⁴ so nicht aufrechterhalten werden. Eher im Gegenteil, so Walper: „*Weder in der Befindlichkeit noch in der Sozialentwicklung der Kinder und Jugendlichen lassen sich Nachteile derer aufzeigen, die nur seltene oder keine Kontakte zum getrennt lebenden Vater berichten.*"⁴⁵ Gerade bei hochstrittigen Eltern kann ein (häufiger und) ungeschützter Umgang sogar negative Auswirkungen haben und mit Entwicklungsrisiken in Verbindung stehen;⁴⁶ hier kann es sich positiv auf das Kind auswirken, wenn es keinen Kontakt gibt.⁴⁷

1203

Einige Grundannahmen des Wechselmodells halten also einer genaueren Überprüfung anhand einschlägiger Empirie nicht wirklich stand. Hinzu kommt, dass ein (annähernd) paritätisch ausgeübtes Wechselmodell nicht dem entspricht, was die Mehrzahl der Familien **vor der Trennung praktizieren**: Auch weiterhin übernehmen zumeist Mütter in den Familien den überwiegenden Anteil der Hausarbeit und Kindererziehung/-betreuung.⁴⁸ Eine **tatsächliche paritätische Verteilung der Betreuung und Fürsorge in der Familie bleibt die Ausnahme** – auch

1204

---

40 Vgl. bspw. Fehlberg/Smyth 2011, S. 8; McIntosh et al. 2011, Family Matters No. 86, S. 41 ff.
41 Vgl. bspw. Dietrich et al. 2010, S. 19 f.; Fehlberg/Smyth 2011, S. 8; McIntosh et al. 2011, S. 41 ff.; Walper/Lux 2016: Das Wechselmodell nach Trennung und Scheidung in der Diskussion, Frühe Kindheit, S. 14; Walper, in: Fegert/Ziegenhain (Hrsg.), S. 154 f.; Weber, ZKJ 2015, 14 ff.
42 Vgl. bspw. Sünderhauf, Wechselmodell, S. 46, 366 ff.
43 Siehe hierzu einschlägig Amato/Gilbreth, J. Marriage & Fam. 1999, S. 557 ff.; s.a. Fehlberg/Smyth 2011, S. 6.
44 Vgl. bspw. Sünderhauf, Wechselmodell, S. 233.
45 Walper, in: 16. Deutscher Familiengerichtstag, S. 121.
46 Vgl. Gödde/Fthenakis, in: Fthenakis (Hrsg.), Begleiteter Umgang von Kindern, S. 84 ff.; Walper, in: 16. Deutscher Familiengerichtstag, S. 121. Vgl. auch Walper, in: Fegert/Ziegenhain (Hrsg.), S. 160 ff., insbesondere in Bezug auf Depressivität bei Kindern und Jugendlichen.
47 Vgl. Gödde/Fthenakis, in: Fthenakis (Hrsg.), Begleiteter Umgang von Kindern, S. 86; s.a. Deutsche Standards zum begleiteten Umgang, S. 2; s.a. Walper, in: 16. Deutscher Familiengerichtstag, S. 121; Walper, in: Fegert/Ziegenhain (Hrsg.), S. 163.
48 Selbst dann, wenn sie Vollzeit berufstätig sind, vgl. Institut für Demoskopie Allensbach, S. 23 ff. Siehe auch BT-Drs. 18/12840 v. 21.6.2017. Deutscher Bundestag: Unterrichtung durch die Bundesregierung. Zweiter Gleichstellungsbericht der Bundesregierung, S. 87 f., 96 ff.

wenn sich das Bild von Vaterschaft und ihrer Beziehung zu den Kindern in den letzten Jahrzehnten deutlich verändert hat[49]. Insofern wäre ein Wechselmodell nach der Trennung in vielen Familien etwas sehr Neues – mit Herausforderungen für alle Beteiligten.

1205 Worin dennoch die Motivation einiger besteht, das Wechselmodell nicht nur im passenden Einzelfall, sondern für alle zu fordern, erschließt sich nicht wirklich. Wieso wird gerade bei der Trennung der Eltern angesetzt, eine „neue Wirklichkeit"[50] zu konstruieren, die wir in bestehenden Beziehungen noch lange nicht regelhaft vorfinden? Gäbe es zur radikalen Veränderung der Geschlechterverhältnisse nicht offensichtlichere Orte und Zeitpunkte als den der Auflösung einer Beziehung? Würden wir uns in bestehenden Beziehungen vorschreiben lassen, wie die Betreuung geregelt werden soll? Wie passt ein solch massiver staatlicher Eingriff in Beziehungen überhaupt zum Gedanken der Autonomie des Einzelnen wie auch der Privatheit der Familie?

1206 Interessant ist in diesem Zusammenhang: Praxisberichten zufolge ist meist der **Kindesunterhalt** das zentrale Thema im Zusammenhang mit dem Wechselmodell – genauer: **die Hoffnung eines Elternteils auf den damit einhergehenden Wegfall von Unterhaltszahlungen**. Nur: Während sich das Thema Kindesunterhalt (sowie weitere finanzielle Fragen) deutlich in einem Anstieg diesbezüglicher Gerichtsverfahren niederschlägt und auch schon eingehend Gegenstand juristischer Fachaufsätze ist, wird es in einschlägigen Forderungen nach dem Wechselmodell als Regelfall kaum explizit thematisiert. Gerade in der öffentlich-medialen Debatte geht es „offiziell" um das Wohl der Kinder – „eigentlich" wird aber anscheinend etwas ganz anderes (mit) verhandelt, dies bleibt aber schwer greifbar, da nur am Rande benannt.[51] Im internationalen Bereich ist dieser mögliche Zusammenhang schon explizit diskutiert: Dort gibt es zahlreiche Berichte über das Vorkommen eines „strategischen Handels" um Betreuungszeiten und Kindesunterhalt. Erste Forschungsergebnisse deuten allerdings darauf hin, dass solche Versuche des „Handels" vor allem im Zusammenhang mit Wissenslücken oder Falschinformationen der Eltern zustande kommen.[52]

1207 Verwiesen sei an dieser Stelle für Deutschland zumindest auf einen einschlägigen **Beschluss des BGH vom 11.1.2017** in Bezug auf den Unterhaltsanspruch des

---

49 Vgl. hierzu eingehender und mit weiteren Verweisen Kostka, in: Heilmann/Lack (Hrsg.), Die Rechte des Kindes, S. 168 ff.
50 Bahr-Jendges stellt zu den Bemühungen, eine neue Wirklichkeit zu konstruieren, eingehende Überlegungen an, vgl. Bahr-Jendges, Streit 3/2017, 99 (99).
51 So taucht bspw. im Wahlprogramm der FDP oder der Erklärung „Deutschland braucht ein zeitgemäßes Familienrecht" **auch** das Thema Unterhalt auf – aber eher versteckt, während das Kindeswohl zentral postuliert wird, vgl. FDP (2017): Denken wir neu. Unser Programm zur Bundestagswahl. Hierin: www.fdp.de/wp-modul/btw17-wp-a-119 (Zugriff: 30.4.2019); Gemeinsame Erklärung (2017): Deutschland braucht ein zeitgemäßes Familienrecht. Wir fordern ein gesetzliches Leitbild der Doppelresidenz, www.doppelresidenz.org/page/news/gemeinsame-erklaerung-leitbild-doppelresidenz.php (Zugriff: 30.4.2019).
52 Vgl. mit zahlreichen Nachweisen Smyth et al. 2014, Law and Contemporary Problems, Vol. 77 2014, 143 f.

Kindes: Beim Wechselmodell hätten zunächst **beide** Elternteile für den Barunterhalt einzustehen; dieser bemesse sich nach dem beiderseitigen Einkommen der Eltern. Er umfasse dabei auch die *"infolge des Wechselmodells entstehenden Mehrkosten"*. Der im Rahmen des Wechselmodells geleistete Naturalunterhalt führe also nicht dazu, dass ein Barunterhaltsanspruch nicht geltend gemacht werden könne; vielmehr könne dieser gegen den besser verdienenden Elternteil geltend gemacht werden.[53] Hier werden also zu erwartende Mehrkosten formuliert, was gut nachvollziehbar ist: Schließlich benötigt das Kind bei einer annähernd paritätischen Betreuung vieles zweimal, wenn es sich an beiden Orten zuhause fühlen soll und nicht bei jedem Wechsel ein kleiner Umzug vonstattengehen soll.

1208 Gleichzeitig ist hinlänglich bekannt, dass eine Trennung der Eltern häufig eine deutliche Verschlechterung der sozio-ökonomischen Situation mit sich zieht, dass Kindesunterhalt häufig nicht oder nicht vollständig gezahlt wird; der Armutsbericht 2017 bestätigt erneut, dass Armut insbesondere Alleinerziehenden-Familien trifft.[54] Die sozio-ökonomische Situation ist von zentraler Bedeutung für das Kind: Die z.T. erheblichen finanziellen Einschränkungen können zunächst eine Gefährdung der existenziellen Grundversorgung mit Essen, Kleidung, Unterkunft bedeuten. Im Weiteren können sie dazu führen, dass Kinder kein Geld haben für Ausflüge, Klassenfahrten, Sportverein oder sonstiges, und ihnen damit eine gelungene Teilhabe an der Gesellschaft verwehrt bleibt. In der medialen Argumentation für das Wechselmodell hört man jedoch selten etwas über die **sozio-ökonomischen Folgen einer Scheidung und ihre Auswirkungen auf das Kind** – vielmehr geht es um eine „Anpassung" von Unterhalt an den Kindesaufenthalt, ohne dass hier mögliche Auswirkungen auf das Kind thematisiert würden, so bspw.: *„Entsprechend wollen wir auch das Unterhaltsrecht […] überprüfen und dort anpassen, wo individuelle Lösungen von elterlicher Betreuung und Kindesaufenthalt dies erfordern."*[55] Es wäre lohnend, sich mit der Unterrepräsentation der finanziellen Fragen in der öffentlich-medialen Debatte auseinanderzusetzen – vor allem bedarf es hier jedoch der Empirie, die mögliche Zusammenhänge genauer untersucht.

1209 Festzuhalten bleibt: Aus der Datenlage deutet bisher nichts darauf hin, dass das Wechselmodell (oder irgendein anderes Betreuungsmodell) pauschal für alle betroffenen Kinder und Jugendlichen, Mütter und Väter das Beste sein könnte.[56] Mit

---

53 Vgl. BGH, Beschluss vom 11.1.2017, JAmt 4/2107, 197 ff. (Hervorhebungen Kostka).
54 Vgl. Bundesregierung, Lebenslagen in Deutschland. Der Fünfte Armuts- und Reichtumsbericht der Bundesregierung, S. 250 ff. Im Armuts- und Reichtumsbericht wird nicht nach Sorgeformen unterschieden, hier gibt es die Kategorien „alleinlebend" (ohne Kinder), „alleinerziehend", „Paar mit 1 (2, 3, …) Kind". Siehe zur finanziellen Situation Alleinerziehender auch BT-Drucks. 18/12840 vom 21.6.2017. Deutscher Bundestag: Unterrichtung durch die Bundesregierung. Zweiter Gleichstellungsbericht der Bundesregierung, S. 88.
55 FDP, Denken wir neu. Unser Programm zur Bundestagswahl. online unter www.fdp.de/wp-modul/btw17-wp-a-119 (Zugriff: 31.3.2019)
56 Vgl. mit zahlreichen Nachweisen Kostka, Streit 4/2014, S. 148 ff. Anderslautende Behauptungen basieren auf einer fragwürdigen Datenlage; vgl. zur kritischen Auseinandersetzung mit einigen Aspekten: Kostka, ZKJ 2014, S. 54 ff.

der Sorgerechtsreform von 1979 wurde verankert, dass es bei Trennung und Scheidung der Eltern der **Betrachtung des Einzelfalls** bedarf – unter Berücksichtigung von Wohl und Wille des individuellen Kindes. Dass diese Erkenntnis nichts an Aktualität verloren hat, stützt eine Studie von *Fortin*, *Hunt* und *Scanlan*, die junge Menschen retrospektiv zur Kontaktgestaltung nach der Trennung der Eltern befragten. Zentrales Ergebnis war, dass jedes Kind und jede Familie anders ist und dass es daher keine „Schablone" geben könne, die für alle oder auch nur die Mehrheit der Familien passen würde.[57]

1210 Es bleibt die Frage: Wann kann ein Wechselmodell im Sinne des Kindes funktionieren? Hier lassen sich, basierend auf Forschungserkenntnissen, einige **zentrale Voraussetzungen** ausmachen:[58]

- Die Eltern sind in der Lage, ihre Elternschaft kooperativ und konfliktarm auszuüben
- Kindzentrierung: Wohl, Wille und Bedürfnisse der Kinder werden berücksichtigt
- Anpassung der Regelung an die sich ändernden Bedürfnisse des Kindes
- Flexible Handhabung der aktuellen Betreuungsregelung

1211 Weitere mögliche Faktoren für ein Funktionieren werden genannt:

- Bildungsstand der Eltern, sozio-ökonomisch gute Ressourcen
- Die Eltern haben flexible Arbeitszeiten
- Die Wohnorte liegen nahe beieinander
- Die Kinder sind im Grundschulalter
- Eine aktive Involvierung beider Elternteile in der täglichen Fürsorge schon vor der Trennung

1212 Angesichts der genannten, doch **recht hohen Anforderungen** ist zu vermuten, dass das Wechselmodell nur für eine Minderheit der Familien passt.[59] Generell bleibt es bei einer **Einzelfallregelung**, die zudem immer einer **regelmäßigen Überprüfung** unterzogen werden sollte. Unbedingt einzubeziehen sind die sich ändernden Bedürfnisse von Kindern und Jugendlichen: Ein einjähriges Mädchen braucht in seinem Entwicklungsstadium etwas anders als ein siebenjähriger Junge; eine Dreizehnjährige etwas anders als ein siebzehnjähriger junger Mann. Vielleicht

---

57 Vgl. Fortin/Hunt/Scanlan 2012: Taking a longer view of contact: The perspectives of young adults who experienced parental separation in their youth. University of Sussex S. xiii f.
58 Vgl. für das Folgende Fehlberg/Smyth 2011 S. 6; McIntosh et al.2011, S. 42; Rohmann, FPR 2013, 307 (310 f.); Salzgeber, NZFam 2014, 921 (928); Deutsche Liga für das Kind/DKSB/VAMV (Hrsg.), Wegweiser für den Umgang nach Trennung und Scheidung. Wie Eltern den Umgang am Wohl des Kindes orientieren können. Auszug abgedruckt in: Frühe Kindheit, S. 70. Siehe auch mit zahlreichen Nachweisen Kostka, Streit 4/2014, 147 ff.
59 Vgl. Fehlberg/Smyth 2011, S. 6, dazu, dass diese Eltern gerade nicht typisch für die Trennungs-Population seien.

kann das Wechselmodell für einige Jahre geeignet sein, dann aber nicht mehr; vielleicht passt es für ein Kind in der Familie, aber nicht für ein anderes.

In der Literatur finden sich zudem deutliche Hinweise, **wann vom Wechselmodell abzuraten ist**:[60]

- Wenn die Eltern dauerhaft in starke Konflikte verstrickt sind
- Wenn das Modell sehr rigide praktiziert wird
- Wenn die Gestaltung und Ausübung nicht an die Wünsche und Bedürfnisse, an Alter und Entwicklungsstand des Kindes angepasst werden
- Wenn das Modell gegen den Willen des Kindes durchgeführt wird
- Bei besonderen Bedürfnissen oder Belastungen des Kindes, ggf. auch wenn die Kinder sehr jung sind
- Bei Vorliegen von Partnerschaftsgewalt

In einer australischen Studie ließen sich beim Praktizieren des Wechselmodells bei Kindern unter vier Jahren auch dann signifikante schädliche **Auswirkungen im Bereich der emotionalen und verhaltensbezogenen Regulation** feststellen, wenn zahlreiche der oben genannten positiven Faktoren vorlagen. Die Entwicklungsstufe des Kindes war hier ein signifikanter Faktor, der im Vorschulalter die anderen Faktoren übertrumpfen konnte[61] – ein weiterer deutlicher Hinweis darauf, dass Kinder in unterschiedlichen Entwicklungsstufen unterschiedliche Bedürfnisse haben und dies entsprechend berücksichtigt werden muss.

4. Anforderungen an Verfahrensbeistände

Was bedeutet das nun für die Tätigkeit von Verfahrensbeiständen? Zunächst nichts anderes als das, was ohnehin Kennzeichen ihrer Tätigkeit ist: im Einzelfall parteilich für das Kind/den Jugendlichen dessen wohlverstandene Interessen in das Verfahren einbringen. Die oben genannten Kriterien können dabei eine erste Orientierung für eine Einschätzung im Einzelfall geben. Das zentrale Spannungsfeld der Tätigkeit bleibt das von Wille und Wohl des Kindes; die Frage danach, wann dem Willen des Kindes gefolgt werden kann oder wann eine Empfehlung ggf. dem geäußerten Willen des Kindes zuwiderlaufen muss – im wohlverstandenen Interesse des Kindes.

Ambivalenzen und Loyalitätskonflikte von Kindern und Jugendlichen sind in den Verfahren, mit denen es Verfahrensbeistände zu tun haben, eher die Regel als die Ausnahme: sei es nun in Kinderschutzverfahren oder bei Sorgerechts- und Um-

---

60 Vgl. stellvertretend Fehlberg/Smyth 2011, S. 8, mit zahlreichen weiteren Nachweisen; Rohmann, FPR 2013, 307 (311); Salzgeber, NZFam 2014, 921 (928).
61 Vgl. McIntosh et al. 2011, S. 45 f.; siehe im Weiteren Walper/Lux, Frühe Kindheit 2016, 14, zu uneinheitlichen Ergebnissen bzgl. der Auswirkungen auf jüngere Kinder und der Schlussfolgerung, dass „konsistente und robuste Vorteile von jungen Kindern, die häufig bei ihrem Vater übernachten, nicht auszumachen sind. Im Gegenteil sprechen einige Studien für stärkere Belastungen dieser Kinder."

gangsstreitigkeiten. Insofern ist das Prozedere in Bezug auf eine Einschätzung zum Wechselmodell kein anderes; das illustrieren auch die oben angeführten Gerichtsbeschlüsse.

1217 Diese deuten auch an, worauf es in der Literatur erste Hinweise gibt: dass nämlich Kinder beim Wechselmodell noch stärker in Loyalitätskonflikte geraten können. Vielleicht „wünschen" sie sich eher das Wechselmodell, da es die „fairste", die „gerechte" Lösung ist, fühlen sich verantwortlich für das Glück der Eltern.[62] In einer australischen Studie zu Hochkonflikteltern mit Mediation waren die Kinder im Wechselmodell am wenigsten glücklich mit der Regelung und wollten sie am ehesten ändern; nach vier Jahren fühlten sie sich am meisten in der Mitte des Konflikts gefangen und 43 % dieser Kinder wollten mehr Zeit mit der Mutter verbringen.[63] Es kann sein, dass insbesondere Kinder im Wechselmodell sich nicht trauen, es zu sagen, wenn sie sich eine Veränderung wünschen – aus Angst, einen Elternteil zu verletzen und verantwortlich für neue Streitigkeiten zu sein, aus Verantwortungsgefühl gegenüber dem „Glück" der Eltern.[64]

1218 Eine große Herausforderung ist also: Wie bekommen wir heraus, was das Kind wirklich will und was es braucht? Wer befragt das Kind, wem gegenüber kann es offen sein? Welchen Rahmen/welches Setting braucht es für das Kind, damit es sich öffnen kann? Verfahrensbeistände sind hier in einer prädestinierten Rolle, sie haben den originären Auftrag und sind der Parteilichkeit dem Kind gegenüber verpflichtet. Viel Gewicht liegt dabei auf der gelungenen Gesprächsführung[65] und -gestaltung, bspw.:

- Wie kann ich die Loyalitätskonflikte von Kindern aufgreifen?
- Wie schaffe ich es, dem Kind zu vermitteln, dass es sich nicht aus Verantwortungsbewusstsein für die Eltern für ein Wechselmodell aussprechen muss, ohne dass ich dabei suggestiv wirke?
- Woran merke ich, dass es eventuell Sinn macht, genauer nachzuhaken?
- Was vermittle ich dem Kind darüber, dass ich auch Gespräche mit seinen Eltern führe – habe ich ihm (altersangemessen) deutlich gemacht, dass ich parteilich bin? Vermittle ich in meinem Tun evtl. einen anderen Eindruck?

1219 Viele Verfahrensbeistände sind geschult in der Gesprächsführung mit Kindern; in aller Regel haben sie auch ein klares Verständnis vom Spannungsfeld zwischen Kindeswille und Kindeswohl. Im Kontext des Wechselmodells gilt es nun, **Äußerungen des Kindes für oder gegen das Wechselmodells zu „füllen"**: mit Fragen danach, warum das Kind seinen Wunsch entsprechend äußert, aber auch mit

---

62 Vgl. Fehlberg/Smyth 2011, S. 8
63 Vgl. McIntosh et al. 2011.
64 Diese Angst kann sich, wie Salzgeber beschreibt, z.B. darin ausdrücken, dass genau mitgezählt wird, wie viele Küsschen man Mama und Papa gibt, damit niemand zu kurz kommt, vgl. Salzgeber, NZFam 2014, 921 (925 f.).
65 Vgl. hierzu bspw. Delfos/Kiefer 2015, „Sag mir mal ..." sowie Delfos 2015, „Wie meinst du das?".

Fragen nach dem „Wie" (Vorstellungen zur Umsetzung). Dies sind Fragen, die in den oben genannten Beschlüssen dem Anschein nach nicht immer von den Verfahrensbeiständen, sondern teils erst vom Gericht gestellt wurden. Grundsatz bleibt dabei immer das oben angeführte *„voice, not choice"* – **niemals darf es darum gehen, den Kindern die Verantwortung für eine Entscheidung aufzubürden**, die die Erwachsenen nicht treffen können.[66]

5. Resümee

Die Idee, gerade bei hochstrittigen Eltern, also den Eltern, mit denen es auch Verfahrensbeistände häufig zu tun haben, eine „Lösung" durch das Wechselmodell herbeizuführen, scheint zunächst verführerisch: Implizit klingen hier Gedanken der „Gerechtigkeit" an, die dann, so wünscht man es sich, zu einer deutlichen Minimierung der Konflikte führen müssten.   **1220**

Nur: Der Schein trügt in der Regel. Das Wechselmodell kann – immer im Einzelfall – geeignet sein für Eltern, die kommunizieren und kooperieren können, die sich gut über die Belange des Kindes verständigen können und alleine zu einer Regelung der Betreuung des Kindes gelangen, die fortdauernd flexibel auf die sich ändernden Bedürfnisse der Kinder eingehen können. Dies sind regelhaft gerade nicht die Eltern, die sich – durch mehrere Instanzen – vor Gericht streiten, also in der Regel nicht die Eltern, mit denen es Verfahrensbeistände zu tun haben.   **1221**

Deutlich wird anhand der dargestellten Gerichtsbeschlüsse: Zentrale Themen sind die von Kindeswille und Kindeswohl sowie die von „Gerechtigkeit". Dabei wird dem Kindeswillen sehr unterschiedliches Gewicht zugesprochen: Mal wird er als zwar beachtlich, aber nachrangig beurteilt, da stark von Loyalitätskonflikten geprägt; mal wird einer möglichen Nichtbeachtung des geäußerten Kindeswillens eine so große Kindeswohlgefährdung zugeschrieben, dass dieser Faktor vor alle anderen tritt. Einer „gerechten" Lösung für die Eltern wird teilweise der Vorrang vor einschlägigen Kindeswohlkriterien gegeben. Hier liegt nun der Auftrag der Verfahrensbeistandschaft: parteilich für das Kind, unter Bezugnahme auf interdisziplinäre Erkenntnisse, dessen wohlverstandenen Interessen in das Verfahren einzubringen.   **1222**

---

66 Siehe auch den oben angeführten Gerichtsbeschluss, in dem der Verfahrensbeistand „ratlos" war. Viele dieser hochstrittigen Fälle sind dadurch gekennzeichnet, dass nicht nur die Eltern zu keiner Einigung kommen, sondern angesichts der Verfahrenheit der Situation letztlich auch die beteiligten Professionen ratlos scheinen, was eine „gute" Lösung (oder vielleicht eher gemäß Goldstein/Freud/Solnit 1979: Beyond the Best Interests of The Child. New Edition with Epilogue. New York, S. 53 ff. die „am wenigsten schädliche Alternative") sein könnte.

V. Rolle des Verfahrensbeistands und Beteiligung des Kindes bei Einvernehmen

1. Einleitung

1223 Sind infolge einer Trennung oder Scheidung die elterliche Sorge und/oder der Umgang hinsichtlich gemeinsamer Kinder zu regeln, will das moderne Familienrecht die Eltern mit verschiedenen Instrumenten veranlassen, eine Einigung zu erzielen, anstatt das Gericht entscheiden zu lassen. Dies beruht auf der Annahme, dass insbesondere in Familiensachen eine Vermittlung für die Beteiligten besser als ein herkömmliches Gerichtsverfahren sei: Eine Vermittlung soll die **Kommunikation zwischen den Eltern verbessern** können und **vereinbarte Regelungen** sollen **nachhaltiger** sein, insbesondere soll eine Einigung der Eltern dem Kindeswohl besser dienen und die Situation des Kindes verbessern. Daher soll das Gericht gemäß § 156 FamFG auf eine Einigung hinwirken und das Jugendamt soll die Eltern bei der Erarbeitung einvernehmlicher Regelungen unterstützen (§ 17 Abs. 2 SGB VIII). Bestellt das Gericht einen Sachverständigen, kann es ihm anordnen, bei Erstellung des Gutachtens auf ein Einvernehmen hinzuwirken (§ 163 Abs. 2 FamFG).[67]

1224 Es stellt sich die Frage, welche Rolle der Verfahrensbeistand bei Erarbeitung eines Einvernehmens übernimmt. Originäre Aufgabe des Verfahrensbeistands ist gemäß § 158 Abs. 4 Satz 1 FamFG, das Interesse des Kindes festzustellen und ins Verfahren einzubringen. Er hat das Kind über Gegenstand, Ablauf und möglichen Ausgang des Verfahrens in geeigneter Weise zu informieren und es zur Anhörung zu begleiten. Er ist eigenständiger Beteiligter im Verfahren (§ 158 Abs. 3 Satz 2 FamFG) und in dieser Rolle zuständig für das Kind. Dabei ist er nicht gesetzlicher Vertreter des Kindes – dies bleiben die Eltern, der Ergänzungspfleger oder der Vormund. Der Verfahrensbeistand kann daher keine Erklärungen im Namen des Kindes abgeben, sondern er tritt als eigenständiger Interessenvertreter des Kindes neben die Eltern.[68] Aber er kann Erklärungen im eigenen Namen abgeben und Anträge stellen sowie Rechtsmittel gegen eine Gerichtsentscheidung einlegen (§ 158 Abs. 4 Satz 5 FamFG).[69] Für die gerichtliche Billigung einer Vereinbarung über den Umgang ist auch die **Zustimmung des Verfahrensbeistands zur Umgangsvereinbarung** erforderlich, da er eigenständiger Beteiligter des Verfahrens ist (vgl. § 156 Abs. 2 FamFG).

1225 Nach § 158 Abs. 4 Satz 3 FamFG kann das Gericht dem Verfahrensbeistand als zusätzliche Aufgabe übertragen, beim Zustandekommen einer **einvernehmlichen** Regelung *mit*zuwirken. Fraglich ist, was „mitwirken" genau bedeutet. Der Gesetzesbegründung ist zu entnehmen, dass der Verfahrensbeistand selbst entscheiden

---

[67] Zum lösungsorientierten Gutachten s. Lack/Hammesfahr, Psychologische Gutachten im Familienrecht, Rn. 67 ff, 318 ff.
[68] Staudinger/Coester (2016), § 1671 BGB Rn. 306.
[69] Zu Rechtsmitteln s. in diesem Handbuch Heilmann Rn. 1513 ff.

könne, ob er von dieser Befugnis Gebrauch macht.[70] Festzuhalten ist, dass die Mitwirkung an einem Einvernehmen nichts an den originären Aufgaben des Verfahrensbeistands – also der Interessenvertretung des Kindes – ändern sollte. Auch im Bemühen um ein Einvernehmen ist er selbst Beteiligter im Verfahren und hat hierbei die Aufgabe, für das Kind da zu sein und dessen Interessen zur Geltung zu bringen. In Anbetracht der Funktion und Rolle des Verfahrensbeistands im Verfahren verbietet sich somit eine echte vermittelnde Tätigkeit des Verfahrensbeistands, da ihm als Interessenvertreter des Kindes die erforderliche Neutralität und Allparteilichkeit zur Vermittlung zwischen den Eltern fehlt.[71] Dies geht auch aus dem Wortlaut des Gesetzes hervor. Betreffend das Gericht, den Sachverständigen und das Jugendamt wählt das Gesetz die Formulierung *„hinwirken"*[72] auf ein Einvernehmen, also auf eine Einigung hinarbeiten. Der Verfahrensbeistand hingegen soll an einem Einvernehmen *„mitwirken"*[73]. Es ist somit davon auszugehen, dass der Verfahrensbeistand die Vermittlungsbemühungen des Gerichts, des Jugendamts und des Sachverständigen unterstützen und gegebenenfalls Anstöße hierzu geben soll[74] – wenn dies im Interesse des Kindes ist. Er kann gewissermaßen als „Katalysator" für eine Einigung wirken, indem er die Eltern über die Gefühlslage des Kindes, seine Wünsche und Vorstellungen informiert, die Folgen andauernder Streitigkeiten verdeutlicht und hierdurch im Idealfall die Einigungsbereitschaft der Eltern fördert.[75] Dabei sollte er immer penibel seine **Rolle als Interessenvertreter des Kindes wahren** und nicht in die Rolle eines Vermittlers schlüpfen. Denn als Vermittler läuft er Gefahr, sich eher auf eine Einigung der Eltern zu fokussieren, anstatt parteiisch für das Kind da zu sein und seine Bedürfnisse und Interessen zu vertreten. Dann würde das Kind aber seinen designierten Interessenvertreter verlieren.

Gegen eine echte vermittelnde Tätigkeit des Verfahrensbeistands spricht auch die hierdurch verursachte Verwirrung und Vermischung der Rollen und Aufgaben. Eine Rollenunklarheit führt zur Verunsicherung insbesondere der Eltern und des Kindes. In Sorge- und Umgangsrechtsverfahren nehmen bereits Beratungsstellen, das Jugendamt und auch das Gericht grundsätzlich vermittelnde Aufgaben wahr und wirken auf ein Einvernehmen hin. Würde nun auch der Verfahrensbeistand zwischen den Eltern vermitteln wollen, würden die Eltern alle am Verfahren Beteiligten so erleben, dass sie auf eine (wohl möglichst schnelle, eventuell schon vor-

1226

---

70 BT-Drucks. 16/6308, S. 240.
71 Prütting/Helms/Hammer (4. Aufl., 2018), § 158 FamFG Rn. 49; MünchKomm-FamFG/Schumann (2013), § 158 FamFG Rn. 33 mit Verweis auf § 1 Abs. 2 MediationsG, wonach ein Mediator eine neutrale Person sein muss.
72 Duden Eintrag „hinwirken": u.a. Anstrengungen unternehmen, sich einsetzen, um etwas zu veranlassen; Synonyme: alle Kräfte anspannen/mobilisieren/aufbieten/aufwenden, alles daran setzen (www.duden.de, Stand 2019).
73 Duden Eintrag „mitwirken": mit [einem, einer] anderen zusammen bei der Durchführung o.Ä. von etwas wirken, tätig sein; mitarbeiten; als Mitspieler/-in bei etwas dabei sein; bei etwas mit eine Rolle spielen, mit eine Wirkung haben (www.duden.de, Stand 2019).
74 BT-Drucks. 16/6308, 416; Vogel, FF 2014, 299.
75 Vgl. Prütting/Helms/Hammer, § 158 FamFG Rn. 49.

gefasste) Einigung hinarbeiten. Hierdurch droht aber die Gefahr, dass konkrete Interessen, Ängste und Defizite nicht gehört, aufgedeckt und hinreichend berücksichtigt werden. Vor allem besteht aber die Gefahr, dass das Kind dann keine Person mehr hat, die es vertritt und nur für es und seine Fragen und Interessen zuständig ist. Daher ist es enorm wichtig, dass die Rollenklarheit gewahrt wird und der Verfahrensbeistand sich ausschließlich auf seine Rolle als Interessenvertreter für das Kind konzentriert.

1227 Betreffend das Vorgehen eines Sachverständigen wird zu Recht vertreten, dass dieser **immer zuerst die Diagnostik und Exploration des Familiensystems** durchführen und abschließen muss und sich erst danach der ihm gegebenenfalls gemäß § 163 Abs. 2 FamFG zusätzlich übertragenen Aufgabe widmet, auf ein Einvernehmen der Beteiligten hinzuwirken.[76] Entsprechendes muss für den Verfahrensbeistand gelten. Auch dieser sollte zunächst eine umfassende Einschätzung der Situation, der Befindlichkeit und der Interessen des betroffenen Kindes sowie seiner Familie vornehmen und erst danach an einem Einvernehmen mitwirken. Denn erst nach Kenntnis des Sachverhaltes kann er verantwortungsvoll und einzelfallgerecht einschätzen, welche Lösung die Interessen des Kindes hinreichend berücksichtigt.

1228 Festzuhalten ist, dass in Verfahren wegen **Kindeswohlgefährdung** (§ 1666 BGB) **nicht auf ein Einvernehmen der Eltern hinzuwirken** ist (§ 157 FamFG). § 156 FamFG findet hier keine Anwendung. Ebenso sind in Fällen von Gewalt zwischen den Eltern und Hochkonflikthaftigkeit die Grenzen von Vermittlungsverfahren und Bemühen um Einvernehmen schnell erreicht (vgl. auch § 36a Abs. 1 Satz 2 FamFG; Art. 48 Abs. 1 Istanbul-Konvention). Der Kinderschutz hat dann eindeutig Vorrang vor der Elternautonomie.[77]

1229 Da es auch im Rahmen der Bemühungen um ein Einvernehmen Aufgabe des Verfahrensbeistands ist sicherzustellen, dass die Interessen des Kindes im Verfahren gewahrt werden, soll im Folgenden zunächst dargestellt werden, weshalb, wann und wie das Kind in Kindschaftsverfahren beteiligt werden sollte. Sodann sollen Möglichkeiten und Grenzen von Einvernehmen sowie die Rolle des Verfahrensbeistands hierbei untersucht werden.

---

[76] Ausführlich zu § 163 Abs. 2 FamFG s. Prütting/Helms/Hammer, § 163 FamFG Rn. 16 ff.; Lack/Hammesfahr, Psychologische Gutachten im Familienrecht, Rn. 70, 319

[77] Vogel, FF 2014, 399; vgl. OLG Brandenburg, Beschluss vom 21.5.2019, 9 WF 11/19 – juris = BeckRS 2019, 11065.

2. Anhörung, Beteiligung und Beratung des Kindes

a) Rechtsgrundlagen

Anhörungs- und Beteiligungsrechte des Kindes sind auf völkerrechtlicher wie nationaler Ebene sowohl im Gerichtsverfahren als auch im Verfahren beim Jugendamt und auch innerhalb der Familie bereits fest im Gesetz verankert.[78]

1230

aa) Anhörung und Beteiligung gem. Art. 12 UN-Kinderrechtskonvention

Art. 12 Abs. 1 UN-KRK verpflichtet die Vertragsstaaten sicherzustellen, dass dem Kind, das fähig ist, sich eine eigene Meinung zu bilden, das Recht zusteht, diese **Meinung in allen das Kind berührenden Angelegenheiten zu äußern**, und dass diese Meinung angemessen und entsprechend seinem Alter und seiner Reife berücksichtigt wird. Art. 12 Abs. 2 UN-KRK spezifiziert dieses Recht für Gerichts- und Verwaltungsverfahren.

1231

Art. 12 UN-KRK räumt dem Kind nicht das Recht zur gänzlichen Selbstbestimmung ein, vielmehr soll sichergestellt werden, dass es in die Entscheidungsprozesse einbezogen wird.[79] Nach Auffassung des UN-Ausschusses für die Rechte des Kindes (§ 43 UN-KRK) bildet das Kindeswohlprinzip (Art. 3 UN-KRK) die Maxime bei den Entscheidungen und Art. 12 UN-KRK gibt die Methode vor.[80] Die Kenntnis der Meinung des Kindes ist hiernach erforderlich, um das Kindeswohl zu bestimmen und zu wahren. In Art. 12 Abs. 1 UN-KRK sind keine Beschränkungen, bestimmte Situationen oder Kontexte genannt,[81] sodass auch außergerichtliche Angelegenheiten erfasst sind. Das Recht des Kindes, gehört zu werden, ist daher nach den Vorgaben der UN-KRK sowohl in streitigen Gerichtsverfahren als auch in Mediationen sicherzustellen.[82]

1232

Der UN-Ausschuss hebt hervor, dass Art. 12 UN-KRK keine Altersgrenze bestimmt, und appelliert ausdrücklich an die Vertragsstaaten, weder gesetzlich noch in der Praxis eine Altersgrenze einzuführen, da dies das Anhörungsrecht des Kindes einschränkt.[83] Es dürfe nicht unterstellt werden, dass das Kind nicht fähig sei, sich eine eigene Meinung zu bilden.[84] Vielmehr sei grundsätzlich davon auszugehen, dass es **ab jüngstem Alter** hierzu fähig ist, und allgemein anzuerkennen, dass das Kind das Recht hat, diese Meinung zu äußern. Es sei nicht Aufgabe des Kindes, vorab zu beweisen, dass es sich eine eigene Meinung bilden kann. Das Kind habe das Recht, seine Meinung zu äußern, nicht die Pflicht, Erwachsene von seiner Fähigkeit, sich eine Meinung zu bilden, zu überzeugen.[85] Auch ein Erwachsener

1233

---

[78] Zur Geschichte der Kinderrechte und der Kindesanhörung s. Carl/Clauß/Karle, Kindesanhörung (2015), S. 1 ff., 13 ff.
[79] Salgo, Kind-Prax 1999, 179 (179).
[80] Committee on the Rights of the Child (UN), Abs. 74.
[81] Vgl. Committee on the Rights of the Child (UN), Abs. 26, 27.
[82] Vgl. Committee on the Rights of the Child (UN), Abs. 52.
[83] Committee on the Rights of the Child (UN), Abs. 21; Salgo, Kind-Prax 1999, 179, 180.
[84] Committee on the Rights of the Child (UN), Abs. 20.
[85] Archard/Skivenes, International Journal of Children's Rights 2009, 1, 20.

müsse vor einer Äußerung nicht beweisen, dass er reif genug ist, die „richtige" Meinung zu haben.[86] Die Ausführungen des UN-Ausschusses lassen erkennen, dass **Art. 12 UN-KRK möglichst weit ausgelegt** und das Recht des Kindes, bei es betreffenden Entscheidungen gehört und beteiligt zu werden, möglichst uneingeschränkt gewährt werden soll. Der UN-Ausschuss unterstreicht auch die Pflicht der Staaten, die Eltern zu ermutigen, den Kindern zuzuhören und sie bei Entscheidungen zu beteiligen.[87]

bb) Europäisches Übereinkommen über die Ausübung von Kinderrechten vom 25.1.1996 (EÜAK)

1234   Auf europäischer Ebene ist in Art. 3 EÜAK geregelt, dass einem Kind vor einer Justizbehörde die Rechte zu gewähren sind, alle sachdienlichen Auskünfte zu erhalten, angehört zu werden und seine Meinung zu äußern sowie über die möglichen Folgen einer Berücksichtigung seiner Meinung und die möglichen Folgen einer Entscheidung unterrichtet zu werden. Spiegelbildlich regelt Art. 6b EÜAK die Pflicht des Staates, dem Kind diese Rechte zu gewähren.[88] Des Weiteren formuliert Art. 4 EÜAK das Recht des Kindes, die Bestellung eines besonderen Vertreters für das Kind zu beantragen, sowie Art. 9 EÜAK die Möglichkeit des Gerichts, dem Kind einen Interessenvertreter zu bestellen.

cc) Anhörung gem. Art. 103 Abs. 1 GG und § 159 FamFG

1235   Auf bundesrechtlicher Ebene ergibt sich das Anhörungsrecht des Kindes in Gerichtsverfahren aus dem Anspruch auf rechtliches Gehör gemäß Art. 103 Abs. 1 GG, das einfachgesetzlich in § 159 FamFG ausgestaltet ist. Ein 14-jähriges Kind ist hiernach zwingend anzuhören (§ 159 Abs. 1 FamFG), ein jüngeres Kind dann, wenn die Neigungen, Bindungen und der Wille des Kindes für die Entscheidung von Bedeutung sind (§ 159 Abs. 2 FamFG).[89] Das BVerfG hat bereits mit Entscheidung vom 5.11.1980 klargestellt, dass Kindern als Träger des Persönlichkeitsrechts und der Menschenwürde (Art. 2 Abs. 1 i.V.m. Art. 1 Abs. 1 GG) die Möglichkeit eingeräumt werden muss, in Sorgerechtsverfahren dem Gericht ihre **persönlichen Beziehungen zu den übrigen Familienmitgliedern erkennbar zu machen**.[90] Für Umgangsverfahren kann nichts anderes gelten, da dort erst recht die Lebensgestaltung des Kindes geregelt wird. Demzufolge sind auch Kinder unter 14 Jahren in Verfahren wegen elterlicher Sorge und Umgang grundsätzlich anzuhören, da ihre Neigungen, Bindungen und ihr Wille für die Entscheidung immer von Bedeutung sind bzw. sein müssen.[91] Dabei kommt es nicht darauf an, wer letztlich die Entscheidung trifft. Ob die Eltern sich einigen können oder nicht, ändert nichts an der Betroffenheit des Kindes durch das Verfahren und die getroffe-

---

86   Flekkøy, Children's Participation and Monitoring Children's Rights, in: Verhellen, Monitoring Children's Rights, The Hague (1996), S. 57, 59.
87   Committee on the Rights of the Child (UN), Abs. 92–94.
88   S. auch BT-Drucks. 14/5438.
89   Siehe hierzu ausführlich Heilmann in diesem Handbuch, Rn. 1424 ff.
90   BVerfGE 55, 171 (182) = BVerfG NJW 1981, 217 = FamRZ 1981, 126.
91   Ausführlich zur Kindesanhörung s. Carl/Clauß/Karle, Kindesanhörung (2015).

nen Regelungen. Außerdem ist auch bei einem elterlichen Einvernehmen häufig noch eine gerichtliche Entscheidung erforderlich, damit die vereinbarten Regelungen konstitutive Wirkung entfalten (wie etwa beim Sorgerecht) oder vollstreckt werden können (wie etwa bei der gerichtlichen Billigung einer Umgangsvereinbarung, § 86 Abs. 1 Nr. 2, § 156 Abs. 2 FamFG).

dd) Beteiligungs- und Beratungsrechte nach dem SGB VIII

Auch die Jugendhilfe hat Kinder und Jugendliche gemäß § 8 Abs. 1 SGB VIII an allen sie betreffenden Entscheidungen **angemessen zu beteiligen**. Im Fall der Trennung oder Scheidung hat sie die Eltern bei der Entwicklung eines einvernehmlichen Konzeptes für die Wahrnehmung der elterlichen Sorge zu unterstützen und auch hierbei sind Kinder und Jugendliche entsprechend ihrem Entwicklungsstand zu beteiligen (§ 17 Abs. 2 SGB VIII). Gemäß § 18 Abs. 3 Satz 1 SGB VIII haben Kinder und Jugendliche einen eigenen Anspruch auf Beratung und Unterstützung bei der Ausübung des Umgangsrechts sowie nach § 8 Abs. 3 SGB VIII einen **Anspruch auf Beratung** ohne Kenntnis des Personensorgeberechtigten, wenn die Beratung aufgrund einer Not- und Konfliktlage erforderlich ist. Auch bei der **Erstellung eines Hilfeplanes** soll das Kind beteiligt werden (§ 36 Abs. 2 Satz 2 SGB VIII). Nicht vorgesehen ist jedoch eine dem Verfahrensbeistand entsprechende Interessenvertretung des Kindes im Rahmen der Jugendhilfe.

1236

Zu den Rechten von Kindern und Jugendlichen im Verwaltungsverfahren siehe ausführlich Lack/Fieseler in diesem Handbuch, Rn. 1845 ff. und zur Notwendigkeit des Verfahrensbeistandes im Rahmen der Jugendhilfe dies., Rn. 1863 ff.

ee) Beteiligungsrecht innerhalb der Familie gem. § 1626 Abs. 2 Satz 2 BGB

Nach § 1626 Abs. 2 Satz 2 BGB sind ferner die Eltern innerfamiliär verpflichtet, Fragen der elterlichen Sorge mit dem Kind zu besprechen und nach seinem Entwicklungsstand mit ihm Einvernehmen anzustreben:

1237

Bei der Pflege und Erziehung berücksichtigen die Eltern die wachsende Fähigkeit und das wachsende Bedürfnis des Kindes zu selbstständigem verantwortungsbewusstem Handeln. Sie besprechen mit dem Kind, soweit es nach dessen Entwicklungsstand angezeigt ist, Fragen der elterlichen Sorge und streben Einvernehmen an.

b) Humanwissenschaftliche Erkenntnisse zur Kindesbeteiligung

Trotz eindeutiger gesetzlicher Regelungen sowie der höchstrichterlichen Rechtsprechung, welche die Anhörung von Kindern in sie betreffenden Verfahren fordert, zeigen Studien, dass eine Kindesanhörung selbst vor einer familiengerichtlichen Entscheidung oft unterbleibt. In außergerichtlichen Vermittlungsverfahren wie der Mediation sowie bei den meisten interdisziplinären Modellen in Kindschaftsverfahren nach dem Vorbild der Cochemer Praxis[92] ist die Beteiligung des Kindes oft nicht einmal vorgesehen. Da die Argumente, die gegen die Kindesbetei-

1238

---

92 Zu unterschiedlichen Vermittlungsverfahren s. Kostka, FamPra.ch 2009, 634–657.

ligung vorgebracht werden, z.B. dass das Kind zu jung oder zu unreif sei, um sinnvoll beteiligt werden zu können, weniger rechtlich begründet sind, sondern sich auf vermeintlich mangelnde Fähigkeiten des Kindes beziehen, werden diese Vorbehalte im Folgenden aus humanwissenschaftlicher Sicht überprüft.

1239 Zunächst ist klarzustellen, dass Zweck der Anhörung des Kindes und der Einbeziehung seiner Äußerungen in die Entscheidungsfindung nicht ist, dass das Kind irgendwelche Entscheidungen selbst treffen soll. Dies überfordert das Kind in der Regel und verstärkt seine Loyalitätskonflikte.[93] Eine „Berücksichtigung der Meinung des Kindes" bedeutet nicht, dass das Kind sich klar positionieren soll, sagen soll, wo es wohnen will oder ob und wie es den Umgang wünscht. Es bedeutet nicht, zwingend im Sinne der Äußerung des Kindes zu entscheiden.[94] Die **Entscheidungsverantwortung** muss **bei den Erwachsenen** bleiben. Die Anhörung des Kindes soll die Entscheidungsfindung bereichern, nicht aber die Aufgabe der Erwachsenen ersetzen.[95] Der Fokus sollte daher weniger auf den „Willen" des Kindes bezüglich der im Streit stehenden elterlichen Optionen, sondern auf seine Befindlichkeit, seine Sichtweise, seine Situation, seine Wünsche und seine Bedenken gelegt werden (**„voice not choice"**).[96]

1240 Durch die persönliche Beteiligung des Kindes soll seinem Status als Individuum mit Menschenrechten, mit eigenen Sichtweisen und Gefühlen Rechnung getragen werden.[97] Die Einbeziehung des Kindes in den Konfliktlösungsprozess trägt für Kinder meist erheblich zur **Stärkung des Selbstwertgefühls** und des Gefühls der Selbstwirksamkeit bei.[98] Die Äußerungen des Kindes sollen entsprechend seinem Alter und seiner Reife verstanden und in den Familienkontext gesetzt, also im Zusammenhang mit den Äußerungen, Wünschen und Fähigkeiten der anderen Familienmitglieder verstanden werden. Es geht darum, in Erfahrung zu bringen, wie es dem Kind geht, also das individuelle Kind in seiner spezifischen Situation zu verstehen, ihm das Gefühl zu geben, dass es wahrgenommen und berücksichtigt wird und dass nicht über seinen Kopf hinweg über sein Leben entschieden wird. Denn Kinder wollen wissen, was um sie herum geschieht. Auch kann es für Kinder entlastend sein, mit einer dritten Person zu sprechen und sich mitteilen zu können. Der Begriff „Beteiligung" soll betonen, dass die Einbeziehung des Kindes nicht nur ein einmaliger Akt, sondern der Ausgangspunkt für einen intensiven Austausch zwischen Kindern und Erwachsenen ist.[99] Daher sollte die Beteiligung auch umfassen, **Fragen des Kindes zu beantworten** und das Kind über das Verfahren und das Ergebnis des Verfahrens **zu informieren**, und zwar unabhängig davon, ob der Richter entscheidet oder die Eltern sich einigen.

---

93 Vgl. Parkinson/Cashmore, The Voice of a Child in Family Law Disputes (2008), S. 204.
94 Vgl. Ivanits, NZFam 2016, 7 (12).
95 Parkinson/Cashmore, S. 16.
96 Parkinson/Cashmore, S. 202 f.; Prütting/Helms/Hammer, § 156 FamFG Rn. 44.
97 Salgo, Kind-Prax 1999, 179 (179).
98 Prütting/Helms/Hammer, § 156 FamFG Rn. 44; Bernhardt, FPR 2005, 95 (97); Salzgeber, FamRZ 2008, 658 (659).
99 Committee on the Rights of the Child (UN), Abs. 13.

Die Kindesanhörung dient auch der Sachverhaltsermittlung. In Kindschaftsverfahren ist das Gericht verpflichtet, von Amts wegen den Sachverhalt umfassend zu ermitteln (§ 26 FamFG).[100] Durch das Gespräch mit dem Kind oder einen unmittelbaren Eindruck von ihm können wertvolle Informationen über seine Person, über die Familiensituation und über das Verhältnis des Kindes zu den anderen Familienmitgliedern gewonnen werden. Ferner lernt der Richter das Kind kennen, über das er entscheidet, was den Fokus der Entscheidung mehr auf das Kind lenken kann. Ohne die persönliche Beteiligung des Kindes kann nur auf die Aussagen der Eltern über das Kind und auf allgemeine Kindeswohlkriterien abgestellt werden. Es besteht dann die Gefahr, dass von pauschalen Einschätzungen über das vermeintliche Wohl aller Kinder ausgegangen wird und das konkrete Kind und seine Stimme ausgeblendet werden. Aufgabe des Verfahrensbeistands ist daher, die Stimme des Kindes im Verfahren zur Geltung zu bringen und sicherzustellen, dass die Interessen des Kindes hinreichend berücksichtigt werden. Die Bestellung eines Verfahrensbeistands und die Anhörung des Kindes bei elterlicher Einigkeit sollten nicht als gerichtliche Kontrolle der elterlichen Pflichten aus § 1626 Abs. 2 Satz 2 BGB gesehen werden. Im Mittelpunkt steht vielmehr die Sicherstellung der Beteiligungsrechte des Kindes, die unabhängig davon bestehen, ob die Eltern sich einig sind oder der Richter entscheidet.

1241

▷ **Zur Durchführung der Kindesanhörung s. Zitelmann in diesem Handbuch, Rn. 1600 ff.**

aa) Bedeutung des Alters des Kindes

Für einen Großteil der Richter sowie Mediatoren, aber auch für viele Eltern ist das Alter und die Reife des Kindes häufig ein Argument, von der Anhörung und der Einbeziehung des Kindes abzusehen. Allerdings **nennt das Gesetz keine Mindestaltersgrenze für die Anhörung des Kindes** (s. Art. 12 UN-KRK, Art. 103 Abs. 1 GG, § 159 Abs. 2 FamFG). Auch humanwissenschaftliche Studien zeigen, dass die Beteiligung des Kindes bereits ab dem jüngsten Alter erfolgen kann.

1242

Kinder haben bereits einen eigenen Willen sowie Neigungen und Bindungen, bevor sie fähig sind, diese zu artikulieren. Kinder sind demnach von Geburt an altersgemäß an den sie betreffenden Entscheidungen zu beteiligen.[101] Das Alter und die Reife des Kindes dürfen nicht entscheidend sein für die Frage, *ob* das Kind angehört wird, sie müssen aber dafür entscheidend sein, *wie* es angehört wird.[102] Entscheidend sind die Kompetenzen der das Kind anhörenden Person: Diese muss sich auf das Alter und die Reife des Kindes einstellen und ihm ermöglichen können, seine Meinung in einer seinem Alter und seiner Reife gerecht werdenden Weise zu äußern, und das Kind in seinem Lebenszusammenhang verstehen.

1243

---

100 Siehe hierzu in diesem Handbuch Rn. 1411 ff.
101 Vgl. auch Maywald, FPR 2012, 460 (461); Committee on the Rights of the Child (UN), CRC/C/GC/12, Abs. 29 f.; Bernhardt, FPR 2005, 95 (97).
102 Ausführlich zur Kommunikation mit dem Kind s. Carl/Clauß/Karle, Kindesanhörung (2015), S. 101 ff.

bb) Bedeutung der Reife des Kindes

1244 Eng verknüpft mit der Problematik des Alters des Kindes ist auch dessen Reife. Hält man das Kind für zu jung für eine Anhörung bzw. Einbeziehung, hängt dies damit zusammen, dass das Kind als noch nicht reif genug angesehen wird, um sinnvoll einbezogen werden zu können. Argumentiert wird damit, dass Kinder meist nicht fähig seien, die Situation vernünftig einzuschätzen und sich wohlüberlegt und rational zu äußern. Oft sollen sie nur irreale Vorstellungen und Wünsche haben, wie z.B. die Eltern wieder zusammenzubringen, ihre Meinung ändern, Lügen erzählen oder die Eltern nur gegeneinander ausspielen wollen.

1245 Aber **was auch immer das Kind äußert**, kann Aufschluss geben über seine **Befindlichkeit**, seine **Interessen** und **Bedürfnisse** sowie seine **Situation in der Familie** und somit wertvolle Hinweise für die zu treffenden Regelungen geben. Hat ein junges Kind realitätsferne Meinungen, wie z.B. die Eltern wieder zusammenbringen zu wollen, spricht dies nicht zwingend für die Unreife des Kindes, sondern kann ein Zeichen dafür sein, dass es den Kontakt zu beiden Eltern aufrechterhalten will. Ändert das Kind seine Meinung, spricht dies nicht gleich für die Unzuverlässigkeit des Kindes, sondern kann Grund zur Überprüfung der getroffenen Regelungen geben, die gegebenenfalls nicht (mehr) den Bedürfnissen des Kindes entsprechen. Auch das Argument, dem Kind könne zum Beispiel der Begriff der elterlichen Sorge nicht vermittelt werden, kann einer Kindesanhörung nicht entgegenstehen. Denn es ist Aufgabe der Erwachsenen (respektive des Verfahrensbeistands und des Gerichts), dem Kind entsprechend seinem Alter und seiner Reife zu erklären, worum es geht.[103]

cc) Loyalitätskonflikte und Manipulierbarkeit des Kindes

1246 Von der Anhörung des Kindes wird auch gerne mit dem Argument abgesehen, dass hiervon keine verwertbaren Informationen zu gewinnen seien. Es wird angenommen, dass das Kind nur versuche, fair zu beiden Eltern zu sein und das zu sagen, was seiner Meinung nach die Eltern – oder zumindest ein Elternteil – hören wollen. So gingen 56,4 % der von *Karle* befragten Richter davon aus, dass Kinder sich aufgrund von Loyalitätskonflikten nicht offen äußern würden.[104] 22,6 % erklärten, eine Kindesanhörung sei zu wenig ergiebig, weil gerade jüngere Kinder sich nicht genügend eigenständig äußern könnten.[105] Äußert sich hingegen das Kind und lehnt es einen Elternteil ab, wird oft automatisch davon ausgegangen, dass es von dem anderen Elternteil manipuliert sei und keine eigene Meinung äußere, daher das Geäußerte nicht zu berücksichtigen sei. Oft wird vertreten, dass eigene Wünsche des Kindes und seine Erklärungen nur dann Bedeutung gewinnen sollen, wenn sie frei und unbeeinflusst sind.[106] Aber Kinder haben meist – ebenso wie in der Regel auch Erwachsene – Gründe für ihre Ansichten und Verhaltenswei-

---

103 Vgl. BGH FamRZ 2016, 1439.
104 Karle u.a., S. 63.
105 Karle u.a., S. 59.
106 Vgl. nur MünchKomm-BGB/Hennemann (2017), § 1671 BGB Rn. 63; Parkinson/Cashmore, S. 120.

sen, selbst wenn diese von einem Erwachsenen zunächst beeinflusst, unlogisch, unvernünftig oder unreif erscheinen.

Zunächst ist festzuhalten, dass **jede Person** – also jedes Kind, aber auch jeder Erwachsene – **unweigerlich von den Meinungen seiner Eltern, von seiner Situation und von seinem Umfeld beeinflusst** ist.[107] Natürlich stehen Kinder in einem gewissen Abhängigkeitsverhältnis zu ihren Eltern, insbesondere zu dem sie betreuenden Elternteil. Gleichzeitig sind Kinder weit weniger manipulierbar als gemeinhin angenommen wird. Immer wieder wird überrascht festgestellt, wie frei sich Kinder in der Anhörung äußern, klar sagen, wie sie die Dinge einschätzen, und dabei gern die Chance nutzen, im Gespräch unbeeinflusst ihre Position zu erläutern.[108] Kinder sollten daher nicht unterschätzt werden.

1247

Lehnt das Kind einen Elternteil ab, zeugt dies nicht zwingend von der Beeinflussung durch den anderen Elternteil, sondern kann auch auf eigenen schlechten Erfahrungen mit dem Elternteil beruhen oder Selbstschutz und der Versuch des Kindes sein, mit den zwischen den Eltern herrschenden Konflikten umzugehen – insbesondere wenn diese sehr zerstritten sind. Die Ablehnung des getrennt lebenden Elternteils kann daher auch darin begründet sein, dass es das Kind schlichtweg überfordert, den Kontakt mit beiden Eltern aufrechtzuerhalten, insbesondere wenn noch viele Konflikte zwischen den Eltern bestehen – so wie es auch Erwachsene überfordern kann, mit zwei zerstrittenen Personen Kontakt zu halten. Auch wenn sich Äußerungen des Kindes mit den Äußerungen eines Elternteils decken, kann das Geäußerte den Bedürfnissen des Kindes entsprechen. **Ein sich mit dem Wunsch eines Elternteils deckender Kinderwunsch ist nicht zwangsläufig „eingeimpft".**[109] Es kann die tatsächliche und authentische Meinung des Kindes sein.[110] Somit kann auch eine Umgangsverweigerung durchaus vom tatsächlichen Willen des Kindes getragen und sein Wille höchst vernünftig sein.[111]

1248

In der Studie von *Wallerstein* und *Lewis* ergriffen insbesondere jüngere Kinder zuweilen im Trennungsverfahren Partei für einen Elternteil, und zwar meist für den, um den sie sich am meisten Sorgen machten oder den sie am meisten bemitleideten.[112] Solche **Allianzen haben** aber **die mittlere Adoleszenz meist nicht überdauert**.[113] Ferner hatte kein Kind der Studie durchgehend die negative Meinung eines Elternteils über den anderen übernommen, vielmehr revidierten die meisten ihre Meinung später aufgrund eigener Beobachtungen.[114] Einige haben später sogar den Kontakt zum anderen Elternteil von sich aus gesucht und oft eine gute Beziehung zu diesem Elternteil aufbauen können. Wurde aber der Umgang gegen den Willen des Kindes beschlossen, oft auch gerade mit der Begründung

1249

---

107 Rn. 804, 851, 921 ff.
108 MünchKomm-BGB/Hennemann, § 1671 BGB Rn. 63.
109 Vgl. Klußmann/Stötzel, S. 59.
110 Parkinson/Cashmore, S. 121.
111 Klußmann/Stötzel, S. 195.
112 Wallerstein/Lewis, FamRZ 2001, 65 (70).
113 Wallerstein/Lewis, FamRZ 2001, 65 (70).
114 Wallerstein/Lewis, FamRZ 2001, 65 (70).

der drohenden Entfremdung, waren diese Besuche meist nicht nur völlig ungeeignet, eine engere Beziehung zwischen dem Elternteil und dem Kind zu fördern, sondern gerade das Gegenteil ist eingetreten.[115]

1250 Wenn hingegen tatsächlich ein Elternteil oder sogar beide das Kind unter **Druck** setzen oder es bewusst oder unbewusst durch **Geschenke, Versprechungen, gar Drohungen oder Heraufbeschwören von Schuldgefühlen** manipulieren oder instrumentalisieren wollen, kann dies dafür sprechen, dass starke Konflikte zwischen den Eltern bestehen und die Eltern das Kind in den Konflikt mit hineinziehen. Dies kann es dem Kind erheblich erschweren, zu beiden Elternteilen unbeschwert Kontakt zu haben.[116] Verweigert beispielsweise ein Kind den Kontakt mit einem Elternteil, wird es besonders wichtig sein, dem Kind Gehör, Informationen und Unterstützung zu geben, anstatt seine Äußerungen zu disqualifizieren und beispielsweise umfangreiche Umgangsregelungen zu erwirken. Es sind umso mehr die Kenntnisse und Fähigkeiten der das Kind anhörenden Person gefragt. **Je größer der Elternkonflikt, desto größer ist die Gefahr**, dass sich die fachlich Beteiligten – auch der Verfahrensbeistand – mehr auf die Eltern und gegebenenfalls auf eine Einigung, als auf das Kind fokussieren. Aber **je größer der Konflikt ist, desto mehr wird das Kind Informationen, Aufklärung, Unterstützung und Interessenvertretung benötigen**. Der Verfahrensbeistand sollte erkennen können, wie es dem Kind geht, wo es in der Familie steht, ob das Kind von einem Elternteil manipuliert, beeinflusst oder unter Druck gesetzt worden ist, ob es aus Angst nicht seine wahren Wünsche, Gefühle und Bedürfnisse äußert oder ob es sagt, was es wirklich sagen will.[117]

1251 Bei der Erörterung, ob die Umgangsverweigerung des Kindes auf existenziellen kindlichen Ängsten oder nur auf kindlichen Launen beruht, können die von *Klußmann* und *Stötzel* aufgelisteten Fragen Anhaltspunkte bieten: „Gibt es oder gab es Streit zwischen den Eltern? Konnte das Kind genügend davon aufnehmen? Hat der eine oder andere Elternteil Ängste? Könnte das Kind also auch Ängste haben, die Veranlassung zur Weigerung bieten könnten? Hat sich der Umgangsberechtigte während des gemeinsamen Lebens massiv gegenüber dem Kinde fehl verhalten und dadurch Ängste bewirkt? Wie sind ältere Geschwister eingestellt?"[118]

1252 Schließlich ist festzuhalten, dass statistisch gesehen die Anzahl der Familien sehr gering ist, bei denen ein Kind einen Elternteil aufgrund der bewussten Einflussnahme ablehnt.[119] In der Studie von *Parkinson* und *Cashmore*[120] befürchtete ein Drittel der befragten Eltern eine Beeinflussung des Kindes durch den anderen Elternteil. Gleichzeitig bezweifelte ein Drittel der Eltern, dass Kinder leicht manipu-

---

115 Wallerstein/Lewis, FamRZ 2001, 65 (69).
116 Ausführlich zur sog. indirekten und direkten Induzierung s. Lack/Hammesfahr, Psychologische Gutachten im Familienrecht, Rn. 637.
117 Vgl. Lempp u.a., S. 20.
118 Klußmann/Stötzel, S. 215; s. auch Fragenkataloge zu allen relevanten kindschaftsrechtlichen Themenbereichen in Lack/Hammesfahr, Psychologische Gutachten im Familienrecht, 2019.
119 Salzgeber, ZKJ 2010, 399 (400).
120 Parkinson/Cashmore, S. 83.

lierbar seien; Kinder wären keine Puppen und es sei nicht so einfach, sie zu nötigen, etwas zu denken oder zu glauben.[121] Einige Eltern gaben später zu, dass sie zeitweilig von Manipulationen und Hetze des anderen Elternteils ausgegangen sind, aber im Nachhinein erkannt haben, dass dies nicht der Fall war. In einer Studie von *Johnston* wiesen ein Fünftel der Kinder in Trennung und Scheidung gewisse Anzeichen von Entfremdung auf, aber nur 6 % dieser Kinder waren stark entfremdet.[122] Bei den Entfremdungen zeigte sich aber, dass die Gründe der Kinder hierfür oft im negativen Verhalten des jeweiligen Elternteils lagen.

Die **Äußerungen des Kindes dürfen im kindschaftsrechtlichen Verfahren nie ohne Resonanz bleiben**. Insbesondere dann, wenn aus Kindeswohlgründen erwogen wird, gegen den Willen des Kindes zu entscheiden, wird es in der Regel erforderlich sein, dem Kind Hilfe und Unterstützung zu bieten, damit es die Entscheidung verkraften und verstehen kann. Werden hingegen Regelungen beschlossen, die nicht dem Willen des Kindes entsprechen und die die Interessen und Bedürfnisse des individuellen Kindes nicht berücksichtigen, wird der Umgang in der Regel seinen Zweck – die langfristige Aufrechterhaltung des Kontaktes des Kindes mit dem umgangsberechtigten Elternteil – nicht erfüllen können. Oft brechen die Kinder, sobald sie sich stark genug dazu fühlen, den Kontakt zu diesem Elternteil ab und dies hält bis ins Erwachsenenalter an.[123]

1253

Lempp et al. stellen richtig fest, dass es nicht darum gehen kann, „vom Kind eine Stellungnahme unter Berücksichtigung aller Umstände und Möglichkeiten nach ausgiebiger rationaler Abwägung des Für und Wider zu bekommen, sondern um das Wissen um seine spontane, möglichst ausschließlich emotional bestimmte Tendenz."[124] Es geht in der Kindesanhörung schließlich nicht darum, Wahrheitsfindung zu betreiben. Das Kind ist im Sorgerechts- und Umgangsverfahren kein Zeuge, sodass eine Zeugenbeeinflussung die Wahrheit verzerren könnte.[125] Es geht nicht darum, mit Hilfe des Kindes Schuldfragen zwischen den Eltern oder Zuordnungsansprüche der Eltern zu klären. Es geht vielmehr darum, die Neigungen und Bindungen des Kindes in Erfahrung zu bringen, zu respektieren und angemessen zu berücksichtigen.[126]

dd) Berücksichtigung der Weigerung des Kindes, sich zu äußern

Weigert sich das Kind, sich zu äußern, muss dies zwar grundsätzlich respektiert werden, da es nicht zu einer Äußerung gezwungen werden darf. Das Recht zur Äußerung einer Meinung beinhaltet immer auch das Recht, sich nicht zu

1254

---

121 Parkinson/Cashmore, S. 83.
122 Salzgeber, ZKJ 2010, 399 (400).
123 Wallerstein/Blakeslee/Lewis (2002), S. 318.
124 Lempp u.a., S. 19.
125 Lempp u.a., S. 20.
126 Klußmann/Stötzel, S. 93.

äußern.¹²⁷ Es empfiehlt sich aber herauszufinden, warum es sich nicht äußern will – wobei auch hierbei Feingefühl gefragt ist.¹²⁸

1255 Oft liegt die Weigerung von Kindern zur Äußerung in der Angst begründet dass es sie in eine schwierige Situation bringt, dass sie sich zwischen den Eltern entscheiden müssen, dass sie nicht wissen, wer von ihren Äußerungen erfährt, dass sie die Eltern verletzten könnten, und dass sie nicht wissen, was sie bei der Anhörung erwartet.¹²⁹ Gründe für das Schweigen können aber auch vorangegangene negative Erfahrungen oder Enttäuschung bei Mitteilungsversuchen sein oder unbewusste Phänomene wie Verdrängen, Bagatellisieren etc. Schließlich kann die Weigerung des Kindes auch in der Angst vor der Reaktion eines Elternteils oder gar beider Elternteile begründet sein.

1256 Der Anspruch auf rechtliches Gehör bedeutet nicht nur, die Gelegenheit zu bekommen, seine Meinung zu äußern, sondern auch die dafür erforderlichen Informationen zu erhalten.¹³⁰ Es ist die Aufgabe der Person, die mit dem Kind spricht, also insbesondere des Verfahrensbeistands, dem **Kind hinreichende alters- und reifeentsprechende Informationen zu geben**, die Ängste des Kindes zu verstehen und dem Kind diese Ängste möglichst zu nehmen. Das Kind muss über sein Anhörungsrecht, über den Sinn und Zweck seiner Beteiligung sowie seine Rolle bei der Entscheidungsfindung aufgeklärt werden. Das Kind muss verstehen, dass es keine Entscheidungen treffen und keine Regelungen bestimmen soll, sondern dass die Entscheidungsverantwortung bei den Erwachsenen, den Eltern bzw. dem Richter, verbleibt.¹³¹ Es muss wissen, dass seine Rolle darin besteht, dabei zu helfen, die auch für es bestmögliche Lösung zu finden, indem es erzählt, wie es ihm geht, was es sich wünscht, worüber es sich Sorgen macht und was seine Ängste sind.

1257 Möchte sich ein Kind nicht äußern, kann dahinter auch die Angst vor einem Elternteil oder gar beiden Elternteilen stecken. Die Alarmzeichen hierfür müssen erkannt und gegebenenfalls entsprechende Maßnahmen veranlasst werden. Das Kind benötigt dann dringend Informationen zu seinen Möglichkeiten, Hilfe und Unterstützung, anstatt dass vorschnell von seiner Beteiligung abgesehen und es mit seinen Ängsten alleine gelassen wird.

ee) Die Belastungen des Kindes durch die Anhörung

1258 Es wird weitläufig davon ausgegangen, dass das Kind zu stark belastet sei, wenn es sich zu Sorgerechts- und Umgangsfragen äußern soll. Um es besser vor dem Konflikt der Eltern zu schützen, wird es daher gar nicht erst am Verfahren beteiligt. In der Studie von *Karle* u.a. war die Belastung des Kindes der drittmeistgenannte

---

127 Committee on the Rights of the Child (UN), Abs. 22 f.; Schmahl, UN-Kinderrechtskonvention, Art. 12 UN-KRK Rn. 5.
128 Vgl. Salgo, Kind-Prax 1999, 179 (181).
129 Parkinson/Cashmore, S. 68 ff.
130 Muster für Informationen für Kinder in Carl/Clauß/Karle, Kindesanhörung (2015), S. 240 ff.; zum Informationsbedürfnis von Kindern s. auch in diesem Handbuch Rn. 149 ff., 1303 ff.
131 Vgl. Carl/Eschweiler, NJW 2005, 1681 (1682).

Grund der Richter, auf eine Kindesanhörung zu verzichten.[132] Es widerspricht jedoch jedweder Logik, dem Kind einerseits Anhörungsrechte zu geben, sie ihm aber aufgrund der angeblich zu großen Belastung bei der Ausübung dieser Rechte nicht zu gewähren.

1259 Außerdem ist nachgewiesen, dass die **Belastungen des Kindes durch die Anhörung weit weniger gravierend sind als gemeinhin angenommen**, vorausgesetzt, die Anhörung findet in einer dem Alter und der Reife des Kindes gerecht werdenden Art und Weise statt. Die Belastungen des Kindes bei der Anhörung wurden insbesondere in der Studie von *Karle* et al. untersucht, und zwar durch Befragung auch der Kinder.[133] Es zeigt sich, dass die Belastung durch die Anhörung zwar kurz vor dieser hoch ist – wie bei jedem Erwachsenen auch –, aber in der Regel bereits unmittelbar nach der Anhörung schnell wieder absinkt. Ein lege artis durchgeführtes Gespräch mit dem Kind kann indes sogar seiner Entlastung dienen, wenn das Kind sieht, dass es ernst genommen wird und ihm auch benötigte Informationen und Antworten gegeben werden. Es ist offenbar weniger die Anhörungssituation als solche als die Trennung der Eltern und deren Folgen, die das Kind belasten. Vor dieser weitaus größeren Belastung – dem Konflikt der Eltern und der veränderten Lebenssituation – kann das Kind aber nicht bewahrt werden, da es damit im Alltag ohnehin konfrontiert wird, insbesondere wenn es mit beiden Elternteilen Kontakt halten soll. Die unterlassene Anhörung des Kindes und seine Beteiligung bei der Entscheidungsfindung ändern an dieser Belastung nichts, außer dass seine Rechte verletzt werden, es mit seinen Sorgen und Ängsten alleine gelassen wird und seine subjektive Perspektive bei der Entscheidungsfindung nicht berücksichtigt werden kann.

1260 Eine einigermaßen **geschickte Anhörung ist also für das Kind in der Regel zumutbar** und die Belastungen sind gegenüber dem möglichen Gewinn der Anhörung angemessen. Hingegen kann durch deutlich ungeschicktes Verhalten seitens der das Kind anhörenden Person eine gewisse bis unzumutbare Belastung entstehen.[134] Entscheidend für eine gewinnbringende Anhörung sind somit die hinreichende Erfahrung und Ausbildung der das Kind anhörenden Person, damit sie die Anhörung in einer dem Alter und der Reife des Kindes entsprechenden Art und Weise durchführen und den Ängsten und Belastungen des Kindes angemessen begegnen kann.[135]

---

132 Karle et al., S. 65; Carl/Clauß/Karle, Kindesanhörung (2015), S. 144 ff.
133 In der Studie von Lempp et al. wurde zwar auch die Belastung des Kindes durch die Anhörung untersucht, allerdings ohne Befragung der Kinder; es wurden nur die Einschätzungen von Richtern und unabhängigen Beobachtern betreffend die Kinder berücksichtigt.
134 Vgl. Klußmann/Stötzel, S. 96.
135 Zur kindgerechten Kommunikation mit dem Kind und den erforderlichen Fortbildungsinhalten s. Carl/Clauß/Karle, Kindesanhörung (2015).

ff) Mögliche Wirkungen der Kindesbeteiligung auf die innerfamiliären Beziehungen und die Entscheidungsfindung

1261 Die persönliche Beteiligung des Kindes ist zunächst um des Kindes willen wichtig. Die Trennung der Eltern ist für das Kind meist ein einschneidendes Erlebnis und mit vielen Änderungen in seinem Leben verbunden. Wird ihm Gelegenheit gegeben, sich zu äußern, seine Bedürfnisse und Interessen mitzuteilen, können ihm auch erforderliche Unterstützung und Antworten auf seine Fragen gegeben werden. Von seinen Eltern erhält das Kind oft kaum Informationen und Erklärungen, da es diesen schwerfällt, mit dem Kind über die Trennung und ihre Folgen zu sprechen. Kinder fühlen sich oft zu wenig informiert.[136] Durch die persönliche Beteiligung können dem Kind Informationen vermittelt und ihm kann verdeutlicht werden, dass es als Persönlichkeit wahrgenommen wird, seine Bedürfnisse und Interessen ernst genommen werden und nicht über seinen Kopf hinweg über sein Leben entschieden wird. Die alters- und reifegerechte Beteiligung kann erheblich zur Stärkung des Selbstwertgefühls und der Selbstwirksamkeit des Kindes beitragen.

1262 Im Ausland durchgeführte Befragungen von Kindern ergaben, dass sie durchaus einbezogen werden wollen. In der Studie von *Parkinson* und *Cashmore* berichteten viele Kinder, sich besser zu fühlen, wenn sie wussten, was um sie herum vorging und sie etwas Einfluss auf die Vorgänge hatten und nicht gänzlich den Entscheidungen und Handlungen ihrer Eltern ausgeliefert waren.[137] Einige Kinder bezweifelten ausdrücklich, dass die Eltern wüssten, was die Kinder wollten, und dass sie allein die „richtige" Entscheidung treffen könnten. Die meisten Kinder wollten zwar nicht selbst entscheiden, aber in den Entscheidungsprozess involviert sein (**„voice not choice"**).[138] Sie wollten nicht ignoriert werden und empfanden die Einbeziehung in die Entscheidungen als einen Ausdruck von Respekt ihnen gegenüber.[139] Kinder, in deren Familie ein höheres Konfliktpotenzial herrschte, wünschten sich sogar ein tatsächliches Mitspracherecht; sie wollten nicht nur eine Stimme im Prozess, sondern explizit Einfluss auf das Ergebnis haben („not just a voice but a choice").[140] Einige Kinder äußerten Unbehagen gegenüber der Einbeziehung, da sie sich nicht zwischen den Eltern entscheiden wollten und sich über ihre Funktion im Entscheidungsprozess und über die Vertraulichkeit des Gesprächs unsicher waren.[141] Allerdings ist es Aufgabe der Person, die mit dem Kind spricht, das Kind über seine Rolle aufzuklären und das Gespräch mit dem Kind so zu gestalten, dass sich das Kind nicht in der Position sieht, sich zwischen den Eltern entscheiden zu müssen.

---

136 Vgl. Deutsches Institut für Menschenrechte, Policy Paper „Kindgerechte Justiz", S. 15 (abrufbar unter www.institut-fuer-menschenrechte.de > Publikationen > Suche Policy Paper", Zugriff: 22.8.2019).
137 Parkinson/Cashmore, S. 67.
138 Parkinson/Cashmore, S. 66.
139 Parkinson/Cashmore, S. 67.
140 Parkinson/Cashmore, S. 76.
141 Parkinson/Cashmore, S. 68.

In der Studie zur Anhörung von Kindern durch Richter von *Karle* u.a. versprachen sich 10,4 % der befragten Richter von der Kindesanhörung nur ein geringes Maß an Erkenntnissen für das Verfahren.[142] Jeweils weniger als 5 % waren der Ansicht, dass sie sich bereits aufgrund der Beteiligtenvorträge ein Bild vom Kind machen können oder dass Kinder bewusst wichtige Informationen zurückhalten.[143] Auch in *Prokschs* Studie zur Mediation in streitigen Familiensachen äußerten einige Vermittler, dass sie Kinder so gut wie nie einbeziehen würden, da das Gespräch mit den Eltern bereits genügend, wenn nicht sogar mehr Informationen über die Kinder und die Familienkonstellation offenbare als ein direktes Gespräch mit dem Kind.[144] Hiergegen sind Zweifel angebracht.

1263

In *Lempps* Studie zur richterlichen Kindesanhörung zeigte sich, dass viele Richter der Kindesanhörung hohe Bedeutung beimaßen, weil sie sich danach hinsichtlich ihrer Entscheidung sicherer fühlten. Dies gaben 93 % der Richter bei unstreitigen und 84 % der Richter bei streitigen Sorgerechtsverfahren an, allerdings nur 59 % in Verfahren zu Umgangsregelungen.[145] Auch in *Karles* Studie gaben 87,5 % der Richter an, sich nach der Kindesanhörung ein besseres Urteil bilden zu können. 47,4 % der Richterinnen und 39,4 % der Richter erwarteten durch die Kindesanhörung Aufschluss über den Entwicklungsstand des Kindes, teils auch über sein soziales Umfeld.[146] Ein Vergleich der Antworten zu den Erwartungen und dem Nutzen der richterlichen Anhörung zeigt, dass der Nutzen kaum hinter den Erwartungen zurückbleibt,[147] vorausgesetzt, der Richter kann mit einem Kind sprechen und sich auf das Kind einlassen.

1264

Auffällig ist, dass in der Kindesanhörung fortgebildete Richter weitaus häufiger als nicht fortgebildete Richter äußerten, dass die Kindesanhörung für die Urteilsfindung von Nutzen war.[148] Richter ohne Fortbildung zweifelten signifikant häufiger am Nutzen der Anhörung als fortgebildete Richter.[149] Wer also weiß, was er von einem Kind erwarten kann, wie er mit dem Kind sprechen muss, wie er eine Anhörungssituation gestalten kann, in der das Kind sich frei und weiterbringend äußern kann, verspricht sich auch mehr von dem Gespräch mit dem Kind und nutzt öfter die Chance, das Kind anzuhören, kann das Kind besser befragen und die Antworten besser berücksichtigen.

1265

Es genügt für eine das Kind betreffende Entscheidung daher nicht, nur die Sicht der Eltern zu kennen.[150] Die Äußerungen des Kindes können helfen, das Gesamtbild der Situation der Familie zu vervollständigen. Es können die wechselseitigen Beziehungen zwischen beiden Elternteilen und dem Kind sowie neben

1266

---

142 Karle u.a., S. 63.
143 Karle u.a., S. 59.
144 Proksch (1998), S. 78 f.
145 Lempp u.a., S. 90.
146 Karle u.a., S. 57.
147 Karle u.a., S. 58.
148 Karle u.a., S. 58.
149 Karle u.a., S. 59.
150 Kaltenborn, British Journal of Social Work (2001), 31, 81 (82).

den Kapazitäten der Eltern auch die Bedürfnisse des Kindes und somit die gesamte familiäre Psychodynamik erforscht werden. Die Studien von *Parkinson* und *Cashmore* sowie von *McIntosh* zeigen, dass bei gerichtlichen wie außergerichtlichen Vermittlungen gerade durch die Beteiligung des Kindes die Entscheidungsfindung der Eltern bereichert, bessere Ergebnisse erzielt und auch die innerfamiliären Beziehungen verbessert werden können. Wird das Kind nicht persönlich beteiligt, können Projektionen und Annahmen der Eltern hinsichtlich des Kindes ungeprüft beibehalten werden und die vereinbarten Regelungen sind eher solche, von denen die Eltern denken, dass sie gut für das Kind sind. Kennen die Eltern hingegen die tatsächliche Meinung des Kindes, streiten sie weniger darum, wer das Kind besser kennt und wer besser weiß, was das Kind will, sondern sie können sich mit den tatsächlichen, vom Kind benannten Belangen des Kindes auseinandersetzen.

1267 Die Kenntnis der Perspektive des Kindes kann die Palette der Lösungen erweitern. Auf die Eltern wirkt es oft aufrüttelnd, wenn ihnen das Befinden und die Interessen des Kindes sowie auch die Auswirkungen der Trennung auf das Kind vermittelt werden. Dies kann sie motivieren, von ihrem gegenseitigen Streit Abstand zu nehmen und sich mehr auch auf das Kind und sein Wohl zu konzentrieren. Oft benennen Kinder auch von den Eltern nicht berücksichtigte oder ihnen gar nicht bekannte Punkte als für sie bedeutsam, während von den Eltern umstrittene Punkte teils vom Kind als weniger gravierend eingeschätzt werden.[151] Die Kenntnis der Sichtweise der jeweils anderen Familienmitglieder kann das Verständnis füreinander erhöhen. Oft sind die Eltern eher bereit, Kompromisse einzugehen, wenn sie wissen, dass das Kind mit der Regelung einverstanden ist oder diese sogar wünscht. Ferner kann die Kenntnis der Auswirkungen ihres eigenen Verhaltens auf das Kind die Eltern zu einem Umdenken im Verhalten gegenüber dem Kind bewegen. Zum Beispiel kann die Kenntnis dessen, wie die elterliche Trennung, das elterliche Verhalten und die gesamte Familiensituation auf das Kind wirken, bei den Eltern bewirken, dass sie sich z.B. bei der Übergabe entsprechend anders verhalten. Die Einbeziehung der persönlichen Sichtweise des betroffenen Kindes ist daher regelmäßig eine große Bereicherung und wirkt oft als Katalysator für eine Konfliktlösung.[152]

1268 Die Kenntnis der Perspektive des Kindes kann auch helfen, den Regelungen die notwendige Flexibilität zu geben, die sie benötigt, um nachhaltig zu sein und auf Veränderungen, die sich bereits durch das zunehmende Alter und die sich ändernden Interessen des Kindes ergeben, reagieren zu können. Die Lebenssituation des Kindes ist schließlich nicht statisch, sondern vielmehr dynamisch, da sie sich aufgrund seiner Erfahrungen sowie interner und externer Faktoren verändert.[153] Die Bedürfnisse eines Kindes können im Alter von drei und zehn Jahren sehr verschieden sein und in den Jahren dazwischen können viele weitere Veränderungen auftreten wie ein Umzug, neue Partner der Eltern, aber auch neue Interessen des Kin-

---

151 Prütting/Helms/Hammer, § 156 FamFG Rn. 44.
152 Prütting/Helms/Hammer, § 156 FamFG Rn. 44.
153 Kaltenborn, British Journal of Social Work (2001), 31, 81 (81).

des.¹⁵⁴ Sowohl im ersten Entscheidungsfindungsprozess als auch später sollte das Kind einbezogen werden, um die Regelungen flexibel genug zu gestalten und sie den sich verändernden Bedürfnissen aller Beteiligten anpassen zu können.¹⁵⁵

gg) Verzicht der Kindesanhörung bei elterlicher Einigung

1269 In der Studie von *Lempp* gaben die befragten Richter an, in etwa einem Drittel der Verfahren bei Einigung der Eltern auf eine Kindesanhörung zu verzichten.¹⁵⁶ 25 Jahre später erklärten 75,8 % der von *Karle* u.a. befragten Richter selbiges, dabei lag die elterliche Einigung – nach „das Kind sei zu jung" – auf Rang zwei der Argumente, auf die Anhörung des Kindes zu verzichten.¹⁵⁷ Begründet wird dies damit, dass eine elterliche Einigung angeblich per se im Interesse des Kindes sei. Diese Ansicht beruht auf der Prämisse, dass eine Einigung der Eltern dafür spreche, dass sie sich versöhnt haben und dass sie in Zukunft miteinander (wieder) kooperieren und kommunizieren können, wovon auch das Kind profitiere. Ferner wird angenommen, dass die Eltern die Bedürfnisse des Kindes ohnehin am besten kennen und bei einer Einigung die Interessen des Kindes hinreichend berücksichtigen. Diese Annahmen halten jedoch einer Überprüfung nicht stand.

1270 *Lempp* et al. erklärten bereits 1987, dass es nicht gerechtfertigt sei, die Anhörung des Kindes davon abhängig zu machen, ob es sich um ein streitiges oder unstreitiges Verfahren handelt.¹⁵⁸ Der Richter habe **auch in unstreitigen Verfahren die Wächteramtsfunktion** zu erfüllen, also mögliche Kindeswohlgefährdungen in den Familien aufzuspüren und notfalls zum Wohl des Kindes anders zu entscheiden, als es die Eltern vereinbart haben.¹⁵⁹

1271 Eine **Einigung der Eltern bedeutet nicht zwangsläufig, dass die Regelung die Interessen des Kindes besser respektiert** und berücksichtigt als eine richterliche Entscheidung.¹⁶⁰ Gegebenenfalls verhandeln sie letztlich über das Kind wie über eine Sache und teilen seine Zeit so auf, wie sie es für sich als fair empfinden. Eine aus der Sicht der Eltern einvernehmliche Lösung kann aus der Perspektive des Kindes völlig anders aussehen.¹⁶¹ Die Eltern mögen zwar glauben, das Beste für das Kind zu regeln, meinen dabei aber vielfach sich selbst.¹⁶² Oft können oder wollen die Eltern die wahren Neigungen und tieferen Bindungen des Kindes nicht ermessen.¹⁶³ Für das Kind macht es im Ergebnis keinen Unterschied, ob die Regelung durch gerichtliche Entscheidung oder elterliche Einigung über seinen Kopf hinweg zustande kam, wenn es im Rahmen der Entscheidungsfindung nicht angehört wurde und somit seine individuellen Interessen und Bedürfnisse keine

---

154 Parkinson/Cashmore, S. 218.
155 Parkinson/Cashmore, S. 218.
156 Lempp u.a., S. 88.
157 Vgl. Karle u.a., S. 64.
158 Lempp u.a., S. 106.
159 Lempp u.a., S. 46.
160 Vgl. Parkinson/Cashmore, S. 217.
161 Salgo, FPR 2010, 456 (457).
162 Klußmann/Stötzel, S. 57.
163 Luthin, FamRZ 1981, 111 (113).

Berücksichtigung fanden.[164] **Kinder** haben aber im Allgemeinen einen **sehr ausgeprägten Sinn dafür, was in ihrer Familie fair und gerecht ist**, sodass man eine Chance verschenkt, wenn man den Vorstellungen des Kindes, die oft von den Fairness-Vorstellungen der Eltern abweichen, keinen Platz gibt.[165] In Kenntnis der tatsächlichen Perspektive des betroffenen Kindes können bessere, einzelfallgerechte Regelungen getroffen werden.[166]

1272 Hinsichtlich des Ergebnisses kann es wie eine „Nagelprobe" sein, die Reaktion des Kindes auf die von den Eltern gewollte Regelung oder die beabsichtigte richterliche Entscheidung zu beobachten, da sie sehr oft deutlich macht, ob das Ergebnis für das Kind in Ordnung ist.[167] Die Kenntnis der Perspektive des Kindes kann den Eltern auch die Sicherheit geben, die richtige Regelung gefunden zu haben.[168] Werden schließlich Regelungen getroffen, in denen sich alle Familienmitglieder – also auch das Kind – hinreichend repräsentiert sehen, kann dies zu einer Verbesserung der innerfamiliären Beziehungen führen.

3. Einvernehmen in Kindschaftssachen

1273 Eine Einigung über die das Kind betreffenden Belange kann für viele Familien eine gute Alternative gegenüber einer streitigen Gerichtsentscheidung darstellen. Dies setzt aber voraus, dass die Beteiligten willens und in der Lage sind, miteinander zu verhandeln, und zudem bereit sind, Kompromisse einzugehen. Für den Verfahrensbeistand gilt, dass er als Interessenvertreter des Kindes eigenständiger Beteiligter im Verfahren ist (§ 158 Abs. 3 Satz 2 FamFG). Er ist dafür zuständig **sicherzustellen, dass die Interessen, Bedürfnisse, Ängste, Wünsche des Kindes hinreichend berücksichtigt werden** – unabhängig davon, ob der Richter entscheidet oder die Eltern eine Einigung treffen. Denn eine Einigung der Eltern ist noch kein Garant dafür, dass die Interessen des Kindes gewahrt sind.

1274 Auch vor einem Einvernehmen ist **zunächst der Sachverhalt zu erarbeiten**, weil erst danach eingeschätzt werden kann, welche Lösung auch im Interesse des Kindes ist. Zu beachten ist: Je schwerwiegender der Konflikt der Eltern ist, desto größer ist die Gefahr, dass sich das Verfahren eher auf die Eltern und gegebenenfalls deren Einigung konzentriert als auf das Kind. Auch für den Verfahrensbeistand gilt daher, dass, je schwerwiegender der Konflikt ist, desto eher müssen der Schutz des Kindes und die umfassende Sachverhaltsaufklärung (z.B. betreffend Vorgeschichte der Familie, die Bedürfnisse des Kindes, häusliche Gewalt, Konfliktniveau, Alkohol- und Drogenproblematik, psychische Probleme) im Vordergrund stehen.[169] Es ist immer im Einzelfall abzuschätzen, ob der Konflikt einer Vermittlung überhaupt zugänglich ist, also ob bei sämtlichen Beteiligten (noch) eine hinreichende Bereit-

---

164 Zu den Auswirkungen einer Mediation zwischen Eltern auf ihre Kinder s. in diesem Handbuch Rn. 1261 ff., 1297 ff.
165 Krabbe/Thomsen, Familienmediation mit Kindern und Jugendlichen, Rn. 93.
166 Vgl. Parkinson/Cashmore, S. 191.
167 Vgl. Carl/Eschweiler, NJW 2005, 1681 (1686).
168 Vgl. auch Maywald, FPR 2010, 460.
169 Vgl. auch Prütting/Helms/Hammer, § 156 FamFG Rn. 19.

schaft und Fähigkeit zur Erarbeitung einer einvernehmlichen, nachhaltigen Lösung besteht.[170] Auch der **Verfahrensbeistand** sollte eine **eigene Einschätzung** darüber treffen, ob im Interesse des Kindes das Bemühen um ein Einvernehmen oder eine gerichtliche Entscheidung das Mittel der Wahl ist, und dies dem Gericht kommunizieren. Eine Gerichtsentscheidung kann für die Beteiligten auch erleichternd und strukturgebend sein. Nehmen Sachaufklärung oder außergerichtliche Vermittlungsbemühungen Zeit in Anspruch, kann es erforderlich sein, eine Teilvereinbarung zu treffen oder den Erlass einer einstweiligen Anordnung zu erwirken, um für diesen Zeitraum eine für das Kind erforderliche Stabilität und Verlässlichkeit zu gewährleisten. Im Folgenden sollen die Rechtsgrundlagen sowie Möglichkeiten und Grenzen von Einvernehmen, schließlich die Beteiligung des Kindes und die Rolle des Verfahrensbeistands erörtert werden.

a) Rechtsgrundlagen

aa) Einvernehmen im familiengerichtlichen Verfahren, § 156 FamFG

Grundnorm für das Hinwirken auf ein **Einvernehmen** in Kindschaftsverfahren ist § 156 Abs. 1 FamFG, wonach das Gericht in Verfahren, die die elterliche Sorge bei Trennung und Scheidung, den Aufenthalt des Kindes, das Umgangsrecht oder die Herausgabe des Kindes betreffen, auf ein Einvernehmen der Beteiligten hinwirken soll, sofern dies dem Kindeswohl nicht widerspricht. In Umgangssachen sieht das Gesetz die **gerichtliche Billigung** einer Einigung vor (§ 156 Abs. 2 FamFG).[171] Vor der Herstellung eines Einvernehmens hat eine **eingehende Aufarbeitung und Klärung des Sachverhaltes** zu erfolgen (§ 26 FamFG).[172] Auch im Rahmen der Bemühungen um ein Einvernehmen bleibt das Anhörungsrecht des Kindes nach § 159 Abs. 1 bzw. Abs. 2 FamFG unberührt. Die Pflicht zur Einbeziehung des Kindes betrifft auch Einigungen, die bereits im ersten frühen Termin gem. § 155 FamFG zustande kommen, zu welchem das Kind in der Regel nicht geladen wird. Sofern nicht jedenfalls ein Verfahrensbeistand bereits mit dem Kind gesprochen hat und die Berücksichtigung seiner Perspektive im ersten Termin sicherstellen kann, sollte eine Billigung der Einigung erst nach Anhörung des Kindes erfolgen. Auch vor Erlass einer einstweiligen Anordnung ist das Kind gemäß § 55 Abs. 3 Satz FamFG anzuhören.

1275

Der Verfahrensbeistand sollte auch dafür Sorge tragen, **dem Kind das Ergebnis der mündlichen Verhandlung bzw. des Einvernehmens mitzuteilen und zu erklären**.

(1) Einvernehmen in Verfahren wegen elterlicher Sorge (§ 156 Abs. 1 FamFG, § 1671 BGB)

Bei einer elterlichen Einigung über die Übertragung der gesamten oder teilweisen elterlichen Sorge auf einen Elternteil kommt hinzu, dass einem 14-jährigen Kind

1276

---

170 Prütting/Helms/Hammer, § 156 FamFG Rn. 19.
171 Vgl. Ernst, NZFam 2015, 804.
172 Vgl. Weber, NZFam 2017, 99 (101).

nach § 1671 Abs. 2 Nr. 1 BGB ein **Widerspruchsrecht** zusteht, daher ist ein 14-jähriges Kind zwingend zur elterlichen Einigung zu hören, damit es ggf. sein Widerspruchsrecht ausüben kann. Auch jüngere Kinder sind anzuhören, da ihre Neigungen, Bindungen und ihr Wille in Sorgerechtsentscheidungen grundsätzlich von Bedeutung sind (§ 159 Abs. 2 FamFG).[173] Eine elterliche Einigung allein zur Übertragung der elterlichen Sorge genügt nicht, sondern in der Regel ist eine gerichtliche Entscheidung, gerichtliche Protokollierung oder Erklärung beim Jugendamt erforderlich (vgl. §§ 1671, 1626a, 1666 BGB).

(2) Einvernehmen in Verfahren wegen Umgang (§ 1684 BGB, § 156 Abs. 2 FamFG)

1277 Erzielen „die Beteiligten" ein Einvernehmen über das Umgangsrecht, ist dieses nach § 156 Abs. 2 FamFG gerichtlich zu billigen, sofern die Regelung dem Kindeswohl nicht widerspricht. Laut der Gesetzesbegründung setzt dies auch die **Zustimmung des Kindes** zur vereinbarten Regelung voraus,[174] da es in Umgangsverfahren Verfahrensbeteiligter ist (§ 7 Abs. 2 Nr. 1 FamFG i.V.m. § 1684 Abs. 1 BGB). Es genügt also nicht, in der einvernehmlichen Regelung der sorgeberechtigten Eltern zugleich (konkludent) die erforderliche Zustimmung des Kindes zum Vergleich zu sehen.[175] Das **Kind ist auf jeden Fall persönlich anzuhören** (§ 159 FamFG) und an der Erzielung von Einvernehmen zu beteiligen.[176] Hierbei ist dem Kind nicht nur ein Ja oder Nein zur vereinbarten Regelung der Eltern abzugewinnen – zumal das Kind von einer Entscheidungsverantwortung freigehalten werden soll –, sondern es soll ein möglichst dialogisch angelegtes Verfahren gestaltet werden.[177] Ziel ist es, dem Kind rechtliches Gehör zu gewähren und dem Gericht die Einschätzung zu ermöglichen, das Befinden des Kindes zu ermitteln und somit zu überprüfen, ob die Regelung dem Kindeswohl nicht widerspricht (§ 156 Abs. 2 Satz 2 FamFG).[178]

1278 Teilweise wird die Erforderlichkeit der Zustimmung des Kindes davon abhängig gemacht, ob das Kind verfahrensfähig (§ 9 Abs. 1 Nr. 3 FamFG) ist, also mindestens 14 Jahre alt ist und sein Umgangsrecht durchsetzen will.[179] Umstritten ist, ob jüngere Kinder überhaupt zustimmen müssen beziehungsweise ob sie dabei gesetzlich vertreten werden müssen.[180] Dieser Streit wirkt letztlich eher formal-juristisch und orientiert sich wenig am Kindeswohl. Vor allem in Umgangssachen, die das

---

173 Zu spezifischen Fragestellungen im Gespräch mit dem Kind betreffend die elterliche Sorge s. Carl/Clauß/Karle, Kindesanhörung (2015), S. 164 ff.
174 BT-Drucks. 16/6308, S. 237; MünchKomm-FamFG/Schumann (2013), § 156 FamFG Rn. 21.
175 So jedoch AG Ludwigslust FamRZ 2010, 488; kritisch zu dieser Entscheidung des AG Ludwigslust s. Haußleiter, FamFG, § 156, Rn. 14.
176 Zu spezifischen Fragestellungen im Gespräch mit dem Kind zum Umgang s. Carl/Clauß/Karle, Kindesanhörung (2015), S. 166 ff.
177 Güthoff, in: Güthoff/Sünker, S. 201 (204).
178 MünchKomm-FamFG/Schumann (2013), § 156 FamFG Rn. 20.
179 So z.B. Keidel/Engelhardt, § 156 FamFG Rn. 12; Köhler ZKJ 2018, 50 (53). Zur Verfahrensfähigkeit von Kindern und Jugendlichen, s. in diesem Handbuch Rn. 1571 ff.
180 Siehe zum Meinungsstreit Prütting/Helms/Hammer, § 156 FamFG Rn. 51 sowie Ernst, NZFam 2015, 804; Coester, in: Lipp/Schumann/Veit, S. 55; Ivanits, ZKJ 2012, 98.

zukünftige Leben des Kindes, seine Zeiteinteilung und seine Beziehungen zu seinen Eltern, Geschwistern, weiteren Bindungspersonen sowie Freunden maßgeblich bestimmen, sollte handlungsleitend sein, Regelungen zu finden, die auch das Kind langfristig gut tragen kann. Ist das Kind mit einer Umgangsvereinbarung nicht einverstanden, kann nicht ohne Weiteres davon ausgegangen werden, dass sie seinem Wohl dient und das Kind gut mit der Regelung wird leben können – welche Gründe auch immer dahinter stehen. Es ist nicht nachvollziehbar, weshalb hier die Verfahrensfähigkeit oder gesetzliche Vertretung des Kindes bei Erklärung seiner Ablehnung entscheidend sein soll. Die Ablehnung des Kindes sollte Anlass geben zu prüfen, ob zumindest kurzfristig eine andere Regelung zielführender ist oder was an der Regelung geändert werden kann, damit auch das Kind sie gut umsetzen kann.

1279 Für den Verfahrensbeistand gilt, dass er selbst Beteiligter im Verfahren und somit auch seine Zustimmung zu einer Umgangsvereinbarung erforderlich ist, und zwar unabhängig davon, ob er mit einfachem oder erweitertem Aufgabenkreis nach § 158 Abs. 4 FamFG bestellt wurde.[181] Als Interessenvertreter des Kindes ist es seine Aufgabe sicherzustellen, dass die Kindesinteressen in der einvernehmlichen Regelung hinreichend zur Geltung kommen und nicht zugunsten eines Kompromisses der Eltern übergangen werden.[182] Eventuelle Bedenken hat der Verfahrensbeistand in das Verfahren einzubringen (§ 158 Abs. 4 Satz 1 FamFG).[183] Dabei sind durchaus auch Gründe denkbar, die nicht bereits kindeswohlgefährdend sind, aber dennoch ausschlaggebend für eine den Interessen und Bedürfnissen des Kindes gerecht werdende Regelung sein können. Auch bei Bemühungen um ein Einvernehmen muss der Verfahrensbeistand als Interessenvertreter des Kindes penibel darauf achten, den **Fokus auf das Kind zu wahren** und sicherzustellen, dass nicht irgendwie eine Einigung getroffen wird, sondern immer nur eine solche Einigung, die dem Interesse des betroffenen Kindes hinreichend Geltung verschafft.

1280 Die elterliche Einigung bietet keine Rechtfertigung für einen Verzicht auf die persönliche Anhörung und Beteiligung des Kindes. Die Eltern (§ 1626 Abs. 2 Satz 2 BGB) und auch die Jugendhilfe (§ 8 Abs. 1, § 17 Abs. 2 SGB VIII) sollen das Kind einbeziehen und mit ihm Einvernehmen anstreben, bei einem gerichtlichen Vergleich kann nichts anderes gelten.[184] Die Erkenntnis, dass es zum einen für die Eltern äußerst hilfreich sein kann, die Sichtweise und das Befinden des Kindes von einem Dritten übermittelt zu bekommen, und dass zum anderen Regelungen, die mit der Zustimmung des Kindes getroffen sind, oft nachhaltiger sind, sollte dazu drängen, das Kind auch bei Vermittlungen möglichst früh persönlich zu beteiligen und seine Meinung angemessen zu berücksichtigen, damit ein gesamtfamiliäres Einvernehmen erzielt werden kann.[185] Es ist Aufgabe des Verfahrensbeistands sicherzustellen, dass die Interessen des Kindes in der getroffenen Regelung hinrei-

---

181 Vgl. nur Prütting/Helms/Hammer, § 156 FamFG Rn. 52 m.w.N.
182 Hammer, FamRZ 2011, 1268; Salgo, FPR 2012, 456.
183 Vgl. in diesem Handbuch Heilmann in diesem Handbuch, Rn. 1457.
184 Staudinger/Coester (2016), § 1671 BGB Rn. 292.
185 Staudinger/Coester (2016), § 1671 BGB Rn. 292; Ivanits, NZFam 2016, 7.

chend zur Geltung kommen; ansonsten sollte er dem Einvernehmen nicht zustimmen.

1281 Stimmt ein Beteiligter – also ein Elternteil, das Kind, der Verfahrensbeistand oder das beteiligte Jugendamt – dem Einvernehmen nicht zu, sollte das Gericht den Vergleich nicht billigen, sondern per Beschluss (§ 38 FamFG) entscheiden.[186] Vor der Beschlussfassung hat sich das Gericht im Rahmen seiner Ermittlungspflicht (§ 26 FamFG) mit den Bedenken und Einwänden intensiv auseinanderzusetzen und den vorgeschlagenen Vergleich gemessen an § 1697a BGB zu überprüfen. Ergeben die Ermittlungen, dass die von den Eltern vorgeschlagene Regelung dem Kindeswohl widerspricht, müsste das Gericht die Billigung ohnehin nach § 156 Abs. 2 Satz 2 FamFG versagen. Ergeben die Ermittlungen keine Gefahr einer Kindeswohlgefährdung, steht es dem Gericht frei, den Inhalt des Vergleichs in einen Beschluss umzuwandeln. Der Verfahrensbeistand sowie das beteiligte Jugendamt können also ein Einvernehmen der persönlich am Verfahren Beteiligten scheitern lassen. Erforderlich hierfür ist, dass Gründe vorgetragen werden, die im Interesse des Kindeswohls eine Entscheidung gegen den übereinstimmenden Willen der Eltern erforderlich werden lassen.[187] Trifft das Gericht dann eine Entscheidung, in der der Verfahrensbeistand die Interessen des Kindes nicht hinreichend berücksichtigt sieht, kann er gegen die Entscheidung in **Beschwerde** gehen.

(3) Verfahren wegen Kindeswohlgefährdung (§ 157 FamFG, § 1666 BGB)

1282 In Verfahren wegen Kindeswohlgefährdung gilt die Leitidee des Hinwirkens auf ein Einvernehmen gemäß § 156 FamFG nicht.[188] Denn Gegenstand kindesschutzrechtlicher Verfahren ist die Frage, ob eine Gefährdung des körperlichen, seelischen und geistigen Wohls des Kindes besteht, und wenn ja, ob die Eltern gewillt und in der Lage sind, die Gefährdung abzuwenden (§ 1666 BGB).[189] Es geht um den Schutzanspruch des Kindes gegen den Staat auf Schutz vor Gefährdungen,[190] es kommt das staatliche Wächteramt zum Tragen (Art. 6 Abs. 2 Satz 2 GG). Unter Gefährdung sind insbesondere die Misshandlung und Vernachlässigung eines Kindes verstehen[191] sowie auch schwere und nachhaltige Beeinträchtigung der Entwicklung eines Kindes zum Beispiel durch Trennung von seiner Pflegefamilie, wenn es bereits seit längerer Zeit dort lebt (vgl. § 1632 Abs. 4 BGB).[192] Aus dem Verhältnismäßigkeitsgrundsatz (§ 1666a BGB) und dem Gefahrenabwendungsprimat der Eltern (§ 1666 Abs. 1 BGB) ergibt sich die Pflicht zur Erörterung mit den Eltern

---

186 Vgl. Salgo, FPR 2010, 456 (459) und Rn. 1454 ff.
187 Prütting/Helms/Hammer, §156 FamFG Rn. 54 m.w.N.
188 Vgl. auch OLG Brandenburg, Beschluss vom 21.5.2019, 9 WF 11/19 – juris = BeckRS 2019, 11065.
189 Staudinger/Coester (2016), § 1671 Rn. 293; in diesem Handbuch Heilmann, Rn. 1465 sowie in diesem Handbuch Berneiser, Rn.1624 ff.
190 BVerfG, ZKJ 2017, 225.
191 Zu den Tatbestandsvoraussetzungen der Kindeswohlgefährdung s. in diesem Handbuch, Dürbeck Rn. 629 ff.
192 Zu den Voraussetzungen einer Verbleibensanordnung s. BVerfG, ZKJ 2017, 225 sowie in diesem Handbuch Dürbeck Rn. 687.

(§ 157 FamFG). Das gerichtliche Erörterungsgespräch nach § 157 FamFG ist jedoch **nicht auf ein Einvernehmen gerichtet, sondern auf die Ermittlung**, ob die Eltern bereit und in der Lage sind, die Gefährdung abzuwenden, erforderliche Hilfen anzunehmen und mit dem Jugendamt zu kooperieren.[193] Dem Erörterungsgespräch kann daher ein erziehender Charakter und eine Warnfunktion nicht abgesprochen werden. Das Familiengericht hat in jedem Fall einen Beschluss zu treffen, in dem entweder Maßnahmen nach § 1666 BGB angeordnet werden oder festgestellt wird, dass kindesschutzrechtliche Maßnahmen derzeit nicht veranlasst sind.[194] Fokus der Tätigkeit der am Verfahren beteiligten Fachleute, somit auch des Verfahrensbeistands, muss die umfassende Sachverhaltsermittlung und -analyse sowie der Schutz des Kindes vor Gefährdungen sein, nicht ein Einvernehmen.

bb) Einvernehmen im Rahmen einer außergerichtlichen Vermittlung, insbesondere Mediation

Eine außergerichtliche Vermittlung bzw. Mediation kann vor, während oder auch nach einem Gerichtsverfahren durchgeführt werden, beispielsweise beim Jugendamt, bei einem freien Träger oder selbstständigen Mediator.[195] Für Vermittlungen des Jugendamtes regelt § 17 Abs. 2 SGB VIII, dass das Kind an der Entwicklung eines einvernehmlichen Konzepts für die Wahrnehmung der elterlichen Sorge angemessen zu beteiligen ist. Allerdings wird dem Kind im Verfahren beim Jugendamt kein dem Verfahrensbeistand vergleichbarer Interessenvertreter zur Verfügung gestellt.

1283

Für Mediationen gilt das **Mediationsgesetz**, in diesem ist aber **weder die Beteiligung noch die Interessenvertretung des Kindes geregelt**. Kinder werden in Mediationen letztlich meist nicht persönlich beteiligt.[196] Dies führt zu einer ungleich schwächeren Position des Kindes im Gegensatz zum Gerichtsverfahren. Denn dort steht dem Kind ein Anhörungs- und Beteiligungsrecht sowie ein Interessenvertreter (Verfahrensbeistand) zu. In einer Mediation hingegen wird das Kind in der Regel nicht persönlich beteiligt und kann auch nicht mit einer seine Interessen vertretenden Person Rücksprache halten und dieser Fragen stellen. Vereinzelt wird zwar die Hinzuziehung eines Kinder-Interviewers empfohlen und praktiziert, der zunächst mit den Eltern spricht, dann mit dem Kind und den Eltern sodann die Perspektive des Kindes zurückmeldet.[197] Allerdings wirkt der Kinder-Interviewer meist nicht mit zum Abschluss des Mediationsverfahrens mit.

1284

Eine dem Alter und der Reife angemessene persönliche Beteiligung und Interessenvertretung des Kindes in der außergerichtlichen Vermittlung oder Mediation sollte sichergestellt werden. Der Ausschuss für die Rechte des Kindes, der die regelmäßig vorzulegenden Staatenberichte überprüft und Empfehlungen ausspricht,

1285

---

193 BT-Drucks. 16/6308, S. 237.
194 Prütting/Helms/Hammer, § 157 FamFG Rn. 27.
195 Zu außergerichtlicher Konfliktbeilegung s. Prütting/Helms/Hammer, § 156 FamFG Rn. 20 ff.; Ivanits, in: Heilmann/Lack (Hrsg.), Die Rechte des Kindes, S. 255 (270 ff.).
196 Krabbe/Thomsen, Familienmediation mit Kindern und Jugendlichen, S. 31.
197 Bernhardt, FPR 2005, 95 (97).

hat ausdrücklich erklärt, dass Art. 12 UN-KRK auch dann gilt, wenn im Rahmen des Gerichts- oder Verwaltungsverfahrens alternative Konfliktlösungsverfahren wie Mediation oder Schlichtung durchgeführt werden.[198] Der Staat ist somit verpflichtet sicherzustellen, dass das Kind auch in einer seine Person berührenden Mediation die Gelegenheit erhält, seine Meinung zu äußern, und dass diese Meinung angemessen berücksichtigt wird. Es stellt sich ferner die Frage, ob die Voraussetzungen für die gerichtliche Protokollierung einer in einer Mediation getroffenen Umgangsregelung nach § 156 Abs. 2 FamFG vorliegen, wenn das Kind an der Entscheidungsfindung nicht beteiligt wurde. Denn die Protokollierung eines Umgangsvergleichs setzt ein „Einvernehmen der Beteiligten", also auch des Kindes, voraus.

1286 Die angemessene Einbeziehung und Interessenvertretung des Kindes in der Mediation hätte im Mediationsgesetz verankert werden sollen, um eine Stimmigkeit zwischen Mediationsgesetz und Kindschaftsrecht herzustellen[199] und um die Anforderungen des Art. 12 UN-KRK zu erfüllen. Konventionswidrig dürfte auch die Gesetzesbegründung zum Mediationsgesetz sein, in der erklärt wird, der Mediator sei anders als ein Richter nicht vornehmlich dem Kindeswohl, sondern den Parteien verpflichtet.[200] Nach Art. 3 UN-KRK ist aber bei allen Maßnahmen, die Kinder betreffen, gleichviel ob sie von öffentlichen oder privaten Einrichtungen der sozialen Fürsorge, Gerichten, Verwaltungsbehörden oder Gesetzgebungsorganen getroffen werden, das Wohl des Kindes ein Gesichtspunkt, der vorrangig zu berücksichtigen ist. Somit sollte auch ein Mediator das Kindeswohl vorrangig berücksichtigen.

1287 Die Beteiligung des Kindes an einer Mediation sollte nicht von der Zustimmung der Eltern abhängig gemacht werden, so wie auch die gerichtliche Kindesanhörung nach § 159 FamFG keiner elterlichen Zustimmung bedarf. Den Eltern sollten ausführlich die Vorteile einer angemessenen Beteiligung des Kindes erläutert werden. Betreffend die Interessenvertretung des Kindes in der Mediation könnte ein Verfahrensbeistand in derselben Rolle und mit denselben Aufgaben wie im Gerichtsverfahren hinzugezogen werden.

1288 Hinsichtlich der **Verschwiegenheitspflicht des Mediator**s regelt § 4 Satz 3 Nr. 2 MediationsG, dass diese nicht gilt, soweit die Offenlegung aus vorrangigen Gründen der öffentlichen Ordnung geboten ist, insbesondere um eine Gefährdung des Wohles des Kindes abzuwenden. Die Regelung der Schweigepflicht sowie der Ausnahme bei Kindeswohlgefährdung sind ein wichtiger Schritt für den Schutz des Kindes in einer Mediation.[201]

1289 Die für Familienrichter hinsichtlich Kindesanhörung und Kinderschutz zu Recht geforderte **Fortbildungspflicht** sollte entsprechend auch für Familienmediatoren

---

198 Güthoff, in: Güthoff/Sünker, S. 201 (204).
199 Kinderrechtekommission des Deutschen Familiengerichtstags, Stellungnahme zum Referentenentwurf eines Mediationsgesetzes vom 4.8.2010, S. 5 (www.dfgt.de/resources/Stellungnahme_ Mediations_G_2010.pdf; Zugriff: 30.4.2019).
200 Güthoff, in: Güthoff/Sünker, S. 201 (204).
201 Vgl. auch Salgo, ZKJ 2011, S. 419 ff.

implementiert werden.[202] Jedenfalls in einer Rechtsverordnung über die Aus- und Fortbildung des zertifizierten Mediators (vgl. § 6 MediationsG) sollten die Gesprächsführung mit Kindern sowie Grundkenntnisse der Entwicklungspsychologie und der familialen Entwicklungsphasen[203] als erforderliche Ausbildungsinhalte aufgenommen werden.[204] Es ist dringend ein Bewusstsein für die Rechte des Kindes sowie für die Vorteile, die durch die Beteiligung des Kindes gewonnen werden können, zu schaffen.

cc) Beteiligungsrecht innerhalb der Familie gem. § 1626 Abs. 2 Satz 2 BGB

Nach § 1626 Abs. 2 S. 2 BGB sind die Eltern innerfamiliär verpflichtet, Fragen der elterlichen Sorge mit dem Kind zu besprechen und nach seinem Entwicklungsstand mit ihm ein Einvernehmen anzustreben, es also am Zustandekommen eines Einvernehmens zu beteiligen.

1290

b) Humanwissenschaftliche Erkenntnisse zu Einvernehmen

aa) Vermittlung oder herkömmliches Gerichtsverfahren

Eine Vermittlung kann den Beteiligten ermöglichen, mit Hilfe eines neutralen Dritten (wieder) miteinander ins Gespräch zu kommen, die jeweiligen Interessen und Bedürfnisse herauszuarbeiten, gegenseitiges Verständnis zu entwickeln und auf dieser Basis gemeinsam Lösungen für den Konflikt zu finden, mit denen alle Beteiligten gut leben können. Je geringer das Konfliktniveau zwischen den Eltern ist und je besser sie miteinander und mit der Trennung klarkommen, desto eher verringern sich in der Regel auch die Belastungen des Kindes infolge der Trennung. Die **Indikation für eine Mediation** ist gegeben, wenn die Eltern grundsätzlich kooperationsbereit und -willig sind, sich über die Trennung einig sind, aber noch Folgefragen organisatorischer Art zu klären sind.[205] Die Durchführung einer Vermittlung und der Abschluss einer Einigung stehen indes nicht automatisch für eine bestehende Kooperationsfähigkeit und -bereitschaft der Beteiligten sowie für die Nachhaltigkeit einer getroffenen Regelung. Eine Mediation vermag nicht ohne Weiteres das Konfliktniveau zu senken und für eine Verbesserung der Kooperation und Kommunikation der Beteiligten zu sorgen.[206]

1291

Insbesondere bei Familien mit hohem Konfliktniveau oder mit Gewalthintergrund kann es für die Beteiligten überfordernd bis unzumutbar sein, gemeinsam zu ver-

1292

---

202 Ausführlich auch zu erforderlichen Inhalten der Fortbildung s. Carl/Clauß/Karle, Kindesanhörung (2015), S. 199 ff.
203 Siehe auch Richtlinien der BAFM für die Mediation in Familienkonflikten, siehe www.bafm-mediation.de > Verband > Richtlinien der BAFM für die Mediation in Familienkonflikten.
204 In der Verordnung über die Aus- und Fortbildung von zertifizierten Mediatoren (ZMediatAusbV) vom 21.8.2016 (BGBl. I S. 1994) werden zwar allgemeine Anforderungen an die Ausbildung und Zertifikation normiert, allerdings keine speziellen Anforderungen an Familienmediatoren und die Gesprächsführung mit Kindern gestellt.
205 Zur außergerichtlichen Konfliktbeilegung s. Prütting/Helms/Hammer, § 156 FamFG Rn. 20 ff.
206 Kritisch zu den Auswirkungen der Mediation, insbesondere auch auf die Kinder, Rn. 1297 ff. m.w.N.; zu Möglichkeiten und Grenzen außergerichtlicher Mediation s. Ivanits, in: Heilmann/Lack (Hrsg.), Die Rechte des Kindes, S. 255 (271)

handeln.[207] Ein Einvernehmen ist dann gegebenenfalls nur bedingt bis gar nicht zielführend bzw. erzielbar. Die Fachleute müssen sich hier mit Fragen beschäftigen, die über die normale Beratung, Mediation hinausgehen.[208] Auch muss sichergestellt sein, dass keiner der Beteiligten physischen oder psychischen Gefahren im Rahmen der Vermittlung ausgesetzt ist. Es muss darauf geachtet werden, dass jeder Beteiligte im Verfahren mit seinen Ängsten und Sorgen hinreichend gehört und ernst genommen wird. Der Fokus muss auf umfassender Sachverhaltsermittlung und -analyse sowie dem Kinderschutz liegen, nicht auf einer elterlichen Einigung. Außergerichtlich können strukturierte, langfristige beraterische Interventionen mit Einzelsitzungen erforderlich und zielführender sein als eine Mediation. Im Gerichtsverfahren kann oft eine gerichtliche Entscheidung erforderlich sein, um die notwendige Klarheit und Struktur zu schaffen[209] und den Beteiligten langwierige, frustrierende und erfolglose Vermittlungsbemühungen zu ersparen.

1293 Von der Erzeugung eines unangemessenen **Einigungsdrucks** – etwa durch den Richter, den Mediator oder gar einen Sachverständigen oder Verfahrensbeistand – ist abzusehen. Zwar kann ein gewisser Druck in vielen Situationen unabdingbar sein, um einen Erfolg zu erreichen. Ein angemessener Druck kann Chancen eröffnen und etwas in Bewegung setzen, was sonst vielleicht nicht in Bewegung gekommen wäre.[210] Ein Druck, der sich nur auf die einmalige Kontaktaufnahme mit einem Berater oder Mediator beschränkt, nimmt den Eltern die Entscheidung ab, sich für ein Einvernehmensverfahren zu entscheiden und eventuell den anderen davon überzeugen zu müssen. Der Vermittler darf aber nicht Druck hinsichtlich des Abschlusses einer Einigung, insbesondere nicht eines bestimmten Inhalts, ausüben. Auch sollte der Widerstand eines Beteiligten nicht vorschnell als Bindungsintoleranz oder mangelnde Kooperationsbereitschaft bewertet werden.[211] Hier gilt es, den Sachverhalt, also neben den Wünschen und Ressourcen auch die Risiken, Ängste und Defizite zu erarbeiten und zu berücksichtigen. Andernfalls besteht die Gefahr, dass einer der Beteiligten voreilig nachgibt, weil er sich den Belastungen des Konflikts nicht mehr gewachsen fühlt und das Verfahren so schnell wie möglich beenden[212] oder einfach nur als „guter" Elternteil dastehen will. Ob dem Kind damit gedient ist, ist höchst fraglich. Risiken wie z.B. Alkohol-, Drogen- oder Gewaltproblematiken könnten übersehen werden. Ob Eltern sich einigen können oder nicht, sagt nicht zwingend etwas über ihre individuelle Erziehungsverantwortung und -fähigkeit sowie die Vereinbarkeit der Einigung mit dem Kindeswohl aus.

---

207 Hierzu BVerfG, Beschluss vom 18.12.2003, 1 BvR 1140/03, FPR 2004, 260 f.; Rupp, Rechtstatsächliche Untersuchung zum Gewaltschutzgesetz (2005); Nothhafft, Stellungnahme zum Entwurf eines Gesetzes zur Reform des Verfahrens in Familiensachen und in den Angelegenheiten der freiwilligen Gerichtsbarkeit (FGG-Reformgesetz – FGG-RG) am 8.2.2008.
208 Zur Mediation und Beratung bei Hochstrittigkeit s. Krabbe, ZKJ 2016, 392.
209 Krabbe, ZKJ 2016, 392; Krabbe, ZKJ 2016, 48; vgl. Deutsches Jugendinstitut (DJI), Arbeit mit hochkonflikthaften Trennungs- und Scheidungsfamilien (2010); Trenczek/Petzold, ZKJ 2011, 409, 410.
210 Kähler, S. 89.
211 Vgl. Salzgeber, FamRZ 2008, 656 (658).
212 Kriegel, S. 141.

Ein Elternteil kann ein verantwortungsvoller Elternteil sein, auch wenn er sich nicht (mehr) mit dem anderen Elternteil verständigen, geschweige denn einigen kann.[213] **Nicht jeder Konflikt ist einvernehmlich lösbar.** Auch ist zu beachten, dass alltagspsychologische Vorannahmen oder aktuell gesellschaftlich erwünschte Regelungsmodelle immer im Einzelfall zu hinterfragen und mit fachlichem Wissen zu überprüfen sind.[214] Die Beteiligten werden außerdem auch bei einer richterlichen Entscheidung nicht ihrer autonomen Verantwortung enthoben: Selbst wenn sie die Regelungen nicht selbst getroffen haben, müssen sie doch mit den Regelungen leben und sie im Alltag in einer Vielzahl von Einzelentscheidungen autonom und verantwortungsvoll umsetzen.[215]

Auch der Verfahrensbeistand sollte immer im Einzelfall einschätzen, ob Bemühungen zur Herstellung eines Einvernehmens unter Berücksichtigung der bereits unternommenen Hilfestellungen, des Konfliktniveaus der Eltern und der Belastungen des Kindes zumutbar und erfolgversprechend sind bzw. dem Kindeswohl dienen.[216] Eine Einigung soll **immer nur eine Option und keine Obligation** darstellen.[217]

1294

bb) Bedeutung des Rechts bei einer Einigung – Grenzen der Privatautonomie

Bei Trennungskonflikten wird oft kritisiert, dass Gerichtsverfahren den Konflikt verrechtlichen, da sich der Richter nur am Gesetz orientiere und den Bedürfnissen der Beteiligten nicht hinreichend Rechnung trage. Andere befürchten, dass durch das außergerichtliche Verfahren in intimerer Umgebung Gefährdungen und Sicherheitsrisiken nicht ausgeschlossen werden können, denen vor Gericht mit entsprechenden insb. Gewaltschutz- oder Kindesschutzmaßnahmen begegnet werden kann.

1295

Selbst wenn Konflikte in außergerichtlichen Vermittlungen nicht vorwiegend rechtlich bearbeitet werden, sollten bestehende und den jeweiligen Beteiligten zustehende besondere Verfahrensrechte auch bei außergerichtlichen Vermittlungen nicht übergangen werden.[218] Art. 12 UN-KRK sollte Rechnung getragen werden, der auch in außergerichtlichen Verfahren eine Beteiligung des Kindes verlangt.[219] Auch im Hinblick auf die Möglichkeit der gerichtlichen Billigung einer Umgangsvereinbarung nach § 156 Abs. 2 FamFG ist eine Beteiligung des Kindes sinnvoll, da die gerichtliche Billigung nur dann erfolgen sollte, wenn ein Einvernehmen der Beteiligten, somit auch des Kindes, besteht.

1296

---

213 Vgl. z.B. BVerfG, Beschluss vom 18.12.2003, 1 BvR 1140/03, FamRZ 2004, 354 = FPR 2004, 260 f.
214 Salzgeber, FPR 2013, 299 (303).
215 Breidenbach, S. 268; Proksch, Familiendynamik (1992), 396.
216 Vgl. auch Prütting/Helms/Hammer, § 156 FamFG Rn. 19.
217 Kriegel, S. 65.
218 Breidenbach, S. 52.
219 Committee on the Rights of the Child (UN), CRC/C/GC/12, Abs. 90 ff.

cc) Elterliches Einvernehmen und Kindeswohl

1297 Sicherlich kann ein Kind die Trennung der Eltern besser bewältigen, wenn die Eltern die Folgekonflikte der Trennung kooperativ, selbstverantwortlich und einvernehmlich regeln können.[220] Auch ist sicher richtig, dass, je besser das Elternverhältnis ist, desto besser kann das Kind Kontakt zu beiden Eltern pflegen, ohne Loyalitätskonflikten ausgesetzt zu sein. Hieraus kann jedoch nicht der pauschale Umkehrschluss gezogen werden, dass dem Kind immer besser gedient ist, wenn die Eltern ein Vermittlungsverfahren durchlaufen und eine Einigung treffen, anstatt die Entscheidung des Gerichts herbeizuführen. Ein Einvernehmen steht nicht per se für Kooperation und Nachhaltigkeit und dient auch nicht stets dem Kindeswohl. Entscheidend ist, ob beide Elternteile die getroffene Sorgerechts- oder Umgangsregelung tatsächlich akzeptieren und umsetzen können und wollen.[221] Für das Kind wiederum macht es in der Regel keinen Unterschied, ob die Eltern ein Einvernehmen getroffen haben oder das Gericht entschieden hat, solange es sich stumm starren, fremdbestimmten Regelungen fügen muss.[222] Entscheidend für das Kind ist, ob es einbezogen worden ist und ob es die getroffene Regelung auch selbst mittragen kann und will.

1298 Die Studien von *McIntosh* und *Long*[223] zeigten, dass mit direkter Beteiligung des Kindes (**child-inclusive Mediation**) nachhaltigere Regelungen getroffen werden konnten als in den child-focused Mediationen, in denen die Eltern lediglich animiert werden, die Interessen ihres Kindes in den Fokus zu stellen.[224] Die Autoren verglichen in ihren Studien aus den Jahren 2006 und 2009 die Auswirkungen von Mediationen ohne persönliche Beteiligung des Kindes (child-focused) mit den Auswirkungen von Mediationen mit direkter Einbeziehung des Kindes (child-inclusive). Nach Übermittlung der in einem Einzelgespräch mit dem Kind gewonnenen Informationen waren die Eltern oft gewillt, ihre Verhaltensweisen gegenüber dem Ex-Partner zu ändern, von ihrem gegenseitigen Streit Abstand zu nehmen, sich mehr auch auf das Kind und sein Wohl zu konzentrieren und Kompromisse einzugehen. Selbst wenn das Kind nicht die Sichtweise des jeweiligen Elternteils unterstützte, konnte dieser die Kindesmeinung besser annehmen, wenn er sie über einen unabhängigen Experten anstatt über den Ex-Partner übermittelt bekam.[225]

1299 In den „child-inclusive" Verfahren wurden meist Umgangskontakte mit weniger Übernachtungen vereinbart, aber die Beteiligten waren meist zufriedener mit den Regelungen als in der Vergleichsgruppe.[226] Vier Jahre nach der Mediation kam es

---

220 Proksch, in: Amthor u. a., Kindschaftsrecht 2000, S. 141 (144).
221 Vgl. Breidenbach, S. 268.
222 Vgl. Wallerstein/Lewis/Blakeslee, S. 222.
223 McIntosh/Long, Child Beyond Dispute. A Prospective Study of Outcomes from Child Focused and Child Inclusive Post-Separation Family Dispute Resolution (2006); McIntosh/Long/Wells, Child Beyond Dispute. A four year follow up study of outcome from Child Focused and Child Inclusive post-separation family dispute resolution (2009).
224 Zur Beteiligung von Kindern an einer Mediation siehe auch in diesem Handbuch Rn. 1283 ff.
225 McIntosh/Wells/Smyth/Long, Family Court Review 2008, 105 (118).
226 McIntosh/Wells/Smyth/Long, Family Court Review 2008, 105 (118).

bei den Familien mit einer child-inclusive Mediation im Gegensatz zu den Familien mit einer child-focused Mediation zu weniger rechtlichen Streitigkeiten, es fanden mehr und regelmäßigere Übernachtungsbesuche statt, die Beteiligten waren mit der Wohnsituation zufriedener und die Kinder fühlten sich dem getrennt lebenden Elternteil näher.[227] Entscheidend muss also sein, dass die Eltern *und* das Kind die gefundene Lösung akzeptieren.[228]

4. Fazit

Kindesrecht, Kindeswohl und Kindeswille sind ineinander verflochten und untrennbar miteinander verbunden. Die Äußerungen des Kindes dürfen im kindschaftsrechtlichen Verfahren nie ohne Resonanz bleiben. Die Frage sollte nicht sein, wie Kinder vor der Einbeziehung geschützt, sondern wie sie vor einer Nichteinbeziehung geschützt und bei der Einbeziehung beschützt werden.[229] Die Belastungen der Kinder liegen nicht vornehmlich in der Teilnahme an einer Intervention, sondern vielmehr darin, mit ihren Sorgen alleine gelassen zu werden, abwarten zu müssen, bis andere Entscheidungen über ihr Leben getroffen haben, denen sie sich dann fügen sollen. — 1300

Wurden die Kinder am Entscheidungsfindungsprozess nicht beteiligt, macht es für sie keinen Unterschied, ob die Entscheidung von den Eltern mit oder ohne Mediator oder von einem Richter getroffen wurde. Die **Beteiligung des Kindes** und angemessene Berücksichtigung seiner Äußerungen sind nicht nur eine **rechtliche Pflicht**, sondern müssen auch **aus sozialpsychologischer Sicht** in der Praxis als **höchstes Gebot** angesehen und entsprechend umgesetzt werden. Entscheidend für die Umsetzung ist, dass die mit Kindern arbeitenden Professionen hinreichend erfahren und ausgebildet in der Arbeit mit Kindern sind sowie dass sie sich auf Besonderheiten des Einzelfalles einlassen und nicht allgemeingültige Annahmen umzusetzen versuchen. — 1301

Der Verfahrensbeistand sollte **immer zunächst den Sachverhalt erfassen** und die individuelle Situation und das Befinden des Kindes klären. **Erst danach** sollte er **an einem Einvernehmen mitwirken**, da er erst dann einschätzen kann, welche Lösung die Interessen des betroffenen Kindes tatsächlich hinreichend berücksichtigt. Aufgrund der originären Aufgabe des Verfahrensbeistands als Interessenvertreter des Kindes verbietet sich die Übernahme einer echten Vermittlungstätigkeit des Verfahrensbeistands. Aufgabe des Verfahrensbeistands ist es auch im Bemühen um ein Einvernehmen, für das Kind da zu sein, ihm die Gelegenheit zu geben, sich mitzuteilen, dem Kind die für es wichtigen Informationen zu geben, es zu beraten, seine Fragen zu beantworten und sicherzustellen, dass seine Interessen auch im Vermittlungsverfahren und bei einer Einigung hinreichend zu Geltung kommen. Schließlich sollte der Verfahrensbeistand dem Kind das Ergebnis mitteilen und erklären. — 1302

---

227 McIntosh/Long, Child Beyond Dispute (2009), S. 9 f.
228 Lossen/Vergho, FamRZ 1993, 768 (769).
229 Parkinson/Cashmore, S. 22.

VI. Konflikte um Pflegekinder

1. Fallkonstellationen

1303 § 158 Abs. 2 Nr. 4 FamFG nennt den Konflikt um die „Herausgabe eines Kindes oder eine Verbleibensanordnung" ausdrücklich als einen der Fälle, in denen die Bestellung eines geeigneten Verfahrensbeistands „in der Regel erforderlich" ist. Dies ist die zentrale, häufigste Konstellation in Rechtsstreitigkeiten um Pflegekinder (§ 1632 Abs. 4 BGB). Ein familiengerichtliches Verfahren, das Pflegekinder betrifft, kann aber auch in Gang gebracht werden aufgrund von Streitigkeiten um Sorgerechtsbefugnisse der Pflegeeltern (§ 1688 BGB) oder ihre Vormundschaft (§§ 1796, 1886 BGB) sowie um Umgangsrechte der leiblichen Eltern (§ 1684 BGB), der Geschwister oder der Großeltern (§ 1685 Abs. 1 BGB). Die Überprüfung oder Abänderung kindesschutzrechtlicher Maßnahmen gem. § 1696 Abs. 2 BGB, § 166 FamFG (siehe hierzu Dürbeck in diesem Handbuch, Rn. 651) kann das Pflegeverhältnis massiv berühren. Schließlich kann es nach Beendigung des Pflegeverhältnisses auch um Umgangsrechte der Pflegeeltern gehen (§ 1685 Abs. 2 BGB). Auch in diesen Fällen wird häufig ein Verfahrensbeistand nach § 158 Abs. 2 Nr. 1 FamFG zu bestellen sein, wenn und soweit „das Interesse des Kindes zu dem seiner gesetzlichen Vertreter in erheblichem Gegensatz steht".

1304 Umgangsstreitigkeiten haben an Bedeutung gewonnen, seit die Kindschaftsrechtsreform (1998) die Bedeutung des Umgangs für das Kindeswohl besonders hervorgehoben und insbesondere dem Kind ein eigenes Recht auf Umgang mit den Eltern eingeräumt hat, dem nunmehr auch eine Elternpflicht entspricht (§ 1684 Abs. 1 BGB). Der Bedeutungszuwachs zeigt sich insgesamt an der Verdopplung der gerichtlichen Umgangsverfahren seit dem Jahr 1999 auf 54.349 im Jahr 2016.[230] Auf den ersten Blick scheinen die auch für Pflegekinder geltenden Regelungen und die damit zusammenhängenden Konfliktmöglichkeiten und Streitfragen im gerichtlichen Verfahren den Konfliktkonstellationen um Sorge- und Umgangsrechte bei Scheidungskindern zu entsprechen. Dieser Eindruck täuscht jedoch.

1305 Im Verhältnis zu über 13 Millionen Minderjährigen bilden Pflegekinder mit etwa 0,4 % der gleichaltrigen Bevölkerung eine sehr kleine Teilgruppe der jungen Menschen in unserer Gesellschaft. Doch sie stellen „unter allen Kindern in Deutschland eine besonders belastete und im Hinblick auf ein psychisch gesundes Aufwachsen eine risikobehaftete Gruppe dar"[231] – so lautet ein zentrales Ergebnis der bislang größten Pflegekinderstudie Deutschlands. Die Situation von Pflegekindern unterscheidet sich in wesentlichen Punkten von der der (meisten) Scheidungskinder. In der Regel handelt es sich um **Kinder mit einer schwer belastenden Familiengeschichte**, da es zur Fremdunterbringung meist erst nach langen erfolglosen Bemühungen um Unterstützung der Familien durch ambulante Hilfen der Kinder-

---

230 Statistisches Bundesamt 2017: Fachserie 10 Reihe 2.2: Familiengerichte, Tab. 2.1.
231 DJI Handbuch Pflegekinderhilfe 2010, S. 209.

und Jugendhilfe kommt, sodass der Frage der spezifischen Belastung durch einen erneuten Familienwechsel – insbesondere eine Rückkehr in die Herkunftsfamilie – oder durch Kontakte besondere Aufmerksamkeit gebührt.[232] Zum anderen leben Pflegekinder, um die „gestritten" wird, häufig bereits seit Langem in der Pflegefamilie, sodass die Frage ins Zentrum rückt, inwieweit diese zu ihrer (Ersatz-)Familie geworden ist, die als solche nunmehr verfassungsrechtlichen Schutz genießt – auch gegenüber Ansprüchen der leiblichen Eltern.[233]

1306 Diese Unterschiede zu kennen, sie im Auge zu behalten und erforderlichenfalls auch die übrigen Verfahrensbeteiligten darauf hinzuweisen, ist die erste Aufgabe von Verfahrensbeiständen in Pflegekindschaftssachen. Sie werden sich daher mit den zentralen Befunden der Pflegekinderforschung vertraut machen müssen[234], um die Familiengeschichte des Kindes und die zur Diskussion stehende Gefährdung seiner weiteren Entwicklung einschätzen und zu bisherigen und aktuellen Hilfeplänen und psychologischen Gutachten bzw. der Notwendigkeit ihrer Einholung fundiert Stellung nehmen zu können. Dies gilt im Übrigen nicht nur für die hier gemeinten Pflegekinder-Streitigkeiten im engeren Sinne, sondern auch bei der erstmaligen Unterbringung in einer Pflegefamilie im Rahmen eines Verfahrens nach § 1666 BGB. Von grundlegender Bedeutung für das Verständnis der Situation von Pflegekindern sind insbesondere die folgenden, seit Langem in der Fachliteratur geteilten entwicklungspsychologischen Einsichten und Befunde.[235]

2. Die spezifische Bedeutung von Bindung und Trennung für das Kindeswohl

a) Allgemeines

1307 Die Eltern-Kind-Bindung kommt im täglichen Zusammenleben, aus der täglichen Befriedigung der kindlichen Bedürfnisse nach Nahrung, Pflege sowie körperlichem und psychischem Kontakt zustande. Auf Seiten des neugeborenen Kindes besteht die Bereitschaft, die elementare Eltern-Kind-Bindung zu jedem Menschen herzustellen, der Elternfunktionen in dem hier umschriebenen Sinne übernimmt. Das **Kind ist in keiner Weise auf seine leiblichen Eltern fixiert**. Daran gibt es heute unter den diversen mit menschlicher Entwicklung befassten Wissenschaften keinen Zweifel mehr.[236]

---

232 Heilmann, ZKJ 2014, 45 ff.
233 BVerfG 1 FamRZ 2009, 1653; vgl. insbesondere BVerfG FamRZ 2010, 865; siehe zum verfassungsrechtlichen Schutz der Pflegefamilie eingehend: Staudinger/Salgo 2015, § 1632 BGB Rn. 42 ff.
234 Übersichten zum aktuellen Stand der Pflegekinderforschung: Diouani-Streek 2015; DJI Handbuch Pflegekinderhilfe 2010; Wissenschaftlicher Beirat für Familienfragen am BMFSFJ 2016.
235 Zu den grundlegenden „Klassikern" der Bindungsforschung (Spitz, Bowlby, Yarrow u.a.) vgl. den Überblick bei Zenz, 1982, 30 ff.; mit spezifischem Bezug auf Pflegekinder: Goldstein/Freud/Solnit 1991; sowie insbesondere Nienstedt/Westermann 2013 und Dozier/Rutter 2008, S. 698 ff.
236 Vgl. Cassidy/Shaver 2008; Hassenstein 2007, S. 155 f./209; Grossmann/Grossmann 2012, S. 72 f.

1308 Eine spezifische Ausprägung erhält die Eltern-Kind-Bindung bereits im Laufe des ersten Lebensjahres durch die allmähliche Herausbildung ganz bestimmter, von Persönlichkeit und Lebensumständen der Eltern wie auch von der Konstitution des Kindes geprägter Interaktionsmuster, wodurch unterschiedliche Bindungsqualitäten entstehen. Verhaltensweisen in der Alltagsroutine, Ausdrucksformen für Freude, Schmerz, Überraschung und Angst, die beiderseits verstanden werden, schaffen ein zunehmend differenziertes internales Modell, in das reifungsbedingte „Neuerwerbungen" des Kindes (Bewegungs-, Ausdrucks-, Verstehensweisen) eingeordnet werden können, sodass die jeweilige Entwicklung in die Persönlichkeit integrierbar ist.

1309 Ein **Abbruch der Eltern-Kind-Beziehung in den ersten Lebensjahren gefährdet die kindliche Entwicklung**, indem sie dem Kind die Basis für seine Orientierung über die Welt und sich selbst entzieht. Seine Auswirkungen sind umso gravierender, je mehr das Kind auf diese Orientierung noch angewiesen ist zur Aufrechterhaltung eines Grundsicherheitsgefühls oder „Urvertrauens", das Voraussetzung für die gelingende Bewältigung aller weiteren Entwicklungsschritte ist. Diese extreme Trennungsempfindlichkeit nimmt ab mit wachsender Autonomie, d.h. mit der zunehmenden Beherrschung von Fähigkeiten, die das Kind in seinem Selbstgefühl von der Bindungsperson unabhängiger machen. Allgemein wird eine **besondere Trennungsempfindlichkeit für Kinder zwischen etwa sechs Monaten und sieben Jahren** konstatiert, mit einer **hochsensiblen Phase zwischen sechs Monaten und drei Jahren**.[237]

1310 Über die Folgen von Trennungserfahrungen während der ersten Lebensmonate gibt es weniger gesicherte Erkenntnisse. Es gibt jedoch aus der jüngeren Forschung viele Hinweise darauf, dass die Wahrnehmungen und Empfindungen von Säuglingen in der Interaktion mit den ersten Bezugspersonen lange unterschätzt worden sind, sodass sich ein bedenkenloser, scheinbar „noch risikoloser" Umgang mit Trennungen in jedem Fall verbietet.[238] Dass eine traumatische Trennung die kindliche Entwicklung regelmäßig nachhaltiger schädigt als die psychische Struktur von Erwachsenen, ergibt sich daraus, dass alle späteren Entwicklungsschritte des Kindes nur in dem Maße gelingen können, wie die früheren die Voraussetzungen dafür bereitgestellt haben, also selbst gelungen sind. Die kindliche Entwicklung läuft in Phasen ab, die zwar verzögert werden können, deren Reihenfolge aber nicht umkehrbar ist.

1311 Aufgrund der Interdependenz der kindlichen Entwicklung im affektiven und kognitiven Bereich, in körperlichen und psychischen Funktionen, in der Prägung von Selbstbewusstsein, sozialer Beziehungsfähigkeit und Gewissensbildung kann eine Traumatisierung vielfältige Wirkungen in zahlreichen Facetten der kindlichen Entwicklung zeigen (siehe auch oben Rn. 1063). Neben den erwähnten – bereits von *Bowlby* hervorgehobenen – **Störungen im Selbstwertgefühl und in der Beziehungsfähigkeit** wurden immer wieder auch **Lern- und Verhaltensstörungen**

---

237 Vgl. Kobak/Madson 2008, S. 23 ff.
238 Dornes 1997, S. 39 ff.; ders. 1998, S. 190.

sowie **psychosomatische Erkrankungen** als Trennungsfolgen bei Pflegekindern belegt.[239] Kompensatorische Entwicklungen sind in vielen Bereichen möglich, erfordern aber günstige Voraussetzungen auf Seiten des Kindes wie auch der Umwelt und bedeuten immer eine besondere Kanalisierung in der psychischen Strukturbildung, also ein „Weniger" an Offenheit für die Entwicklung, ein „Mehr" an psychischer Leistung in einem Bereich, das anderen Bereichen entzogen wird.

Schließlich ist allgemein anerkannt, dass die **Trennung für Kinder** nicht nur schwerer und nachhaltiger, sondern auch **schneller wirksam** wird. Kinder haben ein anderes Zeiterleben als Erwachsene, die Trennung wird schneller als dauerhaft und endgültig, also als Verlust erlebt.[240] Hinzu kommt, dass Kinder auf mindestens eine verlässliche Bindung existenziell angewiesen sind und sich somit an die sie versorgenden Erwachsenen rasch anschließen müssen. Aktuelle entwicklungspsychologische Befunde zeigen entsprechend, dass Kleinkinder bereits binnen acht Wochen spezifische Bindungen an die (Bereitschafts-)Pflegeperson entwickeln, wodurch eine erneute Unterbringung oder Rückführung des Kindes den erneuten Bindungsverlust bedeutet.[241] Für ältere Kinder ist belegt, dass diese in der Regel binnen eines Jahres tragfähige Bindungen in der Pflegefamilie aufgebaut haben.[242] In den USA und Großbritannien haben Befunde der Bindungs- und Pflegekinderforschung bereits vor 20 Jahren zu grundlegenden Rechtsreformen geführt, sodass seither die Interessen des Kindes auf Bindungskontinuität, Sicherheit und Wohlbefinden die maßgeblichen Kriterien bei gerichtlichen Unterbringungs- und Rückführungsentscheidungen sind.[243]

1312

Trennungen in der Eltern-Kind-Beziehung stellen also nach übereinstimmender Auffassung aller beteiligten Disziplinen immer ein Risiko für die kindliche Entwicklung dar. Art und Ausmaß dieses Risikos – auch darüber besteht seit Langem Konsens – sind abhängig von den konkreten Umständen des Einzelfalles, insbesondere von der Zahl der schon erlebten Trennungen bzw. der sonstigen Vorgeschichte der Eltern-Kind-Beziehung, von der Art der Trennung und der Hilfe bei ihrer Bewältigung.[244] Das Trennungsrisiko muss freilich immer in Relation zu solchen Risiken gesetzt werden, die bei Aufrechterhaltung der Eltern-Kind-Beziehung drohen, und kann somit vollständig zurücktreten, wenn Misshandlung, Vernachlässigung oder Missbrauch die schwerer wiegende Gefährdung des Kindeswohls darstellen.

1313

b) Zeitpunkt und Dauer der Trennung

In den ersten beiden Lebensmonaten zeigt der Säugling Bindungsverhaltensweisen wie Horchen, Anschauen, Schreien, Festsaugen, Umklammern und Anschmie-

1314

---

239 Vgl. Übersicht bei Diouani-Streek 2015, Kap. IV.B.
240 Grundlegend Goldstein/Freud/Solnit 1991.
241 Vgl. Stovall-McClough/Dozier 2004, S. 253 ff.
242 Vgl. DJI Handbuch Pflegekinderhilfe 2010.
243 Adoption and Safe Families Act, Public Law 105-89 (1997) (USA): www.gpo.gov/fdsys/pkg/PLAW-105publ89/html/PLAW-105publ89.htm (Zugriff: 20.4.2019).
244 Vgl. insbesondere J. u. J. Robertson, in: Psyche 1975, 648 ff. sowie Nienstedt/Westermann 2013, S. 133 ff., 304 ff.

gen fast reflexartig und richtet diese noch nicht spezifisch an eine Person. Diese **„Phase der unspezifischen sozialen Reaktionen"** ermöglicht dem Säugling die Versorgung durch eine bemutternde Person, auch wenn diese nicht die leibliche Mutter ist, solange es eine Konsistenz in der Beantwortung und Regulation der physiologischen Grundbedürfnisse gibt.[245] Es spricht manches dafür, dass während der ersten Monate der Austausch der mütterlichen Person jedenfalls dann weniger irritierend empfunden wird, wenn eine Ersatzperson die Funktionen in ähnlicher Weise kontinuierlich wahrnimmt.[246] Dies ändert sich bereits in der mit sechs bis acht Wochen einsetzenden, zielorientierten „Phase der unterschiedlichen sozialen Reaktionsbereitschaft". In dieser etwa bis zum sechsten Lebensmonat währenden Entwicklungsphase richtet der Säugling sein Bindungsverhalten bereits vorrangig an die primäre Bezugsperson und akzeptiert noch wenige, ihm vertraute Menschen bei aktiviertem Bindungsverhalten.[247]

1315   Ab dem zweiten Lebenshalbjahr stellt sich mit der **„Phase des aktiven und initiierten zielkorrigierten Bindungsverhaltens"** ein deutliches Bild der primären Bindungsperson her und rund um den ersten Geburtstag wissen normal entwickelte Kinder verlässlich, wer diese ist, wo sie zu finden ist und wie sie auf die vom Kind geäußerten Bindungsbedürfnisse voraussichtlich reagieren wird. Konnte der Säugling im ersten Lebenshalbjahr befriedigende Bindungserfahrungen mit der Fürsorgeperson internalisieren, richtet er seine Bedürfnisse fortan aktiv und eindeutig an diese und zeigt bei ihrer Abwesenheit Reaktionen von Trauer und Belastung, die in der Regel nicht von fremden Personen gelindert werden können.[248] Dieses innere Bild der primären Bindungsperson und ihrer Reaktionen (internales Arbeitsmodell) ist allerdings noch stark auf die tatsächliche Präsenz derselben und den engen, regelmäßigen Kontakt zu ihr angewiesen, sodass es bei Abwesenheit schnell verloren geht. Die damit einhergehenden Trauer- und Verlustreaktionen des Kleinkindes sind in den eindrucksvollen Filmstudien von *James* und *Joyce Robertson* dokumentiert.[249] Wie oben ausgeführt, binden sich Kleinkinder in (Bereitschafts-)Pflege aufgrund ihrer das Überleben sichernden Bindungsbedürfnisse dementsprechend binnen acht Wochen an die Ersatzperson.

1316   Je mehr in den nächsten Lebensjahren die Objektkonstanz bzw. Personenpermanenz im Kind wächst, desto länger kann die Beziehung zur primären Bindungsperson erinnert werden und die Trennungsangst geht in alltäglichen Trennungssituationen allmählich zurück. Da aber zugleich die Angewiesenheit auf die körperliche Anwesenheit und psychische Verfügbarkeit der Bindungsperson bis in das vierte Lebensjahr enorm groß ist[250], entsteht bei länger anhaltender Trennung eine zunehmende Spannung zwischen der Hoffnung auf Rückkehr der Mutter und dem

---

245 Vgl. Grossmann/Grossmann 2012, S. 117.
246 Vgl. Dornes 1997, S. 190 m.w.N.
247 Vgl. Grossmann/Grossmann 2012, S. 76.
248 Vgl. Grossmann/Grossmann 2012, S. 77.
249 Erläuterungen dazu bei J. u. J. Robertson, Psyche 1975, 526 ff.; zur „Objektkonstanz": Goldstein/Freud/Solnit 1979, S. 41, 22.
250 Vgl. Kobak/Madson 2008.

Bedürfnis, eine neue Bindung einzugehen, die Bindung an die abwesende Mutter also zu ersetzen. Daraus entsteht eine starke Ambivalenz. Die heftigen **Stimmungsschwankungen** von Kindern, die in diesem Alter in Pflege genommen werden, sind Pflegeeltern bekannt: **Aggressionsdurchbrüche, besonderes Anklammern und zeitweilige weinerliche Verlorenheit.**

Sowohl die Erfahrungen der Kinderpsychologie als auch empirische Befunde der Bindungsforschung lassen Aussagen darüber zu, wie lange Kinder die Eltern-Kind-Bindung bei Abwesenheit der Eltern aufrecht erhalten können und die Rückkehr in die leibliche Familie noch als „Heimkehr" und nicht nur als erneute Trennung der nunmehr zu den Pflegeeltern hergestellten Eltern-Kind-Bindung erleben. Bei Kindern im Alter von ein bis drei Jahren sind es einige Wochen bis wenige Monate, bei Kindern zwischen drei und fünf Jahren kaum mehr als ein halbes Jahr, für ältere Kinder kann es mehr als ein Jahr sein, obwohl sich dann bald – selbst bei Schulkindern noch – gravierende Entfremdungserscheinungen zeigen und entsprechende Schwierigkeiten nach einer Rückkehr in die frühere Umgebung. Erst mit der Pubertät gleicht sich das Zeitempfinden, oder genauer: das zeitliche Beziehungserleben des Kindes dem des Erwachsenen an.[251]

1317

Verständlicher wird in diesem Zusammenhang die Problematik von **Besuchskontakten der leiblichen Eltern**. Für eine bestimmte Zeit können sie dazu beitragen, die Erinnerung an die Eltern-Kind-Beziehung während der Trennung zu unterstützen und damit die Rückkehr zu erleichtern. Zunehmend geraten sie aber in einen **Loyalitätskonflikt** zwischen der alten und der neuen Bindung, dem das Kind auf die Dauer nicht gewachsen ist.[252] Beginnt es, seine Pflegeeltern als Eltern zu akzeptieren, so wächst bei den Besuchen der leiblichen Eltern auch die Angst vor einer erneuten Bedrohung der mühsam neu gewonnenen Bindung, und dies umso mehr, je deutlicher die Eltern ihre Ansprüche auf das Kind zu erkennen geben.

1318

Die häufig beobachteten nächtlichen Angstanfälle nach Elternbesuchen, Essensverweigerung, Wiederauftauchen des Bettnässens bis hin zu psychosomatischen Erkrankungen[253] sind aus der elementaren Bedrohung der Sicherheit des Kindes ohne Weiteres verständlich. Aber auch aggressive Abwehr, z.B. von Zärtlichkeiten, das Ignorieren der Eltern bei Besuchen, finden hier eine Erklärung. Eine Gefahr des insbesondere in der Pflegekinderhilfe noch weit verbreiteten theoretischen Konzeptes der „doppelten Elternschaft" liegt insbesondere für Kleinkinder darin, dass lange aufrechterhaltene Ambivalenzkonflikte dieser Art für das Kind nur so zu lösen sind, dass es eine innere Spaltung in nur als gut erlebte, also idealisierte, und nur als schlecht, also entwertete Eltern vornehmen muss.

1319

Auch die für die weitere Entwicklung der Autonomie des Kindes ungünstige übermäßige Anklammerung an die Pflegeeltern hat in ständig aktivierten Verlust-

1320

---

251 Goldstein/Freud/Solnit 1991, S. 40; Heilmann, 1998, S. 15 ff.
252 Robertson, Psyche 1975, 626 ff.; Goldstein/Freud/Solnit, 1979, S. 44; Nienstedt/Westermann 2013, S. 183 ff.
253 Vgl. Kötter 1997, S. 247.

ängsten gegenüber den neuen Bindungspersonen ihren Grund. Häufig wird eine solche „Neurotisierung" des Kindes den Pflegeeltern angelastet. Selbst wenn sie aber dem Kind hier besonders entgegenkommen, hat doch die Erscheinung als solche ihre Ursache in der geschilderten Konfliktspannung. Umgekehrt kann es – insbesondere bei größeren Kindern – zu einer Idealisierung der leiblichen Eltern kommen, die den Umgang mit Erziehungsproblemen in der Pflegefamilie erheblich erschwert, was wiederum leicht den Pflegeeltern als Erziehungsversagen angelastet wird. In jedem Fall bedeutet dies eine sehr ungünstige Spaltung im Erleben von Gut und Böse, die die menschlichen Beziehungen des Kindes nachhaltig prägen und die Entstehung tragfähiger, realistischer Beziehungen erschweren kann.

1321 Nehmen die Eltern die Signale einer beginnenden Veränderung der – bislang intakten – Eltern-Kind-Beziehung frühzeitig ernst genug und sind sie nicht nur willens, sondern auch in der Lage, das Kind sehr bald wieder zu sich zu nehmen, kann die Eltern-Kind-Beziehung binnen eines überschaubaren Zeitrahmens wieder lebendig werden. Ist der altersentsprechende Zeitpunkt verpasst, so ist jeder Versuch, eine Rückführung des Kindes in die leibliche Familie zu ermöglichen, mit Gefahren für seine Entwicklung verbunden. Ohne größere Schäden gelingen kann er allenfalls dann, wenn durch freundschaftliche Zusammenarbeit der Pflegeeltern und der leiblichen Eltern dem Kind allmählich die leibliche Familie (wieder) vertraut wird, ohne dass es Angst um die Pflegeelternbindung haben muss, wenn ihm also der Wechsel nicht aufgezwungen wird und der Verlust der Pflegeeltern nicht droht. Eine solche Situation ergibt sich unter den heutigen Bedingungen der Vollzeitpflege, die kaum je an „intakte" Eltern-Kind-Beziehungen anknüpft, eher selten und kann auch durch gesetzliche Appelle und Hilfeplanungen nicht erzwungen werden.

1322 Keinesfalls aber kann in einer Kampfsituation beider Familien, die unweigerlich extreme Verlustängste des Kindes auslöst, eine „Umgewöhnung" z.B. durch Kontakthäufung sowie durch einen Heim- oder Klinikaufenthalt gelingen. Versuche dieser Art, mögen sie noch so wohlmeinend motiviert sein, können nur als illusionäre, gefährliche und zudem grausame Experimente bezeichnet werden, die jeder wissenschaftlichen und praktischen Grundlage entbehren.[254]

c) Vorgeschichte

1323 Es ist aus der skizzierten kindlichen Entwicklung und der Wirkung und Dynamik des Bindungs- und Trennungsprozesses verstehbar, dass **mehrfache Trennungserfahrungen** sich zu immer gravierenderen und bald **irreversiblen Schädigungen** kumulieren, insbesondere, wenn eine dieser Trennungen bereits in der hochsensiblen Entwicklungsphase zwischen einem halben und drei Jahren stattgefunden hat. Kommen dabei Heimaufenthalte ohne ausreichende persönliche Zuwendung vor oder andere frühe traumatische Erfahrungen (z.B. Misshandlun-

---

254 Goldstein/Freud/Solnit 1979, S. 44 ff.; vgl. den Fall „Dennis" (OLG Celle, 14.5.2013).

gen), so verschlechtert sich die Prognose erheblich.[255] Insbesondere wird es aufgrund des tiefen Misstrauens und der zunehmend aggressiv getönten Ambivalenz des Kindes, die bei älteren Kindern meist auch in massiven Verhaltensstörungen zum Ausdruck kommt, für die jeweils neue Pflegefamilie immer schwieriger, eine Eltern-Kind-Beziehung entstehen zu lassen, sodass für das Kind die Gefahr, wieder fallengelassen zu werden, immer größer und sein grundlegendes Misstrauen in menschliche Beziehungen immer neu bestätigt wird.

Die internationale Pflegekinderforschung hat die Auswirkungen mehrfacher „Wechsel" und der damit einhergehenden Bindungsabbrüche über viele Jahre mit einer großen Anzahl an Pflegekindern in kontrollierten Designs untersucht. Die signifikanten Zusammenhänge zwischen der Anzahl an Platzierungswechseln und dem steigenden Ausmaß an externalisierenden und internalisierenden Verhaltensauffälligkeiten bis hin zu -störungen bei Pflegekindern sind heute ebenso unumstritten[256] wie der positive Effekt stabiler Platzierungen auf die weitere Entwicklung vorbelasteter Kinder.[257] Als Ergebnis lässt sich festhalten, dass **je mehr Wechsel Kindern zugemutet werden, desto weniger gelingt ihnen ihre psychosoziale Anpassung und desto höher ist ihr Risiko psychischer Belastungen und vielfältiger Entwicklungsbeeinträchtigungen** bis in das Erwachsenenalter. Diese schädigenden Effekte kumulieren sich bereits ab zwei bis drei erlebten „Platzierungswechseln".[258]

1324

Zu den tatsächlich erlebten Wechseln von Pflegekindern in Deutschland liegen nur vereinzelte Befunde vor, deren Hinweise allerdings alarmierend sind. So zeigen statistische Daten der begonnenen Hilfen der Jahre 2007 bis 2010, dass jedes fünfte Kind unter zwölf Monaten und knapp jedes vierte Kind zwischen einem und sechs Jahren unmittelbar vor der aktuellen Vollzeitpflege bereits anderweitig fremduntergebracht war.[259] Diese Säuglinge und (Klein-)Kinder haben also mindestens zwei Wechsel erlebt: aus der Herkunftsfamilie in eine Form der Ersatzerziehung und von dort in die aktuell erfasste Pflegefamilie. Hinzu kommt, dass vor der Herausnahme von Kleinkindern aus gefährdenden Familien in etwa einem Drittel der Fälle diese zuvor in stationären Eltern-Kind-Einrichtungen nicht exklusiv durch ihre Eltern(teile), sondern regelmäßig von Dritten betreut wurden.[260] Ein weiteres aus der Praxis häufig berichtetes Phänomen ist das „Herumreichen" des Babys und kleinen Kindes im sozialen Nahraum. Solche Erfahrungen beeinträchtigen die frühe Bindungsentwicklung des Kindes zutiefst.

1325

Für ältere Pflegekinder zeigen explorative Studien, dass über die Hälfte der 16-jährigen Pflegekinder von mindestens zwei oder mehr, ein Viertel unter ihnen von drei

1326

---

255 Vgl. zum Stand der empirischen Forschung Diouani-Streek 2015, Kap. IV.B.
256 Vgl. Newton/Litrownik/Landsverk 2000, S. 1363–1374.
257 Vgl. Rubin/O'Reilly/Luan/Localio 2007, S. 336 ff.
258 Vgl. Übersicht bei Diouani-Streek 2015, Kap. IV.B.
259 Vgl. Statistisches Bundesamt: Statistiken der Kinder- und Jugendhilfe – Hilfen zur Erziehung außerhalb des Elternhauses, Vollzeitpflege; Jahrgänge 2007–2011, Tab. 7.6, eigene Berechnungen.
260 Vgl. ebd., eigene Berechnungen.

oder mehr sowie etwa 5 % von fünf oder mehr Trennungserfahrungen betroffen sind. Ähnliche Verhältniszahlen zeigen sich für 632 Pflegekinder, die durchschnittlich neun Jahre alt waren. Aufgrund methodischer Schwierigkeiten in der Erhebung der tatsächlich erlebten Wechsel wird allerdings davon ausgegangen, dass „die angegebenen Zahlen zwangsläufig das Gesamtausmaß an Diskontinuität im Leben von Pflegekindern bis zur Volljährigkeit" unterschätzen.[261]

1327 Die vom zu vertretenden Kind erlebte **Diskontinuität, also die Anzahl seiner Lebensortswechsel** und die sich daraus ergebende Notwendigkeit, dem Kind nach der „Fremdunterbringung" eine stabile Bindungsperson langfristig zur Verfügung zu stellen, ist vom Verfahrensbeistand deshalb unbedingt zu beachten, also in Erfahrung und **dem Gericht zur Kenntnis zu bringen**.

1328 Die Beziehungsfähigkeit des Kindes wird durch mehrfache Trennungen und Beziehungsabbrüche allmählich zerstört – und damit meist nicht nur die Aussicht auf persönliches Glück in nahen Partner- und Freundschaftsbeziehungen, sondern auch die soziale Anpassungs- und Durchsetzungsfähigkeit, die den Umgang mit Gleichaltrigen, Schul- und Ausbildungserfolge und Befriedigung oder doch materielle Sicherheit im Beruf erst ermöglichen. Pflegeeltern, denen es gelingt, einem derartig geschädigten Kind in einem auch nur annähernd befriedigenden Maß Eltern zu sein, sind die entscheidende Hoffnung für eine Milderung der schlimmsten Konsequenzen.

1329 **Resilienzfaktoren** können bei gleichzeitiger Anwesenheit von Risikofaktoren deren Einfluss abschwächen und insoweit als Schutzfaktoren die Bewältigungskompetenz kritischer Lebensereignisse positiv moderieren. Als wichtigster Schutzfaktor für risikobelastete Kinder gilt heute nach übereinstimmenden Ergebnissen internationaler Studien durchgehend die stabile Beziehung zu einer verlässlichen und liebevoll zugewandten erwachsenen Person.[262] Eine Beziehung, in der das gelungen ist, sollte unabhängig von ihrem rechtlichen Status unantastbar sein.

Eine solche Beziehung ist es zudem wert, für Kinder in öffentlicher Ersatzerziehung und ohne realistische Rückkehroption z.B. durch die **regelmäßige Prüfung der Adoptionsoption** frühzeitig gestiftet zu werden (§ 36 Abs. 1 Satz 2 SGB VIII). Denn die Befunde der ausländischen Adoptionsforschung zeigen in Kohärenz mit der Resilienzforschung, dass diese rechtlich unantastbare Eltern-Kind-Beziehung sich auf die weitere Entwicklung vorbelasteter Kinder positiv auswirkt und im Erwachsenenalter mit einem deutlich höheren Ausmaß an Wohlbefinden und Lebenszufriedenheit einhergeht, als es von Pflegekindern erreicht wird.[263]

1330 Selbstverständlich kann der Übergang in eine Pflegefamilie von dem Kind selbst auch hoffnungsvoll und freudig begrüßt werden. Viele Heimkinder hoffen auf eine Adoption oder auch auf die Aufnahme in eine Pflegefamilie, wenngleich hier z.B. auch eine gute langjährige Beziehung zu einem Heimerzieher Ambivalenzen her-

---

[261] Kindler 2010 in DJI Handbuch Pflegekinderhilfe 2010, S. 348.
[262] Vgl. Werner 2007, S. 311–326; Lösel/Bender 2007, S. 57–78.
[263] Vgl. Forschungsübersicht bei Triseliotis 2002, S. 23 ff.

vorrufen, unter Umständen sogar eine Trennung ebenso gefährlich machen kann wie die Trennung von den Eltern – eine Tatsache, die allzu leicht von Außenstehenden übersehen oder bagatellisiert wird, weil, so wird angenommen, eine Familie für ein Kind in jedem Fall besser sei als ein Heim.[264] Auch eine absolut unzureichende Eltern-Kind-Beziehung in der eigenen Familie aufgrund von häufiger Abwesenheit, häuslicher Gewalt, Desinteresse oder Beziehungsunfähigkeit der Eltern(-teile) kann den Übergang in die Pflegefamilie zu einem bewusst oder unbewusst ersehnten Ereignis machen, wenngleich Ungewissheit und Fremdheit immer auch zugleich Angst auslösen. Ist das Kind durch die Vorgeschichte nicht zu sehr geschädigt, so kann es allein durch eine gute neue Eltern-Kind-Beziehung bereits nachhaltig ausgleichend gefördert werden.[265]

d) Umgang mit der Trennung

Seit Langem schon haben Untersuchungen zur Situation des Pflegekindes oder auch des Kindes im Krankenhaus erkennen lassen, welche wichtige Rolle der Umgang mit der Trennung spielt und welche Hilfen dem Kind gegeben werden können, das unvermeidlichen Trennungserfahrungen ausgesetzt ist. Dabei muss freilich von vornherein festgehalten werden, dass keine dieser Untersuchungen darauf hinausläuft, dass es nur der richtigen Einstellung und der erforderlichen Hilfeleistung bedürfe, um jede Trennung risikolos zu machen. Hilfe bei der Bewältigung der Trennung ist für das Kind immer erforderlich. Dabei geht es u.a. um die Vorbereitung des Übergangs in eine andere Familie, also um die Gelegenheit für alle Beteiligten, sich darauf einzustellen.[266] Not und Eilfälle, die hierzu keine Zeit lassen, sind unvermeidbar. Vermeidbar sind hingegen unvorbereitete Übergänge von Kindern in Pflegefamilien immer dann, wenn die Belastungen der Herkunftsfamilie dem Hilfesystem lange bekannt und die Fremdunterbringung der meist mehreren Kinder absehbar sind. Angesichts der Bedeutung solcher Maßnahmen sollten diese in der Kapazitätsberechnungen für die Tätigkeit der Pflegekinderdienste deutlich gewichtet werden. **1331**

Später geht es darum, ob Eltern und Pflegeeltern in der Lage sind, Reaktionen des Kindes auf die Trennung zu verstehen und ihm ihr Verständnis zu vermitteln, in einer dem jeweiligen Alter angemessenen Form. Ob das in einer Familie möglich ist, hängt von vielen Faktoren, auch von Beratung und Unterstützung ab, bei der Pflegefamilie nicht zuletzt davon, ob bei der Vermittlung die Möglichkeiten und Grenzen der Pflegeeltern im Verhältnis zu den Problemen, die das Kind mitbringt, richtig eingeschätzt wurden. **1332**

---

264 Siehe Dürbeck in diesem Handbuch Rn. 588 ff.
265 Vgl. Nienstedt/Westermann 2013, S. 25.
266 Vgl. eingehend dazu: J. u. J. Robertson, Psyche 1975, 629 ff. sowie Nienstedt/Westermann 2013, S. 292 ff.

3. Bindung und Trennung aus der Perspektive von Eltern und Pflegeeltern

1333 Es wurde bereits dargelegt, dass die primäre Eltern-Kind-Bindung sich unabhängig von der biologischen Verwandtschaft durch den ständigen Interaktionsprozess im ersten Lebensjahr herstellt (vgl. oben Rn. 1314 ff.). Das gilt auch auf Seiten der Eltern. Die in der Regel vorhandene Bindungsbereitschaft ist lediglich die notwendige Voraussetzung dafür, dass die Bindung entstehen kann – wie aus der Perspektive des Kindes bereits skizziert – durch den kontinuierlichen Umgang miteinander, der zur Ausbildung bestimmter Interaktionsmuster, zur wechselseitigen Prägung psychischer Strukturen und zu einem immer stärkeren Aufeinander-Bezogen- und Aufeinander-Angewiesen-Sein führt. Dabei ist nicht zu übersehen, dass das Kind für die Eltern in der Regel zwar ein wichtiges, aber nicht das einzig wichtige „Liebesobjekt" ist und dass die Eltern regelmäßig aufgrund ihrer reiferen psychischen Struktur nicht in gleicher Weise wie das Kind auf diese Bindung angewiesen sind. Auch eine dauerhafte Trennung – der Verlust bzw. Verzicht – ist daher für die Eltern oder Pflegeeltern nicht mit einem vergleichbaren Risiko psychopathologischer Folgen verbunden wie für das Kind.

1334 Deshalb gibt es keinen Zweifel, dass der Verlust der Eltern-Kind-Bindung den Erwachsenen eher zuzumuten ist als dem Kind. Es besteht aber auch kein Zweifel daran, dass – wo immer eine Eltern-Kind-Bindung entstanden ist – die Trennung (vor allem während der intensiven Verbundenheit im frühen Kindesalter) auch für die Erwachsenen eine tiefgehende Verletzung bedeutet, die oft an heftigen und anhaltenden Trauerreaktionen abzulesen ist. Während aber Eltern im Allgemeinen bei einem solchen Verlust mit dem Mitgefühl und dem (Rechts-)Schutz der Umwelt rechnen können, ernten Pflegeeltern nicht selten offene oder verdeckte Vorwürfe, wenn sie die Trennung von einem Kind nicht akzeptieren wollen. Der Tenor dieses **Vorwurfs, die Pflegeeltern hätten das Kind zu eng an sich gebunden**, obwohl sie sich über ihre Rückgabepflichten im Klaren waren, geht an den anthropologischen Gesetzmäßigkeiten der Entstehung menschlicher Eltern-Kind-Bindungen vorbei[267] und unterstellt eine rationale oder sogar rechtliche Steuerbarkeit dieses Bindungsprozesses, die reinem Wunschdenken bzw. normativen Größenphantasien entspringt.

1335 Pflegeeltern, die selbst diese Einstellung teilen und „wider besseres Wissen" sich schließlich in einer intensiven Eltern-Kind-Bindung wiederfinden, machen sich häufig selbst Vorwürfe und geraten in schwerwiegende Konflikte. Andere suchen sich von Anfang an bewusst oder unbewusst gegen den Konflikt zu schützen, indem sie sich gegen die Eltern-Kind-Bindung innerlich abschirmen. Sie verweigern sich als Eltern – für das Kind eine verhängnisvolle Strategie. Nicht nur die Fairness gegenüber Pflegeeltern, sondern auch das Interesse des Pflegekindes gebieten es also, den wissenschaftlich längst anerkannten Einsichten in die Entstehung und Wirkung von Eltern-Kind-Beziehungen auch ethisch und rechtlich Rechnung zu

---

267 Vgl. Hassenstein 2001, S. 155 f., 209.

tragen. Das SGB VIII rekurriert hinsichtlich der Hilfeplanung auch auf diese nicht willentlich steuerbaren Bindungsprozesse, indem die Eltern vor der Inpflegegabe „zu beraten und auf die möglichen Folgen für die Entwicklung des Kindes oder des Jugendlichen hinzuweisen" sind (§ 36 Abs. 1 Satz 1 SGB VIII). Hier fordern also Sozialrecht und fachliches Transparenzgebot, die Eltern über das kindliche Grundbedürfnis nach Bindung und die sich hieraus in der Pflegefamilie absehbar entfaltenden Bindungsprozesse zu informieren. Die Möglichkeit der gerichtlichen **Verbleibensanordnung** gem. § 1632 Abs. 4 BGB wiederum **soll das Pflegekind vor einem plötzlichen Abbruch der neuen Bindungen in der Pflegefamilie schützen**, greift allerdings hinsichtlich der Komplexität seiner Lebenssituation und aufgrund der Voraussetzungen bereits eskalierter und vor dem Gericht zu verhandelnder Konflikte deutlich zu kurz.[268]

1336 Wie ist die innere Situation der leiblichen Eltern zu verstehen, die nach Jahren ihr Kind zu sich holen wollen und die neu entstandene Eltern-Kind-Bindung nicht wahrhaben wollen oder können? Auch ihnen werden manchmal üble Motive, mindestens aber Gefühllosigkeit und Rücksichtslosigkeit unterstellt. Wo ein Mangel an Einfühlung in die Situation des Kindes vorhanden ist, trifft dieser auf einen entsprechenden „Rechtsanspruch" der Eltern auf ein Zusammenleben mit dem Kind, der langwierigen und für das Kind hochverunsichernden Gerichtsverfahren Tür und Tor öffnet. Hier fehlt es in Recht(-sprechung) und Gesellschaft weithin an der überfälligen Rezeption der zentralen Befunde zur Situation von Pflegekindern in Deutschland, ihren weit verbreiteten psychischen Belastungen, ihrem gegenüber allen Gleichaltrigen deutlich erhöhten Risiko, seelisch zu erkranken,[269] und den sich hieraus ergebenden spezifischen Schutzbedarfen vor vermeidbaren zusätzlichen Belastungen, wie sie Gerichtsverfahren und der drohende Verlust ihrer neuen Beheimatung jedenfalls mit sich bringen. Anerkannt werden sollte auf dem Hintergrund von nur 3 % geplant und sicher durchführbaren Rückführungen zudem,[270] dass Vollzeitpflege in Deutschland seit Jahrzehnten für Kinder, die langfristig nicht in ihrer Herkunftsfamilie aufwachsen können, faktisch die Funktion einer die Herkunftsfamilie dauerhaft ersetzenden Lebensform hat.

1337 Die Eltern dieser Kinder benötigen in jedem Fall eine eigene Begleitung, um die vielfältigen Gefühle des Verlusts, des Versagens, der Schuld und Trauer und der sich häufig hieraus speisenden Wiedervereinigungswünsche zu bearbeiten und neben der eigenen Gefühlssituation Raum zu finden, sich in ihr Kind, die zur Trennung führenden Erfahrungen, seine aktuelle Lebenssituation und gute Perspektive einfühlen zu können. Wenn Eltern die Überwindung der zur Herausnahme des Kindes führenden Lebensumstände und Dynamiken gelingt, und sie dann nach Jahren der Trennung auf Rückführung drängen, so sind ihre Motive nachvollziehbar und oft ist auch der gute Wille unbezweifelbar. Dennoch: **Wenn niemals eine Eltern-Kind-Bindung entstanden war,** weil es kein (oder zu wenig) Zusammen-

---

268 Vgl. ausführlich Salgo, in: Coester-Waltjen u.a. 2014, S. 53–87.
269 Kindler/Scheuerer-Englisch/Gabler/Köckeritz 2010, S. 209.
270 Vgl. DJI Handbuch Pflegekinderhilfe 2010, S. 624 ff.

leben gegeben hatte, **oder wenn ein traumatisiertes Kind** bei Pflegeeltern **seine Ersatzfamilie gefunden hat, kann den leiblichen Eltern nicht auf Kosten des Kindes geholfen werden**. Hilfe für die Eltern besteht vielmehr in solchen Fällen darin, sie soweit wie möglich von Schuldgefühlen zu entlasten, die sie zum blinden Kampf um das Kind treiben können. Das wird allerdings nur dann möglich sein, wenn auch der Berater selbst im Interesse des Kindes einen Verzicht auf dieses als die menschlich schwere, Achtung gebietende Leistung anerkennen kann, die er tatsächlich darstellt.[271]

4. Zentrale Kontroversen

a) Einleitung

1338 Die hier kurz skizzierten grundlegenden Erkenntnisse der Entwicklungspsychologie, der Bindungsforschung und der Pflegekinderforschung haben in den vergangenen Jahrzehnten in zunehmendem Maße Eingang gefunden in neue gesetzliche Regelungen des BGB und des SGB VIII und in die Praxis der Gerichte und Jugendämter. Die Bindungen des Kindes fanden ausdrückliche Berücksichtigung in gesetzlichen Vorschriften (§ 1626 Abs. 3 BGB, § 159 Abs. 2 FamFG) oder sind wesentliche Grundlage ihrer Begründung (§ 1630 Abs. 3, § 1688 Abs. 1, § 1632 Abs. 4, § 1666a Abs. 1, §§ 1682, 1685 Abs. 2 BGB). Die Berücksichtigung gewachsener Bindungen eines Kindes auch in der Pflegefamilie hat insbesondere das Bundesverfassungsgericht in einer Serie eindrucksvoller Entscheidungen in den 1980er Jahren durchgesetzt. Nach einigen weniger klaren Äußerungen hat es später erneut bestätigt, dass „... die leibliche Elternschaft gegenüber der rechtlichen und sozial-familiären Elternschaft keine Vorrangstellung einnimmt".[272]

1339 Gleichwohl gibt es nach wie vor erhebliche Umsetzungsdefizite der sozialrechtlich geforderten Perspektivplanung von Pflegeverhältnissen (§§ 33, 36, 37 SGB VIII)[273] sowie in jüngerer Zeit auch theoretische und ideologische Kontroversen um die Funktion von Vollzeitpflege, die nicht selten die Suche nach einer individuell kindgerechten Entscheidung erschweren.[274] Hinsichtlich der schon im internationalen Vergleich überfälligen rechtlichen Absicherung gewachsener, langfristig bestehender Bindungen von Kindern in Pflegefamilien besteht **im BGB erheblicher Reformbedarf**, der in beeindruckender Übereinstimmung unterschiedlicher Vertre-

---

271 Hierzu grundlegend Goldstein/Freud/Solnit 1988.
272 BVerfG 1, Beschluss vom 10.8.2009, BvL 15/09, FamRZ 2009, 1653; vgl. insbesondere BVerfG, Beschluss vom 31.3.2010, BvR 2910/09, FamRZ 2010, 865; siehe zum verfassungsrechtlichen Schutz der Pflegefamilie eingehend: Staudinger/Salgo 2015, § 1632 BGB Rn. 42 ff.
273 Vgl. Diouani-Streek 2011, S. 115 ff.
274 Zur Kontroverse: Heilmann, NJW 2014, 2904 ff.; Heilmann/Salgo, FamRZ 2014, 705 ff.; Britz, FamRZ 2015, S. 793 f.; in dieser Hinsicht inzwischen entschieden durch BVerfG, Beschluss vom 3.2.2017, 1 BvR 2569/16, ZKJ 2017, 225 = FamRZ 2017, 524.

ter aus Wissenschaft und Praxis seit einigen Jahren eingefordert wird, politisch jedoch noch nicht umgesetzt worden ist.[275]

Drei **Aspekte, die immer wieder für Rechtsunsicherheiten und Konflikte in der Praxis sorgen**, sollen im Folgenden näher beleuchtet werden: 1340

- Die Frage nach dem Vorrang ambulanter Hilfen vor der Vollzeitpflege (unten Rn. 1344 ff.),
- die Diskussion um die Rückkehroption als Regel oder Ausnahme (unten Rn. 1349 ff.),
- die Auseinandersetzung um Umgangsrechte bei Dauerpflege (unten Rn. 1358 ff.).

Um es vorwegzunehmen: Die gesetzlichen Regelungen, insbesondere die differenzierten und am Kind orientierten Vorgaben des SGB VIII, ermöglichen eine jeweils individuell angemessene Lösung im spannungsreichen Konstrukt der Vollzeitpflege.[276] Auch die maßgeblichen juristischen Kommentierungen halten unter Einbezug der aktuellen einschlägigen Pflegekinderrechtsprechung Hinweise auf **sensible Lösungen im Einzelfall** bereit.[277] Maßgeblich ist und bleibt die Priorität im gesamten Kindschafts- und Jugendhilferecht: das **Kindeswohl als Richtschnur** aller Entscheidungen. D.h., wann immer es Interessenkonflikte gibt, hat das Kindeswohl letztlich Vorrang – vor Eltern- und Pflegeeltern-Interessen ebenso wie vor Jugendamts- oder anderen staatlichen, z.B. fiskalischen Interessen. Am generellen Vorrang des Kindeswohls lassen auch die oft missverständlich zitierten Entscheidungen des Europäischen Gerichtshofs für Menschenrechte keinen Zweifel. 1341

Bezogen auf die angesprochenen kontroversen Aspekte heißt das: 1342

- Ambulante Hilfen ohne Trennung des Kindes von der Familie sind nur dann und nur so lange zu gewähren, wie es dem Kindeswohl entspricht, genauer: wenn und soweit damit nicht eine Gefährdung des Kindes in Kauf genommen wird (§§ 1666 Abs. 1, 1666a BGB).
- Die Familienpflege mit Rückkehroption in die Herkunftsfamilie kann nur dann und nur so lange geplant werden, wie dies mit dem Kindeswohl vereinbar ist (§ 37 Abs. 1 Satz 4 SGB VIII).
- Der Umgang mit der Herkunftsfamilie darf nur dann und nur so lange aufrechterhalten werden, wie das Kindeswohl dadurch nicht gefährdet ist (§ 1684 Abs. 4 BGB).

Freilich, so klar das Kindeswohl stets als entscheidendes Kriterium benannt ist, so sehr wächst damit doch die Verantwortung der Praxis bei der Bestimmung des Kin- 1343

---

275 Vgl. Wissenschaftlicher Beirat für Familienfragen am Bundesministerium für Familie, Senioren, Frauen und Jugend 2016; Diouani-Streek/Salgo 2016, S. 176 ff. Zum Reformprozess BT-Drucks. 18/12330 sowie Dern/Köckeritz 2018.
276 Salgo/Lack 2016, Handbuch elterliche Sorge, Rn. 1352 ff.
277 Wiesner/Schmid-Obkirchner 2015: §§ 33, 36, 37 SGB VIII.

deswohls im Einzelfall. Sie kann ihr nur gerecht werden, wenn sie tradierte Verfahren ebenso wie neue Lösungsansätze immer wieder im Lichte von Forschung und praktischer Erfahrung überprüft. Im Folgenden geht es daher um Konsequenzen aus Bindungsforschung und Entwicklungspsychologie für die genannten Kontroversen im Pflegekinderwesen, die auch in den oben genannten gerichtlichen Verfahren um Pflegekinder, an denen Verfahrensbeistände zu beteiligen sind, eine zentrale Rolle spielen.

b) Zum Vorrang der ambulanten Hilfen vor der Vollzeitpflege

1344 **Ambulante Hilfen** sollen soweit wie möglich **Vorrang** haben **vor einer Trennung** des Kindes von seiner Familie. Die Rezeption kinderpsychologischer Erkenntnisse, insbesondere der Bindungsforschung, hat in den 1980er Jahren dazu geführt, dass Familientrennungen sehr viel kritischer betrachtet wurden als zuvor. Dies schlug sich auch in neuen rechtlichen Regelungen nieder. So besagt z.B. § 1666a BGB, dass die Trennung eines Kindes von der Familie nur erfolgen darf, wenn eine Gefahr für das Kindeswohl nicht auf andere Weise, auch nicht durch öffentliche Hilfen, abgewendet werden kann. Ambulante Hilfen wurden auch durch das SGB VIII stärker gefördert und gefordert. In diesem Zusammenhang ist insbesondere die sozialpädagogische Familienhilfe als Alternative zur Herausnahme von Kindern aus funktionsfähigen Familien in Krisen entwickelt worden, die freilich nur unter bestimmten Bedingungen funktionieren kann, die in § 31 SGB VIII definiert sind.[278]

1345 Es liegen jedoch Hinweise aus der Forschung vor, dass diese Hilfeform in vielen Fällen weit überdehnt und in ganz unspezifischer Form auch da eingesetzt wird, wo gewichtige Anhaltspunkte einer Kindeswohlgefährdung vorliegen und aus fachlicher Sicht eine Fremdunterbringung des Kindes angedacht wird.[279] Wenn man einmal die immer häufiger der Jugendhilfe aufgedrängte Berücksichtigung der Kostengünstigkeit als Grund für diese Entwicklung beiseitelässt, so geht es den unmittelbar Entscheidungsverantwortlichen meist darum, Familienbindungen im Interesse von Eltern und Kindern zu erhalten und Trennungseingriffe um jeden Preis zu vermeiden.[280]

1346 Auf Bindungsforschung und Entwicklungspsychologie kann sich freilich ein undifferenzierter und pauschaler Bindungsschutz nicht berufen. Vielmehr hat die Forschung längst höchst unterschiedliche Qualitäten von Bindungen nachgewiesen, insbesondere hat sie auf krank machende Bindungen im Kontext der Desorganisation hingewiesen,[281] die unter Umständen die Trennung eines Kindes von seiner

---

278 Dazu Wiesner/Schmid-Obkirchner 2015, § 31 SGB VIII.
279 Vgl. Forschungsübersicht bei Köckeritz 2016; zum Einsatz der SPFH im Vorfeld der Anrufung des Familiengerichtes wegen einer Kindeswohlgefährdung Bindel-Kögel/Seidenstücker 2017, S. 146 f.
280 Manchmal buchstäblich um jeden Preis, wie die maßgeblich an Fehleinschätzungen der zuständigen Behörden und Familiengerichte gescheiterten Kindesschutzfälle „Kevin", „Yagmur" und auch der Staufener Missbrauchsfall eindrücklich belegen; aktuell zu letzterem Salgo, ZKJ 2018 sowie Heilmann FamRZ 2018.
281 Vgl. Solomon/George 2011; Nienstedt/Westermann 2013, S. 215 ff.

Familie geradezu erfordern, weil sie das geringere Übel oder mit *Goldstein/Freud/ Solnit* die „am wenigsten schädliche Alternative"[282] ist.

Dies ist im Falle anhaltender Misshandlungen, sexuellen Missbrauchs und insbesondere auch bei schwerwiegender Vernachlässigung von Kindern wieder und wieder nachgewiesen worden.[283] Immer wieder weisen Fachleute darauf hin, dass die verheerenden Folgen anhaltender Traumatisierung von Kindern in hochproblematischen Familienverhältnissen rechtzeitig wahrgenommen und gegenüber den oft absolut gesetzten Trennungsrisiken nicht unterschätzt werden dürfen.[284] Wenn also das Kindeswohl maßgeblich sein soll für die Abgrenzung zwischen sinnvollem Einsatz ambulanter Hilfen einerseits und Vollzeitpflege andererseits, dann genügt es nicht mehr, sich auf den Schutz von Bindungen und die Vermeidung von Trennungen zu berufen, dann müssen vielmehr die neueren Ergebnisse der Forschung zur unterschiedlichen Qualität von Bindungen und den „schweren und lang anhaltenden Folgen von multipler, interpersoneller, Traumatisierung im Kindes- und Jugendalter"[285] zur Kenntnis genommen werden.

1347

Das heißt: Wenn Verfahrensbeistände zur Geeignetheit von Kindesschutzmaßnahmen Stellung nehmen oder solche selbst anregen wollen, sollten sie wissen: **Die Feststellung, dass ein Kind „Bindungen an seine Eltern" hat, ist kein ausreichendes Argument, um ein nachhaltig belastetes oder traumatisiertes Kind in der Familie zu belassen.** Sozialpädagogische Familienhilfe ist dann eben keine „geeignete Maßnahme" – weder im Sinne der §§ 27, 31, 36 SGB VIII bei der Hilfeplanung des Jugendamtes noch im Rahmen eines gerichtlichen Verfahrens nach §§ 1666, 1666a BGB. Bis die Perspektiven für das Kind geklärt werden können, bedarf es in solchen Fällen häufig einer sofortigen sicheren Unterbringung des Kindes im Eilverfahren im Wege der Inobhutnahme durch das Jugendamt. Bei Widerspruch der Eltern zur Aufrechterhaltung der Inobhutnahme ist die einstweilige Anordnung des Familiengerichts von Seiten des Jugendamtes einzuholen.

1348

▷ Zu Einzelheiten der einstweiligen Anordnung siehe Heilmann, Rn. 1495 ff.

c) Vollzeitpflege mit oder ohne Rückkehroption

Ob, wann und wie eine Rückkehr des Pflegekindes in seine Herkunftsfamilie sinnvoll und rechtlich durchsetzbar sein soll, ist seit Langem ein umstrittenes Thema des Pflegekinderrechts. Mit der Bindungsforschung setzte sich in den 1970er- und 1980er-Jahren die Erkenntnis durch, dass ein Kind, das nach einer gewissen Zeit in einer Pflegefamilie seine (neuen) psychologischen Eltern gefunden hat, nicht ohne gravierende Gefährdung in seine Herkunftsfamilie zurückgegeben werden kann (vgl. oben Rn. 1079 ff.). Heute zeigt die umfangreiche Pflegekinderforschung des Auslandes die schädigenden Auswirkungen mehrfacher Trennungen und „Platzie-

1349

---

282 Goldstein/Freud/Solnit 1991, S. 49 ff.
283 Crittenden 1995; Brisch in: 17. DFGT 2007, S. 89, 99 ff.
284 GK-SGB VIII/Salgo, in: Fiesler/Schleicher 2000, § 33 Rn. 25, 28; Thoburn 2009.
285 Fegert/Dieluweit/Thurn/Ziegenhain/Goldbeck 2013, S. 9–26, 21.

rungswechsel" sowie scheiternder Rückführungsversuche eindeutig auf (vgl. oben Rn. 1324). Gleichzeitig zeigen die verfügbaren Daten zu Trennungserfahrungen von Pflegekindern in Deutschland, dass hier noch erhebliche Umsetzungsschwierigkeiten im Schutz der kindlichen Kontinuitätsbedürfnisse tägliche Praxis von Jugendhilfe und Gerichten sind.

1350   Alle einschlägigen Studien bestätigen seit Langem, dass mit mehrfachem Wechsel der Unterbringung das Risiko von allgemeinen Entwicklungsschädigungen bei Pflegekindern dramatisch zunimmt und ihre Bindungs- und Beziehungsfähigkeit schwer beeinträchtigt oder sogar zerstört werden kann (vgl. oben Rn. 1084 ff.). Dennoch kam und kommt es immer wieder vor, dass diese Erkenntnisse von Jugendamtsmitarbeitern und Richtern ignoriert oder übergangen werden. Dies oft auch deshalb, weil leibliche Eltern über die Folgen einer Verwurzelung des Kindes in der Pflegefamilie zunächst im Unklaren gelassen werden und später, wenn sie sich erfolgreich um die Stabilisierung ihrer Familiensituation bemüht haben, ihr vermeintlich gutes Recht auf „ihr Kind" einklagen, das längst andere psychologische Eltern hat. Ihnen dies zu verweigern, muss dann schwerfallen.[286]

1351   Nach den §§ 33, 36, 37 Abs. 1 SGB VIII muss im Rahmen der Hilfeplanung bereits zu Beginn der Vollzeitpflege sorgfältig geklärt und dokumentiert werden, ob eine Rückkehrmöglichkeit für das Kind angestrebt werden kann und was zur Erreichung dieses Zieles von Seiten des Jugendamtes und auf Seiten der Eltern geschehen muss.[287] Falls dem Kind angesichts der erlittenen Traumatisierungen die **Rückkehr** überhaupt zugemutet werden kann, soll dies nur **in einem für das Kind vertretbaren Zeitraum** zulässig sein. Welcher Zeitraum vertretbar ist – darauf hat die Entwicklungspsychologie seit Langem hingewiesen –, richtet sich weitgehend nach dem (Entwicklungs-)Alter des Kindes, d.h. nach seinem Vermögen, abwesende Eltern „als Eltern" in Erinnerung zu behalten, und nach seinem Bedürfnis, neue Bindungen einzugehen[288]. Wenn hier bei kleinen Kindern von etwa zwei Monaten, bei älteren von etwa einem Jahr gesprochen wird, so reicht eine solche Zeitspanne aus, um akute Krisen in der Herkunftsfamilie zu beheben, wie sie etwa durch Krankheit oder Scheidung oder auch durch materielle Engpässe wie Arbeitslosigkeit oder Wohnungsverlust entstehen können. Allerdings besteht, wenn es um solche Probleme geht, meist wohl eine gute Chance, die Fremdunterbringung des Kindes durch ambulante Hilfen zu vermeiden, die dann mit aller Priorität zum Zuge kommen müssen (§ 1666a BGB). Dies wird auch in der Jugendhilfe soweit wie möglich versucht. Vollzeitpflege wird deshalb zunehmend nur noch da realisiert, wo die Probleme tiefer liegen.

1352   Gewalttätigkeit in der Familie, Alkohol- und Drogenmissbrauch der Eltern, Misshandlungen, Missbrauch oder schwerwiegende Vernachlässigung der Kinder über Jahre sind die zentralen Gründe für eine „Hilfe außerhalb der Familie", wie alle ver-

---

[286] Vgl. Güthoff 1996, S. 42; zu diesbezüglichen Beratungspflichten der Jugendämter: Schmid-Obkirchner, in: Wiesner u.a. (Hrsg.): Kommentar SGB VIII, 5. Aufl. 2015, §§ 33, 36 SGB VIII.
[287] Salgo/Lack 2016, Handbuch elterliche Sorge, Rn. 1359 ff.
[288] Vgl. Goldstein/Freud/Solnit 1991 sowie Heilmann 1998.

fügbaren Daten und Berichte aus der Praxis aufzeigen.[289] Nur ausnahmsweise, unter besonders günstigen Umständen und mit ungewöhnlichem Einsatz, dürfte es aber möglich sein, in solchen Familien die Erziehungsbedingungen innerhalb eines für das Kind vertretbaren Zeitrahmens so „nachhaltig zu verbessern", dass die Voraussetzungen für eine Rückkehr gegeben sind – dies ist aus der Drogenberatung ebenso bekannt wie aus der allgemeinen Familienberatung und der Therapieforschung. Entsprechend wird im „Neuen Manifest zur Pflegekinderhilfe" konstatiert, dass vor dem Hintergrund beständiger psychosozialer und innerfamiliärer Problemlagen in der ganz überwiegenden Mehrzahl von Inpflegegaben schließlich langfristige Unterbringungen außerhalb des Elternhauses entstehen. Die komplexen Mehrfachbelastungen der Herkunftsfamilien verhindern in den allermeisten Fällen zeitnahe stabile Rückführungen.[290]

Aber auch gezielte Studien zum Therapieerfolg bei Eltern misshandelter, missbrauchter oder vernachlässigter Kinder haben Entsprechendes ergeben. Selbst wenn sich in der Therapie deutliche Veränderungen in der Persönlichkeit und den Lebensumständen der Eltern abzeichnen, setzen sich in einer großen Zahl der Fälle Misshandlungen, Missbrauch oder Vernachlässigung der Kinder noch über Jahre fort oder stellen sich nach einer Rückführung wieder ein.[291] Hier ist auch zu berücksichtigen, dass der Umgang mit traumatisierten Kindern aufgrund ihres geschädigten, oft extrem schwierigen Beziehungsverhaltens ganz besondere Anforderungen an die Eltern stellt.[292]   1353

Das alles spricht nicht gegen intensive beratende und therapeutische Bemühungen um die Eltern, die insbesondere auch später geborenen Kindern zugutekommen können. Für das bereits schwer traumatisierte Kind aber sind die notwendigen Veränderungen meist eben nicht schnell genug zu erreichen. Eine **Rückkehroption im Zusammenhang mit der Vollzeitpflege** dürfte daher **nur in einer eng begrenzten Zahl der Fälle** unter sehr spezifischen Bedingungen und mit sehr spezifischer Unterstützung in Betracht kommen.   1354

Zu Rückführungszahlen in Deutschland nennt die Kinder- und Jugendhilfestatistik einen durchschnittlichen Wert von etwa 6 % bis 29 %, wobei hierunter die auch ungeplante Beendigung von Pflegeverhältnissen mit anschließendem Aufenthalt des Kindes bei einem oder beiden Elternteilen gezählt wird.[293] Betrachtet man hingegen die vom Deutschen Jugendinstitut e.V. mittels zusammengeführter Erhebungen bei verschiedenen Jugendämtern zugrunde gelegte Definition von fachlich geplanten und binnen 12 bzw. 18 Monaten nach einer Inpflegegabe realisierten Rückführungen, so zeigt sich eine Rückführungsrate von 2,5 bis 3 %.[294] Der Statistik und bisherigen Studien ist nicht zu entnehmen, wie die Rückkehr dieser   1355

---

289 Vgl. Übersicht bei Diouani-Streek 2015, Kap. II.
290 Vgl. IGfH/KZP 2010, S. 13.
291 Dornes 1997, S. 239 ff.; zu ausländischen Befunden vgl. Kimberlin/Anthony/Austin 2009.
292 Vgl. dazu Scheuerer-Englisch 1998, S. 71 ff.
293 Vgl. Statistisches Bundesamt 2012.
294 DJI Handbuch Pflegekinderhilfe 2010, S. 624 ff.

Kinder verläuft und was danach geschieht.[295] Fachleute beschreiben jedenfalls, dass ein nicht geringer Teil dieser Kinder nicht in der Familie bleibt, sondern bald wieder in Pflegefamilien, Wohngruppen, Heime oder auch zeitweise in die Psychiatrie überwechselt, dass also die „Rückkehr" häufig nur der Beginn einer immer schwieriger werdenden Reise durch die Einrichtungen der Jugendhilfe ist.[296] Diese Beobachtungen decken sich mit den Befunden der ausländischen Rückführungsforschung, wonach die Wiedereintrittsquote rückgeführter Kinder in das Jugendhilfesystem hoch liegt.[297]

1356 Verfahrensbeistände können vor dem Hintergrund der hier komprimiert dargelegten Erkenntnisse und Erfahrungen davon ausgehen, dass eine **Rückkehroption** für ein in Pflege lebendes Kind in jedem Falle als gesteigert begründungspflichtig gelten muss. Unabdingbare Voraussetzung ist daher im Rahmen der Hilfeplanung (§ 36 SGB VIII) eine sorgfältige kinderpsychologische Diagnostik durch dafür ausgebildete Fachleute, d.h. solche, die die spezifische Situation des Kindes und seiner Familie sowie die Chancen der vorgesehenen Unterstützungsmaßnahmen vor dem Hintergrund der aus Forschung und Praxis bekannten Erfahrungen kompetent beurteilen können.

1357 Darüber hinaus muss die Wahrscheinlichkeit einer erfolgreichen Rückkehr auch in Relation zu der mit einer Rückkehroption zwangsläufig verbundenen Vorläufigkeit der geplanten Vollzeitpflege, d.h. der Ungewissheit für alle Beteiligten, gesehen und sorgfältig gewichtet werden. **Die Zeitspanne, für die eine solche Ungewissheit in Kauf zu nehmen ist, wird umso kürzer sein müssen, je jünger das Kind ist und/oder je größer seine Vorbelastung ist.** Besondere diagnostische Sorgfalt und gesteigerte Begründungspflichten gelten in solchen Fällen nicht nur für die Jugendämter bei der Hilfeplanung, sondern auch für die Familiengerichte, wenn eine solche Planung gegen den Willen der Eltern mit Hilfe eines Sorgerechtsentzuges durchgesetzt werden muss (§ 1666 BGB) oder wenn später über die Aufhebung eines Sorgerechtsentzuges (§ 1696 BGB) bzw. über einen Herausgabeantrag der leiblichen Eltern (§ 1632 Abs. 1 und Abs. 4 BGB) zu entscheiden ist. Dies gilt insbesondere, weil und solange die „Dauerpflege" noch keine zivilrechtliche Absicherung gefunden hat, sodass sie vor dem Familiengericht immer wieder in Frage gestellt werden kann.[298]

d) Kontakte zur Herkunftsfamilie bei Dauerpflege ohne Rückkehroption

1358 Umgangsrechte von Eltern, die mit ihren Kindern nicht oder nicht mehr zusammenleben, gehören seit jeher zu den schwierigsten Kapiteln des Kindschaftsrechts, ganz gleich, ob es sich um geschiedene Eltern, um abgebende Eltern von Adoptivkindern, um nichteheliche Väter oder schließlich um die leiblichen Eltern von Pfle-

---

295 Vgl. dazu die Erfahrungen aus langjähriger Gutachterpraxis: Nienstedt/Westermann 2013, S. 316 ff.
296 M.w.N.: Kötter 1997, S. 94.
297 Vgl. Kimberlin/Anthony/Austin 2008; Jones/LaLiberte 2010.
298 Vgl. zum rechtspolitischen Reformbedarf schon Salgo/Veit/Zenz ZKJ 2013 sowie m.w.N. DFGT in FamRZ 2014 und Wissenschaftlicher Beirat für Familienfragen am BMFSFJ 2016.

gekindern handelt.²⁹⁹ Die unterschiedliche Bedeutung, die die reale Präsenz eines Menschen im Bindungserleben von Erwachsenen und Kindern hat, die unterschiedliche Zeitspanne für Erinnerung und Entfremdung in Beziehungen birgt immer die Gefahr von Loyalitätskonflikten, die für alle Beteiligten, vor allem aber für Kinder, schwer zu ertragen sind. Wie oben beschrieben (oben Rn. 1318 ff.), konstellieren sich, psychologisch gesehen, solche Konflikte in Pflegefamilien sehr leicht, ohne dass den leiblichen Eltern, den Pflegeeltern oder den Kindern irgendein „böser Wille" unterstellt werden muss. Diese Erfahrung wird von Beteiligten wieder und wieder geschildert.

Verschärft hat sich allerdings auch diese Problematik in jüngster Zeit durch die Zunahme von Dauerpflegekindern, die in ihrer Herkunftsfamilie schwere, zum Teil lange andauernde Traumatisierungen erfahren haben,sowie durch die starke Betonung der Umgangsrechte durch die Kindschaftsrechtsreform 1998.³⁰⁰ Diese allerdings zielte in erster Linie auf Scheidungskinder ab, Kinder also, bei denen in aller Regel intakte Bindungen zu beiden Eltern erhalten werden sollen. Wenn bei Dauerpflegekindern nach wie vor immer wieder um Umgangsrechte gekämpft und Umgangsansprüche von Gerichten und Jugendämtern unter Hinweis auf die tatsächlich zu beobachtenden Bindungen der Kinder auch an traumatisierende Eltern unterstützt werden, so spielt hier wiederum ein undifferenziertes und wissenschaftlich nicht haltbares Verständnis von Bindungen eine unheilvolle Rolle. Die neuere Bindungsforschung hat – wie oben ausgeführt – hinreichend belegt, wie entscheidend die jeweilige Qualität der Bindung für die Entwicklung von Kindern ist. **1359**

Die Bindung von Kindern etwa an misshandelnde Eltern ist ja deswegen als pathogen, also als krank machend einzustufen, weil hier in Ermangelung anderer Bindungspersonen emotionale Nähe gesucht wird, die zugleich massive Ängste bis hin zur Todesangst hervorruft.³⁰¹ Solche hochambivalenten Bindungswünsche bei den Kindern immer wieder durch Besuche der Eltern zu beleben – ohne Rücksicht auf Signale von Angst und weiteren Symptomen der posttraumatischen Belastungsstörung –, muss zu einer fortgesetzten Verwirrung des ohnehin meist bereits schwer geschädigten, nämlich desorientierten Bindungsverhaltens³⁰² führen und damit auch die Entwicklung neuer, positiv getönter, sicherer Bindungen in der Pflegefamilie massiv behindern, wenn nicht sogar verhindern.³⁰³ Empirische Unter- **1360**

---

299 Heilmann, ZKJ 2014, S. 48.
300 Salgo, FPR 2004; 16. Deutscher Familiengerichtstag, ZKJ 2006, 41. Vgl. auch BVferfG FamRZ 2013, 361; Salgo, FamRZ 2013, 343 ff.; Lack, FamFR 2013, 73 ff.
301 Vgl. Herman 1993, S. 142 ff.; Westermann 1998, S. 32 ff.; Hesse/Main 2010, S. 219 ff.
302 Zum „desorientierten Bindungsverhalten" als Folge früher Traumatisierungen siehe Sroufe u.a. 2005; Main 2011; Solomon/George 2011.
303 Vgl. Westermann, 1990, S. 39; Nienstedt/Westermann 2013, S. 216 ff.

suchungen zu Besuchskontakten bestätigen inzwischen diese Überlegungen,[304] die freilich aus der Bindungsforschung längst ableitbar waren.

1361 In diesem Zusammenhang stellt auch die Anordnung des „geschützten Umgangs" keinen problemlosen Ausweg dar, weil die Anwesenheit einer **begleitenden Person allenfalls vor äußerer Einwirkung, nicht aber vor psychischen Auswirkungen schützen kann**, was leider allzu häufig übersehen wird.[305] Es bedarf im Übrigen keines tiefenpsychologisch geschulten Einfühlungsvermögens, um zu begreifen, welche Bedrohung ständige Besuche leiblicher Eltern in einer Pflegefamilie für schwer traumatisierte Kinder bedeuten müssen. Wie soll ein Kind begreifen, dass die Eltern, die es misshandelt, missbraucht oder verlassen haben, von den Pflegeeltern freundlich empfangen werden? Wie soll es da sicher sein, dass den Eltern nicht auch erlaubt wird, es wieder mitzunehmen? Wie soll ein Kind seine Gefühle sortieren, Zärtlichkeit, Wünsche nach Nähe, nach freundlicher Zuwendung neben Wut, Angst, Erinnerung an Entwertungen und Demütigungen, wenn leibliche Eltern und Pflegeeltern im – pflichtgemäß – freundlichen und „wertschätzenden" Umgang miteinander erlebt werden?[306]

1362 Auch das Argument, Kinder brauchten zur Herausbildung ihres Identitätsgefühls die Auseinandersetzung mit ihrer Herkunft, zu der die leiblichen Eltern – wie auch immer sie sind – gehören, auch dieses Argument ändert an der Problematik der Besuche nichts. Tatsächlich haben Kinder in Ersatzfamilien viele Fragen an ihre Herkunft, die individuell bearbeitet werden sollten. Die Adoptionsforschung hat allerdings schon vor vielen Jahren aufgezeigt, dass die Auseinandersetzung mit diesen Fragen insbesondere von Jugendlichen keineswegs im direkten Kontakt mit den leiblichen Eltern gesucht wird, und vor allem, dass der Fakt der Adoption ohne Auswirkung auf die Entwicklung eines kohärenten Identitätsgefühls ist. Maßgeblich sind diesbezüglich auch für Kinder in Ersatzerziehung das Familienklima und die Erfahrungen mit der sozialen Umwelt.[307]

1363 Das Bundesverfassungsgericht hat im Jahr 1989 damit begonnen, dem „Recht auf Kenntnis der eigenen Abstammung" einen Weg zu bahnen, freilich zu Recht unter sorgsamer Abwägung entgegenstehender anderer Interessen des Kindes und auch seiner Eltern.[308] Die Kindschaftsrechtsreform 1998 hat daraufhin die Klärung der Abstammung in verschiedenen Zusammenhängen wesentlich erleichtert. Die Auseinandersetzung mit der eigenen Geschichte ist also ein durchaus ernst zu nehmendes Thema geworden, das Rechtspolitik und Jugendhilfe wohl auch in Zukunft weiter beschäftigen wird. Die Auseinandersetzung mit der eigenen Ge-

---

304 Kötter 1997, S. 247, registriert „mehr Loyalitätskonflikte" sowie „verstärkte Verhaltensstörungen" bei Pflegekindern mit laufenden Besuchskontakten und resümiert: „Insgesamt scheinen die Besuchskontakte insbesondere von den Pflegeeltern, aber auch von den Pflegekindern kurz- und mittelfristig eher negativ verarbeitet zu werden." Kindler, ZKJ 2009, 110 ff. mahnt zu Vorsicht bei Umgangsregelungen und fordert weitere Forschung.
305 Salgo/Lack 2016, Handbuch elterliche Sorge, Rn. 1341.
306 Vgl. Nienstedt/Westermann 20013, S. 234 ff.
307 Vgl. Hoopes 1990 sowie Nickman u.a. 2005.
308 BVerfGE 79, 256; 90, 263.

schichte ist jedoch keineswegs auf reale Konfrontation mit den zu dieser Geschichte gehörenden Personen angewiesen. Im Gegenteil: Gerade wenn das Kind in der Familie Leid durch Gewalt und Zurückweisung und insbesondere interpersonelle Traumatisierung erfahren hat – wie es bei Pflegekindern als Gruppe nachweislich der Fall ist[309] –, **birgt jede Konfrontation ein Retraumatisierungsrisiko** (vgl. auch oben Rn. 1087).

Keinem Traumatherapeuten würde es einfallen, in der Arbeit mit traumatisierten Menschen das Opfer immer wieder mit seinem Peiniger zu konfrontieren, um dadurch eine Aufarbeitung dieser Erfahrungen zu ermöglichen. Im Gegenteil – die gesamte Psychotherapieforschung belegt, dass die Aufarbeitung extremer Gewalt- und Leiderfahrungen nicht möglich ist ohne eine sichere Distanz zu diesen Erlebnissen und ohne den Beistand eines Menschen, der eindeutig und verlässlich auf Seiten des Patienten steht – sei es in einer therapeutischen oder in einer real gelebten Beziehung wie z.B. einer Pflegefamilie.[310] Kein Paar-Therapeut käme auf die Idee, bei der oft notwendigen Aufarbeitung früherer gescheiterter Beziehungen die kontinuierliche Hinzuziehung der früheren Partner/innen zu fordern.

1364

Die Auseinandersetzung mit der eigenen Geschichte findet eben nicht statt im fortgesetzten Umgang mit den Akteuren, im Handeln und Erleben, sondern in der Reflexion, im Gespräch über das Erlebte und in der allmählichen Wahrnehmung, Unterscheidung und Neuzuordnung positiver und negativer Gefühle. Um es entwicklungspsychologisch auszudrücken: Die Auseinandersetzung mit traumatisierenden Erfahrungen setzt voraus, dass das einmal oder mehrfach überwältigte Ich sich nicht mehr real bedroht fühlt, dass es genügend Sicherheit in der Distanz und in einer haltgebenden Beziehung hat, um sich den angstauslösenden Erfahrungen in der Erinnerung – oder auch in der Übertragung – aussetzen zu können.[311]

1365

Wie langwierig und schwierig solche Prozesse auch ohne Retraumatisierungstrigger sind, wissen Pflegeeltern und Therapeuten nur zu gut.[312] Dass dabei quälende Erinnerungslücken auftauchen können und Fragen, die nach Antworten drängen, dass unter Umständen eine Korrektur idealisierender Phantasien notwendig wird und dass in diesem Zusammenhang auch vereinzelt reale Kontakte zu den Personen der Vergangenheit sinnvoll sein können, steht außer Frage. Pflegeeltern wissen, dass dies insbesondere in der Pubertät und danach eine Rolle spielen kann. Darin unterscheiden sich allerdings Pflegekinder nicht von Adoptivkindern oder so manchen Kindern aus geschiedenen Ehen. Gute Lösungen müssen auch insoweit in jedem Einzelfall – und oft zu verschiedenen Zeiten immer wieder neu – gefunden werden.

1366

---

309 Zur Forschung Arnold 2010; Pérez/Di Gallo/Schmeck/Schmid 2011.
310 Zur „vertrauensvollen, guten Beziehung" als wichtigstem Schutzfaktor in der Protektionsforschung vgl. Werner 2007, S. 311–326; Lösel/Bender 2007, S. 57–78.
311 Vgl. Brisch 1999, S. 97 ff.; Fegert 1993, S. 137; Westermann 1990, S. 41 sowie Nienstedt/Westermann 2013.
312 Vgl. Herman 1993, S. 215 ff.; Nienstedt/Westermann 2013, S. 379 ff.

1367 Von Bedeutung ist hier auch, dass bei der Diskussion um Umgangsrechte und Rückkehroptionen immer wieder auch eine Überforderung der Erwachsenen im Spiel ist, die unter allen Umständen zu einem „freundschaftlichen Umgang" miteinander in der Lage sein und dies auch Kindern glaubwürdig vermitteln sollen, gleichgültig, welche schlimmen Erfahrungen die Kinder gemacht haben und welche Befürchtungen sie selbst für die Zukunft hegen.[313] Außerdem: Wenn von Pflegeeltern „im Interesse der Kinder" ein freundschaftlicher Umgang mit Herkunftseltern verlangt wird, die diese Kinder schwer misshandelt haben, so deutet dies zugleich auf eine groteske **Unterschätzung kindlicher Gefühlswahrnehmung** hin – mit der Folge, dass das Vertrauen der Kinder in die Glaubwürdigkeit ihrer Pflegeeltern und von Erwachsenen insgesamt untergraben wird. Zu Recht weisen renommierte Psychotherapeuten darauf hin, dass das Leiden gefährdeter und geschädigter Kinder und die „teilweise unerträglichen Realitäten ihres Lebensalltags" weder verleugnet noch bagatellisiert werden dürfen.[314]

1368 Für Verfahrensbeistände bleibt festzuhalten, dass nach aller psychologischen Erfahrung die Folgerung unabweisbar ist, dass **Kontakte zur Herkunftsfamilie** jedenfalls dann **einer sehr spezifischen** – wiederum diagnostisch fundierten – **Begründung und Begleitung bedürfen**, wenn es um Kinder geht, die aufgrund von traumatisierenden Erfahrungen in eine Dauerpflegestelle vermittelt worden sind und für die eine Rückführung unter fachlichen Gesichtspunkten nicht ins Auge gefasst werden kann.

VII. Prognostische Entscheidungen

1369 In schweren Konfliktsituationen werden pädagogisch-psychologische und kinder- und jugendpsychiatrische prognostische Überlegungen mit herangezogen, um bei der Wahl zwischen unterschiedlichen, nur eingeschränkt positiven oder schlechten die **am wenigsten schädliche Alternativen** auszuwählen. Nicht selten verbergen sich hinter prognostischen Empfehlungen aber ideologische Überzeugungen, so dass auch Prognosestellungen bisweilen nur eine Fortführung des vorangegangenen Konflikts mit anderen Mitteln und gelegentlich in einer Fachsprache darstellen. Jede vernünftige Prognose basiert auf einer Analyse der Ausgangssituation. Zunächst einmal müssen Risiken und Belastungsfaktoren, Krankheitssymptome, familiäre Risiken und Ressourcen ebenso wie außerfamiliäre Ressourcen erfasst werden (siehe *Ostler* und *Ziegenhain* 2007, *Meysen* et al. 2008).

▸ Zu Sucht und psychischen Erkrankungen der Eltern vgl. oben Rn. 1090 ff.

▸ Zu psychischen Störungen und Erkrankungen von Kindern und Jugendlichen vgl. oben Rn. 1101 ff.

1370 Leider mangelt es in Bezug auf viele pädagogische Konzepte und Interventionen an methodisch gut abgesicherten Evaluationen. Insgesamt fehlen gut kontrollierte langzeitlich angelegte Prospektivstudien. Doch auch wenn wie in Bezug auf man-

---

313 Vgl. etwa Greese 1990, S. 40; ähnlich Wiesner 1996, S. 53.
314 Leuzinger-Bohleber 2010, S. 185.

che oben erwähnte kinder- und jugendpsychiatrische Krankheitsbilder, wie z.B. Magersucht, eine sehr gute Datenlage besteht, können statistische Verhältniszahlen im Einzelfall nur begrenzt zur Entscheidungsfindung beitragen. Denn wie will man wissen, ob im konkreten Fall die vorhandene Problematik einen günstigeren oder ungünstigeren Verlauf nehmen wird. Einfacher ist die Prognose für kurzfristigere Entwicklung.

Werden dringend behandlungsbedürftige Symptome wie Selbstmordgefährdung, starker Gewichtsverlust, Drogenkonsum etc. nicht wahrgenommen, drohen massive und konkrete Folgen. In solchen Situationen bleiben häufig kaum Entscheidungsalternativen. Immer dann, wenn **Entscheidungsalternativen** vorhanden sind, **sollten** diese **dargestellt und die Haltung des Kindes übermittelt werden.**

Sind sich unterschiedliche Helfer nicht über die Prognose und die zu ergreifenden Maßnahmen einig, sollte in der Regel zunächst das Konzept versucht werden, welches sich an der Vorstellung des betroffenen Kindes oder Jugendlichen orientiert und diesem am nächsten kommt. Selbst wenn diese Intervention sich im Nachhinein als nicht hinreichend erweist, wird dieser Helfer, der noch Hoffnung hatte, am ehesten in der Lage sein, dem Kind zu vermitteln, dass andere weiter reichende Maßnahmen dringend erforderlich sind.

1371

Zentral für eine Prognosestellung ist auch die **Ausgangssituation** vor der jetzigen Konfliktlage. Hatte das Kind die Chance, über Jahre in geschützten Verhältnissen gut gefördert aufzuwachsen, oder war sein bisheriges Leben von Vernachlässigung, Misshandlung, starker Entwicklungsverzögerung etc. bestimmt? Kurzzeitige oder mittelfristige schwere Belastungssituationen z.T. mit heftigen Symptomen haben eine günstigere Prognose, wenn klare Auslöser, wie eine heftige Scheidungsauseinandersetzung etc., identifiziert werden können und vorher eine lange Zeit günstigere Aufwachsensbedingungen bestanden.

1372

In sehr vielen Studien hat sich das Verbalisationsvermögen und die **Intelligenz von Kindern** als prognostisch günstiger Faktor erwiesen. Kinder mit Intelligenzminderung, Kinder mit spezifischen Teilleistungsstörungen etc. werden stärker von anderen belastenden Faktoren erfasst. Dies muss bei Entscheidungen in Belastungssituationen stets mitbedacht werden.

Bei manchen oben beschriebenen Störungsbildern, wie z.B. den **Reaktiven Bindungsstörungen** und den **Bindungsstörungen mit Enthemmung** bzw. zukünftig der Störung sozialer Beziehungsaufnahme, ist die generell eher ungünstigere Prognose bekannt. Solche schweren Beeinträchtigungen müssen angesprochen werden, damit z.B. Pflegeeltern nicht zu schnell aufgeben und ihre manchmal bescheidenen Erfolge nicht gering schätzen. Gerade weil eine redliche Prognosestellung mit vielen unbekannten Variablen arbeiten muss, sollten ganz eindeutige Zukunftsvorhersagen immer eher skeptisch stimmen und auch vom Verfahrensbeistand kritisch hinterfragt werden.

1373

Die Aufgabe des Verfahrensbeistands ist es, auf der Basis der Vorgeschichte und einer **detaillierten Beschreibung günstiger wie ungünstiger Faktoren** eine kritische Bilanz zu ziehen. Wichtig ist es dabei, die **Beschreibung von der Bewertung zu trennen**, so dass z.B. das Gericht die wertvollen Elemente der Beschreibung und Analyse der Vorgeschichte verwenden kann, ohne sich vielleicht der prognostischen Bewertung anzuschließen. Soweit kontroverse Prognosen in Abhängigkeit von unterschiedlichen Theorien und „Schulen" im Raum stehen, sollten diese offengelegt und die eigene Präferenz begründet werden.

1374 Überall da, wo aus wissenschaftlichen Untersuchungen klare Daten über Risiken vorliegen, z.B. bei bekannten Risiken des Drogenkonsums etc., gehört es meines Erachtens auch zu den Pflichten des Verfahrensbeistands, die **betroffenen Kinder und Jugendlichen über solche Risiken aufzuklären** und sicherzustellen, dass diese prognostischen Faktoren auch vom Kind bzw. Jugendlichen verstanden wurden.

Dies ist eine notwendige Voraussetzung für eine vernünftige Einbeziehung von Kindern und Jugendlichen in die Hilfeplanung. In letzter Zeit gibt es einen immer stärkeren Trend zu Checklisten, um eine soziale Prognosestellung zu erleichtern. Die Gefahr dabei ist, dass eine Pseudowissenschaftlichkeit eine Pseudosicherheit vortäuschen kann, die überhaupt nicht realem Wissen und realen Voraussagemöglichkeiten entspricht.

1375 Glücklicherweise birgt Entwicklung positive wie negative Chancen und Risiken, die auch nicht unbedingt vorhersehbar sind. Vor allem die kindliche Entwicklung ist durch eine sehr große Plastizität und viele erfreuliche „Überraschungen" bzw. positive Entwicklungsverläufe gekennzeichnet. Auf dieser Basis ist es durchaus legitim, dass Verfahrensbeistände auch **prognostische Aussagen anderer Berufsgruppen**, z.B. psychologischer oder kinder- und jugendpsychiatrischer Gutachter, **kritisch hinterfragen** bzw. die zugrunde liegende Datenbasis überprüfen.

1376 Da Prognosestellung sehr viel mit Maßnahmen, Hilfeplanung und Intervention zu tun hat, hängt das Eintreffen einer gewissen Prognose auch von der Umsetzung von Hilfen ab. Insofern sollten mit der Formulierung prognostischer Kriterien auch Zeitpunkte für die Überprüfung solcher Vorhersagen und damit die Überprüfung der Effizienz geplanter Maßnahmen direkt benannt werden.

VIII. Kommunikation mit Kindern

1. Einleitung

Offensichtlich ist es gerade im Zusammenhang justizieller Verfahren schwierig, betroffenen Kindern und Jugendlichen eine ihnen zustehende Beteiligung am Verfahren wirklich sicherzustellen und ihnen Gehör zu verleihen. Kommunikation mit Kindern – muss sie wirklich so anders sein als die Kommunikation mit Erwachsenen? Oder geht es wenigstens z.T. auch darum, elementare Selbstverständlichkeiten der Kommunikation zwischen erwachsenen Gesprächspartnern auch im Gespräch mit Kindern zu berücksichtigen? Dass in Bezug auf Kinder ein spezifisches Vorgehen erforderlich ist, zeigen Formulierungen wie z.B.: Die Unterrichtung des Kindes über den Gegenstand und möglichen Ausgang des Verfahrens bei der richterlichen Anhörung gemäß § 159 Abs. 4 FamFG habe „in geeigneter Weise" zu erfolgen. Es geht u.a. um die Relativierung eines Machtgefälles, es geht aber auch um eine situationsadäquate, altersadäquate und auf die individuelle Befindlichkeit des Kindes abgestimmte Gesprächsführung.

1377

Die Berücksichtigung der Perspektive des Kindes, also der „Nutzerperspektive", kann wertvolle Hinweise darüber liefern, welche Aspekte in der Kommunikation von den betroffenen Kindern selbst als entlastend oder belastend erlebt werden. Im Rahmen einer von der VW-Stiftung geförderten Untersuchung (*Fegert* et al. 2001; *Fegert* 1997) führten wir auch ausführliche qualitative Interviews mit Kindern durch (*Fegert* u. *Gerwert* 1993). Die Kinder wurden zu ihren persönlichen Erfahrungen bei Gesprächen und zur Bewertung der Institutionskontakte befragt. Eine qualitative Inhaltsanalyse zeigt, dass Kinder sowohl in den außergerichtlichen als auch gerichtlichen Institutionen belastende und entlastende Faktoren benannt haben, so dass berufsgruppenübergreifend in sehr anschaulicher Weise diejenigen Aspekte herausgearbeitet werden können, die unmittelbar zur Bewältigung der konkreten Situation beitragen.

1378

Deutlich wird, dass das situative Belastungserleben der Kinder im engen Zusammenhang mit dem individuellen Verhalten befragender Experten steht. Eine **freundliche, zugewandte Haltung** kann als Basisvariable entlastenden Expertenverhaltens herausgestrichen werden. Je stärker der Kontext des Gespräches beängstigend ist (z.B. im Rahmen einer polizeilichen Vernehmung oder einer Gerichtsverhandlung), umso deutlicher wirken Faktoren entlastend, die zu einer unmittelbaren Angstreduktion und Kontrolle der Situation beitragen. Dazu zählen z.B. die **Begleitung durch eine Vertrauensperson** (in der Regel nimmt gemäß § 159 Abs. 4 Satz 3 FamFG der Verfahrensbeistand an der Anhörung des Kindes teil), **die Erklärung und Strukturierung** der bevorstehenden Situation durch den erwachsenen Gesprächspartner und insbesondere der **Verzicht auf zu schwere Fragen und situative Überforderung**.

1379

2. Bedingungen des Gesprächs

1380 Es ist von zentraler Bedeutung, dass zu Beginn des Gespräches der Gesprächspartner sich **vorstellt** und über den **zeitlichen wie auch inhaltlichen Rahmen des zu führenden Gesprächs Auskunft** gibt. Dabei sollte den Kindern explizit erlaubt werden, die Beantwortung bestimmter Fragen abzulehnen. Zusätzlich muss darauf hingewiesen werden, dass manche Fragen vielleicht zu schwierig sind und dass es wichtig ist, dass Kinder im Gegensatz zu dem in der Schule üblichen Verhalten immer Rückmeldungen geben, wenn sie etwas nicht verstanden haben. Sie sollen auf jeden Fall lieber nicht antworten oder noch einmal nachfragen, als irgendetwas zu sagen, um es dem Gesprächspartner recht zu machen oder gar sich dementsprechend zu äußern, wovon sie ausgehen, dass dies gehört werden möchte.

1381 Da Kinder von ihren Gesprächspartnern häufig Beziehungsangebote erwarten oder bestimmte Situationen als Beziehungsangebot wahrnehmen, ist es wichtig deutlich zu machen, wie sich die Beziehung zwischen Erwachsenem und Kind gestalten wird. Dazu gehört die **Klärung von Fragen** wie **Terminvereinbarung, Erreichbarkeit**, was ist erlaubt und was ist im Kontakt nicht erlaubt. Ähnlich wie zu Beginn einer Psychotherapie, wo auch die Regeln und jeweiligen Rechte und Pflichten transparent erklärt werden müssen, gilt dies für jede Gesprächssituation in einem strukturellen Abhängigkeitsverhältnis.

1382 Die Tatsache, dass sich in unserer Untersuchung einige Kinder über enttäuschende, unzureichende Beziehungsangebote und reglementierende Maßnahmen beschwerten, legt den Verdacht nahe, dass zunächst einmal von der Vertrauensperson eine eher kumpelhafte, freundschaftliche Beziehung suggeriert wurde und erst im Verlauf der Zusammenarbeit die Regeln explizit festgelegt und kommuniziert wurden. Dies unterstreicht ganz klar, wie wichtig es ist, **sich eindeutig zu verhalten** und in der Kontaktaufnahme einer späteren Enttäuschung vorzubeugen. Gerade weil viele Kinder in dieser Situation scheinbar sehr auf die Hilfe der Erwachsenen angewiesen sind, fällt es auch erfahrenen Expertinnen und Experten häufig schwer, diese **Grenzziehungen klar zu treffen.** Dies kann wiederum zu Überlastungen, ja bis zum „Burn-out" der Erwachsenen führen. Thurn und Wils (1998) haben dieses Spannungsfeld von Rettungs- und Größenphantasien der Helfer einerseits und ihrem Ohnmachtserleben andererseits deutlich herausgearbeitet. Gesprächsangebote an Kinder müssen im Wissen um diese Gefahren stets das wirklich Leistbare vor Augen haben.

1383 Zu einem verantwortlichen Gesprächskontakt mit Kindern gehört **Geduld.** Die von uns befragten Kinder äußerten sich kritisch über bedrängende, „bohrende" Fragen, teilweise erlebten sie die Weitergabe von Informationen oder den Umgang der Erwachsenen mit ihren Informationen als Vertrauensmissbrauch. Auch deshalb ist es wichtig, diese Fragen ernst zu nehmen und sich diesbezüglich im Gespräch klar zu diesen Fragestellungen zu äußern.

1384 Eine häufige Falle für den Erwachsenen ist dabei das frühe Sich-Anvertrauen, die **Mitteilung eines Geheimnisses.** Gerade vernachlässigte oder misshandelte Kinder bzw. Kinder in emotionalen Drucksituationen können versuchen Beziehungen darüber herzustellen, dass sie sich dem erwachsenen Experten voll anzuvertrauen möchten. Sie versuchen, eine exklusive Beziehungssituation herzustellen, indem sie anbieten, über ein Geheimnis zu sprechen, welches sie noch keinem Fremden anvertraut haben. Dies schmeichelt häufig Experten und verleitet sie zu Vertraulichkeitszusagen, welche sie später in erhebliche Konflikte bringen können, wenn aus Kinderschutzgründen eine Information an das Gericht erfolgen muss.

Alle Erwachsenen, die mit Kindern Gespräche führen wollen, müssen sich darüber klar sein, dass sehr viele Kinder im Vorfeld der Kontaktsituation **Angst** haben. Die von uns befragten Kinder begründeten diese Ängste vor allem mit Unwissenheit, Fremdheit der Situation, Versagensängsten, Angst vor Bestrafung, Angst vor Ablehnung. Hinzu kommen noch Vorstellungen, die sich Kinder durch die Rezeption bestimmter Berufsgruppenrollen durch die Medien machen. Einige wörtliche Protokolle aus unserer Befragung mögen dies verdeutlichen:

> „Ich hatte gedacht, ich werde verhaftet." …
>
> „Ich dachte, da sind nur Männer, da muss man alles sagen." …
>
> „Die meckern dann, kannst du mal ein bisschen lauter reden?" …
>
> „Muss man lange dastehen, wie bei der Armee." …
>
> „… dass man von Zigaretten eingeräuchert wird …" …
>
> „Ich hatte Angst, dass mir nicht geglaubt wird." …
>
> „Ich hatte Angst vor den Fragen und vor Hypnose und so." …
>
> „Ich hatte Angst vor den Fragen des Anwalts, ich kenne so was nur aus dem Fernsehen, ich hatte Angst, dass ich verliere." …
>
> „Ich wollte nicht zur Polizei." …
>
> „Ich hatte Angst vor dem Gericht." …
>
> „Ich habe angefangen zu weinen und zu zittern vor dem Haus. Hinterher war ich aber ganz froh, dass ich nur einmal hin musste." …
>
> „Ich bin nicht so abgehärtet, wenn er eine Träne verlieren würde und sagen würde: ‚Ich habe dich lieb' würde ich nicht ertragen." …
>
> (Zu den Vorstellungen, die sich Kinder vom Gericht und den Verfahrensbeteiligten machen, vgl. *Zitelmann* 2001, S. 183 ff.)

Insofern erscheint es geboten, zu Beginn der Gesprächssituation die Kinder bei diesen Ängsten im Vorfeld „abzuholen", indem sie gefragt werden, wer sie über den bevorstehenden Gesprächskontakt informiert hat und welche Gedanken, Ängste, Befürchtungen, Hoffnungen sie sich vor dem Gespräch gemacht haben.

Darüber hinaus ist es wichtig, sich im ersten Gespräch einen Überblick darüber zu verschaffen, welche Personen mit dem Kind zu tun haben und vom Kind selbst als wesentliche Entscheidungs- oder Vertrauenspersonen angesehen werden. Häufig sind Kinder sehr gut in der Lage zu berichten, wer welche Interessen hat bzw. wer welche Lösung für das Problem bevorzugen würde. In der Regel empfiehlt es sich, zuerst über diese Punkte zu sprechen, bevor man das Kind nach seiner eigenen Meinung zu einem Konflikt befragt. Aufgrund dessen kann es dann in seinen individuellen **Loyalitätskonflikten und Befangenheiten** besser verstanden werden, wenn es die widerstreitenden Interessen auf der Erwachsenenebene zunächst einmal als scheinbar objektive Gegebenheiten darstellen konnte. Bei kleineren Kindern können illustrative Hilfsmittel wie Skulpturmethoden oder sonstige spielerische Darstellungen es erleichtern, die sozialen Beziehungen des Kindes zu erkennen.

1389 Ganz wichtig auch für das Scheitern oder Gelingen der helfenden Beziehung zum Kind ist es, eine Vorstellung von den **Beziehungserfahrungen des Kindes** zu bekommen (vgl. Ziegenhain in diesem Handbuch, Rn. 899, 922). Im Sinne einer operationalisierten psychodynamischen Diagnostik (OPD 1996) können Beziehungsepisoden, die das Kind frei schildert, bestimmten Mustern zugeordnet werden: Bestätigen, beschützen, kontrollieren, herabsetzen, angreifen, ignorieren, Autonomie gewähren, sich behaupten, anklammern, unterwerfen, gekränkt sein, zurückschrecken, abschotten. Die meisten dieser Beziehungsmuster fordern charakteristische Reaktionen geradezu heraus und erweisen sich situationsunabhängig als erstaunlich stabile Determinanten im Beziehungsverhalten.

1390 Zur Vorbereitung der gemeinsamen Arbeit gehört auch die **Klärung der Motivationslage.** Es geht darum herauszufinden, welche Interessen das Kind direkt verfolgt und inwieweit sich Überschneidungen zwischen diesen subjektiven Interessen des Kindes und der professionellen Rolle und dem Arbeitsauftrag des Verfahrensbeistands ergeben. Ganz klar **sollte herausgearbeitet werden, welche Interessen sich dabei vertragen und welche sich direkt widersprechen**. Das Kind muss wissen, „wobei will der Verfahrensbeistand mich unterstützen und wo kann er mich nicht unterstützen". Der Auftrag sollte deshalb möglichst genau präzisiert werden. Auch in diesem Fall erscheint es als grundlegend, sich über das Verständnis des Kindes bzw. des Jugendlichen zu vergewissern, um späteren Missverständnissen bzw. Enttäuschungen vorzubeugen.

1391 Bei unserer direkten Befragung von Kindern als „Kunden" von Institutionen wurde deutlich, dass die Kinder sehr häufig überhaupt nicht nach ihren Intentionen gefragt wurden. Über bevorstehende Handlungsschritte wurde zu wenig aufgeklärt. Dies bedeutet, dass viele Erwachsene, wenn sie meinen, entsprechend den Interessen des Kindes zu handeln, das Kind selbst nach seinen Erwartungen und Wünschen gar nicht mehr befragen. Die Frage nach Erwartungen und Wünschen stellte sich aber in unserer Untersuchung als idealer Einstieg ins Interview, in den Dialog mit dem Kind dar.

3. Ethische Grundprinzipien für die Kommunikation

1392 *Beauchamp* und *Childress* (1977, 1994) und insbesondere der Belmont-Report, an dem sie mitwirkten, haben in der Medizinethik der USA nach massiven Übergriffen Grundbedingungen für Interventionen ausformuliert. Hierzu gehört das Gebot der **Nichtschädigung.** Kommunikation mit Kindern, insbesondere im Kontext von Beratung oder Verfahrensbeistandschaft, hat prinzipiell sicherzustellen, dass diese Kommunikation nicht zum Schaden von Kindern ausgeht. Ein weiteres Gebot, nämlich das der **Besserung und Fürsorge,** leitet sich von der Garantenstellung des Erwachsenen ab und hat vor allem den unterschiedlichen Loyalitätskonflikten Rechnung zu tragen. Das dritte Prinzip – **Gerechtigkeit** – meint Verteilungsgerechtigkeit von Ressourcen ebenso wie Einzelfallgerechtigkeit, die es auch in Bezug auf die Ausgestaltung der Kommunikation zu berücksichtigen gilt.

Ein ganz wesentlicher Teilpunkt der von *Beauchamp/Childress* ausformulierten Prinzipien ist das Prinzip der **Autonomie.** Kinder, die einen Verfahrensbeistand brauchen, Kinder, die in Beratungsprozesse kommen, haben häufig wenig eigene Autonomie und Selbstwirksamkeit erlebt. Ihnen Gehör zu verschaffen, ihnen Informationen zu geben, ihnen dadurch Gelegenheit zur Partizipation zu geben und dazu, Entscheidungen wirklich als eigene auch miterleben zu können bzw. bewusst als fremdbewirkte Entscheidungen wahrzunehmen, ist eine wichtige Aufgabe der Kommunikation. Hinsichtlich der Autonomie gilt es, das von mir so genannte „Beteiligungsparadoxon" zu berücksichtigen. **Entwicklungsalter kann nur *ein* orientierendes Kriterium für Entscheidungen sein**, denn gut entwickelte, psychisch bislang wenig belastete Kinder haben in jedem Alter sehr viel bessere Ressourcen und Möglichkeiten, ihre Interessen in rechtlichen und administrativen Verfahren einzubringen. Entwicklungsverzögerte, deprivierte, psychisch beeinträchtigte Kinder sind demgegenüber häufig schutzlos den vehementesten Interessenkonflikten ausgesetzt und haben die geringsten Möglichkeiten, sich selbst einzubringen, und benötigen deshalb zu einem gleichen Grad von Partizipation eine sehr viel stärkere äußere Unterstützung.

1393

4. Analyse der Voraussetzung für die Beteiligung in der Kommunikation

Kommunikation kann im Einzelfall hinsichtlich ihrer Voraussetzungen (vgl. *Balloff* 2000 und *Fegert* 1999), Strukturelemente und Störungsquellen beschrieben werden. Zu den Voraussetzungen gehören die **kognitiven Ausgangsbedingungen**, die gewisse komplexere Kommunikationen erst möglich machen. Aber auch **emotionale und motivationale Komponenten** spielen hier eine deutliche Rolle. Wenn man die Störungsquellen und Schwierigkeiten bei der Kommunikation einmal systematisch betrachten will, können die Schwierigkeiten beim Sender und beim Empfänger liegen. Aber auch die dazwischen liegenden Elemente sind störungsanfällig. Störungen, die vom erwachsenen „Sender" ausgehen, haben häufig mit der zu hohen Komplexität von Informationen und Botschaften zu tun.

1394

In der Kommunikation mit Kindern gilt es, **einfache, verständliche Signale** zu senden, und diese müssen verbal und nonverbal stimmig vermittelt werden. Kinder nehmen es sehr eindeutig wahr, wenn die nonverbale Signalebene in einem Kontrast zur Information, d.h. der verbalen Botschaft, steht. Es lohnt sich, dass z.B. der Verfahrensbeistand, der sich in einer Kommunikation befindet, auch kurz Gedanken macht, wen seine Botschaft erreichen soll und welche Modalität er deshalb wählt. Ist es wirklich sinnvoll, solche Dinge am Telefon zu besprechen? **Zu**

1395

komplexe Signale können trotz der besten Intentionen zu sehr **mangelhaften Kommunikationsergebnissen** führen. Dies ist z.B. die Grundlage für angebliche Falschaussagen im Kontext mit zu schwierigen Fragen, z.B. im Zusammenhang mit sexuellem Missbrauch. Hier ist dann gar nicht so oft durch die erwachsenen Gesprächspartner bewusst manipulativ vorgegangen worden, sondern die Überforderung durch zu komplexe Fragen hat zu einer allmählichen Veränderung der Aussageinhalte geführt.

5. Die spezielle Bedeutung von Emotionen und des emotionalen Ausdrucks im Gespräch mit Kindern

1396 Emotionen werden schnell ausgelöst und sind schwer zu kontrollieren. Ein verbreiteter definitorischer Ansatz unterscheidet **primäre Emotionen** von so genannten „sekundären" oder **komplexen Emotionen** (vgl. z.B. *Plutchik* 1980). Gerade für die primären Emotionen wie Furcht, Freude, Traurigkeit, Ekel und Überraschung besteht ein hoher Zusammenhang des expressiven Verhaltens mit den zugrunde liegenden Emotionen. So entsteht das Risiko, Emotion und Ausdrucksverhalten gleichzusetzen.

1397 Manche Situationen „verlangen" aber, dass tatsächlich empfundene Emotionen überblendet werden bzw. nicht zur Darstellung gelangen. Im Rahmen des Sozialisationsprozesses lernen Kinder z.B. in bestimmten Situationen ihre tatsächlich empfundenen Gefühle nicht auszudrücken. Man nennt diesen Prozess **„emotionale Selbstregulation"** (vgl. Rn. 682 ff.). Nach *Eisenberg* (1992) oder *Kopp* (1992) bzw. *Maccoby* und *Marty* (1983) lässt sich schon **ab dem zweiten Lebensjahr** eine Orientierung an sozialen Standards beobachten. Die Verknüpfung von Emotionsregulierung und Selbstregulation kann man **ab einem Alter von drei bis vier Jahren** voraussetzen. Kinder im **Vorschulalter** sind schon in der Lage, emotionale Spontanreaktionen mit einer nicht adäquaten Emotion bewusst zu überblenden.

1398 *Saarni* (1984) hat eine experimentelle Untersuchung zu dieser Thematik an Grundschulkindern durchgeführt. Kinder im Alter von sieben, neun und elf Jahren bekamen als Belohnung für eine Aufgabe (Korrektur eines Übungsbuches) ein enttäuschendes, nicht altersentsprechendes Geschenk. Die älteren Kinder zeigten positivere Reaktionen als die jüngeren Kinder. Mädchen zeigten positivere Reaktionen als Jungen. *Cole* (1986) modifizierte dieses Experiment, indem er die Emotionen in Abwesenheit des Versuchsleiters filmte. So konnte nachgewiesen werden, dass die Kinder real über das Geschenk enttäuscht waren und auch, bevor der Versuchsleiter in den Raum eintrat, enttäuschte Mimik zeigten, sich dann aber artig für das ihnen übergebene Geschenk bedankten.

1399 Dieses Überblenden von Emotionen gelingt aber durchaus nicht immer, d.h., bisweilen kommt es zum Durchsickern zugrunde liegender Emotionen (*Ekman* 1988). Die Bindungsforscherin *Crittenden* (1992) sieht dieses Verhalten vor allem bei unsicher-vermeidend-gebundenen Kindern, während sie annimmt, dass sicher-gebundene Kinder ein solches „Durchsickern" weniger zeigen, während unsicherambivalent-gebundene Kinder eher übertrieben wirkende emotionale Reaktionen auf Belastung zeigen. *Crittenden* stützt sich bei ihren Ergebnissen auf die Einteilung der Bindungstypen nach *Ainsworth* (1978), welche im Gefolge von *Bowlby* die experimentelle Bindungstheorie erheblich erweitert hat.

Neuere entwicklungspsychologische Untersuchungen zeigten, dass bei der Bewertung von verbalen Aussagen von Kindern, die man in Interviews oder Fragebögen erheben kann, ihr emotionales Ausdrucksverhalten während der Aussage eine große Rolle spielt. Die untersuchte Fragestellung ist auch ein wesentlicher Beitrag zur Grundlagenforschung im Hinblick auf die Bewertung von Kinderaussagen im Kontext von Misshandlungs- und Missbrauchsvorwürfen. Bisher hat sich meines Erachtens die Aussagepsychologie ausgehend von den Aussagen verbal kompetenter, psychisch gesunder Kinder, die Opfer eines Verbrechens wurden, vor allem am gesprochenen Text orientiert und hat versucht, aus textlichen Kriterien (vgl. *Steller* und *Köhnken*, 1989) die Stimmigkeit von Aussagen nachzuweisen. Die Ergebnisse unterstreichen unsere Hypothese, dass **abhängig von der Bindungsqualität und der psychischen Belastung das Gesagte mehr oder weniger emotional kongruent** ist.

1400

Je stärker die psychische Belastung, desto stärker müsste die emotionale Situation der Kinder beachtet werden. Gerade Emotionen wie **Schuld, Scham, Peinlichkeit und Stolz** spielen in Bezug auf die psychosexuelle Entwicklung von Kindern und die Störungen in dieser Entwicklung eine große Rolle. Bisher sind diese Emotionen im Vergleich zu Traurigkeit und Angst viel zu wenig beachtet worden. Zwischen den Emotionen Schuld, Scham und Peinlichkeit kann eine gewisse Nähe festgestellt werden. Auch gibt es „gemischte Gefühle" gerade zwischen Scham und Schuld sowie Alters- und Geschlechtsunterschiede im Erleben der drei Emotionen.

1401

> „Peinlichkeit, Scham und Schuld werden offenbar je nach Geschlecht und Alter der untersuchten Personen verschieden erlebt. Prinzipiell scheinen zumindest Peinlichkeits- und Schamgefühle bei Frauen häufiger und/oder intensiver aufzutreten als bei Männern. Bei Kindern im Alter von 6 bis 10 Jahren zeigen sich diese Unterschiede noch nicht (vgl. *Roos* 1988). Gleichgerichtete geschlechtsspezifische Unterschiede im Schulderleben finden sich lediglich tendenziell. Dieser Befund ist vielleicht ein Hinweis darauf, dass Frauen – wie es geschlechtsstereotype Rollenerwartungen erwarten lassen – über ein reicheres, markanteres Gefühlsleben verfügen. Sie sind schneller von Selbstzweifeln befallen und eher bereit, die eigene Person abzuwerten. Männer hingegen geraten offenbar aufgrund einer von Zweifeln ungetrübten Einschätzung ihrer Kompetenz und ihres Selbstwertes seltener in Situationen, die Peinlichkeit oder Scham zur Folge haben" (*Roos* 1992).

1402

Schuldgefühle spielen insbesondere bei Kindern ab dem Schulalter bei vorgefallenem sexuellem Missbrauch eine große Rolle. Sehr häufig achten die Täter teilweise sehr geschickt darauf, Kindern eine aktive Beteiligung zu suggerieren, indem ihnen Verantwortung und Beteiligung durch angeblich oder tatsächlich empfundene Lust unterstellt werden. Häufig habe ich von Jungen, die Opfer pädophiler Übergriffe wurden, gehört, dass die Täter das Vorhandensein einer Erektion

1403

als Zeichen der aktiven Beteiligung und als Willensäußerung des Kindes deuteten. Somit schufen sie die Voraussetzungen dafür, dass die Kinder hierfür aufgrund der angenommenen eigenen Verantwortung Scham- oder Schuldgefühle zeigten. Eine weitere häufige Ursache für Schuldgefühle sind die zu erwartenden oder angedrohten negativen Folgen für den Täter bzw. für die gesamte Familie bei Aufdecken des Missbrauchs. Hinzu kommt noch, dass damit ein gegen sämtliche soziokulturellen, moralischen und gesetzlichen Regeln verstoßendes Verhalten an die Öffentlichkeit gelangt und somit definitionsgemäß eine peinliche Situation entstehen muss.

1404 Bei der Einschätzung von Emotionen sind wir häufig auf unsere eigenen Gefühle angewiesen. Diese Gefühle können stark von Beziehungsvariablen beeinflusst werden. Wir können eigene Thematiken in ein Kind hineinprojizieren etc. Insofern ist im Sinne eines adäquaten Umgangs mit kindlichen Emotionen auch die Pflege der eigenen Emotionalität, die Kenntnis der eigenen emotionalen Probleme etc. durch Selbsterfahrung und Supervision ein wichtiges Moment, damit sich nicht eigene Betroffenheit mit der Wahrnehmung kindlicher Interessen vermischt.

Teil 4

Die Rechtsstellung des Kindes im gerichtlichen und jugendhilferechtlichen Verfahren

A Das Verfahren der Familiengerichte in Kindschaftssachen

Übersicht		Rn.
I.	Einleitung	1405
II.	Verfahrensgrundsätze in Kindschaftssachen	1411
	1. Der Amtsermittlungsgrundsatz (§ 26 FamFG)	1411
	2. Das Vorrang- und Beschleunigungsgebot (§ 155 FamFG)	1417
	a) Hintergrund	1418
	b) Das Vorranggebot	1421
	c) Das Beschleunigungsgebot	1422
	3. Rechtliches Gehör	1424
	4. Öffentlichkeit; Gerichtssprache	1429
	5. Beteiligte	1431
III.	Verfahrenseinleitung	1438
IV.	Zuständigkeiten	1440
V.	Besonderheiten des Verfahrensablaufs	1446
	1. Bestellung des Verfahrensbeistands	1447
	2. Die konfliktregulierende Funktion des Familiengerichts	1451
	a) Allgemeines	1451
	b) Einvernehmen	1454
	c) Früher Termin	1459
	d) Erörterungstermin	1465
	3. Anhörungen	1467
	4. Ausnahme: Das vereinfachte Sorgerechtsverfahren (§ 155a Abs. 3 FamFG)	1473
VI.	Ermittlung und Beweiserhebung	1476
	1. Beweismittel im Strengbeweisverfahren	1478
	2. Insbesondere Sachverständigengutachten	1482
VII.	Entscheidung	1493
	1. Zwischen- und Endentscheidung	1494
	2. Exkurs: Die einstweilige Anordnung (§§ 49 ff. FamFG)	1495
	3. Abänderung nach § 1696 BGB, § 166 FamFG	1507
VIII.	Rechtsmittel	1513
	1. Rechtsmittel gegen erstinstanzliche Entscheidungen	1514
	a) Zwischenentscheidungen	1516
	b) Eilentscheidungen	1520
	c) Endentscheidungen in Hauptsacheverfahren	1525
	2. Vorgehensweisen gegen Untätigkeit	1527
	a) Beschleunigungsrüge, Beschleunigungsbeschwerde und Verzögerungsrüge	1530
	b) Ablehnung wegen Befangenheit	1535
	aa) Allgemeines	1535
	bb) Verfahrensverzögerung als Befangenheitsgrund	1537
	c) Dienstaufsichtsbeschwerde	1538
	3. Formelle Anforderungen an das Rechtsmittel	1539
	a) Frist	1540
	b) Beschwerdeberechtigung	1541
	c) Form der Einlegung	1543
	d) Beschwerdebegründung	1545
	e) Anwaltszwang?	1547
	4. Beschwerdeverfahren	1550

	5. Rechtsmittel gegen Entscheidungen des Oberlandesgerichts	1554
IX.	Wirksamwerden, Vollziehung und Vollstreckung (§§ 86 ff. FamFG)	1558
X.	Rechte von Kindern und Jugendlichen im gerichtlichen Verfahren	1569
	1. Verfahrensfähigkeit von Kindern und Jugendlichen?	1571
	2. Anhörung nach § 159 FamFG	1577
	a) Voraussetzungen	1579
	b) Gestaltung	1584
	aa) Anwesenheit von anderen Verfahrensbeteiligten	1586
	bb) Ort der Anhörung	1590
	cc) Vorgehensweise des Gerichts	1591
	dd) Protokollierung	1594
	3. Kindeswohlzentrierung des Verfahrens	1596
XI.	Übersicht über den Ablauf des Hauptsacheverfahrens in Kindschaftssachen	1598
XII.	Übersicht über den Ablauf des Eilverfahrens in Kindschaftssachen	1599

I. Einleitung

1405 Das Verfahrensrecht dient als Absicherung dafür, dass das zur Entscheidung berufene Gericht den Weg der Entscheidungsfindung nicht nur auf rechtsstaatliche Weise beschreitet, sondern auch die entscheidungserheblichen Tatsachen nicht übersehen werden.

Die gesetzlichen Grundlagen für das gerichtliche Verfahren in Kindschaftssachen finden sich seit dem 1.9.2009 im Gesetz über das Verfahren in Familiensachen und in den Angelegenheiten der freiwilligen Gerichtsbarkeit (FamFG). Der Gesetzgeber hat damit das Nebeneinander von zwei Verfahrensordnungen (ZPO/FGG) im Wesentlichen beseitigt. An die Stelle einer teilweise unübersichtlichen Verschachtelung mehrerer Verfahrensordnungen trat ein einheitliches Gesetzeswerk, was dem Rechtsanwender den Zugang einerseits erheblich erleichtert, andererseits aber eine Vielzahl ungelöster Probleme aufwirft.

1406 Nicht in allen Verfahren ist das neue Recht anwendbar. Trotz des Vorrang- und Beschleunigungsgebots findet in einigen wenigen Verfahren noch immer „altes Recht" Anwendung.[1] Maßgeblich ist nämlich der Zeitpunkt des Verfahrensbeginns: Auf die vor dem 1.9.2009 eingeleiteten oder durch Antrag in Lauf gesetzten Verfahren ist grundsätzlich weiter das bisherige Recht anwendbar (vgl. Art. 111 Abs. 1 Satz 1 FGG-RG). Nach Art. 111 Abs. 2 FGG-RG ist in Vormundschafts- und Pflegschaftsangelegenheiten (vgl. § 151 Nr. 4 und 5 FamFG) jeder selbstständige Verfahrensgegenstand, der mit einem Beschluss im Sinne von § 38 FamFG förmlich abgeschlossen wird, ein selbstständiges Verfahren im Sinne von Art. 111 Abs. 1 Satz 1 FGG-RG. Damit findet insbesondere in Genehmigungs-, Rechnungslegungs- und Vergütungsverfahren betreffend Vormundschaft und Pflegschaft dann das neue Recht Anwendung, wenn diese Verfahren nach dem 31.8.2009 eingeleitet worden sind.

1407 Bleibt frei

---

1 Vgl. nur BGH FamRZ 2014, 543 ff.

1408 **Kindschaftssachen** sind nach § 151 FamFG unter anderem die dem Familiengericht zugewiesenen Verfahren, die die elterliche Sorge (insbesondere §§ 1666, 1671 BGB), das Umgangsrecht (z.B. § 1684 BGB) und die Kindesherausgabe (vgl. § 1632 Abs. 1 und 4 BGB) betreffen. Mit der Abschaffung des Vormundschaftsgerichts (vgl. § 23b GVG, § 151 Nr. 4, 5 FamFG), das nach dem Inkrafttreten des FamFG am 1.9.2009 nur noch zur Abwicklung sog. „Altverfahren" erhalten bleibt, ging eine Erweiterung der Aufgaben des Familiengerichts einher, welches nun unter anderem auch für Verfahren zuständig ist, welche die Vormundschaft (vgl. §§ 1773 ff. BGB) und die Pflegschaft (vgl. §§ 1909 ff. BGB) betreffen.[2] Durch die Einführung des Großen Familiengerichts soll eine umfassende Lösung innerfamiliärer Konflikte vor einem sachnahen und grundsätzlich **besonders qualifizierten und spezialisierten Gericht** ermöglicht werden. Freilich kann dies nur gelingen, wenn die Familiengerichte von den Landesjustizverwaltungen die gebotene **sachliche und personelle Ausstattung** erfahren, den Richterinnen und Richtern die (tatsächliche) Möglichkeit zur Wahrnehmung von **Fortbildungsangeboten** eröffnet wird und diese Angebote schließlich von den Familienrichter/innen auch wahrgenommen werden. Auch gilt es dringend, die **Eingangsvoraussetzungen für eine Tätigkeit an den Familiengerichten zu erhöhen**, denn es genügt nicht, wenn ein Richter – wie es nach § 23b GVG die derzeitige Rechtslage zulässt – sich nicht mehr im ersten Jahr der Ernennung befindet und ihm sogleich die Aufgabe eines Familienrichters übertragen wird.[3]

1409 Eine Kindschaftssache ist zugleich Familiensache (vgl. § 111 Nr. 2 FamFG). Sie wird in der Regel als selbstständiges Verfahren geführt. Etwas anderes gilt ausnahmsweise bei Anhängigkeit eines Scheidungsverfahrens. Eine Kindschaftssache wird Folgesache im Scheidungsverbundverfahren, wenn ein Ehegatte rechtzeitig die Einbeziehung in den Verbund beantragt und es sich um eine Kindschaftssache handelt, die das Sorge- oder Umgangsrecht bzw. die Herausgabe eines gemeinschaftlichen Kindes oder das Umgangsrecht des Stiefelternteils betrifft, es sei denn, das Familiengericht hält die Einbeziehung in den Verbund aus Gründen des Kindeswohls, insbesondere mit Blick auf das Beschleunigungsgebot (siehe Rn. 1422 f.), nicht für sachgerecht (vgl. § 137 Abs. 3 FamFG).

1410 Nicht Gegenstand dieses Kapitels sind die internationalen Bezüge und damit insbesondere die Besonderheiten der Verfahren nach dem Haager Kindesentführungsübereinkommen (HKÜ), der sog. Brüssel-IIa-Verordnung, des Kinderschutzübereinkommens (KSÜ), des Minderjährigenschutzabkommens (MSA) sowie des Europäischen Sorgerechtsübereinkommens (ESÜ). Verwiesen wird insoweit auf die einschlägigen Veröffentlichungen[4] sowie das nachfolgende Kapitel.

---

2 Zu den Einzelheiten siehe MünchKomm-FamFG/Heilmann, § 151 FamFG Rn. 6 ff.
3 Näher hierzu Kinderrechtekommission des Deutschen Familiengerichtstages e.V., ZKJ 2018, S. 179.
4 Vgl. insbesondere Niethammer-Jürgens/Erb-Klünemann, Internationales Familienrecht in der Praxis, Frankfurt am Main, 2019 ; Heilmann/Schweppe, Kapitel 3 (Internationale Übereinkommen) sowie die Kommentierungen zu § 99 FamFG (etwa MünchKomm-FamFG/Rauscher, 3. Auflage [2018]),.

▷ Zu den gerichtlichen Verfahren mit Auslandsbezug vgl. in diesem Handbuch Schweppe, Rn. 1688 ff.

▷ Zu den Besonderheiten des Unterbringungsverfahrens (§ 151 Ziff. 6 und 7 FamFG) siehe Teil 2 Rn. 445 ff. sowie MünchKomm-FamFG/Heilmann, § 167 Rn. 1 ff.

▷ Zum Vergütungsfestsetzungsverfahren siehe in diesem Handbuch Bauer, Rn. 2132 ff.

II. Verfahrensgrundsätze in Kindschaftssachen

Für das Verständnis des Verfahrensrechts sind seine elementaren Grundsätze von besonderer Bedeutung.

1. Der Amtsermittlungsgrundsatz (§ 26 FamFG)

1411 Das Verfahren in Kindschaftssachen wird maßgeblich vom Amtsermittlungsgrundsatz geprägt. Da über die Betätigung des Elternrechts die staatliche Gemeinschaft wacht (vgl. Art. 6 Abs. 2 Satz 2 GG), ist es nur konsequent, die Verfahrensgestaltung in Kindschaftssachen in die Hände des Familiengerichts zu legen. Dementsprechend regelt der Gesetzgeber in dem auch für Kindschaftssachen anwendbaren § 26 FamFG (vgl. § 12 FGG a.F.), dass das Gericht von Amts wegen die zur Feststellung der Tatsachen erforderlichen Ermittlungen durchzuführen und die geeignet erscheinenden Beweise zu erheben hat.

1412 Damit liegt es in der **Verantwortung des Gerichts** – und nicht etwa bei den Beteiligten wie beispielsweise im Zivilprozess –, den **entscheidungserheblichen Tatsachenstoff zu ermitteln** (siehe § 29 Abs. 1 Satz 2 FamFG). Das Familiengericht entscheidet nicht nur über die Notwendigkeit einer Beweisaufnahme überhaupt, sondern auch über deren Umfang und die Auswahl der Beweismittel (vgl. auch § 30 Abs. 1 FamFG). Es hat folglich einen erheblichen Gestaltungsspielraum bei der Verfahrensleitung und -organisation. Mithin ist es auch **nicht an** das Vorbringen und **etwaige Beweisanträge** der Beteiligten **gebunden**, sondern entscheidet selbst darüber, welche Beweise (näher hierzu unten Rn. 1476 ff.) es erhebt.[5] Das Gericht hat ebenfalls darüber zu befinden, ob eine bestimmte Tatsache beweisbedürftig ist oder nicht.

1413 „Beweisanträge" in Kindschaftssachen sind daher Anregungen für das Gericht, die dieses nach pflichtgemäßem Ermessen prüfen muss.[6] Das Familiengericht hat – unter gleichzeitiger Berücksichtigung des Beschleunigungsgebots (vgl. unten Rn. 1422 ff.) – alle Beweise zu erheben, die erforderlich sind, um eine möglichst zuverlässige und am Kindeswohl orientierte (vgl. § 1697a BGB) Entscheidungsgrundlage zu erhalten.[7]

---

5 Vgl. nur BGH FamRZ 1984, 1084.
6 Vgl. BGH FamRZ 1984, 1084.
7 Vgl. BVerfGE 55, 171 (182).

Ein „Beweisantrag" sollte vor diesem Hintergrund die Art des zu erhebenden Beweismittels (hierzu unten Rn. 1478 ff.) bezeichnen und darlegen, **welchen Erkenntnisgewinn man sich von der Erhebung dieses Beweises erwartet**. Zudem sollte deutlich werden, welchen Einfluss das Ermittlungsergebnis auf das Ergebnis des Verfahrens haben kann und weshalb die Erhebung des Beweises auch unter Berücksichtigung des Beschleunigungsgebotes erforderlich ist.

1414

Beabsichtigt das Familiengericht trotz bereits bestehender Entscheidungsreife im Rahmen des Amtsermittlungsgrundsatzes die Durchführung einer Beweiserhebung, können vom Verfahrensbeistand dem Gericht im Rahmen des gewährten rechtlichen Gehörs die Nachteile einer derartigen Beweiserhebung (**Verfahrensverzögerungen und damit verbundene Belastungen des Kindes bzw. Gefahr der faktischen Präjudizierung**; vgl. Rn. 1418 ff.) dargelegt werden.

1415

Unbeschadet dessen hat das Familiengericht eine **Pflicht zur Entscheidung bei Entscheidungsreife** (vgl. § 300 Abs. 1 ZPO analog).[8] Entscheidungsreife tritt ein, wenn dem Gericht alle erforderlichen Informationen für eine am Kindeswohl orientierte Entscheidung vorliegen und die Verfahrensvorschriften, insbesondere hinsichtlich der durchzuführenden Anhörungen (vgl. unten Rn. 1467 ff.), beachtet worden sind.

1416

2. Das Vorrang- und Beschleunigungsgebot (§ 155 FamFG)

Zwar muss das Familiengericht auf der einen Seite das Verfahren so gestalten, dass es **möglichst zuverlässig die Grundlage einer am Kindeswohl orientierten Entscheidung** erkennen kann.[9] Auf der anderen Seite soll es jedoch dem **Beschleunigungsgebot** Rechnung tragen. Dieser Verfahrensgrundsatz hat seinen Ursprung in der interdisziplinären Diskussion,[10] fand Eingang in die Rechtsprechung des Bundesverfassungsgerichts[11] und hat seit dem 12.7.2008 auch eine gesetzliche Grundlage (vgl. § 50e FGG a.F. sowie § 155 FamFG).[12] Es gilt (in allen Instanzen) insbesondere für Verfahren, die den Aufenthalt des Kindes, das Umgangsrecht oder die Herausgabe des Kindes betreffen, sowie für Verfahren wegen Gefährdung des Kindeswohls (vgl. § 155 Abs. 1 FamFG) und hat Ausstrahlungswirkung unter anderem auf die hiermit im Zusammenhang stehenden Vollstreckungsverfahren. Nach der Reform des Sorgerechts nicht miteinander verheirateter Eltern ist er im Verfahren zur Übertragung der gemeinsamen elterlichen Sorge entsprechend anwendbar (§ 155a Abs. 2 Satz 1 FamFG).[13]

1417

---

8 Vgl. MünchKomm-FamFG/Heilmann (2018), § 155 FamFG Rn. 29.
9 Vgl. BVerfGE 55, 171 (182); FamRZ 1993, 662 (663).
10 Vgl. Goldstein/Freud/Solnit, Frankfurt a.M. 1974, Heilmann, Kindliches Zeitempfinden und Verfahrensrecht, Neuwied 1998 m.w.N.; ders., ZfJ 1998, 317 ff.; siehe auch Staudinger/Salgo (2015), § 1632 BGB Rn. 104; Gießler, S. 504; Staudinger/Coester (2016), § 1666 BGB Rn. 205; van Els, S. 38 ff.; Motzer, in: Schwab, S. 594.
11 Vgl. BVerfG NJW 2001, 961; FamRZ 2000, 413 (414): „besondere Sensibilität"; FamRZ 1997, 871 ff.
12 Hierzu MünchKomm-FamFG/Heilmann (2018), § 155 FamFG.
13 Zur materiellen Rechtslage siehe Heilmann, NJW 2013, 1473 ff. sowie in diesem Handbuch Dürbeck, Rn. 595ff..

a) Hintergrund

1418 Das Beschleunigungsgebot sollte mit Blick auf die Besonderheiten des **kindlichen Zeitempfindens** betrachtet werden:[14] Erst mit zunehmendem Alter erwirbt ein Kind die Fähigkeit zur Wahrnehmung und Schätzung von Zeit und lernt, dass „verschwundene" Personen wieder auftauchen. Jüngere Kinder empfinden daher – auf objektive Zeitspannen bezogen – den Verlust einer Bezugsperson schneller als endgültig als ältere Kinder oder gar Erwachsene. Dies führt dazu, dass zum einen die mit der Durchführung des Verfahrens einhergehenden psychischen Belastungen für das Kind von besonderer Bedeutung sind und zum anderen die **große Gefahr einer faktischen Präjudizierung** besteht, also die Gefahr, dass das Verfahren allein durch Zeitablauf und die dabei entstehenden bzw. sich verändernden tatsächlichen Verhältnisse entschieden wird und nicht durch eine das Verfahren förmlich abschließende gerichtliche Entscheidung.[15]

1419 Besonders deutlich wird dies in den Kindschaftssachen, in denen **Bindungen des Kindes** (vgl. in diesem Handbuch *Ziehenhain*, Rn. 890 ff.) die Entscheidung maßgeblich beeinflussen können wie zum Beispiel in Verfahren auf Erlass einer Verbleibensanordnung (§ 1632 Abs. 4 BGB), Verfahren wegen Kindeswohlgefährdung (§ 1666 BGB), Sorgerechtsstreitigkeiten (§ 1671 BGB) sowie Umgangsrechtsverfahren (§ 1684 BGB), mithin Verfahren, die zum überwiegenden Betätigungsfeld des Verfahrensbeistands gehören. In umgangsrechtlichen Verfahren kommt hinzu, dass jede Verfahrensverzögerung faktisch zu einem Umgangsausschluss führen kann.[16]

1420 Das besondere Gebot der Verfahrensbeschleunigung ist von allen professionell am Verfahren Beteiligten (Gerichte, Jugendamt, Verfahrensbevollmächtigte, Sachverständige) zu beachten. Gerade für den Verfahrensbeistand ist es von sehr großer Bedeutung, zumal als eines der Hauptargumente gegen die Einführung der Verfahrenspflegschaft vorgebracht wurde, er verzögere das gerichtliche Verfahren.[17] Eine Befürchtung, die sich im Übrigen nicht bewahrheitet hat.[18] Um diesem Verfahrensgrundsatz gerecht zu werden, sollte der Verfahrensbeistand daher zum einen das Gebot der „Selbstkontrolle" beachten, das heißt selbst **keine Ursachen für Verfahrensverzögerungen setzen** (Gestaltung der Arbeitsbedingungen, Terminverlegungen nur aus zwingendem Grund, Einhalten der Fristen, zügige Abfassung Abgabe eigener Stellungnahmen) und zum anderen **zur Verfahrensbeschleunigung aktiv beitragen** („Beschleunigungsfunktion").[19]

---

14 Vgl. auch BVerfG NJW 2001, 961.
15 Vgl. BVerfG NJW 2001, 961; FamRZ 1997, 871 (873); hierzu Heilmann, Kindliches Zeitempfinden und Verfahrensrecht, S. 24 ff.
16 Vgl. BVerfG NJW 2001, 961 (962).
17 Vgl. Heilmann, Kindliches Zeitempfinden und Verfahrensrecht, S. 264 ff. m.w.N.
18 Vgl. nur Hannemann/Stötzel, ZKJ 2009, 58 (63).
19 Heilmann, Kind-Prax, 2000, 79 (82).

b) Das Vorranggebot

Das Vorranggebot hat insbesondere Einfluss auf die **Reihenfolge der Aktenbearbeitung durch das Gericht** sowie die Terminanberaumung.[20] Die in § 155 Abs. 1 FamFG genannten Kindschaftssachen sind bevorzugt zu behandeln, sodass das Gericht Termine vorzuhalten und – soweit erforderlich – bereits anberaumte Termine in nicht vorrangig zu bearbeitenden Verfahren zu verlegen hat, um die vorrangige Kindschaftssache innerhalb der gebotenen Monatsfrist (vgl. unten Rn. 1459) terminieren zu können.

1421

c) Das Beschleunigungsgebot

Die vom Beschleunigungsgebot im Einzelfall ausgehenden Anforderungen werden vom Verfahrensgegenstand, dem Alter des betroffenen Kindes, der bisherigen Verfahrensdauer, dem Ausmaß der Gefahr einer faktischen Präjudizierung sowie dem Umfang von Unsicherheiten und Belastungen für die Verfahrensbeteiligten beeinflusst.[21] Es erlangt ein umso größeres Gewicht, je jünger das vom Verfahren betroffene Kind ist. Insbesondere **bei Kindern im Vorschulalter und grundsätzlich bei traumatisierten Kindern besteht eine große Gefahr der faktischen Präjudizierung**. Dies muss auch Konsequenzen für die Gestaltung des Verfahrens in zeitlicher Hinsicht haben. Demgegenüber sind etwa Verfahren, in denen lediglich die nähere Ausgestaltung des Umgangs im Streit steht, nicht in derselben Weise beschleunigungsbedürftig wie die Verfahren, in denen darüber zu befinden ist, ob überhaupt Umgang gewährt oder dieser in Gänze ausgeschlossen wird.

1422

Es sollte **zwischen ausschließlich kindeswohldienlichen und abwägungsabhängigen Verfahrensbeschleunigungsfaktoren unterschieden** werden.[22] Erstere dienen uneingeschränkt dem Kindeswohl, insbesondere weil Verfahrensverzögerungen vermieden werden, ohne dass das Kindeswohl hierdurch nachteilig beeinflusst wird (z.B. zeitnahe Terminanberaumung, kurze Stellungnahmefristen, unmittelbare Kommunikation zwischen den Verfahrensbeteiligten). Bei Letzteren bedarf es einer Abwägung, ob der zu erwartende Erkenntnisgewinn bei Erhebung eines Beweises die damit einhergehende Verfahrensverzögerung und die hiermit verbundenen Nachteile (siehe oben Rn. 1418 ff.) rechtfertigt oder nicht. So verlangt das Beschleunigungsgebot etwa – im Falle der (seltenen) Aussetzung einer Kindschaftssache i.S.v. § 155 Abs. 1 FamFG zur Durchführung einer Mediation oder eines Verfahrens vor dem Güterrichter (vgl. § 23 Abs. 1 Satz 2 FamFG) – die Wiederaufnahme in der Regel nach drei Monaten, wenn die Beteiligten keine einvernehmliche Regelung erzielen (§ 155 Abs. 4 FamFG).

1423

▶ Zur Vorgehensweise gegen Untätigkeit des Gerichts siehe unten Rn. 1527 ff.

---

20 MünchKomm-FamFG/Heilmann (2018), § 155 FamFG Rn. 23 ff.
21 Vgl. MünchKomm-FamFG/Heilmann (2018), § 155 FamFG Rn. 30.
22 Näher hierzu MünchKomm-FamFG/Heilmann (2018), § 155 FamFG Rn. 34 ff.

3. Rechtliches Gehör

1424 Nach Art. 103 Abs. 1 GG hat jeder, der von einer gerichtlichen Entscheidung unmittelbar betroffen ist, Anspruch auf rechtliches Gehör. Dazu gehört das Recht, gegenüber dem Gericht zu allen für die Entscheidung relevanten Aspekten Stellung zu nehmen, Behauptungen aufzustellen und den Versuch zu unternehmen, auf den Umfang der Ermittlungen Einfluss zu nehmen. Die Beteiligten müssen sich folglich **in tatsächlicher und rechtlicher Hinsicht äußern** können (vgl. auch §§ 30 Abs. 4, 37 Abs. 2 FamFG).[23] Insbesondere muss das Gericht ihnen zu diesem Zwecke den Sachverhalt, die Schriftsätze der anderen Beteiligten (hierzu Rn. 1431), das Ergebnis von Anhörungen (vgl. Rn. 1467 ff.), die Stellungnahmen von Behörden (z.B. des Jugendamtes), des Sachverständigen und des Verfahrensbeistands zur Kenntnis bringen.

1425 Zudem folgt aus diesem Grundsatz, dass der Richter **auch über „informelle" Gespräche** mit den Beteiligten, auch dem Verfahrensbeistand, einen **Aktenvermerk** zu fertigen und diesen den anderen Beteiligten zur Kenntnis zu bringen hat, wenn ihm Tatsachen mitgeteilt werden, die auf die Entscheidung Einfluss nehmen könnten.

1426 Da sich diese Pflicht des Gerichts auf die **Beteiligten** beschränkt, ist das Gericht weder berechtigt noch verpflichtet, **Schriftstücke**, insbesondere das **Gutachten** eines Sachverständigen, an das Jugendamt außerhalb eines Verfahrens nach §§ 1666, 1666a BGB zu übersenden, solange dieses seine Beteiligung nicht nach § 162 Abs. 2 FamFG beantragt hat. Etwas anderes gilt nur dann, wenn das Gericht die Einholung einer ergänzenden Stellungnahme des Jugendamtes im Rahmen des § 162 Abs. 1 FamFG für erforderlich erachtet und zu diesem Zweck einen eingegangenen Schriftsatz übersendet. Damit das Jugendamt sein Ermessen über die Antragstellung unbeschadet dessen pflichtgemäß ausüben kann, ist es über den Verfahrensstand, insbesondere den Eingang eines Gutachtens, zu unterrichten.[24]

1427 Gewährung rechtlichen Gehörs bedeutet auch, dass das Gericht die in Ausübung des rechtlichen Gehörs getätigten Äußerungen zur Kenntnis nimmt und im Rahmen seiner Entscheidungsfindung in Erwägung zieht.[25] Daraus lässt sich jedoch für das Gericht **keine Pflicht** dahingehend ableiten, **jedes Vorbringen der Verfahrensbeteiligten in den Gründen seiner Entscheidung ausdrücklich zu bescheiden**.[26] Lediglich die für die Entscheidung wesentlichen Tatsachenbehauptungen müssen in den Entscheidungsgründen verarbeitet werden.[27]

---

[23] Vgl. BVerfGE 81, 123 (126).
[24] Siehe auch die Entschließung des AK 11 auf dem 18. Deutschen Familiengerichtstag. So nun auch MünchKomm-FamFG/Schumann (2018), § 162 Rn. 7.
[25] Vgl. BVerfGE 70, 288 (293 f.).
[26] Vgl. BVerfGE 42, 364 (368).
[27] Vgl. BVerfGE 71, 122 (135).

Schließlich kann das Gericht **in Ausnahmefällen** auch **von der Gewährung rechtlichen Gehörs absehen**. Dies gilt insbesondere in **Eilverfahren** (hierzu Rn. 1495 ff.).[28] In diesen Fällen ist die Gewährung rechtlichen Gehörs aber **unverzüglich nachzuholen**, damit die Äußerungen in der Entscheidung zur Hauptsache noch Berücksichtigung finden können (vgl. nur §§ 159 Abs. 3 Satz 2, 160 Abs. 4 FamFG).

1428

4. Öffentlichkeit; Gerichtssprache

Das Verfahren in Kindschaftssachen ist **nicht öffentlich** (§ 170 Abs. 1 Satz 1 GVG). Das Gericht kann jedoch die Öffentlichkeit zulassen, wenn kein Beteiligter widerspricht (§ 170 Abs. 1 Satz 2 GVG).

1429

Die **Gerichtssprache ist Deutsch** (§ 184 Satz 1 GVG). Ist ein Beteiligter der deutschen Sprache nicht mächtig, so ist durch das Gericht ein **Dolmetscher** hinzuzuziehen (§ 185 Abs. 1 GVG). In Familiensachen genügt es, wenn der Richter der Sprache, in der sich die Beteiligten erklären, mächtig ist (§ 185 Abs. 3 GVG). Soweit der Dolmetscher auch für die Gespräche des Verfahrensbeistandes mit einem Beteiligten benötigt wird, sollte er sich vom Gericht dazu ermächtigen lassen, um die Dolmetscherkosten nicht selbst tragen zu müssen (hierzu in diesem Handbuch *Bauer*, Rn. 251).

1430

5. Beteiligte

Beteiligte in Kindschaftssachen sind

1431

- Eltern und Kind (vgl. §§ 7, 8 FamFG),
- der Verfahrensbeistand (§ 7 Abs. 2 Nr. 2 FamFG),
- das Jugendamt in Verfahren nach §§ 1666, 1666a BGB oder (nur) wenn es dies beantragt (§ 162 Abs. 2 FamFG) sowie
- (nach Ermessen des Gerichts) die Pflegepersonen (§ 161 Abs. 1 FamFG).[29]

Hat das Jugendamt Beschwerde eingelegt (vgl. § 162 Abs. 3 Satz 2 FamFG), ist es Beteiligter des **Beschwerdeverfahren**s.[30]

Nur der Beteiligte in diesem Sinne kann insbesondere **Akteneinsicht nehmen, Anträge stellen und zurücknehmen, Ablehnungsgesuche gegen Richter und Sachverständige vorbringen** sowie sonstige – vom Gericht zu beachtende – verfahrensrechtliche Erklärungen abgeben, weshalb ihm auch umfassend rechtliches Gehör zu gewähren ist (siehe Rn. 1424 f.; vgl. auch § 37 Abs. 2 FamFG).

1432

---

28 Vgl. BVerfGE 70, 180 (188 f.).
29 Von diesem Ermessen macht die gerichtliche Praxis zu restriktiv Gebrauch, anders zu Recht: OLG Bremen, Beschluss vom 23.7.2013, 4 WF 98/13, juris; siehe auch Salgo/Lack, Handbuch Elterliche Sorge, S. 384 f.
30 OLG Frankfurt a.M. ZKJ 2013, 167 ff.; Lack, ZKJ 2010, 189 ff.; Heilmann, FamRZ 2010, 1391 ff.

1433 Für das **Jugendamt** ist außerhalb der Verfahren nach §§ 1666, 1666a BGB zu unterscheiden: Hat das Jugendamt einen **Antrag auf Beteiligung** im Sinne von § 162 Abs. 2 Satz 2 FamFG gestellt, ist es im verfahrensrechtlichen Sinne zu beteiligen.[31] Ein Ermessen hat das Familiengericht nicht. Ein förmlicher Beschluss, also ein konstitutiver familiengerichtlicher Akt zur Begründung der Beteiligtenstellung, ist nicht vorgeschrieben (vgl. § 7 Abs. 5 Satz 1 FamFG). Jedoch bedarf es eines Beschlusses, wenn der Antrag auf Hinzuziehung als Beteiligter gleichwohl zurückgewiesen wird, denn diese Entscheidung ist mit der sofortigen Beschwerde anfechtbar (§ 7 Abs. 5 FamFG).[32] Der Antrag auf Beteiligung kann auch noch in der Beschwerdeinstanz gestellt werden und bedarf keiner besonderen Form.

1434 Hat das **Jugendamt keinen Antrag auf Beteiligung** gestellt, ist es jedenfalls nach § 162 Abs. 1 FamFG **anzuhören** (näher hierzu Rn. 1468 f.). Diese Anhörung kann und muss gegebenenfalls mehrfach erfolgen und kann in der Beschwerdeinstanz zu wiederholen sein (vgl. § 68 Abs. 3 FamFG).[33]

1435 Auch zu dem frühen Termin (vgl. § 155 Abs. 2 FamFG) bzw. zum Erörterungstermin (vgl. § 157 FamFG) ist das Jugendamt **unabhängig von seiner Beteiligtenstellung zu laden** (vgl. § 155 Abs. 2 Satz 2 bzw. § 157 Abs. 1 Satz 2 FamFG). Ein gerichtlich gebilligter Vergleich kann jedoch bei fehlender Beteiligtenstellung auch ohne seine Zustimmung geschlossen werden (vgl. § 156 Abs. 2 FamFG).

1436 Auch als Nicht-Beteiligtem sind dem Jugendamt die **Entscheidungen des Gerichts bekannt zu machen**, zu denen es zu hören war (vgl. § 162 Abs. 3 Satz 1 FamFG). Unabhängig von seiner Beteiligtenstellung kann das Jugendamt **Verfahrenshandlungen des Gerichts anregen** und hat überdies ein **Beschwerderecht** (vgl. § 162 Abs. 3 Satz 2 FamFG). Legt es Beschwerde ein, ist es Beteiligter des Beschwerdeverfahrens.

1437 Handelt es sich nicht um ein Verfahren nach §§ 1666, 1666a BGB und hat das Jugendamt keinen Antrag auf Beteiligung gestellt, wird das Familiengericht **im Einzelfall prüfen, welche Schriftstücke es dem Jugendamt** im Rahmen des § 162 Abs. 1 FamFG mit der Aufforderung zur erstmaligen bzw. ergänzenden fachbehördlichen Stellungnahme **übersendet**. Besteht eine hinreichende Grundlage für eine am Kindeswohl orientierte Entscheidung, kommt eine Übersendung von Aktenbestandteilen nicht in Betracht. Auf Gesuch des Jugendamtes kann diesem nach Prüfung der Voraussetzungen des § 13 Abs. 2 FamFG Akteneinsicht gewährt werden.

▶ Zur Beteiligtenstellung und Verfahrensfähigkeit des Kindes siehe unten Rn. 1571 ff.

---

31 Hierzu zuletzt BGH ZKJ 2017, 26 ff.
32 Vgl. nur MünchKomm-ZPO/Papst, § 7 FamFG Rn. 29 f.
33 Siehe nur BGH FamRZ 1986, S. 895, 896.

III. Verfahrenseinleitung

Nach der Offizialmaxime (siehe oben Rn. 1411) hat das Gericht grundsätzlich die Aufgabe, das Verfahren einzuleiten und in Gang zu halten. Etwas anderes gilt nur dann, wenn ein Antrag gesetzlich vorgeschrieben ist (sog. **Antragsverfahren**), wie beispielsweise für die Entscheidung über die elterliche Sorge nach Trennung (§§ 1671, 1630 Abs. 3 BGB) oder das Verfahren betreffend Umgang bzw. Auskunft des (mutmaßlich) biologischen Vaters (§ 167a FamFG).[34] Verbleibensanordnungen (§ 1632 Abs. 4 BGB), Maßnahmen wegen Kindeswohlgefährdung (§ 1666 BGB) und sonstige Umgangsrechtsregelungen (§§ 1684, 1685 BGB) bedürfen hingegen keines Antrages und sind damit sog. **Amtsverfahren**.[35]

1438

Amtsverfahren beginnen, auch wenn die insoweit – wie in der Praxis häufig in Umgangsverfahren und in Verfahren nach §§ 1666, 1666a BGB – unrichtige Bezeichnung „Antrag" gewählt wird, mit einer an das Gericht herangetragenen **Anregung**, ein entsprechendes Verfahren einzuleiten (vgl. § 24 Abs. 1 FamFG). Es gibt in diesen weder „Antragsteller" noch „Antragsgegner". Die Unterscheidung zwischen Anregung und Antrag ist – auch wenn sie in der Praxis häufig nicht getroffen wird – von Bedeutung, weil es zum einen einer besonderen Befugnis für eine Anregung nicht bedarf, sie mithin jedermann, etwa auch der nicht verfahrensfähige Minderjährige, geben kann. Zum anderen ist derjenige, der ein Verfahren anregt – im Gegensatz zum Antragsteller in Antragsverfahren (vgl. § 21 Abs. 1 Satz 1 FamGKG) –, nicht Schuldner für die Kosten des Verfahrens.

1439

Wichtig ist zudem, dass die Amtsverfahren im Unterschied zu den Antragsverfahren auch dann vom Gericht weiter betrieben werden können (ggf. müssen, vgl. Art. 6 Abs. 2 Satz 2 GG), wenn die Anregung zur Einleitung des Verfahrens zurückgenommen wird (vgl. § 22 Abs. 4 FamFG) oder die Beteiligten das Verfahren für „erledigt" erklären. Daher hat das Familiengericht auch in diesen Fällen das Verfahren grundsätzlich noch durch eine förmliche Entscheidung, die häufig dem übereinstimmenden Willen der Beteiligten entsprechen wird, zu beenden.[36]

Das Gericht soll unbeschadet dessen denjenigen, der die Einleitung eines Verfahrens angeregt hat, darüber unterrichten, wenn es der Anregung nicht Folge leistet. Voraussetzung ist, dass ein berechtigtes Interesse an der Unterrichtung ersichtlich ist (vgl. § 24 Abs. 2 FamFG).

---

34 In den Verfahren nach § 167a FamFG gelten besondere Anforderungen an den Antrag (näher hierzu MünchKomm-FamFG/Heilmann (2018), § 167a Rn. 9.
35 Siehe zuletzt BGH ZKJ 2017, 463; vgl. im Übrigen nur OLG Frankfurt a.M. ZKJ 2013, 421 ff. nebst Praxishinweisen m.w.N.
36 Näher hierzu OLG Frankfurt a.M. ZKJ 2013, 127 f.

IV. Zuständigkeiten

1440 Bereits durch das Kindschaftsrechtsreformgesetz sind im Jahre 1998 im Wesentlichen die **Familiengerichte, bei den Amtsgerichten** gebildete Abteilungen für Familiensachen (vgl. § 23b Abs. 1 Satz 1 GVG), für kindschaftsrechtliche Verfahren zuständig geworden. Mit der Einführung des Großen Familiengerichts und der damit einhergehenden Abschaffung der Vormundschaftsgerichte durch das FamFG (vgl. insbesondere § 151 FamFG) haben sich nun viele Zuständigkeitsprobleme erledigt.

1441 Damit ist zur Entscheidung über **Rechtsmittel** gegen Beschlüsse des Familiengerichts das **Oberlandesgericht** (Familiensenat, vgl. § 119 Abs. 2 GVG) berufen. Die Beschwerde gegen eine erstinstanzliche Entscheidung ist beim Amtsgericht einzulegen.

1442 Welches Gericht **örtlich zuständig** ist, richtet sich in Kindschaftssachen nunmehr in der Regel nach dem **gewöhnlichen Aufenthalt des Kindes** (vgl. § 152 Abs. 2 FamFG). Maßgeblich für die Verdichtung des tatsächlichen zum gewöhnlichen Aufenthalt sind insbesondere die Dauer des Aufenthalts sowie Umfang und Intensität der sozialen (familiären, schulischen und freundschaftlichen) Beziehungen am Aufenthaltsort.[37] Ist ein Scheidungsverfahren anhängig, ist das für dieses zuständige Gericht auch für die Kindschaftssache zuständig (vgl. § 152 Abs. 1 FamFG; sog. Zuständigkeitskonzentration).

1443 Ist das angerufene Gericht örtlich unzuständig, hat es sich für unzuständig zu erklären und die Sache nach Anhörung der Beteiligten an das zuständige Gericht zu verweisen (§ 3 Abs. 1 FamFG). Hat ein Elternteil den Aufenthalt des Kindes ohne vorherige Zustimmung des anderen, der (ebenfalls) Inhaber des Aufenthaltsbestimmungsrechts ist, verändert, kommt eine **Verweisung** an das Gericht des vorherigen gewöhnlichen Aufenthalts in Betracht (vgl. § 154 FamFG). Die Anwendung dieser Norm, mit welcher der sog. ertrotzten örtlichen Zuständigkeit entgegengewirkt werden soll, setzt aber voraus, dass sich am neuen Aufenthaltsort der tatsächliche Aufenthalt des Kindes bereits zu einem gewöhnlichen Aufenthalt verdichtet hat, denn anderenfalls ist das Verfahren gemäß § 3 Abs. 1 FamFG ohne weitere Prüfung der Voraussetzungen des § 154 FamFG an das Gericht des – noch bestehenden – gewöhnlichen Aufenthaltsortes zu verweisen.[38] Eine Verweisung nach § 154 FamFG scheidet in eng zu begrenzenden Ausnahmefällen dann aus, wenn die Änderung des Aufenthalts zum Schutz des Kindes oder des betreuenden Elternteils erforderlich war (§ 154 Satz 2 FamFG). Bei **Zuständigkeitskonflikten** entscheidet gegebenenfalls das Oberlandesgericht (§ 5 FamFG).

1444 Das Gericht kann ein Verfahren darüber hinaus **aus wichtigem Grund** an ein anderes Gericht **abgeben**. Voraussetzung ist jedoch, dass das andere Gericht sich zur Übernahme der Sache bereit erklärt hat (vgl. § 4 Satz 1 FamFG). Die Beteiligten

---

[37] Vgl. OLG Frankfurt a.M. FamRZ 2006, 883, 885. Näher zum Begriff des gewöhnlichen Aufenthalts insbesondere MünchKomm-FamFG/Hilbig-Lugani (2018), § 122 Rn. 25 ff.
[38] Vgl. MünchKomm-FamFG/Heilmann (2018), § 154 FamFG Rn. 6.

(vgl. Rn. 1431 ff.) sollen vor der Abgabe angehört werden. In Kindschaftssachen kommt eine Abgabe etwa an das Gericht der Ehesache (vgl. § 153 FamFG) oder bei Geschwisterkindern[39] in Betracht.

Die **funktionelle Zuständigkeit** (Richter oder Rechtspfleger) für die Kindschaftssache ist im Rechtspflegergesetz geregelt.[40] Insbesondere für Verfahrensmaßnahmen nach § 1666 BGB, Entscheidungen über das Sorgerecht bei Trennung (§ 1671 BGB) und Umgangsregelungen (§ 1684 BGB) besteht ein Richtervorbehalt (vgl. §§ 3 Ziff. 2a, 14 RPflG). Hingegen liegen etwa die Verfahren zu Vormundschaft und Pflegschaft (vgl. § 151 Nr. 4 und 5) und zur Regelung der Auskunft über persönliche Angelegenheit (§ 1686 BGB) in der funktionellen Zuständigkeit des Rechtspflegers.

1445

▶ **Zu Besonderheiten bei der Vergütungsfestsetzung siehe Rn. 2133.**

▶ **Zum Unterbringungsverfahren nach § 1631b BGB siehe Rn. 445 ff.**

V. Besonderheiten des Verfahrensablaufs

Das gerichtliche Verfahren in Kindschaftssachen weist weitere Besonderheiten auf, die es von anderen gerichtlichen Verfahren unterscheidet (zum Verfahrensablauf siehe auch die Schaubilder unten Rn. 1598 f.).

1446

1. Bestellung des Verfahrensbeistands

In einem sehr frühen Stadium des Verfahrens („**so früh wie möglich**", § 158 Abs. 3 Satz 1) – grundsätzlich also vor dem frühen Termin – wird das Gericht auch zu prüfen haben, ob die Bestellung eines Verfahrensbeistands nach § 158 FamFG geboten ist. Nur bei seiner rechtzeitigen Bestellung hat der Verfahrensbeistand die Möglichkeit, hinreichenden Einfluss auf die Gestaltung und den Ausgang des Verfahrens zu nehmen.[41]

1447

Die Bestellung des Verfahrensbeistands muss deshalb **spätestens vor der Kindesanhörung** und gegebenenfalls vor der Einholung eines Sachverständigengutachtens erfolgen. Ist es dem Verfahrensbeistand nicht möglich, in diesen wichtigen Phasen des kindschaftsrechtlichen Verfahrens für eine hinreichende Wahrnehmung der Kindesinteressen Sorge zu tragen, wäre dem Gebot der Kindeswohlzentrierung des gerichtlichen Verfahrens (hierzu unten Rn. 1596f.) nicht in der gebotenen Weise Rechnung getragen. Die Bestellung des Verfahrensbeistands würde dann lediglich „auf dem Papier" erfolgen. Auch eine Verletzung der Grundrechte des Kindes steht in den Fällen einer verspäteten Bestellung des Verfahrensbeistands im Raum.[42]

1448

---

39 Vgl. MünchKomm-FamFG/Heilmann (2018), § 152 Rn. 6.
40 Ausführlich hierzu: Heilmann, Praxiskommentar Kindschaftsrecht, §§ 1 ff. RPflG.
41 Vgl. BVerfG, Beschluss vom 26.8.1999, 1 BvR 1403/99, S. 7 – abrufbar unter www.bverfg.de; hierzu Heilmann, Kind-Prax 2000, 79 (81 f.).
42 Vgl. BVerfGE 99, 145 (157) = FamRZ 1999, 85.

1449 Die Bestellung des Verfahrensbeistands muss, da es sich insoweit um eigenständige Verfahren handelt, **für das Verfahren auf Erlass einer einstweiligen Anordnung und das Hauptsacheverfahren gesondert** erfolgen. Die im erstinstanzlichen Verfahren erfolgte Bestellung endet erst mit rechtskräftigem Abschluss des Verfahrens (vgl. § 158 Abs. 6 Ziff. 1 FamFG), sodass es für das **Beschwerdeverfahren keiner erneuten Bestellung bedarf**.

1450 Die Bestellung des Verfahrensbeistands erfolgt **durch nicht anfechtbaren Beschluss** (vgl. § 158 Abs. 3 Satz 4 FamFG). Dieser hat entweder die Bestellung mit originärem Aufgabenkreis oder durch konkrete Festlegung und entsprechende Begründung mit erweitertem Aufgabenkreis (Gespräche mit Eltern und weiteren Bezugspersonen, Mitwirkung am Zustandekommen einer einvernehmlichen Regelung, vgl. § 158 Abs. 4 Satz 3 FamFG) zur Folge. Auf die Befugnisse des Verfahrensbeistands hat dies jedoch keinen Einfluss.[43] Die Unterscheidung von originärem und erweitertem Aufgabenkreis hat ausschließlich vergütungsrechtliche Relevanz (vgl. § 158 Abs. 7 Satz 3 FamFG).

2. Die konfliktregulierende Funktion des Familiengerichts

a) Allgemeines

1451 In Kindschaftssachen hat die Suche nach **einvernehmlichen Konfliktlösungen** einen besonderen Stellenwert, denn es ist grundsätzlich davon auszugehen, dass ein Einvernehmen der Beteiligten dem Kindeswohl entspricht (siehe aber Rn. 1454).[44] Die Förderung einvernehmlicher Konfliktlösungen stellte daher auch einen wesentlichen Schwerpunkt der am 1.9.2009 in Kraft getretenen Reform dar. Geltung beanspruchen kann dieser Gedanke freilich in erster Linie in den Verfahren, die der Disposition der Beteiligten nicht entzogen sind, deren Gegenstand also nicht von Amts wegen zu treffende Maßnahmen, wie beispielsweise in Verfahren wegen Kindeswohlgefährdung (§§ 1666, 1666a BGB), sind.[45]

1452 In den anderen Kindschaftssachen (z.B. nach §§ 1671, 1672, 1684 BGB) soll der Gedanke einer **selbstständigen Konfliktlösung durch die Eltern** weiter gestärkt werden.[46] Das Gericht soll hier zum Wohle des Kindes auf ein Einvernehmen der Beteiligten hinwirken (vgl. § 156 FamFG). Gelegenheit hierzu ist insbesondere im frühen Termin (§ 155 Abs. 2 FamFG) und bei den Anhörungen der Beteiligten (vgl. §§ 159 ff. FamFG).

1453 Früher Termin, Anhörung der Beteiligten und auch das Erörterungsgespräch nach § 157 FamFG kann das Gericht miteinander verbinden. Korrekterweise ergibt sich

---

43 Vgl. Entschließung 5 des AK 11 auf dem 18. Deutschen Familiengerichtstag.
44 Vgl. hierzu in diesem Handbuch Ivanits, Rn. 1223 ff. sowie BGH FamRZ 2008, 592, 593 m. Anm. Luthin.
45 Vgl. BT-Drucks. 13/4899, S. 133; vgl. auch OLG Brandenburg, Beschluss vom 21.5.2019, 9 WF 11/19 – juris = BeckRS 2019, 11065.
46 Vgl. BT-Drucks., a.a.O.

aus der Ladung, zu welchem Zwecke das Gericht den Termin im Einzelfall anberaumt hat.

b) Einvernehmen

Das Gericht hat auf ein Einvernehmen der Beteiligten hinzuwirken, „wenn dies dem Kindeswohl nicht widerspricht" (§ 156 Abs. 1 Satz 1 FamFG). Hierdurch wird deutlich, dass **keine Lösung des Elternkonflikts „um jeden Preis"** anzustreben ist, sondern das Kindeswohl mit Blick auf § 1697a BGB eine gerichtliche Entscheidung zwingend erforderlich machen kann. Das Gericht nimmt eine einvernehmliche Regelung zum Umgang oder zur Herausgabe des Kindes gemäß § 156 Abs. 2 FamFG mithin nur dann als Vergleich auf, wenn es diesen billigt (**gerichtlich gebilligter Vergleich**). Dies setzt voraus, dass eine Umgangsregelung dem Wohl des Kindes nicht widerspricht (§ 156 Abs. 2 Satz 2 FamFG). Inzwischen hat sich in Literatur und Rechtsprechung die Ansicht durchgesetzt, dass es nach Vergleichsschluss einer ausdrücklichen **Beschlussfassung** durch das Familiengericht bedarf.[47] Hierauf sollte mit Blick auf die teilweise noch uneinheitliche Rechtsprechung hingewirkt werden. Widerspricht die Umgangsregelung dem Kindeswohl, dann muss entweder ein Einvernehmen über eine vom Gericht gebilligte Regelung gefunden werden oder das Gericht entscheidet. Letzteres gilt auch, wenn einer der Beteiligten einem vom Gericht oder den übrigen Beteiligten vorgeschlagenen Vergleich nicht zustimmt (vgl. Rn. 1458).

1454

Dabei darf jedoch nicht außer Acht gelassen werden, ob der Verfahrensgegenstand überhaupt zur (alleinigen) Disposition der Beteiligten steht. Dies ist vor allem in **Kindesschutzverfahren** i.S.v. §§ 1666, 1666a BGB nicht der Fall, denn diese sind als Amtsverfahren ausgestaltet und mit Blick auf die Bedeutung des staatlichen Wächteramtes i.S.v. Art. 6 Abs. 2 Satz 2 GG einer **verfahrensabschließenden einvernehmlichen Regelung der Verfahrensbeteiligten nicht zugänglich**. Vielmehr muss das Familiengericht hier – unbeschadet etwaiger Erklärungen der Beteiligten – immer einen verfahrensabschließenden Beschluss treffen, der auch in der Feststellung bestehen kann, dass kindesschutzrechtliche Maßnahmen derzeit nicht veranlasst sind. Erst ein solcher Beschluss könnte vom Jugendamt und/oder vom Verfahrensbeistand mit der Beschwerde angefochten werden.

1455

Flankiert wird der Appell an die streitschlichtende Rolle des Familienrichters durch seine Pflicht, auf die Möglichkeiten der **Beratung** durch die Träger der Kinder- und Jugendhilfe hinzuweisen (§ 156 Abs. 1 Satz 2 FamFG). Die Teilnahme an einer entsprechenden Beratung kann der Richter durch unanfechtbaren Beschluss anordnen (§ 156 Abs. 1 Satz 4, 5 FamFG). Zudem kann das Gericht anordnen, dass die Eltern an einem kostenfreien Informationsgespräch über eine Mediation bzw. das güterrichterliche Verfahren teilnehmen und eine Bestätigung hierüber vorlegen (§ 156 Abs. 1 Satz 3 FamFG). Eine Aussetzung oder sonstige Verzögerung des Verfahrens darf nach dem Willen des Gesetzgebers auch mit Blick auf § 155 FamFG

1456

---

47 Siehe nur Zöller/Lorenz, § 156 FamFG Rn. 3 m.w.N. Offengelassen von OLG Koblenz FamRZ 2017, 42.

hiermit nicht verbunden sein (zu § 155 Abs. 4 FamFG siehe Rn. 1423).[48] Vielmehr soll das Gericht in Umgangsverfahren den Umgang gegebenenfalls durch einstweilige Anordnung regeln (§ 156 Abs. 3 Satz 2 FamFG). Kommt ein Beteiligter einer Anordnung der Beratung nicht nach, kann diese zwar nicht mit Zwangsmitteln durchgesetzt werden, für ihn aber nachteilige Kostenfolgen nach sich ziehen (vgl. § 80 Abs. 2 Ziff. 5 FamFG).

1457 Das Einvernehmen soll **zwischen allen Beteiligten** angestrebt bzw. hergestellt werden. Da auch der Verfahrensbeistand Beteiligter ist, zählt zu seinen Aufgaben als Interessenvertreter des Kindes, ein etwaiges Einvernehmen daraufhin zu überprüfen, ob es mit dem Willen des Kindes und seinem Wohl zu vereinbaren ist, und im Anschluss eventuelle Bedenken in das Verfahren einzubringen (vgl. § 158 Abs. 4 Satz 1 FamFG). Denn das Ziel des gerichtlichen Verfahrens ist es grundsätzlich, das Verfahren in einer Weise abzuschließen, die unter Berücksichtigung der tatsächlichen Gegebenheiten und Möglichkeiten sowie der berechtigten Interessen der Beteiligten **dem Wohl des Kindes am besten entspricht** (§ 1697a BGB). Aus Sicht des Verfahrensbeistands sind freilich auch die mit einer einvernehmlichen Konfliktlösung verbundenen Vorteile für das Kind (insbesondere die Vermeidung der Fortführung eines belastenden gerichtlichen Verfahrens) einzubeziehen.[49]

1458 Lehnt einer der Beteiligten eine einvernehmliche Regelung ab, so kann das Verfahren durch diese nicht zum Abschluss gebracht werden. Sie kann insbesondere nicht als verfahrensabschließender Vergleich protokolliert werden. Mithin können neben jedem Elternteil auch das verfahrensfähige Kind,[50] der Verfahrensbeistand oder das Jugendamt, wenn es seine förmliche Beteiligung beantragt hat (§ 162 Abs. 2 FamFG) **das Zustandekommen einer Einigung blockieren**. Dann bedarf es einer Entscheidung des Gerichts im Sinne von § 38 FamFG.[51]

c) Früher Termin

1459 Der frühe Termin im Sinne von § 155 Abs. 2 FamFG soll spätestens einen Monat nach Verfahrensbeginn stattfinden.[52] Ein Vertreter des **Jugendamtes ist zum Erscheinen verpflichtet**. Eine **Verlegung** kommt nur in eng begrenzten **Ausnahmefällen**, nämlich aus zwingendem Grund, in Betracht.[53] Insbesondere eine Kollision mit anderen Terminen – sei es bei einem Beteiligten, seinem Bevollmächtigten oder auf Seiten des Gerichts – rechtfertigt eine Terminverlegung nur, wenn es sich dort auch um eine beschleunigungsbedürftige Kindschaftssache handelt. Die weiteren (verfahrensfähigen) **Beteiligten sind zum persönlichen Erscheinen ver-

---

48 Vgl. BT-Drucks. 16/6308, S. 237.
49 Salgo, FPR 2010, 456.
50 Heiter, FamRZ 2009, 89; siehe auch Rn. 1474; zur Verfahrensfähigkeit des Kindes vgl. Köhler, ZKJ 2018, 50 ff.
51 Vgl. BT-Drucks. 16/6308, S. 237; mit nicht überzeugenden Einschränkungen: MünchKomm-FamFG/Schumann (2018), § 156 FamFG Rn. 24 f.
52 Zu möglichen Folgen bei Nichteinhaltung der Frist siehe Rn. 1527 ff.
53 Näher hierzu MünchKomm-FamFG/Heilmann (2018), § 155 FamFG Rn. 58 ff.

pflichtet. Zuwiderhandlungen können mit einer Festsetzung von Ordnungsgeld sanktioniert werden (vgl. § 33 Abs. 3 FamFG).

Ob und inwieweit das Familiengericht – unbeschadet seiner Verpflichtung zur persönlichen Anhörung des Kindes – auch das verfahrensfähige Kind zum frühen Termin lädt, liegt unter dem Blickwinkel der Kindeswohlzentrierung des Verfahrens (vgl. Rn. 1596) in seinem pflichtgemäßen Ermessen. **1460**

Ziel des frühen Termins ist es – auch wegen des Anspruchs des Kindes auf Schutz vor unnötigen Belastungen –, eine (weitere) **Eskalation des Konflikts zu vermeiden**, die **einvernehmliche Konfliktlösung zu fördern**,[54] den **Sachverhalt frühzeitig aufzuklären**[55] und in einem frühen Stadium des Verfahrens rechtliches Gehör zu gewähren. Darüber hinaus dient der Termin selbst – ebenso wie die Einführung der Monatsfrist – zugleich der Verfahrensbeschleunigung. Zudem können im Termin gegebenenfalls übereinstimmende Strategien für den (weiteren) Ablauf des Verfahrens entwickelt werden. Hierzu kann beispielsweise – wie im englischen Recht üblich[56] – die Erstellung eines Zeitplans für den Ablauf des gerichtlichen Verfahrens gehören, was eine frühzeitige Koordination der Termine (Urlaube, Überschneidungen mit anderen Verfahren etc.) ermöglicht. Daneben kann vielfach bereits in diesem Stadium des Verfahrens geklärt werden, ob die Einholung eines Sachverständigengutachtens im konkreten Fall geboten ist (hierzu unten Rn. 1482 ff.). **1461**

Kommt es im frühen Termin nicht zu einer einvernehmlichen Regelung, so hat das Gericht mit den Beteiligten und dem Jugendamt, wenn es nicht ohnehin auf seinen Antrag beteiligt wurde (§ 162 Abs. 2 FamFG), den **Erlass einer einstweiligen Anordnung** (hierzu Rn. 1495 ff.) zu erörtern, wobei das Kind vor deren Erlass angehört werden soll (§ 156 Abs. 3 Satz 1, 3 FamFG). **1462**

---

54 BT-Drucks. 16/6308, S. 236.
55 BT-Drucks. 16/6308, S. 236.
56 Vgl. Heilmann, S. 395 ff.

1463 Abbildung: Früher Termin

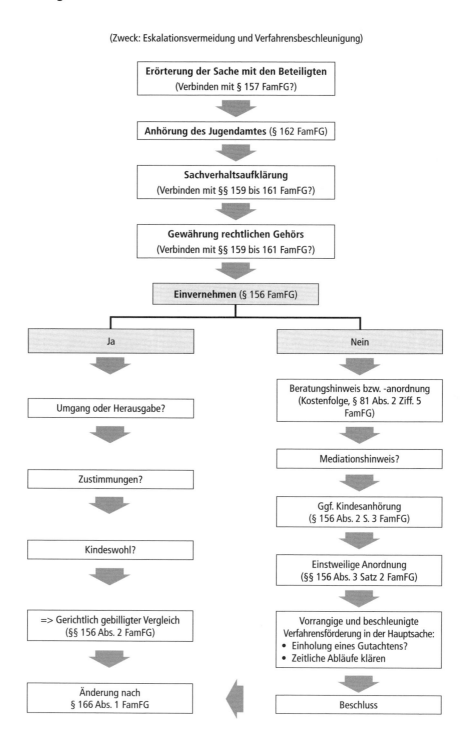

Abbildung: Erörterungstermin 1464

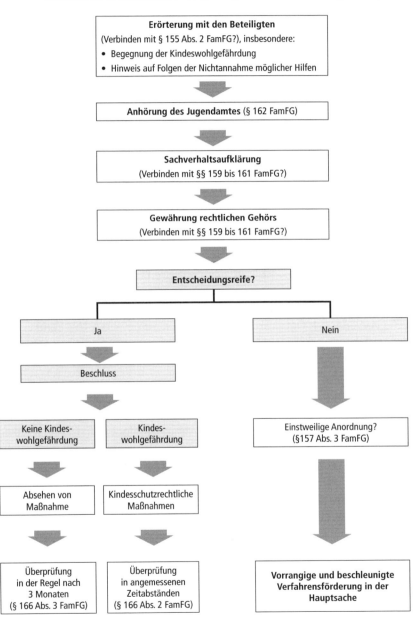

d) Erörterungstermin

1465 In Verfahren nach § 1666 BGB findet ein Erörterungstermin statt, der insbesondere mit dem frühen Termin im Sinne von § 155 Abs. 2 FamFG verbunden werden kann (vgl. § 157 FamFG). In diesem Termin soll das Gericht in erster Linie **auf die Eltern**, deren persönliches Erscheinen vom Gericht anzuordnen ist (§ 157 Abs. 2 Satz 1 FamFG), **einwirken**, um einer etwaigen Kindeswohlgefährdung hierdurch zu begegnen, zugleich erhält das Gericht die Gelegenheit, die Eltern auf im Raume stehende rechtliche Konsequenzen hinsichtlich des weiteren Verfahrens bzw. ihres Sorgerechts hinzuweisen und auf eine Kooperation der Eltern mit dem Jugendamt hinzuwirken.[57] Auch hier sind die **Beteiligten**, in geeigneten Fällen auch das Kind (etwa wenn Verfahrensgegenstand Drogensucht und/oder Straffälligkeiten des Kindes sind) **zum persönlichen Erscheinen verpflichtet**. Unentschuldigtes Nichterscheinen kann ebenfalls mit der Festsetzung von Ordnungsgeld sanktioniert werden. Eine **Terminverlegung** kommt entsprechend § 155 Abs. 2 Satz 3 FamFG **nur aus zwingendem Grund** in Betracht. Unbeschadet dessen hat das Gericht in Verfahren zur Abwehr von Kindeswohlgefährdung unverzüglich (also bereits vor dem Termin) den Erlass einer einstweiligen Anordnung zu prüfen (§ 157 Abs. 3 FamFG).

1466 Durch die Einführung dieser Regelung hat der Gesetzgeber nicht etwa die Eingriffsschwelle für das Einschreiten des Gerichts bei Gefährdungen des Kindeswohls, sondern – auch mit Blick auf die Absenkung der Anrufungsschwelle durch das Jugendamt (vgl. § 8a Abs. 2 SGB VIII) – lediglich die Verfahrenseinleitungsschwelle vorverlagert. Der Erörterungstermin im Sinne von § 157 FamFG ist damit Teil des Verfahrens nach § 1666 BGB.

3. Anhörungen

1467 Unabhängig von den in §§ 155 Abs. 2, 157 Abs. 2 FamFG geregelten Erörterungspflichten sieht der Gesetzgeber neben der Kindesanhörung in § 159 FamFG (hierzu unten Rn. 1577 ff.) eine Pflicht zur Anhörung der Eltern (§ 160 FamFG) und der Pflegepersonen (§ 161 FamFG) vor, die jedoch anlässlich der genannten Termine durchgeführt werden können.[58] In Abweichung von den allgemeinen Grundsätzen (vgl. § 33 Abs. 2 und 3 FamFG) darf nur aus **schwerwiegenden Gründen** von einer Anhörung des Kindes (vgl. § 159 Abs. 3 Satz 1 FamFG) oder der Eltern (§ 160 Abs. 3 FamFG) abgesehen werden.

1468 Daneben hat das Gericht grundsätzlich das **Jugendamt** anzuhören (vgl. § 162 Abs. 1 Satz 1 FamFG). Diese **Anhörungspflicht** korrespondiert mit der **Mitwirkungspflicht** des Jugendamtes nach §§ 50 ff. SGB VIII. Im Rahmen der Anhörung nimmt das Jugendamt schriftlich oder mündlich Stellung.[59] Wenngleich das Ju-

---

57 BT-Drucks. 16/6815, S. 12. Ausführlich hierzu Berneiser, ZKJ 2016, 291 ff.
58 Zu der Ausnahme von den Anhörungspflichten im vereinfachten Sorgerechtsverfahren siehe Rn. 1473 ff.
59 Zur Bestimmung des im konkreten Fall sachlich zuständigen Jugendamtes siehe BGH ZKJ 2014, 104 mit Anmerkung Dürbeck, ZKJ 2014, 266 ff.

gendamt grundsätzlich frei darüber entscheiden kann, ob es seine Stellungnahme schriftlich oder mündlich abgibt, war die schriftliche Stellungnahme bislang die Regel. Diese enthält neben einem Bericht über die Vorgeschichte und die derzeitige Situation regelmäßig auch einen – für das Gericht freilich nicht bindenden – Entscheidungsvorschlag.[60] Im frühen Termin nach § 155 Abs. 2 FamFG genügt hingegen in der Regel eine mündliche Stellungnahme des Vertreters des Jugendamtes.[61] Unbeschadet dessen ist das Jugendamt auch verpflichtet, dem Gericht – gegebenenfalls schon im frühen Termin – den nach § 36 SGB VIII erstellten **Hilfeplan vorzulegen**.[62] Ist das Jugendamt nicht formell beteiligt (vgl. Rn. 1433), sind ihm die Stellungnahmen der anderen Beteiligten bzw. etwaige eingeholte Gutachten in der Regel nicht zu übersenden (vgl. Rn. 1437).

Ist ausnahmsweise eine (ergänzende) schriftliche Stellungnahme geboten, kann das Gericht dem Jugendamt mit Blick auf das Beschleunigungsgebot des § 155 Abs. 1 FamFG (vgl. oben Rn. 1422 f.) für die Einreichung der **schriftlichen Stellungnahme eine Frist setzen**. Fristen sind im Hinblick auf die besondere Stellung des Jugendamtes gegenüber dem Gericht zwar nicht mit Zwangsmitteln durchsetzbar, bieten dem Jugendamt aber eine Orientierung über den zeitlichen Handlungsrahmen des Gerichts und ermöglichen diesem, auch vor Eingang der Stellungnahme eine Entscheidung zu treffen, ohne die Anhörungspflicht des § 162 Abs. 1 Satz 1 FamFG zu verletzen, wenn die Sache entscheidungsreif ist. Eine Nichteinhaltung der gesetzten Frist kann zudem, wenn das Jugendamt förmlich Beteiligter ist, Kostenfolgen nach sich ziehen (vgl. § 81 Abs. 2 Ziff. 4 FamFG). 1469

Die gesetzlich vorgeschriebenen **Anhörungen** des Kindes, der Eltern, der Pflegeperson und des Jugendamtes sind ein ganz **wesentlicher Bestandteil des gerichtlichen Verfahrens**, da sie nicht nur der Verwirklichung rechtlichen Gehörs, sondern auch der Sachverhaltsaufklärung dienen. Die Beteiligten müssen daher – insbesondere, wenn sie bei einer mündlichen Anhörung nicht anwesend waren – den wesentlichen Inhalt der Anhörung zur Kenntnis nehmen können und Gelegenheit zur Äußerung bekommen (Art. 103 Abs. 1 GG; hierzu Rn. 1424 ff.). 1470

▸ Ausführlich zum Zweck der Kindesanhörung s. Ivanits in diesem Handbuch, Rn. 1239 f. und zur Gestaltung der Kindesanhörung s. Zitelmann in diesem Handbuch, Rn. 1600 ff.

Auch muss der Inhalt der Anhörung **vom Rechtsmittelgericht nachgeprüft werden** können. Aus diesen Gründen muss der wesentliche Inhalt einer mündlichen Anhörung vom Gericht ausführlich schriftlich niedergelegt werden (vgl. § 28 Abs. 4 FamFG).[63] In den Vermerk sind die wesentlichen Vorgänge des Termins und der persönlichen Anhörungen aufzunehmen, weshalb Formulierungen wie „Die Eltern wurden persönlich angehört" den Anforderungen nicht genügen (vgl. § 28 Abs. 4 Satz 2 FamFG) und auch eine Überprüfung in der Rechtsmittelinstanz nicht 1471

---

60 Vgl. Wiesner/Dürbeck, SGB VIII, Anhang § 50 Rn. 9.
61 Vgl. MünchKomm-FamFG/Heilmann (2018), § 155 Rn. 64.
62 Vgl. Salgo, in: Wiesner/Zarbock, S. 15, 138 ff.; Wiesner, § 36 Rn. 73.
63 Vgl. OLG Karlsruhe FamRZ 1997, 688; Maurer, in: Schwab, S. 204.

ermöglichen.⁶⁴ Es ist freilich auch zulässig, den Inhalt einer Anhörung entsprechend §§ 159 ff. ZPO in einem Protokoll aufzunehmen, weshalb das Gericht nach seinem Ermessen einen Protokollführer hinzuziehen kann.

1472 In allen Fällen müssen jedenfalls Inhalt und Verlauf der Anhörung(en) vollständig wiedergegeben werden (vgl. § 27 Abs. 4 Satz 2 FamFG). Auf Differenzen zwischen der Anhörung und dem Inhalt des Protokolls bzw. eines richterlichen Vermerks können Beteiligte hinweisen. Gegebenenfalls können wesentliche Beanstandungen des Protokolls bzw. Vermerks auch nachträglich schriftsätzlich zu den Akten gereicht werden. Die in der ZPO enthaltenen Vorschriften zur Protokollberichtigung finden in Kindschaftssachen keine Anwendung.

▷ Zum Absehen von Anhörungen in Eilverfahren siehe Rn. 1497.

▷ Zur Anhörung des Kindes nach § 159 FamFG siehe unten Rn. 1577 ff.

4. Ausnahme: Das vereinfachte Sorgerechtsverfahren (§ 155a Abs. 3 FamFG)

1473 Mit der Reform des Sorgerechts für die Kinder nicht miteinander verheirateter Eltern (hierzu in diesem Handbuch *Dürbeck*, Rn. 620) hat der Gesetzgeber auch ein vereinfachtes Sorgerechtsverfahren eingeführt: Beantragt ein Elternteil, ihm die elterliche Sorge oder einen Teil der elterlichen Sorge beiden Eltern gemeinsam zu übertragen, hat das Gericht dem anderen Elternteil diesen Antrag zuzustellen und ihm zugleich eine Frist zur Stellungnahme zu setzen, die für die Mutter frühestens sechs Wochen nach der Geburt des Kindes endet (§ 155a Abs. 2 Satz 2 FamFG). Trägt der andere Elternteil binnen dieser Frist keine Gründe vor, die der Übertragung der elterlichen Sorge entgegenstehen können, und sind solche Gründe auch sonst nicht ersichtlich, dann soll das Familiengericht im schriftlichen Verfahren **ohne Anhörung des Jugendamtes** und **ohne persönliche Anhörung der Eltern** entscheiden (§ 155a Abs. 3 Satz 1 FamFG). Hiervon unberührt bleibt hingegen das Erfordernis, bei Vorliegen der gesetzlichen Voraussetzungen einen Verfahrensbeistand zu bestellen und das Kind persönlich anzuhören (näher hierzu Rn. 1577 ff.).

1474 Unbeschadet dessen ist das Familiengericht gehalten, immer dann in das **reguläre Sorgerechtsverfahren** überzugehen, in welchem die allgemeinen Grundsätze gelten (insbesondere verpflichtende Anhörung des Jugendamtes und – ggf. im Rahmen des frühen Termins [hierzu Rn. 1459] – persönliche Anhörung der Eltern), wenn die vorgetragenen oder dem Familiengericht auf andere Weise bekannt gewordenen Gründe einer Übertragung der gemeinsamen elterlichen Sorge entgegenstehen können. Diese Voraussetzung ist großzügig zu handhaben, da erst das reguläre Sorgerechtsverfahren dem Familiengericht die – verfassungsrechtlich gebotene – hinreichende Grundlage für eine am Kindeswohl orientierte Entscheidung zu vermitteln vermag.⁶⁵

---

64 Siehe hierzu auch KG FamRZ 2017, 1854.
65 Näher hierzu Heilmann, NJW 2013, 1473 ff. sowie Dürbeck, ZKJ 2013, S. 330 ff.

1475 Die Einführung des so genannten vereinfachten Sorgerechtsverfahrens führt zu einer Vielzahl erheblicher praktischer Probleme. Insbesondere stellt sich die Frage, ob innerhalb der ersten sechs Wochen nach der Geburt des Kindes, in denen die Stellungnahmefrist der Mutter nach § 155a Abs. 2 Satz 2 FamFG nicht enden darf, der Erlass einer einstweiligen Anordnung in Betracht kommen kann. Mit Blick auf die verfassungsrechtliche Stellung des Vaters aus Art. 6 Abs. 2 Satz 1 GG wird man in gewichtigen Fällen, in denen ein dringendes Bedürfnis für ein unverzügliches Einschreiten des Familiengerichtes besteht, auch die grundsätzliche rechtliche Möglichkeit für den Erlass einer einstweiligen Anordnung bejahen müssen.[66]

VI. Ermittlung und Beweiserhebung

1476 Der Umfang von Ermittlungen und Beweiserhebung wird inhaltlich entscheidend vom **Amtsermittlungsgrundsatz** (vgl. oben Rn. 1411 ff.) und vom **Beschleunigungsgebot** in Kindschaftssachen (vgl. oben Rn. 1422) beeinflusst. Das Gericht kann die Entscheidung über die Erhebung eines bestimmten Beweises durch einen Beweisbeschluss treffen, der aber nicht zwingend vorgeschrieben ist. Dem geht die (formlose) Entscheidung des Gerichts darüber voraus, ob es sich mit formlosen Ermittlungen begnügt (sog. Freibeweis, vgl. § 29 Abs. 1 Satz 1 FamFG; bspw. die telefonische Einholung von Auskünften) oder förmlich Beweis erheben will (sog. Strengbeweis, vgl. § 30 FamFG).[67] Die Entscheidung über die Art der Beweiserhebung steht – ebenso wie ihr Umfang – im pflichtgemäßen Ermessen des Gerichts.

1477 Das Familiengericht kann insbesondere dann von der Vornahme einzelner Verfahrenshandlungen absehen, wenn diese bereits im Verfahren der einstweiligen Anordnung vorgenommen wurden und von einer erneuten Vornahme keine zusätzlichen Erkenntnisse zu erwarten sind (§ 51 Abs. 3 Satz 2 FamFG). Macht das Gericht hiervon Gebrauch, so ist sicherzustellen, dass der Anspruch einzelner Beteiligter auf Gewährung rechtlichen Gehörs nicht etwa dadurch verletzt wird, dass ihnen verwertete Tatsachen nicht zur Kenntnis gebracht sind.

1. Beweismittel im Strengbeweisverfahren

1478 In Betracht kommen insbesondere folgende Beweismittel:

- Sachverständigengutachten (§ 30 Abs. 1 FamFG i.V.m. §§ 402 ff. ZPO),
- Zeugen (§ 30 Abs. 1 FamFG i.V.m. §§ 373 ff. ZPO),
- Urkunden, insbesondere Schriftstücke (vgl. § 30 Abs. 1 FamFG i.V.m. §§ 415 ff. ZPO),
- Beteiligtenvernehmung (§ 30 Abs. 1 FamFG i.V.m. § 445 ff. ZPO) und
- Augenschein (§ 30 Abs. 1 FamFG i.V.m. §§ 371 ff. ZPO).

1479 In den Verfahren betreffend das Umgangs- oder Auskunftsrecht des (mutmaßlich) biologischen Vaters (vgl. § 1686a BGB; näher hierzu Rn. 681 ff.) kann auch die Ein-

---

66 Zum Problem: Heilmann, NJW 2013, 1473, 1476 m.w.N.
67 Vgl. AG Mönchengladbach-Rheydt FamRZ 1999, 730 (731).

holung eines **Abstammungsgutachtens** geboten sein (§ 167a Abs. 3 FamFG). Regelmäßig dürfte insoweit ggf. vom Verfahrensbeistand im Interesse des Kindes anzuregen sein, dass die Klärung der Vaterschaft jedenfalls vor der persönlichen Anhörung des Kindes erfolgt.[68]

1480 Daneben ist in der Praxis häufig die **eidesstattliche Versicherung** von großer Bedeutung. Ihrem Zweck nach ist diese in erster Linie im Verfahren der **einstweiligen Anordnung** von Relevanz. Denn mit der eidesstattlichen Versicherung kann eine tatsächliche Behauptung lediglich glaubhaft gemacht werden (vgl. § 31 FamFG). Die Glaubhaftmachung ist eine Art der Beweisführung, durch die dem Gericht nicht die volle Überzeugung, sondern lediglich die erhebliche Wahrscheinlichkeit eines zu beweisenden Sachverhalts vermittelt wird.[69] Eidesstattliche Versicherungen sind zwar nicht formbedürftig, können also schriftlich oder mündlich abgegeben werden, müssen aber eine eigene Darstellung der glaubhaft zu machenden Tatsache enthalten und dürfen insoweit nicht ausschließlich die Angaben oder Schriftsätze Dritter (z.B. des bevollmächtigten Rechtsanwaltes) in Bezug nehmen.[70]

1481 Zur Glaubhaftmachung zugelassen sind neben der eidesstattlichen Versicherung auch **unbeglaubigte Fotokopien von Urkunden, Akten oder Aktenteilen sowie Telefonauskünfte** von Zeugen, Behörden (z.B. Jugendamt) oder Sachverständigen.[71] Der Inhalt telefonischer Auskünfte muss den Beteiligten jedoch grundsätzlich zum Zwecke der Gewährung rechtlichen Gehörs – in der Regel durch Übersendung eines entsprechenden Aktenvermerks – vor der Entscheidung zur Kenntnis gebracht werden.

2. Insbesondere Sachverständigengutachten

1482 Hat das Gericht keine hinreichende eigene Sachkunde und kommt es entscheidend auf außerjuristische Erkenntnisse an, so kann die Einholung eines Sachverständigengutachtens geboten sein. Insoweit kann eine förmliche Beweiserhebung (vgl. § 30 Abs. 1 FamFG) erfolgen. Es kann ein Beweisbeschluss ergehen, in welchem insbesondere die Beweisfrage und der Sachverständige benannt und diesem eine **Frist zur Erstellung des Gutachtens** gesetzt wird. Insbesondere bei der Formulierung der **Beweisfrage** ist unbedingt auf eine konkrete Fragestellung zu achten.[72] Formulierungen wie „Ist das Wohl des Kindes gefährdet?" oder „Welche Sorge-/Umgangsrechtsregelung entspricht/dient dem Kindeswohl (am besten)?" verlagern die richterliche Subsumtionsarbeit auf den Sachverständigen und tragen weder der gerichtlichen Entscheidungsverantwortung noch dem Sinn und Zweck

---

68 Siehe näher hierzu BGH ZKJ 2017, 21 ff. sowie MünchKomm-FamFG/Heilmann (2018), § 167a FamFG Rn. 12.
69 Vgl. BGHZ 8, 183 (185).
70 Vgl. BGH NJW 1988, 2045.
71 Vgl. van Els, S. 46.
72 Hierzu etwa Dettenborn/Walter, S. 140 ff. Umfassend Lack/Hammesfahr, Psychologische Gutachten im Familienrecht.

der Einholung eines Sachverständigengutachtens in der gebotenen Weise Rechnung.[73]

Nicht immer ist in Kindschaftssachen die Einholung eines Sachverständigengutachtens jedoch geboten.[74] Eine Ausnahme gilt lediglich im Unterbringungsverfahren nach § 1631b BGB: Hier hat das Gericht das Gutachten eines Sachverständigen generell einzuholen (vgl. § 167 Abs. 1 Satz 1 i.V.m. § 321 Abs. 1 FamFG).

1483

▷ Zu Einzelheiten des Unterbringungsverfahrens betreffend Minderjährige siehe Teil 2 Rn. 445 ff.

Vor jeder **Beweiserhebung** muss das Gericht bei allen anderen Kindschaftssachen mit Blick auf das Beschleunigungsgebot zwischen den Nachteilen durch die mit der Einholung des Beweismittels einhergehenden Verfahrensverzögerung – unter Berücksichtigung der Art des Verfahrens, der bisherigen Verfahrensdauer und des Alters des Kindes – und den für das Kind durch die Erhebung des Beweises entstehenden anderweitigen Belastungen einerseits und den Vorteilen des zu erwartenden Erkenntnisgewinns zur Erlangung einer hinreichenden Grundlage für eine am Kindeswohl orientierte Entscheidung andererseits abwägen.

1484

Bei den **„Vorteilen des zu erwartenden Erkenntnisgewinns"** sollte es prüfen, ob unter Berücksichtigung der Besonderheiten des Einzelfalls, der außerjuristischen Fachkenntnisse des Richters sowie der sonstigen Ermittlungsergebnisse – insbesondere Anhörung des Kindes und der Eltern, Stellungnahme des Jugendamtes und des Verfahrensbeistands etc. – noch Anlass besteht, entscheidungserhebliche Fragen auf den Gebieten der Kinderpsychologie bzw. -psychiatrie zu klären. Die Entscheidung darüber, ob das Gutachten eines Sachverständigen eingeholt wird, sollte das Gericht jedenfalls so früh wie möglich treffen. Auch der Gesetzgeber hat die Problematik nunmehr erkannt, sodass bei Anordnung einer schriftlichen Begutachtung **in Umgangsverfahren der Umgang durch einstweilige Anordnung zu regeln oder auszuschließen** ist (§ 156 Abs. 3 Satz 2 FamFG). Das Gericht soll das Kind zuvor anhören (§ 156 Abs. 3 Satz 3 FamFG).

1485

Die **Auswahl des Sachverständigen** obliegt ebenfalls dem Gericht, doch können die Beteiligten – ohne Bindung für das Gericht – einen bestimmten Sachverständigen, der ihrer Ansicht nach über die notwendige Fachkompetenz verfügt und auch die notwendigen zeitlichen Kapazitäten hat, vorschlagen. Mit der am 15. Oktober 2016 in Kraft getretenen Reform des Sachverständigenrechts hat der Gesetzgeber auf die Kritik an der Qualität von Gutachten in Kindschaftssachen reagiert und in § 163 Abs. 1 FamFG geregelt, dass ein „geeigneter" Sachverständiger das Gutachten zu erstatten hat, der „mindestens über eine psychologische, psychotherapeutische, kinder- und jugendpsychiatrische, psychiatrische, ärztliche, pädagogische oder sozialpädagogische Berufsqualifikation verfügen soll". In den beiden letztgenannten Fällen bedarf es darüber hinaus einer anerkannten Zusatz-

1486

---

73 Weitere Beispiele s. Lack/Hammesfahr, Psychologische Gutachten im Familienrecht, Rn. 60.
74 BVerfG ZKJ 2013, 120 ff. (näher hierzu Gottschalk/Heilmann, ZKJ 2013, 113 ff.) sowie ZKJ 2012, 306 ff.

qualifikation (§ 163 Abs. 1 Satz 2 FamFG). Unabhängig hiervon hat der Sachverständige nach seiner Bestellung unverzüglich zu prüfen, ob der Auftrag in sein Fachgebiet fällt (vgl. § 30 Abs. 1 FamFG i.V.m. § 407a ZPO).

1487 Gegebenenfalls kann ein Sachverständiger von einem Beteiligten wegen **Befangenheit**, spätestens binnen zwei Wochen nach Verkündung oder Zustellung des Beschlusses über die Bestellung des Sachverständigen (vgl. § 406 Abs. 2 ZPO),[75] abgelehnt werden (vgl. § 30 Abs. 1 FamFG i.V.m. § 406 ZPO i.V.m. §§ 41, 42 ZPO). Dabei müssen genügend objektive Gründe vorliegen, die nach Meinung eines ruhig und vernünftig denkenden Beteiligten Anlass geben, gegenüber der Unparteilichkeit des Sachverständigen misstrauisch zu sein.[76] Ein Grund hierfür kann insbesondere sein, dass der Sachverständige bei entgegengesetzten Interessen Beteiligter – wie es in Sorgerechts- bzw. Umgangsrechtsstreitigkeiten zwischen den beiden Elternteilen oder zwischen diesen und den Pflegeeltern der Fall sein kann – nur einen von ihnen zu der das Gutachten vorbereitenden Tätigkeit heranzieht.[77] Über das Befangenheitsgesuch ist durch gesonderten Beschluss – und nicht inzident im Rahmen der verfahrensabschließenden Entscheidung – zu befinden (vgl. § 30 Abs. 1 FamFG i.V.m. § 406 Abs. 4 ZPO).

1488 Im Übrigen hat das Gericht dem Sachverständigen eine **Frist zur Erstattung des Gutachtens** zu setzen und für deren Einhaltung Sorge zu tragen (vgl. § 30 Abs. 1 FamFG i.V.m. § 411 Abs. 1 ZPO). Hierdurch soll dem Umstand Rechnung getragen werden, dass die Einholung eines Gutachtens eine wesentliche Ursache für die Verzögerung des Verfahrens darstellt. Eine Nichteinhaltung der Frist kann nach vorheriger Androhung unter Setzung einer Nachfrist zur Verhängung eines Ordnungsgeldes führen (vgl. § 30 Abs. 1, 2 i.V.m. § 411 Abs. 2 ZPO). Hingegen kann ein Elternteil nicht gezwungen werden, zum Zwecke der Begutachtung beim Sachverständigen zu erscheinen. Er kann jedoch in Anwesenheit des Sachverständigen persönlich angehört und seine Anwesenheit kann insoweit erzwungen werden.[78]

1489 Darüber hinaus kann das Gericht in die Person des Kindes betreffenden Kindschaftssachen anordnen, dass der Sachverständige bei der Erstellung des Gutachtenauftrages auch auf die **Herstellung des Einvernehmens** zwischen den Beteiligten hinwirken soll (vgl. § 163 Abs. 2 FamFG). Unter Berücksichtigung des hiermit eingeforderten problematischen Rollenwechsels vom Einigungsförderer zum diagnostischen Entscheider sollte das Gericht hiervon nur zurückhaltend Gebrauch machen.[79] Zumal hierdurch – bei Scheitern einer einvernehmlichen Lösung – auch

---

75 Nach Ablauf der 2-Wochen-Frist ist die Ablehnung nur zulässig, wenn der Beteiligte glaubhaft macht, dass er ohne sein Verschulden gehindert war, den Ablehnungsgrund früher geltend zu machen (vgl. § 406 Abs. 2 Satz 2 ZPO). In diesem Fall muss das Gesuch unverzüglich nach Kenntnis vom Ablehnungsgrund bei Gericht eingereicht werden (vgl. nur BGH NJW 2005, S. 1869).
76 Vgl. BGH NJW 1974, 1363.
77 Vgl. OLG Frankfurt a.M. FamRZ 1986, 1021.
78 Vgl. BGH, Beschluss vom 17.2.2010, XII ZB 68/09, FamRZ 2010, 720.
79 Siehe Coester, in: Lipp et al., S. 54 m.w.N.

die Gefahr eines Befangenheitsgesuches gegen den Sachverständigen (hierzu Rn. 1487) heraufbeschworen werden könnte.

Nach Erstattung des Gutachtens kommt gegebenenfalls eine **mündliche Erläuterung des Gutachtens** in Betracht (vgl. § 30 Abs. 1 FamFG i.V.m. §§ 402, 397 ZPO).[80] Einem entsprechenden Antrag eines Beteiligten muss das Gericht grundsätzlich – aber nicht in jedem Fall – nachkommen. Je wichtiger ein Sachverständigengutachten für das Ergebnis eines Verfahrens ist, desto mehr Gewicht kommt aber dem Recht der Verfahrensbeteiligten zu, Einwendungen dagegen vorzubringen und den Sachverständigen mit ihnen zu konfrontieren.[81]

1490

Das **Gericht** ist bei seiner Entscheidung **an das Ergebnis des Sachverständigen nicht gebunden**, vielmehr ist es seine Aufgabe, das Sachverständigengutachten kritisch zu würdigen.[82] Zwar gibt es für die Erstattung von Gutachten in Kindschaftssachen keine generell verbindlichen Standards. Von praktischer Bedeutung sind in diesem Zusammenhang jedoch die von der Arbeitsgruppe Familienrechtliche Gutachten im Jahr 2015 formulierten „Mindestanforderungen an die Qualität von Sachverständigengutachten im Kindschaftsrecht".[83] Die dort niedergelegten Kriterien können für die Frage herangezogen werden, ob ein Gutachten für die Entscheidungsfindung des Familiengerichts verwertbar ist oder nicht. Im Rahmen der Stellungnahme zu einem Gutachten, die auch dem Verfahrensbeistand möglich ist, sollte daher regelmäßig auf die Frage der Verwertbarkeit eines Gutachtens eingegangen werden.[84]

1491

Will das Familiengericht **vom Ergebnis des Gutachtens abweichen**, dann muss es eine anderweitige zuverlässige Grundlage für die am Kindeswohl orientierte Entscheidung haben. Das Abweichen von einem fachpsychologischen Gutachten bedarf daher einer eingehenden Begründung und des Nachweises eigener Sachkunde des Gerichts.[85] Die Einholung eines weiteren Sachverständigengutachtens wird vor allem im Hinblick auf das Beschleunigungsgebot nur in Ausnahmefällen in Betracht kommen. Sie kann aber erforderlich werden, wenn das Gutachten in entscheidungserheblichen Punkten von unzutreffenden tatsächlichen Voraussetzungen ausgeht oder elementare Widersprüche bzw. sonstige grobe Mängel enthält und deswegen in Gänze nicht verwertbar ist.

1492

VII. Entscheidung

Gerichtliche Entscheidungen in Kindschaftssachen ergehen regelmäßig in der Form des **mit einer Rechtsbehelfsbelehrung zu versehenden Beschlusses**. Amtsverfahren, insbesondere Verfahren über kindesschutzrechtliche Maßnahmen,

1493

---

80 BGH, NJW 1997, 802.
81 Vgl. BVerfG NJW 1998, 2273 (2274).
82 Hierzu ausführlich Coester, S. 453 ff.; siehe auch Salzgeber, 2001 sowie Fegert, 1993.
83 Diese sind im Internet abrufbar unter www.bmjv.de/SharedDocs/Downloads/DE/PDF/Themenseiten/FamilieUndPartnerschaft/MindestanforderungenSachverstaendigengutachtenKindschaftsrecht.html (Zugriff: 30.4.2019).
84 Zu den Einzelheiten siehe Heilmann, Praxiskommentar Kindschaftsrecht, § 163 FamFG Rn. 51ff..
85 Vgl. BVerfG FamRZ 1999, 1417; BGH NJW 1997, 1446 f.

sind immer durch förmliche Entscheidung abzuschließen und dürfen nicht – wie es in der Praxis noch immer geschieht – nach der Aktenordnung „weggelegt" werden.

1. Zwischen- und Endentscheidung

1494 Zwischenentscheidungen (z.B. Beweisbeschlüsse, Terminbestimmungen, Ladungen und die Bestellung des Verfahrensbeistands) dienen der Vorbereitung der Eil- bzw. Endentscheidung. Sie schließen das Verfahren nicht ab und weisen Besonderheiten bei der Frage der Anfechtbarkeit auf (hierzu unten Rn. 1516). Ist das Verfahren hingegen entscheidungsreif, dann hat das Gericht eine Pflicht zu einer das Verfahren abschließenden (End-)Entscheidung.[86]

2. Exkurs: Die einstweilige Anordnung (§§ 49 ff. FamFG)

1495 Das Verfahren auf Erlass einer einstweiligen Anordnung (siehe Schaubild Rn. 1599) ist seit Inkrafttreten des FamFG ein vom Verfahren der Hauptsache **unabhängiges Verfahren** (vgl. § 51 Abs. 3 Satz 1 FamFG). Daher bedarf es bei Vorliegen der gesetzlichen Voraussetzungen hier der **gesonderten Bestellung eines Verfahrensbeistandes**, damit dieser als Beteiligter im Eilverfahren tätig werden kann und auch entsprechend vergütet wird. Örtlich zuständig ist in erster Linie das Gericht, das für die Hauptsache im ersten Rechtszug zuständig wäre (vgl. § 50 Abs. 1 FamFG). Ist ein Beschwerdeverfahren anhängig, ist das Oberlandesgericht zuständig (vgl. § 50 Abs. 1 Satz 2 Hs. 2 FamFG).

1496 Nur in Antragsverfahren (siehe oben Rn. 1438 f.) bedarf es für den Erlass einer Eilentscheidung eines ausdrücklichen Antrages, ansonsten kann das Gericht sie auch von Amts wegen erlassen (vgl. § 51 Abs. 1 FamFG; siehe auch §§ 156 Abs. 3, 157 Abs. 3 FamFG). Voraussetzung für den Erlass einer Eilentscheidung ist insbesondere, dass ein **dringendes Bedürfnis für ein sofortiges Einschreiten** besteht (vgl. § 49 Abs. 1 FamFG). Dieses besteht, wenn die Endentscheidung in einem Hauptsacheverfahren nicht abgewartet werden kann, weil diese zu spät kommen und die Interessen der Beteiligten nicht mehr genügend wahren würde.[87] Die Notwendigkeit zur Anberaumung des frühen Termins hat keinen Einfluss auf die Erfolgsaussichten eines zuvor gestellten Antrages auf Erlass einer einstweiligen Anordnung:

1497 Eilentscheidungen müssen denknotwendig in kurzer Zeit ergehen. Dies hat Auswirkungen auf die Anforderungen an das gerichtliche Verfahren. Gegenüber dem Hauptsacheverfahren ergeben sich daher Unterschiede vor allem im Hinblick auf die **Ermittlungs- und Anhörungspflichten** des Gerichts. So sind die Ermittlungspflichten eingeschränkt.[88] Der Sachverhalt muss vor Erlass der (Eil-)Entscheidung mithin nicht vollständig aufgeklärt sein, sondern es genügt, dass die Voraus-

---

86 Vgl. MünchKomm-FamFG/Heilmann (2018), § 155 FamFG Rn. 29.
87 Vgl. nur BayObLG FamRZ 1995, 975.
88 BVerfG ZKJ 2018, 312.

setzungen für den Erlass der einstweiligen Anordnung glaubhaft gemacht werden (vgl. § 51 Abs. 1 Satz 2 FamFG).[89]

▶ **Zur Glaubhaftmachung vgl. oben Rn. 1480 f.**

Zudem kann das Gericht im Eilverfahren **auf Anhörungen zunächst verzichten**, wenn dies nötig ist, um den Zweck der einstweiligen Maßnahme nicht zu gefährden.[90] Dementsprechend kann in Kindschaftssachen in diesen Fällen beispielsweise von der Anhörung des Jugendamtes und der Eltern abgesehen werden. Die Anhörungen sind jedoch unverzüglich nachzuholen. Jedoch soll das Gericht das Kind anhören, bevor es eine Eilentscheidung zu seinem Aufenthalt, seinem Umgangsrecht oder seiner Herausgabe erlässt (vgl. § 156 Abs. 3 Satz 3 FamFG). Auch hiervon kann jedoch abgesehen werden, wenn die Umstände des Falles hiernach dringend verlangen. 1498

Das Gericht kann **ohne mündliche Verhandlung** bzw. Erörterung entscheiden (vgl. § 51 Abs. 2 Satz 2 FamFG). Fand eine mündliche Erörterung nicht statt, ist diese erst durchzuführen und aufgrund derselben erneut zu entscheiden. Erst diese Entscheidung kann gegebenenfalls nach Maßgabe des § 57 Satz 2 FamFG angefochten werden (hierzu Rn. 1520 ff.). 1499

Unbeschadet dessen kann das Familiengericht seine **einstweilige Anordnung jederzeit nachträglich aufheben oder ändern**, insbesondere wenn dies aus Sicht des Kindeswohls geboten ist (vgl. § 54 FamFG). Hierfür bedarf es – im Unterschied zum Anwendungsbereich des § 166 FamFG (siehe Rn. 1507 ff.) – keiner Änderung der Sach- oder Rechtslage, sondern das Familiengericht kann in einem solchen Abänderungsverfahren die tatsächlichen sowie rechtlichen Grundlagen umfassend neu würdigen.[91]

Die einstweilige Anordnung wird grundsätzlich (erst) mit Bekanntgabe an die Beteiligten wirksam (vgl. § 40 Abs. 1 FamFG). Das **Wirksamwerden der Entscheidung** ist grundsätzlich Voraussetzung für ihre Vollstreckung (vgl. § 86 Abs. 2 FamFG). Das Gericht kann jedoch anordnen, dass die Vollstreckung vor der Zustellung wirksam ist; in diesem Fall wird die einstweilige Anordnung bereits mit Erlass wirksam (vgl. § 53 Abs. 2 FamFG). 1500

Eilentscheidungen haben in Kindschaftssachen eine **hohe praktische Relevanz**. Typische Anwendungsfälle sind beispielsweise: 1501

- Herausnahme des Kindes aus der Familie bei akuter Gefährdung des Kindeswohls (vgl. § 1666 BGB),
- Übertragung der elterlichen Sorge bzw. des Aufenthaltsbestimmungsrechts bei Trennung der Eltern (vgl. § 1671 BGB),
- Abwehr des elterlichen Herausgabeanspruchs, wenn sich das Kind bei Dritten (z.B. bei Pflegeeltern) befindet (vgl. § 1632 Abs. 4 BGB) sowie

---

89 Vgl. KG FamRZ 1990, 1021 (1023).
90 BVerfGE 65, 227 (233 f.).
91 Musielak/Borth, § 54 FamFG Rn. 6.

- Ausschluss des Umgangsrechts bei Gefährdung des Kindeswohls (vgl. § 1684 Abs. 4 BGB).

1502 Diese Beispiele verdeutlichen, dass durch die Eilentscheidung Tatsachen geschaffen werden können, die im Hauptsacheverfahren nur schwer oder gar nicht mehr korrigiert werden können. In Kindschaftssachen gelten daher – sowohl für den Umfang der Sachverhaltsaufklärung als auch für das Absehen von einer Anhörung – immer dann **besonders strenge Anforderungen, wenn mit der Eilentscheidung neue Tatsachen geschaffen werden**, insbesondere dem Kind ein Wechsel des Sorgeberechtigten und ein damit verbundener neuer Lebensmittelpunkt auferlegt wird.[92]

1503 Zudem sollte die Geltungsdauer der Eilentscheidung vom Gericht im entsprechenden Beschluss befristet werden.[93] Die Dauer der angemessenen Frist ist nach den Umständen des Einzelfalls zu bestimmen und hängt insbesondere von der Art des Verfahrens, dem Alter des Kindes und seiner Vorgeschichte ab.

1504 Zwar kann das Gericht mit Erlass der einstweiligen Anordnung im Amtsverfahren grundsätzlich eine Frist von bis zu drei Monaten bestimmen, vor deren Ablauf der Antrag auf Einleitung eines Hauptsacheverfahrens unzulässig ist (sog. „**Wartefrist**"; vgl. § 52 Abs. 1 FamFG). Absatz 1 findet jedoch in den Kindschaftssachen, in welche der Beschleunigungsgrundsatz des § 155 Abs. 1 FamFG eingreift, keine Anwendung. Denn hier besteht ein Anspruch der Beteiligten, dass die bislang auf einer lediglich ungesicherten und vorläufigen Tatsachengrundlage getroffene familiengerichtliche Eilentscheidung im Rahmen des Hauptsacheverfahrens auf eine möglichst zuverlässige Entscheidungsgrundlage gestellt wird.[94] Es würde auch den verfassungsrechtlichen Anforderungen nicht gerecht, wenn aufgrund der durch eine Eilentscheidung geschaffenen Tatsachen wegen einer gerichtlich angeordneten „Wartefrist" endgültige Fakten geschaffen werden.[95] Daher hat das Gericht nach **pflichtgemäßem Ermessen** – trotz der verfahrensrechtlichen Selbstständigkeit des Eilverfahrens – mit Blick auf das ihm übertragene staatliche Wächteramt aus Art. 6 Abs. 2 Satz 2 GG gegebenenfalls **nach Erlass einer einstweiligen Anordnung von Amts wegen** unverzüglich **auch das Hauptsacheverfahren einzuleiten**.

1505 Hingegen kann das Gericht in Verfahren, die nur auf Antrag eingeleitet werden können (insbesondere bei Sorgerechtsstreitigkeiten nach Trennung, § 1671 BGB), mit dem Erlass der einstweiligen Anordnung zugleich bestimmen, dass der Beteiligte, der die einstweilige Anordnung bewirkt hat, binnen einer Frist von bis zu drei Monaten einen Antrag auf Einleitung des Verfahrens zu stellen hat (sog. „**Antragsfrist**", vgl. § 52 Abs. 2 FamFG). Die Frist ist nach dem Ermessen des Gerichts unter Berücksichtigung aller Umstände des Einzelfalles, insbesondere aber mit

---

92 Vgl. BVerfG FamRZ 2009, 189 und FamRZ 1994, 223.
93 Siehe auch OLG Naumburg FamRZ 2001, 770.
94 Im Ergebnis ebenso: Socha, FamRZ 2010, 947 (949).
95 Vgl. nur BVerfG FamRZ 2002, 1021, 1023; siehe auch MünchKomm-FamFG/Heilmann (2018), § 155 Rn. 1 ff.

Blick auf die Gefahren der faktischen Präjudizierung, festzulegen. Wird der Anordnung des Gerichts zur Antragstellung nicht Folge geleistet, hat das Familiengericht die einstweilige Anordnung aufzuheben (vgl. § 52 Abs. 2 Satz 3 FamFG).

Hat das Gericht ein Verfahren auf Erlass einer einstweiligen Anordnung durchgeführt, so kann es im Hauptsacheverfahren **von einzelnen Verfahrenshandlungen** (insbesondere Anhörungen einzelner Beteiligter) **absehen, wenn diese bereits im Eilverfahren vorgenommen wurden und von einer nochmaligen Vornahme** – auch nicht wegen Zeitablaufs oder neuer Tatsachen – **keine zusätzlichen Erkenntnisse zu erwarten sind** (vgl. § 51 Abs. 3 Satz 2 FamFG). 1506

▶ Zur Frage der Vorgehensweise gegen Eilentscheidungen siehe im Folgenden Rn. 1520 ff.

3. Abänderung nach § 1696 BGB, § 166 FamFG

Die **kindeswohlorientierten Entscheidungen des Familiengerichts haben auch prognostischen Charakter**. Sie müssen daher geänderten Verhältnissen angepasst werden können. Unabhängig davon, ob die Verfahrensbeteiligten ein Rechtsmittel gegen die in einer Kindschaftssache ergangene Entscheidung einlegen, hat das Familiengericht daher seine Entscheidungen in Sorge- und Umgangssachen aufgrund neuer Tatsachen nach § 1696 Abs. 1 BGB von Amts wegen (vgl. § 166 Abs. 1 FamFG) zu ändern, wenn dies aus triftigen, das Wohl des Kindes nachhaltig berührenden Gründen" angezeigt ist. 1507

Die **Anwendung der gesetzlichen Regelung** in § 1696 BGB, der durch das Gesetz zur Reform des Sorgerechts betreffend die Kinder nicht miteinander verheirateter Eltern ebenfalls geändert worden ist, bereitet in der Praxis erhebliche Probleme. Dabei ist in einer erheblichen Anzahl von Fällen umstritten, ob der Anwendungsbereich dieser Norm, welche die Abänderung aufgrund der Notwendigkeit einer Änderung der Verhältnisse sowie unter Einbeziehung des strengen Kindeswohlmaßstabes („triftige Gründe") wesentlich erschwert, eröffnet ist oder nicht. Beruht etwa die Erstentscheidung des Familiengerichts zur Übertragung der (alleinigen) elterlichen Sorge auf einem Konsens der Eltern, weil etwa ein Elternteil der Sorgerechtsübertragung auf den anderen Elternteil nach § 1671 Abs. 1 Satz 2 Nr. 1 BGB zugestimmt hat, so ist der Maßstab des § 1696 BGB nicht angemessen.[96] 1508

Das Abänderungsverfahren ist eine neue **(selbstständige) Kindschaftssache** und unterliegt den allgemeinen verfahrensrechtlichen Regeln für Kindschaftssachen, weshalb gegebenenfalls auch eine **gesonderte Verfahrensbeistandsbestellung** zu erfolgen hat. 1509

Darüber hinaus hat das Gericht eine **kindesschutzrechtliche Maßnahme**, nicht zuletzt um der verfassungsrechtlichen Stellung des Elternrechts (vgl. Art. 6 Abs. 2 Satz 1 GG) Rechnung zu tragen, aufzuheben, wenn eine Gefährdung des Kindeswohls nicht mehr besteht oder die Erforderlichkeit der Maßnahme weggefallen ist 1510

---

96 Vgl. Staudinger/Coester, § 1696 Rn. 60 ff. Zu den Problemen im Anwendungsbereich der Kinder nicht miteinander verheirateter Eltern siehe Dürbeck, ZKJ 2013, S. 330, 334 f.

(vgl. § 1696 Abs. 2 BGB). Das Gericht hat diese Maßnahme vor diesem Hintergrund in angemessenen Zeitabständen im umfassenden Sinne zu überprüfen (vgl. § 166 Abs. 2 FamFG).[97]

1511 Schließlich soll das Gericht seine Entscheidung in der Regel **nach drei Monaten überprüfen**, wenn es von einer Maßnahme zur Abwehr einer Kindeswohlgefährdung absieht (vgl. § 166 Abs. 3 FamFG). Hierdurch will der Gesetzgeber der Gefahr begegnen, dass es entgegen der – etwa auf Zusagen der Eltern hinsichtlich der weiteren Annahmen von Hilfen nach dem SGB VIII gestützten – Annahme des Gerichts nicht gelingt, eine Kindeswohlgefährdung auch ohne eine familiengerichtliche Maßnahme abzuwenden.[98] In offensichtlich unbegründeten Fällen muss das Gericht jedoch von einer Überprüfung absehen.[99]

1512 Die Ausgestaltung des **Überprüfungsverfahrens** sowohl nach § 166 Abs. 1 FamFG als auch das nach § 166 Abs. 2 FamFG obliegt dem **Familiengericht**, welches auch dann zuständig ist, wenn das Oberlandesgericht abschließend entschieden hat. In der Regel wird die **Einholung einer aktuellen Stellungnahme des Jugendamtes** den gesetzlichen Anforderungen genügen. Die Überprüfung wird im Übrigen durch einen Vermerk in den gerichtlichen Akten beendet. Entweder stellt das Familiengericht in diesem fest, dass es weitergehender Maßnahmen nicht bedarf, oder es hat – als Ergebnis seiner Überprüfung – von Amts wegen ein Abänderungsverfahren im Sinne von § 166 Abs. 1 FamFG einzuleiten. Ist es für dieses örtlich nicht mehr zuständig, so wird es die Akten mit einem entsprechenden Vermerk und der hierin enthaltenen Anregung zur amtswegigen Einleitung eines Abänderungsverfahrens zu übersenden haben.

VIII. Rechtsmittel

1513 Die Entscheidung darüber, welches Rechtsmittel – zu dessen Einlegung auch der Verfahrensbeistand berechtigt ist – das zulässige ist, richtet sich nach der angegriffenen Entscheidung.

1. Rechtsmittel gegen erstinstanzliche Entscheidungen

1514 In Kindschaftssachen stehen gegen erstinstanzliche Entscheidungen folgende Rechtsmittel zur Verfügung, die grundsätzlich zu einem Verfahren in der zweiten Instanz führen, das im Wesentlichen dem Verfahren der ersten Instanz entspricht:

- **Beschwerde** nach §§ 58 ff. FamFG (Frist: ein Monat bzw. zwei Wochen [vgl. § 63 Abs. 1 und 2 FamFG]; keine Abhilfebefugnis)
- **Sofortige Beschwerde** entsprechend §§ 567 ff. ZPO (Frist: zwei Wochen; Abhilfebefugnis)[100]

---

97 Siehe auch BVerfGE 88, 187, 195.
98 Vgl. BT-Drucks. 16/6308, S. 243.
99 Vgl. MünchKomm-FamFG/Heilmann (2018), § 166 Rn. 24 m.w.N.
100 Vgl. Musielak/Borth, § 58 Rn. 1.

- **Erinnerung** nach § 11 Abs. 1 Satz 2 RPflG (Frist: grds. 1 Monat; Abhilfebefugnis des Rechtspflegers; keine Abhilfe => Richter des Amtsgerichts entscheidet)[101]

Die Beschwerde ist statthaft gegen Endentscheidungen (näher hierzu Rn. 1494 f.). Ob eine Beschwerde im Sinne des FamFG oder eine solche „entsprechend §§ 567 ff. ZPO" statthaft ist, richtet sich nach der jeweiligen gesetzlichen Regelung. Jede Endentscheidung des Familiengerichts – also auch die einstweilige Anordnung (vgl. Rn. 1495 ff.) – muss im Übrigen eine **Rechtsbehelfsbelehrung** enthalten (vgl. § 39 FamFG). 1515

Im Verfahren auf Erlass einer einstweiligen Anordnung umfasst die Rechtsbehelfsbelehrung auch das Antragsrecht nach § 52 Abs. 1 FamFG sowie die Möglichkeit eines Antrages auf Durchführung einer mündlichen Erörterung bzw. Verhandlung nach Erlass einer einstweiligen Anordnung ohne Durchführung derselben (vgl. Rn. 1499).

a) Zwischenentscheidungen

Zwischenentscheidungen (siehe oben Rn. 1494) sind in der Regel **nicht anfechtbar**. Sie werden bei Anfechtung der Hauptsacheentscheidung vom Beschwerdegericht (mit-)überprüft (vgl. § 58 Abs. 2 FamFG). Etwas anderes gilt dann, wenn der Gesetzgeber ausdrücklich die Statthaftigkeit eines Rechtsmittels gegen eine Zwischenentscheidung eröffnet. 1516

In diesem Sinne **anfechtbar** sind daher unter anderem die folgenden Zwischenentscheidungen: 1517

- die Ablehnung eines Antrages auf Hinzuziehung als Beteiligter (§ 7 Abs. 5 Satz 2 FamFG i.V.m. §§ 567 ff. ZPO),
- die Aussetzung des Verfahrens (§ 21 Abs. 2 FamFG i.V.m. §§ 567 ff. ZPO),
- die Anordnung von Zwangsmitteln (§ 35 Abs. 5 i.V.m. §§ 567 ff. ZPO) *und*
- Beschlüsse im Vollstreckungsverfahren (§ 87 Abs. 4 i.V.m. §§ 567 ff. ZPO).

Nicht anfechtbar sind damit insbesondere: 1518

- der Beschluss, der eine Verweisung ausspricht (§ 3 Abs. 3 Satz 1 FamFG),
- der Beschluss, durch den die Zuständigkeit bestimmt wird (§ 5 Abs. 3 FamFG),
- der Beschluss über die Überlassung von Akten in die Geschäftsräume (§ 13 Abs. 4 Satz 2 FamFG),
- die Terminbestimmung,
- die Anordnung des persönlichen Erscheinens,[102]

---

[101] Die Erinnerung ist immer dann statthaft, wenn eine Beschwerde nicht statthaft oder sonst unzulässig wäre (vgl. BGH FF 2013, 332). Sie ist damit ein „Auffangrechtsmittel", um eine richterliche Überprüfung der Rechtspflegerentscheidung – wenn auch in derselben Instanz – zu ermöglichen. Näher hierzu: Heilmann, Praxiskommentar Kindschaftsrecht, § 11 RPflG Rn. 1 ff.
[102] Siehe aber BayObLGZ 1990, 37; KG FGPRax 2006, 262 (jeweils zum alten Recht).

- Ermittlungen im Freibeweisverfahren *und*
- Beweisbeschlüsse, insbesondere zur Einholung eines Sachverständigengutachtens.[103]

1519 Unanfechtbar ist auch die Entscheidung über die Bestellung des Verfahrensbeistands (vgl. § 158 Abs. 3 Satz 4 FamFG). Eine gleichwohl eingelegte Beschwerde hat keine aufschiebende Wirkung, sodass der Verfahrensbeistand bis zu einer anderweitigen gerichtlichen Entscheidung wirksam bestellt ist.

b) Eilentscheidungen

1520 Eilentscheidungen, also einstweilige Anordnungen, des Familiengerichts sind in Kindschaftssachen **grundsätzlich nicht anfechtbar** (vgl. § 57 Satz 1 FamFG). Etwas anderes gilt ausnahmsweise in den Verfahren betreffend die Unterbringung Minderjähriger sowie dann, wenn die einstweilige Anordnung aufgrund mündlicher Erörterung ergangen ist und mit ihr über die elterliche Sorge für ein Kind, die Herausgabe an den anderen Elternteil oder seinen Verbleib bei einer Pflege- oder Bezugsperson befunden wird.

Dann kann die einstweilige Anordnung innerhalb von zwei Wochen (vgl. § 63 Abs. 2 Nr. 1 FamFG) mit der Beschwerde angefochten werden (§ 57 Satz 2 FamFG). Damit ist nun auch die Ablehnung eines Antrages auf Sorgerechtsregelung anfechtbar.

1521 **Unanfechtbar** sind – entgegen der ursprünglichen Absicht des Gesetzgebers – weiterhin ablehnende oder stattgebende **Eilentscheidungen zum Umgangsrecht**. Auch die Aussetzung oder Beschränkung der Vollstreckung einer einstweiligen Anordnung ist nicht anfechtbar (vgl. § 55 Abs. 1 Satz 2 FamFG).

1522 Soweit das Gericht mit der einstweiligen Anordnung eine **„Wartefrist"** für die Einleitung des Hauptsacheverfahrens bestimmt, ist diese Anordnung zusammen mit der einstweiligen Anordnung anfechtbar. Ist die sofortige Beschwerde mit Blick auf § 57 FamFG nicht statthaft, kann gegen die Anordnung der Wartefrist gegebenenfalls mit der Beschleunigungsrüge (vgl. Rn. 1530) vorgegangen werden.

1523 Ist eine **einstweilige Anordnung nicht** aufgrund **mündlicher Erörterung** ergangen, ist das Rechtsmittel der Beschwerde immer unzulässig. Es **muss zunächst ein Antrag auf mündliche Erörterung gestellt werden**. Dann ergeht aufgrund dieser eine erneute Entscheidung im Verfahren der einstweiligen Anordnung, die dann unter den Voraussetzungen des § 57 Satz 2 FamFG mit der sofortigen Beschwerde im Sinne des FamFG angefochten werden kann. Gegebenenfalls bleibt nur der Antrag auf Einleitung des Hauptsacheverfahrens (vgl. § 52 FamFG).

---

103 Vgl. auch BGH FamRZ 2007, 1728 (zum alten Recht) und OLG Frankfurt ZKJ 2018, 109 ff.; siehe aber: OLG Frankfurt ZKJ 2015, 328, wonach der Beschluss zur Einholung einer Haaranalyse nicht nur ausnahmsweise anfechtbar, sondern auch rechtswidrig ist, weil es insoweit an einer Rechtsgrundlage fehlt.

Für das Beschwerdeverfahren bezüglich einer einstweiligen Anordnung gelten die allgemeinen Regeln für die Beschwerde nach dem FamFG (siehe Rn. 1525 ff.). Es ist die **Frist von zwei Wochen** zu beachten (vgl. § 63 Abs. 2 Ziff. 1 FamFG). Eine Abhilfebefugnis des Familiengerichts besteht nicht (vgl. § 68 Abs. 1 Satz 2 FamFG). 1524

Schließlich hat das Familiengericht die Möglichkeit, seine Entscheidung in der einstweiligen Anordnungssache aufzuheben oder abzuändern, was gegebenenfalls zu beantragen ist (vgl. § 54 FamFG).

c) Endentscheidungen in Hauptsacheverfahren

Endentscheidungen in Hauptsacheverfahren können grundsätzlich mit der **Beschwerde** nach §§ 58 ff. FamFG zum Oberlandesgericht angefochten werden, wenn das Familiengericht entschieden hat. 1525

Gegen den **Adoptionsbeschluss** des Familiengerichts gibt es **kein Rechtsmittel** (vgl. § 197 Abs. 3 Satz 1 FamFG). Dies gilt unbeschadet von § 194 Satz 2 FamFG, welcher nur die Beschwerdebefugnis des Jugendamtes regelt und damit nicht die Statthaftigkeit des Rechtsmittels eröffnet. Wird die elterliche Einwilligung in die Adoption gemäß § 1748 BGB ersetzt, so kann diese Entscheidung von dem betreffenden Elternteil gemäß § 58 FamFG mit der Beschwerde angegriffen werden.[104] Die Ablehnung der Ersetzung kann das Kind mit der Beschwerde im Sinne von §§ 58 ff. FamFG anfechten.[105] 1526

2. Vorgehensweisen gegen Untätigkeit

Eine Untätigkeit des Gerichts muss insbesondere mit Blick auf das Beschleunigungsgebot von den Beteiligten nicht hingenommen werden. Fruchten die (vorrangig zu empfehlenden, aber nicht vorausgesetzten) **informellen Strategien wie z.B. telefonische und schriftliche Nachfragen nach dem Verfahrensstand, Hinweise auf die Bedeutung der Verfahrensdauer** (hierzu oben Rn. 1418ff ff.), **formlose Rügen und Hinweise auf weitere verfahrensrechtliche Schritte** nicht, dann kann seit dem 15. Oktober 2016 insbesondere Beschleunigungsrüge bzw. Beschleunigungsbeschwerde eingelegt oder der Richter in Ausnahmefällen wegen Besorgnis der Befangenheit abgelehnt bzw. Dienstaufsichtsbeschwerde eingelegt werden. In diesem Zusammenhang kann dann auch geklärt werden, ob und inwieweit die Untätigkeit auf strukturellen Defiziten im Bereich der Personalorganisation beruht oder aus der Sphäre des Richters herrührt. 1527

Im Interesse des Kindes kann es geboten sein, als Verfahrensbeistand diese Wege zu beschreiten, damit die **Gefahren der faktischen Präjudizierung** gemindert und die durch das gerichtliche Verfahren hervorgerufenen Belastungen nicht unnötig erhöht werden (näher hierzu Rn. 1418 ff.).

---

104 Vgl. Staudinger/Frank, § 1748 BGB Rn. 69.
105 Vgl. BayObLG FamRZ 1984, 935.

1528 Freilich muss bedacht werden, dass diese Vorgehensweisen selbst zu einer **Verzögerung des Verfahrens** führen können. Es muss daher zwischen der zu erwartenden Verzögerung des Verfahrens durch das Gericht und der Dauer des Rechtsmittelverfahrens abgewogen werden. Dabei ist aber zu berücksichtigen, dass die Oberlandesgerichte in der Praxis sehr zügig über entsprechende Rügen entscheiden (sollten).

1529 Ein Vorgehen gegen Untätigkeit könnte etwa bei einem stillschweigenden (experimentellen) „Zuwarten mit dem Verfahrensabschluss" geboten sein, da sich dieses mit dem Beschleunigungsgebot nicht in Einklang bringen lassen wird.[106] Denn auch durch das mit dem Zuwarten verbundene **Nichtentscheiden wird die tatsächliche Situation des Kindes**, etwa im Hinblick auf den Aufenthalt oder den Umgang, **manifestiert** und damit eine Entscheidung gefällt. Daher besteht entweder eine **Pflicht zur Entscheidung bei Entscheidungsreife oder** zur Einleitung **weiterer Ermittlungen**.

Im Übrigen lässt § 166 FamFG in der Regel ohnehin eine Überprüfung der Entscheidung durch das Familiengericht in engen Zeitabständen zu und eine Überprüfung in der Rechtsmittelinstanz wird nicht hinausgezögert.

a) Beschleunigungsrüge, Beschleunigungsbeschwerde und Verzögerungsrüge

1530 Mit der Reform des Sachverständigenrechts (hierzu Rn. 1482) wurde zum 15. Oktober 2016 zugleich der lange geforderte Primärrechtsbehelf gegen Verfahrensverzögerungen eingeführt.[107] Damit hat nach § 155b FamFG jeder Beteiligte einer vorrangig und beschleunigt zu bearbeitenden Kindschaftssache (hierzu Rn. 1417) die Möglichkeit, eine **Beschleunigungsrüge** zu erheben. Mit dieser kann er sowohl im erstinstanzlichen Verfahren bei dem Amtsgericht als auch im Beschwerdeverfahren vor dem Oberlandesgericht geltend machen, dass die bisherige Verfahrensdauer nicht dem Vorrang- und Beschleunigungsgebot entspricht.

Wichtig ist, dass der Beteiligte zugleich die Umstände darzulegen hat, aus denen sich ergibt, dass das Verfahren nicht vorrangig und beschleunigt durchgeführt worden ist (§ 155b Abs. 1 Satz 2 FamFG).

Spätestens innerhalb eines Monats entscheidet das Gericht (selbst) durch Beschluss über diese Rüge und ergreift, wenn es diese als begründet ansieht, unverzüglich geeignete verfahrensfördernde Maßnahme. Daneben prüft es den Erlass einer einstweiligen Anordnung (§ 155b Abs. 2 FamFG).

---

[106] Vgl. MünchKomm-FamFG/Heilmann (2018), § 155 Rn. 32 sowie Entschließung 6 des Arbeitskreises 11 des 18. Deutschen Familiengerichtstages.
[107] Näher hierzu: Keuter, FamRZ 2016, 1817 ff.

1531 Insbesondere in den Fällen, in denen das für die Kindschaftssache zuständige Gericht die Beschleunigungsrüge als unbegründet erachtet, kann der Beschluss binnen zwei Wochen mit der **Beschleunigungsbeschwerde** angegriffen werden.[108] Diese ist – wenn die Kindschaftssache noch beim Amtsgericht anhängig ist – beim Amtsgericht einzulegen, welches die Akte dann unverzüglich dem Oberlandesgericht vorlegen muss. Dieses entscheidet spätestens binnen eines Monats nach Aktenlage (§ 155 c Abs. 3 Satz 1 FamFG).

Wird die Verfahrensdauer in einem **Beschwerdeverfahren vor dem Oberlandesgericht** beanstandet, entscheidet ein anderer Senat über die Beschleunigungsbeschwerde. Entsprechendes gilt, wenn die Verfahrensdauer in einem Rechtsbeschwerdeverfahren vor dem Bundesgerichtshof beanstandet wird.

1532 Die Beschleunigungsbeschwerde wird entweder **als begründet erachtet**, dann hat das Ausgangsgericht das Verfahren nunmehr unter Beachtung dieser rechtlichen Beurteilung vorrangig und beschleunigt durchzuführen. Oder sie wird **als unbegründet erachtet**, dann werden die Akten dem Ausgangsgericht ohne entsprechende Maßgaben zur weiteren Veranlassung übersandt.

1533 Schließlich eröffnet das Gesetz den Beteiligten nunmehr ausdrücklich den Weg zu einer echten **Untätigkeitsbeschwerde**: Wenn über die Beschleunigungsrüge im Sinne von § 155b FamFG nicht binnen eines Monats vom Ausgangsgericht entschieden wird, kann ein Beteiligter binnen zwei Monaten, gerechnet vom Zeitpunkt des Eingangs der Beschleunigungsrüge beim Ausgangsgericht, unmittelbar beim Beschwerdegericht die Beschleunigungsbeschwerde einlegen.

---

108 Die bislang hierzu veröffentliche Rechtsprechung zeigt eine gemischte Bilanz: OLG Bremen, Beschluss vom 12.10.2017, 4 UF 107/17, FamRZ 2018, 450 (erfolglos); OLG Karlsruhe, Beschluss vom 1.8.2017, 20 WF 125/17, juris (erfolgreich: Verfahrensverzögerung von 11 Monaten in einer Umgangssache); OLG Brandenburg, vom 19.7.2017, 9 WF 155/17, FamRZ 2018, 128 (erfolgreich: Notwendigkeit der Abtrennung der Umgangssache vom Scheidungsverbund); OLG Stuttgart, Beschluss vom 17.3.2017, 17 WF 31/17, FamRZ 2017, 1254 (erfolglos); OLG Bremen, Beschluss vom 12.7.2017, 4 UF 72/17, FamRZ 2017, 1855 (erfolglos); OLG Hamburg, Beschluss vom 8.2.2017, 7 WF 9/17, FamRZ 2017, 986 (erfolgreich: Unterlassene Beschleunigung der Begutachtung); OLG Bremen, Beschluss vom 2.2.2017, 4 UF 13/17, ZKJ 2017, 198 (erfolglos); KG, Beschluss vom 31.1.2017, 13 WF 12/17, ZKJ 2017, 193 (erfolglos)..

Schaubild: Verfahrensverzögerung

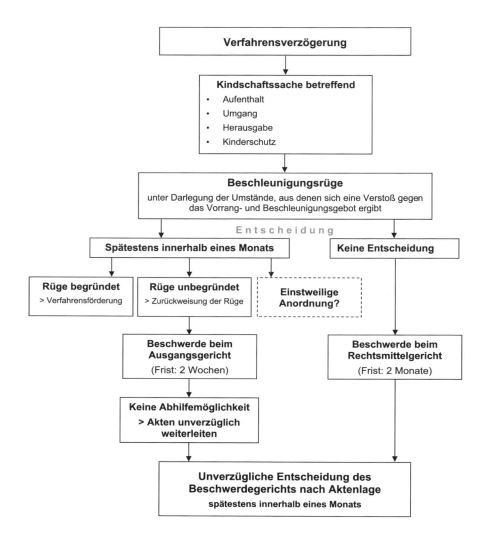

1534 Unbeschadet der Statthaftigkeit von Beschleunigungsrüge bzw. -beschwerde kann ein Beteiligter des Verfahrens in Kindschaftssachen auch isoliert die so genannte **Verzögerungsrüge** erheben. Mit dieser kann er „bei dem mit der Sache befassten Gericht die Dauer des Verfahrens" rügen (§ 198 Abs. 3 Satz 1 GVG). Die Verzögerungsrüge kann erst erhoben werden, wenn „Anlass zu der Besorgnis besteht, dass das Verfahren nicht in angemessener Zeit abgeschlossen wird"; eine Wiederholung der Verzögerungsrüge ist frühestens nach sechs Monaten statthaft (§ 198 Abs. 3 Satz 2 GVG). Die Verzögerungsrüge soll zum einen ebenfalls der Verfahrensbeschleunigung dienen und zum anderen eine Klage auf finanzielle Entschädigung für einen Nachteil aufgrund unangemessener Dauer eines Gerichtsverfahrens vorbereiten, die frühestens sechs Monate nach Anbringen der Verzögerungsrüge erhoben werden kann (§ 198 Abs. 1 und 5 FamFG). Die Beschleunigungsrüge im Sinne von § 155b FamFG gilt jedoch sogleich als Verzögerungsrüge (§ 155b Abs. 3 FamFG).

b) Ablehnung wegen Befangenheit

aa) Allgemeines

Der Richter kann gegebenenfalls wegen Besorgnis der Befangenheit abgelehnt werden (allgemein zum Ausschluss von Gerichtspersonen und zur Ablehnung wegen Befangenheit: § 6 FamFG). Hier handelt es sich um ein formloses Gesuch, das bei dem Gericht anzubringen ist, dem der Richter angehört, z.B. beim Familiengericht (vgl. § 6 Abs. 1 FamFG i.V.m. § 44 Abs. 1 ZPO). Gemäß § 6 Abs. 1 Satz 1 FamFG i.V.m. § 42 Abs. 1 ZPO muss ein Grund vorliegen, der geeignet ist, Misstrauen gegen die Unparteilichkeit des Richters zu rechtfertigen. Gründe in diesem Sinne sind nur solche, die vom Standpunkt des Ablehnenden aus bei vernünftiger Betrachtungsweise die Befürchtung wecken können, der Richter stehe der Sache nicht unvoreingenommen und damit nicht unparteiisch gegenüber.[109] Der **Verfahrensbeistand kann** im Übrigen **nicht wegen Befangenheit abgelehnt werden** (hierzu in diesem Handbuch Bauer, Rn. 269).

1535

Das Gesuch führt im Erfolgsfalle dazu, dass der abgelehnte Richter von der weiteren Bearbeitung des Verfahrens ausgeschlossen wird und ein anderer an seine Stelle tritt. Über das Ablehnungsgesuch gegen einen Richter des Amtsgerichts entscheidet seit dem 1.1.2002 ein anderer Richter dieses Amtsgerichts (vgl. § 6 Abs. 1 FamFG i.V.m. § 45 Abs. 2 Satz 1 ZPO) und nicht mehr das Landgericht bzw. das Oberlandesgericht (vgl. § 45 Abs. 2 ZPO a.F.).

1536

bb) Verfahrensverzögerung als Befangenheitsgrund

Die Erfolgsaussichten eines solchen Ablehnungsgesuchs wegen Befangenheit mit der Begründung „Untätigkeit" bzw. „Verfahrensverzögerung" sollten nicht unterschätzt werden: Das OLG Hamm entschied beispielsweise schon vor Einführung des Beschleunigungsgebotes, dass ein Richter, der nach einem Antrag auf Erlass einer einstweiligen Anordnung auf Mitteilung des Aufenthaltsortes eines Kindes eine mündliche Verhandlung lediglich auf den regulären nächsten freien Termin (über sieben Wochen später!) anberaumte, **wegen Besorgnis der Befangenheit abgelehnt werden kann**.[110] Eine Ablehnung wegen Befangenheit kann auch Erfolg haben, wenn ein Richter ohne ersichtlichen Grund einen Rechtsstreit längere Zeit nicht bearbeitet und beispielsweise auf Akteneinsichtsgesuche nicht reagiert[111] oder wenn schlechterdings kein vernünftiger Grund mehr ersichtlich ist, der den Richter davon abhalten könnte, über einen Antrag auf Erlass einer Eilentscheidung (hier: Einräumung eines Umgangsrechts) in einer diesem Eilantrag an-

1537

---

109 BGH NJW-RR 2003, 1220, 1221.
110 Vgl. OLG Hamm FamRZ 1999, 936; hierzu die zust. Anm. van Els, FamRZ 2000, 295.
111 Vgl. OLG Bamberg FamRZ 2000, 1287.

gemessenen Zeit zu befinden.[112] Dementsprechend kommt eine Ablehnung wegen Befangenheit gegebenenfalls auch bei Nichteinhaltung der Monatsfrist des § 155 Abs. 2 FamFG und bei Anordnung einer Wartefrist im Sinne von § 52 Abs. 1 FamFG (siehe oben Rn. 1504) in Betracht.

▶ **Zur Ablehnung des Sachverständigen wegen Befangenheit siehe Rn. 1487.**

c) Dienstaufsichtsbeschwerde

1538 Schließlich kann bei Untätigkeit des Gerichts auch Dienstaufsichtsbeschwerde eingelegt und der zuständige Richter von der Dienstaufsicht zu „unverzögerter Erledigung der Amtsgeschäfte" angehalten werden (vgl. § 26 Abs. 2 DRiG). Es handelt sich hier um einen **formlosen Rechtsbehelf**, der in der Praxis aufgrund der verfassungsrechtlich geschützten richterlichen Unabhängigkeit (vgl. Art. 97 GG) **selten erfolgreich** ist. Im Übrigen geht es hier nicht um den Rechtsschutz des Einzelnen, sondern um eine **dienstinterne Kontrolle des richterlichen Handelns durch die Justizverwaltung**.[113]

3. Formelle Anforderungen an das Rechtsmittel

1539 Die formellen Anforderungen an das jeweils statthafte Rechtsmittel sind einzuhalten, da es anderenfalls als unzulässig verworfen und damit ohne Erfolg bleiben wird. Da in Kindschaftssachen **regelmäßig die Beschwerde** – und nicht die Berufung – das statthafte Rechtsmittel ist (vgl. Rn. 1525), beschränkt sich die Darstellung im Folgenden auf diese.

a) Frist

1540 Eine zu wahrende Frist für die Einlegung der Beschwerde beginnt – unbeschadet der Wirksamkeit der nicht verkündeten Entscheidung **mit der Bekanntgabe an die Beteiligten** (vgl. § 40 Abs. 1 FamFG) – mit der schriftlichen Bekanntgabe des Beschlusses an den anfechtenden Beteiligten (vgl. § 63 Abs. 3 FamFG). Eine **Wiedereinsetzung in den vorigen Stand** ist bei unverschuldetem Versäumnis der Frist möglich, jedoch nur innerhalb einer Frist von zwei Wochen nach Beseitigung des Hindernisses (vgl. §§ 17, 18 FamFG).

▶ **Ein Überblick über die bei der Beschwerde gegebenenfalls einzuhaltenden Fristen findet sich oben Rn. 1514.**

b) Beschwerdeberechtigung

1541 Nicht jeder darf die in Kindschaftssachen ergangene Entscheidung wirksam mit einem Rechtsmittel angreifen. Hierzu bedarf es einer besonderen Beschwerdeberechtigung, die von der Stellung als Beteiligter unabhängig ist. Eine Beschwerdeberechtigung steht gemäß § 59 FamFG **jedem zu, der in eigenen Rechten beeinträchtigt wird**, beispielsweise in Sorgerechtsverfahren dem Elternteil, für den diese nachteilig ist, im Verfahren nach § 1632 Abs. 4 BGB den Pflegeeltern (im

---

112 Vgl. OLG Bamberg FamRZ 2001, 552.
113 Vgl. Schlette, S. 49.

Falle der Ablehnung des Erlasses einer Verbleibensanordnung) oder in umgangsrechtlichen Verfahren demjenigen, der erfolglos den Umgang mit dem Kind begehrt hat.

▶ **Zur Beschwerdeberechtigung des Kindes siehe unten Rn. 1575.**

Das **Jugendamt ist in Kindschaftssachen generell beschwerdeberechtigt**. Dies gilt auch dann, wenn es keinen Antrag auf förmliche Beteiligung nach § 162 Abs. 2 FamFG gestellt hat (vgl. § 162 Abs. 3 Satz 2 FamFG). Auch wenn **Pflegeeltern** Beteiligte im formellen Sinne sind (vgl. Rn. 1431), sind sie nach Auffassung des Bundesgerichtshofs nicht berechtigt, Beschwerde gegen eine die elterliche Sorge für das Pflegekind betreffende Entscheidung des Familiengerichts einzulegen.[114] Auch eine Entscheidung zum Umgangsrecht beeinträchtigt nach wenig überzeugender Ansicht des Bundesgerichtshofs die Pflegeeltern nicht in ihren Rechten.[115] Hingegen wird man den Pflegeeltern gegen eine Entscheidung, durch welche sie als **Vormund** übergangen werden, eine Berechtigung zur Beschwerde nicht mit überzeugenden Gründen versagen können.[116] Insgesamt stellt die Rechtsprechung hohe Anforderungen an die Beschwerdeberechtigung.[117]

1542

▶ **Zum Beschwerderecht des Verfahrensbeistands siehe Teil 2 Rn. 580.**

c) Form der Einlegung

Die **Beschwerde** nach §§ 58 ff. FamFG ist bei dem Gericht, dessen Entscheidung angefochten wird, einzulegen (vgl. § 64 Abs. 1 FamFG). Sie wird durch Einreichung einer **unterzeichneten Beschwerdeschrift oder zur Niederschrift der Geschäftsstelle** eingelegt und muss die Bezeichnung des angefochtenen Beschlusses sowie die Erklärung enthalten, dass Beschwerde gegen diesen eingelegt wird (vgl. § 64 Abs. 2 FamFG). Das Amtsgericht muss die Akten in Kindschaftssachen unverzüglich und eilig an das Oberlandesgericht als Beschwerdegericht (vgl. § 119 Abs. 1 Nr. 2 GVG) übermitteln, um Verfahrensverzögerungen zu vermeiden.

1543

Die **sofortige Beschwerde** entsprechend §§ 567 ff. ZPO kann bei dem Gericht, dessen Entscheidung angefochten wird, und bei dem Beschwerdegericht (Oberlandesgericht) eingelegt werden (vgl. § 569 ZPO). Grundsätzlich wird sie durch Einreichung einer Beschwerdeschrift eingelegt (vgl. § 569 Abs. 2 Satz 1 ZPO). Soweit

1544

---

114 Vgl. BGH FamRZ 2000, 219; FamRZ 2001, 1449; FamRZ 2004, 102.
115 Vgl. BGH FamRZ 2005, 975; anders EuGHMR FamRZ 2012, 429. Näher hierzu Heilmann, ZKJ 2014, 48, 53.
116 So auch – mit überzeugender Begründung – OLG Karlsruhe, Beschluss vom 26.6.2013, 18 UF 296/11, ZKJ 2013, 454 = FamRZ 2013, 1665; anders hingegen ein anderer Senat desselben Gerichts (vgl. OLG Karlsruhe, Beschluss vom 6.5.2013, 5 WF 170/12, juris), Anm. Salgo, FamRZ 2013, 1668.
117 Beschwerdeberechtigung bejaht: BGH FamRZ 2016, 1146 (Elternteil bei Übertragung des [entzogenen] Sorgerechts vom Amtsvormund auf den anderen Elternteil); BGH FamRZ 2010, 1242 (Vater im Fall des [teilweisen] Entzugs des Sorgerechts). Keine Beschwerdeberechtigung: BGH FamRZ 2009, 222 (nicht sorgeberechtigter Vater des nichtehelichen Kindes bei Ablehnung des Entzugs der mütterlichen Alleinsorge); BGH FF 2013, 332 (Großeltern in dem Verfahren betreffend die Auswahl des Vormundes für ihren Enkel).

in der ersten Instanz kein Anwaltszwang bestand, kann sie auch zu Protokoll der Geschäftsstelle eingelegt werden (vgl. § 569 Abs. 2 Satz 2 ZPO sowie § 25 FamFG).

d) Beschwerdebegründung

1545 Die Beschwerde nach §§ 58 ff. FamFG – wie auch die sofortige Beschwerde entsprechend §§ 567 ff. ZPO (vgl. § 571 Abs. 1 ZPO) – soll in Kindschaftssachen innerhalb der Einlegungsfrist begründet werden (vgl. § 65 Abs. 1 FamFG). In der Regel kommt die Setzung einer nachträglichen Frist zur Begründung der Beschwerde nach §§ 58 ff. FamFG (vgl. § 65 Abs. 2 FamFG) mit Blick auf das Beschleunigungsgebot in Kindschaftssachen (vgl. § 155 Abs. 1 FamFG) nicht in Betracht.

1546 Eine sorgfältige und ausführliche Begründung innerhalb der Beschwerdefrist ist immer zu empfehlen. Zwar ist die Begründung des Rechtsmittels nicht (mehr) Voraussetzung für seine Zulässigkeit und das Oberlandesgericht hat die angegriffene Entscheidung unabhängig vom Vorliegen einer Beschwerdebegründung auf seine Rechtmäßigkeit zu überprüfen. Unbeschadet dessen könnte ggf. die Erfolgsaussicht des Rechtsmittels durch das Beschwerdevorbringen gesteigert werden.

e) Anwaltszwang?

1547 Anwaltszwang besteht in Kindschaftssachen der ersten und zweiten Instanz grundsätzlich weder vor dem Familiengericht noch vor dem Oberlandesgericht (vgl. § 10 Abs. 1 FamFG), wenn es sich bei der Kindschaftssache nicht um eine Folgesache zur Scheidung handelt (vgl. § 114 FamFG). Beteiligte können **in Kindschaftssachen ohne Anwaltszwang** grundsätzlich auch andere Personen zu ihrer Vertretung im Verfahren bevollmächtigen, jedoch können gegebenenfalls Personen, die nicht die Befähigung zum Richteramt (= zwei juristische Examina) haben, durch unanfechtbaren Beschluss des Gerichts zurückgewiesen werden (vgl. § 10 Abs. 2 Satz 2 Ziff. 2, Abs. 3 FamFG). Auch kann das Gericht Bevollmächtigten, die nicht in der Lage sind, das Sach- und Streitverhältnis sachgerecht darzustellen, durch unanfechtbaren Beschluss die weitere Vertretung untersagen (siehe § 10 Abs. 3 Satz 2 FamFG).

1548 Das Familiengericht kann einem Beteiligten auf Antrag im Rahmen der **Verfahrenskostenhilfe** (vgl. §§ 76 ff. FamFG) einen zur Vertretung bereiten **Rechtsanwalt seiner Wahl beiordnen**, wenn wegen der Schwierigkeit der Sach- und Rechtslage die Vertretung durch einen Rechtsanwalt erforderlich erscheint (§ 78 Abs. 2 FamFG). Unbeschadet dessen sollten nicht juristisch ausgebildete Beteiligte vor Einlegung eines Rechtsmittels juristischen Rat im Hinblick auf Zulässigkeit und Erfolgsaussichten des Rechtsmittels einholen. Für die **Verfahrensbeistandschaft** ist anerkannt, dass diese mit solchen rechtlichen Schwierigkeiten verbunden sein kann, dass ein Verfahrensbeistand ohne volljuristische Ausbildung rechtliche **Unterstützung durch einen Anwalt** benötigt.[118]

1549 Dies hat zur Folge, dass im Einzelfall die mit der Einholung der juristischen Beratung entstehenden Kosten als Aufwendungsersatzanspruch vom Verfahrensbei-

---

[118] Vgl. BVerfG FamRZ 2000, 1280 (1282).

stand geltend gemacht werden können, wenn der Fall rechtliche Schwierigkeiten aufweist bzw. aufwies und die juristische Beratung im Interesse des Kindes geboten ist bzw. war. Allerdings ist diese Frage von den Instanzgerichten noch nicht abschließend geklärt. Die **Kosten der juristischen Beratung** können jedenfalls dann nicht ersetzt verlangt werden, wenn das Familiengericht es zuvor durch Beschluss abgelehnt hat, dem Kind einen juristischen Beistand beizuordnen.[119]

4. Beschwerdeverfahren

Das **Familiengericht** hat im Beschwerdeverfahren nach §§ 58 ff. FamFG in Kindschaftssachen **keine Abhilfebefugnis**, kann seine Entscheidung mithin nicht eigenständig korrigieren (vgl. § 68 Abs. 1 Satz 2 FamFG). Etwas anderes kann mit Blick auf § 54 FamFG bei einstweiligen Anordnungen gelten.

1550

Das **Oberlandesgericht** hat die Entscheidung des Familiengerichts auf seine Rechtmäßigkeit zu überprüfen. Es ist eine **zweite Tatsacheninstanz**, sodass grundsätzlich die für das erstinstanzliche Verfahren geltenden Vorschriften ebenfalls Anwendung finden (vgl. § 68 Abs. 3 Satz 1 FamFG). Das Oberlandesgericht kann von der Durchführung einzelner Verfahrenshandlungen (Anhörungen, Termine, Beweisaufnahmen etc.) absehen, wenn diese bereits im ersten Rechtszug vorgenommen wurden und von einer erneuten Vornahme keine zusätzlichen Erkenntnisse zu erwarten sind (vgl. § 68 Abs. 3 Satz 2 FamFG).

1551

Da die Entscheidung des Familiengerichts mit der Bekanntgabe wirksam und damit auch vollstreckbar ist, kann das Oberlandesgericht, weil die Einlegung der Beschwerde selbst grundsätzlich **keine aufschiebende Wirkung** hat, selbst eine einstweilige Anordnung erlassen und insbesondere – auch ohne Antrag – anordnen, dass die Vollziehung bzw. Wirksamkeit des angefochtenen Beschlusses auszusetzen ist (vgl. § 64 Abs. 3 FamFG). Der Verfahrensbeistand, der die Auffassung hat, dass die amtsgerichtliche Entscheidung den Interessen des Kindes zuwiderläuft, sollte nicht nur ein Rechtsmittel einlegen, sondern unverzüglich einen Schriftsatz bei dem Oberlandesgericht einreichen, mit welchem er die **Aussetzung der Vollziehung** (etwa in Herausgabe- oder Umgangssachen) bzw. der Wirksamkeit (in Sorgerechtssachen) begehrt und dies in der Sache und hinsichtlich der Eilbedürftigkeit begründet.

1552

Das **Oberlandesgericht entscheidet bei zulässigem Rechtsmittel in der Sache selbst** (§ 69 Abs. 1 Satz 1 FamFG). Anderenfalls wird die Beschwerde als unzulässig verworfen (§ 68 Abs. 2 Satz 2 FamFG). Es kann die Beschwerde als unbegründet zurückweisen oder in Aufhebung bzw. Abänderung der angegriffenen Entscheidung des Familiengerichts eine eigene Sachentscheidung treffen. Eine **Zurückverweisung** (vgl. § 69 Abs. 2 Satz 2, 3 FamFG) kommt mit Blick auf das Beschleunigungsgebot in Kindschaftssachen nur ausnahmsweise in Betracht.

1553

Das Oberlandesgericht trifft seine Entscheidungen **durch den Senat** in der Besetzung von drei Richtern (§ 122 GVG), es sei denn, die Entscheidung über die Be-

---

119 Vgl. OLG Hamburg Kind-Prax 2000, 162.

schwerde wurde durch Beschluss des Senats einem Richter als **Einzelrichter** zur Entscheidung übertragen (§ 68 Abs. 4 FamFG i.V.m. § 526 ZPO).

5. Rechtsmittel gegen Entscheidungen des Oberlandesgerichts

1554 Gegen die Entscheidung des Oberlandesgerichts als Beschwerdegericht in Kindschaftssachen, die auch grundsätzlich eine Rechtsbehelfsbelehrung enthalten muss (vgl. § 69 Abs. 3 i.V.m. § 39 FamFG), ist grundsätzlich die sog. **Rechtsbeschwerde** (vgl. §§ 70 ff. FamFG) zum Bundesgerichtshof nur statthaft, wenn sie zugelassen wurde (vgl. § 70 Abs. 1 FamFG). Die Rechtsbeschwerde ist insbesondere dann zuzulassen, wenn die Sache grundsätzliche Bedeutung hat (vgl. § 70 Abs. 2 Satz 1 FamFG). Im Rechtsbeschwerdeverfahren prüft der Bundesgerichtshof **nur noch Rechtsfragen** (nach Aktenlage).

1554a Der Verfahrensbeistand kann grundsätzlich die Rechtsbeschwerde – wie jedes Rechtsmittel – nur in eigenem Namen und nicht für das Kind, d.h. in dessen Namen einlegen. Er bedarf hierfür nach Ansicht des Bundesgerichtshofs der **Vertretung eines durch einen beim BGH zugelassenen Rechtsanwaltes**.[120] Bei einem mittellosen Kind kann dem Verfahrensbeistand **Verfahrenskostenhilfe** unter Beiordnung eines Rechtsanwalts für das Rechtsbeschwerdeverfahren bewilligt werden. Es empfiehlt sich daher, **binnen der Rechtsbeschwerdefrist einen entsprechenden Antrag auf Bewilligung von Verfahrenskostenhilfe für die beabsichtigte Rechtsbeschwerde zu stellen.**

1555 Hat das Oberlandesgericht die Rechtsbeschwerde nicht zugelassen, ist eine sog. **Nichtzulassungsbeschwerde** (vgl. etwa § 544 ZPO) **nicht gegeben**.

1556 Gegen die Entscheidung der letzten Instanz (vgl. § 90 Abs. 2 BVerfGG) bleibt unter bestimmten engen Voraussetzungen dann ausnahmsweise noch die Erhebung der **Verfassungsbeschwerde** beim Bundesverfassungsgericht, wenn der Beschwerdeführer behauptet, in seinen Grundrechten (im vorliegenden Zusammenhang primär dem Allgemeinen Persönlichkeitsrecht des Kindes aus Art. 1 Abs. 1 i.V.m. Art. 2 Abs. 1 GG bzw. dem Elternrecht aus Art. 6 Abs. 2 Satz 1 GG) oder in seinem Anspruch auf rechtliches Gehör (vgl. Art. 103 Abs. 1 GG) verletzt zu sein (vgl. Art. 93 Abs. 1 Nr. 4a GG). Das Bundesverfassungsgericht überprüft die fachgerichtlichen Entscheidungen nur dahingehend, ob sie „spezifisches Verfassungsrecht"[121] verletzen. Es ist damit kein weiteres Rechtsmittelgericht, das die fachgerichtliche Entscheidung auf ihre Vereinbarkeit mit dem Bürgerlichen Gesetzbuch oder sonstigem einfachen Recht überprüft.

1557 Eine **anwaltliche Vertretung** ist für die Erhebung der Verfassungsbeschwerde, anders als bei der Rechtsbeschwerde (siehe Rn. 1554), gesetzlich **nicht vorgeschrieben**.[122] Mit Blick auf § 158 Abs. 4 Satz 5 FamFG ist auch der Verfahrensbei-

---

120 BGH, Beschluss vom 27.3.2019, XII ZB 91/19 hierzu Dürbeck, ZKJ 2019, 262 ff.
121 Vgl. BVerfGE 18, 85 (92).
122 Zu den Zulässigkeitsvoraussetzungen einer Verfassungsbeschwerde siehe z.B. Lechner/Zuck, BVerfGG, zu §§ 90, 92 BVerfGG.

stand befugt, im Interesse des Kindes Verfassungsbeschwerde einzulegen.[123] Diese Vorgehensweise ist dem Verfahrensbeistand insbesondere in Kinderschutzfällen dringend anzuraten, wenn er die Grundrechtsposition des Kindes durch die letztinstanzliche Entscheidung nicht hinreichend gewahrt sieht.[124]

IX. Wirksamwerden, Vollziehung und Vollstreckung (§§ 86 ff. FamFG)

Ein Beschluss wird grundsätzlich wirksam mit der Bekanntgabe an den Beteiligten, für den er seinem wesentlichen Inhalt nach bestimmt ist (vgl. § 40 Abs. 1 FamFG, vgl. aber dort Abs. 2 und 3). Die Bekanntgabe (vgl. § 41 FamFG) kann durch förmliche Zustellung oder durch Aufgabe zur Post bewirkt werden (vgl. § 15 Abs. 2 FamFG). Anwesenden kann der Beschluss durch das in den Akten zu vermerkende Verlesen der Beschlussformel bekannt gemacht werden (vgl. § 41 Abs. 2 FamFG). 1558

▶ Zu den Besonderheiten bei der Bekanntgabe der Entscheidung an das Kind vgl. unten Rn. 1576.

Darüber hinaus kann das Gericht in Kindschaftssachen, wenn hierfür ein besonderes Bedürfnis besteht, auch anordnen, dass **die Vollstreckung einer einstweiligen Anordnung vor ihrer Zustellung zulässig** ist. In diesem Fall wird die einstweilige Anordnung mit Erlass wirksam (vgl. § 53 Abs. 2 FamFG). 1559

Sind die Entscheidungen des Familiengerichts wirksam, so entfalten sie ihre rechtliche Wirkung und **die Beteiligten haben diese umzusetzen**. Daher ist das Kind beispielsweise nach Abschluss des Sorgerechtsverfahrens auf dessen Verlangen unmittelbar an den durch die gerichtliche Entscheidung Begünstigten herauszugeben oder ein Umgang nach Maßgabe der in einem Umgangsverfahren erlassenen gerichtlichen Entscheidung sofort zu gewähren. 1560

Auch ein gegen die entsprechende Entscheidung eingelegtes **Rechtsmittel** steht dieser Rechtslage nicht entgegen (arg. e § 64 Abs. 3 FamFG). Nur die sofortige Beschwerde entsprechend §§ 567 ff. ZPO hat eine so genannte „aufschiebende Wirkung", wenn sie gegen eine Entscheidung gerichtet ist, durch die ein Ordnungs- oder Zwangsmittel (Ausnahme: Zwangshaft) festgesetzt wird (vgl. § 570 Abs. 1 ZPO). 1561

Die **Veränderung der tatsächlichen Gegebenheiten** durch eine (noch) nicht rechtskräftige amtsgerichtliche Entscheidung kann auf juristischem Wege jedoch dadurch verhindert werden, dass (nur) das Oberlandesgericht die Vollziehung der angefochtenen Entscheidung aussetzt (vgl. § 64 Abs. 3 FamFG bzw. § 570 Abs. 2 und Abs. 3 ZPO). Hierzu bedarf es keines Antrages, doch ist es – gerade in Kindschaftssachen – im Zweifel sinnvoll, dem Gericht die Tatsachen zu unterbreiten, die eine **Aussetzung der Vollziehung** und damit die vorläufige Verhinderung der Vollstreckung nahelegen. 1562

---

123 Hierzu BVerfG ZKJ 2017, 225 ff. mit der erfolgreichen Verfassungsbeschwerde eines Verfahrensbeistandes.
124 Näher hierzu Heilmann, ZKJ 2017, 219 f.

1563 Wenn dies in der Sache geboten ist, sollte daher Beschwerde gegen die amtsgerichtliche Entscheidung beim Amtsgericht eingelegt und daneben dem Oberlandesgericht – nebst der angegriffenen Entscheidung – unverzüglich ein **Aussetzungsbegehren** übermittelt werden (hierzu Rn. 1552). Aus rechtsstaatlichen Gründen darf dann kurzfristig die Umsetzung der amtsgerichtlichen Entscheidung über einige Tage hinausgezögert werden, um dem Oberlandesgericht ein Einschreiten faktisch zu ermöglichen und etwaige Nachteile für das Kind zu verhindern. Das Oberlandesgericht entscheidet dann nach pflichtgemäßem Ermessen.[125] Signalisiert der Senat jedoch, dass er nicht im Eilwege einzuschreiten gedenkt, ist der Entscheidung des Amtsgerichts unverzüglich Folge zu leisten.

1564 Halten sich die Beteiligten nicht an eine gerichtliche Entscheidung, so kann diese **vollzogen (vgl. § 35 FamFG) bzw. vollstreckt (vgl. §§ 88 ff. FamFG)** werden. Die Vollziehung, die sich in erster Linie auf Anordnungen mit verfahrensleitendem Charakter beschränkt, erfolgt nach § 35 FamFG durch Festsetzung eines Zwangsgeldes und gegebenenfalls durch Zwangshaft. Der Beschluss ist anfechtbar mit der sofortigen Beschwerde entsprechend §§ 567 ff. ZPO (vgl. Rn. 1517).

1565 Die **Vollstreckung** der nicht lediglich verfahrensleitenden Endentscheidung richtet sich (auch) in Kindschaftssachen nach den §§ 86 ff. FamFG. Das Vollstreckungsverfahren ist **ein eigenständiges Verfahren** und nicht (mehr) Teil des Hauptsacheverfahrens. Die Vollstreckung findet aus dem gerichtlichen Beschluss sowie aus dem gerichtlich gebilligten Vergleich (vgl. § 156 Abs. 2 FamFG) statt. In Amtsverfahren wird das Gericht von Amts wegen tätig, ansonsten auf Antrag. Das Jugendamt leistet in geeigneten Fällen Unterstützung (vgl. § 88 Abs. 2 FamFG).

1566 Geht es bei der Vollstreckung einer Entscheidung um die Herausgabe des Kindes und um die Regelung des Umgangs, dann kann das Gericht bei Zuwiderhandlung gegen die gerichtliche Entscheidung **Ordnungsgeld** bis zu 25.000,00 € und gegebenenfalls **Ordnungshaft** anordnen (§ 89 Abs. 1, 3 FamFG). Die Festsetzung unterbleibt, wenn der Verpflichtete Gründe vorträgt, aus denen sich ergibt, dass er die Zuwiderhandlung nicht zu vertreten hat (vgl. § 89 Abs. 4 FamFG). Das Ordnungsgeld hat im Unterschied zum Zwangsgeld nicht nur den Sinn, den Willen des Zuwiderhandelnden zu beugen, sondern **auch sanktionierenden Charakter**. Die Vollstreckung hat jedoch zu unterbleiben, wenn der Verpflichtete Gründe vorträgt, aus denen sich ergibt, dass er die Zuwiderhandlung nicht zu vertreten hat (vgl. § 89 Abs. 4 FamFG). Der Gesetzgeber denkt hier insbesondere an die Berufung eines Elternteils auf den entgegenstehenden Willen des Kindes.[126] Dabei darf aber nicht außer Acht gelassen werden, dass ein solcher der Festsetzung von Ordnungsmitteln nur dann entgegensteht, wenn der Elternteil, der den Umgang zu gewähren hat, im Einzelfall substanziierte Gründe dargelegt hat, wie er auf das Kind erzieherisch eingewirkt hat, um dieses zum Umgang zu bewegen.[127] Eine (nochma-

---

125 Vgl. Musielak/Borth, § 64 FamFG Rn. 5.
126 BT-Drucks. 16/6308, S. 218. Zu den Problemen der Umgangsdurchsetzung nach altem Recht siehe nur Gottschalk, FPR 2008, 417 ff.
127 Vgl. nur OLG Saarbrücken ZKJ 2011, 104 ff.

lige) Prüfung der bereits im Hauptsacheverfahren einbezogenen Aspekte des Kindeswohls bzw. eine Überprüfung der Rechtmäßigkeit der zu vollstreckenden Entscheidung des Familiengerichts findet jedenfalls im Vollstreckungsverfahren grundsätzlich nicht statt.[128]

Das Gericht kann auch durch Beschluss zur Vollstreckung **unmittelbaren Zwang** anordnen (vgl. § 90 FamFG). In erster Linie richtet sich diese Anordnung gegen die Erwachsenen. Die Anwendung unmittelbaren Zwangs gegen das Kind hat der Gesetzgeber nur ausdrücklich untersagt, soweit es um seine Herausgabe zur Ausübung des Umgangsrechts geht (§ 90 Abs. 2 Satz 1 FamFG). Eine Gewaltanwendung gegen das Kind zur Vollstreckung einer sorgerechtlichen Entscheidung wurde bereits in der Vergangenheit für möglich gehalten.[129] Sie ist wegen der Grundrechtsposition des Kindes aus Art. 2 Abs. 1 GG i.V.m. Art. 1 Abs. 1 GG[130] jedoch nur gerechtfertigt, wenn diese unter Berücksichtigung des Kindeswohls geeignet und eine Durchsetzung der Verpflichtung mit milderen Mitteln nicht möglich ist (vgl. § 90 Abs. 2 Satz 2 FamFG).

1567

Zur Verbesserung der Möglichkeiten einer einvernehmlichen Gestaltung des Umgangsrechts sieht § 165 FamFG ein gerichtliches **Vermittlungsverfahren** vor. Dieses kommt immer dann zum Zuge, wenn Schwierigkeiten bei der Ausübung des Umgangs auftreten und eine gerichtliche Entscheidung bereits vorliegt. Hiermit soll im Interesse des Kindes vor allem das häufig emotionsbeladene Verfahren zwischen den Eltern über die Durchsetzung oder Abänderung des Umgangs sowie eine förmliche – und evtl. sogar mit Gewaltanwendung einhergehende – Vollstreckung der gerichtlichen Entscheidung vermieden werden.[131] Scheitert das Vermittlungsverfahren, dann stellt das Gericht dies fest und prüft von sich aus, ob Ordnungsmittel ergriffen, Änderungen der Umgangsregelung vorgenommen oder Maßnahmen in Bezug auf das Sorgerecht ergriffen werden sollen (§ 165 Abs. 5 Satz 2 FamFG).

1568

X. Rechte von Kindern und Jugendlichen im gerichtlichen Verfahren

Das Kind ist Beteiligter im Sinne von § 7 FamFG. Aufgrund der gebotenen Kindeswohlzentrierung des Verfahrens (vgl. Rn. 1596 f.) hat es eine Beteiligtenstellung sui generis, die insbesondere dadurch kenntlich wird, dass das Gericht selbst in der persönlichen Anhörung nach § 159 FamFG das Kind dann nicht umfassend über das Verfahren informieren soll, wenn Nachteile für dessen „Entwicklung, Erziehung oder Gesundheit" zu befürchten sind und trotz bestehendem Beschwerderecht eine vollständige Bekanntgabe der Entscheidungsgründe im Einzelfall unterbleiben soll.

1569

---

128 BGH ZKJ 2012, 190 ff.
129 Vgl. nur Keidel/Zimmermann, FGG, § 33 Rn. 42; Maurer, in: Schwab, S. 218.
130 Vgl. BVerfGE 24, 119 (144).
131 Vgl. BT-Drucks. 13/4899, S. 133.

1570 Unbeschadet dessen **bedarf es** – jedenfalls in Kindschaftssachen – **nicht der Bestellung eines Ergänzungspflegers**, um die Beteiligungsrechte des Kindes zu sichern, wenn bereits ein Verfahrensbeistand bestellt ist.[132] Eine solche war nach altem Recht nicht geboten und ist es auch nicht nach dem FamFG (siehe auch in diesem Handbuch *Bauer*, Rn. 260). Dies ergibt sich aus dem historischen und verfassungsrechtlichen Hintergrund sowie dem Sinn und Zweck der Institution Verfahrenspflegschaft bzw. -beistandschaft. Diese soll doch im Verfahren gerade in Fällen eines Interessenkonflikts zwischen Kind und Eltern die Vertretung der Interessen des Kindes ermöglichen.[133] Durch § 158 Abs. 4 Satz 6 FamFG bringt der Gesetzgeber im Übrigen zum Ausdruck, dass die Eltern trotz Interessenkonflikt weiter gesetzliche Vertreter sind. Auch das noch nicht 14 Jahre alte Kind muss daher – etwa bei Abschluss eines gerichtlich gebilligten Vergleichs – im Verfahren nicht durch einen Ergänzungspfleger gesetzlich vertreten sein.[134]

1. Verfahrensfähigkeit von Kindern und Jugendlichen?

1571 Die Verfahrensfähigkeit umschreibt das Recht, als (formell) Beteiligter in einem gerichtlichen Verfahren aufzutreten und **wirksame verfahrensrechtliche Erklärungen** abzugeben, insbesondere wirksame Anträge zu stellen, im gerichtlichen Verfahren auch eigene Rechte auszuüben, an Terminen teilzunehmen, wenn die gebotene Kindeswohlzentrierung des Verfahrens (vgl. Rn. 1596 f.) dem nicht entgegensteht, sowie an einem gerichtlich gebilligten Vergleich mitzuwirken. Es kommt hinzu, dass in Amtsverfahren (siehe oben Rn. 1438ff.) in der Regel keine förmlichen Anträge gestellt werden müssen. Hier kann das Gericht die Erklärungen eines Verfahrensunfähigen in Anregungen umdeuten und gleichwohl in dessen Sinn entscheiden.[135]

1572 Grundsätzlich beginnt die Verfahrensfähigkeit **mit Vollendung des 18. Lebensjahres** (vgl. § 9 Abs. 1 Nr. 1 FamFG). Darüber hinaus ist auch das Kind, welches das **14. Lebensjahr** vollendet hat, dann verfahrensfähig, wenn das Verfahren seine Person betrifft und es ein ihm nach bürgerlichem Recht zustehendes Recht geltend macht (vgl. § 9 Abs. 1 Nr. 3 FamFG). Damit hat beispielsweise das dem Kind nach § 1671 BGB im Sorgerechtsverfahren nach Trennung der Eltern eingeräumte Widerspruchsrecht (vgl. § 1671 Abs. 2 Nr. 1 BGB) seine verfahrensrechtliche Entsprechung.

1573 Unbeschadet dessen ist umstritten, wann von einer Verfahrensfähigkeit, insbesondere in Fällen des **Kinderschutzes und in Umgangssachen**, auszugehen ist.[136]

---

[132] So auch BGH ZKJ 2011, 465 ff.; ebenso bereits OLG Stuttgart ZKJ 2010, 36 f.; Salgo, FPR 2011, 314 ff.; Maurer, FamRZ 2010, 1044; Keuter, NJW 2010, 1851 ff.; Entschließung 3 des Arbeitskreises 11 des 18. Deutschen Familiengerichtstages; a.A. noch Zorn, in: Bork/Jacoby/Schwab, § 158 FamFG Rn. 21; OLG Oldenburg FamRZ 2010, 660 mit abl. Anm. Grün, FF 2010, 45.
[133] Vgl. zuletzt BGH, Beschluss vom 28.4.2010, XII ZB 81/09, ZKJ 2010, 327; Lack/Salgo, FPR 2012, 353 ff.
[134] Siehe auch AG Ludwigslust FamRZ 2010, 488 (490).
[135] In diesem Sinne auch Moritz, S. 399.
[136] Ausführlich hierzu Köhler, ZKJ 2018, 50 ff.

Dies hängt mit dem Wortlaut des § 9 Abs. 1 Nr. 3 FamFG und dem damit auch sichtbar werdenden Willen des Gesetzgebers zusammen, die Verfahrensfähigkeit eines über 14 Jahre alten Kindes nur mit Einschränkungen zuzulassen. In den beiden genannten Fällen ist daher in der Regel nicht von einer Verfahrensfähigkeit des Jugendlichen auszugehen, sondern die Rechte des Kindes und dessen Beteiligung im Verfahren werden ausschließlich über dessen persönliche Anhörung und die Bestellung des Verfahrensbeistandes gewährleistet. Etwas anderes kann mit Blick auf § 1684 Abs. 1 Hs. 1 BGB etwa dann gelten, wenn das Kind selbst Umgang mit einem Elternteil begehrt oder als sog. Selbstmelder (vgl. § 42 Abs. 1 Satz 1 Nr. 1 SGB VIII) um Schutz beim Jugendamt nachsucht und es sodann zur Einleitung eines familiengerichtlichen Verfahrens kommt.

1574 Darüber hinaus ist das Kind in Verfahren betreffend seine **Unterbringung** (§ 151 Nr. 6 und 7 FamFG) ohne Rücksicht auf seine Geschäftsfähigkeit und die im bürgerlichen Recht zugesprochenen Rechte dann verfahrensfähig, wenn es das 14. Lebensjahr vollendet hat (§ 167 Abs. 3 FamFG).

1575 Schließlich kann der Minderjährige ab Vollendung des vierzehnten Lebensjahres in allen seine Person betreffenden Angelegenheiten ohne Mitwirkung seines gesetzlichen Vertreters das **Beschwerderecht** ausüben (vgl. § 60 FamFG). Dieses Beschwerderecht sichert in Verbindung mit der in § 159 FamFG vorgesehenen Anhörung, dass das Kind sowohl im erstinstanzlichen Verfahren als auch im Rechtsmittelverfahren selbstständig auftreten und sich daran beteiligen kann.[137]

▶ Zum Beschwerderecht des Verfahrensbeistands siehe in Teil 2 Rn. 580

1576 Unbeschadet dessen ist dem Minderjährigen – ebenfalls ab Vollendung des 14. Lebensjahres (vgl. § 164 FamFG) – die gerichtliche Entscheidung (kindgerecht!) bekannt zu machen (vgl. auch § 63 Abs. 3 FamFG, wobei die Mitteilung der Entscheidungsgründe unterbleiben soll, wenn Nachteile für die Entwicklung, die Erziehung oder den Gesundheitszustand des Kindes zu befürchten sind (vgl. § 164 Satz 2 FamFG). Die Bekanntmachung der Entscheidung an den gesetzlichen Vertreter genügt damit nicht.

2. Anhörung nach § 159 FamFG

1577 Das Kind hat grundsätzlich ein Recht darauf, vor der gerichtlichen Entscheidung in Kindschaftssachen gehört zu werden (vgl. § 159 FamFG).[138] Für das Kind kann die Durchführung der Anhörung jedoch ambivalent sein: Einerseits könnte dem Kind die Tragweite des gerichtlichen Verfahrens besonders bewusst werden und diese Erkenntnis das Kind belasten.[139] Andererseits erhält das Kind aber Gelegenheit, die

---

137 Vgl. Keidel/Engelhardt, § 159 FamFG Rn. 5.
138 Zur Kindesanhörung siehe insbesondere Carl/Clauß/Karle, Kindesanhörung im Familienrecht, München 2015; Heilmann/Heilmann, Praxiskommentar Kindschaftsrecht, § 159 FamFG; Schweppe/Bussian, ZKJ 2012, S. 13 ff.; Carl/Eschweiler, NJW 2005, 1681 ff.; Lempp et al., Köln 1987; Fehmel, in: Baumeister u.a., Familiengerichtsbarkeit, S. 1610 ff.; Zitelmann 2001, S. 172 ff.
139 Vgl. Lempp et al., S. 63 ff.

Person kennen zu lernen, die wichtige – seine Person betreffende – Entscheidungen zu treffen hat, sodass es eine Entlastung bedeuten kann, wenn es sich „in guten Händen" weiß. Vor allem hat es aber die Gelegenheit, seinem eigenen Willen unmittelbaren Nachdruck zu verleihen. Eine Vernehmung des Kindes als Zeuge findet in Kindschaftssachen nicht statt (vgl. § 163 Abs. 3 FamFG).

1578 Schließlich dient die Anhörung der Verwirklichung des Anspruchs auf **Gewährung rechtlichen Gehörs** und der **Sachaufklärung**, da sie dem Richter ermöglicht, das Kind und seine Lebensverhältnisse kennenzulernen.[140] Es ist vor allem die Aufgabe des Gerichts und des Verfahrensbeistands, zu einer Gestaltung der Kindesanhörung beizutragen, bei der diese überwiegenden Vorteile dem Kind auch sichtbar gemacht werden.

a) Voraussetzungen

1579 Das Kind ist stets zu hören, wenn es das **14. Lebensjahr vollendet** hat und das gerichtliche Verfahren die elterliche Sorge insgesamt oder (teilweise) die Personensorge (vgl. § 1631 Abs. 1 BGB) betrifft (§ 159 Abs. 1 Satz 1 FamFG; siehe aber § 159 Abs. 3 FamFG). Betrifft das Verfahren ausschließlich die Vermögenssorge, kann das Gericht von einer persönlichen Anhörung absehen (vgl. § 159 Abs. 1 Satz 2 FamFG).

1580 Hat das Kind das **14. Lebensjahr noch nicht vollendet** oder ist es geschäftsunfähig, dann hat es ein Recht darauf, gehört zu werden, wenn seine **Neigungen, Bindungen und sein Wille** für die Entscheidung von Bedeutung sind oder wenn eine persönliche Anhörung aus sonstigen Gründen angezeigt ist (vgl. § 159 Abs. 2 FamFG). Feste Altersgrenzen sind im Gesetz nicht vorgesehen, sodass auch die Anhörung von sehr jungen Kindern in Betracht kommt. Die Rechtsprechung geht in Sorgerechtsverfahren davon aus, dass die Anhörung eines Kindes in kindschaftsrechtlichen Verfahren etwa **ab dem dritten Lebensjahr** geboten sein kann.[141] Wenngleich das Gesetz nun nicht mehr – wie noch § 50b FGG a.F. – von einem „unmittelbaren Eindruck" spricht, ist der Begriff der „Anhörung" bei kleineren Kindern richtiger als „Anschauung" des Kindes und seines Verhaltens zu verstehen.[142]

1581 Das Gericht kann **aus schwerwiegenden Gründen**, insbesondere bei Gefahr im Verzuge, **von der Anhörung absehen** (vgl. § 159 Abs. 3 FamFG). Schwerwiegende Gründe liegen vor, wenn das Kind durch die Anhörung psychisch geschädigt werden könnte oder in sonstiger Weise eine Beeinträchtigung seines Gesundheitszustandes zu besorgen ist.[143] Damit muss es sich um triftige, das Kindeswohl nachhaltig berührende Gründe handeln.[144] Dies ist dann der Fall, wenn die Anhö-

---

[140] Vgl. Heilmann, S. 229 f. m.w.N.
[141] Zum Erfordernis der Kindesanhörung zuletzt BGH ZKJ 2017, 190 ff.; vgl. auch BVerfG FamRZ 2007, 1078; FamRZ 2007, 105 und FamRZ 2005, 1057 sowie OLG Frankfurt a.M. FamRZ 1997, 571; BayObLG NJW-RR 1997, 1437; OLG Naumburg ZKJ 2009, 463 f.
[142] Vgl. Fehmel, in: Baumeister u.a., Familiengerichtsbarkeit, S. 1618.
[143] Vgl. BGH NJW-RR 1986, 1130.
[144] BayObLG FamRZ 1988, 871.

rung des Kindes zu einer **erheblichen Beeinträchtigung** seiner körperlichen oder seelischen Gesundheit führen würde.[145] Nach Ansicht des BGH ist insoweit eine Abwägung zwischen den möglichen Belastungen des Kindes durch die Anhörung und den Vorteilen dieser Art der Sachaufklärung vorzunehmen und dabei auch einzubeziehen, inwieweit es möglich ist, durch die Auskunft anderer Beteiligter, wie etwa des Verfahrensbeistandes, „zu erfahren, ob der Umgang dem Wohl des Kindes entspricht".[146] Maßgeblich sind jedoch immer nur Belastungen des Kindes, die durch die richterlicher Anhörung selbst hervorgerufen werden.[147] Ordnet das Gericht gleichwohl die Anhörung des Kindes an, dann ist diese Zwischenentscheidung nicht anfechtbar, sondern kann nur mit der Hauptsacheentscheidung überprüft werden. Werden aufgrund der Weigerung hingegen durch einen gerichtlichen Beschluss Zwangsmittel verhängt, kann eine Überprüfung dieses Beschlusses durch das Oberlandesgericht herbeigeführt werden.

1582 Unterbleibt die Anhörung, obwohl sie geboten ist, stellt dies einen **schwerwiegenden Verfahrensfehler** dar. Dieser kann nur mit dem Rechtsmittel gegen die Endentscheidung geltend gemacht werden. Die Anhörung ist dann im Beschwerdeverfahren nachzuholen. Eine Zurückverweisung kommt in der Regel nicht in Betracht.

1583 Unabhängig davon ist das Kind auch im Beschwerdeverfahren grundsätzlich (ggf. nochmals) anzuhören. Etwas anderes gilt, wenn die Anhörung des Kindes in der gebotenen Weise im ersten Rechtszug vorgenommen wurde und von einer erneuten Vornahme keine zusätzlichen Erkenntnisse zu erwarten sind (vgl. § 68 Abs. 3 Satz 2 FamFG). Dies kann der Fall sein, wenn weder neue entscheidungserhebliche Tatsachen vorgetragen noch eine Änderung des rechtlichen Gesichtspunkts eingetreten sind und auch der Zeitablauf oder sonstige Gründe die nochmalige Anhörung nicht geboten erscheinen lassen.[148] Jedenfalls sollte das Kind in der Rechtsmittelinstanz in der Regel nur **durch den Berichterstatter als beauftragten Richter oder Einzelrichter** angehört werden, denn es könnte überfordert werden, wenn es mit mehreren Richtern in Kommunikation treten soll.[149] Dies **sollte der Verfahrensbeistand erforderlichenfalls dringend anregen**. Die Anhörung kann dann bei der Entscheidung des Senats in ihrem objektiven Ertrag und als persönlicher Eindruck des beauftragten Richters verwertet werden.[150]

b) Gestaltung

1584 Im Hinblick auf die **äußeren Umstände und die Gestaltung der Anhörung ist das Gericht** frei (vgl. § 159 Abs. 4 Satz 4 FamFG). „Anhörung" ist im vorliegenden Zusammenhang der notwendige persönliche Kontakt des zuständigen Richters mit

---

145 BGH FamRZ 2019, 115.
146 BGH, a.a.O.
147 So zutreffend Köhler, FamRZ 2019, 118 f.
148 Vgl. BayObLG FamRZ 1985, 522; OLG Koblenz FamRZ 2001, 515.
149 Vgl. Fehmel, in: Baumeister u.a., Familiengerichtsbarkeit, S. 1623; Eschweiler/Carl, NJW 2005, 1681 ff. Siehe auch BGH FamRZ 1985, 169 (172).
150 Vgl. BGH ZKJ 2010, 327 ff.

dem Kind. Welche der vorhandenen verfahrensmäßigen Möglichkeiten der Richter für diese äußerst schwierige Aufgabe wählt, ob er das Kind einmal oder mehrmals, Geschwister einzeln oder zusammen, im Gericht oder in der vertrauten familiären Umgebung, in An- oder Abwesenheit der Eltern und deren Prozessbevollmächtigten persönlich anhört und ob er einen Psychologen als Sachverständigen hinzuzieht, muss ihm überlassen bleiben.[151]

1585 Unabhängig davon kann ein Beteiligter, insbesondere der Verfahrensbeistand, durch **schriftliche oder mündliche Anregungen** an das Gericht versuchen, auf die nähere Ausgestaltung der Anhörung, insbesondere im Hinblick auf die Beteiligung weiterer Personen, den Ort der Anhörung sowie deren inhaltliche Gestaltung, durch begründete Anregungen an das Gericht Einfluss zu nehmen.[152]

aa) Anwesenheit von anderen Verfahrensbeteiligten

1586 In der Regel ist die Anhörung **in Abwesenheit der Eltern**[153] und ihrer Verfahrensbevollmächtigten vorzunehmen. Durch die Abwesenheit der Eltern wird der häufig durch die Auseinandersetzung zwischen den Eltern besonders angespannten seelischen Verfassung des Kindes Rechnung getragen.[154] Auch würde die Unbefangenheit des Kindes in der Regel bei Anwesenheit der (streitenden) Eltern und ihrer Anwälte leiden.[155] Die bloße Anwesenheit der Eltern könnte das Kind daher psychisch beeinflussen und damit den vom Kind in der Anhörung geäußerten Willen in Frage stellen.

1587 Hingegen ist die **Anwesenheit des Verfahrensbeistands grundsätzlich geboten** (vgl. § 159 Abs. 4 Satz 3 FamFG).[156] Bei seiner Abwesenheit wäre regelmäßig die Wahrnehmung der Kindesinteressen durch den Verfahrensbeistand, insbesondere wenn das Kind noch jung ist, nicht mehr gewährleistet.[157] Es könnte zudem die Chance ungenutzt bleiben, sich seitens des Gerichts der Hilfe des Verfahrensbeistands zu bedienen, wenn es darum geht, das vom Kind zum Ausdruck Gebrachte zu verstehen, auf dieser Grundlage präzisere Fragen an das Kind zu richten und so den Erkenntnisgewinn zu steigern.[158] Schließlich kann die Begleitung durch den Verfahrensbeistand dazu beitragen, „Unbehagen, Selbstzweifel oder auch Schuldgefühle (‚Habe ich was Falsches gesagt?') des Kindes zu vermindern".[159]

1588 Die **Anwesenheit des Verfahrensbeistands** bei der Kindesanhörung ist jedoch dann **nicht opportun**, wenn das Kind ansonsten seine Wünsche nicht mehr „ungefiltert" ausdrücken kann[160] oder es die alleinige Anhörung wünscht. Nur so

---

151 Vgl. BVerfGE 55, 171 (182).
152 Vgl. Zitelmann 2001, S. 195.
153 Vgl. BVerfG, Beschluss v. 5.6.2019, 1 BvR 675, 19, BGH NJW 1987, 1024; vgl. auch Fehmel, in: Baumeister u.a., Familiengerichtsbarkeit, S. 1618 f.
154 Vgl. BVerfGE 55, 171 (182).
155 Vgl. Fehmel, in: Baumeister u.a., Familiengerichtsbarkeit, S. 1619.
156 Siehe auch BGH ZKJ 2010, 327 ff.
157 OLG Bremen FamRZ 2000, 1298.
158 Vgl. Hohmann-Dennhardt, ZfJ 2001, 77 ff.
159 Zitelmann 2001, S. 200.
160 Vgl. Hohmann-Dennhardt, ZfJ 2001, 77 ff.

bleibt dem Kind die Möglichkeit eröffnet, dem Richter persönliche Mitteilungen zu machen und sich insbesondere auch kritisch zu seiner Interessenvertretung bzw. deren Stellungnahmen zu äußern.[161] Da das Gericht dem Verfahrensbeistand die Anwesenheit gestatten „soll", kann es vor dem Hintergrund dieser Erwägungen ausnahmsweise auch gerechtfertigt sein, das Kind ohne Beisein des Verfahrensbeistands anzuhören. Dies gilt insbesondere, wenn konkrete Gründe dafür sprechen, dass die Sachaufklärung durch die Anwesenheit des Verfahrensbeistands beeinträchtigt wird.[162]

Nur von Fall zu Fall entscheiden lässt sich, ob das Gericht das Kind alleine oder mit seinen **Geschwistern** anhört. Meistens können die Vorteile einer Geschwisteranhörung einerseits und der Einzelanhörung andererseits dann am besten genutzt werden, wenn die Geschwister zunächst zusammen angehört werden und anschließend den Kindern Gelegenheit gegeben wird, ihre unterschiedlichen Perspektiven auch einzeln deutlich werden zu lassen.[163]   **1589**

bb) Ort der Anhörung

Neben der Frage, welche Personen bei der Anhörung des Kindes anwesend sind, ist die Entscheidung über den **Anhörungsort** von Bedeutung. Auch in dieser schwierigen Frage entscheidet das Gericht **nach pflichtgemäßem Ermessen**. So kann es geboten sein, das Kind in der vertrauten Umgebung (z.B. im Elternhaus, am Wohnsitz der Pflegefamilie oder im Heim) – und nicht im Gericht – anzuhören, wenn dies die Belastungen für das Kind mindert.[164] Jedoch ist eine Anhörung im Gericht in den Fällen angezeigt, in denen das Kind sich in seiner gewohnten Umgebung durch den ihm fremden Menschen bedroht und verunsichert fühlt.[165] Aus diesem Grund wird bei jüngeren Kindern die Anhörung in einem geeigneten Kinderspielzimmer im Gericht häufig der häuslichen Anhörung vorzuziehen sein.[166]   **1590**

cc) Vorgehensweise des Gerichts

Für die Gestaltung der Anhörung sieht das Gesetz in § 159 Abs. 4 Satz 1 u. 2 FamFG vor, dass das Gericht das Kind grundsätzlich in **geeigneter Weise über den Gegenstand, Ablauf und den möglichen Ausgang des Verfahrens unterrichtet und ihm Gelegenheit zur Äußerung** gegeben wird.[167] Der konkrete Inhalt sowie der Umfang der Unterrichtung hängen auch davon ab, ob und inwieweit hierdurch Nachteile für das Kindeswohl, insbesondere unter Berücksichtigung der Entwicklung, der Erziehung oder der Gesundheit des Kindes, zu befürchten sind (vgl. § 159 Abs. 4 Satz 1 Hs. 2 FamFG). Dies hat der Richter nach pflichtgemäßem Ermessen zu prüfen und entsprechend vorzugehen. Die Beteiligten, insbesondere der Verfahrensbeistand, können insoweit vor dem Anhörungstermin Hin-   **1591**

---

161 Vgl. Zitelmann 2001, S. 199.
162 Vgl. BGH, Beschluss vom 28.4.2010, XII ZB 81/09, ZKJ 2010, 327.
163 Vgl. Lempp et al., S. 107.
164 Vgl. Zitelmann 2001, S. 195.
165 Vgl. Lempp et al., S. 197.
166 Vgl. Fehmel, in: Baumeister u.a., Familiengerichtsbarkeit, S. 1620.
167 Hierzu auch Lempp et al., S. 107, Fehmel, in: Baumeister u.a., Familiengerichtsbarkeit, S. 1616 f.

weise und Anregungen geben. Unbeschadet dessen muss die Anhörung jederzeit kindgerecht durchgeführt und dabei auch den jeweiligen Eigenheiten des Kindes sowie seinem persönlichen einzelfallbezogenen Hintergrund Rechnung getragen werden.[168]

1592   Die „Technik" der Anhörung richtet sich dabei in erster Linie nach dem **Alter des Kindes** und seinem **Entwicklungsstand**.[169] Letztlich hängen jedoch „*das Ergebnis und der Erfolg einer persönlichen Anhörung des Kindes durch das Gericht (…) entscheidend davon ab, in welchem Maße der Richter die Fähigkeit zur Einfühlung in die besondere psychologische Situation des Kindes besitzt und ob es ihm gelingt, mit dem Kind ins Gespräch zu kommen*".[170] Geboten ist dabei eine nicht bedrängende und **einfühlsame Gesprächsführung**, insbesondere wenn die Beziehungen zu den anderen Verfahrensbeteiligten abgeklärt werden bzw. kritische Themen zur Sprache kommen, sowie eine Akzeptanz gegenüber dem grundsätzlichen Unvermögen des Kindes, sich zu entscheiden oder seine Wünsche zu äußern.[171] Dabei muss sich der Richter auch stets der besonderen Belastungssituation bewusst sein, in der sich das Kind befindet.[172]

1593   Die Gesprächsführung obliegt dem Richter und nicht dem in der Regel anwesenden Verfahrensbeistand. Der Richter kann nach seinem Ermessen und unter Berücksichtigung der konkreten Situation im Einzelfall entscheiden, ob er Fragen des Verfahrensbeistands zulässt. Eine **eigenständige Intervention des Verfahrensbeistands** in die Gesprächsführung des Richters mit dem Kind **sollte in der Regel unterbleiben**.

dd) Protokollierung

1594   Für die **Protokollierung der Anhörung**, die in der Regel nicht in Anwesenheit des Kindes erfolgen sollte,[173] gilt das oben Gesagte (vgl. oben Rn. 1471 f.). Wichtig ist insoweit, dass nicht nur die **verbalen Äußerungen des Kindes** protokolliert werden, denn auch **die Körperhaltung, der Gesichtsausdruck, Gestik und Sprechweise des Kindes** können für die Entscheidungsfindung von großer Bedeutung sein.[174] Eine Videoaufzeichnung der Kindesanhörung ist unzulässig.[175]

1595   Ergänzend ist zu beachten, dass im Ausnahmefall von einer Protokollierung der Aussagen des Kindes abgesehen werden kann, wenn dies aus erheblichen Gründen des Kindeswohls gerechtfertigt ist. Dies kann beispielsweise dann angezeigt sein, wenn das **Kind ausdrücklich darum gebeten hat, seine Äußerungen den anderen Verfahrensbeteiligten nicht unmittelbar zur Kenntnis zu bringen** und es ohne eine entsprechende Zusicherung nicht Stellung beziehen will.

---

168 Vgl. Fehmel, in: Baumeister u.a., Familiengerichtsbarkeit, S. 1616 f.
169 Vgl. Fehmel, in: Baumeister u.a., Familiengerichtsbarkeit, S. 1616.
170 Vgl. BVerfGE 55, 171, 182 f.
171 Vgl. Zitelmann 2001, S. 193.
172 Hierzu Lempp et al., S. 63 ff.
173 Vgl. Fehmel, in: Baumeister u.a., Familiengerichtsbarkeit, S. 1616.
174 Vgl. Lempp et al., S. 108.
175 BVerfG, Beschluss v. 6.3.2019, 1 BvR 675/19.

Um in dieser Situation jedoch dem Anspruch der anderen Verfahrensbeteiligten auf Gewährung rechtlichen Gehörs (Art. 103 Abs. 1 GG) gerecht zu werden, darf das Gericht diese Aussagen jedenfalls nur dann zur Grundlage seiner Entscheidung machen, wenn es die **Angaben des Kindes durch seine eigene Sachverhaltsaufklärung nachgeprüft** und den anderen Verfahrensbeteiligten – bspw. den Eltern – auf diesem Wege zugänglich gemacht hat.[176]

3. Kindeswohlzentrierung des Verfahrens

Jedes von einem kindschaftsrechtlichen Verfahren betroffene Kind hat schließlich einen Anspruch darauf, dass nicht nur die Endentscheidung inhaltlich dem Prinzip des Kindeswohls gerecht wird (vgl. § 1697a BGB), sondern auch das gerichtliche Verfahren selbst. Dies ergibt sich nicht nur daraus, dass **das Kind Träger des allgemeinen Persönlichkeitsrechts** (Art. 2 Abs. 1 i.V.m. Art. 1 Abs. 1 GG) ist[177] und Eingriffe in dieses Grundrecht dem Grundsatz der Verhältnismäßigkeit Rechnung tragen müssen. Es kommt vielmehr noch hinzu, dass die meisten kindschaftsrechtlichen Verfahren ihre Legitimation dadurch erhalten, dass sie in Ausübung des staatlichen Wächteramtes (Art. 6 Abs. 2 Satz 2 GG) gerade zum Wohle des Kindes durchgeführt werden. Damit wäre es nicht zu vereinbaren, würde die Durchführung des gerichtlichen Verfahrens an sich bereits den Belangen des Kindes zuwiderlaufen. Vielmehr muss der Staat das gerichtliche Verfahren so gestalten, dass eine hinreichende Berücksichtigung der grundrechtlichen Stellung des betroffenen Kindes garantiert ist.[178] Das **Kindeswohl muss daher die beherrschende Richtlinie für die gesamte Verfahrensgestaltung** sein.[179] Unnötige Belastungen des Kindes sind zu vermeiden.

1596

Folgerungen ergeben sich hieraus nicht nur für die zeitliche Gestaltung des Verfahrens (vgl. oben Rn. 1417 ff.). Auch im Übrigen muss das Verfahren zu jedem Zeitpunkt kindgerecht sein. Die gebotene Kindeswohlzentrierung des gerichtlichen Verfahrens muss sich daher darin äußern, dass der **Verfahrensbeistand** in den einschlägigen Verfahren **möglichst frühzeitig bestellt** wird. Sie setzt sich fort in dem Gebot der **kindgerechten Gestaltung der Anhörung** nach § 159 FamFG (vgl. oben Rn. 1577 ff.), ist Richtlinie bei den Entscheidungen des Gerichts über **Art und Umfang seiner Ermittlungstätigkeit** (vgl. oben Rn. 1411 ff.) und schließlich für die **Art und Weise der Bekanntmachung von Beschlüssen** (Rn. 1576). Jegliche Tätigkeit, die vom Gericht, dem Verfahrensbeistand und den sonstigen Verfahrensbeteiligten entfaltet wird, muss daher insoweit nach dem **Grundsatz des geringstmöglichen Eingriffs** erfolgen.

1597

---

176 Ähnlich Maurer, in: Schwab, S. 204 f.
177 Vgl. BVerfGE 24, 119 (144).
178 Vgl. BVerfGE 24, 119 (144).
179 Vgl. nur Staudinger/Coester (2016), § 1666 BGB Rn. 258 m.w.N.

XI. Übersicht über den Ablauf des Hauptsacheverfahrens in Kindschaftssachen

1598 Abbildung: Hauptsacheverfahren in Kindschaftssachen

```
Evtl. Rechtsbeschwerde zum BGH (vgl. §§ 70 ff. FamFG) bzw.
Verfassungsbeschwerde zum BVerfG (vgl. Art. 93 Abs. 1 Ziff. 4 a GG)
```

```
Beschluss des OLG (§ 69 FamFG)
```

```
Beschwerdeverfahren (§ 68 FamFG)
```

```
Rechtsmittel: Beschwerde (§§ 58 ff. FamFG)
```

```
Endentscheidung des Familiengerichts (vgl. §§ 38 ff. FamFG)
```

```
Beweiserhebung (§§ 29, 30 FamFG)?
(Amtsermittlungsgrundsatz, § 26 FamFG)
```
- Sachverständigengutachten (§ 163 FamFG)
- Vernehmung von Zeugen etc.
  (Beachte: § 51 Abs. 3 Satz 2 FamFG)

```
Anhörungen (soweit noch nicht erfolgt)
```
- des Kindes (§ 159 FamFG); grds. in Anwesenheit des Verfahrensbeistands
- der Eltern (§ 160 FamFG) und der Pflegeperson (§ 161 FamFG)
- des Jugendamtes (§ 162 FamFG)
  (Beachte: § 51 Abs. 3 Satz 2 FamFG)

```
Früher Termin (§ 155 Abs. 2 FamFG) bzw.
Erörterungstermin (§ 157 FamFG)
```
- Einvernehmen? (§ 156 FamFG)
- Anhörung der Beteiligten (§§ 159 ff. FamFG)?
- Erlass einer einstweiligen Anordnung? (§§ 156 Abs. 3, 157 Abs. 3 FamFG)
  (Beachte: § 51 Abs. 3 Satz 2 FamFG)

```
Bestellung eines Verfahrensbeistands?   (vgl. § 158 Abs. 3 Satz 1 FamFG)
```

```
Zuständigkeit?
```
- sachlich (vgl. § 23b GVG) und örtlich (vgl. § 152 FamFG)
- funktionell (vgl. § 3 Ziff. 2 a, 14 RPflG)

```
Antrag bzw. Anregung (vgl. §§ 23, 24 FamFG)
```

XII. Übersicht über den Ablauf des Eilverfahrens in Kindschaftssachen

Abbildung: Eilverfahren in Kindschaftssachen 1599

Keine Rechtsbeschwerde zum BGH (vgl. § 70 Abs. 4 FamFG), aber evtl. Verfassungsbeschwerde zum BVerfG (vgl. Art. 93 Abs. 1 Ziff. 4 a GG)

Beschluss des OLG (§ 69 FamFG)

Beschwerdeverfahren (§ 68 FamFG)

Evtl. Rechtsmittel: Beschwerde (§ 57 FamFG), wenn
- Entscheidung nach mündlicher Erörterung (sonst: Antrag auf Durchführung der mündlichen Erörterung) **und**
- Entscheidung über die elterliche Sorge, die Herausgabe an den anderen Elternteil oder über einen Antrag auf Verbleib des Kindes bei einer Pflege- oder Bezugsperson **oder** Entscheidung in Unterbringungsverfahren (§ 151 Nr. 6 und 7)

Einstweilige Anordnung des Familiengerichts (vgl. §§ 38 ff. FamFG)

Evtl. Anhörungen
- des Kindes (§ 159 FamFG; beachte § 156 Abs. 3 Satz 3)
- der Eltern (§ 160 FamFG) und der Pflegeperson (§ 161 FamFG)
- des Jugendamtes (§ 162 FamFG)

Evtl. Mündliche Verhandlung (vgl. § 51 Abs. 2 Satz 2 FamFG)
- Einvernehmen? (§ 156 FamFG)

Bestellung eines Verfahrensbeistands
(vgl. § 158 Abs. 3 Satz 1 FamFG)

Glaubhaftmachung von Tatsachen (§ 31 FamFG)
(**Amtsermittlungsgrundsatz**, § 26 FamFG)

Zuständigkeit?
- sachlich (vgl. § 23 b GVG) und örtlich (vgl. §§ 50, 152 FamFG)
- funktionell (vgl. § 3 Ziff. 2 a, 14 RPflG)

Antrag bzw. Anregung (vgl. §§ 51, 23, 24 FamFG) oder
von Amts wegen (vgl. §§ 156 Abs. 3, 157 Abs. 3 FamFG)

B Kinder in Gerichtsverfahren

Übersicht	Rn.
I. Heimunterbringung während des Verfahrens	1602
II. Die Situation in der Familie während des Verfahrens	1609
III. Informationen des Kindes über das Verfahren	1611
IV. Kindesanhörung als Chance	1619

Die Frage, wie Kinder und Jugendliche das zivilrechtliche Kindesschutzverfahren erleben, was ihnen hilft oder sie belastet und was aus ihrer Sicht wichtig ist, ist erst ansatzweise erforscht (vgl. hierzu *Lempp* u.a. 1987, S. 49–85; *Münder* u.a. 2000, S. 310 ff.; *Münder* u.a. 2007; 2017). Ergänzt werden diese Studien in Bezug auf die Kindesvertretung inzwischen durch eine Untersuchung von *Stötzel*, die betroffene Minderjährige zu ihren Sichtweisen und ihrem Erleben befragte (2004; ausführlich auch Stötzel, Rn. 164 ff.). Überregionale Studien speziell zur Praxis von Verfahrensbeiständen im Hinblick auf das Erleben von Kindern finden sich seit Inkrafttreten des FamFG nicht (s.a. *Münder* u.a. 2017, S. 81 f.). Das Bundesministerium der Justiz und für Verbraucherschutz (BMJV) veröffentlichte im Jahr 2018 seinen Abschlussbericht zum Forschungsvorhaben „Die Evaluierung der FGG-Reform". Die Rolle von Verfahrensbeiständen als Vertreter der Interessen von Minderjährigen wurde hier gesondert untersucht (Abschlussbericht, S. 79, 97 ff.). Eine Evaluierung aus Sicht der betroffenen Kinder war hiermit aber nicht verbunden.

1600

Grundsätzlich kommt es bei der Auseinandersetzung des Kindes oder Jugendlichen mit seiner Situation und dem möglichen Verfahrensausgang auf den **individuellen Entwicklungsstand, die individuelle Persönlichkeit und Lebensgeschichte, Konfliktlagen und Bewältigungsmöglichkeiten** des Kindes an. Selbstverständlich ist auch die aktuelle Lebenssituation des Kindes, insbesondere bei Trennung von der Herkunftsfamilie, von immenser Bedeutung. Nicht zuletzt spielt die biographische Tragweite der in Frage stehenden gerichtlichen Beschlüsse eine wesentliche Rolle, da die Entscheidung über eine Umgangsregelung eine ganz andere Dimension hat als eine in Frage stehende Unterbringung oder Rückführung des Kindes.

1601

I. Heimunterbringung während des Verfahrens

In den in § 158 Abs. 2 FamFG genannten Konstellationen geht es vielfach um die Trennung des Kindes von den Eltern und/oder vom sozialen Umfeld, d.h. auch von Freunden, dem Kindergarten, der Schulklasse. Es geht also um eine Frage, die weit jenseits des „normalen" Erwartungs- und Entscheidungshorizontes eines Kindes liegt und entwicklungspsychologisch und soziokulturell betrachtet nicht in die Kindheit, sondern in die Verselbstständigungsphase der späten Adoleszenz fällt und selbst dann noch als enorme Entwicklungsaufgabe gilt. Nur eine Minderheit jener Kinder und Jugendlichen, die aus der Familie genommen und in einem Heim oder einer sonstigen betreuten Wohnform untergebracht werden, erhält über-

1602

haupt einen Verfahrensbeistand, denn nur in vier von fünf Fällen wird das Familiengericht bei Herausnahme des Kindes einbezogen und ein Verfahren nach §§ 1666, 1666a BGB eröffnet. **Mehrheitlich erfolgt die Entscheidung** über die weitere Zukunft des Kindes nach monate-, nicht selten jahrelangen gescheiterten ambulanten Bemühungen oder auch vorausgegangenen Trennungen **ausschließlich im Rahmen der Hilfeplanung** des Jugendamtes (Zitelmann 2009, S. 85 ff.), für die die Bestellung eines Verfahrensbeistandes nicht vorgesehen ist (siehe hierzu in diesem Handbuch Lack/Fieseler, Rn. 1866, 1881 ff.).

1603 Nach dem Abschlussbericht des BMJV zum Forschungsvorhaben „Die Evaluierung der FGG-Reform" haben mehr als 80 % der befragten Richter, Anwälte, Verfahrensbeistände und Jugendamtsmitarbeiter bestätigt, dass das mit § 155 Abs 1 FamFG implementierte **Vorrang- und Beschleunigungsgebot** (siehe dazu in diesem Handbuch Heilmann, Rn. 1417 ff.) zu einer Beschleunigung von Kindschaftssachen beigetragen habe (BMJV, Abschlussbericht FamFG, 2018, S. 259). Positiv bewertet wird die Auswirkung des frühen Termins auf das Konfliktverhalten der Beteiligten. So stimmen die Befragten am häufigsten der Aussage zu, dass der frühe Erörterungstermin deeskalierend auf das Konfliktverhalten der Verfahrensbeteiligten wirkt. Fast zwei Drittel der Befragten sind dieser Ansicht, wobei der Großteil „eher" zustimmt. Sechs von zehn Befragten sehen eine konfliktlösende Wirkung des frühen Termins. Immerhin noch rund die Hälfte der Befragten attestiert dem Termin zudem einen konfliktvorbeugenden Effekt (BMJV, Abschlussbericht FamFG, 2018, S. 268). Ob das Vorrang- und Beschleunigungsgebot **fremdplatzierten Kindern und Jugendlichen** die erhoffte Erleichterung bringt, wird in dem Abschlussbericht aber nicht weiter thematisiert. Die Dauer des gerichtlichen Verfahrens, das dem kindlichen Bedürfnis nach stabilen, gesicherten Beziehungen und Verhältnissen und einer geschützten Aufarbeitung seelischer Verletzungen diametral entgegensteht, ist ein in der Fachliteratur (vgl. nur *Heilmann* 1998, S. 30 ff., 264 ff.) jedenfalls mit Recht immer wieder hervorgehobener Faktor. Tatsächlich bleiben Kinder und Jugendliche oft über viele Monate in Übergangseinrichtungen in einem **Zustand der Ungewissheit und Vorläufigkeit sowie unverbindlicher Beziehungen** (Schichtdienst, Fluktuation in der Gruppe). Bei der Bereitschaftspflege besteht die Möglichkeit, dass sich gerade im Kleinkind- und Vorschulalter sehr rasch neue Bindungen an die Pflegeeltern entwickeln, deren erneuter Abbruch eine erneute seelische Schädigung des Kindes wahrscheinlich macht (Zitelmann 2018, auch krit. Marquardt/Wilhelm in Heilmann/Lack, Die Rechte des Kindes, FS für Ludwig Salgo, 2016, S. 211 ff.; zur Dauer von Inhobutnahmen Lack/Fieseler Rn. 1842 ff.).

1604 Der Aufenthalt eines Kindes in einer Übergangseinrichtung kann genutzt werden und zum erklärten Ziel haben, dem Kind bei der seelischen Loslösung von seiner Herkunftsfamilie zu helfen und die nötige Unterstützung anzubieten, damit sich das Kind trotz gewaltförmiger, ängstigender Erfahrungen mit den Bindungspersonen überhaupt auf die Integration in einer neuen Familie einzulassen vermag (vgl. Westermann 2018). Dies setzt eine entsprechende Festlegung der dauerhaften Perspektive nach § 37 Abs. 1 SGBVIII und wo irgend möglich auch entsprechend eindeutige Signale des Familiengerichtes voraus, dass nur ein dauerhafter Entzug des Aufenthaltsbestimmungsrechtes (neben allen anderen offenen Fragen) in Betracht kommt. Spezielle Konzepte zur individuellen Anbahnung von Pflegeverhältnissen sind – trotz Betreuung sehr vieler junger Kinder in Einrichtungen der Inobhutnahme – aber selten. In jeder zweiten Einrichtung, die jüngere Kinder betreut, arbeitet nicht einmal eine einzige Fachkraft, die über Fortbildungen oder Erfahrungen im Pflegekinderbereich verfügt (Zitelmann 2009, S. 96; Janning 2018).

1605 In Einrichtungen, die Plätze zur „Inobhutnahme" und „vorläufigen Unterbringung" bieten, **fehlen oft die erforderliche Personalausstattung und Spezialisierung**, um jedes einzelne Kind individuell begleiten, entlasten und gegebenenfalls beim Abschied von der Familie unterstützen und neue Perspektiven anbahnen zu können. Durchschnittlich betreuen hier maximal zwei Fachkräfte im Gruppendienst etwa sieben bis acht verhaltensschwierige Kinder bzw. Jugendliche während der Trennung von ihren Familien. Allzu oft wird die Chance vertan, während des gerichtlichen Verfahrens die **Einrichtung systematisch einzubeziehen.** Gespräche von Richtern wie übrigens auch von Verfahrensbeiständen und Sachverständigen mit den unmittelbaren Betreuungspersonen des Kindes müssen zum Standard werden, sie zu unterlassen ist in der Regel ein **schwerer fachlicher Fehler.**

Aus einer repräsentativen Befragung von **Inobhutnahmeeinrichtungen** ging klar hervor, dass diese in vielen Fällen über wichtige und teils auch neue **Erkenntnisse zur Einschätzung von Kindeswohlgefährdungen** verfügen (siehe hierzu in diesem Handbuch auch Schön, Rn. 1990 ff.). Doch mehrheitlich werden diese Heime „selten" oder „nie" vom Familiengericht um Mitwirkung im Rahmen der Amtsermittlung gebeten. Auch die Interessenvertreter des Kindes und Sachverständige sowie Ergänzungspfleger und Vormünder bemühen sich während des Verfahrens in der Mehrheit nicht um direkte Auskünfte und Berichte der Einrichtungen. So bleibt es derzeit dem örtlichen Jugendamt überlassen, ob und wie es dem Familiengericht Mitteilungen der Einrichtung aus „zweiter Hand" übermittelt (Zitelmann 2010).

Dabei können in der Bereitschaftspflege oder einem Notaufnahmeheim insbesondere Anzeichen seelischer und körperlicher Verletzungen systematisch erkannt und abgeklärt werden. Viele für das behördliche bzw. familiengerichtliche Kindesschutzverfahren bedeutsame Hinweise sind ja nicht oder nur schwer zugänglich, solange ein Kind bei misshandelnden Eltern lebt und werden erst während der vorläufigen Unterbringung erkennbar.

Genaue Beobachtung, geschulte Wahrnehmung und Fachwissen über traumatypische Hinweise während der vorläufigen Unterbringung sind also unverzichtbar. So muss die Bitte um **schriftliche Dokumentation aller Hinweise auf eine Kindeswohlgefährdung nicht nur durch Vereinbarungen der Jugendämter sichergestellt, sondern auch fachlicher Standard des familiengerichtlichen Kinderschutzverfahrens** werden (Zitelmann 2011, 2016).

Manche Kinder und Jugendliche berichten nach ihrer Trennung von den Eltern spontan von beängstigenden Erfahrungen und Frustrationen in der Herkunftsfamilie, haben quälende Erinnerungen, Albträume oder Flash-Backs. Teils brauchen sie Unterstützung im Umgang mit Geheimhaltung, Schweigegeboten, Versprechen oder Drohungen durch Täter/innen. Pflegeeltern müssen auf solche Situationen vorbereitet und durch Schulungen in die Lage versetzt werden, einfühlsam aber non-suggestiv mit den Kindern zu kommunizieren und dies fachgerecht zu dokumentieren, damit solche Informationen auch in die behördlichen und familiengerichtlichen Akten kommen.

Auch das Verhalten der Kinder während der vorläufigen Heimunterbringung oder Bereitschaftspflege kann ernst zu nehmende Hinweise auf traumatische Erfahrungen geben. Mögliche Anzeichen sind Regulationsstörungen bei Säuglingen und signifikante Rückstände der sprachlichen, kognitiven und körperlichen Entwicklung. Auch Apathie, schreckhafte Wachsamkeit („frozen watchfullness") und das für Misshandlung typische desorientiert-desorganisierte Bindungsverhalten sind mögliche Folge von Deprivation bzw. interpersoneller Gewalt. In der Regel begegnen misshandelte Kinder ihrem (für sie unberechenbaren) sozialen Umfeld mit freundlicher, angstmotivierter Überanpassung. Dies schließt aggressive Impulsdurchbrüche nicht aus, ebenso stark kontrollierende Verhaltensweisen und dissoziative Reaktionen bei Stress und auditiven, visuellen und olfaktorischen Triggern. Traumatisches Spiel kann von geschulten Personen im Alltag der Bereitschaftspflege gut beobachtet werden. Gleiches gilt für die Re-Inszenierung von Gewalterfahrungen, in die andere Kinder sowie die Betreuungspersonen einbezogen sein können (Garbe 2015, Helfer/Kempe 2002; Nienstedt/Westermann 2007; Oswald u.a. 2011).

Der körperliche Zustand des Kindes sollte zu Beginn der Bereitschaftspflege pädiatrisch und ggf. rechtsmedizinisch untersucht werden, um frühzeitig Krankheiten zu behandeln und um zweifelsfrei die zeitliche Einordnung von Misshandlungen zu leisten. Auch dieser Befund sollte vom Familiengericht erfragt werden. Vernachlässigungsfolgen können beispielsweise Mangel- und Fehlernährung, wunde und offene Hautregionen, Schädlingsbefall, verfaulte Zähne, unbehandelte Krankheiten sowie psychosozialer Minderwuchs sein. Drogen- und Alkoholkonsum der Eltern können vorgeburtliche Schädigungen (FAS) und entzugsbedingtes Verhalten Neugeborener bewirken. Ebenso ist mit der Verabreichung von Drogen und anderen Substanzen an das Kind zu rechnen. Körperliche Misshandlungen oder sexueller Missbrauch können Hämatome, Wunden und Narben an für Unfälle nicht typischen Stellen und geschlechtlich übertragene Krankheiten (Aids, Hepatitis-B), aber auch Hirnschäden (Schütteltrauma) verursacht haben.

1606 Es fehlen Fachbeiträge zur Mitwirkung von Bereitschaftspflegestellen und Inobhutnahmestellen an der Risikoeinschätzung und Hilfeplanung der Jugendämter sowie zur Mitwirkung im zivilrechtlichen Kindesschutzverfahren. SGB VIII und FamFG regeln die Einbeziehung von Kind und Eltern in die Gefährdungseinschätzung. Personen, die das Kind aber während der Schutzmaßnahme über Monate betreuen, kommen nicht vor. Die Einbeziehung der Betreuungspersonen des Kindes bei der Hilfeplanung wird vom Jugendamt am „nur in 36,1 % der Fälle immer, und in 31,7 % bei einzelnen Sitzungen praktiziert." Besonders häufig blieb die Gruppe professioneller Betreuungspersonen ausgeschlossen, „ 45,5 %, also fast die Hälfte, (war) überhaupt nicht in das Hilfeplanverfahren einbezogen" (Lillig u.a. 2002, S. 305). Neuere Studien belegen detailliert, wie die Perspektive gewalttätiger Eltern in Fallschilderungen übernommen wird, während das traumatisierte Kind kaum Beachtung findet (Bühler-Niederberger/Alberth/Eisentraut 2014).

So sollten die direkten **Bezugserzieher im Heim** bzw. die **Bereitschaftspflegeeltern** im Rahmen der Amtsermittlung des Familiengerichtes **immer persönlich befragt** werden, zudem empfiehlt es sich die Inobhutnahmeeinrichtung mit Fristsetzung und ggf. entsprechend honoriert (ergänzend oder alternativ zu Sachverständigen) um ein sog. **Clearing** mit schriftlichem Bericht" zu bitten, u.a.

- zu dem Befinden und zum Verhalten des Kindes,
- zu allen Mitteilungen des Kindes über seine Wünsche,
- zu allen Anhaltspunkten auf Mangelversorgung, sexuelle Übergriffe, oder (miterlebte) Gewalt,
- zur Einschätzung des individuellen Förderbedarfs dieses Kindes,
- zu der ggf. im Heim bereits erfolgten Arbeit mit den Herkunftseltern,
- ggf. zur Auswirkung von Umgangskontakten auf das Kind,
- zu fachlichen Empfehlungen in Hinblick auf die weitere Hilfeplanung, insbesondere zur Frage der Anforderungen an eine Rückführung oder aber zur dauerhaften Platzierung in einer Pflegefamilie oder in einem geeigneten Heim, inklusive Empfehlungen zur Regelung oder zum Ausschluss von Umgang.

1607 Gleiches gilt für die **Auswahl eines geeigneten Ergänzungspflegers bzw. Vormundes**, denn eine Vielzahl von Einrichtungen könnte nach eigener Angabe durchaus Vertrauenspersonen der Kinder und Jugendlichen (z.B. Pädagogen aus Schule, Kindergarten) benennen, die das Gericht als geeignete Ergänzungspfleger bzw. Einzelvormünder anfragen könnte. Doch in der gerichtlichen Praxis kommt es derzeit in Kindesschutzverfahren aus fehlender Kenntnis möglicher Alternativen oftmals nicht zur Bestellung von Einzelergänzungspflegern/-vormündern – obgleich diese Form der Vormundschaft das gesetzliche Leitbild darstellt und im Zweifel Vorrang vor der Amtsvormundschaft hat (*Zitelmann* 2010; Veit in Heilmann/Lack, Die Rechte des Kindes, FS für Ludwig Salgo, 2016, S. 189 ff.; zu ehrenamtlichen Einzelvormundschaften Sommer in Heilmann/Lack, Die Rechte des Kindes, FS für Ludwig Salgo, 2016, S. 437 ff.).

1608 Während Familiengerichte also einerseits aufwändige Gutachten in Auftrag geben und damit nicht selten eine Verlängerung des Verfahrens riskieren, verstreicht der oft monatelange Aufenthalt des Kindes bzw. Jugendlichen in der Inobhutnahmeeinrichtung oder in der Bereitschaftspflege ungenutzt, ohne die Erkenntnisse aus dem Betreuungsalltag zur Klärung der Vorgeschichte des Kindes, seiner Familienbeziehungen und erforderlicher Schutzmaßnahmen und Hilfen heranzuziehen.

Familiengerichte und Verfahrensbeistände, ebenso Sachverständige, die sich allein auf die Berichte des Jugendamtes verlassen, riskieren Verzögerungen, Informationslücken und Übermittlungsfehler, die nicht im Interesse des Kindes liegen. Der **Verfahrensbeistand sollte** diese Problematik im Blick behalten und sich sowohl durch **eigene Kontakte zu** den für das Kind zuständigen **Gruppenbetreuern** sowie durch entsprechende Anregungen an das Familiengericht um eine sorgfältige Sachverhaltsaufklärung bemühen. Dass dies keine Utopie ist, zeigt eine Minderheit an Einrichtungen, die ganz regelmäßig von den Familiengerichten um ein „Clearing" gebeten werden und entsprechend durch schriftlich dokumentierte Beobachtungen und fachliche Hinweise zum Verfahren beitragen.

II. Die Situation in der Familie während des Verfahrens

1609 Besonders bedeutsam werden in dieser Situation regelmäßig die Haltungen und Meinungen der **Eltern bzw. Pflegepersonen** sein, die sich hilfreich oder belastend auf die Einschätzungen und die Erlebnisverarbeitung des Kindes auswirken können. Letzteres ist offenkundig der Fall, wenn das Kind gezielten Manipulationen oder Drohungen ausgesetzt ist. Doch auch in weniger extremen Situationen erleben Kinder, dass ihre (Pflege-)Eltern selbst belastet, erschüttert, zornig, gekränkt oder sehr besorgt sind. So berichten Verfahrensbeistände von Tränen und Ängsten der sichtlich um Fassung bemühten Eltern oder Pflegeeltern anlässlich von Gesprächen oder der Anhörung ihrer Kinder. Manche Erwachsene reagieren aufgrund ihrer eigenen verständlichen emotionalen Betroffenheit auch mit Vorwürfen. „Die kindliche Erlebnisverarbeitung spiegelt die Befürchtungen und Ängste der Eltern wider, die dann ihrerseits durch die Beunruhigung des Kindes Bestätigung erhalten, dass ihre Befürchtungen berechtigt sind" (Lempp u.a. 1987, S. 83).

1610 Entsprechende Wahrnehmungen können für das Kind, das sich in einer **extrem ungewissen Lebenssituation** befindet, in der es also besonders auf die Unterstützung, Zuversicht und Gelassenheit seiner (Pflege-)Eltern oder anderer Vertrauenspersonen angewiesen wäre, **sehr beängstigend** sein. In dieser Situation, in der Kinder intensive Gefühle der Einsamkeit, Schuld, Trauer und Ohnmacht durchleben können, wird die Präsenz einer Person, die sich ganz auf die Probleme und Bedürfnisse des Kindes konzentriert und als belastbar erweist, als hilfreich erlebt. Trotz jahrzehntelanger Praxis im Ausland wissen wir zwar nur wenig darüber, wie Kinder und Jugendliche die Aufgaben ihrer Vertretung sehen, deren Verhalten interpretieren, was sie als belastend oder entlastend erleben, sich von ihr wünschen oder an ihr kritisieren. Doch zieht sich die Bedeutsamkeit einer Halt gebenden persönlichen Beziehung gleich einem roten Faden durch die veröffentlichten Interviewstudien mit vertretenen Kindern und Jugendlichen (vgl. *Stötzel* 2004; Zitelmann 2001, S. 321 f.).

III. Informationen des Kindes über das Verfahren

Für die Kinder ist das Verfahren oft schon deshalb unüberschaubar und verunsichernd, weil sie weder die zeitlichen Dimensionen erfassen können noch in der Lage sind, sich eigenständig Sachstandsauskünfte einzuholen. „Insofern wird sich die Arbeit von Verfahrenspflegern auch daran bemessen lassen, ob Kinder genau Bescheid wissen, was wann passiert, was noch auf sie zukommen kann, wie lange welches Verfahren dauert und wer ihnen darüber Auskunft geben kann", stellte Fegert schon bei Einführung der Interessenvertretung fest (Fegert, FPR 1999, 327). Dies ist ein übrigens immer wieder auch von Kindern und Jugendlichen selbst hervorgehobener Gesichtspunkt, die sich zeitnahe und verständliche Auskünfte über die sie betreffenden Planungen und Entscheidungen wünschen, etwa nach einem Erörterungstermin genau erzählt zu bekommen, was los war, wer wo saß, wer was gesagt hat und selbstverständlich auch, was der Richter entschieden hat und wie alles weitergehen wird.

1611

Rechtlich ist allerdings nicht klargestellt, wer (außer den sich im Interessenkonflikt befindenden Sorgeberechtigten) die Kinder laufend über die Vorgänge im behördlichen, familiengerichtlichen und ggf. auch strafrechtlichen Verfahren informiert und ggf. die **Rolle des „Case-Managers"** übernimmt, um interventionsbedingte Schädigungen zu minimieren. Neben dem Jugendamt (§ 8a SGB VIII) kommt in diesen Fällen gerade auch der **Verfahrensbeistand** in Frage (vgl. Fegert, FPR 1999, 327), dessen rechtliche Handlungskompetenz in § 158 Abs. 4 FamFG geregelt ist:

1612

> „Der Verfahrensbeistand hat das Interesse des Kindes festzustellen und im gerichtlichen Verfahren zur Geltung zu bringen. Er hat das Kind über Gegenstand, Ablauf und möglichen Ausgang des Verfahrens in geeigneter Weise zu informieren."

Das den Verfahrensbeistand bestellende Familiengericht sollte aktiv im Blick behalten, ob dieses Informationsrecht des Kindes hinreichend eingelöst wird. So zeigte eine Befragung von Inobhutnahmeeinrichtungen noch im Jahr 2005 und damit vor Inkrafttreten des § 158 Abs. 4 FamFG, dass die dort lebenden Kinder oder Jugendlichen während der Gerichtsverfahren nur selten (16,8 %) oder sogar nie (14 %) von ihren Verfahrenspflegern persönlich begleitet und informiert wurden. Die nach § 158 Abs. 4 Satz 2 FamFG bestehende Informationspflicht wird nicht immer eingehalten (vgl. Münder u.a. 2017, S. 369 f.), obwohl die Aufklärung der betroffenen Minderjährigen einen wichtigen Aspekt ihrer Beteiligung im Verfahren darstellt (Münder u.a. 2017, S. 373).

1613

Bei der **Information der Kinder im Vor- und Grundschulalter** ist zu beachten, dass diese oft über keine, begrenzte oder falsche Vorstellungen und Kenntnisse von gerichtsbezogenen Verfahrensweisen verfügen. Mit zunehmendem Alter erhöht sich dieses Wissen. So ist etwa ab dem 9. Lebensjahr mit einem zutreffenden Verständnis der Aufgaben des Richters (die vorher oft mit denen der Polizei gleichgesetzt werden) oder von Anwälten zu rechnen. Die Rolle des Sachverständigen ist vielfach selbst Jugendlichen noch nicht bekannt oder mit irrigen Vorstellungen verbunden: „Wenn da so ein neuer Richter kommt, dann guckt der (Sachverstän-

1614

dige) zu, ob der (Richter) das gut macht bei Gericht, das ist dann so eine Probe"; „Der begutachtet, ob der Protokollschreiber das auch richtig schreibt, ob die Protokolle richtig gemacht sind" etc. (Wolf 1997, S. 101 f.).

1615 Nehmen die gerichtsbezogenen Kenntnisse des Kindes oder Jugendlichen zu, kommt es in einer Übergangsphase vermehrt zu fehlerhaften Zuschreibungen, bis die relevanten Informationen schließlich zutreffend eingeordnet werden können. **Eigene Erfahrungen mit und Vorstellungen von dem Gericht können zusätzliche Irritationen hervorrufen.** Nicht selten beziehen Kinder und Jugendliche ihre Informationen aus dem Fernsehen, sodass ihre Vorstellungswelt von Szenen des anglo-amerikanischen Strafverfahrens geprägt sein kann. So rechnen Kinder z.B. damit, dass der Richter ein Mann ist, eine Perücke trägt, mit einem Hammer schlägt, dass Kinder im Zeugenstand (§ 163a FamFG: „Eine Vernehmung des Kindes als Zeuge oder als Beteiligter findet nicht statt.", worüber der Verfahrensbeistand das Kind aufklären sollte) ins Kreuzverhör genommen, bei Falschaussagen bestraft werden etc. (Wolf 1997, insbes. S. 45 ff., 101 f., 208 f.).

1616 Auch kann nicht davon ausgegangen werden, dass den Kindern (wie übrigens oft auch noch Erwachsenen) der **Unterschied zwischen zivilrechtlichen und strafrechtlichen Verfahren** bekannt ist. Bei ihrer Begleitung sollte man deshalb auf entsprechende Ängste vor strafrechtlichen Verurteilungen sowie auf Fehlinformationen und Missverständnisse gefasst sein. Insbesondere gilt dies für misshandelte und sexuell missbrauchte Kinder, die nicht selten mit gezielten Desinformationen und irreleitenden Drohungen über die Reaktionen des Jugendamtes oder Gerichtes aufgewachsen sind. Besonders verwirrend dürften Situationen sein, in denen tatsächlich zugleich ein straf- und ein zivilrechtliches Verfahren anhängig ist (zur sozialpädagogischen Begleitung vgl. *Fastie* 1994, S. 129 ff.; auch *Fastie* 2004).

1617 In Bezug auf das familiengerichtliche Verfahren ist im Übrigen *Coester* zuzustimmen, der fordert, das Kind ggf. bei der richterlichen Anhörung darauf hinzuweisen, dass ein „strafprozessuales Verwertungsverbot" seiner Mitteilungen besteht (*Staudinger/Coester*, § 1666 Rn. 279). Seitens seiner Interessenvertretung sollte dies mit dem Kind bereits im Vorfeld der Anhörung gem. § 159 FamFG besprochen werden. Um den Kindern in dieser Situation zumindest eine gewisse subjektive Kontrolle zu ermöglichen, kommt es auf ein realistisches Bild über das Verfahren an. Hierzu zählt die Verständigung über die Aufgaben des Verfahrensbeistandes, des Richters und den Ablauf des Verfahrens, das dem Kind „altersgemäß, aber korrekt" erklärt werden sollte (Marquardt/Lossen 1999, S. 150 u. 151). Zum Verfahrensablauf zählt insbesondere auch die **Gestaltung der Kindesanhörung**. Aufgrund der Unwissenheit der Kinder und Jugendlichen kann die Situation der Anhörung große Angst bereiten, die vom Richter durch die konkrete Ausgestaltung (insbesondere Ort: Dienstzimmer, Spielzimmer im Gericht oder zu Hause; Zeitpunkt: an einem gesonderten Tag oder am Tag des Erörterungstermins mit dem Risiko, dass die Kinder bzw. Jugendlichen auf die Erwachsenen treffen; und Dauer der Anhörung) und eine verständnisvolle Haltung aber schrittweise genommen werden kann (vgl. Münder u.a. 2017, S. 370 ff.). Umgekehrt sollte der Verfahrensbeistand das Gericht **vor der Anhörung auf etwaige Besonderheiten im Um-**

gang mit dem Kind hinweisen, z.B. auf belastende Gesprächsthemen, aktuelle Vorfälle im Erleben des Kindes o.Ä.

Erfahrungsgemäß können anschauliche Erzählungen über Gleichaltrige, die sich in einer ähnlichen Situation befanden, den Kindern helfen, sich aktiv mit dem Verfahren auseinanderzusetzen und sich zum Beispiel auf die gerichtliche Anhörung oder eine Begutachtung einzustellen. In sog. Trennungskindergruppen/Spielgruppen für Kinder im Grundschulalter aus Scheidungs- und Trennungsfamilien können betroffene Kinder ihre Erfahrungen mit anderen Kindern in ähnlichen Lebenslagen teilen. Dieses **Gefühl subjektiver Kontrolle** ist schon deshalb wichtig, weil Kinder und Jugendliche vor dem Hintergrund traumatischer Beziehungs- und Verlusterfahrungen sowie sozialer Benachteiligungen oft kaum in die eigene Wirksamkeit in der Auseinandersetzung mit sich und ihrer Umwelt vertrauen können. Sie tendieren eher dazu, sich als hilflos und ihre Handlungsspielräume als abhängig von den Einflüssen der mit Macht versehenen Personen und Institutionen zu erleben. Sie glauben vergleichsweise weniger daran, eigene Rechte zu haben bzw. sie wirksam durchsetzen zu können (Melton 1992, S. 168 f.). 1618

IV. Kindesanhörung als Chance

In einer Situation, in der kein Erwachsener dem Kind sagen kann, wie es weitergeht, bietet insbesondere das **persönliche Gespräch mit dem Richter eine Entlastung und die Chance zur aktiven Einflussnahme**. Im Vorfeld der Anhörung bedürfen die Kinder oder Jugendlichen allerdings oft zunächst einer Person, die erklärt, weshalb der Richter sie überhaupt kennen lernen will, wie solche Gespräche bei anderen Kindern abliefen, welche Chancen die Anhörung bietet, und die deutlich macht, dass das Kind keine Entscheidungsverantwortung hat. Manche Kinder reagieren unmittelbar nach der Anhörung mit einer Selbstwertsteigerung und einem Hochgefühl über die eigene Leistung. Andere schwanken in ihren Reaktionen oder kämpfen mit Versagensgefühlen und Selbstzweifeln. Kinder, die sich noch ganz in Abhängigkeit ihrer Eltern erleben, sind nach einem solchen Gespräch darauf angewiesen, sich bei Bedarf zurückziehen zu können bzw. einen einfühlsamen Gesprächspartner zu haben. Zuweilen scheinen die Kinder die Tragweite ihrer Äußerungen erst in der Anhörungssituation zu realisieren, zuweilen haben sie dort nicht genügend Zeit, sich verständlich zu machen, oder bleiben mit ihren Gefühlen allein, so *Lempp* u.a. (1987, S. 81 ff.). Die von dieser Forschergruppe beobachteten und interviewten Kinder waren in der Regel zwar durch die Scheidungsproblematik belastet, mehrheitlich aber nicht schwer traumatisiert. 1619

Bei misshandelten, vernachlässigten bzw. sexuell missbrauchten Kindern und Jugendlichen ist eine fachlich kompetente und einfühlsame Begleitung und richterliche Anhörung umso dringlicher. Berührt die Anhörung doch die Unzulänglichkeit der Eltern und anderer **Bezugspersonen des Kindes oder Jugendlichen** und die **Möglichkeit einer Trennung bzw. die bereits erfolgte Herausnahme**. Sie erinnert zugleich an **traumatische Geschehnisse** (Misshandlung, sexuelle Übergriffe) und kann das Kind oder den Jugendlichen zu einer Zeit und in einer Weise mit entsprechenden Erinnerungen und Gefühlen kon- 1620 frontieren, die überwältigend sein können. Gleiches gilt im Übrigen auch für jene Kinder, die durch das gewalttätige Verhalten eines Elternteiles gezwungen waren, Gewalt gegen den anderen Elternteil oder ihre Geschwister mitzuerleben (näher hierzu Kavemann/Kreyssig 2007). Dabei zeigt die neuere Forschung deutlich, dass die individuelle Offenlegung des Gewalterlebens und des „darüber Sprechens" durch staatliche Instanzen dringend erleichtert werden müssen, auch um den betroffenen Kindern und Jugendlichen eine gesellschaftliche Anerkennung ihres Leids und damit eine bessere Verarbeitung ihrer Erfahrungen zu ermöglichen (Kavemann u.a. 2016.) Das Familiengericht hat die Aufgabe, auch mit tabuisierten Themen fach- und kindgerecht umzugehen, es sollte sich bei der Anhörung nicht auf eine „Schonung" des Kindes oder Jugendlichen vor den eigentlich wichtigen und zu stellenden Fragen zurückziehen, die es zum Schutz des Kindes und zur Anerkennung seiner Geschichte und seines Leides zu stellen gilt.

1621 Der Verfahrensbeistand kann auch nach der Anhörungssituation dazu beitragen, **Unbehagen, Selbstzweifel oder auch Schuldgefühle** („Habe ich was Falsches gesagt?") zu **vermindern**. Das Kind sollte schon bei der Anhörung vom Richter über die **Möglichkeit** informiert werden, sich mit Hilfe seines Verfahrensbeistandes **auch nach der Anhörung noch an das Familiengericht zu wenden**. So kann das Kind das Gericht wissen lassen, dass sich seine Entscheidung erst während der Anhörung spontan verändert hat, dass es wichtige Dinge nicht sagen konnte, Fragen nicht richtig verstanden hat, Missverständnisse befürchtet, Angst oder Wut hatte usw.

1622 Das Kind muss seine während der Anhörung mitgeteilte Position damit nicht als unumstößliche Entscheidung und das Geschehen als unwiderruflich verarbeiten, sondern kann auf das Verfahren und die zu treffende gerichtliche Entscheidung aktiv Einfluss nehmen, ob nun mittelbar durch seine Vertretung oder unmittelbar, z.B. durch einen Brief an das Gericht oder die Anregung zur erneuten Anhörung. Dies gilt vor allem in den Verfahren, die den zukünftigen Lebensmittelpunkt des Kindes oder Jugendlichen und die konkrete Umsetzung eines Schutzkonzeptes zum Gegenstand haben (vgl. Münder u.a. 2017, S. 364 f.).

1623 Noch wichtiger allerdings ist wohl die eindeutige Botschaft an das Kind, dass es **allein die Erwachsenen sind, bei denen die Verantwortung über die im Verfahren zu treffende Entscheidung liegt**. Auch die Erklärung der weiteren Schritte, die sich aus dem Beschluss ergeben, stellt eine wichtige Schlüsselsituation dar, damit die Minderjährigen das Verfahren umfassend begreifen können (Münder u.a. 2017, S. 378).

C Die Erörterung der Kindeswohlgefährdung nach § 157 FamFG und die Herausforderungen für den Verfahrensbeistand

§ 157 FamFG
Erörterung der Kindeswohlgefährdung; einstweilige Anordnung

(1) In Verfahren nach den §§ 1666 und 1666a des Bürgerlichen Gesetzbuchs soll das Gericht mit den Eltern und in geeigneten Fällen auch mit dem Kind erörtern, wie einer möglichen Gefährdung des Kindeswohls, insbesondere durch öffentliche Hilfen, begegnet werden und welche Folgen die Nichtannahme notwendiger Hilfen haben kann.

(2) Das Gericht hat das persönliche Erscheinen der Eltern zu dem Termin nach Absatz 1 anzuordnen. Das Gericht führt die Erörterung in Abwesenheit eines Elternteils durch, wenn dies zum Schutz eines Beteiligten oder aus anderen Gründen erforderlich ist.

(3) In Verfahren nach den §§ 1666 und 1666a des Bürgerlichen Gesetzbuchs hat das Gericht unverzüglich den Erlass einer einstweiligen Anordnung zu prüfen.

Übersicht	Rn.
I. Einleitung	1624
II. Die Erörterung der Kindeswohlgefährdung nach § 157 FamFG	1628
1. Sinn und Zweck der Regelung	1629
2. Durchführung bei „möglicher" Kindeswohlgefährdung	1631
a) Abgrenzung zum frühen ersten Termin	1635
b) Ausgestaltung als Sollvorschrift	1636
c) Beteiligte und Abgrenzung zur Anhörung	1637
3. Das Aufzeigen der rechtlichen Konsequenzen bei Nichtannahme der notwendigen Hilfen	1639
4. Ergebnis und nachträgliche Überprüfung nach Durchführung der Erörterung	1646
5. Erlass einer einstweiligen Anordnung gem. § 157 Abs. 3 FamFG	1650
III. Die Rolle des Verfahrensbeistands in Verfahren nach §§ 1666, 1666a BGB	1652
1. Voraussetzungen für die Bestellung in Verfahren nach §§ 1666, 1666a BGB	1653
2. Die Bestellung eines „geeigneten" Verfahrensbeistands	1655
3. Die Aufgaben des Verfahrensbeistands in Verfahren wegen Kindeswohlgefährdung	1657
4. Zeitpunkt der Bestellung	1662
IV. Erste Erkenntnisse zur praktischen Umsetzung des § 157 FamFG und zur Interessensvertretung des Kindes in Gefährdungsfällen	1663
1. Qualitative Untersuchung zur Umsetzung des § 157 FamFG in der Praxis	1664
2. Studie zur Zusammenarbeit von Jugendhilfe und Justiz (2017)	1668
3. Evaluation der FGG-Reform	1675
V. Fazit – Die Anforderungen an die Einbeziehung des Verfahrensbeistands in den Erörterungstermin nach § 157 FamFG	1679

I. Einleitung

1624 Wie die kindliche Erziehung gestaltet wird, liegt als Bestandteil der Erziehungsverantwortung grundsätzlich im persönlichen Ermessen der Eltern. Mit Blick auf den Charakter der elterlichen Sorge als pflichtgebundenes, auf das Wohl des Kindes bezogenes Recht tragen die Eltern aber auch die primäre Verantwortung dafür, Gefahren von ihrem Kind abzuwenden. Viele Eltern erklären sich erst unter dem Druck des familiengerichtlichen Verfahrens dazu bereit, die zur Abwendung einer Gefahr für das Wohl ihres Kindes erforderlichen Hilfen anzunehmen, worauf die durch das KiWoMaG (2008)[1] eingeführte Vorschrift der Erörterung der Kindeswohlgefährdung nach § 157 FamFG insoweit abstellt. Bei ersten Anhaltspunkten für eine Kindeswohlgefährdung soll das Familiengericht einen gerichtlichen Erörterungstermin anberaumen und auf die Eltern einwirken, um Vorhandensein und Intensität einer Gefahrenlage abklären und entsprechend reagieren zu können.[2] Richter des Familiengerichts sollen frühzeitig den Eltern die Bedeutung der elterlichen Sorge und den „Ernst der Lage" vor Augen führen, wenn Anhaltspunkte für eine mögliche Gefahrenlage vorhanden sind, die Eltern mit dem Jugendamt aber weder kooperieren noch ihr Kind vor Gefahren für sein Wohl schützen können oder wollen. Nach Möglichkeit und entsprechender Gefahrenlage soll vor Gericht die Prüfung erfolgen, ob mit weniger einschneidenden Maßnahmen als einem teilweisen oder vollständigen Sorgerechtsentzug reagiert werden kann.[3]

1625 Die obligatorische Teilnahme der Eltern am Erörterungstermin nach § 157 FamFG eröffnet auch dem **Verfahrensbeistand** als Interessenvertreter für das Kind[4] die Möglichkeit, bestenfalls „von Anfang an" an der Gefahrenabwendung mitzuwirken und durch die Begegnung mit den Eltern diesen die Belange des Kindes aufzuzeigen. Nicht eindeutig zeigt der Gesetzgeber allerdings auf, wann und unter welchen Voraussetzungen der Erörterungstermin zu erfolgen hat[5] und inwieweit der Verfahrensbeistand zum Erörterungstermin nach § 157 FamFG zu laden ist:[6] Im Gesetzeswortlaut des § 157 Abs. 1 FamFG ist der Verfahrensbeistand nicht erwähnt und das Kind nur in „geeigneten Fällen" zur Erörterung der Kindeswohlgefährdung hinzuzuziehen. Auch ausweislich § 158 FamFG ist die verbindliche Bestellung des Verfahrensbeistands zum Erörterungstermin nach § 157 FamFG, der in Verfahren nach den §§ 1666, 1666a BGB erfolgen „soll",[7] nicht garantiert, wird aber im Regelfall zu erfolgen haben: Gem. § 158 Abs. 2 Nr. 2 FamFG wird die Bestellung eines Verfahrensbeistands in Verfahren nach den §§ 1666, 1666a BGB „in der Regel" für „erforderlich" erachtet, zumindest wenn die teilweise oder vollstän-

---

1 Gesetz zur Erleichterung familiengerichtlicher Maßnahmen bei Gefährdung des Kindeswohls (KiWoMaG) vom 4.7.2008, BGBl. I S. 1188; dort zunächst eingeführt als § 50f FGG.
2 Vgl. Berneiser, Die verfahrensrechtliche Neuregelung der Erörterung der Kindeswohlgefährdung.
3 BT-Drucks. 16/6815, S. 12; Schlauß, ZKJ 2007, 9 (10); Meysen in Meysen, § 157 FamFG Rn. 7; zu möglichen elterlichen Sorgerechtsmaßnahmen vgl. § 1666 Abs. 3 und 4 BGB; zum Schutz bei Kindeswohlgefährdungen nach §§ 1666 f. BGB; vgl. in diesem Handbuch Dürbeck, Rn. 532 ff.
4 Vgl. zur Entwicklung der Verfahrensbeistandschaft seit Inkrafttreten des FamFG Lack/Salgo, FPR 2012, 353 ff.; in diesem Handbuch Salgo, Rn. 3 ff.
5 Zur gesetzgeberischen Zielsetzung und empirischen Ergebnissen: Berneiser, Die verfahrensrechtliche Neuregelung der Erörterung der Kindeswohlgefährdung, S. 137 ff., 227 ff.; dies., ZKJ 2016, 255 ff., 291 ff.
6 Verneinend etwa Schumann in MünchKomm-FamFG, § 157 FamFG Rn. 6; bejahend Cirullies in Heilmann, § 157 FamFG Rn. 4
7 Zur Bedeutung und Reichweite des § 157 FamFG als „Soll"-Bestimmung: Berneiser, Die verfahrensrechtliche Neuregelung der Erörterung der Kindeswohlgefährdung, S. 194 ff.

dige Entziehung der Personensorge in Betracht kommt. Das Gericht ist darüber hinaus verpflichtet, bei Vorliegen der Voraussetzungen des § 158 Abs. 1 FamFG über die Regelfälle des § 158 Abs. 2 FamFG hinaus einen Verfahrensbeistand für das Kind zu bestellen. Der Gesetzgeber schließt mit Blick auf § 158 Abs. 3 FamFG einen gerichtlichen Handlungsspielraum im Einzelfall nicht aus („Sieht das Gericht in den Fällen des Absatzes 2 von der Bestellung eines Verfahrensbeistandes ab, ..."), verbindet diesen jedoch mit der Verpflichtung, in der Endentscheidung darzulegen, aus welchen Gründen die Bestellung eines Verfahrensbeistands unterblieben ist.

1626 Die gesetzliche Verankerung der Erörterung der Kindeswohlgefährdung in § 157 FamFG hat in der Fachöffentlichkeit eine kontroverse Debatte ausgelöst, nicht zuletzt angesichts der diskrepanten Begründung des Gesetzgebers zu ihrer Bedeutung. Erste Reaktionen und Einblicke in die praktische Umsetzung nach Einführung der Vorschrift machen deutlich, dass unterschiedliche Vorstellungen von der Durchführung einer Erörterung bei Kindeswohlgefährdung bestehen, die von einer „Vorverlagerung gerichtlicher Eingriffsbefugnisse durch ein Einwirken auf die Eltern"[8] bis hin zum Ersuchen um Einvernehmlichkeit im Kinderschutzverfahren reichen.[9] Es besteht Unsicherheit im professionellen Umgang mit der Vorschrift, ihrer Bedeutung und Reichweite in der Praxis.[10] Befürchtet wird die Weiterreichung von jugendhilferechtlichen Aufgaben und die Übernahme erzieherischer Aufgaben durch die Justiz, verbunden mit der Annahme, über Hilfen im Kinderschutzverfahren zu „verhandeln", woraus Kompetenzüberschreitungen und ein Verstoß gegen den Gewaltenteilungsgrundsatz resultierten.[11]

1627 Es stellt sich die Frage, zu welchem Zeitpunkt und mit welchem Auftrag der Verfahrensbeistand vom Gericht zu bestellen ist, welche Kooperationsstrukturen zwischen den Beteiligten notwendig sind und inwieweit durch die Mitwirkung des Verfahrensbeistands an der Erörterung eine Hilfe für das Kind in Gang gebracht und auf die Dynamik des Verfahrens Einfluss genommen werden kann. Da gesetzlich weder hinreichend normiert ist, ob und inwieweit der Verfahrensbeistand in sehr frühen Stadien des Verfahrens zu bestellen ist – § 158 Abs. 3 Satz 1 FamFG gibt hierfür nur eine grobe Orientierung vor –, noch eine gesetzliche Vorgabe dazu existiert, wie der Verfahrensbeistand im Falle der frühzeitigen Bestellung vorzuge-

---

8 Vgl. Schumann in MünchKomm-FamFG, § 157 FamFG Rn. 3 f., 5; dies., FPR 2011, 203 (203 f.); anders: Meysen in Meysen, § 157 FamFG Rn. 6: „möglich" nicht als Vorstufe zur Gefährdung, sondern als Situation in jedem familiengerichtlichen Verfahren nach einer Anrufung, wenn die Gefährdung noch nicht zur Überzeugung des Gerichts feststeht; zum Vorschlag für ein „gestuftes Maßnahmenkonzept" vgl. Hölbling, ZKJ 2010, 388 (390); krit. Veit, FPR 2008, 599, (600); Zorn in Bork/Jacoby/Schwab, § 157 FamFG Rn. 6, wonach der Staat bei der Ausgestaltung von Schutzmechanismen nicht nur die Elternrechte zu beachten hat, sondern diese auch in Ausgleich zu den Grundrechten des Kindes zu bringen hat.
9 Nicht eindeutig Kemper in Saenger, ZPO, § 157 FamFG Rn. 1, wonach § 157 FamFG das Verfahren nach § 156 FamFG ergänze; kritisch auch Salgo, FPR 2010, 456 (458); zur Kritik an der Cochemer Praxis als Allheilmittel siehe etwa Willutzki, FPR 2009, 327.
10 Ausführlich zum Meinungsstand vgl. Berneiser, Die verfahrensrechtliche Neuregelung der Erörterung der Kindeswohlgefährdung, S. 43 ff., 119 ff.
11 Berneiser, ZKJ 2016, 255 (256 f.).

hen hat, hängt die Einbeziehung des Verfahrensbeistands in den Erörterungstermin entscheidend davon ab, welche Zielsetzungen mit § 157 FamFG verbunden sind, welche Aufgaben dem Verfahrensbeistand in Verfahren nach §§ 1666, 1666a BGB zukommen und welche Rahmenbedingungen der Gesetzgeber für die Interessensvertretung des Kindes bereitstellt.

II. Die Erörterung der Kindeswohlgefährdung nach § 157 FamFG

1628 Ausweislich § 157 Abs. 1 FamFG soll das Gericht in Verfahren nach §§ 1666, 1666a BGB mit den Eltern und in geeigneten Fällen auch mit dem Kind erörtern, wie einer möglichen Gefährdung für das Wohl des Kindes insbesondere mit öffentlichen Hilfen begegnet werden und welche Folgen die Nichtannahme notwendiger Hilfen haben kann. Hierzu hat das Gericht die Eltern zum Termin zu laden und das persönliche Erscheinen der Eltern anzuordnen, § 157 Abs. 2 Satz 1 FamFG.

1. Sinn und Zweck der Regelung

1629 Veranlasst durch Versäumnisse in der Zusammenarbeit zwischen Jugendamt und Familiengericht, zielt der Gesetzgeber mit § 157 FamFG auf die stärkere Einbindung des Familiengerichts und die noch engere Verzahnung von jugendhilferechtlichen und familiengerichtlichen Maßnahmen ab.[12] Die am Verfahren primär Beteiligten[13], d.h. Eltern, Jugendamt und Gericht, sollen zu einem Zeitpunkt, zu dem der Gefahrenlage noch mit öffentlichen Hilfen begegnet werden kann, „an einen Tisch"[14] kommen, damit eine sich abzeichnende Kindeswohlgefährdung frühzeitig abgewehrt werden, das Gericht auf die Eltern einwirken kann und ihnen Perspektiven für die Gewährleistung des Kindeswohls aufgezeigt werden können.[15] Erforderlichenfalls kann sogar die Befriedung von Jugendamt und Eltern durch das Gericht notwendig sein, wenn sich die Fronten verhärtet haben.[16] Entsprechend sollen Gericht und Jugendamt in einer **Verantwortungsgemeinschaft**[17] agieren, um kooperativ und in gegenseitiger Abstimmung das Kind **frühzeitig und effektiv vor Gefahren für sein Wohl zu schützen**: Das Gericht soll die Eltern zur Zu-

---

12 Coester, JAmt 2008, 1 ff.; zur Entstehungsgeschichte und Gründen für die Neuregelung vgl. Berneiser, Die verfahrensrechtliche Neuregelung der Erörterung der Kindeswohlgefährdung, S. 68 ff.
13 Zu weiteren Beteiligten vgl. Cirullies in Heilmann, § 157 FamFG Rn. 4; Berneiser, Die verfahrensrechtliche Neuregelung der Erörterung der Kindeswohlgefährdung, S. 206 ff.
14 Vgl. BT-Drucks. 16/6815, S. 12: „Ein wesentliches Ziel der Erörterung bei Gericht ist es, die Beteiligten – Eltern, Jugendamt und in geeigneten Fällen auch das Kind – an einen Tisch zu bringen. Dies soll dazu beitragen, stärker auf die Eltern und erforderlichenfalls auch auf das Kind einwirken zu können. Es ist Aufgabe der Gerichte, in diesem Gespräch den Eltern den Ernst der Lage vor Augen zu führen, auf mögliche Konsequenzen hinzuweisen und darauf hinzuwirken, dass die Eltern notwendige Leistungen der Jugendhilfe annehmen und mit dem Jugendamt kooperieren."; BT-Drucks. 16/6308, S. 238; Schlünder in BeckOK, § 157 FamFG Rn. 4.
15 Ziegler in Schulte-Bunert/Weinreich, § 157 FamFG Rn. 3.
16 Cirullies in Heilmann, § 157 FamFG Rn. 5.
17 BT-Drucks. 16/6815, S. 1, 15; Lewe, FPR 2012, 440; Knödler, ZKJ 2010, 135 (139); Nothhafft, FPR 2008, 613 ff.

sammenarbeit mit dem Jugendamt anhalten und die Notwendigkeit der Annahme öffentlicher Hilfen erörtern, indem es den Eltern etwa die Vorteile einer Sozialpädagogischen Familienhilfe (§§ 27, 31 SGB VIII) aufzeigt oder darlegt, warum eine Fremdunterbringung des Kindes in einer betreuten Wohnform (§§ 27, 34 SGB VIII) notwendig ist und akzeptiert werden muss.[18] Das Jugendamt hat seine Einschätzung zur Erforderlichkeit der Inanspruchnahme geeigneter Hilfen einzubringen.[19]

Nach der Intention des Gesetzgebers hat das Gericht zweierlei zu beachten: Zum einen soll es mit den Eltern – und in geeigneten Fällen auch mit dem Kind im Falle einer möglichen Kindeswohlgefährdung[20] – erörtern, wie jener zum Wohl des Kindes begegnet werden kann und welche Möglichkeiten der Gefahrenabwehr bestehen. Zum anderen hat das Gericht den Eltern aufzuzeigen, welche Folgen es hat, wenn notwendige Hilfen nicht angenommen werden.[21]

1630

2. Durchführung bei „möglicher" Kindeswohlgefährdung

Damit einer Gefahrensituation frühzeitig effektiv mit öffentlichen Hilfen begegnet werden kann, soll das Gericht schon dann eingeschaltet werden, wenn gewichtige Anhaltspunkte für die Gefährdung des Kindeswohls vorhanden sind.[22] Ausreichend ist, dass eine Gefahr für das Wohl des Kindes möglich erscheint, auch wenn sie noch nicht feststeht, womit die Erörterung der Kindeswohlgefährdung mit der Regelung des **§ 8a Abs. 2 Satz 1 SGB VIII** korrespondiert und sich als notwendiges verfahrensrechtliches Pendant zum sozialrechtlichen Schutzauftrag des Jugendamtes erweist:[23] Gem. § 8a Abs. 2 Satz 1, 1. Hs. SGB VIII hat das Jugendamt das Gericht anzurufen, wenn es dessen Tätigwerden „für erforderlich hält". Dies ist i.d.R. dann der Fall, wenn entweder eine Gefährdung des Kindeswohls durch die freiwillige Inanspruchnahme von öffentlichen Hilfen nicht abgewendet werden kann oder die Eltern nicht bereit oder in der Lage sind, entsprechende Hilfen anzunehmen.[24] Darüber hinaus verpflichtet § 8a Abs. 2 Satz 1, 2. Hs. SGB VIII das Jugendamt zur Einschaltung des Familiengerichts auch in Fällen, in denen die Eltern des Kindes nicht bereit oder in der Lage sind, bei der Abschätzung des Gefährdungsrisikos mitzuwirken. Für das Familiengericht hat das zur Konsequenz, von Amts wegen die **Gefahreneinleitungsschwelle**[25] vorzulagern, ein Verfahren nach §§ 1666, 1666a BGB zu eröffnen und einen Erörterungstermin nach § 157

1631

---

18 BT-Drucks. 16/6815, S. 12, 17 f.; Fellenberg, FPR 2008, 125 (127); Lorenz in Zöller, § 157 FamFG Rn. 2.
19 Meysen in Meysen, § 157 FamFG Rn. 5.
20 Zum Begriff vgl. Fellenberg, FPR 2008, 125; Büte in Johannsen/Henrich, § 157 FamFG Rn. 2.
21 Zorn in Bork/Jacoby/Schwab, § 157 FamFG Rn. 1, 5.
22 BT-Drucks. 16/6815, S. 1, 7; BT-Drucks. 16/8914, S. 1; Pressemitteilung des BMJ v. 24.4.2008.
23 Zum Erörterungstermin als „verfahrensrechtliches Gegenstück zu § 8a Abs. 2 SGB VIII" siehe OLG Frankfurt vom 11.2.2010, 1 WF 11/10, FamRZ 2010, 1094; Zorn in Bork/Jacoby/Schwab, § 157 FamFG Rn. 6; Schumann in MünchKomm-FamFG, § 157 FamFG Rn. 5; Fellenberg, FPR 2008, 125 (127).
24 Hammer in Prütting/Helms, § 157 FamFG Rn. 4.
25 Coester, JAmt 2008, 1 ff.; in diesem Handbuch Heilmann, Rn. 1375.

FamFG anzuberaumen, der bereits Teil des Verfahrens ist – selbst wenn also noch nicht sicher feststeht, ob eine Gefahr für das Wohl des Kindes vorhanden ist.

1632 Wendet sich also das Jugendamt an das Familiengericht, weil die Eltern an der Einschätzung des Gefährdungsrisikos nicht mitwirken (können oder wollen), ist das Gericht gehalten, die **Anforderungen für die Eröffnung des Verfahrens nicht allzu hoch** anzusetzen. Das Vorhandensein und die Intensität der Gefahrenlage selbst dürfen nicht zum Kriterium für die Einleitung des Verfahrens werden, sondern sind selbst Gegenstand der Erörterung und der nach § 26 FamFG erforderlichen Amtsermittlung.[26] Hat das Gericht Zweifel am Vorliegen hinreichender Anhaltspunkte für die Einleitung des Verfahrens, hat es die Befugnis, beschleunigt eine förmliche Vorprüfung vorzunehmen. Entsprechend kann das Gericht das Jugendamt ersuchen, über die erfolgte Meldung hinaus weitere Akteninhalte, z.B. das Ergebnis einer kinderpsychiatrischen Diagnostik, ärztliche Stellungnahmen, Hilfepläne oder Verlaufsberichte einer bereits eingesetzten Sozialpädagogischen Familienhilfe, zu übermitteln.[27]

1633 Das Gericht hat den Termin für die Erörterung der Kindeswohlgefährdung innerhalb der Monatsfrist des § 155 Abs. 2 FamFG durchzuführen, je nach mitgeteiltem Gefährdungsgrad auch früher. Zudem hat das Gericht unverzüglich den Erlass einer einstweiligen Anordnung zu prüfen (§ 157 Abs. 3 FamFG). Auch vorgeburtlich kann ein Erörterungstermin erfolgen, wenn sich bereits ernst zu nehmende Gefahren für das Wohl des Kindes abzeichnen.[28]

1634 *a) Abgrenzung zum frühen ersten Termin*

Zwischen § 155 Abs. 2 FamFG und § 157 FamFG fehlt es an einer klaren gesetzlichen Konturierung, da (auch) § 155 Abs. 2 FamFG auf Verfahren wegen Kindeswohlgefährdung Bezug nimmt und es darum geht, die Wahrnehmung der elterlichen Verantwortung sicherzustellen.[29] In der praktischen Umsetzung werden i.d.R. nicht zwei gesonderte Termine anberaumt, womit ein Unterschied zwischen § 155 Abs. 2 FamFG und § 157 FamFG letztlich nicht deutlich wird.[30] Der Gesetzgeber bezeichnet den Termin zur Erörterung der Kindeswohlgefährdung als eigenen Verfahrensabschnitt mit spezifischer Funktion, der mit dem frühen ersten Termin nach § 155 Abs. 2 FamFG verbunden werden bzw. darin aufgehen kann.[31] Die Vorschrift des § 157 FamFG kann folglich als Modifikation des allgemeineren § 155 Abs. 2 FamFG angesehen werden, da § 157 FamFG dezidiert Bezug auf Verfahren

---

26 Hammer in Prütting/Helms, § 157 FamFG Rn. 8; Hüßtege in Thomas/Putzo, § 157 FamFG Rn. 9
27 Vgl. Hammer in Prütting/Helms, § 157 FamFG Rn. 10, 11.
28 Wenngleich vor der Geburt des Kindes die elterliche Sorge nicht entzogen werden kann, weil die elterliche Sorge erst mit der Geburt des Kindes entsteht und erst dann ausgeübt werden kann; vgl. hierzu OLG Frankfurt, Beschluss vom 12.5.2017, 1 UF 95/17, FamRZ 2018, 190; siehe auch DIJuF-Rechtsgutachten vom 6.6.2014, JAmt 2014, 389 (390).
29 Vgl. zum Meinungsstand: Berneiser, Die verfahrensrechtliche Neuregelung der Erörterung der Kindeswohlgefährdung, S. 189 ff.
30 Berneiser, Die verfahrensrechtliche Neuregelung der Erörterung der Kindeswohlgefährdung, S. 316;
31 BT-Drucks. 16/6815 (Anlage 4), S. 24; Staudinger/Coester, § 1666 Rn. 264.

wegen Kindeswohlgefährdung nach §§ 1666 f. BGB nimmt und dort zu erörternde besondere Aspekte betrifft. Unter Berücksichtigung des **Vorrang- und Beschleunigungsgebotes** soll der frühe erste Termin innerhalb eines Monats nach Verfahrenseröffnung erfolgen, damit die Belastung für das Kind – zumindest unter zeitlichen Aspekten – möglichst gering gehalten wird.[32] Letztlich wird der verfahrensrechtliche Ort für die Wahrnehmung der Erörterung auch nicht von entscheidender Bedeutung sein, solange das Erörterungsgespräch nach § 157 FamFG frühzeitig erfolgt, der Gefahrenabwehr und damit dem Schutz des Kindes dient.[33]

b) Ausgestaltung als Sollvorschrift

1635

Die Ausgestaltung des § 157 Abs. 1 FamFG als **Sollvorschrift** macht deutlich, dass die Erörterung, wie einer möglichen Kindeswohlgefährdung begegnet werden kann, dem Regelfall entspricht[34]. Nur ausnahmsweise kann von der Erörterung abgesehen werden, wenn das Verfahren offensichtlich unbegründet ist oder von vornherein feststeht, dass die elterliche Sorge entzogen werden muss.[35] Gerade mit Blick auf den Grundsatz der Verhältnismäßigkeit wird allerdings in jedem Einzelfall die Prüfung erforderlich sein, inwieweit mildere Mittel ebenso geeignet sind wie ein Sorgerechtsentzug, um einer Gefahrenlage zu begegnen.[36] Über den Erörterungstermin ist ein Aktenvermerk anzufertigen, § 28 Abs. 4 FamFG.[37]

c) Beteiligte und Abgrenzung zur Anhörung

1636

Als **Mussbeteiligte** hat das Gericht das **Jugendamt** hinzuzuziehen, § 162 Abs. 2 Satz 1 FamFG, und damit auch zum Erörterungstermin zu laden, während das **Kind nur „in geeigneten Fällen" an der Erörterung teilnimmt**.[38] Nach Auffassung des Gesetzgebers soll das Kind an dem Erörterungstermin teilnehmen, wenn Drogenabhängigkeit, wiederholte Straffälligkeit oder etwa Schulabstinenz den Anlass zum Verfahren gegeben haben.[39] Dann soll im Erörterungstermin auf das gefährdete Kind eingewirkt werden. Es ist zusätzlich anzuhören, wobei die Kindesanhörung nach § 159 FamFG in der Regel ohne Eltern und im Beisein des Verfahrensbeistands erfolgt.[40] Damit das Kind nicht aus dem Blickfeld gerät und mit seinen Sorgen nicht alleine gelassen wird, ist regelmäßig darauf zu achten, das Kind in das Verfahren entsprechend einzubinden.[41]

---

32 Münder, Kindeswohl zwischen Jugendhilfe und Justiz, S. 164 f.
33 Staudinger/Coester, § 1666 Rn. 265; Berneiser, Die verfahrensrechtliche Neuregelung der Erörterung der Kindeswohlgefährdung, S. 189, 193.
34 Vgl. BT-Drucks. 16/6308, 237.
35 Lorenz in Zöller, § 157 FamFG Rn. 1.
36 Hammer in Prütting/Helms, § 157 FamFG Rn. 16.
37 Vgl. etwa Cirullies in Heilmann, § 157 FamFG Rn. 5.
38 BT-Drucks. 16/6308, S. 238.
39 BT-Drucks. 16/6308, S. 238.
40 Zur Kindesanhörung vgl. etwa Wagner, FPR 2008, 605 (607); zum Verfahrensmangel bei mangelnder Darstellung der Kindesanhörung im Tatbestand des Beschlusses vgl. OLG Saarbrücken, Beschluss vom 31.5.2012, 6 UF 20/12, juris.
41 Vgl. zur Beteiligung von Kindern bei Einvernehmen der Eltern in diesem Handbuch Ivanits, Rn. 1117 ff.; dies., ZKJ 2018, 133 ff. zur Beteiligung von Kindern an einer Mediation.

1637 Die Anhörung der Eltern (§ 160 Abs. 1 Satz 2 FamFG) erfolgt im Anhörungstermin. Im Unterschied zur Erörterung dient die **Anhörung der Eltern** der Sachverhaltsaufklärung und der Gewährung rechtlichen Gehörs[42], während angesichts nicht eindeutiger Abgrenzung von Anhörung und Erörterung nach überwiegender Auffassung das Erörterungsgespräch der Anhörung folgt, da erst nach Aufklärung des Sachverhalts auf die Eltern eingewirkt werden kann.[43] Der Anhörungs- und der Erörterungstermin können im frühen ersten Termin nach § 155 Abs. 2 FamFG miteinander verbunden werden. Auf welche Weise aber das Gericht den Erörterungstermin nach § 157 Abs. 1 FamFG und die Anhörung nach § 160 Abs. 1 Satz 2 FamFG miteinander kombiniert, steht im Ermessen des Gerichts.[44]

1638 Der **Verfahrensbeistand** ist als **Beteiligter** (§ 158 Abs. 3 Satz 2 FamFG) gem. § 32 Abs. 1 FamFG zum Erörterungstermin zu laden.[45] Es **können auch weitere Personen geladen werden** wie etwa Familienhelfer, Klassenlehrer, Schulsozialarbeiter oder (gesetzliche) Betreuer.[46] Die Auswahl ist jedoch mit Bedacht vorzunehmen, um auch den Schutz des Lebensbereiches des Kindes zu wahren.

3. Das Aufzeigen der rechtlichen Konsequenzen bei Nichtannahme der notwendigen Hilfen

1639 In Anlehnung an die bayerische Gesetzesinitiative zur Einführung eines **„richterlichen Erziehungsgesprächs"**[47] verfolgt die Regelung des § 157 FamFG das Ziel, frühzeitig richterlich auf die Kindeseltern einzuwirken und ihnen Konsequenzen im Hinblick auf die elterliche Sorge aufzuzeigen, wenn sie mit dem Jugendamt nicht kooperieren.[48] Das Erörterungsgespräch bei Gericht soll dazu beitragen, die elterliche Befähigung zur Akzeptanz öffentlicher Hilfen zu aktivieren.[49] Bewusst hat der Gesetzgeber von der Bezeichnung als „Erziehungsgespräch" abgesehen mit der Begründung, Familienrichter seien weder Erzieher noch bringe der Begriff des Gesprächs die Bedeutung und Zielsetzung der gerichtlichen Einwirkung auf die Eltern hinreichend zum Ausdruck.[50] Gleichwohl soll das Gericht in einem Erörterungstermin nach § 157 FamFG aufzeigen, welche Folgen und sorgerechtlichen

---

42 Kemper in Saenger, ZPO, § 157 FamFG Rn. 4; Hammer in Prütting/Helms, § 157 FamFG Rn. 15.
43 Zu Überschneidungen mit dem Erörterungstermin nach § 155 Abs. 2 FamFG und der Anhörung der Eltern nach § 160 FamFG vgl. Hammer in Prütting/Helms, § 157 FamFG Rn. 14 und 15; vgl. auch Schumann, FPR 2011, 203 (204).
44 Schlünder in BeckOK, § 157 FamFG Rn. 7.
45 Hammer in Prütting/Helms, § 157 FamFG Rn. 20.
46 Vgl. Hammer in Prütting/Helms, § 157 FamFG Rn. 22; Berneiser, Die verfahrensrechtliche Neuregelung der Erörterung der Kindeswohlgefährdung in § 157 FamFG, S. 213.
47 Gesetzesantrag des Freistaates Bayern zur Änderung des § 1666 BGB und weiterer Vorschriften vom 3.5.2006 zur erzieherischen Einwirkung auf die Kindeseltern durch ein Gespräch beim Familiengericht über die Kindeswohlgefährdung bei auffälligem Verhalten von Kindern und Jugendlichen, BR-Drucks. 296/06.
48 Zur Begründung des Gesetzgebers vgl. BT-Drucks. 16/6815, S. 12; Pressemitteilung des BMJ vom 24.4.2008, S. 1; Schlauß, ZKJ 2007, 9 (10).
49 BR-Drucks. 550/07, S. 4; Abschlussbericht AG KiWoMaG vom 17.11.2006, S. 16, 23.
50 Abschlussbericht AG KiWoMaG vom 17.11.2006, S. 7, 33; kritisch auch unter Hinweis auf den Gewaltenteilungsgrundsatz Flügge, FPR 2008, 1 ff.

Konsequenzen drohen, wenn die Eltern als primäre Verantwortungsträger der Abwendung von Gefahren nicht nachkommen, sich nicht einsichtig zeigen und mit der Jugendhilfe nicht kooperieren. Nach der Vorstellung des Gesetzgebers haben Richter des Familiengerichts im Erörterungstermin mit „erhobenem Zeigefinger" die Eltern in die Pflicht zu nehmen, auf die Einhaltung von Regelungen hinzuwirken und Verbindlichkeit herzustellen[51], an die elterliche Verantwortung zu appellieren und die Folgen der Nichtannahme notwendiger Hilfen aufzuzeigen. Dadurch kommt dem Erörterungsgespräch nicht nur eine Aufklärungs- und Unterstützungs-, sondern auch eine Warnfunktion zu.[52] Die handelnden Richter erscheinen vor der Drohkulisse möglicher Sorgerechtsmaßnahmen, die zum Einsatz kommen, wenn die Kindeseltern ihrer Gefahrenabwendungsaufgabe keine Folge leisten. Damit die öffentlichen Hilfen in Anspruch genommen werden können, ist es dringend notwendig, dass zwischen Jugendamt und Familiengericht ein Konsens über die zu erbringenden Leistungen besteht, was die entsprechende Kenntnis des jugendhilferechtlichen Aufgabenspektrums durch das Gericht voraussetzt.[53]

1640 Bei alledem hat das Familiengericht nicht die Aufgabe, den Eltern allgemeine Erziehungshinweise zu erteilen.[54] Nach der Vorstellung des Gesetzgebers soll sich im Erörterungstermin die richterliche Tätigkeit als **Mischung aus interdisziplinärer Erörterung der Situation und Motivation der Eltern zur Akzeptanz notwendiger Hilfen** unter Einbringung richterlicher Autorität darstellen. Das Gericht kann als Vermittler im Streit zwischen Jugendamt und Eltern fungieren, indem es die Rolle eines neutralen Dritten einnimmt und die jeweiligen Sichtweisen der Beteiligten in den Termin einfließen lässt.[55]

1641 Vor allem darf es im Erörterungstermin **nicht** darum gehen, auf ein **Einvernehmen zwischen den Beteiligten hinzuwirken**. Zwar ist der Erörterung die Eigenschaft als dialogisches Forum mit mediativen Handlungskomponenten nicht vollends abzusprechen. Anders als im Mediationsverfahren oder in einem Verfahren, in dem das Einvernehmen der Beteiligten die Hoffnung begründet, die Grundlage für einen besseren Kommunikations- und Erziehungsprozess bereitzustellen, geht es im Erörterungstermin nach § 157 FamFG weder um die eigenständige Erarbeitung notwendiger Schutzmaßnahmen und Hilfeleistungen durch die Eltern, noch darf eine etwaige Befriedung zwischen Eltern und Jugendamt unter Außerachtlassung der Belange des Kindes erfolgen. Im Vordergrund des Verfahrens nach §§ 1666, 1666a BGB stehen das Kindeswohl und der Schutz des Kindes oder Jugendlichen vor Beeinträchtigungen seiner körperlichen, geistigen und seelischen Integrität[56].

---

51 BT-Drucks. 16/6308, 237 (238); Schlünder in BeckOK, § 157 FamFG Rn. 1.
52 Vgl. Coester, JAmt 2008, 1 (6); Schumann, FPR 2011, 203 (204); Schlauß, ZKJ 2007, 9 (10 f.); kritisch Neumann, DRiZ 2007, 66; Willutzki, ZKJ 2008, 139 (141 f.).
53 Kritisch zur Qualifikation von Familienrichtern in Kinderschutzverfahren Salgo, ZKJ 2018, 168 ff.
54 Hammer in Prütting/Helms, § 157 FamFG Rn. 25.
55 Hammer in Prütting/Helms, § 157 FamFG Rn. 25.
56 Berneiser in Heilmann/Lack, Die Rechte des Kindes, S. 293 (306 f.).

1642 Das Jugendamt hat das erforderliche sozialpädagogische Fachwissen einzubringen (§ 50 Abs. 2 SGB VIII) und der Verfahrensbeistand hat die Interessen des Kindes zur Geltung zu bringen (§ 158 Abs. 4 Satz 1 FamFG). Bei dem wegen möglicher Kindeswohlgefährdung eingeleiteten Verfahren handelt es sich um ein Verfahren, das in Ausübung des staatlichen Wächteramtes von Amts wegen zu führen ist und gerade **nicht zur Disposition der Eltern** steht. Bei festgestellter akuter Gefahrenlage und nicht garantierter Sicherheit des Kindes bleibt kein Raum für langwierige Verhandlungen zur Steigerung der Hilfeakzeptanz der Eltern.[57] Anders als nach § 156 FamFG geht es im Erörterungstermin nach § 157 FamFG deshalb nicht um die Erzielung von Einvernehmen und auch nicht allein um die Vermittlung zwischen Jugendamt und Eltern, sondern es stehen die Prüfung von Maßnahmen zur Abwehr der Kindeswohlgefährdung und die Sicherung der elementaren Bedürfnisse des Kindes im Vordergrund des Verfahrens.[58]

1643 Da die Erörterung darauf abzielt, die Beteiligten an einen Tisch zu bringen, um das Gespräch zu einem sinnvollen Ergebnis führen zu können, hat das Gericht das **persönliche Erscheinen der Eltern** zum Termin anzuordnen, § 157 Abs. 2 FamFG. Auf die Folgen des unentschuldigten Ausbleibens im Termin sind die Eltern hinzuweisen, § 33 Abs. 4 FamFG: Das Gericht kann durch Beschluss ein **Ordnungsgeld** verhängen, wobei die Festsetzung des Ordnungsgeldes auch wiederholt werden kann. Im Falle des wiederholten, unentschuldigten Ausbleibens kann auch die Vorführung angeordnet werden, § 33 Abs. 3 FamFG. Da die Eltern persönlich am Termin teilzunehmen haben, dürfen sie auch nicht unter Hinweis auf ihre Vertretung durch einen Anwalt fernbleiben.[59] Bei bewilligter Verfahrenskostenhilfe ist die Beiordnung eines Rechtsanwalts geboten, wenn die Beurteilung der Sach- und Rechtslage schwierig ist und ein Eingriff von erheblichem Gewicht im Raume steht.[60] Das ist bei Eingriffen in das Sorgerecht i.d.R. der Fall.[61]

1644 Die Anordnung des persönlichen Erscheinens gilt für beide Elternteile im Rechtssinne gleichermaßen, wobei von der gemeinsamen Erörterung abgesehen werden kann, wenn dies zum Schutz eines Beteiligten, etwa wegen häuslicher Gewalt im familiären Kontext oder aus anderen Gründen (z.B. längere Ortsabwesenheit eines Elternteils), erforderlich ist.[62] **Auch ein nicht sorgeberechtigter Elternteil ist zu beteiligen**, da gem. § 1680 Abs. 3 BGB das nachrangige Erziehungsrecht des anderen Elternteils in Kraft treten kann, sollte der sorgeberechtigte Elternteil nicht in der Lage sein, das Kind selbst zu erziehen.[63]

---

57 Salgo, FPR 2010, 456 (458).
58 Vgl. Büte in Johannsen/Henrich, § 157 FamFG Rn. 1; Coester, JAmt 2008, 1 (6); Berneiser in Heilmann/Lack, FS für Ludwig Salgo, S. 293 (296 ff.).
59 Hüßtege in Thomas/Putzo, § 157 FamFG Rn. 5.
60 OLG Bamberg, Beschluss vom 4.12.2013, 7 WF 309/13, FamRZ 2014, 1041 f.; OLG Düsseldorf, Beschluss vom 2.10.2012, II 1 WF 229/12, 1 WF 229/12, FamRZ 2013, 897.
61 Vgl. zustimmend Schlemm in Bahrenfuss, § 157 FamFG Rn. 7.
62 Schlemm in Bahrenfuss, § 157 FamFG Rn. 5.
63 Schlünder in BeckOK, § 157 FamFG Rn. 2.

1645 Kosten, die durch die Teilnahme am Termin entstehen, sind notwendige Aufwendungen im Sinne des § 80 FamFG. Hat das Gericht Verfahrenskostenhilfe bewilligt, besteht ein Anspruch auf Bewilligung einer **Reiseentschädigung**.[64] Der Beteiligte hat dem Gericht **rechtzeitig vor dem Termin** mitzuteilen, dass er die Kosten für die An- und Abreise nicht tragen kann, und erhält vom Gericht einen Gutschein für die Fahrt mit der Deutschen Bahn zwischen Wohnort und Gericht.

4. Ergebnis und nachträgliche Überprüfung nach Durchführung der Erörterung

1646 Das Ergebnis der Erörterung der Kindeswohlgefährdung besteht nicht notwendig in der gerichtlichen Anordnung, Hilfen der Jugendhilfe oder anderes annehmen zu müssen.[65] Sind die Sorgeberechtigten bereit und in der Lage, öffentliche Hilfen anzunehmen, wird das Verfahren ohne gerichtliche Maßnahmen durch einen beschwerdefähigen Beschluss mit Kostenentscheidung beendet. Der Abschluss eines **gerichtlich gebilligten Vergleichs scheidet** demgegenüber **aus, weil der Verfahrensgegenstand nicht zur Disposition der Beteiligten steht**. § 156 FamFG findet in Verfahren wegen möglicher Kindeswohlgefährdung keine Anwendung. Liegt eine Gefahr für das Wohl des Kindes vor und sind die Eltern nicht gewillt oder nicht in der Lage, die Gefahr von dem Kind abzuwenden, so hat das Gericht Maßnahmen nach §§ 1666, 1666a BGB zu treffen. Rein vorsorglich darf das Sorgerecht dabei nicht entzogen werden (sog. Vorratsentscheidung), auch nicht, um jugendamtliche Handlungsmaßnahmen zu erleichtern.[66] Auch ist es dem Familiengericht verwehrt, als Maßnahme nach § 1666 Abs. 3 BGB das Gebot aussprechen, eine Sorgerechtsvollmacht zu erteilen.[67]

1647 Nach dem Abschluss des Verfahrens trifft das Gericht eine Kontroll- und Abänderungsverpflichtung nach § 166 FamFG.[68] Die Beteiligten des Ausgangsverfahrens sind automatisch auch Beteiligte des Prüfungsverfahrens, da das Prüfungsverfahren zwar ein Verfahren eigener Art, aber dem Ursprungsverfahren zuzuordnen ist.[69] Ergibt sich im Prüfungsverfahren die Notwendigkeit zur **Abänderung der getroffenen Entscheidung**, eröffnet das Gericht ein neues Verfahren (Abänderungsverfahren). In der Regel wird der Verfahrensbeistand des Ausgangsverfahrens auch im Abänderungsverfahren bestellt werden.

---

64 BGH, Beschluss vom 19.3.1975, IV ARZ (VZ) 29/74, BGHZ 64, 139.
65 Vgl. § 1666 Abs. 3 Nr. 1 BGB.
66 OLG Schleswig, ZKJ 2014, 330 mit Anm. Gottschalk; zum Sorgerechtsentzug auf Vorrat BVerfG FamRZ 2014, 1177.
67 Zur Sorgerechtsvollmacht vgl. Hoffmann, JAmt 2015, 6 (9 f.); vgl. auch DIJuF-Rechtsgutachten v. 17.12.2014 (Einverständnis in eine Hilfe zur Erziehung beim Bestehen einer Sorgerechtsvollmacht für Hilfen zur Erziehung), JAmt 2015, 33 f.; zur Aufhebung der gemeinsamen elterlichen Sorge trotz Sorgerechtsvollmacht vgl. OLG Düsseldorf, Beschluss vom 7.12.2017, II-1 UF 151/17, BeckRS 2017, 134555 mit Anm. Elden, NZFam 2018, 86 ff.
68 BT-Drucks. 16/6815, S. 15; Coester in Lipp/Schumann/Veit (2009), S. 50 ff.; zu ersten Erkenntnissen aus der praktischen Umsetzung vgl. Socha, JAmt 2017, 522 ff.
69 Str., so aber etwa OLG Frankfurt v. 20.1.2016, 5 WF 20/16, FamRZ 2016, 926.

1648 Sieht das Gericht von einer familiengerichtlichen Maßnahme ab, hat es aufgrund der ihm obliegenden **Überprüfungsverpflichtung** nach § 166 Abs. 3 FamFG sicherzustellen, dass seine Entscheidung in einem angemessenen Zeitabstand, d.h. nach ca. drei Monaten, überprüft wird.[70] Im Erörterungstermin kann das Gericht auf die Notwendigkeit der nachträglichen Überprüfung hinweisen und den Eltern damit deutlich machen, dass sie sich entsprechend zu verhalten und Hilfen anzunehmen haben, da eine nachträgliche Überprüfung der Situation erfolgen wird.[71] Wenngleich eine Dauerkontrolle der Familie durch das Familiengericht nicht der Intention des Gesetzgebers entspricht[72] und die Familie vor unzulässigen, engmaschigen und immerwährenden Kontrollmaßnahmen des Staates zu schützen ist[73], soll der Druck auf die Eltern, die Gefahr von dem Kind abzuwenden und mit der Jugendhilfe zu kooperieren, durch das Hinzutreten des Familiengerichts aufrechterhalten werden.

1649 Ordnet das Gericht eine **länger andauernde kindesschutzrechtliche Maßnahme** an, so muss es seine Entscheidung gem. § 166 Abs. 2 FamFG in angemessenen Zeitabständen prüfen. Besteht die in der Ausgangsentscheidung festgestellte Kindeswohlgefährdung nicht mehr, ist die kindesschutzrechtliche Maßnahme in einem gesondert durchzuführenden Verfahren aufzuheben. Besteht die Gefährdung in anderer Form fort, ist die Ursprungsentscheidung abzuändern und die nunmehr erforderliche Maßnahme zu treffen.

5. Erlass einer einstweiligen Anordnung gem. § 157 Abs. 3 FamFG

1650 Gem. § 157 Abs. 3 FamFG trifft das Gericht die Pflicht zur Prüfung, ob zur Abwendung einer Kindeswohlgefährdung der Erlass einer einstweiligen Anordnung erforderlich ist.[74] Das Gericht hat sorgfältig abzuwägen, ob ein dringendes **Bedürfnis für ein sofortiges Einschreiten** besteht, dass ein weiteres Abwarten nicht vertretbar und eine sofortige Maßnahme zur Abwendung einer Gefahrenlage für das Kind erforderlich ist.[75]

1651 Die einstweilige Anordnung kann ohne Durchführung des Erörterungstermins erlassen werden. Dann ist auf Antrag aufgrund mündlicher Erörterung erneut zu entscheiden, § 54 Abs. 2 FamFG. Erst nach mündlicher Erörterung besteht die Möglichkeit, gegen die im Eilverfahren ergangene Entscheidung Beschwerde einzulegen, § 57 Satz 2 Nr. 1 FamFG.[76]

---

[70] Zur Abänderung von sorgerechtlichen Gerichtsentscheidungen vgl. in diesem Handbuch Dürbeck, Rn. 546 ff.; vgl. auch Abschlussbericht AG KiWoMaG v. 17.11.2006, S. 36; BT-Drucks. 550/07, S. 8; Meysen, JAmt 2008, 233 (240); zur gesetzgeberischen Intention vgl. auch Berneiser, Die verfahrensrechtliche Neuregelung der Erörterung der Kindeswohlgefährdung in § 157 FamFG, S. 102 ff. m.w.N.
[71] Willutzki, ZKJ 2008, 139 (142).
[72] BT-Drucks. 16/6815, S. 15.
[73] Socha, JAmt 2017, 522 (523).
[74] Zorn in Bork/Jacoby/Schwab, § 157 FamFG Rn. 3.
[75] Zorn in Bork/Jacoby/Schwab, § 157 FamFG Rn. 15.
[76] Schlemm in Bahrenfuss, § 157 FamFG Rn. 2.

Sind die Eltern vor Erlass der einstweiligen Anordnung nicht angehört worden, ist die Anhörung unverzüglich nachzuholen, § 160 Abs. 4 FamFG.

III. Die Rolle des Verfahrensbeistands in Verfahren nach §§ 1666, 1666a BGB

Angesichts der Gefahren- und Belastungssituation für das körperliche, geistige und/oder seelische Wohl des Kindes ist entscheidend, welche Aufgaben dem Verfahrensbeistand im gerichtlichen Verfahren wegen einer möglichen Kindeswohlgefährdung (§§ 1666 f. BGB) zukommen und welche Rahmenbedingungen der Gesetzgeber dem Verfahrensbeistand bereitstellt, damit dieser in die Lage versetzt wird, die kindlichen Interessen zu vertreten.

1652

1. Voraussetzungen für die Bestellung in Verfahren nach §§ 1666, 1666a BGB

In Kindschaftssachen im Sinne von § 151 FamFG, die die Person des Kindes betreffen, hat das Gericht gem. § 158 Abs. 1 FamFG dem Kind einen geeigneten Verfahrensbeistand zu bestellen, soweit dies zur Wahrnehmung seiner Interessen erforderlich ist.[77] Erforderlich ist die Vertretung des Kindes, wenn die Eltern die Interessen des Kindes entweder nicht wahrnehmen wollen oder hierzu nicht in der Lage sind und eine Interessenkollision besteht, weil eigene Interessen vor die des Kindes gestellt werden. Auf die Bestellung des Verfahrensbeistands kann nur verzichtet werden, wenn eine anderweitige Interessensvertretung gewährleistet, die Angelegenheit von nur geringer Bedeutung ist oder die Situation keinen erheblichen Einfluss auf die Rechtsposition und die künftige Lebensgestaltung des Kindes nimmt. Ergänzt wird die Generalklausel in Abs. 1 durch Regelbeispiele in Abs. 2, die eine Bestellung des Verfahrensbeistands für den Regelfall vorsehen.[78]

1653

In Verfahren nach **§§ 1666, 1666a BGB** ist die **Bestellung des Verfahrensbeistands verpflichtend** vorgesehen, § 158 Abs. 2 Nr. 2 FamFG, wenn die vollständige oder teilweise Entziehung der Personensorge in Betracht kommt. Die hohe Wahrscheinlichkeit des Interessensgegensatzes besteht in dem Vorwurf gegen die Eltern, sich missbräuchlich gegenüber dem Kind zu verhalten.

1654

2. Die Bestellung eines „geeigneten" Verfahrensbeistands

Das Gesetz verlangt die Bestellung eines **geeigneten Verfahrensbeistands**, bestimmt aber nicht, welche Person für die Aufgabe geeignet ist, weshalb das Gericht nach pflichtgemäßem Ermessen eine Person zu bestimmen hat, die hierzu persönlich und fachlich geeignet und in der Lage ist, das Interesse des Kindes festzustellen und sachgerecht in das Verfahren einzubringen.[79] Dementsprechend

1655

---

77 Zur Frage der konkludenten Bestellung eines Verfahrensbeistands als Ausnahme vom Regelfall der schriftlichen Bestellung vgl. AG Riesa, Beschluss vom 28.3.2017, 9 F 343/15, juris.
78 Vgl. in diesem Handbuch Bauer, Rn. 180 ff.
79 BT-Drucks. 16/6308, 238.

wird zutreffend die Forderung erhoben[80], dass das Familiengericht die notwendige Qualifikation vor der Bestellung des Verfahrensbeistands prüft.[81]

1656 Der Verfahrensbeistand hat jedenfalls über die Fähigkeit zu verfügen, das Kind oder den Jugendlichen in dieser hoch belastenden Lebenssituation zu begleiten, die zusätzlich zu einer Grundausbildung in einer juristischen, pädagogischen oder psychologischen Profession sowie praktischer Erfahrung eine spezifische Weiterbildung erfordert.[82] Damit der Verfahrensbeistand im gerichtlichen Verfahren nach §§ 1666, 1666a BGB Stellung nehmen kann[83], benötigt er fundierte Kenntnisse nicht nur auf dem Gebiet des **materiellen Kindschaftsrechts**, des **Kinder- und Jugendhilferechts** wie auch des **Familienverfahrensrechts**. Er braucht ebensolche Fachkenntnisse im Bereich der **Entwicklungspsychologie**, der unterschiedlichen Erscheinungsformen der **Kindeswohlgefährdung** und über das **Angebotsspektrum öffentlicher und freier Träger der Kinder- und Jugendhilfe** vor Ort.[84]

Neben der erforderlichen **Konfliktlösungskompetenz sowie einer persönlichen Eignung**, Fähigkeit und Bereitschaft, empathisch und sensibel die Perspektive des Kindes einnehmen und dessen Lebenszusammenhänge begreifen zu können, benötigt der Verfahrensbeistand die Kompetenz zur **altersangemessenen Gesprächsführung** mit dem Kind.[85]

3. Die Aufgaben des Verfahrensbeistands in Verfahren wegen Kindeswohlgefährdung

1657 Die Aufgabe des Verfahrensbeistands ist auf das gerichtliche Verfahren beschränkt[86] und besteht darin, das Interesse des Kindes festzustellen und in das Verfahren einzubringen, § 158 Abs. 4 Satz 1 FamFG. Er hat sowohl das subjektive Interesse des Kindes, d.h. den **Willen des Kindes**, festzustellen als auch das objektive Interesse des Kindes, das **Kindeswohl**, zu erkunden und einzubeziehen.[87]

Zur Erkundung und Feststellung des kindlichen Interesses bedarf es der Gesprächsführung mit dem Kind.[88] Das Kind ist in kindgerechter und verständlicher Weise **über Gegenstand, Ablauf und möglichen Ausgang des Verfahrens zu informieren**, § 158 Abs. 4 Satz 2 FamFG. Der Verfahrensbeistand hat auf diese Weise

---

80 Siehe die Empfehlungen des AK 23 des 21. Deutschen Familiengerichtstages, Brühl 2015; Heilmann, ZKJ 2016, 1 (Editorial).
81 Kritisch Engelhardt in Keidel, § 158 FamFG Rn. 32; hierzu wiederum Dahm, Ergebnisse des Forschungsprojektes „Geeignetheit von Verfahrensbeiständen gem. § 158 FamFG", HAWK und BVEB e.V., ZKJ 2016, 212 ff.
82 Hierzu ausführlich in diesem Handbuch Weber/Zitelmann, Rn. 1692 ff.
83 BGH, Beschluss vom 28.4.2010, XII ZB 81/09, BGHZ 185, 272.
84 Mayer, jM 7/2016, 272 (274); in diesem Handbuch Salgo, Rn. 35.
85 Dahm, ZKJ 2016, 212 (213).
86 Zur Forderung nach einer Interessensvertretung im Jugendhilfeverfahren vgl. in diesem Handbuch Lack/Fieseler, Rn. 1609 ff.
87 BT-Drucks. 16/6308, 239; Art. 10 Abs. 1 des Europäischen Abkommens über die Ausübung von Kinderrechten, BGBl. II 2001, 1074, 1075.
88 Vgl. Mayer, jM 2017, 140 ff.

der Subjektstellung des Kindes Rechnung zu tragen[89], in Fällen eines Interessenkonfliktes die Interessensvertretung des Kindes zu ermöglichen und es zu entlasten.[90] Er ist die einzige Person im familiengerichtlichen Verfahren, die ausschließlich die Interessen des Kindes wahrzunehmen verpflichtet ist.[91]

1658 Für das Kind geht die Situation nach einer erfolgten Gefährdung oder Trennung von den Eltern im Regelfall mit einer großen Belastung einher. Hier ist es die Aufgabe des Verfahrensbeistands, sorgfältig auch zu **ermitteln, über welche Möglichkeiten und Ressourcen die Eltern verfügen**. Er hat zu hinterfragen, ob und inwieweit die Eltern über Ressourcen verfügen, ihre Erziehungsfähigkeit gegeben ist, ambulante Unterstützungsangebote geeignet und notwendig sind, um der Gefahrenlage zu begegnen, oder die Herausnahme des Kindes erforderlich erscheint. Auch gegen mögliche Widerstände hat er sich hinwegzusetzen, wenn es das Wohl des Kindes erfordert: Geht es beispielsweise im gerichtlichen Verfahren um die Frage der stationären Heimunterbringung des Kindes und divergieren die Meinungen zwischen Jugendamt und Verfahrensbeistand, weil nach Auffassung des Verfahrensbeistands eine Unterbringung in einer Pflegefamilie oder einer heilpädagogischen Einrichtung dem Wohl des Kindes besser entspricht, kann es notwendig sein, mit Nachdruck das Beste für das Kind zu erreichen. Auch wenn die Jugendhilfe keinen Rechtsanspruch auf optimale Förderung für das Kind eröffnet, entspricht es doch gerade der Aufgabe des parteilichen Interessenvertreters, die Interessen des Kindes bestmöglich zu vertreten.[92]

1659 Auch dem Jugendamt kommt die Aufgabe zu, die Geeignetheit und Notwendigkeit von öffentlichen Jugendhilfen zu überprüfen, was nicht bedeutet, dass der Verfahrensbeistand die Fragen nicht ebenso zu klären hat.[93] Als Interessenvertreter für das Kind hat dieser eine Nähe zum Kind aufzubauen, verbunden mit der Aufgabe, die Umstände des Einzelfalls und die Gedankenwelt des Kindes kennenzulernen sowie Möglichkeiten und Grenzen möglicher Erziehungshilfen einschätzen zu können. Eine konstruktive Zusammenarbeit von Verfahrensbeistand und Jugendamt wird dem kindlichen Interesse entgegenkommen, vor allem dann, wenn das Jugendamt mit der Familie bereits in Kontakt steht und über Erkenntnisse verfügt, die für die Interessensvertretung von Bedeutung sind.[94]

Für den Verfahrensbeistand kann es sich auch als hilfreich erweisen, das Jugendamt im Vorfeld des gerichtlichen Erörterungstermins um die Klärung der Verfügbarkeit möglicher Hilfen zur Erziehung nach §§ 27 ff. SGB VIII oder um weitere Informationen zu bitten, die auf eine Kindeswohlgefährdung hindeuten.[95] Der Ver-

---

89 BT-Drucks. 16/6308, 238.
90 BGH, Beschluss v. 28.4.2010, XII ZB 81/09 = BGHZ 185, 272.
91 Mayer, jM 2016, 272 ff.; zur Stellung des Verfahrensbeistands gegenüber dem Jugendamt vgl. in diesem Handbuch Bauer Rn. 303 ff.; zur Zusammenarbeit vgl. in diesem Handbuch Maywald, Rn. 1810 ff.
92 Büchner/Mach-Hour, NZFam 2016, 597 (599).
93 Zur Zusammenarbeit mit dem Jugendamt siehe in diesem Handbuch Maywald, Rn. 1810 ff.
94 Mayer, jM 2017, 140 (141).
95 Mayer, jM 2017, 140 (141).

fahrensbeistand kann sich wiederum als nützlich für das Jugendamt erweisen, weil er Gespräche mit dem Kind und mit den Eltern führt und neue Erkenntnisse in das Verfahren einbringen kann. Trägt das Jugendamt keine Informationen an den Verfahrensbeistand heran, verbleibt diesem die Möglichkeit, **bei Gericht anzuregen, das Jugendamt um Auskunftserteilung und Vorlage früherer und aktueller Hilfepläne und ggf. Verlaufsberichte** hinsichtlich bereits geleisteter Hilfen zu ersuchen.[96]

1660 Der Verfahrensbeistand ist **nicht an Weisungen und Wünsche des Kindes gebunden**. Zur Einlegung eines Rechtsmittels ist er verpflichtet, wenn das Interesse des Kindes dies erfordert. Er bleibt für die zweite Instanz zuständig.

1661 Regelmäßig wird der Verfahrensbeistand auch in einem Abänderungsverfahren bestellt.

4. Zeitpunkt der Bestellung

1662 Gem. § 158 Abs. 3 Satz 1 FamFG ist ausweislich der gesetzlichen Vorgabe der Verfahrensbeistand **so früh wie möglich** zu bestellen. In höchstrichterlichen Entscheidungen ist bereits dargelegt worden, in welchen Fällen von einer frühzeitigen Bestellung ausgegangen werden kann: Jedenfalls gebiete es der in Art. 103 Abs. 1 GG verfassungsrechtlich garantierte Anspruch auf rechtliches Gehör, „die Bestellung des Verfahrensbeistands so rechtzeitig vorzunehmen, dass er **noch Einfluss auf das erstinstanzliche Verfahren und die Entscheidung** nehmen kann."[97] In Verfahren wegen Kindeswohlgefährdung, in denen es um die frühzeitige und effektive Abwendung einer Gefährdung für das Wohl des Kindes geht, muss der Verfahrensbeistand in der Lage sein, sich schon zu Beginn des Erörterungstermins einen persönlichen Eindruck von dem Kind, den Eltern und deren Ressourcen, dem bisherigen Hilfeprozess und möglichen zukünftigen Hilfeleistungen zu verschaffen. Entsprechend wird er regelmäßig mit Eröffnung des Verfahrens bestellt werden müssen und nicht nur bzw. erst dann, wenn es im Verfahren um den teilweisen oder vollständigen Entzug der elterlichen Sorge geht. Findet die frühzeitige Bestellung nicht statt, weil sich das Gericht erst einen Eindruck von der Situation und dem Vorhandensein eines Interessenskonfliktes verschaffen möchte[98], wird dem Umstand, dass die Bestellung des Verfahrensbeistands von Anfang an das Kind entlasten und einen Beitrag dazu leisten kann, die Interessen von Anfang an in das Verfahren einbringen zu können, nicht hinreichend Rechnung getragen.

---

96 Vgl. hierzu in diesem Handbuch Bauer Rn. 396 und Lack/Fieseler Rn. 1834.
97 BVerfG, Beschluss vom 26.8.1999, 1 BvR 1403/99, juris; BGH, Beschluss vom 16.3.2011, XII ZB 407/10; OLG Saarbrücken, NJW 2011, 2372; Lack/Salgo, FPR 2012, 353 (355).
98 Hierzu Kuleisa-Binge, FPR 2012, 363 ff.

IV. Erste Erkenntnisse zur praktischen Umsetzung des § 157 FamFG und zur Interessensvertretung des Kindes in Gefährdungsfällen

1. Qualitative Untersuchung zur Umsetzung des § 157 FamFG in der Praxis

1663

Nach den Ergebnissen einer ersten **empirische Untersuchung**[99] zur Frage, wie die Erörterung der Kindeswohlgefährdung in der Praxis umgesetzt wird und wie sich die Zusammenarbeit zwischen Jugendamt und Familiengericht gestaltet, wird deutlich, dass ein Bewusstsein für die Durchführung einer Erörterung zur Begegnung der Gefahrenlage besteht, der Regelung des § 157 Abs. 1 FamFG aber (noch) keine eigenständige Bedeutung zukommt: Anders als das in § 155 Abs. 1 FamFG normierte Vorrang- und Beschleunigungsgebot, das durch die fast regelhafte frühe Terminierung innerhalb eines Monats nach Beginn des Verfahrens (vgl. § 155 Abs. 2 Satz 2 FamFG) ein Bewusstsein der Gerichte für das kindliche Zeitempfinden und die Erforderlichkeit einer beschleunigten Verfahrensführung erkennen lässt, ist die Regelung des § 157 FamFG in ihrer eigentlichen Zielsetzung häufig noch unbekannt. Bei der Richterschaft und den Mitarbeitern der Kinder- und Jugendhilfesozialdienste von Jugendämtern fehlt es bereits an der Einheitlichkeit der Begriffsverwendung.[100] Es zeigt sich, dass der „Erörterungstermin", in welchem ein „Gespräch" zwischen Gericht, Jugendamt und Eltern erfolgt, jedenfalls nicht als gesonderter Termin anberaumt wird. Ein gezieltes Einwirken auf die Eltern findet ausweislich der Untersuchung ebenfalls nur vereinzelt statt. Es wird nicht hinreichend nach unterschiedlichen Gefährdungsstufen und danach differenziert, ob eine mögliche oder eine bereits eingetretene Kindeswohlgefährdung vorliegt. Häufig erschöpft sich das Erörterungsgespräch in der Diskussion über mögliche Hilfeleistungen, in der Darstellung der Situation und in dem Hinweis an die Kindeseltern, im Falle der Nichtannahme von Hilfen oder der Nichteinhaltung von Auflagen mit (stärkeren) Eingriffen in die elterlichen Sorgerechte rechnen zu müssen.[101]

Entgegen der Intention des Gesetzgebers erfolgt die Einschaltung des Gerichts überwiegend erst dann, wenn die zuvor von den Jugendämtern angebotenen Hilfen von den Eltern nicht angenommen werden und die Schwelle der Kindeswohlgefährdung bereits überschritten ist.[102]

1664

Jedenfalls erhoffen sich die Jugendämter mit Anrufung des Familiengerichts entweder dessen Autorität, um vorgeschlagenen oder bereits gescheiterten öffent-

1665

---

99 Vgl. Berneiser, Die verfahrensrechtliche Neuregelung der Erörterung der Kindeswohlgefährdung in § 157 FamFG; dies., ZKJ 2016, 255 ff.; ZKJ 2016, 291 ff.
100 Zur Bezeichnung als „Anhörung", „Erörterung" oder „Anhörung und Erörterung" vgl. Tabelle 1 in Berneiser, ZKJ 2016, 255 (258).
101 Berneiser, Die verfahrensrechtliche Neuregelung der Erörterung der Kindeswohlgefährdung in § 157 FamFG, S. 309 ff., 320, 332 f.
102 Vgl. Berneiser, Die verfahrensrechtliche Neuregelung der Erörterung der Kindeswohlgefährdung in § 157 FamFG.

lichen Jugendhilfen mehr Nachdruck zu verleihen, oder aber die Einholung eines Sachverständigengutachtens, ohne zu bedenken oder zu akzeptieren, dass eine möglichst zuverlässige Grundlage für eine am Kindeswohl orientierte Entscheidung auch durch anderweitige Informationen, insbesondere durch Stellungnahmen des Jugendamtes und des geeigneten Verfahrensbeistands zu erlangen ist. **Die Erörterung entfaltet eine Warnfunktion.** Es findet ein Gespräch mit allen Beteiligten „an einem Tisch", nicht ein Verhandeln am „runden Tisch" statt. Jedenfalls zeigt sich nach den Ergebnissen der Untersuchung nicht die befürchtete Absicherungsmentalität durch das Jugendamt. Dieses wendet sich nicht an das Familiengericht, um den eigenen Handlungsauftrag auf dieses zu verlagern, sondern weil es dessen Kompetenz für den weiteren Hilfeprozess benötigt, wenn die Eltern eine Gefahr für das Wohl ihres Kindes trotz Hilfeangeboten nicht abwenden können oder wollen und das Jugendamt die verbindliche Anordnung von Hilfen durch das Gericht erhofft.[103] Auch wird das Gericht angerufen, weil gewichtige Anhaltspunkte für eine Kindeswohlgefährdung vorhanden sind, die Eltern aber bereits die Mitwirkung an der Abschätzung des Gefährdungsrisikos verweigern.[104] Ausweislich der Untersuchung bezeichnen zahlreiche Familienrichter das Verfahren wegen Kindeswohlgefährdung als „juristisch untypisch", zeitaufwändig, teilweise hoch belastend und schwer greifbar.[105] Richter wünschen sich mehr Einblick in die Arbeit der Jugendämter. Sie haben das Bewusstsein, als Entscheidungs- und Autoritätsorgan zu fungieren und eine andere Rolle zu haben als das Jugendamt, doch es fehlen fundierte Begründungen für die Annahme einer Kindeswohlgefährdung. Besonders Familienrichter mit weniger Berufserfahrung geben vor, noch nicht über die für das Verfahren erforderlichen Kenntnisse zu verfügen.[106]

1666 Der Verfahrensbeistand ist im Regelfall bestellt. Deutlich wird durch die Feststellung, dass in sieben der acht in der Untersuchung beobachteten Fälle ein Verfahrensbeistand für das Kind bestellt wird und vier von sechs der befragten Richter einen Verfahrensbeistand bereits zum „ersten Erörterungstermin" hinzuziehen[107], dass im Verfahren zumindest ansatzweise eine größere Aufmerksamkeit dem Kind gegenüber besteht. In der Bestellung des Verfahrensbeistands scheinen die Richter den Vorteil zu erkennen, auf eine weitere „neutrale" Person im Verfahren zurückgreifen zu können, die für das Kind, das sich in einem schweren Loyalitätskonflikt befindet, einsteht, sich intensiv mit dem Kind auseinandersetzt und objektiver agieren kann als das Jugendamt.[108] Gleichwohl – und das machen die Ergebnisse

---

103 Berneiser, ZKJ 2016, 291 (292).
104 Vgl. § 8a Abs. 2 S. 1, 2. Hs. SGB VIII.
105 Berneiser, Die verfahrensrechtliche Neuregelung der Erörterung der Kindeswohlgefährdung, S. 286 ff.
106 Berneiser, Die verfahrensrechtliche Neuregelung der Erörterung der Kindeswohlgefährdung, S. 286 ff., 300 ff., 303 ff.; kritisch zur Frage der Qualitätsstandards Salgo, ZKJ 2018, 168 ff.; zu den Ausbildungsstandards im Kinderschutz in der Lehre siehe Berneiser/Bartels, ZKJ 2016, 440 (441 f.). Die Kinderrechtekommission des Deutschen Familiengerichtstages e.V., FamRZ 2018, 666 ff. spricht sich deshalb für eine Qualitätsoffensive aus.
107 Vgl. Berneiser, ZKJ 2016, 255 (258, 260).
108 Berneiser, ZKJ 2016, 255 (260).

der in der Untersuchung erfolgten Expertenbefragungen ebenso deutlich – warten Richter auch mit der Bestellung des Verfahrensbeistands ab, bis etwa die Familie kennengelernt oder der Sachverhalt weiter ermittelt worden ist. Für nicht erforderlich erachtet wird die Hinzuziehung eines Verfahrensbeistands für Termine bei Gericht wegen einer unterlassenen kinderärztlichen Vorsorgeuntersuchung, da in derartigen Fällen der Verfahrensbeistand bis zum ersten frühen Termin nicht so viel mit den Eltern und dem Kind interagiert habe wie die Fachkräfte des Jugendamtes.[109]

2. Studie zur Zusammenarbeit von Jugendhilfe und Justiz (2017)

Auch nach der neuen **Studie von *Münder* (2017)**[110] **zur Zusammenarbeit von Jugendhilfe und Justiz in Verfahren wegen Kindeswohlgefährdung** bleibt offen, welche Erwartungen mit der Erörterung der Kindeswohlgefährdung verknüpft werden und wie der Termin von allen Beteiligten ausgestaltet wird.[111] In nahezu allen im Rahmen der Studie durchgeführten Interviews von ASD-Fachkräften und Richtern kommt allerdings zum Ausdruck, dass die Erörterung der Kindeswohlgefährdung mit der Zielsetzung verbunden wird, eine mit Entscheidungsmacht ausgestattete Autoritätsperson hinzuziehen zu können, die Druck auf die Eltern ausüben kann:[112] Die Jugendämter äußern in zahlreichen Fällen die Erwartung, mithilfe des Gerichts die Gefährdung feststellen und gemeinsam Maßnahmen zur Abwendung der Gefährdung finden und durchsetzen zu wollen, wozu sich das Erörterungsgespräch anbiete, wenn die eigenen jugendhilferechtlichen Handlungsmöglichkeiten erschöpft sind.[113] Dass der Richter die Macht habe, den Eltern die elterliche Sorge entziehen zu können, sei den Eltern in der Regel bewusst. Sie benötigten eine Person, die ihnen das transparent mache. Der Druck des Verfahrens könne sie aufrütteln.[114]

Die Studie zeigt aber auf, dass auch festgefahrene Kommunikationsstrukturen zwischen dem Jugendamt und den Familien von Richtern gelöst werden können, wenn diese die Eltern „an die Hand nehmen und diese dahin führen, wo sie hin sollen".[115] Erörterungen sollen stattfinden, wenn Jugendämter die Eltern nicht davon überzeugen können, eine Hilfe anzunehmen, die das Jugendamt angesichts einer potenziellen Gefährdung für erforderlich hält. Mit der Erörterung bei Gericht und den **justiziellen Möglichkeiten zur Herstellung von Verbindlichkeit** verknüpfen die Jugendämter die Vorstellung, die Hilfeakzeptanz der Eltern zu erreichen.[116] Entsprechend soll die Regelung des § 157 FamFG dazu beitragen, Wider-

---

109 Berneiser, ZKJ 2016, 255 (260).
110 Vgl. Münder, Kindeswohl zwischen Jugendhilfe und Justiz – Zur Entwicklung von Entscheidungsgrundlagen und Verfahren zur Sicherung des Kindeswohls zwischen Jugendämtern und Familiengerichten.
111 Vgl. Münder, a.a.O., S. 96.
112 Münder, a.a.O., S. 246.
113 Münder, a.a.O., S. 240, 241.
114 Vgl. Zitate bei Münder, a.a.O., S. 246.
115 Vgl. Zitate bei Münder, a.a.O., S. 247.
116 Münder, a.a.O., S. 241.

stände der Eltern gegenüber Hilfeangeboten des Jugendamtes abzubauen und ggfs. bestehende Hürden bei der Kooperation von Jugendamt und Eltern mithilfe des Gerichts überwinden zu können.

Vor diesem Hintergrund werden Gerichte zunehmend früher informiert.[117] Der Termin wird als Möglichkeit betrachtet, *„festgefahrene Gespräche im Jugendamt wieder in Bewegung zu bringen [...], er stoße in die Lücke zwischen dem auf Freiwilligkeit und Aushandlung basierenden § 36 SGB VIII und einem richterlichen Sorgerechtseingriff."*[118] Jugendämter ziehen das Gericht aus der Motivation hinzu, mit dem Gericht eine Instanz zu haben, die einen Termin anberaumen kann, zu dem die Eltern erscheinen müssen.[119] Richter würden auf diese Weise in die Maßnahme-Entwicklung mit eingebunden, was Richter entweder begrüßen und als sinnvolle Erweiterung ihres Handlungsspektrums bewerten oder aber mit der Begründung ablehnen, es sei mit Blick auf die Vorgaben des SGB VIII die ureigene Aufgabe der öffentlichen Jugendhilfe, die Gefahrenlage und Reaktion hierauf zu prüfen, bevor das Familiengericht eingeschaltet werden dürfe.[120]

1669 Hinsichtlich der Frage, inwieweit das Gericht von Jugendämtern „zu früh" oder „zu spät" eingebunden werde, besteht nach dem Ergebnis der Untersuchung Einigkeit, dass nicht (mehr) von einer zu späten Hinzuziehung ausgegangen werden könne.[121] An seine Grenzen komme der gerichtliche Erörterungstermin aber jedenfalls dann, wenn Richter der Erörterung skeptisch gegenüber stehen, nicht das entsprechende Verständnis der Zielsetzung der Erörterung besitzen, die Durchführung der Erörterung als „Vermischung" von Jugendamtstätigkeit und richterlichen Aufgaben betrachten oder das Erörterungsgespräch nach § 157 FamFG als (bloße) „Anhörung zur Hauptsache" einordnen.[122] Dass ein Richter im Erörterungstermin nicht als Mediator ohne Entscheidungsgewalt und in bloßer Vermittlungsfunktion fungieren darf, ist zumindest einem Teil der Richterschaft bewusst.[123] Als Ergebnis der Erörterung lässt sich nach dem Ergebnis der Untersuchung feststellen, dass in über einem Drittel der Fälle Absprachen getroffen sowie Ermahnungen, Ge- und Verbote angeordnet werden, vor allem das Gebot, eine Sozialpädagogische Familienhilfe gem. §§ 27, 31 SGB VIII in Anspruch zu nehmen.[124]

1670 Verfahrensbeistände werden in Verfahren nach §§ 1666, 1666a BGB trotz gesetzlicher Vorgabe in § 158 FamFG in nur ca. 75 % der Fälle, wenn auch mit dem sog. „erweiterten Auftrag" (§ 158 Abs. 4 FamFG)[125], bestellt. Die Bestellung erfolgt un-

---

117 Münder, a.a.O., S. 241.
118 Münder, a.a.O., S. 245.
119 Vgl. Zitate bei Münder, a.a.O., S. 243.
120 Münder, a.a.O., S. 244.
121 Münder, a.a.O., S. 244: Von 57,1 % der Interviewten wird die Behauptung, dass das Gericht „zu spät" vom Jugendamt informiert würde, abgelehnt.
122 Münder, a.a.O., S. 248.
123 Münder, a.a.O., S. 248, 249.
124 Münder, a.a.O., S. 171.
125 Münder, a.a.O., S. 284.

abhängig vom Alter des Kindes und hängt in erster Hinsicht davon ab, inwiefern Richter davon ausgehen, dass sich weitere Termine anschließen werden bzw. eine richterliche Entscheidung notwendig wird.[126] Knapp 70 % der Bestellungen erfolgen in den ersten vier Wochen nach Information des Gerichts, davon sogar knapp 60 % vor dem ersten Anhörungstermin und damit „so früh wie möglich"[127], wie gesetzlich in § 158 Abs. 3 Satz 1 FamFG bestimmt. Vereinzelt erscheint Richtern die Bestellung von Verfahrensbeiständen überflüssig, wenn im Rahmen der ersten Erörterung eine informelle Einigung mit den Eltern in Aussicht steht.[128] Zur Frage der Neutralität des Verfahrensbeistandes, der Abhängigkeit von der richterlichen Bestellung und der dadurch bedingten Ausgestaltung der Kooperationsbeziehung zwischen Verfahrensbeistand und Richtern fehlen laut Ergebnis der Studie Zahlen und Angaben der befragten Experten.[129]

Zum Teil wird deutlich, dass die Bestellpraxis von einer „guten und bewährten Erfahrung in der Zusammenarbeit" geprägt ist.[130] Nach den Erwartungen des Richters soll der schriftliche Bericht des Verfahrensbeistands auch noch vor dem ersten Erörterungstermin „spätestens einen Monat nach Beginn des Verfahrens" fertiggestellt und an alle Beteiligten versendet werden, es sei denn, es handelt sich um eine Inobhutnahme ohne Zustimmung der Eltern, sodass der Bericht nachgeholt werden muss. Für die Richter ist es ein bewährtes Kriterium, im Einzelfall auf Verfahrensbeistände zurückzugreifen, die bereits unter Beweis gestellt haben, einen aussagekräftigen Bericht bis zum Termin anfertigen zu können. Als **Grundlage der Stellungnahme** dienen die **Akte des Gerichts mitsamt der jugendamtlichen Berichterstattung und die Ermittlungserkenntnisse des Verfahrensbeistands** zu den Interessen des Kindes, häufig im Bericht getrennt nach Wille und Wohl[131], der auf etwa vorhandene Erfahrungen bei der Mitwirkung an einvernehmlichen Regelungen sowie Gesprächen mit dem Kind, der Familie und dem Umfeld des Kindes zurückgreifen kann.[132] Auch **informelle Absprachen zwischen Jugendamt und Verfahrensbeistand** sind nicht selten.[133] Im Erstkontakt klärt der Verfahrensbeistand die Kinder altersgemäß darüber auf, dass sie einen „Anwalt" bzw. eine „Anwältin" zur Seite gestellt bekommen haben und sichert ihnen ihre persönliche Unterstützung während des Verfahrens zu.[134]

1671

Nach dem Ergebnis der Studie werden bei der **Auswahl des Verfahrensbeistands** durch die Richter über die Profession hinausgehend fallspezifische Kriterien wie Geschlecht, Kultur, Sprachkenntnis bis hin zu Durchsetzungskraft und Einfühlungsvermögen berücksichtigt.[135] Verfahrensbeistände sind überwiegend in Ver-

1672

---

126 Münder, a.a.O., S. 166.
127 Münder, a.a.O., S. 166.
128 Münder, a.a.O., S. 167, 283.
129 Münder, a.a.O., S. 168.
130 Vgl. Zitate in Münder, a.a.O., S. 286, 287.
131 Münder, a.a.O., S. 260.
132 Münder, a.a.O., S. 259, 260.
133 Münder, a.a.O., S. 259.
134 Münder, a.a.O., S. 297.
135 Münder, a.a.O., S. 309.

fahren zu Sorgerechtsstreit bei Trennung und Scheidung sowie in Umgangsverfahren einbezogen, Fälle der Kindeswohlgefährdung kommen nicht häufig vor. Entsprechend fehlt es den Verfahrensbeiständen nicht selten an der besonderen Sachkenntnis zu Fällen nach §§ 1666, 1666a BGB, dem Erörterungsgespräch und der Problematik der Mediation im Kinderschutzverfahren.[136] Widersprüche zwischen Wohl und Wille des Kindes werden zum Teil konstruktiv und in Anlehnung an die Standards des BVEB auch mit Mitteln der kognitiven Verständigung gelöst.[137] Die besonderen Strategien im Umgang mit **typischen Widersprüchen von Wohl und Wille sind den Verfahrensbeiständen aber nicht immer bewusst** und die Standards des Berufsverbandes können nur als Orientierung dienen. Als problematisch erweisen sich Ansätze, die den Willen eines kleinen Kindes vernachlässigen, mit der Begründung, der Wille sei bei sehr kleinen Kindern noch nicht stark ausgebildet.[138]

1673 Mit der förmlichen **Beendigung des Verfahrens** durch einen Beschluss endet für viele Verfahrensbeistände die Zusammenarbeit mit dem Kind. Nur sehr vereinzelt wird eine nachträgliche Begleitung des Kindes als selbstverständlich erachtet und den Kindern wird angeboten, sich im Bedarfsfalle von sich aus beim Verfahrensbeistand zu melden.[139]

1674 ### 3. Evaluation der FGG-Reform

Ausweislich der **Evaluationsberichterstattung der FGG-Reform**[140], die angesichts der fehlenden Evaluationsklausel im FGG-Reformgesetz erst jüngst vorgenommen und veröffentlicht worden ist, wird als wesentliches Ergebnis der Untersuchung herausgestellt, dass mit der Etablierung des FamFG wesentliche Zielsetzungen des FamFG verwirklicht worden sind. Die Untersuchung hat sich gleichwohl mit einer auf sehr viele Themen Bezug nehmenden Frage beschäftigt, d.h., „*wie sich das am 1.9.2009 in Kraft getretene FamFG nach rund acht Jahren der praktischen Erprobung bewährt habe.*"[141] Mit Blick auf die vorliegende Fragestellung der Einbindung des Verfahrensbeistands in den gerichtlichen Erörterungstermin bei Kindeswohlgefährdung nach § 157 FamFG liefert der Evaluationsbericht nur wenige Erkenntnisse, da sich die Untersuchung neben der Überprüfung der Effektivität der neuen Anordnung der Gesetzestexte und der rechtsstaatlichen Ausgestaltung des Verfahrens durch eine Bündelung von Vorschriften in einer einzigen Verfahrensordnung allein auf die Stärkung von konfliktvermeidenden und konfliktlösenden Elementen konzentriert, die familiengerichtlichen Kinderschutzverfahren jedoch völlig ausblendet. Eine Bezugnahme auf die Erörterung der Kindeswohlgefährdung in § 157 FamFG fehlt. Nur in den Ergebnissen zu den Gründen für die Nutzung von Eilverfahren in Kindschaftssachen finden Bezüge zu Verfahren

---

136 Münder, a.a.O., S. 308.
137 Münder, a.a.O., S. 302, 303.
138 Münder, a.a.O., S. 304.
139 Münder, a.a.O., S. 299.
140 Vgl. Ekert/Heiderhoff, Die Evaluierung der FGG-Reform.
141 Kurzfassung „Evaluierung der FGG-Reform", S. 2.

nach §§ 1666, 1666a BGB Erwähnung.[142] Hiernach sei **häufiger Grund für den Antrag bzw. die Anregung auf Erlass einer einstweiligen Anordnung die drohende Kindeswohlgefährdung wegen Vernachlässigung oder Missbrauch**, die eine schnelle Entscheidung erfordere, um notwendige ärztliche Maßnahmen vornehmen oder Anmeldefristen einhalten zu können.[143] Weitere Gründe seien die **drohende Kindesentführung** oder ein **Umzug des Elternteils** mitsamt dem gemeinsamen Kind gegen den Willen des anderen Elternteils.[144] Der Nachweis der Eilbedürftigkeit werde vor allem durch die Glaubhaftmachung im Wege der eidesstattlichen Versicherung, durch die Vorlage ärztlicher Atteste, Berichte des Jugendamtes, Kalendereinträge oder außergerichtliche Korrespondenz erbracht.[145]

Soweit mit der Einführung von konfliktvermeidenden und konfliktlösenden Elementen die Etablierung einer konsensualen Verfahrensstruktur angestrebt worden ist[146], seien jedenfalls die Beteiligten in den Mittelpunkt des Verfahrens gestellt worden, in dem die Konzentration auf diejenigen gelenkt worden sei, deren Rechtspositionen im Verfahren verfolgt würden.[147] Besonders positiv werden in diesem Zusammenhang die Normierungen zur **persönlichen Anhörung** und zum persönlichen Erscheinen der Beteiligten im Verfahren bewertet.[148] Umsetzungsschwierigkeiten von gesetzlichen Normierungen zeigten sich in der Praxis nach wie vor, doch liegt nach dem Evaluationsbericht die Ursache nicht notwendigerweise in den gesetzlichen Regelungen selbst, sondern in dem „nicht idealen" Verständnis von der jeweiligen Norm.[149] Die im Wege der FGG-Reform besonders fokussierten Konfliktlösungsinstrumente, denen in kindschaftsrechtlichen Umgangs- und Sorgerechtsverfahren eine herauszustellende Bedeutung zukommen soll, entfalten eine konfliktentschärfende Funktion und wirkten häufig deeskalierend, dies zeige der frühe erste Termin nach § 155 Abs. 2 FamFG. Auch wirke sich das Vorrang- und Beschleunigungsgebot des § 155 Abs. 1 FamFG auf die Dauer des kindschaftsrechtlichen Verfahrens aus, das überwiegend schneller durchgeführt werde.[150]

1675

Die Ergebnisse des Evaluationsberichts zu den Vorschriften des Verfahrensbeistands beziehen sich auf die **Häufigkeit der Bestellung und** die Frage, **in welchen Verfahren** ein Verfahrensbeistand in der Praxis bestellt wird.[151] In den Ergebnissen zeigt sich – ebenso wie in den zuvor aufgezeigten Untersuchungen –, dass Verfahrensbeistände selbst in Verfahren nach §§ 1666, 1666a BGB und trotz der

1676

---

142 Ekert/Heiderhoff, a.a.O., S. 195.
143 Ekert/Heiderhoff, a.a.O., S. 195.
144 Ekert/Heiderhoff, a.a.O., S. 195.
145 Ekert/Heiderhoff, a.a.O., S. 196.
146 Schulte-Bunert (2010), Einl. Rn. 14; Häußermann in Lipp/Schumann/Veit, FamFG-Reform, S. 5 (23).
147 Vgl. Ekert/Heiderhoff, a.a.O., S. 299.
148 Vgl. Kurzfassung „Evaluierung der FGG-Reform", S. 8.
149 Vgl. Ekert/Heiderhoff, a.a.O., S. 299.
150 Vgl. Kurzfassung „Evaluierung der FGG-Reform", S. 13.
151 Ekert/Heiderhoff, a.a.O., S. 97.

Bestimmung des § 158 Abs. 2 FamFG nicht regelhaft bestellt werden.[152] Als Grund wird das Alter des Kindes angeführt und dessen Reife, die es ihm ermögliche, die Interessen selbstständig zu vertreten. Als weitere Gründe werden die relative Bedeutungslosigkeit des Verfahrensgegenstandes, die Hoffnung auf eine schnelle Einigung und Kostengründe genannt, die eine Bestellung des Verfahrensbeistands im Einzelfall entbehrlich machten.[153] Dass sich ein Kind bei entsprechender Reife selbst vor Gericht vertreten können soll, ist ein erschütterndes Ergebnis, handelt es sich doch um ein kindschaftsrechtliches Verfahren und einen gravierenden Interessenkonflikt zwischen den Eltern und dem Kind. Abgesehen davon, dass das gerichtliche Verfahren gravierende Auswirkungen auf das weitere Leben des Kindes haben kann, wird es weder dem Prüfungsmaßstab entsprechen noch dem Kind zugemutet werde können, seine Interessen in einer Angelegenheit selbst zu vertreten, für die sich selbst die Erwachsenen eines anwaltlichen Beistands bedienen würden.

1677 Angaben zum Zeitpunkt der Bestellung des Verfahrensbeistands erfolgten sehr heterogen, sodass nicht deutlich wird, inwieweit ein Verfahrensbeistand zu Beginn des Erörterungstermins nach § 157 FamFG vom Gericht bestellt wird.[154] Selbst wenn die Untersuchung in erster Hinsicht die Rolle und Funktion des Verfahrensbeistands fokussiert hat und die Frage, inwieweit dieser in die Erarbeitung einer einvernehmlichen Konfliktlösung der Beteiligten eingebunden wird, ist erkennbar, dass es dem Verfahrensbeistand gelingt, in Gesprächen mit den Eltern bei diesen ein Bewusstsein für die Bedürfnisse des Kindes, den Kindeswillen und das Kindesinteresse zu wecken.[155] Die Erkenntnisse lassen sich durchaus als mögliche Einflussfaktoren auf Verfahren wegen Kindeswohlgefährdung übertragen. Auch das Ergebnis der Evaluation, der Verfahrensbeistand genieße als neutrale und unabhängige Instanz mit großer Fachkompetenz ein besonderes Vertrauen bei den Beteiligten, d.h. auch den Eltern[156], liefert durchaus Erkenntnisse von Bedeutung für Verfahren nach §§ 1666, 1666a BGB.

1678 Die Durchführung von **Abänderungsverfahren nach §§ 1696 BGB, 166 FamFG** zeigt sich entsprechend vielförmig in der praktischen Umsetzung: Während einige Gerichte das Jugendamt zur Vorlage von Berichten auffordern, beraumen andere Gerichte einen mündlichen Anhörungstermin an oder geben dem Jugendamt Gelegenheit zur schriftlichen Stellungnahme.[157] Das Gericht hat zu prüfen, ob ein Änderungsverfahren einzuleiten ist. Erst in einem zweiten Schritt ändert es die Ausgangsentscheidung. Dabei kommen nur Tatsachen in Betracht, die nach der abzuändernden Entscheidung eingetreten oder bekannt geworden sind.[158] Für das

---

152 Ekert/Heiderhoff, a.a.O., S. 102.
153 Ekert/Heiderhoff, a.a.O., S. 103.
154 Ekert/Heiderhoff, a.a.O., S. 103.
155 Ekert/Heiderhoff, a.a.O., S. 290.
156 Ekert/Heiderhoff, a.a.O., S. 291.
157 Protokoll des AK 12 des 22. Deutschen Familiengerichtstages 2017; ausführlich Socha, JAmt 2017, 522 ff.
158 Socha, JAmt 2017, 522 (523).

Gericht hilfreich zur Prüfung, ob und ggf. welcher kinderschutzrechtlichen Maßnahme es bedarf, ist jedenfalls ein fundierter Bericht des Jugendamtes, aus dem hervorgeht, wie sich die Situation des Kindes nach Beendigung des Verfahrens verändert hat. Als nicht ausreichend wird der pauschale Hinweis erachtet, die Entscheidung sei zu ändern oder aufzuheben, damit Ruhe in der Familie einkehren kann.[159] Das Jugendamt kann jederzeit nach § 24 FamFG anregen, die Ausgangsentscheidung abzuändern. Anhaltspunkte können etwa Hilfeplangespräche sein, die darauf hindeuten, dass gewährte Hilfearten nicht mehr geeignet oder erforderlich sind. Trotz Durchführung eines Überprüfungs- und ggf. Abänderungsverfahrens wird das Jugendamt nicht aus seiner Aufgabe entlassen, das Kind vor Gefahren für sein Wohl zu schützen.[160]

V. Fazit – Die Anforderungen an die Einbeziehung des Verfahrensbeistands in den Erörterungstermin nach § 157 FamFG

Zwar ist die gesetzliche Vorgabe zur Erörterung der Kindeswohlgefährdung nach § 157 FamFG lückenhaft und bietet Spielraum für eigene Interpretationen. Es fehlt auch an einer gesetzlichen Verknüpfung zwischen der Erörterung und der Bestellung eines Verfahrensbeistands zum Termin. Jedoch machen die praktischen Einblicke deutlich, dass sowohl das Erörterungsgespräch als auch der Verfahrensbeistand in Verfahren wegen möglicher Kindeswohlgefährdung mittlerweile eine bedeutende Rolle einnehmen, zum Teil auch bereits sinnvoll zum Einsatz kommen und trotz vorhandener Unsicherheiten auf breite Akzeptanz stoßen, die es zu nutzen gilt.

1679

Die Erörterung der Kindeswohlgefährdung soll die elterliche Kompetenz zur Wahrnehmung von Sorgerechtsaufgaben wiederherstellen. Die Durchführung der Erörterung im familiengerichtlichen Kinderschutzverfahren bietet die Möglichkeit, dem Grundsatz der Verhältnismäßigkeit in besonderer Weise zu genügen. Erfolgt die Durchführung der Erörterung zu einem Zeitpunkt, zu dem das Gebot der Inanspruchnahme von öffentlichen Jugendhilfe gem. § 1666 Abs. 3 Nr. 1 BGB als mögliche gerichtliche Maßnahme ergehen kann, hat das Gericht von den stärker in das Sorgerecht eingreifenden Maßnahmen des teilweisen oder vollständigen Sorgerechtsentzuges nach § 1666 Abs. 3 Nr. 6 BGB abzusehen, die im Regelfall mit der Trennung des Kindes von seinen Eltern einhergehen. Der **Erörterungstermin eröffnet die Möglichkeit, die Situation des Kindes und die Möglichkeiten und Fähigkeiten der Eltern zur Gefahrenabwehr zu sondieren**, wobei die wesentlichen Akteure des Verfahrens – Jugendamt, Familiengericht und Verfahrensbeistand – zusammenwirken. Entsprechend können der Sachverhalt weiter aufgeklärt und die Hintergründe des bisherigen elterlichen Verhaltens erfragt werden, das Jugendamt kann Hilfepläne vorlegen und auch damit u.a. für Transparenz

1680

---

159 Socha, JAmt 2017, 522 (523).
160 Socha, JAmt 2017, 522 (526).

sorgen. Es kann aufgezeigt werden, welche Hilfen mit welcher Wirkung bereits zur Verfügung gestellt worden sind, wie sich die Mitarbeit der Eltern bislang erwiesen hat, welche Hilfen aus welchem Grund auch in Zukunft Erfolg versprechen könnten. Schließlich kann im Beisein von allen Beteiligten geklärt werden, ob und inwieweit die Eltern auch zukünftig in der Lage sind, ihrer Schutzfunktion zu genügen. Die direkte Konfrontation der Eltern mit der Situation bietet die Möglichkeit, bisherige Versäumnisse zu erkennen. Gericht und Jugendamt können aufzeigen, worauf und aus welchem Grund zukünftig mit Blick auf das Kind geachtet werden muss. Der Verfahrensbeistand hat die Perspektive des Kindes in den Fokus zu rücken und deutlich zu machen, welche Vorgehensweise mit Blick auf das Kindeswohl effektiv und perspektivisch am sinnvollsten ist. Der Richter ordnet das persönliche Erscheinen der Eltern zum Erörterungstermin an. Die Anordnung kann erforderlichenfalls mit Ordnungsmitteln durchgesetzt werden[161]. Das Erörterungsgespräch ist geeignet, nicht nur den entsprechenden **Warneffekt** zu bewirken, sondern auch eine **Lösung zur Abwendung der Gefahrenlage** zu finden und eine **Hilfebeziehung zwischen Jugendamt und Eltern zu etablieren**.[162]

1681 Zu welchem Zeitpunkt und mit welchem Auftrag der Verfahrensbeistand zum Erörterungstermin zu laden ist, ergibt sich nicht hinreichend aus § 157 FamFG, jedoch gebietet es die Vorgabe in § 158 Abs. 3 Satz 1 FamFG, den **Verfahrensbeistand „so früh wie möglich" zu bestellen**. Dementsprechend muss die Bestellung des Verfahrensbeistands auch im Vorfeld einer (festzustellenden) Kindeswohlgefährdung erfolgen, sodass dieser noch Einfluss auf die Gestaltung und den Ausgang des Verfahrens nehmen kann[163], geht es doch im Termin nach § 157 FamFG um die Abwendung einer Gefahrenlage für das Kind. Möchte das Gericht etwa von einer Maßnahme nach §§ 1666, 1666a BGB absehen, weil sich die Eltern im Rahmen des Verfahrens für Hilfen zugänglich zeigen und eine unmittelbare Gefahr für das Kind abgewendet werden kann, ist der Verfahrensbeistand aber anderer Meinung, ist das Gericht gehalten, den Bedenken und Einwänden des Verfahrensbeistands im Rahmen seiner Amtsermittlungspflicht ggf. weiter nachzugehen und diese zu hinterfragen, um die Verfahrensrechte des Kindes nicht zu beschneiden.[164] Jedenfalls hat sich das Gericht im Rahmen seiner Entscheidung damit auseinanderzusetzen.

1682 Für die Frage der Bestellung des Verfahrensbeistands kann es nicht darauf ankommen, ob eine Kindeswohlgefährdung konkret vorliegt oder (nur) möglich erscheint. Der Erörterungstermin nach § 157 FamFG bietet auch nicht die Gewähr dafür, dass von sorgerechtlichen Maßnahmen nach § 1666 BGB abgesehen wird. Als Teil des Verfahrens nach §§ 1666, 1666a BGB handelt es sich um einen Termin

---

161 Vgl. § 33 Abs. 3 FamFG: Ordnungsgeld oder Vorführung bei unentschuldigter Teilnahme am Termin trotz ordnungsgemäßer Ladung; hierzu Binschus, ZfF 2008, 112 (115); Jacoby, FamRZ 2007, 1303.
162 BT-Drucks. 16/6815, 17; Willutzki, ZKJ 2008, 139 (141).
163 BVerfG, Urteil vom 26.8.1999, 1 BvR 1403/99, juris; OLG Saarbrücken, NJW 2011, 2372; Lack/Salgo, FPR 2012, 353 (355).
164 Salgo, FPR 2010, 456 (459).

in einem Sorgerechtsverfahren, in dessen Rahmen oder als dessen Folge ein Sorgerechtseingriff erfolgen kann.[165] Damit ist der Anwendungsbereich des § 158 Abs. 2 Nr. 2 FamFG eröffnet und es ist die Bestellung eines Verfahrensbeistands für den Erörterungstermin nach § 157 Abs. 1 FamFG in der Regel erforderlich. Die Bestellung des Verfahrensbeistands für das Erörterungsgespräch wird aber in der Tat entbehrlich sein, wenn die Gefährdungsmitteilung des Jugendamtes aufgrund einer nicht durchgeführten kinderärztlichen Vorsorgeuntersuchung erfolgt ist und auf sehr vagen Verdachtsmomenten für eine Gefährdung beruht.

1683 In Verfahren wegen Kindeswohlgefährdung hat der Verfahrensbeistand nicht nur den **Willen des Kindes** zu ermitteln und wiederzugeben, sondern er hat das **Kindeswohl** zu beachten und auf Risiken hinzuweisen. Er hat die Kinder zu informieren und unabhängig von ihrem Alter[166] ernst zu nehmen und ihre Interessen im gerichtlichen Verfahren kompetent, gewissenhaft und mit Einfühlungsvermögen zu vertreten. Die Kommunikation zwischen den Beteiligten wird umso besser gelingen, je höher die Sensibilität für pädagogische und psychologische Dimensionen der Fallproblematik und je reflektierter die Alltagsvorstellungen von Kindeswohl und Kindeswohlgefährdung sind.[167]

1684 In der Praxis sind häufig zum Zeitpunkt der Anrufung des Familiengerichts öffentliche Hilfen bereits längere Zeit geleistet oder sogar ausgeschöpft worden. Dem **Jugendamt** kommt die oft **schwierige Doppelrolle als Leistungs- und Eingriffsbehörde** zu.[168] Im Rahmen des familiengerichtlichen Kinderschutzverfahrens ist das Jugendamt gem. § 50 SGB VIII in Anbetracht seiner aus § 162 Abs. 2 Satz 1 FamFG resultierenden Teilnahmeverpflichtung gehalten, über bisher angebotene und erbrachte Kinder- und Jugendhilfeleistungen in der Familie zu unterrichten und von der Notwendigkeit der weiteren Bereitstellung öffentlicher Jugendhilfe zu überzeugen.[169] Es verbleibt die **Pflicht zur weiteren Überwachung des Hilfeprozesses**.[170] Das Jugendamt hat in der Regel eine konkrete Maßnahme nicht vorzuschlagen. Der Verfahrensbeistand auch nicht, doch genießt er große Anerkennung durch das Gericht, das ihn selbst ausgewählt hat. Anders als Jugendämter, die sich bei der Beurteilung einer Kindeswohlgefährdung an Verfahrensvorgaben orientieren und im kollegialen Austausch stehen, weil in der Jugendhilfe bei Einschätzung einer möglichen wie bei der Hilfeplanung das Vier-Augen-Prinzip gilt, sind Verfahrensbeistände bei der anspruchsvollen Aufgabe der Erkundung der Kindesinteressen und bei der Abwägung von Wille und Wohl des Kindes

---

165 Vgl. OLG Saarbrücken, Beschluss vom 10.2.2012, 6 WF 8/12, ZKJ 2012, 230.
166 Ausweislich Praxiserkenntnissen ist das nicht immer der Fall, vgl. etwa Münder, Kindeswohl zwischen Jugendhilfe und Justiz, S. 430.
167 Vgl. hierzu „Kindeswohl zwischen Jugendhilfe, Justiz und Gutachtern" von Schneider/Toussaint/Cappenberg 2014, 33 ff. Mit Blick auf die Kommunikationsstrukturen der jeweiligen Professionen wird festgestellt, dass Unsicherheiten des eigenen Berufsverständnisses zu Störungen in der Kommunikation und der Zusammenarbeit führen.
168 Hammer in Prütting/Helms, § 157 FamFG Rn. 4.
169 Dürbeck in Wiesner SGB VIII, Anh. 3 Rn. 76.
170 Hammer in Prütting/Helms, § 157 FamFG Rn. 4.

im familiären Kontext auf sich allein gestellt.[171] Die autonome Verfahrensstellung eröffnet dem Verfahrensbeistand gleichwohl die Möglichkeit, als neutraler und professioneller Dritter zu agieren, mit Jugendamt und Gericht zu kooperieren, sich für das Kind besonders einzusetzen und dadurch das Kind in den Mittelpunkt des Verfahrens zu rücken. Der Verfahrensbeistand, der von den Eltern als „neutraler Dritter" im Verfahren wahrgenommen wird, ist besonders gefordert, die **Eltern stärker für die Interessen ihres Kindes zu sensibilisieren**. Er leistet insoweit einen wichtigen Beitrag zur Abwendung der Gefahrenlage, wobei er stets seine eigene Aufgabenstellung beachten muss und nicht überschreiten darf, damit die Zusammenarbeit im Verfahren gelingen kann. Seinen **schriftlichen Bericht** sollte er **bereits vor dem ersten Termin einreichen**, damit dem Richter, aber auch den Verfahrensbeteiligten, die notwendigen Informationen vorliegen und die Sitzung effektiv verlaufen und ein fundiertes Ergebnis gefunden werden kann. Aufgrund des zu berücksichtigenden Postlaufs sollte der Bericht rechtzeitig und nicht erst einen Tag vor dem Termin eingereicht werden.

1685 Gerade wenn nicht klar ist, wann und ob das von der Gefährdung betroffene Kind in den Erörterungstermin einzubeziehen ist, ist es von Vorteil, verpflichtend den Verfahrensbeistand einzubinden. Dieser kann, selbst wenn er bis zum Termin noch nicht die Möglichkeit hatte, das Kind und die Familie umfassend kennenzulernen, im Termin **durch die eigene Anwesenheit und Teilnahme den Blick auf das Kind lenken**, an der Diskussion über die Gefahrenlage teilnehmen, den bisherigen Hilfeverlauf zur Kenntnis nehmen und die Eltern in Interaktion mit dem Jugendamt und dem Gericht erleben. Für die Eltern kann die Anwesenheit des Verfahrensbeistands von Vorteil sein, wenn Eltern erkennen, welche Aufgabe der Verfahrensbeistand hat, der für die Interessen des Kindes einsteht und unabhängig von Jugendamt und Gericht agieren soll. Möglicherweise nehmen die Eltern den Vorschlag des Verfahrensbeistands dann anders an.[172] Sollte die Beziehung zwischen den Eltern und dem Jugendamt verhärtet sein, kann eine Beteiligung des Verfahrensbeistands den Vorteil bieten, dass sich Gericht und Jugendamt nicht (nur) auf das elterliche Fehlverhalten konzentrieren und das Verfahren entsprechend lenken, sondern auf das Kind, das im Mittelpunkt des Verfahrens zu stehen hat.

1686 Ausgestattet mit dem **erweiterten Aufgabenkreis** der Beratungs- und Betreuungsleistung des Verfahrensbeistands hat der Verfahrensbeistand die höhere Chance als das Jugendamt, auf die Eltern einzuwirken.[173] Allerdings darf sich die Tätigkeit des Verfahrensbeistands nicht in einer gerichtsunterstützenden Ermittlungs- und Vermittlungstätigkeit erschöpfen, sondern muss auf das Kind selbst Bezug nehmen und dieses in den Mittelpunkt des Verfahrens stellen. Die **Erörterung der Kindeswohlgefährdung** darf letztlich **nicht der Versuch eines Verhandelns am runden Tisch** sein. Der Wunsch nach Einigung unter den beteiligten

---

171 Münder, Kindeswohl zwischen Jugendhilfe und Justiz, S. 430.
172 So auch das Ergebnis nach Münder, a.a.O., S. 306.
173 Vgl. hierzu auch die Ergebnisse bei Münder, a.a.O., S. 285.

Erwachsenen birgt für den Verfahrensbeistand die Gefahr, die Interessen des Kindes aus dem Blick zu verlieren, die gerade in Gefährdungsfällen einer besonderen Beachtung bedürfen.[174] Hier bedarf es einer besonderen Aufmerksamkeit für die Situation und eines Bewusstseins für die Gefahr, dass ggf. nur niedrigschwellige Hilfen nicht zu Lasten des Kindes gehen dürfen. Psychisch kranke Eltern, gewalttätige Väter und Mütter, chronisch süchtige Eltern können sich nicht einfach durch Appelle, Beratung und Familienhilfe verändern, das ist in vielen Fällen nicht einmal nach langjährigen Therapien möglich. Hier gilt es transparent aufzuzeigen, dass **die Belange des Kindes im Vordergrund des Verfahrens** zu stehen haben **und nicht die Bedürfnisse und Beweggründe der Elternteile**. Dem Verfahrensbeistand kommt die herausfordernde Aufgabe zu, den Beteiligten deutlich zu machen, welchen Einfluss die Gefährdungssituation auf das Kind hat und welche Folgen zu befürchten sind, wenn es weiterhin in der Gefahrensituation verbleibt. Eltern, die unfähig sind, für ein Kind zu sorgen, brauchen Hilfe zur Anerkennung ihres Scheiterns, statt weitere zum Scheitern verurteilte Hilfen. Im Erörterungstermin kann Eltern all das frühzeitig aufgezeigt werden, erforderlich sind allein das entsprechende Verständnis und die fachliche Qualifikation der Beteiligten für die Situation.

Für den Verfahrensbeistand besteht die besondere Herausforderung darin, **„vom Kind her" zu denken** und gerade dieses im Verfahren und möglicherweise gegen die Interessen der Erwachsenen zu vertreten. Diese Chance droht zu entgleiten, wenn die Mediation der Beteiligten – Eltern und Fachkraft des Jugendamtes –, nicht aber die Sensibilisierung für die Interessen des Kindes und die Abwehr der Gefährdung im Mittelpunkt des Verfahrens stehen. Die frühzeitige Bestellung des Verfahrensbeistands eröffnet die Möglichkeit, die Verhältnisse im Sinne des Kindes zu wenden, weil er – ausgestattet mit dem gerichtlichen Auftrag – den Eltern als höhere Autorität erscheinen mag.[175] Der Verfahrensbeistand kann einen wichtigen Beitrag leisten, wenn er fachlich fundiert auf geeignete und notwendige Maßnahmen und Unterstützungsangebote Bezug nimmt.

1687

---

174 Münder, a.a.O., S. 305.
175 Münder, a.a.O., S. 306.

D Gerichtliche Verfahren mit Auslandsbezug

Übersicht   Rn.

I.	Einleitung	1688
II.	Rechtsgrundlagen	1693
	1. UN-Konvention	1693
	2. Übereinkommen des Europarats	1696
	a) Europäisches Sorgerechtsübereinkommen	1697
	b) Europäisches Übereinkommen über die Ausübung von Kinderrechten	1698
	c) Europäisches Umgangsübereinkommen	1699
	3. Haager Konventionen	1700
	a) Haager Kinderschutzübereinkommen	1701
	b) Haager Minderjährigenschutzübereinkommen	1709
	c) Haager Kindesentführungsübereinkommen	1712
	4. Brüssel IIa-Verordnung	1716
	5. Nationales Recht	1717
	a) EGBGB	1717
	b) FamFG	1719
	c) IntFamRVG	1720
III.	Regelungsbereiche	1722
	1. Internationale Zuständigkeit	1722
	a) Grundsatz: gewöhnlicher Aufenthalt	1723
	b) Besondere Zuständigkeitsregeln nach der Brüssel IIa-VO	1727
	c) Sonstige Zuständigkeitsanknüpfungen	1733
	2. Anzuwendendes Recht	1735
	a) Grundsatz: Art. 15 KSÜ	1736
	b) Ausnahme: Art. 21 EGBGB	1737
	c) Verfahrensrecht	1738
	3. Anerkennung und Vollstreckung	1738
	a) Anerkennung ausländischer Entscheidungen	1740
	aa) Art. 21 ff. Brüssel IIa-VO	1740
	bb) Anerkennung nach ESÜ, KSÜ und FamFG	1742
	b) Abänderung ausländischer Entscheidungen	1744
	c) Vollstreckung ausländischer Entscheidungen	1746
	4. Grenzüberschreitende Unterbringung	1746
IV.	Verfahren nach dem HKÜ	1747
	1. Ziele und Instrumentarium des HKÜ	1748
	a) Rückführungsverfahren	1749
	b) Auslegung der Ausnahmetatbestände	1754
	c) Ergänzende Regelungen in Brüssel IIa-VO und IntFamRVG	1755
	2. Probleme in der Praxis des HKÜ	1763
	3. Verfahrensbeistandschaft in HKÜ-Verfahren	1767
V.	Verfahrensbeistandschaft in Verfahren mit Auslandsbezug	1771
	1. Aufgaben des Verfahrensbeistands	1771
	2. Qualifikation des Verfahrensbeistands	1779
	3. Allgemeine Hinweise	1781

I. Einleitung

1688 Ein erheblicher Anteil der Sorge- und Umgangsverfahren vor deutschen Familiengerichten weist einen Auslandsbezug auf, so etwa, wenn die Beteiligten unterschiedlichen Nationalitäten angehören und/oder eine Familie nicht dauerhaft in Deutschland gelebt hat.[1] In derartigen Konstellationen ist stets zu prüfen, ob internationale Übereinkommen oder ausländische Rechtsordnungen zu beachten sind und in welchem Verhältnis diese zum nationalen Recht stehen.

1689 Wenn Eltern grenzüberschreitend über die Regelung der elterlichen Sorge oder die Ausübung des Umgangs streiten, führt dies nicht selten dazu, dass ein Elternteil das gemeinsame **Kind** ohne Zustimmung des anderen Elternteils **in einen anderen Staat verbringt**.

Denkbar ist auch, dass ein Elternteil sich in einem anhängigen Verfahren auf die **Sorgerechtsentscheidung eines ausländischen Gerichts** beruft oder ein Elternteil **plant, mit dem Kind auszuwandern**.

Ein Auslandsbezug kann sich weiter ergeben, wenn in einem Sorgerechtsverfahren die **Unterbringung im Ausland**, sei es im Rahmen einer Verwandtenpflege oder als intensivpädagogische Auslandsmaßnahme für Jugendliche, erwogen wird.

1690 Dabei sind neben der Klärung der **internationalen Zuständigkeit deutscher Gerichte** für die Regelung hieraus resultierender Sorge- und Umgangskonflikte und des anzuwendenden Rechts[2] auch Unterschiede in den Rechtskulturen zu berücksichtigen.

1691 Dieser Beitrag soll einen Überblick über dieses von diversen Übereinkommen mit teilweise überschneidenden oder einander ausschließenden Anwendungsbereichen geprägte Rechtsgebiet verschaffen.[3] Bei Betrachtung der internationalen Übereinkommen, die in familiengerichtlichen Verfahren mit grenzüberschreitenden Bezügen relevant sind, ist zu differenzieren zwischen **völkerrechtlichen Konventionen**, die wie die UN-Kinderrechtekonvention die Vertragsstaaten zur Einhaltung bestimmter Vorgaben verpflichten, und **multilateralen Übereinkommen**, die mit ihrer Umsetzung innerstaatlich verbindliches Recht werden, wie etwa das Haager Kinderschutzübereinkommen und das Kindesentführungsübereinkommen. Bilaterale Abkommen sind in der Praxis deutscher Gerichte ohne Bedeutung.[4]

---

1 Zur Bedeutung dieser Konstellation in der Rechtspraxis sei darauf hingewiesen, dass in rund einem Drittel der in Deutschland lebenden Familien mit Kindern unter 18 Jahren mindestens ein Elternteil einen Migrationshintergrund hat (Statistisches Bundesamt, destatis; Auszug aus dem Datenreport 2018, Familie, Lebensformen und Kinder, S. 59: 35 %, Angaben bezogen auf das Jahr 2017)
2 Ein Prüfungsschema für die Arbeit an Fällen mit grenzüberschreitenden Bezügen bietet Völker/Clausius, § 11 Rn. 6.
3 Zu den Rechtsgrundlagen und ihren Anwendungsbereichen siehe die Übersicht
4 Zu nennen ist hier das deutsch-persische Niederlassungsabkommen vom 17.2.1929, das zur Anwendung iranischen Rechts führt, sofern alle Beteiligten ausschließlich die iranische Staatsangehörigkeit besitzen.

Von erheblicher Bedeutung für die familiengerichtliche Praxis sind dagegen die Entscheidungen des Europäischen Gerichtshofs für Menschenrechte (EGMR bzw. EuGHMR) in Straßburg als Organ des Europarates, dem die Überprüfung der Einhaltung der Vorgaben der Europäischen Menschenrechtskonvention (EMRK) obliegt,[5] sowie des Gerichtshofs der Europäischen Union (EuGH) mit Sitz in Luxemburg, der als oberstes rechtsprechendes Organ der EU über die Auslegung des Unionsrechts entscheidet.[6]

Im Folgenden werden zunächst die einschlägigen internationalen Übereinkommen, die für kindschaftsrechtliche Verfahren mit Auslandsbezug vorrangigen Normen des EU-Rechts und sodann die Regelungen des nationalen Rechts unter Abgrenzung der jeweiligen Anwendungsbereiche vorgestellt.

1692

Im Anschluss werden die maßgeblichen Fragen der internationalen Zuständigkeit, des anzuwendenden Rechts und der Anerkennung und Vollstreckung von Entscheidungen sowie die grenzüberschreitende Unterbringung von Kindern und Jugendlichen behandelt, bevor in Abschnitt IV. die Umsetzung des Haager Kindesentführungsübereinkommens (HKÜ) in der Praxis vertieft wird.

Abschließend wird auf die Tätigkeit von Verfahrensbeiständen in Verfahren mit Auslandsbezug eingegangen.

II. Rechtsgrundlagen

1. UN-Konvention

Die **UN-Konvention über die Rechte des Kindes** vom 20.11.1989 ist das grundlegende Kindesinteressen betreffende völkerrechtliche Vertragswerk, gerichtet auf die generelle Stärkung der Kinderrechte, auch in Gerichtsverfahren. Die Konvention enthält kein unmittelbar anwendbares Recht, kann also allein nicht Grundlage eines gerichtlichen Verfahrens sein. Der Konvention kommt jedoch eine **Orientierungsfunktion für Gesetzgebung und Rechtsanwendung** zu. Die in der UN-Konvention statuierten Rechte sind für die völkerrechtskonforme Auslegung deutscher Gesetze und damit auch in sämtlichen kindschaftsrechtlichen Verfahren zu beachten.[7]

1693

Nach Art. 3 Abs. 1 der UN-Konvention ist das Wohl des Kindes ein vorrangig zu berücksichtigender Gesichtspunkt bei allen die Interessen von Kindern betreffenden Maßnahmen.

1694

Art. 12 der UN-Konvention gewährt Kindern abhängig von ihrem Alter und ihrer Reife das Recht zur Meinungsäußerung in ihren Angelegenheiten. Dem Kind ist „die Gelegenheit zu geben, in allen das Kind berührenden Gerichts- oder Verwal-

1695

---

5 Siehe aktuell zu den Anforderungen an die gerichtliche Aussetzung des Umgangs eines Vaters mit seinem Kind EGMR FamRZ 2018, 350.
6 Sog. Vorabentscheidungsverfahren auf Vorlage nationaler Gerichte nach Art. 267 AEUV; vgl. etwa EuGH FamRZ 2017, 1506 zur Auslegung des gewöhnlichen Aufenthalts eines Kindes.
7 Vgl. etwa BGH FamRZ 2015, 240, 242.

tungsverfahren entweder unmittelbar oder durch einen Vertreter oder eine geeignete Stelle im Einklang mit den innerstaatlichen Verfahrensvorschriften" gehört zu werden.[8]

2. Übereinkommen des Europarats

1696 Die im Folgenden aufgeführten Übereinkommen des Europarats sind in der Praxis aufgrund der relativ geringen Zahl der Ratifizierungen von untergeordneter Bedeutung. Lediglich das Europäische Sorgerechtsübereinkommen gilt in über 30 Staaten, darunter den Mitgliedstaaten der Europäischen Union, der Türkei und der Schweiz.

a) Europäisches Sorgerechtsübereinkommen

1697 Das Europäische Übereinkommen über die Anerkennung und Vollstreckung von Entscheidungen über das Sorgerecht für Kinder und die Wiederherstellung des Sorgeverhältnisses vom 20.5.1980 (**Europäisches Sorgerechtsübereinkommen – ESÜ**) gilt für Deutschland seit dem 1.2.1991. Es regelt im Wesentlichen das **Verfahren für die Anerkennung und Vollstreckung von Entscheidungen anderer Vertragsstaaten**[9] sowie für deren Versagung.[10] In der Praxis wird das ESÜ bei Überschneidung der Anwendungsbereiche sowohl durch die Brüssel IIa-VO[11] als auch durch das Haager Kindesentführungsübereinkommen[12] verdrängt.

b) Europäisches Übereinkommen über die Ausübung von Kinderrechten

1698 Das Europäische Übereinkommen über die Ausübung von Kinderrechten vom 25.1.1996 ist für Deutschland zum 1.8.2002 in Kraft getreten. Es regelt in Art. 3 lit. b) ein von der hinreichenden Einsichtsfähigkeit des Kindes abhängiges **Anhörungsrecht**. Art. 9 Abs. 2 dieses Übereinkommens betrifft die gesonderte Bestellung eines Vertreters für das Kind in Gerichtsverfahren. Die hierin gewährten Positionen reichen allerdings nicht weiter als die UN-Kinderrechtekonvention oder nationales Recht.[13]

c) Europäisches Umgangsübereinkommen

1699 Das **Europäische Übereinkommen über den Umgang von und mit Kindern** vom 15.5.2003 (**EUÜ**) enthält im Wesentlichen allgemeine Grundsätze zur Verfahrensgestaltung und Gewährung von Umgang, zu deren Umsetzung sich die Vertragsstaaten verpflichten. Das Übereinkommen wurde bisher jedoch nur durch

---

8 Art. 12 Abs. 2 UN-Konvention. Zur Bedeutung des Art. 12 UN-Konvention und zu den Defiziten bei dessen Umsetzung in Deutschland vgl. Salgo, Kind-Prax 1999, 179 ff., ders. in diesem Handbuch Rn. 63 ff. sowie Ivanits in diesem Handbuch Rn. 1233.
9 Hierzu sieht Art. 7 ESÜ die Erteilung einer Vollstreckungsklausel für die Entscheidungen der Gerichte der Vertragsstaaten vor.
10 Art. 9 und 10 ESÜ.
11 Siehe Art. 60 d) Brüssel IIa-VO.
12 So bestimmt § 37 IntFamRVG, dass bei einer Überschneidung der Anwendungsbereiche von HKÜ und ESÜ Letzteres nur Anwendung findet, wenn die antragstellende Person sich ausdrücklich hierauf beruft.
13 Zu den Implikationen dieses Übereinkommens vgl. in diesem Handbuch Rn. 69.

wenige Staaten ratifiziert und ist insbesondere für die Mitgliedstaaten der EU noch nicht in Kraft.[14]

3. Haager Konventionen

Die durch die Haager Konferenz für Internationales Privatrecht entwickelten Übereinkommen[15] zielen primär auf die Vereinheitlichung der Regelungen des internationalen Privatrechts, wobei jedoch das Kindesentführungsübereinkommen ein über kollisionsrechtliche Regelungen hinausgehendes Instrumentarium enthält. 1700

a) Haager Kinderschutzübereinkommen

Das **Haager Kinderschutzübereinkommen (KSÜ)**[16] als Nachfolgeübereinkommen des **Minderjährigenschutzübereinkommens (MSA)** ist für die Bundesrepublik Deutschland am 1.1.2011 in Kraft getreten. Es gilt nur im Verhältnis der Vertragsstaaten untereinander, dies sind insbesondere sämtliche EU-Staaten, Russland und zahlreiche osteuropäische Staaten.[17] 1701

Der **Anwendungsbereich des KSÜ** umfasst „Maßnahmen zum Schutz der Person und des Vermögens des Kindes" und damit insbesondere Verfahren betreffend die elterliche Sorge und Umgang (vgl. Art. 3 KSÜ). Das Übereinkommen enthält Regelungen zur internationalen Zuständigkeit und zum anzuwendenden Recht, aber auch zur Anerkennung und Vollstreckung von Entscheidungen anderer Vertragsstaaten. 1702

Die Zuständigkeitsregelungen des KSÜ greifen nur im Verhältnis zu Vertragsstaaten, die nicht in den Anwendungsbereich der Brüssel IIa-VO fallen. Nach Art. 5 Abs. 1 KSÜ ist Anknüpfungspunkt für die internationale Zuständigkeit der **gewöhnliche Aufenthalt** des Kindes, die Staatsangehörigkeit des Kindes bzw. der Eltern ist nicht relevant. Dabei führt die Begründung eines neuen gewöhnlichen Aufenthaltes auch im laufenden Verfahren grundsätzlich zum Wechsel der internationalen Zuständigkeit (Art. 5 Abs. 2 KSÜ).[18] 1703

Art. 7 KSÜ bestimmt für die Fälle des widerrechtlichen Verbringens oder Zurückhaltens eines Kindes eine fortdauernde Zuständigkeit des Vertragsstaates, in dem das Kind unmittelbar vor dem Verbringen oder Zurückhalten seinen gewöhnlichen Aufenthalt hatte. Diese Sonderregelung zielt – ebenso wie die vergleichbare Rege- 1704

---

14 Zu Zielsetzung und Inhalt des Übereinkommens vgl. Völker/Clausius, § 11 Rn. 5, 164 f., sowie Schomburg, KindPraxSpezial 2004, 7.
15 Einen Überblick über die Haager Übereinkommen bietet die Homepage der Haager Konferenz unter www.hcch.net. Siehe auch Wagner, ZKJ 2008, 353 ff.
16 Haager Übereinkommen vom 19.10.1996 über die Zuständigkeit, das anzuwendende Recht, die Anerkennung, Vollstreckung und Zusammenarbeit auf dem Gebiet der elterlichen Verantwortung und der Maßnahmen zum Schutz von Kindern (KSÜ).
17 Informationen zu KSÜ, ESÜ und HKÜ, zur Zahl der Mitgliedstaaten und dem Zeitpunkt des Inkrafttretens im Verhältnis zur Bundesrepublik Deutschland enthält die Internetseite des Bundesamts für Justiz (siehe unten Rn. 1781).
18 Vgl. OLG Karlsruhe ZKJ 2014, 335 (Schweiz); KG FamRZ 2015, 1214 (Russland).

lung in Art. 10 Brüssel IIa-VO – auf die Stärkung des Instrumentariums des Haager Kindesentführungsübereinkommens.

1705 Art. 8 und Art. 9 KSÜ ermöglichen ausnahmsweise eine Abgabe der Zuständigkeit an die Behörden oder Gerichte eines anderen Vertragsstaates unter der Voraussetzung, dass die dortigen Institutionen besser in der Lage sind, „das Wohl des Kindes im Einzelfall zu beurteilen", und mit der Abgabe einverstanden sind.[19]

1706 Art. 6 ff. KSÜ enthalten besondere Zuständigkeitsregelungen, so etwa eine Anknüpfung an den schlichten Aufenthalt für Flüchtlingskinder und Kinder, deren gewöhnlicher Aufenthalt nicht festgestellt werden kann. Art. 10 KSÜ regelt eine Zuständigkeit für die Sorgeregelung im Verbund mit einem anhängigen Scheidungsverfahren.

Eine eng auszulegende Notzuständigkeit ergibt sich aus Art. 11 KSÜ.[20]

Art. 13 KSÜ bestimmt für den Fall doppelter Rechtshängigkeit den Vorrang des zuerst angerufenen Gerichts.

Bei einem Wechsel des gewöhnlichen Aufenthalts bleiben die nach Art. 5 bis 10 KSÜ getroffenen Maßnahmen so lange in Kraft, bis sie durch die nunmehr zuständigen Gerichte aufgehoben bzw. abgeändert werden (Art. 14 KSÜ).

1707 Hinsichtlich des anzuwendenden Rechts bestimmt Art. 15 Abs. 1 KSÜ i.V.m. Art. 21 Abs. 1 KSÜ den Gleichlauf von internationaler Zuständigkeit und anzuwendendem Recht, sodass die Behörden der **Vertragsstaaten grundsätzlich ihr eigenes Recht anwenden**. Lediglich im Verhältnis zu Nichtvertragsstaaten enthält Art. 21 Abs. 2 KSÜ eine kollisionsrechtliche Verweisung, womit gegebenenfalls auch Rück- und Weiterverweisungen in anderes Recht zu beachten sind.[21]

1708 Nach Art. 16 KSÜ richten sich die Zuweisung oder das Erlöschen der elterlichen Verantwortung kraft Gesetzes stets nach dem Recht des Staates des gewöhnlichen Aufenthalts des Kindes. Dabei kann durch Verlegung des gewöhnlichen Aufenthalts des Kindes weiteren Personen nach dem Recht des Staates des neuen gewöhnlichen Aufenthalts die elterliche Verantwortung von Gesetzes wegen mit Wirkung für die Zukunft (ex nunc) zuwachsen (Art. 16 Abs. 4 KSÜ). Zugleich regelt Art. 16 Abs. 3 KSÜ den Fortbestand eines von Gesetzes wegen erlangten Sorgerechts auch nach dem Wechsel des gewöhnlichen Aufenthalts,[22] womit ein einmal erlangtes **Sorgerecht auch nach einem Umzug in einen anderen Staat erhalten bleibt** und nur durch gerichtliche Entscheidung abgeändert werden kann.

---

19 Sog. forum conveniens. Vgl. hierzu Schulz, FamRZ 2011, 156 (158). Das entsprechende Verfahren ist in § 13a IntFamRVG geregelt.
20 Hierzu Heilmann/Schweppe, Art. 11 KSÜ Rn. 2 f.
21 Siehe hierzu Völker/Clausius, § 11 Rn. 63.
22 Art. 16 Abs. 3 KSÜ wirkt nach der h.M. allerdings nur ex nunc ab Inkrafttreten des KSÜ; eine Rückwirkung auf vor Inkrafttreten des KSÜ erlangte Sorgerechtspositionen hat der BGH FamRZ 2016, 1747 abgelehnt. Ebenso Palandt/Thorn (IPR), Anh. EGBGB 24 Rn. 17; Staudinger/Pirrung, Vorbem. D zu Art. 19 EGBGB, Rn. D 110; vgl. zu dieser Frage auch OLG Karlsruhe ZKJ 2013, 299, 300 f. (Russland).

Von Bedeutung ist dies insbesondere für die Frage der gemeinsamen elterlichen Sorge nicht miteinander verheirateter Eltern, da hier auch nach der Reform des deutschen Rechts im internationalen Vergleich erhebliche Unterschiede bestehen. So genügt in vielen Staaten die förmliche Anerkennung der Vaterschaft bzw. die Eintragung des Vaters in der Geburtsurkunde für die Begründung der gemeinsamen elterlichen Sorge,[23] während in Deutschland weiterhin die Abgabe übereinstimmender Sorgeerklärungen erforderlich ist, um die gemeinsame elterliche Sorge zu begründen (siehe hierzu in diesem Handbuch Dürbeck, Rn. 622).

b) Haager Minderjährigenschutzübereinkommen

Das **Haager Minderjährigenschutzübereinkommen** vom 5.10.1961 (**MSA**) hat durch den Beitritt der Türkei zum KSÜ praktisch keine Bedeutung mehr.[24] 1709

Auch nach dem MSA ist der **gewöhnliche Aufenthalt des Kindes maßgeblich** für die Bestimmung der internationalen Zuständigkeit.[25] 1710

Art. 4 MSA enthält zudem eine Heimatzuständigkeit für Maßnahmen, die das Wohl des Minderjährigen erfordert. Diese Zuständigkeit ist einschränkend auszulegen, um den Vorrang der Aufenthaltszuständigkeit zu wahren.[26] 1711

c) Haager Kindesentführungsübereinkommen

Das Haager Übereinkommen über die zivilrechtlichen Aspekte internationaler Kindesentführung vom 25.10.1980, **Haager Kindesentführungsübereinkommen (HKÜ)**, wurde als Rechtshilfeübereinkommen entwickelt, um grenzüberschreitende Auseinandersetzungen über das Sorgerecht zu lösen, in deren Verlauf ein Elternteil das Kind in einen anderen Staat verbringt oder dort nach Ablauf eines vereinbarten Umgangskontakts zurückhält. 1712

Das HKÜ wurde inzwischen durch fast 100 Staaten unterzeichnet und findet in Deutschland seit dem 1.12.1990 und aktuell im Verhältnis zu fast 90 Staaten Anwendung.[27]

Der Anwendungsbereich des HKÜ erfasst **Kinder unter 16 Jahren** (Art. 4 HKÜ), die widerrechtlich, d.h. unter Verletzung des im Zeitpunkt des Verbringens oder Zurückhaltens bestehenden und tatsächlich ausgeübten Mit- oder Alleinsorgerechts (Art. 3 HKÜ), aus einem Vertragsstaat in einen anderen verbracht wurden oder dort zurückgehalten werden. 1713

---

23 Vgl. hierzu Schulz, FamRZ 2011, 156 (159 f.). Zu einer rechtsvergleichenden Betrachtung der gemeinsamen elterlichen Sorge für nicht miteinander verheiratete Eltern siehe Jurczyk/Walper, S. 89 ff.
24 Theoretisch verbleibt noch eine Anwendung im Verhältnis zur chinesischen Selbstverwaltungsregion Macao sowie Aruba und St. Martin (ehemals Niederländische Antillen). Zur Darstellung des MSA ist daher auf Völker/Clausius, § 11 Rn. 38–58 zu verweisen.
25 Art. 1 MSA.
26 Vgl. BGH FamRZ 1997, 1070.
27 Eine Liste der Vertragsstaaten mit Angaben zur Geltung im Verhältnis zur Bundesrepublik Deutschland bietet die Internetseite des Bundesamts für Justiz (siehe unten Rn. 1781).

1714 Das HKÜ basiert auf der Prämisse, dass die **sofortige Rückführung grundsätzlich im Interesse des Kindes** ist, da sie den vor dem Verbringen bestehenden Zustand wiederherstellt und eine Entscheidung über das Sorgerecht im Herkunftsstaat, d.h. im bisherigen Aufenthaltsstaat des Kindes, ermöglicht.[28] Sofern die beiden beteiligten Staaten dem HKÜ angehören, findet ein spezielles Rückführungsverfahren Anwendung, das unter IV. erläutert wird.

1715 Anträge zur Regelung grenzüberschreitenden Umgangs behandelt Art. 21 HKÜ, wobei die Norm lediglich die Antragstellung und die Tätigkeit der Zentralen Behörden regelt, während die Umgangsregelung auf Grundlage des anzuwendenden Sachrechts erfolgt.

4. Brüssel IIa-Verordnung

1716 In Deutschland wie in allen anderen Mitgliedstaaten der Europäischen Union (mit Ausnahme von Dänemark)[29] findet unmittelbar die Verordnung über die Zuständigkeit und die Anerkennung und Vollstreckung von Entscheidungen in Ehesachen und in den Verfahren betreffend die elterliche Verantwortung – die so genannte **Brüssel IIa-VO** – Anwendung.[30] Diese EU-Verordnung **verdrängt nationales Recht und völkerrechtliche Übereinkommen**, soweit nicht deren Vorrang ausdrücklich geregelt ist,[31] und ist in der Mehrzahl der Verfahren maßgeblich für die **Bestimmung der internationalen Zuständigkeit**.

Der sachliche Anwendungsbereich der Verordnung umfasst insbesondere Fragen der elterlichen Sorge und des Umgangsrechts. Dabei findet die Brüssel IIa-VO ungeachtet der in Art. 1 Abs. 1 Brüssel IIa-VO genannten „Zivilsachen" auch dann Anwendung, wenn eine Entscheidung im Rahmen des dem öffentlichen Recht unterliegenden Kindesschutzes ergangen ist.[32]

---

28 Diesem Rechtsgedanken folgend ermöglicht § 154 FamFG im Falle innerstaatlicher Sorgerechtsauseinandersetzungen eine Verweisung an das Gericht des früheren gewöhnlichen Aufenthalts des Kindes, wenn ein Elternteil den Aufenthalt des Kindes ohne vorherige Zustimmung des anderen geändert hat; hierzu in diesem Handbuch Heilmann Rn. 1443.
29 Dänemark nimmt an der Brüssel IIa-VO nicht teil und gilt insoweit nicht als Mitgliedstaat (siehe Art. 2 Nr. 3 Brüssel IIa-VO), ist jedoch Vertragsstaat des KSÜ, womit dessen Regelungen greifen.
30 Verordnung EG Nr. 2201/2003 vom 27. November 2003 über die Zuständigkeit und die Anerkennung und Vollstreckung von Entscheidungen in Ehesachen und in den Verfahren betreffend die elterliche Verantwortung und zur Aufhebung der Verordnung (EG) Nr. 1347/2000; hier abgekürzt als Brüssel IIa-VO, wobei auch die Abkürzungen EU-EheVO oder EheGVO verwendet werden. Zu einer ausführlichen Darstellung siehe „Praxisleitfaden für die Anwendung der Brüssel IIa-VO" (2014). Im Sommer 2016 wurde ein Reformentwurf für die Revision der Verordnung vorgelegt, mit einem Inkrafttreten der Neufassung ist jedoch nicht vor September 2022 zu rechnen. Zu den Beratungen vgl. Kohler/Pintens, FamRZ 2018, 1369 (1370).
31 Art. 60 und 61 Brüssel IIa-VO regeln den Vorrang gegenüber dem MSA, ESÜ, HKÜ und KSÜ.
32 EuGH FamRZ 2009, 843.

5. Nationales Recht

a) EGBGB

Das **Einführungsgesetz zum Bürgerlichen Gesetzbuch (EGBGB)** enthält **Bestimmungen zum anzuwendenden Recht**, die jedoch aufgrund des Vorrangs staatsvertraglicher Sonderregelungen (Art. 3 Abs. 2 EGBGB) nur subsidiär zur Anwendung gelangen. Dabei gilt eine Gesamtverweisung (Art. 4 EGBGB), womit gegebenenfalls auch Rückverweisungen auf deutsches Sachrecht zu beachten sind (Art. 4 Abs. 1 Satz 2 EGBGB, sog. **renvoi**).[33] Das Personalstatut und damit die Frage des Eintritts der Volljährigkeit richtet sich gemäß Art. 7 EGBGB nach dem Heimatrecht, also der Staatsangehörigkeit. Dabei gilt im internationalen Vergleich zwar weitgehend eine Volljährigkeitsgrenze von 18 Jahren, jedoch tritt in einigen Staaten die Volljährigkeit erst mit Vollendung des 19. (so z.B. Algerien) bzw. 21. (Ägypten und Liberia) Lebensjahres ein.[34] Für Personen mit anerkanntem Flüchtlingsstatus hat der BGH klargestellt, dass insoweit vorrangig Art. 12 Art. 1 Genfer Flüchtlingskonvention (GFK) zur Anwendung gelangt, womit der Wohnsitz bzw. Aufenthalt des Flüchtlings für das auf die Frage der Volljährigkeit anzuwendende Recht maßgeblich ist.[35] Nach Art. 21 EGBGB, der jedoch wegen des Vorrangs des KSÜ nur subsidiär zur Anwendung gelangt, unterliegt das Rechtsverhältnis zwischen einem Kind und seinen Eltern dem Recht des Staates, in dem das Kind seinen gewöhnlichen Aufenthalt hat.

1717

Nach Art. 24 EGBGB unterliegen **Entstehung, Änderung und Ende der Vormundschaft** dem Recht des Staates, dem das Mündel angehört, wobei sich der Inhalt einer angeordneten (d.h. nicht von Gesetzes wegen eintretenden) Vormundschaft nach dem Recht des anordnenden Staates richtet. Art. 24 EGBGB wird jedoch nahezu vollständig durch staatsvertragliche Sonderregelungen verdrängt, da die Anordnung einer Vormundschaft eine Schutzmaßnahme im Sinne des KSÜ darstellt.[36]

1718

Soweit deutsche Gerichte ausländisches Recht anwenden, erfolgt dies stets unter dem Vorbehalt des **ordre public** in Art. 6 EGBGB, wonach ausländisches Recht keine Anwendung findet, wenn das Ergebnis mit wesentlichen Grundsätzen deutschen Rechts, insbesondere mit Grundrechten, offensichtlich unvereinbar wäre.[37] Prüfungsmaßstab ist dabei, ob die durch das anzuwendende Recht vorgesehene

---

[33] Zur Erläuterung der begrifflichen Besonderheiten im internationalen Privatrecht siehe Niethammer-Jürgens/Erb-Klünemann, S. 15.
[34] Vgl. OLG Bremen FamRZ 2013, 313 (Liberia); Vgl. hierzu auch Staudinger/Hausmann, Anh. zu Art. 7.
[35] BGH FamRZ 2018, 457; BGH NZFam 2018, 334.
[36] Vgl. Palandt/Thorn (IPR), Art. 24 EGBGB Rn. 2.
[37] Vgl. BGH FamRZ 2016, 1251 zur abstammungsrechtlichen Frage der Mitmutterschaft nach südafrikanischem Recht.

Regelung der elterlichen Sorge im konkreten Fall nicht mit deutschem Recht vereinbar ist.[38] Einen entsprechenden Vorbehalt enthält auch Art. 22 KSÜ.

b) FamFG

1719 Auch das FamFG enthält **Regelungen zur internationalen Zuständigkeit** in Kindschaftssachen (§ 99 FamFG) sowie zur Anerkennung und Vollstreckbarkeit ausländischer Entscheidungen (§§ 107 ff. FamFG). Diese sind jedoch nachrangig gegenüber EU-Recht und internationalen Übereinkommen, wie sich bereits aus § 97 FamFG ergibt.[39]

c) IntFamRVG

1720 Gegenüber dem FamFG vorrangige Regelungen enthält das **Internationale Familienrechtsverfahrensgesetz (IntFamRVG)**,[40] das **zur Umsetzung der Brüssel IIa-VO, des Haager Kindesentführungsübereinkommens und des Europäischen Sorgerechtsübereinkommens** konzipiert und im Hinblick auf die Ratifizierung des Haager Kinderschutzübereinkommens entsprechend angepasst[41] wurde. Es umfasst unter anderem Bestimmungen zur Zentralen Behörde nach diesen Übereinkommen[42] sowie zur Zuständigkeit der Gerichte und enthält besondere Verfahrensvorschriften. **Zentrale Behörde für die Bundesrepublik Deutschland ist das Bundesamt für Justiz**.[43] Die Zentrale Behörde ist vor allem Anlaufstelle für aus dem Ausland eingehende Anträge und übernimmt Koordinationsaufgaben, das Gesetz weist ihr aber auch die Ermittlung des Aufenthalts betroffener Kinder zu.[44]

1721 Nach § 12 i.V.m. § 10 und § 11 IntFamRVG sind für bestimmte Verfahren nur die Familiengerichte örtlich zuständig, in deren Bezirk ein OLG seinen Sitz hat.[45] Ziel dieser **Zuständigkeitskonzentration** ist die Spezialisierung der Gerichte und damit verbunden eine Vereinheitlichung der Praxis sowie Beschleunigung der Verfahren.

---

38 Zur Prüfung des ordre public unter Berücksichtigung islamischer Rechtsordnungen, die eine strikte Zuordnung des Sorgerechts auf Vater oder Mutter abhängig von Alter und Geschlecht des Kindes enthalten, ausführlich Staudinger/Henrich, Art. 21 EGBGB Rn. 41 bis 52; sowie BGH FamRZ 1993, 316; FamRZ 1993, 1053.
39 Vgl. hierzu die Übersicht zur internationalen Zuständigkeit bei Keidel/Engelhardt, § 99 FamFG Rn. 4.
40 Gesetz zur Aus- und Durchführung bestimmter Rechtsinstrumente auf dem Gebiet des Internationalen Familienrechts vom 26.1.2005. Siehe hierzu Schulz, FamRZ 2011, 1273 ff.
41 Siehe hierzu BT-Drucks. 16/12063 vom 26.2.2009.
42 Die Aufgaben der Zentralen Behörden ergeben sich aus § 3 ff. IntFamRVG i.V.m. Art. 53 ff. Brüssel IIa-VO, Art. 29 ff. KSÜ und 6 f. HKÜ; vgl. hierzu Oberloskamp/Schweppe, § 5 Rn. 86 ff.
43 § 3 IntFamRVG. Das Bundesamt für Justiz ist eine zum 1.1.2007 geschaffene Institution, die unter anderem Aufgaben im internationalen Rechtsverkehr wahrnimmt, nähere Informationen unter www.bundesjustizamt.de; zu den Aufgaben des Bundesamts für Justiz als Zentrale Behörde siehe Schlauß, ZKJ 2016, 162; ders. ZKJ 2017, 214.
44 Vgl. § 7 IntFamRVG.
45 Eine Liste der zuständigen Gerichte ist unter www.bundesjustizamt.de abzurufen. Durch § 13 IntFamRVG wird die Zuständigkeitskonzentration auf alle die elterliche Verantwortung betreffenden Verfahren erstreckt. Das Procedere im Fall des Eingangs von Anträgen bzw. der Anhängigkeit von Verfahren bei einem unzuständigen Gericht ist in § 13 Abs. 3 und 4 IntFamRVG geregelt, siehe hierzu Heilmann/Schweppe, § 13 IntFamRVG Rn. 5 ff.

III. Regelungsbereiche

1. Internationale Zuständigkeit

a) Grundsatz: gewöhnlicher Aufenthalt

1722

Die internationale Zuständigkeit deutscher Gerichte ergibt sich primär aus Art. 8 Abs. 1 Brüssel IIa-VO.[46] Danach sind für Entscheidungen betreffend die elterliche Verantwortung die Gerichte des Mitgliedstaates zuständig, in dem das Kind zum Zeitpunkt der Antragstellung seinen gewöhnlichen Aufenthalt hat.

1723

Der **gewöhnliche Aufenthalt des Kindes** ist sowohl für die Bestimmung der internationalen, aber auch der innerstaatlichen[47] gerichtlichen Zuständigkeit und für die Bestimmung des anzuwendenden Rechts maßgeblich. Der gewöhnliche Aufenthalt ist an tatsächliche Merkmale anzuknüpfen[48] und richtet sich nach dem Schwerpunkt der Bindungen des Kindes, seinem Daseinsmittelpunkt.[49] Für die Begründung eines gewöhnlichen Aufenthalts ist eine „gewisse soziale und familiäre Integration des Kindes" erforderlich, wofür „die Dauer, die Regelmäßigkeit und die Umstände des Aufenthaltes in einem Mitgliedstaat sowie die Gründe für diesen Aufenthalt und den Umzug der Familie in diesen Staat, die Staatsangehörigkeit des Kindes, Ort und Umstände der Einschulung, die Sprachkenntnisse sowie die familiären und sozialen Bindungen des Kindes in dem betreffenden Staat zu berücksichtigen" sind.[50] Ein bloß vorübergehender oder gelegentlicher Aufenthalt in einem Staat genügt hierfür nicht. In der Rechtsprechung wird häufig eine Aufenthaltsdauer von sechs Monaten für die Begründung eines neuen gewöhnlichen Aufenthalts angenommen.[51] Allerdings ist jeweils auf den Einzelfall abzustellen, sodass insbesondere bei jüngeren Kindern auch ein kürzerer Zeitraum für die Begründung eines neuen gewöhnlichen Aufenthalts genügen kann.[52]

1724

Dabei wird der Aufenthalt eines Kindes häufig von dem der Eltern bzw. deren Intention abgeleitet[53] und etwa die sich in äußeren Umständen manifestierende Absicht des betreuenden Elternteils, sich mit dem Kind dauerhaft in einem anderen

---

46 Der Vorrang der Brüssel IIa-VO vor nationalem Recht und kollisionsrechtlichen Übereinkommen ergibt sich aus Art. 59, 60 und 61 Brüssel IIa-VO. Zu Prüfungsschemata zur internationalen Zuständigkeit siehe Heilmann/Schweppe, Vorbemerkungen Auslandsbezüge Rn. 21 sowie Niethammer-Jürgens/Erb-Klünemann, S. 132f.
47 Siehe § 152 Abs. 2 FamFG, hierzu in diesem Handbuch Heilmann Rn. 1442.
48 Vgl. EuGH FamRZ 2017, 1506; zu den hierzu durch den EuGH aufgestellten Kriterien vgl. Niethammer-Jürgens/Erb-Klünemann, S. 134f.
49 Vgl. BT Drucks. 16/6308 S. 226: Der gewöhnliche Aufenthalt ist von einer auf längere Dauer angelegten sozialen Eingliederung gekennzeichnet und ist allein von der tatsächlichen – ggf. vom Willen unabhängigen – Situation gekennzeichnet, die den Aufenthaltsort als Mittelpunkt der Lebensführung ausweist.
50 EuGH FamRZ 2009, 843, 845; siehe auch Keidel/Engelhardt, § 99 FamFG Rn. 15.
51 Vgl. etwa BGHZ 78, 293, 301
52 Vgl. etwa OLG Stuttgart FPR 2013, 223.
53 So BT-Drucks. 16/6308, S. 226 f.: „Seinen gewöhnlichen Aufenthalt hat ein Kind bei dem Elternteil, in dessen Obhut es sich befindet." Vgl. auch Andrae, § 9 Rn. 41 ff., zur Differenzierung nach Alter und Reife des Kindes.

Staat niederzulassen, als Indiz für die Verlagerung des gewöhnlichen Aufenthalts angesehen.[54] Allerdings kommt der Begründung eines (neuen) Wohnsitzes nur Indizwirkung zu, weil es sich bei der Begründung des Aufenthalts um einen rein faktischen Vorgang handelt. Ein Kind kann einen gewöhnlichen Aufenthalt auch gegen den Willen der Eltern bzw. eines (mit-)sorgeberechtigten Elternteils begründen.[55]

1725 Nach dem Wortlaut des Art. 8 Abs. 1 Brüssel IIa-VO, der auf den **Zeitpunkt der Antragstellung** abstellt, gilt für die internationale Zuständigkeit der Grundsatz der **perpetuatio fori**, wonach die Zuständigkeit eines Gerichts nach Eintritt der Rechtshängigkeit erhalten bleibt, auch wenn eine spätere Änderung der die Zuständigkeit begründenden Voraussetzungen eintritt.[56] Dies schließt jedoch nicht aus, dass ein erst während des Verfahrens begründeter Aufenthalt zur Zuständigkeit des angerufenen Gerichts führt, sofern nicht zuvor ein zuständiges Gericht in einem anderen Mitgliedstaat in derselben Rechtssache angerufen wurde.[57]

1726 b) *Besondere Zuständigkeitsregeln nach der Brüssel IIa-VO*

Art. 9, 10 und 12 Brüssel IIa-VO enthalten im Verhältnis der Mitgliedstaaten zueinander vorrangige Sonderregelungen für Umgangsregelungen nach Verlegung des gewöhnlichen Aufenthalts, widerrechtliches Verbringen des Kindes sowie die begrenzte Möglichkeit einer Gerichtsstandsvereinbarung.[58]

1727 Für **Verfahren zur Regelung des Umgangs** nach dem Umzug des Kindes in einen anderen Vertragsstaat bleibt die Zuständigkeit des Gerichts des früheren gewöhnlichen Aufenthaltsstaates für die Dauer von drei Monaten erhalten, Art. 9 Abs. 1 Brüssel IIa-VO. Dies soll verhindern, dass ein Elternteil unmittelbar nach dem Umzug die Abänderung einer bestehenden Umgangsregelung anstrebt. Anderes gilt, wenn der Umgangsberechtigte die Zuständigkeit des neuen Aufenthaltsstaates akzeptiert bzw. sich auf das Verfahren einlässt, Art. 9 Abs. 2 Brüssel IIa-VO.

1728 Art. 10 Brüssel IIa-VO regelt die fortbestehende Zuständigkeit der Gerichte des Herkunftsstaates in Fällen des widerrechtlichen Verbringens oder Zurückhaltens eines Kindes. Art. 11 Brüssel IIa-VO enthält Sonderregelungen für Verfahren im Anwendungsbereich des HKÜ.[59]

Art. 12 Brüssel IIa-VO regelt unter engen Voraussetzungen eine Verbundzuständigkeit für die Regelung der elterlichen Verantwortung im Rahmen eines Scheidungsverfahrens sowie die Möglichkeit einer Gerichtsstandsvereinbarung, sofern eine wesentliche Bindung des Kindes zu dem Staat des gewählten Rechts besteht,

---

54 So EuGH FamRZ 2011, 617, vgl. aber auch EuGH FamRZ 2018, 1426.
55 Siehe EuGH FamRZ 2017, 1506 zur Frage des gewöhnlichen Aufenthalts eines Säuglings.
56 Vgl. BGH FamRZ 2010, 720. Diesem Grundsatz folgt auch § 2 Abs. 2 FamFG für das nationale Recht.
57 So BGH FamRZ 2010, 720; Althammer/Schäuble, Art. 8 Brüssel IIa-VO Rn. 15
58 Näher hierzu Völker/Clausius, § 11 Rn. 16 ff.
59 Vgl. hierzu die nachfolgende Darstellung, Rn. 1757 ff.

Art. 12 Abs. 3 Brüssel IIa-VO. In beiden Fällen müssen die Verfahrensbeteiligten die Zuständigkeit anerkennen.[60]

Der tatsächliche Aufenthalt ist maßgeblich für Kinder, deren gewöhnlicher Aufenthalt nicht festgestellt werden kann; gleiches gilt für minderjährige Flüchtlinge, Art. 13 Abs. 1 und 2 Brüssel IIa-VO. Eine eng auszulegende und in der Wirkung[61] begrenzte Sonderzuständigkeit besteht nach Art. 20 Brüssel IIa-VO für einstweilige Maßnahmen unter folgenden Voraussetzungen: Die Maßnahme muss dringlich sein, sie muss in Bezug auf Personen getroffen werden, die sich in dem Mitgliedstaat befinden, in dem das Gericht seinen Sitz hat, und sie muss vorübergehender Art sein.[62]

1729

Art. 15 Brüssel IIa-VO gestattet in Ausnahmefällen die Abgabe einer Kindschaftssache an das Gericht eines anderen Mitgliedstaates, zu dem das Kind eine besondere Bindung hat, sofern dies dem Wohl des Kindes entspricht.[63]

1730

Bei **parallel anhängigen Sorgerechtsverfahren in mehreren Mitgliedstaaten der EU** hat das zuletzt angerufene Gericht das Verfahren von Amts wegen auszusetzen, bis die Zuständigkeit geklärt ist, Art. 19 Abs. 2 Brüssel IIa-VO. Maßgeblich ist grundsätzlich – abweichend von der Rechtshängigkeit nach deutschem Recht – der Zeitpunkt der Anrufung des Gerichts, Art. 16 Brüssel IIa-VO.[64] Dabei ist keine Verweisung vorgesehen, vielmehr steht es dem Antragsteller frei, seinen Antrag dem zuständigen Gericht vorzulegen.[65]

1731

c) Sonstige Zuständigkeitsanknüpfungen

1732

Aus dem KSÜ folgt die internationale Zuständigkeit nur für Kinder mit gewöhnlichem Aufenthalt in anderen Vertragsstaaten des KSÜ, die nicht der Brüssel IIa-VO angehören, wobei auch Art. 5 KSÜ auf den gewöhnlichen Aufenthalt des Kindes abstellt.

Dabei folgt aus Art. 5 Abs. 2 KSÜ, dass mit Begründung eines neuen gewöhnlichen Aufenthalts grundsätzlich auch ein Wechsel der internationalen Zuständigkeit eintritt, womit auch im laufenden Verfahren die Zuständigkeit des angerufenen Gerichts entfallen kann.[66] Im Falle eines Umzugs des Kindes in einen Staat außerhalb der EU, der aber Vertragsstaat des KSÜ ist, kann daher bei Begründung eines neuen gewöhnlichen Aufenthalts ein Zuständigkeitswechsel eintreten, da von einer entsprechenden Bindung an die perpetuatio fori des Art. 8 Abs. 1 Brüssel IIa-

1733

---

60 Hierzu näher Niethammer-Jürgens/Erb-Klünemann, S. 137 f.
61 Auf Grundlage von Art. 20 Brüssel IIa-VO erlassene Maßnahmen sind in ihrer Wirkung grundsätzlich auf den Staat begrenzt, in dem sie erlassen wurden.
62 BGH ZKJ 2016, 222 mit Anmerkung Schweppe ZKJ 2016, 220; Schulz FamRZ 2016, 801; sowie grundlegend EuGH FamRZ 2009, 843, und FamRZ 2010, 525.
63 Zum Ausnahmecharakter der Vorschrift siehe EuGH FamRZ 2019, 53. Zum entsprechenden Verfahren siehe Heilmann/Schweppe, Art. 15 Brüssel IIa-VO Rn. 3 ff.
64 Hierzu Althammer/Schäuble, Art. 16 Brüssel IIa-VO Rn 4 f.
65 Art. 19 Abs. 3 Satz 2 Brüssel IIa-VO. Zum entsprechenden Verfahren siehe Oberloskamp/Schweppe, § 5 Rn. 47 ff.
66 So OLG Karlsruhe FamRZ 2014, 1565 (Schweiz); Andrae, § 9 Rn. 23, 50.

VO nur im Verhältnis der EU-Mitgliedstaaten zueinander auszugehen ist, nicht aber im Verhältnis zu Drittstaaten.[67]

Das praktisch nicht mehr relevante MSA enthält neben dem gewöhnlichen Aufenthalt (Art. 1 MSA) eine konkurrierende Zuständigkeit der Heimatbehörden aufgrund der Staatsangehörigkeit des Kindes (Art. 4 MSA).[68]

1734 Durch den **Vorrang der Brüssel IIa-VO** folgt die Zuständigkeit deutscher Gerichte aus dem FamFG nur, wenn das Kind seinen gewöhnlichen Aufenthalt in einem Drittstaat hat, für den weder die Brüssel IIa-VO noch KSÜ oder MSA greifen,[69] und entweder die deutsche Staatsangehörigkeit besitzt (§ 99 Abs. 1 Satz 1 Ziffer 1 FamFG), der „Fürsorge durch ein deutsches Gericht bedarf" (§ 99 Abs. 1 Satz 2 FamFG) oder ein Scheidungsverfahren hier anhängig ist (§ 98 Abs 2 FamFG).[70]

Übersicht: Internationale Zuständigkeit

Grundsatz: Gewöhnlicher Aufenthalt des Kindes	
Gewöhnlicher Aufenthalt des Kindes in Deutschland:	**Art. 8 Brüssel IIa- VO**
→ gewöhnlicher Aufenthalt zum Zeitpunkt der Antragstellung → fortdauernde Zuständigkeit bei Wechsel des gewöhnlichen Aufenthalts, nicht aber bei Wechsel in KSÜ-Vertragsstaat (Art. 5 Abs. 2 KSÜ)	
Ausnahme: Sonderregelungen im Verhältnis der EU-Mitgliedstaaten	
Umgang	**Art. 9 Brüssel IIa-VO**
Kindesentführung	**Art. 10 Brüssel IIa-VO**
Scheidungsverbund	**Art. 12 Abs. 1 Brüssel IIa-VO** (auch im Verhältnis zu Drittstaaten)
Vereinbarung	**Art. 12 Abs. 2 Brüssel IIa-VO**
Eilzuständigkeit	**Art. 20 Brüssel IIa-VO**
Subsidiär	– Art. 13 Brüssel IIa-VO – Art. 14 Brüssel IIa-VO (falls keine Zuständigkeit eines anderen Mitgliedstaates, Art. 17 Brüssel IIa-VO)

---

67 Althammer/Schäuble, Art. 8 Brüssel IIa-VO Rn. 14; vgl. auch OLG Stuttgart FamRZ 2013, 49 für das MSA. Zum KSÜ vgl. Schulz, FamRZ 2011, 156, 158.
68 Die Zuständigkeit der Heimatbehörden ist nach BGH FamRZ 1997, 1070, einschränkend auszulegen.
69 Hierzu Andrae, § 9 Rn. 21; Keidel/Engelhardt, § 99 FamFG Rn. 40 ff.
70 Vgl. hierzu BGH FamRZ 2015, 2147 (Volksrepublik China).

Gewöhnlicher Aufenthalt zum Zeitpunkt der Antragstellung in Vertragsstaat des KSÜ:

→ gewöhnlicher Aufenthalt zum Zeitpunkt der Antragstellung (Art. 5 Abs. 1 KSÜ)
→ Wechsel des gewöhnlichen Aufenthalts führt zu Zuständigkeitswechsel (Art. 5 Abs. 2 KSÜ)

Sonderregelungen:

Kindesentführung	Art. 7 KSÜ
Scheidungsverbund	Art. 10 KSÜ
Eilzuständigkeit	Art. 11 bzw. 12 KSÜ

Bei gewöhnlichem Aufenthalt des Kindes in Drittstaat (Nichtvertragsstaat):

Zuständigkeit deutscher Gerichte kann sich ergeben aus

Scheidungsverbund	§ 98 Abs. 2 FamFG
deutscher Staatsangehörigkeit	§ 99 Abs. 1 S. 1 Nr. 1 FamFG
oder	
Fürsorgebedürfnis	§ 99 Abs. 1 S. 2 FamFG
ausnahmsweise Abgabe von Verfahren:	Art. 15 Brüssel IIa-VO Art. 8 und 9 KSÜ

2. Anzuwendendes Recht

a) Grundsatz: Art. 15 KSÜ 1735

Die **Brüssel IIa-VO enthält keine Regelungen zum anzuwendenden Recht**. Dieses ergibt sich vielmehr aus völkerrechtlichen Übereinkommen, subsidiär aus nationalem Recht. Insoweit richtet sich das anzuwendende Recht nach Art. 15 KSÜ, und zwar auch dann, wenn die internationale Zuständigkeit aus der Brüssel IIa-VO folgt.[71] Damit **wenden die Gerichte grundsätzlich ihr eigenes Recht an**. Aus Art. 15 Abs. 3 i.V.m. Art. 5 Abs. 2 KSÜ folgt, dass bei Begründung eines

---

71 BGH FamRZ 2018, 457; FamRZ 2011, 796; Palandt/Thorn (IPR), Anh. EGBGB Art. 24 Rn. 21; Andrae, § 9 Rn. 103 m.w.N.

neuen gewöhnlichen Aufenthalts nicht nur die internationale Zuständigkeit, sondern auch das anzuwendende Recht wechselt. Art. 15 Abs. 2 KSÜ enthält eine eng auszulegende Ausweichklausel, die es gestattet, aus Gründen des Kindeswohls ein für diesen Fall sachnäheres Recht eines anderen Staates anzuwenden oder zu berücksichtigen.[72]

1736 **b) Ausnahme: Art. 21 EGBGB**

Auch Art. 21 EGBGB knüpft für die Bestimmung des anwendbaren Rechts an den **gewöhnlichen Aufenthalt des Kindes** (siehe Rn. 1723) an. Die Norm gelangt jedoch nur dann zur Anwendung, wenn das betroffene Kind seinen gewöhnlichen Aufenthalt nicht in einem Mitgliedstaat der EU oder einem Vertragsstaat des KSÜ hat und die Zuständigkeit aus § 99 FamFG folgt.[73] Da in dieser Konstellation **internationale Zuständigkeit und gewöhnlicher Aufenthalt auseinanderfallen** und Art. 21 EGBGB für das anzuwendende Recht ebenfalls auf den gewöhnlichen Aufenthalt verweist, gelangt materiell nicht deutsches, sondern das Recht des Staates des gewöhnlichen Aufenthalts zur Anwendung,[74] wobei der allgemeine **ordre public** Vorbehalt des Art. 6 EGBGB zu beachten ist. Eine Anwendung ausländischen Rechts ist danach ausgeschlossen, wenn die sich hieraus ergebende Sorgerechtsregelung im konkreten Fall nicht mit den Grundrechten vereinbar wäre.[75] Weiter gelangt Art. 21 EGBGB zur Anwendung, wenn ein Jugendlicher nach seinem Aufenthaltsrecht, nicht aber nach seinem Heimatrecht volljährig ist.[76]

Übersicht: Anzuwendendes Recht

> *Internationale Zuständigkeit folgt*
>
> *– aus KSÜ oder Brüssel IIa-VO:*
>
> Für Schutzmaßnahmen (Regelung der elterlichen Sorge):
>
> - Jeder Staat wendet sein eigenes Recht an (Art. 15 Abs. 1 KSÜ);
> - Ausnahme Ausweichklausel (Art. 15 Abs. 2 KSÜ)
>
>   Sorgerechtsstatut ist wandelbar.
>
>   → Wechsel des gewöhnlichen Aufenthaltes führt zu Wechsel im anzuwendenden Recht.

---

72 Hierzu Oberloskamp/Schweppe, § 5 Rn. 99.
73 Zum verbleibenden Anwendungsbereich von Art. 21 EGBGB vgl. MünchKomm-BGB/Helms, Art. 21 EGBGB Rn. 9 ff.; Völker/Clausius, § 11 Rn. 68.
74 Vgl. etwa zur Anwendung norwegischen Sachrechts bei einem Umzug nach Norwegen: OLG Brandenburg, Beschluss vom 3.3.2014, 9 UF 275/11, juris.
75 Vgl. BGH FamRZ 1993, 1053.
76 MünchKommBGB/Helms, Art. 21 EGBGB Rn. 14; Völker/Clausius, § 11 Rn. 68.

> für von Gesetzes wegen erworbenes Sorgerecht:
> - gewöhnlicher Aufenthalt maßgeblich (Art. 16 Abs. 1 KSÜ)
> - **Schutz wohlerworbener Rechte** (Art. 16 Abs. 3 KSÜ)
> - **Hinzuerwerb von Rechten** (Art. 16 Abs. 4 KSÜ)
>
> – **aus § 99 FamFG**: Art. 21 EGBGB
>
> Durch Anknüpfung an gewöhnlichen Aufenthalt ggf. Anwendung ausländischen Sachrechts.

c) Verfahrensrecht

1737

In Verfahren vor deutschen Gerichten finden die Verfahrensregeln des FamFG[77] bzw. sich etwa aus dem IntFamRVG ergebende Sonderregelungen Anwendung.

3. Anerkennung und Vollstreckung

Die Anerkennung und Vollstreckung ausländischer Entscheidungen betrifft die Frage, ob die Entscheidung eines ausländischen Gerichts in Deutschland Wirkungen entfaltet und gegebenenfalls durchzusetzen ist. Auch insoweit sind die Regelungen in der Brüssel IIa-VO bzw. im ESÜ und KSÜ und deren Umsetzung durch das IntFamRVG vorrangig.[78]

1738

a) Anerkennung ausländischer Entscheidungen

1739

aa) Art. 21 ff. Brüssel IIa-VO

Art. 21 Abs. 1 Brüssel IIa-VO enthält den Grundsatz, dass in einem Mitgliedstaat der EU ergangene **Entscheidungen ohne besonderes Anerkennungsverfahren** in anderen Mitgliedstaaten **anzuerkennen** sind. Art. 21 Abs. 3 Brüssel IIa-VO bietet hierfür ein **deklaratorisches Anerkennungsverfahren**.[79]

Art. 23 Brüssel IIa-VO führt abschließend die möglichen Gründe für die Versagung der Anerkennung von Entscheidungen ausländischer Gerichte auf. Neben dem allgemeinen Vorbehalt des **ordre public** regelt Art. 23 Brüssel IIa-VO die Versagung der Anerkennung wegen der Verletzung verfahrensrechtlicher Grundsätze, etwa des rechtlichen Gehörs. So setzt die Anerkennung einer Entscheidung über die elterliche Verantwortung voraus, dass die betroffenen Kinder die Möglichkeit erhielten, gehört zu werden (Art. 23 lit. b) Brüssel IIa-VO).[80] Zu beachten ist, dass die

1740

---

77 Siehe hierzu in diesem Handbuch den Beitrag von Heilmann, Rn. 1405 ff.
78 Zu den einschlägigen Normen zur Anerkennung und Vollstreckung ausländischer Entscheidungen und der entsprechenden Regelung im IntFamRVG siehe die Übersicht in Heilmann/Schweppe, § 1 IntFamRVG Rn. 2.
79 Zur Umsetzung dieser Anerkennung im Verfahren vor nationalen Gerichten, vgl. § 32 IntFamRVG, der besondere Regelungen zur Beteiligung des Antragsgegners enthält, soweit die Feststellung begehrt wird, dass ein ausländischer Titel nicht anzuerkennen ist, vgl. grundlegend EuGH FamRZ 2008, 1729.
80 Zu möglichen Änderungen im Zuge der Reform der Brüssel IIa-VO vgl. MünchKommBGB/Heiderhoff, Art. 23 Brüssel IIa-VO Rn. 15.

Beteiligung von Kindern in familiengerichtlichen Verfahren in der EU äußerst unterschiedlich ausgestaltet ist und häufig nicht den hiesigen Anforderungen entspricht. So ist streitig, ob für die Anerkennung einer Entscheidung eine persönliche richterliche Kindesanhörung zwingend ist[81] oder ob eine indirekte Beteiligung im Ausgangsverfahren gemäß den dortigen Verfahrensvorschriften, etwa die Anhörung durch einen Sozialarbeiter, genügt.[82] Der BGH hat in diesem Kontext entschieden, dass die fehlende Bestellung eines Verfahrensbeistands und Anhörung des Kindes im Ausgangsverfahren der Anerkennung nicht entgegensteht, soweit es sich um eine Entscheidung im Eilverfahren handelt.[83] Eine Anerkennung ist jedenfalls ausgeschlossen, wenn alle Beteiligten ihren gewöhnlichen Aufenthalt in Deutschland haben und die Regelung der elterlichen Sorge im Rahmen eines im Heimatstaat der Eltern durchgeführten Scheidungsverfahrens ohne persönliche Anhörung erfolgte.[84]

1741 *bb) Anerkennung nach ESÜ, KSÜ und FamFG*

Für die **Anerkennung von Entscheidungen, die außerhalb der EU, jedoch in einem Vertragsstaat** des ESÜ oder des KSÜ ergangen sind, enthalten diese Übereinkommen gesonderte Regelungen.[85]

Art. 23 KSÜ regelt die Anerkennung der von den Behörden eines Vertragsstaates getroffenen Maßnahmen. Die Gründe für die Versagung der Anerkennung sind in Art. 23 Abs. 2 KSÜ aufgeführt. Auch die Vollstreckung der Schutzmaßnahmen eines anderen Vertragsstaates darf nur aus einem dieser Gründe abgelehnt werden.[86]

1742 Die Anerkennung außerhalb der genannten Wirkungsbereiche ergangener Entscheidungen erfolgt nach §§ 107 ff. FamFG. Die Ausschlussgründe sind abschließend in § 109 FamFG geregelt, darunter die mangelnde Zuständigkeit des ausländischen Gerichts nach deutschem Recht sowie die Unvereinbarkeit mit wesentlichen Grundsätzen des deutschen Rechts.[87] § 109 FamFG, Art. 23 Brüssel IIa-VO und Art. 23 Abs. 2 KSÜ enthalten jeweils abschließend Gründe für die Versagung der Anerkennung wegen Verstoßes gegen den **ordre public**, die sowohl die Unvereinbarkeit mit materiellem Recht als auch Verfahrensverstöße umfassen. Im Hinblick auf die grundsätzliche Verpflichtung zur Anerkennung ausländischer Ent-

---

81 So OLG München FamRZ 2015, 602; OLG Hamm, Beschluss vom 26.8.2014, 11 UF 85/14, juris; Völker/Clausius, § 11 Rn. 73.
82 Hierzu Althammer/Weller Art. 23 Brüssel IIa-VO Rn. 3; MünchKommBGB/Heiderhoff, Art. 23 Brüssel IIa-VO Rn. 13b; Heilmann/Schweppe, Art. 23 Brüssel IIa-VO Rn. 8; Schweppe in Heilmann/Lack (Hrsg.), Festschrift Salgo, S. 239 ff. sowie Menne FamRB 2015, 398 jeweils auch zur Rechtslage in anderen EU-Staaten.
83 BGH FamRZ 2015, 1011, mit Anmerkung Hau, FamRZ 2015, 1101; dazu Menne FamRB 2015, 250.
84 Vgl. OLG Frankfurt IPRax 2008, 352; Schleswig-Holsteinisches OLG FamRZ 2008, 1761.
85 Art. 7 ff. ESÜ, Art. 23 ff. KSÜ. Siehe hierzu Völker/Clausius, § 11 Rn. 76–78 sowie Heilmann/Schweppe, zu Art. 23 KSÜ.
86 Art. 26 Abs. 3 KSÜ.
87 Zur Anerkennung ausländischer Entscheidungen und Anerkennungshindernissen nach § 108 FamFG vgl. Klinck, FamRZ 2009, 741 ff., sowie Heilmann/Schweppe, zu § 108 und § 109 FamFG.

scheidungen unterliegt deren Versagung hohen Anforderungen: Entscheidend ist, ob das Ergebnis der Anwendung ausländischen Rechts im konkreten Fall zu den Grundgedanken der deutschen Regelungen und den in ihnen enthaltenen Gerechtigkeitsvorstellungen in so starkem Widerspruch steht, dass es nach hiesigem Verständnis untragbar erscheint.[88]

b) Abänderung ausländischer Entscheidungen 1743

Die Anerkennung einer im Ausland ergangenen Entscheidung zur elterlichen Sorge oder zum Umgangsrecht ist im Übrigen inzident zu prüfen, wenn ein Elternteil einen Antrag auf Übertragung der elterlichen Sorge stellt und der andere Elternteil einwendet, dass bereits eine Entscheidung eines ausländischen Gerichts existiert.

Dabei gilt auch für Entscheidungen ausländischer Gerichte, dass Regelungen über 1744 die elterliche Sorge oder das Umgangsrecht nicht in materielle Rechtskraft erwachsen. Die **Abänderung** einer solchen Entscheidung ist daher möglich, sofern die Zuständigkeit des deutschen Gerichts zu bejahen ist und die Voraussetzungen für die Abänderung nach § 1696 BGB erfüllt sind, insbesondere „triftige, das Wohl des Kindes nachhaltig berührende Gründe" vorliegen.[89] Dies gilt auch dann, wenn die Entscheidung des ausländischen Gerichts nach dortigem Recht rechtskräftig ist.[90] Eine abändernde Sachentscheidung über die elterliche Sorge ist jedoch für die Gerichte des Zufluchtsstaates im Falle des widerrechtlichen Verbringens oder Zurückhaltens nach Maßgabe von Art. 16 HKÜ ausgeschlossen.

c) Vollstreckung ausländischer Entscheidungen 1745

Als Voraussetzung für die Vollstreckung sehen Art. 28 ff. Brüssel IIa-VO eine förmliche Anerkennung ausländischer Entscheidungen durch Vollstreckbarerklärung vor, wobei der Antrag ohne Verzug und ohne Anhörung des Antragsgegners und des betroffenen Kindes zu bescheiden ist.[91] Hierzu regeln §§ 16 ff. IntFamRVG ein besonderes Verfahren zur Erteilung einer Vollstreckungsklausel (§ 23 IntFamRVG). Für den Anwendungsbereich der Brüssel IIa-VO, des KSÜ und des ESÜ enthält das IntFamRVG ergänzende Regelungen zur Vollstreckung. So hat die Vollstreckung der Herausgabe bzw. Rückführung des Kindes – mit Ausnahme der Herausgabe zum Zwecke der Durchführung eines Umgangs – durch das Gericht von Amts wegen, also unabhängig von einem entsprechenden Antrag (§ 44 Abs. 3 IntFamRVG), zu erfolgen. Von der Anordnung von Vollstreckungsmaßnahmen soll das Gericht nur auf entsprechenden Antrag des berechtigten Elternteils absehen.[92]

---

88 Vgl. BGH FamRZ 2018, 1846 (Leihmutter); BGH FamRZ 2015, 1479 (Adoption); BGH FamRZ 2015, 240 (Leihmutter); BVerwG FamRZ 2013, 547/550 (Visum zum Kindernachzug); BGH FamRZ 2009, 1816 (Vaterschaftsfeststellung).
89 Vgl. BGH NJW-RR 1986, 1130; OLG Frankfurt am Main FPR 2001, 232. Zu den Abänderungsvoraussetzungen siehe auch Staudinger/Coester, § 1696 Rn. 149; MünchKomm-BGB/Helms, Art. 21 EGBGB Rn. 46; in diesem Handbuch Dürbeck, Rn. 646 zum innerstaatlichen Recht.
90 Staudinger/Henrich, Art. 21 EGBGB Rn. 253.
91 Art. 31 Brüssel IIa-VO, zur Umsetzung siehe § 18 IntFamRVG
92 § 44 Abs. 3 Satz 2 IntFamRVG.

Für die Anordnung der Herausgabe des Kindes ermöglicht § 33 Abs. 1 IntFamRVG, klarstellende Ergänzungen des Titels aufzunehmen, wenn dieser nach dem Recht des Staates, in dem er erstellt wurde, die Herausgabe des Kindes beinhaltet, jedoch dies nicht aus dem Titel selbst hervorgeht.[93]

Im Anwendungsbereich der Brüssel IIa-VO entfällt das Verfahren der Vollstreckbarerklärung für Entscheidungen über das Umgangsrecht und im Fall der mit der Anordnung der Herausgabe (Rückgabe) des Kindes verbundenen Regelung der elterlichen Sorge im Herkunftsstaat nach Ablehnung der Rückführung des Kindes im HKÜ-Verfahren (Art. 11 Abs. 8 Brüssel IIa-VO). In diesen Konstellationen erfolgt eine unmittelbare Vollstreckung auf Vorlage einer im Anordnungsstaat erstellten Bescheinigung, welche als Nachweis für die Einhaltung bestimmter Verfahrensgrundsätze dient,[94] sowie einer Ausfertigung der entsprechenden Entscheidung (Art. 45 Abs. 1 Brüssel IIa-VO). Eine inhaltliche Überprüfung erfolgt nicht, auch ist kein Rechtsbehelf, sondern lediglich die Möglichkeit einer Berichtigung vorgesehen.[95] Für außerhalb der Anwendungsbereiche der Brüssel IIa-VO, des ESÜ und des KSÜ ergangene Entscheidungen erfolgt die Vollstreckung nach Maßgabe des § 110 FamFG grundsätzlich auf der Grundlage innerstaatlichen Rechts; ein förmliches Exequaturverfahren ist nicht vorgesehen.[96]

4. Grenzüberschreitende Unterbringung

1746 Die grenzüberschreitende Unterbringung als eine Aufgabe der Jugendhilfe ist in Art. 33 KSÜ und Art. 56 Brüssel IIa-VO gesondert geregelt. Hierunter fallen neben Fällen der Verwandtenpflege vor allem auch intensivpädagogische Auslandsmaßnahmen für Jugendliche (s. § 27 Abs. 2 Satz 3 i. V. mit § 35 SGB VIII). Voraussetzung für die Durchführung von Jugendhilfemaßnahmen bzw. die Platzierung in einer Pflegefamilie im Ausland ist grundsätzlich (mit Ausnahme bestimmter Formen von Verwandtenpflege im Anwendungsbereich der Brüssel IIa-VO) die Durchführung eines **Konsultationsverfahrens**, das für den Fall einer beabsichtigten Unterbringung aus dem Ausland in Deutschland in §§ 45–47 IntFamRVG geregelt ist und insbesondere eine Prüfung des Aufnahmeersuchens auf Grundlage des Kindeswohls und eine Genehmigung durch ein Familiengericht vorsieht.[97] Dieses Konsultationsverfahren ist grundsätzlich (im Anwendungsbereich der Brüssel-IIa-VO zwingend) vor Beginn der Maßnahme abzuschließen.[98] Auch außerhalb der

---

93 Hierzu Schulz, FamRZ 2011, 156, 160.
94 Art. 40 i.V.m. Art. 41, Art. 42 Brüssel IIa-VO. Siehe hierzu die Übersicht Heilmann/Schweppe, Art. 42 Brüssel IIa-VO.
95 Art. 43 Brüssel IIa-VO, § 49 IntFamRVG.
96 Zur Vollstreckung familiengerichtlicher Entscheidungen vgl. die Ausführungen von Heilmann in diesem Handbuch Rn. 1565 ff.
97 Zum Konsultationsverfahren siehe Heilmann/Schweppe, § 47 IntFamRVG, sowie ausführlich die „Arbeitshilfe der Landesjugendämter zur Durchführung der Konsultationsverfahren nach Art. 56 Brüssel IIa-VO, Art. 33 KSÜ, §§ 45 ff. IntFamRVG" (2016). Zur Vollzeitpflege im Ausland siehe Eschelbach/Rölke, JAmt 2014, 494. Zur Unterbringung im EU-Ausland vgl. Schlauß, ZKJ 2016, 348.
98 EuGH FamRZ 2012, 1466, zur grenzüberschreitenden geschlossenen Unterbringung.

Geltungsbereiche von KSÜ und Brüssel IIa-VO kommt eine Aufnahme eines Kindes aus dem Ausland in Betracht, etwa auf Grundlage einer Kafala.[99]

IV. Verfahren nach dem HKÜ

Aufgrund der erheblichen praktischen Bedeutung des HKÜ[100] werden im Folgenden dessen Ziele und Instrumentarium, aber auch die sich in der Umsetzung des Rückführungsmechanismus ergebenden Probleme jeweils unter Berücksichtigung der entsprechenden Regelungen der Brüssel IIa-VO und des IntFamRVG erläutert, bevor auf die Tätigkeit von Verfahrensbeiständen in HKÜ-Verfahren eingegangen wird.

1747

1. Ziele und Instrumentarium des HKÜ

Das Verfahren nach dem HKÜ ist nicht als Sorgerechtsverfahren konzipiert, vielmehr soll mit der **Rückführung des Kindes** erst die **Voraussetzung für die Durchführung eines Sorgerechtsverfahrens im Herkunftsstaat** geschaffen werden und damit die Basis für die künftige Ausübung der elterlichen Sorge. Das HKÜ dient insofern der Durchsetzung der internationalen Zuständigkeit für das Sorgerechtsverfahren.[101]

1748

a) Rückführungsverfahren

Hierzu beantragt der Elternteil, der die Verletzung seines Sorgerechts durch ein widerrechtliches Verbringen oder Zurückhalten des Kindes geltend macht, die Rückführung des Kindes. Der **Antrag** ist über die Zentrale Behörde eines Vertragsstaates zu stellen (Art. 8 HKÜ); er kann aber auch unmittelbar beim zuständigen Gericht gestellt werden (Art. 29 HKÜ).

1749

Das Gericht im derzeitigen Aufenthaltsstaat des Kindes (Zufluchtsstaat) hat nun **grundsätzlich die sofortige Rückführung des Kindes anzuordnen**, Art. 12 Abs. 1 HKÜ.[102] Zum Nachweis der Widerrechtlichkeit des Verbringens oder Zurückhaltens kann von dem Antragsteller die Vorlage einer sogenannten **„Widerrecht-**

1750

---

99 Die in Art. 33 KSÜ ausdrücklich genannte Kafala ist ein Vormundschafts- und Pflegschaftsverhältnis nach islamischem Recht, das jedoch kein Verwandtschaftsverhältnis begründet und damit keine Adoption darstellt, vgl. BVerwG FamRZ 2011, 888; ZAR 2011, 191; Andrae, § 9 Rn. 130; Palandt/Thorn (IPR), Anh EGBGB 24 Rn. 16.
100 Im Jahr 2016 war die deutsche Zentrale Behörde mit 454 neu eingegangenen Fällen nach dem HKÜ befasst, wobei 380 Ersuchen auf die Rückführung von Kindern gerichtet waren. Hiervon entfiel etwa die Hälfte auf Anträge aus dem Ausland, mit den übrigen Anträgen wurde die Rückführung nach Deutschland begehrt. Die übrigen 74 Anträge waren auf die Durchführung von Umgang gerichtet, davon 38 eingehende, 36 ausgehende Ersuchen (Bundesamt für Justiz, Tätigkeitsbericht 2016 Referat II 3); zur Entwicklung der Fallzahlen siehe auch Schlauß, ZKJ 2019, 255, 257.
101 Der Rückführungsmechanismus des HKÜ ist auf die Wiederherstellung des Status Quo ausgerichtet; zugleich soll präventiv künftigen eigenmächtigen Aufenthaltswechseln entgegengewirkt werden. Vgl. zu den Zielen des HKÜ EGMR FamRZ 2015, 469; BVerfG FamRZ 2016, 1571; FamRZ 1996, 405.
102 Zum Rückführungsmechanismus des HKÜ siehe die Übersicht Heilmann/Schweppe, Art. 12 HKÜ Rn. 21 sowie Niethammer-Jürgens/Erb-Klünemann, S. 158f, und Nehls, ZKJ 2014, 62.

lichkeitsbescheinigung" (Art. 15 HKÜ) verlangt werden, die durch die zuständige Behörde des bisherigen Aufenthaltsstaats (Herkunftsstaat) auszustellen ist.[103] Die Anordnung der Rückführung darf nur bei Vorliegen bestimmter Ausnahmetatbestände verweigert werden, etwa wenn der Antragsteller das Sorgerecht tatsächlich nicht ausgeübt oder dem Verbringen oder Zurückhalten zugestimmt oder es nachträglich genehmigt hat (Art. 13 Abs. 1 lit. a HKÜ)[104] oder die Rückführung „mit der schwerwiegenden Gefahr eines körperlichen oder seelischen Schadens für das Kind verbunden ist oder das Kind auf andere Weise in eine unzumutbare Lage bringt" (Art. 13 Abs. 1 lit. b HKÜ).[105] Diese Fallgruppe wird in der Rechtsprechung etwa angenommen, wenn während des laufenden HKÜ-Verfahrens im dafür zuständigen Herkunftsstaat eine Sorgerechtsentscheidung zugunsten des „entführenden" Elternteils ergeht.[106] Weiter kann der Rückführungsantrag zurückgewiesen werden, wenn das Kind sich der Rückführung widersetzt und „ein Alter und eine Reife erreicht hat, angesichts deren es angebracht erscheint, seine Meinung zu berücksichtigen" (Art. 13 Abs. 2 HKÜ).[107]

1751 Des Weiteren kann die Rückführung verweigert werden, wenn der Rückführungsantrag erst nach Ablauf eines Jahres beim Gericht eingeht und das Kind sich in seine neue Umgebung eingelebt hat.[108] Nur in dieser Fallgruppe ist die Frage der Integration des Kindes im Zufluchtsstaat relevant.

1752 Der **schnelle Abschluss des Rückführungsverfahrens** wird durch Art. 11 Abs. 2 HKÜ gefördert. Danach soll eine Entscheidung über die Rückführung grundsätzlich innerhalb von sechs Wochen nach Eingang des Antrags bei Gericht ergehen. Dieses beschleunigte Verfahren trägt dem Umstand Rechnung, dass Kinder sich während des andauernden Verfahrens in ihre neue Umgebung integrieren.[109]

1753 Um konkurrierende Sorgerechtsregelungen zu verhindern, dürfen Gerichte im Zufluchtsstaat die elterliche Sorge erst regeln, wenn entschieden ist, dass eine Rückführung nach dem HKÜ nicht erfolgt oder innerhalb angemessener Frist ein Antrag auf Rückführung nicht gestellt wurde (Art. 16 HKÜ).[110]

---

103 Vgl. hierzu Völker/Clausius, § 11 Rn. 136f. § 41 IntFamRVG regelt für Deutschland die entsprechende gerichtliche Zuständigkeit. Bei der Ermittlung der zuständigen Behörden im Herkunftsstaat unterstützen die Zentralen Behörden.
104 Hierzu Niethammer-Jürgens/Erb-Klünemann, S. 163; OLG Stuttgart NZFam 2017, 673 (Zustimmung), OLG Düsseldorf FamRZ 2018, 760 (nachträgliche Genehmigung).
105 Hierzu Völker/Clausius, § 11 Rn. 115–120 mit zahlreichen Beispielen aus der Rechtsprechung.
106 So etwa OLG Karlsruhe FamRZ 2015, 1627; OLG Stuttgart FamRZ 2015, 1631. Allerdings begründet eine lediglich vorläufig vollstreckbare Entscheidung keinen Vertrauensschutz für den begünstigten Elternteil (EuGH FamRZ 2015, 107, vgl. Rn. 1758).
107 Hierzu Völker/Clausius, § 11 Rn. 121–123 mit Beispielen aus der Rechtsprechung.
108 Art. 12 Abs. 2 HKÜ, vgl. hierzu OLG Hamm FamRZ 2017, 1679.
109 Zur Bedeutung des Zeitfaktors in kindschaftsrechtlichen Verfahren siehe Heilmann, oben Rn. 1418, sowie derselbe, Kindliches Zeitempfinden und Verfahrensrecht.
110 Im Verhältnis der Mitgliedstaaten der EU zueinander sind allerdings Art. 8, 9, 10 und 11 Brüssel IIa-VO vorrangig zu beachten.

b) Auslegung der Ausnahmetatbestände

In Verfahren nach dem HKÜ ist der sonst in familiengerichtlichen Verfahren geltende **Amtsermittlungsgrundsatz eingeschränkt**. Bei Anwendung des Art. 13 Abs. 1 lit. a) und b) HKÜ obliegt dem Elternteil, der sich der Rückführung des Kindes widersetzt, jeweils der Nachweis für das Vorliegen der Ausnahmetatbestände.[111] Mit dem Hinweis auf die Konzeption und Zielrichtung des HKÜ wird eine restriktive Auslegung der Ausnahmetatbestände des HKÜ forciert.[112] Das Kindeswohl ist grundsätzlich nicht zu prüfen.[113] Ein Verbleib des Kindes im Zufluchtsstaat ist nur bei ungewöhnlich schwerwiegender Beeinträchtigung des Kindes im Falle der Rückführung gerechtfertigt.[114] Nach der Rechtsprechung ist es dem Elternteil, der das Kind ins Ausland verbracht hat, grundsätzlich zumutbar, das Kind bei der Rückführung in den Herkunftsstaat zu begleiten.[115] Im Rahmen des Art. 13 Abs. 2 HKÜ, der den Widerstand des Kindes gegen die Rückkehr in den Herkunftsstaat betrifft, wird vielfach darauf abgestellt, ob das Kind in der Lage ist, die Bedeutung der Rückführungsentscheidung zu erfassen, und sich aufgrund einer eigenverantwortlichen Entscheidung der Rückführung widersetzt.[116]

1754

c) Ergänzende Regelungen in Brüssel IIa-VO und IntFamRVG

Sowohl die Brüssel IIa-VO als auch das IntFamRVG enthalten für die Umsetzung des HKÜ ergänzende Regelungen, wobei die Regelungen der Brüssel IIa-VO auf die Anwendung im Verhältnis der Mitgliedstaaten der EU zueinander begrenzt sind.

1755

Art. 10 Brüssel IIa-VO enthält in Anlehnung an die dem HKÜ zugrunde liegenden Fristen eine **fortdauernde Zuständigkeit des Herkunftsstaates** für Sorgerechtsentscheidungen in Fällen von Kindesentführungen. Dabei verbleibt es auch nach Begründung eines neuen gewöhnlichen Aufenthalts bei der Zuständigkeit des Herkunftsstaates. Diese endet erst, wenn das Kind mindestens ein Jahr im Zufluchtsstaat lebt, nachdem der Sorgeberechtigte diesen Aufenthaltsort kannte oder hätte kennen müssen, während dieses Zeitraums kein Rückführungsantrag gestellt bzw. ein solcher zurückgezogen wurde und das Kind sich in seinem neuen Umfeld eingelebt hat.[117] Ein Wechsel der Zuständigkeit kann allerdings auch nach Abschluss eines Sorgerechtsverfahrens im Herkunftsstaat durch eine den Aufenthaltswechsel faktisch legitimierende Entscheidung eintreten (Art. 10 lit. b) (iv) Brüssel IIa-VO).

1756

---

111 Völker/Clausius, § 11 Rn. 109; zur Verfassungsmäßigkeit dieser Beweislastverteilung siehe BVerfG FamRZ 2016, 1571; FamRZ 1996, 1267.
112 Vgl. hierzu die Rechtsprechungsnachweise bei Völker/Clausius, § 11 Rn. 115–120, sowie Völker, FamRZ 2010, 157.
113 BVerfG FamRZ 1997, 1269
114 BVerfG FamRZ 2016, 1571.
115 Siehe aktuell OLG Stuttgart NZFam 2019, 121.
116 So etwa OLG Hamm FamRZ 2013, 1238: Erforderlich sei ein „autonomer Wille". Kritik an den insoweit an den kindlichen Willen gestellten Anforderungen äußert Zitelmann, Kindeswohl und Kindeswille (2001), S. 208 ff.
117 Vgl. hierzu die Darstellung bei Heilmann/Schweppe, Art. 11 Brüssel IIa-VO Rn. 3 f.

1757 Art. 11 Brüssel II-aVO enthält Sonderregelungen, die für bzw. im Anschluss an Rückführungsverfahren nach dem HKÜ im Verhältnis der EU-Mitgliedstaaten untereinander zur Anwendung gelangen. Die **Beschleunigung des Rückführungsverfahrens** wird durch Art. 11 Abs. 3 Brüssel IIa-VO forciert. Danach sind Anträge nach dem HKÜ innerhalb von sechs Wochen nach Eingang zu bescheiden. Art. 11 Abs. 4 Brüssel IIa-VO schränkt die Anwendung des Art. 13 Abs. 1 b) HKÜ ein, indem die Rückführung nicht abgelehnt werden darf, „wenn nachgewiesen ist, dass angemessene Vorkehrungen getroffen wurden, um den Schutz des Kindes nach seiner Rückkehr zu gewährleisten".[118]

1758 Weiter wird mit Art. 11 Abs. 6, 7 und 8 Brüssel IIa-VO im Falle der Ablehnung der Rückführung die Einleitung eines Sorgeverfahrens im Herkunftsstaat gefördert, dessen Entscheidung auch im Zufluchtsstaat umzusetzen ist.[119] Dabei hat das die Rückführung ablehnende Gericht innerhalb eines Monats nach Erlass seiner Anordnung das zuständige Gericht oder die Zentrale Behörde im Herkunftsstaat über seine Entscheidung zu informieren. Sodann werden, sofern nicht bereits ein Verfahren im Herkunftsstaat anhängig ist, die Beteiligten informiert und eingeladen, ein Sorgerechtsverfahren einzuleiten. Nach Art. 11 Abs. 8 Brüssel IIa-VO ist schließlich eine spätere Entscheidung des Herkunftsstaates, welche die Herausgabe des Kindes anordnet, im Zufluchtsstaat vollstreckbar, auch wenn im HKÜ-Verfahren die Rückführung des Kindes auf Grundlage des Art. 13 HKÜ abgelehnt wurde. Nach einer Entscheidung des EuGH gelangt dieser Mechanismus des Art. 11 Brüssel IIa-VO auch zur Anwendung, wenn ein Elternteil aufgrund einer vorläufig vollstreckbaren Sorgerechtszuweisung mit dem gemeinsamen Kind in einen anderen Mitgliedstaat verzieht und der andere Elternteil im nach Art. 8 Brüssel IIa-VO weiterhin zuständigen Ursprungsmitgliedstaat (Herkunftsstaat) im Rechtsmittelverfahren eine Abänderung der Entscheidung erwirkt.[120]

1759 Zur **Anhörung des Kindes** im Verfahren, die im HKÜ nicht explizit vorgesehen, in der Praxis deutscher Gerichte jedoch üblich ist, ordnet Art. 11 Abs. 2 Brüssel IIa-VO an, dass dem Kind die Möglichkeit zu geben ist, während des Verfahrens gehört zu werden, sofern dies nicht aufgrund seines Alters oder seines Reifegrads unangebracht erscheint. Grundsätzlich ist daher auch in HKÜ-Verfahren die richterliche Kindesanhörung durchzuführen.[121]

---

[118] Zu entsprechenden Maßnahmen „undertakings" siehe Rn. 1766 sowie OLG Frankfurt NZFam 2018, 1000, und Heilmann/Wegener, Kapitel 6 Rn. 14 ff.

[119] So genannter „übergeordneter Mechanismus". Vgl. hierzu die Übersicht Heilmann/Schweppe, Art. 12 HKÜ Rn. 22 sowie Völker/Clausius, § 11 Rn. 157 f. Im Zuge der geplanten Reform der Brüssel IIa-VO wird allerdings die Modifizierung bzw. Abschaffung dieser Regelungen erörtert.

[120] EuGH FamRZ 2015, 107 (110). Demnach darf ein Elternteil, der auf Grundlage einer vorläufig vollstreckbaren, aber angefochtenen Entscheidung umzieht, sich nicht auf einen neu begründeten Aufenthalt berufen. Im Umkehrschluss finden die Mechanismen des Art. 11 Brüssel IIa-VO jedoch dann keine Anwendung, wenn das Kind bereits einen neuen gewöhnlichen Aufenthalt begründet hatte, wofür es auf den Zeitraum zwischen dem Erlass der vorläufig vollstreckbaren Entscheidung und deren Abänderung im Rechtsmittelverfahren ankommen soll.

[121] Zur Bedeutung der Kindesanhörung in HKÜ-Verfahren siehe Völker/Clausius, § 11 Rn. 138; sowie bereits Schweppe, Kindesentführungen und Kindesinteressen, S. 210; Carl, FPR 2001, 211.

Zur Anhörung der Eltern regelt Art. 11 Abs. 5 Brüssel IIa-VO, dass ein Rückführungsantrag nur zurückgewiesen werden darf, wenn zuvor der Antragsteller Gehör erhielt.

1760

Erstinstanzlich **zuständig** für Verfahren nach dem HKÜ sind jeweils die **Familiengerichte, in deren Bezirk das Oberlandesgericht seinen Sitz hat**.[122] § 9 IntFamRVG regelt die Mitwirkung des Jugendamtes am Aufenthaltsort des Kindes und verpflichtet die Jugendämter zur Unterstützung im Gerichtsverfahren sowie im Rahmen der Vollstreckung gerichtlicher Entscheidungen. Neben diesen besonderen Verfahrensregeln gilt in HKÜ-Verfahren grundsätzlich das nationale Verfahrensrecht. Damit finden in Verfahren vor deutschen Gerichten die Regelungen des FamFG und des IntFamRVG Anwendung. Die §§ 37 ff. IntFamRVG enthalten Sonderregelungen für Verfahren nach dem HKÜ, etwa zur Verfahrensbeschleunigung (§ 38 IntFamRVG). Die Vollstreckung von Rückführungsentscheidungen erfolgt grundsätzlich von Amts wegen (§ 44 IntFamRVG).[123]

1761

Gegen die Entscheidung in HKÜ-Verfahren ist das **Rechtsmittel der sofortigen Beschwerde** eröffnet, § 40 Abs. 2 IntFamRVG, wobei diese innerhalb einer Frist von zwei Wochen einzulegen und zu begründen ist.[124] Die fehlende Begründung innerhalb der gesetzlichen Frist führt zur Verwerfung der Beschwerde ohne inhaltliche Prüfung.[125] Das Beschwerderecht wird durch § 40 Abs. 2 Satz 3 IntFamRVG beschränkt: Gegen eine Entscheidung, die zur Rückführung eines Kindes verpflichtet, können demnach nur der Antragsgegner, das Kind, soweit es das 14. Lebensjahr vollendet hat, sowie das Jugendamt die Beschwerde einlegen.

1762

2. Probleme in der Praxis des HKÜ

Der strikte Rückführungsmechanismus des HKÜ kann sich in der Praxis als problematisch erweisen, weil grenzüberschreitende Kindesverbringungen keineswegs einem einheitlichen Schema entsprechen. Aufgrund der Anknüpfung an die formale Position des Sorgerechtsinhabers ist vom Anwendungsbereich des HKÜ gleichermaßen erfasst ein Elternteil, der die Rückführung des Kindes nach einem Urlaubsaufenthalt verweigert, ein Elternteil, der mit dem Kind nach einer – gescheiterten – Auswanderung der Familie in seinen Heimatstaat zurückkehrt, wie auch ein Elternteil, der vor dem Verbringen mit dem Kind nicht zusammengelebt hat. In der letztgenannten Konstellation würde das Kind infolge der Rückführung nun möglicherweise von der Person getrennt, die das Kind seit seiner Geburt überwiegend allein betreute. Das HKÜ berücksichtigt weder die besondere Belastungssituation der Kinder aufgrund des abrupten Aufenthaltswechsels noch die individuel-

1763

---

122 Diese Zuweisung erfolgt durch § 12 IntFamRVG.
123 Zum Verfahren der Beschwerde und Vollstreckung in HKÜ-Verfahren siehe die Übersicht Heilmann/Schweppe, § 44 IntFamRVG Rn. 9.
124 § 40 Abs. 2 Satz 2 IntFamRVG. Dies entspricht der verkürzten Beschwerdefrist des § 63 Abs. 2 Ziffer 1 FamFG für Beschwerden gegen Entscheidungen im Verfahren der einstweiligen Anordnung, vgl. in diesem Handbuch Heilmann, Rn. 1524.
125 So OLG Bamberg FamRZ 2016, 835; OLG Koblenz FamRZ 2017, 135, entgegen OLG Stuttgart FamRB 2015, 459.

len Umstände im Herkunftsstaat. Auch entsprechen die im HKÜ statuierten Fristen nicht dem individuell unterschiedlichen kindlichen Zeitempfinden. Verzögerungen im Rückführungsverfahren, aber auch bereits die verspätete Antragstellung, bergen die Gefahr, dass mittels der Rückführungsanordnung das Kind (erneut) aus einer ihm vertrauten Umgebung herausgerissen wird.[126]

1764 Das BVerfG hat in mehreren Entscheidungen die enge Auslegung der Ausnahmetatbestände des HKÜ als verfassungsgemäß gebilligt.[127] Auch der EGMR sieht das HKÜ als im Einklang mit der Europäischen Menschenrechtskonvention stehend[128] und betont die Verpflichtung der Mitgliedstaaten, Rückführungsentscheidungen auch effektiv durchzusetzen.[129] Allerdings sind die nationalen Gerichte dabei zu einer eigenständigen Würdigung der zu den Ausnahmetatbeständen vorgetragenen Argumente und ggf. zur Prüfung etwaiger Schutzmaßnahmen verpflichtet.[130] Eine strikte und vor allem an den Zielen des HKÜ orientierte Auslegung der Ausnahmetatbestände birgt die **Gefahr einer Verlagerung der Probleme auf die Ebene der Vollstreckung bzw. in die zweite Instanz**, da erst dann bekannt ist, ob der Betreuungselternteil das Kind bei der Rückführung begleitet oder mit der Vollstreckung die Trennung des Kindes von seiner Bezugsperson erfolgt. Auch kann der Kindeswille unter Umständen erst im Vollstreckungsverfahren als erheblich erachtet werden, wenn die Vollstreckung am Widerstand des Kindes scheitert.[131] Eine Aussetzung der Vollstreckung kommt jedoch nur ausnahmsweise in Betracht, da im Vollstreckungsverfahren grundsätzlich keine erneute Überprüfung der Rechtmäßigkeit der zu vollstreckenden Entscheidung erfolgt; insbesondere ist von einer Prüfung des Kindeswohls im Erkenntnisverfahren auszugehen.[132]

1765 Um etwaige **mit der Rückführung verbundene Härten zu vermeiden bzw. zu mildern**, wird in der Rechtspraxis häufig versucht, den Elternteil, in dessen Obhut sich das Kind aufhält, zur Rückkehr mit dem Kind zu bewegen. Zu beachten ist, dass die Entscheidung im Rückführungsverfahren keine Sorgerechtsentscheidung darstellt, sondern erst die Durchführung eines Sorgeverfahrens im Herkunftsstaat ermöglichen soll. Daher ist mit der Anordnung der Rückführung nicht notwendig die Herausgabe des Kindes an den antragstellenden Elternteil verbunden. Der „entführende" Elternteil kann zusammen mit dem Kind in den Herkunftsstaat zurückkehren und es dort zunächst bis zum Abschluss des Sorgerechtsverfahrens betreuen. Dies setzt allerdings die Bereitschaft dieses Elternteils voraus, das Kind bei

---

126 Vgl. hierzu Bergida, RdJB 2009, 159.
127 Vgl. etwa BVerfG FamRZ 2016, 1571.
128 EGMR FamRZ 2013, 1793.
129 EGMR FamRZ 2015, 469.
130 EGMR FamRZ 2012, 692; EGMR FamRZ 2011, 1482.
131 Zur Berücksichtigung des – nunmehr als beachtlich angesehenen – Kindeswillens im Vollstreckungsverfahren vgl. etwa OLG Saarbrücken, FamRZ 2018, 40.
132 Vgl. aber OLG Hamburg FamRZ 2015, 64, hierzu kritisch Völker/Clausius, § 11 Rn. 145; zu Entscheidungen ohne Auslandsbezug BGH FamRZ 2012, 533; OLG Hamm FamRZ 2017, 1580 sowie oben Rn. 1566 zum innerstaatlichen Recht.

der Rückkehr zu begleiten, da das Instrumentarium des HKÜ nur eine Anordnung über die Rückführung des Kindes vorsieht.[133]

Um eine Rückkehr gemeinsam mit dem Kind zu forcieren, werden in der Praxis **gesetzlich nicht geregelte Verpflichtungserklärungen – „undertakings"** genannt – eingesetzt. Diese beinhalten häufig die Verpflichtung des Antragstellers zu Unterhaltszahlungen nach der Rückkehr in den Herkunftsstaat zumindest für die Dauer des Sorgerechtsverfahrens sowie zur Rücknahme etwaiger wegen Kindesentziehung erstatteter Strafanzeigen gegen den anderen Elternteil.[134] Derartige Verpflichtungserklärungen können **durch gerichtlich gebilligte Vereinbarungen** der Verfahrensbeteiligten **oder gerichtliche Anordnungen** in Form von „mirror orders" oder „safe harbour orders" **abgesichert** werden, die entsprechend im Herkunftsstaat zu erwirken sind.[135] Denkbar ist auch ein aufschiebender Ausspruch der Vollstreckung, um dem Elternteil zunächst die Möglichkeit einer freiwilligen Rückkehr mit dem Kind zu geben.[136]

1766

3. Verfahrensbeistandschaft in HKÜ-Verfahren

Das BVerfG hat die Einsetzung einer eigenständigen Interessenvertretung für die beteiligten Kinder in Rückführungsverfahren nach dem HKÜ auf Ausnahmefälle beschränkt und jeweils mit Besonderheiten des Einzelfalls begründet. So erachtete das Bundesverfassungsgericht die Anhörung der Kinder und die Bestellung eines Verfahrenspflegers im Falle einer wechselseitigen Kindesverbringung für geboten, da die Eltern durch Entführung ihrer Kinder jeweils zu erkennen gegeben hätten, dass sie vornehmlich ihre eigenen Interessen durchsetzen wollten. Das Gericht hob hervor, dass „die Rückführungsentscheidung […] für das Wohl der Kinder von erheblicher Bedeutung [sei], weil sie ihr soziales Umfeld bestimmt und die Kinder aus der unmittelbaren Zuwendung des sie gegenwärtig betreuenden Elternteiles lösen kann".[137]

1767

In einer weiteren Entscheidung begründete das Bundesverfassungsgericht die Notwendigkeit einer eigenständigen Interessenvertretung wie folgt: „auch wenn das HKÜ […] davon ausgeht, dass der zurückgelassene Elternteil mit seinem Rückführungsantrag das wohlverstandene Kindesinteresse wahrnimmt, so ist doch die Bestellung eines Verfahrenspflegers […] zwingend geboten, wenn im Einzelfall konkrete Umstände für die Annahme vorliegen, dass dieser Elternteil die Interessen des Kindes aus dem Blick verlieren könnte."[138]

1768

---

133 Vgl. Nehls, ZKJ 2014, 62, 63.
134 Zur Problematik einer möglichen Inhaftierung eines Elternteils im Fall der Rückkehr in den Herkunftsstaat vgl. OLG Hamm FamRZ 2017, 1679.
135 Zur genaueren Erläuterung der Absicherungsmechanismen und entsprechenden Beispielen siehe Carl, FPR 2001, 211 (215 f.); Völker/Clausius, § 11 Rn. 153–155 sowie Vogel, FPR 2012, 403 (408).
136 Zur entsprechenden Tenorierung der Rückführungsentscheidung siehe Heilmann/Schweppe, Art. 12 HKÜ Rn. 19.
137 BVerfG FamRZ 1999, 85, 88.
138 BVerfG FamRZ 2006, 1261 ff.

1769 Unter Bezugnahme auf diese Entscheidungen wird die Auffassung vertreten, die Bestellung von Verfahrensbeiständen in HKÜ-Verfahren sei auf besondere Fallkonstellationen beschränkt.[139]

1770 **Für das betroffene Kind ist die Entscheidung im HKÜ-Verfahren** jedoch **stets von erheblicher Bedeutung**: Sie regelt, welcher Elternteil in welchem Staat das Kind zumindest für einen gewissen Zeitraum – nämlich bis zum Abschluss des im Herkunftsstaat durchzuführenden Sorgerechtsverfahrens – betreut. Wenngleich das HKÜ darauf basiert, die Interessen des Kindes würden durch den Antragsteller vertreten, erscheinen Interessenkonflikte zwischen dem Kind und beiden Eltern in HKÜ-Verfahren evident. Zu dem antragstellenden Elternteil hat das Kind seit dem Verbringen – in einigen Fällen auch schon zuvor – keinen oder nur geringen Kontakt. Der Antragsteller kennt die derzeitigen Bedürfnisse des Kindes häufig nicht und fällt zugleich als Vertrauensperson für das Kind aus. Aus dieser Konfliktsituation ergibt sich bereits die **Notwendigkeit einer eigenständigen Interessenvertretung**.[140] Dementsprechend ist die Bestellung eines Verfahrensbeistands nach § 158 FamFG angezeigt und **in der Praxis deutscher Gerichte auch üblich**.

V. Verfahrensbeistandschaft in Verfahren mit Auslandsbezug

1. Aufgaben des Verfahrensbeistands

1771 Auch in Verfahren mit Auslandsbezug bestimmt sich der Aufgabenkreis des Verfahrensbeistands nach § 158 Abs. 4 FamFG. Wenngleich Verfahrensbeistände grundsätzlich nicht an der Entscheidung beteiligt sind, vor welchem Gericht und auf Grundlage welcher Rechtsordnung ein Verfahren eingeleitet wird, da die Einsetzung in einem bereits laufenden Verfahren erfolgt, sollten die in derartigen Konstellationen tätigen Verfahrensbeistände sich den Besonderheiten solcher Verfahren stellen, um die Kindesinteressen umfassend vertreten zu können.

1772 Der Verfahrensbeistand sollte neben der Entwicklung des hiesigen Verfahrens auch etwaige **im Ausland** durch einen Elternteil **eingeleitete Verfahren oder bereits erwirkte Entscheidungen berücksichtigen**. Ist im Ausland bereits ein Verfahren anhängig, so ist ggf. dessen Vorrang nach Art. 19 Abs. 2 Brüssel IIa-VO, Art. 13 KSÜ oder allgemeinen Grundsätzen zu beachten.[141] Dennoch können in grenzüberschreitenden Sorgerechtskonflikten einander widersprechende Entscheidungen über die elterliche Sorge ergehen, die der Rückkehr in den anderen Staat oder der Ausübung grenzüberschreitender Umgangskontakte entgegenstehen kön-

---

139 So OLG Düsseldorf FamRZ 2008, 1775; OLG Karlsruhe FamRZ 2006, 1403; auch Vogel, FPR 2012, 403, 407; weiter Völker/Clausius, § 11, Rn. 140.
140 Vgl. Salgo, FPR 1999, 313, 315 f.; Schweppe, Kindesentführungen und Kindesinteressen, S. 243 f. und ZfJ 2001, 169 (174 f.). Auch Carl, FPR 2006, 39, sieht einen Regelfall für die Einsetzung eines Verfahrensbeistands.
141 Vgl. hierzu OLG Bremen FamRZ 2016, 1189.

nen.¹⁴² Die sich hieraus in der Praxis ergebenden Probleme können letztlich nur im jeweiligen konkreten Fall unter Mitwirkung der Verfahrensbeteiligten gelöst werden.

Beantragt ein Elternteil die Übertragung der elterlichen Sorge mit dem Ziel, mit dem Kind ins Ausland auszuwandern, so ist die **Kontinuität der Beziehung zu diesem Elternteil gegenüber der Diskontinuität der übrigen Lebensumstände** abzuwägen, wobei die Motive für die Auswanderung nur zu bewerten sind, soweit sie sich nachteilig auf das Kindeswohl auswirken.¹⁴³

1773

Bei der Vertretung des Kindes in HKÜ-Verfahren ist zu beachten, dass sich aus der besonderen Struktur des HKÜ auch Vorgaben für die Ermittlung der Kindesinteressen ergeben: **Ansatzpunkt** ist nicht, welche Entscheidung den Kindesinteressen am besten gerecht wird, sondern **ob die Rückführung mit einer Gefährdung des Kindeswohls verbunden ist und wie gegebenenfalls eine solche Gefährdung abgewendet werden könnte**.¹⁴⁴ Auch ist die Information des Kindes über den Zweck des Verfahrens von besonderer Bedeutung, da Kinder keine genaue Vorstellung über den Umfang der im HKÜ-Verfahren ergehenden Entscheidung haben. So befürchten die Kinder häufig, sofort im Anschluss an die Verhandlung vom betreuenden Elternteil getrennt zu werden und dauerhaft in den Herkunftsstaat zurückzukehren. Daher sind dem Kind altersentsprechend der vorläufige Charakter der Entscheidung sowie die Möglichkeit der begleiteten Rückführung und der Durchführung eines Sorgerechtsverfahrens im Herkunftsstaat zu erläutern.

1774

Der Verfahrensbeistand sollte **an einvernehmlichen Lösungen mitwirken**, soweit diese den Interessen des betroffenen Kindes entsprechen. So können etwa „undertakings" dazu beitragen, die Kontinuität der Betreuung zu gewährleisten, indem der Obhutsinhaber das Kind in den Herkunftsstaat begleitet. Der Verfahrensbeistand kann in solche Lösungen eingebunden werden, wie eine Entscheidung des OLG Celle¹⁴⁵ zeigt: Neben der Anordnung der Rückführung enthält der Beschluss die Auflage, dass der Antragsteller erst nach Zahlung von Kindesunterhalt in Höhe von 1.200 $ für den Zeitraum von zwei Monaten zu Händen der (seinerzeit noch so genannten) Verfahrenspflegerin des Kindes Vollstreckungsmaßnahmen ergreifen darf. Als zu weitgehend abzulehnen ist dagegen die auf zwei Wochen, längstens bis zur erfolgten Ausreise, befristete Übertragung der ge-

1775

---

142 So etwa, wenn die Anordnung der Rückführung in einem HKÜ-Verfahren wegen Vorliegen eines Ausnahmetatbestandes verweigert oder nach Erlass einer Rückführungsanordnung deren Vollstreckung aufgehoben bzw. ausgesetzt wird, vgl. OLG Hamburg FamRZ 2015, 64; OLG Saarbrücken NZFam 2017, 819.
143 Hierzu BGH FamRZ 2011, 796, 799; BGH FamRZ 2010, 1060. Siehe auch Coester-Waltjen, ZKJ 2013, 4, und Rölke/Eschelbach, JAmt 2012, 290, auch mit Ausführungen zur Rechtslage im Ausland (ebda. 295 ff.).
144 Zur Wahrnehmung der Kindesinteressen in HKÜ-Verfahren vgl. Bergida, RdJB 1/2009, 156 (162 ff.).
145 OLG Celle OLGR Celle 2006, 275.

samten elterlichen Sorge auf den Verfahrensbeistand, um die Belange des Kindes bei der Umsetzung der Rückführung hinreichend zu wahren.[146]

1776 Wenngleich die Tätigkeit des Verfahrensbeistands nach der gesetzlichen Vorgabe mit Abschluss des gerichtlichen Verfahrens endet (§ 158 Abs. 6 FamFG), sollte in HKÜ-Verfahren oder anderen Verfahren, die mit einem Wechsel des Kindes zum anderen Elternteil verbunden sind, der Verfahrensbeistand möglichst an der Umsetzung der Entscheidung im Vollstreckungsverfahren mitwirken, damit diese in einer für das Kind möglichst schonenden Weise erfolgt.[147]

1777 Soweit sich nach Abschluss des Rückführungsverfahrens nach dem HKÜ ein Verfahren zur Regelung des Sorge- oder Umgangsrecht anschließt, sollte der Verfahrensbeistand für das Gericht im Herkunftsstaat einen Bericht über die Situation des Kindes erstellen. Wird das entsprechende Verfahren vor einem hiesigen Gericht weitergeführt, sollte der Verfahrensbeistand auch in diesem Verfahren eingesetzt werden.

1778 Gegenstand eines solchen Verfahrens kann auch die künftige Gestaltung des Umgangs sein, um einem – erneuten – Verbringen entgegenzuwirken. Art. 10 des noch nicht in Kraft getretenen EUÜ (vgl. Rn. 1699) benennt hierzu im Einzelnen mögliche „Schutzmaßnahmen und Garantien" zur Umsetzung von grenzüberschreitenden Umgangsregelungen, die etwa die Durchführung begleiteter Umgänge, aber auch die Absicherung durch finanzielle Sicherheiten und Geldbußen umfassen. Als gerichtliche Sicherungsmaßnahme kommt auch die Einrichtung einer Grenzsperre auf Ersuchen des jeweiligen Amtsgerichts in Betracht.[148] Hierbei handelt es sich jedoch um eine zeitlich begrenzte Maßnahme für Fälle, in denen die konkrete Gefahr besteht, dass ein Elternteil das Kind ins Ausland verbringen wird.

2. Qualifikation des Verfahrensbeistands

1779 Für die Tätigkeit in grenzüberschreitenden Sorge- und Umgangsverfahren bzw. in Rückführungsverfahren nach dem HKÜ ist die **Kenntnis der verfahrensleitenden Grundsätze** – damit auch der **internationalen Übereinkommen und der kindschaftsrechtlichen Regelungen in den beteiligten Staaten** – erforderlich, da ein Verfahrensbeistand nur dann die Interessen des Kindes umfassend ermitteln und abwägen kann, wenn er auch die rechtlichen Konsequenzen der Entscheidung berücksichtigt. Hierzu sollte der Verfahrensbeistand bereits über ent-

---

146 So aber OLG Celle FamRZ 2013, 391 (LS).
147 So bereits Carl, FPR 2006, 39 (42). Vgl. auch OLG Hamm FamRZ 2018, 1938, m Anm Schweppe, 1942, wonach im Vollstreckungsverfahren für den Fall der Anordnung unmittelbaren Zwangs gegen die Kinder zunächst eine Stellungnahme des Verfahrensbeistands einzuholen wäre.
148 Zuständig für die Ausschreibung zur Grenzfahndung ist das Bundespolizeipräsidium in Potsdam, das entsprechende Ersuchen ist durch das Gericht zu stellen. Siehe Heilmann/Schweppe, § 15 IntFamRVG Rn. 2. Allg. zu grenzüberschreitenden Umgangsregelungen siehe Menne, FamRB 2015, 359.

sprechende Kenntnisse verfügen oder sich den entsprechenden Überblick verschaffen (siehe hierzu Salgo, in diesem Handbuch, Rn. 39).[149]

Im Idealfall kann der Verfahrensbeistand sich mit dem Kind direkt in der Sprache verständigen, welche dem Kind am vertrautesten ist. Gegebenenfalls kommt die Hinzuziehung einer Vertrauensperson des Kindes für die Übersetzung in Betracht. Eine Übersetzung durch einen Elternteil bzw. Personen aus dessen Umfeld ist jedoch abzulehnen, da andernfalls die unabhängige Vertretung der Kindesinteressen gefährdet wäre. In derartigen Fällen sollte der Verfahrensbeistand für die Übersetzung durch einen neutralen und gerichtlich anerkannten **Dolmetscher** Sorge tragen. **1780**

Die Frage der Erstattung der hierfür anfallenden Kosten sollte vorher mit dem zuständigen Gericht abgeklärt werden, da hierzu keine einheitlichen Vorgaben bestehen.[150] Die Übersetzungskosten dürfen jedenfalls nicht dem Verfahrensbeistand zur Last fallen (siehe auch in diesem Handbuch Bauer, Rn. 2085). Entsprechende Sprachkenntnisse sind allerdings auch hilfreich für die direkte Kommunikation mit Institutionen im Ausland.

3. Allgemeine Hinweise

Über die **Internetseite des Bundesamts für Justiz** ist die Broschüre „Internationale Kindschaftsverfahren" (2018) erhältlich mit Hinweisen zum Verfahren nach dem HKÜ, zu grenzüberschreitenden Umgangs- und Sorgerechtskonflikten und zur grenzüberschreitenden Unterbringung von Kindern.[151] Unter der Rubrik „Rechtliche Grundlagen" finden sich die Vertragstexte und Erläuternde Berichte zu den Übereinkommen sowie der Text der Brüssel IIa-VO und ein Praxisleitfaden zu ihrer Anwendung. Weiter informiert die „Staatenliste" zu den Vertragsstaaten von HKÜ, KSÜ und ESÜ über den jeweiligen Beitrittsstaat, etwaige Vorbehaltserklärungen und die Geltung im Verhältnis zur Bundesrepublik Deutschland. **1781**

Die **Internetseite der Haager Konferenz für Internationales Privatrecht** (www.hcch.net) enthält neben einer tagesaktuellen Liste der Vertragsstaaten der Haager Konventionen ebenfalls die Vertragstexte und erläuternde Berichte zu den Übereinkommen. Auch sind die Anschriften der Zentralen Behörden der Vertragsstaaten zum HKÜ (Convention on the Civil Aspects of International Child Abduction) aufgeführt. Die Internetseite www.incadat.com (International Child Abduction Database) bietet eine Fallsammlung zu HKÜ-Verfahren. Allgemeine Informationen bietet auch das als zentrale elektronische Anlaufstelle für den Justizbereich geplante Europäische Justizportal unter e-justice.europa.eu/home.do. **1782**

---

149 Einen Einstieg in das jeweilige Recht bietet die Loseblattsammlung Bergmann/Ferid, Internationales Ehe- und Kindschaftsrecht. Sie enthält in deutscher Übersetzung die familienrechtlichen Regelungen aller Staaten. Auch die Nachfrage bei der diplomatischen Vertretung des entsprechenden Staates kann hilfreich sein.
150 Siehe Keuter, NZFam 2015, 837, zur Entscheidung des BGH vom 15.4.2015, XII ZB 624/13.
151 www.bundesjustizamt.de > Bürgerdienste > Internationales Sorgerecht > Service > Infomaterial.

1783 In Sorge- und Umgangskonflikten mit internationalen Bezügen ist häufig die Einschaltung von Fachstellen angezeigt, die über entsprechende Erfahrungen und Auslandskontakte verfügen. Innerhalb der Justiz werden die Vernetzung der beteiligten Institutionen und ein Austausch zwischen den Gerichten durch die **Verbindungsrichter** aus dem europäischen bzw. dem Haager Verbindungsrichternetzwerk und die direkte richterliche Kommunikation gefördert.[152]

Die Einschaltung eines Verbindungsrichters bietet sich etwa in Fällen einer möglichen **doppelten Rechtshängigkeit** oder der Abgabe eines Verfahrens an, sie kann aber auch zur Information über Regelungen zur elterlichen Sorge und zum Umgang bzw. den Gegenstand weiterer (auch abgeschlossener) Verfahren erfolgten, wobei die Kontaktaufnahme dem mit dem Verfahren befassten Gericht vorbehalten ist und daher durch die Verfahrensbeteiligten wie den Verfahrensbeistand nur angeregt werden kann.[153]

1784 Zur Förderung einvernehmlicher Lösungen bei grenzüberschreitenden Kindschaftsverfahren und Kindesentführungen unter Berücksichtigung des Zeitfaktors, der unterschiedlichen Rechtskulturen und der meist großen räumlichen Distanz zwischen den Verfahrensbeteiligten wurde ein **System binationaler Co-Mediation**[154] entwickelt, das in Deutschland durch den Verein MiKK e.V. – Mediation bei internationalen Kindschaftskonflikten – (www.mikk-ev.de) gefördert und umgesetzt wird.

1785 Eine Verbesserung der Information und Unterstützung für Betroffene – auch außerhalb der Vertragsstaaten der Haager Übereinkommen – soll durch die Bildung „Zentraler Anlaufstellen für internationale Kindschaftskonflikte" in möglichst vielen Staaten erreicht werden. In Deutschland ist diese Aufgabe dem **Internationalen Sozialdienst** (ISD)[155] zugewiesen, Informationen sind über die Internetseite www.zank.de erhältlich.

Dem ISD kommt auch die Aufgabe zu, auf Anfrage von Behörden oder Gerichten Kontakt zu den entsprechenden Fachstellen im Ausland aufzunehmen, um Berichte der dortigen Stellen zur Überprüfung der Betreuungssituation oder Gefährdungslage in einem anderen Staat einzuholen.

---

152 Hierzu grundlegend Carl/Menne, Verbindungsrichter und direkte richterliche Kommunikation im Familienrecht, NJW 2009, 3537 sowie aktuell Menne, JZ 2017, 332; ders., FamRZ 2018, 1644.
153 Vgl. www.bundesjustizamt.de > Dienstleistungen für Gerichte und Behörden.
154 Die entsprechende Zusammenarbeit über das Bundesamt für Justiz und der Ablauf der Mediation werden in der Broschüre „Internationale Kindschaftsverfahren" (siehe Rn. 1781), S. 37 f., erläutert. Zu weitergehenden Informationen ist auf den Abschnitt „Mediation in internationalen Kindschaftskonflikten" in Heilmann/Wegener, Praxiskommentar Kindschaftsrecht, Kapitel 6, sowie auf die Beiträge in Paul/Kiesewetter zu verweisen.
155 Der Internationale Sozialdienst – International Social Service – (www.issger.de) steuert über nationale Zweigstellen und freie Träger die Kooperation zwischen deutschen und ausländischen Trägern der Jugendhilfe, Jugendämtern und Sozialbehörden sowie Familiengerichten. Die deutsche Zweigstelle des ISD ist angesiedelt beim Deutschen Verein für öffentliche und private Fürsorge e.V. Zur Tätigkeit der Jugendhilfe in Verfahren mit Auslandsbezug vgl. auch Sievers/Bienentreu.

Zu beachten ist dabei, dass Anfragen beim ISD, etwa über die Situation im Herkunftsstaat des Kindes, durch die deutsche Zweigstelle an die Verbindungsstelle im entsprechenden Staat und von dort an die lokale Jugendschutzbehörde weitergegeben werden. Die damit verbundene Verzögerung des Verfahrens kann durch den möglichen Erkenntnisgewinn aufgewogen werden.

Auch die Erfahrungen und Kontakte nichtstaatlicher Verbände können von Nutzen sein. So bietet der **Verband binationaler Familien und Partnerschaften, iaf e.V.**, über seine Regionalstellen Beratungen für Paare in Trennungskonflikten an.[156]

1786

---

156 www.verband-binationaler.de. Dort ist der Ratgeber „Binationaler Alltag in Deutschland" (2012) erhältlich, der auch Informationen zu grenzüberschreitenden Sorgerechtskonflikten enthält.

E Jugendhilfeverfahren und Interessenvertretung

Übersicht Rn.

I.	Einleitung	1787
II.	Das Verwaltungsverfahren im Jugendhilferecht	1789
	1. Rechtsgrundlagen	1789
	2. Verfahrensgrundsätze	1795
	a) Amtsermittlungsgrundsatz	1795
	b) Beschleunigte Verfahrensdurchführung	1798
	c) Beteiligungs- und Verfahrensfähigkeit	1800
	d) Rechtliches Gehör	1807
	e) Kindeswohlzentriertes Verfahren in der Jugendhilfe	1808
	3. Verfahrenseinleitung	1809
	4. Verfahrensbeendigung	1813
	5. Rechtsbehelfe	1814
III.	Der Schutzauftrag nach § 8a SGB VIII	1817
	1. Sinn und Zweck des Schutzauftrages	1817
	2. Vorgehen bei gewichtigen Anhaltspunkten für eine Kindeswohlgefährdung	1818
IV.	Das Hilfeplanverfahren nach § 36 SGB VIII	1826
	1. Sinn und Zweck des Hilfeplanverfahrens	1826
	2. Ablauf des Hilfeplanverfahrens	1827
	3. Ausgestaltung des Hilfeplans	1833
V.	Die Inobhutnahme nach § 42 SGB VIII	1835
	1. Rechtsnatur der Inobhutnahme	1835
	2. Ablauf der Inobhutnahme	1839
	3. Befugnisse des Jugendamtes während der Inobhutnahme	1841
	4. Dauer der Inobhutnahme	1842
VI.	Rechte von Kindern und Jugendlichen im Verwaltungsverfahren	1845
	1. Rechte von Kindern und Jugendlichen aufgrund ihrer förmlichen Beteiligung	1846
	a) Anhörung	1846
	b) Bevollmächtigte und Beistände	1847
	c) Akteneinsicht	1850
	d) Bekanntgabe des Verwaltungsaktes	1851
	2. Rechte von Kindern und Jugendlichen unabhängig von ihrer förmlichen Beteiligung	1852
	a) Aufklärung und Beteiligung	1852
	b) Beratung	1856
	c) Initiativrecht des Minderjährigen	1859
	d) Einhaltung des Sozialgeheimnisses	1860
	e) Einlegen von Rechtsbehelfen	1861
VII.	Interessenvertretung von Kindern und Jugendlichen im Verwaltungsverfahren	1863
	1. Interessenvertretung vor Einleitung eines familiengerichtlichen Verfahrens	1863
	a) Interessenvertretung durch die Eltern?	1863
	b) Interessenvertretung durch das Jugendamt?	1864
	c) Interessenvertretung durch Ombudsstellen?	1865
	d) Interessenvertretung durch den Verfahrensbeistand?	1866
	e) Schlussfolgerungen und Reformbedarf	1867

	2. Interessenvertretung nach Einleitung eines familiengerichtlichen Verfahrens durch den Verfahrensbeistand	1874
	a) Gespräche mit dem Jugendamt	1875
	b) Einsicht in Akten des Jugendamtes	1879
	c) Teilnahme an der Hilfeplanung	1881
VIII.	Fazit	1884

I. Einleitung

1787 Die Einführung des Verfahrenspflegers in das Gesetz (§ 50 FGG) im Jahre 1998 war der Einsicht zu verdanken, dass die Beachtung von Kindesinteressen und Kinderrechten im Gerichtsverfahren unzulänglich war. Diese neue Rechtsfigur und deren Weiterentwicklung zum Verfahrensbeistand sind gewiss auch als eine wichtige Verbesserung der Rechtsstellung von Kindern und Jugendlichen anzusehen. De lege lata ist die Bestellung eines Verfahrensbeistandes aber lediglich im familiengerichtlichen Verfahren in einer die Person des Kindes betreffenden Kindschaftssache vorgesehen. Vereinzelt wird gefordert, eine entsprechende Interessenvertretung für Kinder und Jugendliche durch eine unabhängige Person bereits im jugendhilferechtlichen Verwaltungsverfahren zu etablieren und bundesweit gesetzlich zu verankern,[1] insbesondere wenn ein Minderjähriger eine Hilfe zur Erziehung wünscht, der Personensorgeberechtigte dies jedoch ablehnt.[2] Ein konkreter Vorschlag geht dahin, § 36 SGB VIII wie folgt zu ergänzen:

> „Das Kind oder der Jugendliche kann sich bei der Hilfeplanung, einschließlich der Fortschreibung der Hilfepläne, von einer Person seines Vertrauens (Fürsprecher) vertreten und unterstützen lassen."[3]

1788 Durch eine solche Regelung würde ein Interessenvertreter im jugendhilferechtlichen Verfahren verankert, um die „in den empirischen Untersuchungen zum Ausdruck gekommene unzulängliche Berücksichtigung von Kindern und Jugendlichen und […] die häufig fehlenden Artikulationsmöglichkeiten etwas auszugleichen". Der „Fürsprecher" wäre nichts anderes als ein Verfahrensbeistand, der schwerpunktmäßig (aber nicht ausschließlich) im Rahmen der Hilfeplanung zum Einsatz kommen könnte.[4]

Im Folgenden soll nach Darstellung der Grundzüge des jugendhilferechtlichen Verwaltungsverfahrens und der Rechte von Kindern und Jugendlichen in diesem Verfahren näher auf die Frage der Notwendigkeit einer Einführung der Verfahrensbeistandschaft im jugendhilferechtlichen Verfahren und auf die Befugnisse eines vom Familiengericht bestellten Verfahrensbeistandes im Rahmen des jugendhilferechtlichen Verfahrens eingegangen werden.

---

1 Salgo, FPR 1999, 313 (320); Fieseler, in: Heilmann/Lack (Hrsg.), Die Rechte des Kindes, FS für Ludwig Salgo, S. 315 (316).
2 GK-SGB VIII/Nothacker, § 36 Rn. 25.
3 Herborth 1998, S. 174.
4 Vgl. Köckeritz, epd-Dokumentation 19/1998, S. 12, 15 ff.

II. Das Verwaltungsverfahren im Jugendhilferecht

1. Rechtsgrundlagen

Eine gesetzliche Definition des Verwaltungsverfahrens findet sich in § 8 SGB X: Es muss sich um eine **"nach außen wirkende Tätigkeit"** der Behörde handeln, die auf die Prüfung der Voraussetzungen, die Vorbereitung und den Erlass eines Verwaltungsaktes i.S. von § 31 SGB X gerichtet ist und den Erlass des Verwaltungsaktes einschließt. Das ist insbesondere dann der Fall, wenn das Jugendamt auf den Antrag eines Personensorgeberechtigten die Voraussetzungen für eine Hilfe zur Erziehung nach §§ 28 bis 35 SGB VIII prüft.

1789

Im jugendhilferechtlichen Verfahren finden **das SGB I und das SGB X** Anwendung. Das Verwaltungsverfahren ist im Einzelnen in den §§ 9 bis 66 SGB X geregelt. Davon sind hier insbesondere die Allgemeinen Vorschriften über das Verwaltungsverfahren (§§ 8 bis 30 SGB X) und insofern wiederum die Verfahrensgrundsätze (§§ 8 bis 25 SGB X) relevant. Der Zweck dieser Vorschriften liegt in einem geordneten planmäßigen Verfahren.[5] Eine Einschränkung nimmt § 37 Satz 1 SGB I vor: Danach gelten die Verfahrensvorschriften des SGB I und des SGB X für die Kinder- und Jugendhilfe nur, **soweit sich aus dem SGB VIII nichts Abweichendes ergibt**. Die wenigen Verfahrensvorschriften des SGB VIII modifizieren also das Verwaltungsverfahren des Jugendamtes.

1790

Zwar wird vereinzelt auch die Meinung vertreten, dass aufgrund der Dynamik des Hilfeprozesses und einer sich entwicklungsbedingt fortlaufend ändernden Bedarfssituation keine auf eine gewisse Dauer gültige und vollzugsgerecht konkretisierte Entscheidung möglich sei (s. hierzu § 36 Abs. 2, Satz 3 SGB VIII zur Überprüfung, Fortschreibung und ggf. Modifizierung der Hilfe) und deshalb die Vorschriften des SGB X nicht anwendbar seien.[6] Dem steht aber zum einen § 37 SGB I entgegen, wonach (auch) im SGB X für alle Sozialleistungsbereiche des SGB – also auch des SGB VIII – nichts Abweichendes geregelt ist. Zum anderen bedarf auch das jugendhilferechtliche Verfahren schon aus rechtsstaatlichen Gründen eines rechtlichen Rahmens. Ein solcher steht mit dem nach Maßgabe des SGB VIII modifizierten SGB X durchaus in einer für die Eigenart von Hilfeprozessen geeigneten Art und Weise zur Verfügung, sodass die Anwendbarkeit der Vorschriften des SGB X weit überwiegend als selbstverständlich vorausgesetzt wird.[7] Die Verfolgung jugendhilferechtlicher Aufgaben muss bei alledem deren **sozialpädagogische Besonderheit** gerade auch im Verfahrensablauf berücksichtigen.[8] Das gilt heute ganz besonders, wenn bei aller Klarheit darüber, dass das Jugendamt im Verwaltungsverfahren die Verantwortung für eine Entscheidung hat, um der Rechtsstellung der Beteiligten und der Akzeptanz der Entscheidung willen diese

1791

---
5 BeckOK SozR/Weber, SGB X § 8 Rn. 3.
6 Krit. GK-SGB VIII/Häbel, § 27 Rn. 93.
7 GK-SGB VIII/Häbel, § 27 Rn. 93 m.w.N.
8 GK-SGB VIII/Wabnitz, § 2 Rn. 26.

mit den Beteiligten aber „ausgehandelt" wird.[9] In den „Aushandlungsprozess" sind auch die Kinder und Jugendlichen als „kompetente Akteure"[10] einzubeziehen. Andernfalls besteht die naheliegende Gefahr, dass Erwachsene unter sich ausmachen, was für Kinder und Jugendliche „das Beste" ist, ohne wirklich ihre Situation „kindgerecht" zu beurteilen (zur Einbeziehung des Kindes bei der Erzielung von Einvernehmen im familiengerichtlichen Verfahren siehe in diesem Handbuch *Ivanits*, Rn. 1273 ff.).

1792 So enthält das **Hilfeplanverfahren** (siehe hierzu Rn. 1826 ff.) Teile des Verwaltungsverfahrens, ist aber nicht identisch mit diesem.[11] Denn mangels eigenständiger Regelungswirkung stellt der Hilfeplan keinen Verwaltungsakt dar, sondern ist schlichtes Verwaltungshandeln, das die Entscheidung über die konkrete Leistung, d.h. den Verwaltungsakt der Hilfegewährung, vorbereitet.[12]

▶ **Zur Beteiligung von Kindern und Jugendlichen im Hilfeplanverfahren siehe Rn. 1854.**

1793 Die Prüfung der Voraussetzungen einer **Inobhutnahme** nach § 42 SGB VIII erfolgt im Rahmen eines Verwaltungsverfahrens. Die Entscheidung zur Inobhutnahme stellt einen Verwaltungsakt dar, der Dauerwirkung entfaltet.[13]

▶ **Zu Einzelheiten der Inobhutnahme siehe Rn. 1835 ff.**

1794 Vom Verwaltungsverfahren zu unterscheiden ist „**innerbehördliches, verwaltungsinternes Handeln**" (sog. schlicht hoheitliches Handeln). Hierfür gelten die §§ 8 ff. SGB X nicht unmittelbar. Zur Anwendung gelangen der Allgemeine Teil des SGB VIII (§§ 1–10 SGB VIII), der erste Abschnitt des SGB X (§§ 1–7 SGB X) und das SGB I.[14] Hierzu zählen beispielsweise die Prüfung des Jugendamtes, ob das Familiengericht aus Gründen der Kindeswohlgefährdung gemäß § 8a Abs. 2 SGB VIII einzuschalten ist, die Beratungstätigkeit des Jugendamtes, die Mitwirkung im gerichtlichen Verfahren gemäß § 50 SGB VIII und die Tätigkeit im Rahmen der Jugendgerichtshilfe (§ 52 SGB VIII). Allerdings werden gerade im Jugendhilfebereich – und ganz besonders in dem Bereich des Kinderschutzes (§ 8a SGB VIII; siehe hierzu Rn. 1817 ff.) – frühestmögliche Ermittlungen und Beratungen eine „nach außen wirkende Tätigkeit" erfordern und somit die penible Einhaltung der Verfahrensvorschriften gebieten.

---

9 Vgl. GK-SGB VIII/Fieseler, § 2 Rn. 26: Fachliche Verantwortlichkeit und Beteiligung der Leistungsberechtigten und -empfänger schließen sich gerade nicht aus; Fieseler/Herborth 2001, S. 67; zur „falsch verstandene(n) Dienstleistungsorientierung" und zur Problematik des „Aushandlungsbegriffs" vgl. 10. Kinder- und Jugendbericht, BT-Drucks. 13/11368, S. 276.
10 Kaltenborn 1997.
11 LPK-SGB VIII/Kunkel/Kepert, Anh. 5 Rn. 1.
12 Heilmann/Dürbeck, Praxiskommentar Kindschaftsrecht, § 36 SGB VIII Rn. 4 f.
13 Köhler, ZKJ 2019, 12 (13) m.w.N.
14 FK-SGB VIII/Trenczek (2019), Anh. I Rn. 6; BeckOGK/Lack, SGB VIII § 2 Rn. 19.

2. Verfahrensgrundsätze

a) Amtsermittlungsgrundsatz

Gemäß § 20 Abs. 1 SGB X ermittelt die Behörde den Sachverhalt von Amts wegen. **Art und Umfang der Ermittlungen bestimmt** die Behörde selbst, wobei aber alle für den Einzelfall bedeutsamen Umstände zu berücksichtigen sind und die Entgegennahme von Erklärungen oder Anträgen, die in ihren Zuständigkeitsbereich fallen, nicht deshalb verweigert werden darf, weil sie die Erklärung oder den Antrag in der Sache für unzulässig oder unbegründet hält. Die Regelung korrespondiert mit der Aufklärungspflicht des § 26 FamFG (siehe hierzu in diesem Handbuch *Heilmann,* Rn. 1411 ff.).

1795

Jugendämter müssen alle aufgrund des Sachverhalts dem Begehren des Antragstellers entsprechenden rechtlichen Möglichkeiten im Rahmen ihrer Zuständigkeit erwägen und ggf. auf eine Klärung des Verfahrensgegenstands hinwirken.[15] Das Jugendamt bedient sich dabei – unter Beachtung des verfassungsrechtlich gewährleisteten informationellen Selbstbestimmungsrechtes und des Grundsatzes der Ersterhebung von Daten beim Betroffenen (§ 62 Abs. 2 Satz 1 SGB VIII; u.U. auch ohne Mitwirkung des Betroffenen gem. § 62 Abs. 3 2c) und 2d) SGB VIII) – aller Möglichkeiten, die es „nach pflichtgemäßem Ermessen" für erforderlich hält, hört Beteiligte an, vernimmt Zeugen und Sachverständige oder lässt sie durch das Verwaltungsgericht vernehmen (§ 22 Abs. 1 SGB X), zieht Akten bei (§ 21 Abs. 1 Satz 2 SGB X), nimmt in „Augenschein" (d.h., überzeugt sich durch eigene Wahrnehmung, z.B. durch einen Hausbesuch gem. § 8a Abs. 1 Satz 2 SGB VIII). Für Eingriffe in die Rechte von Bürgern sind jedoch gesonderte Ermächtigungsgrundlagen erforderlich.[16]

Eine sorgfältige Sachverhaltsermittlung ist aber vor allem ohne das Einbringen der Sicht der Eltern als Leistungsberechtigte und des Kindes bzw. Jugendlichen als Leistungsempfänger nicht möglich. Deshalb sollen die Beteiligten (zum Beteiligtenbegriff siehe Rn. 1800 ff.) bei der Ermittlung des Sachverhalts mitwirken (§ 21 Abs. 2 Satz 1 SGB X; für die **Mitwirkungspflicht der Leistungsberechtigten** gilt grundsätzlich §§ 60 bis 67 SGB I), ohne dass sie zum persönlichen Erscheinen in der Behörde verpflichtet wären (§ 21 Abs. 2 Satz 2 SGB X). § 8a SGB VIII konkretisiert und modifiziert den allgemeinen Amtsermittlungsgrundsatz im Falle gewichtiger Anhaltspunkte für eine Kindeswohlgefährdung. Der mit dem Bundeskinderschutzgesetz durch § 8a Abs. 1 Satz 2 SGB VIII explizit in das Gesetz eingeführte **Hausbesuch** stellt dabei eine besondere Ausprägung des Amtsermittlungsgrundsatzes und des Beweismittels der Inaugenscheinnahme dar.[17] Eine Befugnis zur Wohnungsdurchsuchung ohne oder gegen den Willen der Wohnungsinhaber ist damit aber nicht verbunden. Die Duldung des Hausbesuchs zählt auch nicht zur

1796

---

[15] VGH München, Beschluss vom 26.5.2019, 12 ZB 16.1920, juris.
[16] Vgl. BeckOGK/Lack, SGB VIII § 2 Rn. 35.
[17] Vgl. OLG Köln in Kind-Prax 1999, 24; LPK-SGB VIII/Kunkel/Kepert, Anh. 5 Rn. 17.

Mitwirkungspflicht i.S. von § 21 Abs. 2 Satz 1 SGB X, §§ 60 ff. SGB I.[18] Allerdings müssen die Personensorgeberechtigten es dem Jugendamt ermöglichen, sich einen unmittelbaren Eindruck vom Kind verschaffen zu können, weil sie verpflichtet sind, bei der Abschätzung des Gefährdungsrisikos mitzuwirken (§ 8a Abs. 2 Satz 1, 2. Halbsatz SGB VIII). Gleichwohl dürfen **Sozialdaten** ausnahmsweise auch ohne Mitwirkung des Betroffenen zur Erfüllung des Schutzauftrages bei Kindeswohlgefährdung erhoben (§ 62 Abs. 3 Nr. 2d) SGB VIII) und erforderlichenfalls zur Abschätzung des Gefährdungsrisikos an Dritte weitergegeben werden (§ 65 Abs. 1 Nr. 4 SGB VIII).

1797 Im **Hilfeplanverfahren** werden Art und Umfang der Ermittlungen von § 36 SGB VIII konkretisiert, der die Mitwirkung auch hier sicherstellt.[19] Die Sicht der Beteiligten (als „Experten in eigener Sache") und ihre Wünsche sind nicht nur Teil des zu ermittelnden Sachverhaltes, sondern aus fachlichen Gründen für das Finden der geeigneten, von den Beteiligten möglichst akzeptierten Hilfe zur Erziehung maßgeblich.

b) Beschleunigte Verfahrensdurchführung

1798 § 9 Satz 2 SGB X regelt, dass das Verfahren **einfach, zweckmäßig und zügig** durchzuführen ist. Gemäß § 17 Abs. 1 Nr. 1 SGB I sind Leistungsträger verpflichtet, darauf hinzuwirken, dass jeder Berechtigte die ihm zustehenden Sozialleistungen **in zeitgemäßer Weise**, umfassend und zügig erhält. An bestimmte Formen ist die Behörde nur insoweit gebunden, als besondere Rechtsvorschriften dafür bestehen (§ 9 Satz 1 SGB X). Eine solche Rechtsvorschrift stellt z.B. § 36 SGB VIII dar. In jedem Fall ist dem **kindlichen Zeitempfinden** durch eine möglichst zügige Verfahrensdurchführung Rechnung zu tragen. Dies darf allerdings nicht zu Qualitätseinbußen des Verfahrens – wie etwa zu oberflächlicher Beratung und Ermittlung – führen. Solche Rechtsvorschriften für jugendamtliche Verfahren sind im SGB X und SGB VIII enthalten und so auszulegen, dass dabei die Kindesbelange – so wie das Kindeswohl im materiellen Recht – als zentrales Anliegen im Mittelpunkt des Verfahrens stehen.

1799 Einen Beschleunigungsgrundsatz, wie er in § 155 FamFG ausdrücklich geregelt ist, sieht das SGB VIII ebenso wenig vor wie die Möglichkeit, auf die zügige Gewährung von Leistungen der Jugendhilfe zu drängen. Für das familiengerichtliche Verfahren hat der Gesetzgeber nachträglich die Beschleunigungsrüge und -beschwerde gemäß §§ 155b und 155c FamFG eingeführt (siehe hierzu in diesem Handbuch *Heilmann*, Rn. 1530 ff.). Im Verwaltungsverfahren verbleibt es aber allein bei der Möglichkeit, den Leistungsanspruch mit der Verpflichtungsklage (ggf. im Eilverfahren) beim Verwaltungsgericht geltend zu machen

▶ **Zu Einzelheiten der Untätigkeitsklage siehe Rn. 1814.**

---

[18] BT-Drucks. 17/6256, S. 21; FK-SGB VIII/Trenczek (2019), Anh. I Rn. 30; BeckOGK/Lack, SGB VIII § 2 Rn. 36.

[19] Vgl. GK-SGB VIII/Nothacker, § 36 Rn. 11.

c) Beteiligungs- und Verfahrensfähigkeit

Voraussetzung für die Beteiligtenstellung im Verwaltungsverfahren ist die **Beteiligungsfähigkeit**. Gem. § 10 Nr. 1 SGB X sind natürliche Personen fähig, am Verfahren beteiligt zu sein. Hierzu zählen also Eltern sowie Kinder und Jugendliche.

1800

Beteiligte eines Verwaltungsverfahrens sind Antragsteller und Antragsgegner (§ 12 Abs. 1 Nr. 1 SGB X), diejenigen, an die die Behörde den Verwaltungsakt richtet (§ 12 Abs. 1 Nr. 2 SGB X), sowie diejenigen, die von der Behörde nach § 12 Abs. 2 SGB X zu dem Verfahren hinzugezogen werden (§ 12 Abs. 1 Nr. 4 SGB X).

1801

Als Beteiligte hinzugezogen werden können diejenigen, deren rechtliche Interessen durch den Ausgang des Verfahrens berührt werden können (12 Abs. 2 Satz 1 SGB X). Missverständlich sind in diesem Zusammenhang die im SGB VIII enthaltenen Regelungen, nach denen Minderjährige „zu beteiligen" sind. So sind Kinder und Jugendliche gem. § 8 Abs. 1 Satz 1 SGB VIII an allen sie betreffenden Entscheidungen der öffentlichen Jugendhilfe nicht nur anzuhören oder zur Mitwirkung berechtigt, sondern „zu beteiligen".

1802

Dennoch macht § 8 Abs. 1 SGB VIII den Minderjährigen nicht zu einem gleichsam gesetzlich hinzugezogenen Beteiligten i.S. von § 12 SGB X. Die Beteiligung nach § 8 SGB VIII liegt auf einer anderen Ebene als die Beteiligung nach § 12 SGB X. **§ 8 SGB VIII ist eine Entscheidungsbeteiligung, § 12 SGB X eine Verfahrensbeteiligung**. Nur Letztere löst die sich aus der Beteiligung ergebenden Verfahrensrechte aus.[20] In jedem Fall soll der Minderjährige aber die Möglichkeit zur Beeinflussung der zu treffenden Entscheidung haben.[21]

Ebenso verhält es sich bei **Hilfen zur Erziehung** i.S. der §§ 27 ff. SGB VIII: **Kinder und Jugendlichen sind als Leistungsempfänger** (nicht: Leistungsberechtigte; das sind die Personensorgeberechtigten[22]) bei der Auswahl der Einrichtung oder der Pflegestelle außerhalb der eigenen Familie „zu beteiligen" (§ 36 Abs. 1 Satz 3 SGB VIII). Eine Beteiligung im Hilfeplanverfahren ist damit zwar vorgesehen, allerdings lediglich im Rahmen **stationärer Hilfen**. Eine Beteiligung für ambulante und teilstationäre Hilfen ist nicht geregelt.

1803

▶ Zu den Rechten ohne Beteiligtenstellung im Hilfeplanverfahren siehe Rn. 1854.

---

20 LPK-SGB VIII/Kunkel/Kepert, SGB VIII § 8 Rn. 11; jurisPK-SGB VIII/Heußner, § 8 Rn. 25; a.A. Hauck/Noftz/Bieritz-Harder, § 8 Rn. 3 mit Verweis auf BT-Drucks. 11/5948, 51; a.A. GK-SGB VIII/Fieseler, § 8 Rn. 6c.
21 BeckOGK/Lack SGB VIII § 8 Rn. 5 f.
22 Krit. Fieseler/Herborth 2001, S. 64. Reformbestrebungen gab es in dieser Hinsicht bereits: Das Arbeitspapier zur Vorbereitung eines Gesetzes zur Stärkung von Kindern und Jugendlichen vom 23.8.2016 sah einen Anspruch für Kinder und Jugendliche auf Leistungen zur Entwicklung und Teilhabe für Kinder und Jugendliche vor, siehe http://kijup-sgbviii-reform.de/wp-content/uploads/2016/07/Arbeitsfassung-Reform-SGB-VIII-Gesetzesformulierungen-23.08.2016.pdf (Zugriff 30.4.2019). Vgl. auch Fieseler, in: Heilmann/Lack (Hrsg.), Die Rechte des Kindes, FS für Ludwig Salgo, S. 315 (323 f.); Schmid-Obkirchner, in: Heilmann/Lack (Hrsg.), a.a.O., S. 338 f.

1804 Im vorgenannten Sinne ist auch der unbegleitet in die Bundesrepublik Deutschland eingereiste Minderjährige im Rahmen der **vorläufigen Inobhutnahme** „zu beteiligen" (§ 42a Abs. 3 Satz 2 SGB VIII) und an der Übergabe und an der Entscheidung über die Familienzusammenführung angemessen „zu beteiligen" (§ 42a Abs. 5 Satz 3 SGB VIII).

1805 Von der Beteiligtenstellung ist die **Verfahrensfähigkeit**, d.h. die Fähigkeit, selbst Verfahrenshandlungen vorzunehmen, zu unterscheiden. Verfahrensfähig sind u.a. natürliche Personen, die nach dem bürgerlichen Recht geschäftsfähig sind (§ 11 Abs. 1 Nr. 1 SGB X), und natürliche Personen, die nach dem bürgerlichen Recht in der Geschäftsfähigkeit beschränkt sind, soweit sie für den Gegenstand des Verfahrens durch Vorschriften des bürgerlichen Rechts als geschäftsfähig oder durch Vorschriften des öffentlichen Rechts als handlungsfähig anerkannt sind (§ 11 Abs. 1 Nr. 2 SGB X). Nach dem bürgerlichen Recht würde die Vollendung des siebten Lebensjahres ausreichen. Jedoch regelt § 36 Abs. 1 Satz 1 SGB I als insoweit vorrangige Vorschrift des öffentlichen Rechts die Handlungsfähigkeit des Minderjährigen dahingehend, dass Anträge auf Sozialleistungen, d.h. auch auf die Dienstleistungen nach dem SGB VIII, erst **ab Vollendung des fünfzehnten Lebensjahres** gestellt und verfolgt werden können. Weitere Voraussetzung ist, dass ein **eigener Anspruch des Minderjährigen** besteht. Anspruchsinhaber der Leistungen nach dem SGB VIII sind regelmäßig aber die Personensorgeberechtigten, sodass nur in seltenen Ausnahmefällen eine Handlungsfähigkeit des Minderjährigen ab Vollendung des 15. Lebensjahres bejaht werden kann.[23]

1806 Vor Vollendung des 15. Lebensjahres stellt der **gesetzliche Vertreter** für den Minderjährigen den Antrag, sofern er nicht bereits selbst Anspruchsinhaber ist und deshalb einen Antrag in eigenem Namen stellt. Dies sind die personensorgeberechtigten Eltern oder, sofern ihnen die Personensorge oder davon zumindest das Recht auf Antragstellung durch das Familiengericht gemäß § 1666 Abs. 1 BGB entzogen ist, der dafür bestellte Ergänzungspfleger bzw. beim Entzug der gesamten elterlichen Sorge der Vormund des Kindes (zum materiellen Recht siehe in diesem Handbuch *Dürbeck,* Rn.643 ff.). Geschäftsunfähige Kinder, d.h. Kinder unter sieben Jahren, sind nie verfahrensfähig. Auch für sie nehmen Verfahrenshandlungen die Personensorgeberechtigten vor.

d) Rechtliches Gehör

1807 Bevor ein Verwaltungsakt erlassen wird, der in Rechte eines Beteiligten eingreift, ist diesem Gelegenheit zu geben, sich zu den für die Entscheidung erheblichen Tatsachen zu äußern (§ 24 Abs. 1 SGB X). Hiervon kann nur in den nach § 24 Abs. 2 SGB X vorgesehenen Konstellationen abgesehen werden, insbesondere wenn eine sofortige Entscheidung wegen Gefahr im Verzug oder im öffentlichen Interesse notwendig erscheint (z.B. bei einer Inobhutnahme gem. § 42 SGB VIII; siehe hierzu Rn. 1835 ff.). Durch die Regelung soll entsprechend dem grundrechtsgleichen

---

23 Z.B. nach § 35a SGB VIII: Anspruch auf Eingliederungshilfe; § 8 Abs. 3 und § 18 Abs. 3 SGB VIII: Beratungsansprüche.

Recht auf rechtliches Gehör gemäß Art. 103 Abs. 1 GG sichergestellt werden, dass der Einzelne vor einer staatlichen Entscheidung zu Wort kommen und so auf die zu erwartende (eingreifende) Maßnahme einwirken kann.[24]

e) Kindeswohlzentriertes Verfahren in der Jugendhilfe

Zur Wahrung und Durchsetzung der Rechte von Kindern und Jugendlichen gehört auch für das Verfahren der Jugendämter – und nicht nur für das Verfahren des Familiengerichts nach dem FamFG – eine kindzentrierte Gestaltung des Verfahrens. Das steht zwar so nicht ausdrücklich im Gesetz, ergibt sich aber aus dem wichtigsten Verfahrensgrundsatz schlechthin, dass nämlich **Verfahren der Verwirklichung des materiellen Rechts dienen**. Dieses wird für das Jugendamt durch § 1 SGB VIII bestimmt, der für jeden jungen Menschen in Abs. 1 „ein Recht auf Förderung seiner Entwicklung und auf Erziehung zu einer eigenverantwortlichen und gemeinschaftsfähigen Persönlichkeit" formuliert, das „insbesondere" durch die Orientierung an den in § 1 Abs. 3 Nr. 1 bis 4 SGB VIII ausdrücklich genannten Grundzielen und eben auch durch ein kindbezogenes, kindgerechtes Verfahren zu verwirklichen ist. Der Verfahrensgrundsatz des kindeswohlzentrierten Verfahrens ist daher auch eine der Subjektstellung des Kindes förderliche Gestaltung. Dessen subjektives Erleben und Wollen darf nicht abgewertet werden, sondern es ist ein Rahmen zu schaffen, in dem es – wo es erforderlich ist – vom Kind oder Jugendlichen selbst zu artikulieren und zur Geltung zu bringen ist. Das kann auch bedeuten, dass das Jugendamt vom Verfahrensbeistand veranlasst wird, sich von einem Kleinkind einen unmittelbaren Eindruck zu verschaffen.

1808

3. Verfahrenseinleitung

Sozialleistungsbehörden entscheiden **nach pflichtgemäßem Ermessen**, ob sie ein Verwaltungsverfahren einleiten und durchführen, sofern sie nicht von Amts wegen (z.B. bei Bekanntwerden gewichtiger Anhaltspunkte für eine Kindeswohlgefährdung gem. § 8a SGB VIII) oder auf Antrag tätig werden müssen (§ 18 Satz 1 und Satz 2 Nr. 1 SGB X). Die Formulierung „pflichtgemäßes Ermessen" macht deutlich, dass die Einleitung eines jugendhilferechtlichen Verfahrens nicht etwa vom Belieben des Jugendamtes abhängt, sondern in jedem Einzelfall zu prüfen ist, ob die Einleitung eines Verfahrens nötig ist. Nur so kann das Jugendamt seinen gesetzlichen Aufaben, insbesondere junge Menschen in ihrer Entwicklung zu fördern (vgl. § 1 Abs. 1 SGB VIII), gerecht werden.

1809

Wird ein **Antrag** (z.B. auf Hilfe zur Erziehung) gestellt oder ein **Hilfebedarf** beim Jugendamt anderweitig bekannt, **muss das Jugendamt tätig werden**. An **Form und Inhalt** eines Antrags, der das jugendhilferechtliche Verfahren einleitet, sind **keine hohen Anforderungen** zu stellen. Es genügt vielmehr, wenn die Leistungsberechtigten ggf. überhaupt ihren Willen zum Ausdruck bringen, dass sie eine Leistung begehren.[25] Jugendhilfeträger müssen Leistungsanträge nach dem

1810

---

24 BeckOK SozR/Weber, SGB X § 24 Rn. 2.
25 LPK-SGB VIII/Kunkel/Kepert, Anh. 5 Rn. 15: kein Antragserfordernis.

Meistbegünstigungsgrundsatz so auslegen, dass das Begehren des Antragstellers möglichst weitgehend zum Tragen kommt.[26] Viele Jugendämter verlangen nicht zuletzt zur Klärung der Finanzierung einer zu leistenden Hilfe die schriftliche Antragstellung. Eine dementsprechende Formvorschrift ist dem Gesetz jedoch nicht zu entnehmen. Folglich wird es jedenfalls genügen müssen, wenn z.B. in einem familiengerichtlichen Verfahren der Antrag mündlich im Termin gestellt und ggf. auch in den Sitzungsvermerk aufgenommen wird oder das Gericht den Personensorgeberechtigten nach § 1666 Abs. 1, Abs. 3 Nr. 1 BGB aufgibt, öffentliche Hilfen in Form von Leistungen der Kinder- und Jugendhilfe in Anspruch zu nehmen.

1811 Da das Jugendamt gehalten ist, ein Verfahren einzuleiten, sobald ihm **Anhaltspunkte für einen Hilfebedarf** vorliegen, müssen die **Personensorgeberechtigten auch keinen Bedarf hinsichtlich einer konkreten Hilfeform oder eines konkreten Hilfeziels formulieren**. Hier ist das Jugendamt verpflichtet, darauf hinzuwirken, dass unverzüglich klare und sachdienliche Anträge gestellt und unvollständige Angaben ergänzt werden (§ 16 Abs. 3 SGB I). Welche Hilfeform im konkreten Einzelfall geeignet und notwendig ist, wird letztlich im Rahmen des Hilfeplanverfahrens (siehe hierzu Rn. 1826 ff.) zu ermitteln sein. Dies gilt umso mehr in Ausübung des staatlichen Wächteramtes i.S. von Art. 6 Abs. 2 Satz 2 GG – einfachgesetzlich verankert in § 1 Abs. 2 Satz 2 SGB VIII –, d.h., wenn dem Jugendamt gewichtige Anhaltspunkte für eine Kindeswohlgefährdung bekannt werden. Der Anstoß dazu kann auch von einem Kind oder Jugendlichen, der sich an das Jugendamt wendet (§ 8 Abs. 2, § 8a, § 42 Abs. 1 Satz 1 Nr. 1 SGB VIII), oder von einem – auch anonymen – Dritten ausgehen. Das Jugendamt hat dann entsprechende Ermittlungen anzustellen. Hält es zur Abwendung der Gefährdung die Gewährung von Hilfen für geeignet und notwendig, so hat es diese den Erziehungsberechtigten anzubieten und ggf. auch auf die Inanspruchnahme von Hilfen anderer Leistungsträger, der Einrichtungen der Gesundheitshilfe oder der Polizei hinzuwirken (§ 8a Abs. 1 Satz 3, Abs. 3 Satz 1 SGB VIII). Sind die Erziehungsberechtigten nicht bereit oder in der Lage, bei der Abschätzung des Gefährdungsrisikos mitzuwirken oder stimmen sie einer geeigneten und notwendigen Hilfe zur Erziehung nicht zu, hat das Jugendamt das Gericht anzurufen (§ 8a Abs. 2 Satz 1, 2. Halbsatz SGB VIII; siehe hierzu Rn. 1821).

1812 Trotz des grundsätzlichen Antragserfordernisses ist eine **Hilfe zur Erziehung ohne oder gar gegen den Willen der Sorgeberechtigten** nicht ausgeschlossen. Ob sie unter diesen Voraussetzungen geeignet sein kann, ihren Zweck zu erfüllen, hängt ganz von den jeweiligen Umständen ab und wird eher bei Hilfen außerhalb des Elternhauses als bei solchen im Elternhaus zu bejahen sein. Da die Überprüfung der Eignung und Notwendigkeit der Hilfe aber Mitarbeit der Personensorgeberechtigten voraussetzt, kann sie unter den Voraussetzungen des § 1666 Abs. 3 Nr. 6 BGB dadurch sichergestellt werden, dass den Eltern das Recht auf die Beantragung von Hilfe zur Erziehung und Mitwirkung im jugendhilferecht-

---

26 VGH München, Beschluss vom 26.5.2019, 12 ZB 16.1920, juris.

lichen Verfahren entzogen und gemäß § 1909 BGB auf einen Pfleger übertragen wird, wenn eine Kindeswohlgefährdung vorliegt und mildere Mittel (hier vor allem das gerichtliche Gebot zur Inanspruchnahme der öffentlichen Hilfe, § 1666 Abs. 3 Nr. 1 BGB) nicht in Betracht kommen.

▶ **Zu §§ 1666, 1666a BGB siehe in diesem Handbuch ausführlich Dürbeck, Rn. 629 ff.**

4. Verfahrensbeendigung

Das Verfahren wird mit der Entscheidung des Jugendamtes beendet. Entweder wird die beantragte Hilfe bewilligt oder abgelehnt. Da diese Entscheidung regelmäßig zur Regelung des Einzelfalls auf dem Gebiet des öffentlichen Rechts mit unmittelbarer Rechtswirkung nach außen getroffen wird, handelt es sich um einen Verwaltungsakt i.S. von § 31 Satz 1 SGB X.[27] Der Verwaltungsakt kann grundsätzlich schriftlich, mündlich oder konkludent erlassen werden und wird mit Bekanntgabe wirksam (zur Bekanntgabe von Verwaltungsakten siehe Rn. 1851); aus Gründen der Rechtssicherheit ist die Schriftform dringend zu empfehlen.

1813

5. Rechtsbehelfe

Gegen einen Verwaltungsakt steht dem Betroffenen die Möglichkeit offen, **Widerspruch** mit dem Zweck der verwaltungsinternen Überprüfung auf Recht- und Zweckmäßigkeit der Entscheidung einzulegen. Zudem kann – ggf. nach Durchführung des Widerspruchsverfahrens – **Anfechtungs- oder Verpflichtungsklage** vor dem Verwaltungsgericht erhoben werden. Im Falle der **Untätigkeit des Jugendamtes** bleibt letztlich nur der Weg zum Verwaltungsgericht im Wege der Untätigkeitsklage (§ 75 VwGO[28]) oder aber einer Verpflichtungsklage (§ 68 Abs. 2 VwGO). Auch für die wirksame Einlegung eines Rechtsbehelfs bedarf es der Verfahrensfähigkeit (siehe Rn. 1805), sodass die eigenständige Einlegung eines Rechtsbehelfs durch den Minderjährigen wohl nur in wenigen Ausnahmefällen in Betracht kommt.

1814

Im Rahmen der Jugendhilfe werden Rechtsbehelfe vornehmlich dann in Betracht kommen, wenn eine andere Aufgabe i.S. von § 2 Abs. 3 SGB VIII (z.B. Inobhutnahme) wahrgenommen oder die beantragte Hilfe nicht bewilligt wird. Eine Hilfegewährung, die von den Leistungsempfängern – gleich ob es sich um die Personensorgeberechtigten oder den Minderjährigen selbst handelt – nicht gewollt ist, wird regelmäßig nicht geeignet sein, sodass von vornherein von ihr abgesehen

1815

---

[27] Vgl. FK-SGB VIII/Trenczek (2019), Anh. I Rn. 24.
[28] Die Untätigkeitsklage ist zulässig, wenn über einen Widerspruch oder über einen Antrag auf Vornahme eines Verwaltungsakts ohne zureichenden Grund in angemessener Frist sachlich nicht entschieden wurde. Die Klage kann nicht vor Ablauf einer sog. Sperrfrist von drei Monaten seit der Einlegung des Widerspruchs oder seit dem Antrag auf Vornahme des Verwaltungsakts erhoben werden, außer wenn wegen besonderer Umstände des Falles eine kürzere Frist geboten ist.

wird.²⁹ In Gefährdungsfällen wird gem. § 8a Abs. 2 Satz 1 SGB VIII zu prüfen sein, ob die Einschaltung des Familiengerichts erforderlich ist.

1816 Die Tätigkeit der örtlichen Träger der öffentlichen Jugendhilfe und der kommunalen Jugendämter unterliegt **keiner Fachaufsicht, sondern** nur einer **„weitmaschig" angelegten Rechtsaufsicht** durch die jeweiligen Kommunalaufsichtsbehörden als Rechtsaufsichtsbehörden. Dies führt im Ergebnis dazu, dass fachliche Entscheidungen der Jugendämter nur ausnahmsweise einer externen Kontrolle unterliegen.³⁰

III. Der Schutzauftrag nach § 8a SGB VIII

1. Sinn und Zweck des Schutzauftrages

1817 Mit der nachträglichen Einführung des § 8a in das SGB VIII beabsichtigte der Gesetzgeber einen besseren Schutz von Kindern und Jugendlichen bei Vorliegen gewichtiger Anhaltspunkte für Gefahren für ihr Wohl.³¹ Die Vorschrift konkretisiert das staatliche Wächteramt (Art. 6 Abs. 2 Satz 2 GG; § 1 Abs. 2 Satz 2 SGB VIII) und statuiert eine **Handlungspflicht des Jugendamtes**. Das damit geregelte Vorgehen der Jugendhilfe dient der Umsetzung der nach § 1 Abs. 3 Nr. 3 SGB VIII allgemein formulierten Aufgabe der Jugendhilfe, Kinder und Jugendliche vor Gefahren für ihr Wohl schützen.

2. Vorgehen bei gewichtigen Anhaltspunkten für eine Kindeswohlgefährdung

1818 Werden dem Jugendamt gewichtige Anhaltspunkte für die Gefährdung des Wohls eines Kindes oder Jugendlichen bekannt, so hat es das **Gefährdungsrisiko im Zusammenwirken mehrerer Fachkräfte einzuschätzen** und in diesem Zusammenhang Ermittlungen von Amts wegen anzustellen (zum Amtsermittlungsgrundsatz siehe Rn. 1795 f.). Der in § 8a SGB VIII gewählte Begriff der Kindeswohlgefährdung ist mit dem nach § 1666 BGB identisch. **Gewichtige Anhaltspunkte** sind bereits dann gegeben, wenn Indikatoren vorliegen, die auf eine in § 1666 BGB beschriebene Gefährdungslage hindeuten.³² Auch wenn das Jugendamt eine drohende Gefährdung nicht erahnen muss, hat es jedenfalls bereits konkreten Hinweisen nachzugehen, die die Gefahrensituation wahrscheinlich erscheinen lassen.³³

1819 In die Gefährdungseinschätzung hat das Jugendamt die **Erziehungsberechtigten sowie das Kind oder den Jugendlichen einzubeziehen** (§ 8a Abs. 1 Satz 2

---

29 Etwas anderes kann im Falle der Bewilligung der Heimunterbringung gelten, vgl. hierzu VG München, Urteil vom 2.7.2014, M 18 K 12.3337, juris, und Urteil vom 30.3.2011, M 18 K 10.514, juris.
30 BeckOGK/Lack, SGB VIII § 2 Rn. 41 m. Verweis auf den 14. Kinder- und Jugendhilfebericht, S. 380. Krit. Wiesner, JAmt 2006, 558 (566 f.).
31 BT-Drucks. 15/3676, S. 25.
32 Wiesner, SGB VIII, § 8a Rn. 13b.
33 Wiesner, SGB VIII, § 8a Rn. 13c, 14 ff.

SGB VIII). Hiervon darf nur abgesehen werden, wenn der wirksame Schutz des Kindes oder Jugendlichen in Frage gestellt würde. Mit Inkrafttreten des Bundeskinderschutzgesetzes wurde auch der **Hausbesuch** als Instrument zur Gefährdungseinschätzung explizit in das Gesetz aufgenommen, dessen Erforderlichkeit aber in das Ermessen des Jugendamtes gestellt. Ein Zutrittsrecht zur Wohnung gegen den Willen der Wohnungsinhaber vermittelt § 8a Abs. 1 Satz 2 SGB VIII dem Jugendamt demgegenüber nicht. Hier greift der Schutz des Art. 13 GG.

Gelangt das Jugendamt zu der Einschätzung, dass eine Gefährdung durch Gewährung von **Hilfen** abgewendet werden kann, so hat es diese den Erziehungsberechtigten **anzubieten** (§ 8a Abs. 1 Satz 3 SGB VIII). Erklären sie sich zur Inanspruchnahme von Hilfen bereit, wird das Hilfeplanverfahren (siehe Rn. 1826 ff.) durchgeführt. Die Anrufung des Familiengerichts mit dem Ziel sorgerechtlicher Maßnahmen nach § 1666 BGB ist dann ebenso wenig erforderlich wie die Inobhutnahme des Kindes oder Jugendlichen. Ein Verfahrensbeistand wird mangels familiengerichtlichen Verfahrens nicht bestellt. **1820**

Fehlt es aber an der Mitwirkung der Erziehungsberechtigten bei der Abschätzung des Gefährdungsrisikos oder ist die **Anrufung des Familiengerichts** aus anderen Gründen erforderlich (z.B. fehlende Bereitschaft zur Inanspruchnahme von Hilfen oder geeignete Hilfen zur Gefährdungsabwendung sind nicht gegeben), trifft das Jugendamt die Pflicht zur Anrufung des Familiengerichts (§ 8a Abs. 2 Satz 1 SGB VIII). **1821**

Gelangt das Jugendamt im Rahmen der Gefährdungseinschätzung zu dem Ergebnis, dass eine **dringende Gefahr** für das Kind oder den Jugendlichen vorliegt, ist es zur **sofortigen Inobhutnahme** des Kindes bzw. Jugendlichen befugt. Eine **dringende Gefahr** liegt vor, wenn eine Beeinträchtigung des körperlichen, geistigen oder seelischen Wohls des Kindes unmittelbar bevorsteht, d.h. bei ungehindertem Ablauf des zu erwartenden Geschehens der Eintritt des Schadens hinreichend wahrscheinlich ist oder sich bereits realisiert hat und Wiederholungsgefahr besteht[34] (zur Inobhutnahme siehe Rn. 1835 ff.). Je größer und folgenschwerer der möglicherweise eintretende Schaden ist, umso geringer sind die Anforderungen, die an die Wahrscheinlichkeit gestellt werden können.[35] **1822**

Entsprechend der Regelung des § 42 Abs. 1 Satz 1 Nr. 2b) SGB VIII ist die sofortige Inobhutnahme aber nur dann möglich, wenn die **vorherige Entscheidung des Familiengerichts** nicht abgewartet werden kann. Der Maßstab hierfür ist sehr streng, weil in vielen Fällen eine gerichtliche Entscheidung in Form einer einstweiligen Anordnung (zum Verfahren der einstweiligen Anordnung siehe in diesem Handbuch *Heilmann*, Rn. 1599) möglich sein dürfte und die Gerichte über einen Bereitschaftsdienst verfügen.[36] **1823**

---

[34] Heilmann/Dürbeck, Praxiskommentar Kindschaftsrecht, § 8a SGB VIII Rn. 11.
[35] VG Cottbus JAmt 2014, 397; Heilmann/Dürbeck, Praxiskommentar Kindschaftsrecht, § 8a SGB VIII Rn. 11.
[36] Wiesner, SGB VIII, § 8a Rn. 58; OVG Mecklenburg-Vorpommern ZKJ 2018, 394.

1824 § 8a Abs. 3 Satz 1 SGB VIII verpflichtet das Jugendamt zudem, darauf hinzuwirken, dass die Erziehungsberechtigten **Hilfen anderer Leistungsträger, der Einrichtungen der Gesundheitshilfe oder der Polizei** in Anspruch nehmen, soweit dies zur Abwendung der Gefährdung notwendig ist. Hierzu kann u.U. auch die polizeiliche Wegweisung eines Elternteils aus der Ehewohnung gehören. Ist ein sofortiges Tätigwerden erforderlich und wirken die Personensorgeberechtigten oder die Erziehungsberechtigten nicht mit, so schaltet das Jugendamt die anderen zur Abwendung der Gefährdung zuständigen Stellen selbst ein (§ 8a Abs. 3 Satz 2 SGB VIII). Gemeint sind z.B. Hilfen in Form von Eingliederungshilfe nach dem SGB XII, Leistungen von Krankenhäusern[37] oder auch das Aufsuchen der Kinderschutzambulanz.

1825 Übersicht: Schutzauftrag bei Kindeswohlgefährdung gemäß § 8a SGB VIII

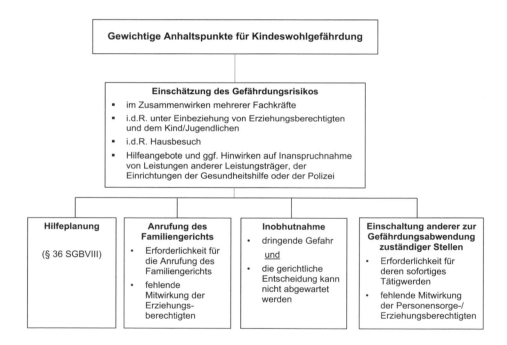

IV. Das Hilfeplanverfahren nach § 36 SGB VIII

1. Sinn und Zweck des Hilfeplanverfahrens

1826 Ist eine dem Wohl des Kindes oder des Jugendlichen entsprechende Erziehung nicht gewährleistet und die Hilfe für seine Entwicklung geeignet und notwendig, hat ein Personensorgeberechtigter bei der Erziehung eines Kindes oder eines Jugendlichen Anspruch auf Hilfe zur Erziehung (§ 27 Abs. 1 SGB VIII). Diese Hilfe bedarf sowohl hinsichtlich der Hilfeart als auch der Dauer und Zielsetzung der zu leis-

---

[37] Heilmann/Dürbeck, Praxiskommentar Kindschaftsrecht, § 8a SGB VIII Rn. 12.

tenden Hilfe der Planung. Da die Schwelle für staatliche Zwangsmaßnahmen, nämlich gewichtige Anhaltspunkte für eine Kindeswohlgefährdung, hier noch nicht erreicht ist und Hilfen auf freiwilliger Basis seitens der Personensorgeberechtigten angenommen werden, kann das Hilfeplanverfahren als **individuell gestalteter Aushandlungs- und Verständigungsprozess** verstanden werden. Hilfe zur Erziehung ist regelmäßig nur dann erfolgreich, wenn sie für alle Beteiligten nachvollziehbar ist, den individuellen Bedürfnissen gerecht und von den Leistungsempfängern auch gewollt wird. Deshalb wird die Partizipation der Betroffenen in § 36 SGB VIII mehrfach ausdrücklich geregelt. Das Ergebnis der Hilfeplanung wird im **Hilfeplan** dokumentiert, der dann als Grundlage für die Ausgestaltung der Hilfe dient und das Verhältnis von Jugendamt und Träger, der die Leistungen erbringt, regelt.[38]

2. Ablauf des Hilfeplanverfahrens

Wird ein Hilfebedarf entweder von den Betroffenen selbst oder vom Jugendamt wahrgenommen, erfolgt zunächst eine **Beratung** des/der Personensorgeberechtigten und des betroffenen Kindes oder Jugendlichen (§ 36 Abs. 1 Satz 1 SGB VIII) sowie die Stellung eines **Antrags auf Hilfe zur Erziehung** (zum Formerfordernis s. Rn. 1810 f.). Gegenstand der Beratung sind u.a. das Wunsch- und Wahlrecht der Betroffenen, die Aufklärung über den Verfahrensablauf, die den Betroffenen zustehenden Rechte und Pflichten, die verschiedenen Hilfeformen und die möglichen Folgen für den Minderjährigen. Erst durch eine umfassende Beratung wird es den Betroffenen möglich sein, ihren Hilfebedarf konkret zu formulieren; ggf. ist die Formulierung des konkreten Bedarfes mit den Betroffenen zu erarbeiten. Ein etwa bereits bestellter Verfahrensbeistand hat keinen Anspruch auf Teilnahme am Hilfeplangespräch (siehe hierzu Rn. 1881 ff.). Überwiegend wird auch die Auffassung vertreten, dass den Personensorgeberechtigten das Recht zur Antragstellung nach dem SGB VIII oder zur Teilnahme an der Hilfeplanung durch gerichtliche Entscheidung nach § 1666 BGB entzogen werden kann. Ob die Voraussetzungen hierfür, insbesondere die Gefährdung des Kindeswohls durch die Teilnahme bzw. Nichtteilnahme an der Hilfeplanung, gegeben sind und ob dies vor dem Hintergrund des Gedankens der primären „Hilfe zur Selbsthilfe" sinnvoll ist,[39] ist je nach Einzelfall zu bewerten, dürfte aber wohl nur in Ausnahmefällen, insbesondere bei einer Fremdplatzierung des Minderjährigen zu bejahen sein.

1827

Auf die Beratung und den Antrag auf Hilfe zur Erziehung folgt ein sog. **Fachgespräch** im Jugendamt, in dessen Rahmen eine Falldarstellung erfolgt und eine Entscheidung über den Leistungsanspruch getroffen wird, ehe über die konkrete Hilfeform gesprochen wird. Soll die Hilfe voraussichtlich für längere Zeit zu leisten sein, soll die Entscheidung hierüber im **Zusammenwirken mehrerer Fachkräfte** getroffen werden (§ 36 Abs. 2 Satz 1 SGB VIII). Im Anschluss erfolgt als Grundlage für die Ausgestaltung der Hilfe die **Aufstellung eines Hilfeplans** mit den Beteilig-

1828

---

38 Heilmann/Dürbeck, Praxiskommentar Kindschaftsrecht, § 36 SGB VIII Rn. 4.
39 Krit. DIJuF JAmt 2018, 329 ff.; JAmt 2018, 453 f.

ten und ggf. anderen Personen, Diensten oder Einrichtungen, die bei der Durchführung der Hilfe tätig werden (§ 36 Abs. 2 Satz 2 und 3 SGB VIII). Hierzu kann neben Therapeuten z.B. die Bundesagentur für Arbeit gehören, wenn es um die berufliche Eingliederung von Jugendlichen geht. Ist Hilfe außerhalb der eigenen Familie erforderlich, so sind die Personensorgeberechtigten und das Kind bzw. der Jugendliche auch bei der Auswahl der Einrichtung oder der Pflegestelle zu beteiligen (§ 36 Abs. 1 Satz 3 SGB VIII). Ihrer Wahl und ihren Wünschen ist zu entsprechen, sofern sie nicht mit unverhältnismäßigen Mehrkosten verbunden sind (§ 36 Abs. 1 Satz 4 SGB VIII). Nach der Aufstellung des Hilfeplans erlässt das Jugendamt einen **Leistungsbescheid**, mit welchem auch die Kostenübernahme geregelt wird. Sodann kann die Hilfe nach Maßgabe des Hilfeplans umgesetzt und je nach Bedarf fortgeschrieben werden. Beim Leistungsbescheid handelt es sich um einen Verwaltungsakt.

1829 Da das Familiengericht gem. § 1666 Abs. 3 BGB auch Gebote erlassen kann, „öffentliche Hilfen wie zum Beispiel Leistungen der Kinder- und Jugendhilfe und der Gesundheitshilfe in Anspruch zu nehmen", müssen Verfahrensbeistände nicht nur den Verlauf eines Hilfeplanverfahrens, sondern auch die Leistungen der Jugendhilfe und teils umstrittene Rechtsfragen[40] für die Vertretung der Kindesinteressen kennen, selbst wenn sie an der Hilfeplanung nicht teilnehmen. In den §§ 27 ff. SGB VIII sind die Voraussetzungen des Anspruches auf Hilfe zur Erziehung sowie eine Reihe von unterschiedlichen Formen der **Hilfe zur Erziehung** geregelt (§§ 28–35 SGB VIII). Ausdrücklich erwähnt werden:

- Erziehungsberatung (§ 28 SGB VIII)
- Soziale Gruppenarbeit (§ 29 SGB VIII)
- Erziehungsbeistand und Betreuungshelfer (§ 30 SGB VIII)
- Sozialpädagogische Familienhilfe (§ 31 SGB VIII)
- Erziehung in einer Tagesgruppe (§ 32 SGB VIII)
- Vollzeitpflege (§ 33 SGB VIII)
- Heimerziehung und sonstige betreute Wohnform (§ 34 SGB VIII)
- Intensive Sozialpädagogische Einzelbetreuung (§ 35 SGB VIII)

§ 27 Abs. 2 Satz 1 SGB VIII macht durch seinen Wortlaut („insbesondere") deutlich, dass die **gesetzlich normierten Hilfen nicht abschließend** sind. Daraus folgt, dass auch auf andere Hilfen, sofern sie nur entwicklungsgeeignet und -notwendig sind, gleichfalls ein Anspruch besteht. Grundsätzlich besteht ein Anspruch auf eine jeweils „maßgeschneiderte" Hilfe.

1830 Ob das Familiengericht unter den Voraussetzungen des § 1666 BGB eine konkrete Form der Hilfe zur Erziehung – also etwa eine Sozialpädagogische Familienhilfe – anordnen kann, wird nicht einheitlich beantwortet. Zunächst dürfte aufgrund des sozialpädagogischen Fachverstandes des Jugendamtes von einem weitgehenden

---

40 Vgl. Fieseler/Herborth 2001; Maas 2000; Röchling 1997.

fachlichen Beurteilungsspielraum des Jugendamtes auszugehen sein. Für die **Anordnung eines Gebotes zur Inanspruchnahme einer konkreten Hilfeform** spricht aber der Wortlaut des § 1666 Abs. 1 BGB, wonach das Familiengericht in Fällen der Kindeswohlgefährdung die zur Abwendung der Gefahr erforderlichen Maßnahmen zu treffen hat, wenn die Eltern nicht gewillt oder in der Lage sind, die Gefahr selbst abzuwenden. Nach § 1666a Abs. 1 BGB sind mit einer Trennung des Kindes von seinen Eltern verbundene Maßnahmen nur zulässig, wenn der Gefahr nicht auf andere Weise, auch nicht durch öffentliche Hilfen (also insbesondere durch innerfamiliäre Hilfe zur Erziehung) begegnet werden kann. Die Anordnung einer konkreten Hilfeform muss also möglich sein, wenn die Gefahr ohne die konkrete Hilfeform mit einer Fremdplatzierung des Kindes verbunden wäre. Die Anordnung kann selbst dann erfolgen, wenn das Jugendamt zu der konkreten Hilfeleistung nicht gewillt ist, da dem Familiengericht eine Letztverantwortung und ein Letztentscheidungsrecht zukommen. In der Regel wird dann aber zuvor ein Sachverständigengutachten über die Geeignetheit einer öffentlichen Hilfe einzuholen sein.[41] Verweigert das Jugendamt den Personensorgeberechtigten die Hilfe trotz des den Personensorgeberechtigten erteilten Gebotes, sind die Personensorgeberechtigten gehalten, entsprechende Leistungsansprüche gegebenenfalls auf dem Verwaltungsrechtsweg gegen das Jugendamt durchzusetzen.[42] Leistet das Jugendamt die Hilfe nicht, obwohl den Personensorgeberechtigten ein gerichtliches Gebot zur Inanspruchnahme von Jugendhilfeleistungen auferlegt wurde, kann dies im Hinblick auf die dem Jugendamt obliegende **Garantenstellung** u.U. strafrechtliche Konsequenzen nach sich ziehen.[43] Auch die zulässige Übertragung von Aufgaben der Familienhilfe auf freie Träger löst die bestehende Schutzpflicht des Staates nicht völlig ab.[44]

Ob die Bestimmung der geeigneten und notwendigen Hilfe bei der Prüfung der Anspruchsvoraussetzungen (als Teil des Rechtstatbestandes) erfolgt oder als Rechtsfolge bestimmt werden muss und – damit zusammenhängend – ob das Jugendamt bei der Auswahl der geeigneten und notwendigen Hilfe Ermessen ausübt, ist umstritten. Sieht man die Bestimmung der Hilfeform als Rechtstatbestand, ist eine verwaltungsgerichtliche Überprüfung in vollem Umfang möglich. Sieht man sie als Ermessensentscheidung auf Rechtsfolgenebene, ist der Ermessensgebrauch nur sehr eingeschränkt überprüfbar. In einem Rechtsstaat kann es aber – schon wegen der möglichen Versuchung des Jugendamtes, die jeweils kostengünstigere (aber möglicherweise nicht ebenso bedarfsgerechte) Hilfe zu bewilligen – in dieser Hinsicht keinen einer gerichtlichen Überprüfung entzogenen Raum geben. Dementsprechend gehen die Verwaltungsgerichte von einem Rechtstatbestand aus, räumen dem Jugendamt aber eine „Einschätzungsprärogative", ein

1831

---

41 OLG Koblenz NJW 2012, 3108; ausführlich Sommer 2012 m.w.N. und Staudinger/Coester (2016), BGB § 1666a Rn. 13 ff.
42 Staudinger/Coester (2016), BGB § 1666a Rn. 14.
43 Vgl. OLG Stuttgart NJW 1998, 3131; AG Medebach, Urteil vom 4.5.2017, 6 Ds-411 Js 274/16-213/16, NZFam 2017, 703.
44 AG Mönchengladbach, Urteil vom 9.3.2004, 13 Cs 343/03, juris.

"Bewertungsvorrecht" oder eine "Entscheidungsprärogative" ein, weil vornehmlich sozialpädagogischer Sachverstand die Frage der Indikation der einen oder anderen Hilfe (oder auch mehrerer bestimmter Hilfen) beurteilen kann.

1832 Übersicht: Ablauf des Hilfeplanverfahrens, § 36 SGB VIII

3. Ausgestaltung des Hilfeplans

1833 Der Hilfeplan enthält Feststellungen über den **Bedarf**, die zu gewährende **Art der Hilfe** sowie die **notwendigen Leistungen**. Hierfür werden Ziele festgelegt, die mit der zu gewährenden Hilfe erreicht werden sollen. Die Aufgaben sowohl des hilfeleistenden Trägers (Art der Leistung, Intensität der Leistungserbringung, z.B. Anzahl der Wochenleistungsstunden einer Sozialpädagogischen Familienhilfe) als auch der Hilfeempfänger werden genau festgelegt. Ein späteres Abweichen von den festgeschriebenen Leistungen bedarf der Begründung.

Ob die gewählte Hilfeart weiterhin geeignet und notwendig ist, **ist regelmäßig zu prüfen** (§ 36 Abs. 2 Satz 2 SGB VIII). Deshalb wird im Hilfeplan ein Zeitraum festgelegt, in dem die festgelegten Ziele erreicht werden sollen. So können bis zur Einleitung eines familiengerichtlichen Verfahrens bereits mehrere Hilfepläne des Jugendamtes und Verlaufsberichte des leistenden Trägers vorliegen, die dokumentieren, inwieweit erbrachte Leistungen geeignet waren, eine dem Wohl des Kindes oder des Jugendlichen entsprechende Erziehung zu erwirken oder eine Kindeswohlgefährdung abzuwenden. Diese Kenntnis ist für die vom Gericht vorzunehmende Einschätzung und die zu treffende Prognoseentscheidung von großer Bedeutung. Nicht zuletzt aus diesem Grund sieht § 50 Abs. 2 Satz 1 SGB VIII vor, dass das Jugendamt im gerichtlichen Verfahren insbesondere über angebotene und erbrachte Leistungen zu unterrichten, erzieherische und soziale Gesichtspunkte zur Entwicklung des Kindes oder des Jugendlichen einzubringen und auf weitere Möglichkeiten der Hilfe hinzuweisen hat. Der Verfahrensbeistand kann ggf. die **Vorlage früherer und aktueller Hilfepläne und Berichte über den Verlauf gewährter Hilfen** bei Gericht anregen.[45] Der Entwurf eines Gesetzes zur Stärkung von Kindern und Jugendlichen, (Kinder- und Jugendstärkungsgesetz – **KJSG) sah die Vorlagepflicht des Hilfeplans ausdrücklich vor**.[46] Mangels Zustimmung des Bundesrates ist das KJSG nicht in Kraft getreten.[47] Jedoch sieht der für die 19. Legislaturperiode geschlossenen Koalitionsvertrag vor, dass das KJSG in dieser Legislaturperiode weiterentwickelt werden soll[48]. Insoweit wäre auch die ausdrücklich gesetzlich verankerte Vorlagepflicht von Hilfeplänen insbesondere in Verfahren wegen möglicher Kindeswohlgefährdung und betreffend die Rückführung von Pflegekindern in die Herkunftsfamilie bzw. deren Verbleib in der Pflegefamilie zu begrüßen.

1834

V. Die Inobhutnahme nach § 42 SGB VIII

1. Rechtsnatur der Inobhutnahme

Inobhutnahme bedeutet die **vorläufige Unterbringung** eines Kindes/Jugendlichen bei einer geeigneten Person, in einer geeigneten Einrichtung oder in einer

1835

---

45 Wiesner/Schmid-Obkirchner, SGB VIII, § 36 Rn. 87: Pflicht des Jugendamtes zur Vorlage des Hilfeplans de lege lata.
46 BT-Drucks. 18/12330. Der Bundestag hat das Gesetz am 29.6.2017 trotz der heftigen Kritik nicht zuletzt von Experten im Rahmen der Anhörung im Familienausschuss des Bundestages verabschiedet. Der Bundesrat hat aber am 7.7.2017 die eigentlich geplante Beratung von seiner Tagesordnung abgesetzt und für den 22.9.2017 angesetzt. In der Bundesratssitzung am 22.9.2017 wurde die Beratung erneut und ohne weiteren Termin von der Tagesordnung genommen (Plenarprotokoll 960).
47 § 50 Abs. 2 Satz 2 und 3 SGB VIII-E: „In Verfahren nach den §§ 1631b, 1632 Absatz 4, §§ 1666 und 1666a des Bürgerlichen Gesetzbuchs sowie in Verfahren, die die Abänderung, Verlängerung oder Aufhebung von nach diesen Vorschriften getroffenen Maßnahmen betreffen, legt das Jugendamt dem Familiengericht den Hilfeplan nach § 36 Absatz 2 Satz 2 vor. In anderen die Person des Kindes betreffenden Kindschaftssachen legt das Jugendamt den Hilfeplan auf Anforderung des Familiengerichts vor."
48 Ein neuer Aufbruch für Europa – Eine neue Dynamik für Deutschland – Ein neuer Zusammenhalt für unser Land, Koalitionsvertrag zwischen CDU, CSU und SPD, 19. Legislaturperiode, S. 21.

sonstigen Wohnform (vgl. § 42 Abs. 1 Satz 2 SGB VIII). Die Inobhutnahme ist keine freiwillig in Anspruch zu nehmende Leistung der Jugendhilfe, sondern eine sog. andere Aufgabe (§ 2 Abs. 3 Nr. 1 SGB VIII), die einzig vom Träger der öffentlichen Jugendhilfe (Jugendamt) vorgenommen werden darf. Eine Delegation auf einen freien Träger sieht das SGB VIII aufgrund des Eingriffscharakters der Maßnahme nicht vor. Auch einer vorherigen Hilfeplanung bedarf es nicht. Vielmehr ermöglicht § 42 SGB VIII der Jugendhilfe ein **schnelles Eingreifen** in Ausübung des staatlichen Wächteramtes **in akuten Krisensituationen** zur Abwendung einer Kindeswohlgefährdung. § 42 SGB VIII ist aber nicht lediglich als Befugnisnorm ausgestaltet. Vielmehr ist die Jugendhilfe bei Vorliegen der Voraussetzungen sogar zur Inobhutnahme verpflichtet (§ 42 Abs. 1 Satz 1 SGB VIII).

1836

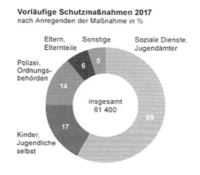

Im Jahr 2017 wurden 58 % der insgesamt 61.400 durchgeführten Inobhutnahmen durch das Jugendamt veranlasst. In 17 % aller Fälle hatten Kinder und Jugendliche selbst Hilfe beim Jugendamt gesucht. Bei weiteren 14 % der Inobhutnahmen machten Polizei oder Ordnungsbehörden auf die Problemsituation aufmerksam, in 6 % die Eltern(teile) der betroffenen Minderjährigen. Die übrigen Schutzmaßnahmen (5 %) erfolgten aufgrund von Hinweisen anderer, zum Beispiel von Ärzten, Lehrpersonal oder Verwandten.[49]

1837 § 42 Abs. 1 Satz 1 SGB VIII sieht drei Gründe vor, die die Inobhutnahme eines Minderjährigen rechtfertigen:

1. der Minderjährige bittet um Inobhutnahme

    oder

2. eine dringende Gefahr für das Wohl des Minderjährigen erfordert die Inobhutnahme, wobei die Personensorgeberechtigten der Inobhutnahme nicht widersprechen oder eine familiengerichtliche Entscheidung nicht mehr rechtzeitig eingeholt werden kann,

    oder

3. ein ausländischer Minderjähriger kommt unbegleitet nach Deutschland und seine Personensorge- und/oder Erziehungsberechtigten halten sich nicht im Inland auf.[50]

Diese Aufzählung ist abschließend.

---

49 Statistisches Bundesamt, Pressemitteilung Nr. 311 vom 22.8.2018, siehe www.destatis.de/DE/PresseService/Presse/Pressemitteilungen/2018/08/PD18_311_225.html (Zugriff: 30.4.2019).

50 Das Verfahren zur vorläufigen Inobhutnahme von ausländischen Kindern und Jugendlichen nach unbegleiteter Einreise, die der Inobhutnahme nach § 42 SGB VIII zeitlich vorgeschaltet ist, regeln die §§ 42a ff. SGB VIII.

Im Falle der **dringenden Gefahr** ist das Jugendamt befugt, den Minderjährigen zum Zwecke der Durchführung der Inobhutnahme von einer anderen Person wegzunehmen (§ 42 Abs. 1 Satz 2, 2. Hs. SGB VIII). Dies gilt zum Schutz des Minderjährigen auch im Falle des Widerspruchs der Personensorgeberechtigten. Bedarf es hierbei der Anwendung von Zwang, sind die dazu befugten Stellen, d.h. die Polizei, hinzuzuziehen (§ 42 Abs. 6 SGB VIII). Bei alledem sieht das Gesetz vor, dass das Jugendamt prüft, ob **vor der Inobhutnahme** eine **familiengerichtliche Entscheidung** rechtzeitig eingeholt werden kann.[51] Wie unter Rn. 1823 dargestellt, ist aufgrund der Möglichkeit der einstweiligen Anordnung und des Bereitschaftsdienstes der Gerichte ein strenger Maßstab anzulegen. Dies gilt umso mehr, wenn bereits ein Hauptsacheverfahren anhängig und dem Jugendamt somit auch der für die Familie zuständige Richter in Person bekannt ist.[52]

1838

2. Ablauf der Inobhutnahme

Während der Inobhutnahme **klärt das Jugendamt zusammen mit dem Minderjährigen die Situation**, die zur Inobhutnahme geführt hat, und zeigt Möglichkeiten der **Hilfe und Unterstützung** auf (§ 42 Abs. 2 Satz 1 SGB VIII). Der Minderjährige hat das Recht, unverzüglich eine **Person seines Vertrauens zu benachrichtigen** (§ 42 Abs. 2 Satz 2 SGB VIII), wobei das Jugendamt aber sicherzustellen hat, dass das Gespräch mit der ausgewählten Kontaktperson das Wohl des Minderjährigen nicht gefährdet.[53] Aufgrund des verfassungsrechtlich gewährleisteten Elternrechts (siehe hierzu in diesem Handbuch *Dürbeck* Rn. 629) ist das Jugendamt verpflichtet, seinerseits unverzüglich die **Personensorge- oder Erziehungsberechtigten** von der Inobhutnahme zu **unterrichten**, mit ihnen das Gefährdungsrisiko abzuschätzen (§ 42 Abs. 3 Satz 1 SGB VIII) und zu erfragen, ob sie der Inobhutnahme widersprechen.

1839

Für das weitere Vorgehen des Jugendamtes ist es entscheidend, ob die Personensorge- oder Erziehungsberechtigten der Inobhutnahme ihres Kindes widersprechen: **Widersprechen die Personensorge- oder Erziehungsberechtigten der Inobhutnahme**, so hat das Jugendamt unverzüglich das Kind oder den Jugendlichen den Personensorge- oder Erziehungsberechtigten zu übergeben, sofern nach der Einschätzung des Jugendamtes eine Gefährdung des Kindeswohls nicht besteht oder die Personensorge- oder Erziehungsberechtigten bereit und in der Lage sind, die Gefährdung abzuwenden (§ 42 Abs. 3 Satz 2 Nr. 1 SGB VIII). Kann die Gefährdung im häuslichen Umfeld nicht beseitigt werden, hat das Jugendamt eine Entscheidung des Familiengerichts über die erforderlichen Maßnahmen zum Wohl des Kindes oder des Jugendlichen gemäß §§ 1666, 1666a BGB herbeizufüh-

1840

---

51 Unter Hinweis auf die im Übrigen vorliegende Rechtswidrigkeit der Inobhutnahme s. Köhler, ZKJ 2019, 12 (12) m.w.N.
52 Köhler, ZKJ 2019, 12 (13); zur Kostentragungslast des Jugendamtes für das spätere gerichtliche Eilverfahren aufgrund durchgeführter Inobhutnahme ohne vorherige Einschaltung des Familiengerichts trotz bereits anhängigem Hauptsacheverfahren s. AG Frankfurt a.M. ZKJ 2019, 74 ff. m. Anm. Gottschalk.
53 Heilmann/Dürbeck, Praxiskommentar Kindschaftsrecht, § 42 SGB VIII Rn. 16.

ren (§ 42 Abs. 3 Satz 2 Nr. 2 SGB VIII). Eine Entscheidung des Familiengerichts ist auch dann herbeizuführen, wenn die Personensorge- oder Erziehungsberechtigten nicht erreichbar sind (§ 42 Abs. 3 Satz 3 SGB VIII). Widersprechen die Personensorgeberechtigten der Inobhutnahme nicht, bedarf es der Einschaltung des Familiengerichts nicht, sondern es ist unverzüglich ein Hilfeplanverfahren zur Gewährung einer Hilfe (siehe Rn. 1826 ff.) einzuleiten (§ 42 Abs. 3 Satz 5 SGB VIII).

3. Befugnisse des Jugendamtes während der Inobhutnahme

1841 Während der Inobhutnahme hat das Jugendamt für das Wohl des Kindes/Jugendlichen zu sorgen und dabei den notwendigen Unterhalt und die Krankenhilfe sicherzustellen (§ 42 Abs. 2 Satz 3 SGB VIII). Es ist zudem berechtigt, während der Inobhutnahme **alle Rechtshandlungen vorzunehmen, die zum Wohl des in Obhut genommenen Minderjährigen notwendig sind**. Hierbei hat es aber den mutmaßlichen Willen der Personensorge- oder Erziehungsberechtigten angemessen zu berücksichtigen (§ 42 Abs. 2 Satz 4 SGB VIII). Freiheitsentziehende Maßnahmen im Rahmen der Inobhutnahme darf das Jugendamt nur ergreifen, wenn und soweit sie erforderlich sind, um eine Gefahr für Leib oder Leben des Betroffenen oder für Dritte abzuwenden. Die Freiheitsentziehung ist ohne gerichtliche Entscheidung spätestens mit Ablauf des Tages nach ihrem Beginn zu beenden (§ 42 Abs. 5 SGB VIII).

4. Dauer der Inobhutnahme

1842 Aufgrund ihres Charakters als Krisenintervationsmaßnahme dauert die Inobhutnahme **so kurz wie möglich, aber so lange wie nötig**. Sie dient nur der Abklärung der Zukunftsperspektive des Kindes und ist aus diesem Grund von vornherein bis zur Klärung dieser Frage befristet.[54] Eine absolute zeitliche Höchstgrenze sieht das Gesetz nicht vor. Gemäß § 42 Abs. 4 SGB VIII endet die Inobhutnahme mit der Übergabe des Kindes oder Jugendlichen an die Personensorge- oder Erziehungsberechtigten und der Entscheidung über die Gewährung von Hilfen nach dem Sozialgesetzbuch. Wird der Minderjährige abgängig, ist die Inobhutnahme ebenfalls beendet.[55] Ob die Inobhutnahme auch durch die Entscheidung des Familiengerichts, dass es keines Entzugs des Aufenthaltsbestimmungsrechts bedarf, beendet wird, ist umstritten.[56] Jedenfalls handelt das Jugendamt aber widerrechtlich i.S. von § 1632 Abs. 1 BGB, wenn es das Kind oder den Jugendlichen nach der gerichtlichen Entscheidung nicht herausgibt. Sollte der Verfahrensbeistand oder das Jugendamt mit der gerichtlichen Entscheidung nicht einverstanden sein, besteht die Möglichkeit der Beschwerde gegen die gerichtliche Entscheidung. Bis zur Entscheidung des Familiengerichts ist das Jugendamt aufgrund seiner öffentlich-rechtlichen Position berechtigt, den Aufenthalt der Kinder zu bestimmen.[57]

---

[54] Vgl. OLG Karlsruhe JAmt 2005, 40 zum Bereitschaftspflegeverhältnis.
[55] Wiesner, SGB VIII, § 42 Rn. 54.
[56] Bejahend Heilmann/Dürbeck, Praxiskommentar Kindschaftsrecht, § 42 SGB VIII, Rn. 21; krit. Köhler, ZKJ 2019, 12 (15).
[57] Wiesner, SGB VIII, § 42 Rn. 31; Staudinger/Salgo (2015), BGB § 1632 Rn. 16.

1843 Die meisten vorläufigen Schutzmaßnahmen endeten im Jahr 2017 bei Kindern unter 14 Jahren mit der Rückkehr zu den Sorgeberechtigten (43 %) oder einer erzieherischen Hilfe in einem Heim bzw. einer Pflegefamilie (32 %). Die Jugendlichen von 14 bis unter 18 Jahren kehrten dagegen deutlich seltener zu den Sorgeberechtigten zurück (19 %): Hier mündeten die Inobhutnahmen am häufigsten in einer erzieherischen Hilfe in einem Heim, einer Pflegefamilie oder einer betreuten Wohnform (26 %). Auch sonstige stationäre Hilfen, beispielsweise in einer Jugendpsychiatrie oder einem Krankenhaus, wurden im Jugendalter verstärkt im Anschluss an eine Inobhutnahme in Anspruch genommen (20 %).[58]

1844 Jede zweite vorläufige Schutzmaßnahme konnte im Jahr 2017 nach spätestens zwei Wochen beendet werden, sowohl bei den Kindern (50 %) als auch bei den Jugendlichen (49 %).[59] Jedoch ist die **Dauer der Inobhutnahme** zwischen 2010 und 2016 bundesweit von durchschnittlich 24,8 Tagen auf durchschnittlich 35,7 Tage **gestiegen**, wobei der Durchschnittswert stark durch Einzelfälle mit besonders langer Dauer beeinflusst wird.[60] Damit ist belegt, dass die Inobhutnahme in einigen Fällen aufgrund ihrer Dauer schwerlich als „vorübergehend" bezeichnet werden kann. Dies wiegt deshalb besonders schwer, weil Inobhutnahmen im Durchschnitt umso länger dauern, je jünger die Kinder sind,[61] und so während der Inobhutnahme Bindungen entstehen, deren Abbruch kindeswohlschädlich sein kann[62] (s.a. in diesem Handbuch *Zitelmann*, Rn. 1603).

VI. Rechte von Kindern und Jugendlichen im Verwaltungsverfahren

1845 Entsprechend den völker- und verfassungsrechtlichen Vorgaben muss das Verfahrensrecht den Rahmen für eine Durchsetzung der Kindesinteressen und Kindesrechte bieten. Trotz des (möglichst) auf Konsens gerichteten Verwaltungsverfahrens, das einen „kooperativen Verfahrensstil" erfordert, muss die Entscheidungsverantwortung des Jugendamtes klar sein. Hinsichtlich der Rechte von Kindern und Jugendlichen im Verwaltungsverfahren ist zu differenzieren zwischen denjenigen, die den Betroffenen aufgrund förmlicher Beteiligung zukommen, und denjenigen, die ihnen ohne förmliche Beteiligung im Verfahren zukommen. Auch nicht am Verwaltungsverfahren förmlich beteiligte Minderjährige sind nämlich nicht rechtlos gestellt, jedoch obliegt die Wahrnehmung ihrer Rechte weitgehend ihren gesetzlichen Vertretern, soweit dies gesetzlich nicht anders geregelt ist.

▶ Zur Beteiligtenstellung von Kindern und Jugendlichen siehe Rn. 1800 ff.

---

58 Statistisches Bundesamt, Pressemitteilung Nr. 311 vom 22.8.2018, siehe www.destatis.de/DE/PresseService/Presse/Pressemitteilungen/2018/08/PD18_311_225.html (Zugriff: 30.4.2019).
59 Statistisches Bundesamt, Pressemitteilung Nr. 311 vom 22.8.2018 a.a.O.
60 BT-Drucks. 19/6784, S. 8.
61 BT-Drucks. 19/6784, S. 8.
62 Marquardt/Wilhelm, in: Heilmann/Lack (Hrsg.), Die Rechte des Kindes, FS für Ludwig Salgo, S. 211 ff.

1. Rechte von Kindern und Jugendlichen aufgrund ihrer förmlichen Beteiligung

a) Anhörung

1846 Bevor ein Verwaltungsakt erlassen wird, der in Rechte eines Beteiligten eingreift, ist diesem Gelegenheit zu geben, sich zu den für die Entscheidung erheblichen Tatsachen zu äußern (§ 24 Abs. 1 SGB X). Eine unterbliebene Anhörung führt zur Rechtswidrigkeit, nicht aber zur Nichtigkeit des Verwaltungsaktes.[63]

b) Bevollmächtigte und Beistände

1847 Gemäß § 13 Abs. 1 SGB X kann sich ein Beteiligter durch einen Bevollmächtigten vertreten lassen. Die Vollmacht ermächtigt zu allen das Verwaltungsverfahren betreffenden Verfahrenshandlungen, sofern sich aus ihrem Inhalt nicht etwas anderes ergibt. Gemäß § 13 Abs. 4 Satz 1 SGB X kann ein Beteiligter zu Verhandlungen und Besprechungen mit einem Beistand erscheinen. Bevollmächtigte und Beistände können nur vom Vortrag zurückgewiesen werden, wenn sie hierzu ungeeignet sind (vgl. § 13 Abs. 6 Satz 1 SGB X).

1848 § 13 SGB X steht in Einklang mit Art. 12 Abs. 2 UN-KRK, wonach dem Kind insbesondere Gelegenheit gegeben wird, in allen das Kind berührenden Gerichts- oder Verwaltungsverfahren entweder unmittelbar oder durch einen Vertreter oder eine geeignete Stelle im Einklang mit den innerstaatlichen Verfahrensvorschriften gehört zu werden. Voraussetzung hierfür ist aber nach Art. 12 Abs. 1 UN-KRK, dass das Kind fähig ist, sich eine Meinung zu bilden. Dann darf das Kind seine Meinung in allen das Kind betreffenden Angelegenheiten frei äußern und die Meinung des Kindes ist angemessen und entsprechend seinem Alter und seiner Reife zu berücksichtigen.

▶ Siehe hierzu auch Ivanits in diesem Handbuch, Rn. 1233.

1849 Auch der Beistand wird vom Beteiligten selbst ausgewählt und kann bei Verhandlungen und Besprechungen anwesend sein (§ 13 Abs. 4 Satz 1 SGB X). Er hat die Aufgabe, den Beteiligten durch sein Fachwissen zu beraten.[64] Für die Bevollmächtigung eines Dritten bedarf es aber der Verfahrensfähigkeit des Minderjährigen nach § 36 Abs. 1 SGB I (vgl. hierzu Rn. 1805 f.).[65]

c) Akteneinsicht

1850 Ein weiteres wichtiges Verfahrensrecht ist das der **Akteneinsicht der Beteiligten während des laufenden Verfahrens gemäß § 25 Abs. 1 SGB X** (einschließlich der Überlassung von Auszügen, Abschriften, Ablichtungen, § 25 Abs. 5 SGB X), wobei aber auch der Sozialdatenschutz (§ 25 Abs. 3 SGB X, § 35 SGB I, § 61 SGB VIII) zu berücksichtigen ist. Danach hat das Jugendamt den Beteiligten Einsicht in die das Verfahren betreffenden Akten zu gestatten, **soweit deren Kennt-**

---

[63] BeckOK SozR/Weber, SGB X § 24 Rn. 29.
[64] BeckOK SozR/Weber, SGB X § 13 Rn. 23.
[65] BeckOK SozR/Weber, SGB X § 13 Rn. 6.

nis zur Geltendmachung oder Verteidigung ihrer rechtlichen Interessen erforderlich ist. Ein „rechtliches" Interesse haben Kinder und Jugendliche auch, soweit sie nicht selbst Leistungsberechtigte, wohl aber Leistungsempfänger sind, wie dies bei der Hilfe zur Erziehung der Fall ist.

d) Bekanntgabe des Verwaltungsaktes

Damit ein Verwaltungsakt Rechtswirkung entfaltet, ist er gemäß § 37 Abs. 1 SGB X demjenigen Beteiligten bekannt zu geben, für den er bestimmt ist oder der von ihm betroffen wird. Ist ein Bevollmächtigter bestellt, kann die Bekanntgabe ihm gegenüber vorgenommen werden. Minderjährige sind von Verwaltungsakten des Jugendamtes zwar regelmäßig betroffen, eine Beteiligtenstellung erhalten sie jedoch nicht immer. Gegenüber einem verfahrensfähigen Minderjährigen können nur solche Verwaltungsakte wirksam bekannt gegeben werden, die inhaltlich mit der Ermächtigung des § 36 SGB I korrespondieren.[66] Ist der Minderjährige nicht handlungsfähig, ist der Verwaltungsakt seinen gesetzlichen Vertretern bekannt zu geben, wobei erkennbar sein muss, ob die Bekanntgabe an diese als gesetzliche Vertreter des Minderjährigen oder als Leistungsberechtigte erfolgt.[67] Das Aushändigen des Hilfeplans ersetzt die Bekanntgabe nicht.[68]

1851

2. Rechte von Kindern und Jugendlichen unabhängig von ihrer förmlichen Beteiligung

a) Aufklärung und Beteiligung

Die Beteiligung von Kindern und Jugendlichen bzw. das Ausmaß ihrer Beteiligung an Entscheidungen im jugendhilferechtlichen Verfahren ist gemäß § 8 Abs. 1 Satz 1 SGB VIII insoweit eingeschränkt, als es auf ihren Entwicklungsstand ankommt. Wie die Interessen insbesondere von **Kleinkindern und Minderjährigen mit geistigen Beeinträchtigungen** in das jugendhilferechtliche Verfahren eingebracht werden, insbesondere wenn das Interesse des Minderjährigen zu dem seiner gesetzlichen Vertreter in erheblichem Gegensatz steht, ist nicht umfassend geregelt. Das SGB VIII hält nur vereinzelt bereichsspezifische Regelungen vor.

1852

§ 8 Abs. 1 Satz 2 SGB VIII legt fest, dass Kinder und Jugendliche in geeigneter Weise **auf ihre Rechte** im Verwaltungsverfahren sowie im Verfahren vor dem Familiengericht und dem Verwaltungsgericht **hinzuweisen** sind. Die Regelung bezieht sich jedoch auf den vorstehenden Satz und stellt damit auf den Entwicklungsstand des Minderjährigen ab. Fehlt es an dem entsprechenden Entwicklungsstand (z.B. Kleinkinder und Minderjährige mit geistigen Beeinträchtigungen), besteht wohl ebenfalls keine Hinweispflicht seitens des Jugendamtes.

1853

Etwas anderes gilt im Rahmen der **Hilfeplanung**: Hier sind Kinder und Jugendliche vor der Entscheidung über die Inanspruchnahme einer Hilfe und vor einer

1854

---
66 BeckOK SozR/Heße, SGB X § 37 Rn. 4.
67 LPK-SGB VIII/Kunkel, Anh. 5 Rn. 32.
68 Hoffmann, in: Münder/Wiesner/Meysen, Kinder- und Jugendhilferecht, 6.1.7 Rn. 40.

notwendigen Änderung von Art und Umfang der Hilfe zu beraten und auf die möglichen Folgen für ihre Entwicklung hinzuweisen (§ 36 Abs. 1 Satz 1 SGB VIII). Eine Einschränkung im Hinblick auf den Entwicklungsstand des Minderjährigen wird an dieser Stelle nicht vorgenommen. Ist eine Hilfe voraussichtlich für längere Zeit zu leisten, soll der Hilfeplan zusammen mit den Personensorgeberechtigten und dem Kind oder Jugendlichen erstellt werden (§ 36 Abs. 2 Satz 2 SGB VIII). Der Wahl und den Wünschen auch des Minderjährigen ist grundsätzlich zu entsprechen (§ 36 Abs. 1 Satz 4 SGB VIII),

1855 Während der **Inobhutnahme** hat das Jugendamt die Situation, die zur Inobhutnahme geführt hat, zusammen mit dem Kind oder dem Jugendlichen zu klären und Möglichkeiten der Hilfe und Unterstützung aufzuzeigen (§ 42 Abs. 2 Satz 1 SGB VIII). Der in Obhut genommene Minderjährige hat das Recht, eine Vertrauensperson zu kontaktieren (§ 42 Abs. 2 Satz 2 SGB VIII).

b) Beratung

1856 Die allgemeine Regelung des § 14 Satz 1 SGB I sieht vor, dass jeder Anspruch auf Beratung über seine Rechte und Pflichten nach dem SGB hat. Konkretisiert wird dieser Anspruch durch § 8 Abs. 3 SGB VIII. Danach sind Kinder und Jugendliche auch ohne Kenntnis ihrer Personensorgeberechtigten zu beraten, wenn die Beratung auf Grund einer **Not- und Konfliktlage** erforderlich ist und solange durch die Mitteilung an den Personensorgeberechtigten der Beratungszweck vereitelt würde. Eine Not- und Konfliktlage ist regelmäßig anzunehmen, wenn sich der Minderjährige in einer Notsituation befindet, die zu einem potenziellen Konflikt mit seinen Eltern führt, wodurch eine **dringende, d.h. gegenwärtige und unmittelbare Gefahr** für das Kindeswohl gegeben ist.[69]

1857 Der Entwurf eines Gesetzes zur Stärkung von Kindern und Jugendlichen (Kinder- und Jugendstärkungsgesetz – **KJSG**) **sah die ersatzlose Streichung der Voraussetzung der Not- und Konfliktlage vor**. Durch einen uneingeschränkten, elternunabhängigen Beratungsanspruch sollten die Rechte von Kindern und Jugendlichen gestärkt und Hürden abgebaut werden.[70] Die Eltern sollten über die erfolgte Beratung informiert werden, wenn es dem Kindeswohl nicht widerspricht.[71] Eine Beeinträchtigung des verfassungsrechtlich verankerten Elternrechts wurde in der Begründung des Gesetzesentwurfs verneint, weil die rechtlichen Vorgaben, wonach sämtliche Maßnahmen, die nach der Beratung zu ergreifen sind (weitere Gespräche, Leistungen, Inobhutnahme), nur mit Kenntnis der Eltern bzw. deren Beteiligung erfolgen dürfen, soweit dadurch der wirksame Schutz des Kindes nicht in Frage gestellt wird[72]. Obwohl das Gesetz in der 18. Legislaturperiode nicht verabschiedet wurde, sind die darin vorgesehenen Änderungen nach wie vor aktuell. Denn der Koalitionsvertrag für die 19. Legislaturperiode sieht vor, dass das

---

69 BeckOGK/Lack, SGB VIII § 8 Rn. 30 m.w.N.; krit. jurisPK-SGB VIII/Heußner, Rn. 53; für eine weite Auslegung auch GK-SGB VIII/Fieseler, Rn. 9 ff.
70 BT-Drucks. 18/12330, S. 32, 34, 45.
71 BT-Drucks. 18/12330, S. 45.
72 BT-Drucks. 18/12330, S. 45.

Kinder- und Jugendhilferecht auf Basis des KJSG-E weiterentwickelt werden soll.[73] Aus verfassungsrechtlichen Gründen dürfte es hinsichtlich einer „heimlichen Beratung" des Minderjährigen wohl zumindest der Einschränkung bedürfen, dass die den Personensorgeberechtigten vorenthaltenen Informationen für die individuelle Erziehung des Kindes nicht von wesentlicher Bedeutung für die Erziehung sind.

Gemäß § 18 Abs. 3 SGB VIII haben Kinder und Jugendliche einen Anspruch auf Beratung und Unterstützung bei der **Ausübung ihres Umgangsrechtes** mit ihren Eltern nach § 1684 Abs. 1 BGB. Die Unterstützung kann in vielfältiger Weise erfolgen, z.B. in Form von Herstellung von Kontakten zum Elternteil, Motivationsarbeit mit den Eltern, die Umgangskontakte zu anderen Umgangsberechtigten zuzulassen, Vermittlung und Mediation (entweder durch direkte Eltern-Kind-Mediation bei Jugendlichen oder durch Einbeziehung von Kindern in die Elternmediation), aber auch durch Einzel- und Gruppenangebote, um belastende Erfahrungen besser verarbeiten bzw. mit konflikthaften Situationen besser umgehen zu können.[74]

1858

c) Initiativrecht des Minderjährigen

Gemäß § 8 Abs. 2 SGB VIII haben Kinder und Jugendliche das Recht, sich in allen Angelegenheiten der Erziehung und Entwicklung an das Jugendamt zu wenden (sog. Initiativrecht). Hierbei handelt es sich nicht um ein Verwaltungsverfahren, sondern ein schlicht hoheitliches Handeln.[75] Das Jugendamt hat den Minderjährigen anzuhören, zu beraten und ggf. zwischen ihm und seinen Eltern zu vermitteln. Hierdurch haben Kinder und Jugendliche unabhängig von ihrem Entwicklungsstand ein **Recht auf umfassendes Gehör** beim Jugendamt.

1859

d) Einhaltung des Sozialgeheimnisses

Gemäß § 35 Abs. 1 Satz 1 SGB I hat jeder Anspruch darauf, dass die ihn betreffenden Sozialdaten (§ 67 Abs. 2 SGB X) von den Leistungsträgern nicht unbefugt verarbeitet werden. Sozialdaten sind auch Wertungen über Betroffene und Prognosen über die erzieherische und soziale Entwicklung eines Kindes.[76] Die §§ 61 ff. SGB VIII halten Sonderregelungen sowohl für die Erhebung als auch für die Verwendung in der Jugendhilfe bereit. Datenschutz und Schweigepflicht stehen miteinander in der Weise im Zusammenhang, dass § 65 Abs. 1 Nr. 5 SGB VIII die Weitergabe von Daten dann erlaubt, wenn die Voraussetzungen des § 203 Abs. 1 StGB vorliegen. Die **Regelungen zum Datenschutz im SGB VIII gelten** unabhängig von der Beteiligtenstellung **für alle Betroffenen**. Soweit eine Übermittlung von Sozialdaten nicht zulässig ist, besteht keine Auskunftspflicht, keine Zeugnispflicht und keine Pflicht zur Vorlegung oder Auslieferung von Schriftstücken,

1860

---

73 Ein neuer Aufbruch für Europa – Eine neue Dynamik für Deutschland – Ein neuer Zusammenhalt für unser Land, Koalitionsvertrag zwischen CDU, CSU und SPD, 19. Legislaturperiode, S. 21.
74 BeckOGK/Schermaier-Stöckl, SGB VIII § 18 Rn. 43.
75 Coester, FamRZ 1991, 253 (257).
76 VG München, Urteil vom 25.5.2011, M 18 K 10.1647, juris.

nicht automatisierten Dateisystemen und automatisiert verarbeiteten Sozialdaten (§ 35 Abs. 3 SGB I).

> Zur Datenweitergabe an den Verfahrensbeistand siehe Rn. 1875 ff.

e) Einlegen von Rechtsbehelfen

1861 Die Zulässigkeit von Rechtsbehelfen gegen Entscheidungen des Jugendamtes setzen u.a. eine **Widerspruchs- bzw. Klagebefugnis** voraus (§ 42 Abs. 2 VwGO, der für das Widerspruchsverfahren analog anzuwenden ist). Diese liegt vor, wenn das Kind oder der Jugendliche durch einen ergangenen Verwaltungsakt in seinen Rechten verletzt und überhaupt verfahrensfähig ist (siehe Rn. 1805 f.). Die Widerspruchs- und Klagebefugnis **für Minderjährige läuft damit häufig leer**. Denn der Inhaber eines Anspruchs nach § 24 SGB VIII (Anspruch auf Förderung in Tageseinrichtungen und in Kindertagespflege) ist nie verfahrensfähig, der Inhaber eines Anspruchs nach § 35a SGB VIII (Eingliederungshilfe) wohl nur in wenigen Fällen.

1862 Aber auch im Übrigen dürften sich die betroffenen Kinder und Jugendlichen in einer für sie emotionalen Ausnahmesituation befinden, was die Durchsetzung ihrer weiteren Ansprüche (z.B. auf Beratung nach § 8 Abs. 3, § 18 Abs. 2 SGB VIII) erheblich erschweren dürfte, selbst wenn sie aufgrund ihres Alters hierzu eine rechtliche Möglichkeit haben. Vor diesem Hintergrund wäre die mit dem KJSG angedachte Einführung von **Ombudsstellen** zu begrüßen. § 9a SGB VIII-E sah insoweit folgende Regelung vor: „Der Träger der öffentlichen Jugendhilfe kann eine Ombudsstelle oder vergleichbare Strukturen errichten, an die sich junge Menschen und ihre Familien zur allgemeinen Beratung sowie Vermittlung und Klärung von Konflikten im Zusammenhang mit Aufgaben der Kinder- und Jugendhilfe nach § 2 und deren Wahrnehmung durch die öffentliche und freie Jugendhilfe wenden können." Die Einrichtung solcher Stellen ist ein weiterer wichtiger Schritt zur Stärkung junger Menschen i.S. des § 7 Abs. 1 Nr. 4 SGB VIII, d.h. im Alter von bis zu 27 Jahren, im jugendamtlichen Verfahren.

VII. Interessenvertretung von Kindern und Jugendlichen im Verwaltungsverfahren

1. Interessenvertretung vor Einleitung eines familiengerichtlichen Verfahrens

a) Interessenvertretung durch die Eltern?

1863 Zweifelsohne kann in aller Regel davon ausgegangen werden, dass den Eltern das Wohl ihres Kindes mehr am Herzen liegt als irgendeiner anderen Person oder Institution.[77] Im Eltern-Kind-Konflikt oder im Konflikt der Eltern untereinander, der sich in einer Weise nachteilig auf das Wohl des Kindes auswirkt, dass eine dem Wohl des Kindes oder des Jugendlichen entsprechende Erziehung nicht mehr gewährleistet ist oder sogar eine Gefährdung vorliegt, besteht allerdings immer die Ge-

---

77 Vgl. BVerfGE 59, 360 = BVerfG NJW 1982, 1375.

fahr, dass sich Eltern von ihren eigenen Interessen leiten lassen. Häufig wird sich erst im Laufe des Verfahrens feststellen lassen, ob sich die Interessen des Kindes und des oder der Personensorgeberechtigten decken. Die Sicht des Kindes, die im Zentrum des Verfahrens stehen müsste, wird dann oft nicht ausreichend erkannt und seine Interessen werden nicht hinreichend berücksichtigt. Allein die Aufklärung und informelle Beteiligung des Kindes können wegen der Bedeutung des Verfahrens für das Kind oder den Jugendlichen nicht immer ausreichen.[78]

b) Interessenvertretung durch das Jugendamt?

Sind Eltern nicht in der Lage, die Interessenvertretung für ihr Kind hinreichend wahrzunehmen, könnte das Jugendamt, das dem Kindeswohl verpflichtet ist, eine entsprechende Funktion einnehmen. Denn Jugendhilfe soll nicht nur die Eltern bei der Erziehung beraten und unterstützen, sondern auch junge Menschen in ihrer individuellen und sozialen Entwicklung fördern (vgl. § 1 Abs. 3 SGB VIII). Zudem ist es in wichtigen Bereichen, nämlich der Hilfeplanung und der Inobhutnahme, verpflichtet, auch den Minderjährigen zu beraten und Möglichkeiten der Hilfe und Unterstützung sowie der Folgen aufzuzeigen, was der Aufgabe eines Verfahrensbeistandes i.S. des § 158 Abs. 4 Satz 2 FamFG nahekommt. Allerdings ergeben sich aus der politischen Struktur und Funktion des Jugendamtes auch Einschränkungen: „Wenngleich das Jugendamt eine gewisse Selbständigkeit innerhalb der Kommunalverwaltung genießt, wird sein Handlungsrahmen doch in hohem Maße von den durch die politischen Instanzen vorgegebenen Möglichkeiten bestimmt. Amtsinterne, hierarchische Strukturen gewährleisten zumeist die Durchsetzung der politischen Priorität."[79] Das Risiko, dass das Kind aus dem Blick gerät oder jedenfalls nicht im Fokus des jugendamtlichen Handelns steht, besteht zudem, weil das Jugendamt mit familienzentriertem Ansatz mit der ganzen Familie arbeitet, die Familie zur weiteren Inanspruchnahme von Hilfen motiviert bzw. die gewonnene Motivation aufrecht erhalten werden soll.[80] Die primären Ansprechpartner des Jugendamtes sind dabei die Eltern.[81] Hier ist das Jugendamt gehalten, neutral und gerade nicht in einseitigem Interesse zu agieren und deshalb nur eingeschränkt zur parteilichen Wahrnehmung kindlicher Interessen gegen zumindest einen Elternteil geeignet.[82]

1864

c) Interessenvertretung durch Ombudsstellen?

Die Bestrebungen des Gesetzgebers, mit dem KJSG Ombudsstellen gesetzlich zu implementieren (zum Wortlaut des § 9a SGB VIII-E siehe Rn. 1862), konnten in der 18. Legislaturperiode noch nicht umgesetzt werden. Solche Ombudsstellen sind als weiterer Baustein für eine umfassende Interessenvertretung grundsätzlich zu begrüßen. Sie bieten den Adressaten Information, Beratung und Begleitung bei

1865

---

78 Vgl. bereits BT-Drucks. 13/4899, S. 131 betr. die Einführung des Verfahrenspflegers nach § 50 FGG.
79 Salgo 1996, S. 41.
80 Münder, Kindeswohl zwischen Jugendhilfe und Justiz (2017), S. 326.
81 Will, JAmt 2001, 158 (159).
82 Will, JAmt 2001, 158 (160).

konflikthaften Auseinandersetzungen mit Fachkräften, klären über bestehende Rechte und das Verfahren auf und unterstützen bei der Einforderung ihrer Rechte.[83] Der Auftrag einer umfassenden Interessenvertretung, wie diese durch den Verfahrensbeistand im familiengerichtlichen Verfahren zuteilwird, entspricht aber nicht den Aufgaben von Ombudspersonen. Jene verfolgen vor allem das Ziel, die Betroffenen so zu stärken, dass sie eigenständig agieren können.[84] Zudem bedarf es zunächst der Aktivität des jungen Menschen, der die Ombudsstelle eigenständig aufsuchen müsste. All das wird Kindern erst ab einem entsprechendem Entwicklungsstand gelingen.

d) Interessenvertretung durch den Verfahrensbeistand?

1866 Eine dem Verfahrensbeistand i.S. des § 158 FamFG vergleichbare Rechtsfigur sieht das Verwaltungsverfahren nicht vor. Der Beistand i.S. des § 13 SGB X ist nicht mit dem Verfahrensbeistand i.S. des § 158 FamFG, sondern mit dem Beistand i.S. des § 12 FamFG vergleichbar: Er unterstützt und berät, nimmt aber keine Interessenvertretung vor. Er führt auch keine Gespräche mit den Eltern und weiteren Bezugspersonen des Minderjährigen und legt nicht im Interesse des Minderjährigen Rechtsbehelfe ein. Zu den (eingeschränkten) Befugnissen des gerichtlich bestellten Verfahrensbeistandes in einem parallelen Jugendhilfeverfahren s.u. Rn. 1874 ff.

e) Schlussfolgerungen und Reformbedarf

1867 Das SGB VIII enthält zwar zahlreiche Vorschriften, nach denen auch nicht verfahrensfähige Kinder und Jugendliche zu beteiligen sind. Dennoch haben sie in vielen Fällen keine Möglichkeit, gegen jugendamtliche Entscheidungen, die ihren Interessen entgegenstehen, vorzugehen. Eine Beteiligung scheidet faktisch auch aus, wenn sie sich selbst (noch) nicht äußern können oder aus sonstigen Gründen einer Unterstützung bedürfen. Sind sich Personensorgeberechtigte und Jugendamt einig, gibt es – jedenfalls bis zum Erreichen der Schwelle einer Kindeswohlgefährdung – kein auf die Kindesinteressen bezogenes Regulativ.[85] Insgesamt fehlen im jugendhilferechtlichen Verwaltungsverfahren entgegen Art. 12 der UN-Konvention über die Rechte des Kindes notwendige Verstärkungen der Kindposition, wie sie in der Person des Verfahrensbeistandes im Gerichtsverfahren angelegt ist.[86] Dies wiegt für die Entwicklung der Betroffenen besonders schwer, wenn – wie häufig – das Bemühen um eine Familie mit Kindern monate- oder jahrelang andauert, oder aber, wenn Leistungen der Jugendhilfe im Kindesinteresse zu erbringen wären, das Jugendamt hierzu aber keinen Anlass sieht und die Eltern gegen eine jugendamtliche Entscheidung keinen Rechtsbehelf einlegen.

---

83 Smessaert, JAmt 2019, 2 (3).
84 Smessaert, JAmt 2019, 2 (3).
85 Eine Reihe von Untersuchungen zu § 36 SGB VIII (Becker 1999; Herborth 1998, S. 149 ff.; von Soest 2000) hat gezeigt, dass die Beteiligung von Kindern und Jugendlichen, insbesondere von Kindern unter zehn Jahren, häufig nur unzureichend erfolgt. Vgl. auch Wiesner/Schmid-Obkirchner, SGB VIII, § 27 Rn. 8.
86 So auch Verein für Kommunalwissenschaften 2000, S. 124.

1868 Die Einführung einer Verfahrensbeistandschaft im Verwaltungsverfahren würde einen Beitrag dazu leisten, der **Gefahr einer elternrechtsorientierten Vorgehensweise**, wie sie auch im Breisgauer Missbrauchsfall zutage getreten ist[87] (siehe hierzu in diesem Handbuch *Salgo*, Rn. 2, 6), entgegenzuwirken und würde der bundesweit geforderten Stärkung von Kinderrechten Rechnung tragen. So haben zahlreiche Landesverfassungen den Kinderschutz bereits hervorgehoben[88] und die Einführung von Kinderrechten in das Grundgesetz ist im Koalitionsvertrag für die 19. Legislaturperiode ausdrücklich enthalten.[89] Diese Forderung ist bereits seit Anfang der 1990er Jahre und nicht zuletzt aufgrund von Todesfällen infolge Misshandlung oder Vernachlässigung und elternzentrierter höchstrichterlicher Rechtsprechung in den vergangenen Jahren[90] wiederholt gestellt geworden.

1869 Die Einrichtung einer unparteilichen Interessenvertretung für Kinder im jugendhilferechtlichen Verfahren entsprechend der Verfahrensbeistandschaft im familiengerichtlichen Verfahren könnte darüber hinaus zu einer **Entlastung der Mitarbeiter des Jugendamtes** führen. Die meisten ASD-Fachkräfte erleben den Verfahrensbeistand nicht als Konkurrenz, sondern als Unterstützung, vor allem, wenn es darum geht, Eltern in der Rolle als Anwalt des Kindes zur Annahme von Hilfen zu motivieren. Der Verfahrensbeistand ist oftmals in der Lage, die Situation des Kindes genauer zu betrachten und dessen Position zu vertreten, u.a. aufgrund ausführlicher Gespräche mit dem Kind und dessen Bezugspersonen.[91] Zugleich würde dem Kind eine Person zur Seite gestellt, die sich ganz auf seine Situation, Bedürfnisse sowie auf seine Vorstellungen und Wünsche einstellt, diese im Jugendamtsverfahren zum Ausdruck bringt und dafür sorgt, dass sie beachtet werden.

Bei alledem impliziert die Freiberuflichkeit des Verfahrensbeistandes seine Unabhängigkeit von behördlichen Organisationsstrukturen,[92] die sich auch in der weiteren Zusammenarbeit mit den Eltern positiv auswirken kann, weil der Verfahrensbeistand als neutraler Dritter eine höhere Chance als das Jugendamt haben kann, auf die Eltern einzuwirken, und die Offenheit der Eltern für den Verfahrensbeistand, der für das Kind eintritt, kann sogar dazu führen, dass die Eltern bereits abgelehnte Erziehungshilfen doch noch annehmen.[93] Dies dürfte auch ohne gerichtlichen Auftrag des Verfahrensbeistandes, mit dem in der elterlichen Wahrnehmung möglicherweise eine höhere Autorität verbunden sein könnte, jedenfalls dann der Fall sein, wenn das Jugendamt durch langjährige Familienarbeit „verbraucht" ist.

---

87 Vgl. Salgo, ZKJ 2018, 168 ff.
88 Ausführlich BeckOGK/Lack, SGB VIII § 1 Rn. 48.1–48.3.
89 Ein neuer Aufbruch für Europa – Eine neue Dynamik für Deutschland – Ein neuer Zusammenhalt für unser Land, Koalitionsvertrag zwischen CDU, CSU und SPD, 19. Legislaturperiode, S. 21.
90 Krit. Heilmann, NJW 2014, 2904 ff.
91 Münder, Kindeswohl zwischen Jugendhilfe und Justiz (2017), S. 307, 326.
92 Münder, Kindeswohl zwischen Jugendhilfe und Justiz (2017), S. 282.
93 Münder, Kindeswohl zwischen Jugendhilfe und Justiz (2017), S. 283, 306.

1870 Die Gründe, die seinerzeit zur Einführung des § 50 FGG geführt haben, gelten im jugendhilferechtlichen Verfahren gleichermaßen: „[Es …] steht zu erwarten, daß die Mitwirkung der Verfahrenspfleger im Interesse der Kinder in einer im Vergleich zum derzeitigen Zustand größeren Zahl von Fällen zu einer frühzeitigen einvernehmlichen Lösung führen wird, die eine gerichtliche Entscheidung, möglicherweise auch weitere Instanzen und häufig kostenaufwendige Gutachten entbehrlich machen und dadurch auch zu Kostenentlastungen führen wird."[94]

1871 Insofern wäre der Verfahrensbeistand auch im jugendhilferechtlichen Verfahren zunächst einmal „Sprachrohr" des Kindes, das seine Vorstellungen und Wünsche nicht selbst zum Ausdruck zu bringen vermag. Ohne dieses „Sprachrohr" besteht die Gefahr, dass Kinder und Jugendliche – insbesondere Kleinkinder und Minderjährige mit geistiger Beeinträchtigung – nur unzureichend beteiligt werden, auch wenn § 36 Abs. 1 SGB VIII die Beteiligung nicht an ihren Entwicklungsstand knüpft. Andernfalls besteht die Gefahr, dass sie nicht Subjekt, sondern Objekt im jeweiligen Verwaltungsverfahren sind. Die „Subjektstellung" des Kindes ist aber nicht nur rechtlich zwingend, sondern auch fachlich geboten: Anders wird der Leistungserfolg, für den die Beteiligung der Kinder und Jugendlichen von zentraler Bedeutung ist,[95] von vornherein in Frage gestellt, weil ohne eine Berücksichtigung der Kindersicht die am besten geeignete Leistung nicht bestimmt werden kann. Dann besteht die Gefahr, dass das Kind die Leistung nicht als hilfreich erfährt und diese auch nicht akzeptiert. Schließlich werden Kinder und Jugendliche durch das Hilfeplanverfahren und letztlich auch die Hilfen einschneidend betroffen.[96]

1872 Auch in **Kinderschutzverfahren** wäre eine größere Durchschlagskraft zu erwarten, wenn schon in jugendamtlichen Verfahren ein unabhängiger und qualifizierter Verfahrensbeistand bestellt würde. Der Verfahrensbeistand wäre eine sinnvolle Ergänzung jugendhilferechtlicher Maßnahmen zum Schutz von Kindern auf niedrigschwelliger Ebene.[97]

Verfahrensverzögerungen durch den Verfahrensbeistand wären **nicht zu erwarten**. Im familiengerichtlichen Verfahren wirkt sich die Mitwirkung des Verfahrensbeistandes in zeitlicher Hinsicht eher beschleunigend bis neutral aus.[98]

1873 Nach alledem überwiegen die Vorteile für die Einführung einer Verfahrensbeistandschaft im Verwaltungsverfahren. Dies würde nicht nur der umfassenden Erfüllung des Art. 12 UN-KRK dienen, sondern ist im Rahmen eines zugleich rechtsstaatlichen wie qualifizierten Verfahrens, das vor allem die Entwicklung und das gesamte Leben von Kindern und Jugendlichen betrifft, unerlässlich. Das gilt jedenfalls in den Fällen, in denen ein Kind oder ein Jugendlicher dies wünscht, und darüber hinaus für Kleinkinder und andere Minderjährige, die sich alters- und entwicklungsbedingt einen Verfahrensbeistand noch nicht wünschen können.

---

94 BT-Drucks. 13/4899, S. 81.
95 Wiesner/Schmid-Obkirchner, SGB VIII, § 36 Rn. 16.
96 GK-SGB VIII/Nothacker, § 36 Rn. 26.
97 Stötzel/Balloff, ZKJ 2009, 333.
98 So schon zum Verfahrenspfleger Rabe, ZKJ 2007, 437 (441).

2. Interessenvertretung nach Einleitung eines familiengerichtlichen Verfahrens durch den Verfahrensbeistand

Wird im Rahmen eines familiengerichtlichen Verfahrens ein Verfahrensbeistand bestellt, stellt sich die Frage nach dessen (Mit-)Gestaltungsmöglichkeiten bis zum Ende seiner Bestellung, d.h. bis zur Rechtskraft der das familiengerichtliche Verfahren abschließenden Entscheidung oder bis zum sonstigen Verfahrensabschluss (§ 158 Abs. 6 FamFG). Durch seine Bestellung erlangt der Verfahrensbeistand einzig im familiengerichtlichen Verfahren die Stellung eines Beteiligten, nicht aber im Verwaltungsverfahren.

1874

a) Gespräche mit dem Jugendamt

Der bestellte Verfahrensbeistand wird i.d.R. auch das Jugendamt kontaktieren, u.a. um bereits geleistete Hilfen oder ergänzende Informationen zur Gefährdungslage in Erfahrung zu bringen. Maßgeblich für die Kommunikation im familiengerichtlichen Verfahren ist § 69 Abs. 1 Nr. 1 SGB X, der durch § 65 SGB VIII eingeschränkt wird.[99]

1875

Die Weitergabe von Daten an den Verfahrensbeistand ist dem Jugendamt nur unter den Voraussetzungen des § 65 Abs. 1 Satz 1 SGB VIII gestattet.[100] Danach ist die Datenweitergabe u.a. gestattet, **wenn derjenige, der die Daten anvertraut hat, einwilligt**. Dies kann entweder der einsichtsfähige Minderjährige selbst sein oder – bei fehlender Einsichtsfähigkeit – die insoweit Personensorgeberechtigten. Außerdem ist das Jugendamt zur Übermittlung personenbezogener Daten an das Familiengericht zur Erfüllung der Aufgaben nach § 8a Abs. 2 SGB VIII berechtigt, wenn angesichts einer Gefährdung des Wohls eines Kindes oder eines Jugendlichen ohne diese Mitteilung eine für die Gewährung von Leistungen notwendige gerichtliche Entscheidung nicht ermöglicht werden könnte. Eine Befugnis zur Weitergabe von Sozialdaten unmittelbar an den Verfahrensbeistand ist gesetzlich nicht explizit geregelt. Folglich ist dies nur zulässig, wenn der Betroffene eingewilligt hat.[101]

1876

Umgekehrt ist der Verfahrensbeistand zur Weitergabe von Daten an das Jugendamt ebenso wie an das Familiengericht nur berechtigt, soweit dies zur Erfüllung der Aufgabe erforderlich ist. Hier gilt § 68 SGB VIII analog.[102]

1877

Möchte der Verfahrensbeistand Informationen bei einem freien Träger einholen, gilt dasselbe wie gegenüber dem Jugendamt, obwohl **freie Träger** keine Leistungsträger i.S. von § 35 SGB I, § 3 Abs. 2 SGB VIII sind. Denn freie Träger sind ab-

1878

---

99 Kunkel, FPR 2013, 487 (488); zur DSGVO Kunkel, ZKJ 2018, 355 ff.
100 Für die Übermittlung personenbezogener Daten an das Familiengericht gilt § 22a Abs. 2 Satz 1 FamFG. Voraussetzung für die Datenübermittlung ist danach, dass deren Kenntnis für familiengerichtliche Maßnahmen erforderlich ist und entgegenstehende schutzwürdige Interessen nicht überwiegen. § 65 SGB VIII ist dabei immanente Schranke des § 22a FamFG (GK-SGB VIII/Kunkel, § 68 Rn. 5a).
101 So auch Kunkel, FPR 2013, 478 (490).
102 Kunkel, FPR 2013, 478 (491); ausführlich zu Verfahrensbeistandschaft und Datenschutz Morat/Kramer, ZKJ 2014, 139 ff.

b) Einsicht in Akten des Jugendamtes

1879 Gemäß § 25 Abs. 1 Satz 1 SGB X hat die Behörde den Beteiligten Einsicht in die das Verfahren betreffenden Akten zu gestatten, soweit deren Kenntnis zur Geltendmachung oder Verteidigung ihrer rechtlichen Interessen erforderlich ist. **Mangels Beteiligtenstellung** des Verfahrensbeistandes im jugendhilferechtlichen Verfahren hat er **selbst kein Akteneinsichtsrecht**. Der Verfahrensbeistand ist auch nicht gesetzlicher Vertreter des Kindes (§ 158 Abs. 4 Satz 6 SGB VIII), sodass er die Akteneinsicht nicht anstelle der insoweit Personensorgeberechtigten verlangen kann.[104]

1880 Soweit der Verfahrensbeistand für eine umfassende Interessenvertretung Akteneinsicht benötigt, hat er nur die Möglichkeit, das Familiengericht zu bitten, entsprechende Unterlagen des Jugendamtes anzufordern, welche dann Bestandteil der Gerichtsakte werden und allen Beteiligten – auch dem Verfahrensbeistand (§ 158 Abs. 3 Satz 2 FamFG) – im Sinne einer transparenten Verfahrensführung zugeleitet werden. Dementsprechend sollte der Verfahrensbeistand i.S. einer umfassenden Interessenvertretung beim Familiengericht immer **die Vorlage früherer und aktueller Hilfepläne und Berichte über den Verlauf gewährter Hilfen** anregen, soweit sie nicht bereits vorliegen. Die Pflicht zur Vorlage von Hilfeplänen ergibt sich aus § 50 Abs. 2 SGB VIII (siehe auch Rn. 1834).[105]

c) Teilnahme an der Hilfeplanung

1881 Häufig beginnt die (neue) Hilfeplanung erst nach Abschluss des familiengerichtlichen Verfahrens. Die Verfahrensbeistandschaft ist dann beendet (§ 158 Abs. 6 FamFG), sodass die unter Rn. 1863 ff. geschilderte Problemsituation der unzureichenden Interessenvertretung im jugendhilferechtlichen Verfahren erneut aufkommt. In Einzelfällen kann eine Hilfeplanung auch während eines noch laufenden familiengerichtlichen Verfahrens durchgeführt werden. Dies kann z.B. der Fall sein, wenn das Familiengericht den Sachverhalt noch nicht hinreichend ermittelt hat und auf die Erstattung eines Sachverständigengutachtens warten muss oder wenn die Durchführung der Hilfeplanung und Gewährung entsprechender Hilfen abgewartet werden soll, weil die Mitwirkung der Personensorgeberechtigten an der Hilfeplanung zweifelhaft erscheint, das nicht fremdplatzierte Kind aber für seine Entwicklung auf die Hilfe zwingend angewiesen ist.

---

[103] Kunkel, FPR 2000, 111 (112); ders., FPR 2013, 487 (488): Auch der Verfahrensbeistand ist abgeleiteter Normadressat, wenn er Daten vom Jugendamt erhalten hat. Dies hat zur Folge, dass er ebenso wie das Jugendamt grundsätzlich zur Geheimhaltung verpflichtet ist.

[104] Kunkel, FPR 2000, 111 (113) stellt auf einen Anspruch auf Ausübung fehlerfreien Ermessens nach § 39 SGB I ab. § 25 SGB X stellt gegenüber Dritten aber keine Ermessensnorm dar, sodass § 39 SGB I hier keine Anwendung finden kann.

[105] Salgo (1991), S. 138 ff.; Wiesner/Schmid-Obkirchner, SGB VIII, § 36 Rn. 85.

Hier kann die Teilnahme des Verfahrensbeistandes an der Hilfeplanung im Interesse des Kindes sinnvoll sein, da der Verfahrensbeistand darauf achten kann, dass auch auf die Bedürfnisse des Kindes, auf seine Vorstellungen, Wünsche, Interessen und Bindungen geachtet wird. Er kann aufgrund seines Kontakts mit dem Kind vor allem dann zu einer gelingenden Hilfeplanung beitragen, wenn sich das Kind in diesem Prozess (noch) nicht (ausreichend) artikulieren kann, aufgrund entgegenstehender Interessen seiner Eltern nicht artikulieren will oder wenn seine geäußerten Vorstellungen nicht ernst genug genommen werden.

Eine **Verpflichtung zur Teilnahme an der Hilfeplanung besteht für den Verfahrensbeistand nicht**, weil er ausschließlich für die Interessenwahrnehmung im gerichtlichen Verfahren bestellt ist. Dies gilt auch im Falle des erweiterten Aufgabenkreises i.S. des § 158 Abs. 4 Satz 3 FamFG. Die Interessenvertretung durch den Verfahrensbestand im jugendhilferechtlichen Verfahren bei gleichzeitiger Anhängigkeit eines familiengerichtlichen Verfahrens orientiert sich allein an dem Engagement des Verfahrensbeistandes, was aufgrund der Vergütung in Form einer Pauschale (siehe in diesem Handbuch Bauer, Rn. 285 ff.) nicht ohne Weiteres in jedem Verfahren von ihm erwartet werden kann.

1882

Möchte der Verfahrensbeistand an der Hilfeplanung teilhaben, kann er dies **grundsätzlich nur im Einverständnis aller Beteiligten**. Ein Rechtsanspruch des Verfahrensbeistandes auf Teilnahme an der Hilfeplanung ist dem Gesetz nicht zu entnehmen. Ein **Mitwirkungsrecht** des Verfahrensbeistandes im Hilfeplanverfahren besteht **nur im Ausnahmefall**, wenn es sich um eine vom Familiengericht angeordnete Hilfe zur Erziehung handelt.[106]

1883

VIII. Fazit

Kinder und Jugendliche haben auch im jugendhilferechtlichen Verfahren Rechte. Zwar kommen ihnen diese z.T. sogar unabhängig von ihrer Beteiligtenstellung zu, zu ihrer praktischen Umsetzung bedarf es aber stets der Fähigkeit dieser jungen Menschen, diese Rechte auch wahrzunehmen, indem sie ihre Vorstellungen, Wünsche und Interessen in das Verwaltungsverfahren einbringen.

1884

Kleinkinder, die in ganz besonderem Maße des Schutzes bedürfen, mögen ihre Bedürfnisse, Neigungen und Wünsche aber aufgrund ihres altersentsprechenden Entwicklungsstandes nicht artikulieren, geschweige denn in ein Hilfeplanverfahren einbringen können. Hier bedarf es einer unabhängigen, in den familiären Konflikt nicht involvierten Interessenvertretung. Dies gilt regelmäßig im Hilfeplanverfahren, das u.U. zu den intensivsten, d.h. die Biografie des Kindes oder Jugendlichen am nachhaltigsten berührenden Hilfen zur Erziehung bzw. zu deren Beendigung führt.

---

[106] Kunkel, FPR 2000, 111 (114) m.w.N.; Will, JAmt 2001, 158 (163).

Ebenso relevant sind zu klärende Optionen wie die Vollzeitpflege, die Heimunterbringung oder die intensive sozialpädagogische Einzelbetreuung, aber auch Optionen bei Misshandlung und Vernachlässigung durch Eltern, sexuellen Missbrauch durch einen Elternteil oder ein Familienmitglied sowie die geplante Wegnahme eines Kindes von seinen Bezugspersonen (Eltern oder Pflegeeltern).[107] Dazu bedarf es einer Person, die sich – wie der Verfahrensbeistand im Familiengerichtsverfahren – auch im jugendhilferechtlichen Verwaltungsverfahren ausschließlich für das Kind fachlich qualifiziert, unabhängig, unbedingt und parteilich einsetzt.

---

[107] Nicht gemeint ist die Inobhutnahme aufgrund einer dringenden Gefahr für das Wohl des Kindes oder des Jugendlichen bei fehlender Möglichkeit der rechtzeitigen Einholung einer familiengerichtlichen Entscheidung i.S. von § 42 Abs. 1 Nr. 2 b) SGB VIII.

Teil 5

Das Verhältnis des Verfahrensbeistands zu beteiligten Personen und Organisationen

A Das Verhältnis des Verfahrensbeistands zum Jugendamt

Übersicht Rn.

I.	Einleitung	1885
II.	Stellung des Jugendamtes gegenüber Kind und Eltern	1886
III.	Aufgaben des Jugendamtes im familiengerichtlichen Verfahren	1893
IV.	Zusammenarbeit des Verfahrensbeistands mit dem Jugendamt	1899
V.	Keine Bestellung von Mitarbeitern des Jugendamtes zu Verfahrensbeiständen	1905

I. Einleitung

In der Regel werden Verfahrenbeistände bei der Übernahme eines Falles feststellen, dass das zuständige Jugendamt mit dem Kind und/oder seinen Eltern bereits Kontakt hatte und der Fall dort aktenkundig ist. Auch in den Fällen, wo dies nicht zutrifft, kommt dem Jugendamt aufgrund seiner Unterstützungs- und Mitwirkungspflicht gegenüber dem Familiengericht eine wichtige Rolle im Verfahren zu (s. § 50 SGB VIII, § 162 FamFG). Es ist daher für den Verfahrensbeistand unabdingbar, die Stellung des Jugendamts gegenüber Kind und Eltern sowie gegenüber dem Gericht zu kennen, die eigene Position in Abgrenzung zu der des Jugendamts zu bestimmen und eine für seine Aufgabe schlüssige Strategie der Zusammenarbeit zu entwickeln.

1885

II. Stellung des Jugendamtes gegenüber Kind und Eltern

Nach dem SGB VIII – Kinder- und Jugendhilferecht (SGB VIII) ist es Aufgabe der Jugendhilfe, zur Verwirklichung der Rechte junger Menschen auf Förderung und Erziehung (1) junge Menschen in ihrer individuellen und sozialen Entwicklung zu fördern und dazu beizutragen, Benachteiligungen zu vermeiden oder abzubauen, (2) Eltern und andere Erziehungsberechtigte bei der Erziehung zu beraten und zu unterstützen, (3) Kinder und Jugendliche vor Gefahren für ihr Wohl zu schützen und (4) dazu beizutragen, positive Lebensbedingungen für junge Menschen und ihre Familien sowie eine kinder- und familienfreundliche Umwelt zu erhalten oder zu schaffen (§ 1 Abs. 3 SGB VIII). Als den örtlichen Einrichtungen der öffentlichen Jugendhilfe obliegt es den Jugendämtern, dafür Sorge zu tragen, dass die im Gesetz vorgesehenen Leistungen auch tatsächlich angeboten werden.

1886

In der Frage, wer **Adressat der** von den Ämtern oder von freien Trägern der Jugendhilfe angebotenen **Leistungen** ist, legt sich das Gesetz allerdings nicht eindeutig fest. Bereits bei der Definition der Ziele von Jugendhilfe im SGB VIII stehen den Rechten der jungen Menschen auf der einen Seite (§ 1 Abs. 1 SGB VIII) die Rechte und Pflichten der Eltern auf der anderen Seite (§ 1 Abs. 2 SGB VIII) gegenüber. Das dort beschriebene Spannungsverhältnis zwischen Kinderrechten und Elternrechten zieht sich wie ein roter Faden durch das Gesetz. An einigen wenigen Stellen wendet sich der Gesetzgeber direkt an die Kinder und Jugendlichen und

1887

garantiert ihnen eigenständige Ansprüche wie etwa das Recht, sich in allen Angelegenheiten der Erziehung und Entwicklung an das Jugendamt zu wenden und dort gegebenenfalls auch ohne Kenntnis des Personensorgeberechtigten Beratung in Anspruch zu nehmen (§§ 8 Abs. 2 und 3, 18 Abs. 3 SGB VIII), sowie das Recht auf Inobhutnahme (§ 42 SGB VIII). An anderen Stellen, darunter insbesondere im gesamten Bereich der Hilfen zur Erziehung (§§ 27 f. SGB VIII), werden die Ansprüche grundsätzlich dem Personensorgeberechtigten und nicht dem Minderjährigen zugeordnet, um dessen Wohl es aber eigentlich geht.

1888 Demgegenüber steht in dem historisch jüngeren § 35a Abs. 1 SGB VIII (Eingliederungshilfe für seelisch behinderte Kinder und Jugendliche) der Anspruch auf Hilfe den Kindern und Jugendlichen selbst zu; allerdings kann auch dieser Anspruch jeweils nur durch den gesetzlichen Vertreter geltend gemacht werden (vgl. auch § 24 SGB VIII). In § 36 SGB VIII (Mitwirkung, Hilfeplan) schließlich, dem aufgrund der dort geregelten Verfahrensweisen eine zentrale Rolle für eine Vielzahl von Hilfeleistungen zukommt, ist eine direkte **Beteiligung der Minderjährigen parallel zu derjenigen der Personensorgeberechtigten** vorgesehen (zur Beteiligung von Minderjährigen im Jugendhilfeverfahren siehe in diesem Handbuch Lack/Fieseler, Rn. 1787 ff.).

1889 In einer **nicht aufzulösenden Ambivalenz** sind Jugendämter einerseits den Rechten und Belangen der Kinder und Jugendlichen verpflichtet. Andererseits gehört es zu ihren zentralen Aufgaben, die Eltern bei der Erziehung ihrer Kinder zu beraten und zu unterstützen. Es liegt auf der Hand, dass diese unterschiedlichen Ziele – auch wenn sie sich letztlich beide auf das Wohl des Kindes als ausschlaggebenden Bezugspunkt beziehen – im Falle gravierender Familienkonflikte miteinander in Konflikt geraten können. Dies ist regelmäßig der Fall in hochstreitigen Sorgerechts- und Umgangsregelungsverfahren bei Trennung/Scheidung (§§ 1671, 1684 BGB), bei zivilrechtlichen Kindesschutzverfahren (§§ 1666, 1666a BGB) und wenn es um die Wegnahme eines Kindes von seiner Pflegeperson (§ 1632 Abs. 4 BGB) oder von dem Ehegatten oder Umgangsberechtigten (§ 1682 BGB) geht, also genau in den Fällen, für die in der Regel ein Verfahrensbeistand nach § 158 FamFG zu bestellen ist.

1890 Die Verpflichtung gegenüber den Rechten des Kindes und denen der Eltern führt bei den Jugendämtern zu einer Vielfalt sich ergänzender, zum Teil auch sich widersprechender Aufgaben. In Beratung, Hilfeplanung und bei der Vermittlung und Evaluation von Leistungen müssen jeweils die Perspektiven und Wünsche aller Familienmitglieder berücksichtigt werden (hierzu Rn. 1827 ff.).

1891 Dass das Jugendamt für die Annahme der von ihm angebotenen Leistungen **auf die Mitwirkung der Eltern angewiesen** ist, befördert die Tendenz, die Perspektive der Eltern zu bevorzugen, und sei es nur aus dem Bemühen heraus, den Kontakt zu der Familie nicht abreißen zu lassen. Dies ist besonders problematisch, weil Kinder und Jugendliche betroffen sind, die aufgrund einer besonderen Gefährdungssituation häufig nicht in der Lage sind, ihre Interessen gegenüber dem Jugendamt wirksam zur Geltung zu bringen. Zu Recht ist daher immer wieder kritisch auf die starke **Elternorientierung des Kinder- und Jugendhilfegesetzes** hingewiesen worden.¹

Schon aufgrund dieser strukturell bedingten und durch das Gesetz geförderten Orientierung, Hilfen für Kinder und Jugendliche regelmäßig über die Eltern zu vermitteln, muss davon ausgegangen werden, dass das Jugendamt im Rahmen seiner Mitwirkung im gerichtlichen Verfahren die Interessen des Kindes nicht immer in den Vordergrund stellt. Diese Aufgabe bleibt dem Verfahrensbeistand vorbehalten, dessen Bestellung durch die Notwendigkeit einer parteilichen Interessenwahrnehmung für das Kind legitimiert ist.

III. Aufgaben des Jugendamtes im familiengerichtlichen Verfahren

Auch wenn sowohl das Jugendamt als auch das Familiengericht an erster Stelle dem Kindeswohl verpflichtet sind, unterscheiden sich ihre Aufgaben diesbezüglich dennoch grundlegend voneinander. Aufgabe der Jugendhilfe ist es, die **Ursachen von Problemlagen mit Bezug auf junge Menschen zu erkennen**, unter Einbeziehung der Betroffenen **Lösungsmöglichkeiten zu entwickeln** und **entsprechende Hilfen anzubieten**. Soweit es nicht möglich ist, in Zusammenarbeit mit dem Kind und den Eltern Gefährdungen des Kindeswohls abzuwenden, sind die Gerichte einzuschalten. Diese haben die Aufgabe, den Sachverhalt einer Konflikt- oder Gefährdungslage aufzuklären und zu entscheiden, ob zur Abwendung der Gefahr für das Kindeswohl Eingriffe in das elterliche Sorgerecht erforderlich sind.

Die Zusammenarbeit zwischen Jugendamt und Familiengericht ist jugendhilferechtlich in §§ 8a (Abs. 2) und 50 SGB VIII geregelt:

> **§ 8a SGB VIII Schutzauftrag bei Kindeswohlgefährdung**
>
> (…)
>
> (2) Hält das Jugendamt das Tätigwerden des Familiengerichts für erforderlich, so hat es das Gericht anzurufen; dies gilt auch, wenn die Erziehungsberechtigten nicht bereit oder in der Lage sind, bei der Abschätzung des Gefährdungsrisikos mitzuwirken. Besteht eine dringende Gefahr und kann die Entscheidung des Gerichts nicht abgewartet werden, so ist das Jugendamt verpflichtet, das Kind oder den Jugendlichen in Obhut zu nehmen.
>
> (…)
>
> **§ 50 SGB VIII Mitwirkung in Verfahren vor den Familiengerichten**
>
> (1) Das Jugendamt unterstützt das Familiengericht bei allen Maßnahmen, die die Sorge für die Person von Kindern und Jugendlichen betreffen. Es hat in folgenden Verfahren nach dem Gesetz über das Verfahren in Familiensachen und in den Angelegenheiten der freiwilligen Gerichtsbarkeit mitzuwirken:

---

1 Vgl. Fieseler in: Fieseler/Schleicher 1998, § 1 Rn. 1 ff.

1. Kindschaftssachen (§ 162 des Gesetzes über das Verfahren in Familiensachen und in den Angelegenheiten der freiwilligen Gerichtsbarkeit),
2. Abstammungssachen (§ 176 des Gesetzes über das Verfahren in Familiensachen und in den Angelegenheiten der freiwilligen Gerichtsbarkeit),
3. Adoptionssachen (§ 188 Abs. 2, §§ 189, 194, 195 des Gesetzes über das Verfahren in Familiensachen und in den Angelegenheiten der freiwilligen Gerichtsbarkeit),
4. Ehewohnungssachen (§ 204 Abs. 2, § 205 des Gesetzes über das Verfahren in Familiensachen und in den Angelegenheiten der freiwilligen Gerichtsbarkeit) und
5. Gewaltschutzsachen (§§ 212, 213 des Gesetzes über das Verfahren in Familiensachen und in den Angelegenheiten der freiwilligen Gerichtsbarkeit).

(2) Das Jugendamt unterrichtet insbesondere über angebotene und erbrachte Leistungen, bringt erzieherische und soziale Gesichtspunkte zur Entwicklung des Kindes oder des Jugendlichen ein und weist auf weitere Möglichkeiten der Hilfe hin. In Kindschaftssachen informiert das Jugendamt das Familiengericht in dem Termin nach § 155 Abs. 2 des Gesetzes über das Verfahren in Familiensachen und in den Angelegenheiten der freiwilligen Gerichtsbarkeit über den Stand des Beratungsprozesses.

1894 Der Pflicht des Jugendamtes, an dem Familiengerichtsverfahren mitzuwirken, korrespondiert auf der anderen Seite die **Pflicht des Familiengerichts**, das **Jugendamt** in Verfahren, die die Person des Kindes betreffen, **anzuhören**, das Jugendamt **auf dessen Antrag** an dem Verfahren **zu beteiligen** und es **über alle Entscheidungen zu informieren, zu denen es zu hören war**. Diese Pflichten des Gerichtes sind in § 162 FamFG geregelt. In Verfahren wegen Kindeswohlgefährdung (§§ 1666, 1666a BGB) ist das Jugendamt stets zu beteiligen.[2]

1895 Die **Mitwirkung des Jugendamtes in Verfahren vor den Familiengerichten** gehört nach § 2 Abs. 3 Nr. 6 SGB VIII zu den so genannten **anderen Aufgaben der Jugendhilfe**. Das Jugendamt wird demzufolge von Gesetzes wegen tätig, unabhängig davon, ob die Betroffenen dies wollen oder nicht. Insofern besteht hier kein Wunsch- und Wahlrecht, die betroffenen Kinder oder Personensorgeberechtigten können keine Anträge auf Leistungen stellen oder eben von der Antragstellung auf solche Leistungen absehen. Der Zweck dieser Regelung besteht darin, sicherzustellen, dass die Gerichte bei ihren Entscheidungen die soziale und sozialpädagogische Situation der betroffenen Minderjährigen berücksichtigen und sich ein Bild davon machen können, was bisher an Aktivitäten angeboten und realisiert wurde, und welche weiteren Möglichkeiten der Hilfe bestehen.

1896 Darüber, wie konkret, ausführlich und Entscheidungen vorprägend die Stellungnahme des Jugendamtes gegenüber dem Gericht ausfällt, entscheidet es in eigener Verantwortung als sozialpädagogische Fachbehörde. Das Jugendamt ist nicht verpflichtet, den Familiengerichten Entscheidungsvorschläge zu machen, muss je-

---

2 Lack, ZKJ 2010, 189 ff.

doch die gesetzlichen Vorgaben der §§ 8a (Abs. 2) und 50 SGB VIII befolgen. Es muss allerdings darauf bedacht sein, bei der notwendigen Wertung und Gewichtung der familiären Verhältnisse **unnötig diskriminierende Formulierungen zu vermeiden**, um die Basis für eine weitere Zusammenarbeit mit Kindern und Eltern so weit wie möglich zu erhalten, dennoch die Situation nicht beschönigen.

An fachliche Weisungen des Gerichts wie z.B. Vorgaben, Fristsetzungen oder Ladungen ist das Jugendamt generell nicht gebunden. Davon ausgenommen ist die Verpflichtung des Jugendamtes, gemäß § 155 FamFG an dem vom Gericht in der Regel innerhalb eines Monats festzusetzenden Erörterungstermin teilzunehmen. Generell jedoch ist das Jugendamt kein Organ der Rechtspflege und keine dem Gericht untergeordnete Behörde.[3] Für das Jugendamt geht es darum, eine sozialpädagogische Sicht der Situation einzubringen und ggf. auf alternative Vorgehensweisen und Konsequenzen möglicher Entscheidungen des Gerichts hinzuweisen. Die **Eigenständigkeit der Jugendbehörde gegenüber dem Gericht** ergibt sich auch aus der Tatsache, dass das Jugendamt unabhängig von der Stellung als Verfahrensbeteiligter Entscheidungen anfechten und gemäß § 162 Abs. 3 FamFG Rechtsmittel einlegen kann und – sofern es der Ansicht ist, dass die Maßnahmen des Gerichts nicht geeignet sind, eine Gefährdung des Kindeswohls abzuwenden – dies auch tun muss.

1897

Bei allen Stellungnahmen an das Gericht hat sich das Jugendamt an **datenschutzrechtliche Vorgaben** zu halten. Der in § 65 SGB VIII abgesicherte besondere Vertrauensschutz in der persönlichen und erzieherischen Hilfe gilt auch für die Zusammenarbeit mit den Gerichten. Daten, die z.B. im Rahmen eines Beratungsgesprächs einer Fachkraft im Jugendamt anvertraut wurden, dürfen daher nicht ohne Einwilligung dessen, der die Daten anvertraut hat, an das Gericht weitergegeben werden. Eine Ausnahme stellt der Fall einer konkreten Gefährdung des Kindeswohls dar, bei dem Daten an das Familiengericht zur Erfüllung der Aufgaben nach § 8a Abs. 2 SGB VIII weitergegeben werden können bzw. müssen, „wenn angesichts einer Gefährdung des Wohls eines Kindes oder eines Jugendlichen ohne diese Mitteilung eine für die Gewährung von Leistungen notwendige gerichtliche Entscheidung nicht ermöglicht werden könnte" (§ 65 Abs. 1 Nr. 2 SGB VIII). Zum Sozialdatenschutz siehe auch in diesem Handbuch Lack/Fieseler, Rn. 1850, 1860, 1876.

1898

IV. Zusammenarbeit des Verfahrensbeistands mit dem Jugendamt

Die Aufgaben von Jugendamt und Verfahrensbeistand im gerichtlichen Verfahren überschneiden sich zum Teil, aber es gibt auch deutliche Unterschiede. Sowohl das Jugendamt – dieses nur nach entsprechendem Antrag, sofern es sich nicht um ein

1899

---

3 Vgl. entsprechend Schleicher: „Das Jugendamt ist also nicht etwa Hilfs-, Erfüllungs- oder Ausführungsorgan der (…) Familiengerichte oder gar Ermittlungsbehörde der Gerichte und somit auch nicht weisungsgebunden." (Fieseler/Schleicher 1998, § 50 Rn. 16); entsprechend auch Münder u.a. 2009, § 50 Rn. 1-4.

Verfahren nach den §§ 1666, 1666a BGB handelt[4] – als auch der Verfahrensbeistand sind Verfahrensbeteiligte. Ihr gemeinsames Ziel ist es, „die Subjektstellung des Kindes im Verfahren zu garantieren sowie die Grundlage für eine fundierte und tragfähige, an den wohlverstandenen Interessen des Kindes orientierte gerichtliche Entscheidung zu erarbeiten".[5] Dieses Ziel verfolgen beide jedoch aus einer unterschiedlichen Perspektive und in einer spezifischen Verantwortlichkeit für das Kind. **Aufgabe des Verfahrensbeistands** ist es, das Interesse des Kindes festzustellen und im gerichtlichen Verfahren zur Geltung zu bringen. Demgegenüber besteht die **Rolle des Jugendamtes** im Verfahren darin, über bisher angebotene und erbrachte Jugendhilfeleistungen zu informieren, erzieherische und soziale Gesichtspunkte zur Entwicklung des Kindes oder des Jugendlichen einzubringen und auf weitere Möglichkeiten der Hilfe für Kind und Eltern hinzuweisen (§ 50 Abs. 2 SGB VIII).

1900 Zu den ersten Aufgaben des Verfahrensbeistands nach seiner Bestellung durch das Gericht gehört es, sich dem Jugendamt in seiner Rolle vorzustellen und erforderlichenfalls auf Gemeinsamkeiten und Unterschiede in den Aufgaben hinzuweisen. Dabei ist davon auszugehen, dass nicht alle Fachkräfte im Jugendamt bereits über Erfahrungen in der Kooperation mit Verfahrensbeiständen verfügen.

1901 Der Verfahrensbeistand muss darauf vorbereitet sein, dass die Information über seine Bestellung durch das Gericht bei den Fachkräften im Jugendamt nicht immer auf ungeteilte Zustimmung stoßen wird. Möglich ist, dass sich das Jugendamt dadurch in seinem Selbstverständnis als „natürliche" Interessenvertretung für Kinder in Frage gestellt fühlt. Inzwischen hat sich das Klima hier gegenüber Verfahrensbeiständen verändert. Möglich ist ebenfalls, dass es sich im Vertrauen auf die Aktivitäten des Verfahrensbeistands – zu Lasten des Kindes – zurückzieht, zumal durch die Einbeziehung eines Verfahrensbeistands und damit eines weiteren Verfahrensbeteiligten zunächst einmal Mehrarbeit entsteht, ohne dass die damit mittelfristig möglicherweise verbundene Entlastung sogleich spürbar ist. Umso wichtiger sind in diesem Fall eine Verständigung über die unterschiedlichen Aufgaben und eine **klare Rollenabgrenzung**.

1902 Im Rahmen der Informationsgewinnung haben **Verfahrensbeistände kein generelles Recht, die Akten des Jugendamtes einzusehen** (hierzu in diesem Handbuch Lack/Fieseler, Rn.1879 f.). Sie sollten aber danach fragen, welche Hinweise es auf eine Gefährdung des Kindes gibt sowie welche Hilfen mit welchem Erfolg vom Jugendamt angeboten wurden. Erforderlichenfalls sollten sie **beim Familiengericht anregen, dass das Jugendamt diesen die aktuellen und früheren Hilfepläne vorlegt**.

1903 Als Vertreter der Interessen des Kindes sollten **Verfahrensbeistände an den Hilfeplangesprächen beteiligt** sein. Nehmen die Kinder oder Jugendlichen selbst an den Hilfeplangesprächen teil, sollten sie von dem Verfahrensbeistand vorberei-

---

4 Vgl. Lack, ZKJ 2010, 189 ff.; Heilmann, FamRZ 2010, 1391 ff.
5 Weber/Zitelmann 1998, Pkt. 4.5 (vgl. BAG Verfahrenspflegschaft in diesem Handbuch, Rn. 2030).

tet, begleitet und unterstützt werden. Ob und wie weit sich Verfahrensbeistände selbst am Prozess der Hilfeplanung beteiligen, muss im **Einzelfall** entschieden werden (siehe hierzu Lack/Fieseler in diesem Handbuch, Rn. 1881 ff.). Wenn es um bedeutsame Entscheidungen geht, wie z.B. um die Unterbringung des Kindes außerhalb des Elternhauses bzw. die Rückführung in dasselbe oder um den Umgang mit wichtigen Bezugspersonen, ist eine solche Beteiligung in der Regel sinnvoll. Zu beachten ist hierbei, dass sich „eine aktive Mitwirkung von Verfahrensbeiständen (im Original: Verfahrenspfleger/innen, J.M.) an der Hilfeplanung hinderlich auf deren kritische Reflexion auswirken (kann), welche aber gerade eine zentrale Grundlage der Empfehlungen der eigenständigen Kindesvertretung an das Gericht ist".[6]

In der abschließenden **Stellungnahme** an das Gericht **sollten Verfahrensbeistände auch auf die Position des Jugendamtes eingehen**. Eventuell abweichende Informationen und Bewertungen hinsichtlich der Situation des Kindes sowie unterschiedliche Empfehlungen zur gerichtlichen Entscheidung sollten dargestellt und begründet werden.

V. Keine Bestellung von Mitarbeitern des Jugendamtes zu Verfahrensbeiständen

Eine Bestellung von Mitarbeiter/innen des Jugendamtes zu Verfahrensbeiständen ist nicht zu empfehlen. Zwar schreibt das Gesetz dem Gericht eine bestimmte Auswahl nicht vor, andererseits stehen ihm aber auch keine Druckmittel zur Verfügung, die Bestellung einer bestimmten Person zu veranlassen. Aus fachlicher Sicht kann daher nur die Empfehlung ausgesprochen werden, dass Jugendämter sich nicht von sich aus anbieten und nicht bereit sind, Verfahrensbeistandschaften nach § 158 FamFG zu übernehmen.[7] Folgende Probleme stehen einer Bestellung des Jugendamtes oder seiner Mitarbeiter/innen als Verfahrensbeistände entgegen:

Gemäß § 162 FamFG wird das Jugendamt in Verfahren, die die Person des Kindes betreffen, regelmäßig vor einer Entscheidung des Familiengerichts angehört. Als sozialpädagogische Fachbehörde gibt es eine Stellungnahme ab, in die es aus seiner Sicht auch die Belange und Interessen des Kindes einbringt. Eine weitere Befassung des Jugendamtes in der Rolle als Verfahrensbeistand und damit als ausdrücklicher Vertreter der Kindesinteressen gemäß § 158 FamFG würde das Amt in einen schwierigen **Rollenkonflikt** bringen.

Auch ist das **Jugendamt nicht zur parteilichen Wahrnehmung der Kindesinteressen berufen**. Erstens kann es in Fällen, in denen es bereits zuvor für die Familie zuständig war, keine kritische Bewertung seiner eigenen Tätigkeit gewährleisten. Zweitens bleibt die Behörde auch nach Abschluss des Verfahrens oft nicht nur für das Kind, sondern auch für seine Eltern und Geschwister zuständig.[8] Dieser Umstand kann – ebenso wie institutionelle Eigeninteressen und die Beschränkung

---

6 Weber/Zitelmann 1998, a.a.O.; Zitelmann 2001, S. 358 ff.
7 Zitelmann 2001, S. 117 Fn. 27 m.w.N., S. 373 ff.
8 S. Salgo, BdK, S. 38 ff.

des behördlichen Handlungsrahmens durch politische Instanzen – einer konsequenten Wahrung der Kindesinteressen entgegenstehen (vgl. auch in diesem Handbuch Lack/Fieseler, Rn. 1864).[9] Zu bedenken ist ebenso, dass es dem Jugendamt aus Sicht des betroffenen Kindes wie auch der anderen Verfahrensbeteiligten an der erforderlichen Unabhängigkeit und Unvoreingenommenheit fehlen kann.[10]

1908 Denkbar ist **allenfalls** die Übernahme von **Verfahrensbeistandschaften durch ehemalige Mitarbeiter/innen des Jugendamtes** bzw. durch Mitarbeiter/innen, die in Abteilungen tätig sind, zu deren Aufgaben nicht die Zusammenarbeit mit den Familiengerichten gehört. Bedingung im **Einzelfall** ist allerdings, dass sie die von ihnen vertretenen **Kinder und deren Familien nicht bereits aus einer ihrer (früheren) Tätigkeiten kennen.**

---

9 Vgl. Zitelmann 2001, S. 17 f. m.w.N.
10 Vgl. Zitelmann 2001, S. 374.

B Das Verhältnis des Verfahrensbeistands zu Eltern und anderen Bezugspersonen des Kindes/Jugendlichen

Übersicht	Rn.
I. Zum Selbstverständnis des Verfahrensbeistands im Verhältnis zu Eltern	1909
II. Die Konzentration auf das Kind als wesentliche Aufgabe	1919
1. Zur Perspektive des Kindes im Interessenkonflikt	1919
2. Die Situation des Kindes aus dem Blickwinkel von Eltern	1930
3. Von einer elternbezogenen Sicht hin zum Kindeswohl	1943
4. Kindzentrierung im familiengerichtlichen Verfahren	1955
III. Der klare Rahmen als Strukturierungshilfe	1963

I. Zum Selbstverständnis des Verfahrensbeistands im Verhältnis zu Eltern

1909 Im Rahmen der Interessenvertretung für ein Kind hat der Verfahrensbeistand[1] – entsprechend der jeweiligen Fallkonstellation und den Umständen des Einzelfalls – mit Eltern, Pflegeeltern, deren Anwälten als auch anderen Bezugspersonen zu tun. Denn i.d.R. wird er zur erforderlichen genauen Sachverhaltsanalyse ergänzende Informationen über die Vorgeschichte und die Lebensumstände des Kindes benötigen bzw. das Wissen über dessen konkreten Alltag aktualisieren müssen, damit er die Kindesinteressen erkennen und im gerichtlichen Verfahren zur Geltung bringen kann (vgl. Rn. 366, 371). Außerdem sind von ihm vor einer persönlichen Begegnung mit dem Kind die erforderlichen Absprachen mit den Eltern bzw. der für das Kind zuständigen Betreuungsperson zu treffen. Auch wird sich der Verfahrensbeistand im Gespräch mit den Eltern[2] einen Eindruck verschaffen wollen von deren Sichtweise über die Interessenkollision.

1910 Sollte seitens des Gerichts der **erweiterte Aufgabenkreis** nach § 158 Abs. 4 Satz 3 FamFG nicht vorgesehen sein, ist vom Verfahrensbeistand zu prüfen, inwieweit er unter solchen Umständen in diesem konkreten Einzelfall die Interessen des Kindes realistisch wahrnehmen könnte. Bei der Feststellung des Kindesinteresses – wozu auch dessen emotionale Bindungen zählen – kommt dem subjektiven Wunsch und Willen des Kindes eine besondere Bedeutung zu, wobei speziell seine Motive von Belang sind (wie ist das Kind dazu gekommen?). Doch ist der Verfahrensbeistand nicht allein dem **subjektiven Kindesinteresse** verpflichtet, sondern zugleich auch den **objektiven Kriterien des Kindeswohls**, d.h. dem wohlver-

---

[1] Dieser Begriff bezieht sich sowohl auf den männlichen als auch weiblichen Verfahrensbeistand.
[2] Zur Notwendigkeit des Elterngesprächs, das (insbesondere) bei jüngeren Kindern zum Aufgabenkernbestand gehört, siehe Menne, ZKJ 2009, 71.

standenen Kindesinteresse.[3] Dementsprechend hat er sich bei Übertragung eines reduzierten Aufgabenkreises zu fragen, ob er – ohne sich mangelnde Sorgfalt vorwerfen zu müssen – tatsächlich in der Lage wäre, den geäußerten Wunsch und Willen des Kindes realitätsgerecht im Kontext des gesamten Geschehens unter der Prämisse des Kindeswohls wahrzunehmen und entsprechend zu gewichten, um seinem rechtlichen Auftrag gewissenhaft nachkommen zu können.

1911 Ist dies nicht der Fall, hat er das **Erfordernis eines erweiterten Aufgabenkreises deutlich zu machen**. Er wird dem Gericht übermitteln, dass er zur Aufklärung strittiger Sachverhalte auf weitere konkrete Informationen dringend angewiesen ist, inwiefern er sich von gewissen Ansprechpartnern Aufschluss über die fehlenden Fakten erhofft und weshalb er das Gespräch mit den Eltern für dringend erforderlich hält. Jedenfalls muss über den Lebensalltag eines Kindes, das in einer risikobelasteten Familie aufwächst bzw. aufgewachsen ist, ein ausreichend differenziertes Bild entstehen als verlässliche Entscheidungsgrundlage für das Gericht. Auch wenn ein Kind im Trennungs- und Scheidungskonflikt seiner Eltern Streitobjekt geworden und dadurch schwer belastet ist, wird das Elterngespräch die Konfliktlage des Kindes erhellen können. In jedem Fall ist zu bedenken, dass bei einer Eingrenzung seiner Funktion allein auf die Wahrnehmung der subjektiven Kindesinteressen der Schutzaspekt des vom Verfahren betroffenen Kindes außer Acht bliebe.

1912 Liegen dem Familiengericht sichere Anhaltspunkte[4] dafür vor, dass ein erheblicher Interessengegensatz zwischen Kindeswohl und Elternrecht besteht, hat es für das minderjährige Kind einen geeigneten Verfahrensbeistand zu bestellen. Es ist wichtig, dass dieser schnell begreift, was das Kind in seiner Beziehung zu den Eltern bereits Schwerwiegendes erlebt hat bzw. worin die Interessenkollision zu sehen ist. Denn nur so kann er für das gegenwärtige und zukünftige Wohlergehen des Kindes im Verfahren verantwortlich eintreten. Mit ungetrübtem Blick auf die Wirklichkeit ist von ihm das gesamte Ausmaß des Interessengegensatzes zwischen Kindeswohl und elterlichen Eigenansprüchen zu erfassen, auch wenn er durch sein engagiertes Eintreten für das Kind mit erheblichem Widerstand zu rechnen hat. Doch wer sonst im Verfahren hätte primär die Funktion, Missstände gegenüber dem Kind aufzudecken und sich beherzt für seine Belange einzusetzen? Ein Kind muss sich darauf verlassen können, dass andere es nicht schädigen – und zwar nicht nur gegenwärtig, sondern auch in Zukunft. Ein Minimum an wechselseitigem Vertrauen ist eine notwendige Bedingung für das soziale Leben.[5] Deswegen ist für den Verfahrensbeistand im Verhältnis zu Eltern und anderen Bezugspersonen des Kindes ein wichtiger Ansatzpunkt, dessen spezielle Konfliktlage zu verdeutlichen und dazu aufzufordern, sich in das Kind mit seiner belastenden Lebensgeschichte einzufühlen und Anteil an seinem Schicksal zu nehmen. Solange das Einfühlungsvermögen in das reale Kind niedrig bleibt – Unwissenheit oder auch Unverständnis

---

3 Siehe hierzu Zitelmann (2001), S. 27 ff.; Coester (2009), S. 61 f., erinnert an den Fundamentalstreit über die advokatorische oder vormundschaftliche Funktion des Verfahrensbeistands und hebt die Regelung des „Sowohl-als-auch" positiv hervor.
4 Siehe hierzu Salgo, Protokolldienst Heft 4, 1999, 24 ; ders. FPR 1999, 319.
5 Nunner-Winkler, in: Edelstein u.a., 289; siehe auch Nucci/Lee, 89 ff.; ebenso Kesselring, S. 20.

gegenüber den kindlichen Entwicklungsbedürfnissen (vgl. Rn. 968 ff.) eingeschlossen –, könnte mit ihm alles geschehen, ohne dass dies den Verfahrensbeteiligten voll bewusst werden müsste. Die gelegentlich geäußerte Befürchtung, dass mit einer persönlichen Gefühlsbeteiligung des Verfahrensbeistands zugleich eine kindeswohlgemäße Problemlösung gehemmt würde und von daher einer Einstellung der Vorzug zu geben wäre, welche jegliche innere Berührung mit der psychischen Falldynamik zu meiden sucht, ist für den Interessenvertreter des Kindes unzutreffend.

1913 Seine Bestellung ist ein deutlicher Hinweis darauf, dass es in diesem familiengerichtlichen Verfahren um den gesamten Lebenszusammenhang und die Zukunftsperspektive eines Kindes bzw. Jugendlichen geht. Und dies erfordert, die gesamte Spannbreite dessen, was die kindliche Entwicklung ernsthaft beeinträchtigen oder auf Dauer schädigen könnte, wahrzunehmen und aus der Sicht des Kindes zu unterscheiden zwischen echt und unecht, erträglich und unerträglich, Achtung und Missachtung, Zuneigung und Abneigung, fördernd und schädigend, verantwortlich und unverantwortlich. Achtet man in solch einem Interessenkonflikt nicht mit Akribie darauf, **um welche wesentlichen Belange des Kindes es hierbei geht**, hebelt die Frage, wessen Interessen auf dem Spiel stehen, Erstere leicht aus. Dies insbesondere dann, wenn widerstreitende erwachsene Personen in den Interessenkonflikt involviert sind. Ein Kind ist darauf angewiesen, dass Eltern ihre eigenen Belange in Einklang bringen mit den Bedürfnissen des Kindes, so dass dieses in seiner Entwicklung keinen Schaden nimmt (vgl. Rn. 589. Die allgemein anerkannten Werte, wie: Achtung vor dem Leben, der Integrität, Recht und Gerechtigkeit, gelten auch und insbesondere für das Kind und sind ihm rechtlich zugesichert. Es ist **vollwertiger Träger eigener Menschenwürde** und hat **als Grundrechtsträger Anspruch auf den Schutz des Staates**.[6] Ist das körperliche, geistige oder seelische Wohl eines Kindes gefährdet – insbesondere sein Leben, seine Gesundheit oder seine psychische Integrität –, so ist alles daranzusetzen, die Gefährdungslage dieses Kindes durch geeignete Maßnahmen abzuwenden und ihm den erforderlichen Schutz zu gewähren.

1914 Dass bei einer Mängellage **nur diejenige öffentliche Hilfe angebracht ist, die zur Abwehr der Gefährdungslage des Kindes geeignet ist**,[7] sollte dem Kindesinteressenvertreter von Anfang an bewusst sein. Auch hat die Wiederherstellung bzw. Verbesserung der Erziehungsbedingungen in einem der kindlichen Ent-

---

6 Zur Bindung des Elternrechts an das Kindeswohl siehe BVerfGE 24, 119, 144, FamRZ 1968, 578; Das Bundesverfassungsgericht hervor (BVerfG, 1 BvR 1620/04, Beschluss vom 1.4.2008, Rn. 71) hebt hervor, dass „das Kind […]nicht Gegenstand elterlicher Rechtsausübung [ist], es ist Rechtssubjekt und Grundrechtsträger, dem die Eltern schulden, ihr Handeln an seinem Wohl auszurichten". S. zuletzt BVerfG vom 3.2.2017, 1 BvR 2569/16, FamRZ 2017, 524 mit Anm. Salgo. Zum Menschenbild des Grundgesetzes siehe Staudinger/Coester, § 1666 BGB, Rn. 11.

7 Die Auffassung, dass mit Blick auf Probleme und Ressourcen zunächst generell (!) den Eltern eine Chance gegeben werden müsse, entspricht kaum der Anforderungen einer realistischen Risikoeinschätzung und Hilfeplanung. Oberloskamp stellt hierzu richtig, dass nicht zunächst die „softeren" Maßnahmen erfolglos erprobt worden sein müssen, ehe zu härteren Anordnungen gegriffen werden könnte. Siehe Oberloskamp, in Lipp/Schumann/Veit, S. 55 f.; Heilmann/Salgo (2002), S. 967.

wicklung angemessenen Zeitraum zu geschehen. Kann bzw. konnte dieses Ziel durch ambulante Maßnahmen nicht rechtzeitig erreicht werden oder sind nach Einschätzung des Verfahrensbeistands Veränderungen in der Herkunftsfamilie von vornherein aussichtslos, ist dies dem Familiengericht mit stichhaltigen Sachargumenten deutlich zu machen und auf eine auf Dauer angelegte Lebensperspektive hinzuwirken.[8] Die Verarbeitung des Traumas kann erst erfolgen, wenn die Traumatisierung endgültig beendet und das Kind nicht weiterhin dem schädigenden Einfluss des Täters ausgesetzt ist.[9] Auch kann eine anhaltende Schädigung des körperlichen, geistigen oder seelischen Wohls des Kindes nicht in Kauf genommen werden, um ihm die schmerzhafte Trennung von seinen Eltern zu ersparen. Denn „die häufig gefürchteten Trennungseinschnitte haben insgesamt eine geringere Bedeutung als die jahrelangen negativen Einwirkungen von Misshandlung, Vernachlässigung, Missbrauch oder der Kombination dieser Belastungen."[10] Im Unterschied zur zeitlich befristeten Erziehungshilfe für Eltern, die durch eine akute Krise vorübergehend an der Ausübung ihrer Erziehungsaufgabe gehindert sind, ist eine auf Dauer angelegte Fremdplatzierung eines Kindes bei komplexen Problemlagen angezeigt, die nicht in einem der kindlichen Entwicklung angemessenen Zeitraum zu verändern sind.[11]

1915 Geht es in einer Kindschaftssache um die Bindung eines Kindes an seine Eltern (vgl. Rn. 897), steht auch immer die Frage an, ob es sich hierbei um eine schützenswerte oder schädigende Bindung handelt, beziehungsweise inwieweit es sich um ein innerhalb der familialen Bindung geschädigtes Kind handelt (vgl. Rn. 933 f.). Dies kann dem Interessenvertreter des Kindes nicht gleichgültig sein. Bliebe er im Verhältnis zu den Eltern neutral und ließe er die mühsame Differenzierung der unterschiedlichen Aspekte außer Acht, müsste dies als Gleichgültigkeit gegenüber den eigenständigen Bedürfnissen und Interessen eines Kindes aufgefasst werden, welches die schwerwiegenden Erfahrungen in der Beziehung zu ihnen nicht ohne negative körperliche und/oder psychische Folgen bewältigen kann.[12] Mit dieser Haltung könnte auch und gerade in Bezug auf die Folgewirkungen irrelevant erscheinen, ob beispielsweise ein hilfloses kleines Kind von schwersten Angst- und Ohnmachtsgefühlen überschwemmt wurde, als es stundenlang allein in der Wohnung eingesperrt war, während seine Mutter volltrunken vor der Haustür lag, oder

---

8 Heilmann (1998),S.126 ff.; hierzu auch GK-SGB VIII/Salgo, § 33 Rn. 36. Fischer und Riedesser, S. 227 weisen auf die Notwendigkeit der Unterbrechung des Gewaltzyklus in der Familie mit einer mehrgenerationalen Tradition von Kindesmisshandlung und/oder Missbrauch hin.
9 Zur Trennung bei Gefährdung des Kindeswohls führt Brisch (2008), S. 109, aus: „Die Bindungsentwicklung zwischen Kind und Pflegeeltern wird gestört durch Angst des Kindes vor Drohung einer Rückführung, erzwungene Besuchskontakte, Umgangsrecht der leiblichen Täter-Eltern mit dem Kind. Alle diese Situationen lösen massive Angst bis Panik beim Kind aus und verhindern eine emotionale Heilung."
10 Fegert (1998), S. 22. Zenz (2000), S. 325, hierzu erläuternd: „Die Bindung von Kindern etwa an misshandelnde Eltern ist ja deswegen pathogen, also als krankmachend einzustufen, weil hier in Ermangelung anderer Bindungspersonen emotionale Nähe gesucht wird, die zugleich massive Ängste bis hin zu Todesangst hervorruft."
11 Siehe Zenz (2000), S. 324.
12 Vgl. hierzu die Definition der Kindeswohlgefährdung von Dettenborn, S. 57 f.

als es miterleben musste, wie der betrunkene Vater brutal auf die Mutter einschlug und sie dabei schwer verletzte.[13]

1916 Bliebe der Verfahrensbeistand gegenüber den Leiderfahrungen eines schutzlosen Kindes neutral, wäre zu befürchten, dass die Kindesinteressen auf der Strecke blieben,[14] was gleichzeitig mögliche **Bagatellisierungs- oder Leugnungstendenzen der Eltern** bzw. eines Elternteils Tür und Tor öffnet.[15] Eine neutrale Haltung zu einem konflikthaften Geschehen verführt geradewegs dazu, wichtige Differenzierungen bezüglich wesentlicher Wertunterschiede zu unterlassen, da Neutralität sich nur bei großer Distanz von den Erlebnis- und Handlungsperspektiven der beteiligten Personen aufrechterhalten lässt.[16] Die sozialpsychologischen Abwehrstrategien[17] „Elternschonung", „Neutralitätslösung" und „Opferbeschuldigung" verhindern oder erschweren zumindest eine realistische Wahrnehmung von Kindesgefährdung im Verhältnis zu Eltern. Die körperliche und/oder seelische Gefährdung bzw. Verletzung eines Kindes erfordert, dass der **Verfahrensbeistand sich auf die bestehende Interessenkollision einlässt**. Dabei kann er unmöglich neutral bleiben. Zudem ist seine Position im Verhältnis zu Eltern gesetzlich festgelegt: Er ist **parteilicher Interessenvertreter für das Kind**[18] und hat dementsprechend sein Handeln im Kontakt mit den anderen Beteiligten ganz auf das Wohl des Kindes zu richten. Es existiert eine klare gesetzliche Vorgabe, und diese gilt es zu erfüllen.

1917 Die Kindeswohlorientierung ist ebenso vorgegeben beim **Mitwirken des Verfahrensbeistands am Zustandekommen einvernehmlicher Regelungen** (vgl.

---

13 Vgl. hierzu den „Fall Sabine", bei welchem erst über die Installation einer Verfahrenspflegschaft die Rechtsposition dieses Kindes gegenüber elterlichen Ansprüchen gestärkt und somit der Weg eröffnet wurde, dass die eigenständigen Interessen und Bedürfnisse dieses Mädchens im gerichtlichen Verfahren entsprechend berücksichtigt werden konnten, Niestroj (1996), S. 503 ff.
14 Wenn eine Eltern-Kind-Beziehung aufgrund von Kindesmisshandlung zu einer Täter-Opfer-Beziehung pervertiert ist, kommt es leicht zu sozialpsychologischen Abwehrstrategien, wozu Fischer und Riedesser, 180 ff., auch die Neutralitätshaltung gegenüber dem Opfer rechnen und hierzu ausführen: „Wer sich in einer Täter-Opfer-Konstellation ‚neutral' verhält, ist natürlich nicht neutral, sondern nimmt Partei für den Täter und gegen das Opfer." Siehe dieselben, S. 183.
15 Auf die Gefahr, dass professionelle Helfer sich mehr mit den problembelasteten Eltern identifizieren als mit dem Leiden der Kinder, weist Westermann eindringlich hin. Erst mit Einfühlung in die verzweifelte Lage des Kindes und Anerkennung dessen, was es in der Abhängigkeit von den leiblichen Eltern erlebt hat, könne die Strategie der Verleugnung beendet werden. Westermann (2009), S. 170 ff.
16 Fischer und Riedesser, S. 184, 346
17 Fischer und Riedesser, S. 180–187, 342, 346. Zur Tendenz der Abwehrstrategie „Elternschonung" siehe Jacobi (2008) mit diversen Beispielen, S. 51, 67, 71, 89. Zur „Opferbeschuldigung" des Kindes seitens der Eltern erhellend Jacobi (ebenda, 50): „Bei Kindern unter einem Jahr wird am häufigsten die Diagnose „vom Kind selbst verschuldeter Unfall" gestellt, fast immer aufgrund von falschen Angaben ihrer Eltern über das, was wirklich stattgefunden hat, nämlich eine Misshandlung."
18 Bestätigt wird dies im Beschluss des OLG Frankfurt am Main vom 17.4.2008 (1 WF 68/08), in dem ausgeführt ist: „Zur Unparteilichkeit gegenüber Eltern des Kindes ist ein Verfahrenspfleger gerade nicht verpflichtet, sondern es sind parteilich die Interessen des Kindes wahrzunehmen, so wie der Verfahrenspfleger sie sieht." Siehe ZKJ 2009, 79. Zur Handlungsmaxime Parteilichkeit mit Kindern und Jugendlichen aus der Perspektive der Jugendhilfe vgl. Köckeritz (2004), S. 347 ff.

Rn. 1275).[19] Denn es gehört zu seiner Funktion, Sorge dafür zu tragen, dass bei allen Überlegungen zur Konfliktlösung die Person des Kindes präsent ist und es bei den Bewältigungsversuchen seiner schwierigen Lebenssituation keinen (weiteren) Schaden nimmt. Vorhersehbare negative Auswirkungen auf die Persönlichkeitsentwicklung des Kindes durch das Gefährdungspotential bis hin zu bleibenden Schäden dürfen dabei nicht „unter den Teppich gekehrt" werden.[20] Damit das betroffene Kind keine unzumutbaren Belastungen aufgebürdet bekommt, ist es darauf angewiesen, dass sein Verfahrensbeistand dem bestehenden Spannungsfeld im Verhältnis zu Eltern nicht ausweicht, sondern genau hinschaut und in eine lähmende Sprachlosigkeit hinein die Dinge beim Namen nennt.[21] Sobald kindeswohlferne Interessen in den Vordergrund drängen und es lediglich um ein Einvernehmen „um des lieben Friedens willen"[22] gehen soll, wird er aus seiner Hab-Acht-Stellung heraustreten. Denn echtes Einvernehmen kann nur dann erzielt werden, wenn zuvor die **Konfliktlage des Kindes transparent** geworden ist (vgl. Rn. 1457). Nach einer kritischen Bestandsaufnahme mit realistischer Einschätzung der spezifischen Situation des Kindes wird der Verfahrensbeistand seine Konzentration darauf richten, den Eltern die Notwendigkeit einer kindzentrierten Lösung zur Minderung seines Leids darzulegen und beim Zustandekommen einer kindeswohlgerechten Regelung darauf hinwirken, dass diese von den Eltern mitgetragen wird. Jeder Elternkonsens hat die Person des Kindes entsprechend zu beachten (vgl. Rn. 1292).[23]

1918 Gleiches gilt für das Beschleunigungsgebot (vgl. Rn. 1422 f.),[24] bei dessen Anwendung das Kind selbst in seiner jeweilig unterschiedlichen Lebenssituation im Blickfeld zu halten ist. Das heißt, der Verfahrensbeistand wird im Interesse des Kindeswohls auf eine sachgemäße, schnelle und ruhige Entscheidung hinwirken.[25] Auf

---

19 Zum Streben nach einvernehmlichen Lösungen siehe Coester (2009), in Lipp/Schumann/Veit, S. 52 ff.
20 Vgl. Jacobi, S. 288.
21 Jacobi, S. 140 fordert aufgrund bitterer Erfahrungen: „In Fallkonferenzen müssen alle Teilnehmer, insbesondere die Eltern und eventuell ihr Rechtsbeistand, mit allen Verletzungen und deren Folgen konfrontiert werden und es muss eine Lösung für eine dauerhafte Unterbringung des Kindes gefunden werden."
22 Die Gefahr, dass Eltern weniger aus der Sicht des Kindeswohls als nach dem Grad ihrer Kompromissbereitschaft beurteilt werden, besteht im Fall eines Doppelauftrags nicht nur beim Gutachter, vgl. Coester (2009), S. 54, sondern auch beim Verfahrensbeistand.
23 Zur Rolle des Kindes im Einigungsprozess führt Coester (2009), S. 55, aus, dass das FamFG nicht erkennen lasse, dass beim Streben nach Einvernehmen die Person des Kindes mitbedacht sei. Der Elternkonsens, flankiert vom Einverständnis des Jugendamts, stehe im Vordergrund. Vgl. auch Salgo, FPR 2010, 456.
24 Siehe hierzu Götz, in Lipp/Schumann/Veit, 223 f., die in der Konzentration auf (beschleunigt erzieltes) Einvernehmen die Gefahr sieht, dass das Gefährdungspotential für das Kind bei Fallkonstellationen nach § 1666 BGB außer Acht bleiben bzw. sogar eine fortdauernde Gefährdung verschleiern könnte.
25 Zum Beschleunigungsgebot, das durch den Grundsatz des Kindeswohls nach § 1697a BGB geprägt und zugleich begrenzt wird, siehe Coester (2009), in Lipp/Schumann/Veit, S. 46; Götz, in Lipp/Schumann/Veit, S. 218. Coester (2008), S. 31, stellt fest, dass ohne angemessene Personalausstattung sachgerechter, effektiver Individualschutz nicht erreicht werden kann; vgl. in diesem Handbuch Rn. 1422f.

eine sachgemäße Entscheidung hinzuwirken, bedeutet, eine Konfliktlösung anzustreben, die dem, was ist, Rechnung trägt. Seine Funktionen sind von ihm unter Berücksichtigung des kindlichen Zeitempfindens[26] zügig zu erledigen, um gegebene Chancen für das Kind nicht ungenutzt verstreichen zu lassen. **Belastende Schwebe- und Konfliktzustände** für das Kind müssen schnell beendet werden. **Jedoch geht Zuverlässigkeit vor Schnelligkeit**. Von daher sollten die Ausführungen seiner Tätigkeit ungestresst erfolgen (auch bei engen Zeitvorgaben seitens des Gerichts), d.h. mit ruhiger Hand und ohne Hektik oder falschen Aktivismus. Wird das Verfahren durch kindeswohlferne Interessen geprägt – wie bei massiven Einschränkungen des Personal-, Zeit- und/oder Kostenaufwands – und geht dies zu Lasten des Kindes, so ist dies offenzulegen.[27] Kindeswohl ist nicht einzubringen durch ein Handeln, das dem Kind selbst durch mangelnde Sorgfalt Schaden zufügt.

II. Die Konzentration auf das Kind als wesentliche Aufgabe

1. Zur Perspektive des Kindes im Interessenkonflikt

Allein schon aufgrund der starken Belastung des Kindes wird dem Verfahrensbeistand daran gelegen sein, dass nicht die Anpassung des Kindes an die familiengerichtlichen Belange im Vordergrund steht, sondern umgekehrt eine Anpassung an seine Situation erfolgt mit dem Ziel, es als Subjekt im Verfahren ernst zu nehmen[28] und seine individuellen Erfahrungen zu berücksichtigen (vgl. Rn. 960). Bei einem erheblichen Interessengegensatz gegenüber den Eltern benötigt das Kind ganz besonders einen Menschen, der in der Lage ist, die Kluft zwischen der Erwachsenenwelt und der Welt des Kindes zu erkennen und zur Sprache zu bringen.

1919

Um die Perspektive eines Kindes wahrnehmen zu können, ist ein Perspektivenwechsel notwendig. Denn für jeden ist die Welt erst einmal seine eigene Welt. Die hierzu erforderliche Änderung des Blickwinkels ist ein bewusster innerer Akt, welcher nur im Wissen um die eigene Perspektive vollzogen werden kann. Ohne Selbstreflexion erhöht sich die Neigung, seinen eigenen Blickwinkel als den allein maßgeblichen anzusehen. In Stresssituationen ist in der Regel jeder erst einmal bei sich, dies weiß man aus eigener Erfahrung. Doch haben Erwachsene in der Regel – geistige Anstrengung und Mühe vorausgesetzt – zumindest die Möglichkeit, sich verstandesmäßig in die Situation eines anderen Menschen hineinzuversetzen und ihn innerlich in sich zu repräsentieren. Hingegen sind kleinere Kinder – auch bei einem zuweilen erstaunlich hohen Einfühlungsvermögen – von ihrer Entwicklung

1920

---

26 Siehe Heilmann, Kindliches Zeitempfinden, S. 117 ff.
27 Das Bundesverfassungsgericht (BVerfG, Beschluss vom 26.8.1999, 1 BvR 1403/99) hat festgestellt, dass eine eigenständige Wahrnehmung der Kindesbelange sicherzustellen ist, was jedoch nur gewährleistet werde, „wenn die zur Interessenvertretung für das Kind bestellte Person auch die Möglichkeit hat, Einfluss auf die Gestaltung und den Ausgang des Verfahrens zu nehmen."
28 Wie fachliches Handeln konsequent „vom Kind her gedacht" werden muss und eine kindgerechte Vorgehensweise in strafrechtlichen und familiengerichtlichen Verfahren am Kindeswohl auszurichten ist, zeigen Fegert, Andresen, Salgo und Walper, ZKJ 2016, 324 ff. am Beispiel des skandinavischen „Barnahus-Modells".

her hierzu noch kaum in der Lage.²⁹ Dementsprechend könnte die Haltung des Verfahrensbeistands gegenüber Eltern besagen: Ich kann das, was Sie mir schildern, verstehen, aber ein Kind kann das nicht begreifen. Dazu fehlt ihm die Erfahrung.

1921 Das eigenständige Denken eines Kindes beginnt damit, dass es individuelle Erfahrungen macht und die Dinge von seinem eigenen Standpunkt aus betrachtet und dementsprechend auch aus seiner eigenen Perspektive beurteilt, wobei sein Denken nie an sich und unabhängig von seiner Umgebung erfasst werden kann.³⁰ Die soziale Entwicklung eines Kindes geht ebenso wie die seines Denkens erst im Laufe der Zeit vom Egozentrismus zur Gegenseitigkeit über. Die Fähigkeit zur sozialen Perspektivenübernahme bedeutet, sich verstandesmäßig auf den Standpunkt einer anderen Person zu stellen.³¹ Noch viele Grundschulkinder³² glauben, dass die Perspektive eines anderen ganz genau mit ihrer eigenen Ansicht übereinstimmt, und ordnen ihm dementsprechend die eigene Sichtweise zu.³³ Die Fähigkeit, unterschiedliche Perspektiven wahrzunehmen und miteinander zu koordinieren, entwickelt sich erst nach und nach.³⁴

1922 Ist man bereit, sich auf die oftmals durchaus widersprüchliche Gedanken- und Gefühlswelt eines in einer konflikthaften Situation stehenden Kindes einzulassen, ihm zuzuhören und offen nachzufragen, wie es selbst die Dinge sieht (vgl. Rn. 825 ff.), die es erfahren hat, kann man zuweilen Erstaunliches hören.

1923 Einige Beispiele mögen dies deutlich machen:

> In einem Gespräch mit mir setzt sich Nina, ein 9-jähriges Mädchen, mit der Scheidung ihrer Eltern auseinander und ist ziemlich erbost darüber, dass diese das gemacht haben, noch dazu, ohne sie selbst zuvor gefragt zu haben. Alle Eltern, die sich scheiden lassen, sollte man ins Gefängnis sperren, resümiert Nina zornig und verleiht ihrer Wut auf diese Art und Weise Ausdruck. Als ich vorsichtig meine Zweifel an ihrem „Lösungsmodell" anmelde und zu bedenken gebe, dass sie in Konsequenz dann ja niemanden hätte, der für sie sorgen würde, fügt sie entschlossen hinzu: „Aber dann wenigstens einen!"

> Der 8-jährige David, ein in seiner Herkunftsfamilie durch Gewalterfahrung schwer traumatisierter Junge, lebte nach einem Heimaufenthalt nun bereits seit fast einem Jahr in seiner Pflegefamilie, als sich folgende kleine Begebenheit in der Therapiestunde zutrug. Im Spielraum entdeckte David das Bilderbuch „Peter, Ida und Minimum",³⁵ eine Geschichte, die liebevoll über die Ankunft eines Geschwisterchens in

---

29 Siehe hierzu Piaget (1988), S. 23, 47 ff., 114 ff.; Kesselring, S. 96.
30 Vgl. Piaget, in: Volkmann-Raue, S. 83 ff., 105, 116, 142 f.; Piaget (1990), S. 133 ff., 142, 145.
31 Anders als Kant nannte Piaget bei Kindern jene Einstellung „heteronom", welche sich die Norm einer Autorität zum Maßstab macht, Kesselring, S. 158 f.; siehe auch Nunner-Winkler, in Garz u.a., S. 334 ff.
32 Piaget selbst benennt ausdrücklich die von ihm gemachten Altersangaben von Kindern als nur äußerst ungefähre Durchschnittswerte, siehe hierzu: Piaget (1990), S. 141.
33 Zu den widersprüchlichen Gefühlen von Kindern unterschiedlicher Alters- und Entwicklungsstufen in konflikthaften Situationen siehe in diesem Handbuch Rn. 801.
34 Piaget (1973), S. 222; Selman/Byrne, S. 109 ff.
35 Fagerström/Hansson, S. 17.

der Familie erzählt und dabei die für viele Kinder so wichtige Frage nach der Sexualität der Eltern einbezieht. In der Geschichte zeichnet der Vater seinen beiden wissbegierigen Kindern den Zeugungsakt auf ein Blatt Papier, wobei es im Text heißt: „So haben wir auch das neue Kind gemacht." Am Ende der Stunde – David hatte sich unterdessen längst anderen Dingen zugewandt, so dass ich glauben musste, ihn beschäftige dieses Thema nicht weiter – bat er mich überraschend: „Aber zeige dieses Buch bitte nicht meinen (Pflege-)Eltern. Sonst wissen die, wie das geht, und dann geben sie mich vielleicht wieder her."

1924 Das im Verfahren zu vertretende Kind hat oftmals gerade in der Beziehung zu denjenigen Personen schweren Schaden genommen, auf deren Schutz und Hilfe es absolut angewiesen war und denen es Vertrauen und Zuneigung entgegengebracht hat bzw. noch entgegenbringt – also in der Regel seinen Eltern. Diese Ausgangslage des Kindes gilt es zu begreifen, um nicht das eigene Selbstverständnis – wie z.B. dass Eltern immer auch (genügend) gute Eltern sind – dem zu vertretenden Kind einfach überzustülpen. Denn ein Kind, das abnorme Erfahrungen mit diesen hat machen müssen, empfände dies als schmerzlich, wäre irritiert in seiner Wahrnehmung, fühlte sich unverstanden und emotional alleingelassen. Eine Verzerrungstendenz besteht allein schon aufgrund der im Allgemeinen emotional positiv besetzten und dem entsprechend verwendeten Begriffe wie: „Mama", „Papa", „Eltern", „Oma", „Opa", „Babysitter" etc. Diese sind aus Kindesperspektive zu hinterfragen, da ihr Bedeutungsgehalt abhängig ist von den realen subjektiven Erfahrungen des betroffenen Kindes mit diesen Personen in seinem Lebensalltag. Will man als Verfahrensbeistand von der anscheinend selbstverständlichen zur tatsächlichen Bedeutung für das jeweilige Kind vordringen, ist ein sorgfältiger Umgang mit diesen Begriffen – insbesondere auch gegenüber dem Kind selbst – unumgänglich.[36]

1925 Hierzu einige weitere Beispiele, wobei ich beim ersten – trotz meines Wissens um diese Dinge – der soeben benannten Gefahr selbst erlegen war:

> Eines Tages rief mich der für den 10-jährigen Martin zuständige Sozialarbeiter an und sagte – für mich recht unvermittelt: „Ach, übrigens hat sich Martins Mutter bei mir gemeldet." Meine spontane Antwort lautete: „Schön!" Der für Martin engagierte und auch aus der Ferne mitschwingende Sozialarbeiter glaubte, seinen Ohren kaum zu trauen, als er meine freudige Reaktion vernahm, die mir, kaum war sie ausgesprochen, auch schon leidtat. Denn ich kannte Martins hoch angstbesetzten Gefühle gegenüber den leiblichen Eltern und hatte mich mit dem „Schön!" weit von seinem Erleben entfernt. Als er sich in einer Therapiestunde mit seinen hochbedrohlichen Erfahrungen aus der Herkunftsfamilie einmal bewusst auseinandersetzte und ich ihm in diesem Zusammenhang sagte, dass manche Kinder regel-

---

[36] Der Hinweis von Rakete-Dombek, in Lipp/Schumann/Veit, S. 94, dass die Benutzung der Bezeichnung „Kindesmutter" oder „Kindesvater" in gerichtlichen Verfahren ihr völlig überflüssig erscheint, verbunden mit der Aussage, was diese Elternteile denn sonst seien, trifft kaum zu in einem Kindesschutzverfahren, wo jene unüblichen Formulierungen signalisieren, seine Aufmerksamkeit auf den Bedeutungsgehalt dieser Worte zu lenken – wobei gleichzeitig eine Distanzierungsmöglichkeit angeboten wird gegenüber dem Sog Mitleid erregender Eltern.

mäßig Kontakt zu den leiblichen Eltern hätten, wurde er ganz blass, nahm seine Hand vor den Mund und sagte: „Ach, du großer Schreck!"

Martin erzählte mir eines Tages, dass seine Pflegeeltern sich am Abend zuvor im Kino einen Film angeschaut hätten. Er sei während dieser Zeit bei seiner Oma gewesen. Völlig empört schilderte er dann weiter, dass eigentlich ein Babysitter hätte kommen sollen. Seine heftige und abweisende Reaktion über diese von ihm als absolut negativ wahrgenommene Idee konnte ich spontan weder verstehen noch nachvollziehen. Ich hätte im Gegenteil diese neue Erfahrung für ihn altersentsprechend und von daher nicht uninteressant gefunden. Auf mein Nachfragen erinnerte mich Martin: „Hast du das nicht in der Zeitung gelesen, das mit dem Babysitter in Amerika, wo das Baby vom Babysitter gequält und dann getötet worden ist?" Sein Blick bei diesen Worten wird mir in Erinnerung bleiben, drückte er doch aus, was diese „Zeitungsinformation" für ihn selbst bedeutete. Das Geschehen in Amerika, das war für Martin nicht einfach irgendwo, weit weg. Im Gegenteil, es war bedrohlich nah und könnte jederzeit wieder Realität werden. Das für mich schwer Vorstellbare, dass ein Babysitter bzw. Au-pair-Mädchen in der Lage sein könnte, den ihm anvertrauten Säugling zu töten, löste in Martin Phantasien aus, die sich mit seinen subjektiven Erfahrungen vermengten. Martin erlebte durch die Erinnerung an sein eigenes Erleben tiefste Angst. Es fiel mir wie Schuppen von den Augen, als ich erkannte, dass diese Erfahrungen für ihn permanent präsent sind. Schnell war ich auf seiner Seite und teilte mit ihm das Gefühl, bedroht und unsicher zu sein.

1926 Ein weiteres Beispiel handelt von dem 7-jährigen Tom, der bereits einige Monate nach seiner Geburt nach wiederholten lebensbedrohlichen Misshandlungserfahrungen von seiner leiblichen Mutter getrennt und auf Dauer[37] in einer Pflegefamilie untergebracht werden musste. Solange Tom denken kann, ist seine Pflegemutter für ihn seine Mama und dementsprechend bezeichnet er sie auch. Bei einem gerichtlich angeordneten Besuchskontakt mit der leiblichen Mutter, welcher gegen den erheblichen inneren Widerstand des Jungen[38] durchgeführt wurde, erschreckten die Worte des Umgangsbegleiters den kleinen Jungen zutiefst und lösten in ihm schwere existentielle Ängste aus. Nach der Begrüßung aller Beteiligten auf dem Flur sagte der Umgangsbegleiter zu Tom gewandt: „Wir beide gehen jetzt zusammen mit deiner Mama ins Spielzimmer", woraufhin der Umgangsbegleiter – fernab von Toms eigener Wahrnehmung – statt seiner Mama die leibliche Mutter mit einem Kopfnicken aufforderte, mit ihm und dem Jungen mitzukommen. Als der Umgangsbegleiter die starke Abwehr des Kindes registrierte, versuchte er, Tom in Begleitung seiner Pflegemutter in den Spielraum zu locken, und fügte – ohne

---

37 Tom wurde kurz nach seiner Geburt auf Dauer in seine Pflegefamilie vermittelt, wo er sich fest verwurzeln konnte. Einige Zeit lang musste er jedoch trotz erheblichen Widerstands Umgangskontakte über sich ergehen lassen, welche zu seiner psychischen Destabilisierung beitrugen. Zum Bedürfnis des Kindes nach kontinuierlichen Lebensbedingungen und der Notwendigkeit eines Umgangsausschlusses siehe Salgo, FamRZ 2013, 344. Zur Kontinuität im Kinderschutz – Perspektivplanung für Pflegekinder ausführlich Diouani-Streek (2015).
38 Coester (2009), in Lipp/Schumann/Veit, S. 60, hebt hervor, dass bei Umgangskonflikten ein Verfahrensbeistand nicht nur bei einem möglichen Ausschluss, sondern auch bei Anordnung des Umgangs gegen den Widerstand des Kindes unverzichtbar sei.

sich in dessen Situation hineinzuversetzen – an den Jungen gewandt hinzu: „Oder soll die Frau Zobelan (Toms Pflegemutter) auch mit ins Spielzimmer kommen?"

Im Anschluss an einen Begleiteten Umgang, den die kleine Lisa – im Beisein ihres Pflegevaters – mit versteinerter Miene hatte über sich ergehen lassen, sagte dieser aufmunternd zu ihr: „So, jetzt geht es wieder nach Hause!" Dieser Ausspruch war für Lisa als Entlastung gedacht nach dieser überaus angespannten Begegnung. Stattdessen geriet das kleine Mädchen jedoch in Panik, begann wie wahnsinnig zu schreien und sich an seinem Pflegevater festzuklammern. Erst mit den Worten: „Komm Lisa, wir gehen jetzt zu Schecki!", d.h. zur Katze der Pflegefamilie, konnte er seine kleine Pflegetochter wieder beruhigen.[39] **1927**

Auch die 8-jährige Sabine[40] ging vom Standpunkt ihrer eigenen schlimmen Erfahrungen mit den schwer alkoholabhängigen Eltern aus, als sie mit mir über die richterliche Entscheidung in dem Sorgerechtsverfahren – der Integration in eine Pflegefamilie – sprach. Mit sorgenvoller Miene schaute sie mich an, seufzte tief und fragte mich dann, wie sie das denn schaffen solle: „Mit zwei Eltern, das ist schon so schwer, und jetzt kriege ich dazu auch noch Pflegeeltern." Eine Entlastung durch „zusätzliche Eltern" schien ihr in diesem Augenblick ausgeschlossen. Sie äußerte dann auch Furcht davor, die Pflegeeltern könnten sie schlagen, anbrüllen oder ihr sonst etwas Schlimmes antun.

Weil es sich bei der Eltern-Kind-Beziehung um eine für ein Kind **existenziell notwendige (Abhängigkeits-)Beziehung** handelt, auf die es vollständig angewiesen ist – denn allein ist es unfähig, für sich zu sorgen –, entwickeln kleine Kinder ein absolutes Bedürfnis nach guten Eltern. Auch bei deren grobem Zuwiderhandeln gegen ihre elterlichen Pflichtaufgaben und Verantwortung suchen manche Kinder sich doch so lange als irgend möglich zumindest die Vorstellung zu erhalten, dass diese Eltern irgendwann einmal liebevoll gewesen sind oder es noch werden könnten.[41] Mit negativen, oftmals wenig tragfähigen Grunderfahrungen eines Kindes in den wichtigsten menschlichen Bindungen, welche den Verlust eines positiven Elternbildes zur Folge haben und sich somit auch auf das gesamte Weltbild des Kindes auswirken, soll ein Kind bzw. Jugendlicher sich nun einem Verfahrensbeistand anvertrauen können. Wie und wodurch könnte dies gelingen? **1928**

Entscheidend ist, dass das Kind selbst erlebt, in seinem Gefühlsleben ernst genommen zu werden. Zeigt der Verfahrensbeistand seine innere Bereitschaft, sich mit den (Leid-)Erfahrungen des Kindes konfrontieren zu lassen (vgl. Rn. 1019), macht er sich dessen Sicht der Dinge zu eigen und versucht, die realen Erfahrungen und die dem Kind eigene Denkweise ans Licht zu bringen, besteht für ihn mit etwas Glück die Chance, in dessen wirklichem Interesse handeln zu können. Gleichzeitig **1929**

---

39 Siehe hierzu bereits Goldstein, Freud, Solnit u. S. Goldstein, S. 162 f., mit entsprechenden Erklärungen der Verhaltensweisen aus der Perspektive des Kindes.
40 Niestroj, in Salgo, S. 525; siehe auch Niestroj, in Stiftung „Zum Wohl des Pflegekindes", S. 43 ff. mit abschließender Einschätzung.
41 Nach Shengold, S. 46, ist das verzweifelte Bedürfnis, an der Hoffnung auf gute und liebende Eltern festzuhalten, der stärkste Widerstand gegen eine Veränderung.

sind vom Verfahrensbeistand dabei jedoch auch die eigenen Bewertungsmaßstäbe im Auge zu behalten ebenso wie seine Möglichkeit, die Dinge aus einer anderen Perspektive zu sehen und zu beurteilen. Aus der **Perspektive des Kindes** etwas zu betrachten bedeutet, dieses eine Kind **möglichst umfassend in seinem gesamten Lebenszusammenhang zu begreifen**. Zudem ist für den Kindesinteressenvertreter wichtig, wahrzunehmen, wo er selbst das Kind als Objekt erlebt. Damit es im familiengerichtlichen Verfahren zu einer Horizonterweiterung im Interesse des betroffenen Kindes bzw. Jugendlichen kommen kann, bedarf es in jedem Fall eines Austauschs und der Übermittlung der unterschiedlichen Sichtweisen.

2. Die Situation des Kindes aus dem Blickwinkel von Eltern

1930 Als Verfahrensbeistand wird man damit rechnen müssen, dass sich das Gespräch mit den Eltern über die Situation des Kindes als schwierig erweist, insbesondere wenn bei ihnen selbst entsprechende **Risikofaktoren** vorliegen[42] wie: **Biografische Belastungen** (Misshandlungserfahrungen, Fremdunterbringung, ausgeprägte emotionale Mangelerfahrung), entsprechende **Persönlichkeitsmerkmale** (geringe Impulskontrolle, beständige Gefühle von Hoffnungslosigkeit, mangelnde Problemlöse-/Stressbewältigungskompetenzen, Intelligenzminderung) oder **psychische und/oder gesundheitliche Belastungen** (psychische Erkrankungen wie depressive Störung, Persönlichkeitsstörung, Suchterkrankung). Bei schweren Beziehungs- und Wahrnehmungsstörungen seitens der Eltern[43] werden Missverständnisse in der Kommunikation mit dem Verfahrensbeistand oder auch Fehlwahrnehmungen kaum auszuschließen sein. Äußern sie sich wenig differenziert zum Kind selbst, kann dies – abgesehen von bewussten Leugnungsstrategien im Hinblick auf drohende Diskriminierung, Strafverfolgung etc. – auch mit deren Unfähigkeit zu tun haben, das Kind realistisch wahrzunehmen und sein Verhalten entsprechend zu interpretieren.[44] Mit Eltern über das destruktive Geschehen in der Familie zu sprechen, wird einige Verfahrensbeistände beträchtliche Überwindung kosten. Es bedarf dazu einer starken psychischen Anstrengung. Denn das, was man in einzelnen Fällen an menschenverachtenden Grausamkeiten erfahren kann, macht sprachlos und stumm. Manchmal ahnt man aufgrund der vorliegenden Informationen bereits, was dem Kind Schlimmes widerfahren ist, fürchtet sich je-

---

42 Zu den hier zitierten Risikofaktoren für Vernachlässigung und Misshandlung des Kindes auf Seiten der Eltern benennt Fegert (2007), S. 198, noch psychosoziale Belastungen (Armut, fehlende soziale Unterstützung, Partnerschaftsgewalt).
43 Steele (2002), S. 128, spricht davon, dass die mangelnde Einfühlung der Pflegepersonen diese daran hindern, das Hungergeschrei eines kleinen Kindes wirklich zu „hören" bzw. zu sehen, dass das Kind nicht im erforderlichen Umfang zunimmt.
44 Vgl. hierzu Oesch und Zachariou, S. 297 f., die zu den zuvor benannten Risikofaktoren auf Seiten der Eltern noch auf deren junges Alter, erstes Baby, schwere Persönlichkeitsstörungen, Psychosen oder Suchtproblematik, übertriebene, unrealistisch hohe Erwartungen bezüglich des Kindes und die Unfähigkeit, das normale Verhalten des Kindes richtig zu deuten, hinweisen. Siehe auch Dornes (2006), S. 333, zu den Risikofaktoren für hohe Aggressivität.

doch davor, dies auszusprechen. Fast scheint es, als läge über dem gesamten Thema ein striktes Tabu.[45]

Wer trotzdem versucht, das Unaussprechliche in Worte zu fassen, riskiert, dass sich die gesamte Aggression gegen ihn selbst richtet. Doch die schwierige Wahrheit über das Geschehen muss zugelassen werden – und das bereitet manch einem Angst.[46] Geht es doch um Szenen von unbeschreiblicher Gewalt und Brutalität gegenüber einem Kind oder aber um erschreckende Rücksichtslosigkeiten gegenüber Kindesinteressen in einer Scheidungssituation oder um die Notlage eines Kindes aufgrund fehlender emotionaler Zuwendung oder mangelnder Versorgung, welche die Eltern selbst kaum realistisch wahrnehmen. Wie kann ein Verfahrensbeistand mit den zu erwartenden Schwierigkeiten im Kontakt mit Eltern umgehen?[47] Ist es möglich, mit diesen offen und ehrlich über die Situation des Kindes zu sprechen und die Dinge beim Namen zu nennen, ohne sie zu kränken, zu beleidigen oder ihnen mit Missachtung gegenüberzutreten? **1931**

Auf den ersten Blick scheint es so, als befände sich der Verfahrensbeistand mit seinem beruflichen Auftrag in einer Zwickmühle: Nennt er gegenüber den Eltern die Dinge beim Namen, so fällt eine als Aggression empfundene Aussage auf ihn persönlich zurück und die in ihm hervorgerufenen Schuldgefühle oder auch unterdrückter Ärger oder Wut blockieren ihn und schränken somit seine Handlungsfreiheit ein. Spricht der Verfahrensbeistand hingegen eine Gefährdung des Kindeswohls im Kontakt mit Eltern nicht offen an, so stützt er damit deren **Bagatellisierungs- oder Leugnungstendenzen** gegenüber den kindlichen Interessen und Bedürfnissen, gefährdet das Kind dadurch selbst und lässt es in dem Verfahren mit seinen Nöten allein. **1932**

Ehe wir uns jedoch den erforderlichen Bewältigungsstrategien für Verfahrensbeistände in dieser misslichen Situation zuwenden, sollte zuvor noch ein Blick auf die **Lage der beteiligten Eltern** bzw. des betreffenden Elternteils oder Sorgeberechtigten geworfen werden. Denn erst wenn der Verfahrensbeistand auch sein Gegenüber in das Denken mit einbezieht und mögliche Reaktionen auf das eigene **1933**

---

45 Westermann (2009), S. 182, hierzu: „Die Verleugnung traumatischer Erfahrungen von Kindern aufzuheben, ist in unserer Gesellschaft geradezu eine Sisyphusarbeit, die oft vergeblich ist, wenn die Anerkennung der Realität tief verwurzelte Überzeugungen verletzt oder Ideologien in Frage stellt." Hieran anschließend zitiert er Arno Gruen: „Die Liebe von Eltern in Frage zu stellen, ist eines der großen Tabus in unserer Zivilisation."
46 In ihren Essays „Weil es sagbar ist. Über Zeugenschaft und Gerechtigkeit", begehrt Emcke gegen die Sprachlosigkeit auf und plädiert für Zeugenschaft. „Wenn sie (die schlimmen Erfahrungen) >unbeschreiblich< sind, bleiben sie auch undurchdringlich. Wenn die Erfahrungen nicht, wie immer unvollkommen und gebrochen, beschrieben werden dürfen, wenn nicht einmal der Versuch unternommen wird, ihrer habhaft zu werden, bleiben auch die Opfer für immer damit allein." Siehe Emcke, S. 21.
47 Dass diese Fragestellung auch für andere Berufsgruppen zutrifft, wird transparent, wenn Frank, S. 390, zum Verhältnis zu Eltern in seiner eindrucksvollen Falldarstellung über einen schwer misshandelten Jungen äußert: „Besonders für Kinderärzte ist es sehr schwierig, mit feindseligem Verhalten von Eltern umzugehen."

professionelle Vorgehen realistisch einzuschätzen weiß, wird es ihm auch gelingen können, zu einem Zusammenwirken im Interesse des Kindes aufzufordern.

1934 Wenn Eltern ihre persönlichen Interessen und Bedürfnisse an die oberste Stelle setzen[48] und das in der Beziehung zu ihnen abhängige Kind hierdurch Schaden nimmt, so trifft sie damit das volle Gewicht einer nur schwer zu tragenden Schulderfahrung.[49] Vorausgesetzt natürlich, die Eltern sind aufgrund ihrer Persönlichkeitsentwicklung hierzu in der Lage und können das Leid, das sie dem Kind damit zufügen, auch erfassen. Ist jemand hingegen in seiner gefühlsmäßigen Wahrnehmung stumpf, uneinsichtig oder beispielsweise aufgrund einer psychischen bzw. psychiatrischen Erkrankung unfähig zu Mitgefühl mit dem Kind, kann er die Tragweite seines Tuns kaum voll ermessen, auch wenn ihm starke moralische Vorhaltungen gemacht werden.[50]

1935 Im „Idealfall" würde beim Erkennen der Gefährdung oder Schädigung des Kindes seitens des entsprechenden Elternteils oder beider Eltern ein Schuldeingeständnis mit Anerkennung des realen Geschehens und der Bereitschaft zur Veränderung erfolgen und hierdurch eine Entlastung für das Kind eintreten. Denn nur die Realität kann verändert werden, welche als solche auch anerkannt wird. Doch das Eingeständnis von realer Schuld mit gleichzeitiger Übernahme von Verantwortung für das eigene Handeln fällt schwer und setzt ein starkes Selbst-Wertgefühl mit Integrationskräften des Ichs voraus. Ohne die vermittelnde Funktion eines reiferen Ichs ist eine realitätsgerechte Wahrnehmung oder auch der Umgang mit äußeren Anforderungen, welche nicht der inneren Bedürfnislage entsprechen, nur sehr eingeschränkt möglich. Eine Anwendung des Modells „Verantwortung statt Schuld" ist von daher nur für jene Personen praktikabel, welche sich ihrer Eigenverantwortung bewusst sind und denen deshalb die selbst verursachte oder nicht verhinderte Gefährdung oder Schädigung des Kindes leidtäte.

1936 Läge Eltern beim Erkennen der problembelasteten Situation des Kindes am Herzen, sich bei ihm in aller Form zu entschuldigen und wären sie weiterhin tatsächlich in der Lage,[51] Sorge dafür zu tragen, dass der Schaden für es so weit als irgend möglich wiedergutgemacht wird, stünde die Anpassung der Eltern an die Situation des Kindes im Vordergrund und nicht umgekehrt – wie so oft in kindschaftsrecht-

---

[48] Absolut überfordert sind die Kompetenzen eines Kindes, wenn es als „therapeutisches Mittel" die psychisch schwer kranken oder suchtmittelabhängigen Eltern stabilisieren soll. Im Fall Kevin aus Bremen wertete der Untersuchungsausschuss der Bremischen Bürgerschaft, S. 113 dies folgendermaßen: „Diese Instrumentalisierung des Kindes für die Zwecke der "Eltern" erscheint dem Ausschuss inakzeptabel und in keiner Weise mit dem Auftrag des Staates, das Kindeswohl zu sichern, in Einklang zu bringen."

[49] Hirsch (1997), S. 11, 30 ff.; Blasi (1999), S. 71 ff.

[50] Siehe Zenz, FPR 1998, 17 ff.; zu Persönlichkeitsdefiziten von Tätern sexueller Gewalt gegenüber Kindern siehe Marquardt/Lossen, S. 30 f.

[51] Bei Alkoholabhängigkeit oder Drogensucht der Eltern muss man gefasst darauf sein, dass diese unter Tränen beteuern, von nun an alles nur Erdenkliche zu tun, um ihrem Kind die notwendige Hilfe zukommen zu lassen, dann aber ihr Wort nicht halten (können). Der weitere Verbleib des betroffenen Kindes in völlig unzumutbaren Verhältnissen würde in Wirklichkeit eine Verlängerung der Kindeswohlgefährdung bedeuten, bei der allein das Kind das Risiko zu tragen hätte.

lichen Verfahren[52] – die des Kindes an die Eigenansprüche der Eltern.[53] In diesem Fall müsste das Kind nicht vergeblich versuchen, die fehlenden Elternfunktionen durch „Rollenübernahme" auszugleichen,[54] denn mit der Übernahme von elterlichen Aufgaben und Verantwortung ist ein Kind in jeder Beziehung überfordert[55] und würde zudem seiner eigenen Kindheit mit der ihm zustehenden Persönlichkeitsentwicklung beraubt werden.[56] Gleichzeitig bekäme ein Kind dadurch auch nicht die Schuldgefühle der Eltern wie einen Fremdkörper „implantiert", durch welche es ohne Distanzierungsmöglichkeit Opfer des familialen Beziehungstraumas bleibt.[57] Denn die nicht anerkannte reale Schuld der Eltern ist eine der zentralen Ursachen von Schuldgefühlen des Kindes.[58]

Dies könnte auch beim Verfahrensbeistand einen Niederschlag finden. Denn mit der **fehlenden Bereitschaft oder Fähigkeit von Eltern zur Übernahme von Verantwortung** erhöht sich die Gefahr, dass der Verfahrensbeistand des Kindes in einer Art Rollenumkehr zum Vertreter der Elterninteressen werden könnte. Nicht uninteressant ist in diesem Zusammenhang, dass im Fall Kevin aus Bremen Personen, welche die Leugnungen und Bagatellisierungen der Eltern bzw. der Kindesmutter und des vermeintlichen Kindesvaters nicht mitmachten, sondern das Kindeswohl im Blick hatten, gezielt vom Casemanager außen vor gelassen wurden (z.B. bei Einladungen zu Fallkonferenzen).[59]

Bei kritischer Betrachtungsweise und genügend Realitätssinn ist im Falle einer Interessenkollision zwischen Eltern und Kind kaum bzw. nur in den seltensten Fällen von solch einem „Idealfall" auszugehen. Vielmehr sollte ein Verfahrensbeistand darauf eingestellt sein, dass Eltern insbesondere in Fällen nach § 1666 BGB alles tun werden, um einer persönlichen Schulderfahrung zu entrinnen. Wird durch Befriedigung ihrer eigenen Bedürfnisse und Interessen die Ausübung der elterlichen Pflicht- und Hilfeaufgaben beeinträchtigt, treten zur Abminderung des Schulderlebens Abwehrstrategien in Kraft. „Die Funktion von Abwehr ist es genau, der Be-

1937

---

52 Zenz, mit Überlegungen zur Verringerung der Belastungen von Kindern in Verfahren, in: Klosinski, S. 91, 96, 100 f., 106.
53 Zu diesen Überlegungen bereits Ferenczi (1928), S. 212 ff.
54 Siehe Hirsch (1997), S. 144 f.
55 Vgl. hierzu die Fallschilderung über das Kind Sabine, dessen eigene Bedürfnisse der Suchtproblematik der Eltern untergeordnet wurden, wobei die Kindesmutter im Elterngespräch das Thema der Überforderung des Kindes durch Rollenumkehrung zulassen konnte und sich hierzu in Beziehung setzte. Denn sie selbst war als Kind ähnlich schlimmen Erfahrungen ausgesetzt. Niestroj (1996), S. 515 ff.
56 Wenn das Bundesverfassungsgericht in seinem Urteil (BVerfG, Beschluss vom 1.4.2008, 1 BVR 1620/04) hervorhebt: „Die persönliche Beziehung zu seinen Eltern, ihre Pflege, Hilfe wie Zuwendung tragen wesentlich dazu bei, dass sich das Kind zu einer Persönlichkeit entwickeln kann, die sich um ihrer selbst geachtet weiß und sich selbst wie andere zu achten lernt", so gilt umgekehrt zu beachten, zu was für schweren Entwicklungs-, Bindungs- und Persönlichkeitsstörungen es kommen kann bei länger andauernden Erfahrungen durch schwerwiegende Vernachlässigung, Misshandlung oder Missbrauch.
57 Ferenczi (1933), S. 307 ff.; Nienstedt/Westermann (2007), S. 51 ff., 222 ff.; Nienstedt, in: Stiftung zum Wohl des Pflegekindes, S. 60.
58 Hirsch (1997), S. 96.
59 Bremische Bürgerschaft – Untersuchungsausschuss, S. 104 f.

friedigung seiner Bedürfnisse nachgehen und gleichzeitig gegenüber sich selbst den Anschein aufrechterhalten zu können, man habe keine wirkliche Unvereinbarkeit mit den eigenen moralischen Normen auf sich genommen."[60]

1938 Auf die besonders intensiven Abwehrprozesse und Vorurteile, mit denen bei einer familialen Traumatisierung eines Kindes[61] besonders dann zu rechnen ist, wenn zusätzlich noch Tabuthemen angesprochen sind – wie beispielsweise Kindesmissbrauch –, weisen Traumatologen ausdrücklich hin.[62] Die extremen Erfahrungen des Kindes werden übergangen, in ihrer schwerwiegenden Bedeutung unterschätzt oder völlig ausgeblendet, so dass von Seelenblindheit gegenüber den Opfern gesprochen werden muss.[63] Dass nicht nur das Gewaltgeschehen selbst, sondern auch die vom Täter verunmöglichte Klärung, Auseinandersetzung und Realitätsanerkennung traumatisch wirken, ist in diesem Zusammenhang besonders hervorzuheben.[64] Die Anerkennung der Realität eines Traumas ist auch deswegen unerlässlich, weil das Kind selbst leicht an der Realität des Vorgefallenen zweifelt. Seine realistische Wahrnehmung der Wirklichkeit ist jedoch zu bekräftigen, statt zu labilisieren.[65]

1939 Sind Eltern im Rahmen eines behördlichen oder familiengerichtlichen Verfahrens gezwungen, sich mit Überlegungen zur Beeinträchtigung des Kindeswohls auseinanderzusetzen,[66] und fühlen sich dabei einer Schulderfahrung ausgesetzt, ist mit Abwehrprozessen seitens der Eltern bzw. Sorgeberechtigten zu rechnen:[67] Beispielsweise wird jemand anderes aggressiv angegangen, belogen oder massiv beschuldigt, die Realität verzerrt, die Verantwortung für die Situation einem Dritten zugeschoben, die Schutzbedürftigkeit des Kindes oder auch das reale Geschehen selbst geleugnet bzw. idealisiert oder versucht, das Leid des Kindes in Mitleid für die Eltern umzukehren.

---

60 Blasi (1999), S. 71, in: Garz u.a.; siehe hierzu auch Krebs/Denton, S. 252; Hirsch, (1997), S. 58 ff.; zu den Abwehrmechanismen bereits Freud, A. (1936), S. 193 ff., 234 f.
61 Nach Fischer/Riedesser, 255, erschüttern nicht familiale Traumata das kindliche Verständnis von der Sicherheit einer Welt, in der es selbst als ein von mächtigen Elternfiguren beschütztes Wesen wohlbehütet aufwachsen kann, nicht fundamental.
62 Fischer/Riedesser, S. 184, 180 f., 340 f.; Herman, S. 11, 20; Hirsch (2000), S. 129 f.
63 Streeck-Fischer, S. 13 ff.; Nienstedt/Westermann, S. 36: „Während die Identifikation mit den Eltern angstabwehrend ist, macht die Identifikation mit dem Kind Angst, weckt frühe Ängste und Ohnmachtsgefühle, die nicht ausgehalten werden, wenn der Erwachsene nicht eine Versöhnung ermöglichende kritische Distanz zu den eigenen Eltern entwickelt hat."
64 Hirsch (2000), S. 133. Siehe hierzu auch Balint (1970), S. 353 ff., der betont, dass die Leugnung des Geschehens zur vollen Traumatisierung führt.
65 Beeindruckend das Fallbeispiel von Theo – einem nach schwerer Kindesmisshandlung in eine Pflegefamilie vermittelten Jungen –, dessen Schilderungen seiner Albträume im Alter von elf Jahren sich vollständig deckten mit den in der Klinik erhobenen Befunden seiner schweren Misshandlungserfahrungen in der Herkunftsfamilie im Alter von zwei Jahren. Die damals in der Klinik gemachten Videoaufzeichnungen bestätigten die sich in Albträumen aufdrängenden Erinnerungsspuren und gaben Zeugnis von der grausigen Vergangenheit. Siehe Frank, S. 388–396.
66 Fegert (1998), S. 26, mit dem Hinweis, dass davon auszugehen sei, dass vor Gericht i.d.R. nur die Spitze eines Eisbergs justiziabel wird und eine Fülle von durch frühkindliche Traumata hervorgerufene Belastungen verborgen bleibt.
67 Siehe hierzu Köckeritz (2004), S. 130 ff.

Zur besseren Übersicht sind auf der nachfolgenden Tabelle einige der gebräuchlichsten Abwehrformen zusammengestellt, mit denen ein Verfahrensbeistand im Umgang mit Eltern zu rechnen hat. Gleichzeitig sind diesen die entsprechenden Aufgaben des Verfahrensbeistands gegenübergestellt, welche bereits auf die anzustrebende Richtung bei der Problembewältigung in diesen schwierigen Fällen hinweisen.

In jedem Fall sollte ein Verfahrensbeistand damit rechnen, dass ohne sein Engagement die Eigeninteressen von Eltern im Vordergrund stehen und damit die Ebene des Einfühlungsvermögens in das Kind niedrig bleibt.[68] Lässt ein Verfahrensbeistand sich schwerpunktmäßig auf eine elternzentrierte Thematik ein und schafft es nicht, sich innerlich zu distanzieren, führt dies im Handumdrehen zu einer Kontroverse um die Frage nach der elterlichen Erziehungsfähigkeit,[69] deren Fehlern und Versäumnissen. Da Eltern in dieser Situation hoch verletzlich sind und harte Kritik ebenso fürchten wie blinde Zustimmung, beides aber gleichsam herauszufordern scheinen, tut der Verfahrensbeistand gut daran, eine Eskalation geschickt zu umgehen und die Frage nach der Erziehungsfähigkeit der Eltern im direkten Gespräch mit ihnen umzuformulieren in Richtung Kindesinteressen.[70]

1940

Übersicht: Problembewältigung des Verfahrensbeistands im Verhältnis zu Eltern

1941

Beispiele für Abwehrverhalten von Eltern	Aufgaben des Verfahrensbeistands
• Leugnen, Abwälzen, Vermeiden von Verantwortung • Beschuldigung anderer: „Angriff ist die beste Verteidigung." • Übertrieben unterwürfige „Annahme" von Schuld	Übernahme von zeitlich begrenzter und verfahrensbezogener Verantwortung für das Kind
• Leugnung einer Interessenkollision • Uminterpretieren, Zurechtbiegen, Entstellen von Informationen • Abschotten von bzw. Umdefinieren der gefühlsmäßigen Wahrnehmung • Verkehrung ins Gegenteil: Bedürfnisse od. Rechte der Eltern (!) seien gefährdet	Realitätsgerechte Wahrnehmung des Interessengegensatzes in seiner Bedeutung für das Kind

---

68 Vgl. die Schilderung von Fegert (1999a),S. 8: „Eine der ernüchterndsten Erfahrungen für einen Gutachter besteht darin, festzustellen, wie schwierig es z.B. bei Sorge- und Umgangsrechtsregelungen ist, mit Eltern über die Perspektive des Kindes und die Interessen des Kindes ins Gespräch zu kommen."
69 Gegebenenfalls ist vom Verfahrensbeistand bei Gericht anzuregen, dass die Eignung der Eltern oder eines Elternteils gutachterlich überprüft wird. Siehe hierzu Zitelmann/Weber, Pkt. 4.4, vgl. BAG Verfahrenspflegschaft in diesem Handbuch Rn. 2030.
70 Siehe hierzu Dettenborn/Walter, S. 288 ff

Beispiele für Abwehrverhalten von Eltern	Aufgaben des Verfahrensbeistands
• Abschwächen, Minimieren, Ignorieren, Bagatellisieren des Schadensausmaßes • Zurückhalten von Informationen • Ungeschehenmachen, Realitätsleugnung	Feststellen des gesamten Ausmaßes der realen Gefährdung oder Schädigung des Kindes
• Schutz- und Hilfsbedürftigkeit des Kindes wird nicht wahrgenommen, für gering erachtet, heruntergespielt • Verzerrung oder Verleugnung der Generationengrenze • Eigenbedürfnisse werden kindlichen Entwicklungsbedürfnissen vorangestellt	Erkennen der Schutz- und Hilfsbedürftigkeit des Kindes
• Negieren der Notwendigkeit spezieller Hilfe für das Kind • falsche „Harmonisierungstendenzen" auf Kosten des Kindeswohls • perspektivloses Verharren in der Gefährdungssituation der Familie • Leugnung der Notwendigkeit einer sorgfältigen Prognose, orientiert am kindlichen Zeiterleben	Konzentration auf Schadensbegrenzung, Hilfe und Unterstützung für das Kind
• Abwerten, Boykottieren, Unterlaufen von Hilfemaßnahmen • Ausschluss grundsätzlicher Überlegungen • Druck bis hin zu Drohung gegenüber Veränderungsabsichten, die außerhalb der Herkunftsfamilie liegen	Entwicklung einer Zukunftsperspektive für das Kind; kritische Prüfung bzw. Anregung der Hilfeplanung

1942 Bei der Möglichkeit, im weiteren sozialen Umfeld die reale Lebenssituation des Kindes ermitteln zu können, ist er auch nicht ausschließlich auf die Informationen der Eltern angewiesen. Ein vom Verfahrensbeistand bewusst herbeigeführter Perspektivenwechsel[71] mit klarem Blick auf das Kind verringert die Wahrscheinlichkeit, dass Eltern sich persönlich angegriffen, abgewertet oder erniedrigt fühlen, schiebt andererseits aber auch nicht die Realität innerhalb der Eltern-Kind-Beziehung bei

---

71 Zum Zusammenhang zwischen moralischer Sensibilität und Perspektivenübernahme siehe Krebs/Denton, 234 ff.

einer Schädigung des Kindes beiseite.[72] Bei einer Zentrierung auf die kindlichen Belange wächst die Chance, mit Eltern ins Gespräch zu kommen und dabei die unterschiedlichen Perspektiven ohne Verzerrung wahrzunehmen.

3. Von einer elternbezogenen Sicht hin zum Kindeswohl

Will man als Kindesinteressenvertreter den Wechsel von einer elternbezogenen Blickrichtung hin zur Perspektive des betroffenen Kindes bewirken und das Kindeswohl während des gesamten Verfahrens im Mittelpunkt halten, so erfordert dies wache Aufmerksamkeit und ein bewusstes, zielorientiertes Vorgehen.[73] Vom ersten Aktenstudium an, über Telefonate, bis hin zu einzelnen Gesprächen ist es notwendig, sich mit aller Kraft gegen den Sog einer ausschließlich elternzentrierten Blickrichtung der Probleme zu stemmen und einen Freiraum zu schaffen, der es ermöglicht, sich in das kindliche Erleben einzufühlen und seine Perspektive gegen Gefährdungen, Fehlentwicklungen und lebenslang wirksame Beeinträchtigungen einzunehmen und nach außen hin deutlich zu machen. Im Falle einer Kindeswohlgefährdung ist alles zu tun, damit eine Schädigung des Kindes verhindert wird. Um die Gefahr abwenden zu können, muss man sich als Verfahrensbeistand mit dem betroffenen Kind – zumindest passager – identifizieren. Hierbei ist eine vorrangig elternzentrierte bzw. familiensystemische Sicht mit Allparteilichkeit und gleichschwebender Aufmerksamkeit für das Familiensystem als Ganzes zu verlassen.[74]

1943

Möglich wird dies erst, wenn zuvor die Phantasie aufgegeben ist, dem Kind sei in jedem Fall allein über ein geändertes Verhalten der Eltern zu helfen, mit der Vorstellung: Wenn es den Eltern besser geht, geht es auch dem Kind besser. Denn dieser Grundsatz gilt nur so lange, wie ein Kind nicht gefährdet ist. Im Konfliktfall tritt das Kindeswohl an vorderste Stelle. Probleme bei der Wahrnehmung des persönlichen Wohls eines Kindes können dazu führen, dass selbst im Falle einer Kindeswohlgefährdung dessen existentielle Notlage ausschließlich als Sache der Eltern

1944

---

72 Nach dem Kinder- und Jugendhilfegesetz ist die Unterbringung eines Kindes in eine Pflegefamilie als Hilfe für Eltern anzusehen. Eltern sehen dies jedoch kaum als Hilfe an, sondern erleben dies eher als Kränkung oder Niederlage, wobei ihr Wunsch nach Kontakt und Rückkehr des Kindes im Vordergrund stehen, die Bedürfnisse und Interessen des Kindes jedoch außen vor bleiben. Westermann regt an, dass spätestens dann, wenn das Kind mit dauerhafter Perspektive in eine Pflegefamilie vermittelt wird, aus der Hilfe für die Eltern eine Hilfe für das Kind werden sollte. Westermann (2018), S. 49 f.
73 Vgl. hierzu die Auswertung des Berichts des Untersuchungsausschusses „Kindeswohl" der Bremischen Bürgerschaft im Fall Kevin, 112, in dem festgestellt wird, dass die Interessen der „Eltern" von Anfang an an erste Stelle gesetzt wurden. Weitere Hinweise 77 ff., 95, 104, 113, 146, 148 f. und 149 mit zurechtgerückter Prämisse: „Es soll nur erneut darauf aufmerksam gemacht werden, dass an erster Stelle das Kindeswohl und nicht das Elternwohl zu stehen hat."
74 Auf die Gefahr der selektiven Wahrnehmung bis hin zur Negierung der vorhandenen Defizite bei Verbesserungsabsichten des gesamten familieninternen Systems weist der Untersuchungsbericht der Bremischen Bürgerschaft im Fall Kevin, S. 208 ausdrücklich hin. Siehe auch Salgo (2007), S. 16, der betont, dass die beim systemischen Ansatz geforderte Ressourcenorientierung keinesfalls als Verharmlosung oder Leugnung von Problemlagen verstanden werden darf.

angesehen und die bestehende Interessenkollision übergangen wird.[75] Dann kreisen trotz des erforderlichen Kindesschutzes alle Gedanken weiterhin rund um die bedürftigen Eltern. Ist man gewillt, sich ein realistisches Bild von der Mängellage des Kindes zu verschaffen, gehört in Folge auch dazu, dass die Sachverhalte nicht beschönigend dargestellt werden, sondern die Wortwahl der Gefährdungssituation des Kindes angemessen ist.

1945 Der lieblose Umgang von Eltern mit ihrem 5-jährigen Sohn – wozu auch Prügel auf offener Straße zählen – ist kaum realistisch zu umschreiben mit den Worten: „Die Eltern bemühen sich nach Kräften, den Erziehungsanforderungen gerecht zu werden."

Die Tatsache, dass ein vernachlässigtes Mädchen weiterhin ohne Frühstücksbrot in den Kindergarten kommt und darauf angewiesen ist, dass andere ihm etwas abgeben, findet kaum seine Entsprechung in der Formulierung: „Die Mutter ist im Laufe der Zeit schon viel selbstbewusster geworden und traut sich unterdessen auch, offen ihre Meinung zu sagen."

Die panikartigen Ängste eines kleinen Pflegekindes bei einem gerichtlich angeordneten Besuchskontakt mit seinen – laut Untersuchungsergebnis – erziehungsunfähigen leiblichen Eltern finden kaum Ausdruck, wenn es in der Stellungnahme heißt: „Die Eltern wirken noch recht unsicher bei allem, was sie tun, und sind von daher weiterhin auf die Unterstützung des Umgangsbegleiters angewiesen."

1946 Um sich ein wirklichkeitsnahes Bild von der Gefährdungslage eines Kindes zu verschaffen, reicht die elterliche Perspektive nicht aus – einschließlich harmonisierender Bekundungen über deren gute Absichten, welche an der bitteren Realität nichts ändern, sondern im Gegenteil einer Veränderung zum Schutz des Kindes entgegenstehen.[76] Beim Einbringen der Kindesinteressen vor Gericht ist es notwendig, bereits bei den ersten Sätzen[77] die **Konzentration auf das Kind selbst zu lenken**. Beginnt man hingegen mit einer breit angelegten Schilderung der Konflikte und Probleme der Kindeseltern, ist der Fokus dadurch auf diese ausgerichtet, was späterhin nur noch schwer zu korrigieren ist.

1947 Wie wichtig es ist, den Perspektivenwechsel im konkreten Einzelfall bewusst vorzunehmen, wird deutlich, wenn man aus einer x-beliebigen Gerichtsakte eine Textstelle herausgreift und sich beim Lesen ganz auf die unerträglichen Erfahrungen des Kindes zu konzentrieren sucht:

---

75 Jacobi (2008), S. 73, stellt fest, dass man den gesamten Problemkreis Kindesmisshandlung oftmals allein aus der Perspektive der Erwachsenen beleuchtet und nicht aus der des Kindes, das sich häufig noch nicht artikulieren könne und das unser aller Hilfe bedürfe.

76 Aus Sicht des betreuenden Sozialarbeiters im Fallbeispiel des von seinen Eltern schwer misshandelten Theo (Fn. 61) „war es eine große Leistung der Mutter, über Jahre hinweg den Haushalt zu führen und die Erziehung des Kindes zu bewältigen". Siehe hierzu Frank, S. 389.

77 Der Hinweis von Götz, in Lipp/Schumann/Veit, S. 216, dass ein mündlicher Bericht im Gefährdungsfall unzureichend ist, „da er regelmäßig zum vehementen Widerspruch der betroffenen Eltern oder auch des Kindes führen wird und eine geordnete Rede und Gegenrede untergeht", ist in jedem Fall beachtenswert, wobei Coester (2009), in Lipp/Schumann/Veit, S. 48 bei Verzicht einer schriftlichen Stellungnahme die Beschleunigung des Verfahrens positiv bewertet ebenso wie die Verhinderung einer frühzeitigen Eskalation.

> Bei dem Hausbesuch wurden die Kindeseltern mit dem Säugling angetroffen. Sie hatten offensichtlich Drogen konsumiert und waren nicht in der Lage, die Situation zu erfassen. Die Wohnung befand sich in einem äußerst verwahrlosten Zustand mit Unmengen Müll, der überall herumlag. Im Kinderbett befand sich Kot von den in der Wohnung gehaltenen Ratten. Das Gespräch gestaltete sich ausgesprochen kompliziert, da die Kindesmutter unbeherrscht und aggressiv reagierte und mehrmals den Raum verließ. Der Kindesvater ließ sich auf die Gesprächsinhalte nur unzulänglich ein und war bemüht, außenstehende Dritte für seine Lebenslage verantwortlich zu machen. Beide Elternteile verfügten über keinerlei Einsicht bezüglich der geäußerten Kritikpunkte hinsichtlich der Versorgung ihres Kindes.

1948 Was erfahren wir hier über den Säugling selbst, seine Gefühle und seine eigenen auf Befriedigung drängenden elementaren Bedürfnisse? Wer sorgt für dieses Baby, nährt es und achtet darauf, dass es ohne frühkindliche Schädigungen aufwachsen kann? Wer ist emotional für es verfügbar, geht auf seine Bedürfnisse nach Zuwendung, Unterstützung und Liebe ein? Auf wen kann es sich in seiner Abhängigkeit verlassen, zu wem stabile Bindungen und soziale Beziehungen aufbauen? Wer reagiert auf seine zarten Signale und gibt Antwort, wenn es von panischer Angst überflutet wird und dringend Halt und Trost benötigt? Was geschieht mit ihm, wenn niemand da ist, der es vor Risiken und Gefahren, vor zu starken Innen- und Außenreizen und somit vor einer schweren Traumatisierung schützt? Welche Not und tiefe Angst muss es erleiden, wenn es sich emotional unendlich alleingelassen fühlt? Wie sieht die Zukunftsperspektive für dieses kleine Kind aus? Fragen über Fragen, die hier zu stellen sind. Lässt man sich auf das deprimierende Bild ein, das einem durch diesen kurzen Text vor Augen geführt wird, so ist man beim Kind selbst in seinem Angsterleben.[78] Dadurch wird man nicht so schnell bereit sein, sich über die psychische Realität dieses Kindes hinwegzutäuschen oder auf Nebenschauplätze verweisen zu lassen. Die Aufgaben zur Wahrnehmung der eigenständigen Kindesinteressen und Rechte sind gleichzeitig damit klar umrissen, die weiteren Wege für die Tätigkeit des Verfahrensbeistands bereits vorgegeben.

1949 Zur Einübung der Fähigkeit, das Kind als Rechtssubjekt wahrzunehmen und elternzentrierte Formulierungen umzukehren, können fallspezifische Unterlagen aus der Akte anhand der nachfolgenden Fragen ausgewertet werden. Folgende Überlegungen sind vor jedem Elterngespräch zu empfehlen:

- Welche Informationen über das Kind selbst können Sie aus diesen Unterlagen entnehmen?
- Wenn Sie sich in die Lage des Kindes zu versetzen suchen, was könnte es durch einen Elternteil oder beide Eltern bislang Schlimmes erfahren haben bzw. was für schwerwiegende Erfahrungen blieben ihm nicht erspart?
- Formulieren Sie einen aus der Perspektive der Kindesmutter/des Kindesvaters geschriebenen Satz nun aus der Sicht des Kindes.

---

78 Vertiefend hierzu die von den Kinderpsychiatern Perry und von Szalavitz erzählten Fallgeschichten früh traumatisierter Kinder, S. 19 ff.

Hildegard Niestroj

1950 Nun sollen noch einige Überlegungen zur praktischen Durchführung des Perspektivenwechsels im direkten Kontakt mit Eltern folgen, zumal ein Spannungsfeld darin zu sehen ist, wenn Eltern ihr eigenes Erleben in den Vordergrund stellen bzw. eine Deckungsgleichheit zwischen Elterninteressen und Kindesinteressen annehmen. Durch Blickkontakt, Wortwahl, entsprechenden Tonfall, Mimik und Gestik, den Stimmklang wird Eltern schnell signalisiert, ob einem ernst damit ist, durch das gemeinsame Gespräch ein tieferes Verständnis für das Kind zu erlangen und dabei das Kindeswohl an vorderste Stelle zu setzen. Hat ein Verfahrensbeistand genügend Kraft zur inneren Abgrenzung und bezieht er als Interessenvertreter klar Position, kann er die Sichtweise von Eltern oder des beteiligten Elternteils ohne Schwierigkeiten offen erfragen.[79] Denn für ihn ist gleichfalls von Interesse, herauszufinden, was Eltern mit ihren Äußerungen über das Kind zum Ausdruck bringen möchten.

1951 Das Wesentliche im Dialog besteht darin, nicht bei der ersten spontanen Situationsschilderung von Eltern – die erfahrungsgemäß aus deren eigener Perspektive erfolgt – stehen zu bleiben, sondern durch weitergehendes gezieltes Fragen Antworten hervorzurufen, welche den Unterschied zwischen der Elternschilderung und dem kindlichen Erleben transparent machen. Damit wird allen Gesprächsteilnehmern die eigene Sicht der Dinge bewusster und man kann sich schrittweise den kindlichen Erfahrungen annähern oder zumindest miteinander abklären, wo Gemeinsamkeiten und worin gravierende Unterschiede zu sehen sind.

1952 Folgende weiterführende **Fragen an die Eltern** können hierzu dienen:
- Wie hat sich das familiale Geschehen auf das Kind ausgewirkt?
- Was hat das Kind selbst Ihrer Meinung nach in dieser Situation erlebt?
- Wie würde das Kind seine eigene psychische Situation schildern und was würde es sagen, wenn es darüber sprechen könnte?

Für einen **Perspektivenwechsel** sprechen folgende **Anhaltspunkte**:
- Eltern sprechen z.B. über eine Gewaltszene, welche das Kind miterlebte; – die Eltern schildern dem Verfahrensbeistand die Situation aus ihrer eigenen Perspektive.
- Der Verfahrensbeistand fragt nach, wie diese Szene ihrer Meinung nach auf das Kind gewirkt hat; – die Eltern sprechen mit dem Verfahrensbeistand über das Kind.

1953 Im günstigsten Fall werden sich Eltern in die Situation des Kindes versetzen und beschreiben, wie das Kind selbst diese Szenen erlebt haben könnte; ggf. kann es

---

[79] Janning hebt hervor, dass es nicht die Aufgabe der Kinder, sondern die der Fachkräfte sei, für eine notwendige Klärung mit den leiblichen Eltern zum Wohl des Kindes zu sorgen und die Macht der leiblichen Eltern zu begrenzen. Dies könnten diejenigen leisten, „die die Nöte und Ängste des Kindes kennengelernt und gut verstanden haben und daher aus seiner Perspektive gute Lösungen entwickeln können." Hierzu gehöre Mut, klar zu sein und anzuerkennen, was ist. Darüber hinaus könnten diejenigen Mitgefühl für die Eltern entwickeln, die sich nicht verwickeln – nicht hineinziehen – lassen in die Probleme der Eltern. Janning (2018), S. 175 f.

ihnen so gelingen, sich den gefühlsmäßigen Erfahrungen des Kindes anzunähern bzw. die kindliche Perspektive einzunehmen.

Bei dieser Gesprächsform ist es dem Verfahrensbeistand möglich, Partei für das Kind zu ergreifen und dort deutlich Grenzen zu setzen, wo das wohlverstandene Kindesinteresse dies erfordert. Wenn Eltern den Verfahrensbeistand in ihr Leugnungssystem, ihre Aggressivität oder auch Gleichgültigkeit gegenüber dem Kind einzubinden suchen, gilt es standzuhalten und Widerstand zu zeigen („Das kann ich so nicht sehen."). Es ist sinnvoll, sich immer wieder vor Augen zu führen: **Nicht gegen die Eltern kämpfen, sondern sich für das Kind einsetzen**! Von daher wird man versuchen, das Gespräch immer wieder auf das Wesentliche zu zentrieren. Wissenschaftliche Erkenntnisse über Reaktionen von Kindern auf Trennung und Scheidung der Eltern, die Bindungstheorie oder Folgen anhaltender psychischer Traumatisierung mit der Notwendigkeit einer Unterbrechung der schädigenden Bindung und dem Aufbau einer neuen Beziehungserfahrung in der Pflegefamilie, aber auch über das kindliche Zeiterleben[80] im Vergleich zu dem von Erwachsenen, sollten als verallgemeinernde Erklärungen je nach Gesprächssituation mit herangezogen werden. Auch wenn ein Verfahrensbeistand die Sichtweise von Eltern erfragt und herauszufinden sucht, worum es diesen in Bezug auf das Kind geht, wird er sie nicht im Unklaren darüber lassen, welche gravierenden Schädigungen mit möglicherweise irreparablen Folgen es bereits in seiner Entwicklung davongetragen hat und weshalb für die weitere Persönlichkeitsentwicklung des Kindes eine Schadensbegrenzung und die Entwicklung einer positiven Zukunftsperspektive dringend erforderlich sind.

1954

4. Kindzentrierung im familiengerichtlichen Verfahren

Deutlich davon zu differenzieren ist die Lebenssituation eines Kindes, das bereits durch die Vermittlung des Jugendamtes in einer **Pflegefamilie** Sicherheit und Schutz finden konnte, nachdem es in seiner Herkunftsfamilie vernachlässigt[81] oder misshandelt wurde oder sexuell überwältigende Erfahrungen machen musste und dadurch Opfer einer familialen Traumatisierung geworden ist. In der schützenden sozialen Umgebung seiner Pflegefamilie kann es sich von den schädigenden Bindungen distanzieren[82] und eine neue Eltern-Kind-Beziehung zu seinen Pflegeeltern aufbauen (siehe hierzu Rn. 1333 ff.).

1955

Hat das Kind von den traumatischen Erfahrungen genügend Abstand und weiß sich in der Beziehung zu seinen Pflegeeltern in Sicherheit, können die früheren bedrohlichen Szenen erneut an die Oberfläche gelangen und in der Beziehung zu ih-

1956

---

80 Siehe hierzu Heilmann (1998), S. 16-33
81 Auf die Vernachlässigung als häufigste Form von Kindesmisshandlung, welche in der Öffentlichkeit am wenigsten wahrgenommen wird, weist Dornes (1997), S. 232 hin; ebenso Fegert (1998), S. 20.
82 Brisch (2008), S. 108 ff. führt aus, dass das bindungsgestörte Kind nach Trennung von seinen elterlichen Bindungspersonen eine Chance für neue Erfahrungen mit Pflegeeltern erhält, da es räumlich, körperlich, emotional und sozial dort in Sicherheit ist und vielleicht zum ersten Mal in seinem Leben ein Gefühl von emotionaler Sicherheit entwickeln kann.

nen in ihm lebendig werden. Bei der Wiederbelebung dieser unerträglichen Erfahrungen kommt es in der Pflegefamilie leicht zu verzerrten Wahrnehmungen.[83] Dann erlebt das Kind die Pflegeeltern wie seinerzeit Vater und Mutter und zeigt ihnen gegenüber teils unverständliche Verhaltensweisen. Es sieht sie „durch die Brille seiner früheren Erfahrungen".[84] Erst wenn ein Kind genügend neue, emotional befriedigende Beziehungserfahrungen mit seinen Pflegeeltern gemacht hat und diese verinnerlicht werden können, ist der traumatische Einfluss des überwältigenden Geschehens zu schwächen und im Laufe der Zeit zu korrigieren.

1957 Kinder, die in ihrer Herkunftsfamilie massive Gewalt- oder Missbrauchserfahrungen gemacht haben bzw. schwerer Vernachlässigung mit traumatischen Folgen ausgesetzt waren und deshalb von den sie betreuenden Pflegepersonen zu schützen sind, dürfen nicht mit Scheidungskindern verwechselt werden. Damit der Schaden, zu dessen Minderung man als Verfahrensbeistand im Interesse des Kindes beitragen will, nicht noch vergrößert wird, ist die eigene Unterscheidungsfähigkeit hier in ganz besonderem Maße gefordert. Denn es besteht ein gravierender Unterschied darin, ob in einem Verfahren die Kindesperspektive in einen Elternkonflikt einzubringen ist – wie in strittigen Fällen bei Trennung und Scheidung und den hiermit zusammenhängenden Folgeproblemen für das Kind beispielsweise in der Frage des Umgangs – oder ob es um den notwendigen Schutz eines vernachlässigten oder misshandelten Kindes aus einer Problemfamilie geht, das durch seine Eltern selbst gefährdet ist. Dem Gericht muss von Anfang an deutlich signalisiert werden, um was für einen Fall es sich hier handelt, damit es keinerlei Verwechselung mit entsprechend schweren Folgewirkungen für das Pflegekind geben kann.

1958 Dass **Pflegekinder keine Scheidungskinder** sind, auch wenn dies bei oberflächlicher Sicht so scheinen mag, spielt insbesondere auch in der Frage des Umgangs eine wesentliche Rolle. Denn auch wenn nach Trennung und Scheidung **Umgangskontakte** zwischen zwei gleichberechtigten erziehungsfähigen Elternteilen mit dem von ihnen gleichermaßen geschätzten Kind ein erhebliches Konfliktpotenzial bergen können, besteht hier doch ein maßgeblicher Unterschied zu einem Pflegekind, dem in der Regel etwas so Schwerwiegendes widerfahren ist, dass es mit seinen leiblichen Eltern nicht (weiter) zusammenleben kann, sondern in einer anderen Familie, in der es sich angenommen und geachtet fühlt, aufwächst (als Alternative zu einer Unterbringung in einem Kinderheim, in dem durch den permanenten Bezugspersonenwechsel keine neue Eltern-Kind-Beziehung entstehen kann). Aufgrund der vielfach auftretenden emotionalen Belastungen im Zusammenhang mit Besuchskontakten und dem Prozess der Integration von Pflegekindern in der Pflegefamilie heißt es resümierend in einer Forschungsübersicht: „Da Pflegekinder in der Bundesrepublik und international aufgrund ihrer Vorgeschichte bzw. hoher Auftretensraten von Verhaltensstörungen und gesundheitlichen Ein-

---

83 Zu den drei spezifischen Phasen des Kindes beim Integrationsprozess in die Pflegefamilie siehe Nienstedt/Westermann, S. 103 ff.
84 Nienstedt/Westermann, S. 103. Siehe hierzu auch Niestroj (2005), S. 150 f.

schränkungen zu den verwundbarsten Teilen ihrer jeweiligen Altersgruppe zählen, ist es **nicht sinnvoll, die Regelvermutung eines positiven Zusammenhangs zwischen Umgangskontakten und Kindeswohl ungeprüft auf diese Gruppe zu übertragen.**"[85]

Für das Kind im gerichtlichen Verfahren beinhaltet die Konzentration auf die Kindesinteressen eine große Chance.[86] Im Rahmen der Perspektivenklärung für das betroffene Kind und unter Einbeziehung des Spannungsfeldes von Hilfe und Kontrolle bieten sich je nach Fallkonstellation Überlegungen zu folgenden Fragen an. Wobei vorweg herauszufinden wäre, auf welche Informationen man angewiesen ist und auf welche verzichtet werden kann.

1959

Denn es kommt entsprechend dem Einzelfall auf die jeweils relevanten Informationen an, die es entsprechend zu gewichten gilt:

1960

- Worum geht es in diesem Verfahren für das Kind selbst?
- Welche seiner eigenen Rechte, Interessen, Bedürfnisse und Gefühle stehen für es auf dem Spiel?
- In welchen konkreten Punkten sind die Grenzen, die das Kindeswohl dem Elternrecht setzen, bereits überschritten?
- Welche öffentlichen Hilfen wurden für wie lange real in Anspruch genommen?
- Ist bei dem Kind durch die Inanspruchnahme öffentlicher Hilfen unmittelbar eine entlastende Wirkung festzustellen oder alles beim Alten geblieben?
- Welchen Schaden hat das Kind bereits genommen?
- Wodurch und durch wen wurde er verursacht?
- Was blieb dem Kind bislang vorenthalten, das ihm zu seiner Persönlichkeitsentwicklung und der Entwicklung zu einem selbstbestimmungsfähigen Subjekt innerhalb der sozialen Gemeinschaft zusteht?
- Hat die Unfähigkeit, das Kind als eigenständige Person innerhalb der Eltern-Kind-Beziehung zu sehen, dazu geführt, dass seine Probleme ausschließlich als Probleme der Eltern gesehen wurden?
- Gibt es Hinweise darauf, welche Bindungen des Kindes schützenswert und welche hoch beängstigend und von daher schädigend sind?
- Wurde die psychische Dimension des Kindeswohls genügend erfasst?[87]

---

[85] Siehe Friedrich/Reinhold/Kindler, S. 23.
[86] Siehe BVerfG, FamRZ 1999, 85 ff., 87; BVerfG, FamRZ 2013, 343 mit Anm. Salgo, FamRZ 2013, 361; BVerfG vom 3.2.2017, 1 BvR 2569/16, FamRZ 2017, 524 mit Anm. Salgo.
[87] Zur Berücksichtigung der psychischen Dimension des Kindeswohls vgl. die interdisziplinäre Untersuchung (Abschluss 1977) von Simitis u.a., S. 34; Staudinger/Coester (2016), § 1666 BGB, Rn. 67, 92, 94, 108 f.; vgl. auch Münder u.a. (2000).

- Wurde das Problem der Instrumentalisierung[88] des Kindes insbes. durch geschiedene Eltern mit der Gefahr für seine psychische Integrität genügend bedacht?
- Wird es von einem Elternteil als Druckmittel oder für Eltern als Schadensprämie verwandt?
- Konnte sich ein vernachlässigtes, misshandeltes oder missbrauchtes und dadurch traumatisiertes Kind von den schädigenden Einflüssen äußerlich/innerlich distanzieren oder ist es diesen weiterhin ausgesetzt?
- Gibt es Hinweise auf Loyalitätskonflikte, in denen das Kind stehen könnte? Wenn ja, zu wem und weshalb?
- Wie erlebt das Kind selbst seine Situation in der Bindung an die Eltern?
- Kann es sich freimütig äußern, ohne Angst oder Schuldgefühle zu bekommen oder Sanktionen befürchten zu müssen?
- Welche Bewältigungsformen hat das Kind selbst entwickelt? Wie sind sie einzuschätzen?

1961 Für den Verfahrensbeistand ist es unerlässlich, darüber nachzudenken, welche der Interessen bzw. Bedürfnisse der Eltern zu denen des Kindes im Widerspruch stehen könnten. Denn er muss alles daransetzen, den im familiengerichtlichen Verfahren zu prüfenden Interessengegensatz mit seinen negativen Auswirkungen auf das Kind zu erfassen.

1962 Ebenso gehört zur Aufgabe des Verfahrensbeistands, dass er im Verhältnis zu den Eltern und anderen Bezugspersonen seine eigene Position gegenüber dem zu vertretenden Kind selbstkritisch überprüft:

- Bin ich noch immer nah an den Gefühlen des Kindes oder innerlich bereits von diesen abgerückt?
- Habe ich die leidvollen Erfahrungen dieses Kindes aus seiner Lebensgeschichte begriffen?
- Könnte ich die angespannte Atmosphäre des gerichtlichen Verfahrens und gegen mich gerichtete Wut auch im persönlichen Kontakt mit den Eltern oder einem Elternteil aushalten, ohne die besondere Schutzbedürftigkeit und Hilflosigkeit des Kindes bagatellisieren oder seine seelische Verletzung ignorieren oder leugnen zu müssen?
- Habe ich bei den Überlegungen zur themenspezifischen Vorbereitung wesentliche wissenschaftliche Kriterien – Kenntnisse über Loyalitätskonflikte, psychische Traumata, Bindungsstörungen, Gefährdungen der körperlichen und seelischen Integrität, Entwicklungsdefizite und das kindliche Zeiterleben – entsprechend berücksichtigt?

---

88 Simitis u.a., S. 134. Anders als alle anderen im Rahmen dieser Arbeit zitierten Autoren geht Rudolph, der die Konflikte bei Elterntrennung und deren Auswirkung auf die Kinder im Blick hat, von weiter gefassten Misshandlungsbegriffen aus, welche Handlungen oder Unterlassungen einschließen, die nicht unbedingt zu körperlichen oder psychischen Beeinträchtigungen von Kindern führen. Siehe S. 9, 105. Zu den unterschiedlichen Definitionen siehe Engfer (1997), S. 23 ff.

III. Der klare Rahmen als Strukturierungshilfe

Da beim Umgang mit den betroffenen Familien durch deren äußere und innere Belastungen aufgrund starker emotionaler Beteiligung mit überwältigenden Affektzuständen bis hin zu destruktivem Agieren[89] zu rechnen ist, dient die Schaffung eines klaren überschaubaren Rahmens dem Verfahrensbeistand als wichtige Strukturierungshilfe. Ein stabiler Rahmen unterstützt in angstbesetzten katastrophischen Situationen die Ichfunktionen mit Unterscheidungsfähigkeiten zwischen Realität und Illusionen, innerer und äußerer Welt ebenso wie Wunsch und Phantasie und hilft, das überwältigende Geschehen zeitlich in Vergangenheit, Gegenwart und Zukunft einzuordnen.

1963

Welchen explosiven Druck Beteiligte durch den hochbrisanten Inhalt eines familiengerichtlichen Verfahrens zuweilen auf den Rahmen ausüben können, so dass durch die erhöhte Stresssituation ein Aus-dem-Rahmen-Fallen unvermeidbar scheint und manchmal sogar der Rahmen selbst gesprengt wird, ist jedem sofort präsent, der mit einem hoch strittigen Sorgerechtsfall befasst war.[90] Wegen zu erwartender möglicher Affektüberschwemmungen der beteiligten Erwachsenen tut der Verfahrensbeistand gut daran, für Ich-stützende Strukturen zu sorgen und dadurch Überforderungen so gering als möglich zu halten. Je weniger der Verfahrensbeistand von den ungebundenen Affektzuständen der Eltern überschwemmt wird, desto besser kann er sich auf das Kind konzentrieren. Schließlich hat die Angstreduzierung beim Kind oberste Priorität.

1964

Ein klar strukturierter Rahmen stärkt den Realitätssinn und gibt den Verfahrensbeteiligten ein Stück weit Sicherheit, wenn Gefühle von Scham, Isolation, Stigmatisierung, Wut oder auch Hass aufsteigen und sie zu überwältigen drohen. Ebenso trägt er zur zeitlichen und räumlichen Strukturierung bei, schafft Raum für Überlegungen und innere Auseinandersetzungen. Es könnte beispielsweise naheliegen, dass der Verfahrensbeistand die Eltern oder andere Bezugspersonen zu einem Gespräch in deren privater Wohnung aufsucht. Dabei ist vom Verfahrensbeistand zu bedenken, dass die Regulierung von Nähe und Distanz mit zu seiner Tätigkeit gehört. Bei zu großer Nähe könnten die persönlichen Grenzen eher verwischt und die – bei einer Interessenkollision unbedingt erforderliche – Kraft zur inneren Abgrenzung geschwächt werden.[91] Wenn von den Beteiligten als Wunsch oder auch Gesprächsbedingung die **Teilnahme ihres Rechtsanwaltes** vorgebracht wird, ist vom Verfahrensbeistand zu überlegen, welche Umstände sich im Hinblick auf die Zielsetzung des Gespräches förderlich und welche sich hemmend auswirken könnten. Beispielsweise könnte mit der aktiven Beteiligung des Anwalts der Eltern das Gewicht auf deren individuelle Belange verlagert werden, so dass es schwieriger

1965

---

89 Im Zusammenhang der Erörterung von Kindeswohlgefährdung in Kindesschutzverfahren erwähnt Coester (2009), in Lipp/Schumann/Veit, S. 49 f., Konflikte mit uneinsichtigen Eltern in Problemfamilien, wobei mit deren mangelnder Kooperationsbereitschaft als auch einem strategischen Schein-Nachgeben der Eltern zu rechnen sei.
90 Fegert (1999a), S. 9; Herman, S. 10, 210.
91 Vgl. Salgo (1996), S. 227.

würde, die Kindesinteressen im Mittelpunkt zu halten und vor lauter Gegensteuerungstendenzen letztendlich gemeinsame kindzentrierte Überlegungen blockiert würden. Andererseits wäre auch denkbar, dass sich die Eltern erst mit der Teilnahme ihres Rechtsanwaltes sicher genug fühlten, um sich auf eine Gesprächssituation einlassen zu können. Die Beachtung der Zeitstruktur ist sowohl während eines einzelnen Gesprächskontaktes als auch während des gesamten Verfahrensablaufs[92] bedeutsam.

1966 Damit Eltern oder andere Beteiligte sich von vornherein darauf einstellen können, was sie erwartet, sollten sie über wichtige Belange sachgerecht informiert werden. Dadurch wird ihnen die Kontrolle ihrer eigenen Situation ermöglicht. Eine kurze Definition der aktuellen Situation trägt dazu bei, dass Erwartungsspannungen besser ertragen werden können. Um Ängste und Phantasien nicht ausufern zu lassen, sollte der Verfahrensbeistand die Rahmenbedingungen, d.h. seinen Auftrag, seine Funktion und Vorgehensweise präzise und verständlich darstellen.[93] Dabei ist zu bedenken, dass die Funktion des Verfahrensbeistands einigen Personen unbekannt sein wird.

1967 Zu einer realitätsgerechten Vorgehensweise gehört ebenso, dass die **Eltern von vornherein darüber informiert werden, dass alles, was sie sagen, auch Eingang in das Verfahren finden kann**. Dass dem Verfahrensbeistand bereits über die Gerichtsakte Informationen zur Verfügung stehen, ist für sie ebenso wichtig zu erfahren wie das, was mit den aktuell erlangten Informationen geschehen wird und mit wem der Verfahrensbeistand noch zu sprechen beabsichtigt. Zur Klarheit und Eindeutigkeit trägt bei, dass die Informationen gezielt für dieses spezifische Verfahren ermittelt werden. Bei einem Mitwirken am Zustandekommen einer einvernehmlichen Lösung (siehe Rn. 1286 ff.) sollte der Verfahrensbeistand darauf achten, dass es keine Rollenkonfusion durch Überschneidung mit anderen Funktionen gibt.

1968 Zur Handhabung eines klaren Rahmens im Verhältnis zu den Eltern und anderen Bezugspersonen gehört, dass ein Verfahrensbeistand

- seine Rolle aktiv wahrnimmt;
- seine Aufmerksamkeit auf die Kindesinteressen konzentriert;
- dort deutlich Grenzen setzt, wo die Beziehung zum Kind und das wohlverstandene Kindesinteresse dies erfordern;
- Darstellungen einer Realitätsprüfung unterzieht und die Dinge beim Namen nennt;
- klare Absprachen trifft und auf deren Einhaltung achtet;

---

92 Das Beschleunigungsgebot nach § 155 Abs. 1 FamFG schiebt einer Verzögerung zum Schaden des Kindes einen Riegel vor, wobei der Grundsatz des Kindeswohls das Beschleunigungsgebot „zugleich prägt und begrenzt". Siehe dazu Heilmann in diesem Handbuch 4 Rn. 1417 ff.
93 Grundlegend hierzu Zitelmann/Weber in diesem Handbuch mit vielen wichtigen Hinweisen für die Praxis (vgl. BAG Verfahrensbeistandschaft in diesem Handbuch Rn 2027 ff.).

- die Zeitstruktur im Auge behält und diese nach außen hin transparent macht (vgl. hierzu Heilmann in diesem Handbuch, Rn. 1417 ff.);
- die eigenen Kompetenzen nicht überschreitet;[94]
- keinerlei Zusagen bezüglich seines Entscheidungsvorschlags ans Familiengericht macht;
- rahmenverletzendes Verhalten aufzeigt und die Konsequenzen verdeutlicht.[95]

1969 Die Chance, dass der Verfahrensbeistand sich im unmittelbaren Kontakt mit allen am Verfahren beteiligten Personen engagiert für die kindlichen Belange einsetzen und Widersprüche oder Ungereimtheiten aufgreifen und Rechtsverletzungen klar und deutlich benennen kann, gilt es zu erkennen und in die Praxis umzusetzen.

---

94 Siehe BAG Verfahrensbeistandschaft, Standards, Pkt. 1, Pkt. 4 (vgl. in diesem Handbuch Rn. 2025, 2027, 2030); zu den Grenzen professionellen Handelns siehe auch Goldstein u.a. (1988), S. 41 ff.
95 Siehe BAG Verfahrensbeistandschaft, Standards, mit dem klaren Hinweis, das Gericht von grenzüberschreitenden Destruktionen mit den negativen Auswirkungen auf das Kind in Kenntnis zu setzen, Pkt. 3.5 (vgl. in diesem Handbuch Rn. 2029).

Hildegard Niestroj

C Das Verhältnis des Verfahrensbeistands zu anderen mit dem Kind oder Jugendlichen befassten Fachkräften und Institutionen

Übersicht	Rn.
I. Einleitung	1970
II. Allgemeine Bedingungen der Kontaktaufnahme	1971
III. Besonderheiten einzelner pädagogischer und medizinischer Institutionen	1977
1. Kinderärzte, Kliniken, Geburtshäuser und Mutter-Kind-Heime	1977
2. Sozialpädiatrische Zentren, ambulante Frühförderstellen oder Selbsthilfevereine	1979
3. Tageseinrichtungen für Kinder	1982
4. Schulen, Beratungs- und Förderzentren	1986
5. Inobhutnahmeeinrichtungen und Bereitschaftspflegestellen	1990
6. Kinderheime, Kinderdörfer, Erziehungsstellen, Pflegefamilien	1995

I. Einleitung

1970 Vielfach werden Kinder und Jugendliche, die in familiengerichtlichen Verfahren zu vertreten sind, pädagogisch, psychologisch oder medizinisch von Fachkräften kontinuierlich betreut. Darüber hinaus können die Kinder und Jugendlichen aber auch außerhalb ihrer Familien in Einrichtungen der Kinder- und Jugendhilfe leben. Fachkräfte aus diesen ambulanten oder vollstationären Hilfe- und Betreuungsverhältnissen verfügen oft über umfangreiche und entscheidungsrelevante Einblicke in den aktuellen Entwicklungsstand der Kinder und Jugendlichen und ihre Selbstsicht auf biografische Erfahrungen. Sie erleben in den vielfältigen Interaktionen, bei sorgsamer, aufmerksamer Betreuung in alltäglichen Situationen Auslöser für an familiäre Erfahrungen gebundene Affekte, Reinszenierungen von Beziehungsmustern und die Reaktionsbildungen der Kinder und Jugendlichen auf ihren gesamten Sozialisationsprozess. Auch der Umgang der Eltern mit ihren Kindern sowie Ansätze des bestehenden Bindungsverhaltens werden auf „natürliche" Weise erlebt, ohne dass eine besondere, auf Beobachtung oder Befragung hin angelegte belastende Situation – ohne fehlende Beziehungstiefe – wirksam war. Diese Einblicke in die familiären und außerfamiliären Beziehungen ermöglichen den Fachkräften einen wenig belastenden Zugang zum Kind oder Jugendlichen. Dies kann bei der Ermittlung des Kindeswillens und des Kindeswohls durch den Verfahrensbeistand sehr hilfreich wirken.

II. Allgemeine Bedingungen der Kontaktaufnahme

1971 Eine Kurzdarstellung über den Inhalt des richterlichen Beschlusses, die Aufgabenstellung des Verfahrensbeistandes und die geplante Vorgehensweise gegenüber denjenigen, mit denen der Verfahrensbeistand in Kontakt tritt, wirkt sich i.d.R. hilfreich aus. Diese kann mündlich oder schriftlich erfolgen. Eine **schriftliche Darstellung ist verlässlicher und verbindlicher**. Zudem sind in den Einrichtungen der Kinder- und Jugendhilfe verschiedene Fachkräfte, oft auch im Schichtdienst und im Team, tätig. Durch eine schriftliche Vorstellung ist eine Information aller Beteiligten eher gewährleistet. Dabei sollte i.d.R. die geeignete Ausgestaltung der Kontaktaufnahme mit den pädagogisch Betreuenden oder den therapeutischen und pflegerischen/medizinischen Fachkräften abgesprochen werden. Dies ist auch deshalb notwendig, da zum Teil bei Verfahrensbeginn längst Behandlungs- oder Betreuungskonzepte auf Kinder und Jugendliche einwirken und deren emotionale Verfassung sehr stark prägen können.

1972 Auch sehr negative Erfahrungen mit Erwachsenen, sowohl mit den Eltern als auch mit staatlichen Interventionen, können jeden Kontakt mit dem Verfahrensbeistand erschweren oder gar heftige Ängste bei dem Betroffenen auslösen. Damit muss verantwortlich und reflektiert umgegangen werden. Erfahrungsgemäß können Ängste abgesenkt werden, wenn zu Beginn andere Bezugspersonen oder Kinder beim Erstkontakt anwesend sind und die eigene Rolle in Anwesenheit anderer und mit deren Hilfe erklärt wird.

1973 Zum Teil fantasieren Kinder mit traumatischen Erfahrungen bei jedem Erscheinen von fremden Personen in ihrer nahen Umgebung eine erneute abrupte Trennung von ihrer vertrauten Umgebung oder eine ungreifbare Bedrohung und reagieren panisch oder völlig verschlossen. Der Verfahrensbeistand läuft hier schnell Gefahr, einen verzerrten Eindruck mitzunehmen und das Verhalten fehlerhaft, z.B. als Folge der akuten Trennung von den Eltern, zu interpretieren. Es kann sich auch um eine Reaktion auf sein Erscheinen handeln. Ähnlich schwierig ist es im Umkehrfall, wenn distanzloses Verhalten als besonderes Vertrauen zum Verfahrensbeistand interpretiert und das Kind oder der Jugendliche als „unkompliziert" erlebt und beschrieben wird, statt zu verstehen, dass man i.d.R. als Person lange austauschbar bleibt und als distanzlos empfundene Nähe lange im Nachgang zunächst Angst, Misstrauen und Hilflosigkeit mobilisiert. Auch hierbei kann es sich um eine Traumafolgestörung handeln.

1974 Hilfreich kann es sein, Fantasien bei dem Kind anzufragen oder von nahen Bezugspersonen anfragen zulassen, um diese auflösen zu können. Zur Planung der Vorgehensweise sollte ein Gesamtblick auf das häusliche Setting bzw. die Einrichtung Klarheit verschaffen, in welcher institutionellen Struktur die Fachkräfte eingebunden und wie Aufgaben- und Kompetenzzuschreibungen festgelegt sind. Gespräche mit der Leitungsebene, sowohl in pädagogischen Einrichtungen als auch in Kliniken, erübrigen selbstverständlich nicht die Kontakte zu den Fachkräften, die unmittelbar mit dem Kind arbeiten oder es betreuen, pflegen und die Verantwortung im Alltag tragen, damit, wie oben beschrieben, die Beobachtungen und Beziehungen sich unmittelbar mitteilen und gezielte Nachfragen in Bezug auf das Erleben der Fachkräfte möglich sind.

1975 Zur besseren Nachvollziehbarkeit der abschließenden schriftlichen Stellungnahme für das Gericht ist es hilfreich, die Umstände und Personen der Informationsgewinnung in der Stellungnahme zu dokumentieren und wenn notwendig vor Gericht anhören zu lassen.

1976

In der Praxis berufen sich Fachkräfte auch im Falle von Hinweisen auf Misshandlung, Vernachlässigung und sexueller Ausbeutung noch immer auf den Datenschutz, obwohl der Gesetzgeber einen eindeutigen Schutzauftrag diesbezüglich den Betreuungseinrichtungen an die Hand gegeben hat. Gegebenenfalls sollte der Verfahrensbeistand anregen, dass das Familiengericht seinerseits kindeswohlrelevante Informationen beim Jugendamt erfragt (zum Sozialdatenschutz siehe Lack/Fieseler, Rn. 1796, 1860, 1880).

III. Besonderheiten einzelner pädagogischer und medizinischer Institutionen

1. Kinderärzte, Kliniken, Geburtshäuser und Mutter-Kind-Heime

1977

Wenn es um die **Gefährdung eines Säuglings oder Kleinkindes** geht, können Haus- und Kinderärzte sowie Krankenschwestern und Kinderpfleger – u.U. auch Gynäkologen, die mit der Geburtsvorbereitung, -begleitung und -nachsorge betraut sind – wichtige Hinweise geben. Auffälligkeiten im Eltern-Kind-Verhältnis, aber auch Folgen mangelhafter Ernährung oder Pflege sind oft nur durch geschulte Wahrnehmung erkennbar. Medizinische Gutachten lassen häufig keine abschließende Festlegung zu, ob Misshandlungen oder Vernachlässigung die Ursache für die körperlichen Symptome sind. Auch hier ergeben insbesondere beim sog. „Ärzte-Hopping" erst die Verzahnung mit anderen Erkenntnissen oder Abgleiche mit verschiedenen Praxen und Kliniken die notwendigen Anhaltspunkte für weitere Aufklärung, wie z.B. bei dem Münchhausen-by-proxy-Syndrom (vgl. dazu Fegert in diesem Handbuch, Rn. 1036 f.).

1978

Durch die **Pflicht zur Teilnahme an Vorsorgeuntersuchungen** (sog. U-Untersuchungen), welche je nach Landesrecht unter der Aufsicht des Jugendamtes oder des Gesundheitsamtes stehen,[1] und durch die Einsicht in die Vorsorgeuntersuchungshefte (notfalls durch das Gericht) kann aber zumindest festgestellt werden, mit welchen Befunden die notwendigen Untersuchungen abgeschlossen wurden und ob die Untersuchungen regelmäßig stattfanden. So kann in der Weigerung der Eltern, die U-Untersuchung bei ihrem Kind durchführen zu lassen, Auskunft über den Gesundheitszustand ihres Kind zu erteilen oder dem Jugendamt die Gelegenheit zu geben, sich vom Gesundheitszustand des Kindes selbst ein Bild zu machen, eine Kindeswohlgefährdung gem. § 1666 BGB liegen.[2] Das Gericht hat jedenfalls aber eigenständig zu prüfen, ob gerichtliche Maßnahmen nach § 1666 BGB erforderlich sind.[3] Eine Evaluation des Hessischen Kindergesundheitsschutzgesetzes, das das Meldesystem im Falle unterbliebener Früherkennungsuntersuchungen in Hessen regelt, ergab insgesamt sechs Fälle, in denen durch das

---

[1] Ausführlich Wabnitz ZKJ 2010, 48 ff. Zu den einzelnen landesrechtlichen Regelungen Lack, 2012, S. 521 ff.
[2] AG Frankfurt am Main, Beschluss vom 16.12.2012, 457 F 6281/12 SO, ZKJ 2013, 177 m. Praxishinweis Gottschalk.
[3] AG Büdingen, Beschluss vom 7.12.2012, 53 F 815/12, JAmt 2013, 160; OLG Frankfurt ZKJ 2014, 31 m. Praxishinweis Gottschalk. Siehe hierzu auch Dürbeck in diesem Handbuch, Rn. 636.

überprüfende Jugendamt eine Kindeswohlgefährdung bestätigt wurde, die dem Jugendamt zuvor nicht bekannt gewesen waren und die Schutz- oder Kontrollmaßnahmen des Jugendamts erforderte.[4]

2. Sozialpädiatrische Zentren, ambulante Frühförderstellen oder Selbsthilfevereine

1979 Ärzte, Psychologen, Kinder- und Jugendlichenpsychotherapeuten, Sonder- und Heilpädagogen, Krankengymnasten, Ergotherapeuten, Logo- oder Motopäden aus Spezialeinrichtungen und Vereinen sind als Informationspersonen oder Sachverständige in Betracht zu ziehen, wenn es um Kinder mit einschlägigem **Förderbedarf und Entwicklungsverzögerungen** geht. In sozialpädiatrischen Zentren gem. § 117 SGB V (sog. SPZ) gibt es interdisziplinär arbeitende Teams unter ärztlicher Leitung zur Untersuchung und Behandlung von Kindern mit Entwicklungsstörungen und Behinderungen aller Art. Diese Zentren arbeiten eng mit Frühförderstellen und Kindergärten zusammen. In kinder- und jugendpsychiatrischen und psychotherapeutischen Institutsambulanzen (gem. § 118 SGB V) arbeiten ebenfalls interdisziplinäre Teams unter ärztlicher Leitung. Institutsambulanzen finden sich an den meisten Versorgungskliniken für Kinder- und Jugendpsychiatrie.

1980 Die **„Frühförderung"** umfasst unterschiedliche Maßnahmen, die Beeinträchtigungen – schon bei Erkennen erster Ansätze vorhandener oder möglicher Behinderungen **unmittelbar nach der Geburt bzw. beim Auftreten vor dem 3. Lebensjahr** – beheben oder bessern können. Sowohl die medizinische als auch die pädagogisch-psychologische Diagnostik sind die Voraussetzung für die Frühbehandlung motorischer, sensorischer, kognitiver, sprachlicher, emotionaler oder somatischer Störungen. Früherziehungsprogramme und Beratung zielen vor allem auf die Anleitung von Familienangehörigen zur Förderung ihrer Kinder.

1981 Gesellschaften und Vereine, die sich oft aus ehemaligen Selbsthilfegruppen entwickelt und sich auf Hilfestellung bei bestimmten Syndromen spezialisiert haben, zeichnen sich meist durch ein hohes Maß an Erfahrungswissen in spezifischen Fragen aus und können dem Verfahrensbeistand weitere Kontakte zu Kooperationspartnern vermitteln, wie z.B. an Wildwasser e.V., Tourette-Gesellschaft, GEPS – Gesellschaft zur Erforschung des plötzlichen Säuglingstodes etc.

3. Tageseinrichtungen für Kinder

1982 Diese sozialpädagogischen Institutionen, in denen Erzieher oder Sozialpädagogen tätig sind, sind familienergänzende bzw. familienunterstützende Einrichtungen, in denen sich Kinder und Jugendliche für einen Teil des Tages oder ganztags aufhalten. Hierzu zählen insbesondere Krabbelstuben, Krippen, Kindergärten, Horte, Schülerläden, Kinderhäuser, heilpädagogische Tagesgruppen, Kinder- und Jugend-

---

4 Insgesamt wurden im Zeitraum vom 1.7.2008 bis zum 30.6.2009 vom Kindervorsorgezentrum (KVZ) 9.208 Meldungen an die Jugendämter übermittelt, die von diesen ausgewertet wurden. Vgl. ausführlich Hessischer Landkreistag/Hessischer Städtetag, JAmt 2010, 115 ff.

häuser etc. Rechtsgrundlagen sind insbesondere die §§ 22 bis 26 SGB VIII und die Ausführungsgesetze der Länder sowie entsprechende Rechtsverordnungen.

Für Kinder im Alter unter drei Jahren sind i.d.R. **Krabbelstuben** oder **Krippen** zuständig, zwischen drei Jahren und dem Schulbesuch der **Kindergarten** und für Kinder im Schulalter der **Hort**. Daneben haben Kinderhäuser und zunehmend auch andere Betreuungseinrichtungen altersgruppenübergreifende und situationsorientierte Formen der Betreuung entwickelt, zunehmend mehr auch in Kooperation mit den Schulen. 1983

Die sprachlichen und motorischen Entwicklungen eines Kindes, seine kognitiven Fähigkeiten und Verhaltensweisen im Spiel und in den Beziehungen zu Gleichaltrigen und Erwachsenen, gravierende **Mängel in der elterlichen Versorgung oder Anzeichen für Misshandlungen** (z.B. in Form nicht akzidenteller Verletzungen (zur Diagnostik siehe Fegert in diesem Handbuch Rn. 1011 ff.), die dort wahrgenommen werden, ergeben oft Ansatzpunkte im Hinblick auf die familiären Lebensbedingungen und den erzieherischen Bedarf eines Kindes und lenken den Blick somit u.U. auch auf kindeswohlgefährdende und sorgerechtsrelevante Umstände. 1984

So sind Auswirkungen von Beziehungsabbrüchen und zerrütteten Elternbeziehungen sowie Folgen von Vernachlässigung, Misshandlung oder sexuellem Missbrauch oft in **Verhaltensweisen von Kindern in außerfamiliären Systemen** deutlich sichtbar. Hier können die fachlichen Beobachtungen, vor allem bei länger anhaltender Betreuung, wesentlich zu einer verlässlichen Einschätzung der Lebensumstände des Kindes oder des Jugendlichen beitragen. Von Bedeutung sind ebenfalls die Wünsche, Ängste und Sorgen, die die Minderjährigen diesen Fachkräften gegenüber äußern (vgl. § 8a Abs. 4 SGB VIII). Diesen Fachkräften steht ein Rechtsanspruch auf eine Beratung durch eine insoweit erfahrene Fachkraft zu (§ 8b Abs. 1 SGB VIII). 1985

4. Schulen, Beratungs- und Förderzentren

Mit der Schulpflicht beginnt für das Kind nicht nur eine entscheidende neue Lebensphase, es ist leider auch immer noch für manche Kinder der Anfang von kontinuierlichen, außerfamiliären Beziehungen oder gar regelmäßiger Zuwendung. Für Kinder und Jugendliche im schulpflichtigen Alter sind **Lehrer** sowie z.T. **Schulsozialarbeiter und Schulpsychologen** wichtige Betreuungspersonen, zu denen die Kinder auch oft sekundäre Bindungen aufbauen. 1986

Das Gesamtsystem der Schulen, angefangen von der Grundschule, der Haupt- und Realschule, der Gesamtschule, dem Gymnasium oder den Förder- bzw. den Lern- und Erziehungshilfeschulen, die insbesondere körperlich und seelisch stark belastete Kinder und Jugendliche durchlaufen, wirkt allerdings gerade bei diesen gefährdeten Kindern noch vorwiegend selektierend im Bildungsprozess. Dadurch zeichnen die Schulbiografien in den Schulakten oft leider lediglich die familiären Schwierigkeiten nur nach. Kinder und Jugendliche agieren – meist selbst unbegriffen – auch in schulischen Zusammenhängen eingeprägte Bindungsmuster bzw. an 1987 familiäre Ereignisse gebundene Affekte wieder aus – gerade da, wo sich Interaktionen und Nähe nicht vermeiden lassen. Kinder mit erheblichen familiären Risiken werden deshalb oft aufgrund von mangelnden Fördermöglichkeiten, aufgrund ihrer Defizite in den Lernleistungen oder im Verhalten aus dem Regelschulsystem befördert, sodass auch **Schulwechsel für die Einschätzung des Verfahrensbeistandes von Bedeutung** sein können. Für einen effektiven Kinderschutz sehen Landesschulgesetze zudem die Zusammenarbeit von Schule und Jugendhilfe oder anderen öffentlichen Einrichtungen bei Anhaltspunkten für eine Kindeswohlgefährdung vor (zu den Beratungsansprüchen der Lehrerinnen und Lehrer durch eine „insofern erfahrene Fachkraft" vgl. § 4 Abs. 1 KKG). Auch insoweit könnte der Verfahrensbeistand bei der Schule des von ihm vertretenen Kindes nachfragen, ob das Jugendamt von der Schule bereits Informationen erhalten hat. Erster Ansprechpartner sollte aber das Jugendamt bleiben, um nicht mehr als nötig in den geschützten und auch vom Verfahrensbeistand zu achtenden Lebensbereich des Kindes einzudringen.

1988 Im Sinne des Kindesschutzes (weil im Rahmen der Erziehungshilfe an den § 8a SGB VIII gebunden) und der Förderung wirken die **regionalen Beratungs- und Förderzentren** und Kooperationsprojekte zwischen Erziehungshilfe und Schule in den Kommunen. Diese werden meist von den Schulen und den Eltern oder auch den Jugendämtern gemeinsam beauftragt, bei gravierenden Problemen in der Schule die Kinder und Jugendlichen zu fördern, die Eltern und Lehrer zu unterstützen und zu beraten, mit dem Ziel, den Verbleib des Kindes oder des Jugendlichen in der Schule oder der Klasse zu ermöglichen. Dabei spielen auch Empfehlungen von familienergänzenden oder gar -ersetzenden Maßnahmen eine Rolle.

1989 Es ist sicherlich hilfreich, auch zu den Beratungszentren Kontakt aufzunehmen, da diese unmittelbar Kontakt zur Familie haben und in Bezug auf die Beschulung lösungsorientiert diagnostizieren und fördern, gleichsam aber auch die Grenze ihrer Beratungs- und Hilfeangebote im Spannungsfeld zwischen Elternrecht und Kindeswohl abwägen und gegebenenfalls Kindeswohlgefährdungen dem Jugendamt melden müssen.

5. Inobhutnahmeeinrichtungen und Bereitschaftspflegestellen

1990 Dies sind Einrichtungen, in die Kinder und Jugendliche gem. § 42 SGB VIII in akuter Not aufgenommen werden. Es müssen genügend solcher Notplätze durch das örtliche Jugendamt vorgehalten werden. Kinder und Jugendliche müssen durch den ASD/KJS und ggf. die Polizei oder durch Selbstmeldung (vgl. § Abs. 1 Satz 1 Nr. 1 SGB VIII) in solchen Einrichtungen unbürokratisch und unmittelbar Schutz finden können, ohne dass die Gründe dafür in der akuten Situation geklärt sein müssen (ausführlich zur Inobhutnahme siehe Lack/Fieseler, Rn. 1835 ff.). Das Ersuchen nach Hilfe reicht kurzfristig erst einmal aus. Der Schwerpunkt der Betreuung liegt auf der akuten Versorgung, dem Schutz des Kindes und der Mitwirkung bei dem Clearing und der Unterstützung der Kinder und Jugendlichen im Übergang in weitere – ggf. auf Dauer angelegte, auch außerfamiliäre – Hilfen, z.B. die Unterbringung in Pflegefamilien, Kinderdörfern, Erziehungsstellen und Heimen.

In Inobhutnahmeeinrichtungen und Bereitschaftspflegestellen ist der Aufenthalt aus gutem Grund konzeptionell i.d.R. auf drei Monate bis sechs Monate begrenzt. Erfahrungsgemäß verlängert sich aber der Aufenthalt in der Praxis zum Teil unzulässig lang, so dass sich die angestrebte Hilfe und Entlastung der Kinder durchaus in eine sehr belastende und entwicklungshemmende Situation umkehren kann (zur Dauer der Inobhutnahme siehe Lack/Fieseler in diesem Handbuch Rn. 1842 ff.).[5] **1991**

Hier ist es auch die Aufgabe des Verfahrensbeistandes, in Kooperation mit allen Fachkräften, mit dem Jugendamt und gegebenenfalls mit den bestellten Sachverständigen auf eine reale Beschleunigung des Verfahrens hinzuwirken und akribisch selbst auf zügiges Handeln zu achten. Solche „sicheren" **Zwischenlösungen dürfen nicht dazu verführen, allen Verfahrensbeteiligten Zeit zu lassen**. **1992**

Aufgrund der noch großen Bindungsbereitschaft und der für eine gesunde Autonomieentwicklung notwendigen Versorgung von Basisbedürfnissen braucht es zumindest die Aussicht auf individuell heilende und sichere Beziehungen sowie deren Anfang. Sorgsame Auswahl bedarf mit Sicherheit die Anschlusshilfe, denn natürlich ist keinem Kind geholfen, wenn diese abgebrochen werden muss, weil – hier nur beispielhaft erwähnt – ein traumatisiertes Kind zu schnell in neue, ungeklärte Beziehungen oder Settings integriert werden soll. **1993**

Bindungsprozesse von traumatisierten Kindern in neuen Bezügen können länger als ein Jahr dauern und brauchen professionelle Begleitung,[6] was aber nicht heißen muss, dass die Anbahnung so lange warten muss. Vielmehr sollte sich der Verfahrensbeistand Kenntnisse verschaffen über die Standards der in den Kommunen entwickelten Auswahl- und Vermittlungsverfahren. Und er sollte klären (wie mancherorts üblich), ob die Übergänge so nah wie möglich am Bedarf und am Zeitempfinden des Kinder bzw. Jugendlichen ausgerichtet sind. Entscheidend werden hier die örtliche Praxis und die Kooperation zwischen dem Jugendamt und der Einrichtung sein. An dieser Nahtstelle wird sich auch zeigen, ob das beschleunigte gerichtliche Verfahren auch eine angemessene Fortsetzung im behördlichen Verfahren findet und „die am wenigsten schädliche Alternative" zügig zur Wirkung kommt. **1994**

6. Kinderheime, Kinderdörfer, Erziehungsstellen, Pflegefamilien

Diese Einrichtungen und Stellen beinhalten unterschiedliche Lebensformen außerhalb der Familie im Rahmen der Hilfe zur Erziehung gem. §§ 27 bis 34 SGB VIII. Zwischen diesen Lebensformen bestehen bedeutsame Unterschiede, deren Geeignetheit jeweils im Einzelfall sorgsam im Prozess der Hilfeplanung (hierzu Lack/Fieseler in diesem Handbuch, Rn.1827 ff.) und der sozialpädagogischen Diagnose geklärt und erforderlichenfalls im familiengerichtlichen Verfahren mit dem Sorgerechtsinhaber oder im Interesse des Kindes bzw. Jugendlichen gegen ihn entschie- **1995**

---

5 Zitelmann, Kindeswohlgefährdung und Inobhutnahme (2009).
6 Vgl. dazu Nienstedt/Westermann (2013), S. 285.

den werden muss. Es lassen sich nur sehr allgemein – mit aller Vorsicht – klassische Vor- und Nachteile für bestimmte Gruppen von Kindern benennen. In den Heimen oder Wohngruppen bieten die Betreuung im Schichtdienst und die Gruppengröße für jüngere Kinder meist nicht ausreichend persönliche und emotionale Kontinuität, um neue liebevolle und verbindlich sichere Beziehungen zu erleben.

1996 Misshandelte Kinder, die traumatisiert sind, ertragen indessen oft den unmittelbaren dichten Rahmen von familienähnlichen Beziehungen nicht oder zunächst nur mit Hilfe von Dritten, da erhebliche Affekte ausgelebt werden, die professionell verstanden und „ausgehalten" werden müssen. Diese Kinder sind, insbesondere zusammen mit jüngeren Kindern oder für Erwachsene ohne professionelle Erfahrung im Rahmen einer Pflegefamilie, kaum erfolgreich zu betreuen.

D Das Verhältnis des Verfahrensbeistands zu Gutachtern

Übersicht	Rn.
I. Zur Abgrenzung der Aufgabenbereiche Verfahrensbeistand – Gutachter	1997
II. Aufgabenbereiche des Gutachters	2000
III. Sonderfall: Parteigutachten	2008
IV. Die Rolle des Verfahrensbeistands, Kenntnisse und Interventionsmöglichkeiten	2009
V. Fazit	2017

I. Zur Abgrenzung der Aufgabenbereiche Verfahrensbeistand – Gutachter

Sowohl der Verfahrensbeistand als auch der Gutachter werden vom Gericht beauftragt. Vielleicht deshalb ist in letzter Zeit wiederholt debattiert worden, ob nicht der Verfahrensbeistand die Begutachtung ersetzen könne, ob nicht durch eine Erhöhung der Vergütung im Rahmen einer Verfahrensbeistandschaft Ergebnisse ausgehandelt werden könnten, wie dies bei einem Gutachten ohne Interventionsauftrag kaum möglich sein dürfte. Tatsächlich ist der Überschneidungsbereich des Auftragsgebiets de facto nicht sehr groß. Es verbietet sich deshalb auch nicht, dass in schwierigen Verfahren sowohl eine Begutachtung stattfindet als auch eine Verfahrensbeistandschaft eingesetzt wird.

1997

Der Verfahrensbeistand vertritt die kindlichen Interessen im Verfahren und macht somit die betroffenen Kinder auch zu mehr oder weniger aktiven Verfahrensbeteiligten. Er hat deshalb auch eine **eigenständige Position gegenüber dem Gutachter** und muss auch in der Begutachtungssituation die Interessen des Kindes vertreten. Dies kann z.B. so weit gehen, dass er, z.B. wenn ein sexuell missbrauchtes Kind nun absolut die Untersuchung durch einen männlichen Gutachter verweigert, aber sich von einer weiblichen Gutachterin untersuchen ließe, diesen Zusammenhang dem Gericht erklärt und für eine Abänderung der Beauftragung sorgt.

1998

Demgegenüber ist der **Gutachter kein Verfahrensbeteiligter**, sondern ein „Gehilfe" des Gerichts, der vor allem seine Sachkunde einbringt, um für das Gericht bestimmte, von dort formulierte Fragen abzuklären und zu beantworten. Im Rahmen eines Gutachtens muss meist in einer begrenzten Zahl von Kontakten eine hinreichende Diagnostik des Kindes bzw. der Kinder erfolgen und es muss eine ausführliche Exploration der Verfahrensbeteiligten und der Kinder durchgeführt werden.

1999

Handelt es sich um Sorgerechtsfragen oder Umgangsstreitigkeiten, sind regelhaft auch Verhaltensbeobachtungen in Kontaktsituationen, z.B. mit Videounterstützung, Teil der Begutachtung.

II. Aufgabenbereiche des Gutachters

2000 Allerdings gibt es neben den familiengerichtlichen Verfahren noch ganz andere Gerichtsverfahren, bei denen ein Gutachter im Auftrag des Gerichts tätig werden kann. Dies können z.B. **Strafverfahren** sein, in denen Opfer im Hinblick auf ihre Glaubwürdigkeit bzw. ihre Aussage auf ihre Glaubhaftigkeit untersucht werden müssen oder Angeschuldigte in Bezug auf psychische Störungen, Entwicklungsreife etc., um eine Strafmündigkeit bzw. eine Schuldfähigkeit im Rahmen einer Straftat abzuklären. Kinder, die Opfer von Straftaten, wie sexuellem Missbrauch etc., wurden, haben Entschädigungsansprüche nach dem Opferentschädigungsgesetz. Hier erfolgt eine sozialrechtliche Begutachtung.

2001 Ein Verfahrensbeistand, der vom Familiengericht eingesetzt wurde, kann durchaus auf diese Rechtsansprüche des Kindes hinweisen und ein entsprechendes **Opferentschädigungsverfahren** in Gang bringen und das Kind z.B. auch zu dieser Begutachtung begleiten. Zusammenhängend kann eine Begutachtung oder ärztliche Stellungnahme dringend erforderlich werden.

2002 Bedarf ein Kind aufgrund einer psychischen Störung oder aufgrund einer körperlichen oder geistigen Behinderung einer Maßnahme der Eingliederungshilfe/Hilfe zur Teilhabe (§ 35a SGB VIII, § 53 SGB XII), so ist für die Umsetzung dieser Hilfe und für die **Hilfeplanung** eine ärztliche Stellungnahme, die auf einer fundierten Diagnostik beruht, erforderlich. Wird ein Verfahrensbeistand z.B. in einem Vernachlässigungsfall eingesetzt und wird im Rahmen der Recherchen deutlich, dass das Kind hier einen ausgeprägten Hilfebedarf und einen Eingliederungshilfeanspruch hat, so wird sich der Verfahrensbeistand in der Interessenvertretung des Kindes darum kümmern, dass eine entsprechende Diagnostik erfolgt; ja, er wird, wenn die Personensorgeberechtigten das Kind nicht zur Diagnostik vorstellen, sogar entsprechende Schritte beim Familiengericht anregen müssen, um die Diagnostik, Krankenbehandlung und Hilfeplanung zum Wohle des Kindes sicherzustellen.

2003 Eher selten wird der Verfahrensbeistand direkt mit Gutachtern im Rahmen von **Versicherungsverfahren,** z.B. nach unfallbedingten Traumata etc., in Kontakt kommen. Allerdings kann es wichtig werden, dass der Verfahrensbeistand im Rahmen seiner Recherchen bei entsprechend vorgeschädigten Kindern frühere Befunde und Gutachten einholt, da z.B. unfalltraumatisierte Kinder häufig auch andere emotionale Reaktionen und eine andere Impulsivität und Irritabilität zeigen, was wiederum im Verfahren Berücksichtigung finden muss.

2004 Klar abgegrenzt ist die Kontrollfunktion vom Verfahrensbeistand gegenüber dem Gutachter auch in den Fragestellungen der **geschlossenen Unterbringung** nach § 1631b BGB (in Verbindung mit §§ 316, 317, 319, 320, 321 FamFG). § 1631b BGB wurde, entsprechend der Forderung zahlreicher Verbände, wie der Deutschen Gesellschaft für Kinder- und Jugendpsychiatrie, Psychosomatik und Psychotherapie (DGKJP), welche einer Freiheitsentziehung gleichkommen, oft aber im Empfinden der Betroffenen noch sehr viel einengender wahrgenommen werden, wie z.B. die **Fixierung**, erweitert und stehen jetzt auch unter Richtervorbehalt (vgl. *Renate Schepker, Jörg M. Fegert, Katharina Wiebels* 2016). Hier hat der **psychiatrische**

Gutachter zu prüfen, welches Störungsbild vorliegt und ob diese Diagnose und die damit verbundene Prognose unter den obwaltenden Bedingungen bei einer spezifischen Vorgeschichte von anderen gescheiterten Maßnahmen diese Ultima Ratio rechtfertigt (zu den rechtlichen Voraussetzungen siehe Bauer in diesem Handbuch, Rn. 445 ff.). Gerade weil dieser massive Eingriff in Grundrechte häufig von Eltern wie auch in diesen Fällen völlig ratlosen Institutionen einhellig gewünscht wird, ist es wichtig, dass der Wille des Kindes angehört und auch im Verfahren artikuliert wird. Dies betrifft auch die häufig von solchen Jugendlichen zum Ausdruck gebrachten Ambivalenzen, wie z.B.: „Ich bin absolut dagegen, dass man mich einsperrt, aber wenn man das jetzt nicht tut, dann bringe ich mich um, dann mache ich weiter mit dem Drogenkonsum und richte mich zugrunde etc.".

2005 Während der Gutachter in diesen Fällen die Ausgangsbedingungen und Erfolgschancen bei einer solche Maßnahme untersuchen muss, hat der Verfahrensbeistand auch im Verlauf eine wesentliche Funktion, da er **überprüfen muss, ob diese im Gutachten genannten Tatsachen**, auf denen der Gerichtsbeschluss beruhte, auch **noch fortbestehen**, so dass die Aufrechterhaltung der Maßnahme berechtigt ist. Wenn dies nicht so ist oder wenn sich trotz der massiven Eingriffe in Grundrechte keine Besserung des Zustandes einstellt, müsste der Verfahrensbeistand eine **neue Entscheidung, eventuell auch eine erneute Begutachtung anregen können**. Leider ist die Verfahrensbeistandschaft aber mit Abschluss des Verfahrens beendet, sodass er kaum mehr entsprechende Informationen erhalten wird. Ähnlich kann ein Ergänzungspfleger oder Verfahrensbeistand wichtig werden, wenn eine Krankenbehandlung über eine so genannte **Zwangseinweisung** im Rahmen von Landesunterbringungs- oder Psychisch Kranken(Hilfe)Gesetzen (PsychKG/PsychKHG) aus der Sicht des einen Elternteils erfolgen soll, während der andere Elternteil dies ablehnt. Ähnliche Konstellationen treten auf, wenn ein Elternteil die medikamentöse Behandlung verweigert, z.B. aus religiöser oder parareligiöser Überzeugung, während ärztliche Gutachter und mit ihnen der andere Elternteil diese Behandlung wünschen (vgl. § 1628 BGB).

2006 Auch heute noch zeigen sich Gutachter Jahre nach Einführung der Verfahrenspflegschaft, heute Verfahrensbeistandschaft, irritiert darüber, dass im selben Verfahren neben ihnen ein Verfahrensbeistand tätig wird. Insofern ist es durchaus sinnvoll, sich als Interessensvertretung des Kindes vorzustellen und den Gutachter darum zu bitten, dass dieser den Verfahrensbeistand über alle mit dem Kind bzw. den Kindern sowie mit den Parteien vereinbarten Termine informiert. Besteht ein Vertrauensverhältnis zwischen Verfahrensbeistand und Kind **kann der Verfahrensbeistand das Kind auch zum Beginn der Begutachtung begleiten**, insbesondere wenn es darum geht, die Aufklärung des Gutachters zu den Rahmenbedingungen der Begutachtung mitzuhören. Hier ist die Teilnahme des Verfahrensbeistands auch aus Sicht des Gutachters teilweise wünschenswert, weil so sichergestellt werden kann, dass das Kind trotz der aufregenden Situation seine Rechte und Pflichten im Rahmen der Begutachtung richtig verstanden hat.

2007 Es ist durchaus sinnvoll, direkt mit dem Gutachter Kontakt aufzunehmen und ihm auch Informationen bzw. bisherige Rechercheergebnisse anzubieten. Dabei ist allerdings zu bedenken, dass der **Gutachter** nicht in einem Arzt-Patienten-Verhältnis handelt, sondern als vom Gericht bestellter Gutachter quasi alles, was er im Rahmen seiner Exploration erfährt, auch dem Gericht weitergeben sollte. Es besteht in dieser Situation also **keine Schweigepflicht**. Der Verfahrensbeistand sollte sich unbedingt ein Bild darüber verschaffen, in wessen Auftrag der Gutachter handelt.

III. Sonderfall: Parteigutachten

2008   Zu unterscheiden sind gerichtliche Gutachtenaufträge von so genannten Parteigutachten (in familiengerichtlichen Verfahren dürfte der Begriff des „Beteiligtengutachtens" genauer sein), die ein Elternteil oder beide Eltern privat und ungeachtet des gerichtlichen Verfahrens in Auftrag geben, etwa um das Ergebnis der gerichtlichen Begutachtung zu widerlegen (Vgl. *Lack/Hammesfahr*, Psychologische Gutachten im Familienrecht, Rn. 178). Parteigutachten bringen für die Kinder fast regelhaft zusätzliche Belastungen mit sich, da sie häufig ein Gutachten der Gegenseite und schließlich ein drittes durch das Gericht beauftragtes Gutachten nach sich ziehen.

Stellt der Verfahrensbeistand also fest, dass ein Elternteil die Begutachtung des Kindes vornehmen lässt, so ist es durchaus möglich, dass hier ein Verstoß gegen die Interessen des Kindes vorliegt und der Verfahrensbeistand intervenieren sollte, um für eine Situation zu sorgen, in der das Kind von einem gerichtlich bestellten und von beiden Seiten akzeptierten neutralen Gutachter untersucht wird.

IV. Die Rolle des Verfahrensbeistands, Kenntnisse und Interventionsmöglichkeiten

2009   Das **Kind** hat ein Recht darauf, **über** die Fragestellungen und den Sinn und Zweck der **Begutachtung aufgeklärt** zu werden. Zudem muss das Kind wissen, dass der Arzt oder Psychologe in dieser Situation nicht unter Schweigepflicht steht. Es sollte wissen, dass es nicht zur Mitarbeit verpflichtet ist, aber warum es sinnvoll und sachdienlich ist, wenn es sich an der Begutachtung beteiligt. Hierüber sollte der Gutachter das Kind zu Beginn seiner Untersuchung altersgerecht aufklären. Es sollte vom Gutachter zudem über die Inhalte und den zeitlichen und methodischen Ablauf sowie darüber informiert werden, dass es Pausen verlangen kann. In einer eigenen Studie wurde deutlich, dass derartige Aufklärungen in der Hälfte der Fälle einer repräsentativen Stichprobe an Glaubhaftigkeitsgutachten nicht zu finden waren (*König* und *Fegert*). Der Verfahrensbeistand ist daher grundsätzlich sowohl in strafrechtlichen als auch in familiengerichtlichen Verfahren angehalten, eine derartige Aufklärung der zu begutachtenden Kinder und Jugendlichen sicherzustellen bzw. auf diese hinzuwirken.

2010   Ebenso sollte das begutachtete Kind explizit die Gelegenheit haben, die **Ergebnisse der Begutachtung** zu **erfahren und** zu **verstehen**. Wenn der Gutachter nicht selbst in einem Abschlussgespräch über diese Ergebnisse informiert, erhalten die Beteiligten ja spätestens über ihre Anwälte das Gutachten zur Kenntnis. Die häufig intensiv mitarbeitenden Kinder werden dann aber oft nur teilweise oder aus einer speziellen Sicht informiert. Insofern wäre es durchaus wünschenswert, dass der Verfahrensbeistand sich im Interesse des Kindes nach dem Begutachtungsergebnis erkundigt und – um in der Metapher vom Anwalt des Kindes zu bleiben – ebenso wie die Anwälte der Eltern dem Kind in angemessener Form die Ergebnisse der Begutachtung zur Kenntnis bringt (§ 158 Abs. 4 Satz 2 FamFG).

2011 Ist ein Verfahrensbeistand schon durch längere Kontakte zur Vertrauensperson des Kindes geworden, kann es durchaus sinnvoll sein, dass er das **Kind zur Begutachtungssituation begleitet** und beim Erstkontakt so lange anwesend ist, bis eine Aufklärung über die Gutachtensituation und auch die Rechte des betroffenen Kindes erfolgt ist. Andererseits ist es üblich, dass Kinder im Rahmen der Begutachtung vom Untersucher allein, z.B. in einem Spielkontakt etc., untersucht und exploriert werden, so dass eine Beeinflussung von außen eher ausgeschlossen wird. Ein erfahrener Gutachter wird aber sicher in der Lage sein, auch dem Verfahrensbeistand das Begutachtungssetting plausibel zu erklären, und damit eine Situation schaffen, die allen verantwortungsvollen Personen vertretbar erscheint.

2012 Gutachten haben häufig eine mehr oder weniger verfahrensentscheidende Bedeutung; so konnten wir beispielsweise im Rahmen von Strafverfahren eine bis zu 89 %ige Übernahmehäufigkeit der gutachterlichen Stellungnahme zur Frage der Glaubhaftigkeit kindlicher Aussagen durch das Gericht feststellen (*König* und *Fegert*). Umso wichtiger erscheint es, dass ein **Verfahrensbeistand Gutachten lesen und bewerten** kann. Sie sollten formale Aspekte im Blick haben, wie z.B. eine schlüssige Gliederung des Gutachtens. Hierzu gehört, dass Auftraggeber und Fragestellungen benannt werden, dass auf den Akteninhalt und die damit zusammenhängenden Vorannahmen und Voraussetzungen eingegangen wird.

Des Weiteren muss der Explorations- und Befundteil getrennt werden von Interpretationen und der Beantwortung der Fragestellungen des Gerichts. Wie in einer guten Tageszeitung sollten also Nachricht und Kommentar nebeneinander stehen und nicht vermischt werden. Dies ist deshalb wichtig, da bisweilen gerade bei prognostischen Überlegungen auf derselben Befundlage eine andere Hypothesenbildung aufgebaut werden kann. Ein gutes Gutachten ist dann wenigstens von seiner Befunderhebung und Exploration her stets verwertbar, auch wenn man z.B. unter Einbeziehung anderer Erkenntnisse, die der Verfahrensbeistand durch seinen direkten Umgang gewonnen hat, letztendlich zu anderen Gewichtungen und Bewertungen kommt als in den Schlussfolgerungen des Gutachters (zur Verwertbarkeit psychologischer Gutachten im Familienrecht siehe *Lack/Hammesfahr* 2019, Rn. 170 ff.). Die im Rahmen des Modellprojekts zur Bestandsaufnahme und Qualitätsanalyse psychiatrischer Tätigkeit aufgestellte Checkliste zur Beurteilung der Güte von Schuldfähigkeitsgutachten lässt sich größtenteils auch auf andere, für den Verfahrensbeistand relevante Fragestellungen übertragen und kann hier als Orientierung dienen (siehe *Fegert* et al. 2003).

Die Arbeitsgruppe Familienrechtliche Gutachten hat im Jahr 2015 Mindestanforderungen an die Qualität von Sachverständigengutachten im Kindschaftsrecht errichtet,[1] die zurzeit aktualisiert werden.

2013 Ein Gutachten sollte immer so abgefasst sein, dass es für den Laien verständlich ist, denn es hat ja die Funktion, psychologisches und psychiatrisches Fachwissen bei der Wahrnehmung der Problematik dem Gericht zugänglich zu machen. **Sind Passagen im Gutachten unverständlich, werden angewandte Verfahren nicht erläutert etc., sind Nachfragen durchaus auch und gerade durch den Verfahrensbeistand erlaubt.**

2014 Familienrechtliche Extremsituationen sind internationale Entführungsfälle, wo es nach dem Haager Übereinkommen ebenfalls zu einer Begutachtung kommen kann und wo z.B. ein deutsches Gericht gleichzeitig einen Verfahrensbeistand einsetzen kann. In solchen Fällen muss die Begutachtung unter dem hohen Zeitdruck der Verfahren erfolgen und der Verfahrensbeistand muss die spezielle Eilbedürftigkeit und den rigiden Entscheidungsrahmen in diesem Zusammenhang kennen und respektieren. Wünschenswert ist hier natürlich eine einschlägige Zweisprachigkeit des Gutachters wie des Verfahrensbeistands und damit verbunden eine Vertrautheit mit beiden involvierten Kulturbereichen.

▶ **Zu den gerichtlichen Verfahren mit Auslandsbezug vgl. Schweppe in diesem Handbuch, Rn. 1688 ff.**

2015 Ganz zentral ist abschließend die Feststellung, dass der Verfahrensbeistand, wenn er spezielle Bedingungen feststellt, die eine psychologische oder kinder- und jugendpsychiatrische Begutachtung notwendig machen, sich an das Gericht wenden kann, um eine solche Begutachtung anzuregen. Dies sollte immer dann geschehen, wenn eine psychische Belastung des Kindes deutlich wird und nicht klar ist, ob es sich hier um eine Reaktion auf den Trennungs-, Umgangskonflikt etc. handelt oder ob tiefgreifendere bzw. schon vorbestehende psychische Störungen vorliegen. Immer dann, wenn bei den Elternpersonen stärkere psychische und/oder Suchtprobleme auftreten, kann eine fachliche Begutachtung unter Einbeziehung der erkrankten bzw. süchtigen Elternpersonen hilfreich sein.

2016 Gutachten können auch einen gewissen Interventionscharakter haben, wenn sie erstmalig in einer verfahrenen Situation, z.B. unter Videokontrolle, Spiel- und Umgangssituationen möglich machen. Auch hier kann der Verfahrensbeistand darauf achten, dass betroffene Kinder nicht einfach per Gerichtsbeschluss „ins kalte Wasser" geworfen werden, sondern dass z.B. eine solche erste probatorische Umgangssituation fachlich genau beobachtet und begleitet und später auch sorgfältig ausgewertet wird.

---

1 Siehe www.bmjv.de/DE/Themen/FamilieUndPartnerschaft/FamiliengerichtlichesVerfahren/Sachverstaendigengutachten_in_Kindschaftssachen.html (Zugriff: 15.10.2019).

V. Fazit

Alles in allem können sich Verfahrensbeistand und Gutachter im familienrechtlichen Verfahren hervorragend ergänzen und quasi zum Wohle des Kindes „die Bälle zuspielen". Genauso können sie sich aber behindern. Das Kind darf nicht den Eindruck bekommen, dass zahllose Personen Teilzuständigkeiten haben und es nicht wirklich weiß, an wen es sich vertrauensvoll wenden kann. Insofern gehören die jeweilige Aufgabenbeschreibung und die **transparente Darlegung der Aufträge gegenüber dem Kind** bzw. den Kindern zentral zu einer verantwortungsvollen Berufsausübung sowohl des Verfahrensbeistands wie auch des Gutachters.

2017

Teil 6

Organisation und Vergütung

A Standards für die Interessenvertretung von Kindern und Jugendlichen vor dem Familiengericht

Übersicht   Rn.

I. Einleitung 2018
II. Standards für die Interessenvertretung von Kindern und Jugendlichen vor dem Familiengericht 2019
   1. Standards der Bundesarbeitsgemeinschaft Verfahrensbeistandschaft/Interessenvertretung für Kinder und Jugendliche e.V. (BAG) vom 24.4.2012 2019
   2. Ursprüngliche Fassung der Standards der Bundesarbeitsgemeinschaft Verfahrensbeistandschaft/Interessenvertretung für Kinder und Jugendliche e.V. (BAG) vom 17.2.2001 2025

I. Einleitung

Die Arbeit an den „Standards" – damals noch für Verfahrenspfleger/innen – begann im Jahr 1997 noch vor der gesetzlichen Einführung einer eigenständigen Interessenvertretung für Minderjährige. Den Anstoß hierfür gaben reformpolitische Regelungsentwürfe, in denen das Anforderungsprofil, die Rechte und Pflichten dieser Interessenvertretung weitgehend offenblieben. In Fachdiskussionen wurde deutlich, dass Richter, Rechtsanwälte und psychosoziale Fachkräfte ganz verschiedene und oft unvereinbare Vorstellungen über die Aufgabenstellung der Kindesvertretung hatten. Die problematischen Folgen für die vertretenen Kinder und Jugendlichen waren (auch angesichts ähnlicher Erfahrungen im Ausland) absehbar und ein frühzeitiger Verständigungsprozess entsprechend geboten. Mit den Ende 1998 veröffentlichten „Standards für VerfahrenspflegerInnen" formulierten wir Handlungsempfehlungen, die – vielfach veröffentlicht – eine breite Fachdiskussion bewirkt haben.

2018

Die in den „Standards" formulierten Empfehlungen waren das Ergebnis einer mehrjährigen wissenschaftlichen Auseinandersetzung mit der Interessenvertretung für Kinder und Jugendliche in zivilrechtlichen Kindesschutzverfahren.[1] Auch trugen Erfahrungsberichte und die Kritik praktizierender Ergänzungs- bzw. Verfahrenspfleger sehr viel zur Verbesserung und Kindzentrierung der ersten Textfassungen bei. Bedeutsam waren ebenso intensive Diskussionen mit Fachkräften der freien und öffentlichen Jugendhilfe, der Justiz sowie verschiedener Weiterbildungsträger.

Für die Erarbeitung wurden insbesondere praktische und berufsethische Leitlinien des Auslandes sowie berufsethische Grundsätze verschiedener Berufsgruppen

---

[1] Weber, Corina: Verbesserung der Stellung von Minderjährigen in gerichtlichen und behördlichen Verfahren durch den Einsatz qualifizierter Verfahrenspfleger/innen, Frankfurt a.M. 1995 (unveröffentlichte Diplomarbeit; Fachhochschule Frankfurt a.M., Fachbereich Sozialpädagogik); Zitelmann, Maud: Kindeswohl und Kindeswille im Spannungsfeld von Pädagogik und Recht, Münster 2001.

herangezogen. Als sehr hilfreich erwies sich hierfür der ethische und praktische Kodex der britischen Kindesvertretung (NAGALRO).[2]

Die Formulierung allgemeiner Grundsätze und praxisbezogener Leitlinien erforderte viele intensive Gespräche über eine Vielfalt an Fallkonstellationen sowie psychosozialen Lebenserfahrungen und Lebenslagen von Kindern und Jugendlichen aller Altersstufen. Dabei zeigte sich insbesondere die **Notwendigkeit zur inhaltlichen Differenzierung zwischen Verfahren zum Schutz gefährdeter Kinder auf der einen Seite und der Vertretung von Kindern, deren grundsätzlich erziehungsfähige Eltern sich um den Umgang und die Aufteilung der elterlichen Sorge streiten**.

Auch zeichneten sich damals in verschiedenen Bundesländern bzw. Regionen unterschiedliche und sogar unvereinbare Auffassungen von Amts- bzw. Oberlandesgerichten ab, welche Aufgaben, Rechte und Pflichten eine Interessenvertretung Minderjähriger hat und welche Tätigkeiten über die reine Vermittlung des Kindeswillens hinaus vergütungsfähig sind. Die fachlichen Standards des damals neu entstandenen Fachverbandes hatten hier eine Orientierungsfunktion, eine bindende Wirkung wurde ihnen allerdings abgesprochen.[3]

Selbstverständlich können nicht alle in Standards formulierten Handlungsempfehlungen unter allen Umständen gleichermaßen für alle Kinder und Jugendliche in allen Lebenssituationen gelten. Daher bilden das persönliche Wohl und der Wille des Kindes die grundlegende Orientierung; im Einzelfall kann ein von den Standards abweichendes Vorgehen erforderlich sein, wenn fachlich stichhaltige Begründungen ein solches Handeln legitimieren.

Die „Standards für VerfahrenspflegerInnen" wurden anfangs kritisiert, weil einige der darin formulierten Grundsätze selbstverständlich schienen. Berichte über Vertretungspraktiken, in denen ohne einen ersichtlichen Grund kein Kontakt zum Kind gesucht wurde, in denen Anwälte der Eltern zugleich die Interessenvertretung des Kindes übernahmen, wodurch es zur unreflektierten Beschränkung auf die Vertretung des Kindeswillens kam, zeigten und zeigen jedoch deutlich, dass es notwendig ist, auch scheinbar Selbstverständliches klarzustellen.

Nach Erstveröffentlichung des Textes im Januar 1998 kam es während verschiedener bundesweiter Fachtagungen (1999 in Berlin; 2000 in Frankfurt am Main;

---

[2] Übersetzt in: Salgo, Ludwig: Der Anwalt des Kindes – Die Vertretung von Kindern in zivilrechtlichen Kindesschutzverfahren – eine vergleichende Studie, Frankfurt a.M. 1996, S. 302 ff.

[3] So stellt zum Beispiel das KG (Beschluss v. 19.2.2014, 17 U 5/14), das zu prüfen hatte, ob sich ein Verfahrensbeistand pflichtwidrig verhielt, zur Bindungswirkung der Standards der BAG fest, dass „die Arbeit des Verfahrensbeistands nicht am Maßstab der Standards der BAG Verfahrenspflegschaft, sondern ausschließlich am Gesetz, namentlich an § 158 FamFG, ggf. in Verbindung mit §§ 1915 Abs. 1 Satz 1, 1886 BGB, gemessen werden kann. Die verbandsautonom gesetzten Standards der BAG Verfahrensbeistandschaft stellen keine Rechtsnormen dar, an die das Gericht (oder der Verfahrensbeistand) gebunden wären, sondern hierbei handelt es sich lediglich um aus sachverständiger Sicht abgegebene fachliche Empfehlungen, die allenfalls, ähnlich wie beispielsweise DIN-Normen (vgl. Palandt/Sprau, BGB [73. Aufl. 2014], vor § 1 Rn. 24), ergänzend zur Ausfüllung von Rechtsvorschriften herangezogen werden können."

1999, 2000 und 2001 in Bad Boll) zu vielen lebhaften Diskussionen über das Konzept einer Interessenvertretung für Kinder und Jugendliche. Im Frühjahr 2001 setzte die kurz zuvor gegründete „Bundesarbeitsgemeinschaft Verfahrenspflegschaft für Kinder und Jugendliche e.V." die berufsethischen „Standards für VerfahrenspflegerInnen" in ihrer Mitgliederversammlung ohne Gegenstimmen in Kraft. In der Folge haben sich diese Standards als **berufsethische Orientierung und praxisnahe Handreichung** erwiesen.

Die in der Bundesarbeitsgemeinschaft Verfahrenspflegschaft organisierten Träger von Fort- und Weiterbildungsangeboten vereinbarten damals, die Inhalte der Weiterbildung an den „Standards für VerfahrenspflegerInnen" auszurichten. Auch in der Rechtsprechung, Kommentierung und Fachliteratur sowie späteren Begleitforschung fand die Erstfassung der Standards viel Beachtung. Diese klare Positionierung hinsichtlich der Aufgabenstellung und Rolle des Verfahrenspflegers leistete einen bis heute bedeutsamen Beitrag zur weiterhin notwendigen Verständigung über die Rechte, Pflichten und die angemessene Vergütung einer am Wohl und Willen des Kindes orientierten Interessenvertretung.

In der Praxis und der Rechtsprechung haben sich in der Folge überwiegend Konzepte durchgesetzt, die eine am persönlichen Wohl des Kindes orientierte Vertretung beinhalten und sich damit deutlich von einer allein am Willen des Kindes ausgerichteten Vorgehensweise unterscheiden. Aber auch andere Vorgehensweisen werden praktiziert und selbst bei groben Mängeln anscheinend von den bestellenden Familiengerichten geduldet und durch Wiederbestellungen gefördert.[4]

Im **Jahr 2005** verabschiedete die Bundesarbeitsgemeinschaft Verfahrenspflegschaft eine **gekürzte und** in der entscheidenden konzeptionellen Frage, der Vertretung von Kindeswohl und Kindeswille, eine **abgeschwächte Fassung der Standards**.

Der vermehrte Einsatz der Kindesvertreter hatte zuvor zu einem Kostenanstieg der Justiz geführt. In manchen Gerichtsbezirken war daraufhin die damals noch stundenweise abgerechnete Ermittlung und Vertretung von Kindeswohlaspekten nicht mehr vergütet und auf die angeblich alleinige Aufgabe der Kindesvertretung als „Sprachrohr" des Kindes abgestellt worden.

Im Zentrum der Standards der BAG Verfahrenspflegschaft aus dem Jahr 2005 stand – zwischen den Zeilen gelesen – nunmehr **nur noch das von Umgangsstreitigkeiten** oder der **Trennung seiner Eltern betroffene Scheidungskind**. Ausgeblendet waren damit jene für die Interessenvertretung einschlägigen Verfahren im zivilrechtlichen Kindesschutz, in denen es um Fragen der Gefährdungseinschätzung und erforderlicher Hilfen für das betroffene Kind geht.

2009 erfolgte die Einführung des Verfahrensbeistandes durch § 158 FamFG. Um dieser Neuregelung sprachlich Rechnung zu tragen, wurde im **Jahr 2012** eine kaum geänderte Fassung verabschiedet, die bis heute gilt. Inhaltlich ist die not-

---

4 Vgl. Bindel-Kögel 2017, in: Münder (Hrsg.), Kindeswohl zwischen Jugendhilfe und Justiz, S. 281 ff.

wendige **Neubearbeitung jedoch nicht ausreichend erfolgt**. Denn der Gesetzgeber hatte bereits bei Einführung des § 158 FamFG gar keinen Zweifel mehr daran gelassen, dass der Verfahrensbeistand „bei seiner Stellungnahme sowohl das subjektive Interesse des Kindes (Wille des Kindes) als auch das objektive Interesse des Kindes (Kindeswohl) einzubeziehen (hat)".[5] Dieser eindeutigen Positionierung des Gesetzgebers wird die aktuelle Fassung der „Standards Verfahrensbeistandschaft nach § 158 FamFG" jedoch nicht gerecht.

Zwar wird eine Verpflichtung zur Orientierung an Kindeswohl und Kindeswille auch in den aktuellen Standards zitiert, die anschließenden handlungsleitenden Ausführungen beziehen sich jedoch fast ausschließlich auf die Aufgaben und Arbeitsweise einer am „Kindeswillen" orientierten Vertretung. Die fachlich weit anspruchsvolleren Anforderungen einer am einzelnen Kind orientierten Bestimmung und Vertretung des „**Kindeswohls**" bzw. der Einschätzung seiner Gefährdung und der notwendigen Hilfen werden dagegen **ganz ausgeblendet**.

Die am Kindeswohl orientierte Vertretung wird in den Standards nur an wenigen Stellen angesprochen und in einem einzigen Absatz näher erläutert (3.2). „Eine ausschließlich an den subjektiven Interessen orientierte Vertretung findet ihre Grenze in jedem Fall dort, wo ein Wille des Kindes sein körperliches, geistiges oder seelisches Wohl gefährdet." Auf diese Weise wird die Vertretung des Kindeswohls einzig für jene Fälle als Verpflichtung benannt, in denen der Wille des Kindes offenkundig nicht mit seinem Schutz vereinbar ist.

Das grundlegende Recht des Kindes auf Ermittlung und Wahrung seines persönlichen Wohls im gerichtlichen Verfahren ist damit für die Mehrheit der Fälle durch die BAG selbst zum Nachteil der Kinder faktisch beseitigt worden.

Dieses Verständnis spiegelt sich auch in teils irreführenden Informationsmaterialien für die Kinder und Jugendliche wieder. So fragt in einem Comic die zu vertretende Jugendliche: „Interessen, heißt das, was ich will?" Die Antwort des Verfahrensbeistandes: „Ja, was Du möchtest und auch, wie es Dir damit geht."[6] Auch in anderen Veröffentlichungen liegt der Fokus ganz auf dem Kindeswillen, die Aufgabe der Ermittlung und Vertretung des Kindeswohls wird den Kindern nicht erklärt. Der fachlich und berufsethisch vorgesehene Umgang mit Situationen, in denen die Wünsche des Kindes nicht mit seinem Schutz vereinbar sind, wird den Kindern ebenso wenig verdeutlicht. Sogar das Einlegen eines Rechtsmittels scheint hiernach allein vom Willen des Kindes abzuhängen.[7]

Zwanzig Jahre nach der Erarbeitung der Standards, bei denen noch die belastenden und sehr oft sogar traumatischen Lebenserfahrungen betroffener Kinder so-

---

5 BT-Drucks. 16/6308 vom 7.9.2007, S. 239
6 https://www.verfahrensbeistand-bag.de/infos-fuer-kinder-und-jugendliche/kinderflyer.htm. Ähnlich heißt es in der Information für Kinder: „Wenn ich weiß, was Du möchtest, werde ich dem Richter einen langen Brief schreiben" – ebd.
7 https://www.verfahrensbeistand-bag.de/infos-fuer-kinder-und-jugendliche/was-tun-wir-fuer-dich.htm; auch: Broschüre: Spielend erklärt (2013).

wie die Auswirkungen des Verfahrens im Zentrum standen, ist in den aktuell gültigen berufsethischen Standards **von den Leiderfahrungen und der Gefährdung der Kinder fast keine Rede mehr**.

Dagegen rücken die Beachtung verfahrensrechtlicher Vorgaben des FamFG, die Kontakte zu beiden Eltern, eine einvernehmliche „Lösung des Konflikts" und die Vertretung des Kindeswillens in das Zentrum. Ausgangspunkt dieser Überlegungen sind offenkundig nur noch Kinder, deren Eltern sich um die elterliche Sorge oder das Umgangsrecht streiten. **Die Interessenvertretung traumatisierter Kinder ist aus den Standards weitgehend verschwunden**.

Auch die früher in den Standards noch an zentraler Stelle platzierten **Leitsätze über die „Rechte des Kindes" wurden in der letzten Fassung ersatzlos gestrichen**. Mit ihnen beginnt die im Folgenden dokumentierte Originalfassung der „Standards für VerfahrenspflegerInnen" aus dem Jahr 1997.

Nachfolgend findet sich zunächst die aktuelle Fassung der Standards der BAG. Zum Vergleich findet sich im Anschluss zudem die ursprüngliche Fassung der Standards, die heute nicht mehr auf der Homepage der BAG zur Verfügung steht, deren beschriebene Handlungsweisen aber ungeachtet des mit dem FamFG in das Gesetz ausdrücklich aufgenommen Aufgabenkreis nach wie vor zum Wohle der betroffenen Kinder und im Sinne einer umfassenden und im Einzelfall angemessenen Interessenvertretung berücksichtigt werden sollten.

II. Standards für die Interessenvertretung von Kindern und Jugendlichen vor dem Familiengericht

1. Standards der Bundesarbeitsgemeinschaft Verfahrensbeistandschaft/Interessenvertretung für Kinder und Jugendliche e.V. (BAG) vom 24.4.2012

– Beschlossen am 24. April 2012 in Hofgeismar –

2019 Präambel

Die in der Bundesarbeitsgemeinschaft Verfahrensbeistandschaft/Interessenvertretung für Kinder und Jugendliche e.V. vereinigten Personen respektieren die eigenständigen und wohlverstandenen Interessen von Kindern und Jugendlichen und verpflichten sich deshalb, diese in familiengerichtlichen Verfahren parteilich und unabhängig zu vertreten. Dabei wird die Notwendigkeit anerkannt, das konkrete Erleben des Kindes bzw. Jugendlichen genauso zu berücksichtigen, wie die zur Verfügung stehenden und relevanten wissenschaftlichen Erkenntnisse aus Psychologie, Pädagogik, Soziologie und Recht.

2020 Übersicht

	Rn.
1. Allgemeine Ziele und Arbeitsprinzipien	2021
1.1 Die Aufgabenbereiche	2021
1.2 Das Beschleunigungsgebot	2021
2. Zur Person des Verfahrensbeistands	2022
2.1 Qualifikation	2022
2.2 Unabhängigkeit	2022
2.3 Persönliche Eignung	2022
3. Vorgehensweise	2023
3.1 Feststellung der Interessen des Kindes	2023
3.1.1. Grundsätzliches	2023
3.1.2. Bei Bestellung zum frühen ersten Termin	2023
3.1.3. Bei Bestellung nach dem ersten Termin	2023
3.2 Wiedergabe der Interessen des Kindes	2023
4. Beendigung der Tätigkeit	2024
4.1 Verabschiedung vom Kind	2024
4.2 Vergütung	2024
5. Anhang – Auszüge aus relevanten Gesetzen *(hier nicht abgedruckt)*	2024

2021 *1. Allgemeine Ziele und Arbeitsprinzipien*

Die im Gesetz benannte Aufgabe des Verfahrensbeistands ist die Wahrnehmung der Interessen und die Wahrung der Rechte des Kindes im familiengerichtlichen Verfahren.

Wie vom Gesetzgeber intendiert, orientiert der Verfahrensbeistand seine Tätigkeit an dem Ziel, die eigenständigen Interessen des Kindes in das Verfahren einzubringen und darauf zu dringen, dass das Kind als Subjekt im gerichtlichen Verfahren wahrgenommen wird. Als

"Interessen des Kindes" sind **seine subjektiven Interessen = der Wille des Kindes** und **seine objektiven Interessen = das Kindeswohl** definiert.[8]

Zur Erfüllung dieser Aufgabe unterstützt der Verfahrensbeistand das Kind dabei, seine subjektiven Wünsche und Vorstellungen zu erkennen, herauszubilden und zum Ausdruck zu bringen – so, wie dieses nach Alter und Entwicklungsstand dazu in der Lage ist. Der Verfahrensbeistand stellt Wünsche und Vorstellungen des Kindes differenziert und umfassend im gerichtlichen Verfahren dar und nimmt dazu Stellung. Als Beteiligter im Verfahren gestaltet er das Verfahren im Interesse des Kindes durch Teilnahme an Verhandlungen, Stellung von Anträgen und andere Rechtshandlungen, Abgabe von Empfehlungen und Einlegung von Rechtsmitteln und sorgt nicht zuletzt durch seine Anwesenheit in der gerichtlichen Kindesanhörung für eine Beteiligung und Begleitung des Kindes im Verfahren. Darüber hinaus informiert der Verfahrensbeistand das Kind über den Fortgang des gerichtlichen Verfahrens, über die Ergebnisse von Verhandlungen sowie über abgeschlossene Vergleiche oder ergangene Beschlüsse und bemüht sich um eine größtmögliche Unterstützung und Beratung des Kindes.

1.1 Die Aufgabenbereiche

Der Verfahrensbeistand spricht immer persönlich mit dem Kind, erkundet dabei seinen Willen zum Verfahrensgegenstand und macht sich einen Eindruck über die Lebenssituation des Kindes an seinem gewöhnlichen Lebensmittelpunkt. Dabei informiert er das Kind altersangemessen über das Gerichtsverfahren und die Möglichkeiten des Kindes, Einfluss auf das Ergebnis des Verfahrens zu nehmen. Er erörtert dabei auch, welche Wünsche und Vorstellungen das Kind zur Lösung des Konflikts hat. Sind die Kinder alters- oder entwicklungsbedingt noch nicht sprachfähig, erkundet er mithilfe einer Interaktionsbeobachtung die Beziehungen des Kindes zu seinen Eltern und Bezugspersonen. Sofern der Verfahrensbeistand nach § 158 Abs. 7 Satz 3 mit der zusätzlichen Aufgabe betraut wurde, Gespräche mit den Eltern oder anderen Bezugspersonen des Kindes (Geschwistern, Großeltern, Erziehern oder Lehrern, Pflegepersonen, Mitarbeitern des Jugendamtes, Sachverständigen usw.) zu führen, entscheidet er fallangemessen, welche dieser Erkenntnisquellen er nutzen möchte und dokumentiert die Ergebnisse dieser Gespräche. Dabei kann er am Zustandekommen einer einvernehmlichen Lösung mitwirken, indem er z. B. den Eltern die konkreten Wünsche der Kinder übermittelt und sie über die je nach Entwicklungsstand unterschiedlichen Bedürfnisse des Kindes und den konkreten Förderungs- und Erziehungsbedarf informiert. Als unabhängige und nur den Interessen des Kindes verpflichtete Person ist seine Aufgabe, die Lösungsvorstellungen der Kinder den Eltern oder ggf. anderen Verfahrensbeteiligten nahe zu bringen, und darauf zu achten, dass diese angemessen berücksichtigt werden.

1.2 Das Beschleunigungsgebot

Nach dem sich aus § 155 Abs. 1 FamFG[9] ergebenden Vorrang- und Beschleunigungsgebot ergibt sich für den Verfahrensbeistand die Notwendigkeit, innerhalb kurzer Frist – in der Regel innerhalb eines Monats – mit dem Kind und gegebenenfalls auch mit den Eltern Gespräche zu führen. So sorgt der Verfahrensbeistand für eine Beteiligung des Kindes am Ver-

---

[8] So auch deutlich die Begründung zum Gesetzentwurf: „Zwar hat der Verfahrensbeistand den Kindeswillen in jedem Fall deutlich zu machen und in das Verfahren einzubringen, es steht ihm jedoch frei, darüber hinaus weitere Gesichtspunkte und auch etwaige Bedenken vorzutragen. Der Verfahrensbeistand hat daher bei seiner Stellungnahme sowohl das subjektive Interesse des Kindes (Wille des Kindes) als auch das objektive Interesse des Kindes (Kindeswohl) einzubeziehen"; BT-Drs. 16/6308, S. 239.

[9] S. Anhang Nr. 1: Vorrang- und Beschleunigungsgebot gem. § 155 FamFG (in diesem Handbuch nicht abgedruckt).

fahren von Anfang an.[10] Er gewährleistet durch seine zeitnahe Arbeitsaufnahme und Durchführung der Gespräche, dass das Kind auch schon im ersten frühen Termin als Subjekt wahrgenommen wird. Er bringt die Sichtweise des Kindes, seine Befindlichkeiten und seine Bedürfnisse in der Anhörung ein und sorgt durch seine Beteiligtenstellung auch in einem Vergleich durch seine notwendige Zustimmung für die Berücksichtigung der Kindesinteressen. In der Regel fertigt er seine fachliche Stellungnahme auch schriftlich an und gibt sie zu den Akten.

2. Zur Person des Verfahrensbeistands

2.1 Qualifikation

Der Verfahrensbeistand soll eine juristische, pädagogische oder psychosoziale Grundausbildung haben und über eine für die Aufgabe geeignete Zusatzqualifikation verfügen, in der juristische, pädagogische und psychologische Kompetenzen erworben und im Hinblick auf die besondere Aufgabe des Verfahrensbeistands integriert werden. Diese Zusatzqualifikationen müssen bei einem von der BAG anerkannten Weiterbildungsträger erworben werden.

Der Verfahrensbeistand verfügt über fundierte Kenntnisse der unterschiedlichen Verfahrensarten[11] sowie der sich aus den unterschiedlichen Kindschaftssachen[12] ergebenden Aufgaben.

Durch geeignete Maßnahmen (wie z. B. Fortbildung, Supervision, kollegiale Beratung) gewährleisten Verfahrensbeistände eine fachlich qualifizierte Arbeit und eine professionelle Reflexion ihrer Tätigkeit.

2.2 Unabhängigkeit

Der Verfahrensbeistand ist eine von allen anderen Verfahrensbeteiligten unabhängige Person. Er vertritt die Interessen des Kindes unvoreingenommen und unabhängig von der Meinung der Eltern oder beteiligter anderer Professioneller. Auch das Gericht ist ihm gegenüber nicht weisungsbefugt.

Eine Verfahrensbeistandschaft soll nicht übernommen werden, wenn der Verfahrensbeistand zu dem Kind oder zu dessen Familienangehörigen private oder berufliche Beziehungen unterhielt oder unterhält, oder wenn er mit der bisherigen Fallbearbeitung bei betroffenen Personen, die in Bezug zu dem aktuellen Gerichtsverfahren stehen, befasst war oder dies in Zukunft möglicherweise sein wird. Das Gleiche gilt für Beziehungen des Verfahrensbeistands zu anderen Bezugspersonen des Kindes, sofern diese eine unabhängige Ausübung der Verfahrensbeistandschaft erschweren können. Der Verfahrensbeistand übernimmt nach Beendigung seiner Tätigkeit in der Regel auch keine persönlich geführte Ergänzungspflegschaft oder Vormundschaft für dasselbe Kind.

2.3 Persönliche Eignung

Der Verfahrensbeistand hat ein persönliches Interesse an der Arbeit mit Kindern und verfügt über Erfahrungen im Umgang mit ihnen.

Er verhält sich unvoreingenommen gegenüber verschiedenen kulturellen Einflüssen oder religiösen Überzeugungen, sofern diese keine Gefahr für das Kindeswohl darstellen.

---

10 Gem. § 158 Abs. 3 Satz 1 FamFG ist der Verfahrensbeistand so früh wie möglich zu bestellen.
11 Einstweilige Anordnung, Hauptsacheverfahren, Beschwerdeverfahren.
12 S. Anhang Nr. 2: Kindschaftssachen gem. § 151 FamFG (in diesem Handbuch nicht abgedruckt).

Er ist in der Lage, seine Fähigkeiten und sein Handeln kritisch zu reflektieren und gegebenenfalls nötige Konsequenzen zu ziehen, wenn diese eine Vertretung in einem bestimmten Fall verbieten. (z. B. Beratung, Sichtung von Fachliteratur, Abgabe des Falls).

Personen, welche Straftaten zum Nachteil von Kindern begangen haben, erfüllen die Voraussetzungen zur Bestellung als Verfahrensbeistand nicht. Der Verfahrensbeistand wird vor der Aufnahme in die BAG daher ein erweitertes Führungszeugnis vorlegen. Auch Personen, die nach fachärztlicher Diagnose an einer psychischen Erkrankung leiden, sind nicht als Verfahrensbeistand in Betracht zu ziehen.

3. Vorgehensweise

Bevor der Verfahrensbeistand eine Bestellung annimmt, überprüft er, ob er die für die Interessenvertretung im konkreten Fall notwendigen Kenntnisse und Fertigkeiten mitbringt sowie über die zeitlichen Kapazitäten für eine Bearbeitung verfügt, die dem Bedürfnis des Kindes nach einem zügig betriebenen Gerichtsverfahren entsprechen. Besonders bei Bestellungen zum frühen ersten Termin prüft der Verfahrensbeistand, ob er in der kurzen Frist bis zur gerichtlichen Anhörung in der Lage ist, die notwendigen Termine mit dem Kind und – bei erweitertem Aufgabenbereich – auch mit den Eltern zu führen.

Er prüft insbesondere, ob er über die speziellen Kenntnisse verfügt, die eine Interessenvertretung in der konkreten Kindschaftssache ermöglichen, für die er bestellt wurde. Dies gilt insbesondere für Verfahren zur geschlossenen Unterbringung[13] von Kindern und Jugendlichen (gem. § 151 Nr. 6, 7 FamFG).[14]

3.1 Feststellung der Interessen des Kindes

3.1.1. Grundsätzliches

Zentraler und unverzichtbarer Bestandteil der Interessenvertretung ist der persönliche Kontakt mit dem Kind, der dessen besonderen Wünschen und Bedürfnissen entsprechend angemessen vorbereitet und zeitnah durchgeführt wird. Auch das Erleben des Kindes in seinem Lebensumfeld ist unverzichtbarer Bestandteil der Tätigkeit des Verfahrensbeistands.

Aus der Bestellung für jedes einzelne Kind folgt auch die getrennte Ermittlung der Interessen eines jeden Kindes. Im Einzelfall ist abzuwägen, ob zur Kontaktaufnahme und Vertrauensbildung ein gemeinsames Treffen von Geschwisterkindern angezeigt ist.

Die Kommunikation mit dem Kind sollte problemorientiert sowohl direkt sprachlich als auch spielerisch und auf der Verhaltensebene erfolgen.

Während des ersten Kontaktes informiert der Verfahrensbeistand das Kind, dessen Verständnismöglichkeiten entsprechend, über seine Rolle und Aufgabe. Ebenso erhält das Kind eine schriftliche Information, wie sein Verfahrensbeistand zu erreichen ist, und wird ermutigt, den Kontakt bei Bedarf aufzunehmen.

Inhalt der Kontakte ist die Erkundung der kindlichen Wünsche und Vorstellungen zu den gerichtlich relevanten Fragen. Hierfür stellt eine Information des Kindes über seine Rechte und Möglichkeiten die Grundlage dar. Auch kindeswohlorientierte Überlegungen des Ver-

---

13 In geschlossenen Abteilungen der Kinder- und Jugendpsychiatrie oder in Form einer geschlossenen pädagogischen Unterbringung.
14 Die zugehörigen Verfahrensvorschriften finden sich nun im § 167 FamFG, in dem sowohl auf die Zuständigkeit des Familiengerichts in Kindschaftssachen (§151 Nr. 6, 7 FamFG) als auch auf die allgemeinen Verfahrensvorschriften in Unterbringungssachen (§312 ff. FamFG) hingewiesen wird. So wird aus dem Verfahrenspfleger für Kinder und Jugendliche der Verfahrensbeistand; bei der Unterbringung Erwachsener bleibt es beim Verfahrenspfleger.

fahrensbeistands sollten gegebenenfalls bereits in diesen Dialog einfließen, ohne das Kind in seiner selbst bestimmten Äußerung zu hindern oder einzuschränken.

Zu den Aufgaben des Verfahrensbeistands gehört auch, auf mögliche Einflussnahmen auf das Kind durch andere Personen aufmerksam zu werden und angemessen zu reagieren.

Auch in Verfahren wegen möglicher Kindeswohlgefährdung ist die Ermittlung des Kindeswillens zentral. Gleichzeitig müssen den Kindern aber die Gründe für eine Herausnahme kindgerecht erläutert und mögliche Folgen einer andauernden Trennung von seinen Eltern nahegebracht werden. Das Gespräch und der Kontakt mit weiteren Betreuungspersonen des Kindes und mit Fachkräften kann zusätzlich helfen, die subjektiven Interessen des Kindes einordnen und mögliche Unvereinbarkeiten mit seinen wohlverstandenen Interessen wahrnehmen zu können. Auch wenn der Verfahrensbeistand nicht für das jugendbehördliche Verfahren bestellt ist, wird eine konstruktive Zusammenarbeit mit dem Jugendamt in den meisten Fällen der Wahrnehmung der kindlichen Interessen im gerichtlichen Verfahren zugutekommen. Sieht der Verfahrensbeistand die Interessen des Kindes durch die Tätigkeit oder ein unterlassenes Handeln des Jugendamtes nicht angemessen berücksichtigt, sind diese deutlich und direkt gegenüber dem Jugendamt zum Ausdruck zu bringen und fließen gegebenenfalls in die schriftliche Stellungnahme gegenüber dem Gericht ein.

Bei Bestellung mit erweitertem Aufgabenbereich, die grundsätzlich eine umfassende Interessenvertretung erst möglich macht, wird der Verfahrensbeistand in jeder Phase des Verfahrens in Gesprächen mit den Eltern auf die Situation des Kindes aufmerksam machen und die Wünsche und Vorstellungen den Eltern erläutern. Dabei wird er im Rahmen seines Vermittlungsauftrages die Eltern ermuntern, selbstverantwortlich nach Lösungen für ihr Kind zu suchen und gegebenenfalls die Hilfe des Jugendamtes oder einer Beratungsstelle in Anspruch zu nehmen.

3.1.2. Bei Bestellung zum frühen ersten Termin

Am Beginn der Tätigkeit in einem neuen Verfahren steht das Studium der Gerichtsakten. Es empfiehlt sich das Anlegen einer übersichtlichen Handakte, in die neben den Kopien aus der Gerichtsakte auch alle weiteren Beobachtungs- und Gesprächsergebnisse eingefügt werden können. Danach nimmt der Verfahrensbeistand umgehend Kontakt zu der Betreuungsperson des Kindes und – je nach Beauftragung – auch mit dem anderen Elternteil auf, um einen Termin für ein Gespräch mit dem Kind und den Eltern zu vereinbaren.

Möglicherweise ist ein erster Kontakt in Gegenwart einer Bezugsperson hilfreich für das Kind, um Unsicherheiten und Ängste abzubauen, sowie wichtig für den Verfahrensbeistand, um das Kind in Interaktion mit seinen Bezugspersonen zu erleben. Wenn es sich um Säuglinge oder Kleinkinder handelt, sollten Kontakte in der vertrauten Umgebung des Kindes stattfinden, um die Eltern-Kind-Interaktion intensiv beobachten zu können. In Verfahren um den ständigen Aufenthalt des Kindes nach Trennung der Eltern sollte das Kind möglichst im Kontakt mit beiden Elternteilen an deren jeweiligem Wohnort erlebt werden.

In der Regel wird der Verfahrensbeistand in der Anhörung Bericht erstatten und diesen schriftlich zur Akte reichen.

Wird ein Verfahren nicht im ersten Termin durch Vergleich, Beschluss oder Rücknahme der Anträge erledigt, so kann der Verfahrensbeistand seine Arbeit meist ohne Termindruck fortsetzen. Wenn es dem Verfahrensbeistand bisher nicht möglich war, im Rahmen seiner Tätigkeit festzustellen, ob der vom Kind geäußerte subjektive Wille auch mit dessen objektiven Interessen in Einklang steht, so kann er in weiteren Gesprächen mit Eltern und Bezugspersonen für eine Klärung sorgen. Im Einzelfall ist anzuregen, zur Aufklärung weiterer Fragestellungen ein psychologisches oder psychiatrisches Sachverständigengutachten einzuholen. Der zu erwartende Erkenntnisgewinn für das Wohl des Kindes ist dabei stets abzuwägen mit der durch eine Begutachtung für das Kind möglichen Belastung und der zu erwartenden Verlängerung der Verfahrensdauer. In jedem Fall sollte bei der Beantragung eines Gutachtens formuliert werden, welche Fragen aus der Sicht des Verfahrensbeistands vom Sachverständigen bearbeitet werden sollten und ob einen Auftrag an den Sachverständigen formuliert werden sollte, auf die Herstellung des Einvernehmens zwischen den Beteiligten hinzuwirken (gem. § 163 Abs. 2 FamFG).

3.1.3. Bei Bestellung nach dem ersten Termin

Erfolgt die Bestellung des Verfahrensbeistands erst nach dem ersten Gerichtstermin, so geschieht die Feststellung der Kindesinteressen grundsätzlich analog zu der Arbeit beim frühen ersten Termin; allerdings in der Regel ohne den gleichen Zeitdruck. Da im ersten Termin keine Lösung gefunden wurde oder das Gericht noch weitere Erkenntnisse zu einer Beschlussfassung benötigt, wird der Verfahrensbeistand die umfangreicheren Akten studieren und die notwendigen Gespräche mit dem Kind und weiteren Beteiligten führen. Nach dem Erstkontakt sollten alle weiteren Kontakte mit dem Kind jedoch in Abwesenheit aller Bezugspersonen und möglichst an einem Ort erfolgen, der dem Kind einerseits genügend Sicherheit und Vertrautheit vermittelt, anderseits eine eigenständige Darstellung seiner Gedanken ermöglicht. Im Rahmen von Interaktionsbeobachtungen erlebt der Verfahrensbeistand das Kind im Kontakt mit seinen Bezugspersonen und macht sich einen Eindruck von seinen Beziehungen zu ihnen. Dies kann auch die Teilnahme an einem begleiteten Umgang[15] beinhalten.

Zu sämtlichen Tätigkeiten dokumentiert der Verfahrensbeistand zeitnah den Gesprächs- oder Beobachtungsverlauf und deren Ergebnis als Gedächtnisstütze und zur Selbstkontrolle. Diese Aufzeichnungen werden anderen nicht zugänglich gemacht. Die zusammenfassende Dokumentation seiner Tätigkeit, daraus gezogene Schlussfolgerungen und fachliche Bewertungen bilden die Grundlage für Stellungnahmen und Berichte, Empfehlungen, Anträge und Rechtsmittel des Verfahrensbeistands gegenüber dem Gericht. Bei der Abfassung schriftlicher Stellungnahmen und Berichte berücksichtigt der Verfahrensbeistand das Interesse des Kindes an einem Verfahrensverlauf, der bestehende Konflikte nicht weiter verstärkt. Er bemüht sich um Kooperation mit anderen Verfahrensbeteiligten zur Erarbeitung von einvernehmlichen ressourcenorientierten Konzepten und wirkt am Zustandekommen einer einvernehmlichen Lösung mit.

Der Verfahrensbeistand nimmt an der gerichtlichen Kindesanhörung[16] teil. Er bereitet das Kind auf die Anhörung vor, unterstützt es während dieser und klärt mit ihm anschließend mögliche offene Fragen.

3.2 Wiedergabe der Interessen des Kindes

In der Regel wird der Verfahrensbeistand durch eine schriftliche Stellungnahme oder einen Bericht dafür sorgen, dass die wahrgenommenen Interessen des Kindes bzw. der Kinder – dann jeweils getrennt – dokumentiert und den Gerichtsakten zugeführt werden. Grundlage der Stellungnahme ist die Integration der gewonnenen Ergebnisse aus Gesprächen, Beobachtungen und Auswertungen von Schriftstücken.

Die Stellungnahme beinhaltet in jedem Fall eine ausführliche, authentische und für die anderen Beteiligten nachvollziehbare Darstellung der subjektiven Interessen des Kindes. Hierfür ist es häufig angezeigt, Äußerungen des Kindes wortgetreu wiederzugeben. Darüber hinaus gehört es zur Aufgabe des Verfahrensbeistands, im Rahmen mündlicher Verhandlungen oder Anhörungen die Position des Kindes einzubringen.

---

15 Begleiteter Umgang gemäß § 1684 Abs. 4 BGB.
16 S. Anhang Nr. 3: Kindesanhörung gem. § 159 FamFG (in diesem Handbuch nicht abgedruckt).

Bei Beauftragung mit erweitertem Aufgabenbereich schließt sich die Darstellungen der Gesprächsergebnisse mit Eltern und anderen Bezugspersonen an. Dabei achtet der Verfahrensbeistand darauf, diese Äußerungen nicht zu kommentieren oder zu bewerten.

Auf der Basis seiner Erkenntnisse und Gespräche wird der Verfahrensbeistand eine Empfehlung abgeben oder einen Antrag stellen.

In der dazugehörigen Begründung legt der Verfahrensbeistand dar, inwieweit die subjektiven Kindesinteressen mit den wohlverstandenen Interessen des Kindes in Einklang stehen und weshalb er gegebenenfalls von den geäußerten Willensäußerungen des Kindes/ der Kinder abweicht. Eine ausschließlich an den subjektiven Interessen orientierte Vertretung findet ihre Grenze in jedem Fall dort, wo ein Wille des Kindes sein körperliches, geistiges oder seelisches Wohl gefährdet. Die auf fachlicher Sicht beruhende Einschätzung des Kindes, seine individuellen Bedürfnisse und Beziehungen zu anderen Menschen bildet die Grundlage für eine Einschätzung seiner Lebenssituation. Unsicherheiten und Unklarheiten sind als solche zu benennen und zu diskutieren.

Diese Stellungnahme wird der Verfahrensbeistand vorab mit dem Kind sorgfältig besprechen, wobei er dem Kind die Gründe für seine vom subjektiven Willen eventuell abweichende Empfehlung erklärt.

2024 ### 4. Beendigung der Tätigkeit

Thema eines abschließenden Gesprächs sollte das Ergebnis des Verfahrens (Beschluss oder Vergleich) und die damit für das Kind verbundenen Konsequenzen sein. Der Inhalt des gerichtlichen Ergebnisses ist mit dem Kind zu erörtern, sofern es hierzu aufgrund seines Entwicklungsstandes in der Lage ist.

Endet das Verfahren mit einem Beschluss, muss mit dem Kind geklärt werden, ob der Beschluss mit seinen Wünschen und Vorstellungen in Einklang steht, oder ob das beschwerdeberechtigte Kind selbst bzw. das jüngere Kind durch seinen Verfahrensbeistand ein geeignetes Rechtsmittel einlegen möchte. Auch der Verfahrensbeistand prüft, ob er dies im Hinblick auf die wohlverstandenen Interessen des Kindes tun sollte. In der Begründung seiner Beschwerde sind erneut die aus subjektiver Sicht des Kindes anzuführenden Gründe für das Rechtsmittel, sowie die nach Auffassung des Verfahrensbeistands relevanten Aspekte zu formulieren. Es ist transparent zu machen, wenn die vom Verfahrensbeistand eingelegte Beschwerde vom Kind nicht gewünscht ist.

Auch im Beschwerdeverfahren vertritt der Verfahrensbeistand die Interessen des Kindes, es bedarf hierfür keiner erneuten Bestellung (gem. § 158 Abs. 4 Satz 5 FamFG).

4.1 Verabschiedung vom Kind

Auf eine absehbare Beendigung der Tätigkeit des Verfahrensbeistands ist das Kind angemessen vorzubereiten. Für die Verabschiedung sollte ein geeigneter Rahmen gewählt werden und die Möglichkeit bestehen, sich mit dem Kind über die vergangene gemeinsame Zeit und seine Erfahrungen auszutauschen. Möglicherweise möchte das Kind dem Verfahrensbeistand auch eine persönliche Rückmeldung geben, die für seine zukünftige Tätigkeit sicherlich wertvoll ist.

4.2 Vergütung

Nach § 158 Abs. 7 FamFG steht dem Verfahrensbeistand für jedes Kind, für das er bestellt wurde,[17] für jede Verfahrensart[18] (Einstweilige Anordnung, Hauptsacheverfahren, Be-

---

17 S. Anhang Nr. 6: Entscheidung des BGH vom 15.9.2010 (in diesem Handbuch nicht abgedruckt).
18 S. Anhang Nr. 7: Entscheidung des BGH vom 19.1.2011 (in diesem Handbuch nicht abgedruckt).

schwerdeverfahren) und für jeden Verfahrenszug[19] eine Pauschale zu, deren Höhe sich nach dem Umfang der Beauftragung richtet.

Der Anspruch auf die Entschädigung entsteht mit der Bekanntmachung des Beschlusses zur Bestellung als Verfahrensbeistand an diesen, es ist kein Nachweis einer konkreten Tätigkeit notwendig.[20]

Der Vergütungsantrag ist bei dem bestellenden Gericht zu stellen.[21]

5. Anhang – Auszüge aus relevanten Gesetzen

– nicht abgedruckt –

---

[19] § 158 Abs. 7 Satz 2; s. auch Anhang Nr. 8: zur möglichen Abänderung der Bestellung in der Beschwerdeinstanz s. Beschluss des OLG Stuttgart v. 6.4.2011 (in diesem Handbuch nicht abgedruckt).

[20] Daraus ergeben sich regelmäßig erste Tätigkeiten wie Aktenstudium, Anlegen der Handakte, Terminanfragen.

[21] Die Verjährungsfrist ist bisher nicht verbindlich geregelt. Es wird einerseits die Auffassung vertreten, dass es keine Ausschlussfrist für die Pauschalen nach § 158 Abs. 7 FamFG gibt (so Bauer, in: Salgo et al. (Hrsg.), Verfahrensbeistandschaft – Ein Handbuch für die Praxis, 2010, Bundesanzeiger Verlag, S. 506, Rn. 1905. Andererseits erbrachten Anfragen bei Rechtspflegern in der Praxis die Antwort, dass die allg. Verjährungsfrist des § 195 BGB von drei Jahren gelte. Sie beginnt nach § 199 BGB mit dem Schluss des Kalenderjahres, in dem der Anspruch entstanden ist.

2. Ursprüngliche Fassung der Standards der Bundesarbeitsgemeinschaft Verfahrensbeistandschaft/Interessenvertretung für Kinder und Jugendliche e.V. (BAG) vom 17.2.2001

(Fassung 2001 – erstellt von Corina Weber und Maud Zitelmann)

– Verabschiedet von der Mitgliederversammlung der BAG Verfahrenspflegschaft für Kinder und Jugendliche e.V. am 17. Februar 2001 in Bad Boll –

2025 Kinder und Jugendliche haben das Recht auf …

… die Achtung ihrer Individualität und Schutzbedürftigkeit

… eine qualifizierte und unabhängige Interessenvertretung

… persönliche Kontakte mit ihren VerfahrenspflegerInnen

… kontinuierliche Begleitung, Information und Beratung

… eine kindzentrierte Gestaltung des Verfahrensablaufes

… eine eigenständige Ermittlung und Dokumentation ihrer Interessen

… die authentische Vermittlung ihres Willens an das Gericht

… die fachlich fundierte Vertretung ihres persönlichen Wohls.

2026 Übersicht

	Rn.
1. Eignung	2027
1.1 Qualifikation	2027
1.2 Unabhängigkeit	2027
1.3 Persönliche Eignung	2027
2. Zum Verhältnis zwischen VerfahrenspflegerIn und Kind	2029
2.1 Persönlicher Kontakt zum Kind	2028
2.2 Verständigung mit dem Kind	2028
2.3 Die Anfangsphase der Vertretung	2028
2.4 Information und Beratung des Kindes	2028
2.5 Erreichbarkeit für das Kind	2028
2.6 Der Wille des Kindes	2028
2.7 Begleitung und Vertretung des Kindes	2028
3. Grundlegende Arbeitsprinzipien	2029
3.1 Kindliches Zeiterleben und Verfahrensdauer	2029
3.2 Kindzentrierte Gestaltung der Ermittlungen und des Verfahrens	2029
3.3 Vertretung der Interessen von Geschwisterkindern	2029
3.4 Grundsatz der Vertraulichkeit, Umgang mit Medien	2029
3.5 Umgang mit Drohungen und Gewalt	2029
3.6 Reflexion	2029
4. Vorgehensweise der Interessenvertretung	2030
4.1 Übernahme einer Verfahrenspflegschaft	2030
4.2 Aktenstudium und Auswertung	2030
4.3 Eigenständige Gewinnung von Informationen	2030
4.3.1 Gespräche mit Bezugspersonen und Fachkräften	2030
4.3.2 Dokumentation	2030
4.4 Sachverständige GutachterInnen	2030
4.5 Kooperation mit dem Jugendamt	2030
5. Vertretung der Kindesinteressen im Verfahren	2031
5.1 Mitteilungen an das Gericht	2031
5.2 Abschließende Stellungnahme	2031
5.2.1 Schilderung des Sachverhaltes	2031
5.2.2 Dokumentation des Kindeswillens	2031
5.2.3 Schlussfolgerungen und Empfehlungen	2031

5.3 Gerichtliche Verhandlungen	2031
5.4 Beschwerde	2031
5.5 Beendigung der Tätigkeit	2031
5.6 Vergütung	2031

1. Eignung 2027

1.1 Qualifikation

Die Übernahme einer Verfahrenspflegschaft erfordert die Fähigkeit zur Begleitung von Kindern und Jugendlichen in belastenden Lebenssituationen, die möglicherweise traumatisierende Beziehungserfahrungen mit Menschen, auf deren Fürsorge und Schutz sie angewiesen sind oder waren, zu bewältigen haben.

Hierfür bedarf es praktischer Erfahrungen sowie besonderer juristischer, pädagogischer und psychologischer Fachkenntnisse. Diese sollten in der Regel durch eine spezialisierte Weiterbildung erworben und im Verlauf der Tätigkeit vertieft und aktualisiert werden. Es empfiehlt sich die kritische Prüfung der derzeitigen Weiterbildungsangebote, deren fachliche Konzepte stark variieren.

Weicht die Qualifikation einer Fachkraft von den genannten Anforderungen erheblich ab, sollte sie erwägen, ob sich die Übernahme der Verfahrenspflegschaft fachlich verantworten lässt, und das bestellende Gericht auf diese Sachlage hinweisen.

1.2 Unabhängigkeit

Kinder und Jugendliche haben ein Anrecht auf VerfahrenspflegerInnen, die ihre Belange wahrnehmen und vertreten können, ohne hieran durch eigene Rollen- und Interessenkonflikte gehindert zu werden.

Folglich bedürfen VerfahrenspflegerInnen einer fachlichen Unabhängigkeit von dem bestellenden Gericht, der Jugendhilfebehörde und allen am Verfahren beteiligten Personen. Ebenso ist eine unabhängige Position gegenüber anderen öffentlichen und freien Trägern die Voraussetzung, um zutreffende Bewertungen und Empfehlungen bezüglich ambulanter und stationärer Hilfen abzugeben.

Da Auswahl und Kontrolle der VerfahrenspflegerInnen beim bestellenden Gericht liegen, besteht hier eine strukturelle Abhängigkeit. VerfahrenspflegerInnen sollten daher die notwendige innere Distanz aufbringen, um ihre fachliche Unabhängigkeit gegenüber vermeintlichen oder tatsächlichen Erwartungen des Gerichtes bezüglich ihrer Vorgehensweise und Empfehlungen zu wahren.

MitarbeiterInnen der Jugend- und Sozialämter scheiden prinzipiell als VerfahrenspflegerInnen aus. Fachkräfte anderer öffentlicher und freier Träger eignen sich nur, wenn sie in der Lage sind, die Vertretung der Kindesinteressen vor die vermeintlichen oder tatsächlichen Interessen ihrer Institution bzw. ihrer KollegInnen zu stellen. Bei freiberuflich Tätigen ergibt sich ein Interessenkonflikt, wenn sie aus Gründen der Existenzsicherung eine solche Anzahl von Verfahrenspflegschaften übernehmen, dass sie den Belangen jedes einzelnen Kindes nicht zu entsprechen vermögen.

Arbeitet eine Fachkraft bereits in einer anderen Rolle mit dem Kind, der Familie oder anderen Verfahrensbeteiligten oder hat sie für diese ein Mandat übernommen, ist die Bestellung von ihr abzulehnen. Dies gilt ebenso, wenn die Fachkraft schon früher in dieser Weise involviert war. – Es kann allerdings Ausnahmefälle geben, in denen sich die Bestellung einer solchen Fachkraft dennoch empfiehlt, weil sie dem Kind bereits bekannt und vertraut ist, und ihre Bestellung keine Rollenkonfusion für das Kind bedeuten oder sein Vertrauen erschüttern würde. Eine Verfahrenspflegschaft sollte jedoch keinesfalls übernommen werden, wenn die Fachkraft

- MitarbeiterIn einer Jugendbehörde war, deren fachliches Handeln zu untersuchen und bewerten ist,
- auch mit anderen Familienangehörigen befreundet ist, arbeitet oder gearbeitet hat,
- gegenwärtig in der Jugendhilfeeinrichtung arbeitet, in der das Kind lebt, oder
- in einer Weise an der bisherigen Hilfeplanung beteiligt war, die eine davon unbelastete weitere Vorgehensweise verhindert.

1.3 Persönliche Eignung

Unabdingbare Voraussetzung für die fachlich qualifizierte Vertretung des Kindes ist die persönliche Auseinandersetzung mit den Motiven, als VerfahrenspflegerIn tätig zu werden. Bedeutsam sind insbesondere eigene Kindheitserfahrungen und lebensgeschichtliche Ereignisse, die eine thematische Nähe zur jeweiligen Fallkonstellation aufweisen, sowie die hiermit verbundene Betroffenheit und Belastungsfähigkeit.

Die Tätigkeit als VerfahrenspflegerIn erfordert insbesondere Einfühlungsvermögen, Kreativität, kritische Distanzierungsfähigkeit, Vermittlungskompetenz, sprachliche Gewandtheit, Belastbarkeit, Bereitschaft zur Selbstreflexion sowie Durchsetzungsfähigkeit.

VerfahrenspflegerInnen sollten beachten, ob ihre Bestellung den Besonderheiten des Einzelfalles gerecht wird. So sollten sie in der Lage sein, die Bedeutung der jeweiligen kulturellen, ethnischen oder schichtspezifischen Lebenszusammenhänge des Kindes zu erkennen. Für manche Kinder oder Jugendliche, insbesondere wenn sie sexuell missbraucht wurden, kann die Geschlechtszugehörigkeit der sie vertretenden Person entscheidend sein.

Wird VerfahrenspflegerInnen zu Beginn oder während der Vertretung klar, dass ein Kind eine Aversion gegen sie hegt, wegen der es sich nicht anvertrauen kann, und dass diese trotz aller Bemühungen bestehen bleibt, sollte eine vorzeitige Aufhebung der Bestellung in Betracht gezogen werden. Bezieht sich die Ablehnung des Kindes nicht primär auf die eigene Person, lassen sich aus ihr hingegen Hinweise zum Verständnis seiner Beziehungserfahrungen folgern. Ein Abbruch der Vertretung erscheint dann kaum angebracht.

Gegen die persönliche Eignung ansonsten geeigneter VerfahrenspflegerInnen kann in bestimmten Fallkonstellationen eine Einbindung in Sekten bzw. Religionsgemeinschaften, Interessenverbänden u.Ä. sprechen, sofern diese einer am Kind orientierten Bestimmung seiner wohlverstandenen Interessen hinderlich ist. Entsprechende Vorbehalte sind dem Gericht frühzeitig und auf eigene Initiative mitzuteilen.

Als VerfahrenspflegerIn scheidet aus, wer von Suchtmitteln wie illegalen Drogen, Alkohol, nicht indizierten Medikamenten etc. abhängig ist. Gleiches gilt für Pädophile oder wegen eines Vergehens bzw. Verbrechens an Minderjährigen verurteilte Personen. Wurde diesbezüglich gegen eine Person ermittelt, hat sie dem Gericht auf eigene Initiative eine Eignungsprüfung zu ermöglichen.

VerfahrenspflegerInnen sollten mit dem Gericht alle Fragen besprechen, die Zweifel an ihrer persönlichen Eignung zur Übernahme der Vertretung eines bestimmten Kindes begründen.

2. Zum Verhältnis zwischen VerfahrenspflegerIn und Kind

2.1 Persönlicher Kontakt zum Kind

Die persönliche Begegnung zwischen InteressenvertreterIn und Kind ist verpflichtend und sollte zu einem frühen Zeitpunkt der Vertretung erfolgen. Bei der Gestaltung der weiteren

Treffen (Ort, Dauer, Häufigkeit etc.) sind die Bedürfnisse des Kindes in einer Weise zu berücksichtigen, die keine der Vertretungsrolle unangemessenen Beziehungserwartungen aufkommen lässt oder fördert.

Erfahrungsgemäß kann eine ausschließliche Orientierung an Kriterien wie „Sprachfähigkeit" oder „Verständigkeit" dazu führen, dass VerfahrenspflegerInnen keinen persönlichen Kontakt aufnehmen. Doch ist dieser auch mit sehr jungen oder geistig behinderten Kindern zu suchen, um einen unmittelbaren Eindruck von der Gefühlswelt des Kindes, seinem Zuhause und seiner Interaktion mit wichtigen Bezugspersonen zu gewinnen.

Es wird zu den seltensten Ausnahmefällen zählen, dass VerfahrenspflegerInnen auf die persönliche Begleitung und Beratung des Kindes verzichten müssen. Einziges Kriterium dieser schwerwiegenden Entscheidung ist die begründete Sorge, dem Kind hierdurch weitere Schäden zuzufügen.

2.2 Verständigung mit dem Kind

Das Kind bedarf einer Interessenvertretung, die seine Äußerungen ernst nimmt und sich um Verständnis bemüht.

Die Fähigkeiten – auch jüngerer – Kinder zur Verständigung über ihre Wahrnehmungen und Vorstellungen sowie zur Reflexion ihrer Lebenssituation sollten nicht unterschätzt werden. VerfahrenspflegerInnen sollten jedoch auch um die Bedeutung einer der sprachlichen Kommunikation nicht zugängigen Erlebenswelt des Kindes wissen, die insbesondere konflikthafte und belastende Erfahrungen, Gefühle und Vorstellungen umfassen kann. Insbesondere seelisch verletzte Kinder neigen dazu, sich durch symbolische Handlungen und Inszenierungen mitzuteilen. So sollten Wege gesucht werden, um sich hierüber – z.B. auf einer spielerischen oder kreativen Ebene – zu verständigen, ohne das Kind in einer überfordernden Weise mit diesen Bereichen zu konfrontieren.

Ein Kind, das die deutsche Sprache nicht versteht, hat Anspruch auf eine Übersetzungshilfe, die ihm sympathisch ist, Vertraulichkeit wahrt und von seinem familialen und sozialen Umfeld unabhängig ist.

2.3 Die Anfangsphase der Vertretung

Die Rolle und Aufgaben der Interessenvertretung sowie Anlass und Ablauf des gerichtlichen Verfahrens sind in einer dem Kind verständlichen Weise zu besprechen, wann immer dies erforderlich ist. VerfahrenspflegerInnen sollten dem Kind keine absolute Verschwiegenheit zusichern, ihm jedoch versprechen, es über ihr Vorgehen zu informieren.

Das gegenseitige Kennenlernen sollte mit Rücksicht auf die Belastungen des Kindes behutsam und bedacht erfolgen. In der Regel empfiehlt sich eine zügige Kontaktaufnahme, um einen persönlichen Eindruck von der Lebenssituation des Kindes zu gewinnen und ihm alle erforderlichen Informationen zu geben.

Das Studium der Gerichtsakten (vgl. 4.2) bietet eine gute Grundlage, um die erste Kontaktaufnahme vorzubereiten. So kann sich hier bereits die Notwendigkeit zeigen, sich in spezifische Fachliteratur einzuarbeiten, um mit den Problemlagen des Kindes angemessen umzugehen.

Modalitäten der Kontaktaufnahme sollten mit den Betreuungspersonen des Kindes beraten werden. Es kann allerdings auch im Interesse des Kindes ratsam sein, bereits vor dem ersten Treffen mit dem Kind Verbindung zu anderen Bezugspersonen aufzunehmen.

Sobald das Kind hierzu in der Lage ist, sollen Begegnungen und Gespräche ohne die Anwesenheit anderer Bezugspersonen erfolgen. Grundsätzlich ist bei der Gestaltung der Treffen zu berücksichtigen, ob das Kind durch den Aufenthalt an einem bestimmten Ort beeinflusst oder verunsichert werden könnte.

VerfahrenspflegerInnen sollten frühzeitig mit dem Kind klären, ob es Personen gibt, denen es vertraut. Sprechen keine Gründe dagegen, ist die Kooperation mit diesen Vertrauenspersonen anzustreben.

2.4 Information und Beratung des Kindes

Das Kind hat Anspruch auf Information und Beratung während des gesamten Verfahrens. Diese sollen an dem Entwicklungsstand und der Konfliktlage des Kindes orientiert sein und ihm helfen, sich aktiv mit seiner Situation zu befassen sowie an dem seine Zukunft betreffenden Verfahren mitzuwirken.

Grundsätzlich bedarf es einer möglichst anschaulichen Darstellung der Rolle aller Beteiligten, des Verfahrensablaufes, der Rechte des Kindes im Verfahren sowie der Entscheidungsalternativen des Gerichtes. Das Kind soll wissen, dass seine Wünsche, Erwartungen und Befürchtungen für die richterliche Entscheidungsfindung von Bedeutung sind.

Um Belastungen des Kindes zu reduzieren, sollten VerfahrenspflegerInnen von sich aus mit dem Kind regelmäßig den Verfahrensstand besprechen, auch wenn dieser formal unverändert geblieben ist.

Erfahrungsgemäß beeinflusst die eigene Haltung gegenüber den Wünschen des Kindes sowie gegenüber den Entscheidungsalternativen den Beratungsprozess. VerfahrenspflegerInnen sollten sich deshalb insbesondere das Risiko einer Manipulation des Kindes vergegenwärtigen.

Überforderungen des Kindes, wie sie beispielsweise durch das Aufdrängen einer Entscheidung für oder gegen wichtige Bezugspersonen hervorgerufen werden können, sind zu vermeiden.

2.5 Erreichbarkeit für das Kind

VerfahrenspflegerInnen sollen dem Kind anbieten, sich mit dringenden Problemen, die das Verfahren, die dort anstehenden Entscheidungen sowie ihre Vorgehensweise betreffen, an sie zu wenden. So sollte das Kind wissen, wann und wie es seine Vertretung erreichen kann.

Es kann sich z.B. empfehlen, dem Kind nicht nur die entsprechende Adresse und Rufnummer sondern auch eine Telefonkarte zu geben. Die Ansage auf dem Anrufbeantworter sollte das Kind ermutigen, eine Nachricht zu hinterlassen. VerfahrenspflegerInnen sollten dafür sorgen, dass sich ihre MitbewohnerInnen bzw. KollegInnen nicht auf inhaltliche Telefonate bzw. Gespräche mit dem Kind oder anderen Verfahrensbeteiligten einlassen.

2.6 Der Wille des Kindes

VerfahrenspflegerInnen sind GarantInnen dafür, dass Kindern und Jugendlichen eine Subjektstellung im gerichtlichen Verfahren eingeräumt wird. Da die gerichtliche Entscheidung von maßgeblicher Bedeutung für die Zukunft des Kindes ist, soll sie nicht über seinen Kopf hinweg erfolgen. Das Kind hat grundsätzlich Anspruch darauf, dass sein Wille ernst genommen wird und eine Resonanz der am Verfahren beteiligten Erwachsenen bewirkt.

Die Ermittlung des Kindeswillens setzt neben kommunikativen Kompetenzen ein spezifisches Fachwissen über die Willensbildung von Kindern und Jugendlichen voraus. Dies sollte
– insbesondere die Bedeutung der Bindungen des Kindes an wichtige Bezugspersonen
– gleich welcher Qualität diese Beziehungen sind – sowie die unvermeidliche Beeinflussung des Kindes durch diejenigen Erwachsenen, an denen es sich orientiert und mit denen es sich identifiziert, umfassen. Entsprechende Kenntnisse sind insbesondere hinsichtlich der

Begleitung und Vertretung vernachlässigter, misshandelter oder sexuell missbrauchter Kinder erforderlich, deren eigene Bedürfnisse ignoriert und deren Wille nicht beachtet, gebrochen oder manipuliert wurde. Des Weiteren sollten VerfahrenspflegerInnen in der Lage sein, Auswirkungen der unsicheren Lebenssituation und des schwebenden Verfahrens auf die Willensbildung zu berücksichtigen.

Wird der Kindeswille seitens der Verfahrensbeteiligten oder des Gerichtes allein deshalb für unbeachtlich erklärt, weil er durch diejenigen Erwachsenen, an denen sich das Kind orientiert, beeinflusst worden sei, sollten sich VerfahrenspflegerInnen gegen diese Entwertung des subjektiven Erlebens und Wollens des Kindes wenden.

Soll ein Kind während des Verfahrens z.B. durch Drohungen oder emotionale Erpressungen anderer am Verfahren beteiligter Personen zu bestimmten Haltungen oder Äußerungen gebracht werden, nehmen es VerfahrenspflegerInnen in Schutz und stehen ihm bei der Bewältigung solcher Vorkommnisse zur Seite. Gegebenenfalls sollten dem Gericht Umgangsregelungen vorgeschlagen werden, die eine solche Bedrängung und Manipulation der Selbstbestimmung des Kindes ausschließen.

VerfahrenspflegerInnen sollten sich vergegenwärtigen, dass auch sie einen Einfluss auf das Kind ausüben und reflektieren, welches pädagogische Verhältnis die Eigenverantwortlichkeit des Kindes zu fördern vermag, welche Orientierung sie also dem Kind bei der Bestimmung und Vertretung seiner Interessen vermitteln. Dies schließt in aller Regel die Vertretung solcher Kindespositionen aus, in denen der Schutz der seelischen, geistigen oder körperlichen Integrität des Kindes nicht gewährleistet ist.

VerfahrenspflegerInnen fördern die Fähigkeit zur Selbstbestimmung eines Kindes, indem sie im Dialog mit dem Kind deutlich machen, von welchen Überlegungen und Erfahrungen sie sich bei ihren fachlichen Empfehlungen und ihrer Vorgehensweise leiten lassen.

Möchte das Kind dem Gericht seine Vorstellungen direkt mitteilen, suchen VerfahrenspflegerInnen gemeinsam mit ihm nach geeigneten Ausdrucksformen, durch die es seine Position in das Verfahren einbringen kann. Dies können – neben der Kindesanhörung – z.B. bei jüngeren Kindern mit ihren Kommentaren versehene Bilder, bei älteren Kindern und Jugendlichen diktierte oder auf Kassette gesprochene oder selbst verfasste Mitteilungen an das Gericht sein.

2.7 Begleitung und Vertretung des Kindes

Kinder und Jugendliche haben Anspruch auf eine umsichtige und einfühlsame Begleitung durch ihre Interessenvertretung während des gesamten Verfahrens. VerfahrenspflegerInnen sind zugleich verpflichtet, für die Verwirklichung der Beteiligungs-, Anhörungs- und Beschwerderechte der Kinder und Jugendlichen im Verfahren einzutreten.

Grundsätzlich stellen sich im zivilrechtlichen Kindesschutzverfahren u.a. folgende Anforderungen an die Interessenvertretung:

Kindesanhörung (§ 50b FGG[22]): In der Regel haben Kinder und Jugendliche aller Altersstufen das Recht auf eine persönliche Begegnung mit dem/der entscheidenden RichterIn. Diese Verfahrensvorschrift wird in der gerichtlichen Praxis insbesondere bei jüngeren Kindern nicht selten unzureichend befolgt, obwohl ihre Neigungen, Bindungen und ihr Wille für die Entscheidung bedeutsam sind. Erscheint es aus fachlicher Sicht geboten, dass das Gericht einen unmittelbaren Eindruck von dem Kind gewinnt, oder wünscht sich das Kind

---

[22] § 50b FGG entspricht § 159 FamFG; bedauerlicherweise ist aus § 50b Abs. 1 FGG die zweite Alternative „oder wenn es zur Feststellung des Sachverhalts angezeigt erscheint, daß sich das Gericht von dem Kind einen unmittelbaren Eindruck verschafft" entfallen.

selbst ein Gespräch, sollten VerfahrenspflegerInnen dies anregen und fachliche Empfehlungen hinsichtlich des Zeitpunktes, des Ortes und der Dauer der Kindesanhörung aussprechen. Vor und nach der richterlichen Anhörung sollten VerfahrenspflegerInnen für das Kind präsent und ansprechbar sein. Ob sich ihre unmittelbare Anwesenheit in der Gesprächssituation empfiehlt, ist im Einzelfall gemeinsam mit dem Gericht zu erwägen.

Hilfeplanung (§ 36 Abs. 2 KJHG) und Beratung (§ 8 Abs. 1 S. 2 KJHG): VerfahrenspflegerInnen sollten gemeinsam mit dem/der zuständigen MitarbeiterIn des Jugendamtes nach Wegen suchen, das Kind zu informieren, zu beraten und in einer an seinem Entwicklungsstand und seinen Bedürfnissen orientierten Weise an der Hilfeplanung zu beteiligen. Den Kindern und Jugendlichen ist die eigene Rolle bei der Hilfeplanung zu erklären und Unterstützung bei der Äußerung ihrer Vorstellungen und Bedürfnisse anzubieten, insbesondere wenn sie direkt an Hilfeplanungsgesprächen teilnehmen.

Sachverständigengutachten (§ 12 FGG):[23] Es empfiehlt sich, bereits vor der Begutachtung den Kontakt mit den Sachverständigen zu suchen, um das Kind angemessen hierauf vorzubereiten. Wird eine Weitergabe von Informationen erforderlich, sollte dies mit dem Kind oder Jugendlichen besprochen werden. Wird in diesen Gesprächen erkennbar, dass ein Kind oder ein Jugendlicher/eine Jugendliche die Begutachtung vehement ablehnt, sollte ein unverzüglicher Hinweis an das Gericht erfolgen. Vor und nach einer Begutachtung sollten VerfahrenspflegerInnen für das Kind präsent und ansprechbar sein. Ob sich ihre unmittelbare Anwesenheit in der Gesprächssituation empfiehlt, ist im Einzelfall gemeinsam mit dem/der Sachverständigen zu erwägen.

Beschwerderecht (§ 59 FGG):[24] Jugendliche sollten von ihren VerfahrenspflegerInnen über ihr Beschwerderecht beraten und bei dessen Ausübung unterstützt werden. In Fällen, in denen ihr Wille in erheblichen Konflikt mit ihren wohlverstandenen Interessen gerät, kann es sich empfehlen, den Jugendlichen zu einer zusätzlichen Inanspruchnahme eines eigenen Rechtsbeistands im Beschwerdeverfahren zu raten.

3. Grundlegende Arbeitsprinzipien

VerfahrenspflegerInnen entscheiden in eigener fachlicher Verantwortung, in welcher Weise sie die ihnen gestellte Aufgabe erfüllen. Sie orientieren sich an den gesetzlichen Grundlagen, d.h., sie vermitteln den Willen des Kindes im gerichtlichen Verfahren und vertreten dort seine wohlverstandenen Interessen.

3.1 Kindliches Zeiterleben und Verfahrensdauer

Mit Rücksicht auf das kindliche Zeiterleben sollen VerfahrenspflegerInnen allen Verzögerungen entgegentreten, die sich nicht mit den Interessen des Kindes decken.

Entwicklungsbedingt unterscheiden sich Kinder, Jugendliche und Erwachsene im Erleben und in ihrer Vorstellungsfähigkeit von Zeitabläufen und Lebensentwürfen. Die Ungewissheit des Kindes über seine Zukunft verletzt sein grundlegendes Entwicklungsbedürfnis nach Sicherheit und Zuverlässigkeit, d.h. nach einer stabilen Bindung an zumindest eine erwachsene Person.

Belastungen, die dem Kind aus der Ungewissheit über den Stand und Ausgang des Verfahrens und damit über seine Zukunft entstehen, sind zu reduzieren. VerfahrenspflegerInnen sollten diesen Gesichtspunkt gegenüber dem Gericht und allen am Verfahren Beteiligten thematisieren.

---

23 Entspricht § 26 FamFG.
24 Entspricht § 60 FamFG.

VerfahrenspflegerInnen sollten insbesondere darauf achten, dass dem Kind eine vorläufige Unterbringung nur dann und nur solange zugemutet wird, wie es diese braucht, um sich überhaupt mit entsprechender fachlicher Unterstützung auf neue befriedigende Beziehungen einlassen zu können.

3.2 Kindzentrierte Gestaltung der Ermittlungen und des Verfahrens

VerfahrenspflegerInnen stellen sicher, dass das Kind in jedem Stadium des Verfahrens in seiner Individualität und besonderen Schutzbedürftigkeit wahrgenommen und geachtet wird.

Die Lebenserfahrungen und Bedürfnisse des Kindes sind wieder und wieder in das Zentrum des Verfahrens zu rücken. VerfahrenspflegerInnen sollten sich bei ihrem Vorgehen und ihrem Verhalten von der Vorstellung leiten lassen, dass es um die Klärung und Gestaltung der künftigen Beziehungen des Kindes geht und das Verfahren schon deshalb nicht als Kampfarena widerstreitender Parteien dient. Dieser Aspekt ist insbesondere zu beachten, wenn im Interesse des Kindes Konflikte mit anderen am Verfahren beteiligten Personen und Institutionen riskiert werden müssen.

Um Belastungen und Sekundärschädigungen des Kindes durch (mehrfache) Befragungen und Untersuchungen zu vermeiden, sollten VerfahrenspflegerInnen prüfen, ob eine Klärung des entsprechenden Sachverhaltes tatsächlich im Kindesinteresse oder aber letztlich im Interesse anderer Personen oder Institutionen liegt. Ebenso sollte die Interessenvertretung endlosen Weiterverweisungen des Kindes und seiner Bezugspersonen zwischen Institutionen und ExpertInnen entgegenwirken.

3.3 Vertretung der Interessen von Geschwisterkindern

Die Erfahrung zeigt, dass Gerichte allzu pauschal eine einzige Fachkraft zur Interessenvertretung mehrerer Geschwister bestellen, ohne die Individualität und Zukunftsperspektiven der einzelnen Kinder sowie deren Beziehungen zueinander hinreichend zu bedenken. Es empfiehlt sich, diese Vorgehensweise frühzeitig zu hinterfragen und gegebenenfalls die Bestellung einer eigenständigen Vertretung für jedes einzelne Kind anzuregen.

Werden VerfahrenspflegerInnen zur Vertretung mehrerer Geschwister bestellt, sind Einzelgespräche mit jedem Kind zu führen. Das Risiko einer unzulänglichen Bestimmung und Vertretung der individuellen Interessen des jeweiligen Kindes lässt sich am ehesten durch Fallbesprechungen begrenzen.

Im Übrigen sollten VerfahrenspflegerInnen grundsätzlich im Blick behalten, ob auch die Interessen von Geschwistern des Kindes, das sie vertreten, gewahrt sind. Sei es, dass auch über deren Interessen im Verfahren entschieden wird, sei es, dass sie sich in einer kritischen Lebenssituation befinden, ohne dass ein Verfahren eingeleitet wurde.

3.4 Grundsatz der Vertraulichkeit, Umgang mit Medien

Auch wenn es bislang an einer ausdrücklichen gesetzlichen Regelung fehlt, verpflichten sich VerfahrenspflegerInnen zum Schweigen gegenüber Außenstehenden sowie zur Einhaltung von Datenschutzbestimmungen.

Ungeklärt ist, ob VerfahrenspflegerInnen ein Zeugnisverweigerungsrecht in gerichtlichen Verfahren, insbesondere im Strafverfahren, geltend machen können. Solange eine gesetzliche Regelung fehlt, bleibt diese Klärung der Rechtsprechung überlassen.

Werden VerfahrenspflegerInnen in einem Fall tätig, über den seitens der Medien berichtet wird oder werden soll, so sind sie GarantInnen für den Schutz der Persönlichkeitsrechte des betroffenen Kindes. So sollten sie keine fallbezogenen Auskünfte geben und sich gegebenenfalls auf eine allgemeine Klarstellung ihrer Aufgaben, Rechte und Pflichten beschränken.

3.5 Umgang mit Drohungen und Gewalt

Sind VerfahrenspflegerInnen im Zusammenhang mit ihrer Tätigkeit Drohungen oder gewalttätigem Verhalten ausgesetzt oder haben sie entsprechende Befürchtungen, ist dies als ein Hinweis auf die mögliche Gefährdung des Kindes zu begreifen. Bei Drohungen sollten VerfahrenspflegerInnen das bestellende Gericht unverzüglich in Kenntnis setzen. Es empfiehlt sich, in einem solchen Fall die praktische und beratende Unterstützung weiterer Personen zu suchen. Zur Reflexion der Auswirkungen auf die Begleitung des Kindes sollte Beratung bzw. Supervision in Anspruch genommen werden.

3.6 Reflexion

VerfahrenspflegerInnen sollten über Möglichkeiten zur Reflexion und kritischen Distanzierung von ihrer Arbeit verfügen, auf die sie bei der Übernahme einer Verfahrenspflegschaft zurückgreifen können. Hierfür bieten sich neben einer schriftlichen Reflexion insbesondere Supervision, Balint-Gruppen sowie Fallbesprechungen mit anderen VerfahrenspflegerInnen an.

Diese Reflexion sollte insbesondere eine Auseinandersetzung mit der eigenen Motivation, Betroffenheit und persönlichen Kindheitserfahrungen ermöglichen. Sie dient zugleich der fachlichen Überprüfung der eigenen Rolle, Vorgehensweise und Empfehlungen sowie der Entlastung in Situationen, in denen VerfahrenspflegerInnen unter Handlungsdruck oder Entscheidungszwängen stehen.

VerfahrenspflegerInnen sollten bei der Auswahl ihrer Supervision darauf achten, dass diese sie in ihrem Bemühen um eine auf die Kindesinteressen zentrierte Vorgehensweise unterstützt. Hierfür werden in der Regel solche SupervisorInnen ungeeignet sein, die sich wegen ihrer institutionellen Einbindung oder aufgrund ihres theoretischen Vorverständnisses auch den Interessen der anderen am Verfahren beteiligten Personen und Institutionen verpflichtet sehen.

Weitere Kriterien zur Auswahl entsprechender Supervisionsangebote sind die psychologischen, pädagogischen und juristischen Kenntnisse der SupervisorInnen. Hilfreich sind zudem eigene Erfahrungen der SupervisorInnen in der Arbeit mit belasteten und traumatisierten Kindern und Jugendlichen bzw. in der Supervision von Fachkräften aus diesem Bereich der Jugendhilfe.

Alle an der Reflexion Beteiligten sollten sich schriftlich verpflichten, personen- oder fallbezogene Informationen nicht oder nur vollständig anonymisiert nach außen zu tragen.

4. Vorgehensweise der Interessenvertretung

4.1 Übernahme einer Verfahrenspflegschaft

Bei Anfragen des Gerichtes, eine bestimmte Verfahrenspflegschaft zu übernehmen, sollten VerfahrenspflegerInnen ihre persönliche und fachliche Eignung zur Begleitung und Vertretung dieses Kindes prüfen, um den ungünstigsten Fall zu vermeiden, dass die Aufhebung der Bestellung nötig wird, obwohl das Kind seinen/seine VerfahrenspflegerIn bereits kennen gelernt hat.

Hierbei empfiehlt sich bereits vor der Übernahme einer Verfahrenspflegschaft eine vorläufige Einschätzung der Konfliktlage des Kindes. VerfahrenspflegerInnen sollten ihre Möglichkeiten und Schwierigkeiten erkennen, sich auf das Erleben und die Gefühlswelt dieses Kindes einzulassen. Gleichermaßen geht es um ihre persönliche Fähigkeit, hiervon den Abstand zu gewinnen, den es zur fachlichen Reflexion des eigenen Handelns und der Situation des Kindes bedarf. Neben ihrer Eignung sollten VerfahrenspflegerInnen prüfen, ob sie die Begleitung und Vertretung des Kindes bis zum Ende des Verfahrens übernehmen können.

Besonderen Problemlagen des Kindes sollte mit Hilfe von ExpertInnen begegnet werden: z.B. durch kinderpsychiatrische oder heilpädagogische Beratung bei seelischen, geistigen oder körperlichen Krankheiten bzw. Behinderungen, durch Rechtsberatung zum Internationalen Privatrecht, durch Beratung über ethnische Minderheiten, Sekten etc. Die Notwendigkeit solcher Informations- und Beratungsgespräche sollte frühzeitig mit dem Gericht geklärt werden.

Anfragen von Privatpersonen oder Institutionen, die verständlicherweise Einfluss auf die Auswahl der Kindesvertretung zu nehmen versuchen, sollten möglichst allgemein beantwortet werden. Hierzu können Informationen über die Rolle und Aufgabenstellung der Interessenvertretung sowie über die eigenen Kapazitäten zur Übernahme einer Vertretung zählen; eine Stellungnahme zum konkreten Fall sollte hingegen vermieden werden.

Bedarf das Kind einer eigenständigen Interessenvertretung im Jugendhilfeverfahren, sollte ein Entzug der entsprechenden elterlichen Vertretungsrechte und die Anordnung einer Ergänzungspflegschaft i.S.d. §§ 1629 Abs. 2 S. 3, 1796 Abs. 2, 1909 Abs. 1 S. 1 BGB angeregt werden. VerfahrenspflegerInnen ziehen auch frühzeitig in Betracht, ob neben der Verfahrenspflegschaft auch ein Verletztenbeistand zur Begleitung des Kindes in einem strafrechtlichen Verfahren erforderlich ist.

Falls ein Kind sowohl im zivil- als auch im strafrechtlichen Verfahren eine Interessenvertretung benötigt, sollte geprüft werden, ob diese Aufgaben durch eine einzige Person oder durch zwei Fachkräfte verschiedener Disziplinen wahrgenommen werden sollten. Hier ist insbesondere das Bedürfnis des Kindes nach einer einzigen Ansprechperson gegen Rollenkonflikte der Interessenvertretung abzuwägen, die durch unterschiedliche Vertretungsaufgaben und -ziele hervorgerufen werden könnten.

4.2 Aktenstudium und Auswertung

VerfahrenspflegerInnen sollten in ihrer Eigenschaft als Verfahrensbeteiligte unverzüglich Akteneinsicht nehmen und sich eine Kopie der Gerichtsakten anfertigen (§ 34 FGG).

Es empfiehlt sich, bereits während des Aktenstudiums eine Zeittafel sowie eine Aufstellung des Sachverhalts, der involvierten Institutionen sowie der beteiligten Personen zu erarbeiten, die einen Überblick über die Lebensgeschichte und die aktuelle Lebenssituation des Kindes ermöglichen. Von zentraler Bedeutung ist bereits hier das Bemühen, sich in dieses Kind einzufühlen und seine Erlebnisse und Erfahrungen nachzuvollziehen. Dabei sollten von Beginn an auch eigene Assoziationen und Annahmen sowie alle Unklarheiten, Widersprüche und sich daraus ergebende Fragen notiert werden.

Ermöglichen die Gerichtsakten keinen ausreichenden Aufschluss über die bisherige Vorgehensweise und Hilfeplanung des Jugendamtes, empfiehlt sich eine direkte Nachfrage beim Jugendamt sowie eine Anregung an das Gericht, die Akten um eine entsprechende Schilderung dieser Sachverhalte ergänzen zu lassen.

4.3 Eigenständige Gewinnung von Informationen

4.3.1 Gespräche mit Bezugspersonen und Fachkräften

Das Gespräch mit den aktuellen Betreuungspersonen des Kindes ist verpflichtend. Gleiches gilt auch für Gespräche mit Eltern und Pflegeeltern sowie den MitarbeiterInnen des Jugendamtes.

Ebenso sollte geprüft werden, welche anderen für das Kind zuständigen Fachkräfte, wie z.B. HeimerzieherInnen, Kindergarten- oder HorterzieherInnen, LehrerInnen, TherapeutInnen, ÄrztInnen und BeraterInnen dazu beitragen könnten, die Lebensgeschichte und -situation des jeweiligen Kindes zu erhellen. Analog gilt dies auch für das soziale Umfeld des Kindes, dies können z.B. Eltern, Pflegeeltern, VormünderInnen, Geschwister, andere Angehörige, FreundInnen des Kindes und NachbarInnen sein.

VerfahrenspflegerInnen sollten die Gefühle, die das Kind seinen Bezugspersonen entgegenbringt, respektieren und zur Festigung und Weiterentwicklung dieser Beziehungen beitragen, soweit dies zu verantworten ist. Hierbei sollte die immer wieder auflebende Tendenz zur Bagatellisierung oder Umdeutung belastender und traumatisierender Erfahrungen des Kindes beachtet werden, der durch eine klare Benennung der Verantwortlichen und ihres Verhaltens begegnet werden sollte.

VerfahrenspflegerInnen werden oft mit Notlagen und Situationen konfrontiert, in denen die Eltern des Kindes eines psychologischen, sozialarbeiterischen oder juristischen Beistands bedürfen. Um die Interessen des Kindes konsequent wahrnehmen zu können, sollten VerfahrenspflegerInnen sich selbst und den anderen Beteiligten klarmachen, dass es nicht zu ihren Aufgaben gehört, für Abhilfe zu sorgen. Auch wenn eine solche Hilfe durchaus im Interesse des Kindes zu liegen scheint, sind hierfür neben den betroffenen Erwachsenen selbst auch andere Fachkräfte und Institutionen, insbesondere das Jugendamt, zuständig und verantwortlich. Um eigene Rollenkonflikte zu vermeiden, können sich entsprechende Hinweise an diese Stellen empfehlen.

Beabsichtigen VerfahrenspflegerInnen dem Gericht gegenüber eine bestimmte Hilfe für das Kind oder seine Familie vorzuschlagen oder zu bewerten, verschaffen sie sich eine realistische Grundlage für diese Prognose, indem sie sich unmittelbar mit denjenigen Fachkräften (bzw. Pflegeeltern) in Verbindung setzen, die diese Hilfe durchführen bzw. anbieten, um deren Eignung im Hinblick auf die Bedürfnisse dieses individuellen Kindes zu prüfen.

4.3.2 Dokumentation

VerfahrenspflegerInnen dokumentieren Anlass, Dauer, Verlauf, Ergebnisse, Eindrücke und offene Fragen der jeweiligen Telefonate und persönlichen Gespräche. Sie schaffen so die Grundlage für ihre Stellungnahmen und die Rechnungslegung und stellen zugleich sicher, dass im Fall einer unvorhersehbaren Verhinderung eine zügige Einarbeitung ihres/ihrer NachfolgerIn möglich wird.

Besondere Kenntnisse und Sorgfalt erfordert die Gewinnung und Dokumentation solcher Informationen, die das Kind zum gegenwärtigen oder zu einem späteren Zeitpunkt in die Lage versetzen könnten, zivilrechtliche Schadensersatzansprüche geltend zu machen, oder die im Hinblick auf ein bereits anhängiges oder mögliches Strafverfahren bedeutsam sind.

4.4 Sachverständige GutachterInnen

Vielfach wird die Interessenvertretung in der Lage sein, das individuelle Erleben des Kindes, seine Entwicklungsbedürfnisse und seine Beziehungserfahrungen eigenständig einzuschätzen. Bedarf es aber zur Klärung einer bestimmten Fragestellung des fachlichen Wissens und der Kompetenz von Sachverständigen, sollte die Einholung eines Gutachtens bei Gericht angeregt werden. Demgegenüber sind Verfahrensverzögerungen und anderweitige Belastungen des Kindes durch die Begutachtung abzuwägen.

Beabsichtigt das Gericht, ein Gutachten einzuholen, regt die Interessenvertretung gegebenenfalls Ergänzungen zur Fragestellung an. Soweit erforderlich, äußern sich VerfahrenspflegerInnen auch über Kriterien zur Auswahl der Sachverständigen. Diese sollten über die zur

Klärung der Fragestellung erforderlichen medizinischen und psychologischen Fachkenntnisse sowie über einen ausreichenden Erfahrungshintergrund verfügen.

Gutachten, die im privaten Auftrag von Verfahrensbeteiligten erstellt werden sollen, sind wegen des damit verbundenen Risikos der mehrfachen Begutachtung des Kindes sowie möglicher Bedenken einer Befangenheit der Sachverständigen in der Regel zu vermeiden.

Soweit für die Klärung einer Fragestellung die Begutachtung Erwachsener genügen könnte, ist diese vorrangig anzustreben. Ist die Begutachtung des Kindes selbst nicht zu vermeiden, orientieren sich VerfahrenspflegerInnen an der unter Punkt 2.7 genannten Vorgehensweise.

Bleiben methodische oder inhaltliche Fragen im Hinblick auf ein Gutachten offen oder werden Mängel sichtbar, so sollten VerfahrenspflegerInnen dies mit dem Gericht besprechen.

Im Vorfeld der Begutachtung können sich Hinweise empfehlen, wie Belastungen des Kindes reduziert bzw. vermieden werden können. Hat die Begutachtung das Kind sehr irritiert oder belastet, sollten VerfahrenspflegerInnen dem Gericht und den Sachverständigen eine entsprechende Rückmeldung geben.

4.5 Kooperation mit dem Jugendamt

VerfahrenspflegerInnen respektieren bei der Zusammenarbeit mit dem Jugendamt, dass auch dieses zur Beratung des Kindes sowie zur Wahrnehmung und Vertretung der Kindesinteressen im gerichtlichen Verfahren berufen ist. Es liegt in der Verantwortung und bedarf der Anstrengung aller beteiligten Fachkräfte, die Subjektstellung des Kindes im Verfahren zu garantieren sowie die Grundlage für eine fundierte und tragfähige, an den wohlverstandenen Interessen des Kindes orientierte gerichtliche Entscheidung zu erarbeiten.

VerfahrenspflegerInnen sollten sich diese Gemeinsamkeiten vergegenwärtigen, aber auch das Konfliktpotential beachten, das zwischen der Jugendbehörde und der Kindesvertretung aufgrund der divergierenden gesetzlichen Aufträge – insbesondere bei einer unzureichenden Klärung der Rollen – entstehen kann. So empfiehlt es sich, eine frühzeitige Klarstellung ihrer spezifischen Verantwortlichkeit für das Kind herbeizuführen, die aus dem Verständnis erfolgt, dass sie dessen Interessen anstelle der gesetzlichen Vertreter wahrnehmen und repräsentieren.

Das Jugendamt sollte unmittelbar nach der Bestellung informiert werden, dass der/die VerfahrenspflegerIn künftig als eine der verantwortlichen Fachkräfte gemäß § 36 Abs. 2 KJHG an der Hilfeplanung und an vergleichbaren, die Hilfeplanung betreffenden Fachgesprächen mit amtsexternen Fachkräften, teilnehmen wird. Nach Auswertung der Gerichtsakten ist es ratsam, sich über neuere Entwicklungen sowie die aktuelle Position des Jugendamtes zu informieren und offene Fragen bezüglich der bisherigen Hilfeplanung zu klären. Es kann sich empfehlen, um Einsichtnahme in die behördlichen Akten zu bitten und sich gegebenenfalls auch mit früher zuständigen JugendamtsmitarbeiterInnen in Verbindung zu setzen.

Die Anwesenheit der VerfahrenspflegerInnen während der Hilfeplangespräche ist obligatorisch. Nehmen die Jugendlichen und Kinder selbst hieran teil, sollten sie von ihrer Interessenvertretung begleitet und unterstützt werden (vgl. Punkt 2.7). Ansonsten bedarf es der einzelfallbezogenen Abwägung, wie weit sich VerfahrenspflegerInnen selbst am Prozess der Hilfeplanung beteiligen. Dies kann insbesondere notwendig sein, wenn bedeutsame Entscheidungen anstehen, wie zum Beispiel über die Unterbringung des Kindes außerhalb des Elternhauses oder die Rückführung in dasselbe sowie über den Umgang mit wichtigen Bezugspersonen. Andererseits kann sich eine aktive Mitwirkung von VerfahrenspflegerInnen an der Hilfeplanung hinderlich auf deren kritische Reflexion auswirken, welche aber gerade eine zentrale Grundlage der Empfehlungen der eigenständigen Kindesvertretung an das Gericht ist.

2031 *5. Vertretung der Kindesinteressen im Verfahren*

5.1 Mitteilungen an das Gericht

Stellungnahmen sollten die Vorgehensweise und fachlichen Bewertungskriterien der Kindesvertretung offenlegen; sie sollten prinzipiell zügig erarbeitet werden.

Um dem individuellen Kind in diesen schriftlichen Berichten Gestalt zu geben, ist es erforderlich, die Erfahrungen, Bedürfnisse, Wünsche und das Erleben des Kindes einfühlsam und anschaulich zu vermitteln sowie die Bedeutung herauszuarbeiten, welche das Verfahren und die gerichtliche Entscheidung im Leben dieses Kindes haben.

Grundsätzlich sollten alle wichtigen Mitteilungen auch schriftlich zu den Akten gegeben werden. Dies ist insbesondere hinsichtlich künftiger Beschwerden bzw. späterer gerichtlicher Entscheidungen über die Abänderung eines Beschlusses (§ 1696 BGB) ratsam. Allerdings sollte bedacht werden, ob Informationen der Kindesvertretung in einem anderen Zusammenhang (z.B. Jugendstrafverfahren) gegen das Kind verwendet werden könnten.

Bei der Auswertung ihrer Gespräche und Begegnungen mit dem Kind und mit anderen Personen bemühen sich VerfahrenspflegerInnen um eine möglichst authentische Wiedergabe. Hierbei sollte auf widersprüchliche Informationen oder Sachverhaltsdarstellungen eingegangen und zwischen gesicherten Kenntnissen, begründeten Annahmen, Beobachtungen und Eindrücken differenziert werden. Es empfiehlt sich, Schlussfolgerungen und Empfehlungen in einem eigenen Abschnitt der Stellungnahme zu erörtern.

5.2 Abschließende Stellungnahme

VerfahrenspflegerInnen geben ihre abschließenden Empfehlungen zur gerichtlichen Entscheidung in Form einer schriftlichen Stellungnahme über die wohlverstandenen Interessen des Kindes ab. Zusätzlich sollte auch der Wille des Kindes in möglichst authentischer Weise wiedergegeben werden.

Bestandteile der abschließenden Stellungnahme sind in der Regel

- Schilderung des Sachverhaltes
- Dokumentation des Kindeswillens
- Schlussfolgerungen und Empfehlungen.

5.2.1 Schilderung des Sachverhaltes

In diesem ersten Teil der abschließenden Stellungnahme sollten die persönlichen Daten des Kindes genannt werden, auch empfiehlt sich eine Skizze vom Stand des Verfahrens zum Zeitpunkt der Bestellung. Im Wesentlichen wird bei der Schilderung des Sachverhaltes sodann auf die Lebensgeschichte sowie die frühere und gegenwärtige Familiensituation des Kindes oder Jugendlichen einzugehen sein. Hinsichtlich der Lebensgeschichte sollten – unter Hinweis auf Lebensalter und Entwicklungsstand des Kindes bei bedeutsamen Ereignissen – insbesondere folgende Gesichtspunkte Berücksichtigung finden:

- das Erleben des Kindes oder des/der Jugendlichen
- die Befriedigung seiner/ihrer Grundbedürfnisse
- die Qualität und Intensität seiner/ihrer Bindungen
- die Bedeutung wichtiger Bezugspersonen, Geschwister und FreundInnen

- die Auswirkungen traumatischer und deprivierender Erfahrungen
- die biografische Bedeutung erzieherischer und therapeutischer Hilfen
- die eigene Sicht des Kindes oder des/der Jugendlichen.

Von besonderer Bedeutung ist weiterhin eine anschauliche Darstellung der gegenwärtigen Lebenssituation des Kindes, bei der die o.g. Aspekte erneut aufgegriffen werden sollten. Hier geht es sowohl um die Annäherung an das subjektive Erleben des Kindes sowie um eine fachlich fundierte Bewertung, ob diese Situation geeignet ist, die Grundbedürfnisse dieses Kindes zu befriedigen, seine Entwicklung zu fördern und ihm Schutz zu bieten.

5.2.2 Dokumentation des Kindeswillens

Der Wille des Kindes ist in einem eigenen Abschnitt der Stellungnahme an das Gericht zu vermitteln, wobei an dieser Stelle eigene Erläuterungen und Bewertungen vermieden werden sollen.

Insbesondere mit jüngeren Kindern sollte nach kreativen Wegen gesucht werden, die es ihnen entsprechend ihres Entwicklungsstandes ermöglichen, sich dem Gericht mitzuteilen, falls sie dies wünschen. Ältere Kinder und Jugendliche sollten die Möglichkeit haben, diesen Abschnitt selbst zu schreiben. Sofern dieser Teil nicht allein von den Jugendlichen bzw. Kindern verfasst wird, sollte er mit ihnen abgestimmt werden, um eine möglichst authentische Vermittlung ihrer Vorstellungen zu sichern.

5.2.3 Schlussfolgerungen und Empfehlungen

Schlussfolgerungen und Empfehlungen der Kindesvertretung sollten in einem gesonderten Abschnitt der Stellungnahme gut begründet und verständlich dargestellt werden.

Hier sollte eine sorgfältige Auseinandersetzung mit den Einschätzungen und Vorschlägen der anderen am Verfahren beteiligten Personen und Institutionen erfolgen und herausgearbeitet werden, inwieweit nicht nur die Interessen des Kindes, sondern auch deren Eigeninteressen eine Rolle spielen.

Es bedarf besonderer Anstrengung, Diskriminierungen des Kindes und anderer Verfahrensbeteiligter zu erkennen und zu vermeiden. Bei ihren Empfehlungen sollten VerfahrenspflegerInnen bedenken, dass ihre Einschätzungen durch ihre Lebensgeschichte, ihren sozialen und familiären Status, ihr Geschlecht, ihre soziokulturelle Einbindung sowie politische und religiöse Haltungen, fachliche Überzeugungen sowie durch Aversionen bzw. Sympathien gegenüber den am Verfahren beteiligten Personen geprägt werden.

VerfahrenspflegerInnen orientieren ihre Empfehlungen an den wohlverstandenen Interessen des Kindes. Ausgehend vom Anlass des Gerichtsverfahrens und unter Bezugnahme auf die Ergebnisse der eigenen Ermittlungen legen sie die Umstände des Einzelfalls möglichst konkret dar. Treffen sie Aussagen über die am wenigsten schädliche Alternative für das Kind bzw. über sein Wohl und dessen Gefährdung, orientieren sie sich an den gesetzlichen Kriterien, die durch die Rechtsprechung und die interdisziplinäre Fachdiskussion konkretisiert werden. Fachlich fundierte Prognosen sollen stets auf den konkreten Umständen des Einzelfalls basieren. Unwägbarkeiten und Zweifel sollten erörtert werden.

Grundsätzlich lassen sich VerfahrenspflegerInnen von der Vorstellung leiten, dass der Kindeswille ein integraler Bestandteil des Kindeswohls ist. Sie sollten deshalb in ihren Empfehlungen diejenigen Entscheidungsalternativen aufzeigen, die am weitesten mit den Wünschen des Kindes oder Jugendlichen zu vereinbaren sind. Ist es aus fachlicher Sicht nicht möglich, dem Willen des Kindes zu entsprechen, ohne das körperliche, geistige und seelische Wohl und die Entwicklung des Kindes zu gefährden, ist die weniger schädliche Alternative zu suchen und zu vertreten. Um diese zu bestimmen, bedarf es einer besonderen

Beachtung der Bedürfnisse des Kindes, die in seinen Wünschen und Erwartungen zum Ausdruck kommen. In ihrer Stellungnahme sollten VerfahrenspflegerInnen sorgfältig begründen, weshalb sie vom Willen des Kindes abweichen oder gegenläufige Empfehlungen abgeben und die Chancen und Risiken der jeweiligen Alternativen offenlegen.

In der Regel wird an dieser Stelle eine fachliche Auseinandersetzung mit dem separat dokumentierten Kindeswillen erforderlich sein. Ebenso sollte auf die Bedeutung anderweitiger (auch widersprüchlicher, ambivalenter, mehrdeutiger) verbaler und nonverbaler Mitteilungen des Kindes sowie auf deren situativen Kontext eingegangen werden. Nicht zuletzt können insbesondere Hinweise auf die Manipulation des Kindes oder offene Drohungen eine wichtige Grundlage der gerichtlichen Entscheidung über die Berücksichtigung des Kindeswillens sein.

Um Problemen bei der praktischen Umsetzung der richterlichen Entscheidung zu begegnen, kann die Bestellung von ErgänzungspflegerInnen erforderlich sein. Für diese Aufgabe wird es oftmals zweckmäßig sein, sich im Interesse des Kindes selbst zur Verfügung stellen. Entsprechende Überlegungen sollten – bezogen auf die jeweiligen Entscheidungsalternativen – in der abschließenden Stellungnahme angesprochen werden.

5.3 Gerichtliche Verhandlungen

Die Teilnahme an jeder mündlichen Verhandlung im Verfahren ist obligatorisch. Bei der Festlegung der Verhandlungstermine sollten VerfahrenspflegerInnen ihren Einfluss geltend machen, um im Interesse des Kindes einen möglichst zügigen Verfahrensablauf zu gewährleisten. Um Subjekt des Geschehens zu bleiben, hat das Kind Anspruch darauf, umfassend und zeitnah über jede Verhandlung informiert zu werden und seine Erwartungen und Befürchtungen äußern zu können.

Während der Verhandlung sollte das Kind, insbesondere sein Befinden, seine Bedürfnisse, seine Wünsche und seine sonstigen Interessen, im Zentrum des gemeinsamen Gespräches stehen. Beim Vortrag der Kindesposition sowie eigener Ermittlungen und Empfehlungen sollte eine Bezugnahme auf die verschiedenen Entscheidungsalternativen erfolgen.

Nach einer Verhandlung setzen sich VerfahrenspflegerInnen unverzüglich mit dem Kind oder Jugendlichen in Verbindung, erklären und besprechen deren Ergebnis sowie die für das Kind bedeutsamen Konsequenzen. Von dem Verlauf des Gespräches über den abschließenden Verhandlungstermin sollte das Gericht in der Regel in Kenntnis gesetzt und ein entsprechender Bericht zu den Akten gegeben werden. Erscheint aus pädagogischer Sicht ein persönliches Gespräch des Kindes oder Jugendlichen mit dem/der für die Entscheidung verantwortlichenRichterIn sinnvoll und erforderlich, sollten VerfahrenspflegerInnen dies anregen.

5.4 Beschwerde

VerfahrenspflegerInnen sind befugt, eine Beschwerde gegen den Gerichtsbeschluss einzulegen. Auch in der Beschwerdeschrift sind die Vorstellungen des Kindes zur Kenntnis des Gerichts zu bringen. Zur Vertretung Minderjähriger, die das vierzehnte Lebensjahr vollendet haben und Beschwerde einlegen wollen, vgl. Punkt 2.7.

5.5 Beendigung der Tätigkeit

Wechselt die örtliche Zuständigkeit des Gerichtes, sollten VerfahrenspflegerInnen für die im Interesse des Kindes erforderliche Aufrechterhaltung der Kontinuität seiner Vertretung sorgen.

Ist die Aufhebung einer Verfahrenspflegschaft beabsichtigt, weil das Kind durch eine Rechtsanwältin/einen Rechtsanwalt oder eine/n Verfahrensbevollmächtigte/n vertreten werden soll, ist zu prüfen, ob dieser Wechsel dem Kind zuzumuten ist und die unabhängige und zügige Wahrnehmung des „Kindeswohls" gewährleistet wäre. VerfahrenspflegerInnen treten der Aufhebung ihrer Bestellung entgegen, wenn die fragliche Person nicht über die erforderliche Eignung verfügt, in Interessenbindung zu anderen Verfahrensbeteiligten steht oder sich in Anlehnung an ein anwaltliches Mandatsverständnis vom Kind instruieren lassen würde.

Wird ihre Bestellung während des Verfahrens aufgehoben, sollten VerfahrenspflegerInnen die Übergabe der Vertretung sichern. VerfahrenspflegerInnen prüfen insbesondere, ob es dem Kind helfen könnte, die neue Person in ihrer Anwesenheit kennen zu lernen. Um VertreterInnen der wohlverstandenen Kindesinteressen bei ihrer Einarbeitung zu unterstützen, sollten das bisherige Vorgehen sowie vorläufige Einschätzungen dokumentiert werden.

Vor der Beendigung einer Verfahrenspflegschaft sollte die getroffene Gerichtsentscheidung oder Vereinbarung besprochen und mit dem Kind geklärt werden, wen es künftig in schwierigen und problematischen Situationen ansprechen kann. Es ist wichtig, den aus psychologischer Sicht erforderlichen Abschiedsprozess rechtzeitig einzuleiten und dem Kind oder Jugendlichen Gelegenheit zu geben, sich über die gemeinsamen Erfahrungen während der Vertretung zu verständigen.

VerfahrenspflegerInnen sollten auch allen anderen am Verfahren Beteiligten verdeutlichen, dass ihre Aufgabe beendet ist, sofern sie nicht als ErgänzungspflegerIn zur Umsetzung der richterlichen Maßnahmenwahl bestellt wurden. In diesem Fall muss die neue Aufgabe mit dem Kind sowie den anderen Verfahrensbeteiligten besprochen werden.

VerfahrenspflegerInnen sollten fallbezogene Unterlagen und Aufzeichnungen auch nach Ende ihrer Tätigkeit unter Beachtung des Datenschutzes aufbewahren, um auf diese zurückgreifen zu können, falls es erneut zu einem Verfahren – z.B. wegen Abänderung der gerichtlichen Entscheidung – kommt.

5.6 Vergütung

Für die Rechnungsstellung ist es nötig, zeitliche und finanzielle Aufwendungen (z.B. Treffen mit dem Kind, Telefonate, Fahrten, Gesprächstermine, Supervision) übersichtlich und detailliert zu dokumentieren. Für eine langfristige Qualitätssicherung der Interessenvertretung für Kinder und Jugendliche sollten VerfahrenspflegerInnen auf der Vergütung aller erbrachten fachlichen Leistungen bestehen.

B Organisation

Übersicht Rn.

I. Personelle und organisatorische Voraussetzungen	2032
1. Interessenkonflikte	2032
2. Selbstständige Tätigkeit	2034
a) Vorüberlegungen	2034
b) Abschluss von Versicherungen	2035
c) Existenzgründungszuschuss	2046
d) Umsatzsteuer	2047
II. Büroorganisation	2048
III. Bestellung zum Verfahrensbeistand	2051

I. Personelle und organisatorische Voraussetzungen

1. Interessenkonflikte

Bereits in der Begründung zum Regierungsentwurf des § 50 FGG wird darauf hingewiesen, dass durch die Zuständigkeit und Verantwortung des Jugendamtes für die gesamte Familie, und zwar in vielen Fällen schon vor und auch nach dem gerichtlichen Verfahren, die „erforderliche Parteinahme für das Wohl des Kindes" nicht gewährleistet werden kann. In jedem Fall soll eine Interessenkollision zwischen dem gesetzlichen Auftrag der Jugendhilfe und der Aufgabenstellung, die sich aus der Übernahme der Verfahrensbeistandschaft ergibt, unbedingt vermieden werden.[1] Die Praxis belegt, dass **Jugendämter** inzwischen durchweg **nicht zum Verfahrensbeistand bestellt** werden, da sie am familiengerichtlichen Verfahren mitwirken und im Verfahren wegen möglicher Kindeswohlgefährdung Muss-Beteiligte sind (§ 162 Abs. 2 FamFG), zumal die obergerichtliche Rechtsprechung dies in Einzelfällen gerügt hat.[2] Für die Übernahme einer Verfahrensbeistandschaft qualifizierte Mitarbeiter anderer öffentlicher oder freier Träger kommen als Verfahrensbeistand in Betracht, wenn ein Interessenkonflikt ausgeschlossen werden kann. So werden z.B. Mitarbeiter von Erziehungsberatungsstellen bei einer entsprechenden Anfrage des Gerichts häufig zu dem Schluss kommen, dass ihnen mögliche **Rollenkonflikte** die Übernahme der Verfahrensbeistandschaft verbieten.[3]

2032

Die Verfahrensbeistandschaft kann als selbstständige Tätigkeit durchgeführt werden – neben oder anstelle einer versicherungspflichtigen Beschäftigung. Soweit die Verfahrensbeistandschaft neben einem Anstellungsverhältnis wahrgenommen

2033

---

[1] Vgl. Deutsches Institut für Vormundschaftswesen: DIV-Gutachten, DAVorm 1999, 39; Empfehlungen des Deutschen Vereins zur Umsetzung der Kindschaftsrechtsreform in die Praxis der Kinder- und Jugendhilfe, DV 15/99, 27; Standards Verfahrensbeistandschaft – siehe in diesem Handbuch Rn. 2019 ff.; Standards 2001: Punkt 2.2; in gekürzter Form siehe Standards 2012: Punkt 1.2.
[2] OLG Naumburg, DAVorm 1999, 713; siehe Salgo, FPR 1999, 318.
[3] Zitelmann, Kind-Prax 1998, 131; Fricke, ZfJ 1999, 5; Standards Verfahrensbeistandschaft, Punkt 2.2, siehe in diesem Handbuch Rn. 2019 ff.

wird, sind zahlreiche Absprachen hinsichtlich der Unabhängigkeit, der Weisungsfreiheit, des Datenschutzes, des Organisationsablaufs sowie der Vergütung zu treffen. Für Selbstständige „ergibt sich ein Interessenkonflikt, wenn sie aus Gründen der Existenzsicherung eine solche Anzahl von Verfahrensbeistandschaften übernehmen, dass sie den Belangen jedes einzelnen Kindes nicht zu entsprechen vermögen."[4]

2. Selbstständige Tätigkeit

a) Vorüberlegungen

2034 Bei der Gründung einer Existenz als Freiberufler sind im Vorfeld insbesondere folgende Überlegungen anzustellen:

- Traue ich mir zu, diese Tätigkeit als Selbstständige auszuüben?
- Voraussetzung ist, dass eine bestimmte Arbeitszeit verfügbar ist.
- Die derzeitige Vergütungspraxis erfordert einen langen Vorlauf. Es kann dauern, bis die ersten Rechnungen bezahlt werden. Ist das für mich machbar?
- Erforderlich sind Konfliktfähigkeit und selbstbewusstes Auftreten vor Gericht. Traue ich mir notwendige Auseinandersetzungen in diesem Rahmen zu?
- Traue ich mir zu, dass ich damit zurechtkomme, wenn sich andere über mich beschweren?
- Bin ich in der Lage, die Bedürfnisse des Kindes zu erkennen und die fachlichen Anforderungen sicherzustellen?
- Weiß ich, wo meine besonderen Begabungen und Fähigkeiten liegen?
- Traue ich mir zu, eine Verfahrensbeistandschaft abzulehnen, wenn mir die Aufgabe gar nicht liegt oder mir zeitliche Kapazitäten fehlen?
- Verfüge ich über genügend große Distanz zwischen meiner beruflichen und persönlichen Rolle?
- Kenne ich Menschen, mit denen ich über meine Arbeit fachlich reflektieren kann?
- Bin ich persönlich in der Lage, die Anforderungen und Risiken der Freiberuflichkeit sowie mindestens zunächst eine deutliche zeitliche Mehrbelastung auf mich zu nehmen?
- Was sagt mein Partner dazu?
- Verkraften meine Kinder die neue Belastung?
- Habe ich meine rechtliche und steuerliche Situation geklärt?
- Muss ich mich beim Finanzamt und der Berufsgenossenschaft anmelden?

---

4 Standards für Verfahrenspfleger/innen, Punkt 1.2. siehe in diesem Handbuch Rn. 2018 ff.

- Muss ich eine Berufshaftpflicht- oder evtl. auch eine Rechtsschutzversicherung abschließen?
- Brauche ich eine private Krankenversicherung, Altersvorsorge und Absicherung gegen Berufsunfähigkeit?
- Finanzielle Überbrückung?
- Habe ich Anspruch auf Überbrückungsgeld des Jobcenters?
- Habe ich meinen freiberuflichen Einstieg gründlich vorbereitet?
- Weiterbildung, fachliche Beratung, Supervision?
- Standort? (eigenes Büro, Bürogemeinschaft oder Arbeitsmöglichkeit zu Hause) Erreichbarkeit? (Telefon, Handy, Anrufbeantworter, Fax, E-Mail) Gewährleistung des Datenschutzes?
- Organisation? (zeitliche Planung, Reserven)
- Habe ich die Möglichkeiten der Zusammenarbeit mit anderen geprüft?
- Mitgliedschaft im BVEB e.V. (Berufsverband der Verfahrensbeistände, Ergänzungspfleger und Berufsvormünder für Kinder und Jugendliche)?
- Existieren Arbeitsgemeinschaften vor Ort oder in der Region?
- Wo kann ich kollegiale Beratung erhalten?

b) Abschluss von Versicherungen

- **Gesetzliche Unfallversicherung** 2035

Als selbstständig Tätige sind alle Verfahrensbeistände verpflichtet, sich in der gesetzlichen Unfallversicherung anzumelden (§ 2 Abs. 1 Nr. 9 SGB VII). Etwas anderes gilt für Rechtsanwälte, für die die Verwaltungs-Berufsgenossenschaft zuständig ist. Die Gesetzliche Unfallversicherung – kurz BGW – ist die gesetzliche Unfallversicherung für nichtstaatliche Einrichtungen im Gesundheitsdienst und in der Wohlfahrtspflege. Versichert sind alle Arbeitnehmer und Selbstständige. Bei Aufnahme der Tätigkeit muss eine Anmeldung in der Berufsgenossenschaft für Gesundheitsdienst und Wohlfahrtspflege (BGW), Pappelallee 33–37, 22089 Hamburg, Tel. 040/20207-0 erfolgen (www.bgw-online.de). Die Anmeldung sollte binnen einer Woche nach Aufnahme der Tätigkeit erfolgen.

Leistungen: Rehabilitation, Berufliche Maßnahmen wie Umschulung, Aus- und Fortbildung und auch soziale Maßnahmen wie Wohnungshilfe.

Sekundäre Individualprävention: Versicherten, die an einer berufsbedingten Erkrankung leiden, bietet die BGW spezifische Maßnahmen der Sekundären Individualprävention an. Dadurch wird vielen Versicherten ermöglicht, trotz ihrer Erkrankung in ihrem Beruf zu verbleiben.

Der Jahresbeitrag wird jährlich angepasst. Die Beitragsberechnung erfolgt rückwirkend für das abgelaufene Kalenderjahr.

2036 • **Haftpflichtversicherung**

Eine private Haftpflichtversicherung ist unbedingt zu empfehlen. Jeder, der ein eigenes Einkommen erzielt, muss sich um seinen Versicherungsschutz selbst kümmern. Ausnahmen gelten hier nur für Ehe- oder Lebenspartner. Es gilt hier zu prüfen, ob bereits eine Versicherung besteht.

2037 • **Betriebshaftpflichtversicherung**

Alle stimmberechtigten Mitglieder des BVEB e.V. haben die Möglichkeit, eine Betriebshaftpflicht- und/oder Vermögensschadensversicherung zu günstigen Konditionen abzuschließen. Eine Versicherung ist für die Tätigkeit anzuraten.

Beispiel: Ein Verfahrensbeistand geht mit Kindern im Rahmen eines Hausbesuchs auf den Spielplatz. Das dreijährige Kind klettert dabei auf ein Klettergerüst und fällt hinunter, während sich der Verfahrensbeistand mit dem größeren Kind unterhält. Der hieraus entstehende Personenschaden wird durch die Betriebshaftpflichtversicherung übernommen.

• **Arbeitslosenversicherung für Freiberufler**

Bislang war es für Selbstständige und Freiberufler wenig attraktiv, sich freiwillig gegen Arbeitslosigkeit zu versichern. Der Auszahlungsbetrag stand in keinem Verhältnis zu den Beiträgen. Seit dem Jahr 2013 ist die Auszahlungsleistung an das Qualifikationsniveau gekoppelt. Diese Versicherungsmöglichkeit betrifft aber nur diejenigen, die vorher innerhalb der letzten drei Jahre mindestens 12 Monate versicherungspflichtig beschäftigt waren oder unmittelbar vor der Aufnahme ihrer Tätigkeit Arbeitslosengeld bekommen haben. Der Antrag muss spätestens drei Monate nach Aufnahme der selbstständigen Tätigkeit bei der Arbeitsagentur des Wohnortes abgegeben werden (www.arbeitsagentur.de).

2038 • **Rechtsschutzversicherung**

Es sollte geprüft werden, ob eine Rechtsschutzversicherung besteht, die die berufliche Absicherung mit einschließt.

2039 • **Vorsorgeversicherungen (gesetzliche Rentenversicherung – private Vorsorge)**

Für Selbstständige besteht **keine Sozialversicherungspflicht** in der gesetzlichen Rentenversicherung. Hier überlässt der Gesetzgeber dem Selbstständigen die Entscheidung, wie er sich in Bezug auf Alter, Berufsunfähigkeit, Tod absichert. In der gesetzlichen Rentenversicherung hat der Selbstständige folgende **Wahlmöglichkeiten:**

2040 *Pflichtmitgliedschaft auf Antrag*

Hier entscheidet sich der Selbstständige einmalig für die weitere Pflichtmitgliedschaft. Dies bedeutet für ihn eine endgültige Entscheidung. Nach Aufnahme der selbstständigen Tätigkeit besteht eine 5-jährige Entscheidungsmöglichkeit zu dieser Variante. Bei einer Pflichtmitgliedschaft kann entweder der Regelbeitrag oder ein einkommensabhängiger Beitrag entrichtet werden. Für die ersten drei Jahre der Selbstständigkeit ist die Zahlung des halben Regelbeitrages erforderlich (www.deutsche-rentenversicherung.de). Die Pflichtmitgliedschaft für Selbstständige ist vor allem interessant, wenn man einen Anspruch auf die gesetzliche Erwerbsminderungsrente erwerben möchte. Die Voraussetzung wird erfüllt, wenn man in den letzten fünf Jahren vor Eintritt der Invalidität mindestens drei Jahre lang Pflichtbeiträge gezahlt hat.

Freiwillige Mitgliedschaft 2041

Der Selbstständige kann sich jederzeit entscheiden, freiwillige Beiträge zwischen dem jeweiligen Mindestbeitrag und dem Höchstbeitrag zu entrichten. Der monatliche Mindestbeitrag liegt bei ca. 80,00 €. Er berechnet sich aus dem aktuellen Satz für die gesetzliche Rentenversicherung (derzeit 18,6 %), bezogen auf 450,00 €. Der maximale Beitrag basiert auf der Beitragsbemessungsgrenze, die jährlich neu festgelegt wird. Ein gezahlter Beitrag kann nachträglich allerdings nicht mehr geändert werden.

Keine weitere Mitgliedschaft mehr

In diesem Fall ist eine private Vorsorge dringend erforderlich.

Private Vorsorge 2042

Die Private Vorsorge kann durch eine Kapitallebensversicherung mit Berufsunfähigkeits-Zusatzversicherung getroffen werden. Damit besteht dann ein entsprechender Schutz für die Hinterbliebenen, die Absicherung im Alter und für den Fall der vorzeitigen Berufsunfähigkeit. Falls nach Beratung eine Lebensversicherung für die Absicherung im Alter in Frage kommt, kann über den BVEB e.V. für Mitglieder der Versicherungsservice mit Beratung in Anspruch genommen werden. Ebenso besteht die Möglichkeit zum Abschluss einer Berufsunfähigkeitsversicherung. Gerade bei den Vorsorgeversicherungen ist eine Beratung über das bisherige „Rentenkonto" unerlässlich. Erst dann kann entschieden werden, wie die weitere Versorgung auszusehen hat.

- **Krankenversicherung** 2043

Wenn ein Verfahrensbeistand teils angestellt und teils freiberuflich arbeitet, ist davon auszugehen, dass er vom Arbeitgeber automatisch bei einer gesetzlichen Krankenkasse gemeldet ist. Entscheidend ist die Frage, welcher der Tätigkeiten das Hauptgewicht zukommt – ob freiberuflich oder angestellt. Hierbei spielen sowohl das Einkommen als auch der Zeitaufwand eine Rolle.

Wer sich als **Selbstständiger freiwillig in einer gesetzlichen Krankenkasse** 2044 versichern will, muss seine Einkommenssituation gegenüber der Krankenkasse dokumentieren, z.B. durch die letzte Einkommenssteuererklärung. Ansonsten muss der gesetzliche Mindestbeitrag gezahlt werden, der jährlich überprüft wird. Da die Leistungen der gesetzlichen Krankenversicherung im Wesentlichen per Gesetz vorgeschrieben sind, ist die Beitragshöhe das ausschlaggebende Argument für die Auswahl. Als freiwilliges Mitglied in der gesetzlichen Krankenversicherung partizipiert man an den Vorteilen der Familienversicherung (Ehegatte und Kinder) bei einer bestimmten Einkommensgrenze.

2045 Es besteht ebenso die Möglichkeit, Mitglied in einer **privaten Krankenversicherung** zu werden. Entscheidet man sich für die private Absicherung, müssen alle nicht erwerbstätigen Familienmitglieder separat versichert werden.

c) Existenzgründungszuschuss

2046 Arbeitnehmer, die durch Aufnahme einer selbstständigen, hauptberuflichen Tätigkeit die Arbeitslosigkeit beenden, haben Anspruch auf einen monatlichen Existenzgründungszuschuss. Der Zuschuss wird geleistet, wenn der Existenzgründer

- bis zur Aufnahme der selbstständigen Tätigkeit einen Anspruch auf Arbeitslosengeld von mindestens 150 Tagen hat,

- der zeitliche Umfang der selbstständigen Tätigkeit zur Beendigung der Arbeitslosigkeit führt und mindestens 15 Stunden wöchentlich beträgt,

- die notwendigen Kenntnisse und Fähigkeiten zur Ausübung der selbstständigen Tätigkeit dargelegt werden,

- die Tragfähigkeit der Existenzgründung der Agentur für Arbeit nachgewiesen wird – hierzu ist eine Stellungnahme der fachkundigen Stelle vorzulegen; fachkundige Stellen sind insbesondere Industrie- und Handelskammern.

- Der Gründungszuschuss wird in zwei Phasen geleistet: Für sechs Monate wird der Zuschuss in Höhe des zuletzt bezogenen Arbeitslosengeldes zur Sicherung des Lebensunterhaltes und 300,00 € zur sozialen Absicherung gewährt. Für weitere neun Monate können 300,00 € pro Monat zur sozialen Absicherung gewährt werden, wenn eine intensive Geschäftstätigkeit und hauptberufliche unternehmerische Aktivitäten dargelegt werden.

- Eine erneute Förderung ist nicht möglich, wenn seit dem Ende einer Förderung und der Aufnahme einer selbstständigen Tätigkeit nach dem SGB III noch nicht 24 Monate vergangen sind.

d) Umsatzsteuer

2047 Selbstständige fallen unter den Begriff des Kleinunternehmers im Sinne des § 19 UStG, wenn ihr Umsatz zuzüglich der darauf entfallenen Umsatzsteuer (also der „Brutto-Umsatz")

- im Vorjahr unter 17.500,00 € lag und

- im laufenden Kalenderjahr 50.000,00 € voraussichtlich nicht übersteigen wird.

- Für Gründer kommt es darauf an, ob der Umsatz im Jahr der Betriebsgründung voraussichtlich die 17.500,00 €-Grenze überschreiten wird. Sollte sich der tatsächliche Umsatz im Nachhinein als höher herausstellen, sind keine Strafen oder Nachzahlungen zu befürchten.

- Kleinunternehmer brauchen keine Umsatzsteuer an das Finanzamt abzuführen.

- Am 10.10.2019 veröffentlichte der Bundesfinanzhof sein Urteil vom 17.7.2019.[5] Darin stellte er fest, dass an der Tätigkeit eines Verfahrensbeistands in Kindschaftssachen ein besonderes Gemeinwohlinteresse besteht. Deshalb ist die Tätigkeit als Verfahrensbeistand umsatzsteuerfrei; folglich bleiben diese Tätigkeiten bei der Berechnung der Umsatzsteuergrenze des § 19 Abs. 1 UStG außer Betracht.

Broschüre und Tipps im Internet

- Die Broschüre „Starthilfe: der erfolgreiche Weg in die Selbstständigkeit" des Bundesministeriums für Wirtschaft und Energie bietet unter anderem einen Überblick über die verschiedenen Gründungswege und gibt Tipps vom kaufmännischen Einmaleins bis zur Personalführung. Sie steht zum Download unter www.existenzgruender.de > Mediathek > Publikationen > Broschüren und Flyer (Stand Mai 2019) zur Verfügung. Zudem lohnt sich ein Blick auf das Existenzgründungsportal des Bundesministeriums für Wirtschaft unter www.existenzgruender.de. Es versteht sich als bundesweite und zentrale Anlaufstelle für Gründerinnen und Gründer. Weitere Informationen finden sich unter www.aok-business.de/existenzgruendung.

II. Büroorganisation

Jeder Verfahrensbeistand muss sich darüber im Klaren sein, dass eine sorgfältige Aktenführung und -aufbewahrung Voraussetzung für die Durchführung der Verfahrensbeistandschaft ist. Es empfiehlt sich, den Akteninhalt systematisch zu ordnen, z.B. chronologisch nach Eingang oder auch getrennt nach Aktenauszügen/Korrespondenz mit Gericht/anderem Schriftverkehr und eigenen Aufzeichnungen. Für jede der Akten sollte ein Deckblatt angelegt werden, das ständig mit den neuesten Informationen vervollständigt wird (persönliche Daten des Kindes, der Eltern, zuständiger Mitarbeiter des Jugendamtes, sonstige wichtige Personen, Erzieher bzw. Lehrer usw., jeweils mit Angabe der Telefonnummer). 2048

▶ Siehe hierzu die Muster „Aktendeckblatt" im Anhang.

Die eingehende Post muss täglich persönlich bearbeitet werden. Termine und Wiedervorlagen müssen im Kalender notiert werden. Es empfiehlt sich, Eilfälle und Terminsachen besonders zu markieren. Jedes Schreiben an Gericht und Behörden muss mit dem jeweiligen Aktenzeichen versehen werden. Der Inhalt von Telefongesprächen und sich daraus ergebende Termine sollten sofort festgehalten und in die Akte einsortiert werden. 2049

Es empfiehlt sich auch, sich eine Notiz zu machen, wann der Verfahrensbeistand zum ersten Mal seine Tätigkeit entfaltet hat. Zudem sollte die **Rechnungstellung** alsbald erfolgen, um die Frist von 15 Monaten zur Geltendmachung des Vergütungsanspruchs nicht zu versäumen (siehe hierzu ausführlich Bauer in diesem Handbuch, Rn. 2126) und sodann, ggf. mit dem Rechnungsdatum, zu notieren, 2050

---

5 BFH, Urteil v. 17.7.2019, V R 27/17, juris.

um den Geldeingang ohne Zeitaufwand kontrollieren zu können. Hier kann beispielsweise ein Punkt auf das Aktendeckblatt aufgeklebt werden, auf dem das Rechnungsdatum vermerkt ist.

III. Bestellung zum Verfahrensbeistand

2051   Es empfiehlt sich, persönlichen **Kontakt mit Familienrichtern** herzustellen und ihnen mitzuteilen, dass man bereit ist, Verfahrensbeistandschaften zu übernehmen. Der schriftlichen Bewerbung sollte ein Lebenslauf, ggf. Kopien des Diploms bzw. anderen Abschlusses sowie des Zertifikates der Weiterbildung zum Verfahrensbeistand beigefügt werden. Da die Unterlagen häufig an alle Familienrichter in Umlauf gegeben werden, ist zu empfehlen, ausreichend Visitenkarten beizufügen, damit jeder Richter eine Visitenkarte für seine persönlichen Unterlagen entnehmen kann.

2052   Auch kann es ratsam sein, **Kontakt mit dem Jugendamt** aufzunehmen, da dieses Verfahrensbeistandschaften anregen bzw. qualifizierte und geeignete Personen benennen kann.

2053   Es besteht weiterhin die Möglichkeit, sich mit mehreren Verfahrensbeiständen aus der Region zusammenzuschließen, ggf. einen gemeinsamen Flyer zu entwickeln, welcher dann an die entsprechenden Einrichtungen (Gericht, Jugendamt, Kinderschutzbund, Beratungsstellen etc.) verteilt werden kann. Auch hierbei ist es wichtig, dass die Verfahrensbeistände sich mit Qualifikationen und Spezialisierungen (Geschlecht, Ethnien, Fremdsprachenkenntnisse, Altersgruppen, Fallkonstellationen etc.) vorstellen. Bundesweit sind Vereine gegründet worden, die sich für die Rechte von Kindern und Jugendlichen einsetzen. Soweit in diesem Rahmen Verfahrensbeistandschaften für Kinder und Jugendliche übernommen werden, ist es besonders wichtig, auf die Unabhängigkeit, Qualifikation und fundierte Weiterbildung der Verfahrensbeistände zu achten.

C Entschädigung

Übersicht		Rn.
I.	Entschädigungsansprüche ehrenamtlicher Verfahrensbeistände	2054
II.	Berufsmäßig geführte Verfahrensbeistandschaft	2057
	1. Einführung	2057
	2. Anerkennung als Berufsverfahrensbeistand	2060
	a) Pflicht zur Feststellung der Berufsmäßigkeit	2060
	b) Unterbliebene Feststellung der Berufsmäßigkeit	2064
	3. Maßstäbe für die Feststellung der Berufsmäßigkeit	2067
	4. Anwendung der Regelungen des Betreuungsrechts	2070
	5. Regelbeispiele der Berufsverfahrensbeistandschaft	2074
III.	Anspruch des (Berufs-)Verfahrensbeistands auf Entschädigung in den Kindschaftssachen (§ 151 Nr. 1 bis 5 FamFG), in Abstammungssachen (§ 174 FamFG) und in Adoptionssachen (§ 191 FamFG)	2081
IV.	Entschädigung des (Berufs-)Verfahrensbeistands in Unterbringungsverfahren	2103
V.	Entstehung des Anspruches auf Vergütung	2122
VI.	Ausschlussfrist für die Geltendmachung des Vergütungsanspruches	2126
VII.	Ersatz von Aufwendungen	2129
VIII.	Entschädigungsverfahren	2132
IX.	Rechtsmittel gegen die Festsetzung der Entschädigung	2135
	1. Rechtsmittel bei unterlassener Feststellung der Berufsmäßigkeit der Verfahrensbeistandschaft	2135
	2. Rechtsmittel gegen den Festsetzungsbeschluss	2136
	3. Rechtsmittel gegen die Vergütungsentscheidung im vereinfachten Verfahren	2139
X.	Kostenregress der Staatskasse	2141

I. Entschädigungsansprüche ehrenamtlicher Verfahrensbeistände

Der ehrenamtliche Verfahrensbeistand kann eine Vergütung nicht beanspruchen (auch nicht die nach der Ausnahmevorschrift des 1836 Abs. 2 BGB), hat aber einen Anspruch auf Ersatz seiner für die Führung der Beistandschaft getätigten **Aufwendungen** nach § 1835 Abs. 1 bis 2 BGB. Insoweit orientiert sich der Entschädigungsanspruch des nach §§ 158, 174, 191 FamFG bestellten **ehrenamtlichen** Verfahrensbeistands (Aufwendungsersatz und Vergütung) an den Vorschriften des betreuungsrechtlichen Verfahrenspflegers, bestimmt sich also nach § 277 Abs. 1 FamFG (§ 158 Abs. 7 Satz 1 FamFG). Einen Vorschuss auf zu tätigende Aufwendungen kann der Beistand aber nicht verlangen, §§ 277 Abs. 1, 158 Abs. 7 Satz 1 FamFG. Auch die in § 1835a BGB vorgesehene pauschale Aufwandsentschädigung (zurzeit 399,00 Euro pro Jahr) können ehrenamtliche Verfahrensbeistände nicht beanspruchen, weil diese Vorschriften zu den von der Bezugnahme ausgenommenen Bestimmungen gehören, vgl. §§ 277 Abs. 1, 158 Abs. 7 Satz 1, 318 FamFG. Für sie bleibt folglich nur der Anspruch auf Aufwendungsersatz (z.B. für Fahrt-, Telefon-, Portokosten, Kosten der Akteneinsicht bei Gericht etc.) nach

2054

§ 1835 BGB bestehen.[1] Wegen der Ansprüche ehrenamtlicher Verfahrensbeistände auf Aufwendungsersatz nach § 1835 BGB wird auf die ausführliche Einzelerläuterung in den einschlägigen Kommentaren und Handbüchern verwiesen.[2]

2055 Dem Jugendamt oder einem Verein steht als Verfahrensbeistand in Kindschaftssachen weder eine Vergütung noch ein Aufwendungsersatz zu, §§ 277 Abs. 1 Satz 3, Abs. 2 FamFG, § 1836 Abs. 3 BGB. Wird allerdings der Mitarbeiter eines anerkannten Betreuungsvereines zum berufsmäßigen Verfahrensbeistand in einer Kindschaftssache bestellt, steht der sich nach § 158 Abs. 7 Satz 2 und 3 FamFG ergebende Vergütungsanspruch entsprechend § 277 Abs. 4 Satz 1 FamFG dem Betreuungsverein zu.[3] Diese Rechtsprechung wird man auch auf die hauptamtlichen Mitarbeiter eines Vereines erstrecken können, der sich außerhalb des Betreuungsrechts auf die berufsmäßige Führung von Verfahrensbeistandschaften für Minderjährige spezialisiert hat. Denn die Tätigkeit von Vereinen im Rahmen der Verfahrensbeistandschaft widerspricht nicht der Gesetzessystematik. § 158 Abs. 7 Satz 1 FamFG ordnet für den Aufwendungsersatz des nicht berufsmäßigen Verfahrensbeistands die entsprechende Anwendung von § 277 Abs. 1 FamFG an, der sich wiederum in seinem Satz 3 unter anderem mit dem Verein als Verfahrenspfleger befasst. Mithin geht das Gesetz von der Möglichkeit aus, dass auch eine Verfahrensbeistandschaft durch einen Verein geführt werden kann. Vereine werden in diesem Bereich aber regelmäßig durch Mitarbeiter tätig.[4]

2056 Dienste, die der ehrenamtliche Verfahrensbeistand im Rahmen seines Gewerbes oder Berufes erbringt, sind hier allenfalls bei Rechtsanwälten denkbar, die die Verfahrensbeistandschaft allerdings regelmäßig berufsmäßig führen. Für sie ist ein Vergütungsanspruch in Höhe der Gebühren des RVG regelmäßig ausgeschlossen, weil § 1835 Abs. 3 BGB keine Anwendung findet, § 277 Abs. 1 FamFG (vgl. in diesem Sinne auch § 1 Abs. 2 Satz 1 RVG).

II. Berufsmäßig geführte Verfahrensbeistandschaft

1. Einführung

2057 Die Verfahrensbeistandschaft wird entgeltlich geführt, wenn das Gericht bei der Bestellung des Verfahrensbeistands feststellt, dass der Verfahrensbeistand die Verfahrensbeistandschaft im Rahmen seiner Berufsausübung führt **(Berufsverfahrensbeistand)**, §§ 158 Abs. 7 Satz 2, 167 Abs. 1 Satz 2 FamFG.

2058 § 158 Abs. 7 FamFG sieht die gesonderte Feststellung der Berufsmäßigkeit zwar als Voraussetzung des Entschädigungsanspruchs vor, regelt aber nicht die Voraussetzungen, nach denen sich diese Feststellung richtet, da dort eine Bezugnahme

---

1 Vgl. zu Einzelheiten HK-BUR/Bauer, § 277 FamFG Rn. 28 ff., 31; HK-BUR/Bauer/Deinert, § 1835 BGB Rn. 21 ff., 28 ff.
2 Z.B. Kommentierung des § 1835 BGB von Deinert/Bauer im Heidelberger Kommentar zum Betreuungs- und Unterbringungsrecht (HK-BUR); Deinert/Lütgens: Die Vergütung des Betreuers.
3 BGH, Beschluss vom 27.11.2013, XII ZB 682/12, FGPrax 2014, 62.
4 BGH FamRZ 2014, 373–374, unter Hinweis auf Keidel/Engelhardt, FamFG 17. Aufl. § 158 Rn. 33.

auf die betreuungsrechtliche Vorschrift des Verfahrenspflegers nach § 277 Abs. 2 FamFG und damit auf § 1836 Abs. 1 BGB i.V.m. § 1 VBVG fehlt. Es dürfte sich aber nur um eine irrtümliche redaktionelle Unterlassung des Gesetzgebers handeln, sodass die Bezugnahme auf die genannten Voraussetzungen einer **berufsmäßig geführten Verfahrensbeistandschaft** zu unterstellen ist.

Eine entsprechende **Feststellung** ist jedenfalls auch für Beistandschaften nach §§ 158, 167 FamFG **unverzichtbar**, um keine Unklarheiten aufkommen zu lassen, ob die Beistandschaft ehrenamtlich oder berufsmäßig geführt wird. Der berufsmäßig bestellte Verfahrensbeistand hat in diesem Fall nach § 158 Abs. 7 Satz 2 und 3 FamFG einen Anspruch auf Zahlung einer Entschädigung, der sich nach §§ 158 Abs. 7 Satz 5, 167 Abs. 1 Satz 2 FamFG **gegen die Staatskasse** richtet. Für das Verfahren auf Festsetzung der Zahlung der Vergütung gilt § 168 Abs. 1 FamFG entsprechend, vgl. § 158 Abs. 7 Satz 6 FamFG.

2059

2. Anerkennung als Berufsverfahrensbeistand

a) Pflicht zur Feststellung der Berufsmäßigkeit

Berufsverfahrensbeistand ist, wer nach der entsprechenden Feststellung des den Verfahrensbeistand bestellenden Gerichts Verfahrensbeistandschaften berufsmäßig führt. Diese Feststellung „hat" das Gericht zu treffen, wenn dem Verfahrensbeistand in einem solchen Umfang Verfahrensbeistandschaften übertragen sind, dass er sie „nur im Rahmen seiner Berufsausübung führen kann", oder zu erwarten ist, dass dem Beistand in absehbarer Zeit Beistandschaften in diesem Umfang übertragen sein werden, vgl. §§ 1 Abs. 1 VBVG, 1836 Abs. 1 Satz 2 und 3 BGB i.V.m. § 277 Abs. 2 FamFG. Es reicht also bei **erstmaliger Bestellung** (Stichwort „**Berufseinsteiger**") die Erwartung, dass dem Verfahrensbeistand „in absehbarer Zeit" Beistandschaften in entsprechendem Umfange übertragen werden, § 1836 Abs. 1 Satz 3 Alternative 2 BGB. Den Besonderheiten des familiengerichtlichen Verfahrens hat die Auslegung der genannten aus dem Vormundschafts- und Betreuungsrecht stammenden Vorschriften allerdings Rechnung zu tragen: Wer wegen seiner besonderen beruflichen Qualifikation eine Verfahrensbeistandschaft übertragen bekommt, hat daher auch bei erstmaliger oder einmaliger Bestellung Anspruch darauf, dass seine Tätigkeit als berufsmäßig festgestellt wird.[5]

2060

▶ **Wegen der Einzelheiten wird auf Rn. 2070 ff. verwiesen.**

Schon bei der Bestellung des Verfahrensbeistands „hat" das Gericht festzustellen, ob der Beistand die Beistandschaft berufsmäßig führt, §§ 1836 Abs. 1 Satz 2 BGB, 158 Abs. 7 Satz 2, 167 Abs. 1 Satz 2 FamFG. Aus praktischen Gründen wird das Gericht die entsprechende Feststellung direkt in den Tenor oder zumindest in die

2061

---

[5] OLG Brandenburg FamRZ 2003, 935; Zorn in: Bork/Jacoby/Schwab, FamFG, Kommentar, § 158 FamFG Rn 34.

Gründe des Beschlusses über die Bestellung aufnehmen, auch wenn dies in § 277 FamFG so nicht vorgesehen ist, z.B.:

> „Zum berufsmäßig tätigen Verfahrensbeistand wird nach § 158 bzw. nach § 167 Abs. 1 FamFG
>
> Frau/Herr … … bestellt."

oder

> „Der Verfahrensbeistand übt die Beistandschaft berufsmäßig aus."

oder

> „Gründe: Da Frau/Herr … Verfahrensbeistandschaften im Rahmen ihrer/seiner Berufsausübung führt, ist dies nach §§ 1836 Abs. 1 Satz 2 BGB, 158 Abs. 7 FamFG entsprechend festzustellen."

2062 Möglich ist aber auch ein die Entscheidung über die Bestellung zum Verfahrensbeistand interpretierender Begleitbeschluss, in dem die Feststellung der berufsmäßigen Führung der Verfahrensbeistandschaft getroffen und begründet wird.

2063 **b) Unterbliebene Feststellung der Berufsmäßigkeit**

Einige Gerichte sind mit den betreuungsrechtlich geprägten Entschädigungsvorschriften nicht vertraut und vergessen deshalb die Feststellung, dass die Verfahrensbeistandschaft berufsmäßig geführt wird. Das kann etwa deshalb passieren, weil das Gericht rechtsirrtümlich und entgegen der BGH-Rechtsprechung davon ausgeht, mit der Berufsbezeichnung des Verfahrenspflegers (insbesondere als Rechtsanwalt) sei bereits die Berufsmäßigkeit der Verfahrensbeistandschaft festgestellt.[6] Eine nachträgliche Feststellung oder Bestätigung, dass die Verfahrensbeistandschaft als berufsmäßige entgeltlich geführt wird, sieht das FamFG zwar nicht ausdrücklich vor. Sie ist aber auf entsprechende Beschwerde des (Berufs-)Verfahrensbeistands gegen den die Feststellung nicht treffenden Bestellungsbeschluss möglich: Die Feststellung der berufsmäßigen Führung der Verfahrensbeistandschaft hat für die (Pflicht-)Vergütung bzw. die Fallpauschale nach § 158 Abs. 7 Satz 2 und 3 FamFG konstitutive Wirkung. Ohne sie wird eine Vergütung auch ex post nicht gewährt. Die darin liegende Beschwer legitimiert den Verfahrensbeistand zur Beschwerde gegen einen Beschluss über die Bestellung zum Verfahrensbeistand, der ihm eine Vergütung als Berufsverfahrensbeistand nicht eröffnet.[7]

2064 Das gilt für Kindschafts-, Adoptions- und Abstammungssachen, weil in dem entsprechenden Bestellungsbeschluss zugleich eine anfechtbare Endentscheidung im Sinne des § 58 Abs. 1 FamFG zu sehen ist, mit der dem Verfahrensbeistand eine

---

6 Keidel/Budde, § 277 FamFG Rn. 5, unter Hinweis auf BGH, FamRZ 2014, 736.
7 Strittig, vgl. Fn. 6; vgl. bejahend BGH, BtPrax 2014, 76, 77, für den Berufsbetreuer, allerdings nur mit Wirkung für die Zukunft.

Entschädigung als Berufsverfahrensbeistand verwehrt wird.[8] Folgt man dieser Auffassung nicht, kann der Berufsverfahrensbeistand sofort nach Erlass des Bestellungsbeschlusses und Beginn der Wahrnehmung der Interessen des Kindes die Festsetzung der Fallpauschale des § 158 Abs. 7 Satz 2 und 3 FamFG gegen die Staatskasse nach §§ 168, 158 Abs. 7 Satz 5 und 6 FamFG beantragen und den die Festsetzung abweisenden Beschluss als Endentscheidung über die Entschädigung (vgl. § 58 Abs. 1 FamFG) mit der Beschwerde bzw. mit der Rechtspflegererinnerung angreifen.

In der Regel wird das Gericht die Feststellung der Berufsmäßigkeit der Verfahrensbeistandschaft tatsächlich nur irrtümlich unterlassen haben. In diesem Falle kommt neben einer Beschwerde auch eine (ergänzende) Berichtigung des Bestellungsbeschlusses nach § 42 FamFG in Betracht. Das setzt aber eine offenbare Unrichtigkeit des Bestellungsbeschlusses voraus, die sich aus dem Beschluss selbst oder den auch für Dritte erkennbaren Umständen seines Erlasses ergeben kann.[9] Der **Berichtigungsantrag** sollte zum Beleg der offenbaren Unrichtigkeit den Hinweis samt Belegen dazu enthalten (z.B. durch Vorlage des an das Gericht gerichteten „Bewerbungsschreibens"), dass sich der Verfahrensbeistand dem Gericht generell nur unter den Bedingungen der Berufsmäßigkeit der Tätigkeit und unter keinen Umständen als Ehrenamtler zur Verfügung gestellt hat. Das wird dem den Verfahrensbeistand bestellenden Gericht regelmäßig auch bekannt sein, sodass die Berichtigung unproblematisch möglich sein wird. Sollte die Berichtigung des Bestellungsbeschlusses dennoch verweigert werden, ist der zurückweisende Beschluss **nicht anfechtbar**, § 42 Abs. 3 Satz 1 FamFG. Der eine Berichtigung aussprechende Beschluss hingegen ist z.B. für die Staatskasse nach §§ 567 bis 572 ZPO analog anfechtbar, § 42 Abs. 3 Satz 2 FamFG. Anzuraten ist nach alledem, vorrangig einen – jederzeit auch neben einem Beschwerdeverfahren zulässigen – Berichtigungsantrag zu stellen und im Falle der Zurückweisung eine Beschwerde gegen den Bestellungsbeschluss einzulegen. Ein bedingtes, also nur hilfsweise eingelegtes Rechtsmittel für den Fall der Zurückweisung des Berichtigungsantrages ist hingegen unzulässig.[10]

2065

> Zu Einzelheiten der Rechtsmittel vgl. unten Rn. 2135 ff.

Eine die Vergütung unter Hinweis auf das Fehlen der Feststellung der Berufsmäßigkeit versagende Entscheidung ist nach § 63 Abs. 1 FamFG mit der befristeten Beschwerde binnen eines Monats ab Bekanntmachung/Zustellung an den Verfahrensbeistand anfechtbar. Ein Berichtigungsantrag nach § 42 FamFG ist hingegen an eine Frist nicht gebunden und jederzeit zulässig.

2066

---

8 Strittig; wie hier MünchKomm-FamFG/Schumann, § 158 FamFG Rn. 45; Damrau/Zimmermann, § 276 FamFG Rn. 64; HK-BUR/Bauer, § 277 FamFG Rn. 37; a.A. BGH FGPrax 2013, 207 = FamRZ 2013, 1301; Keidel/Budde, § 277 FamFG Rn. 5.
9 BGH FGPrax 2013, 207; Keidel/Budde, § 277 FamFG Rn. 5; HK-BUR/Bauer/Deinert, § 1836 BGB Rn. 37a ff.
10 Keidel/Budde, § 42 FamFG Rn. 30, mit Hinweis auf OLG Nürnberg, FamRZ 2014, 1395 und OLG Zweibrücken, FamRZ 2014, 1111.

3. Maßstäbe für die Feststellung der Berufsmäßigkeit

2067 Ein Ermessen des Gerichtes, ob es die Feststellung der Berufsmäßigkeit treffen will oder nicht, besteht bei Vorliegen der unter Rn. 2057 ff. 2068 ff. genannten Voraussetzungen nicht („… hat diese Feststellung zu treffen …", § 1 VBVG, § 1836 Abs. 1 BGB, § 277 Abs. 2 FamFG): Nach der Entscheidung des BVerfG vom 1.7.1980 zur Entschädigung von Berufsvormündern[11] kommt eine unentgeltliche Führung von Pflegschaften und Vormundschaften nach Art. 12 GG nur in den Fällen in Betracht, in denen dies noch mit dem Leitbild der echten Einzelvormundschaft in Einklang zu bringen ist, die üblicherweise als allgemeine staatsbürgerliche Pflicht außerhalb einer Berufstätigkeit, ohne wesentlichen Zeitaufwand und ohne unzumutbare Belastung in der Freizeit des Betreuers ausgeführt werden kann.[12]

2068 Die dazu bislang ergangene Rechtsprechung zum Betreuungsgesetz 1992[13] sah spätestens bei zehn Betreuungen die Grenze, ab der in jedem Falle von Berufsbetreuung auszugehen war. Davon hat sich offenbar auch der Gesetzgeber des 1. BtÄndG leiten lassen, wenn er von Berufsbetreuung jedenfalls ausgeht, sobald mehr als zehn Betreuungen geführt werden (vgl. das Regelbeispiel für Berufsmäßigkeit in § 1 Abs. 1 Satz 2 Nr. 1 VBVG i.V.m. § 1836 Abs. 1 BGB).

2069 Das schließt aber nicht aus, dass schon bei Übernahme auch nur einer einzigen Betreuung mit überdurchschnittlich hoher zeitlicher und psychischer Belastung die Unentgeltlichkeit entfallen musste. Erst recht dann, wenn die Betreuung dem Betreuer im Hinblick auf dessen berufliche Ausbildung und Kenntnisse übertragen worden war.[14] Die wohl überwiegende Rechtsprechung sah deshalb das Leitbild der ehrenamtlich zu führenden Betreuung schon ab einer Fallzahl von drei Betreuungen als nicht mehr erfüllt an und vergütete in diesen Fällen nach den Kriterien der Berufsbetreuung.[15]

4. Anwendung der Regelungen des Betreuungsrechts

2070 Nach § 158 Abs. 7 i.V.m. § 277 FamFG sind die Regelungen des Betreuungsrechts über die Entschädigung von gesetzlichen Betreuern und Verfahrenspflegern (§ 276 FamFG) für das Kindschaftsrecht bzw. Familienrecht entsprechend anwendbar (vgl. Rn. 2058). Die Besonderheiten des Kindschaftsrechts sind aber zu berücksichtigen: Regelmäßig hat das den Verfahrensbeistand bestellende Gericht die Feststellung der berufsmäßigen Führung der Verfahrensbeistandschaft also bereits für die erste übertragene Verfahrensbeistandschaft dann zu treffen, wenn der Verfahrensbeistand die Beistandschaft wegen seiner besonderen beruflichen Qualifi-

---

[11] BVerfG NJW 1980, 2179.
[12] Vgl. zum BtG 1992 zuletzt BayObLG FamRZ 1998, 187, 188.
[13] Vgl. dazu im Einzelnen mit weiteren Nachweisen HK-BUR/Bauer, § 1 VBVG Rn. 7 ff., 21 ff.
[14] Z.B. Rechtsanwalt, Steuerberater etc.; vgl. BVerfG NJW 1980, 2179, 2180; LG Düsseldorf RPfleger 1982, 147; LG Frankfurt a.M. AnwBl.1984, 459, 460; LG Frankenthal RPfleger 1988, 65; LG Freiburg RPfleger 1990, 116, 117; LG Bochum FamRZ 1990, 561; Schwab, FamRZ 1992, 493, 498.
[15] Vgl. HK-BUR/Bauer, § 1 VBVG Rn. 21 ff.

kation zur Vertretung von Kindesinteressen vor Gericht übertragen bekommt.[16] Das ist insbesondere dann der Fall, wenn sich eine Person dem Gericht mit einem Zertifikat eines von dem Bundesverband der Verfahrensbeistände anerkannten Fortbildungsträgers als Berufsverfahrensbeistand angeboten hat. Das gilt erst recht dann, wenn der Verfahrensbeistand dem Gericht zu erkennen gibt, dass er über die erste übernommene Beistandschaft hinaus auch für weitere Verfahrensbeistandschaften zur Verfügung steht, weil er beabsichtigt, Verfahrenspflegschaften bzw. -beistandschaften im Rahmen seiner Berufsausübung (als Rechtsanwalt, als Pädagoge, Sozialpädagoge, Sozialarbeiter etc.) zu führen.

Dass die Bestellung z.B. eines Rechtsanwaltes oder eines Steuerberaters als Betreuer auch bei Übernahme nur einer einzigen Betreuung in jedem Fall als berufsmäßig geführte Betreuung anzusehen ist, wenn der Aufgabenkreis der Betreuung ohnehin zu seiner – auch andere Geschäfte als Betreuungen umfassenden – Berufstätigkeit gehört (z.B. Vertretung in einem Mietrechtsstreit), soll sich nach der Gesetzesbegründung zum BtÄndG von selbst verstehen.[17] Aus dem Gesetzestext der § 1836 BGB, § 1 Abs. 1 VBVG ergibt sich diese Auslegung zwar nicht. Sie ist aber vor dem Hintergrund der Entscheidung des BVerfG vom 1.7.1980 (vgl. oben zu Rn. 2067, Fn. 10) und der sich an ihr orientierenden Rechtsprechung zum Betreuungsrecht allemal gerechtfertigt.   2071

Soll eine vor Art. 3 GG nicht legitimierbare Ungleichbehandlung gleicher oder vergleichbarer Lebenssachverhalte vermieden werden, müssen aber auch andere Berufsgruppen, die sich wie ein klassischer freier Beruf mit eigener Praxis/Kanzlei niedergelassen haben, immer dann als Berufsbetreuer/Berufsverfahrensbeistand vergütet werden, wenn sie wegen ihrer beruflichen Qualifikation als Psychologe, Pädagoge, Sozialarbeiter etc. zur Übernahme einer Betreuung/Verfahrensbeistandschaft ausgewählt wurden.   2072

Diese Grundsätze des Betreuungsrechts[18] gelten selbstverständlich erst recht für die besondere berufliche Kenntnisse und Erfahrungen erfordernde Vertretung von Kindesinteressen vor Gericht durch Verfahrensbeistände nach §§ 158, 174, 191 bzw. 167 Abs. 1, 313 ff. FamFG, für die immer mehr Verfahrensbeistände spezielle Fortbildungen mit entsprechenden Zertifikaten absolvieren.   2073

5. Regelbeispiele der Berufsverfahrensbeistandschaft

§ 1 Abs. 1 VBVG, § 1836 Abs. 1 Satz 3 BGB nennen zwei Regelbeispiele, bei deren Vorliegen jedenfalls immer von berufsmäßiger Tätigkeit des Verfahrensbeistands auszugehen ist: 2074

Das Gericht „hat" danach unter zwei alternativen Voraussetzungen festzustellen, dass der Verfahrensbeistand die Beistandschaft berufsmäßig – und damit als Aus-   2075

---

16 Vgl. nur OLG Brandenburg FamRZ 2003, 935; Zorn in: Bork/Jacoby/Schwab, FamFG, Kommentar, § 158 FamFG Rn 34.
17 BT-Drucks. 13/10331, S. 41.
18 Vgl. zu Einzelheiten HK-BUR/Bauer, § 1 VBVG Rn. 21 ff.

nahme von der Regel der Unentgeltlichkeit (§ 1836 Abs. 1 Satz 1 BGB, § 277 Abs. 2 Satz 2 FamFG) – entgeltlich führt:

- Der Verfahrensbeistand führt mit der aktuell übernommenen Beistandschaft mehr als zehn Beistandschaften

oder

- die für die Führung der Verfahrensbeistandschaften erforderliche Zeit unterschreitet voraussichtlich 20 Wochenstunden nicht.

2076 Die letztgenannte Voraussetzung ist mit der Einführung der Vergütung der Verfahrensbeistände durch Fallpauschalen seit Inkrafttreten des § 158 Abs. 7 FamFG zum 1.9.2009 obsolet geworden. Wird nach neuem Recht nicht mehr nach Zeitaufwand entschädigt, kann es für die Berufsmäßigkeit der Verfahrensbeistandschaft folgerichtig nicht mehr auf den voraussichtlichen wöchentlichen Zeitaufwand für die Führung der Verfahrensbeistandschaften ankommen. Denn eine Dokumentation der für die Führung der Beistandschaften aufgewendeten Zeit erfolgt nicht mehr und ist dem Verfahrensbeistand auch nicht zumutbar.

2077 Der für die Annahme der Berufsausübung regelmäßig erforderliche Umfang der Tätigkeit muss nicht von Anfang an erreicht werden. Für Berufseinsteiger genügt die Erwartung, dass sie in absehbarer Zeit eine professionelle Quantität erreicht, § 1 Abs. 1 Satz 1 VBVG.

2078 Bei der Addition der den Regelfall der Berufsausübung begründenden Anzahl von mehr als zehn Pflegschaften/Beistandschaften stehen sich Verfahrenspflegschaften für Volljährige (§§ 276, 317 FamFG) bzw. Verfahrensbeistandschaften für Minderjährige (§§ 158, 167 Abs. 1, 317 FamFG), Betreuungen für Volljährige (einschließlich Ergänzungs- und Gegenbetreuungen im Sinne der §§ 1792, 1795, 1796, 1908i Abs. 1 Satz 1 BGB) und Vormundschaften bzw. Ergänzungspflegschaften für Minderjährige gleich. Soweit sie derselben Person übertragen sind, wird ihre Anzahl zusammengerechnet.[19]

2079 Wer durchgängig mehrere Verfahrensbeistandschaften führt und daneben – zusammengerechnet – eine mehr als zehn ergebende Anzahl von Betreuungen für Volljährige und Vormundschaften und (Ergänzungs-)Pflegschaften für Minderjährige wird jedenfalls regelmäßig als Berufsverfahrensbeistand gelten müssen.

2080 Reduziert sich die Zahl der von einem Berufsverfahrensbeistand geführten Beistandschaften bzw. Pflegschaften (bzw. Ergänzungspflegschaften, Vormundschaften, Betreuungen für Volljährige) in Folge von Aufhebung und sonstiger Beendigung der Tätigkeit, so genießt der Berufsverfahrensbeistand Bestands- und Vertrauensschutz, wenn die Gesamtzahl der von ihm geführten Beistandschaften bzw. Pflegschaften, Vormundschaften, Betreuungen etc. dadurch unter elf fällt.[20]

---

19 Ebenso Wagenitz/Engers, FamRZ 1998, 1273, 1274, allerdings ohne Differenzierung nach der Art der Betreuung und ohne Erwähnung der Ergänzungspflegschaft nach § 1909 BGB.
20 Vgl. BayObLG FamRZ 1998, 187, 188; OLG Karlsruhe Rpfleger 1998, 340, jeweils für den Berufsbetreuer.

III. Anspruch des (Berufs-)Verfahrensbeistands auf Entschädigung in Kindschaftssachen (§ 151 Nr. 1 bis 5 FamFG), in Abstammungssachen (§ 174 FamFG) und in Adoptionssachen (§ 191 FamFG)

In der familiengerichtlichen Praxis hat sich die **berufsmäßig** geführte Verfahrensbeistandschaft aus guten Gründen ganz überwiegend durchgesetzt. Die nachfolgenden Ausführungen sind daher vorrangig für berufsmäßig tätige Verfahrensbeistände konzipiert. 2081

Wird die Verfahrensbeistandschaft **berufsmäßig** geführt[21], erhält der Beistand eine pauschale Entschädigung **(Fallpauschale)** in Höhe von mindestens 350,00 Euro, die auch den Ersatz von Aufwendungen und die auf die Vergütung entfallende Umsatzsteuer abgilt, § 158 Abs. 7 Satz 2 und 3 FamFG. Das gilt nach § 191 Satz 2 FamFG auch für den Verfahrensbeistand in Adoptionsverfahren und nach § 174 Satz 2 FamFG für den Verfahrensbeistand in Abstammungssachen. Dies gilt auch für Rechtsanwälte, die zum Verfahrensbeistand bestellt werden; sie können nicht nach dem RVG abrechnen, weil § 158 Abs. 7 FamFG die Vergütung des Verfahrensbeistands abschließend regelt.[22] Umsätze aus der Tätigkeit als Verfahrensbeistand nach § 158 FamFG sind nach EU-Recht von der Umsatzsteuer befreit. Der Bundesfinanzhof hat mit seinem Urteil vom 17.7.2019 festgestellt, dass an der Tätigkeit des Verfahrensbeistands ein besonderes Gemeinwohlinteresse besteht. Folglich bleibt diese bei der Berechnung der Umsatzsteuergrenze des § 19 Abs. 1 UStG außer Betracht.[23] 2082

Im Falle der gerichtlichen Übertragung zusätzlicher Aufgaben nach § 158 Abs. 4 Satz 3 FamFG (Gespräche mit den Eltern und weiteren Bezugspersonen des Kindes sowie Mitwirkung am Zustandekommen einer einvernehmlichen Regelung des Verfahrensgegenstandes) erhöht sich die dem Beistand zu zahlende Vergütungspauschale auf 550,00 Euro, § 158 Abs. 7 Satz 3 FamFG (sog. **große Entschädigungspauschale**).[24] 2083

Mit der Schaffung der Fallpauschalen des § 158 Abs. 7 FamFG wurde eine eigenständige und abschließende Regelung für Vergütung und Aufwendungsersatz des berufsmäßigen Verfahrensbeistands geschaffen.[25] Eine **Abrechnung nach Stunden- und Kostenaufwand** ist nach der maßgeblichen Entscheidung des Bundesgerichtshofes auch in solchen Einzelfällen nicht zulässig, in denen die Abrechnung nach Fallpauschalen keine angemessene Vergütung für den tatsächlich geleisteten Aufwand darstellt. Die Entschädigung des Verfahrensbeistands ist in § 158 Abs. 7 2084

---

21 Vgl. zu den Voraussetzungen der Berufsmäßigkeit der Verfahrensbeistandschaft Rn. 2057 ff.
22 BGH FamRZ 2017, 231–233 unter Hinweis auf BGH FamRZ 2013, 1967 Rn. 7; BGH FamRZ 2014, 191–192 = RPfleger 2014, 139; vgl. ebenso Volpert, Anwaltsvergütung für die Tätigkeit als Verfahrenspfleger und Verfahrensbeistand, NJW 2013, 2491 ff.
23 BFH, Urteil v. 17.7.2019, V R 27/17, juris.
24 Vgl. AK 10 des 16. Deutschen Familiengerichtstages, S. 117.
25 BGH FamRZ 2017, 231–233 unter Hinweis auf BGH FamRZ 2013, 1967 Rn. 7.

FamFG vielmehr abschließend so geregelt, dass seine Tätigkeit einschließlich sämtlicher Aufwendungen durch die in Satz 2 und Satz 3 vorgesehenen Fallpauschalen vollständig abgegolten wird.[26] Der Gesetzgeber habe sich – so der BGH unter Hinweis auf die BT-Drucksache 16/9733, Seite 294 – ganz bewusst gegen ein aufwandsbezogenes Vergütungssystem entschieden und die Abrechnung rein nach Fallpauschalen als vorzugswürdig angesehen, weil sie eine unaufwändige und unbürokratische Handhabung ermögliche. Sie erspare sowohl dem Verfahrensbeistand als auch der Justiz einen erheblichen Abrechnungs- und Kontrollaufwand und ermögliche es dem Verfahrensbeistand, sich auf seine eigentliche Tätigkeit, die Wahrnehmung der Kindesinteressen, zu konzentrieren. Außerdem bewirke sie eine wünschenswerte Annäherung der Vergütung von Verfahrensbeiständen an die gebührenorientierte Vergütung der Rechtsanwälte.[27] Der Gesetzgeber habe sich bei der Höhe der Fallpauschalen an den Gebührensätzen für einen in einer Kindschaftssache tätigen Rechtsanwalt unter Zugrundelegung des Regelstreitwertes von seinerzeit 3.000,00 Euro orientiert. Er habe für berufsmäßig tätige Verfahrensbeistände eine **Mischkalkulation** aus einfach und komplex gelagerten Fällen eröffnen wollen. Vergütungspauschalen auf der Grundlage von Mischkalkulationen führten – so der BGH unter Hinweis auf die Rechtsprechung des BVerfG[28] – zwangsläufig dazu, dass die gesetzlich festgelegte Vergütung in einzelnen Fällen nicht leistungsäquivalent sei. Diese Fälle würden aber durch solche ausgeglichen, bei denen die Pauschale den erbrachten Leistungs- und Aufwendungsumfang übersteigt. So falle die Vergütung bereits mit Beginn der Wahrnehmung der Tätigkeit im Interesse des Kindes an und setze den Abschluss eines Verfahrens, für das der Verfahrensbeistand bestellt ist, nicht voraus.

2085 Diese Rechtsprechung ist leider auch für Fälle maßgeblich, in denen wegen hoher Aufwendungen für Fahrtkosten[29] oder für den Einsatz von Dolmetschern[30] die Fallpauschalen des § 158 Abs. 7 FamFG kaum eine den Ersatz der Aufwendungen übersteigende angemessene Vergütung erbringen. In diesen Fällen einen zur Übernahme der Verfahrensbeistandschaft bereiten und geeigneten Verfahrensbeistand zu finden, bereitet in der gerichtlichen Praxis durchaus Probleme. Das hat teilweise dazu geführt, z.B. hohe **Dolmetscherkosten** gesondert und unabhängig von der zu gewährenden Fallpauschale nach § 158 Abs. 7 FamFG abzurechnen, nachdem das Gericht dem Verfahrensbeistand die Hinzuziehung eines Dolmetschers für die erforderlichen Gespräche mit den Eltern des Kindes ausdrücklich genehmigt hat. Der Verfahrensbeistand ist in solchen Fällen gehalten, vor Hinzuziehung eines Dolmetschers einen entsprechenden Beschluss zu erwirken, wenn ihm die Hinzuziehung nicht bereits im Bestellungsbeschluss gestattet wird.

---

26 BGH RPfleger 2014, 81 f.; bestätigt durch BGH, Beschluss vom 13.11.2013, XII ZB 612/12, ZKJ 2014 70 (LS) für den Fall erheblicher Fahrtkosten des Verfahrensbeistands.
27 BT-Drucks. 16/9733, S. 294.
28 BVerfG FamRZ 2011, 1642 Rn. 22; FamRZ 2007, 622, 625.
29 BGH RPfleger 2014, 81 ff; BGH ZKJ 2014, 70.
30 OLG München FamRZ 2016, 571; OLG Hamm FamRZ 2014, 2024.

Hat das Gericht aber in einem Sorgerechtsverfahren in einem ergänzenden Beschluss dem Verfahrensbeistand gestattet, zu den Gesprächen mit der Kindesmutter einen Dolmetscher hinzuzuziehen, kommt dies in einem Amtsermittlungsverfahren einer Beauftragung durch das Gericht selbst gleich. Der Verfahrensbeistand darf dann darauf vertrauen, dass er von den entsprechenden Aufwendungen, die ihm durch die Beauftragung entstehen, freigestellt wird. Die insoweit aufgrund der Ermächtigung des Gerichts entstandenen Aufwendungen sind gesonderte Auslagen des gerichtlichen Verfahrens.[31] Hat die Staatskasse gegen die separate Festsetzung der Kosten des Dolmetschers, den der Verfahrensbeistand hinzugezogen hat, Erinnerung eingelegt, welcher nicht abgeholfen wurde, und hat das Oberlandesgericht daraufhin die Beschwerde der Staatskasse zurückgewiesen, so ist die gegen die Entscheidung des Oberlandesgerichts eingelegte Rechtsbeschwerde gemäß § 4 Abs. 4 Satz 3 JVEG nicht statthaft. Ob die Festsetzung zu Recht erfolgt ist oder die Dolmetscherkosten allein im Rahmen der Vergütung des Verfahrensbeistands hätten geltend gemacht werden können, musste vom BGH deshalb nicht entschieden werden.[32]

2086

Verfassungsrechtliche Bedenken[33], die ausnahmslose Entschädigung der Berufsverfahrensbeistandschaft durch Fallpauschalen sei gegebenenfalls nicht auskömmlich und für Berufsverfahrensbeistände im Hinblick auf Art. 12 Abs. 1 GG unzumutbar, teilt der BGH[34] mit Hinweis auf die Mischkalkulation einfach und komplex gelagerter Fälle und auf die nachfolgend dargestellte obergerichtliche Rechtsprechung zum mehrfachen Anfall der Pauschalvergütung nicht.

2087

Synergieeffekte wie der Wegfall mehrfachen Aufwandes für das Aktenstudium, für die Fertigung von Schriftsätzen oder für die Zeit für die Wahrnehmung von Terminen seien in den folgenden Fällen mehrfachen Anfallens der Fallpauschale naheliegend:

§ 158 Abs. 1 FamFG geht davon aus, dass ein Verfahrensbeistand für **jedes Geschwisterkind** gesondert bestellt wird, auch wenn es sich im Einzelfall um ein und dieselbe Person des Verfahrensbeistands handelt. Für jede einzelne Verfahrensbeistandschaft eines jeden Kindes wird daher eine gesonderte Fallpauschale nach

2088

---

31 OLG Frankfurt FamRZ 2014, 1135–1136.
32 BGH NZFam 2015, 837 (red. LS, Kurzwiedergabe). Vorgehend OLG Frankfurt, Beschluss vom 17.10.2013, 5 WF 249/13, FamRZ 2014, 1135, dem vorgehend AG Frankfurt a.M., Beschluss vom 26.3.2013, 460 F 9343/12 (nicht veröffentlicht).
33 Vgl. dazu Salgo, ZKJ 2009, 49 (57); OLG Celle FamRZ 2010, 1182, 1183; Prenzlow, ZKJ 2013, 236 ff.; a.A. MünchKomm-FamFG/Heilmann (2018), § 167 FamFG Rn. 28: Pauschalierung angemessen.
34 BGH, Beschluss vom 9.10.2013, XII ZB 667/12, RPfleger 2014, 81, 82, bestätigt durch BGH ZKJ 2014, 70 (LS).

§ 158 Abs. 7 FamFG fällig. Das entspricht der gefestigten obergerichtlichen Rechtsprechung und wird in der Literatur einhellig bejaht.[35]

2089 Die Fallpauschale ist im Falle mehrerer **unterschiedlicher Verfahrensgegenstände** (wie in Verfahren zum Sorge- und Umgangsrecht oder Verfahren nach §§ 1631b, 1666, 1666a BGB) gesondert für jeden Verfahrensgegenstand festzusetzen. Eine Anrechnung der für den einen Verfahrensgegenstand gezahlten Pauschale auf den anderen Verfahrensgegenstand findet nicht statt.[36] Andererseits fällt die Vergütungspauschale nur einmal an, wenn der Gegenstand zweier selbstständig geführter Verfahren dieselbe Angelegenheit betrifft; z.B. bei wechselseitigen Anträgen der Eltern auf Übertragung des Aufenthaltsbestimmungsrechts oder wenn die vom Jugendamt und der Großmutter des Kindes eingeleiteten Verfahren jeweils die Frage betreffen, ob die Mutter die elterliche Sorge selbst ausüben kann.[37]

2090 Die Bestellung zum Verfahrensbeistand kann für einen bestimmten Verfahrensgegenstand auch **konkludent** ohne förmlichen Beschluss erfolgen, z.B. durch Ladung und aktive Teilnahme des Verfahrensbeistands an Erörterungsgesprächen des Gerichts über einen Verfahrensgegenstand, für den es ein förmliches Zweitverfahren nicht gibt oder für das der Verfahrensbeistand förmlich nicht bestellt wurde, zu dem aber mit protokollmäßig vermerkter Zustimmung des Verfahrensbeistands ein Vergleich der übrigen Beteiligten geschlossen wurde. In diesen Fällen besteht ein Vergütungsanspruch sowohl für das Verfahren, in dem der Verfahrensbeistand förmlich bestellt worden ist (z.B. für ein Sorgerechtsverfahren), als auch für den Verfahrensgegenstand (z.B. Umgangsrecht), für den der Verfahrensbeistand konkludent bestellt worden ist.[38] Für die Annahme der „konkludenten" Bestellung eines Verfahrensbeistands kann im Hinblick auf die – gerade in Vergütungsfragen notwendige – Klarheit hinsichtlich der Einzelheiten der Beauftragung (u.a.: Welches konkrete Verfahren, welches Kind? – Aufgabenstellung? – Erweiterter Aufgabenkreis gemäß § 158 Abs. 4 Satz 3 FamFG?), aber auch wegen der gesetzlich vorgesehenen Erforderlichkeitsprüfung, § 158 Abs. 1, 2 FamFG, nur in eindeutigen Ausnahmefällen Raum sein[39] (vgl. zu weiteren Einzelheiten Rn. 2123 ff.).

---

35 BGH FamRZ 2010, 1893; FamRZ 2010, 1896; OLG Frankfurt FamRZ 2010, 666; OLG Celle NJW 2010, 2446; OLG Stuttgart NJW-RR 2010, 1448; OLG München, Beschluss vom 20.5.2010, 11 WF 570/10, FamRZ 2010, 1757; OLG Saarbrücken, Beschluss vom 13.4.2010, 9 WF 28/10, juris; OLG Oldenburg, Beschluss vom 28.4.2010, 11 WF 64/10; Keidel/Engelhardt, § 158 FamFG Rn. 48; MünchKomm-FamFG/Schumann (2018), § 158 Rn. 52 m.w.N.; Menne, ZKJ 2009, 68, 74; in diesem Sinne auch BVerfG, Beschluss vom 9.11.2009, 1 BvR 2146/09, JAmt 2010, 33; mit einer Anmerkung von Menne, ZKJ 2010, 70.
36 Ebenso BGH NJW 2012, 3100; NJW 2012, 3728; NJW 2011, 455 und 1451; OLG München ZKJ 2013, 260, unter Aufgabe seiner anderslautenden Entscheidung in NJW 2012, 3735; Menne, ZKJ 2009, 68, 74.
37 OLG Sachsen-Anhalt FamRZ 2015, 1218; OLG Frankfurt ZKJ 2014, 113, 114.
38 OLG Schleswig, Beschluss vom 19.4.2016, 15 W 170/15, juris; OLG Nürnberg MDR 2015, 100–101 = ZKJ 2015, 77–79.
39 OLG München FamRB 2017, 90, 91.

2091 Eine einen Vergütungsanspruch auslösende **rückwirkende** Bestellung eines Verfahrensbeistandes ist im Gesetz jedenfalls nicht vorgesehen und deshalb unzulässig.[40] Das gilt auch für eine rückwirkende, eine große Fallpauschale begründende Erweiterung des Umfanges seines Auftrages.[41] Um Unklarheiten, die später zu Lasten des Verfahrensbeistands gehen würden, zu vermeiden, sollte er spätestens im Termin darauf hinweisen, noch keinen Bestellungsbeschluss erhalten zu haben, und um eine entsprechende Beschlussfassung bitten.

2092 Da **Hauptsacheverfahren und einstweilige Anordnungsverfahren** gemäß § 51 Abs. 3 Satz 1 FamFG jeweils selbstständige Verfahren darstellen, ist die Pauschale in diesen Verfahren auch jeweils gesondert festzusetzen, wenn der Verfahrensbeistand in beiden Verfahren bestellt worden ist. Eine Anrechnung der für das eine Verfahren zu gewährenden Pauschale auf die für das andere Verfahren anfallende Pauschale findet mangels entsprechender Anrechnungsvorschriften nicht statt.[42]

2093 Die Fallpauschale ist jeweils für **jeden Rechtszug** gesondert zu gewähren, § 158 Abs. 7 Satz 2 FamFG. Der Verfahrensbeistand hat also in der zweiten und dritten Instanz Anspruch auf jeweils eine weitere Fallpauschale in Höhe von 350,00 Euro oder – im Falle der Übertragung zusätzlicher Aufgaben nach § 158 Abs. 4 Satz 3 FamFG – in Höhe von 550,00 Euro (sog. große Entschädigungspauschale). Ein Beschwerdeverfahren gegen einen Verfahrenskostenhilfe abweisenden Beschluss gehört jedoch noch zur ersten Instanz, sodass es insoweit nur bei der Pauschale des ersten Rechtszuges für den Verfahrensbeistand verbleibt.[43]

2094 Wird eine Sache von der Beschwerdeinstanz an das Familiengericht zurückverwiesen, soll es sich nach einer Entscheidung des OLG Saarbrücken vom 10.12.2012 um ein neues Verfahren handeln, für das der Verfahrensbeistand eine weitere Entschädigungspauschale beanspruchen können soll.[44] Richtig wäre wohl eher der Rückgriff auf § 21 Abs. 1 RVG, der für die Vergütung der Rechtsanwälte bestimmt, dass ein Verfahren nach der Rückverweisung ein neuer Rechtszug ist. Der zusätzliche Entschädigungsanspruch würde dann aus § 158 Abs. 7 Satz 2 FamFG folgen, wonach die Fallpauschale für die Wahrnehmung der Kindesinteressen „in jedem Rechtszug" zu gewähren ist.[45] Diese Auffassungen hat der BGH allerdings zurückgewiesen[46]: Der Verfahrensbeistand erhält nach Zurückverweisung der Sache durch das Beschwerdegericht für das Verfahren vor dem Ausgangsgericht demnach keine erneute Pauschale. Dass die Fallpauschale für jeden Rechtszug gewährt

---

40 OLG München FamRZ 2016, 160, 161.
41 OLG Oldenburg MDR 2016, 774.
42 BGH FamRZ 2011, 199 = NJW 2011, 455; ebenso OLG Saarbrücken ZKJ 2010, 378; Menne, a.a.O.
43 OLG Köln FamRZ 2013, 2003.
44 OLG Saarbrücken ZKJ 2013, 131, mit kritischer Anmerkung und Hinweis von Gottschalk auf § 21 Abs. 1 RVG, S. 132.
45 OLG Saarbrücken a.a.O.
46 Vgl. wie der BGH (FGPrax 2018, 24 = FamRB 2018, 23 = FamRZ 2018, 48) auch OLG Hamm FuR 2015, 483 f.; Haußleiter/Eickelmann, FamFG 2. Aufl. § 158 Rn. 31.

wird – so der BGH unter Hinweis auf BT-Drucks. 16/12717, S. 61 –, sollte dem Verfahrensbeistand, der im zweiten und dritten Rechtszug tätig wird, im Unterschied zur Fassung im FGG-Reformgesetz einen zusätzlichen Vergütungsanspruch verschaffen, da er andernfalls nur eine einmalige Fallpauschale erhielte. Damit zielte die Erweiterung der Vergütung ausschließlich auf Rechtsmittelverfahren. Anhaltspunkte dafür, dass der Gesetzgeber für das an die erste Instanz zurückverwiesene Verfahren einen weiteren Vergütungsanspruch des Verfahrensbeistands begründen wollte, bestehen dagegen – so der BGH, der auch einen Rückgriff auf § 21 Abs. 1 RVG ablehnt – nicht.

2095 Die Pauschale wird **fällig**, sobald der Verfahrensbeistand mit der Wahrnehmung der Interessen des von ihm vertretenen Kindes begonnen hat. Dazu muss er nach der Rechtsprechung des BGH – über die bloße Entgegennahme des Bestellungsbeschlusses hinaus – im Kindesinteresse bereits **„in irgendeiner Weise tätig geworden sein."**[47] Das ist z.B. der Fall, wenn der Verfahrensbeistand zur Besprechung des Verfahrensgegenstandes Kontakt zu dem von ihm vertretenen Kind und/oder dessen Eltern aufzunehmen versucht. Ob das gelingt und tatsächlich erfolgt, ist dagegen für die Entstehung des Entschädigungsanspruches nach der zitierten Rechtsprechung des BGH unerheblich.

2096 Hatte das erstinstanzliche Gericht auf die Übertragung der Zusatzaufgabe nach § 158 Abs. 4 Satz 3 FamFG verzichtet, können die nachfolgenden Beschwerde- und Rechtsbeschwerdeinstanzen diese Aufgabe zu den Bedingungen einer erhöhten Fallpauschale (550,00 Euro) zusätzlich übertragen. Auf diese Zusatzbeauftragung sollte der Verfahrensbeistand gegenüber dem Beschwerdegericht unter Hinweis auf die besondere Bedeutung des Beschwerdeverfahrens für das Kind und die deswegen in besonderem Maße erforderlichen Gespräche des Verfahrensbeistandes mit dessen Eltern und dessen sonstigen Bezugspersonen drängen.

2097 Hat das erstinstanzliche Gericht die in § 158 Abs. 4 Satz 3 FamFG genannten Zusatzaufgaben übertragen, dauert diese Aufgabenzuweisung auch in den folgenden Instanzen mit der erhöhten Fallpauschale fort, da die konkrete Bestellung des Beistands erst mit Rechtskraft der das Verfahren abschließenden Entscheidung oder mit dem sonstigen Abschluss des Verfahrens endet, § 158 Abs. 6 FamFG. Das OLG Stuttgart hat – bestätigt durch den BGH –[48] konkretisierend bestimmt:

1. Wird die erstinstanzliche Bestellung eines Verfahrensbeistands durch das Gericht zweiter Instanz nicht aufgehoben oder abgeändert, so gelten die Bedingungen des erstinstanzlichen Bestellungsbeschlusses fort.

2. Enthält der erstinstanzliche Beschluss die Übertragung weiterer Aufgaben nach § 158 Abs. 4 Satz 3 FamFG, bleibt es auch in zweiter Instanz hierbei, sodass der Verfahrensbeistand die erhöhte Vergütungspauschale von 550,00 Euro auch für die Beschwerdeinstanz beanspruchen kann.

---

47 BGH FamRZ 2010, 1896 Rn. 30; NJW 2011, 558; vgl. auch OLG München NJW-RR 2010, 1448.
48 OLG Stuttgart FamRZ 2011, 1533; bestätigt durch BGH NJW 2012, 691 = FamRZ 2012, 728; ebenso OLG Frankfurt NJW 2017, 574.

Zur Absicherung der erhöhten Fallpauschale gegen mögliche Anfechtungen durch die Staatskasse ist dem Verfahrensbeistand aber zu empfehlen, dem Beschwerdegericht nach Eingang der Mitteilung von der Einlegung der Beschwerde mitzuteilen, man gehe davon aus, dass die erstinstanzliche Übertragung der Zusatzaufgaben nach § 158 Abs. 4 Satz 3 FamFG fortgelte. Reagiert das Beschwerdegericht darauf nicht, kann im Rahmen des Vertrauensschutzes von der Fortgeltung der Zusatzaufgaben ausgegangen werden.

Die **weitere Fallpauschale** für die zweite bzw. dritte Instanz wird dann fällig, wenn der Beistand im Interesse des von ihm vertretenen Kindes in eigener Person Rechtsmittel eingelegt hatte, auch wenn das Rechtsmittel im weiteren Verlaufe, z.B. auf schriftliche Hinweise des Beschwerdegerichts, zurückgenommen wird. Denn die Einlegung von Rechtsmitteln im Interesse des Kindes gehört zu den gesetzlich bestimmten Aufgaben des Verfahrensbeistands, vgl. § 158 Abs. 4 Satz 5 FamFG.[49]

2098

Seine Aufgaben nach § 158 Abs. 4 FamFG nimmt der Verfahrensbeistand im Rechtsmittelzug im Übrigen nicht bereits dann wahr, wenn er die ihm seitens des (Rechts-)Beschwerdegerichtes übermittelte Rechtsmittelschrift anderer Verfahrensbeteiligter bloß zur Kenntnis nimmt und den Inhalt des eingelegten Rechtsmittels würdigt. Er muss nach der Rechtsprechung des BGH vielmehr im Beschwerdeverfahren „in irgendeiner Weise im Kindesinteresse tätig geworden sein".[50] Das ist z.B. der Fall, wenn der Verfahrensbeistand wegen der Besprechung der Beschwerde nachweisbar Kontakt zu dem von ihm vertretenen Kind und/oder dessen Eltern aufzunehmen versucht. Ob das gelingt und tatsächlich erfolgt, ist dagegen für die Entstehung des Entschädigungsanspruches nach der zitierten Rechtsprechung des BGH unerheblich.

2099

Auch im Beschwerdeverfahren entsteht ein Vergütungsanspruch des Verfahrensbeistands nach § 158 Abs. 7 Satz 2, 3 FamFG also erst durch ein konkretes Tätigwerden im Kindesinteresse. Die bloße Entgegennahme und das Lesen der eine Begründung noch nicht enthaltenden Beschwerdeschrift durch den Verfahrensbeistand reichen hierfür nicht aus. Andererseits muss die Tätigkeit des Verfahrensbeistands aber nicht nach außen sichtbar geworden sein.[51] Die Kostenprivilegierung des Verfahrensbeistandes nach § 158 Abs. 8 FamFG erstreckt sich im Übrigen nicht auch auf ein Beschwerdeverfahren, das allein den Vergütungsanspruch des Verfahrensbeistands zum Gegenstand hat.[52]

Legt der Verfahrensbeistand **Verfassungsbeschwerde** ein, steht ihm ebenfalls eine Vergütung entsprechend § 158 Abs. 7 FamFG zu, bei der weiterhin der im Bestellungsbeschluss enthaltene Aufgabenkreis zugrunde zu legen ist, sofern der Be-

2100

---

[49] Vgl. OLG Sachsen-Anhalt FamRB 2105, 212, 213, unter Hinweis auf BT-Drucks. 16/12717, S. 61.
[50] BGH FamRZ 2010, 1896 Rn. 30; BGH, Beschluss vom 19.1.2011, XII ZB 400/10, FamRZ 2011, 558; OLG Celle NJOZ 2013, 505.
[51] OLG München NJW-RR 2010, 1448.
[52] OLG Celle, Beschluss vom 7.8.2012, 10 UF 158/12, ZKJ 2012, 489.

schluss nicht abgeändert wurde, selbst wenn es sich nicht mehr um eine Tatsacheninstanz handelt.[53]

2101 Das **Abhilfeverfahren** nach § 68 Abs. 1 FamFG gehört noch zu demselben Rechtszug, in dem die mit der Beschwerde angefochtene Entscheidung ergangen ist. Wird einer Beschwerde abgeholfen, ist die Tätigkeit des Verfahrensbeistands im Abhilfeverfahren daher noch mit der ursprünglichen Pauschale abgegolten.[54] Ein Abhilfeverfahren kommt allerdings bei Beschwerden gegen Endentscheidungen (§ 38 FamFG) in Familiensachen (vgl. § 111 FamFG: u.a. Kindschaftssachen i.S.d. § 151 FamFG, Abstammungs- und Adoptionssachen) grundsätzlich ohnehin nicht in Betracht, vgl. § 68 Abs. 1 Satz 2 FamFG.

2102 Im Überprüfungsverfahren nach § 166 FamFG wird die bloße Anfrage des Gerichts noch zum alten Verfahren erfolgen. Sofern Anhaltspunkte für eine familiengerichtliche Maßnahme oder die Aufhebung bzw. Änderung einer bereits getroffenen gerichtlichen Maßnahme bestehen, wird ein neues Verfahren eingeleitet, für das der Verfahrensbeistand dann auch bestellt werden sollte und einen Vergütungsanspruch erlangt.

IV. Entschädigung des (Berufs-)Verfahrensbeistands in Unterbringungsverfahren

2103 Für den nach § 167 Abs. 1 FamFG in einem **Unterbringungsverfahren** nach § 1631b BGB oder nach den Landesunterbringungsgesetzen (§ 151 Nr. 6 und 7 FamFG) bestellten Verfahrensbeistand gilt § 167 Abs. 1 Satz 2 FamFG:

2104 An die Stelle eines Verfahrenspflegers tritt in **Unterbringungssachen** der **Verfahrensbeistand** im Sinne des § 158 FamFG. Aus dieser Einschränkung der Verweisung des § 167 Abs. 1 Satz 1 FamFG auf die betreuungsrechtlichen Verfahrensvorschriften der §§ 313 ff. und die „betreuungsrechtliche" Entschädigung nach §§ 277, 318 FamFG folgt nach herrschender Meinung die **Pauschalierung der Entschädigung** nach § 158 Abs. 7 Satz 2 und 3 FamFG für den berufsmäßigen Verfahrensbeistand.[55]

2105 Ob die Anwendung der §§ 317, 318 FamFG und damit eine stundenmäßige Entschädigung nach Zeitaufwand nach den betreuungsrechtlichen Grundsätzen des § 277 FamFG ausgeschlossen ist und die Entschädigung nach § 158 Abs. 7 FamFG pauschal erfolgt, ist aber durchaus nicht eindeutig geregelt. Denn andererseits verweist § 167 Abs. 1 Satz 1 FamFG auf die für die betreuungsrechtlichen Unterbringungssachen geltenden Verfahrensvorschriften der §§ 313 ff. FamFG und damit über § 318 FamFG auf die Entschädigungsregelungen des betreuungsrechtlichen Verfahrenspflegers nach § 277 FamFG. Eine Mindermeinung ist daher der Auffas-

---

53 Lack, NJW 2017, 1301.
54 Vgl. OLG Köln FamRZ 2013, 2003, für eine Beschwerde in einem Verfahrenskostenhilfeverfahren.
55 Vgl. h.M.: Keidel/Kuntze/Winkler-Engelhardt, § 167 FamFG Rn. 2; MünchKomm-FamFG/Heilmann, § 167 FamFG 42; Meysen/Balloff, Das Familienverfahrensrecht – Praxiskommentar, § 167 FamFG Rn. 11; **a.A.** Bumiller/Harders/Schwamb, § 167 FamFG Rn. 15; Diekmann in Jurgeleit, Freiwillige Gerichtsbarkeit, Handbuch, § 17 Rn. 75, § 16 Rn. 187.

sung, aus der Rechtsgrundverweisung des § 167 Abs. 1 FamFG folge die Entschädigung nach Zeitaufwand nach § 277 FamFG, es bestehe neben dem Anspruch auf Aufwendungsersatz nach § 1835 BGB auch ein Anspruch auf Vergütung des Zeitaufwandes nach §§ 1, 2, 3 Abs. 1 und Abs. 2 VBVG.[56]

Soweit ersichtlich, hat die obergerichtliche Rechtsprechung diesen Streit bislang nicht entscheiden müssen, weil Entschädigungsansprüche in der gerichtlichen Praxis bisher offenbar nur selten auf eine Abrechnung nach Zeitaufwand gestützt wurden. Soweit das OLG Oldenburg über die Vergütung in einer Unterbringungssache zu entscheiden hatte, konnte es ohne Auseinandersetzung mit der Mindermeinung entscheiden, weil es im konkreten Abrechnungsfall (nur) um die Höhe der vom Verfahrensbeistand nach § 158 Abs. 7 Satz 3 FamFG geltend gemachten (großen) Fallpauschale ging.[57] Der BGH hingegen hatte bislang nur über die (vom BGH bejahte) Frage zu entscheiden, ob – wie vom Verfahrensbeistand verlangt – zwei Fallpauschalen fällig werden, wenn die Tätigkeit des Verfahrensbeistandes sowohl die Vertretung des Kindes in einem Unterbringungsverfahren als auch in einem Sorge- oder Umgangsverfahren umfasst.[58] Vergleiche auch den vom OLG Sachsen-Anhalt entschiedenen Fall: Bei dem Erlass einer einstweiligen Anordnung auf vorläufige Genehmigung der Unterbringung eines minderjährigen Kindes und der nachfolgenden im Wege einer einstweiligen Anordnung erfolgten Verlängerung handelt es sich um zwei selbstständige einstweilige Anordnungsverfahren, für die der hierfür bestellte Verfahrensbeistand die Vergütungspauschale nach § 158 Abs. 7 FamFG jeweils gesondert beanspruchen kann.[59]

Trotz der zitierten Rechtsprechung und trotz des Entstehens der Pauschale in jedem Rechtszug bestehen durchaus verfassungsrechtliche Bedenken, ob die Pauschalentschädigung nicht den mit dem Rechtsinstitut des Verfahrensbeistands beabsichtigten *„Grundrechtsschutz durch Verfahren"* gerade in den besonders grundrechtsrelevanten Unterbringungsverfahren konterkariert.[60]

2106

Jedenfalls ist es gerade in Unterbringungsverfahren aus den eben genannten Gründen unerlässlich, dem Verfahrensbeistand die **Zusatzaufgabe nach § 158 Abs. 4 Satz 3 FamFG** zu übertragen, mit den Eltern und weiteren Bezugspersonen des Kindes Gespräche zu führen, um Alternativen zum Freiheitsentzug auszuloten und in das Verfahren einzubringen. Entschädigungsrechtliche Folge davon ist **in Unterbringungssachen** die Gewährung der **großen Entschädigungspauschale** je Rechtszug in Höhe von 550,00 Euro pro betroffenem und vom Verfahrensbeistand vertretenem Kind.

2107

---

56 Bumiller/Harders/Schwamb, § 167 FamFG Rn. 15, 11. Auflage 2015; Diekmann in Jurgeleit, Freiwillige Gerichtsbarkeit, Handbuch, § 17 Rn. 75, § 16 Rn. 187.
57 Vgl. OLG Oldenburg FamRZ 2016, 1098, 1099.
58 BGH FamRZ 2011, 467; FamRZ 2011, 199.
59 OLG des Landes Sachsen-Anhalt, Beschluss vom 15. August 2011, 8 WF 192/11, FamRZ 2012, 574 (LS).
60 So Salgo, ZKJ 2009, 49, 57.

2108 Folgt man der – in der gerichtlichen Praxis weitgehend unbeachteten – **Mindermeinung** zur Entschädigung in Unterbringungssachen, gilt:

§ 318 FamFG nimmt für den Verfahrensbeistand nach § 167 Abs. 1 FamFG Bezug auf die Entschädigung des Verfahrenspflegers in Betreuungssachen gemäß § 277 FamFG. § 277 FamFG seinerseits nimmt Bezug auf Vorschriften des BGB und des VBVG, d.h., die Entschädigung des Verfahrensbeistands in den Kindschaftssachen des § 151 Nr. 6 und 7 FamFG orientiert sich an der Entschädigung eines Vormundes bzw. eines gesetzlichen Betreuers. Es ist also grundsätzlich nach dem für die Führung der Verfahrensbeistandschaft **erforderlichen Zeit- und Sachaufwand** abzurechnen.

2109 Einige Vorschriften des BGB sind von der Bezugnahme ausdrücklich ausgeschlossen. So finden keine Anwendung: § 1835 Abs. 3 BGB über Aufwendungen für Dienste des Vormundes, die zu seinem Gewerbe oder Beruf gehören, § 1835 Abs. 4 BGB über den Anspruch auf Aufwendungsersatz aus der Staatskasse bei Mittellosigkeit des Betroffenen und § 1835a BGB über die pauschale Aufwandsentschädigung (vgl. § 277 Abs. 1 FamFG).

2110 Nach Inkrafttreten des 1. BtÄndG zum 1.1.1999 gilt die Abrechnung nach Zeitaufwand regelmäßig auch für **Rechtsanwälte,** die zu Verfahrensbeiständen bestellt werden. Eine Abrechnung der Verfahrensbeistandschaft nach den Gebühren des RVG ist also unzulässig. § 1835 Abs. 3 BGB ist in § 277 Abs. 1 FamFG von der Bezugnahme auf die Verfahrensbeistandschaft ausdrücklich ausgenommen worden und die Neufassung des § 1 Abs. 2 Satz 1 BRAGO stellte dies bereits vor dem Inkrafttreten des FamFG zusätzlich klar.

2111 Die **Höhe des Stundensatzes** des Verfahrensbeistands in Unterbringungssachen bestimmt sich nach den Stundensätzen des § 3 Abs. 1 VBVG, ohne dass es darauf ankäme, ob der Betroffene mittellos (§§ 1836c und 1836d BGB) oder vermögend ist. Das gilt nach dem Inkrafttreten des 1. BtÄndG seit dem 1.1.1999 regelmäßig auch für als Verfahrensbeistände beigeordnete **Rechtsanwälte** (vgl. Rn. 2110).

2112 Das BVerfG[61] hielt den Stundensatz von 31,00 Euro nach § 1 Abs. 1 Satz 2 Nr. 2 BVormVG (Vorgängerregelung vor § 3 Abs. 1 Nr. 2 VBVG: 33,50 Euro) für Verfahrenspfleger mit abgeschlossener Hochschulausbildung (z.B. Anwälte) unter Bezugnahme auf die Entscheidung des BVerfG vom 15.12.1999 zur Verfassungsgemäßheit der Betreuervergütung[62] für verfassungsgemäß. Wie bei der Übernahme einer Betreuung handele es sich bei der beruflichen Ausübung von Verfahrenspflegschaften regelmäßig um einen „Zweitberuf", bei dem die Vergütung nicht am Hauptberuf orientiert sei und die Kostenstruktur einer Anwaltskanzlei nicht berücksichtigt werden müsse. Mit dem Gesetz zur Anpassung der Betreuer- und Vormündervergütung hat der Gesetzgeber den Stundensatz mit Wirkung ab Juli 2019 auf 39,00 Euro erhöht.[63]

---

61 BVerfG FamRZ 2000, 1280, 1281, 1282.
62 BVerfG FamRZ 2000, 345.
63 BT-Drucks. 19/8694.

Ausnahmsweise – so das BVerfG – könne ein zum Verfahrenspfleger bestellter Rechtsanwalt auch nach BRAGO (jetzt RVG) abrechnen, soweit im konkreten Fall **„rechtsanwaltsspezifische Tätigkeiten"** bei der Führung der Verfahrenspflegschaft anfallen.[64] Unter Bezugnahme auf die Begründung des Gesetzgebers des BtÄndG zur Neufassung des § 1 Abs. 2 BRAGO[65] hielt das BVerfG die Anwaltsvergütung nach § 1 Abs. 1 BVormVG unter der Bedingung für verfassungsgemäß, dass der Anwalt rechtsanwaltstypische Tätigkeiten im Rahmen von Verfahrenspflegschaften eben über § 1835 Abs. 3 BGB auch nach § 118 BRAGO (jetzt RVG) abrechnen kann. Rechtsanwälte können Verfahrenspflegschaften danach in solchen Fällen nach BRAGO (jetzt RVG) abrechnen, „in denen ein Laie in gleicher Lage vernünftigerweise einen Rechtsanwalt hinzuziehen würde."[66]

2113

Für die auch nach Betreuungsrecht zulässige **Vergütungspauschale** nach §§ 277 Abs. 3, 318, 167 Abs. 1 FamFG gilt: Hinter der Pauschalierung der Vergütung steckt eine verdeckte Zeitlimitierung. Nach Sinn und Zweck der Verfahrensbeistandschaft kann demnach von der Vergütungspauschalierung nur nach Absprache mit den Verfahrensbeiständen Gebrauch gemacht werden.

2114

Vorschuss auf die zu erwartenden Aufwendungen kann weder der ehrenamtliche noch der berufsmäßig tätige Verfahrensbeistand verlangen. Das stellt nunmehr § 277 Abs. 1 Satz 2 FamFG für Beistände sowohl nach § 158 Abs. 7 Satz 1 als auch für solche nach § 318 FamFG klar.

2115

Zu Verfahrensbeiständen bestellte Behörden oder Vereine können einen Aufwendungsersatz ohnehin nicht beanspruchen, § 277 Abs. 1 Satz 3 FamFG. Behördenmitarbeiter können darüber hinaus auch keine Vergütung beanspruchen, § 277 Abs. 4 Satz 3 FamFG (vgl. aber oben Rn. 2055 ff).

2116

Bei der Bestimmung des vergütungsfähigen Zeitaufwandes der Verfahrensbeistandschaft ist dem gesetzlich bestimmten Zweck der Verfahrensbeistandschaft als einem wesentlichen Instrument des Verfahrensrechtsschutzes Rechnung zu tragen: Die Höhe der Vergütung bemisst sich nach der Zahl der aufgewandten, für die Führung der Verfahrensbeistandschaft erforderlichen Stunden, die mit dem in § 3 VBVG geregelten, nach Ausbildungsabschlüssen gestaffelten Stundensatz zu multiplizieren ist (vgl. §§ 3, 1 VBVG, 277 Abs. 2 Satz 2 FamFG).

2117

Vergütet wird der für die sachgemäße „Wahrnehmung der Interessen des Betroffenen" (§ 167 Abs. 1 Satz 2, 317 Abs. 1 Satz 1 FamFG) im jeweiligen Verfahren erforderliche Zeitaufwand. Die für die Verfahrensbeistandschaft erforderliche Zeit ist dabei nach den Umständen des konkreten Falles an Hand der Darstellung des Verfahrensbeistands zu ermitteln. Eine Herabsetzung auf den durchschnittlich erforderlichen Zeitaufwand ist nicht zulässig.[67]

2118

---

64 BVerfG FamRZ 2000, 1280, 1282.
65 BT-Drucks. 13/7158, S. 41.
66 Vgl. zu Einzelheiten HK-BUR/Bauer/Deinert, § 1835 BGB Rn. 72 ff.
67 OLG Köln FamRZ 2000, 1307 (LS).

2119 Welcher Zeitaufwand für die einzelne Verfahrensbeistandschaft anfällt, bestimmt der Verfahrensbeistand danach, was er an Zeitstunden für die effektive und sachgemäße Wahrnehmung der Interessen des Betroffenen für erforderlich hält. Der Verfahrensbeistand hat hierbei ein weites Ermessen, was unmittelbar aus seiner Aufgabenstellung folgt, die Interessen des Betroffenen im Verfahren effektiv wahrzunehmen und dabei auch das Gericht in seiner Vorgehensweise und Entscheidung im Sinne der Interessen des betroffenen Kindes zu beeinflussen und zu kontrollieren. Das Gericht hat sich deswegen einer kleinlichen Handhabung bei der Prüfung der Erforderlichkeit der abgerechneten Stunden zu enthalten.

2120 Die vom Verfahrensbeistand als erforderlich abgerechneten Stunden können folglich nur einer Missbrauchsprüfung unterzogen werden. Soweit der Verfahrensbeistand zulässigerweise eigene Ermittlungen des für eine am Kindeswohl orientierte Entscheidung erheblichen Sachverhaltes vornimmt, ist der dafür abgerechnete Zeitaufwand zu vergüten.

2121 Der Verfahrensbeistand kann eine Vergütung für seine Tätigkeit allerdings nur insoweit verlangen, als ein inhaltlicher Zusammenhang mit dem Verfahren besteht, für das er bestellt ist. *„Er kann nur das abrechnen, was zur Vorbereitung einer allein am Kindeswohl orientierten Entscheidung des Gerichts erforderlich ist. Hierzu gehören alle Maßnahmen, die ein verständig und allein am Kindeswohl orientiert handelnder Verfahrenspfleger im Hinblick hierauf für nötig erachten würde."*[68] Den Zeitaufwand für die Erstellung der Vergütungsabrechnung kann der Verfahrensbeistand nicht ersetzt verlangen, da diese Tätigkeit allein im Interesse des Verfahrensbeistands erfolgt.[69]

V. Entstehung des Anspruches auf Vergütung

2122 Der Anspruch aus § 158 Abs. 7 FamFG auf Entschädigung entsteht in dem Moment, in dem der Verfahrensbeistand mit der Wahrnehmung seiner Aufgaben nach § 158 Abs. 4 FamFG begonnen hat, sodass die Entgegennahme des Bestellungsbeschlusses nicht ausreichend ist. Es genügt jedoch, dass der Verfahrensbeistand in irgendeiner Weise im Kindesinteresse tätig geworden ist,[70] z.B. indem er wiederholt – selbst wenn vergeblich – versucht hat, Kontakt mit der Kindesmutter aufzunehmen. Dass eine solche Tätigkeit in dem Moment ihrer Aufnahme objektiv nicht mehr möglich bzw. erfolgversprechend war, ist unerheblich.[71]

Der Anspruch auf die **erhöhte Vergütung** nach § 158 Abs. 7 Satz 3 FamFG hingegen hängt nicht davon ab, dass der Verfahrensbeistand die ihm nach § 158 Abs. 4 Satz 3 FamFG zusätzlich übertragenen Tätigkeiten (Gespräche mit den Eltern und

---

68 OLG Frankfurt, Beschluss vom 23.2.2000, 2 WF 32/2000, www.hefam.de; wesentlich einschränkender hingegen: OLG Frankfurt FamRZ 1999, 1293, 1294; KG FamRZ 2000, 1300; SchlHOLG OLGR 2000, 177 ff.: kein eigenes Ermittlungsrecht des Verfahrenspflegers.
69 OLG Schleswig FamRZ 1999, 462.
70 BGH FamRZ 2014, 373–374; FamRZ 2012, 1630 Rn. 18; FamRZ 2011, 558 Rn. 7; FamRZ 2010, 1896 Rn. 30.
71 BGH FamRZ 2011, 558 Rn. 7.

weiteren Bezugspersonen des Kindes) bereits aufgenommen hat. Ausreichend ist vielmehr, dass er in irgendeiner Weise im Kindesinteresse tätig geworden ist. Nach § 158 Abs. 4 Satz 2 FamFG erhält der Verfahrensbeistand für die „Wahrnehmung seiner Aufgaben" gemäß § 158 Abs. 4 FamFG die Grundpauschale von 350,00 Euro. Demgegenüber stellt Satz 3 für die erhöhte Pauschale allein auf die „Übertragung von Aufgaben" nach § 158 Abs. 4 Satz 3 FamFG ab[72] und verlangt gerade kein Tätigwerden im erweiterten Aufgabenkreis. Nach der gesetzlichen Regelung stellt das Tätigwerden im Rahmen der gemäß § 158 Abs. 4 Satz 3 FamFG übertragenen Aufgaben zudem keinen eigenständigen, von der Grundpauschale unabhängigen Vergütungstatbestand dar. Vielmehr soll (allein) die Aufgabenübertragung eine Erhöhung des ohne sie 350,00 Euro betragenden Vergütungssatzes auf 550,00 Euro begründen.[73] Eine nachträgliche Erweiterung des Aufgabenkreises des Verfahrensbeistands nach (rechtskräftiger) Beendigung des Verfahrens gemäß § 158 Abs. 6 FamFG entbehrt einer gesetzlichen Grundlage, sodass ein Anspruch auf die große statt der kleinen Pauschale nach § 158 Abs. 7 Satz 3 FamFG in einem solchen Fall nicht entstehen kann.[74]

Zwar erfolgt die Bestellung eines Verfahrensbeistands in der Regel durch gerichtlichen Beschluss. Einer besonderen Form bedarf die Bestellung allerdings nicht, sondern sie kann auch konkludent erfolgen.[75]

Anhaltspunkte für eine konkludente Bestellung zum Verfahrensbeistand z.B. in einem neben einem Sorgerechtsverfahren geführten Umgangsverfahren können sich beispielhaft ergeben, wenn

- in einem Anhörungstermin zum Sorgerecht ausweislich des Sitzungsvermerkes nicht nur der Aufgabenkreis elterliche Sorge mit den Beteiligten ausführlich erörtert worden ist, sondern darüber hinaus auch verfahrensfördernde Gespräche mit den Kindeseltern und dem beteiligten Jugendamt sowie dem Verfahrensbeistand über eine Regelung des zukünftigen Umgangs des Kindesvaters mit den gemeinsamen Kindern geführt worden sind,

- in diesem zusätzlichen Kontext der Auseinandersetzung die Erörterung über diesen Verfahrensgegenstand nicht nur in seinem Beisein, sondern unter seiner aktiven Mitwirkung stattfand,

- beide Verfahrensgegenstände von den anwesenden Beteiligten gemeinsam erörtert wurden und schließlich in einen protokollierten Vergleich über Umgangskontakte mündeten, den der Verfahrensbeistand ausdrücklich genehmigt bzw. seine Zustimmung hierzu erteilt hat,

2123

---

72 Vgl. auch Prütting/Helms/Hammer, FamFG 3. Aufl. § 158 Rn. 60.
73 BGH FamRZ 2014, 373–374 = NZFam 2014, 166, 167.
74 OLG Oldenburg MDR 2016, 774.
75 OLG Schleswig, Beschluss vom 19.4.2016, 15 W 170/15; juris; OLG Nürnberg, MDR 2015, 100; Musielak/Borth/Grandel, FamFG, § 158 FamFG Rn. 11; Zöller/Lorenz, ZPO, § 158 FamFG Rn. 3.

- durch die ausdrückliche Beteiligung des Verfahrensbeistands an der schließlich im Vergleichswege getroffenen Umgangsvereinbarung deutlich wurde, dass in diesem Zusammenhang die Interessen der beteiligten Kinder wahrgenommen werden sollten.[76]

2124 Die konkludent erfolgte Bestellung als Verfahrensbeistand beschränkt sich jedoch regelmäßig auf den originären Wirkungskreis, soweit das Gericht gegenüber dem Verfahrensbeistand in keiner Weise zum Ausdruck gebracht hat, dass dieser bezogen auf den Verfahrensgegenstand Umgang über den originären Aufgabenkreis hinaus auch die Aufgaben nach § 158 Abs. 4 Satz 3 FamFG wahrnehmen soll. Insoweit steht ihm lediglich eine Vergütung in Höhe der Grundpauschale in Höhe von 350,00 Euro (§ 158 Abs. 7 Satz 2 FamFG) zu.[77] Die Entschädigung bestimmt sich ohnehin nicht danach, ob verschiedene Verfahrensgegenstände in getrennt geführten Akten mit verschiedenen Aktenzeichen oder in einem einzigen Verfahren geführt werden. Entscheidend ist vielmehr, ob sich die – ggf. auch konkludente – Bestellung als Verfahrensbeistand auf den jeweiligen **Verfahrensgegenstand** (Sorgerecht, Umgang, Unterbringung) und das jeweils zu vertretende Kind bezieht.[78] Zur Vermeidung von Unklarheiten und unnötigem Aufwand bei der Geltendmachung der Vergütungsansprüche ist in diesen in der gerichtlichen Praxis nicht seltenen Fällen dringend anzuraten, dem Gericht gegenüber darauf zu bestehen, einen förmlichen Bestellungsbeschluss für das Zweitverfahren im Termin zu verkünden und die Bestellung für den Gegenstand des Zweitverfahrens ausdrücklich im **Sitzungsvermerk** aufzunehmen. Soweit auch der erweiterte Aufgabenkreis nach § 158 Abs. 4 Satz 3 FamFG für das Zweitverfahren anzuordnen ist, weil der Verfahrensbeistand vor dem oder anlässlich des Anhörungs-/Erörterungstermines auch Gespräche mit den Eltern über den Verfahrensgegenstand des Zweitverfahrens geführt hat, so ist das durch das Gericht ebenfalls ausdrücklich zu bestimmen. Denn eine konkludente Bestellung kommt wegen der erforderlichen Rechtsklarheit hinsichtlich der Entstehung eines Vergütungsanspruches nur in eindeutigen Ausnahmefällen in Betracht[79] (vgl. dazu weiter auch oben Rn. 2090 und 2313).

2125 Die am Ende eines Anhörungs-/Erörterungstermins in einem Verfahren wegen elterlicher Sorge durch amtsgerichtlichen Beschluss vorgenommene Erstreckung der Verfahrensbeistandschaft auf den „Verfahrensgegenstand Umgang" führt allerdings nicht zu einem (weiteren) Vergütungsanspruch des Verfahrensbeistands für den Tätigkeitsbereich Umgang, wenn im Laufe des Verfahrens weder ein Umgangsrecht begehrt wurde noch das Gericht ein Verfahren mit dem Gegenstand Umgangsrecht von Amts wegen eingeleitet hat.[80] Ebenso fällt auch nur eine Vergütungspauschale an, wenn der Verfahrensbeistand zwar in mehreren selbststän-

---

76 Vgl. den Fall des OLG Schleswig, Beschluss vom 19.4.2016, 15 W 170/15, juris.
77 OLG Schleswig, Beschluss vom 19.4.2016, 15 W 170/15, juris.
78 BGH FamRZ 2012, 1630; FamRZ 2011, 467; OLG München FamRZ 2013, 966.
79 OLG München FamRB 2017, 90, 91.
80 OLG Dresden FamRZ 2016, 2030, 2031.

dig geführten Verfahren bestellt wurde, diese aber denselben Verfahrensgegenstand betreffen.[81]

VI. Ausschlussfrist für die Geltendmachung des Vergütungsanspruches

Auf den Vergütungsanspruch des berufsmäßigen Verfahrensbeistands in einer Kindschaftssache findet nach der Rechtsprechung des BGH die **Ausschlussfrist von 15 Monaten** nach § 1835 Abs. 1 Satz 3 BGB entsprechende Anwendung. Es liege – so der BGH – nahe, dass im Zuge der Einführung der Fallpauschalen des § 158 Abs. 7 FamFG die Regelung einer Ausschlussfrist oder die Aufnahme einer auf eine solche verweisenden Vorschrift übersehen wurde und es sich insoweit um eine planwidrige Regelungslücke handele.[82] Die für eine Analogie erforderliche Vergleichbarkeit einer Vergütung eines Verfahrensbeistands mit dem gesetzlich geregelten ergibt sich laut BGH aus einer Gegenüberstellung mit allen anderen gerichtlich zu bestellenden Personen wie Vormund, Betreuer, Verfahrenspfleger in Unterbringungs- und Betreuungssachen sowie Umgangspfleger. Alle für die vorgenannten Ämter bestellten Personen haben bei der Geltendmachung ihrer Aufwendungs- und/oder Vergütungsansprüche eine Ausschlussfrist von 15 Monaten zu beachten. Dies gilt sowohl unabhängig davon, ob sie ihre Tätigkeit berufsmäßig oder ehrenamtlich ausüben, als auch unabhängig davon, ob sie ihre Ansprüche zunächst gegen den Mündel – bei Ersatzhaftung der Staatskasse – oder direkt gegen die Staatskasse geltend machen. Dabei gilt für den Vormund und den Betreuer die 15-monatige Ausschlussfrist gemäß § 2 Satz 1 VBVG, welcher für den berufsmäßigen Verfahrenspfleger in Betreuungssachen gemäß § 277 Abs. 2 Satz 2 FamFG ebenfalls Anwendung findet. Der in Betreuungssachen ehrenamtlich tätige Verfahrenspfleger ist auf Grund der §§ 276, 277 Abs. 1 FamFG i.V.m § 1835 Abs. 1 Satz 3 BGB an eine Ausschlussfrist gebunden, während sich für den Verfahrenspfleger in Unterbringungssachen die Geltung der Ausschlussfrist aus §§ 317, 318, 277 Abs. 1 FamFG i.V.m. § 1835 Abs. 1 Satz 3 BGB ergibt. Für den Umgangspfleger ist die Ausschlussfrist in § 1684 Abs. 3 Satz 6 BGB i.V.m. § 277 FamFG und i.V.m. § 1835 Abs. 1 Satz 3 BGB geregelt.[83]

2126

---

[81] OLG Sachsen-Anhalt FamRZ 2015, 1218: wechselseitige Sorgerechtsanträge der Eltern; OLG Frankfurt ZKJ 2014, 113, 114: von Jugendamt und Großmutter eingeleitete Verfahren zur Eignung der Mutter des Kindes, die elterliche Sorge selbst auszuüben.

[82] BGH FamRZ 2017, 231–233, unter Hinweis auf BGH FamRZ 2014, 373 Rn. 13, zur analogen Anwendung von § 277 Abs. 4 Satz 1 FamFG für den Mitarbeiter eines Betreuungsvereins als Verfahrensbeistand. A.A. KG ZKJ 2017, 38–39 = FamRZ 2017, 242–243: Der Vergütungsanspruch des Verfahrensbeistands erlischt gem. §§ 158 Abs. 7 Satz 6, 168 Abs. 1 FamFG, 2 Abs. 1 Satz 1, Satz 2 Nr. 2 JVEG, wenn er nicht binnen 3 Monaten nach Beendigung seiner Tätigkeit geltend gemacht wird.

[83] BGH FamRZ 2017, 231–233 = NJW 2017, 574–575 = ZKJ 2017, 67–69, unter Aufhebung von OLG Frankfurt FGPrax 2016, 78; Bestätigung von OLG Hamm und OLG Zweibrücken, je MDR 2015, 772 (Rn. 15), entgegen OLG Köln JurBüro 2015, 494 und OLG München FamRZ 2015, 1830.

2127 Ob für den **Fristbeginn der Ausschlussfrist** auf das Entstehen des Vergütungsanspruchs mit Aufnahme der Tätigkeit als Verfahrensbeistand[84] oder auf deren Ende[85] abzustellen ist, hatte der BGH in seiner zuvor zitierten Entscheidung vom 5. Oktober 2016 allerdings noch offengelassen.[86] Nach § 1835 Abs. 1 Satz 3 BGB erlischt der Vergütungsanspruch, wenn er nicht binnen 15 Monaten nach seiner Entstehung geltend gemacht wird. Grundsätzlich entsteht der Vergütungsanspruch demnach mit Beginn der vergütungspflichtigen Tätigkeit, bei einer auf Dauer angelegten Amtsführung wie beispielsweise der gesetzlichen Betreuung also tagweise. Für dieses Verständnis der „Entstehung" des Anspruchs ist allerdings dort kein Raum, wo das Gesetz die Vergütung des (Berufs-)Betreuers nicht mehr an eine bestimmte Tätigkeit oder überhaupt an ein Tätigwerden anknüpft, sondern eine vom konkreten Arbeitseinsatz losgelöste und nur noch formal an die fortbestehende Dauer der Betreuung anknüpfende (pauschalierte) Vergütung nach §§ 4, 5 VBVG zugebilligt wird.[87] Gleiches könnte für die pauschalierte Vergütung des berufsmäßigen Verfahrensbeistands gelten. Damit würde die Ausschlussfrist nicht mit dem (ersten) Tätigwerden des Verfahrensbeistands, sondern (frühestens) mit der **Beendigung der Verfahrensbeistandschaft** zu laufen beginnen.[88] Die Beistandschaft endet allerdings ohne Weiteres mit Eintritt der Volljährigkeit des Betroffenen; für die Beendigung bedarf es keines förmlichen Aufhebungsbeschlusses, welcher ohnehin nur deklaratorischen Charakter hätte.[89]

Den Beginn der Ausschlussfrist ab Beendigung der Tätigkeit des Verfahrensbeistandes hat der BGH allerdings in zwei Entscheidungen vom 27. Februar 2019 mit folgendem Leitsatz verworfen: „Die 15-monatige Ausschlussfrist für die Geltendmachung der Vergütung des Verfahrensbeistands in einer Kindschaftssache beginnt zu laufen, wenn der Verfahrensbeistand seine Tätigkeit aufnimmt."[90]

2128 Daher wird unter Beachtung der Entscheidung des BGH zum Beginn der 15monatigen Ausschlussfrist (vgl. Rn. 2127) dringend empfohlen, die Vergütungspauschalen spätestens binnen 15 Monaten ab **Beginn der Tätigkeit** geltend zu machen. Denn bei der Ausschlussfrist des § 1835 Abs. 1 Satz 3 BGB handelt es sich um eine echte **Erlöschensfrist**, deren Beginn keine Kenntnis voraussetzt[91] und bei der keine Wiedereinsetzung in den vorigen Stand bei unverschuldeter Nichteinhaltung der Frist möglich ist.[92]

---

84 BGH FamRZ 2012, 1630 Rn. 18.
85 BGH FamRZ 2008, 1611 Rn. 29 zur Betreuervergütung; OLG Zweibrücken MDR 2015, 772, 773, und OLG Hamm, Beschluss vom 6.11.2015, 6 WF 106/15 Rn. 11, juris, jeweils für die Vergütung des Verfahrensbeistands.
86 Vgl. BGH FamRZ 2017, 231–233.
87 BGH, Beschluss vom 28.5.2008, XII ZB 53/08, Rn 29, juris, zur Vergütung des Betreuers.
88 Ebenso OLG Zweibrücken MDR 2015, 772, 773; OLG Hamm, Beschluss vom 6.11.2015, 6 WF 106/15, juris Rn. 11.
89 OLG Zweibrücken MDR 2015, 772. Im Ergebnis ebenso: KG ZKJ 2017, 38–39 = FamRZ 2017, 242–243.
90 Az. XII ZB 495/18 und XII ZB 496/18.
91 OLG Schleswig FamRZ 2002, 1288; HK-BUR/-Bauer/Deinert, § 1835 BGB Rn. 8, mit weiteren Nachweisen zur Rechtsprechung.
92 Vgl. Fn. 91.

Es ist in der Praxis ohnehin durchaus üblich, den Antrag auf Entschädigung mit dem ersten Tätigwerden zur Wahrnehmung der Interessen des zu vertretenden Kindes (erster Bericht an das Gericht oder Wahrnehmung des ersten Gerichtstermines) zur Akte zu reichen.

VII. Ersatz von Aufwendungen

Die Erstattung gesondert geltend gemachter Aufwendungen kommt nur bei **ehrenamtlicher** Führung der Verfahrensbeistandschaft nach §§ 158 Abs. 7 Satz 1, 277 Abs. 1 FamFG in Verbindung mit § 1835 Abs. 1 und 2 BGB und (nach der dazu von der **Mindermeinung**[93] vertretenen Auffassung) für **Berufsverfahrensbeistände** nach §§ 277, 318 FamFG in **Unterbringungsverfahren** Minderjähriger nach § 151 Nr. 6 und 7 FamFG (Freiheitsentziehende Unterbringung nach § 1631b BGB und PsychKG) in Betracht. Die familiengerichtliche Praxis hingegen entschädigt auch in Unterbringungsverfahren fast ausnahmslos mit den Fallpauschalen nach § 158 Abs. 7. FamFG. Soweit im Einzelfall einmal nach Zeitaufwand und Ersatz entstandener Einzelaufwendungen abgerechnet werden sollte, wird zur Erläuterung auf die einschlägige Kommentierung der Vergütungsansprüche nach §§ 1, 2 und 3 VBVG im Rahmen des Betreuungsrechts und des Anspruches auf Aufwendungsersatz nach § 1835 BGB verwiesen.[94] Für die Abrechnung nach (Zeit-)Aufwand von Berufsverfahrensbeiständen in Unterbringungssachen wird im Übrigen auf die Ausführungen zu VI. (Rn. 2108 ff.) verwiesen.

2129

In den übrigen Kindschaftssachen (§ 151 Nr. 1 bis 5 FamFG) erfolgt die Entschädigung des berufsmäßig tätigen Verfahrensbeistands in pauschalierter Form, wobei **die Pauschale den Ersatz von Aufwendungen einschließlich der auf die Vergütung entfallenden Umsatzsteuer mit erfasst** (vgl. § 158 Abs. 7 Satz 2 bis 4 FamFG). Das gilt auch für den Verfahrensbeistand in Abstammungs- und Adoptionssachen, vgl. §§ 174 Satz 2, 191 Satz 2 FamFG.

2130

▷ Zur Umsatzsteuerbefreiung siehe Rn. 2082.

Das gilt nach **herrschender Meinung**[95] allerdings auch für die Kindschaftssachen des § 151 Nr. 6 und 7 FamFG, d.h. für Unterbringungsverfahren nach § 1631b BGB und nach den Landesunterbringungsgesetzen (PsychKG).

2131

VIII. Entschädigungsverfahren

Die Festsetzung der Entschädigung erfolgt gemäß §§ 158 Abs. 7 Satz 6 bzw. 277 Abs. 5 Satz 2, 318, 167 FamFG nach den entsprechend anwendbaren Regeln des

2132

---

[93] Bumiller/Harders, § 167 FamFG Rn. 12; Diekmann in Jurgeleit, Freiwillige Gerichtsbarkeit, Handbuch, § 17 Rn. 75, § 16 Rn. 187.
[94] Z.B. im Heidelberger Kommentar zum Betreuungs- und Unterbringungsrecht (HK-BUR) oder in Dodegge/Roth, BtKomm, Teil F; siehe auch Deinert/Lütgens, Die Vergütung des Betreuers.
[95] Vgl. nur Keidel/Kuntze/Winkler/Engelhardt, § 167 FamFG Rn. 2; MünchKomm-FamFG/Heilmann (2018), § 167 Rn. 42; Meysen/Balloff, Das Familienverfahrensrecht – Praxiskommentar, § 167 FamFG Rn. 11.

Abs. 1 des § 168 FamFG: Auf Antrag des Verfahrensbeistands oder von Amts wegen, wenn das Gericht die Festsetzung für angemessen hält, setzt das Gericht fest:

- den Vorschuss auf bzw. den Ersatz von Aufwendungen (§ 1835 BGB),
- die zu bewilligende Vergütung, eine Abschlagszahlung auf die Vergütung (§ 1836 BGB).

Von Amts wegen wird das Gericht die Festsetzung für angemessen halten und vornehmen müssen, wenn

- Berufsverfahrensbeistände durch höhere Gewalt (z.B. plötzliche schwere Erkrankung) unverschuldeterweise daran gehindert sind, die 15-monatigen Ausschlussfristen der §§ 2 Abs. 2 VBVG, 1835 Abs. 1a BGB in Verbindung mit §§ 277 Abs. 1, 317 FamFG für die Geltendmachung der Entschädigungsansprüche einzuhalten
- bei Aufhebung der Verfahrensbeistandschaft, § 158 Abs. 5 und 6 FamFG.

2133 Erfolgt keine Festsetzung durch gerichtlichen Beschluss nach § 168 Abs. 1 Satz 1 FamFG, so kann die Auszahlung der Vergütung durch den **Urkundsbeamten der Geschäftsstelle** nach Vorprüfung und Zuweisung durch den Rechtspfleger analog den Vorschriften über das Verfahren bei der Entschädigung von Zeugen hinsichtlich ihrer baren Auslagen nach JVEG erfolgen, § 168 Abs. 1 Satz 4 FamFG. Diese den Verwaltungsaufwand mindernde Verfahrensweise ohne Einschaltung des Vertreters der Staatskasse ist für einfach gelagerte Vergütungsanträge gegen die Staatskasse vorgesehen. Ein solch einfach gelagerter Fall liegt vor, wenn die Höhe der Vergütung außer Streit ist (z.B. im Falle der Fallpauschalen nach § 158 Abs. 7 FamFG und der Vergütungspauschale nach § 277 Abs. 3 FamFG) und Regressansprüche der Staatskasse nach § 1836e BGB gegen die Kostenschuldner nicht geltend gemacht werden können.[96]

2134 Für das Verfahren auf Festsetzung der Entschädigung durch die Staatskasse gelten durch die Verweisung in § 168 Abs. 1 Satz 4 FamFG die Verfahrensvorschriften des JVEG. Es entscheidet der Urkundsbeamte der Geschäftsstelle des Amtsgerichtes im Verwaltungswege, das heißt, der Betrag der Entschädigung wird in einer Kassenanordnung zur Zahlung angewiesen.[97] Einer Anhörung des Vertreters der Landeskasse (Bezirksrevisor) oder einer Bekanntmachung bedarf es nicht, soweit nicht landesrechtliche Bestimmungen für Kassenanordnungen dies vorsehen (z.B. in Hessen gem. Nr. 40 JVBKR). Es erfolgt lediglich eine Prüfung im Rahmen der jeweiligen Landeshaushaltsordnungen.[98] Für die Auszahlung der Beträge ist eine allgemeine Auszahlungsanordnung erteilt (z.B. in NRW gem. Nr. 19.1 der Anlage zu Nr. 3 der VV zu § 79 LHO).

---

96 BR-Drucks. 339/98, S. 4.
97 Meyer/Höver/Bach, ZSEG § 15 Rn. 21.
98 Bach, BtPrax 1993, 182/185.

IX. Rechtsmittel gegen die Festsetzung der Entschädigung

1. Rechtsmittel bei unterlassener Feststellung der Berufsmäßigkeit der Verfahrensbeistandschaft

Eine die Vergütung unter Hinweis auf das Fehlen der Feststellung der Berufsmäßigkeit versagende Entscheidung ist nach § 63 Abs. 1 FamFG mit der befristeten Beschwerde binnen eines Monates ab Bekanntmachung/Zustellung an den Verfahrensbeistand anfechtbar (strittig). 2135

▶ Zu den Rechtsmitteln bei unterlassener Feststellung der Berufsmäßigkeit vgl. oben Rn. 2063 ff.

2. Rechtsmittel gegen den Festsetzungsbeschluss

Die Gerichtsentscheidung ist mit der (Rechtspfleger-)**Erinnerung** anfechtbar, soweit der Beschwerdewert von über 600,00 Euro nicht erreicht ist und das FamG die Beschwerde mangels grundsätzlicher Bedeutung der Rechtssache nicht zulässt, § 11 Abs. 2 RPflG (in der Fassung des Gesetzes vom 30.7.2009, BGBl. I S. 2474) in Verbindung mit § 61 FamFG. Funktionell zuständig für die Entscheidung über die Zulassung der Beschwerde ist der **Rechtspfleger**.[99] Lässt der Rechtspfleger die Beschwerde nicht zu, kann er der Erinnerung abhelfen; hilft er ihr nicht ab, legt er sie dem Richter zur abschließenden Entscheidung vor, § 11 Abs. 2 Satz 2 und 3 RPflG n.F.[100] Die Erinnerung ist innerhalb von einem Monat nach Zugang des Beschlusses zu erheben (§ 11 RpflG i.V.m. §§ 58, 63 FamFG). 2136

Gegen einen den Verfahrensbeistand beschwerenden Festsetzungsbeschluss findet bei Erreichen des Beschwerdewertes von über 600,00 Euro die **Beschwerde** statt, §§ 61 FamFG i.V.m. § 11 Abs. 1 RPflG n.F. Das gilt bei Unterschreiten des Beschwerdewertes auch im Falle der Zulassung des Rechtsmittels durch den Rechtspfleger wegen der grundsätzlichen Bedeutung der Rechtssache. 2137

Die Beschwerde ist binnen einer **Frist von einem Monat** ab Bekanntmachung des Festsetzungsbeschlusses an den Beschwerdeführer einzulegen, § 63 Abs. 1 und 3 FamFG. Die Beschwerde muss bei dem erstinstanzlichen Gericht, dessen Verfügung angefochten wird, eingelegt werden, § 64 Abs. 1 FamFG. Die Einlegung erfolgt durch Einreichung einer Beschwerdeschrift oder durch Erklärung zu Protokoll der Geschäftsstelle des Gerichts, dessen Verfügung angefochten wird, § 64 Abs. 2 FamFG. 2138

---

99 Vgl. OLG Frankfurt OLG-Report 2000, 272; OLG Hamm BtPrax 2000, 129, unter ausdrücklicher Zurückweisung der a.A. des LG Passau BtPrax 1999, 158, das nur den Richter für entscheidungsbefugt hält.
100 BayObLG BtPrax 2001, 75.

3. Rechtsmittel gegen die Vergütungsentscheidung im vereinfachten Verfahren

2139 Entscheidungen des Urkundsbeamten der Geschäftsstelle über Entschädigungszahlungen im vereinfachten Verfahren (vgl. Rn. 2133 ff.) können nicht mit der Erinnerung bzw. nicht mit der Beschwerde angegriffen werden. Insoweit bleibt nur die Möglichkeit, gegen den im vereinfachten Verfahren angewiesenen Entschädigungsbetrag die förmliche Festsetzung nach § 168 Abs. 1 Satz 1 i.V.m. § 158 Abs. 7 Satz 6 FamFG zu beantragen.

2140 Gegen die im (förmlichen) Festsetzungsverfahren getroffenen Entscheidungen des Rechtspflegers sind dann wieder die in § 58 ff. FamFG i.V.m. § 11 Abs. 1 und 2 RPflG bestimmten Rechtsmittel (Beschwerde) zulässig (vgl. oben Rn. 2136 ff.).

X. Kostenregress der Staatskasse

2141 Die Staatskasse kann die an den Verfahrensbeistand gezahlten Beträge in Familiensachen des § 111 FamFG (z.B. in Sorgerechts-, Umgangsverfahren, auch solche im Scheidungsverbund) in voller Höhe gegenüber den Kostenschuldnern des jeweiligen Gerichtsverfahrens (vgl. §§ 21, 24, 26 FamGKG) geltend machen, vgl. Ziffer 2013 des Kostenverzeichnisses zu §§ 1, 3 Abs. 2 FamGKG. Denn die an den Verfahrensbeistand gezahlten Beträge zählen gemäß Teil 2 des Kostenverzeichnisses zu § 3 Abs. 2 FamGKG zu den „Auslagen" des Verfahrens im Sinne der §§ 1 und 3 FamGKG. Die Bestellung des Verfahrensbeistands und die Aufhebung der Bestellung hingegen sind als Teil des Verfahrens, für das der Beistand bestellt wurde, gebührenfrei (vgl. KV Nr. 1310 Anlage 1 zu § 3 Abs. 2 FamGKG).[101]

2142 Minderjährige selbst können zwar nach § 21 Abs. 1 Nr. 3 FamGKG Kostenschuldner in Verfahren sein, die ihre Person betreffen. Sie haften aber für die durch die Verfahrensbeistandschaft entstehenden Kosten „nur" im Rahmen der nach § 1836c BGB gezogenen Grenzen ihrer Leistungsfähigkeit,[102] vgl. 2013 des Kostenverzeichnisses zum FamGKG.[103]

2143 Im Rahmen des Kostenansatzverfahrens ist der Kostenschuldner einer Kindschaftssache mit Einwänden gegen die Auswahl des bestellten Verfahrensbeistands jedenfalls dann ausgeschlossen, wenn – wie regelmäßig – kein geeigneter ehrenamtlicher Verfahrensbeistand zur Verfügung stand. Mit Einwänden gegen die Art und Weise der Tätigkeit des Verfahrensbeistands ist er ebenfalls ausgeschlossen. Die durch die Bestellung eines Verfahrensbeistands verursachten Kosten sind wegen unrichtiger Sachbehandlung (§ 20 Abs. 1 FamGKG) lediglich dann nicht zu erheben, wenn die in § 158 Abs. 1 FamFG normierten Voraussetzungen für die Be-

---

[101] Vgl. OLG Frankfurt FamRZ 2013, 1331 ff.; Keidel/Engelhardt, § 158 FamFG Rn. 54.
[102] Zur sog. Mittellosigkeitsgrenze vgl. BGH FamRZ 2002, 57; HK-BUR/Deinert, § 1836c BGB Rn. 73 ff., 83 ff.: 5.000,00 Euro Schonvermögen; Rn. 28 ff.: 832,00 Euro und Kosten der Kaltmiete als Einkommensfreibetrag nach §§ 1836c Nr. 1 BGB, 79, 81, 82, 85 SGB XII (jährliche Anpassung).
[103] Vgl. auch die amtliche Vorbemerkung 2. III. Satz 3 zu Teil 2. Auslagen.

stellung eines Verfahrensbeistands ersichtlich nicht vorlagen.[104] Bestellt das Familiengericht vor der Anhörung des Antragsgegners in einer Kindschaftssache einen Verfahrensbeistand und geht dabei ohne aktive Überprüfung der Notwendigkeit davon aus, dass die Wahrnehmung der Interessen des Kindes eine Bestellung im Sinne des § 158 FamFG erforderlich erscheinen lässt, so besteht nach obergerichtlicher Rechtsprechung Anlass, gemäß § 81 Abs. 1 Satz 2 FamFG von der Erhebung der auf die Vergütung des Verfahrensbeistandes entfallenden Gerichtskosten abzusehen.[105]

---

[104] OLG Frankfurt FamRZ 2013, 1331 ff.; OLG Schleswig, Beschluss vom 3.2.2014, 15 WF 445/13, SchlHA 2014, 329–330; vgl. auch OLG München RPfleger 2012, 205.
[105] OLG Frankfurt FamRZ 2017, 543–545.

Anhang

Muster

Muster

I. Aktendeckblatt – 1

Familiensache:

Geschäftsnummer:

Beschluss vom:

Name des Richters:

Fristen:

Akteneingang:

Aktenausgang:

Verfahrensbeistand im Rahmen:

Elterliche Sorge:

Name, Vorname des Kindes:
Geburtsdatum:
Wohnhaft:

Name, Vorname der Mutter:
Geburtsdatum:
Wohnhaft:
Telefonnummer, Handynummer:

Rechtsanwalt der Mutter:
Telefonnummer:

Name, Vorname des Vaters:
Geburtsdatum:
Wohnhaft:
Telefonnummer, Handynummer:

Anhang Muster

Rechtsanwalt des Vaters:

Telefonnummer:

Jugendamt:

Sachbearbeiter:

Telefonnummer:

Kita:

Adresse:

Telefonnummer:

Ansprechpartner:

Schule:

Adresse:

Telefonnummer:

Ansprechpartner:

Behandelnder Arzt/Therapeut:

Adresse:

Telefonnummer:

Heim:

Name:

Adresse:

Telefon:

Pflegeeltern:

Name:

Adresse:

Telefon:

Sonstige Institutionen/Beteiligte:

Name:

Adresse:

Telefon:

II. Aktendeckblatt – 2

Handaktenbogen

In Sachen

Name des Kindes ...., geb. ....

Mustermann ./. Mustermann

wegen:	Gericht: Amtsgericht: ....
z.B. elterliche Sorge/Aufenthaltsbestimmungsrecht/Umgang	
	Straße ....
	PLZ + Ort ....
	Az.: ....
	Richter ....
	Tel.: ....
	Geb., Raum ....

Antragstellerin: Kindesmutter	**Antragsgegner:** Kindesvater
M. Mustermann	S. Mustermann
Straße	Straße ....
PLZ + Ort	PLZ + Ort ....
Telefon:	Telefon: ....
Mobil:	Mobil: ....

Fristen / Wiedervorlagen

Eigenes Aktenzeichen: ....

Anlage am: ....

Bestellung am: ....

Abgelegt am: ....

Vergütung beantragt am: ....

Vergütung erhalten am: ....

Anhang Muster

Termine:

Datum	Uhr	Zimmer	

Kind:

Name ....

Geburtsdatum ....

Beteiligte in Sachen: ....

Name des Kindes ....

Verfahrensbevollmächtigte

Kindesmutter

Kanzlei ....

RA ....

Straße ....

PLZ + Ort ....

Telefon: ....

                    (Durchwahl)

Telefax: ....

E-Mail: ....

Gerichtsfach:

Nr. ....

Zeichen: ....

Jugendamt:

....

Straße ....

PLZ + Ort ....

Sachbearbeiter: ....

Telefon: ....

Telefax: ....

Verfahrensbevollmächtigte

Kindesvater

Kanzlei ....

RA ....

Straße ....

PLZ + Ort ....

Telefon: ....

                    (Durchwahl)

Telefax: ....

E-Mail: ....

Gerichtsfach:

Nr. ....

Zeichen: ....

Sachverständiger/Kinderpsychologe:

....

Straße ....

PLZ + Ort ....

Sachbearbeiter: ....

Telefon: ....

Telefax: ....

III. Aufbau Stellungnahme

Briefkopf

Datum

An das

Amtsgericht ....

– Familiengericht –

Straße ....

PLZ + Ort ....

In der Familiensache

..../. ....

Az.: ....

wird als Verfahrensbeistand des Kindes ...., geb. am .... nachfolgend **Stellung** genommen

Die Stellungnahme gründet sich auf:
- *das Studium der Akte*
- *den Kontakt zum Kind*
- *die Angaben folgender Personen und Institutionen:*
- *der Kindermutter*
- *des Kindervaters*
- *des Kindergartens*
- *der Sozialpädagogischen Familienhelferin*
- *des behandelnden Psychologen*
- *des Jugendamtes*

Durch Gespräche mit allen Beteiligten wurden das Umfeld des Kindes erforscht und somit die benötigten Informationen gesammelt, um eine Stellungnahme abgeben und weitere Empfehlungen machen zu können.

Das Kind:

Datum

Es fanden .... Kontakte mit .... statt.

Die Kindesmutter:

Datum

....

Der Kindesvater:

Datum

....

Der Kindergarten:

Datum

Leiterin der Einrichtung:

Gruppenleiterin:

Die Sozialpädagogische Familienhelferin

Datum

Ansprechpartnerin: ....

Der behandelnde Psychologe:

Datum

Ansprechpartner: ...., Zentrum für Kinder- und Jugendpsychiatrie

STELLUNGNAHME:

....

Unterschrift

Verfahrensbeistand für

Anmerkung:

Die Stellungnahme wird an niemanden adressiert.

Der gesamte Text wird in wissenschaftlicher Form verfasst (die/der Unterzeichnende(r)).

IV. Schweigepflichtentbindungserklärung

ERKLÄRUNG

Ich, ..., entbinde hiermit folgende Personen/Institutionen von ihrer Schweigepflicht:

....

Ich erlaube Ihnen, mit .... – **Verfahrensbeistand für meinen Sohn/meine Tochter** .... – Gespräche zu führen und ihm/ihr alle Informationen zu geben, die er/sie benötigt, um seine/ihre Interessen vor Gericht vertreten zu können.

Unterschrift

V. Rechnung – einfacher Wirkungskreis

An das

Amtsgericht ....

– Familiengericht –

Straße

PLZ und Ort

Datum

In der Familiensache

betreffend die elterliche Sorge für

.... **, geboren am** ....

– *Aktenzeichen* –

erlaube ich mir, die nach § 158 Abs. 7 Satz 1 und 2 FamFG angefallene Vergütung in Höhe von

350,00 €

in Rechnung zu stellen.

Höflich bitte ich um Überweisung des o.g. Rechnungsbetrages auf mein Konto bei der

Bank:
IBAN:

Unterschrift

Verfahrensbeistand

Kopie des Bestellungsbeschlusses vom ....

VI. Rechnung – erweiterter Wirkungskreis

An das

Amtsgericht ....

– Familiengericht –

Straße

PLZ und Ort

Datum

In der Familiensache

betreffend die elterliche Sorge für

.... , geboren am ....

– *Aktenzeichen* –

erlaube ich mir, die nach § 158 Abs. 7 Satz 1 und 3 FamFG angefallene Vergütung in Höhe von

550,00 €

in Rechnung zu stellen.

Gemäß Beschluss vom .... sind mir die Aufgaben nach § 158 Abs. 4 Satz 3 FamFG übertragen worden.

Höflich bitte ich um Überweisung des o.g. Rechnungsbetrages auf mein Konto bei der

Bank:

IBAN:

Unterschrift

Verfahrensbeistand

Kopie des Bestellungsbeschlusses vom ....

Literatur

AACAP Official Action: Practice parameter for the assessment and treatment of children and adolescents with reactive attachment disorder and disinhibited social engagement disorder. Journal of the American Academy of Child and Adolescent Psychiatry 2016, 55, 990–1003.

Adler, B./Gräbner, E./Götz, U.: Verfahrenspflegschaften im Landkreis Kitzingen. JAmt 2001, 399–402.

Aguilera, D. C./Messik, J. M.: Grundlagen der Krisenintervention. Freiburg im Breisgau 1977.

Ahnert, L. (2004): (Hrsg.). Frühe Bindung. Entstehung und Entwicklung. München.

Ainsworth, M. D./Belhar, M./Waters, E./Wall, S.: Patterns of attachment: A psychological study of the strange situation. Hillsdale 1978.

Albrecht, P.-A./Stern, S.: Buchbesprechung – Verteidigung in Jugendstrafsachen. StV 1988, 410–414.

Alle, F.: Kindeswohlgefährdung. Das Praxishandbuch. 2. Aufl. Freiburg im Breisgau 2012.

Althammer, C.: Brüssel IIa-Rom III. Kommentar zu den Verordnungen (EG) 2201/2003 und (EU) 1259/2010. München 2014.

Amato, P. R.: Life-span Adjustment of children to Their Parents' Divorce. 4 The Future of Children 1994, 143–164.

Amato, P. R./Gilbreth, J. G.: Nonresident Fathers and Children's Wellbeing. A Meta-analysis. J. Marriage & Fam. 1999.

Amthor, H./Proksch, R./Sievering, U. (Hrsg.): Kindschaftsrecht 2000 und Mediation. Frankfurt 1993.

Andrae, M.: Internationales Familienrecht. 4. Aufl. Baden-Baden 2019.

Arbeitsgruppe Familienrechtliche Gutachten (2015): Mindestanforderungen an die Qualität von Sachverständigengutachten im Kindschaftsrecht. Onlinequelle: www.bmjv.de/SharedDocs/Downloads/DE/PDF/Themenseiten/FamilieUndPartnerschaft/MindestanforderungenSachverstaendigengutachtenKindschaftsrecht.html (Zugriff: 30.4.2019).

Arbeitskreis OPD (Hrsg.): Operationalisierte Psychodynamische Diagnostik. Bern 1996.

Archard, D./Skivenes, M.: Balancing a Child's Best Interests and a Child's Views, International Journal of Children's Rights 2009, 1–21.

Arnold, J.: Prävalenz der Posttraumatischen Belastungsstörung bei Pflegekindern: Psychische Belastung, posttraumatische Symptomatik und kindliche Verhaltensauffälligkeiten. München: 2010, Quelle: http://edoc.ub.uni-muenchen.de/11484/1/Arnold_Josephine.pdf (31.03.2018).

Astington, J.: Wie Kinder das Denken entdecken. München 2000.

Baar, A. van: Children of drug-addicted parents. In: Steinhausen, H.-C./Verhulst, F.C., S. 68–84.

Bach, W.: Probleme bei der Entschädigung und Vergütung von Betreuungspersonen. BtPrax 1993, 182–185.

Bach, W.: Zur Entschädigung und Vergütung von Betreuungspersonen unter Berücksichtigung des KostRÄndG. BtPrax 1995, 8–12.

Bach, W.: Kostenregelung für Berufsbetreuer. Köln 1996.

Baer, I./Marx, A.: Das Europäische Übereinkommen über die Ausübung von Kinderrechten – Innovationsschub für den familienrechtlichen Prozess? FamRZ 1997, 1185–1187.

Bahr-Jendges, Jutta (2017): Das Wechselmodell – Ein Konstrukt. Streit 3/2017, 99–110.

Bahrenfuss (Hrsg.): FamFG. Gesetz über das Verfahren in Familiensachen und in den Angelegenheiten der freiwilligen Gerichtsbarkeit. Kommentar. Berlin, 3. Aufl. 2017.

Literatur

Baier, F. (2002). Verfahrenspflege. Eine professionelle personenbezogene soziale Dienstleistung. Kind-Praxis, 5, 154–159.

Balint, M.: Trauma und Objektbeziehung. Psyche (Heft 5) 1970, 346–358.

Balloff, R.: Trennung und Scheidungsberatung. DAVorm 1995, 813–818.

Balloff, R.: Verfahrenspfleger als „Anwalt des Kindes". FPR 1999, 221–226.

Balloff, R.: Allgemeine Kommunikationsregeln sowie Gesprächstechniken mit Kindern und Jugendlichen bei strafrechtlich relevantem Hintergrund. FPR 2000, 140–144.

Balloff, R.: Kindeswille, Kindeswohl, lösungsorientiertes Vorgehen in der Familiengerichtsbarkeit – welchen Stellenwert hat das Kind im Cochemer Modell? In: Müller-Magdeburg 2009, S. 147–152.

Balloff, R.: Kindeswohlgefährdungen durch Herausnahme des Kindes aus dem Elternhaus und bei Wegnahme aus der Pflegefamilie. FPR 2013, 208–213.

Balloff, R./Stötzel, M.: Verfahrenspflegschaft nach § 50 FGG aus der Perspektive des Kindes – eine wissenschaftliche Erhebung. PdR (Heft 2) 2001.

Balloff, R./Vogel, H., Die Verbleibensanordnung – eine grundsätzliche Betrachtung, FamRB 2018, 408–415.

Balloff, R./Vogel, H., Streitpotenzial bei der Übernachtungs- und Ferienregelung im Umgangsrecht, FF 2019, 4–10.

Bamberger, H.-G.: Arbeiten in Netzwerken – Ein Plädoyer für neue Wege in der Justiz. In: Müller-Magdeburg 2009, S. 15–20.

Bartels, F., Abänderung und Überprüfung von gerichtlichen Entscheidungen und gerichtlich gebilligten Vergleichen im Kindschaftsrecht, FuR 2019, 77–83.

Bassenge, P./Herbst, G.: FGG/RPflG. 8. Aufl. Heidelberg 1999.

Bastine, R./Weinmann-Lutz, B./Wetzel, A.: Unterstützung von Familien in Scheidung durch Familien-Mediation. Sozialministerium Baden-Württemberg 1999.

Bauer, A.: Bundespensenkonferenz gefährdet die Ziele des Betreuungsgesetzes. BtPrax 1994, 56–57.

Bauer, A.: Was macht den guten Anwalt des Kindes aus? In: Ev. Akademie Bad Boll (Hrsg.): Anwalt des Kindes – Interessenvertretung für Kinder und Jugendliche in familiengerichtlichen Verfahren als Chance für Kinder, Entscheidungshilfe für Gerichte, Entlastung für Jugendämter. Fachtagung 13.–14.12.1999, Protokolldienst Nr. 4, 2000, S. 72–75.

Bauer, A.: Neue Gesichtspunkte zum Thema Freiheitsentzug und geschlossene Unterbringung in der Jugendhilfe. Evangelische Jugendhilfe (Heft 2) 2001, S. 80–90.

Bauer, A./Klie, T./Rink, J.: Heidelberger Kommentar zum Betreuungs- und Unterbringungsrecht. Loseblattwerk. Heidelberg (Zitierweise: HK-BUR/Bearbeiter).

Bauer, A./Rink, J.: Kritik des Entwurfs eines Gesetzes zur Änderung des Betreuungsrechts sowie weiterer Vorschriften (Betreuungsrechtsänderungsgesetz – BtÄndg – Stand: 7. Februar 1996). BtPrax 1996, 158–161.

Bauer, A./Schaus, G.: Der Anwalt des Kindes im vormundschaftsgerichtlichen Verfahren – ein Erfahrungsbericht aus der Frankfurter Gerichtspraxis, Betrifft Justiz 1997, 162–169 und in epd-Dokumentation: Interessenvertretung für Kinder und Jugendliche in Krisenfällen. Nr. 19, 1998, S. 24–34.

Bauer, J./Schimke, H.-J./Dohmel, W.: Recht und Familie. Neuwied 2001.

Baumeister, W./Fehmel, H.-W. u.a.: Familiengerichtsbarkeit. Berlin 1992.

Bäumel, D. u.a.: Familienrechtsreformkommentar. Bielefeld 1998 (Zitierweise: FamRefK/Bearbeiter).

Literatur

Bayrisches Landesjugendamt (Hrsg.): Sozialpädagogische Diagnose. Arbeitshilfe zur Feststellung des erzieherischen Bedarfs. München 2001. Onlinequelle: www.blja.bayern.de/service/broschueren/neue/27607/index.php (Zugriff: 30.8.2019).

Beauchamp, T. L./Childress, J. F.: Principles of Biomedical Ethics. 1. Aufl. New York, Oxford: Oxford University Press 1977 und 4. Aufl. New York, Oxford: Oxford University Press 1994.

BeckOK BGB, Hrsg.: Bamberger, H.-G./Roth, H./Poseck, R./Hau, W., Ed. 49, 1.2.2019 (Zitierweise: BeckOK BGB/Bearbeiter).

BeckOK FamFG, Hrsg. Hahne/Schlögel/Schlünder, Ed. 26., 2008 (Zitierweise: BeckOK FamFG/Bearbeiter).

BeckOK GG, Hrsg.: Epping, V./Hillgruber, C., Ed. 19, 2013 (Zitierweise: BeckOK GG/Bearbeiter).

BeckOGK: beck-online.GROSSKOMMENTAR, GesamtHrsg.: Gsell/Krüger/Lorenz/Reymann, Hrsg: Wellenhofer/Jox, fortlaufende Aktualisierung (Zitierweise: BeckOGK/Bearbeiter).

BeckOK SozR: BeckOK Sozialrecht, Rolfs/Giesen/Kreikebohm/Udsching (Hrsg.), 50. Edition (Zitierweise: BeckOK SozR/Bearbeiter).

Becker, P. N.: Welche Qualität haben Hilfepläne? Frankfurt am Main (Eigenverlag Deutscher Verein für öffentliche und private Fürsorge), o.J. (1999).

Becker, R./Büchse, A.: Kinder als Betroffene von häuslicher Gewalt. ZKJ 2011, 292–295.

Becker-Stoll, F.: Kindeswohl und Fremdbetreuung. FamRZ 2010, 77–81.

Bender, D./Lösel, F.: Risikofaktoren, Schutzfaktoren und Resilienz bei Misshandlung und Vernachlässigung. In: Egle, U. T./Joraschky, P./ Lampe, A./Seiffge-Krenke, I./Cierpka, M. (Hrsg.), 4., überarb. und erw. Aufl., 2015, S. 77–103.

Bergida, L.: Die Verfahrenspflegschaft im Rahmen grenzüberschreitender Kindesentführungen nach dem HKÜ. RdJB 2009, 159–169.

Bergmann, M.: Der Verfahrensbeistand – Ein Beitrag zum Kindeswohl, ZKJ 2016, 288–290.

Bergmann/Ferid: Internationales Ehe- und Kindschaftsrecht, Loseblattsammlung, Frankfurt am Main.

Bericht der Bundesrepublik Deutschland an die Vereinten Nationen gemäß Artikel 44 Abs. 1 Buchstabe b des Übereinkommens über die Rechte des Kindes, Bundesministerium für Familie, Senioren, Frauen und Jugend (Hrsg.): BR-Drucks. 373/01 (Zitierweise: 2. Staatenbericht). http://dipbt.bundestag.de/extrakt/ba/WP14/1021/102146.html (Zugriff: 10.9.2019).

Berneiser, C.: Das frühzeitige Erörtern der Gefahrenlage vor Gericht – alles zum Wohl des Kindes?. In: Heilmann/Lack (Hrsg.). Die Rechte des Kindes. Festschrift für Ludwig Salgo zum 70. Geburtstag. Köln 2016, S. 293–312.

Berneiser, C.: Die Erörterung der Kindeswohlgefährdung nach § 157 FamFG – Eine „Neuregelung" oder eine bislang unbeachtete Ressource im zivilrechtlichen Kinderschutzverfahren? – Teil 1, ZKJ 2016, 255–261.

Berneiser, C.: Die Erörterung der Kindeswohlgefährdung nach § 157 FamFG – Eine „Neuregelung" oder eine bislang unbeachtete Ressource im zivilrechtlichen Kinderschutzverfahren? – Teil 2, ZKJ 2016, 291–295.

Berneiser, C.: Die verfahrensrechtliche Neuregelung der Erörterung der Kindeswohlgefährdung in § 157 FamFG. Möglichkeiten und Grenzen der Umsetzung in der familiengerichtlichen Praxis. Frankfurt am Main 2015.

Berneiser, C./Baz Bartels, M.: Interdisziplinäre Lehre im Kinderschutz – Teil 1, ZKJ 2016, 440–444.

Berneiser, C./Baz Bartels, M.: Interdisziplinäre Lehre im Kinderschutz – Teil 2, ZKJ 2017, 4–7.

Bernet, W.: False statements and the differential diagnosis of abuse allegations. Journal of the American Academy of Child and Adolescent Psychiatry 32(5), 1993, S. 903–910.

Bernet, W.: Parental alienation syndrome and DSM V. Academic Medicine, 2009, Vol. 84 (10), 349–366.

Literatur

Bernet, W.: Parental Alienation DSM-V und ICD-11. Springfield, Illinois 2011.

Bernhard, H.: Die Stimme des Kindes in der Trennungs- und Scheidungsberatung und in der Familien-Mediation. FPR 2005, 95–98.

Bienwald, W.: Betreuungsrecht. Kommentar zum BtG/BtBG. 3. Aufl. Bielefeld 1999.

Binschus, W.: Wie kann der Gefährdung eines Kindes begegnet werden? ZfF 2008, 112–116.

Bischof-Köhler, D.: Empathie, Mitgefühl und Grausamkeit. Und wie sie zusammenhängen. In: Psychotherapie. 14. Jahrgang, Bd. 14, Heft 1, 2009, 52–57.

Bindel-Kögel: Verfahrensbeistandschaft in Fällen der Kindeswohlgefährdung nach § 1666 BGB, Ergebnisse einer Rechtstatsachenstudie. unsere jugend 2018, 78–81.

Bindel-Kögel, G./Hoffmann/Schone: Verfahrensgestaltung des Familiengerichts im Kontext des § 1666 BGB. In: Münder (2017), S. 232–280.

Bindel-Kögel, G./Seidenstücker, B.: Ergebnisse der Fallerhabung in den beteiligten Jugendämtern. In: Münder (Hrsg.): Kindeswohl zwischen Jugendhilfe und Justiz, Weinheim/Basel 2017, S. 123–188.

Blandow, J./Frauenknecht, B.: Dauerpflege, Adoption und Tagesbetreuung. Trends der sozialen und rechtlichen Entwicklung. Materialien zum Fünften Jugendbericht 1980. München 1980.

Blasi, A.: Die Entwicklung der Identität und ihre Folgen für moralisches Handeln. In: Edelstein u.a., S. 119–147.

Blasi, A.: Moralische Kognition und moralisches Handeln – Eine theoretische Perspektive. In: Garz, D., Oser, F., Althof, W. (Hrsg.): Moralisches Urteil und Handeln, 1999, S. 47–81.

Bloch, D. A./Silber, E./Perry, S. E.: Some factors in the emotional reaction of children to disaster. American Journal of Psychiatry 113, 1965, 416–422.

Bölte, S.: Emotionale Entwicklungsprozesse. In: Lehmkuhl, G./Poustka, F./Holtmann, M./Steiner, H.(Hrsg.): Lehrbuch der Kinder- und Jugendpsychiatrie. Grundlagen und Störungsbilder. Göttingen 2013.

Bolten, M./Schneider, S.: Wie Babys vom Gesichtsausdruck der Mutter lernen. Eine experimentelle Untersuchung zur familiären Transmission von Ängsten. In: Kindheit und Entwicklung, 19. Jahrgang, Heft 1, Göttingen 2010, S. 4–11.

Bond, R.: The lingering debate over the parental alienation syndrom phenomenon. Journal of Child Custody, 2008, Vol 4 (1–2), 37–54.

Bonn, H./Rohsmanith, K. (Hrsg.): Eltern-Kind-Beziehung. Darmstadt 1977.

Boch, W.: Kritische Anmerkungen zu J. M. Fegert: Endgültiges Aus für das Parental Alienation Syndrome (PAS) im amerikanischen Klassifikationssystem DSM-5. ZKJ 2013, 190–191.

Boogaart, H. van den u.a. (Hrsg.): Rechte von Kindern und Jugendlichen, Wege zu ihrer Verwirklichung. Beiträge zum Frankfurter Rechte-Kongress 1995. Münster 1996.

Bork, R./Jacoby, F./Schwab, D. (Hrsg.): FamFG. Kommentar. 3. Aufl. Bielefeld 2018.

Borth, H.: Erwartungen der Familienrichter an den Verfahrenspfleger. Kind-Prax 2000, 48–52.

Boszormenyi-Nagy, I./Spark, G.: Unsichtbare Bindungen – Die Dynamik familiärer Systeme. Stuttgart 1981.

Böttcher, S.: Verfahrenspflegschaft für Kinder und Jugendliche in Sachsen. Eine theoretisch-empirische Studie aus sozialpädagogischer Sicht. Hamburg 2008.

Botthoff, A.: Die Annahme als Kind als Alternative zur Dauerpflege, FamRZ 2016, 768–773.

Bowlby, J.: Verlust, Trauer und Depression. Frankfurt am Main 1983.

Brandstätter, O.: Mehrwertsteuer für den Berufsbetreuer, BtPrax 1993, 53–54.

Brehm, W.: Freiwillige Gerichtsbarkeit. 4. Aufl. Stuttgart 2009.

Breidenbach, S.: Mediation. Struktur, Chancen und Risiken von Vermittlung im Konflikt. Köln 1995.

Bremische Bürgerschaft, Landtag, 16. Wahlperiode: Bericht des Untersuchungsausschusses zur Aufklärung von mutmaßlichen Vernachlässigungen der Amtsvormundschaft und Kindeswohlsicherung durch das Amt für Soziale Dienste. Drucksache 16/1381, 18. April 2007. Onlinequelle: www.bremische-buergerschaft.de/uploads/media/BerichtUAKindeswohl_5cc.pdf (Zugriff: 30.8.2019).

Bringewat, P.: „Tod eines Kindes". Soziale Arbeit und strafrechtliche Risiken. Baden-Baden 1997.

Brisch, K. H.: Bindungsstörungen. Stuttgart 1999.

Brisch, K. H.: Bindung und Umgang. In: Deutscher Familiengerichtstag, Siebzehnter Familiengerichtstag vom 12. bis 15. Sept. 2007 in Brühl, Bielefeld 2008, S. 89–136.

Brisch, K.H./Grossmann, K./ Grossmann, K./Köhler, L. (Hrsg.): Bindung und seelische Entwicklungswege, 3. Aufl. Stuttgart 2010.

Brissa, E.: Zur gerichtlichen Entscheidungskompetenz bei elterlichen Meinungsverschiedenheiten über Schutzimpfungen. JR 2012, 401–406.

Britz, G.: Kindesgrundrecht und Elterngrundrecht. In: FamRZ 2015, 793 ff.

Bruch, C. S.: And How are the Children? The Effects of Ideology and Mediation on Child Custody Law and Children's Well-Being in the United States. 2 International Journal of Law and the Family 1988, 107–126.

Bruch, C. S.: Parental Alienation Syndrome und Parental Alienation – Wie man sich in Sorgerechtsfällen irren kann. FamRZ 2002, 1304–1315.

Brumlik, M.: Advokatorische Ethik. Zur Legitimation pädagogischer Eingriffe. 3. Aufl. Hamburg 2017.

Bruns, G./Dreher, U./Mahler-Bungers, A. (Hrsg.): Psychoanalyse und Familie. Andere Lebensformen, andere Lebenswelten. Bad Homburg 2003.

Bryan, P. E.: Constructive Divorce. Procedural Justice and Sociolegal Reform. 2006.

Büchler, A./Cantieni, L./Simoni, H.: Die Regelung der elterlichen Sorge nach Scheidung de lege ferenda – ein Vorschlag. FamPra.ch 2/2007, 207–227.

Büchler, A./Simoni, H.: Kinder und Scheidung – Der Einfluss der Rechtspraxis auf familiale Übergänge. Zürich/Chur 2009.

Büchner, B./Mach-Hour, E.: Verfahrensbeistandschaft bei Kindeswohlgefährdung, NZFam 2016, 597–599.

Büchner, B./Ballan, G./Kathola, A./Stridde, J.: Verfahrensbeistandschaft mit interkulturellem Bezug. NZFam 2017, 487–489.

Bühler-Niederberger, D./Alberth, L./Eisentraut, S.: Kinderschutz. Wie kindzentriert sind Programme, Praktiken, Perspektiven? Weinheim 2014.

Bumiller, U./Harders, D./Schwamb, W.: FamFG, Freiwillige Gerichtsbarkeit. 12. Aufl. München 2019.

Bundesarbeitsgemeinschaft Verfahrenspflegschaft für Kinder und Jugendliche e.V. (BAG): Standards für Verfahrenspfleger/innen – Die Interessenvertretung für Kinder und Jugendliche in Verfahren der Familien- und Vormundschaftsgerichte gemäß § 50 FGG. Votum Service Recht. Münster 2001.

Bundesministerium für Jugend, Familie und Gesundheit – BMJFG – (Hrsg.): Kindesmisshandlung. Erkennen und Helfen. Eine praktische Anleitung. Bonn 1982.

Burschel, O.: Umfang der Beschränkung des Umgangs nach Ort, Zeit und Art, NZFam 2016, 395–397.

Bussmann, K.-D.: Changes in Family Sanctioning Styles and the Impact of Abolishing Corporal Punishment. In: Frehsee, D. u.a., S. 39–62.

Büte, D.: Die Entwicklung der Rechtsprechung zur elterlichen Sorge und zum Umgangsrecht im Jahr 2012. FuR 2013, 418–423.

Cantieni, L.: Meine Kinder – unsere Kinder!? Die gemeinsame elterliche Sorge nach Scheidung erneut in der Diskussion. Schritte ins Offene 4/2007; Manuskriptversion unter www.mmizuerich.ch/ texte/elterliche-sorge.html.

Cantwell, H. B.: The Neglect of Child Neglect. In: Helfer, M. E./Kempe, R. S./Krugman, R. D., S. 347–373.

Carl, E.: Möglichkeiten der Verringerung von Konflikten in HKÜ-Verfahren – Undertakings, safe harbour orders und mirror orders in internationalen Kindesentführungsverfahren. FPR 2001, 211–215.

Carl, E.: Aufgaben des Verfahrenspflegers in Fällen von internationaler Kindesentführung und anderen grenzüberschreitenden Kindschaftskonflikten. FPR 2006, 39–42.

Carl, E./Eschweiler, P.: Kindesanhörung – Chancen und Risiken. NJW 2005, 1681–1686.

Carl, E./Menne, M.: Verbindungsrichter und direkte richterliche Kommunikation im Familienrecht. NJW 2009, 3537–3542.

Carl, E./Schweppe, K.: Der Streit um die Aufgaben des Verfahrenspflegers nach § 50 FGG. FPR 2002, 251–256.

Carl., E./Clauß, M./Karle, M.: Kindesanhörung im Familienrecht. München 2015.

Cashmore, J./Parkinson, P.: Children's participation in family law disputes. Family Matters 2019, Nr. 82, 15—21. Onlinequelle: https://aifs.gov.au/sites/default/files/jc.pdf (Zugriff: 30.4.2019).

Cassidy, J./Shaver, P. (Hrsg.): Handbook of Attachment. Theory, Research, and Clinical Applications, 2nd Edition, New York/London 2008.

Cassidy, J./ Shaver, P. R (Hrsg.): Handbook of Attachment: Theory, Research, and Clinical Applications, New York 2016.

Castellanos, H. /Hertkorn, C., Psychologische Sachverständigengutachten im Familienrecht, 2. Aufl. 2016.

Ceci, S. J./Ross, D. F./Toglia, M. P.: Suggestibility of children's memory: Psycholegal implications. Journal of Experimental Psychology: General 116. 1987, 38–49.

Ceci, S. J./Toglia, M. P./Ross, D. F. (Hrsg.): Children's eyewitness memory. New York 1987.

Ceci, S. J.: Cognitive and Social Factors in Children's Testimony. Master Lecture presented at APA, August 20, 1993. Toronto 1993.

Choi J./Jeong B./Rohan M. L./Polcari, A. M./Teicher, M.H.: Preliminary evidence for white matter tract abnormalities in young adults exposed to parental verbal abuse. Biol Psychiatry. 2009; 65:227–234.

Cirullies, M./Cirullies, B.: Schutz bei Gewalt und Nachstellung. Bielefeld 2013.

Clausius, M.: Auskunftsrecht des biologischen Vaters über das Kind, NZFam 2017, 893–898.

Clawar, S. S./Riflin, B. V.: Children Held Hostage: Dealing with Programmed and Brainwashed Children. American Bar Association, Division of Family Law. Chicago, IL 1991.

Coester, M.: Das Kindeswohl als Rechtsbegriff. Frankfurt am Main 1983.

Coester, M.: Kindeswohl: Juristischer Begriff und multidisziplinäre Dimensionen. In: Ev. Akademie Bad Boll (Hrsg.): Der Anwalt des Kindes – Als Konsequenz heutigen Verständnisses von Kindeswohl – Denkanstöße zu einer Neuorientierung. Fachtagung 15.–17.04.1983, Protokolldienst Nr. 14, 1983, S. 60–72.

Coester, M.: Die Bedeutung des Kinder- und Jugendhilfegesetzes (KJHG) für das Familienrecht, FamRZ 1991, 253–263.

Coester, M.: Inhalt und Funktion der Kindeswohlgefährdung – Erfordernis einer Neudefinition?, JAmt 2008, 1–9.

Coester, M.: Inhalt und Funktionen des Begriffs der Kindeswohlgefährdung – Erfordernis einer Neudefinition? In: Lipp, V./Schumann, E./Veit, B., 2008, S. 19–43.

Coester, M.: Verfahren in Kindschaftssachen. In: Lipp, V./Schumann, E./Veit, B., 2009, S. 39–64.

Coester, M.: Sorgerecht nicht miteinander verheirateter Eltern. FamRZ 2012, 1337–1344.

Coester-Waltjen, D.: Elternumzug (Relocation) und Kindeswohl. ZKJ 2013, 4–5.

Coester-Waltjen, D./Lipp, V./Schumann, E./Veit, B. (Hrsg.), Das Pflegekindverhältnis – zeitlich befristete oder dauerhafte Lebensperspektive für Kinder?, Göttingen 2014.

Cole, P. M.: Childrens' spontaneous expressive control of facial Expression. Child Development No. 57, 1986, S. 1309–1321.

Committee on the Rights of the Child (United Nations): Convention on the Rights of the Child, General Comment No. 12 (2009), The right of the child to be heard, CRC/C/GC/12, Fifty-first session, Geneva, 25 May-12 June 2009.

Cretney, S. M.: Foreword. In: Monro/Forrester.

Crittenden, P. M.: Quality of attachement in the preeschool years. Development and Psychopathology No. 4, 1992, S. 409–441.

Crittenden, P. M.: Attachment and Psychopathology. In: Goldberg, S./Muir, R./Kerr, J. (Hrsg.) (1995): Attachment Theory: Social, developmental and clinical Perspectives, London 1995, S. 367–406.

Dahm, S.: Die „Geeignetheit" von Verfahrensbeiständen gemäß § 158 FamFG. Hildesheim 2017. Onlinequelle: www.hawk.de/sites/default/files/2018-07/s_17_06_16_bros_web.pdf (Zugriff: 30.4.2019).

Dahm, Sabine: Ergebnisse der Befragung von Verfahrensbeiständen zu den Qualifikationsbedarfen, ZKJ 2016, 212–219.

Damrau, J./Zimmermann, W.: Betreuung und Vormundschaft. 2. Aufl. Stuttgart, Berlin, Köln 1995.

Davies, D. D./Templer, D. I.: Neurobehavioral function in children exposed to narcotics in utero. Addictive-behaviors 13 (3), 1998, S. 275–283.

Davis, G./Bader, K.: In-Court Mediation: The Consumer View (I). 15 Family Law 1985, 42.

Deaton, W./Long, S./Magaña, H. A./Robbins, J.: The Child Sexual Abuse Custody Dispute Annotated Bibliography. Oxford 1995.

Deberding, E./Klosinski, G.: Analyse von Familienrechtsgutachten mit gleichzeitigem Vorwurf des sexuellen Missbrauchs. Kindheit und Entwicklung (Heft 4) 1995, 212–217.

Deegener, G./Körner, W.: Risiko- und Schutzfaktoren – Grundlagen und Gegenstand psychologischer, medizinischer und sozialpädagogischer Diagnostik im Kinderschutz. In: Körner, W./ Deegener, G. (Hrsg.), 2011, S. 201–250.

Deinert, H.: Aufwendungsersatz und Vergütung für den Berufsbetreuer – Eine Zwischenbilanz nach 18 Monaten neuen Betreuungsrechts unter Einbeziehung der aktuellen Rechtsprechung und Literaturmeinung. JurBüro 1993, 513–518.

Deinert, H.: Zur Änderung des Betreuungs- und Vormundschaftsrechtes. ZfJ 1998, 232–237 und 420 (Nachtrag).

Deinert, H./Lütgens, K.: Die Vergütung des Betreuers. 6. Aufl. Köln 2012.

Deinert, H./Schreibauer, M.: Haftungsübernahme im Betreuungsverhältnis. BtPrax 1993, 185–192.

Deutscher Bundestag, Kommission zur Wahrnehmung der Belange der Kinder (Kinderkommission), Stellungnahme der Kinderkommission des Deutschen Bundestages zum Thema „Qualitätssicherung in Kindschaftsverfahren: Qualifizierung von Familienrichterinnen und -richtern, Gutachtern und Verfahrensbeiständen, Kommissionsdrucksache 19/04 v. 9.November 2018.

Delfos, M. F./Kiefer, V.: „Sag mir mal …". Gesprächsführung mit Kindern; 4 bis 12 Jahre. 10. Aufl. Weinheim 2015.

Delfos, M.: „Wie meinst du das?". Gesprächsführung mit Jugendlichen; 13 bis 18 Jahre. 6. Aufl. Weinheim 2015.

Department of Health: Framework for the Assessment of Children in Need and their Families: Assessment Recording Forms. Published by The Stationery Office (PO Box 29, Norwich NR3 1 GN).

Dern, S./Köckeritz, C.: Hin und her und her und hin? Wann stellt sich der Gesetzgeber endlich den Reformbedarfen im Pflegekinderwesen? Recht der Jugend und des Bildungswesens, Heft 2/2018, 149–159.

Dettenborn, H./Walter, E.: Familienrechtspsychologie. München, Basel 2016. 3. Aufl. 2016

Dettenborn, H.: Kindeswohl und Kindeswille. 5. Aufl. 2017

Dettenborn, H.: Psychische Kindesmisshandlung – erkennen und bewerten. FPR 2012, 447–452.

Deutsche Liga für das Kind in Familie und Gesellschaft (Hrsg.): Neue Erkenntnisse der Bindungsforschung. Dokumentation des Symposiums am 2. und 3. Juni 1996. Berlin 1996.

Deutsche Liga für das Kind/Deutscher Kinderschutzbund/Verband alleinerziehender Mütter und Väter (Hrsg.): Wegweiser für den Umgang nach Trennung und Scheidung. 4. Aufl. Berlin 2016.

Deutsche Standards zum begleiteten Umgang. Empfehlungen für die Praxis. München 2008.

Deutscher Familiengerichtstag e.V. (Hrsg.): 12. Deutscher Familiengerichtstag vom 24. bis 27. September 1997 in Brühl. Bielefeld 1998.

Deutscher Familiengerichtstag e.V. (Hrsg.): 13. Deutscher Familiengerichtstag vom 22. bis 25. September 1999 in Brühl. Bielefeld 2000.

Deutscher Familiengerichtstag e.V. (Hrsg.): 16. Deutscher Familiengerichtstag vom 14. bis 17. September 2005 in Brühl. Bielefeld 2006.

Deutscher Familiengerichtstag e.V. (Hrsg.): 17. Deutscher Familiengerichtstag vom 12. bis 15. September 2007 in Brühl. Bielefeld 2008.

Deutscher Familiengerichtstag e.V. (Hrsg.): 18. Deutscher Familiengerichtstag vom 16. bis 19. September 2009 in Brühl. Bielefeld 2010.

Deutscher Familiengerichtstag e.V. (Hrsg.): 21. Deutscher Familiengerichtstag vom 21. bis 24. Oktober 2015 in Brühl. Bielefeld 2016.

Deutscher Juristentag e.V. (Hrsg.): Verhandlungen des 54. Deutschen Juristentages: Soll die Rechtstellung der Pflegekinder unter besonderer Berücksichtigung des Familien-, Sozial- und Jugendrechts neu geregelt werden? Nürnberg 1982.

Deutscher Kinderschutzbund, Landesverband NRW e.V./Institut für soziale Arbeit e.V. (Hrsg.): Kindesvernachlässigung. Erkennen – Beurteilen – Handeln. Münster 2000.

Deutscher Verein für öffentliche und private Fürsorge (DV): Empfehlungen des Deutschen Vereins zur Umsetzung der Kindschaftsrechtsreform in die Praxis der Kinder- und Jugendhilfe. DV 15/1999, S. 27.

Deutscher Verein für öffentliche und private Fürsorge (Hrsg.): Wächteramt und Jugendhilfe. Dokumentation einer Fachtagung. Frankfurt am Main 2001.

Deutsches Institut für Menschenrechte, Policy Paper „Kindegerechte Justiz". Onlinequelle: www.institut-fuer-menschenrechte.de > Publikationen > Suche „Policy Paper" (Zugriff: 2.4.2019).

Deutsches Institut für Vormundschaftswesen e.V.: DIV-Gutachten: Verfahrenspfleger – Bestellung eines Verfahrenspflegers für das Kind gemäß § 50 FGG: Zur Frage der Eignung des Jugendamtes als Verfahrenspfleger. DAVorm 1999, 39–43.

Deutsches Jugendinstitut (DJI) (Hrsg.): Arbeit mit hochkonflikthaften Trennungs- und Scheidungsfamilien: Eine Handreichung für die Praxis. München 2010. Onlinequelle: https://www.bmfsfj.de/bmfsfj/service/publikationen/arbeit-mit-hochkonflikthaften-trennungs--und-scheidungsfamilien/95862 (Zugriff: 30.4.2019).

Deutsches Jugendinstitut (DJI) (Hrsg.): Handbuch Kindeswohlgefährdung nach § 1666 BGB und Allgemeiner Sozialer Dienst, München 2006.

Deutsches Jugendinstitut (DJI) (Hrsg.): Handbuch Pflegekinderhilfe. München 2010.

De Wolff, M./van Ijzendoorn, M. H.: Sensitivity and attachment: a meta-analysis on parental antecedents of infant attachment. Child Development No. 68, 1997, S. 571–591.

DFGT: Reformbedarf im Pflegekinderwesen. Erarbeitet von der Kinderrechtekommission des Deutschen Familiengerichtstages e. V., Brühl. In: FamRZ 2014, 891–902.

Dickmeis, F.: Keine Schweigepflicht der Ärzteschaft bei Gewalttaten an Frauen und Kindern. ZfJ 1995, 474–480.

Diederichsen, U.: Elterliche Erziehung und Schulbildung. FPR 2012, 202–208.

Dietrich, P. et. al. (Hrsg.: DJI): Arbeit mit hochkonflikthaften Trennungs- und Scheidungsfamilien: Eine Handreichung für die Praxis, München 2010. Onlinequelle: https://www.bmfsfj.de/bmfsfj/service/publikationen/arbeit-mit-hochkonflikthaften-trennungs--und-scheidungsfamilien/95862 (Zugriff: 30.4.2019).

Diez, Hannelore/Krabbe, H.: Die Einbeziehung von Kindern und Jugendlichen in die Familienmediation. Kind-Prax 1998, 174.

Dillon, P. A./Emery, R. E.: Divorce Mediation and Resolution of Child Custody Disputes: Long-Term Effects. 66 American Journal of Orthopsychiatry 1996, 131.

Diouani, M.: Umgang bei Pflegekindschaft, Books on Demand, 2005.

Diouani-Streek, M.: Perspektivplanung von Pflegeverhältnissen: Onlinestudie in deutschen Jugendämtern, ZfSp – Zeitschrift für Sozialpädagogik, 2011, S. 115–142.

Diouani-Streek, M.: Kontinuität im Kinderschutz – Perspektivplanung für Pflegekinder, Berlin 2015.

Diouani-Streek, M./Salgo, L.: Probleme sozialer Elternschaft für Pflegeeltern und Vorschläge zu ihrer rechtlichen Anerkennung. In: Recht der Jugend und des Bildungswesens, Heft 2/2016, S. 176–193.

Dittmann, A.: Praxis und Kooperation der an familiengerichtlichen Verfahren beteiligten Professionen, ZKJ 2014, 180–185.

Dodegge, G./Roth, A.: Systematischer Praxoskommentar Betreuungsrecht. 5. Aufl. Köln 2018.

Döbert, R./Habermas, J./Nunner-Winkler, G.: Entwicklung des Ichs. Königstein/Taunus 1980.

Döll, Y.: Schutz vor Sexting – Aber wie?, FamRZ 2017, 1728–1730.

Dolto, F./Dolto-Tolitch, C./Percheminier, C.: Von den Schwierigkeiten, erwachsen zu werden. 6. Aufl. Stuttgart 1999.

Doris, J.: The Suggestibility of Children's Recollections. Implications for Eyewitness Testimony. American Psychological Association. Washington DC 1991.

Dornes, M.: Der kompetente Säugling. Die präverbale Entwicklung des Menschen. Frankfurt am Main 1993.

Dornes, M.: Die frühe Kindheit. Entwicklungspsychologie der ersten Lebensjahre. Frankfurt am Main 1997.

Dornes, M.: Risiko- und Schutzfaktoren für die Neurosenentstehung. Forum der Psychoanalyse 13, 1997, S. 119–138.

Dornes, M.: Vernachlässigung und Misshandlung aus der Sicht der Bindungstheorie. In: Egle, U. T./Hoffmann, S. O./Joraschky, P., 2. Aufl. 2000, S. 70–83.

Dornes, M.: Die emotionale Welt des Kindes. Frankfurt am Main 2000.

Dornes, M.: Die Seele des Kindes. Entstehung und Entwicklung. Frankfurt am Main 2006.

Dostmann, K./Bauch, C.: Hinwirken auf eine Einigung aus anwaltlicher Sicht – Zwang oder Segen? NZFam 2015, 820–825.

Dozier, M.: Challenges of Foster Care. In: Attachment and Human Development, Vol. 7/2005, S. 27–30.

Literatur

Dozier, M./Dozier, D./Manni, M.: Attachment and Behavioral Catch-up: The ABC's of Helping Infants in Foster Care cope with early Adversity, hrsg. von ZERO TO THREE, 2002, S. 7–13.

Dozier, M./Rutter, M.: Challenges to the Development of Attachment Relationships faced by young Children in Foster and Adoptive Care. In: Cassidy/Shaver (Hrsg.), Handbook of Attachment, 2nd Ed., 2008, S. 698–717.

DSM-5 – Diagnostisches und Statistisches Manual Psychischer Störungen: Deutsche Ausgabe des DSM-5 der American Psychiatric Association, hrgs. von Peter Falkai u.a., Göttingen u.a., 2015.

Dt. Ges. f. Kinder- und Jugendpsychiatrie und Psychotherapie u.a. (Hrsg.): Leitlinien zur Diagnostik und Therapie von psychischen Störungen im Säuglings-, Kindes- und Jugendalter. Deutscher Ärzte Verlag, 3. überarbeitete Aufl. 2007, S. 423–435.

Dunne, J./Hedrick, M.: The Parental Alienation Syndrome: An Analysis of Sixteen Selected Cases. Journal of Divorce & Remarriage 21. 1994, S. 21–38.

Dürbeck, W.: Das Gesetz zur Reform der elterlichen Sorge nicht miteinander verheirateter Eltern aus Sicht der Praxis. ZKJ 2013, 330–336.

Dürbeck, W.: Aktuelle Rechtsfragen im Zusammenhang mit der Einreise unbegleiteter minderjähriger Flüchtlinge, ZKJ 2014, 266–272.

Dürbeck, W.: Die Verweigerung begleiteten Umgangs durch das Jugendamt, ZKJ 2015, 457–460.

Dürbeck, W., Der Auskunftsanspruch nach § 1686 BGB, ZKJ 2017, 457–461.

Dürbeck, W.: Unbegleitete minderjährige Flüchtlinge im Familienrecht, FamRZ 2018, 553–564.

Dürbeck, W.: Die Vergütung des Umgangspflegers für die Begleitung des Umgangs durch die Landesjustizkasse – Umgangsbegleitung auf Kosten der Eltern?, ZKJ 2019, 141–143.

Edelstein, W./Nunner-Winkler, G./Noam, G. (Hrsg.): Moral und Person. Frankfurt am Main 1993.

EGBGB/IPR, Kindschaftsrechtliche Übereinkommen; Art.19 EGBGB, 13. Bearbeitung Berlin 1994.

Egle, U.T.: Gesundheitliche Langzeitfolgen psychisch traumatisierender und emotional deprivierender Entwicklungsbedingungen in Kindheit und Jugend. In: Egle, U.T./ Joraschky, P./ Lampe, A./ Seiffge-Krenke, I./Cierpka, M. (Hrsg.), 4., überarb. und erw. Aufl., 2015, S. 24–39.

Egle, U.T./Hoffmann, S.O./Joraschky, P. (Hrsg.): Sexueller Missbrauch, Misshandlung, Vernachlässigung. Erkennung und Behandlung psychischer und psychosomatischer Folgen früher Traumatisierungen. 2. Aufl. Stuttgart 2000 und 3. Aufl. Stuttgart 2008.

Egle, U. T./Hoffmann, S. O.: Pathogene und protektive Entwicklungsfaktoren in Kindheit und Jugend. In: Egle, U. T./Hoffmann, S. O./Joraschky, P., 2. Aufl. 2000, S. 3–22.

Egle, U. T./Joraschky, P./ Lampe, A./Seiffge-Krenke, I./Cierpka, M. (Hrsg.): Sexueller Missbrauch, Misshandlung, Vernachlässigung. Erkennung, Therapie und Prävention der Folgen früher Stresserfahrungen, 4., überarb. und erw. Aufl. Stuttgart 2015.

Egle, U.T.: Gesundheitliche Langzeitfolgen psychisch traumatisierender und emotional deprivierender Entwicklungsbedingungen in Kindheit und Jugend. In: Egle, U. T./Joraschky, P./Lampe, A./ Seiffge-Krenke, I./Cierpka, M. (Hrsg.), überarb. und erw. 4. Aufl. 2015, S. 24–39.

Ehlert, M./Lorke, B.: Zur Psychodynamik der traumatischen Reaktion. Psyche (Heft 6) 1988, S. 502–532.

Eisenberg, N./Fabes, R. A. (Eds.): Emotion and its regulation in early development. Child Development No. 55, 1992.

Eisenberg, N./Fabes, R. A./Carlo, G./Karbon, M.: Emotional responsivity to others: behavoral correlates and sozialisation antecendets. Child Development No. 55, 1992, S. 57–73.

Ekert, S./Heiderhoff, B.: Die Evaluierung der FGG-Reform. Abschlussbericht zum Forschungsvorhaben. Berlin 2018. Onlinequelle: www.bmjv.de/SharedDocs/Downloads/DE/Service/Fachpublikationen/Evaluierung_FGG_Reform.pdf?__blob=publicationFile&v=2 (Zugriff: 30.4.2019).

Ekman, P.: Gesichtsausdruck und Gefühl. Paderborn 1988.

Elkind, D.: Egocentrism in adolescence. Child Development No. 38, 1967, 1025–1035.

Elpers, M./Lenz, K./Eichholz, S./Fegert, J. M.: Sexueller Missbrauch und Kindesmisshandlungen als Ursache für Behandlungsabbrüche. Eine statistische Risikoanalyse unter besonderer Berücksichtigung psychosozialer Belastungsfaktoren (Liefe Events). Kindheit und Entwicklung (Heft 4) 1995, 227–230.

Els, H. van: Das Kind im einstweiligen Rechtsschutz im Familienrecht. Bielefeld 2000.

Emery, R. E.: Renegotiating Family Relationships. Divorce, Child Custody, and Mediation. New York, London 1994.

Emery, R. E./Kitzmann, K. M./Waldron, M.: Psychological Interventions for Separated and Divorced Families. In: Hetherington, E. Mavis (Hrsg.): Coping with Divorce, Single Parenting, and Remarriage. A Risk and Resiliency Perspective. Mahwah, NJ, 1999, S. 323 ff.

Emery, R. E./Wyer, M. M.: A Systematic Comparison of Child Custody Mediation and Litigation. 8 FAIR$HARE: The Matrimonial Law Monthly 1988, 10.

Emke, Carolin: Weil es sagbar ist. Über Zeugenschaft und Gerechtigkeit. Frankfurt am Main 2013.

Engelhardt, H.: Offene Fragen zum Verfahrenspfleger für das Kind (§ 50 FGG). FamRZ 2001, 525–529.

Engfer, A.: Kindesmisshandlung und Vernachlässigung. In: Oerter, R./Montada, L., 1995 S. 960–966.

Engfer, A.: Gewalt gegen Kinder in der Familie. In: Egle, U. T./Hoffmann, S. O./Joraschky, P., 2000, S. 23–39.

Erikson, E. H.: Kindheit und Gesellschaft. Stuttgart 1961.

Erikson, E. H.: Jugend und Krise. München 1988.

Erman: Handkommentar zum Bürgerlichen Gesetzbuch. 15. Aufl. Köln 2017.

Ernst, R.: Der Maßnahmenkatalog des § 1666 BGB. FPR 2008, 602–605.

Ernst, R.: Familiengerichtliche Maßnahmen bei Kindeswohlgefährdungen. FPR 2011, 195–199.

Ernst, R. : Der Umgangsvergleich. NZFam 2015, 804–807.

Ertmer, H.: Begleitung und Beratung traumatisierter Pflegekinder oder ein Plädoyer für die rückhaltlose Annahme von vernachlässigten, missbrauchten und misshandelten Kindern in Ersatzfamilien. In: Stiftung „Zum Wohl des Pflegekindes", 1. Jahrbuch 1998, S. 125–145.

Eschelbach, D./Rölke, U.: Internationale Relocation – Umzug eines Elternteils mit dem Kind ins Ausland. JAmt 2012, S. 290–300.

Eschelbach, D./Röle, U.: Vollzeitpflege im Ausland – Aufgaben der deutschen Jugendämter. JAmt 2014, 494.

Faber, E.: Sorge- und Umgangsrecht bei Umzug oder geplanter Auswanderung des betreuenden Elternteils. FuR 2012, 464–468.

Fagerström, G./Hansson, G.: Peter, Ida und Minimum. Familie Lindström bekommt ein Baby. Ravensburg 1987.

Faller, K.-C.: The Parental Alienation Syndrome: What is it and what data support it? Child-Maltreatment: Journal of the American Professional Society on the Abuse of Children 3 (4). 1998, 312–313.

Fastie, F.: Zeuginnen der Anklage: Die Situation sexuell missbrauchter Mädchen und junger Frauen vor Gericht. Berlin 1994.

Fastie, Friesa (Hrsg.): Opferschutz im Strafverfahren. Opladen 2008.

Fegert, J. M.: Sexueller Missbrauch von Kindern. Praxis der Kinderpsychologie und Kinderpsychiatrie 36, 1987, 164–170.

Fegert, J. M.: Sexuell missbrauchte Kinder und das Recht. Ein Handbuch zu Fragen der kinder- und jugendpsychiatrischen und psychologischen Untersuchung und Begutachtung. Band 2. Köln 1993.

Fegert, J. M.: Das Kind verstehen aus kinder- und jugendpsychiatrischer Sicht. In: Salgo, L.: Vom Umgang der Justiz mit Minderjährigen, 1995, S. 291–318.

Fegert, J. M.: Sozialpädiatrisch relevante gesetzliche Bestimmungen und Begutachtung. In: Schlack, H.G., 1995, S. 307–327.

Fegert, J. M.: Basic needs als ärztliche und psychotherapeutische Einschätzungskriterien in Familien in Krisen. Kinder in Not (Materialien und Beiträge zum ISA-Kongress 28.–30.4.1997 in Düsseldorf). Münster 1997.

Fegert, J. M.: Basic needs als ärztliche und psychotherapeutische Einschätzungskriterien. In: Institut für soziale Arbeit e.V. (Hrsg.): Familien in Krisen, Kinder in Not. Materialien und Beiträge zum ISA-Kongress 28.–30.04.1997 in Düsseldorf. Münster 1997, S. 66–73.

Fegert, J. M.: Die Bedeutung des Vorwurfs des sexuellen Missbrauchs im Sorgerechtsverfahren. In: Warnke, A./Trott, G.-E./Remschmidt, H., 1997, S. 70–81.

Fegert, J. M.: Interventionsmöglichkeiten bei sexuellem Missbrauch an Kindern. Sexuologie (Heft 2) 1997, S. 108–123.

Fegert, J. M.: Beratung heißt das Zauberwort. Die Kindschaftsrechtsreform aus kinder- und jugendpsychiatrischer und psychotherapeutischer Sicht. Jugendhilfe 1998, 145–152.

Fegert, J. M.: Die Auswirkungen traumatischer Erfahrungen in der Vorgeschichte von Pflegekindern. In: Stiftung „Zum Wohl des Pflegekindes", 1. Jahrbuch 1998, S. 20–31.

Fegert, J. M.: Kooperation im Interesse des Kindes. In: Fegert, J. M.: Kinder in Scheidungsverfahren. 1999, S. 8–17.

Fegert, J. M.: Kommunikation mit Kindern und Konstrukte, die unser Verständnis von Kindern in der professionellen Wahrnehmung erleichtern. epd-Dokumentation: „Anwälte des Kindes" vor Gericht und bei Behörden. Nr. 20, 1999, S. 1–11.

Fegert, J. M.: Was ist seelische Behinderung? Anspruchsgrundlage und kooperative Umsetzung von Hilfen nach § 35a KJHG. 3. Aufl. Münster 1999.

Fegert, J. M.: Welches Wissen erleichtert dem Verfahrenspfleger die Kommunikation mit Kindern? FPR 1999, 321–327.

Fegert, J. M.: Kindeswohl – Definitionsdomäne der Juristen oder der Psychologen? In: Deutscher Familiengerichtstag, 2000, S. 33–58.

Fegert, J. M.: Parental Alienation oder Parental Accusation Syndrome? Die Frage der Suggestibilität, Beeinflussung und Induktion in Umgangsrechtsgutachten. Kind-Prax 2001, 6–7 (Teil 1) und 39–42 (Teil 2).

Fegert, J. M.: Wann ist der begleitete Umgang, wann ist der Ausschluss des Umganges bei Pflegekindern indiziert? In: Pflegekindes SzWd (ed), 3. Jahrbuch des Pflegekinderwesens, Idstein 2004, S. 197–206.

Fegert, J. M.: Implikationen und Perspektiven für den Kinderschutz. In: Ziegenhain, U./Fegert, J. M., 2007, S. 195–206.

Fegert, J. M.: Stellungnahme zum Regierungsentwurf BT-Drucks. 17/6256 vom 22.6.2011 Bundeskinderschutzgesetz (BKiSchG) Gesetz zur Stärkung eines aktiven Schutzes von Kindern und Jugendlichen v. 22.6.2011. Onlinequelle: http://webarchiv.bundestag.de/cgi/show.php?fileToLoad=2170&id=1174 (Zugriff: 31.4.2019).

Fegert, J. M.: Endgültiges Aus für das Parental Alienation Syndrome (PAS) im amerikanischen Klassifikationssystem DSM. ZKJ 2013, 190–191.

Fegert, J. M.: PAS: „Was fehlt, sind lediglich quantifizierende Studien", ZKM 2013, 401.

Fegert, J. M./Andresen, S./Salgo, L./Walper, S.: Hilfeangebote und strafrechtliche Fallbearbeitung bei sexueller Gewalt gegen Kinder – Vom Kind her denken und organisieren, ZKJ 2016, 324–334.

Fegert, J. M. (Hrsg.): Kinder in Scheidungsverfahren nach der Kindschaftsrechtsreform. Kooperation im Interesse des Kindes. Neuwied 1999.

Fegert, J. M. (Hrsg.): Qualität der Begutachtung sexuell missbrauchter Kinder. Fachliche Standards in juristischen Verfahren. Neuwied 2001.

Fegert, J. M./Fangerau, H.,/Ziegenhain, U.: Problematische Kinderschutzverläufe, Mediale Skandalisierung, fachliche Fehleranalyse und Strategien zur Verbesserung des Kinderschutzes. Weinheim 2010.

Fegert, J. M./Häßler, F./Schnoor, K./Rebernig, E./König, C./Auer, U./Schläfke, D. (2003). Bestandsaufnahme und Qualitätssicherung der forensisch-psychiatrischen Gutachtertätigkeit in Mecklenburg-Vorpommern bei Mord- und Brandstiftungsdelikten. Norderstedt: booksondemand, 120 ff.

Fegert, J. M./Berger, Ch./Klopfer, U./Lehmkuhl, U./Lehmkuhl, G.: Umgang mit sexuellem Missbrauch. Institutionelle und individuelle Reaktionen. Forschungsbericht. Münster 2001.

Fegert, J. M./Dieluweit, U./ Thurn, L./Ziegenhain, U./ Goldbeck, L.: Traumatisierte Kinder und Jugendliche in Deutschland. Aktuelle Situation, Problembereiche, Versorgung. In: Fegert/Ziegenhain/Goldbeck/ (Hrsg.), 2. Aufl. 2013, S. 9–26.

Fegert, J. M./Gerwert, U.: Qualitative Forschungsansätze im praxisnahen Einsatz in der Kinder- und Jugendpsychiatrie. Praxis der Kinderpsychologie und Kinderpsychiatrie 42, 1993, 293–298.

Fegert, J. M./Haasemann, J.: Emotionale Entwicklung von Kindern. Gesundheitswesen 59, 1997, 1–9.

Fegert, J. M./Häßler, F./Rothärmel, S.: Atypische Neuroleptika in der Jugendpsychiatrie. Stuttgart 1999.

Fegert, J. M./Hoffmann, U./ König, E./ Niehues, J./ Liebhardt, H. (Hrsg.): Sexueller Missbrauch von Kindern und Jugendlichen. Ein Handbuch zur Prävention und Intervention für Fachkräfte im medizinischen, psychotherapeutischen und pädagogischen Bereich. Heidelberg 2015.

Fegert, J. M./Klopfer, U./Berger, Ch. u.a.: Die Wirkung rechtlicher Bestimmungen auf den individuellen und institutionellen Umgang mit sexuellem Missbrauch an Kindern. In: Wirkungsforschung zum Recht. 1. Wirkungen und Erfolgsbedingungen von Gesetzen. (Interdisziplinäre Studien zu Recht und Staat, Bd. 10); Hof, H./Lübbe-Wolf, G. (Hrsg.). Baden-Baden 1999.

Fegert, J. M./Schnoor, K./ Kleidt, S./Kindler, H./Ziegenhain, U. : Lernen aus problematischen Kinderschutzverläufen. Machbarkeitsexpertise zur Verbesserung des Kinderschutzes durch systematische Fehleranalyse, München 2010.

Fegert, J. M./Späth, K./Salgo, L. (Hrsg.): Freiheitsentziehende Maßnahmen in der Jugendhilfe und Kinder- und Jugendpsychiatrie. Münster 2001.

Fegert, J. M./Spröber, N./Rassenhofer, M./Schneider, Th./Seitz, A. (ed): Sexueller Kindesmissbrauch – Zeugnisse, Botschaften, Konsequenzen. Weinheim und München 2013.

Fegert, J. M./Kölch, M: Klinikmanual. Kinder- und Jugendpsychiatrie und -psychotherapie. 2. Aufl. Berlin 2013.

Fegert, J. M./Rassenhofer, M./Witt, A./Jud, A.: Häufigkeitsangaben sexuellen Missbrauchs und Inanspruchnahme von Hilfen", Trauma & Gewalt 2015, vol. 9, no. 2, S. 175–178.

Fegert, J. M./ Resch, F./Plener, P./Kaess, M./Döpfner, M./Konrad, K./Legenbauer, T. (Hrsg.): Psychiatrie und Psychotherapie des Kindes- und Jugendalters, 2. Auf. Heidelberg 2019.

Fegert, J. M./Ziegenhain, U. (Hrsg.): Hilfen für Alleinerziehende. Die Lebenssituation von Einelternfamilien in Deutschland. Weinheim 2003.

Literatur

Fegert, J. M./Ziegenhain, U./Goldbeck, L.: Traumatisierte Kinder und Jugendliche in Deutschland. Weinheim 2010.

Fegert, J. M./ Ziegenhain, U./Goldbeck, L. (Hrsg.): Traumatisierte Kinder und Jugendliche in Deutschland. Analysen und Empfehlungen zu Versorgung und Betreuung, 2. Aufl. Weinheim/Basel: 2013.

Fehlberg,B./Smyth, B.: Caring for children after parental separation: would legislation for shared parenting time help children? University of Oxford. Department of Sozial Policy and Intervention. Family Policy Briefing 7, 3 f.

Feldman, K. W.: Evaluation of Physical Abuse. In: Helfer, M. E./Kempe, R. S./Krugman, R. D., S. 175–220.

Fellenberg, B.: Entwurf eines Gesetzes zur Erleichterung familiengerichtlicher Maßnahmen bei Gefährdung des Kindeswohls, FPR 2008, 125–129.

Ferenczi, S.: Die Anpassung der Familie an das Kind (1928). In: Schriften zur Psychoanalyse, Band II, Frankfurt am Main 1982, S. 212–226.

Ferenczi, S.: Sprachverwirrung zwischen den Erwachsenen und dem Kind (1933). In: Schriften zur Psychoanalyse, Band II, Frankfurt am Main 1982, S. 303–313.

Fieseler, G.: Rechtsgrundlagen sozialer Arbeit. Stuttgart 1977.

Fieseler, G.: Das Kindesinteresse wird oft verfehlt. Kindschaftsrechtsreform: Gesetz, Rechtsprechung und Jugendhilfepraxis. Sozialextra (Heft 4) 1999, S. 4–9.

Fieseler, G.: Staatliches Wächteramt und Garantenstellung von Mitarbeitern der Jugendhilfe. Bemerkungen zum Kindeswohl, Sozialextra (Heft 7–8) 2000, S. 14–23.

Fieseler, G./Schleicher, H./Busch, M./Wabnitz, R. (Hrsg.): Kinder- und Jugendhilferecht. Gemeinschaftskommentar zum SGB VIII. Loseblattwerk, Neuwied (Zitierweise: GK-SGB VIII/Bearbeiter).

Finger, P.: Kindesentführung durch die Mutter – die praktische Regel. FamRBint 2009, 34–39.

Fischer, G./Riedesser, P.: Lehrbuch der Psychotraumatologie. München, Basel 1999.

Flekkøy, M.: Children's Participation and Monitoring Children's Rights. In: Verhellen, E. S. 57–66.

forsa (Gesellschaft für Sozialforschung und statistische Analyse): Unterhaltszahlungen für minderjährige Kinder in Deutschland. Schriftenreihe des Bundesministeriums für Familie, Senioren, Frauen und Jugend, Band 228. Stuttgart 2002.

Fortin, J./Hunt, J./Scanlan, L.: Taking a longer view of contact: The perspectives of young adults who experienced parental separation in their youth. University of Sussex 2012. Onlinequelle: http://sro.sussex.ac.uk/id/eprint/44691/1/Nuffield_Foundation_Research_Summary-FINALupdate2.pdf (Zugriff: 30.4.2019).

Frank, R.: Kindesmisshandlung aus psychiatrischer Sicht. In: Jacobi, G., 2008, S. 385–404.

Freeman, M./Veermann, P. (Ed.): The Ideologies of Children's Rights. Dordrecht, Boston, London 1992.

Frehsee, D. u.a. (Hrsg.): Family Violence Against Children. Berlin 1996.

Freud, A.: Anmerkungen zum psychischen Trauma (1967[1954]). In: Die Schriften der Anna Freud, Band VI. Frankfurt am Main 1987, S. 1819–1838.

Freud, A.: Das Ich und die Abwehrmechanismen (1936). In: Die Schriften der Anna Freud, Band I, Frankfurt am Main 1987, S. 193–355.

Freud, A./Burlingham, D.: Heimatlose Kinder. Frankfurt am Main 1982.

Freud, S.: Jenseits des Lustprinzips (1920). Ges. W. Bd. XIII.

Fricke, A.: Sozialarbeiter als Verfahrenspfleger gem. § 50 FGG? ZfJ 1999, 51–58.

Friedrich, V./Reinhold, C./Kindler, H.: (Begleiteter) Umgang und Kindeswohl: Eine Forschungsübersicht. In: Klinkhammer, M./Klotmann, U./Prinz (2004), S. 13–39.

Fritz, Bernd: Das Modell von der Mosel. Frankfurter Allgemeine Zeitung 23.12.2004,S. 10.

Fröschle, T.: Sorge und Umgang. 2. Aufl. 2018.

Fthenakis, W. E. (Hrsg.): Begleiteter Umgang von Kindern. München 2008.

Fthenakis, W. E.: Stellenwert der Bindungen des Kindes. FamRZ 1985, 662–672.

Fthenakis, W. E./Niesel, R./Griebel, W.: Scheidung als Reorganisationsprozess. Interventionsansätze für Kinder und Eltern. In: Menne, Klaus/Schilling, Herbert/Weber, Matthias (Hrsg.): Kinder im Scheidungskonflikt. Beratung von Kindern und Eltern bei Trennung und Scheidung. 2. Aufl. Weinheim 1997, 261.

Füchsle-Voigt, T.: Verordnete Kooperation im Familienkonflikt als Prozess der Einstellungsänderung: Theroetische Überlegungen und praktische Umsetzung. FPR 2004, 600–602.

Füchsle-Voigt, T./Gorges, M.: Einige Daten zum Cochemer Modell. ZKJ 2008, 246–248.

Furthmann, M.: Der Schutz der Kinderseele vor Verletzungen. Baden-Baden 2015.

Furstenberg, F. F./Cherlin, A. J.: Geteilte Familien. Stuttgart 1993.

Gahleitner, S. B. (2013): Psychosoziale Traumaarbeit, Traumaberatung und Traumapädagogik. Eine kritische Bestandsaufnahme. In: Fegert/Ziegenhain/Goldbeck 2013, S. 228–245.

Gardner, R. A.: The Parental Alienation Syndrome – A Guide for Mental Health and Legal Professionals. 2nd edition. Creative Therapeutics Inc. Creskill, New Jersey 1992.

Gardner, R. A.: The Parental Alienation Syndrome: What is it and what data support it?: Comment. Child-Maltreatment: Journal of the American Professional Society on the Abuse of Children 3 (4). 1998, S. 309–312.

Garz, D./Oser, F./Althof, W. (Hrsg.): Moralisches Urteil und Handeln. Frankfurt am Main 1999.

Gass K/Jenkins J./Dunn J.: Are sibling relationships protective? A longitudinal study. Journal of Child Psychology and Psychiatry 2007, 48: 167–75.

M. R./Warndorf, P. K., S. 191–201.

Gee, I.: Tales of the Unexpected – A Child's Perspective on a Family Breakup. Family Law 1999, 49.

Geiger, G./Kirsch, S.: Gestaltung der Sorgerechtsausübung durch Vollmacht. FamRZ 2009, 1879–1884.

Gemeinschaftskommentar zum SGB VIII: siehe Fieseler, G./Schleicher, H./Wabnitz, R.

Gentry, D. B.: Including Children in Divorce Mediation and Education: Potential Benefits and Cautions. Families in Society. The Journal of Contemporary Human Services 1997, 307.

Gerhardt, P./v. Heintschel-Heinegg, B./Klein, M. (Hrsg.): Handbuch des Fachanwalts Familienrecht, 9. Aufl. Köln 2013.

Gernhuber, J.: Neues Familienrecht. Tübingen 1977.

Gernhuber, J.: Lehrbuch des Familienrechts. München 1980.

Gernhuber, J./Coester-Waltjen, D.: Familienrecht. 6. Aufl. München 2010.

Gerstein, H.: Kinderrechte im Spannungsfeld zwischen elterlicher Sorge und staatlichem Schutz, Kind-Prax 1998, 106–110.

Gerth, U.: Das Leben ist komplizierter. Kind-Prax 1998, 171–172.

Gheorghiu, V. A.: The development of research in suggestibility: Critical considerations. In: Gheorghiu, V. A./Netter, P./Eysenck, H. J./Rosenthal, R., S. 3–55.

Gheorghiu, V. A./Netter, P./Eysenck, H. J./Rosenthal, R. (Eds.): Suggestion and Suggestibility: Theory and Research. New York 1989.

Giers, M.: Das Umgangsrecht nach § 1685 BGB. FamRB 2011, 229–231.

Giers, M.: Die Rechtsprechung zum Wechselmodell. FamRB 2012, 383–385.

Gießler, H.: Vorläufiger Rechtsschutz in Ehe-, Familien- und Kindschaftssachen. 3. Aufl. München 2000.

Literatur

Gintzel, U. (Hrsg.): Erziehung in Pflegefamilien. Auf der Suche nach einer Zukunft. Münster 1996.

Girmes, R.: Sich zeigen und die Welt zeigen – Bildung und Erziehung in posttraditionalen Gesellschaften. Opladen 1997.

Glaser, D./Prior, V.: Ist der Begriff „Kinderschutz" auf emotionale Misshandlung anwendbar? Kindesmisshandlung und -vernachlässigung 1998, 32–66.

Gläßer, U.: Mediation und Beziehungsgewalt. Möglichkeiten, Bedingungen und Grenzen des Einsatzes von Familienmediation bei Gewalt in Paarbeziehungen. Baden-Baden 2008.

Gläss, H.: Verfahrenspflegschaften – Erfahrungen, Beobachtungen, Schlussfolgerungen, JAmt 2001, 163–165.

Gloger-Tippelt, G. (Hrsg.): Bindung im Erwachsenenalter. Bern 2000.

Gloger-Tippelt, G./König, L.: Bindung in der mittleren Kindheit. Das Geschichtenergänzungsverfahren zur Bindung 5- bis 8-jähriger Kinder (GEV-B). Beltz, Weihheim 2008.

Gödde, M./Fthenakis, W. E.: Zur Bedeutung des Fortbestands der Eltern-Kind-Beziehung nach einer elterlichen Trennung und Scheidung: Stand der Forschung. In: Fthenakis, W. E. (Hrsg.): Begleiteer Umgang von Kindern. Ein Handbuch für die Praxis. München 2008, S. 69–101.

Golan, N.: Krisenintervention. Strategien psychosozialer Hilfen. Freiburg im Breisgau 1983.

Goldstein, J./Freud, A./Solnit, A. J.: Beyond the Best Interests of The Child. New Edition with Epilogue. New York 1979.

Goldstein, J./Freud, A./Solnit, A. J.: Diesseits des Kindeswohls. Frankfurt am Main 1979.

Goldstein, J./Freud, A./Solnit, A. J./Goldstein, S.: Das Wohl des Kindes: Grenzen professionellen Handelns. Frankfurt am Main 1988.

Goldstein, J./Freud, A./Solnit, A. J.: Jenseits des Kindeswohls: Weitere Bemerkungen zur Anwendung des Standards der am wenigsten schädlichen Alternative. Frankfurt am Main 1973/2. Aufl. 1991.

Gollwitzer, K./Rüth, U.: § 1631b BGB – Die geschlossene Unterbringung Minderjähriger aus kinder- und jugendpsychiatrischer Sicht. FamRZ 1996, 1388–1391.

Goor-Lambo, G. van/Orley, J./Poustka, F./Rutter, M.: Classification of abnormal psychosocial situations: Preliminary report of a revision of a WHO scheme. Journal of Child Psychology and Psychiatry 31, 1990, 229–241.

Goor-Lambo, G. van/Orley, J./Poustka, F./Rutter, M.: Multiaxial classification of psychiatric disorders in children and adolescents. Axis five: Associated abnormal psychsocial situations. Preliminary results of a WHO and German multicenter study. European Child and Adolescent Psychiatry 3, 1994, 229–241.

Gottschalk, Y.: Boykottierter Umgang – Zwangsweise Durchsetzung von Umgangsregelungen und Grenzen staatlicher Interventionsmöglichkeiten. FPR 2007, 308–312.

Gottschalk, Y./Heilmann, S.: Zu den Voraussetzungen eines Ausschlusses des Umgangs der leiblichen Eltern mit ihrem in einer Pflegefamilie lebenden Kind. ZKJ 2013, 113–114.

Götz, I.: Verfahren bei Kindeswohlgefährdung. Anmerkungen aus der Sicht der gerichtlichen Praxis. In: Lipp, V./Schumann, E./Veit, B. 2009, S. 215–227.

Götz, I. Digital Natives im Familienrecht, FamRZ 2017, 1725–1728.

Graham, Ph./Turk, J./Verhulst, F.: Child Psychiatry. A developmental approach. Oxford University Press. 3rd edition, Oxford 1999.

Gravenhorst, L.: Einleitung der Tagungsdokumentation: Gewaltfreies Erziehen in Familien – Schritte zur Veränderung. In: Bundesministerium Familie, Senioren, Frauen und Jugend – BMFSFJ – (Hrsg.), Materialien zur Familienpolitik Nr. 8. Berlin 2000, S. 8.

Greenspan, B. T./Brazelton, S.: Die sieben Grundbedürfnisse von Kindern: was jedes Kind braucht, um gesund aufzuwachsen, gut zu lernen und glücklich zu sein. Weinheim/Basel 2002.

Greese, D.: Trennungen und Gemeinsamkeiten. Gespräch über Stand und Ziele im Pflegekinderwesen. In: Hamburger Pflegekinderkongress „Mut zur Vielfalt", S. 25–48.

Gregersen, A./Lindemann, V.: Anm. zu LG Stralsund, RPfleger 1997, 526–527.

Groß, G.: Die Stellung der Pflegeeltern im Grundgesetz und Zivilrecht. FPR 2004, 411–415.

Grossmann, K. E./Grossmann, K.: Eltern-Kind-Bindung als Aspekt des Kindeswohls. In: Deutscher Familiengerichtstag, 1998, S. 76–89.

Grossmann, K. E./Grossmann, K.: Die Bedeutung sprachlicher Diskurse für die Entwicklung interner Arbeitsmodelle von Bindung. In: Gloger-Tippelt, G. (Hrsg.), 2000, S. 75–101.

Grossmann K. E./Grossmann K.: Bindungen – das Gefüge psychischer Sicherheit. Stuttgart 2004 und 5., vollst. überarb. Aufl., 2012.

Grüttner (geb. Gummersbach), H. (2006). Der Anwalt des Kindes in § 50 FGG – Grundkonzeption einer subjektiv-advokatorischen Interessenvertretung. ZKJ 2006, 61–72.

Güthoff, F.: Die Perspektive der Pflegeeltern – Ergebnisse einer Pflegeelternbefragung. In: Gintzel, U., S. 39–55.

Güthoff, F./Sünker, H. (Hrsg.): Handbuch Kinderrechte. Partizipation, Kinderpolitik, Kinderkultur. Fulda 2001

Gummersbach, H.: Die Subjektstellung des Kindes – Die verfahrensrechtliche Neuerung des Anwalts des Kindes in § 50 FGG. Bielefeld 2005.

Hamburger Pflegekinderkongress: „Mut zur Vielfalt". Dokumentation. Red.: Güthoff, F./Jordan, E./ Steege, E. Münster 1990.

Hamburgische Bürgerschaft (2015): Bericht des Parlamentarischen Untersuchungsausschusses, „Aufklärung der Vernachlässigung der Kindeswohlsicherung im Fall Yagmur durch staatliche Stellen und Erarbeitung von Empfehlungen zur Verbesserung des Kinderschutzes in Hamburg", Bürgerschaft der Freien und Hansestadt Hamburg, Drucksache 20/14100 vom 16.01.2015.

Hammen, C.: Children of affectively ill parents. In: Steinhausen, H.-C./Verhulst, F. C., S. 38–53.

Hammer, S.: Die rechtliche Verbindlichkeit von Elternvereinbarungen. FamRZ 2005, 1209–1215.

Hammer, S.: Das neue Verfahren betreffend das Umgangs- und Auskunftsrecht des leiblichen, nicht rechtlichen Vaters. FamRB 2013, 298–302.

Hammer, S., Die gerichtliche Anordnung des Wechselmodells, FamRZ 2015, 1433–1444.

Hannemann, A./Stötzel, M.: Ergebnisse eines Forschungsprojektes zur Verfahrenspflegschaft an der Technischen Universität Berlin. ZKJ 2009, 58–67.

Haralambie, A. M.: Handling Child Custody, Abuse, and Adoption Cases. Vol. 2, 2nd ed. New York 1993.

Harnach-Beck, V.: Ohne Prozessqualität keine Ergebnisqualität. Sorgfältige Diagnostik als Voraussetzung für erfolgreiche Hilfe zur Erziehung. In: Peters, F., 1999, S. 27–48.

Harnach-Beck, V.: Psychosoziale Diagnostik in der Jugendhilfe. 3. Aufl. Weinheim 2000.

Harris, P. L.: Children and emotion. The development of psychological understanding. Oxford 1989.

Hassenstein, B.: Verhaltensbiologie des Kindes. 5. Aufl. Heidelberg 2001.

Hassenstein, B.: Verhaltensbiologie des Kindes, 6. überarb. Aufl. in Zusammenarbeit mit H. Hassenstein, Münster 2007.

Hauck, K. (Hrsg.): Kinder- und Jugendhilfe. Kommentar. Losablattwerk. Berlin.

Hauk, A.: Öffentlich-rechtliche Unterbringung und Maßregelvollzug nach dem neuen Brandenburgischen Psychisch-Kranken-Gesetz. R & P 2009, S. 174–176.

Häuser W./Schmutzer, G./Brähler, E./Glaesmer, H.: Misshandlungen in Kindheit und Jugend: Ergebnisse einer Umfrage in einer repräsentativen Stichprobe der deutschen Bevölkerung. 2011.

Literatur

Häußermann, R.: Das neue Familienverfahrensrecht. In: Lipp/Schumann/Veit (Hrsg.): Reform des familiengerichtlichen Verfahrens. 1. Familienrechtliches Forum Göttingen 209, S. 5–38.

Haußleiter, M.: FamFG. Kommentar. München 2011 und 2. Aufl. München 2017.

Haynes, J. M.: Mediation. Basisinformation für Interessierte. In: Krabbe, H. (Hrsg.): Scheidung ohne Richter 1990, 132.

Hechler, D.: The battle and the backlash. The child abuse war. Lexington, Massachusetts, Toronto 1988.

Heidelberger Kommentar zum Betreuungs- und Unterbringungsrecht: siehe Bauer, A. u.a.

Heilmann, S.: Kindliches Zeitempfinden und Verfahrensrecht. Neuwied 1998.

Heilmann, S.: Die Dauer kindschaftsrechtlicher Verfahren. ZfJ 1998, 317–324.

Heilmann, S.: Die Verfahrenspflegschaft in den Fällen des § 1666 BGB. Kind-Prax 2000, 79–83.

Heilmann, S.: Welche verfahrensrechtlichen Folgen hat der (unterbliebene) Antrag auf Beteiligung in Kindschaftssachen? FamRZ 2010, 1391–1394.

Heilmann, S.: Die Gesetzeslage zum Sorge- und Umgangsrecht. NJW 2012, 16–22.

Heilmann, S.: Der Bundesgerichtshof und der Umgangsboykott. ZKJ 2012, 105–106.

Heilmann, S.: Besonderheiten des familiengerichtlichen Verfahrens zur Regelung des Sorge- und Umgangsrechts. NJW 2012, 887–890.

Heilmann, S.: Die Reform des Sorgerechts nicht miteinander verheirateter Eltern – Das Ende eines Irrwegs? NJW 2013, 1473–1478.

Heilmann, S.: Der Umgang des Pflegekindes mit seinen leiblichen Eltern – Ein Beitrag aus Sicht des Familiengerichts. ZKJ 2014, 45–49.

Heilmann, S.: Schützt das Grundgesetz die Kinder nicht? Eine Betrachtung der bisherigen Kammerrechtsprechung des BVerfG im Jahr 2014, NJW 2014, 2904–2909.

Heilmann, S.: Kindeswohl und Wechselmodell, NJW 2015, 3346–3348.

Heilmann, S.: Der Verfahrensbeistand als Grundrechtsgarant für das Kind, ZKJ 2017, 219–220.

Heilmann, S.: Die Richterschaft in der Familiengerichtsbarkeit – Plädoyer für eine Qualitätsoffensive. FamRZ 2018, 666–669.

Heilmann, S.: Editorial NJW Heft 16/2018.

Heilmann, S.: Die Aufarbeitung des Missbrauchsfalles von Staufen, FamRZ 2018, 1797–1803.

Heilmann, S., Der Schutz des Kindes vor sexueller Gewalt, NJW 2019, 1417.

Heilmann, S. (Hrsg.): Praxiskommentar Kindschaftsrecht. Köln 2015 (Zitierweise: Heilmann/Bearbeiter)

Heilmann, S./Lack, K. (Hrsg.): Die Rechte des Kindes. Festschrift für Ludwig Salgo zum 70. Geburtstag, Köln 2016.

Heilmann, S./Salgo, L.: Kindesmisshandlung und Recht – Bestandsaufnahme und Perspektiven. In: Stiftung „Zum Wohl des Pflegekindes", 1. Jahrbuch 1998, S. 179–196.

Heilmann, S./Salgo, L.: Der Schutz des Kindes durch das Recht – Eine Betrachtung der deutschen Gesetzeslage. In: Helfer, M. E./Kempe, R. S./Krugmann, R. D., 2002, S. 955–989.

Heilmann, S./Salgo, L.: Sind Pflegekinder nicht (mehr) schutzbedürftig? Zugleich Anmerkung zum Beschluss des BGH v. 22.1.2014 – XII ZB 68/11. FamRZ 2014, 543 ff., FamRZ 2014, 705–711.

Heinz, Thomas K.: Das neue Datenschutzrecht und seine Auswirkungen auf Sachverständige und Verfahrensbeistände, RPsych 2019, 6–25.

Heiter, N.: Verfahrensfähigkeit des Kindes in personenbezogenen Verfahren nach dem FamFG. FamRZ 2009, 85–89.

Helfer, M. E./Kempe, R. S./Krugman, R. D. (Eds.): The Battered Child. 5th edition. The University of Chicago Press. Chicago, London 1997.

Helfer, M. E./Kempe, R. S./Krugmann, R. D.: Das misshandelte Kind. Körperliche und psychische Gewalt – Sexueller Missbrauch – Gedeihstörungen – Münchhausen-by-proxy-Syndrom – Vernachlässigung. Frankfurt am Main 2002.

Helfer, R./Kempe, H. (Hrsg.): Das geschlagene Kind. (engl. 1968) 1978.

Helms, T.: Fortsetzung der Vormundschaft bei Flüchtlingen trotz Vollendung des 18. Lebensjahres, ZKJ 2018, 219–220.

Helms, T.: Die Einführung der sog. vertraulichen Geburt, FamRZ 2014, 609–614.

Hellerschmidt, T./Ludolph, A. G.: Psychische Verhaltensstörungen durch psychotrope Substanzen. In. Fegert/Kölch (Hrsg.): Klinikmanual. Kinder- und Jugendpsychiatrie und -psychotherapie. 2. Aufl. Berlin 2013, S. 278 ff.

Herbert, S. E./Panarites, H.: Children of Homosexual Parents. In: Nosphitz, J.D., S. 147–162.

Herborth, R.: Der Hilfeplan: Neue Fachlichkeit in der Kinder- und Jugendhilfe? – Über die Beteiligung Betroffener im Prozess der Hilfeplanung gemäß § 36 SGB VIII. Dissertation. Universität Gesamthochschule Kassel 1998.

Herman, J. L.: Die Narben der Gewalt. Traumatische Erfahrungen verstehen und überwinden. München 1993/München 1994.

Herrmann, B./Dettmeyer, R./Banaschak, S./Thyen, U:. Kindesmisshandlung: Medizinische Diagnostik, Intervention und rechtliche Grundlagen. Heidelberg 2008.

Hesse, E./Main, M.: Desorganisiertes Bindungsverhalten bei Kleinkindern, Kindern und Erwachsenen: Zusammenbruch von Strategien des Verhaltens und der Aufmerksamkeit. In: Brisch/Grossmann/Grossmann/Köhler (Hrsg.), Bindung und seelische Entwicklungswege, 3. Aufl. Stuttgart 2010, S. 219–248.

Hessischer Landkreistag/Hessischer Städtetag: Hessisches Kindergesundheitsschutzgesetz: Evaluation durch die Jugendämter, JAmt 2010, 115–117.

Hetherington, E. M. (Ed.): Handbook of Child Psychology. Vol. 4: Socialisation, Personality, and Social Development. 4. Aufl. New York 1983.

Hildeschmidt, A.: Schulversagen. In: Oerter, R./Montada, L., S. 990–1105.

Himpel, S./Hüther, G.: Auswirkungen emotionaler Verunsicherungen und traumatischer Erfahrungen auf die Hirnentwicklung. In: Stiftung „zum Wohl des Pflegekindes", 3. Jahrbuch, S. 111–125.

Hirsch, M.: Realer Inzest. Psychodynamik des sexuellen Missbrauchs in der Familie. 2. Aufl. Berlin 1987.

Hirsch, M.: Schuld und Schuldgefühl. Zur Psychoanalyse von Trauma und Introjekt. Göttingen 1997.

Hirsch, M.: Vernachlässigung, Misshandlung, Missbrauch im Rahmen einer psychoanalytischen Traumatologie. In: Egle, U. T./Hoffmann, S. O./Joraschky, P., Stuttgart 2000, 126–139.

Hofer, S./Kippel, D./Walter, U.: Festschrift für Dieter Schwab. Perspektiven des Familienrechts. Bielefeld 2005.

Hoffmann, B.: Freiheitsentziehende Unterbringung von Kindern und Jugendlichen – Rechtslage nach Neufassung des § 1631b BGB und Inkrafttreten des FamFG. Recht & Psychiatrie 2009, 121–129.

Hoffmann, B.: Dauerpflege im SGB VIII und Verbleibensanordnung nach § 1632 Abs. 4 BGB Friktionen zwischen Familienrecht und Kinder- und Jugendhilferecht. FPR 2011, 578–583.

Hoffmann, B.: Sorgerechtsvollmacht als Alternative zur Vormund-/Pflegschaft des Jugendamtes. FamRZ 2011, 1544–1550.

Hoffmann, B.: Das Gesetz zur Stärkung der Rechte des leiblichen, nicht rechtlichen Vaters. FamRZ 2013, 1077–1082.

Literatur

Hoffmann, B.: Freiheitsentziehende Unterbringung in Einrichtungen der Kinder- und Jugendhilfe – in gemeinsamer Verantwortung von gesetzlichem Vertreter, Jugendamt und Familiengericht. FamRZ 2013, 1346–1352.

Hoffmann, B.: Sorgerechtsvollmacht als Alternative zu Eingriffen in die elterliche Sorge in der Rechtsprechung der Oberlandesgericht, JAmt 2015, 6–10.

Hoffmann, B.: Personensorge, 3. Aufl. 2018.

Hoffmann, B.: Elterliche Sorge bei Unterbringung eines Kinds außerhalb der Herkunftsfamilie, insbesondere bei Unterbringung in einer Pflegefamilie, NZFam 2019, 1–6.

Hohmann-Dennhardt, Ch.: Grundgedanken zu einer eigenständigen Vertretung von Kindern und Jugendlichen im familiengerichtlichen Verfahren. ZfJ 2001, 77–83.

Hohmann-Dennhardt, C.: Eltern-Recht(s)-Ansichten. FF 2011, 181–192.

Hölbling, P.: Starker Staat bei schwachen Eltern?, ZKJ 2010, 388–391.

Holden, G. W./Geffner, R./Jouriles, E. N. (Hrsg.): Children Exposed to Marital Violence. Washington DC 1998.

Holodynski, M.: Die Entwicklung von Emotionen und Ausdruck vom biologischen zum kulturellen Erbe. In: ZIF Mitteilungen. 3. Ausgabe, 2004.

Hoopes, J. L.: Adoption and identity formation. In: D.M. Brodzinsky & M.D. Schechter (Eds.): The psychology of adoption. New York 1990, 144–166.

Hoops, S. /Permien, H.: Wundermittel gesucht! – Vom schwierigen Umgang mit schwierigen Jugendlichen, DJI-Bulletin 68, Herbst 2004, S. 4–7.

Horndasch, K.-P.: Das Recht des Kindes auf Umgang. FPR 2012, 208–212.

Hornikel, D.: Verfahrensbeistand und Umgangspfleger. Was ändert die FGG-Reform? In: Reform des familiengerichtlichen Verfahrens, Lipp, V./Schumann, E./Veit, B. (Hrsg.), S. 145–152.

Huber, P./Antomo, J.: Die Neuregelung der elterlichen Sorge nicht miteinander verheirateter Eltern. FamRZ 2012, 1257–1265.

Hüßtege, R. In: Thomas/Putzo (Hrsg.). Zivilprozessordnung. Kommentar. München, 38. Aufl. 2017.

IGfH/KZP: Neues Manifest zur Pflegekinderhilfe, hrsg. von Internationale Gesellschaft für erzieherische Hilfen/Kompetenz-Zentrum Pflegekinder e.V., Frankfurt/Berlin 2010.

Institut für Demoskopie Allensbach: Monitor Familienleben – Einstellungen und Lebensverhältnisse von Familien. Ergebnisse einer Repräsentativbefragung im Auftrag des Bundesministeriums für Familie, 2012. On.linequelle: www.ifd-allensbach.de/uploads/tx_studies/Monitor_Familienleben_2012.pdf (Zugriff: 30.4.2019).

Ivanits, N.: Die Stellung des Kindes in auf Einvernehmen zielenden gerichtlichen und außergerichtlichen Verfahren in Kindschaftssachen. Frankfurt am Main 2012.

Ivanits, N.: Wie sollten Kinder im Rahmen der Mediation beteiligt werden? ZKJ 2018, 133–136.

Jacobi, G. (Hrsg.): Kindesmisshandlung und Vernachlässigung. Epidemiologie, Diagnostik und Vorgehen, Bern 2008.

Jacoby, F.: Der Regierungsentwurf für ein FamFG, FamRZ 2007, 1703–1710.

Janning, Martin: Zur Arbeit mit Herkunftseltern. In: Stiftung zum Wohl des Pflegekindes (Hrsg.): 7. Jahrbuch 2018, S. 169–204.

Jans/Happe/Saurbier/Maas (Hrsg.): Kinder- und Jugendhilferecht. Kommentar. Loseblattwerk. Stuttgart.

Janus, L.: Wie die Seele entsteht. Unser psychisches Leben vor und nach der Geburt. Hamburg 1991.

Jestaedt, M.: Bonner Kommentar zum Grundgesetz, Bearbeiter von Art. 6 Abs. 2 und 3, 75. Lfg., Dez. 1996.

Jestaedt, M.: Das Recht des Kindes auf Pflege und Erziehung durch seine Eltern in: Göttinger Juristische Schriften, Band 12, Alles zum Kinderwohl?, S. 13–37.

Jochum, G.: Die Vergütung des § 1836 Abs. 2 BGB beinhaltet zusätzlichen Ersatz der Mehrwertsteuer für den Berufsbetreuer, BtPrax 1993, 54–56.

Johannsen, K. H./Henrich, D./Brudermüller, G.: Eherecht: Scheidung, Trennung, Folgen. Kommentar. 3. Aufl. München 1998.

Johannsen, K. H./Henrich, D.: Familienrecht, 6. Aufl. München 2015 (Zitierweise: Johannsen/Henrich/Bearbeiter, Familienrecht).

Johns, I.: Gewaltfreie Erziehung – geht das überhaupt? Frühe Kindheit (Heft 4) 1999, 20–25.

Jokisch, B.: Das Wechselmodell – Grundlagen und Probleme. FuR 2013, 679–684 und 2014, 25–31.

Jones, A. S./LaLiberte, T.: Re-entry to Foster Care Report, hrsg. v. Hennepin-University Partnership Child Well-Being/Center for advanced Studies in Child Welfare, University of Minnesota 2010.

Jopt, U./Behrend, K.: Das Parental Alienation Syndrom (PAS) – Ein Zwei-Phasen-Modell. ZfJ 2000, 223–231 und 258–271.

Joraschky, P./Pöhlmann, K.: Die Auswirkungen von Vernachlässigung, Misshandlung, Missbrauch auf Körperbild und Selbstgefühl. In: Egle, U. T./Joraschky, P./ Lampe, A./Seiffge-Krenke, I./ Cierpka, M. (Hrsg.), 4., überarb. und erw. Aufl., 2015, S. 187–196.

Jud, A./Rassenhofer, M./Witt, A./Münzer, A./Fegert, J. M.: Häufigkeitsangaben zum sexuellen Missbrauch. Internationale Einordnung, Bewertung der Kenntnislage in Deutschland, Beschreibung des Entwicklungsbedarfs 2016.

Jungjohann, E.: Das Dilemma des misshandelten Kindes. Frankfurt am Main 1996.

Jurczyk, K./Walter, S.: Gemeinsames Sorgerecht nicht miteinander verheirateter Eltern. Berlin 2013.

Jürgens, A.: Betreuungsrecht. Kommentar zum materiellen Betreuungsrecht, zum Verfahrensrecht und zum Betreuungsbehördengesetz. 5. Aufl. München 2014.

juris PraxisKommentar SGB VIII. Schlegel/Voelzke (Gesamt-Hrsg.)/Luthe/Nellissen (Hrsg.). 2. Aufl. Saarbrücken 2018 (Zitierweise: jurisPK-SGB VIII/Bearbeiter)

Kähler, H.: Soziale Arbeit in Zwangskontexten. Wie unerwünschte Hilfe erfolgreich sein kann. München 2005.

Kaltenborn, K.-F.: Die lebensgeschichtliche Bedeutung der richterlichen Sorgerechtsregelung. ZfJ 1996, 255–266.

Kaltenborn, K.-F.: Die Interessenlage und -vertretung von Kindern in der Reformdiskussion des Rechts der elterlichen Sorge. (Manuskript) Marburg 1997.

Kaltenborn, K.-F.: Children's and Young People's Experiences in Various Residential Affangements: A Longitudinal Study to Evaluate Criteria for Custody and Residence Decision Making, British Journal of Social Work 2001, S. 81–117.

Kaminer, Y./Tarter, R. E. (1999): Substance use disorder. In: Steinhausen, H.-Ch./Verhulst, F., S. 193–209.

Karle, M./Gathmann, S./Klosinski, G.: Rechtstatsächliche Untersuchung zur Praxis der Kindesanhörung nach § 50b FGG: Abschlussbericht. Köln 2010 (zitiert: Karle u.a.).

Karle, M./Gathmann, S./Klosinski, G.: Zur Praxis der Kindesanhörung in Deutschland. Ein Abschlussbericht. ZKJ 2010, 432–434.

Kavemann, B.: Häusliche Gewalt gegen die Mutter und die Situation der Töchter und Söhne – Ergebnisse deutscher Untersuchungen. In: Kavemann, B./Kreyssig, U. (Hrsg.): Handbuch häusliche Gewalt, 2013, S. 15–26.

Literatur

Kavemann, B./Kreyssig, U. (Hrsg.): Handbuch Kinder und häusliche Gewalt, 3. Aufl. Wiesbaden 2013.

Kavemann, B. u.a.: Erinnern, Schweigen und Sprechen nach sexueller Gewalt in der Kindheit : Ergebnisse einer Interviewstudie mit Frauen und Männern, die als Kind sexuelle Gewalt erlebt haben. Wiesbaden 2016.

Kegel, G./Schurig, K.: Internationales Privatrecht. 8. Aufl. München 2000 und 9. Aufl. München 2004.

Keidel, T./Kuntze, J./Winkler, K.: FamFG. Kommentar zum Gesetz über das Verfahren in Familiensachen und die Angelegenheiten der freiwilligen Gerichtsbarkeit, 15. Aufl. München 2003, 16. Aufl. München 2009, 17. Aufl. München 2011, 18. Aufl. München 2014 und 19. Aufl. München 2017 (Zitierweise: Keidel/Bearbeiter).

Keller, H.: Kinderalltag. Kulturen der Kindheit und ihre Bedeutung für Bindung, Bildung und Erziehung. Berlin 2011.

Kelly, J. B.: Parent Interaction after Divorce: Comparison of Mediated and Adversarial Divorce Processes. 9 Behavioral Sciences and the Law 1991, 387–398.

Kelly, J. B.: A Decade of Divorce Mediation Research. Some Answers and Questions. 34 Family and Conciliation Courts Review 1996, 373–385.

Kennedy, M. A.: Psychological syndrom evidence. In: Krauss, D. A./Lieberman, J. D. (Hrsg.). Psychological expertise in court: Psychology in the courtroom. Burlingten: Ashgate Publishing, 2009, Vol 2, 103–121.

Keough, W. J.: Child Representation in Family Law. Pyrmont 2000.

Kesselring, T.: Jean Piaget. München 1999.

Keuter, W.: Vertretung Minderjähriger in Kindschaftssachen des FamFG. NJW 2010, 1851–1854.

Keuter, W.: „Zahlen bitte!" – Haftet der Verfahrensbeistand für Dolmetscherkosten? FamRZ 2014, 1971–1974.

Kiehl, W. H./Salgo, L.: Zum Bericht der Bundesrepublik Deutschland vom August 1994 an die Vereinten Nationen gemäß Artikel 44 des Übereinkommens über die Rechte des Kindes, RdJB 1995, 196–203.

Kiesewetter, S./Schröder, S.: Das Ringen um die Vergütung der Verfahrenspfleger – eine Übersicht über Gesetzgebung und Rechtsprechung. FPR 2006, 20–29.

Kimberlin, S./Anthony, E.K./Austin, M.J.: Foster Care Re-Entry: Evidence and Implications, University of California 2008.

Kinderrechtekommission des Deutschen Familiengerichtstages (KIRK): Stellungnahme zum Referentenentwurf eines Mediationsgesetzes vom 4.8.2010. Onlinequelle: www.dfgt.de/resources/Stellungnahme_Mediations_G_2010.pdf (Zugriff: 30.8.2019).

Kinderrechtekommission des Deutschen Familiengerichtstages e.V.: Die Richterschaft in der Familiengerichtsbarkeit – Plädoyer für eine Qualitätsoffensive, ZKJ 2018, 173 = FamRZ 2018, 666–669. Onlinequelle: www.dfgt.de/resources/SN-KiKo_Anforderungsprofil_Familienrichter.pdf (Zugriff: 30.8.2019).

Kinderschutz-Zentrum Berlin e.V. (Hrsg.): Kindesmisshandlung. Erkennen und Helfen. 11. Aufl. Berlin 2009. Onlinequelle: www.kinderschutz-zentrum-berlin.de/download/Kindeswohlgefaehrdung_Aufl11b.pdf (Zugriff: 22.10.2019).

Kindler, H.: Umgang und Kindeswohl. ZKJ 2009, 110–114.

Kindler, H.: Kinderschutz im BGB. FPR 2012, 422–427.

Kindler, H.: Trennungen zwischen Kindern und Bindungspersonen. FPR 2013, 194–200.

Kindler, H.: Perspektivklärung und Vermeidung von Abbrüchen von Pflegeverhältnissen. In: DJI (Hrsg.), Handbuch Pflegekinderhilfe, München 2010, S. 345–374.

Kindler, H.: Partnergewalt und Beeinträchtigungen kindlicher Entwicklung: ein aktualisierter Forschungsüberblick. In: Kavemann, B./Kreyssig, U. (Hrsg.) 2013, S. 27–46.

Kindler, H./Lukasczyk P./Reich W.: Validierung und Evaluation eines Diagnoseinstrumentes zur Gefährdungseinschätzung bei Verdacht auf Kindeswohlgefährdung (Kinderschutzbogen). ZKJ 2008, 500–505.

Kindler, H./Scheuerer-Englisch, H./Gabler, S./Köckeritz, Ch.: Pflegekinder: Situation, Bindungen, Bedürfnisse und Entwicklungsverläufe. In: DJI (Hrsg.), Handbuh Pflegekinderhilfe, München 2010, S. 129–223.

Kindler, H./Walper, S.: Das Wechselmodell im Kontext elterlicher Konflikte, NZFam 2016, 820–824.

Kirsch, V./Izat, Y.: Reaktionen auf schwere Belastungen. In: Fegert/Kölch (Hrsg.): Klinikmanual. Kinder- und Jugendpsychiatrie und -psychotherapie. 2. Aufl. Berlin 2013, S. 240 ff.

Klatetzki, T. (Hrsg.): Flexible Erziehungshilfen – Ein Organisationskonzept in der Diskussion. Münster 1995.

Kleine, R.: Verfahrenspfleger für Minderjährige in familien- und vormundschaftsgerichtlichen Verfahren. FPR 1996, 236–239.

Klenner, W.: Rituale der Umgangsvereitelung bei getrenntlebenden oder geschiedenen Eltern – Eine psychologische Studie zur elterlichen Verantwortung. FamRZ 1995, 1529–1535.

Klinck, F.: Das neue Verfahren zur Anerkennung ausländischer Entscheidungen nach § 108 II S. 1 FamFG. FamRZ 2009, 741–749.

Klinkhammer, F., Beschneidung männlicher Kleinkinder und gesetzliche Vertretung durch die Eltern, FamRZ 2012, 1913–1915.

Klinkhammer, M./Klotmann, U./Prinz, S. (Hrsg.): Handbuch Begleiteter Umgang. Pädagogische, psychologische und rechtliche Aspekte, Köln 2004 und 2. Aufl. Köln 2011.

Klinkhammer, M./Prinz, S. (Hrsg.): Handbuch Begleiteter Umgang. Pädagogische, psychologische und rechtliche Aspekte, 3. Aufl. Köln 2017.

Klosinski, G. (Hrsg.): Macht, Machtmissbrauch und Machtverzicht im Umgang mit Kindern und Jugendlichen. Bern, Göttingen, Toronto, Seattle 1995.

Klosinski, G.: Begutachtung in Verfahren zum Umgangs- und Sorgerecht: Brennpunkte für den Gutachter und die Familie. In: Warnke, A./Trott, G.-E./Remschmidt, H., 1997, S. 34–43.

Kloster-Harz, D.: Gesetz zur Stärkung der Rechte des leiblichen, nicht rechtlichen Vaters auf Umgang und Auskunft. FamFR 2013, 337–340.

Klußmann, R./Stötzel, B.: Das Kind im Rechtsstreit der Erwachsenen. Wegweiser für Eltern und Richter, Jugendämter und Gutachter. München 1995.

Knieper, J.: Geschäfte von Geschäftsunfähigen. Baden-Baden 1999.

Knittel, B.: Betreuungsgesetz (BtG). Starnberg-Percha 1992.

Knittel, B.: Beurkundungen im Kindschaftsrecht, 8. Aufl. 2017.

Knödler, C.: Ausgewählte Probleme aus dem FamFG für die Praxis der Sozialen Arbeit in Kindschaftssachen, ZKJ 2010, 135–142.

Kobak, R./Madson, S.: Disruptions in Attachments Bonds: Implications for Theory, Research, and Clinical Intervention. In: Cassidy/Shaver (Hrsg.), Handbook of Attachment, 2nd Ed., N.Y./London 2008, S. 23–47.

Koch, G./Lambach, R.: Familienerhaltung als Programm – Forschungsergebnisse. Münster 2000.

Köckeritz, Ch.: „Was wird denn nun aus mir?" – Interessenvertretung als Fürsprache für Kinder in Grenzsituationen. epd-Dokumentation: Interessenvertretung für Kinder und Jugendliche in Krisenfällen. Nr. 19, 1998, S. 12–23.

Köckeritz, Ch.: Entwicklungspsychologie für die Jugendhilfe. Eine Einführung in Entwicklungsprozesse, Risikofaktoren und Umsetzung in Praxisfeldern. München 2004.

Köckeritz, C.: Elternbezogene Interventionen nach Kindeswohlgefährdungen: Konzepte, Leistungserbringung und Wirkungen im kritischen Überblick. In: Heilmann, S./Lack, K. (Hrsg.): Die Rechte des Kindes. Festschrift zu Ludwig Salgos 70. Geburtstag, Köln 2016, S. 361–384.

Köckeritz, C./Diouani-Streek, M., Alte Loyalität oder neue Bindung?, ZKJ 2019, 94–103.

Körner, W./Deegener, G. (Hrsg.): Erfassung von Kindeswohlgefährdung in Theorie und Praxis, Lengerich u.a. 2011.

Kodjoe, U./Koeppel, P.: Früherkennung von PAS – Möglichkeiten psychologischer und rechtlicher Interventionen. Kind-Prax 1998, 138–144.

Kodjoe, U./Koeppel, P.: The Parental Alienation Syndrome (PAS). DAVorm 1998, 10–27.

Koh Peters, J.: Representing Children in Child Protective Proceedings: Ethical and Practical Dimensions. Charlottesville 1997.

Kohl, H./Landau, H. (Hrsg.): Frankfurter Tage der Rechtspolitik 2000. Gewalt in sozialen Nahbeziehungen. Neuwied 2001.

Köhler, I., Jugendliche ab 14 Jahren in Kindschaftssachen, ZKJ 2018, 50–55.

Köhler, I., Zurückweisung eines „Antrags" im Amtsverfahren?, ZKJ 2018, 9–11.

Köhler, I., Inobhutnahme und nachfolgende familiengerichtliche Entscheidung, ZKJ 2019, 12–16.

Köhnken, G.: Sprechverhalten und Glaubwürdigkeit: eine experimentelle Studie zur extralinguistischen und textstilistischen Aussageanalyse. Dissertation Universität Kiel 1982.

Köhnken, G.: Methodik der Glaubwürdigkeitsbegutachtung. In: Fegert, J. M. (Hrsg.): Qualität der Begutachtung sexuell missbrauchter Kinder. 2001, S. 29–51.

Köhnken, G.: Suggestion und Suggestibilität. In Lempp, R./Schütze, G./Köhnken, G. (Hrsg.), Forensische Psychiatrie und Psychologie des Kindes- und Jugendalters. Darmstadt 2003, S. 368 ff.

Kölch M./Fegert J. M.: Die umgangsrechtliche Praxis aus Sicht der Kinder- und Jugendpsychiatrie. FamRZ 2008, 1573–1582.

Kölch M./Schielke A./Becker T./Fegert J. M./Schmid, M.: Kinder psychisch kranker Eltern: psychische Belastung der Minderjährigen in der Beurteilung ihrer Eltern – Ergebnisse einer Befragung stationär behandelter Patienten mit dem SDQ. Nervenheilkunde 6, 2008, 27, 527–532.

Köhler, I.: Jugendliche ab 14 Jahren in Kindschaftssachen. ZKJ 2018, 50–55.

Köhler, I.: Inobhutnahme und nachfolgende familiengerichtliche Entscheidung, ZKJ 2019, 12–16.

Kölner Fachkreis Familie: Das Cochemer Modell – die Lösung aller streitigen Trennungs- und Scheidungsfälle? Forum Familienrecht 2006, 215.

KOM DAT. Kommentierte Daten der Kinder- und Jugendhilfe. Informationsdienst der Arbeitsstelle für Kinder- und Jugendhilfestatistik (AKJ STAT). Universität Dortmund. Online abrufbar unter http://www.akjstat.tu-dortmund.de > KOMDAT.

König C./Fegert J. M.: Zur Praxis der Glaubhaftigkeitsbegutachtung unter Einfluss des BGH-Urteils. Interdisziplinäre Fachzeitschrift für Prävention und Intervention – DGfPI (2009) 12(2), 16–41.

Kopp, C.: Emotional distress and controll in young children. In: Eisenberg, N./Fabes, R. A., S. 41–56.

Korintenberg, W./Lappe, F./Bengel, M./Reimann, W.: Kostenordnung. 12. Aufl. München 1991.

Koritz, N.: Kinderrechte im Konflikt ihrer Eltern. Die Gefahr in Streitzeiten die Rechte der Kinder zu missachten. FPR 2012, 212–215.

Kostka, K.: Die Begleitforschung zur Kindschaftsrechtsreform – eine kritische Betrachtung. FamRZ 2004, 1924–1935.

Kostka, K.: Im Interesse des Kindes? Elterntrennung und Sorgerechtsmodelle in Deutschland, Großbritannien und den USA. Frankfurt am Main 2004.

Kostka, K.: Einfache Lösungen für komplexe Situationen? „PAS" und gemeinsames elterliches Sorgerecht – ein Bericht aus Deutschland. FamPra.ch 2005, 802–821.

Kostka, K.: Vermittlungsverfahren und Kindeswohl. FamPra.ch 2009, 634–657.

Kostka, K.: Neue Erkenntnisse zum Wechselmodell? ZKJ 2014, 54–61.

Kostka, K.: Das Wechselmodell als Leitmodell? Umgang und Kindeswohl im Spiegel aktueller internationaler Forschung, Streit 4/2014, 147 ff.

Kostka, K.: Wechselmodell hin, Residenzmodell her? Zur Stärkung der Subjektstellung des Kindes bei Trennung der Eltern. In: Heilmann, S./Lack, K. (Hrsg.): Die Rechte des Kindes. Festschrift zu Ludwig Salgos 70. Geburtstag, Köln 2016, S. 159–188.

Kötter, S.: Besuchskontakte in der Pflegefamilie. 2. Aufl. Regensburg 1997.

Köttgen, Ch.: Pro und Contra Diagnostik – aus Sicht einer Kinder- und Jugendpsychiaterin im Feld der Jugendhilfe. In: Peters, F., S. 253–275.

Krabbe, H.: Interventionsmöglichkeiten und Grenzen bei hoch eskalierten Familienkonflikte. ZKJ 2016, 48–51.

Krabbe, H.: Einvernehmen herstellen – Eine gute Idee mit offenen Fragen in der Praxis. ZKJ 2016, 392–395.

Krabbe, H./Thomsen, C. S.: Familienmediation mit Kindern und Jugendlichen. 4. Aufl. Köln 2017.

Krebs, D./Denton, K.: Die Beziehungen zwischen der Struktur des moralischen Urteilens und dem moralischen Handeln. In: Garz u.a., S. 220–263.

Kreft, D./Mielenz, I. (Hrsg.): Wörterbuch der sozialen Arbeit. 4. Aufl. Weinheim 1996.

Kriegel, K.: Mediationspflicht? Über die Notwendigkeit einer Begleitung von Eltern bei Trennung und Scheidung. Jena 2006.

Krille, T.: Die Verfahrenspflegschaft in der Praxis des Familiengerichts. Kind-Prax 2003, 12–17.

Kuleisa-Binge, U.: Verfahrensbeistandschaft, Ergänzungspflegschaft und Umgangspflegschaft. FPR 2012, 363–366.

Kunkel, P.-C.: Datenschutz und Schweigepflicht in der Verfahrenspflegschaft, FPR 2000, 111–114.

Kunkel, P.-C.: Möglichkeiten und Grenzen der professionellen Kommunikation in der Familiengerichtsbarkeit mit Blick auf Verschwiegenheitspflicht und Datenschutz, FPR 2013, 487–491.

Kunkel, P.-C.: Datenschutz im Jugendamt, ZKJ 2018, 355–361.

Kunkel, P.-C./Kepert, J./Pattar, A. K. (Hrsg.): Sozialgesetzbuch VIII. Kinder- und Jugendhilfe.Lehr- und Praxiskommentar, 7. Auf. Baden-Baden 2018 (Zitierweise: LPK-SGB VIII/Bearbeiter)

Lanzerath, G./Schimke, H.-J.: Finanzierungsleitfaden für Betreuer und Verfahrenspfleger. Köln 1994.

Lack, K.: Die Beteiligtenstellung des Jugendamtes in Kindschaftssachen. ZKJ 2010, 189–194.

Lack, K.: Interessenvertretung in Kindschaftssachen durch Verfahrensbeistand. FamFR 2011, 527.

Lack, K.: Möglichkeiten und Grenzen der Gesetzgebung zur Effektivierung des Kinderschutzes. Bielefeld 2012.

Lack, K.: Ausschluss des Umgangsrechts leiblicher Eltern mit ihrem in einer Pflegefamilie untergebrachten Kind – Besprechung von BVerfG, Beschluss vom 29.11.2012 – 1 BvR 335/12, BeckRS 2013, 46036. FamFR 2013, 73–75.

Lack, K.: Rechtliche Überlegungen zur religiös motivierten Beschneidung von Jungen im Kindesalter. ZKJ 2013, 336–343.

Lack, K.: Grenzen der elterlichen Entscheidungsbefugnis – Wer bestimmt über die Preisgabe persönlicher Daten des Kindes im Internet?, FamRZ 2017, 1730–1732.

Lack, K.: Die Rechte unbegleitet in die Bundesrepublik eingereister Minderjähriger, in: Heilmann, S./Lack, K.: Die Rechte des Kindes, 2016, 85–114.

Lack, K./Hammesfahr, A.: Psychologische Gutachten im Familienrecht, Köln 2019.

Lack, K./Salgo, L.: Entwicklung der Verfahrensbeistandschaft seit Inkrafttreten des FamFG. Empirische Grundlagen, Rechte und Pflichten des Verfahrensbeistands, FPR 2012, 353–358.

Literatur

Lang, C.: Das Gesetz zur Stärkung der Rechte des leiblichen, nicht rechtlichen Vaters. FPR 2013, 233–236.

Lange, S./Lehmkuhl, U.: Kann eine Geschwisterbeziehung bei der Bewältigung kritischer Lebensereignisse protektiv wirken? Praxis der Kinderpsychologie und Kinderpsychiatrie 2012, 61 (7), 524–538.

Largo, R. H./Czernin, M.: Glückliche Scheidungskinder. München 2004.

Lechner, H./Zuck, R.: Bundesverfassungsgerichtsgesetz. 7. Aufl. München 2015.

Leeb, C.-M./Weber, M.: Das Sorgerecht nicht miteinander verheirateter Eltern unter besonderer Berücksichtigung des Verfahrensbeistands. ZKJ 2012, 344–347 (Teil 1) und 388–390 (Teil 2).

Lehmann, K.-H. (Hrsg.): Recht sozial. Rechtsfragen der Sozialen Arbeit. 2. Aufl. Hannover 2000.

Lehmann-Gerstel, H./Unger, F.: Eine Untersuchung zum Rechtsinstitut der Verfahrenspflegschaft nach § 50 FGG. Eine qualitative Studie aufgrund von Interviews mit Verfahrenspflegern. Unveröffentlichte Diplomarbeit. Fachbereich Erziehungswissenschaften, Psychologie und Sportwissenschaft; Studiengang Psychologie. Freie Universität Berlin 2000.

Lehr- und Praxiskommentar zum SGB VIII (LPK-SGB VII: siehe Kunkel. P.-Ch.

Leitfaden für Kinderarztpraxen des Berufsverbandes der Ärzte für Kinderheilkunde und Jugendmedizin, Landesverband Bayern. München 2001. Onlinequelle: www.kinderumweltgesundheit.de/index2/pdf/themen/Psychosoziale_Faktoren/Leitfaden_Bayern.pdf (Zugriff: 30.4.2019).

Lempp, R.: Lernerfolg und Schulversagen. Eine Kinder- und Jugendpsychiatrie für Pädagogen. 2. erg. Aufl. München 1973, 3. Aufl. München 1978.

Lempp, R.: Kinderpsychologischer und kinderpsychiatrischer Aspekt des Themas. In: Deutscher Juristentag, 1982, S. I 53–60.

Lempp, R. u.a.: Die Anhörung des Kindes gemäß § 50b FGG. Köln 1987.

Lempp, R./Schütze, G./Köhnken, G. (Hrsg.), Forensische Psychiatrie und Psychologie des Kindes- und Jugendalters. Darmstadt 2003.

Lengning, A./Zimmermann, P.: Expertise: Interventions- und Präventionsmaßnahmen im Bereich Früher Hilfen. Internationaler Forschungsstand, Evaluationsstandards und Empfehlungen für die Umsetzung in Deutschland, Hrsg: Nationales Zentrum Frühe Hilfen, Reihe: Materialien zu Frühen Hilfen, Köln 2009.

Lengowski, M.: Darstellung der Entwicklung des Cochemer Modells. 10 Jahre Schlichtungspraxis im Familienkonflikt. Vernetzung der Professionen im „Cochemer Modell". Onlinequelle: www.lag-autonomefrauenhaeusernrw.de/files/nr14-2005_anlage_darstellung_entwicklung01-08maju.pdf (Zugriff: 30.4.2019).

Lenzen, D. (Hrsg.): Pädagogische Grundbegriffe. Reinbek bei Hamburg 1989.

Lesting, W.: Vollzug ohne Vollzugsrecht – Zur fehlenden gesetzlichen Grundlage des Vollzugs der zivilrechtlichen Unterbringung. R & P 2010, 137–142.

Lettmaier, S./Dürbeck, W., Die Behandlung elterlicher Umgangskosten im Unterhalts-, Sozial- und Steuerrecht, FamRZ 2019, 81–89.

Leu, R. H./Krappmann, L. (Hrsg.): Zwischen Autonomie und Verbundenheit. Bedingungen und Formen der Behauptung von Subjektivität. Frankfurt am Main 1999.

Leuzinger-Bohleber, M.: Frühe Kindheit als Schicksal? Psychoanalytische und bindungstheoretische Überlegungen zum Konzept der Resilienz. In: Suess, G./Hammer, W. (Hrsg.): Kinderschutz. Risiken erkennen, Spannungsverhältnisse gestalten, Stuttgart 2010, S. 166–192.

Lewe, Jörg: Die Pflicht des Jugendamts und des Gerichts zur Zusammenarbeit bei Kindeswohlgefährdung, FPR 2012, 440–443.

Lewis, G./Riehm, R./Neumann-Witt, A./Bohnstengel, L./Köstler, S./Hensen, G. (Hrsg.): Inobhutnahme konkret – Pädagogische Aspekte der Arbeit in der Inobhutnahme und im Kinder- und Jugendnotdienst. Frankfurt am Main 2009.

Liceni-Kierstein, D.: Der Umgang mit den Umgangskosten. FamRB 2012, 347–350.

Limbach, J.: Der Anwalt des Kindes aus juristischer Sicht. In: Der Anwalt des Kindes – Als Konsequenz heutigen Verständnisses von Kindeswohl – Denkanstöße zu einer Neuorientierung. Ev. Akademie Bad Boll, 15.–17.4.1983, Protokolldienst Nr. 14, 1983, S. 12–23 sowie Nachdruck in epd-Dokumentation: „Anwälte des Kindes" vor Gericht und bei Behörden. Nr. 20, 1999, S. 53–60.

Lipinski-Wollenberg, B./Raack, W.: Der Anwalt des Kindes. Über die Entstehung, die Etablierung und Effektivität einer neuen „Rechtsfigur". Kind-Prax 6 (Spezial) 2003, 3–6.

Lipp, V./Schumann, E./Veit, B. (Hrsg.): Kindesschutz bei Kindeswohlgefährdung – neue Mittel und Wege? 6. Göttinger Workshop zum Familienrecht, Göttinger Juristische Schriften, Bd. 4. Göttingen 2008.

Lipp, V./Schumann, E./Veit, B. (Hrsg.): Reform des familiengerichtlichen Verfahrens, 1. Familienrechtliches Forum Göttingen, Göttinger Juristische Schriften, Bd. 6. Göttingen 2009.

Lösel, F./Bender, D.: Von generellen Schutzfaktoren zu spezifischen protektiven Prozessen: Konzeptuelle Grundlagen und Ergebnisse der Resilienzforschung. In: Opp, G./Fingerle, M. (Hrsg.): Was Kinder stärkt. Erziehung zwischen Risiko und Resilienz, 2. Aufl. München/Basel 2007, S. 57–78.

Lohse, K.: Das Gesetz zur Reform der elterlichen Sorge nicht miteinander verheirateter Eltern. JAmt 2013, 298–303.

Lossen, H./Vergho, C.: Zwischenbericht zum Modellprojekt „Familienberatung bei Trennung und Scheidung im Familiengericht Regensburg. FamRZ 1995, 781–783.

Ludolph, A. G./Pfalzer A.-K.: Einfache Aktivitäts- und Aufmerksamkeitsstörungen. In: Fegert/Kölch (Hrsg.): Klinikmanual. Kinder- und Jugendpsychiatrie und -psychotherapie. 2. Aufl. Berlin 2013, S. 2 ff.

Luthin, H.: Aus der Praxis zum Sorgerechtsgesetz. FamRZ 1981, 111–116.

Lyon, C. M./Surrey, E./Timms, J. E.: Effective Support Services for Children and Young People when Parental Relationships Break Down. A Child-Centered Approach. University of Liverpool 1998.

Lyons-Ruth, K.: Broadening our conceptual framework: Can we reintroduce relational strategies and implicit representational systems to the study of psychopathology? Developmental Psychology 31, 1995, S. 432–436.

Lyons-Ruth, K./Jacobvitz, D.: Attachment disorganization from Infancy to Adulthood: Neurobiological Correlates, Parenting Contexts, and Pathways to Disorder. In: Cassidy, J./ Shaver, P. R (Hrsg.): Handbook of Attachment: Theory, Research, and Clinical Applications (S. 667–695). New York 2016.

Maas, U.: Soziale Arbeit als Verwaltungshandeln. 2. Aufl. Weinheim 1996.

Maas, U.: Hilfe zur Erziehung zwischen unbestimmtem Rechtsbegriff und Ermessen. RsDE (39) 1998, 1–16.

Maas, U.: Lehr- und Praxissoftware LPS-KJHG. Baden-Baden 2000.

Maccoby, E. E./Mnookin, R. H.: Dividing the Child. Social and Legal Dilemmas of Custody. 2. Aufl. Cambridge 1994.

Maccoby, E./Marty, E. J.: Socialisation in the context of the family: Parent-child interaction. In: Hetherington, E. M. (Ed.): Handbook of Child Psychology. Vol. 4: Socialisation, Personality, and Social Development. 4. Aufl. Wiley, New York 1983.

Mach-Hour, E./Pfeiffer-Pandey, D./Saage-Fain, K.: Trennung und Scheidung bei binationalen Paaren und Kindern, Verband binationaler Familien und Partnerschaften (iaf), Frankfurt 1998.

Mahler, M. S.: Studien über die ersten drei Lebensjahre. Stuttgart 1986.

Main, M.: Desorganisation im Bindungsverhalten. In: Spangler, G./Zimmermann, P. (Hrsg.): Die Bindungstheorie – Grundlagen, Forschung und Anwendung, 6. Aufl. Stuttgart 2011, S. 120–139.

Margulies, P.: The Lawyer as Caregiver: Child Client's Competence in Context. Fordham Law Review 64, 1966, 1473–1504.

Marquardt, C./Lossen, J.: Sexuell missbrauchte Kinder in Gerichtsverfahren. Juristische Möglichkeiten zum Schutz sexuell missbrauchter Mädchen und Jungen. Münster 1999.

Marquardt, C.: Anmerkung zu OLG Naumburg, MDR 2000, 1322. MDR 2000, 1323–1324.

Marschner, R./Lesting, W./Stahmann, R.: Freiheitsentziehung und Unterbringung. 6. Aufl. München 2019.

Martin, B.: Trennungen und Gemeinsamkeiten. Gespräch über Stand und Ziele im Pflegekinderwesen. In: Hamburger Pflegekinderkongress „Mut zur Vielfalt", S. 25–48.

Martinius, J./Frank, R. (Hrsg.): Vernachlässigung, Missbrauch und Misshandlung von Kindern: Erkennen, Bewusstmachen, Helfen. Bern, Stuttgart, Toronto 1990.

Maslow, A. H.: Motivation und Persönlichkeit. 2. Aufl. Freiburg im Breisgau 1978.

Matschke, J./Herrmann, B./Sperhake, J./Körber, F./Bajanowski, T./Glatzel, M.: Das Schüttel-Traumasyndrom. Deutsches Ärzteblatt, Jg. 106, 2009 Heft 13, S. 211–217.

Matzke, M./Fritsch, K.: Kindeswohlgefährdung bei Kinder- und Jugenddelinquenz. FPR 2012, 459–462.

Maurer, H.: Das Verfahren der Familiengerichte. In: Schwab, D.: Handbuch des Scheidungsrechts. 6. Aufl. München 2010.

Mauz, G.: Die Justiz vor Gericht. München 1990.

Mayer, S.: Die rechtliche Stellung sowie Aufgaben des Verfahrensbeistands, jM 2017, 140–146.

Mayer, S.: Die Bestellung eines Verfahrensbeistands, jM 2016, 272–275.

Maywald, J.: Zwischen Trauma und Chance. Trennungen von Kindern im Familienkonflikt. Freiburg im Breisgau 1997.

Maywald, J.: Entfremdung durch Kontaktabbruch – Kontakt verweigernde Kinder oder Eltern nach einer Trennung. FPR 2013, 200–203.

McIntosh, J./Long, C.: Child Beyond Dispute. A Prospective Study of Outcomes from Child Focused and Child Inclusive Post-Separation Family Dispute Resolution. Final Report, Family Transitions Pty Ltd/LaTrobe University. October 2006.

McIntosh, J.: Child inclusion as a principle and as evidence-based practice: Applications to family law services and related sectors, Australian Family Relationships Clearinghouse (AFRC) 2007, Issue No. 1.

McIntosh, J./Wells, Y/Smyth, B./Long C.: Child-focused and Child-inclusive divorce mediation: comparative outcomes from a prospective study of postseparation adjustment. Family Court Review 2008, 105–124.

McIntosh, J./Smyth, B./Kelaher, M./Wells, Y./Long, C.: Post-separation parenting arrangements: Patterns and developmental outcomes. Studies of two risk groups. Australian Institute of Family Studies, Family Matters 2011 No. 86, 40–48.

Maywald, J.: Die Beteiligung des Kindes an der Einigung der Eltern. FPR 2010, 460–463.

Melton, G./Limber, S.: What Children's Rights Mean to Children's own Views. In: Freeman, M./Veermann, P., S. 167–187.

Menne, M.: Der Anwalt des Kindes – Entwicklungstendenzen und Perspektiven im Recht der Verfahrenspflegschaft. FamRZ 2005, 1035–1040.

Menne, M.: Die Tätigkeit des Verfahrenspflegers im Spiegel der Rechtsprechung. JAmt 2005, 274–279.

Menne, M.: Neues FamFG: Zur pauschalisierten Entschädigung des Verfahrensbeistands im kommenden Recht. ZKJ 2008, S. 461–464.

Menne, M.: Der Verfahrensbeistand im neuen FamFG. ZKJ 2009, 68–74.

Menne, M.: Anmerkung zum Urteil des BVerfG vom 9.11.2009, 1 BvR 2146/09. ZKJ 2010, 71.

Menne, M.: Das Holen und Bringen des Kindes im Rahmen der Regelung des Umgangs. ZKJ 2006, 135–137.

Menne, M.: Zum Umgangsrecht von Strafgefangenen und Untersuchungshäftlingen. ZKJ 2006, 250–251.

Menne, M.: Gehören Dolmetscherkosten zu den durch die Fallpauschale des Verfahrensbeistands abgegoltenen Aufwendungen? FuR 2014, 572–575.

Menne, M.: Anerkennung/Vollstreckung nach Brüssel IIa-VO: Fehlende Verfahrensbeistandsbestellung und Anhörung des Kindes im ausländischen Ausgangsverfahren. FamRB 2015, 250.

Menne, M.: Aktuelle Praxisfragen grenzüberschreitender Kindschaftssachen – Grenzüberschreitende Umgangsregleungen. FamRB 2015, 359–361.

Menne, M.: Aktuelle Praxisfragen grenzüberschreitender Kindschaftssachen – Kindesanhörung und Anerkennung ausländischer sorgerechtlicher Entscheidungen. FamRB 2015, 398–401.

Menne, M.: Dialogue of Judges – Verbindungsrichter und internationale Richternetzwerke. JZ 2017, 33-–341.

Menne, M.: Verbindungsrichter im internationalen Familienrecht in Deutschland – aktueller Stand und Ausblick. FamRZ 2018, 164.Mertens, W.: Psychoanalytische Grundbegriffe. Ein Kompendium. 2. überarb. Aufl. Weinheim 1998.

Meyer, P./Höver, A./Bach, W./Oberlack, H.: JVEG. Die Vergütung und Entschädigung von Sachverständigen, Zeugen, Dritten und von ehrenamtlichen Richtern. Kommentar. 27. Aufl. Köln 2017.

Meysen, T.: Verfahrenspfleger zwischen Mediator und Anwalt des Kindes. JAmt 2001, 381.

Meysen, T.: Familiengerichtliche Maßnahmen bei Gefährdung des Kindeswohls – Geändertes Recht ab Sommer 2008, JAmt 2008, 233–242.

Meysen, T., Familiengericht und Jugendamt: produktives Ringen oder Machtkampf?, NZFam 2016, 580–585.

Meysen, T. (Hrsg.): Praxiskommentar Familienverfahrensrecht. Einführung, Erläuterungen, Arbeitshilfen. Köln 2009 und 2. Aufl. Köln 2014.

Meysen, T./ Schönecker, L./ Kindler, H.: Frühe Hilfen im Kinderschutz. Rechtliche Rahmenbedingungen und Risikodiagnostik in der Kooperation von Gesundheits- und Jugendhilfe. Weinheim 2008.

Mills, M./Puckering, C./Pound, A./Cox, A.: What is it about depressed mothers that influences their children's functioning? In: Stevenson, J., S. 11–17.

Mollenhauer, K.: Erziehung. In: Kreft, D./Mielenz, I., S. 171–172.

Möller, W./Nix, C.: Kurzkommentar zum SGB VIII – Kinder- und Jugendhilfe. München 2006.

Monro, P./Forrester, L.: The guardian ad Litem. Bristol 1991.

Morat, Kerstin/Kramer, Rudi: Verfahrensbeistandschaft und Datenschutz, ZKJ 2014, 139–142.

Moritz, H. P.: Die (zivil-)rechtliche Stellung der Minderjährigen und Heranwachsenden innerhalb und außerhalb der Familie. Berlin 1989.

Moritz, H. P.: Verfahrenspflegschaft nach § 50 FGG („Anwalt des Kindes") auf dem Prüfstand. Aachen: Shaker 2004.

Mörsberger, Th./Restemeier, J. (Hrsg.): Helfen mit Risiko. Zur Pflichtenstellung des Jugendamtes bei Kindesvernachlässigung. Dokumentation eines Strafverfahrens gegen eine Sozialarbeiterin in Osnabrück. Neuwied 1997.

Motz, B.: Kindeswohl vor Elternrecht – Das „Cochemer Modell". FamPra.ch 2007, 850.

Motzer, S.: Die gerichtliche Praxis der Sorgerechtsentscheidung seit der Neufassung von § 1671 BGB. FamRZ 1999, 1101–1106.

Motzer, S.: Die neueste Entwicklung von Gesetzgebung und Rechtsprechung auf dem Gebiet von Sorgerecht und Umgangsrecht. FamRZ 2001, 1034–1044.

Motzer, S.: Elterliche Sorge. In: Schwab, D.: Handbuch des Scheidungsrechts, München 2013.

Motzkau, E.: Hinweise auf und diagnostisches Vorgehen bei Misshandlung und Missbrauch. In: Egle, U. T./Hoffmann, S. O./Joraschky, P., 2. Aufl. 2000, S. 59–69.

Müller, S./Kölch, M.: Schizophrenie. In: Fegert/Kölch (Hrsg.): Klinikmanual. Kinder- und Jugendpsychiatrie und -psychotherapie. 2. Aufl. Berlin 2013, S. 172 ff.

Müller-Magdeburg, C. (Hrsg.): Verändertes Denken – zum Wohle der Kinder. Festschrift für Jürgen Rudolph. Baden-Baden 2009.

Münchener Kommentar zum Bürgerlichen Gesetzbuch. Band 8, Familienrecht II. Hrsg.: Rebmann, K./Säcker, F. J. München 1992 (Zitierweise: MünchKomm-BGB/Bearbeiter).

Münchener Kommentar zum Bürgerlichen Gesetzbuch. Band 8, Familienrecht II. Hrsg.: Säcker F./ Rixecker. München 2008 (Zitierweise: MünchKomm-BGB/Bearbeiter).

Münchener Kommentar zum Bürgerlichen Gesetzbuch. Band 8, Familienrecht II. Hrsg.: Säcker, F. J./ Rixecker, R., 6. Aufl. München 2012 und 7. Aufl. München 2017.

Münchener Kommentar zum Bürgerlichen Gesetzbuch. Band 11, Internationales Privatrecht I, Europäisches Kollisionsrecht, Einführungsgesetz zum Bürgerlichen Gesetzbuche (Art. 1–26). 7. Auflage München 2018 (Zitierweise: MünchKomm-BGB/Bearbeiter).

Münchener Kommentar zur Zivilprozessordnung. Band 4, Gesetz über das Verfahren in Familiensachen und in den Angelegenheiten der freiwilligen Gerichtsbarkeit (FamFG). Hrsg.: Rauscher, T. München 2010 (Zitierweise: MünchKomm-ZPO/Bearbeiter).

Münchener Kommentar zum FamFG. 2. Aufl. München 2013 und 3. Aufl. München 2018 (Zitierweise: MünchKomm-FamFG/Bearbeiter).

Münder, J.: Die Entwicklung autonomen kindschaftsrechtlichen Denkens. ZfJ 1988, 10–17.

Münder, J.: Probleme des Sorgerechts – bei psychisch kranken und geistig behinderten Eltern – exemplarisch für den Kinderschutz bei Kindeswohlgefährdung. FuR 1995, 89–98.

Münder, J.: Familien- und Jugendhilferecht. Eine sozialwissenschaftlich orientierte Einführung. Bd. I: Familienrecht. 4. völlig überarb. Aufl. Neuwied 1999.

Münder, J.: Familien- und Jugendhilferecht. Eine sozialwissenschaftlich orientierte Einführung. Band II: Kinder- und Jugendhilferecht. Neuwied 2000.

Münder, J. (Hrsg.): Kindeswohl zwischen Jugendhilfe und Justiz. Weinheim, Basel 2017.

Münder, J./Muthke, B./Schone, R.: Kindeswohl zwischen Jugendhilfe und Justiz: professionelles Handeln in Kindeswohlverfahren. Münster 2000.

Münder, J. u.a.: Die Praxis des Kindschaftsrechts in Jugendhilfe und Justiz. München 2007.

Münder, J./Hannemann, A./Bindel-Kögel, G.: Der Anwalt des Kindes – Innovation durch Recht. Münster 2010.

Münder, J./Meysen, T./Trenczek, T.: Frankfurter Kommentar zum SGB VIII, 7. Aufl. Baden-Baden 2013.

Münder, J./Meysen, T./Trenczek, T.: Frankfurter Kommentar zum SGB VIII, 8. Aufl. Baden-Baden 2019.

Münder, J./Wiesner, R./Meysen, T.: Kinder- und Jugendhilferecht, 2. Aufl. Baden-Baden 2011.

Murch, M.: Supporting children when parent separate. Bristol 2018.

Murch, M. et al.: Safeguarding Children's Welfare in Uncontentious Divorce. A Study of s 41 of the Matrimonial Causes Act 1973. Lord Chancellor's Department Research Programme. Cardiff 1999.

Murch, M. et al.: The Representation of the Child in Civil Proceedings, Research Project. Bristol 1990.

Musielak, H.-J. (Hrsg.): Kommentar zur Zivilprozessordnung. 2. Aufl. München 2000.

Musielak/Borth (Hrsg.): Familiengerichtliches Verfahren. München, 5. Aufl.2015.

National Coalition (Hrsg.): Die Rechte von Kindern und Jugendlichen bei Freiheitsentzug. Bonn 2001.

Nehls, Kyra: Praktischer Leitfaden zum Haager Übereinkommen über die zivilrechtlichen Aspekte internationaler Kindesentführung. ZKJ 2014, 62–64.

Neumann, R.: Die Familiengerichte sollen es richten. DRiZ 2007, 66–67.

Newton, R. R./Litrownik, A. J./Landsverk, J. A.: Children and Youth in Foster Care: Disentangeling the Relationship between Problem Behaviors and Number of Placements. In: Child Abuse & Neglect, Vol. 24/2000, 1363–1374.

Nickman, S. et al.: Children in Adoptive Families: Overview and Update. In: Journal of the American Academy of Child and Adolescent Psychiatry, Vol. 44/2005, 987–995.

Nicholson J./Hinden, B. R./Biebel, K./Henry, A. D./Katz-Leavy, J: A qualitative study of programs for parents with serious mental illness and their children: building practice-based evidence. Journal of Behavioral Health Services & Research, 2007, 34 (4), 395–413.

Nielsen, H.: Beendigung von Pflegeverhältnissen und die Folgen für die Betroffenen. In: Hamburger Pflegekinderkongress „Mut zur Vielfalt", S. 211–216.

Niehaus, S./Volbert, R./Fegert, J. M.: Entwicklungsgerechte Befragung von Kindern in Strafverfahren. Berlin 2017.

Niemeyer, G.: Bedarf es einer Änderung des Art. 1 Abs. 1 GG? FuR 1992, 145–148.

Nienstedt, M.: Zur Verarbeitung traumatischer Erfahrungen: Einfühlendes Verstehen im Umgang mit Anpassung, Übertragung und Regression. In: Stiftung „Zum Wohl des Pflegekindes", 1. Jahrbuch 1998, S. 52–65.

Nienstedt, M./Westermann, A.: Pflegekinder und ihre Entwicklungschancen nach frühen traumatischen Erfahrungen. 2. Aufl. Stuttgart 2013.

Nienstedt, M./Westermann, A.: Pflegekinder. Psychologische Beiträge zur Sozialisation von Kindern in Ersatzfamilien. Münster 1990.

Niestroj, H.: Erfahrungsbericht einer Verfahrenspflegerin. In: Salgo, L.: Der Anwalt des Kindes, 1996, S. 503–540.

Niestroj, H.: Die Vertretung von Kindesinteressen am Beispiel Sabine – Erfahrungsbericht einer Verfahrenspflegerin. In: Stiftung „Zum Wohl des Pflegekindes", Dokumentation 1998, S. 43–53.

Niestroj, H.: Die Vertretung von Kindesinteressen am Beispiel des Kindes Sabine – Erfahrungsbericht einer Verfahrenspflegerin. In: Pflegekinder in familiengerichtlichen Verfahren, Dokumentation vom 10. Tag des Kindeswohls, Stiftung zum Wohl des Pflegekindes (Hrsg.), Holzminden 1998.

Niestroj, H.: Chancen der Verarbeitung traumatischer Erfahrungen in Pflegefamilien – Notwendige Hilfen für das Kind in der neuen Eltern-Kind-Beziehung. In: Stiftung zum Wohl des Pflegekindes (Hrsg.): Traumatische Erfahrungen in der Kindheit – langfristige Folgen und Chancen der Verarbeitung in der Pflegefamilie, Idstein 2005, S. 135–163.

Niethammer-Jürgens, K./Erb-Klünemann, M: Internationales Familienrecht in der Praxis. 2. Aufl. Frankfurt am Main 2019.

Nolte, J.: Die Richterschaft in der Familiengerichtsbarkeit – Plädoyer für eine Qualitätsoffensive. Erwiderung zu der Stellungnahme der Kinderrechtekommission des Deutschen Familiengerichtstags e.V., FamRZ 2018, 666 ff. FamRZ 2018, 1225–12226.

Nosphitz, J. D. (Ed.): Handbook of Child and Adolescent Psychiatry. Volume 4. New York 1997.

Literatur

Nothhafft, S.: Stellungnahme zum Entwurf eines Gesetzes zur Reform des Verfahrens in Familiensachen und in den Angelegenheiten der freiwilligen Gerichtsbarkeit (FGG-Reformgesetz – FGG-RG), 8.2.2008. Onlinequelle: http://webarchiv.bundestag.de/cgi/show.php?fileToLoad=1098&id=1118 (Zugriff: 30.4.2019)

Nothhafft, S.: Verantwortungsgemeinschaft zwischen Familiengericht und Trägern der öffentlichen Jugendhilfe in kindschaftsrechtlichen Verfahren. Ein Spannungsfeld zwischen Steuerungsverantwortung der Jugendämter und Hilfeplanung durch Familiengerichte, FPR 2008, 613–616.

Nucci, L./Lee, J.: Moral und personale Autonomie. In: Edelstein u.a., S. 69–103.

Nunner-Winkler, G.: Die Entwicklung moralischer Motivation. In: Edelstein u.a., S. 278–303.

Nunner-Winkler, G.: Moralische Motivation und moralische Identität. Zur Kluft zwischen Urteil und Handeln. In: Garz u.a., S. 314–339.

O'Quigley, A.: Listening to Children's Views and Representing their Best Interests. A Summary of Current Research and a Note of the Discussion at a Seminar on 5 July 1999.

Oberloskamp, H.: Das Jugendamt zwischen Hilfe und Kontrolle – neue Herausforderungen für die Jugendhilfe? In: Lipp, V./Schumann, E./Veit, B., 2008, S. 45–63.

Oberloskamp, H.: Das Märchen von der bösen Stiefmutter. ZKJ 2008, 484–494.

Oberloskamp, H. (Hrsg.): Vormundschaft, Pflegschaft und Beistandschaft für Minderjährige. 3. Aufl. München 2010 und 4. Aufl. München 2017.

Obermann, T.: Der Umgang von Pflegekindern mit den leiblichen Eltern – ein Dilemma, NZFam 2019, 293–297.

Oelkers, H.: Sorge- und Umgangsrecht in der Praxis. Bonn 2000.

Oerter, R./Dreher, E.: Jugendalter. In: Oerter, R./Montada, L., S. 310–395.

Oerter, R./Montada, L. (Hrsg.): Entwicklungspsychologie. Ein Lehrbuch. 3. Aufl. Weinheim 1995.

Oesch, V./Zachariou, Z.: Kindesmisshandlung aus kinderchirurgischer Sicht. In: Jacobi, 2008, S. 297–318.

Onstein, V.: Schule im Kontext familiengerichtlicher Entscheidungen, FuR 2017, 131–134.

Onstein, V.: Verletzung der Schulpflicht und sorgerechtliche Maßnahmen, jM 2015, 442–447.

Opp, G./Fingerle, M. (Hrsg.): Was Kinder stärkt. Erziehung zwischen Risiko und Resilienz, 2. Aufl. München/Basel 2007.

Ostler, T./Ziegenhain, U.: Risikoeinschätzung bei (drohender) Kindeswohlgefährdung: Überlegungen zu Diagnostik und Entwicklungsprognose im Frühbereich. In: Ziegenhain, U./ Fegert, J. M. (Hrsg.): Kindeswohlgefährdung und Vernachlässigung, München 2007, S. 67–83.

Paetzold, U.: Die Ergebnisse einer Untersuchung zu freiheitsentziehenden Maßnahmen nach § 1631b BGB in Brandenburg. In: Fegert, J. M./Späth, K./Salgo, L., S. 193–203.

Palandt, O.: Kommentar zum BGB. 60. Aufl. München 2001, 68. Aufl. München 2009, 72. Aufl. München 2013, 73. Aufl. München 2014 und 77. Aufl. 2018 (Zitierweise: Palandt/Bearbeiter).

Papousek, M.: Frühe Störungen der Eltern-Kind-Beziehungen im Säuglingsalter: ein präventiver Ansatz zur Früherkennung und Behandlung. In: Deutsche Liga für das Kind, 1996, S. 26–51.

Papousek, M.: Seelische Gesundheit in der frühen Kindheit: Klinische Befunde und präventive Strategien. Kindesmisshandlung und -vernachlässigung (Heft 1) 1999, 2–14.

Parkinson, P./Cashmore, J.: The Voice of the Child in Family Law Disputes. Oxford 2008.

Paul, C./Kiesewetter, S.: Mediation bei internationalen Kindschaftskonflikten. München 2009.

Paul, Stefanie: Aktueller Stand nationaler und internationaler Forschung zu Folgen für Kinder durch hochkonflikthafte Trennungen. DJI (Hrsg.), Anhang 17. Onlinequelle: www.dji.de/fileadmin/user_upload/bibs/6_Anhang17FolgenKinder.pdf (Zugriff: 30.4.2019).

Pearson, J./Thoennes, N.: Mediation in Custody Disputes. 4 Behavioral Sciences and the Law 1986, 203–216.

Pearson, J./Thoennes, N.: Custody after Divorce: Demographic and Attitudinal Patterns. 60 American Journal of Orthopsychiatry 1990, 233.

Pérez, T.; Di Gallo, A.; Schmeck, K.; Schmid, M.: Zusammenhang zwischen interpersoneller Traumatisierung, auffälligem Bindungsverhalten und psychischer Belastung bei Pflegekindern. In: Kindheit und Entwicklung 2011, 72–82.

Permien, H.: Indikationen für Geschlossene Unterbringung in der Praxis von Jugendhilfe und Jugendpsychiatrie. R & P 2006, 111–118.

Perry, B. D./Szalavitz, M.: Der Junge, der wie ein Hund gehalten wurde. Was traumatisierte Kinder uns über Leid, Liebe und Heilung lehren können. München 2008.

Peschel-Gutzeit, L. M.: Das Recht auf gewaltfreie Erziehung – Was hat sich seit seiner Einführung im Jahr 2000 geändert? FPR 2012, 195–199.

Peschel-Gutzeit, L. M.: Interventionsmöglichkeiten bei Inobhutnahme durch das Jugendamt. FPR 2012, 443–447.

Peschel-Gutzeit, L. M.: Der doppelte Vater – Kritische Überlegungen zum Gesetz zur Stärkung der Rechte des leiblichen, nicht rechtlichen Vaters. NJW 2013, 2465–2469.

Peters, F. (Hrsg.): Diagnosen – Gutachten – hermeneutisches Fallverstehen: rekonstruktive Verfahren zur Qualifizierung individueller Hilfeplanung. Frankfurt am Main 1999.

Peters, J./Schimke, H.-J.: Die Verfahrenspflegschaft nach § 50 FGG – erste Erfahrungen und Konsequenzen. Kind-Prax 1999, 143–149.

Piaget, J.: Das moralische Urteil beim Kinde. Frankfurt am Main 1973.

Piaget, J.: Das symbolische Denken und das Denken des Kindes. In: Volkmann-Raue, S. 83–146.

Piaget, J.: Das Weltbild des Kindes. München 1988.

Piaget, J.: Theorien und Methoden der modernen Erziehung. Frankfurt am Main 1990.

Pintens, Walter Familienrecht und Rechtsvergleichung in der Rechtsprechung des Europäischen Gerichtshofes für Menschenrechte, FamRZ 2016, 341–351.

Plener, P./Spröbe, N.: (S)elektiver Mutismus. In: Fegert/Kölch (Hrsg.): Klinikmanual. Kinder- und Jugendpsychiatrie und -psychotherapie. 2. Aufl. Berlin 2013, S. 82 ff.

Plutchik, R./Kellerman, N. (Eds.): Theories of emotion. Academic Press. New York 1980.

Plutchik, R.: A general psychoevolutionary theory of emotion. In: Plutchik, R./Kellerman, N., S. 3–33.

Pohl, K.-Th.: Verfahrenspflegschaft I, BtPrax 1992, 19–26.

Polansky, N./Chalmers, M./Buttonweiser, E./Williams, D.: Damaged Parents: An Anatomy of Child Neglect. University of Chicago Press. Chicago 1981.

Pons, F./Harris. P./Rosnay, M.: Emotion comprehension between 3 and 11 years. Developmental periods and hierarchical organization. In: European Journal of Developmental Psychology. 1. Jahrgang, Heft 2, 2004, 127–152.

Pothmann, J.: Kinderschutz im Spiegel amtlicher Statistik. Gefährdungseinschätzungen von Jugendämtern – ein Beitrag zum aktiven Kinderschutz: Erste Auswertungen und Kommentierungen zu den „8a-Daten" kommunaler Jugendbehörden 2012. Onlinequelle: www.dji.de/fileadmin/user_upload/dasdji/home/forschung_8a_kommentar.pdf (Zugriff: 31.3.2019).

Poustka, F.: Elterninterview zur Achse V des multiaxialen Klassifikationsschemas für psychiatrische Erkrankungen im Kindes- und Jugendalter/Parent interview schedule. Division of Mental Health WHO. Genf 1990.

Poustka, F.: Kinderinterview zur Achse V/Interview schedule for children. Division of Mental Health WHO. Genf 1991.

Poustka, F. unter Mitarbeit von M. Bästlein/B. Burk/S. Denner/G. van Goor-Lambo/D. Schermer: Assoziierte Aktuelle Abnorme Umstände. Achse Fünf des Multiaxialen Klassifikationsschemas für psychiatrische Erkrankungen im Kindes- und Jugendalter (ICD-10). Glossar der WHO in deutscher Übersetzung mit Interview für Eltern (Life-Time-Fassung) und Kindern. Frankfurt am Main 1994.

Poustka, F./Goor-Lambo, G. van: Fallbuch Kinder- und Jugendpsychiatrie. Bern 2000.

Prenzlow, R.: Der zukünftige Verfahrensbeistand: Argumente für eine fallbezogene Vergütungsregelung. ZKJ 2008, S. 464–466.

Prenzlow, R.: Verfahrensbeistandschaft: Vergütungspauschale für jedes Kind. ZKJ 2010, 239–240.

Prenzlow, R. (Hrsg.): Handbuch Elterliche Sorge und Umgang. Köln 2013 und 2. Aufl. Köln 2016.

Prestien, H.-P.: Das Kind als Objekt oder Subjekt im Streitfall. In: Verein für Kommunalwissenschaften (Hrsg.). Berlin 2000, 117–125.

Proksch, R.: Vermittlung (Mediation) – die Umsetzung des Perspektivenwechsels in der Jugendhilfe durch kooperative Konsensualverfahren. In: Amthor/Proksch/Sievering 1993, S. 141–164.

Proksch, R.: Kooperative Vermittlung (Mediation) in streitigen Familiensachen, Praxiseinführung und Evaluation von kooperativer Vermittlung zur Förderung einvernehmlicher Sorge- und Umgangsregelungen und zur Entlastung der Familiengerichtsbarkeit. 1998.

Proksch, R.: Begleitforschung zur Umsetzung der Neuregelung der Reform des Kindschaftsrechts. 1. Zwischenbericht (Mai 2000). Nürnberg 2000.

Proksch, R.: Rechtstatsächliche Untersuchung zur Reform des Kindschaftsrechts. Begleitforschung zur Umsetzung des Kindschaftsrechtsreformgesetzes. Köln 2002.

Proksch, R.: Ergebnisse der Begleitforschung zur Kindschaftsrechtsreform. Kind-Prax 2003, 3–11.

Proksch, R.: Mediation vernetzt – Instrument zur Förderung von Einvernehmlichkeit in streitigen Kindschaftssachen nach dem neuen Familienverfahrensgesetz (FamFG). In: Müller-Magdeburg 2009, S. 207–228.

Prütting, H./Helms, T.: FamFG. 4. Aufl. Köln 2018 (Zitiertweise: Prütting/Helms/Bearbeiter, FamFG).

Pschyrembel: Klinisches Wörterbuch. 267. Aufl. Berlin 2017.

Raack, W.: Schulschwänzer – Keiner darf verloren gehen! FPR 2012, 467–470.

Rabe, H. (2007): Die Verfahrenspflegschaft zwischen fortschreitender Umsetzung und Novellierung. ZKJ 2007, 437–444.

Rake, U.: Social Media und elterliche Umgangsbestimmung, FamRZ 2017, 1733–1734.

Rake, U.: Gründe für die Übertragung der Alleinsorge, FuR 2019, 194–199.

Rakete-Dombek, I.: Einvernehmliche Konfliktlösungen und Vermittlungsverfahren. Anmerkungen aus anwaltlicher Sicht. In: Lipp, V./Schumann, E./Veit, B., 2009, S. 93–104.

Raskin, D. C. (Ed.): Psychological methods in criminal investigation and evidence. New York 1989.

Rassenhofer, M./Spröber, N./Schneider, T./ Fegert, J. M.: Listening to victims: Use of a Critical Incident Reporting System to enable adult victims of childhood sexual abuse to participate in a political reappraisal process in Germany, Child Abuse & Neglect 2013, 654–663

Rauh, H. (Hrsg.): Themenheft „Bindung". Psychologie in Erziehung und Unterricht, 2000, Bd. 1, 47, 2; Bd. 2, 47, 3.

Reinhardt, J., Die vertrauliche Geburt und die Väter, JAmt 2019, 6–11.

Remschmidt, H./Schmidt, M. H. (Hrsg.): Kinder- und Jugendpsychiatrie in Klinik und Praxis. Stuttgart 1985.

Remschmidt, H./Schmidt, M. H./Poustka, F. (Hrsg.): Multiaxiales Klassifikationsschema für psychische Störungen des Kindes und Jugendalters nach ICD-10 der WHO. 4. Aufl. Bern 2008.

Robertson, J. und J.: Reaktionen kleiner Kinder auf kurzfristige Trennungen von der Mutter im Lichte neuer Beobachtungen. Psyche 1975, 626–665.

Röchling, W.: Vormundschaftsgerichtliches Eingriffsrecht und KJHG. Neuwied 1997.

Röchling, W.: Handbuch Anwalt des Kindes. Baden-Baden 2009.

Rohmann, J. A.: In Fragen der Heimerziehung ausgewiesener Psychologe als Sachverständiger bei Unterbringung von Kindern und Jugendlichen. FPR 2009, 30–34.

Rohmann, J. A.: Billigung nach § 156 FamFG. Kindeswohlprüfung und Grenzen der Billigung. FPR 2013, 307–311.

Röhrbein, A./Müller-Magdeburg, C.: Vom Suchen und Finden des ersten Schrittes oder vom erfolgreichen Beispiel einer kleinen Region. In: Müller-Magdeburg 2009, S. 64–69.

Rörig, J.-W.: Familiengerichte: Verantwortung ohne Fortbildung? DRiZ 2018, 84–85.

Röthel, A./Heiderhoff, B. (Hrsg.): Mehr Kinderrechte? Nutzen und Nachteil. Frankfurt am Main 2018.

Roos, J.: Die Entwicklung der Zuschreibung komplexer Emotionen am Beispiel der Emotion Peinlichkeit. Frankfurt am Main 1988.

Roos, J.: Regel„verletzungen" und „peinigende" Gefühle. Psychomed 4, 1992, 86–90.

Roos, J./Brandstädter, J.: Strukturelle und ontogenetische Bedingungen der Zuschreibung von Peinlichkeitsgefühlen. Sprache & Kognition 2, 1988, 84–98.

Rösler, K.: Die Verfahrensbeistandschaft. Verfahrensrechtliche Umsetzung des verfassungsmäßigen Gebotes einer Interessenvertretung für Minderjährige. Berlin 2014.

Rubin, D. M./O'Reilly, A.L./Luan, X./Localio, R.: The Impact of Placement Stability on Behavioral Well-being for Children in Foster Care. In: Pediatrics, Vol. 119/2007, 336–344.

Rudolph, J.: „Cochemer Praxis" – ein Handlungsmodell zur interdisziplinären Zusammenarbeit im Familienkonflikt. Interview mit Jürgen Rudolph, Richter am AG Cochem, am 29.6.2005. FF 2005, 167–171.

Rudolph, J.: Du bist mein Kind. Die Cochemer Praxis – Wege zu einem menschlicheren Familienrecht. Berlin 2007.

Rupp, M.: Rechtstatsächliche Untersuchung zum Gewaltschutzgesetz. Begleitforschung zum Gesetz zur Verbesserung des zivilgerichtlichen Schutzes bei Gewalttaten und Nachstellungen sowie zur Erleichterung der Überlassung der Ehewohnung bei Trennung. Köln 2005.

Rüting, W.: Rückführung in die Herkunftsfamilie, Umgang. FPR 2012, 381–385.

Rutter, M./Quinton, D.: Cycles of disadvantage. London 1984.

Saage, E./Göppinger, H.: Freiheitsentziehung und Unterbringung. 3. Aufl. München 1994.

Saarni, C.: An observational study of childrens' attempts to monitor their expressive emotions. In: Child Development No. 55, 1984, S. 1504–1513.

Saenger, I. (Hrsg.): Zivilprozessordnung. FamFG. Europäisches Verfahrensrecht. Handkommentar, 5. Aufl. Baden-Baden 2013, 6. Auflage 2015 und 7. Aufl 2017.

Salewski, C./Stürmer, S.: Qualität familienrechtspsychologischer Gutachten. Eine aktuelle empirische Studie. ZKJ 2015, 4–9.

Salgo, L.: Pflegekindschaft und Staatsintervention. Frankfurt am Main 1987.

Salgo, L. (Hrsg.): Vom Umgang der Justiz mit Minderjährigen. Frankfurter Tage der Rechtspolitik 1994. Tagungsdokumentation. Neuwied 1995.

Salgo, L.: Der Anwalt des Kindes. Die Vertretung von Kindern in zivilrechtlichen Kindesschutzverfahren. Eine vergleichende Studie. Frankfurt am Main 1996.

Salgo, L.: Kinder- und Jugendrechte im internationalen Vergleich. In: Boogaart, H. van den u.a., 1996, S. 41–61.

Salgo, L.: Einige Anmerkungen zum Verfahrenspfleger im Kindschaftsrechtsreformgesetz. FPR 1998, 91–94.

Salgo, L.: Die Implementierung der Verfahrenspflegschaft (§ 50 FGG). FPR 1999, 313–321.

Salgo, L.: Gesetzliche Grundlagen der Verfahrenspflegschaft im Kindschaftsrechtsreformgesetz. epd-Dokumentation: „Anwälte des Kindes" vor Gericht und bei Behörden. Nr. 20, 1999, S. 12–21 [= Die Implementierung der Verfahrenspflegschaft (§ 50 FGG), FPR 1999, S. 313–321].

Salgo, L.: Jugendliche und ihre Rechte. In: Dolto, F./Dolto-Tolitch, C./Percheminier, C., 1999, S. 183–227.

Salgo, L.: 10 Jahre UN-Übereinkommen über die Rechte des Kindes – Auswirkungen am Beispiel von Art. 12. Kind-Prax 1999, 179–183.

Salgo, L.: Kommentierung des § 33 Vollzeitpflege. In: Fieseler/Schleicher, 2000.

Salgo, L.: „Helfen mit Risikominimierung" für das Kind. In: Deutscher Verein für öffentliche und private Fürsorge, 2001, S. 17–22.

Salgo, L.: Vom langsamen Sterben des elterlichen Züchtigungsrechts. In: Kohl, H./Landau, H., 2001, S. 55–69.

Salgo, L.: Vom langsamen Sterben des elterlichen Züchtigungsrechts. RdJB 2001, 283–292.

Salgo, L.: Zum Stand der Verfahrenspflegschaft. Forderungen, Erklärungen und Statistiken. Kind-Prax 2002, 5, 187–193.

Salgo, L.: Zunahme in der Verfahrenspflegerbestellung nach § 50 FGG. Kind-Prax 2003, 22.

Salgo, L.: Umgang mit Kindern in Familienpflege – Voraussetzungen und Grenzen. FPR 2004, 419–428.

Salgo, L.: Verbleibensanordnung bei Bezugspersonen (§ 1682 BGB). FPR 2004, 76–83.

Salgo, L.: Weshalb und wie ist die Geeignetheit eines Kindes/Jugendlichen für die Adoption gem. § 36 Abs. 1 Satz 2 SGB VIII zu überprüfen? ZfJ 2004, 410–412.

Salgo, L.: Grenzen der Staatsintervention zur Durchsetzung des Umgangsrechts. In: Hofer, S./Kippel, D./Walter, U.: Festschrift für Dieter Schwab. Perspektiven des Familienrechts. Bielefeld 2005, 891–910.

Salgo, L.: Neue Perspektiven bei der Verfahrenspflegschaft für Kinder und Jugendliche – § 1666 FamFG-E. FPR 2006, 12–17.

Salgo, L.: Zwischenbilanz der Entwicklungstendenzen bei der Verfahrenspflegschaft für Kinder und Jugendliche. FPR 2006, 7–11.

Salgo, L.: Zunahme in der Verfahrenspflegerbestellung nach § 50 FGG. Kind-Prax 2007, 23.

Salgo, L.: Gesetzliche Voraussetzungen. § 8a SGB VIII – Anmerkungen und Überlegungen zur Vorgeschichte und den Konsequenzen der Gesetzesänderung. In: Ziegenhain/Fegert, München 2007, S. 9–29.

Salgo, L.: Stellungnahme für die Öffentliche Anhörung des Rechtsausschusses des Deutschen Bundestages zum FGG-RG – BT-Drucks. 16/6308 am 13.2.2008, 11.2.2008. Onlinequelle: http://webarchiv.bundestag.de/cgi/show.php?fileToLoad=1098&id=1118 (Zugriff: 30.4.2019).

Salgo, L.: Lückenhafte Beteiligung des Kindes bei Trennung, Scheidung, Umgang. IzKK-Nachrichten 2009, Heft 1, 25–29.

Salgo, L.: „Ein Schritt nach vorn, zwei Schritte zurück"?! – Kritische Anmerkungen zur Installierung des Umgangspflegers und zur Revision der Verfahrenspflegschaft im FGG-RG. In: Lipp, V./Schumann, E./Veit, B. (Hrsg.), 2009, S. 153–191.

Salgo, L.: 10 Jahre Verfahrenspflegschaft – eine Bilanz. ZKJ 2009, 49–57.

Salgo, L.: Mitwirkung am Zustandekommen einer einvernehmlichen Regelung. Aufgaben und Pflichten des Verfahrensbeistands. FPR 2010, 456–460.

Salgo, L.: Häusliche Gewalt, Traumatisierung und Umgangsfragen. In: Fegert/Ziegenhain/Goldbeck, Traumatisierte Kinder und Jugendliche in Deutschland, 2.Aufl. Weinheim/Basel 2013, S. 121–139.

Salgo, L.: Mitwirkung am Zustandekommen einer einvernehmlichen Regelung. Aufgaben und Pflichten des Verfahrensbeistands. FPR 2010, 456–460.

Salgo, L.: Stellungnahme zum Gesetzesentwurf der Bundesregierung. ZKJ 2011, 419–425.

Salgo, L.: Ein Zwischenruf zum Regierungsentwurf eines Gesetzes zur Reform der elterlichen Sorge nicht miteinander verheirateter Eltern. FPR 2012, 409–411.

Salgo, L.: Aus Fehlern lernen – Stellungnahme für den Sonderausschuss „Zum Tode des Mädchens Chantal". ZKJ 2013, 150–156.

Salgo, L.: Ergänzungspfleger oder Verfahrensbeistand. FPR 2013, 315–319.

Salgo, L.: Umgangsbeschluss wegen psychischer Destabilisierung des Pflegekindes aus verfassungsrechtlicher Sicht nicht zu beanstanden. FamRZ 2013, 343–345.

Salgo, L.: Umgangsausschluss wegen psychischer Destabilisierung des Pflegekindes verfassungsrechtlich nicht zu beanstanden. FamRZ 2013, 343–345.

Salgo, L., Möglichkeiten und Grenzen der Verbleibensanordnung zur Sicherung von Kontinuität. In: Coester-Waltjen, D./Lipp, V./Schumann, E./Veit, B. (Hrsg.), Das Pflegekindverhältnis – zeitlich befristete oder dauerhafte Lebensperspektive für Kinder? Göttingen 2014, S. 53–87.

Salgo, L.: Editorial NJW Heft 23/2016.

Salgo, L.: Die Beziehung zwischen Familienrecht und Human-/Sozialwissenschaften am Beispiel des Kindschaftsrechts, ZKJ 2017, 254–260.

Salgo, L.: Der qualifizierte Familienrichter als tragende Säule im Kinderschutz. Anmerkungen zu den Entscheidungen des AG Freiburg vom 11.4.2017 und des OLG Karlsruhe vom 27.7.2017. ZKJ 2018, 168–173.

Salgo, L.: Editorial ZKJ 11/2018.

Salgo, L.: „Risiken" im Kinderschutz, ZKJ 2019, 217–219.

Salgo, L./Lack, K.: Das Recht der Pflegekindschaft. In: Prenzlow (Hrsg.), Handbuch Elterliche Sorge und Umgang. Köln 2013.

Salgo, L./Stötzel, M.: Weiterhin Zunahme in der Verfahrenspflegerbestellung nach § 50 FGG. ZKJ 2006, 42–43.

Salgo, L./Stötzel, M.: Wieder deutlich mehr Verfahrenspflegerbestellungen im Jahr 2005. ZKJ 2007, 243–244.

Salgo, L./Stötzel, M.: Ist die Zahl der Verfahrenspflegerbestellungen im Jahr 2007 tatsächlich gestiegen?! ZKJ 2008, 417–419.

Salgo, L./Stötzel, M.: Aktuelle Tendenzen der Verfahrensbeistandschaft. ZKJ 2013, 349–352.

Salgo, L./Veit,B./Zenz,G.: Reformbedarf im Bereich der Dauerpflege. ZKJ 2013, 204–205.

Salgo, L./Zenz, G.: (Amts-)Vormundschaft zum Wohle des Mündels. FamRZ 2009, 1378–1386.

Salgo, L./Zenz, G.: Kontinuitätssichernde Strukturen und Verfahren im Pflegekinderwesen. Frühe Kindheit 2010, 26–28.

Salzgeber, J./Stadler, M.: Beziehung contra Erziehung – Kritische Anmerkungen zur aktuellen Rezeption von PAS. Ein Plädoyer für Komplexität. Kind-Prax 1998, 167–171.

Salzgeber, J.: Familienpsychologische Gutachten. Rechtliche Vorgaben und sachverständiges Vorgehen. 6. Aufl. München.

Salzgeber, J./Stadler, M.: Verfahrenspfleger und Psychologischer Sachverständiger, JAmt 2001, 382–389.

Salzgeber, J.: Von konventionell bis Cochemer Modell: Das breite Wirkungsspektrum richtig verstandener Begutachtung. In: Müller-Magdeburg 2009, S. 173–183.

Salzgeber, J.: Bericht vom AfCC-Kongress 2010 in Denver/USA. ZKJ 2010, 399–401.

Salzgeber, J.: Umgang und Herstellung von Einvernehmen. FPR 2013, 299–303.

Salzgeber, J.: Das Wechselmodell. NZFam 2014, 921–928.

Schaffner, P./Ochsmann, R.: Die Karawane rollt! Warum sich die Arbeitsweise des Cochemer Modells durchsetzt, obgleich viele diese nicht wollen und kaum einer sie vermisst hat. In: Müller-Magdeburg 2009, S. 70–76.

Scharl, P./Schmid, J.: Sucht und Persönlichkeitsstörung in Kindschaftssachen. FamRB 2013, 224–229.

Schellhorn, W. (Hrsg.): SGB VIII/KJHG. Sozialgesetzbuch Achtes Buch Kinder- und Jugendhilfe. 2. Aufl. Neuwied 2000, 3. Aufl. 2007, 4. Aufl. 2012 und 5. Aufl. 2017.

Schenk, J.: Die Richterschaft in der Familiengerichtsbarkeit – Plädoyer für eine Qualitätsoffensive. Erwiderung zu Nolte, Erwiderung zu der Stellungnahme der Kinderrechtekommission des Deutschen Familiengerichtstags e.V., FamRZ 2018, 1225 f. FamRZ 2018, 1809–1811.

Schepker, R./Fegert, J. M./Wiebels, K.: Stellungnahme zum Entwurf eines Gesetzes zur Einführung eines familiengerichtlichen Genehmigungsvorbehaltes für freiheitsentziehende Maßnahmen bei Kindern, 2016. Onlinequelle: www.kinderpsychiater.org/fileadmin/downloads/bag/2016_10_06-Stellungnahme-Paragraph-1631b-BGB-drei-Verbaende.pdf (Zugriff: 30.4.2019).

Scheuerer-Englisch, H.: Auswirkungen traumatischer Erfahrungen auf das Bindungs- und Beziehungsverhalten. In: Stiftung „Zum Wohl des Pflegekindes", 1. Jahrbuch 1998, S. 66–84.

Schilling, R.: Rechtliche Probleme der gemeinsamen Sorge bei Trennung bzw. Scheidung. NJW 2007, 3233–3240.

Schlack, H. G. (Hrsg.): Sozialpädiatrie. Gesundheit – Krankheit – Lebenswelten. Stuttgart, Jena, New York 1995.

Schlauß, S.: Mehr Schutz für gefährdete Kinder. Arbeitsgruppe des Bundesministeriums der Justiz legt Empfehlungen für eine Verbesserung des familiengerichtlichen Schutzes von Kindern vor, ZKJ 2007, 9–12.

Schlauß, S.: Die Aufgaben des Bundesamts für Justiz im internationalen Kindschaftsrecht. ZKJ 2016, 162–168.

Schlauß, S.: Grenzüberschreitende Unterbringungen im EU-Ausland. Eine Kurzanalyse aus Sicht des Bundesamts für Justiz. ZKJ 2016, 348–350.

Schlauß, S.: Internationales Kindschaftsrecht, Aktuelle Entwicklungen bei den Aufgaben des Bundesamts für Justiz als Zentrale Behörde. ZKJ 2017, 214–218.

Schlauß, S.: Internationales Kindschaftsrecht, Aktuelle Entwicklungen bei den Aufgaben des Bundesamtes für Justiz. ZKJ 2019, 255–261.

Schlette, V.: Der Anspruch auf gerichtliche Entscheidung in angemessener Frist. Berlin 1999.

Schmahl, Stefanie: Kinderrechtskonvenztion mit Zusatzprotokollen. Handkommentar. 2. Aufl. Baden-Baden 2017.

Schmid, J.: Kontaktverbot für Täter gegenüber Kindern in Gewaltfällen. FamRB 2012, 317–320.

Schmid, M./Fegert, J. M./Petermann, F.: Traumaentwicklungsstörung: Pro und Contra. In: Kindheit und Entwicklung, Vol. 19, 2010, S. 47–63.

Schmidtchen, S.: Kinderpsychotherapie – Grundlagen, Ziele, Methoden. Stuttgart 1989.

Schmidt-Denter, U./Schmitz, H.: Familiäre Beziehungen und Strukturen sechs Jahre nach der elterlichen Trennung. In: Walper, S./Schwarz, B. (Hrsg.): Was wird aus den Kindern? Chancen und Risiken für die Entwicklung von Kindern aus Trennungs- und Stieffamilien. Weinheim 1999, S. 73–90.

Schneewind, K. A.: Familienentwicklung. In: Oerter, R./Montada, L., S. 128–166.

Schneewind, K. A./Ruppert, S./Schmid, U. u.a.: Kontrollüberzeugungen im Kontext von Autonomie und Verbundenheit. Befunde einer 16-jährigen Langzeitstudie. In: Leu, R. H./Krappmann, L., S. 357–391.

Schneider, Angie: Freiheitsentziehende Maßnahmen nach § 1906 IV BGB – Auswirkungen des Urteiles des BVerfG v. 24.7.2018 auf die zivilrechtliche Betreuung -, FamRZ 2019, 89ff

Schneider, K./Toussaint, P./Cappenberg, M.: Kindeswohl zwischen Jugendhilfe, Justiz und Gutachter. Eine empirische Untersuchung. Wiesbaden 2014.

Schomburg, G.: Das Übereinkommen des Europarats über den Umgang mit Kindern. KindPrax Spezial 2004, Internationales Familienrecht und seine Auswirkungen auf die Praxis. S. 7–14.

Schone, R.: Was braucht ein Kind? Kriterien der Basisfürsorge und Folgen der Vernachlässigung von Kindern. In: Institut für soziale Arbeit e.V. (Hrsg.): Familien in Krisen, Kinder in Not. Materialien und Beiträge zum ISA-Kongress 28.–30.04.1997 in Düsseldorf. Münster 1997, S. 74–88.

Schone, R./Gintzel, U./Jordan, E./Kaltscheuer, M./Münder, J.: Kinder in Not. Vernachlässigung im frühen Kindesalter und Perspektiven sozialer Arbeit. Münster 1997.

Schroeder-Printzen, G. u.a.: Sozialgesetzbuch. Verwaltungsverfahren – SGB X. München 1996.

Schuhmacher, S.: Der Regierungsentwurf eines Gesetzes zur Verbesserung des zivilgerichtlichen Schutzes bei Gewalttaten und Nachstellungen sowie zur Erleichterung der Überlassung der Ehewohnung bei Trennung. FamRZ 2001, 953–958.

Schulte-Bunert, K.: Das neue FamFG. Köln, 2. Aufl. 2010.

Schulte-Bunert/Weinreich (Hrsg.): Kommentar des FamFG. Mit FamGKG. Köln, 5. Aufl. 2016.

Schulz, A.: Inkrafttreten des Haager Kinderschutzübereinkommens vom 19.10.1996 für Deutschland am 01.01.2011. FamRZ 2011, 156–162

Schulz, A.: Das Internationale Familienrechtsverfahrensgesetz. FamRZ 2011, 1273–1281.

Schulz, A.: Das deutsche internationale Kindschaftsrecht. Internationale, europäische und innerstaatliche Regelungen und ihre Konkurrenzen. FamRZ 2018, 797–808.

Schulze, H.: Trennung, Lebenskrise und das Recht: Professionelle Handlungsparadoxien und die Rolle von Verfahrenspflegschaft im familiengerichtlichen Umgangsverfahren. Kind-Prax 2005, 98–103.

Schulze, H. (2007a): Handeln im Konflikt. Eine qualitativ-empirische Studie zu Kindesinteressen und professionellen Handeln in Familiengericht und Jugendhilfe. Unveröffentlichte Dissertation. Würzburg 2007.

Schulze, H. (2007b). Kindesinteressenvertretung im Familiengericht als „juristisch-psychosozialpädagogisches Feld". ZKJ 2007, 88–91.

Schulze, U./Kölch, M.: Essstörungen – Anorexia und bulimia nervosa. In: Fegert/Kölch (Hrsg.): Klinikmanual. Kinder- und Jugendpsychiatrie und -psychotherapie. 2. Aufl. Berlin 2013, S. 154 ff.

Schumacher, U.: Hypertrophie der Verfahrensgarantien im Betreuungsgesetz-Entwurf? ZRP 1989, 7–10.

Schumann, E.: Das Erörterungsgespräch bei möglicher Kindeswohlgefährdung, FPR 2011, 203–207.

Schumann, E.: Das Verfahren zur Übertragung der gemeinsamen elterlichen Sorge nach § 155a FamFG. FF 2013, 339–349.

Schwab, D.: Mündigkeit und Minderjährigenschutz. AcP 172 (1972), 266–290.

Schwab, D.: Das neue Betreuungsrecht. FamRZ 1990, 681–693.

Schwab, D.: Elterliche Sorge bei Trennung und Scheidung der Eltern, FamRZ 1998, 457–472.

Schwab, D.: Elterliche Sorge und Religion. FamRZ 2014, 1–11.

Schwab, D. (Hrsg.): Handbuch des Scheidungsrechts. 7. Aufl. München 2013.

Literatur

Schwarz, B.: Die Verteilung der elterlichen Sorge aus erziehungswissenschaftlicher und juristischer Sicht. Wiesbaden 2011.

Schwenk, B.: Bildung. In: Lenzen, D., S. 208–221.

Schweppe, K.: Das HKÜ und die Interessen der betroffenen Kinder – Anmerkungen zu Konzeption und Anwendung des „Haager Übereinkommen über die zivilrechtlichen Aspekte internationaler Kindesentführungen vom 25.10.1980". ZfJ 2001, 169–178.

Schweppe, K.: Die Beteiligung des Kindes am Rückführungsverfahren nach dem HKÜ. FPR 2001, 203–206.

Schweppe, K.: Kindesentführungen und Kindesinteressen – Die Praxis des Haager Übereinkommens in England und Deutschland. Münster 2001.

Schweppe, K.: Kindesanhörung im europäischen Vergleich. In: Heilmann/Lack (Hrsg.). Die Rechte des Kindes. Festschrift für Ludwig Salgo zum 70. Geburtstag. Köln 2016, S. 227–254.

Seidenstücker, B.: Zur Umsetzung des neuen Kindschaftsrechts in der Arbeit der Jugendämter. ZfJ 2001, 88–97.

Seitz, W.: Ansprüche von Berufsbetreuern auf Vergütung und Aufwendungsentschädigung. BtPrax 1982, 82–87.

Selman, R. L./Byrne, D. F.: Stufen der Rollenübernahme in der mittleren Kindheit – eine entwicklungslogische Analyse. In: Döbert u.a., S. 109–114.

Shengold, L.: Soul Murder. Seelenmord – die Auswirkungen von Missbrauch und Vernachlässigung in der Kindheit. Frankfurt a. M. 1995.

Shrier, D. K. et al.: Level of Satisfaction of Fathers and Mothers with Joint or Sole Custody Arrangements: Results of a Questionnaire. 16 Journal of Divorce & Remarriage 1991, 163–169.

Sievers, B./Bienentreu, H.: Grenzüberschreitende Fallarbeit in der Jugendhilfe. Frankfurt am Main 2006.

Sills, M. R./ Shetterly, S./Xu, S./Magid, D./Kempe A: Association between parental depression and children's health care use. Pediatrics. Apr; 2007,119 (4): 829–36.

Simitis, S.: Familienrecht. In: Simon, D., S. 390–448.

Simitis, S./Rosenkötter, L./Vogel, R./Boos-Muss, B./Frommann, M./Hopp, J./Koch, H./Zenz, G.: Kindeswohl. Eine interdisziplinäre Untersuchung über seine Verwirklichung in der vormundschaftsgerichtlichen Praxis. Frankfurt am Main 1979.

Simon, D. (Hrsg.): Rechtswissenschaft in der Bonner Republik. Studien zur Wissenschaftsgeschichte der Jurisprudenz. Frankfurt am Main 1994.

Simoni, H.: Was bedeutet für Kinder der Einbezug in Entscheidungsprozesse? Vortrag beim 1. Kongress der deutschsprachigen Rechtssoziologie-Vereinigungen „Wie wirkt Recht?". 4. September 2008, Luzern.

Smessaert, A.: Fast angekommen im System? Was eine gesetzliche Regelung zu ombudschaftlichen Beratung bedeuten und bewirken kann, JAmt 2019, 2–6.

Smyth/Bruce: Legislating for shared-time parenting after parental separation: Insights from Australia? Law and Contemporary Problems: a quarterly, Vol. 77 2014, 143 f.

Socha, I.: So, fertig. Und nun? – Zur Kontrolle und Abänderung familiengerichtlicher Entscheidungen nach § 166 FamFG. JAmt 2017, 522–526.

Solomon, J./George, C. (Hrsg.): Disorganized Attachment and Caregiving, N.Y./London 2011.

Solomon, J./George, C.: Disorganization of Maternal Caregiving across Two Generations: The Origins of Caregiving Helplessness. In: Solomon/George (Hrsg.) 2011, S. 25–51.

Soest, G. v.: Bedingungen und Möglichkeiten von Bürgerbeteiligung im Rahmen von Jugendhilfeverfahren. Kassel 1998.

Soest, G. v.: Der Hilfeplan im Rahmen einer partizipativen Jugendhilfe. Hohengehren 2000.

Sommer, A.: Das Verhältnis von Familiengericht und Jugendamt. Frankfurt am Main 2012.

Sommer, A.: Zur verwaltungsgerichtlichen Überprüfung der Gefährdungsmitteilung des Jugendamts an das Familiengericht nach § 8a SGB VIII. ZKJ 2013, 68–70.

Söpper, S.: Kinder und häusliche Gewalt aus dem Blickwinkel der Verfahrenspflegschaft. FPR 2001, 269–274.

Söpper, S.: Rechtsprechungsübersicht zur Vergütung von Verfahrenspflegern. FamRZ 2002, 1535–1541.

Soergel, BGB, Familienrecht 3/2, Bd. 19/2, 13. Aufl. 2017.

Spangler, G.: Bindung: Stand der Forschung, aktuelle Themen, offene Fragen. In: Deutsche Liga für das Kind, 1996, S. 52.

Spangler, G./Zimmermann, P. (Hrsg.): Die Bindungstheorie. Grundlagen. Forschung und Anwendung. Stuttgart 1995.

Späth, K.: Die Partizipation Minderjähriger in gerichtlichen Verfahren zur Genehmigung oder Anordnung freiheitsentziehender Maßnahmen unter besonderer Berücksichtigung der Rolle und Aufgabenstellung von Verfahrenspflegern. In: Fegert, J. M./Späth, K./Salgo, L., S. 59–72.

Spickhoff, A.: Grund, Voraussetzungen und Grenzen des Sorgerechts bei Beschneidung männlicher Kinder. FamRZ 2013, 337–343.

Spies, A.: „Wer war ich eigentlich?" Erinnerung und Verarbeitung sexueller Gewalt. Frankfurt am Main 2000.

Spitz, R.: Vom Säugling zum Kleinkind. Stuttgart 1976.

Splitt, A.: Einschränkungen und Ausschluss des Umgangsrechts, FF 2016, 146–152.

Splitt, A.: Die Voraussetzungen für die Auflösung der gemeinsamen Sorge, FF 2017, 47–54.

Splitt, A.: Praxisfragen der Verbleibensanordnung bei fremduntergebrachten Kindern, FamRB 2018, 416–419.

Splitt, A.: Maßnahmen gegen die Vereitelung von Umgangskontakten, FF 2019, 94–101.

Sroufe, L. A./Rutter, M.: The domain of developmental psychopathology. Child Development No. 55, 1984, 17–29.

Sroufe, L. A./Egeland, B./Carlson, E. A./Collins, W. A.: The Development of the Person. The Minnesota Study of Risk and Adaptation from Birth to Adulthood, New York/London 2005.

Staatenbericht (2.): siehe Bericht der Bundesrepublik Deutschland an die Vereinten Nationen gemäß Artikel 44 Abs. 1 Buchstabe b des Übereinkommens über die Rechte des Kindes.

Staatsinstitut für Frühpädagogik: Vorläufige deutsche Standards zum begleiteten Umgang; München Juli 2001. In Zusammenarbeit mit dem Institut für angewandte Familien-, Kindheits- und Jugendforschung an der Universität Potsdam, gefördert durch das Bundesministerium für Familie, Senioren, Frauen und Jugend.

Stadler, M./Salzgeber, J.: Berufsethischer Kodex und Arbeitsprinzipien für die Vertretung von Kindern und Jugendlichen – Sprachrohr und/oder Interessenvertreter? FPR 1999, 329–338.

Stähr, A. (Hrsg.): Hauck, K./Noftz, W. (Begr.), Sozialgesetzbuch (SGB) VIII: Kinder- und Jugendhilfe, Loseblattsammlung. Berlin.

Statistisches Bundesamt: Rechtspflege, Familiengerichte 1999 ff. Arbeitsunterlage. Wiesbaden 2000 ff.

Statistisches Bundesamt: Rechtspflege, Familiengerichte, Fachserie 10/Reihe 2.2. Wiesbaden 2000–2011.

Statistisches Bundesamt: Statistiken der Kinder- und Jugendhilfe – Hilfen zur Erziehung außerhalb des Elternhauses, Vollzeitpflege; Jahrgänge 2007–2011, Tab. 7.6: Begonnene Hilfen nach persönlichen Merkmalen und Aufenthalt vor der Hilfe sowie Art der Hilfe.

Statistisches Bundesamt: Statistiken der Kinder- und Jugendhilfe. Erzieherische Hilfe, Eingliederungshilfe für seelisch behinderte junge Menschen, Hilfe für junge Volljährige, Vollzeitpflege 2011, erschienen am 16.11.2012, Wiesbaden 2012.

Staudinger, J. v.: Kommentar zum Bürgerlichen Gesetzbuch, Viertes Buch. Familienrecht, §§ 1626–1631, Berlin Neubearbeitung 2015 (Zitierweise: Staudinger/Bearbeiter (2015)).

Staudinger, J. v.: Kommentar zum Bürgerlichen Gesetzbuch, Viertes Buch. Familienrecht, §§ 1741–1772, Berlin 2007 (Zitierweise: Staudinger/Bearbeiter (2007)).

Staudinger, J. v.: Kommentar zum Bürgerlichen Gesetzbuch, Viertes Buch. Familienrecht, §§ 1638–1683, Berlin Neubearbeitung 2016 (Zitierweise: Staudinger/Bearbeiter (2015)).

Staudinger, J. v.: Kommentar zum Bürgerlichen Gesetzbuch, Viertes Buch. Familienrecht, §§ 1684–1717, Berlin Neubearbeitung 2019 (Zitierweise: Staudinger/Bearbeiter (2019)).

Staudinger, J. v.: Kommentar zum Bürgerlichen Gesetzbuch, Einführungsgesetz zum Bürgerlichen Gesetzbuche/IPR, EU-Verordnung und Übereinkommen zum Schutz von Kindern (Brüssel IIa-VO, KSÜ, HKÜ, ESÜ, IntFamRVG, UmgangsÜ). Neubearbeitung, Berlin 2018 (Zitierweise: Staudinger/Bearbeiter).

Staudinger, J. v.: Kommentar zum Bürgerlichen Gesetzbuch, Einführungsgesetz zum Bürgerlichen Gesetzbuche/IPR, Artikel 7–12, 47, 48 EGBGB (Internationales Recht der natürlichen Personen und der Rechtsgeschäfte). Neubearbeitung, Berlin 2019 (Zitierweise: Staudinger/Bearbeiter).

Staudinger, J. v.: Kommentar zum Bürgerlichen Gesetzbuch, Einführungsgesetz zum Bürgerlichen Gesetzbuche/IPR, Artikel 19–24 EGBGB; ErwSÜ (Internationales Kindschaftsrecht, Erwachsenenschutzübereinkommen), Neubearbeitung Berlin 2019 (Zitierweise: Staudinger/Bearbeiter).

Steck, D.: Die Vertretung des Kindes (Art. 146 f. ZGB) – erste praktische Erfahrungen, ZVW 1–2/2001, Sonderausgabe, 102–110.

Steele, B. F. (1997): Psychodynamic and Biological Factors in Child Maltreatment. In: Helfer, M. E./Kempe, R. S./Krugman, R. D., 1997, S. 73–103.

Steele, B. F.: Psychodynamische und biologische Aspekte der Kindesmisshandlung. In: Helfer, M. E./Kempe, R. S./Krugmann, R.D., 2002, S. 114–156.

Steffesenn, Rita/Hoffmann, Jens (Hrsg.): schwere Gewalt gegen Kinder. Verlag für Polizeiwissenschaft, Frankfurt 2010.

Steinberg, L./Silverberg, S. B.: The vicissitudes of autonomy in early adolescence. Child Development No. 57, 1986, S. 841–851.

Steindorff-Classen, C.: Das subjektive Recht des Kindes auf seinen Anwalt. Neuwied 1998.

Steinhausen, H.-Ch.: Children of alcoholic parents. In: Steinhausen, H.-Ch./Verhulst, F., S. 54–67.

Steinhausen, H.-Ch.: Psychophysiologische (psychosomatische) Krankheiten. In: Remschmidt, H./Schmidt, M. H.

Steinhausen, H.-Ch.: Psychosomatische Störungen und Krankheiten bei Kindern und Jugendlichen. Stuttgart 1981.

Steinhausen, H.-C./Verhulst, F. C.: Risks and Outcomes in Developmental Psychopathology. Oxford University Press. Oxford 1999.

Steller, M.: Commentary: Rehabilation of the Child Witness. In: Doris, J., S. 106–109.

Steller, M./Köhnken, G.: Statement analysis: Credibility assessment of children's testimonies in sexual abuse cases. In: Raskin, D.C., S. 217–245.

Stephens, L. S.: Will Johnny See Daddy This Week? An Empirical Test of Three Theoretical Perspectives of Postdivorce Contact. 17 Journal of Family Issues 1996, 466–494.

Stern, D. N.: Die Lebenserfahrung des Säuglings. Stuttgart 1992.

Stern, W. (1904): Die Aussage als geistige Leistung und als Verhörsprodukt. Experimentelle Schüleruntersuchungen. In: Stern, W. (Hrsg.): Beiträge zur Psychologie der Aussage. Leipzig. Heft 3. S. 269–326.

Stevenson, J. (Ed.): Recent research in developmental psychopathology. Oxford 1984.

Stiftung „Zum Wohl des Pflegekindes" (Hrsg.): 1. Jahrbuch des Pflegekinderwesens, Idstein 1998.

Stiftung „Zum Wohl des Pflegekindes" (Hrsg.): 2. Jahrbuch des Pflegekinderwesens, Idstein 2001.

Stiftung „Zum Wohl des Pflegekindes" (Hrsg.): 3. Jahrbuch des Pflegekinderwesens. Idstein 2004.

Stiftung „Zum Wohl des Pflegekindes" (Hrsg.): 5 Jahre KJHG aus der Sicht des Pflegekinderwesens. Idstein 1996.

Stiftung „Zum Wohl des Pflegekindes" (Hrsg.): Dokumentation vom 10. Tag des Kindeswohls: „Pflegekinder in familiengerichtlichen Verfahren". Holzminden 1998.

Stiftung „Zum Wohl des Pflegekindes" (Hrsg.): 5. Jahrbuch des Pflegekinderwesens. Grundbedürfnisse von Kindern – Vernachlässigte und misshandelte Kinder im Blickfeld helfender Instanzen. Idstein 2009.

Stiftung zum Wohl des Pflegekindes (Hrsg.): Ein Pflegekind werden, 7. Jb. des Pflegekinderwesens, Idstein 2018.

Stoffer, R.: Jahresbericht 1998. Pflegekinderhilfe und Adoption der Stadt Frankfurt am Main, 1999.

Stoltenborgh, M./Van IJzendoorn, M. H./Euser, E.M./Bakersmans-Kranenburg M. J.: A Global Perspective on Child Sexual Abuse: Meta-Analysis of Prevalence Around the World. Child Maltreatment. 16 (2), 2011, S. 79–101.

Stone, O. M.: The Child's Voice in the Court of Law. Toronto 1982.

Stötzel, M.: Die Verfahrenspflegschaft nach § 50 FGG – Eine erste Studie – mit einer begrenzten Anzahl von Fällen – zur Bewertung der neuen Institution aus der Sicht des vertretenen Kindes. Freie Universität Berlin, Fachbereich Erziehungswissenschaften, Psychologie und Sportwissenschaft. Berlin 2000 (unveröffentlichte Diplomarbeit).

Stötzel, M. (2005a): Wie erlebt das Kind die Verfahrenspflegschaft? Studie zum Qualitätsstand der Institution Verfahrenspflegschaft (gemäß § 50 FGG) unter Berücksichtigung der Perspektive des Kindes. Herbolzheim 2005.

Stötzel, M. (2005b): Beteiligung von Kindern im gerichtlichen Verfahren – Wie erleben vertretene Kinder die Verfahrenspflegschaft? Frühe Kindheit, 8, 24–28.

Stötzel, M.: Der Verfahrenspfleger im Erleben der Kinder. FPR 2006, 17–20.

Stötzel, M.: Interessenvertretung – Wie erlebt sie das Kind? In: Blum, S./Cottier, M./Migliazza, D.: Anwalt des Kindes. FamPra.ch – Schriftenreihe zum Familienrecht, Band 9. Bern 2008, S. 101–122.

Stötzel, M.: Hinwirken auf Einvernehmen durch den Verfahrensbeistand, § 158 IV FamFG. FPR 2009, 332–334.

Stötzel, M.: Die Verfahrenspflegschaft im deutschen Rechtssystem. ZKJ 2009, 58–67.

Stötzel, M./Balloff, R.: Der Verfahrensbeistand aus rechtspsychologischer Sicht. ZKJ 2009, 320–322.

Stötzel, M./Fegert, J. M. (2005a). „Verfahrenspfleger sind wie Engel" – Verfahrenspflegschaft aus der Sicht der Kinder. Kind-Prax 2005, 53–58.

Stötzel, M./Fegert, J. M. (2005b). Die Verfahrenspflegschaft aus Sicht der vertretenen Kinder. Studie zum Qualitätsstand der Institution Verfahrenspflegschaft (gemäß § 50 FGG) unter Berücksichtigung der Perspektive des Kindes. ZfJ 2005, 175–186.

Stötzel, M./Fegert, J. M. (2005c). Der Verfahrenspfleger als gerichtlicher Interessenvertreter für Kinder und Jugendliche in Deutschland. Eine Untersuchung zur Verfahrenspflegschaft aus der Sicht der vertretenen Kinder. FamPra.ch 2005, 504–517.

Stötzel, M./Fegert, J. M. (2005d). Children's Guardians from a Child's Perspective. A Study of the Representation of the Legal Interests of Children and Adolescents in Germany. In: Representing Children (published by the National Youth Advocacy Service), Volume 17, S. 239–251.

Literatur

Stötzel, M./Fegert, J. M. (2006). The Representation of the Legal Interests of Children and Adolescents in Germany – A Study of the Children's Guardian from a Child's Perspective. International Journal of Law, Policy and the Family (published by Oxford University Press), Volume 20, Issue 2, 2006, S. 201–224.

Stötzel, M./Wolff, M.: Verfahrenspflegschaft aus der Sicht der betroffenen Kinder. In: Jansen, I., Rüting, W. & Schimke, H.-J. (Hrsg.). „Anwalt des Kindes" – Eine Positionsbestimmung der Verfahrenspflege nach § 50 FGG. Münster 2005, S. 154–167.

Stovall, K. C./Dozier, M.: The Development of Attachment in new Relationships: Single Subject Analyses for 10 Foster Infants. In: Development and Psychopathology, Vol. 12/2000, S. 133–156.

Stovall-McClough, K. C./Dozier, M.: Forming Attachments in Foster Care: Infant attachment Behaviors during the first 2 Months of Placement. In: Development and Psychopathology, Vol. 16/2004, 253–271.

Strauß, B./Schwartze, D.: Vernachlässigung und Misshandlung aus der Sicht der Bindungstheorie. In: Egle, U. T./Joraschky, P./ Lampe, A./Seiffge-Krenke, I./Cierpka, M. (Hrsg.): 4., vollst. überarb. Aufl. S. 104–118.

Streeck-Fischer, A.: Frühe Misshandlung und ihre Folgen. Traumatische Belastungen in der Entwicklung. In: Stiftung „Zum Wohl des Pflegekindes", 3. Jahrbuch, Idstein 2004, S. 99–109.

Stürmer, S.: Sachverständigengutachten in Pflegekindschaftssachen: Methodische Qualität und Bindungsdiagnostik bei familienrechtspsychologischen Gutachten. In: Stiftung zum Wohl des Pflegekindes (Hrsg.): Ein Pflegekind werden, 7. Jb. des Pflegekinderwesens, Idstein 2017, S. 87–108.

Suess, G./Fegert, J. M.: Das Wohl des Kindes in der Beratung aus entwicklungspsychologischer Sicht. FPR 1999, 157–164.

Suess, G. J./Pfeifer, W.-K. P. (Hrsg.): Frühe Hilfen. Die Anwendung von Bindungs- und Kleinkindforschung in Erziehung, Beratung, Therapie und Vorbeugung. Gießen 1999.

Suess, G./Hammer, W. (Hrsg.): Kinderschutz. Risiken erkennen, Spannungsverhältnisse gestalten, Stuttgart 2010.

Sünderhauf, H.: Wechselmodell: Psychologie – Recht – Praxis. Abwechselnde Kinderbetreuung durch Eltern nach Trennung und Scheidung. Wiesbaden 2013.

Sünderhauf, H.: Vorurteile gegen das Wechselmodell: Was stimmt, was nicht? (Teil 1 und 2). FamRB 2013, 290–297 und 327–335.

Tenhumberg, A./Michelbrink, M.: Vermittlung traumatisierter Kinder in Pflegefamilien. In: Stiftung „Zum Wohl des Pflegekindes", 1. Jahrbuch 1998, S. 106–124.

Tenorth, H.-E.: Geschichte der Erziehung. Einführung in die Grundzüge ihrer neuzeitlichen Entwicklung. 2. Aufl. Weinheim 1992.

Terling, T.: The Efficacy of Family Reunification Practices: Reentry rates and Correlates of Reentry for abused and neglected Children reunited with their Families. In: Child Abuse & Neglect, Vol. 23/1999, 1359–1370.

Textor, M. R.: Forschungsergebnisse zur Familienpflege. In: Textor, M. R./Warndorf, P. K., S. 43–66.

Textor, M. R./Warndorf, P. K. (Hrsg.): Familienpflege. Forschung, Vermittlung. Beratung. Freiburg 1995.

Theisen, B.: Neue Anforderungen an die Behandlung von Sorge- und Umgangsverfahren. In: Müller-Magdeburg 2009, 134–146.

Thoburn, J.: Effective Interventions for complex Families where there are Concerns about, or Evidence of, a Child suffering significant Harm, Safeguarding Briefing 1. Edited by the Centre for Excellence and Outcomes in Children and Young People's Services, London 2009.

Thomas, C./Beckford, V./Lowe, N./Murch, M. (1999). Adopted Children Speaking. London: BAAF (British Agencies for Adoption and Fostering).

Thomas, H./Putzo, H.: ZPO. 22. Aufl. München 1999 und 38. Aufl. München 2017.

Thurn, C./Wils, E.: Therapie sexuell missbrauchter Kinder. Berlin Forschung Bd. 32. Berlin 1998.

Trenczek, T./Petzold, F.: Beratung und Vermittlung in hoch eskalierten Sorge- und Umgangskonflikten – Konzeption und Praxis der Waage Hannover. ZKJ 2011, 409–414.

Tress, W.: Das Rätsel der seelischen Gesundheit. Traumatische Kindheit und früher Schutz gegen psychogene Störungen, eine retrospektive epidemologische Studie an Risikopersonen. Göttingen 1986.

Triseliotis, J.: Long-term Foster Care or Adoption? The Evidence examined. In: Child and Family Social Work, Vol. 7/2002, 23–33.

Trube-Becker, E.: Gewalt gegen das Kind – Vernachlässigung, Misshandlung, sexueller Missbrauch und Tötung von Kindern. Heidelberg 1982.

Turkat, I.: Parental Alienation Syndrome: A Review of Critical Issues. Journal of the American Academy of Matrimonial Law, 2002, Vol. 18, 131–176.

VAMV (Verband alleinerziehender Mütter und Väter, Bundesverband e.V.): Kritische Betrachtungen zum Arbeitskreis Trennung und Scheidung „Cochemer Weg". 26.11.2005.

Van der Kolk, B./Pynoos, R. S./ Cicchetti, D. u.a.: Proposal to include a Developmental Trauma Disorder Diagnosis for Children and Adolescents in DSM-V, Final Version, Brookline 2009.

Veit, B.: Das Gesetz zur Erleichterung familiengerichtlicher Maßnahmen bei Gefährdung des Kindeswohls im Überblick. FPR 2008, 598–602.

Verein für Kommunalwissenschaften: Die Reform des Kindschaftsrechts – eine Reform für Kinder? Berlin 2000.

Verhellen, E. (Hrsg.): Monitoring Childrens's Rights, The Hague, Netherlands 1996.

Viorst, J.: Necessary Losses. New York 1986 (Deutsch: Mut zur Trennung. Hamburg 1988).

Vismann, C.: Akten. Frankfurt am Main 2000.

Vogel, H.: Haager Übereinkommen über die zivilrechtlichen Aspekte internationaler Kindesentführung. FPR 2012, 403–409.

Volbert, R.: Gesprächsführung mit von sexuellem Missbrauch betroffenen Kindern und Jugendlichen. In: Fegert u.a. (Hrsg.): Sexueller Missbrauch von Kindern und Jugendlichen. Ein Handbuch zur Prävention und Intervention für Fachkräfte im medizinischen, psychotherapeutischen und pädagogischen Bereich. Berlin 2015, S. 185–194.

Volbert, R./Pieters, V.: Zur Situation kindlicher Zeugen vor Gericht. Empirische Befunde zu Belastungen durch Strafverfahren und zu möglichen Reformmaßnahmen. Bonn 1993.

Völker, M.: Die wesentlichen Aussagen des BVerfG zum Haager Kindesentführungsübereinkommen – zugleich ein Überblick über die Neuerungen im HKÜ-Verfahren aufgrund der Brüssel IIa-Verordnung. FamRZ 2010, 157–166.

Völker, M./Clausius, M.: Das familienrechtliche Mandat – Sorge- und Umgangsrecht. 7. Aufl. Bonn 2016.

Völker, M./ Steinfatt, G.: Die Kindesanhörung als Fallstrick bei der Anwendung der Brüssel IIa-Verordnung. FPR 2005, 415–419.

Volkmann-Raue, S. (Hrsg.): Jean Piaget. Drei frühe Schriften zur Psychoanalyse. Freiburg 1993.

Volpert, J.: Anwaltsvergütung für die Tätigkeit als Verfahrenspfleger und Verfahrensbeistand. NJW 2013, 2491–2493.

Wabnitz, R. J.: Landeskinderschutzgesetze – Ein Überblick, ZKJ 2010, 48–52.

Wabnitz/Fieseler/Schleicher (Hrsg.), Gemeinschaftskommentar zum SGB VIII, Köln, Stand: Oktober 2018 (Zitierweise: GK-SGB VIII/Bearbeiter).

Literatur

Wagenitz, T./Engers, M.: Betreuung – Rechtliche Betreuung – Sozial(rechtlich)e Betreuung. FamRZ 1999, 1273–1280.

Wagner, R.: Die Haager Übereinkommen zum Schutz von Kindern. ZKJ 2008, 353–359.

Wagner, W.: Also lautet der Beschluss, dass der Mensch was lernen muss ... Die Erörterung der Kindeswohlgefährdung nach § 50f FGG oder das richterlicher „Erziehungsgespräch", FPR 2008, 605–608.

Walker, J.: Information Meetings and Associated Provisions within the Family Law Act 1996. Summary of Research in Progresss. Juni 1999.

Walker, J.: Information Meetings and Associated Provisions within the Family Law Act 1996. Final Report. Newcastle Centre for Family Studies. University of Newcastle upon Tyne. September 2000.

Wallerstein, J. S./Blakeslee, S./Lewis, J. M.: The Unexpected Legacy of Divorce. New York 2000 (Deutsch: Scheidungsfolgen – Die Kinder tragen die Last. Eine Langzeitstudie über 25 Jahre. Münster 2002).

Wallerstein, J. S./Kelly, J. B.: Surviving the Breakup: How Children and Parents Cope with Divorce. New York 1980.

Wallerstein, J. S./Lewis, J.: Langzeitwirkungen der elterlichen Ehescheidung auf Kinder. FamRZ 2001, 65–72.

Wallerstein, J. S./Kelly, J. B.: Surviving the Breakup. How Children and Parents Cope with Divorce. New York 1980.

Wallner, H.: Pädophilie und sexueller Kindesmissbrauch im Familienverfahren, NZFam 2016, 610–612.

Walper, S.: Kontextmerkmale gelingender und misslingender Entwicklung von Kindern in Einelternfamilien. In: Fegert, J. M./Ziegenhain, U. (Hrsg.): Hilfen für Alleinerziehende. Die Lebenssituation von Einelternfamilien in Deutschland. Weinheim 2003.

Walper, S.: Das Umgangsrecht im Spiegel psychologischer Forschung. In: Deutscher Familiengerichtstag (Hrsg.): Sechzehnter Deutscher Familiengerichtstag vom 14. bis 17. September 2005 in Brühl, S. 100–130.

Walper, S.: Arrangements elterlicher Fürsorge nach Trennung und Scheidung: Das Wechselmodell im Licht neuer Daten aus Deutschland. In: Deutscher Familiengerichtstag e.V. (Hg.:): 21. Deutscher Familiengerichtstag vom 21. bis 24. Oktober 2015 in Brühl. Ansprachen und Referate. Berichte und Ergebnisse der Arbeitskreise. Brühler Schriften zum Familienrecht Band 19. Bielefeld, S. 99–143.

Walper, S./Lux, U.: Das Wechselmodell nach Trennung und Scheidung in der Diskussion. Frühe Kindheit 2016, S. 6–15:

Walper, S./Schwarz, B. (Hrsg.): Was wird aus den Kindern? Chancen und Risiken für die Entwicklung von Kindern aus Trennungs- und Stieffamilien. Weinheim 1999.

Walter, C.: Die Stellung Minderjähriger im Verfassungsbeschwerdeverfahren – Überlegungen zur Auflösung einer möglichen Konkurrenz zwischen Verfahrens- und Ergänzungspflegschaft. FamRZ 2001, 1–7.

Walter, E.: Berufsbild: Anwalt des Kindes – Abgrenzungen. In: Ev. Akademie Bad Boll (Hrsg.): Anwalt des Kindes. Eine Tagung zu § 50 FGG für Fachleute aus Interessenvertretung für Kinder und Jugendliche (Verfahrens- & Umgangspflegschaft), Familiengerichten, Rechtsanwaltskanzleien, Jugendämtern, verwandten Tätigkeitsbereichen, 9.–11.2.2000, Protokolldienst Nr. 7, 2000, S. 116–137.

Walter, E.: Umgang mit dem in Familienpflege untergebrachten Kind, §§ 1684, 1685 BGB – psychologische Aspekte. FPR 2004, 415–419.

Wanitzek, U.: Rechtsprechungsübersicht zum Recht der elterlichen Sorge und des Umgangs. FamRZ 2013, 1169–1180.

Warnke, A./Trott, G.-E./Remschmidt, H. (Hrsg.): Forensische Kinder- und Jugendpsychiatrie. Ein Handbuch für Klinik und Praxis. Bern, Göttingen, Toronto, Seattle 1997.

Watzlawik, P. u.a.: Menschliche Kommunikation. Bern 1969.

Weber, C.: Grundsätze für die Durchführung von Verfahrenspflegschaften für Kinder und Jugendliche, Kind-Prax 2001, 66.

Weber, C./Zitelmann, M.: Standards für Verfahrenspfleger/innen – Die Interessenvertretung für Kinder und Jugendliche in Verfahren der Familien- und Vormundschaftsgerichte gemäß § 50 FGG. Luchterhand spezial. Neuwied 1998.

Weber, M.: Hoch strittige Elternschaft: Orientierungen für ein differenziertes und strukturiertes Vorgehen zur Erfassung kindlicher Befindlichkeit. ZKJ 2015, 14–22.

Weber, M.: Beschleunigung, Einvernehmensorientierung und interdisziplinäre Kooperation – Grundprinzipien des Verfahrens in Kindschaftssachen. NZFam 2017, 99–104.

Weigel, D./Donovan, K.: Parental Alienation Syndrome: Diagnostic and Triadic Perspectives. The Family Journal 2006, 274–282.

Werner, E.: Entwicklung zwischen Risiko und Resilienz. In: Opp/Fingerle (Hrsg.), Was Kinder stärkt, 2. Aufl. 2007, München/Basel 2007, S. 20–31.

Werner, E.: Resilienz: Ein Überblick über internationale Längsschnittstudien. In: Opp, G./Fingerle, M. (Hrsg.): Was Kinder stärkt. Erziehung zwischen Risiko und Resilienz, 2. Aufl. München/Basel 2007, S. 311–326.

Weiß, W./Kessler,T./Gahleitner S. (Hrsg.): Handbuch Traumapädagogik. Weinheim 2016.

Westermann, A.: Zur psychologischen Diagnostik der Kindesmisshandlung: Über die Todesangst des misshandelten Kindes. In: Stiftung „Zum Wohl des Pflegekindes", 1. Jahrbuch 1998, S. 32–51.

Westermann, A.: Trennungen und Gemeinsamkeiten. Gespräch über Stand und Ziele im Pflegekinderwesen. In: Hamburger Pflegekinderkongress 1990 „Mut zur Vielfalt", S. 25–48.

Westermann, A.: Die Geschichte von Lena diesseits und jenseits der Verleugnung. In: Stiftung „Zum Wohl des Pflegekindes"(Hrsg.): 5. Jahrbuch des Pflegekindes 2009, S. 165–183.

Westermann, Arnim: Wie wird ein Kind ein Pflegekind? In: Stiftung zum Wohl des Pflegekindes (Hrsg.): 7. Jahrbuch 2018, S. 47–65.

Wetzels, P.: Gewalterfahrungen in der Kindheit. Sexueller Missbrauch, körperliche Misshandlung und deren langfristige Konsequenzen. Baden-Baden 1997.

Wetzels, P.: Zur Epidemiologie physischer und sexueller Gewalterfahrungen in der Kindheit. Forschungsbericht Nr. 59 des Kriminologischen Forschungsinstituts Niedersachsen. Hannover 1997.

Weychardt, D. W.: Die familiengerichtliche Regelung der elterlichen Verantwortung. ZfJ 1999, 268–277; 326–335.

Weychardt, D. W.: Anmerkung zu OLG Frankfurt am Main – FamRZ 1999, 1293–1294. FamRZ 2000, 844.

Wiedemann, M.: Begutachtung von psychisch gestörten Eltern im Familienrecht. ZKJ 2013, 6–16.

Wiesner, R.: Ein gutes Gesetz unter sich verschlechternden Umsetzungsbedingungen. In: Stiftung „Zum Wohl des Pflegekindes" (Hrsg.): 5 Jahre KJHG aus der Sicht des Pflegekinderwesens, 1996, S. 46–57.

Wiesner, R.: Von der Berufsvormundschaft zum Rechtsanspruch auf Jugendhilfe, JAmt 2006, 558–569.

Wiesner, R. (Hrsg.): SGB VIII Kinder- und Jugendhilfe, 4. Aufl. München 2011 und 5. Aufl. München 2015.

Will, A.: Anwalt des Kindes und Jugendamt. Konkurrenten oder Bausteine im System des Kinderschutzes, JAmt 2001, 158–163.

Literatur

Wille, J.: § 1631b BGB in der amtsgerichtlichen Praxis. ZfJ 1989, 85–95.

Wille, J.: Freiheitsentziehung bei Kindern und Jugendlichen nach § 1631b BGB in der familiengerichtlichen Praxis. DAVorm 2000, 449–456.

Willutzki, S.: Neues Kindschaftsrecht – Anforderungen an das familiengerichtliche Verfahren und die Kooperation mit der Jugendhilfe; die Bedeutung des Anwaltes des Kindes im familiengerichtlichen Verfahren. In: Verein für Kommunalwissenschaften e.V. (Hrsg.): Die Beratung im Kontext von Scheidungs-, Sorgerechts- und Umgangsrechtsverfahren. Anforderungen an Strukturen und Formen der Kooperation von Familiengericht, Jugendhilfe und Anwaltschaft. Berlin 1999.

Willutzki, S.: Güte und Vergütung. Zur – nicht nur finanziellen – Lage der Verfahrenspflegschaft. Kind-Prax 2001, 107–111.

Willutzki, S.: Kinderschutz aus Sicht des Familiengerichts. Zu den Reformplänen des Gesetzgebers, ZKJ 2008, 139–143.

Willutzki, S.: Kindschaftssachen im neuen FamFG – Ein Überblick, FPR 2009, 327–330.

Willutzki, S.: Das Gesetz zur Reform der elterlichen Sorge nicht miteinander verheirateter Eltern. FPR 2013, 236–240.

Winnicott, D.: Vom Spiel zur Kreativität. Stuttgart 1974.

Wissenschaftlicher Beirat für Familienfragen am Bundesministerium für Familie, Senioren, Frauen und Jugend: Pflegefamilien als soziale Familien, ihre rechtliche Anerkennung und aktuelle Herausforderungen, bearb. von Scheiwe, K./Schuler-Harms, M./Walper, S./Fegert, J. M., Berlin 2016. Onlinequelle: www.bmfsfj.de/BMFSFJ/Service/volltextsuche,did=225870.html (Zugriff: 30.4.2019).

Witt, A./Brown, R./Plener, P./Brähler, E./Fegert, J. M.: Child maltreatment in Germany: prevalence rates in the general population. Child and adolescent psychiatry and mental health, Ausgabe 1/2017, 11:47.

Wolf, P.: Was wissen Kinder und Jugendliche über Gerichtsverhandlungen? Eine empirische Untersuchung. Regensburg 1997 (zugl. Diss.).

Wolke, D./Tippett, N./Dantchev, S.: Bullying in the family: sibling bullying. Lancet Psychiatry 2015, 15, 1–13.

Yarrow, L.J.: Trennung von den Eltern während der frühen Kindheit. In: Bonn, H./Rohsmanith, K. (Hrsg.), S. 111–178.

Zaragoza, M. S.: Memory, suggestibility, and eyewitness testimony in children and adults. In: Ceci, S. J./Toglia, M. P./Ross, D. F. (Hrsg.), 1987, S. 53–78.

Zaragoza, M. S.: Preschool Children's Susceptibility to Memory Impairment. In: Doris, J., 1991, S. 27–39.

Zehnter Kinder- und Jugendbericht. BT-Drucks. 13/11368, Berlin 1998. Onlinequelle: https://www.bmfsfj.de/blob/90472/aff897a5e3f8bfffb6b6a029984dfec0/13-kinder-jugendbericht-data.pdf (Zugriff: 30.4.2019).

Zenz, G.: Kindesmisshandlung und Kindesrechte. Erfahrungswissen, Normstruktur, Entscheidungsrationalität. Frankfurt am Main 1979 und 1981.

Zenz, G.: Aspekte der Familienpflege und Konsequenzen für die Jugendhilfe. Gutachten A. In: Deutscher Juristentag, 1982, S. A 7–61.

Zenz, G.: Sekundärtraumatisierung von misshandelten und missbrauchten Kindern im gerichtlichen Verfahren. In: Klosinski (Hrsg.), 1995, S. 91–108.

Zenz, G.: Rechtsgrundlagen für Eingriffe in das Sorgerecht bei festgestellter Alkoholabhängigkeit der Eltern. FPR 1998, 17–23.

Zenz, G.: Zur Bedeutung der Erkenntnisse von Entwicklungspsychologie und Bindungsforschung für die Arbeit mit Pflegekindern. ZfJ 2000, 321–360.

Ziegenhain, U.: Sichere mentale Bindungsmodelle. In: Gloger-Tippelt, G. (Hrsg.), 2000, S. 154–173.

Ziegenhain, U.: Bindungsstörungen. In: S. Schneider & J. Margraf (Hrsg.). Lehrbuch der Verhaltenstherapie (Bd. 3). Störungen im Kindes- und Jugendalter. Heidelberg 2009, S. 313–330.

Ziegenhain, U.: Risikoeinschätzung bei Kindeswohlgefährdung. Brühler Schriften zum Familienrecht. Bielefeld 2014.

Ziegenhain, U./Fegert, J. M./Ostler, T./Buchheim, A.: Risikoeinschätzung bei Vernachlässigung und Kindeswohlgefährdung im Säuglings- und Kleinkindalter. Chancen früher beziehungsorientierter Diagnostik. Praxis der Kinderpsychologie und Kinderpsychiatrie 2007, 410–428.

Ziegenhain, U./Schöllhorn, A./Künster, A. K./Hofer, A./König, C./Fegert, J. M.: Modellprojekt Guter Start ins Kinderleben. Werkbuch Vernetzung. Chancen und Stolpersteine interdisziplinärer Kooperation und Vernetzung im Bereich der Frühen Hilfen und im Kinderschutz. Schriftenreihe des Nationalen Zentrums Frühe Hilfen. Köln 2010.

Ziegenhain, U./Fegert, J. M. (Hrsg.): Kindeswohlgefährdung und Vernachlässigung. München 2007.

Ziegenhain, U./Fegert, J. M.: Bindungsstörungen. In: Fegert, J. M./ Resch, F./Plener, P./Kaess, M./ Döpfner, M./Konrad, K./Legenbauer, T. (Hrsg.): Psychiatrie und Psychotherapie des Kindes- und Jugendalters, 2. Auf. Heidelberg 2019.

Zimmermann, W.: Probleme des neuen Betreuervergütungsrechts. FamRZ 1999, 630–637.

Zitelmann, M.: Vom „Anwalt des Kindes" zum Verfahrenspfleger? Die Interessenvertretung für Kinder in sorgerechtlichen Verfahren. Kind-Prax 1998, 131–135.

Zitelmann, M.: Kindeswohl und Kindeswille im Spannungsfeld von Pädagogik und Recht. Münster 2001.

Zitelmann, M.: Kindeswohl und Psychoanalyse. In: Bruns, G./Dreher, U./Mahler-Bungers, A. (Hrsg.), 2003, S. 178–193.

Zitelmann, M.: Inobhutnahme und Kindesschutz: Ergebnisse einer bundesweiten Studie. In: Lewis, G. u.a. 2009.

Zitelmann, M.: Kindeswohlgefährdung und Inobhutnahme. Hinweise und Ergebnisse aus einer bundesweiten Studie. In: Lewis, G./Riehm, R./Neumann-Witt, A./Bohnstengel, L./Köstler, S./ Hensen, G. (Hrsg.), 2009, S. 75–102.

Zitelmann, M.: Kindesschutz durch Inobhutnahme. ZKJ 2011, 236–243.

Zitelmann, M.: Pflegekindschaft als Chance für traumatisierte Kinder. In: Weiß, W./Kessler,T./ Gahleitner S. (Hrsg.): Handbuch Traumapädagogik. Weinheim 2016, S. 220–231.

Zitelmann, M: Inobhutnahme und Pflegekindschaft. In: Stiftung zum Wohl des Pflegekindes (Hrsg.). Ein Pflegekind werden. 7. Jahrbuch. Idstein 2018, S. 25–46.

Zöller, R.: Zivilprozessordnung. 30. Aufl. Köln 2014 und 32. Aufl. Köln 2018.

Stichwortverzeichnis

Die Ziffern bezeichnen die Randnummern.

A

Abänderung 645 ff., 685, 1647
- ausländischer Entscheidungen 1744
- Einleitung 1512
- Geänderter Kindeswille 650
- Überprüfung 651
- Wegfall der Gefährdung 651

Abänderungsverfahren 1507, 1661
- kindesschutzrechtliche Maßnahme 1510 f.

Abgabe 509, 1444

Abhilfeverfahren
- Vergütung 2101

Ablehnung des Verfahrensbeistands
- durch das Kind 333, 344
- durch einen Elternteil 1248

Abschriften/Ablichtungen 385, 387

Abstammung
- Recht auf Kenntnis 1363

Abwehrstrategien 1916

Adoptionsoption 1329

Affektive Störungen 1117

Akteneinsicht 381, 383 ff., 1850, 1880
- Akten des Jugendamtes 352, 439, 1879
- Kosten 390

Akteneinsichtsrecht 1879

Aktenvermerk 1425

Alkohol 639, 674, 979, 1094 ff., 1111, 1113, 1122

Alleinsorge 620
- Begründung 626

Alltagsangelegenheiten 594

Altersadäquate Freiheitsbeschränkungen 486

Altersadäquate Unterbringungsform 571

Altersfeststellung 599

Altersinadäquate Maßnahmen 472, 494

Amtliche Statistik 112

Amtsermittlungsgrundsatz 92, 103, 437, 1411, 1632, 1795
- HKÜ-Verfahren 1754
- Jugendamt 1795
- Kindeswohlgefährdung 1818

Amtsermittlungspflicht 363

Amtsverfahren 1438 f.

Anerkennung ausländischer Entscheidungen 1738 f.

Anfangsinformationen
- fehlende 374

Anfechtungsklage 1814

Anforderungsprofil
  Siehe Geeignetheit

Angelegenheiten des täglichen Lebens 594

Angsterkrankungen 1092

Angststörungen 1118

Anhörung
- Absehen von 1581
- Belastung für das Kind 1258 f.
- Beschwerdeverfahren 1583
- Eltern 1467
- Geschwister 1589
- HKÜ-Verfahren 1759
- im Wege der Rechtshilfe 565
- Jugendamt 1468
- Kind 514, 546, 616, 1239 ff., 1243 ff., 1467, 1473, 1577, 1586 f., 1591
- Nachholung 524
- persönliche 522
- Pflegeperson 1467
- Unterbringungsverfahren 462, 511, 563
- Verwaltungsverfahren 1846
- Vorbereitung 569
- Weigerung des Kindes 1255

Anordnungskompetenz 1830, 1897

Anpassungsstörung 1120

Anträge und Anregungen 323

Antragsfrist 1505

Antragsverfahren 1438

Anwaltszwang 1547
- Rechtsbeschwerde 1554
- Verfassungsbeschwerde 1557

Arbeit eines Verfahrensbeistands
- Fallbeispiele 194

Arbeitslosenversicherung 2037

Ärztliche Schweigepflicht 394

Ärztliche Zwangsbehandlung 460

Ärztliches Gutachten
- Freiheitsentziehende Maßnahmen 476

Ärztliches Zeugnis 526
- einstweilige Anordnung 541

Stichwortverzeichnis

– freiheitsentziehende Unterbringung 483
Aufenthalt
– gewöhnlicher 1723
Aufgabenkreis
– erweiterter 94, 1910 f., 1917
Aufgabenübertragung
– zusätzliche 307
Aufhebung der Verfahrensbeistandschaft
– Weigerung des Gerichts 376
Aufklärung des Kindes 1256, 1275
Aufklärung und Information
– Unterbringungsverfahren 560
Aufmerksamkeitsdefizithyperaktivitätssyndrom 1129
Aufmerksamkeitsdefizitsyndrom 1129
Aufwendungsersatz 2054, 2082, 2109, 2129
Ausgang
– überwachter 472
Ausgangsbeschränkungen
– altersinadäquate 472
Ausgehverbote 486
Auskunftspflicht 305
Auskunftsrecht 652, 680, 682
– Leiblicher, nicht rechtlicher Vater 684
Auslagen für die Akteneinsicht 392
Auslandsbezug 1688
– anwendbares Recht 1735
– Aufgaben des Verfahrensbeistands 1771
Ausschlussfrist (Vergütungsanspruch) 2126
Außergerichtliche Vermittlung 1283
Aussetzung der Vollziehung 1552, 1562
– Unterbringungsgenehmigung 534
Auswahl des Verfahrensbeistands
– Unterbringungsverfahren 515
Auswanderung 663

B

Bagatellisierungstendenz 1916, 1932, 1936, 1939
Barnahus-Modell 1919
basic needs
  Siehe Grundbedürfnisse
Battered-Child-Syndrome 1025
Bauchgurt (Freiheitsentziehung) 491
Beauftragung
– nachträgliche 283
Bedürfnisse 858
Beeinflussung 852

Beendigung der Verfahrensbeistandschaft 284
Befangenheit 269
– Richter 1527, 1535
– Sachverständige 1487
Befragung von Kindern 1034
Befristete Beschwerde 447, 554
Begleiteter Umgang 670, 883, 1089
– Entfremdung 670
– Kindeswohlgefährdung 670
Begutachtung
– Aufklärung des Kindes 2009 f.
– Begleitung des Kindes 2011
– Zwangsmaßnahmen 527
Begutachtung (Unterbringung) 525
Begutachtungsauftrag 358
Beiakten 385
Bekanntmachung 1576
Beobachtungsunterbringung 527, 545
– in Abwesenheit des Verfahrensbeistands 529
Beratung 1856
Beratungsanspruch 1068
Beratungspflicht 321
Bericht 1684
Berichtigungsantrag
– Entschädigung 2065 f.
Berufliche Dienste 2056, 2109
Berufsmäßige Verfahrensbeistandschaft 2057 ff.
– Feststellung der 2060
  Siehe auch Feststellung der Berufsmäßigkeit
– Rechtsmittel bei unterlassener Feststellung 2135
Berufsverbände 51
Beschleunigungsbeschwerde 1527, 1531, 1799
Beschleunigungsgebot 323, 364, 414, 1409, 1417 ff., 1422 ff., 1469, 1484, 1492, 1530, 1545, 1553, 1603, 1918
Beschleunigungsgrundsatz 1799
Beschleunigungsrüge 1522, 1527, 1530, 1799
– Entscheidungsfrist 1533
Beschluss
– Vollstreckung 1565 ff.
– Wirksamkeit 1558, 1560
Beschneidung 591, 636
Beschränkung des Umgangsrechts 268

Beschwerde 1441, 1525
- Befugnis 281, 375, 1541 f.
- Begründung 1545
- Fähigkeit 452, 552
- Form 1543
- Frist 448, 556, 1540
- Kind 335, 1575
- Statthaftigkeit 1515
Beschwerdeverfahren
- Aufgabenwahrnehmung (Vergütung) 2099
- Jugendamt als Beteiligter 1431
Bestellpraxis 154, 160, 705
- Aufgabenkreis 192, 1450, 1910 f., 1917
- Auswahl des Verfahrensbeistandes 161
- Empirische Erkenntnisse 192
Bestellung
- Aufhebung 47
- Häufigkeit 1676
- konkludente 2123
- Statistik 186
- Unterlassung 7
- Verfahren 137
- Verfahrensart 1676
- Zeitpunkt 31, 268, 1447 f., 1662, 1677, 1681
Bestellung des Verfahrensbeistands
- Aufhebung der Bestellung 272
- Erforderlichkeit 244, 260
- Kindeswohlgefährdung 1653
- Rechtsmittel 375
- Unterbringungsverfahren 513
- Zeitpunkt 31, 268, 1447 f., 1662, 1677, 1681
Bestellungsbeschluss 2091
- Berichtigung (Entschädigung) 2065
- Prüfung 372
Beteiligte 1431
- Jugendamt 1433 f., 1468, 1801 f.
- Kind 1261, 1569
- Minderjährige 1802
- Rechte 1236, 1432
Beteiligungsfähigkeit 1800
Betreuungspersonen 1986
Betreuungsverein
- als Verfahrensbeistand 2055
Bettgitter (Freiheitsentziehung) 491
Beweisbeschluss 1476, 1482
Beweiserhebung
- Freibeweis 1476
- Strengbeweis 1476
Beziehungsabbrüche 898

Beziehungsvorerfahrungen 822, 922, 1389
Bezugspersonen 371
Bindung 626, 1915
- hochunsicher-desorganisierte 945
- hochunsichere 933, 937 ff., 950 f.
- kontrollierende 910
- Qualität 903
- sichere 908
- unsicher ambivalente 910
- unsicher vermeidende 911 ff.
Bindungen des Kindes
- an seine Eltern 614
- an seine Geschwister 615
Bindungsabbruch 1993
Bindungsaufbau
- Misshandlung 892, 897
Bindungssicherheit 920
- Entwicklungsverlauf 914 ff.
Bindungsstörung 935, 946 ff.
- Enthemmung 946, 949, 954, 982, 1373
- praktische Implikationen 958
- reaktive 946, 948, 952, 982, 1136, 1373
Bindungstoleranz 613, 626
Bindungsvorerfahrungen 807 f., 813, 881
Blutgerinnungsstörungen 1022
Breisgauer Missbrauchsfall 2, 6, 631, 636, 641, 1868
Brief, E-Mail, Skype 662
Brüssel IIa-Verordnung 1716, 1727
Bulimie 1128
Bundesamt für Justiz 1720
Bundesteilhabegesetz 1104
Büroorganisation 2048 ff.

C

Cannabinoide 1111
Checklisten 753 ff.
Child-Behaviour-Checklist 1103
Cochemer Praxis 1238
Coping 828

D

Datenerhebung 432
Datenschutz 431, 436, 1876, 1898, 1976
Datenschutz-Grundverordnung 431
Datenschutzverstöße
- Aufsichtsbehörde 435

Datenverarbeitung
- Zulässigkeit 432
Dauer der Freiheitsentziehung 493
Dauerpflege ohne Rückkehroption 1358
Delinquenz 1133
Depressionen 1092
Deprivation 1147
Deprivationserfahrungen 898, 955
Designerdrogen 1111, 1114
Diagnostik
- Kindesmisshandlung 1014, 1018
- sexueller Missbrauch 1029
- Vernachlässigung 1028
- vor Einvernehmen 1227
Dienstaufsichtsbeschwerde 1538
Diensthandy
- Kontaktaufnahme 215
Dokumentation 792
Dolmetscher 1780, 2085 f.
Doppelte Kindeswohlprüfung 626
Doppelte Rechtshängigkeit 1706, 1783
Drogen 1095 ff., 1110, 1113, 1122

E

Ehrenamtliche Verfahrensbeistandschaft 2054
- Aufwendunsgersatz 2129
Eidesstattliche Versicherung 1480
Eignung 27, 38 ff., 48, 52, 147, 259, 588, 764, 766
 Siehe auch Geeignetheit
Eilbedürfnis 1496
Eilverfahren 248, 1495
- Anhörung des Minderjährigen 522
- Fallbeispiel 197, 201
- Übersicht über den Ablauf 1599
 Siehe auch Einstweilige Anordnung
Eingangsvoraussetzungen
- Familienrichter 1408
Eingliederungshilfe 1104, 1108, 1133, 1888, 2002
Einigung der Eltern
 Siehe Einvernehmen
Einkoten 1135
Einnässen 1135
Einrichtung
- Begriff 490
Einstweilige Anordnung 617, 1495, 1633
- Anfechtbarkeit 1520
- Anhörung 1498

- Beschwerdefrist 1524
- eidesstattliche Versicherung 1480
- Eilbedürfnis 1496
- Elterliche Sogre nicht miteinander verheirateter Eltern 1475
- Fallpauschale 2092
- Kinderschutz 1650
- Wirksamwerden 1500
Einstweilige Anordnung (Unterbringung) 537
- Dauer 542
- Nachholung unterlassener Verfahrenshandlungen 540
- Rechtsmittel 553
Einstweiliger Rechtsschutz 248, 462
Einvernehmen 99, 308, 324, 423, 1223, 1454, 1775, 1917
- Auswirkungen der Verfahrensbeistandschaft 163
- Beteiligung des Verfahrensbeistands 1224
- Beteiligung von Kindern 1223
- Grenzen der Privatautonomie 1295
- keine Zustimmung 1281
- Mitwirkung 1225
- Zustimmung des Kindes 1277 f.
Elterliche Sorge
- Entzug 641
- Leitbild 607
- nach Trennung oder Scheidung 602
- nicht miteinander verheirateter Eltern 620, 1708
- Tod eines Elternteils 627
- Übertragung bei Zustimmung 603
- Widerspruch des Kindes 605
Eltern
- Gespräche mit 371
- Persönliches Erscheinen 1643
- psychische Erkrankung 228
- Ressourcen 1658
- Verhälnis des Verfahrensbeistands zu den 1909
Elterngespräche 1930 f.
Elternhaltung
- ablehnende 212
Elternrecht 589, 629
Emotionales Verhalten
- Erstes Lebensjahr 802
- Kindergarten- und Vorschulalter 806
- Schulalter 812
Empathie 810
Empathiedefizit 969

Empathiefähigkeit 975
Endentscheidung 1494
Entpflichtung
  Siehe Bestellung – Aufhebung
Entschädigung
– große Pauschale 2083
– Unterbringungssachen 471, 577, 2104
Entschädigungsverfahren 2132
Entscheidung von erheblicher Bedeutung 1116
Entscheidungen des Jugendamtes
– Rechtsbehelfe 1861
Entscheidungsbefugnis 618
Entscheidungsreife 1416
Entwicklungsstörungen 1137
Entwicklungsstufen
– emotionales Verhalten 801 ff.
Erfahrungsberichte 113
Ergänzungspfleger 330, 643, 1812
– Unterschied zum Verfahrenspfleger 300
Ergänzungspflegschaft
– Abgrenzung 290
– Anregung 329
Ergotherapeuten 1979
Erlebensweisen von Kindern 801
Erlöschensfrist (Vergütungsanspruch) 2128
Ermessen des Verfahrensbeistandes
– der Interessenausübung 305
Ermittlungen 399
– Auswirkungen auf die Entschädigung 393
– Einbeziehung von Dritten 400
– zum Sachverhalt 393
Erörterung der Kindeswohlgefährdung 1628
– Mitwirkung des Verfahrensbeistands 1627
Erörterungstermin 277, 1465
– Protokollierung 416
– Rederecht 416
– Teilnahme des Kindes 1636
Ersetzung von Erklärungen 641
Erwartungshaltung der Beteiligten
– Fallbeispiel 201
– versus Elternautonomie 208
Erziehungsfähigkeit 613, 1658
Erziehungsprimat der Eltern 629
Erzwingbarkeit des Umgangs 665 f.
Essstörungen 1126
EU-Datenschutz-Grundverordnung 431

Europäische Menschenrechtskonvention 589
Europäische Übereinkommen über den Umgang von und mit Kindern 1699
Europäisches Sorgerechtsübereinkommen 1697
Europäisches Übereinkommen über die Ausübung von Kinderrechten 69, 1233, 1698
Evaluation 158
– FamFG 1674
Existenzgründung 2034
– Zuschuss 2046

F

Fachkräfte
– Qualifikation 745
Faktische Präjudizierung 1418
– Beweiserhebung 1415
Fakultativ geschlossenen Einrichtung 480
Fallpauschale 247, 577, 2082, 2084
– erhöhte 2097
– Fälligkeit 2095
– Geschwisterkind 2088
– mehrere Verfahrensgegenstände 2089
– Unterbringungsverfahren 2106
– verfassungsrechtliche Bedenken 2087
Fallübernahme
– Prüfung 374
Falschaussage 858, 863
Feinfühligkeit 903
Festsetzungsantrag 2064
Festsetzungsbeschluss
– Rechtsmittel 2136
Feststellung der Berufsmäßigkeit 2060
– Maßstäbe 2067
– Rechtsmittel bei fehlender 2066
– Rechtsmittel bei unterlassener 2135
– unterlassene 2063
Fetales Alkoholsyndrom 1094 ff.
FGG-Reform
– Evaluierung 1600
Fixierung 459, 473
Flashback 1113, 1121
Flashbacks 833
Folie à deux-Symptomatik 879
Förderungsgrundsatz 613, 626
Forschungsprojekt 126, 131
Fortbildung
– Familienrichter 1408

Stichwortverzeichnis

Fortsetzungsfeststellungsantrag 450, 559
- Unterbringung 469

Fragetechnik 859

Frakturen 1025

Freibeweis 1476

Freiheitsbeschränkungen
- altersadäquate 486

Freiheitsentziehende Inobhutnahme 538

Freiheitsentziehende Maßnahme 472 f., 478
- Abgrenzung 482
- ärztliches Zeugnis/Gutachten 476
- Dauer 489
- elterlichen Haushalt 490
- Feststellung der Rechtswidrigkeit 469
- Genehmigungspflicht 490
- Mittel 484, 491
- Vermeidung 501

Freiheitsentziehung 445, 532
- Abgrenzung zur Freiheitsbeschränkung 487
- Begriff 479
- Begriff, Beispiele 485
- Dauer 493
- durch mechanische Vorrichtungen 491
  Siehe auch Unterbringung

Freiwilligkeitserklärung
- Freiheitsentzug 477, 519

Fremdplatzierung 478, 1995

Fremdunterbringung 1629

Fristsetzung
- Sachverständigengutachten 1488
- Stellungnahme 1469

Früher Termin 1459, 1634

Frühförderung 1979 f.

Führungszeugnis 43, 48, 150

G

Garantenstellung 753
- Jugendamt 1830

Gebote 641

Geeignetheit 27, 38 ff., 48, 52, 147, 258 f., 588, 764, 766, 1655 f., 1779
- Forschungsprojekt 147
- Grundqualifikation 168
- Weiterbildung 40, 42

Gefahr im Verzug 540

Gefährdungen des Kindes
- Unterrichtungspflicht 329

Gefährdungseinschätzung 1067

Gefahreneinleitungsschwelle 1631

Gehirnwäsche 852, 867 f., 877, 881

Gemeinsame elterliche Sorge 595, 621
- Meinungsverschiedenheit 618

Gemeinsame Sorgeerklärung 628

Genehmigung des Freiheitsentzugs 532

Genehmigungserfordernis
- Unterbringung 445

Gerechtigkeitserwägungen 1182, 1188

Gericht
- Unzuständigkeit 1443

Gerichtlich gebilligter Vergleich 1454

Gerichtssprache 1430

Gerichtsstandsvereinbarung 1726

Gerichtsverfahren
- Informationen des Kindes 1611
- Kindesanhörung 1619
- Situation in der Familie 1609

Geschlossene Unterbringung 472, 480

Geschwisterbeziehungen 929 ff.

Geschwisterkinder 762

Geschwistertrennung 615

Gesetzliche Unfallversicherung 2035

Gesetzlicher Vertreter
- Rechte 305

Gespräch
- mit Bezugspersonen 307
- mit den Eltern 307, 371, 393

Gesprächsführung 783, 1593

Gesundheitsfürsorge 978

Gesundheitsgefährdungen 636

Gewaltschutz 644

Gewaltverbot 592

Glaubhaftigkeitsbegutachtung 875 f., 2000
- Kindeswohlgefährdung 877
- Umgangsvereitelung 877

Glaubhaftmachung 1480

Go-Order 641

GPS-Ortungsanlagen (Freiheitsentziehung) 492

Grenzziehung 976

Grundbedürfnisse 108, 750, 894, 968
- Bekleidung 973
- Empathie 975
- Gesundheit 978
- Hygiene und Körperpflege 973
- Nahrung 970
- Schlaf 972, 974
- Schutz vor Gefahren 974
- Wärme 973

Grundqualifikation
  Siehe Geeignetheit
Gutachten
  Siehe Sachverständigengutachten
Gutachter
  Siehe Sachverständiger

H

Haager Kinderschutzübereinkommen 1701
Haager Kindesentführungsübereinkommen 1712, 1767
Haager Konventionen 1700 ff.
Haager Minderjährigenschutzübereinkommen 1709
Haftpflichtversicherung 2036
Halboffene geschlossenen Einrichtungen 480
Hämatome 1021
Handakte 380
Hausbesuch 1795 f., 1819
Häusliche Gewalt 1062
Hautwunden 1021
Heilpädagogen 1979
Heimaufsicht
– Freiheitsentzug 474
Heimunterbringung
– Fallbeispiel 220
– während des Gerichtsverfahrens 1602
Herausgabe des Kindes 686
– Erforderlichkeit eines Verfahrensbeistands 268
– Ordnungsgeld/Ordnunghaft 1566
Hessisches Kindergesundheitsschutzgesetz
– Evaluation 1978
Hilfe zur Erziehung 1659, 1787, 1789, 1803, 1812, 1826, 1829
– Antrag 1810 f., 1827
Hilfeakzeptanz 1639, 1646, 1668
Hilfeplan 350, 562, 1826, 1834
– Ausgestaltung 1833
– Beteiligte 1828
– Verfahren 1828
– Vorlage 1468, 1834, 1880
Hilfeplangespräch 1827
– keine Teilnahme 351
Hilfeplanung 1374, 1788, 1792, 1797, 1854, 1881
– Ablauf 1827
– Diagnostik 2002
– Eingliederungshilfe 2002

– Erkrankung 1102, 1104
– kontinuitätssichernde 1082
– Pflegekind 1086, 1335
– Pflicht zur Teilnahme 1882
– Recht auf Teilnahme 1883
– Rückkehroption 1356
Hinwirken auf Einvernehmen 308, 324
HKÜ-Verfahren 1747
– Ausnahmetatbestände 1754
– Verfahrensbeistandschaft 1767, 1770
Hort 1983
Hospitalismus 982, 1159

I

Impfung 618, 978
Informationsbeschaffung 84, 90
Informationspflicht 321
Informationsrecht des Kindes 1613
Inobhutnahme 449, 629, 1793, 1822, 1835, 1990
– Ablauf 1839
– Anforderung von Berichten 1604 ff.
– Beendigung 1843
– Befugnisse des Jugendamts 1841
– Dauer 1842, 1844, 1991 f.
– durch das Jugendamt 499
– Familiengerichtliche Entscheidung 1840
– Gründe 1837
– Unterrichtung der Personensorgeberechtigten 1839
Insofern erfahrene Fachkraft (isef) 1067, 1985, 1987
Interesse des Kindes 275, 320, 396
Interessengegensatz
– bei gemeinsamer Sorge 262
Interessenkonflikt 1913
Interessenvertretung 334
– durch Rechtsanwalt 55
– Entstehung und Entwicklung 1 ff.
– Sicht betroffener Kinder 164, 173, 178
Internationaler Sozialdienst 1785
Intersexualität 640
Intoxikation 1027, 1037

J

Jugendalter
– kognitives Verständnis 815
Jugendamt 348
– als Verfahrensbeistand 2055
– Anrufung des Familiengerichts 1665

Stichwortverzeichnis

- Aufgaben im familiengerichtlichen Verfahren 1892
- Beratung 1827
- Beteiligtenstellung 1636
- Einschätzungsprärogative 1831
- Fachgespräch 1828
- Inobhutnahme 1835
- Rollenkonflikte 407
- Schutzauftrag 339, 1631
- Weitergabe von Daten 1876

Jugendhilfe
- Auslansbezug 1746

Jugendhilferechtliches Verfahren 1788

Jugendliche
- Beschwerdefähigkeit 452, 552

K

Kind
- Auswahl des Verfahrensbeistands 344
- Erlebensweisen 801
- Information über das Verfahren 279
- Verhältnis zum Verfahrensbeistand 344
- Zeitempfinden 323, 355, 361, 404; Siehe auch Kindliches Zeitempfinden

Kinder- und Jugenddelinquenz 638

Kindergarten 618, 1983

Kindergartenalter
- emotionales Verhalten 806

Kindergrundrecht 589

Kinderschutz 629

Kinderschutzambulanz 1824

Kindesanhörung 723, 795, 1241, 1619 ff.
  Siehe auch Anhörung
- Anwesenheit 410
- Unterlassung 796

Kindesentführung 2014

Kindesentführungsübereinkommen 1712

Kindesinteressen 1787

Kindesmisshandlung 985 ff., 1046
- Definitionen 992
- Formen 995

Kindesschutzrechtliche Maßnahme
- Überprüfung 1649

Kindeswille 56, 322, 337, 396, 615 f., 624, 768 ff., 800 ff., 1371, 1390
- Autonomie 851
- Beeinflussung 777 f.
- Bildung 825, 1243
- induziert 852
- Kindesschutzverfahren 712
- Parental Alienation Syndrome 872

- Phantasien 834
- Umgang 884
- Umgangsverweigerung 1248
- Wechselmodell 1190

Kindeswohl 71, 89, 309, 322, 324, 397, 426
- Kriterien 744, 746, 749, 752
- Möglichkeit der Gefahr 1631
- verfahrensrechtliche Sicherung 58
- Wechselmodell 1175

Kindeswohlgefährdung 96 f., 339, 629 ff., 758 ff., 1796
- Amtsermittlung 1632
- dringende Gefahr 1822
- Erörterung 1624
- Erörterungstermin 1624
- Fallgruppen 635
- gewichtige Anhaltspunkte 1818, 1826
- Hilfeplanverfahren 1820
- Inobhutnahme 1835
- Rückführunng 1774

Kindeswohlprüfung
- doppelte 606, 610, 626
- negative 625

Kindeswohlzentriertes Verfahren
- Jugendhilfe 1808

Kindliches Zeitempfinden 323, 355, 404, 689, 695, 1312, 1418

Kindschaftsrechtsreform
- rechtstatsächliche Untersuchung 117

Kindschaftssachen 1408
- Beteiligte 1431
- Übersicht Eilverfahren 1599
- Übersicht Hauptsacheverfahren 1599

Kindzentriertes Verfahren 323

KJSG 1834, 1857

Klagebefugnis 1861

Kleinunternehmer 2047

Kommunikation 662, 977
- Bereitschaft 608
- ethische Grundprinzipien 1392
- Fähigkeit 608
- nonverbale 804
- verbale 806
- Verweigerung 608

Kommunikation mit dem Kind 31, 662, 783, 1377 ff.
- Bedeutung von Emotionen 1396

Kommunion 618

Komorbidität 1111

Konfliktfälle
- Hinweis des Gerichts 365

Konkludente Bestellung 2123

Konsultationsverfahren 1746

Kontaktabbruch 1253

Kontaktaufnahme
- Fallbeispiel 210
- Reihenfolge 211
- WhatsApp 214
- zu Fachkräften 1971
- zum Kind 340, 1973 f.

Kontaktverbot 641

Kontaktverweigerung
- Fallbeispiel 212

Kontinuität
- Pflegefamilie 1085

Kontinuitätsgrundsatz 612, 626, 1773

Kontrolle des Gerichts 305

Kontrollsysteme 485

Kooperation
- Bereitschaft 608, 625
- der Eltern 650
- Fähigkeit 608, 625

Körpernaher Freiheitsentzug 500

Kosten des Umgangs 663

Kostenregress 2141

Kostenregress der Staatskasse 2141

Krankengymnasten 1979

Krankenhaus (Freiheitsentziehung) 479

Krankenhausbehandlung
- Fallbeispiel 219

L

Länderstatistiken 128

Leistungen nach dem SGB VIII 350, 1829

Leistungsadressat 1887

Lese-Rechtschreib-Störung 1138

Leugnungstendenz 1916, 1932, 1936, 1939

Lichtschranken (Freiheitsentziehung) 492

Logopäde 1979

Loyalitätskonflikt 710 f., 830, 843 ff., 886 ff., 1178, 1217, 1246 f., 1250, 1388, 1666
- Adoptivfamilie 845
- Double-Bind-Situation 848
- Folgen 846
- Pflegefamilie 845
- Pflegekinder 1318

M

Magersucht 1126

Manipulation 1246 f., 1250, 1252

Maßnahmen nach §§ 1666, 1666a BGB 1646

Mediation 1283
- child-inclusive Mediation 1298 f.
- Indikation 1291

Mediationsgesetz 1284

Mediator
- Verschwiegenheitspflicht 1288

Medikamente (Freiheitsentziehung) 491

Meinungsäußerung
- des Kindes gem. Art. 3 EÜAK 1234
- des Kindes gem. Art. 12 UN-KRK 1231 f., 1848

Meinungsverschiedenheit 618

Minderjährige
- Antrag auf Sozialleistungen 1805

Minderjährigenschutzübereinkommen 1701

Mischkalkulation 2084, 2087

Missbrauch
- sexueller 636, 650, 985, 999, 1046

Misshandlung 1046, 1056, 1059
- Diagnostik 1018
- körperliche 997, 1060
- Langzeitfolgen 1069
- psychische 1001
- Risikofaktoren 1005 f., 1008 f.
- sexuelle 636, 650, 985, 999, 1029, 1046
- Ursache 1004
- Vernachlässigung
  Siehe Vernachlässigung

Misshandlung von Schutzbefohlenen 993

Miterleben von Gewalt 636

Mittel der Freiheitsentziehung 492

Mitwirkungspflicht 1796
- Jugendamt 1892, 1894 f.

Mobiltelefon 662

Motorik 977

Münchhausen-by-proxy-Syndrom 636, 1003, 1036

Münder-Studie 1600

Mündliche Verhandlung
- Verfahrensrechte 413

Mutismus 1136

N

Nachträgliche Beauftragung 283
Namensgebung 618 f.
Negative Kindeswohlprüfung 625
Neue Medien 638
Neuroleptika 1116
Nichtzulassungsbeschwerde 1555
Not- und Konfliktlage 1856
Nurturance 975

O

Obergutachten 361
Objektpermanenz 803
Offene Einrichtungen (Freiheitsentziehung) 472, 485
Öffentlich-rechtliche Unterbringung 447, 454
– Zuständigkeit 506
Offizialmaxime 1438
Ombudsstellen 1862, 1865
Operationen 618
Opferentschädigungsverfahren 2000 f.
Ordnungsgeld 1566
Ordnungshaft 1566
Ordre public 1718, 1736, 1742
Ort des Unterbringungsbedürfnisses 508
Ortungstechnik (Freiheitsentziehung) 492
Overprotection 636

P

Panikstörungen 1118
Parental Alienation Syndrome 853, 866 ff., 876, 882
Parentifizierung 1936
Parteigutachten 2008
PAS 853
  Siehe Parental Alienation Syndrome
Pauschalvergütung 285
Perpetuatio fori 1725, 1733
Personalstatut 1717
Personensorge 590
Personensorgeberechtigter
– Anspruch auf Sozialleistungen 1805
Persönliche Anhörung des Kindes (Unterbringungsverfahren) 522
Persönlichkeitsentwicklung des Kindes 640

Persönlichkeitsstörungen 888, 1092
Personpermanenz 803
Perspektivenwechsel 1920, 1942, 1947, 1950
Pflegefamilie
– Freiheitsentziehung 478
– im Ausland 1746
Pflegekind 1303 ff., 1958
– Bindungsaufbau 1312, 1314 f., 1333 f.
Pflegekindschaftsverhältnisse 691
– Dauer 691
– Loyalitätskonflikt 845
– Sorgerecht 693
– Umgangsrecht 694
Pflichten des Verfahrensbeistands 582
Phantasiegeschichten 831 f.
Phobien 1118
Polymorphismus 945
Posttraumatische Belastungsreaktion 833
Posttraumatische Belastungsstörung 1121, 1123
Prognose 683, 696, 1369, 1371, 1373, 1376
– Ausgangssituation 1372
Prognoseentscheidung 1080
Programmierung 852
Protokoll 1471, 1594
Pseudologia Phantastica 831, 863
Psychiatrisches Gutachten 2004
Psychische Erkrankung der Eltern
– Fallbeispiel 228
Psychische Erkrankungen 1092 ff.
Psychosozialer Minderwuchs 971

Q

Qualifikation
– des Sachverständigen 357
– des Verfahrensbeistands
  Siehe Geeignetheit
– Empirische Erkenntnisse 192

R

Rechenschaftspflicht 305
Rechenstörung 1138
Recht auf gewaltfreie Erziehung 985
Rechte des Verfahrensbeistands 580
Rechtliches Gehör 1235, 1424, 1662
– Absehen in Ausnahmefällen 1428
– Verwaltungsverfahren 1807

Rechtsanwalt 2056
- als Verfahrensbeistand 283
- Vergütung als Verfahrensbeistand 2082
- Verschwiegenheitspflicht 444

Rechtsanwaltsspezifische Tätigkeiten 2113

Rechtsaufsicht
- Kommunalaufsichtsbehörde 1816

Rechtsbeschwerde 1554

Rechtsbeschwerdeverfahren (Unterbringung) 469

Rechtsmittel 100, 103, 273, 335, 375 ff.
- Beschwerde (Entschädigung) 2064
- HKÜ-Verfahren 1762
- Rechtspflegererinnerung (Entschädigung) 2064
- Rücknahme und Vergütung 2098
- Unterbringung 547

Rechtsmittelbefugnis 1660

Rechtstatsachenstudie zur Verfahrensbeistandschaft 153
- Bestellpraxis 154

Rederecht
- Beschneidung 418
- des Verfahrensbeistands 416

Redufix 501

Reisepass 659, 686

Religionsunterricht 618

Renvoi 1717

Resilienz 1329

Retraumatisierung 1363, 1366

Risikobereitschaft 826

Risikofaktoren 888, 934, 944
- Alleinerziehen 966 f.
- Drogen 1113
- Erkrankung 1108

Rollenklarheit 369

Rollenkonflikt 1906, 2032
- Einvernehmen 1226
- Vermeidung 428

Rückführung 687, 1321, 1337
- Erforderlichkeit eines Verfahrensbeistands 268
- nach Entführung 1714, 1748
- Pflegekind 692

Rückführungsverfahren 1749

Rückkehroption 1342, 1351, 1354, 1356

Ruhen der elterlichen Sorge 597
- Beendigung 601
- Vormundschaft 600

RVG 2082

S

Sachverhaltsermittlung 404, 1241

Sachverständigengutachten 360, 633, 698
- Begleitung des Kindes 2011
- Hinwirken auf Einvernehmen 1223
- Mindestanforderungen 1491, 2013
- Mindeststandards 2013
- Unterbringung 510, 525
- Versand an Beteiligte 1426
- Verwertbarkeit 2012

Sachverständiger 355 ff., 1979
- Aufgabenbereiche 2000
- Auswahl 357, 1486
- Befangenheit 1487
- Beteiligung 1999
- Glaubwürdigkeitsbegutachtung 2000
- Hinwirken auf Einvernehmen 1489
- Qualifikation 357
- Schweigepflicht 2007, 2009
- Verhältnis zum Verfahrensbeistand 1997

Schizophrenie 863, 1115

Schreibauslagen
- Kostenfreiheit 391

Schriftliche Stellungnahme 1469

Schulabsentismus 1111, 1118

Schulalter
- emotionales Verhalten 812

Schulauswahl
- Fallbeispiel 201

Schulbesuch
- Verweigerung 214

Schuldgefühle 812 ff., 822, 1403

Schule 1986 f.
- Kinderschutz 1987
- Wechsel 226

Schulpflicht 637, 641

Schulpsychologen 1986

Schulsozialarbeiter 1986

Schulwahl 618

Schütteltrauma 995, 1024, 1060

Schutzauftrag
- andere Leistungsträger 1824
- Anrufung des Familiengerichts 1821
- des Jugendamtes 339
- Hausbesuch 1819
- Inobhutnahme 1823
- § 8a SGB VIII 1817

Schutzbedürfnisse 974

Schutzimpfungen 618, 978

Schweigepflicht 441, 581
- ärztliche 394
Schweigepflichtentbindung 328
Sedierungen 491
Selbstbestimmung 75, 616
Selbstwertgefühl 925, 975
Sendechips (Freiheitsentziehung) 492
Serotonin-Transmitter-Polymorphismus 945
Sexual Abuse Syndrom 865 f.
Sexualisiertes Verhalten 636
Sexueller Missbrauch 636, 650, 985, 999, 1046
- Diagnostik 1029
Sitzungsvermerk 1471, 1594
Sofortige Beschwerde
- Form 1544
Somatisierungsstörungen 1125
Sorgeberechtigte
- entgegenstehender Wille 338
- unbekannter Aufenthalt 599
Sorgeerklärung 622, 628, 647
Sorgerecht
- Einschränkung 593
- Inhalt 590
- nicht miteinander verheirateter Eltern 1473
Sorgerechtsvollmacht 609, 632
Sozialdaten
- Erhebung bei Kindeswohlgefährdung 1796
Sozialdatenschutz 431, 1850, 1898, 1976
Soziale Medien 638
Sozialfürsorge 2082
Sozialgeheimnis 1860, 1876 ff., 1976
Sozialpädiatrisches Zentrum (SPZ) 1979
Spielmaterialien 976
Stalking 644
Standards 1672, 2018
Stationäre Hilfen 1803
Stellungnahme 794, 1904, 1971, 1975
Störungen
- des Sozialverhaltens 1131
- dissoziative 1125
- emotionale 1133
- hyperkinetische 1129
Strengbeweis 1476
Stresserfahrungen 945
Stundensatz 2111
Substanzgebrauch
  Siehe Drogen
Sucht 1110, 1122
Suchterkrankung 1047
- Alkohol 639, 674
- Drogen 639, 642, 674
Suggestibilität 852
Suggestion 856
Suggestivfragen 859
Suizidalität 888, 1124, 1128

T

Tageseinrichtung 1982
Teilnahme an der Begutachtung
- Einwilligung des Kindes 342
Teilvereinbarung 1274
Telefongespräche
- Dokumentation 2049
Telefonkontakte 662
Terminsverlegung 203
Therapietischbretter (Freiheitsentziehung) 491
Tic-Störungen 1134
Time-out-Maßnahme (Freiheitsentziehung) 491
Tod eines Elternteils 596
Tourette-Syndrom 1134
Trauer 1161
Traumaindizierte Störungsbilder 934, 946
Traumatisierung 1063, 1938
Trennung
- psychologische Reaktionen von Kindern 899
- Reaktionen 1163, 1166 f.
Trennung und Scheidung
- Langzeitwirkungen 1169
Trennung von engen Bezugspersonen 891
Trennungsangst 1118
Trennungserfahrungen 1310 f.
- Pflegekinder 1323
Trennungsfolgen 1310 f.
Trennungsreaktionen 1163, 1166 f.
Trennungssituationen 1139
Türöffnungsanlagen 491

U

Übereinkommen über die Ausübung von Kinderrechten 69, 1233
Übernahme der Verfahrensbeistandschaft
- mangelnde Bereitschaft 378

Überprüfung der Entscheidung 1648
Überprüfungsverfahren 1510 ff.
Überwachungssysteme 485
Umfang der Beauftragung 280
Umgang
- begleiteter 670, 883
- nach Traumatisierung 1087
- Pflegekind 1318, 1342, 1358, 1361, 1364, 1958
  Siehe auch Umgangsrecht
Umgangsbestimmungspfleger 294, 669
Umgangsboykott 639, 650, 666
Umgangspfleger 668
- Näherungsverbot 663
- Umgang mit Bezugspersonen 678
Umgangspflegschaft 292
Umgangsrecht
- Ablehnung des Umgangsberechtigten 672
- Anwesenheit Dritter 664
- Ausfallregelung 661
- Auslandsreisen 659
- Ausschluss 653, 672 f., 676, 694
- Ausübung 664
- Beratung gem. § 18 Abs. 3 SGB VIII 1858
- Bezugspersonen 677
- Briefkontakte 662
- Einschränkung 653, 670
- Eltern 652 ff.
- Feiertage 660
- Ferien 657, 659
- Geburtstag 660
- Gerichtlich gebilligter Vergleich 656 f.
- Haustier 664
- Kindesweille 675
- Leiblicher, nicht rechtlicher Vater 681
- Pflegekind 694
- Reisepass 659
- Rückkehroption 694
- Telefonkontakte 662
- Übernachtungen 657
- Verfahren 325
- Vergleich 656 f., 1454
- Vollstreckbarkeit 657, 665 f.
- Wechselmodell 1174
- Wohlverhaltensklausel 653
- Zweck 652
  Siehe auch Umgang
Umgangsregelung
- grenzüberschreitende 1778

Umgangstermine
- ausgefallene 661
Umgangsvereitelung 866 f., 875, 877
Umgangsverweigerung 1248, 1251
Umsatzsteuer 251, 285, 2047, 2082
Umzug 663
Umzug des Kindes 612, 650
- ins Ausland 626, 1727
Unabhängigkeit der Interessenvertretung 45, 49, 52
Unbegleitete Minderjährige 599
Undertakings 1766
Unfallversicherung 2035
UN-Kinderrechtskonvention 63 ff., 67, 589, 750, 1693
- Beteiligung von Kindern 1231 f., 1848
Unmittelbarer Zwang 1567
Untätigkeit des Jugendamtes 1814
Untätigkeitsbeschwerde 404, 1533
Unterbringung 445, 472
- Auswahl der konkreten Einrichtung 549, 572
- Formen 448
- Genehmigung 533
- geschlossene 472
- grenzüberschreitende 1746
- Höchstfrist 453, 465
- keine Fortdauer der Verfahrensbeistandschaft 470
- Rechtsmittel 547
- Sachverständigengutachten 510, 2004
- vorläufige 455
  Siehe auch Freiheitsentziehung
Unterbringung zur Begutachtung
  Siehe Beobachtungsunterbringung
Unterbringungsähnliche Maßnahmen 459, 491
  Siehe auch Freiheitsentziehende Maßnahme
Unterbringungsdauer
- Beobachtungsunterbringung 530
Unterbringungsentscheidung
- Bekanntmachung 464, 467
Unterbringungsformen
- Rangverhältnis 448
Unterbringungsmaßnahme
- Bezeichnung 512, 536
Unterbringungsnotwendigkeit 510
Unterbringungssachen
- Entschädigungsansprüche 471

Stichwortverzeichnis

Unterbringungsverfahren 371, 452, 502, 505 ff.
- Abrechnung nach Zeitaufwand 2106
- Aufgaben des Verfahrensbeistands 560
- Aufhebung der Verfahrensbeistandschaft 516
- Auswahl des Verfahrensbeistands 515
- Bestellung eines Verfahrensbeistands 513
- Einleitung 503
- Entschädigung/Vergütung 2103
- Fallbeispiel 218
- große Entschädigungspauschale 579, 2107
- örtliche Zuständigkit 507
- Sachverständigengutachten 510, 2004
- sofortige Beiordnung eines Verfahrensbeistands 514
- Verfahrensbeistandschaft 461
- Zuständigkeit 505 ff.

Unterlassen der Bestellung
- Rechtsmittel 273

Unterrichtungspflicht 329

Urlaubsreisen 619

U-Untersuchungen
Siehe Vorsorgeuntersuchungen

V

Verabschiedung 232

Veränderungsbereitschaft 827

Verantwortungsgemeinschaft
- Gericht und Jugendamt 1629

Verbergen von Gefühlen 821

Verbindungsrichter 1783

Verbleibensanordnung 268, 639, 687 f., 695, 1303, 1335, 1419, 1438
- Ablehnung 700
- Befristung 689 f.

Verbote 641

Verbrennungen 1023

Verbrühungen 1023

Verein
- als Verfahrensbeistand (Vergütung) 2055

Verfahrensabgabe
- Unterbringungsverfahren 509

Verfahrensabschluss
- Fallbeispiel 232

Verfahrensbeistand
- Ablehnungsrecht des Kindes 333, 344
- Abneigung des Kindes 347
- als Beteiligter 269
- Anträge und Anregungen 323
- Anwesenheit bei der Kindesanhörung 410
- berufsmäßiger 2057 ff., 2078
- Bezeichnung 301
- ehrenamtlicher 2059, 2129
- eigene Ermittlungen zum Sachverhalt 393
- Entlassung 367
- Entpflichtung 305
- Entschädigungsansprüche ehrenamtlicher 2054
- Handakte 380
- Interessenvertreter besonderer Art 334
- konkludente Bestellung 2090, 2123
- Rechte 315
- Rechtsstellung 274
- Stellung gegenüber dem Gericht 362
- Stellung gegenüber dem Jugendamt 348, 1885
- Stellung gegenüber dem Minderjährigen 334
- Stellung gegenüber dem Sachverständigen 355
- Stellung gegenüber Eltern 327, 1909 ff.
- umfassende Verfahrensbeteiligung 408
- unabhängiger Interessenvertreter 366
- Unterbringungsverfahren 450
- Unterschied zum Ergänzungspfleger 290, 300
- Verhältnis zu Bezugspersonen des Kindes 1909 ff.
- Wechsel 344, 367
- Zugang zum Kind 338

Verfahrensbeistandschaft
- Abgrenzung Ergänzungspflegschaft/Vormundschaft 290
- Beendigung 284, 573
- Entwicklung 5

Verfahrensbeteiligter 318

Verfahrensbevollmächtigte im Unterbringungsverfahren 517
- Beauftragung durch den Minderjährigen 516

Verfahrenseinleitung
- Familiengericht 1438
- Verwaltungsverfahren 1809

Verfahrensfähigkeit 1571 f., 1849
- Jugendhilfe 1805
- Kind 653, 1573 f.

Verfahrensgarantien
- Unterbringungsverfahren 562

Verfahrenskosten 289

Verfahrenskostenhilfe 1548
Verfahrenspflegschaft
– Kosten 142
Verfahrensverzögerung 1530
 Siehe Beschleunigungsbeschwerde; Beschleunigungsrüge; Untätigkeitsbeschwerde; Verzögerungsrüge
– als Befangenheitsgrund 1537
– Rechtsmittel 1530
Verfahrensverzögerungen 10
Verfassungsbeschwerde 450, 559, 634, 1556 f.
– durch den Verfahrensbeistand 7
– Einlegung 284
– Vergütung 30, 2100
Vergleich 99
– Billigung 1224
– fehlende Zustimmung 1458
– Zustimmung 270, 310, 1224
Vergütung 28, 250
 Siehe auch Fallpauschale
– Auswirkung 21
– Dolmetscherkosten 26, 251
– Fahrtkosten 26
– Rechtsmittel 2135
– Stundensatz 2117
– Umsatzsteuer 251, 285, 2047, 2082
– Verfahren 2132
– Verfassungsbeschwerde 30
– Zeitaufwand 2118
Vergütungsanspruch
– Ausschlussfrist 2126
– Entstehung 2122
Vergütungsentscheidung
– Rechtsmittel 2139
Vergütungspauschale 2114
– empirische Erkenntnisse 192
– identischer Verfahrensgegenstand 2125
– mehrere Verfahrensgegenstände 2124
Vergütungssystem 2084
Verhältnismäßigkeitsgrundsatz 629
– Auswahl der Maßnahmen bei Kindeswohlgefährdung 642
– Freiheitsentziehung 489
Verlusterfahrungen 1139
Vermeidung von Freiheitsentzug 501
Vermittlungskompetenzen 101
Vermittlungsverfahren 1568
Vermögenssorge 590

Vernachlässigung 946, 961, 981, 998, 1056
– Diagnostik 1028
– Langzeitfolgen 1069
Vernetzung 2053
Verpflichtungsklage 1814
Verschwiegenheitspflicht
– anwaltliche 444
– Mediator 1288
Versicherungen 2035
– Arbeitslosenversicherung 2037
– Berufsunfähigkeit 2039 ff.
– Betriebshaftpflichtversicherung 2037
– Haftpflichtversicherung 2036
– Krankenversicherung 2043 ff.
– Rechtschutzversicherung 2038
– Unfallversicherung 2035
Vertretung
– Verwaltungsverfahren 1847
Vertretungsmacht 302
Vertretungsumfang 302
Vertretungsverhältnisse 282
Verwaltungsakt
– Bekanntgabe 1851
– Rechtsmittel 1861
Verwaltungsverfahren
– Abgrenzung zu schlicht hoheitlichem Handeln 1794
– Begriff 1789
– Einleitung 1809
– Interessenvertretung 1863
– Rechte von Kindern und Jugendlichen 1845
– Rechtsgrundlagen 1790
Verweigerung der Kontaktaufnahme 341
Verweisung 1443
Verzögerungsrüge 1534
voice not choice 79, 1219, 1239, 1262
Volljährigkeit 1717
Vollstreckbarerklärung 1745
Vollstreckung ausländischer Entscheidungen 1738, 1745
Vollzug der Unterbringungsgenehmigung
– Aussetzung 534
Vorläufige Inobhutnahme 1804
Vorläufige Unterbringung 540
vorläufige Unterbringung
 Siehe auch Einstweilige Anordnung (Unterbringung)

Stichwortverzeichnis

Vormund 643
– Unterschied zum Verfahrenspfleger 300
Vormundschaft 643, 1718
– Abgrenzung 290
Vorrang- und Beschleunigungsgebot 414, 1421, 1603, 1634
Vorratsentscheidung 1646
Vorschulalter
– emotionales Verhalten 806
Vorschuss 2115
Vorsorgeuntersuchungen 978, 1978
– Kindeswohlgefährdung 636

W

Wächteramt 629
Wartefrist 1504, 1522
Wechsel der Pflegeperson 697
Wechselmodell 652, 654, 1172, 1186, 1192, 1202
– Anordnung 654, 1174
– Fallbeispiel 197, 201
– Forschung 1197
– gegen den Willen eines Elternteils 1185
– Gleichbehandlung 1183
– Hochstrittigkeit 1197
– Kindesunterhalt 1206 f.
– Kindeswille 1190
– Kindeswohl 1175, 1182
– Rechtsprechung 1174
– Voraussetzungen 654, 1210
Wegweisung
– eines Elternteils 1824
WhatsApp 214
Widerrechtlichkeitsbescheinigung 1750
Widerspruch gegen Verwaltungsakt 1814
Widerspruchsbefugnis 1276, 1861
Wiedereinsetzung in den vorigen Stand 1540, 2128
Willensbildung 825
Wille-Wohl-Debatte 53 f., 56, 71, 75 f., 109, 276, 702 ff.

Wirkungskreis der Verfahrensbeistandschaft 370
Wünsche und Phantasien 825 ff.

Z

Zeit- und Sachaufwand 2108
Zeitaufwand 2119
   Siehe Vergütung
– für Vergütungsabrechnung 2121
Zeitempfinden
– kindliches 323, 355, 404, 689, 695, 1312, 1418
Zentrale Behörde 1720
Zeugenaussage 858
Zeugnisverweigerungsrecht 443
Züchtigungsverbot 592
Zufriedenheit der Kinder 178
Zusammenarbeit
– Jugendamt und Eltern 1668
– Jugendhilfe und Justiz 1629, 1667
– Jugendhilfe und Verfahrensbeistand 1659
Zusatzaufgabe
– Höhe der Entschädigung 311, 393
– Unterbringungsverfahren 579, 2107
– zusätzliche Aufgabenübertragung 307
Zuständigkeit 505 ff., 1440 ff.
– funktionelle 1445
– HKÜ-Verfahren 1756, 1761
– internationale 1690, 1702 f., 1716, 1719, 1722, 1736
– örtliche 1442, 1721
– Rechtspfleger 1445
Zuständigkeitskonzentration 1721
Zwangsbehandlung 460, 470
Zwangseinweisung 2005
Zwangsmaßnahmen
– Begutachtung 527
Zwangsstörungen 1119
Zwangsvorführung 523
– Agbrenzung zur Eilentscheidung 545
Zwangsvorführung (Unterbringung) 527
Zwischenentscheidung 1494
– Anfechtbarkeit 1516